U0920644

上海证券交易所统计年鉴

2013 卷

STATISTICS ANNUAL
SHANGHAI STOCK EXCHANGE

上海證券交易所 编　　上海三聯書店

1. 成交数量和成交金额两类指标均按交易的买方或卖方单向计算。

2. 交易数量和交易金额两类指标均按交易的买方和卖方双向计算。

3. 统计范围：在本所上市交易的各类证券，包括股票(A股、B股)、基金、权证、企业债(现货、回购)、公司债、国债(现货、回购)等。

4. 统计内容：包括本所上市的各类证券的交易状况和参与者的交易状况，上市公司的股本结构及财务状况，会员情况及其交易状况等。

5. 统计日期：2012年1月1日至2012年12月31日。

6. 数据类型：证券数目及会员数目、股本、市值、市盈率、股价、指数等为月底或年底的时点数，不具有可加性；交易金额、交易数量等为全年或某月的时期数字，具有可加性，由相应时期内各交易日的实际数字累加而成。

7. 误差：本年鉴数字采用截尾方式计算，个别数字采用四舍五入方式计算。由于舍入误差，分类数字之和未必等于总额数字。

8. 席位数：包括本所会员申请的席位及其他非会员申请的特别席位，如国债专用席位、B股境外券商特别席位。

9. 成交笔数：由交易系统完成配对交易的记录数。

10. 发行数量：指在交易所上市证券的已发行总量。

11. 市价总值：指在交易所上市的证券在某一时点按市价与发行数量计算的总金额：

$$\Sigma(\text{市价}\times\text{发行数量})$$

12. 流通数量：指在交易所上市证券的发行数量中可流通交易的数量。

13. 流通市值：指在交易所上市的证券在某一时点按市价与流通数量计算的总金额：

$$\Sigma(\text{市价}\times\text{流通数量})$$

14. 上年每股税后利润：指按上一年度年末股本计算，分配到每一股的净利润。

15. 到期年收益率：按人民银行发布的《银货政[2001]51号》文件所提供的公式计算。

16. 市净率= $\dfrac{\text{每股价格}}{\text{每股净资产}}$

17. 市盈率= $\dfrac{\text{股票价格}}{\text{每股收益}}$

$$\text{平均市盈率}=\frac{\text{总市值}}{\text{总收益}}=\frac{\Sigma(\text{收盘价}\times\text{发行数量})}{\Sigma(\text{每股收益}\times\text{发行数量})}$$

18. 年换手率= Σ日换手率

19. 回购价格为该品种年收益率。

特别说明 1：股东情况统计是按投资者申请开设股票账户时填写的《上海证券中央登记结算公司记名证券名册登记表》上的身份证编号设置进行的。身份证号码是基本统计单位。目前的统计存在不可避免的误差，且以统计指标“其他”来表现的误差占据了相当的比例。主要原因：(1)因历史原因尚有部分股票账户缺乏身份证号码；(2)部分投资者未使用身份证而使用诸如军官证等特殊证件；(3)由于登记公司以前异地开户采用对异地登记会员先放空号由其代理开户再统一在一个时点汇总资料的方法，故每月统计时均有相当数量的空号出现。

特别说明 2：(1)股票除息时，上证指数不予修正，自然回落。(2)有些指标的绝对数是放大了计量单位的。(3)本年鉴中走势图均为日线图，其标明最高、最低与市场表现中最高最低不同，是因为其最高、最低为收盘价，而市场表现中最高最低为盘中价。(4)未注明成交数量、发行数量的，单位为亿。

特别说明 3：投资者包括：自然人投资者、一般法人及专业机构，其中专业机构包括券商自营、投资基金、社保基金、保险资金、资产管理及 QFII。数据说明：(1)投资者盈亏数据是根据对每个投资者账户每日的交易持股情况推算得出，不考虑过户费、佣金等交易费用的影响；(2)统计样本为沪市无限售条件 A 股，股份指无限售条件的股份，对于有限售条件的股份，按照解除限售条件后的交易持股情况进行推算；(3)考虑因素包括股票分红送配、增发、新股申购、股票非交易过户、限售股解禁、股权分置改革等。

特别说明 4：无备注单位的，一般均以人民币作为货币单位。

特别说明 5：会员及营业部成交合计不含权证。

特别说明 6：无备注单位的，股票以股作为数量单位，债券一般均以张作为数量单位，基金和权证以份作为数量单位。

目　录
Contents

一、市场概况

二、股价指数

三、证券成交

四、上市公司

五、会员公司

六、投资者

七、大事记

Market Overview

市场概况

市场概况
OverView

	2012 年	2011 年	2010 年
交易天数 No.of Trading Days	243	244	242
上市公司总数 No.of Listed Company	954	931	894
新上市公司数 No.of New Listed Company	26	39	28
上市证券总数 No.of Listed Security	2098	1691	1500
股票 Share	998	975	938
A 股 A-Share	944	921	884
B 股 B-Share	54	54	54
债券 Bond	1059	680	536
政府债 G-Bond	191	213	199
公司债 C-Bond	830	417	284
债券回购 Repo	38	50	53
基金 Fund	41	36	25
封闭式 Close Fund	12	13	13
ETF	29	23	12
权证 Warrant	0	0	1
发行数量(亿) Issued Vol(100M)			
股票 Share	24617.62	23466.65	21939.51
基金 Fund	849.92	795.54	763.63
集资总额(亿) Capital Raised(100M)			
A 股 A Share	2890.31	3199.69	5532.14
B 股 B Share	0.00(USD)	0.00(USD)	0.00(USD)
股票流通数量(亿) Negotiable Share(100M)	19521.33	17993.80	16031.30
股票市价总值(亿) Market Cap(100M)	158698.44	148376.22	179007.24
股票流通市值(亿) Negotiable Cap (100M)	134294.45	122851.36	142337.44
解禁的存量限售股份(亿)	8698.45	7837.35	6841.82
年度解禁限售股份(亿)	1138.66	1239.30	3270.67
卖出的已解禁限售股份(亿)	277.55	243.78	829.27

注:限售股减持采用新算法。

市场概况
OverView

	2012 年	2011 年	2010 年
成交金额(亿)Trading Val(100M)	547535.22	454651.56	398395.73
股票 Share	164545.01	237560.45	304312.01
A 股 A-Share	164047.38	236809.12	303215.93
B 股 B-Share	413.48	746.19	1096.08
债券 Bond	379818.85	210714.87	74914.43
政府债 G-Bond	905.56	1243.11	1590.04
公司债 C-Bond	7537.43	4850.47	3306.79
债券回购 Repo	371375.86	204621.29	70017.60
基金 Fund	3171.36	2901.41	4771.71
封闭式 Close-end	144.53	202.28	569.89
ETF	3026.59	2699.13	4201.81
权证 Warrant	0.00	3474.82	14397.58
平均市盈率 P/E	12.30	13.40	21.61
A 股	12.29	13.41	21.60
B 股	13.18	12.28	23.91
股价指数 Index			
上证综合指数 SSE Composite Index	2269.13	2199.42	2808.08
上证 50 指数 SSE 50 Index	1857.68	1617.61	1977.37
上证 180 指数 SSE 180 Index	5550.09	5009.29	6517.60
上证 380 指数 SSE 380 Index	2944.82	2978.89	4256.27
会员公司数 Member Company	112	112	106
营业部数 Department Number	5263	4996	4573
交易单元数 Seats Number	8311	7454	6600
投资者(万) Investor(10000)	8996.40	8705.02	8154.23
A 股总户数(万) Investor of A-Share	8841.56	8550.85	8001.44
B 股总户数(万) Investor of B-Share	154.84	154.17	152.78
信用交易开户数(万) Credit Investor(10000)	32.41	15.45	2.11
WFE 排名 WFE Rank			
总市值排名 Rank of Market Cap	7	6	6
总筹资额排名 Rank of Total Capital Raised	3	6	4
总成交金额排名 Rank of Total Trading Val	6	6	3

SSE Indices

股价指数

上证综合指数历年数据
Data of SSE Composite Index, 1992-2012

上证指数数据
Data of SSE Indices

年份 Year	开盘 Open	最高 High	日期 Date	最低 Low	日期 Date	收盘 Close
1992	293.74	1429.01	05/26	292.76	01/02	780.39
1993	802.14	1558.95	02/16	750.46	12/20	833.80
1994	837.70	1052.94	09/13	325.89	07/29	647.87
1995	637.72	926.41	05/22	524.43	02/07	555.29
1996	550.26	1258.69	12/11	512.83	01/19	917.02
1997	914.06	1510.18	05/12	870.18	02/20	1194.10
1998	1200.95	1422.98	06/04	1043.02	08/18	1146.70
1999	1144.89	1756.18	06/30	1047.83	05/17	1366.58
2000	1368.69	2125.72	11/23	1361.21	01/04	2073.48
2001	2077.08	2245.44	06/14	1514.86	10/22	1645.97
2002	1643.49	1748.89	06/25	1339.20	01/29	1357.65
2003	1347.43	1649.60	04/16	1307.40	11/13	1497.04
2004	1492.72	1783.01	04/07	1259.43	09/13	1266.50
2005	1260.78	1328.53	02/25	998.23	06/06	1161.06
2006	1163.88	2698.90	12/29	1161.91	01/04	2675.47
2007	2728.19	6124.04	10/16	2541.53	02/06	5261.56
2008	5265.00	5522.78	01/14	1664.93	10/28	1820.81
2009	1849.02	3478.01	08/04	1844.09	01/05	3277.14
2010	3289.75	3306.75	01/11	2319.74	07/02	2808.08
2011	2825.33	3067.46	04/18	2134.02	12/28	2199.42
2012	2212.00	2478.38	02/27	1949.46	12/04	2269.13

分类指数数据及图表
Data and Chart of Sector Indices

上证综合指数　SSE Composite Index

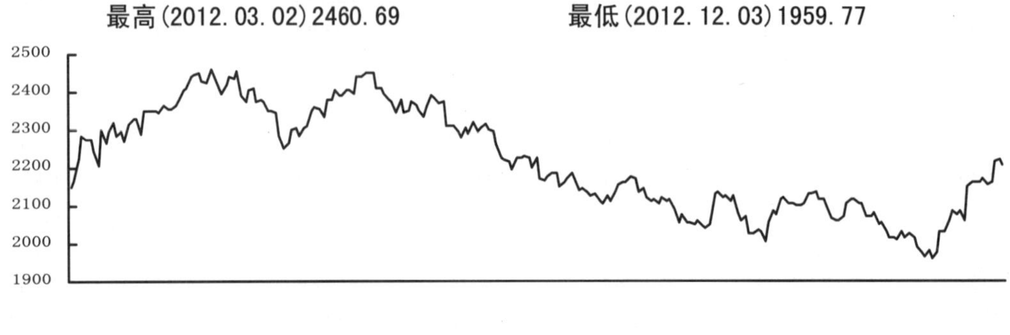

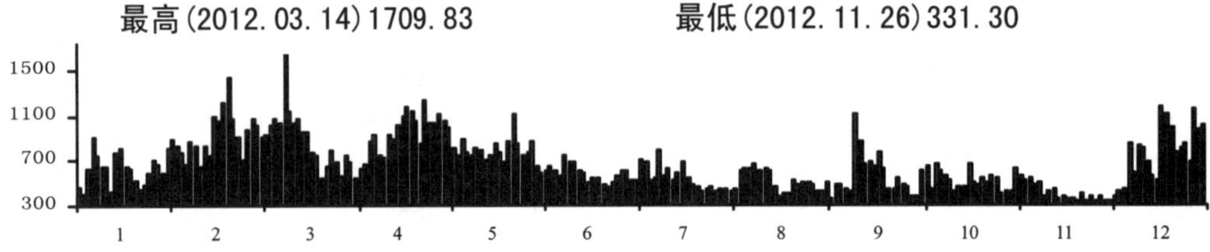

每日收盘指数 Daily Index

日期 Date	1月 Jan	2月 Feb	3月 Mar	4月 Apr	5月 May	6月 Jun	7月 Jul	8月 Aug	9月 Sep	10月 Oct	11月 Nov	12月 Dec
1	---	2268.08	2426.12	---	---	2373.44	---	2123.36	---	---	2104.43	---
2	---	2312.56	2460.69	---	2438.44	---	2226.11	2111.18	---	---	2117.05	---
3	---	2330.41	---	---	2440.08	---	2229.19	2132.80	2059.15	---	---	1959.77
4	2169.39	---	---	---	2452.01	2308.55	2227.32	---	2043.65	---	---	1975.14
5	2148.45	---	2445.00	2302.24	---	2311.92	2201.35	---	2037.68	---	2114.03	2031.91
6	2163.40	2331.14	2410.45	2306.55	---	2309.56	2223.58	2154.92	2051.92	---	2106.00	2029.24
7	---	2291.90	2394.79	---	2451.95	2293.13	---	2157.62	2127.76	---	2105.73	2061.79
8	---	2347.53	2420.28	---	2448.88	2281.45	---	2160.99	---	2074.42	2071.51	---
9	2225.89	2349.59	2439.46	2285.78	2408.59	---	2170.81	2174.10	---	2115.23	2069.07	---
10	2285.74	2351.98	---	2305.86	2410.23	---	2164.44	2168.81	2134.89	2119.94	---	2083.77
11	2276.05	---	---	2308.93	2394.98	2305.86	2175.38	---	2120.55	2102.87	---	2074.70
12	2275.01	---	2434.86	2350.86	---	2289.79	2185.49	---	2126.55	2104.93	2079.27	2082.73
13	2244.58	2351.86	2455.80	2359.16	---	2318.92	2185.90	2136.08	2110.38	---	2047.89	2061.48
14	---	2344.77	2391.23	---	2380.73	2295.95	---	2142.53	2123.85	---	2055.42	2150.63
15	---	2366.70	2373.77	---	2374.84	2306.85	---	2118.95	---	2098.70	2030.29	---
16	2206.19	2356.86	2404.74	2357.03	2346.19	---	2147.96	2112.20	---	2098.81	2014.73	---
17	2298.38	2357.18	---	2334.99	2378.89	---	2161.19	2114.89	2078.50	2105.62	---	2160.34
18	2266.38	---	---	2380.85	2344.52	2316.05	2169.10	---	2059.54	2131.69	---	2162.46
19	2296.08	---	2410.18	2378.63	---	2300.80	2184.84	---	2067.83	2128.30	2016.98	2162.24
20	2319.12	2363.60	2376.84	2406.86	---	2292.88	2168.64	2106.96	2024.84	---	2008.92	2168.35
21	---	2381.43	2378.20	---	2348.30	2260.88	---	2118.27	2026.69	---	2030.32	2153.31
22	---	2403.59	2375.77	---	2373.31	---	---	2107.71	---	2132.76	2015.61	---
23	---	2409.55	2349.54	2388.59	2363.44	---	2141.40	2113.07	---	2114.45	2027.38	---
24	---	2439.63	---	2388.83	2350.97	---	2146.59	2092.10	2033.19	2115.99	---	2159.05
25	---	---	---	2406.81	2333.55	2224.11	2136.15	---	2029.29	2101.58	---	2213.61
26	---	---	2350.60	2404.70	---	2222.07	2126.00	---	2004.17	2066.21	2017.46	2219.13
27	---	2447.06	2347.18	2396.32	---	2216.93	2128.77	2055.71	2056.32	---	1991.17	2205.90
28	---	2451.86	2284.88	---	2361.37	2195.84	---	2073.15	2086.17	---	1973.52	2233.25
29	---	2428.49	2252.16	---	2389.64	2225.43	---	2053.24	---	2058.94	1963.49	---
30	2285.04	---	2262.79	---	2384.67	---	2109.91	2052.59	---	2062.35	1980.12	---
31	2292.61	---	---	---	2372.23	---	2103.63	2047.52	---	2068.88	---	2269.13
最高 high	2324.49	H2478.3	2476.22	2415.75	2453.73	2388.09	2244.83	2176.80	2145.00	2138.03	2123.33	2269.51
最低 low	2132.63	2263.34	2242.35	2251.39	2309.07	2188.72	2100.25	2032.54	1999.48	2053.09	1959.33	L1949.4

分类指数数据及图表
Data and Chart of Sector Indices

上证 180 指数　SSE 180 Index

每日收盘指数 Daily Index

日期 Date	1月 Jan	2月 Feb	3月 Mar	4月 Apr	5月 May	6月 Jun	7月 Jul	8月 Aug	9月 Sep	10月 Oct	11月 Nov	12月 Dec
1	---	5238.75	5643.44	---	---	5636.46	---	5048.26	---	---	4951.40	---
2	---	5370.14	5734.67	---	5748.69	---	5277.59	5004.63	---	---	4976.49	---
3	---	5411.97	---	---	5760.97	---	5282.91	5039.68	4790.89	---	---	4612.05
4	4923.87	---	---	---	5807.64	5476.18	5282.50	---	4744.25	---	---	4659.51
5	4893.93	---	5693.94	5372.76	---	5479.90	5211.48	---	4729.70	---	4966.87	4826.02
6	4931.61	5400.26	5598.93	5379.55	---	5483.25	5279.59	5103.04	4772.21	---	4949.03	4819.41
7	---	5302.91	5556.02	---	5800.73	5450.96	---	5103.07	4981.24	---	4940.26	4921.27
8	---	5451.61	5628.61	---	5787.83	5406.56	---	5109.88	---	4891.74	4852.24	---
9	5096.76	5451.42	5678.84	5326.70	5684.51	---	5147.82	5149.37	---	4994.40	4845.30	---
10	5252.78	5457.08	---	5380.74	5687.29	---	5127.89	5126.37	4993.06	4994.63	---	4975.48
11	5222.38	---	---	5378.36	5641.50	5472.80	5160.51	---	4956.27	4953.10	---	4946.00
12	5234.40	---	5649.83	5487.77	---	5431.34	5197.47	---	4972.25	4961.49	4875.60	4973.10
13	5161.34	5447.13	5705.17	5510.29	---	5518.21	5200.10	5022.59	4928.67	---	4791.65	4914.99
14	---	5421.85	5555.10	---	5596.07	5472.29	---	5029.75	4969.80	---	4814.57	5178.75
15	---	5474.87	5504.55	---	5598.93	5498.33	---	4961.33	---	4942.54	4750.58	---
16	5067.77	5445.26	5576.32	5500.20	5515.18	---	5102.61	4939.78	---	4949.34	4718.00	---
17	5310.62	5452.50	---	5431.21	5601.95	---	5141.14	4939.25	4854.96	4957.57	---	5205.16
18	5234.84	---	---	5557.26	5519.85	5520.01	5148.59	---	4803.26	5027.76	---	5216.13
19	5336.07	---	5588.08	5554.61	---	5479.62	5175.59	---	4826.12	5016.01	4720.00	5213.71
20	5405.80	5461.91	5498.69	5627.79	---	5467.60	5128.50	4912.76	4727.47	---	4692.07	5244.72
21	---	5504.68	5510.86	---	5544.46	5379.32	---	4936.87	4738.25	---	4760.68	5206.13
22	---	5567.57	5506.61	---	5624.79	---	---	4906.89	---	5035.07	4729.12	---
23	---	5582.31	5450.02	5585.42	5598.71	---	5056.31	4924.82	---	4975.88	4765.29	---
24	---	5668.82	---	5595.80	5562.74	---	5071.82	4881.87	4766.32	4969.87	---	5230.14
25	---	---	---	5635.67	5519.79	5267.79	5044.36	---	4755.92	4935.50	---	5379.47
26	---	---	5450.04	5640.92	---	5261.36	5021.01	---	4706.91	4846.17	4740.28	5390.90
27	---	5683.64	5442.40	5630.80	---	5244.03	5025.83	4777.98	4849.37	---	4687.30	5353.81
28	---	5706.49	5296.26	---	5596.08	5194.79	---	4809.86	4934.33	---	4644.51	5441.33
29	---	5649.05	5224.63	---	5677.53	5279.95	---	4760.08	---	4814.17	4612.28	---
30	5315.59	---	5262.41	---	5661.27	---	4995.18	4767.30	---	4825.21	4660.74	---
31	5321.34	---	---	---	5632.06	---	4996.97	4750.23	---	4857.81	---	5550.09
最高 high	5418.59	5761.31	5761.34	5668.63	H5808.9	5676.28	5331.30	5156.40	5031.75	5048.31	4999.76	5551.01
最低 low	4857.91	5225.66	5199.49	5226.74	5462.99	5175.28	4987.52	4719.32	4683.15	4797.25	4600.22	L4596.7

分类指数数据及图表

Data and Chart of Sector Indices

上证 50 指数 SSE 50 Index

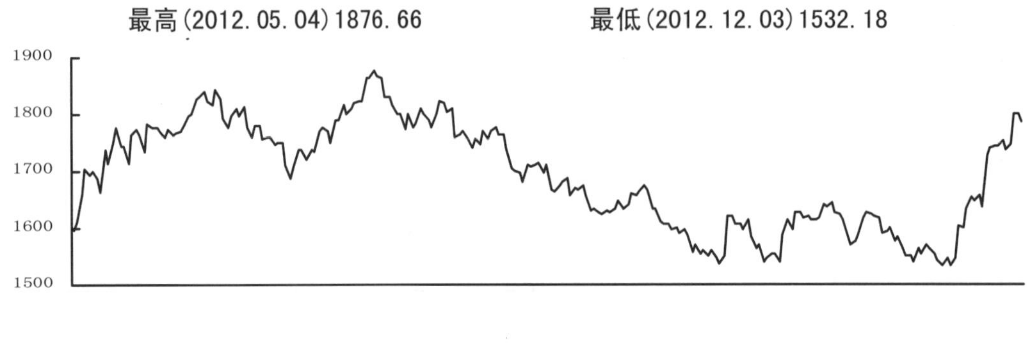

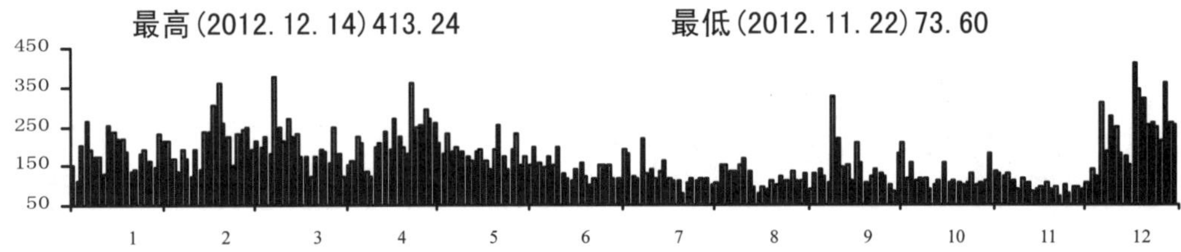

每日收盘指数 Daily Index

日期 Date	1月 Jan	2月 Feb	3月 Mar	4月 Apr	5月 May	6月 Jun	7月 Jul	8月 Aug	9月 Sep	10月 Oct	11月 Nov	12月 Dec
1	---	1713.68	1818.28	---	---	1808.53	---	1645.62	---	---	1617.73	---
2	---	1761.94	1843.85	---	1862.76	---	1706.17	1634.55	---	---	1626.61	---
3	---	1772.19	---	---	1864.30	---	1710.41	1641.60	1560.08	---	---	1532.18
4	1595.12	---	---	---	1876.66	1760.96	1712.94	---	1548.04	---	---	1545.95
5	1596.59	---	1827.94	1735.28	---	1763.70	1695.36	---	1537.53	---	1624.71	1601.74
6	1608.36	1764.82	1794.26	1737.51	---	1768.58	1711.58	1658.37	1550.97	---	1619.74	1600.42
7	---	1732.02	1776.36	---	1866.62	1757.77	---	1657.91	1619.21	---	1617.83	1634.92
8	---	1782.06	1798.10	---	1862.40	1738.59	---	1662.77	---	1596.14	1591.62	---
9	1659.05	1778.10	1811.49	1721.43	1830.13	---	1668.02	1671.95	---	1627.66	1591.85	---
10	1704.74	1778.32	---	1736.24	1829.61	---	1664.42	1665.18	1620.03	1625.33	---	1653.28
11	1694.26	---	---	1734.59	1815.73	1756.03	1672.25	---	1605.07	1615.75	---	1645.01
12	1701.45	---	1796.94	1770.95	---	1745.45	1680.05	---	1607.99	1618.66	1600.88	1657.13
13	1685.91	1768.54	1813.20	1777.07	---	1771.42	1685.02	1632.00	1597.16	---	1575.26	1635.63
14	---	1758.98	1776.41	---	1800.50	1756.30	---	1633.14	1614.70	---	1581.95	1728.06
15	---	1773.17	1760.48	---	1801.06	1769.49	---	1610.41	---	1612.96	1563.70	---
16	1661.99	1761.88	1780.08	1770.68	1774.24	---	1657.62	1605.28	---	1614.14	1551.56	---
17	1736.61	1765.65	---	1749.40	1801.11	---	1669.71	1606.00	1582.10	1617.66	---	1738.85
18	1714.70	---	---	1789.63	1775.57	1776.24	1665.87	---	1564.98	1639.67	---	1744.85
19	1750.52	---	1778.98	1791.38	---	1764.88	1674.27	---	1569.07	1637.77	1550.89	1744.02
20	1775.09	1769.41	1755.73	1815.88	---	1763.63	1658.30	1596.20	1540.96	---	1540.49	1751.94
21	---	1779.94	1758.62	---	1784.94	1735.34	---	1598.50	1545.96	---	1562.97	1737.99
22	---	1795.26	1760.34	---	1810.41	---	---	1591.33	---	1643.34	1554.75	---
23	---	1799.64	1747.92	1799.91	1801.47	---	1629.07	1596.57	---	1625.81	1568.75	---
24	---	1826.72	---	1808.86	1789.43	---	1632.95	1588.11	1553.97	1623.64	---	1746.44
25	---	---	---	1819.22	1776.38	1704.57	1627.96	---	1553.70	1612.95	---	1798.88
26	---	---	1749.89	1822.21	---	1700.50	1624.46	---	1541.14	1584.70	1563.20	1800.56
27	---	1828.41	1749.19	1822.54	---	1695.03	1630.31	1557.17	1587.96	---	1552.92	1786.78
28	---	1839.06	1708.85	---	1800.91	1681.38	---	1570.44	1613.09	---	1542.07	1817.85
29	---	1822.77	1688.09	---	1824.43	1708.86	---	1554.40	---	1571.53	1532.92	---
30	1742.82	---	1705.63	---	1818.39	---	1625.64	1560.29	---	1576.32	1547.76	---
31	1744.71	---	---	---	1804.59	---	1631.89	1551.20	---	1587.05	---	1857.68
最高 high	1779.00	1851.36	1850.25	1832.84	H1877.4	1820.17	1723.07	1675.52	1634.69	1648.08	1634.79	1858.32
最低 low	1588.60	1709.54	1681.97	1691.48	1763.69	1675.52	1620.93	1542.24	1528.58	1566.95	1529.03	L1528.2

分类指数数据及图表

Data and Chart of Sector Indices

上证红利指数　SSE Dividend Index

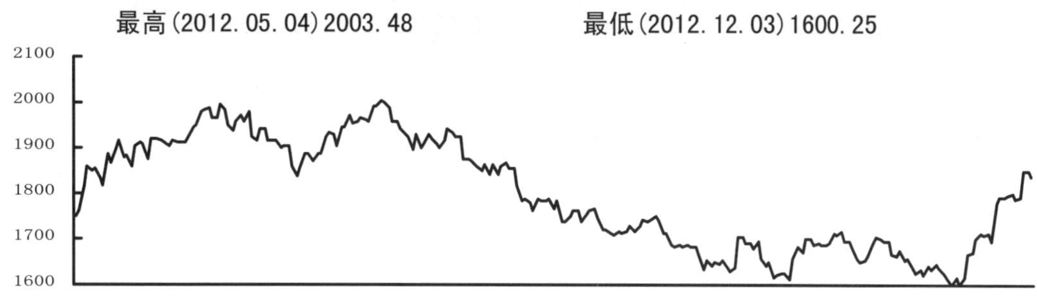

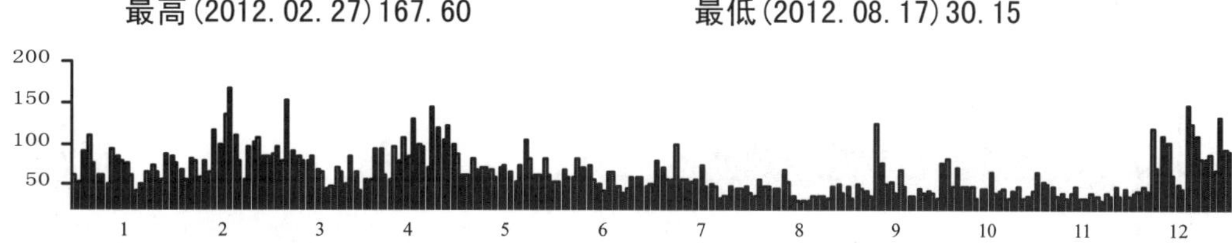

每日收盘指数 Daily Index

日期 Date	1月 Jan	2月 Feb	3月 Mar	4月 Apr	5月 May	6月 Jun	7月 Jul	8月 Aug	9月 Sep	10月 Oct	11月 Nov	12月 Dec
1	---	1860.07	1967.02	---	---	1924.18	---	1728.29	---	---	1690.46	---
2	---	1902.82	1994.90	---	1991.32	---	1782.18	1714.61	---	---	1702.81	---
3	---	1913.19	---	---	1992.56	---	1782.83	1727.13	1652.80	---	---	1600.25
4	1756.59	---	---	---	2003.48	1873.88	1788.30	---	1636.88	---	---	1615.46
5	1749.33	---	1984.61	1885.72	---	1874.80	1766.02	---	1628.73	---	1702.02	1665.81
6	1763.01	1908.01	1952.06	1887.42	---	1870.36	1783.53	1741.58	1638.43	---	1696.58	1669.34
7	---	1873.48	1939.27	---	1998.21	1859.98	---	1737.67	1703.26	---	1695.22	1701.24
8	---	1922.47	1959.82	---	1988.94	1848.33	---	1742.91	---	1670.34	1667.39	---
9	1816.58	1919.73	1972.13	1870.52	1956.27	---	1738.87	1748.56	---	1701.57	1662.41	---
10	1860.10	1916.96	---	1889.06	1956.45	---	1735.92	1742.57	1704.93	1701.64	---	1714.34
11	1849.35	---	---	1887.12	1940.45	1861.18	1748.33	---	1690.65	1687.50	---	1706.38
12	1852.59	---	1960.30	1924.36	---	1841.07	1762.05	---	1692.39	1692.37	1674.18	1711.04
13	1832.63	1910.95	1977.46	1932.01	---	1864.56	1761.40	1710.76	1680.94	---	1652.19	1695.30
14	---	1903.76	1926.10	---	1927.66	1842.61	---	1710.68	1695.05	---	1660.12	1780.29
15	---	1918.50	1915.66	---	1923.13	1859.84	---	1688.83	---	1689.15	1636.69	---
16	1815.14	1912.93	1940.70	1928.53	1896.05	---	1738.88	1685.09	---	1687.12	1625.43	---
17	1887.81	1913.03	---	1903.32	1927.25	---	1754.03	1688.84	1659.17	1691.33	---	1792.07
18	1865.77	---	---	1946.14	1901.47	1865.58	1762.37	---	1642.64	1712.69	---	1792.67
19	1897.33	---	1942.95	1945.64	---	1853.28	1765.55	---	1648.27	1706.91	1631.68	1795.23
20	1917.02	1912.32	1914.91	1970.15	---	1852.31	1747.89	1681.59	1617.15	---	1622.70	1801.90
21	---	1925.50	1918.43	---	1906.32	1817.70	---	1687.04	1622.26	---	1643.44	1786.35
22	---	1947.20	1918.54	---	1929.64	---	---	1682.00	---	1714.93	1634.31	---
23	---	1949.80	1899.84	1953.36	1922.43	---	1718.88	1683.91	---	1694.48	1646.45	---
24	---	1977.44	---	1959.23	1909.56	---	1721.37	1668.58	1624.90	1694.74	---	1793.19
25	---	---	---	1967.18	1898.13	1784.51	1711.70	---	1624.53	1682.41	---	1851.02
26	---	---	1904.34	1963.80	---	1786.01	1706.78	---	1612.75	1659.67	1637.10	1848.36
27	---	1981.89	1904.28	1957.40	---	1780.20	1715.74	1635.37	1659.44	---	1624.52	1838.88
28	---	1987.01	1858.97	---	1917.21	1760.50	---	1654.20	1684.27	---	1616.67	1873.89
29	---	1966.76	1837.20	---	1941.28	1788.99	---	1640.78	---	1650.66	1601.88	---
30	1879.57	---	1855.28	---	1934.71	---	1712.01	1652.02		1653.65	1615.98	---
31	1884.04	---	---	---	1924.75	---	1715.78	1645.00	---	1661.11	---	1906.03
最高 high	1919.87	2005.47	H2005.8	1985.94	2004.26	1936.20	1796.17	1754.60	1721.68	1720.21	1711.65	1906.43
最低 low	1742.94	1856.94	1831.96	1843.71	1879.53	1755.15	1704.69	1631.63	1602.19	1644.94	1596.23	L1596.0

分类指数数据及图表

上证 A 股指数　SSE A Share Index

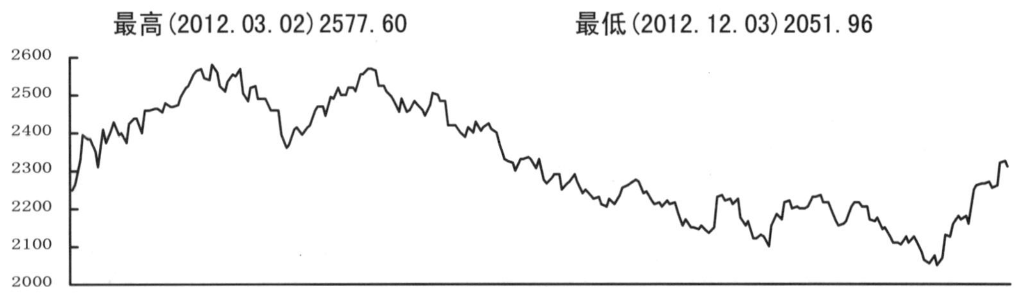

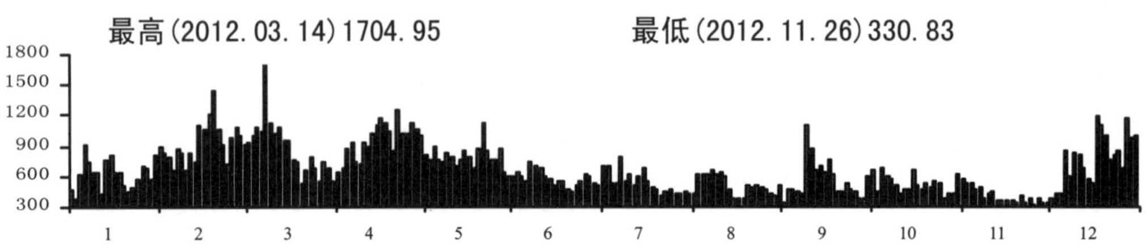

每日收盘指数 Daily Index

日期 Date	1月 Jan	2月 Feb	3月 Mar	4月 Apr	5月 May	6月 Jun	7月 Jul	8月 Aug	9月 Sep	10月 Oct	11月 Nov	12月 Dec
1	---	2376.14	2541.42	---	---	2486.19	---	2224.44	---	---	2203.74	---
2	---	2422.79	2577.60	---	2553.91	---	2331.18	2211.71	---	---	2217.01	---
3	---	2441.49	---	---	2555.69	---	2334.50	2234.15	2156.44	---	---	2051.96
4	2272.67	---	---	---	2568.17	2418.23	2332.48	---	2140.18	---	---	2068.08
5	2250.85	---	2561.09	2411.34	---	2421.78	2305.33	---	2133.93	---	2213.84	2127.57
6	2266.53	2442.23	2524.93	2415.84	---	2419.34	2328.63	2257.17	2148.85	---	2205.43	2124.78
7	---	2401.03	2508.56	---	2568.12	2402.05	---	2260.04	2228.31	---	2205.17	2158.91
8	---	2459.40	2535.11	---	2564.81	2389.79	---	2263.60	---	2172.39	2169.23	---
9	2331.89	2461.51	2555.19	2394.10	2522.59	---	2273.32	2277.33	---	2215.19	2166.64	---
10	2394.60	2463.98	---	2415.15	2524.44	---	2266.58	2271.78	2235.76	2220.15	---	2181.98
11	2384.44	---	---	2418.19	2508.43	2415.40	2278.01	---	2220.72	2202.25	---	2172.48
12	2383.41	---	2550.32	2462.24	---	2398.40	2288.65	---	2226.97	2204.40	2177.38	2180.92
13	2351.58	2463.85	2572.27	2470.93	---	2428.85	2289.11	2237.60	2210.02	---	2144.47	2158.57
14	---	2456.39	2504.68	---	2493.40	2404.71	---	2244.23	2224.15	---	2152.37	2252.13
15	---	2479.34	2486.40	---	2487.28	2416.02	---	2219.44	---	2197.91	2125.99	---
16	2311.32	2468.99	2518.78	2468.76	2457.34	---	2249.37	2212.38	---	2197.98	2109.69	---
17	2407.92	2469.29	---	2445.70	2491.55	---	2263.23	2215.19	2176.70	2205.14	---	2262.31
18	2374.30	---	---	2493.78	2455.62	2425.40	2271.55	---	2156.81	2232.48	---	2264.50
19	2405.50	---	2524.45	2491.47	---	2409.44	2288.00	---	2165.43	2228.94	2112.02	2264.25
20	2429.70	2476.02	2489.57	2521.11	---	2401.08	2270.99	2206.81	2120.36	---	2103.54	2270.67
21	---	2494.70	2490.95	---	2459.66	2367.53	---	2218.61	2122.30	---	2125.96	2254.83
22	---	2517.87	2488.45	---	2485.82	---	---	2207.55	---	2233.57	2110.54	---
23	---	2524.11	2461.11	2501.60	2475.50	---	2242.42	2213.09	---	2214.35	2122.92	---
24	---	2555.54	---	2501.81	2462.43	---	2247.87	2191.15	2129.09	2215.98	---	2260.84
25	---	---	---	2520.69	2444.22	2328.99	2237.40	---	2125.01	2200.81	---	2318.10
26	---	---	2462.21	2518.47	---	2326.84	2226.74	---	2098.74	2163.72	2112.52	2323.70
27	---	2563.30	2458.60	2509.71	---	2321.46	2229.65	2153.01	2153.40	---	2084.98	2309.74
28	---	2568.42	2393.35	---	2473.71	2299.39	---	2171.24	2184.71	---	2066.51	2338.32
29	---	2543.89	2358.92	---	2503.22	2330.50	---	2150.32	---	2156.09	2055.99	---
30	2393.94	---	2370.07	---	2498.05	---	2210.40	2149.67	---	2159.67	2073.24	---
31	2401.87	---	---	---	2484.91	---	2203.89	2144.30	---	2166.49	---	2376.04
最高 high	2435.22	H2596.1	2593.71	2530.03	2569.99	2501.54	2350.90	2280.15	2246.40	2239.11	2223.61	2376.44
最低 low	2234.30	2371.18	2348.68	2358.11	2418.89	2291.95	2200.72	2128.64	2093.81	2149.96	2051.61	L2041.1

分类指数数据及图表
Data and Chart of Sector Indices

上证 B 股指数 SSE B Share Index

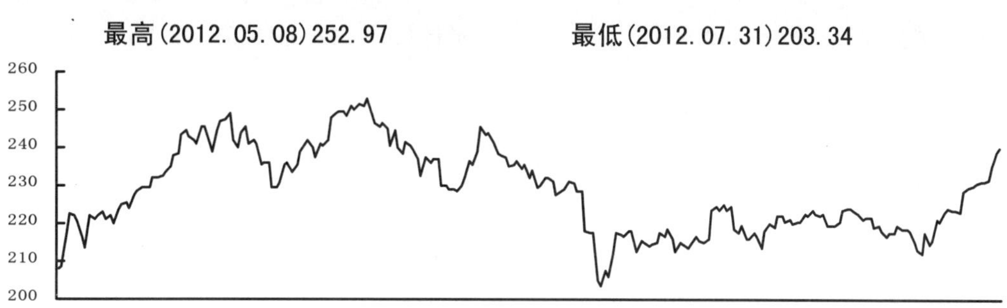

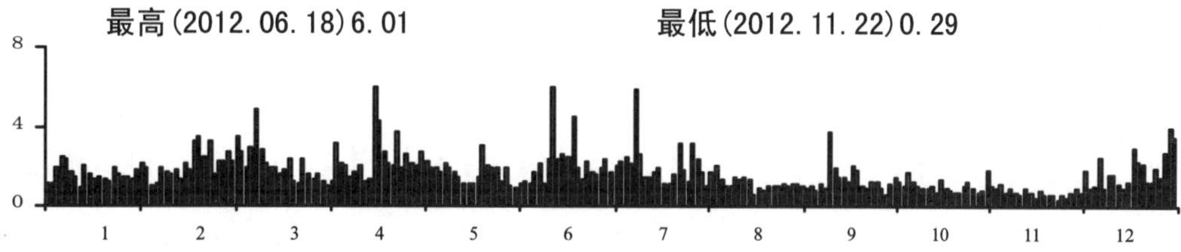

每日收盘指数 Daily Index

日期 Date	1月 Jan	2月 Feb	3月 Mar	4月 Apr	5月 May	6月 Jun	7月 Jul	8月 Aug	9月 Sep	10月 Oct	11月 Nov	12月 Dec
1	---	220.04	241.25	---	---	236.87	---	207.59	---	---	223.71	---
2	---	223.26	245.47	---	250.88	---	236.32	205.81	---	---	223.92	---
3	---	225.01	---	---	249.89	---	234.69	212.10	216.39	---	---	214.55
4	212.09	---	---	---	251.61	230.13	235.58	---	215.50	---	---	215.74
5	207.82	---	245.43	235.47	---	230.06	232.21	---	214.86	---	223.83	220.93
6	208.73	225.73	241.29	236.23	---	229.18	234.06	217.56	216.14	---	223.06	220.47
7	---	223.83	239.18	---	251.08	229.14	---	216.99	223.50	---	222.48	222.85
8	---	227.43	244.69	---	252.97	228.57	---	216.67	---	219.06	221.08	---
9	216.94	228.42	246.99	233.67	249.09	---	229.53	218.19	---	221.95	221.45	---
10	222.69	229.54	---	235.47	246.56	---	230.23	217.86	224.61	221.93	---	224.24
11	221.77	---	---	239.23	245.75	230.11	231.89	---	223.54	220.59	---	223.38
12	220.49	---	247.51	241.00	---	232.02	231.86	---	224.82	221.11	221.48	223.38
13	216.66	229.43	249.01	241.80	---	236.43	231.09	212.30	223.47	---	219.16	223.14
14	---	229.43	241.87	---	246.43	235.54	---	215.52	224.26	---	219.53	228.40
15	---	232.17	240.00	---	244.91	238.94	---	214.84	---	219.80	218.25	---
16	213.71	231.90	244.06	240.16	240.68	---	227.35	213.99	---	220.53	216.58	---
17	222.21	232.71	---	237.42	244.72	---	228.59	214.59	218.63	220.74	---	229.44
18	221.14	---	---	241.16	239.78	245.32	228.90	---	217.49	222.54	---	230.15
19	222.25	---	245.47	240.75	---	243.34	231.22	---	219.51	222.15	217.53	230.44
20	223.23	233.31	241.13	242.11	---	243.87	230.44	215.22	215.95	---	217.66	230.81
21	---	234.98	242.09	---	238.56	241.31	---	217.26	216.18	---	219.48	231.07
22	---	238.02	240.95	---	241.64	---	---	216.37	---	223.41	218.37	---
23	---	238.75	235.53	247.86	240.29	---	228.55	218.42	---	222.40	218.45	---
24	---	243.30	---	248.91	239.41	---	228.61	215.88	217.32	222.25	---	231.70
25	---	---	---	249.67	236.83	238.28	217.85	---	216.72	222.31	---	234.91
26	---	---	235.92	249.59	---	238.08	217.66	---	213.44	219.62	217.77	239.24
27	---	244.45	236.10	248.37	---	237.59	217.50	212.52	217.87	---	214.99	239.97
28	---	243.06	229.74	---	232.27	235.11	---	215.25	220.00	---	212.99	244.20
29	---	241.77	229.69	---	237.27	235.64	---	214.38	---	219.37	212.10	---
30	221.13	---	230.33	---	236.08	---	205.23	213.64	---	219.43	217.27	---
31	221.79	---	---	---	237.22	---	203.34	214.43	---	220.54	---	244.92
最高 high	226.06	246.73	250.34	251.22	H253.10	245.50	237.87	219.16	225.37	223.79	224.14	245.25
最低 low	205.61	219.52	227.52	229.63	226.96	226.97	L195.09	201.42	213.21	218.51	211.65	212.97

分类指数数据及图表
Data and Chart of Sector Indices

上证基金指数 SSE Fund Index

最高(2012.05.04)4014.40 最低(2012.12.03)3358.48

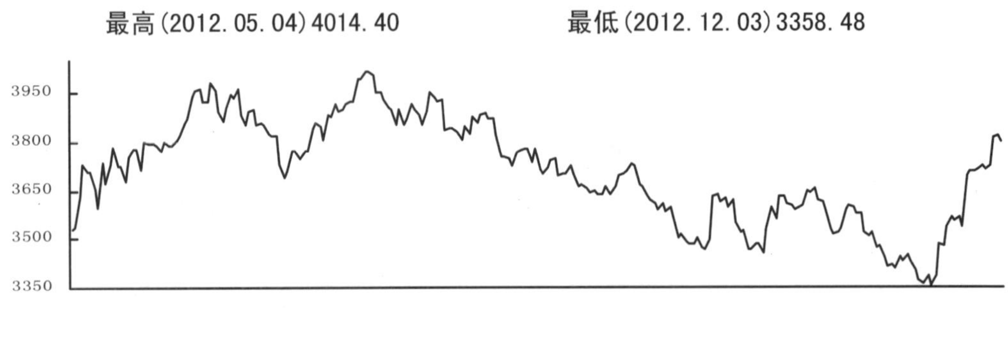

最高(2012.05.28)41.97 最低(2012.04.09)4.88

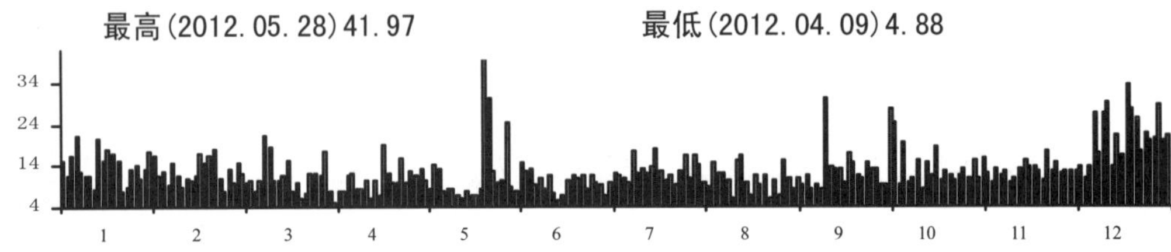

每日收盘指数 Daily Index

日期 Date	1月 Jan	2月 Feb	3月 Mar	4月 Apr	5月 May	6月 Jun	7月 Jul	8月 Aug	9月 Sep	10月 Oct	11月 Nov	12月 Dec
1	---	3679.51	3920.56	---	---	3927.56	---	3657.26	---	---	3589.99	---
2	---	3750.40	3981.55	---	3990.38	---	3768.40	3637.13	---	---	3601.86	---
3	---	3773.90	---	---	3992.58	---	3776.46	3656.42	3501.83	---	---	3358.48
4	3549.59	---	---	---	4014.40	3834.98	3774.26	---	3473.52	---	---	3382.29
5	3527.92	---	3957.32	3769.95	---	3838.19	3735.28	---	3466.88	---	3593.08	3484.51
6	3534.77	3774.54	3894.37	3772.48	---	3839.18	3778.74	3695.80	3493.45	---	3575.61	3480.54
7	---	3712.67	3866.20	---	4014.18	3825.59	---	3698.27	3632.63	---	3575.25	3539.43
8	---	3798.99	3907.06	---	4004.68	3805.19	---	3703.77	---	3558.96	3522.02	---
9	3631.39	3793.28	3942.93	3745.74	3950.74	---	3709.13	3730.55	---	3627.84	3509.92	---
10	3726.55	3794.08	---	3772.01	3950.20	---	3702.21	3720.42	3634.69	3627.13	---	3568.09
11	3703.11	---	---	3771.12	3928.30	3846.67	3716.59	---	3609.59	3604.84	---	3553.75
12	3704.95	---	3930.75	3842.38	---	3824.81	3740.42	---	3621.27	3603.19	3517.20	3564.03
13	3653.62	3786.70	3963.78	3855.78	---	3875.20	3746.48	3662.21	3596.29	---	3471.38	3537.08
14	---	3772.82	3879.47	---	3905.72	3860.23	---	3658.96	3619.67	---	3478.64	3693.65
15	---	3801.40	3851.25	---	3897.38	3878.73	---	3627.78	---	3587.98	3443.19	---
16	3593.00	3786.26	3892.37	3843.83	3851.71	---	3691.54	3619.26	---	3592.39	3415.00	---
17	3734.50	3789.39	---	3807.38	3898.93	---	3702.44	3608.79	3550.06	3601.98	---	3705.92
18	3670.62	---	---	3878.72	3853.06	3889.32	3702.62	---	3516.87	3644.97	---	3708.61
19	3731.07	---	3899.20	3874.99	---	3868.61	3720.74	---	3527.15	3641.53	3417.14	3711.90
20	3782.30	3802.97	3848.84	3917.41	---	3866.61	3699.94	3589.77	3468.14	---	3407.45	3725.23
21	---	3815.37	3854.80	---	3868.34	3813.96	---	3603.97	3468.65	---	3443.84	3713.17
22	---	3855.06	3853.14	---	3916.26	---	---	3581.48	---	3653.23	3429.14	---
23	---	3870.90	3824.69	3890.75	3898.76	---	3656.61	3593.11	---	3620.57	3449.33	---
24	---	3937.54	---	3898.38	3880.46	---	3666.21	3566.89	3486.58	3614.99	---	3722.68
25	---	---	---	3914.08	3850.74	3751.00	3650.47	---	3483.56	3592.06	---	3812.27
26	---	---	3818.18	3922.44	---	3753.12	3642.35	---	3452.32	3528.70	3434.07	3817.03
27	---	3955.85	3816.94	3919.99	---	3745.07	3647.78	3504.47	3532.01	---	3402.60	3801.20
28	---	3959.75	3730.15	---	3893.72	3725.87	---	3515.98	3597.47	---	3374.19	3848.59
29	---	3920.44	3687.55	---	3949.05	3765.90	---	3489.84	---	3511.98	3364.54	---
30	3724.94	---	3705.72	---	3935.42	---	3636.49	3481.33	---	3517.78	3386.62	---
31	3722.68	---	---	---	3922.67	---	3633.88	3481.65	---	3532.67	---	3921.09
最高 high	3783.48	3994.57	4000.27	3935.29	H4014.8	3952.38	3802.38	3733.41	3661.57	3656.85	3614.34	3922.40
最低 low	3505.20	3675.58	3674.81	3689.17	3822.65	3714.31	3626.40	3460.01	3435.90	3504.42	3355.92	L3347.3

分类指数数据及图表
Data and Chart of Sector Indices

上证国债指数　SSE T-Bond Index

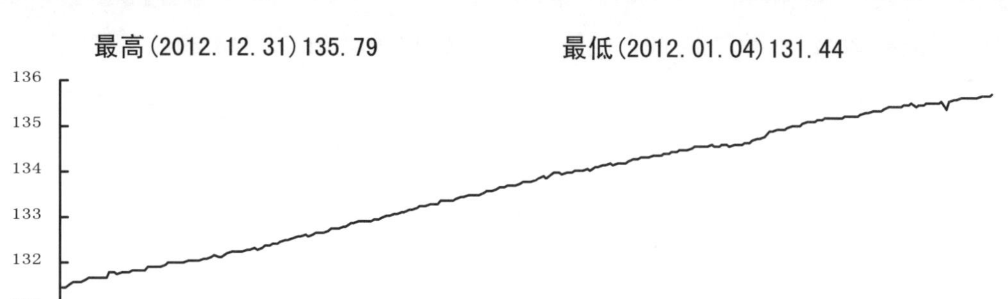

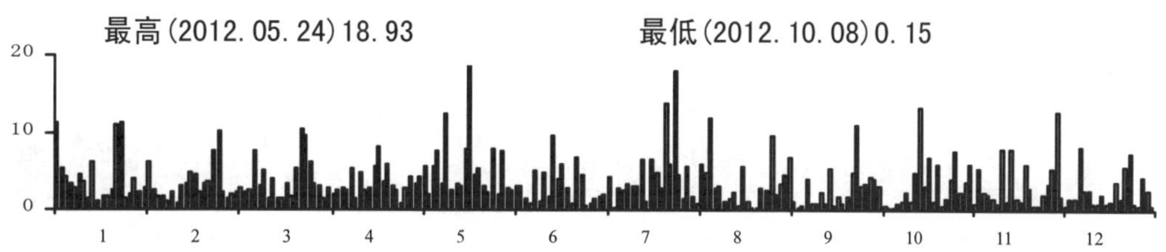

每日收盘指数 Daily Index

日期 Date	1月 Jan	2月 Feb	3月 Mar	4月 Apr	5月 May	6月 Jun	7月 Jul	8月 Aug	9月 Sep	10月 Oct	11月 Nov	12月 Dec
1	---	131.76	132.05	---	---	133.30	---	134.17	---	---	135.19	---
2	---	131.78	132.07	---	132.86	---	133.70	134.18	---	---	135.20	---
3	---	131.79	---	---	132.86	---	133.75	134.20	134.56	---	---	135.51
4	131.44	---	---	---	132.90	133.38	133.78	---	134.57	---	---	135.53
5	131.45	---	132.10	132.50	---	133.39	133.80	---	134.58	---	135.24	135.54
6	131.47	131.81	132.12	132.52	---	133.38	133.78	134.17	134.59	---	135.25	135.55
7	---	131.83	132.16	---	132.92	133.39	---	134.20	134.59	---	135.26	135.56
8	---	131.84	132.14	---	132.93	133.42	---	134.20	---	134.92	135.27	---
9	131.56	131.84	132.14	132.55	132.92	---	133.85	134.20	---	134.93	135.30	---
10	131.58	131.85	---	132.57	132.94	---	133.88	134.26	134.63	134.95	---	135.58
11	131.58	---	---	132.57	132.96	133.45	133.90	---	134.58	134.96	---	135.42
12	131.59	---	132.19	132.61	---	133.46	133.89	---	134.59	134.97	135.33	135.60
13	131.61	131.90	132.24	132.60	---	133.48	133.94	134.29	134.63	---	135.34	135.61
14	---	131.91	132.25	---	132.99	133.48	---	134.31	134.63	---	135.36	135.63
15	---	131.92	132.27	---	133.03	133.49	---	134.33	---	135.01	135.37	---
16	131.67	131.93	132.26	132.63	133.06	---	133.98	134.34	---	135.03	135.39	---
17	131.65	131.94	---	132.65	133.07	---	133.98	134.35	134.60	135.05	---	135.65
18	131.67	---	---	132.67	133.09	133.52	133.95	---	134.61	135.06	---	135.66
19	131.66	---	132.29	132.67	---	133.56	133.99	---	134.63	135.08	135.42	135.68
20	131.68	131.98	132.30	132.69	---	133.57	133.99	134.38	134.63	---	135.44	135.66
21	---	131.99	132.32	---	133.11	133.60	---	134.39	134.65	---	135.46	135.68
22	---	131.99	132.31	---	133.14	---	---	134.39	---	135.11	135.47	---
23	---	132.01	132.33	132.74	133.15	---	134.04	134.40	---	135.12	135.47	---
24	---	132.01	---	132.74	133.17	---	134.03	134.42	134.68	135.14	---	135.71
25	---	---	---	132.76	133.19	133.64	134.06	---	134.72	135.15	---	135.70
26	---	---	132.38	132.78	---	133.65	134.07	---	134.75	135.17	135.51	135.72
27	---	132.05	132.38	132.81	---	133.66	134.06	134.46	134.76	---	135.52	135.73
28	---	132.05	132.40	---	133.26	133.69	---	134.47	134.80	---	135.53	135.75
29	---	132.03	132.43	---	133.27	133.71	---	134.48	---	135.19	135.46	---
30	131.80	---	132.46	---	133.29	---	134.12	134.48	---	135.20	135.48	---
31	131.78	---	---	---	133.30	---	134.12	134.51	---	135.19	---	135.79
最高 high	131.81	132.06	132.46	132.93	133.38	133.71	134.13	134.51	134.80	135.21	135.71	H135.82
最低 low	L131.44	131.76	132.03	132.50	132.85	133.30	133.70	134.11	134.55	134.92	135.19	135.41

分类指数数据及图表

Data and Chart of Sector Indices

上证企业债指数　SSE C-Bond Index

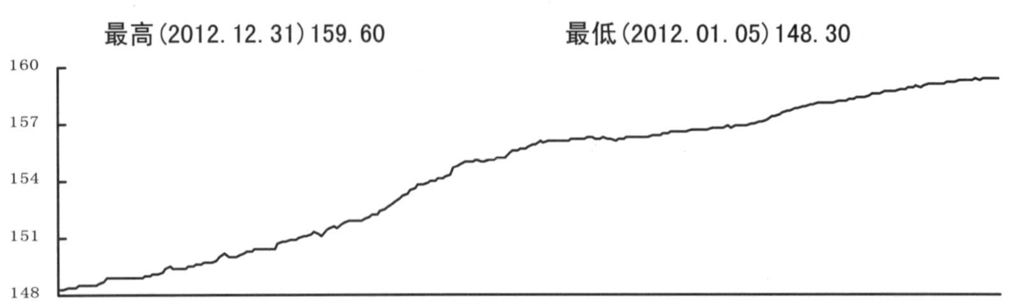

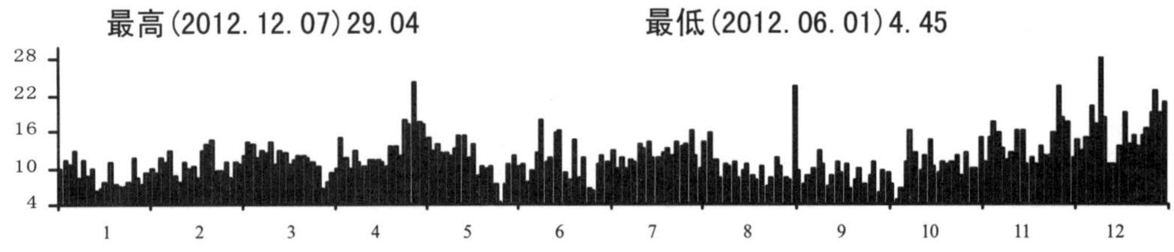

每日收盘指数 Daily Index

日期 Date	1月 Jan	2月 Feb	3月 Mar	4月 Apr	5月 May	6月 Jun	7月 Jul	8月 Aug	9月 Sep	10月 Oct	11月 Nov	12月 Dec
1	---	148.92	149.57	---	---	154.02	---	156.24	---	---	158.21	---
2	---	148.86	149.56	---	151.88	---	155.56	156.27	---	---	158.22	---
3	---	148.93	---	---	151.91	---	155.60	156.21	156.66	---	---	159.05
4	148.39	---	---	---	151.92	154.10	155.66	---	156.68	---	---	159.06
5	148.30	---	149.68	150.81	---	154.10	155.70	---	156.69	---	158.27	159.05
6	148.31	148.95	149.71	150.80	---	154.20	155.79	156.25	156.70	---	158.32	159.09
7	---	148.93	149.74	---	151.91	154.33	---	156.10	156.74	---	158.38	159.08
8	---	148.93	149.85	---	152.03	154.66	---	156.20	---	157.45	158.38	---
9	148.37	148.88	150.03	150.90	152.12	---	155.88	156.25	---	157.45	158.41	---
10	148.38	148.91	---	150.95	152.15	---	155.91	156.27	156.77	157.52	---	159.16
11	148.41	---	---	150.99	152.22	154.81	156.06	---	156.79	157.58	---	159.15
12	148.51	---	150.16	151.10	---	154.94	155.98	---	156.80	157.68	158.49	159.22
13	148.52	148.96	150.04	151.13	---	154.99	156.07	156.33	156.85	---	158.56	159.26
14	---	148.99	149.96	---	152.39	154.98	---	156.33	156.86	---	158.57	159.28
15	---	149.07	150.03	---	152.51	155.02	---	156.33	---	157.75	158.63	---
16	148.52	149.14	150.10	151.25	152.64	---	156.11	156.32	---	157.80	158.67	---
17	148.51	149.16	---	151.30	152.76	---	156.14	156.34	156.82	157.83	---	159.34
18	148.49	---	---	151.17	152.91	155.05	156.11	---	156.86	157.88	---	159.35
19	148.55	---	150.19	151.10	---	155.04	156.11	---	156.87	157.92	158.65	159.38
20	148.72	149.39	150.28	151.42	---	154.97	156.13	156.42	156.89	---	158.70	159.35
21	---	149.48	150.30	---	153.07	155.10	---	156.45	156.93	---	158.73	159.38
22	---	149.44	150.39	---	153.20	---	---	156.41	---	158.00	158.78	---
23	---	149.36	150.41	151.53	153.35	---	156.19	156.46	---	158.04	158.82	---
24	---	149.39	---	151.57	153.53	---	156.20	156.47	156.98	158.05	---	159.41
25	---	---	---	151.51	153.59	155.08	156.25	---	157.01	158.05	---	159.44
26	---	---	150.42	151.67	---	155.15	156.25	---	157.08	158.09	158.90	159.44
27	---	149.44	150.43	151.79	---	155.21	156.26	156.63	157.14	---	158.94	159.41
28	---	149.52	150.43	---	153.80	155.22	---	156.56	157.23	---	158.97	159.43
29	---	149.52	150.44	---	153.83	155.49	---	156.56	---	158.10	158.94	---
30	148.89	---	150.66	---	153.92	---	156.28	156.56	---	158.11	159.00	---
31	148.90	---	---	---	153.98	---	156.20	156.64	---	158.17	---	159.60
最高 high	148.96	149.53	150.66	151.82	154.01	155.50	156.34	156.68	157.29	158.18	159.03	H159.65
最低 low	L148.22	148.82	149.41	150.69	151.82	153.90	155.52	156.08	156.64	157.42	158.17	159.03

Securities
Trading
证券成交

股票市场概貌
Share Market Overview

股票
Share

股票市场交易 Stock Market Data	2012 年	2011 年	增减(%) Change (%)
交易天数 Trading Days	243	244	-0.41
上市股票数 No. of Stocks	998	975	2.36
A 股 A Share	944	921	2.50
B 股 B Share	54	54	0.00
新上市股票数 No. of Stocks New Listed	26	39	-33.33
股票市价总值(亿)Total Market Cap(100M)	158698.44	148376.22	6.96
A 股 A Share	157912.65	147692.76	6.92
B 股 B Share	785.79	683.47	14.97
股票非限售市值(亿) Negotiable Cap (100M)	134294.45	122851.36	9.31
A 股 A Share	133508.66	122167.89	9.28
B 股 B Share	785.79	683.47	14.97
总成交金额 (亿) Total Trading Val(100M)	164545.01	237560.45	-30.74
A 股 A Share	164047.38	236809.12	-30.73
B 股 B Share	413.48	746.19	-44.59
日均成交金额(亿)Average Trading Val(100M)	677.14	973.61	-30.45
A 股 A Share	675.09	970.53	-30.44
B 股 B Share	1.70	3.06	-44.44
总成交量(亿) Total Trading Vol (100M)	18948.94	21193.87	-10.59
A 股 A Share	18850.54	21078.72	-10.57
B 股 B Share	77.89	114.19	-31.79
日均成交量(亿) Average Trading Vol(100M)	77.98	86.86	-10.22
A 股 A Share	77.57	86.39	-10.21
B 股 B Share	0.32	0.47	-31.91
总成笔数(百万)Total Number of Trades(M)	925.55	1273.28	-27.31
A 股 A Share	921.75	1267.39	-27.27
B 股 B Share	3.80	5.89	-35.48
日均成交笔数(百万)Average Trades(M)	3.81	5.22	-27.01
A 股 A Share	3.79	5.19	-26.98
B 股 B Share	0.02	0.02	0.00
大宗交易成交 Bulk Trading			
总成交金额(亿) Total Trading Val(100M)	565.50	676.76	-16.44
总成交量(亿) Total Trading Vol(100M)	72.51	82.96	-12.60
总成交笔数(笔) Number of Trades	1842.00	2024.00	-8.99
股票换手率 Turnover Rate	101.60	124.80	-18.59
A 股 A Share	101.92	125.09	-18.52
B 股 B Share	57.52	86.80	-33.73
股票平均价格 Average Price	6.45	6.32	2.06
A 股 A Share	6.45	6.33	1.90
B 股 B Share	5.47	5.09	7.47
股票市盈率 P/E	12.30	13.40	-8.21
A 股 A Share	12.29	13.41	-8.35
B 股 B Share	13.18	12.28	7.33

A 股每日成交(亿元/亿)
A Share Trading(100M Yuan/100M Shares)

股票
Share

日期 Date	1月 Jan		2月 Feb		3月 Mar		4月 Apr		5月 May		6月 Jun	
	金额 Val	数量 Vol	金额 Val	数量 Vol	金额 Val	数量 Vol	金额 Val	数量 Vol	金额 Val	数量 Vol	金额 Val	数量 Vol
1	---	---	484.67	53.37	713.58	75.45	---	---	---	---	771.39	76.96
2	---	---	575.58	63.26	966.78	103.28	---	---	1242.51	127.90	---	---
3	---	---	701.21	78.70	---	---	---	---	1028.82	102.81	---	---
4	409.71	49.97	---	---	---	---	---	---	1023.97	102.01	867.86	90.00
5	465.60	58.67	---	---	1080.99	113.00	746.66	80.01	---	---	640.55	65.96
6	393.87	50.42	672.17	75.51	1005.33	103.33	690.52	72.25	---	---	585.34	58.47
7	---	---	580.16	67.15	916.56	94.49	---	---	1114.06	108.69	595.45	60.03
8	---	---	808.89	87.07	932.00	96.12	---	---	1053.16	104.94	638.48	67.93
9	621.62	76.75	894.94	97.73	1005.02	100.55	550.81	59.59	994.32	97.71	---	---
10	910.07	109.43	822.53	96.65	---	---	630.49	67.15	810.27	81.65	---	---
11	744.34	84.52	---	---	---	---	672.42	74.72	756.52	74.56	603.61	64.56
12	638.61	71.42	---	---	1081.92	106.04	871.34	97.38	---	---	554.68	60.01
13	638.97	71.21	778.04	86.18	1030.48	104.89	923.70	98.54	---	---	738.19	78.16
14	---	---	663.66	73.07	1704.95	179.03	---	---	894.54	90.90	691.40	71.70
15	---	---	875.04	98.58	1124.30	120.09	---	---	775.11	77.86	686.52	72.07
16	428.94	45.81	837.67	94.89	1022.95	103.30	737.66	85.21	745.27	76.84	---	---
17	772.32	87.47	650.19	71.66	---	---	723.39	84.40	818.54	87.47	---	---
18	806.97	89.82	---	---	---	---	931.03	108.46	790.61	89.58	600.01	60.44
19	637.97	72.33	---	---	1071.22	106.89	900.44	94.28	---	---	578.25	60.07
20	627.62	69.65	821.26	88.59	944.61	97.55	1016.35	115.23	---	---	506.77	54.30
21	---	---	744.47	79.12	952.43	96.01	---	---	700.13	74.74	545.88	58.89
22	---	---	1092.67	118.60	772.80	79.58	---	---	754.57	76.87	---	---
23	---	---	1053.23	112.25	739.14	76.44	1092.57	122.19	851.87	84.46	---	---
24	---	---	1213.43	134.52	---	---	1173.37	133.10	775.36	79.38	---	---
25	---	---	---	---	---	---	1130.46	130.72	683.96	74.13	545.26	59.58
26	---	---	---	---	540.82	55.32	1049.78	115.69	---	---	474.14	53.08
27	---	---	1448.83	158.62	651.59	60.79	841.04	91.16	---	---	452.58	51.08
28	---	---	1070.88	118.39	780.12	83.23	---	---	866.90	94.64	502.17	54.19
29	---	---	916.34	95.15	680.43	74.09	---	---	1118.11	117.40	558.01	61.21
30	517.60	58.22	---	---	559.52	61.89	---	---	854.52	90.23	---	---
31	437.87	48.67	---	---	---	---	---	---	754.78	77.78	---	---
最高 high	910.07	109.43	1448.83	158.62	H1704.95	H179.03	1173.37	133.10	1242.51	127.90	867.86	90.00
最低 low	393.87	45.81	484.67	53.37	540.82	55.32	550.81	59.59	683.96	74.13	452.58	51.08

A 股每日成交(亿元/亿)
A Share Trading(100M Yuan/100M Shares)

股票
Share

日期 Date	7月 Jul		8月 Aug		9月 Sep		10月 Oct		11月 Nov		12月 Dec	
	金额 Val	数量 Vol	金额 Val	数量 Vol	金额 Val	数量 Vol	金额 Val	数量 Vol	金额 Val	数量 Vol	金额 Val	数量 Vol
1	---	---	443.71	53.61	---	---	---	---	625.25	82.63	---	---
2	607.46	62.18	417.14	53.27	---	---	---	---	568.27	77.04	---	---
3	605.33	62.61	435.90	52.96	478.68	60.52	---	---	---	---	430.46	61.63
4	522.25	55.20	---	---	475.14	57.33	---	---	---	---	434.08	62.78
5	519.83	57.71	---	---	448.78	57.43	---	---	532.98	71.51	856.99	120.38
6	706.65	76.35	609.74	71.37	426.96	55.98	---	---	537.51	71.24	588.66	81.85
7	---	---	618.98	74.87	1108.88	139.27	---	---	474.64	59.70	825.09	115.38
8	---	---	622.36	72.64	---	---	450.33	55.03	495.36	67.42	---	---
9	692.97	74.91	656.88	72.76	---	---	674.76	84.38	390.72	54.18	---	---
10	530.19	58.84	608.59	68.10	861.18	103.39	605.54	78.85	---	---	813.50	115.09
11	535.30	58.92	---	---	658.37	80.44	566.77	74.37	---	---	680.14	93.58
12	791.88	82.08	---	---	691.31	83.93	514.34	68.24	424.35	57.18	571.47	78.58
13	561.04	57.74	629.81	71.09	645.15	78.84	---	---	445.73	60.99	526.41	72.45
14	---	---	596.61	67.47	760.56	91.04	---	---	359.58	48.22	1180.41	161.11
15	---	---	459.04	54.33	---	---	424.70	54.00	371.60	50.63	---	---
16	626.22	67.28	389.77	45.05	---	---	472.14	57.73	367.51	49.45	---	---
17	519.44	55.08	391.09	44.30	623.16	76.04	471.77	59.83	---	---	1107.44	144.33
18	591.35	66.29	---	---	443.17	55.77	658.09	87.23	---	---	992.94	126.62
19	682.58	79.05	---	---	437.52	52.71	508.55	67.65	360.50	45.22	761.28	94.83
20	545.39	64.25	391.81	46.51	538.64	67.28	---	---	333.87	42.56	806.89	100.12
21	---	---	514.85	60.68	476.01	60.11	---	---	400.67	53.76	846.53	103.16
22	---	---	489.12	58.26	---	---	477.94	60.33	339.97	45.86	---	---
23	480.18	55.63	502.71	58.31	---	---	541.97	72.81	388.73	52.08	---	---
24	466.73	54.31	495.64	59.93	455.30	57.56	497.35	72.83	---	---	680.47	78.45
25	409.51	48.07	---	---	384.16	48.15	556.59	85.32	---	---	1155.77	144.00
26	450.11	52.84	---	---	389.63	50.73	541.78	78.38	330.83	44.70	972.11	121.63
27	466.25	51.91	477.63	60.08	602.23	76.45	---	---	390.50	56.49	1002.87	128.73
28	---	---	420.54	54.33	649.93	79.32	---	---	345.49	50.58	919.78	115.46
29	---	---	415.89	52.01	---	---	394.79	54.15	331.86	49.50	---	---
30	422.90	51.51	507.63	61.92	---	---	427.23	60.45	376.46	56.72	---	---
31	433.35	52.90	352.03	45.98	---	---	431.06	59.39	---	---	1054.93	127.91
最高 high	791.88	82.08	656.88	74.87	1108.88	139.27	674.76	87.23	625.25	82.63	1180.41	161.11
最低 low	409.51	48.07	352.03	44.30	384.16	48.15	394.79	54.00	L330.83	L42.56	430.46	61.63

A 股
A Share

股票
Share

股票代码 Code	名称 Name	发行股本 Issued Vol	流通股本 Negotiable Vol	上年收盘 Last Year Close	本年开盘 Open	本年最高 High	本年最低 Low	本年收盘 Close	涨跌(%) Change(%)
600000	浦发银行	18653.47	14922.78	8.49	8.54	9.96	7.10	9.92	16.84
600004	白云机场	1150.00	1150.00	6.19	6.22	7.55	6.10	7.09	14.54
600005	武钢股份	10093.78	10093.78	2.89	2.90	3.27	2.35	2.77	-4.15
600006	东风汽车	2000.00	2000.00	3.14	3.15	4.18	2.60	2.99	-4.78
600007	中国国贸	1007.28	1007.28	9.12	9.15	11.78	8.69	11.49	25.99
600008	首创股份	2200.00	2200.00	5.20	5.29	5.83	3.83	4.37	-15.96
600009	上海机场	1926.96	1093.48	12.24	12.34	13.65	10.76	12.46	1.80
600010	包钢股份	6423.64	6423.64	4.12	4.15	7.21	4.00	5.40	31.07
600011	华能国际	10500.00	10000.00	5.35	5.40	7.40	4.96	7.14	33.46
600012	皖通高速	1165.60	1165.60	4.19	4.22	4.86	3.57	4.04	-3.58
600015	华夏银行	6849.73	4990.53	11.23	11.25	12.14	7.78	10.35	-7.84
600016	民生银行	22587.60	22587.60	5.89	5.95	7.88	5.39	7.86	33.45
600017	日照港	3075.65	2630.63	2.70	2.73	3.57	2.57	2.89	7.04
600018	上港集团	22755.18	20990.80	2.59	2.61	3.13	2.37	2.63	1.54
600019	宝钢股份	17122.05	17122.05	4.85	4.86	5.36	4.07	4.89	0.83
600020	中原高速	2247.37	2247.37	2.58	2.59	2.96	2.00	2.33	-9.69
600021	上海电力	2139.74	2139.74	4.73	4.79	5.70	4.00	4.64	-1.90
600022	山东钢铁	6436.30	5343.16	3.45	3.46	3.80	1.87	2.19	-36.52
600026	中海发展	2108.55	2108.55	5.92	5.95	6.86	4.05	4.64	-21.62
600027	华电国际	5940.06	5340.06	3.26	3.26	4.66	2.96	3.94	20.86
600028	中国石化	70039.80	70039.80	7.18	7.28	7.93	5.75	6.92	-3.62
600029	南方航空	7022.65	6898.75	4.74	4.78	5.63	3.26	3.91	-17.51
600030	中信证券	9838.58	9814.66	9.71	9.79	13.99	9.04	13.36	37.59
600031	三一重工	7593.71	7030.80	12.54	12.61	15.42	7.59	10.59	-15.55
600033	福建高速	2744.40	1339.75	2.38	2.39	2.73	2.03	2.23	-6.30
600035	楚天高速	931.65	931.65	3.35	3.37	3.76	2.66	2.98	-11.05
600036	招商银行	17666.13	17666.13	11.87	11.95	13.80	9.54	13.75	15.84
600037	歌华有线	1060.37	1060.37	7.99	8.07	9.57	5.77	6.70	-16.15
600038	哈飞股份	337.35	337.35	17.42	17.51	21.21	13.84	18.82	8.04
600039	四川路桥	1046.50	547.20	6.15	6.18	10.67	4.04	6.47	5.20
600048	保利地产	7137.99	7137.99	10.00	10.01	14.90	9.01	13.60	36.00
600050	中国联通	21196.60	21196.60	5.24	5.24	5.39	3.15	3.50	-33.21
600051	宁波联合	302.40	302.40	8.78	8.75	11.70	5.90	7.01	-20.16
600052	浙江广厦	871.79	871.79	3.42	3.43	6.52	3.03	4.23	23.68
600053	中江地产	433.54	433.54	5.90	5.97	8.00	5.00	7.63	29.32
600054	黄山旅游	315.35	117.62	14.85	14.98	17.47	10.70	12.58	-15.29
600055	华润万东	216.45	216.45	10.47	10.75	12.57	6.65	8.61	-17.77
600056	中国医药	310.96	310.96	20.24	21.98	24.92	17.20	20.19	-0.25
600057	象屿股份	859.84	429.84	5.06	5.11	7.26	3.38	4.53	-10.47
600058	五矿发展	1071.91	1071.91	21.91	22.05	30.79	11.73	17.17	-21.63
600059	古越龙山	634.86	603.99	10.50	10.58	16.88	9.37	11.42	8.76
600060	海信电器	1306.65	1306.65	11.88	11.98	22.72	7.81	10.11	-14.90
600061	中纺投资	429.08	429.08	5.68	5.71	7.86	3.61	4.36	-23.24
600062	华润双鹤	571.70	571.70	15.60	15.60	25.05	12.28	22.70	45.51
600063	皖维高新	1497.85	1497.85	4.04	4.05	5.23	2.28	2.65	-34.41
600064	南京高科	516.22	516.22	9.03	9.08	12.64	8.70	12.17	34.77
600066	宇通客车	705.29	673.66	23.66	24.00	27.27	19.90	25.20	6.51
600067	冠城大通	1176.80	1176.80	6.09	6.18	10.02	4.36	6.56	7.72
600068	葛洲坝	3487.46	3487.46	7.70	7.75	8.75	4.68	5.49	-28.70
600069	银鸽投资	825.37	825.37	6.06	6.10	8.17	4.41	5.22	-13.86

A 股
A Share

股票
Share

涨跌值 Change	市盈率 P/E	市净率 P/B	换手率(%) Turnover Rate	成交数量 Trading Vol	成交金额 Trading Val
1.43	6.78	1.04	107.86	16095.61	137442.55
0.90	11.70	1.13	60.13	691.45	4681.60
-0.12	25.80	0.79	39.07	3943.17	11133.43
-0.15	12.88	1.00	69.99	1399.85	4572.05
2.37	59.61	2.47	13.13	132.21	1380.60
-0.83	18.39	1.69	62.38	1372.27	6750.12
0.22	16.01	1.52	112.08	1225.52	15425.77
1.28	69.89	2.68	319.10	20497.65	116791.19
1.79	79.13	1.81	38.38	3837.99	23875.05
-0.15	7.82	1.02	44.96	524.08	2287.86
-0.88	7.69	0.95	136.42	6808.24	67366.87
1.97	7.99	1.37	111.15	25107.13	160310.15
0.19	18.49	1.03	56.85	1437.32	4236.80
0.04	12.67	1.25	6.62	1389.45	3758.43
0.04	11.37	0.75	37.56	6571.88	31126.78
-0.25	17.59	0.77	42.22	685.72	1755.22
-0.09	21.43	1.43	66.80	1429.42	7118.74
-1.26	266.75	1.10	90.17	4293.35	11777.27
-1.28	15.08	0.67	47.88	1009.53	5452.13
0.68	366.85	1.51	59.62	3104.69	11342.36
-0.26	8.38	1.17	10.12	7080.16	48580.36
-0.83	7.56	1.17	121.11	7770.80	34240.19
3.65	11.70	1.70	174.24	17101.16	204482.76
-1.95	9.30	3.49	103.76	7295.25	87231.00
-0.15	13.97	0.85	115.50	1547.43	3696.23
-0.37	9.39	0.83	71.33	664.57	2179.30
1.88	8.21	1.48	66.90	11818.28	135096.63
-1.29	25.48	1.29	152.51	1617.17	12598.74
1.40	57.82	3.98	231.97	782.54	13212.93
0.32	44.24	1.76	659.92	3278.40	20032.38
3.60	14.86	2.29	150.79	9887.85	112841.93
-1.74	52.53	1.03	85.15	18049.53	75104.48
-1.77	9.32	1.13	386.77	1169.60	10951.68
0.81	12.89	2.01	314.84	2744.74	12415.88
1.73	213.25	4.17	138.18	599.07	4152.18
-2.27	23.15	3.12	326.47	384.00	5595.19
-1.86	46.72	2.93	217.98	471.83	4935.38
-0.05	23.34	3.14	186.10	578.70	12135.82
-0.53	21.94	2.53	566.70	2434.17	13362.74
-4.74	34.22	2.23	229.83	2463.59	56367.95
0.92	42.58	3.01	422.78	2553.53	33847.18
-1.77	7.82	1.50	369.71	3767.85	52720.33
-1.32	111.65	3.17	262.76	1127.45	6078.08
7.10	24.53	2.79	267.08	1526.87	27318.56
-1.39	30.80	1.63	501.16	6253.57	20661.88
3.14	17.22	1.21	209.64	1082.19	11721.82
1.54	15.04	2.43	179.28	1166.11	27498.25
0.47	9.70	2.16	446.33	4421.83	28070.47
-2.21	12.35	1.54	140.54	4901.27	33380.19
-0.84	0.00	2.34	257.37	1876.02	11814.58

A 股
A Share

股票
Share

股票代码 Code	名称 Name	发行股本 Issued Vol	流通股本 Negotiable Vol	上年收盘 Last Year Close	本年开盘 Open	本年最高 High	本年最低 Low	本年收盘 Close	涨跌(%) Change(%)
600070	浙江富润	182.88	182.88	7.70	7.75	13.66	6.00	7.64	-0.78
600071	凤凰光学	237.47	237.47	7.06	7.08	8.37	4.68	6.09	-13.74
600072	中船股份	478.43	478.43	15.45	15.69	21.25	10.96	13.90	-10.03
600073	上海梅林	747.94	705.27	8.46	8.49	10.34	5.31	6.42	-24.11
600074	中达股份	661.24	661.24	2.97	3.00	4.79	2.59	4.04	36.03
600075	新疆天业	438.59	438.59	8.73	8.89	10.10	5.55	6.70	-23.25
600076	*ST 华光	365.54	365.54	3.65	3.65	4.73	2.60	3.38	-7.40
600077	宋都股份	1073.66	413.53	7.85	7.94	15.16	4.03	6.00	-23.57
600078	澄星股份	662.57	662.57	6.93	7.00	10.64	6.15	8.47	22.22
600079	人福医药	493.44	445.22	19.27	19.25	23.80	15.80	23.39	21.38
600080	金花股份	305.30	305.30	6.67	6.78	10.57	5.81	6.78	1.65
600081	东风科技	313.56	313.56	6.60	6.63	8.82	5.02	6.50	-1.52
600082	海泰发展	646.12	629.52	3.37	3.41	6.29	3.06	4.64	37.69
600083	ST 博信	230.00	225.98	4.36	4.37	6.23	3.90	4.98	14.22
600084	中葡股份	809.92	809.92	5.33	5.37	8.09	4.50	5.45	2.25
600085	同仁堂	1302.07	1302.07	14.03	14.12	19.28	12.88	17.82	27.01
600086	东方金钰	352.28	352.28	12.99	13.18	22.76	10.43	21.86	68.28
600087	*ST 长油	3394.19	2989.19	1.95	1.95	2.33	1.12	1.41	-27.69
600088	中视传媒	331.42	331.42	14.00	14.18	17.50	7.52	9.36	-33.14
600089	特变电工	2635.56	2635.56	7.68	7.74	9.12	5.51	6.46	-15.89
600090	啤酒花	367.92	367.92	7.29	7.40	10.97	5.68	6.91	-5.21
600091	ST 明科	336.53	336.53	3.62	3.69	5.22	3.21	4.06	12.16
600093	禾嘉股份	322.45	322.45	4.44	4.50	6.08	3.90	5.34	20.27
600094	大名城	1312.84	199.38	4.15	4.36	7.81	4.27	6.95	67.47
600095	哈高科	361.26	361.26	5.08	5.14	9.93	4.46	5.53	8.86
600096	云天化	693.63	693.63	14.88	14.99	18.30	10.99	12.96	-12.90
600097	开创国际	202.60	115.45	10.11	10.14	13.45	9.00	12.30	21.66
600098	广州发展	2742.22	2059.20	6.91	6.90	7.75	6.12	7.58	9.70
600099	林海股份	219.12	219.12	5.22	5.26	7.30	4.60	5.65	8.24
600100	同方股份	1987.70	1987.70	8.80	8.88	11.59	6.37	7.48	-15.00
600101	明星电力	324.18	324.18	8.91	9.01	14.69	7.32	9.29	4.27
600102	莱钢股份	922.27	922.27	7.17	7.19	7.59	7.03	7.13	-0.56
600103	青山纸业	1061.84	1061.84	3.14	3.14	4.32	2.52	2.89	-7.96
600104	上汽集团	11025.57	9170.32	14.14	14.28	17.77	11.17	17.64	24.75
600105	永鼎股份	380.95	380.95	6.36	6.41	8.63	4.40	5.24	-17.61
600106	重庆路桥	907.74	907.74	6.96	7.01	12.35	3.31	4.00	-42.53
600107	美尔雅	360.00	360.00	6.71	6.75	10.76	6.20	7.46	11.18
600108	亚盛集团	1946.92	1736.99	4.90	4.94	7.02	4.19	6.83	39.39
600109	国金证券	1294.07	1000.24	9.92	10.01	18.06	9.25	17.84	79.84
600110	中科英华	1150.31	1150.31	3.83	3.92	4.89	3.40	3.61	-5.74
600111	包钢稀土	2422.04	1479.47	37.63	37.90	77.96	27.14	37.45	-0.48
600112	长征电气	509.20	509.20	10.68	10.77	18.18	8.97	10.64	-0.38
600113	浙江东日	318.60	318.60	4.58	4.66	17.41	4.25	10.07	119.87
600114	东睦股份	195.50	107.68	9.15	9.31	13.65	6.68	7.99	-12.68
600115	东方航空	7782.21	7782.21	3.80	3.82	4.54	2.92	3.51	-7.63
600116	三峡水利	267.53	247.53	12.93	13.10	16.52	9.80	12.13	-6.19
600117	西宁特钢	741.22	741.22	6.51	6.59	8.30	4.02	4.93	-24.27
600118	中国卫星	916.60	916.60	20.40	20.40	20.48	9.04	12.23	-40.05
600119	长江投资	307.40	307.40	5.24	5.29	8.38	4.39	5.32	1.53
600120	浙江东方	505.47	505.47	7.13	7.20	14.50	6.15	8.55	19.92

A 股
A Share

股票
Share

涨跌值 Change	市盈率 P/E	市净率 P/B	换手率(%) Turnover Rate	成交数量 Trading Vol	成交金额 Trading Val
-0.06	37.25	2.37	981.99	1561.44	14563.56
-0.97	313.92	2.33	339.46	806.13	5469.36
-1.55	174.05	5.04	397.72	1902.83	31924.02
-2.04	32.06	2.56	186.47	821.38	6415.80
1.07	214.21	0.00	309.10	2043.92	7567.44
-2.03	30.65	1.71	304.05	1333.52	10314.16
-0.27	0.00	14.36	160.81	587.83	2114.84
-1.85	19.88	0.29	1036.10	2522.42	17542.91
1.54	111.26	3.22	940.85	6233.62	56894.87
4.12	38.43	3.82	184.04	775.21	16069.81
0.11	12.50	2.16	597.38	1823.78	15009.05
-0.10	14.82	2.83	133.35	418.15	3053.95
1.27	36.66	1.80	601.74	3782.54	18161.19
0.62	69.25	0.00	197.38	445.34	2228.77
0.12	0.00	4.71	247.27	1324.66	8239.06
3.79	52.97	5.83	192.07	2500.89	41298.90
8.87	98.39	10.47	557.55	1446.24	22009.59
-0.54	0.00	1.27	200.78	5988.99	9082.47
-4.64	42.37	2.95	363.28	1204.01	15814.26
-1.22	13.85	1.25	161.16	4247.58	30476.46
-0.38	43.47	5.85	451.46	1661.01	14731.25
0.44	0.00	2.44	153.37	516.14	2141.19
0.90	80.30	4.63	317.44	1023.56	5292.49
2.80	15.08	4.43	1041.64	2076.81	12725.11
0.45	92.91	2.96	734.66	2654.06	17025.57
-1.92	53.27	1.73	149.84	1016.55	13696.57
2.19	37.90	6.34	716.95	827.72	9521.89
0.67	54.13	1.62	62.56	1288.15	8935.13
0.43	377.93	2.59	222.94	488.51	2828.56
-1.32	21.02	1.64	284.86	5662.21	53661.59
0.38	13.66	1.90	408.67	1324.82	15055.48
-0.04	53.21	0.00	34.22	135.76	978.89
-0.25	246.17	2.23	344.42	3657.19	12594.87
3.50	9.62	1.59	52.95	4855.91	70108.42
-1.12	49.52	1.41	328.92	1253.02	8596.38
-2.96	10.21	1.76	527.72	3411.07	22676.67
0.75	96.57	5.17	716.95	2579.27	20936.75
1.93	120.12	3.08	329.21	4830.01	28154.16
7.92	99.65	3.64	332.51	3325.91	46083.29
-0.22	0.00	2.10	190.02	2185.87	9222.22
-0.18	26.08	13.50	901.42	10625.92	462841.06
-0.04	82.08	4.59	353.97	1612.19	22355.98
5.49	44.48	5.76	1468.70	4679.26	52818.29
-1.16	26.87	2.40	1234.33	1329.10	13844.22
-0.29	8.10	1.69	120.48	4483.88	17171.52
-0.80	49.34	3.04	1019.35	2523.24	33346.18
-1.58	11.28	1.26	181.82	1347.68	8397.20
-8.17	48.20	4.67	191.64	1620.93	21611.68
0.08	87.88	2.23	253.99	780.77	5005.83
1.42	19.67	1.19	626.94	3169.02	31370.66

A 股
A Share

股票
Share

股票代码 Code	名称 Name	发行股本 Issued Vol	流通股本 Negotiable Vol	上年收盘 Last Year Close	本年开盘 Open	本年最高 High	本年最低 Low	本年收盘 Close	涨跌(%) Change(%)
600121	郑州煤电	946.14	629.14	10.43	11.47	11.47	6.38	7.67	-26.46
600122	宏图高科	1132.79	1132.79	4.18	4.19	5.05	3.53	4.00	-4.31
600123	兰花科创	1142.40	1142.40	38.88	39.36	52.53	15.90	20.29	-47.81
600125	铁龙物流	1305.52	1156.16	9.28	9.30	10.16	5.48	7.19	-22.52
600126	杭钢股份	838.94	838.94	3.98	4.01	4.55	2.73	3.06	-23.12
600127	金健米业	544.46	544.46	4.78	4.81	5.98	3.91	4.69	-1.88
600128	弘业股份	246.77	246.77	9.83	9.91	13.45	7.50	8.75	-10.99
600129	太极集团	426.89	426.89	6.18	6.20	8.68	5.70	6.80	10.03
600130	波导股份	768.00	768.00	2.77	2.79	4.09	2.54	3.36	21.30
600131	岷江水电	504.13	397.37	5.07	5.13	6.97	4.32	5.32	4.93
600132	重庆啤酒	483.97	483.97	28.45	25.61	40.88	12.58	15.37	-45.98
600133	东湖高新	592.37	426.62	8.79	9.67	10.49	4.44	5.55	-36.86
600135	乐凯胶片	342.00	342.00	9.24	9.28	12.63	4.95	6.25	-32.36
600136	道博股份	104.44	104.29	7.49	7.70	10.28	6.00	7.51	0.27
600137	浪莎股份	97.22	97.22	11.70	11.71	13.90	7.24	8.86	-24.27
600138	中青旅	415.35	415.35	15.06	15.15	20.18	13.30	15.92	5.71
600139	西部资源	661.89	561.50	13.63	13.73	20.90	7.65	9.61	-29.49
600141	兴发集团	365.48	359.80	17.09	17.24	24.40	14.26	18.04	5.56
600143	金发科技	2634.40	2634.40	12.93	12.90	13.73	4.02	5.39	-58.31
600145	国创能源	377.69	377.69	5.91	6.21	7.02	3.64	5.31	-10.15
600146	大元股份	200.00	200.00	9.45	9.49	15.56	8.15	12.54	32.70
600148	长春一东	141.52	141.52	8.24	8.35	11.68	5.64	7.12	-13.59
600149	廊坊发展	380.16	330.11	4.54	4.58	9.62	4.40	9.09	100.22
600150	中国船舶	1378.12	1378.12	25.90	26.23	39.97	17.77	23.24	-10.27
600151	航天机电	1250.18	957.47	7.20	7.27	8.77	4.53	5.37	-25.42
600152	维科精华	293.49	293.49	7.30	7.32	8.98	3.66	4.38	-40.00
600153	建发股份	2237.75	2237.75	6.38	6.39	8.50	4.90	7.03	10.19
600155	*ST 宝硕	412.50	412.50	3.79	3.89	5.36	2.52	3.24	-14.51
600156	华升股份	402.11	402.11	3.94	4.05	5.42	3.44	4.07	3.30
600157	永泰能源	1767.56	1062.75	14.50	14.55	21.29	6.91	9.41	-35.10
600158	中体产业	843.74	657.50	5.60	5.68	8.14	4.49	5.77	3.04
600159	大龙地产	830.00	830.00	3.40	3.39	4.33	2.73	3.29	-3.24
600160	巨化股份	1416.92	1401.96	20.05	20.25	25.70	7.62	9.24	-53.92
600161	天坛生物	515.47	488.25	16.08	16.16	16.49	10.76	12.44	-22.64
600162	香江控股	767.81	361.70	5.04	5.03	6.56	3.83	4.90	-2.78
600163	福建南纸	721.42	721.42	5.62	5.81	7.40	2.97	3.81	-32.21
600165	新日恒力	273.95	193.95	7.60	7.70	8.11	5.38	6.08	-20.00
600166	福田汽车	2809.67	1371.71	5.81	5.82	8.96	5.45	6.73	15.84
600167	联美控股	211.00	211.00	7.75	7.75	13.60	6.73	9.73	25.55
600168	武汉控股	441.15	441.15	6.86	6.91	8.93	4.70	5.85	-14.72
600169	太原重工	2423.96	2423.96	5.69	5.70	6.83	2.54	3.63	-36.20
600170	上海建工	2312.72	704.91	8.87	8.95	19.29	6.11	7.81	-11.95
600171	上海贝岭	673.81	673.81	4.54	4.59	7.58	3.83	4.75	4.63
600172	黄河旋风	533.36	496.68	10.11	10.16	16.16	5.74	6.78	-32.94
600173	卧龙地产	725.15	725.06	3.79	3.80	5.50	3.18	4.07	7.39
600175	美都控股	1390.78	1371.28	2.71	2.72	3.98	2.43	2.89	6.64
600176	中国玻纤	872.63	641.09	12.98	13.11	18.75	6.87	10.15	-21.80
600177	雅戈尔	2226.61	1965.38	9.38	9.46	11.10	6.48	7.90	-15.78
600178	东安动力	462.08	462.08	6.15	6.16	8.75	4.55	5.39	-12.36
600179	黑化股份	390.00	390.00	4.23	4.20	8.25	3.46	7.20	70.21

A 股
A Share

股票
Share

涨跌值 Change	市盈率 P/E	市净率 P/B	换手率(%) Turnover Rate	成交数量 Trading Vol	成交金额 Trading Val
-2.76	62.59	2.26	163.61	1029.35	9367.62
-0.18	22.55	0.81	206.97	2326.42	10321.16
-18.59	13.94	2.43	379.42	3603.53	88518.64
-2.09	18.64	2.31	190.31	2144.12	16936.30
-0.92	8.56	0.78	83.85	703.43	2580.77
-0.09	0.00	5.18	280.05	1524.75	7814.98
-1.08	22.34	1.58	452.31	1116.15	12030.05
0.62	140.38	3.22	252.09	1076.17	8040.57
0.59	42.90	3.41	268.42	2061.44	6947.20
0.25	20.94	3.21	363.49	1444.40	8775.48
-13.08	48.42	5.01	837.94	4055.39	106593.83
-3.24	208.73	2.45	508.50	2112.14	16160.94
-2.99	0.00	2.24	432.90	1480.53	11864.71
0.02	65.44	5.91	237.66	247.87	2144.92
-2.84	24.84	1.91	199.93	194.37	2205.48
0.86	24.74	2.31	282.39	1172.91	19801.39
-4.02	25.76	3.94	471.10	2017.66	24860.36
0.95	28.36	2.29	438.94	1579.29	32272.66
-7.54	14.87	0.10	149.12	2959.72	25625.79
-0.60	0.00	10.25	539.33	2036.96	10648.96
3.09	0.00	10.85	1247.88	2495.76	29925.73
-1.12	24.21	3.27	156.29	221.18	1982.01
4.55	65.94	10.89	594.81	1946.71	14419.39
-2.66	14.22	1.83	153.84	1840.67	50638.97
-1.83	453.93	1.85	146.33	1401.11	9714.13
-2.92	13.61	1.67	536.86	1575.66	10984.44
0.65	6.99	1.57	164.85	3689.03	24776.09
-0.55	0.62	0.00	183.95	758.80	3098.60
0.13	381.44	2.71	256.07	1029.69	4670.04
-5.09	51.60	1.92	526.44	4874.57	48961.83
0.17	61.19	3.75	786.60	5171.86	32657.79
-0.11	9.86	1.54	184.37	1530.29	5498.65
-10.81	7.50	2.25	296.72	3130.13	45539.90
-3.64	27.48	4.13	125.51	612.79	8901.59
-0.14	85.37	2.60	821.80	2972.44	16205.75
-1.81	0.00	1.92	563.51	4065.24	19117.59
-1.52	845.62	1.62	338.17	655.89	4534.24
0.92	16.41	1.28	364.12	4994.67	35686.05
1.98	24.98	2.69	421.23	888.79	9169.87
-1.01	42.22	1.53	197.95	873.25	6171.09
-2.06	22.54	1.64	273.18	5562.00	24333.53
-1.06	13.31	1.53	812.83	4788.06	41727.41
0.21	100.42	1.84	248.68	1675.59	9938.41
-3.33	27.64	1.79	550.45	2188.25	19711.40
0.28	20.92	2.06	255.82	1854.81	7783.35
0.18	32.33	1.96	208.12	2700.77	8170.10
-2.83	30.30	2.44	249.69	1297.49	15427.58
-1.48	9.98	1.26	107.84	2014.47	18269.98
-0.76	73.62	1.11	313.16	1447.03	9793.28
2.97	0.00	9.39	1695.60	3589.26	22048.83

A 股
A Share

股票
Share

股票代码 Code	名称 Name	发行股本 Issued Vol	流通股本 Negotiable Vol	上年收盘 Last Year Close	本年开盘 Open	本年最高 High	本年最低 Low	本年收盘 Close	涨跌(%) Change(%)
600180	瑞茂通	869.12	250.99	7.88	7.49	10.02	5.69	7.97	1.14
600182	S 佳通	340.00	170.00	6.95	6.98	8.84	6.18	8.19	17.84
600183	生益科技	1423.02	1400.51	7.22	7.26	9.07	3.58	4.21	-41.69
600184	光电股份	209.38	97.95	27.16	27.30	30.99	12.95	19.42	-28.50
600185	格力地产	577.59	577.59	5.20	5.24	7.29	4.61	6.96	33.85
600186	莲花味精	1062.02	938.10	3.38	3.39	4.26	2.24	3.01	-10.95
600187	国中水务	427.23	427.23	9.97	10.00	10.89	6.33	8.09	-18.86
600188	兖州煤业	2960.00	360.00	22.39	22.69	26.54	15.08	18.23	-18.58
600189	吉林森工	310.50	310.50	6.70	6.75	8.93	5.21	6.44	-3.88
600190	锦州港	1338.98	1338.98	3.29	3.31	4.96	3.16	3.67	11.55
600191	华资实业	484.93	484.93	5.80	5.80	7.25	4.99	5.79	-0.17
600192	长城电工	341.75	341.75	7.06	7.02	7.30	4.68	5.41	-23.37
600193	创兴资源	327.21	327.21	11.13	11.18	16.55	8.63	12.07	8.45
600195	中牧股份	390.00	390.00	17.34	17.85	19.49	9.99	12.62	-27.22
600196	复星医药	1904.39	1899.62	8.54	8.60	11.98	7.95	10.49	22.83
600197	伊力特	441.00	441.00	9.12	9.17	17.05	8.13	15.15	66.12
600198	大唐电信	741.71	437.33	8.40	8.40	12.88	6.71	8.13	-3.21
600199	金种子酒	555.78	555.78	14.90	15.03	27.25	13.30	19.21	28.93
600200	江苏吴中	623.70	522.09	9.10	9.22	11.51	5.69	7.20	-20.88
600201	金宇集团	280.81	280.81	11.93	12.20	16.53	10.51	14.26	19.53
600202	哈空调	383.34	383.34	6.16	6.21	7.35	4.40	5.07	-17.70
600203	福日电子	240.54	240.54	4.82	4.85	7.11	4.43	5.50	14.11
600206	有研硅股	217.50	217.50	9.95	9.99	13.08	7.89	9.86	-0.91
600207	安彩高科	440.00	440.00	4.29	4.29	5.68	2.53	4.20	-2.10
600208	新湖中宝	6258.86	6257.26	3.42	3.41	4.93	3.04	4.31	26.02
600209	罗顿发展	439.01	375.30	4.01	4.04	10.61	3.53	10.39	159.10
600210	紫江企业	1436.74	1436.74	4.01	4.04	4.99	3.19	3.51	-12.47
600211	西藏药业	145.59	101.71	10.66	10.69	14.95	9.55	14.76	38.46
600212	江泉实业	511.70	511.70	3.43	3.47	4.50	2.62	3.07	-10.50
600213	亚星客车	220.00	220.00	7.09	7.17	9.63	4.56	5.58	-21.30
600215	长春经开	465.03	465.03	4.28	4.30	5.80	3.90	4.69	9.58
600216	浙江医药	520.06	450.06	19.89	20.10	26.86	18.03	21.02	5.68
600217	秦岭水泥	660.80	660.80	3.02	3.03	8.08	2.35	7.09	134.77
600218	全柴动力	283.40	283.40	13.99	13.90	16.32	7.21	9.70	-30.67
600219	南山铝业	1934.15	1934.15	6.33	6.39	8.27	6.10	6.82	7.74
600220	江苏阳光	1783.34	1783.34	2.85	2.87	4.01	2.40	2.81	-1.40
600221	海南航空	5906.37	3345.19	4.48	4.53	5.47	3.65	4.23	-5.58
600222	太龙药业	412.40	412.40	4.72	4.75	5.57	4.00	4.42	-6.36
600223	鲁商置业	1000.97	1000.97	4.67	4.73	7.19	3.45	5.67	21.41
600225	天津松江	626.40	555.97	4.48	4.47	5.98	3.36	4.58	2.23
600226	升华拜克	405.55	405.55	7.51	7.61	9.16	4.65	6.00	-20.11
600227	赤天化	950.39	931.34	3.90	3.95	5.11	3.17	3.65	-6.41
600228	昌九生化	241.32	241.32	6.62	6.90	17.00	6.59	14.79	123.41
600229	青岛碱业	395.79	395.79	5.69	5.75	8.88	4.87	5.89	3.52
600230	沧州大化	259.33	259.33	7.44	7.68	19.78	6.80	15.72	111.29
600231	凌钢股份	804.00	804.00	5.49	5.57	6.38	3.47	4.75	-13.48
600232	金鹰股份	364.72	364.72	4.89	4.93	7.20	3.67	4.35	-11.04
600233	大杨创世	165.00	165.00	9.67	9.78	12.60	6.99	8.34	-13.75
600234	ST 天龙	202.45	202.45	3.67	3.79	5.40	3.32	4.52	23.16
600235	民丰特纸	263.40	263.40	5.72	5.73	7.80	5.07	6.73	17.66

A 股
A Share

股票
Share

涨跌值 Change	市盈率 P/E	市净率 P/B	换手率(%) Turnover Rate	成交数量 Trading Vol	成交金额 Trading Val
0.09	0.00	5.57	255.14	572.43	4602.75
1.24	36.32	3.55	255.46	434.28	3347.51
-3.01	13.30	1.48	131.14	1480.22	9543.35
-7.74	175.37	4.06	582.55	542.57	10217.80
1.76	15.91	1.58	395.50	1673.64	10080.36
-0.37	0.00	3.53	433.93	4070.76	13143.30
-1.88	52.52	2.99	861.85	2444.60	21785.21
-4.16	10.40	2.01	347.60	1251.34	27190.50
-0.26	26.26	1.51	361.15	1121.36	7687.72
0.38	22.89	1.40	64.66	821.51	3323.93
-0.01	73.39	1.68	245.14	1188.74	7223.19
-1.65	53.76	1.55	210.60	719.74	4456.76
0.94	0.00	7.60	1374.29	3931.18	49774.44
-4.72	10.92	2.54	169.84	662.39	10296.76
1.95	20.16	1.73	126.54	2403.73	24410.25
6.03	32.36	5.14	555.50	2449.75	33216.50
-0.27	243.41	2.78	156.42	684.06	7032.12
4.31	29.19	4.84	383.79	2133.00	44033.03
-1.90	145.48	4.83	637.55	3328.56	31047.62
2.33	26.80	3.72	127.52	358.11	5129.57
-1.09	0.00	2.10	217.35	833.19	4923.25
0.68	16.65	3.06	355.64	855.47	4974.60
-0.09	340.47	3.34	363.51	790.63	8614.62
-0.09	190.65	51.08	385.72	1697.15	7150.73
0.89	19.17	2.15	78.17	4871.58	18619.80
6.38	324.38	6.65	1312.50	4925.79	35720.95
-0.50	9.60	1.39	81.84	1175.82	4871.62
4.10	104.75	5.78	519.59	499.28	6320.72
-0.36	97.83	1.56	364.83	1866.84	6833.23
-1.51	0.00	6.63	173.18	380.99	2797.02
0.41	761.36	0.91	190.46	885.70	4156.24
1.13	10.80	1.77	240.33	1081.61	24598.11
4.07	0.00	38.31	450.55	2977.21	13913.84
-4.29	108.05	2.66	524.33	1485.94	14060.04
0.49	12.91	0.79	123.34	2385.51	17119.87
-0.04	575.82	3.29	151.30	2698.27	8792.17
-0.25	9.79	1.08	106.85	3574.38	16490.76
-0.30	142.95	2.92	220.52	909.42	4360.26
1.00	24.19	3.63	182.57	1770.22	8951.59
0.10	12.01	2.35	648.73	1548.13	7416.98
-1.51	25.45	1.81	313.89	1272.96	9576.35
-0.25	37.36	1.00	149.10	1384.18	5939.12
8.17	246.66	143.71	585.78	1413.62	17097.91
0.20	272.31	2.22	1102.55	4247.81	28731.53
8.28	58.07	2.69	511.08	1325.39	18013.50
-0.74	24.49	1.00	136.43	1096.90	5372.99
-0.54	59.32	1.33	319.34	1164.70	6549.82
-1.33	11.77	1.39	426.98	502.48	5268.75
0.85	13.41	0.00	209.84	424.81	1900.92
1.01	236.22	1.86	135.76	357.60	2299.32

A 股
A Share

股票
Share

股票代码 Code	名称 Name	发行股本 Issued Vol	流通股本 Negotiable Vol	上年收盘 Last Year Close	本年开盘 Open	本年最高 High	本年最低 Low	本年收盘 Close	涨跌(%) Change(%)
600236	桂冠电力	2280.45	1127.79	3.79	3.81	4.23	3.00	3.98	5.01
600237	铜峰电子	400.00	400.00	5.17	5.24	6.70	4.36	6.58	27.27
600238	海南椰岛	448.20	442.03	7.52	7.52	11.89	6.02	7.89	4.92
600239	云南城投	823.43	625.95	6.44	6.45	10.00	5.92	8.65	34.32
600240	华业地产	1419.00	1419.00	7.46	7.56	11.33	3.10	4.81	-35.52
600241	时代万恒	180.20	180.20	8.72	8.88	11.55	4.62	5.53	-36.58
600242	中昌海运	273.34	125.18	6.30	6.38	8.80	4.80	5.41	-14.13
600243	青海华鼎	236.85	236.85	5.33	5.36	7.35	4.52	5.52	3.57
600246	万通地产	1216.80	1216.80	3.20	3.22	4.42	2.95	3.82	19.38
600247	成城股份	336.44	336.44	3.92	3.98	5.75	3.61	4.03	2.81
600248	延长化建	425.99	291.27	6.88	6.97	9.03	6.17	7.32	6.40
600249	两面针	450.00	450.00	4.83	4.86	6.29	4.02	4.61	-4.56
600250	*ST 南纺	258.69	258.69	5.22	5.20	6.78	3.40	4.69	-10.15
600251	冠农股份	362.10	362.10	18.67	18.66	23.30	13.57	16.36	-12.37
600252	中恒集团	1091.75	1091.75	10.62	10.79	13.26	7.62	9.13	-14.03
600253	天方药业	420.00	419.40	6.84	7.52	7.57	5.12	6.07	-11.26
600255	鑫科材料	449.50	449.50	6.14	6.20	8.42	4.60	5.64	-8.14
600256	广汇能源	3504.36	2054.11	20.58	20.60	28.49	11.96	16.39	-20.36
600257	大湖股份	427.05	427.05	6.23	6.29	8.97	5.13	6.67	7.06
600258	首旅股份	231.40	231.40	12.56	12.58	15.06	9.22	11.35	-9.63
600259	广晟有色	249.40	249.40	38.13	38.00	81.73	33.05	58.48	53.37
600260	凯乐科技	527.64	527.64	5.48	5.54	14.96	4.98	9.21	68.07
600261	阳光照明	645.38	444.70	17.23	17.31	19.06	6.53	8.66	-49.74
600262	北方股份	170.00	66.00	13.69	13.79	16.50	11.05	13.89	1.46
600263	路桥建设	408.13	408.13	14.98	15.03	16.74	14.35	16.43	9.68
600265	ST 景谷	129.80	129.80	6.29	6.29	8.85	4.89	6.00	-4.61
600266	北京城建	889.20	889.20	12.39	12.34	16.22	10.00	14.89	20.18
600267	海正药业	839.71	839.71	31.77	30.25	30.29	13.14	14.89	-53.13
600268	国电南自	635.25	635.25	7.39	7.51	10.24	4.52	5.85	-20.84
600269	赣粤高速	2335.41	2335.41	3.80	3.82	4.27	3.04	3.42	-10.00
600270	外运发展	905.48	330.84	5.89	5.92	8.45	5.60	7.09	20.37
600271	航天信息	923.40	923.40	19.86	20.60	23.17	11.69	14.82	-25.38
600272	开开实业	163.00	160.00	9.40	9.41	15.50	7.04	10.16	8.09
600273	华芳纺织	315.00	315.00	8.89	8.89	10.20	4.34	5.56	-37.46
600275	武昌鱼	508.84	508.84	5.20	5.46	7.56	4.68	5.18	-0.39
600276	恒瑞医药	1236.56	1234.32	29.44	29.50	32.26	24.40	30.10	2.24
600277	亿利能源	1533.29	1533.29	8.55	8.58	10.96	4.32	5.94	-30.53
600278	东方创业	522.24	416.00	7.10	7.15	10.03	5.06	6.08	-14.37
600279	重庆港九	342.09	150.74	6.87	6.93	8.56	5.43	6.28	-8.59
600280	南京中商	143.54	143.54	25.03	25.02	38.20	21.81	35.82	43.11
600281	太化股份	514.40	514.40	4.68	4.68	7.05	4.00	6.31	34.83
600282	南钢股份	3875.75	1684.80	2.78	2.80	3.19	2.05	2.36	-15.11
600283	钱江水利	285.33	285.33	9.84	9.85	11.90	6.40	8.92	-9.35
600284	浦东建设	498.24	498.24	7.56	7.68	10.60	6.57	8.77	16.01
600285	羚锐制药	200.72	200.72	9.22	9.25	13.20	7.65	10.78	16.92
600287	江苏舜天	436.80	436.80	6.09	6.15	9.72	4.95	5.92	-2.79
600288	大恒科技	436.80	436.80	5.90	5.95	7.69	4.54	6.47	9.66
600289	亿阳信通	577.24	567.38	6.82	6.91	8.50	4.76	5.80	-14.96
600290	华仪电气	526.88	515.18	7.31	7.33	9.89	4.34	5.09	-30.37
600291	西水股份	384.00	384.00	6.47	6.48	8.01	4.95	6.79	4.95

A 股
A Share

股票
Share

涨跌值 Change	市盈率 P/E	市净率 P/B	换手率(%) Turnover Rate	成交数量 Trading Vol	成交金额 Trading Val
0.19	47.06	2.72	94.62	1067.17	4007.58
1.41	55.77	3.34	292.86	1171.46	6453.29
0.37	0.00	4.31	349.81	1546.29	14245.92
2.21	36.43	1.99	558.23	3494.25	26603.23
-2.65	15.23	2.25	433.99	4181.56	26222.29
-3.19	69.13	1.93	284.09	462.38	3120.35
-0.89	78.24	4.24	904.80	1132.61	7866.32
0.19	86.08	1.80	578.98	1371.32	8595.67
0.62	14.92	1.32	136.54	1661.37	6201.69
0.11	524.06	2.61	535.56	1801.84	8310.24
0.44	20.87	2.88	388.81	843.78	6504.44
-0.22	133.28	1.07	179.36	699.08	3645.64
-0.53	0.00	4.14	195.68	506.20	2625.66
-2.31	36.37	5.05	309.92	1122.22	21916.42
-1.49	26.59	3.08	702.26	7666.86	80514.90
-0.77	63.62	2.91	224.13	940.01	6123.34
-0.50	74.35	2.14	279.93	1258.26	8579.89
-4.19	58.81	7.09	253.47	4321.12	73506.23
0.44	159.80	4.60	684.05	2921.24	20899.26
-1.21	26.92	2.60	147.64	341.64	4329.92
20.35	84.22	27.42	612.94	1384.08	80364.95
3.73	77.12	2.89	1193.25	6296.07	66769.79
-8.57	24.83	2.38	189.95	749.93	8658.73
0.20	18.76	2.29	583.06	384.82	5388.43
1.45	38.45	0.00	15.71	64.12	1018.74
-0.29	0.00	18.65	404.59	525.15	3838.71
2.50	15.48	1.76	154.13	1370.55	17502.37
-16.88	24.80	2.67	158.55	1081.04	20920.11
-1.54	16.20	1.54	129.61	823.35	6220.23
-0.38	7.20	0.73	65.21	1522.99	5582.65
1.20	14.19	1.22	254.43	841.78	5860.66
-5.04	13.86	2.53	194.44	1795.42	31692.72
0.76	64.00	7.20	948.79	1518.06	15668.96
-3.33	0.00	2.92	680.25	2142.80	15589.95
-0.02	0.00	10.40	228.80	1164.24	7052.55
0.66	42.46	7.14	71.31	843.65	23851.63
-2.61	26.99	1.61	100.52	860.04	5650.87
-1.02	16.71	1.23	199.87	781.68	5372.61
-0.59	23.57	1.05	232.62	350.65	2575.90
10.79	96.41	6.57	68.31	95.57	2788.02
1.63	93.76	3.40	160.24	824.28	4623.12
-0.42	28.11	1.04	53.51	901.61	2367.98
-0.92	33.91	2.74	381.23	1087.78	10699.67
1.21	21.32	1.51	266.15	1243.15	10105.97
1.56	72.49	3.19	361.60	725.79	7526.41
-0.17	70.52	2.99	198.96	869.05	6380.79
0.57	26.36	2.03	435.89	1903.95	12195.95
-1.02	17.26	1.77	489.42	2764.57	18583.05
-2.22	44.76	1.42	353.49	1804.95	13560.59
0.32	277.37	1.11	246.16	945.23	6276.49

A 股
A Share

股票
Share

股票代码 Code	名称 Name	发行股本 Issued Vol	流通股本 Negotiable Vol	上年收盘 Last Year Close	本年开盘 Open	本年最高 High	本年最低 Low	本年收盘 Close	涨跌(%) Change(%)
600292	九龙电力	511.87	334.50	12.47	12.49	14.89	8.30	12.58	0.88
600293	三峡新材	344.50	344.50	7.17	7.20	9.92	5.88	7.03	-1.95
600295	鄂尔多斯	612.00	612.00	11.84	12.00	15.07	7.30	8.89	-24.92
600297	美罗药业	350.00	350.00	5.66	5.71	7.55	4.71	5.51	-2.65
600298	安琪酵母	329.63	294.99	29.41	29.65	31.27	12.10	16.33	-44.48
600299	蓝星新材	522.71	522.71	7.38	7.45	9.26	4.29	5.96	-19.24
600300	维维股份	1672.00	1672.00	3.85	3.86	10.72	3.62	6.89	78.96
600301	南化股份	235.15	235.15	3.86	3.89	7.07	2.83	5.24	35.75
600302	标准股份	346.01	346.01	5.74	5.73	5.99	3.33	3.81	-33.62
600303	曙光股份	574.51	574.51	7.00	7.10	7.88	3.71	4.38	-37.43
600305	恒顺醋业	127.15	127.15	9.93	10.03	17.75	9.05	16.25	63.65
600306	商业城	178.14	173.06	12.36	12.59	14.80	7.60	9.91	-19.82
600307	酒钢宏兴	4091.36	4091.36	3.76	3.80	4.75	2.84	3.28	-12.77
600308	华泰股份	1167.56	1167.56	3.55	3.58	4.72	3.07	3.47	-2.25
600309	烟台万华	2162.33	2162.33	12.90	12.97	15.68	11.73	15.61	21.01
600310	桂东电力	275.93	275.93	12.98	13.12	14.81	8.45	10.25	-21.03
600311	荣华实业	665.60	665.60	7.93	8.05	11.32	6.75	8.20	3.41
600312	平高电气	818.97	818.97	8.35	8.38	10.35	5.82	7.27	-12.93
600313	中农资源	367.29	304.20	7.13	7.16	8.78	5.66	7.14	0.14
600315	上海家化	448.35	423.00	34.09	34.75	53.00	28.91	50.99	49.58
600316	洪都航空	717.11	676.45	16.65	16.79	19.35	9.17	13.72	-17.60
600317	营口港	2157.66	1097.57	3.82	4.18	4.77	3.30	3.68	-3.67
600318	巢东股份	242.00	242.00	11.51	11.70	14.98	8.02	11.09	-3.65
600319	亚星化学	315.59	315.59	5.16	5.20	6.83	3.80	4.36	-15.50
600320	振华重工	2768.33	2768.33	4.70	4.72	5.33	3.02	3.39	-27.87
600321	国栋建设	1180.88	1180.88	4.13	4.00	6.35	2.01	2.72	-34.14
600322	天房发展	1105.70	1105.70	3.21	3.24	4.28	3.01	3.87	20.56
600323	南海发展	579.24	487.92	8.42	8.53	10.89	5.65	6.52	-22.57
600325	华发股份	817.05	817.05	7.23	7.30	10.18	6.53	8.50	17.57
600326	西藏天路	547.20	547.20	8.31	8.41	12.48	6.90	8.73	5.05
600327	大东方	521.71	521.71	7.22	7.33	8.47	3.73	4.59	-36.43
600328	兰太实业	359.12	359.12	8.10	8.14	11.70	5.31	6.63	-18.15
600329	中新药业	539.31	533.43	9.35	9.45	14.19	8.44	10.60	13.37
600330	天通股份	588.82	588.82	7.46	7.51	10.15	4.32	5.28	-29.22
600331	宏达股份	1032.00	1032.00	8.32	8.43	10.66	5.67	6.69	-19.59
600332	广州药业	591.00	591.00	13.14	13.20	33.76	12.00	19.42	47.79
600333	长春燃气	461.52	461.52	6.80	6.86	9.49	5.88	8.41	23.68
600335	国机汽车	560.00	275.96	14.05	14.05	18.08	8.22	12.51	-10.96
600336	澳柯玛	341.04	340.04	4.29	4.33	5.55	3.89	4.76	10.96
600337	美克股份	632.68	586.37	8.63	8.68	9.47	4.46	5.66	-34.42
600338	*ST 珠峰	158.33	158.33	6.80	6.90	8.44	5.63	7.10	4.41
600339	天利高新	578.15	578.15	6.44	6.48	8.65	4.01	4.67	-27.48
600340	华夏幸福	881.92	348.78	16.05	16.05	28.32	14.89	28.23	75.89
600343	航天动力	239.68	239.68	11.27	11.35	14.69	8.30	9.76	-13.40
600345	长江通信	198.00	198.00	10.28	10.45	17.88	8.98	11.79	14.69
600346	大橡塑	241.00	210.00	7.40	7.47	9.69	5.34	6.61	-10.68
600348	阳泉煤业	2405.00	2405.00	15.18	15.50	21.18	11.00	14.53	-4.28
600350	山东高速	4811.17	3363.80	3.22	3.22	4.27	2.90	3.35	4.04
600351	亚宝药业	692.00	632.95	6.11	6.15	7.44	4.31	5.34	-12.60
600352	浙江龙盛	1468.42	1468.42	5.72	5.83	7.59	5.10	6.07	6.12

A 股 股票
A Share Share

涨跌值 Change	市盈率 P/E	市净率 P/B	换手率(%) Turnover Rate	成交数量 Trading Vol	成交金额 Trading Val
0.11	147.90	2.34	264.20	883.75	10629.26
-0.14	127.10	3.08	994.10	3424.71	26663.78
-2.95	10.47	1.53	111.52	682.52	7905.18
-0.15	355.94	2.14	170.79	597.76	3720.63
-13.08	18.04	2.01	208.11	587.75	12691.64
-1.42	43.54	1.64	293.36	1533.43	9905.64
3.04	75.10	4.68	769.85	12871.95	103046.13
1.38	0.00	0.00	627.49	1475.52	7207.15
-1.93	116.23	1.10	171.33	592.82	2790.30
-2.62	14.16	1.06	613.85	3526.60	21595.57
6.32	204.97	4.08	256.64	326.32	4589.35
-2.45	488.42	3.58	339.63	578.33	6375.25
-0.48	8.84	1.12	74.40	1438.55	5422.40
-0.08	49.17	0.65	134.75	1573.27	6061.23
2.71	18.21	4.07	114.56	2477.20	34686.95
-2.73	27.00	0.91	154.45	426.17	4990.36
0.27	317.46	6.01	399.77	2660.89	24227.16
-1.08	342.12	2.07	253.63	2077.11	16804.51
0.01	328.73	2.61	253.47	605.05	4614.43
16.90	63.28	8.44	85.64	361.56	14987.66
-2.93	118.02	2.14	261.66	1769.98	25182.03
-0.14	34.04	0.85	52.42	575.35	2335.74
-0.42	9.27	3.11	486.65	1177.70	14128.98
-0.80	0.00	3.74	181.53	572.91	3192.18
-1.31	491.30	1.05	64.29	1742.56	7347.30
-1.41	755.56	1.54	429.38	4158.81	12305.68
0.66	15.97	0.97	242.43	2680.61	9804.51
-1.90	25.16	1.67	175.31	753.33	5643.51
1.27	9.02	1.05	249.17	2035.82	16833.69
0.42	57.08	4.50	303.51	1660.81	17024.46
-2.63	11.56	1.95	189.17	986.91	5728.34
-1.47	26.51	1.98	225.69	810.50	7344.63
1.25	31.64	3.67	189.63	1011.57	11282.94
-2.18	256.93	2.67	282.74	1664.85	12505.36
-1.63	131.43	9.23	229.88	2372.31	19463.05
6.28	54.77	3.84	471.09	2784.12	62936.79
1.61	53.97	2.78	295.68	1364.61	10517.92
-1.54	14.21	2.36	109.94	303.40	3640.98
0.47	43.77	2.12	228.73	777.75	3745.78
-2.97	18.23	1.43	416.71	2443.46	16833.72
0.30	0.00	351.17	139.75	221.27	1593.33
-1.77	42.93	2.30	364.04	2104.70	14466.01
12.18	18.33	5.77	548.20	1547.09	32756.87
-1.51	42.38	2.06	314.71	754.31	9075.51
1.51	23.46	1.96	218.41	432.45	5888.30
-0.79	0.00	2.80	249.22	523.37	4004.54
-0.65	12.43	2.69	170.85	4108.92	70413.39
0.13	8.15	0.92	94.35	1541.27	5540.18
-0.77	19.82	2.31	190.10	1203.26	7695.66
0.35	10.99	1.17	211.45	3105.00	19871.44

A 股
A Share

股票
Share

股票代码 Code	名称 Name	发行股本 Issued Vol	流通股本 Negotiable Vol	上年收盘 Last Year Close	本年开盘 Open	本年最高 High	本年最低 Low	本年收盘 Close	涨跌(%) Change(%)
600353	旭光股份	271.86	258.25	6.49	6.54	8.03	5.08	6.40	-1.39
600354	敦煌种业	447.80	436.80	20.93	21.12	21.63	5.12	7.03	-66.41
600355	精伦电子	246.04	246.04	4.10	4.12	5.72	3.44	4.36	6.34
600356	恒丰纸业	231.60	231.60	5.91	6.01	7.90	5.48	6.41	8.46
600358	国旅联合	432.00	432.00	3.84	3.87	5.03	3.22	3.72	-3.13
600359	*ST 新农	321.00	321.00	7.23	7.25	10.58	4.29	5.45	-24.62
600360	华微电子	678.08	678.08	4.04	4.08	5.48	3.32	3.76	-6.93
600361	华联综超	665.81	484.81	5.56	5.67	6.86	4.22	5.08	-8.63
600362	江西铜业	2075.25	2075.25	21.93	22.20	28.67	19.50	23.86	8.80
600363	联创光电	443.48	370.81	6.07	6.15	9.55	5.60	6.81	12.19
600365	通葡股份	140.00	140.00	5.93	5.97	11.28	5.52	9.15	54.30
600366	宁波韵升	514.50	514.50	14.83	14.85	25.38	11.65	15.87	7.01
600367	红星发展	291.20	291.20	12.37	12.44	16.98	7.45	10.25	-17.14
600368	五洲交通	833.80	833.80	5.11	5.16	6.99	3.26	3.84	-24.85
600369	西南证券	2322.55	1641.87	8.63	8.78	12.75	7.02	8.93	3.48
600370	三房巷	318.90	318.90	4.40	4.41	5.60	3.49	4.08	-7.27
600371	万向德农	170.50	170.50	18.43	18.50	22.85	10.73	14.25	-22.68
600372	中航电子	1353.20	656.00	24.24	24.31	29.91	11.72	15.85	-34.61
600373	中文传媒	567.25	187.50	16.42	16.60	20.79	11.35	14.26	-13.16
600375	华菱星马	405.74	187.48	10.71	10.72	13.87	6.87	8.85	-17.37
600376	首开股份	1494.68	1494.68	9.59	9.59	14.31	8.49	13.12	36.81
600377	宁沪高速	3815.75	3768.84	5.69	5.70	6.30	4.57	5.21	-8.44
600378	天科股份	297.19	297.19	9.29	9.94	12.95	7.32	8.83	-4.95
600379	宝光股份	235.86	235.86	9.64	9.65	9.85	6.27	7.09	-26.45
600380	健康元	1545.84	1545.84	5.91	5.99	6.92	3.47	4.50	-23.86
600381	贤成矿业	1601.85	1183.99	5.70	5.81	9.93	3.13	4.23	-25.79
600382	广东明珠	341.75	341.75	6.50	6.70	9.20	5.71	7.11	9.39
600383	金地集团	4471.51	4471.51	4.95	4.95	7.39	4.62	7.02	41.82
600385	*ST 金泰	148.11	142.77	3.70	3.80	6.54	3.16	5.04	36.22
600386	北巴传媒	403.20	403.20	7.34	7.46	10.35	6.03	6.91	-5.86
600387	海越股份	386.10	385.71	9.13	9.33	11.14	7.15	8.62	-5.59
600388	龙净环保	213.81	210.26	23.03	23.38	27.78	17.62	21.90	-4.91
600389	江山股份	198.00	198.00	6.56	6.70	17.55	6.31	14.19	116.31
600390	金瑞科技	160.05	160.05	11.81	11.97	15.80	8.68	10.64	-9.91
600391	成发科技	330.13	330.13	16.17	16.20	21.50	6.88	9.36	-42.12
600392	*ST 天成	156.60	156.60	10.16	10.20	18.47	8.61	16.47	62.11
600393	东华实业	300.00	289.51	4.25	4.27	9.89	3.84	7.34	72.71
600395	盘江股份	1655.05	1655.05	20.65	20.95	34.86	12.46	17.02	-17.58
600396	金山股份	340.60	340.60	6.58	6.66	8.12	4.98	5.92	-10.03
600397	安源煤业	494.98	269.23	12.82	12.97	17.80	9.93	12.81	-0.08
600398	凯诺科技	646.60	646.60	3.71	3.73	4.68	3.32	3.72	0.27
600399	抚顺特钢	520.00	451.85	4.03	4.04	6.63	3.65	5.00	24.07
600400	红豆股份	560.40	560.40	3.87	3.90	6.00	3.42	4.04	4.39
600401	海润光伏	1036.42	308.72	2.78	12.50	13.50	4.40	5.63	102.52
600403	大有能源	1195.41	127.47	24.71	24.95	30.50	15.43	20.59	-16.67
600405	动力源	257.87	254.21	6.88	6.90	8.95	4.45	5.17	-24.86
600406	国电南瑞	1575.54	1575.54	31.20	31.34	35.08	13.28	16.03	-48.62
600408	安泰集团	1006.80	1006.80	3.99	4.06	5.15	3.26	3.98	-0.25
600409	三友化工	1850.39	1408.70	6.94	7.00	8.41	3.20	3.80	-45.25
600410	华胜天成	648.28	637.45	10.14	9.95	12.05	5.26	6.35	-37.38

注：发行股本，流通股本，成交数量为百万股，成交金额为百万元。

A 股
A Share

股票
Share

涨跌值 Change	市盈率 P/E	市净率 P/B	换手率(%) Turnover Rate	成交数量 Trading Vol	成交金额 Trading Val
-0.09	590.95	1.85	358.92	880.34	5927.85
-13.90	201.03	3.20	1016.09	3630.73	33228.26
0.26	17.79	2.28	369.64	909.47	4272.87
0.50	16.83	1.08	145.46	336.89	2305.56
-0.12	0.00	3.59	160.07	691.49	2921.08
-1.78	0.00	4.36	322.61	1035.58	7312.96
-0.28	25.06	1.53	197.31	1337.92	5917.46
-0.48	58.74	1.11	139.61	676.86	3800.10
1.93	12.61	1.93	134.38	2788.75	67834.19
0.74	33.17	1.98	605.13	2243.87	18182.17
3.22	327.96	8.54	632.05	884.87	7919.66
1.04	12.34	2.94	701.85	3611.01	69659.35
-2.12	37.98	2.47	307.76	896.20	11392.85
-1.27	13.16	1.13	125.89	842.42	4196.07
0.30	78.96	1.99	172.31	2748.99	27247.80
-0.32	39.41	1.10	108.65	346.49	1599.21
-4.18	30.36	5.73	708.47	1207.93	21048.29
-8.39	52.20	4.61	90.21	526.81	10164.51
-2.16	16.75	2.07	1031.04	1933.20	32319.98
-1.86	7.11	1.34	281.21	527.22	5504.49
3.53	10.45	1.50	182.19	2723.12	29852.85
-0.48	10.80	1.40	13.53	509.48	2759.42
-0.46	42.86	4.17	454.15	1316.05	13491.41
-2.55	431.27	4.44	176.42	388.75	3192.26
-1.41	26.55	1.80	122.37	1790.20	8907.83
-1.47	73.16	3.77	1403.76	9988.49	51248.40
0.61	13.22	1.65	385.03	1315.83	10144.33
2.07	10.40	1.34	283.94	12696.43	74372.15
1.34	0.00	0.00	429.32	612.96	2761.63
-0.43	15.81	1.87	385.73	1555.25	13119.37
-0.51	378.57	3.22	287.53	1108.66	10605.70
-1.13	18.58	1.83	327.19	684.65	16577.28
7.63	556.03	2.99	433.71	858.75	10862.87
-1.17	0.00	3.13	283.44	453.65	6036.67
-6.81	65.61	1.90	240.38	629.25	6745.63
6.31	0.00	6.81	265.73	416.13	5858.92
3.09	195.21	2.36	374.68	1084.72	7026.07
-3.63	16.52	3.70	329.72	2388.60	50568.14
-0.66	16.37	1.77	226.62	771.86	5387.32
-0.01	216.20	1.75	332.13	894.20	12585.85
0.01	23.35	1.17	235.43	1439.05	5605.70
0.97	101.46	1.53	383.01	1730.63	8941.31
0.17	65.00	1.67	266.27	1492.19	7005.48
2.85	14.53	2.11	1113.48	2833.90	22853.98
-4.12	19.19	2.46	297.55	379.27	8237.95
-1.71	0.00	2.72	547.28	1391.25	9422.83
-15.17	29.55	6.51	135.56	1971.57	38242.87
-0.01	0.00	1.65	276.12	2779.98	11718.57
-3.14	11.99	1.33	173.04	1788.17	10920.77
-3.79	17.96	1.74	310.45	1667.24	15110.81

A 股
A Share

股票
Share

股票代码 Code	名称 Name	发行股本 Issued Vol	流通股本 Negotiable Vol	上年收盘 Last Year Close	本年开盘 Open	本年最高 High	本年最低 Low	本年收盘 Close	涨跌(%) Change(%)
600415	小商品城	2721.61	2721.61	7.84	7.89	9.63	5.90	6.64	-15.31
600416	湘电股份	608.48	608.48	6.88	6.88	10.05	4.12	5.10	-25.87
600418	江淮汽车	1288.74	1072.87	5.96	6.00	7.97	4.30	6.83	14.60
600419	新疆天宏	80.16	80.16	7.62	7.78	12.80	6.78	11.02	44.62
600420	现代制药	287.73	287.73	9.83	9.92	14.81	9.20	12.73	29.50
600421	*ST 国药	195.60	195.60	3.69	3.70	5.51	3.37	4.74	28.46
600422	昆明制药	314.18	313.70	14.85	14.87	21.19	11.77	19.47	31.11
600423	柳化股份	399.35	399.35	6.36	6.45	8.24	4.80	5.54	-12.89
600425	青松建化	689.40	478.70	11.85	11.98	15.38	7.53	9.89	-16.54
600426	华鲁恒升	953.63	953.63	7.55	7.61	9.93	5.75	7.75	2.65
600428	中远航运	1690.45	1690.45	4.12	4.13	5.29	3.27	3.93	-4.61
600429	三元股份	885.00	885.00	5.24	5.30	8.45	4.55	6.61	26.15
600432	吉恩镍业	811.12	811.12	12.33	12.40	17.16	10.00	13.50	9.49
600433	冠豪高新	595.14	553.14	8.57	8.51	11.99	6.30	9.14	6.65
600435	北方导航	744.66	744.66	7.60	7.59	11.25	6.32	8.27	8.82
600436	片仔癀	140.00	140.00	74.14	75.02	119.00	57.43	108.92	46.91
600438	通威股份	687.52	687.52	4.99	5.02	7.81	4.57	6.69	34.07
600439	瑞贝卡	943.32	943.32	6.65	6.69	8.47	3.53	4.38	-34.14
600444	国通管业	105.00	105.00	7.19	7.19	11.80	6.36	11.16	55.22
600446	金证股份	261.14	261.14	6.16	6.26	7.76	5.31	6.68	8.44
600448	华纺股份	319.80	319.80	3.46	3.51	4.68	3.00	3.95	14.16
600449	宁夏建材	478.32	250.77	19.66	19.84	27.40	6.40	9.15	-53.46
600452	涪陵电力	160.00	160.00	8.90	8.92	10.66	7.14	9.22	3.60
600455	ST 博通	62.46	49.72	15.28	11.00	12.88	8.43	11.55	-24.41
600456	宝钛股份	430.27	430.27	18.22	18.58	25.50	14.36	17.74	-2.63
600458	时代新材	517.34	453.68	11.02	11.20	15.64	9.71	13.05	18.42
600459	贵研铂业	158.06	152.85	16.32	16.46	21.89	14.00	18.47	13.17
600460	士兰微	868.16	868.16	8.86	8.90	13.57	3.17	3.74	-57.79
600461	洪城水业	330.00	330.00	8.15	8.23	9.34	6.10	7.34	-9.94
600462	*ST 石岘	533.78	533.78	3.94	4.14	5.38	3.91	4.61	17.01
600463	空港股份	252.00	252.00	4.91	4.94	7.48	4.48	7.03	43.18
600466	迪康药业	439.01	439.01	6.17	6.25	8.75	3.92	4.88	-20.91
600467	好当家	730.50	720.02	9.24	9.23	10.85	5.75	7.32	-20.78
600468	百利电气	456.19	456.19	14.08	14.08	16.75	8.33	10.60	-24.72
600469	风神股份	374.94	374.94	7.61	7.79	9.99	7.23	8.75	14.98
600470	六国化工	521.60	521.60	8.08	8.20	12.33	7.08	9.18	13.61
600475	华光股份	256.00	256.00	12.99	13.10	15.09	8.07	10.06	-22.56
600476	湘邮科技	161.07	161.07	7.39	7.39	10.26	5.92	6.82	-7.71
600477	杭萧钢构	463.46	336.39	5.24	5.26	6.27	3.59	4.50	-14.12
600478	科力远	314.82	314.82	16.10	16.20	31.13	15.25	22.46	39.50
600479	千金药业	304.82	304.82	10.55	10.66	13.96	9.60	12.00	13.74
600480	凌云股份	361.71	356.73	8.16	8.20	11.55	5.36	6.54	-19.85
600481	双良节能	810.10	810.10	7.38	7.47	9.85	5.69	6.94	-5.96
600482	风帆股份	461.00	461.00	7.93	8.05	11.66	5.83	7.66	-3.41
600483	福建南纺	288.48	288.48	5.25	5.27	7.38	4.28	5.61	6.86
600485	中创信测	138.59	138.59	10.69	10.80	11.73	6.03	7.16	-33.02
600486	扬农化工	172.17	172.17	14.60	14.64	24.22	13.28	19.96	36.71
600487	亨通光电	207.08	166.12	16.20	16.37	24.15	15.06	20.55	26.85
600488	天药股份	542.89	542.89	5.45	5.49	6.77	4.38	5.31	-2.57
600489	中金黄金	2943.23	2943.23	17.51	17.80	24.69	13.91	16.63	-5.03

A 股
A Share

股票
Share

涨跌值 Change	市盈率 P/E	市净率 P/B	换手率(%) Turnover Rate	成交数量 Trading Vol	成交金额 Trading Val
-1.20	27.97	2.19	330.14	4430.81	35386.77
-1.78	22.32	1.51	291.60	1774.34	12523.13
0.87	14.25	1.47	310.35	3329.69	20216.59
3.40	235.57	8.52	296.66	237.80	2467.60
2.90	30.52	4.05	197.36	567.86	7056.88
1.05	0.00	0.00	306.98	600.46	2830.56
4.62	47.01	6.52	192.01	602.45	10163.38
-0.82	32.90	1.47	210.45	840.44	5642.76
-1.96	14.66	1.27	364.26	1743.71	20876.23
0.20	20.84	1.34	218.52	2083.85	16292.33
-0.19	43.74	1.01	113.77	1923.27	8289.03
1.37	120.07	3.24	358.83	2366.28	15316.81
1.17	337.42	3.39	113.54	920.91	12898.11
0.57	63.80	3.42	351.58	1089.21	9764.87
0.67	533.20	2.87	504.92	2679.92	23917.15
34.78	59.83	10.16	159.44	223.21	20226.83
1.70	54.94	3.11	166.72	1146.23	6955.76
-2.27	16.78	1.90	259.15	2192.79	14027.46
3.97	0.00	0.00	180.12	189.12	1733.04
0.52	32.87	3.08	288.86	754.31	5038.63
0.49	81.38	3.13	351.20	1123.15	4448.48
-10.51	12.39	1.15	667.34	1422.03	16424.69
0.32	147.31	4.06	339.61	524.70	4623.58
-3.73	48.50	6.30	290.93	144.64	1488.78
-0.48	123.72	2.10	516.68	1179.31	23502.70
2.03	28.96	3.78	470.55	2064.62	26167.52
2.15	78.50	3.13	362.04	540.38	10095.76
-5.12	21.19	1.91	233.52	1345.54	10389.87
-0.81	24.54	1.45	289.77	955.63	7575.69
0.67	0.00	7.91	61.23	281.75	1277.20
2.12	24.16	2.42	174.89	440.72	2645.73
-1.29	90.84	3.81	651.81	2861.48	19377.21
-1.92	25.77	1.86	298.84	1927.80	16493.38
-3.48	97.16	8.50	118.53	540.73	7086.72
1.14	14.01	1.47	284.69	1067.41	9320.04
1.10	35.92	2.08	1469.58	7665.31	78437.93
-2.93	18.88	2.00	338.69	867.03	10831.20
-0.57	166.75	3.85	212.96	343.02	2800.68
-0.74	29.52	2.80	292.27	975.86	4967.33
6.36	429.77	7.19	335.52	959.14	23034.16
1.45	44.16	3.79	249.47	760.44	8687.12
-1.62	11.91	1.30	291.55	1040.07	9230.07
-0.44	36.30	2.59	176.02	1425.97	10772.30
-0.27	50.90	2.80	314.11	1448.03	13015.98
0.36	30.29	2.15	846.29	2441.42	14738.29
-3.53	46.18	2.22	378.21	524.14	4789.38
5.36	22.36	1.75	291.44	501.77	9591.11
4.35	17.48	1.73	389.57	647.15	13017.48
-0.14	30.93	1.65	157.08	852.75	4942.10
-0.88	26.94	4.87	185.10	4326.47	81834.45

A 股
A Share

股票
Share

股票代码 Code	名称 Name	发行股本 Issued Vol	流通股本 Negotiable Vol	上年收盘 Last Year Close	本年开盘 Open	本年最高 High	本年最低 Low	本年收盘 Close	涨跌(%) Change(%)
600490	中科合臣	580.00	330.00	25.85	25.85	27.85	9.50	14.79	-42.79
600491	龙元建设	947.60	947.60	5.56	5.56	7.27	3.89	5.68	2.16
600493	凤竹纺织	272.00	272.00	5.44	5.45	7.27	3.69	4.46	-18.02
600495	晋西车轴	302.24	302.24	11.12	11.15	15.50	9.40	14.18	27.52
600496	精工钢构	586.57	586.57	8.12	8.15	9.32	5.77	8.03	-1.11
600497	驰宏锌锗	1310.10	1310.10	13.07	13.35	17.70	12.20	14.15	8.26
600498	烽火通信	482.36	442.86	27.10	27.33	30.12	16.80	22.76	-16.02
600499	科达机电	651.67	632.01	9.16	9.29	11.53	6.85	8.76	-4.37
600500	中化国际	1437.59	1437.59	6.39	6.45	8.38	4.98	5.78	-9.55
600501	航天晨光	389.28	206.29	7.92	7.97	10.75	6.79	8.02	1.26
600502	安徽水利	334.62	334.62	13.43	13.55	16.42	9.35	11.70	-12.88
600503	华丽家族	1139.08	1099.48	7.10	7.25	8.54	3.88	4.65	-34.51
600505	西昌电力	364.57	364.57	8.86	9.00	12.56	7.04	8.26	-6.77
600506	香梨股份	147.71	147.71	7.04	7.10	11.25	6.28	8.70	23.58
600507	方大特钢	1300.53	1300.53	3.87	3.95	5.24	3.29	3.89	0.52
600508	上海能源	722.72	722.72	18.73	18.95	23.04	13.07	16.09	-14.10
600509	天富热电	655.70	655.70	7.85	8.01	9.48	6.37	8.08	2.93
600510	黑牡丹	795.52	255.02	5.23	5.30	8.30	4.64	7.84	49.90
600511	国药股份	478.80	277.64	11.99	12.01	15.30	10.46	14.57	21.52
600512	腾达建设	736.94	736.94	2.94	2.98	3.55	2.53	3.16	7.48
600513	联环药业	152.10	152.10	11.44	11.91	14.69	7.00	8.61	-24.74
600515	海岛建设	422.77	250.19	4.00	4.07	7.03	3.43	6.12	53.00
600516	方大炭素	1279.08	1279.08	8.76	8.91	12.59	7.28	8.88	1.37
600517	置信电气	618.71	618.71	14.71	14.77	15.94	11.20	13.80	-6.19
600518	康美药业	2198.71	2198.71	11.22	11.33	17.30	10.76	13.14	17.11
600519	贵州茅台	1038.18	1038.18	193.30	191.50	266.08	170.90	209.02	8.13
600520	中发科技	113.04	113.04	8.91	8.89	14.49	7.23	9.08	1.91
600521	华海药业	547.45	545.68	11.00	11.13	15.60	9.25	11.40	3.64
600522	中天科技	704.50	704.50	15.98	16.16	20.44	6.54	7.89	-50.63
600523	贵航股份	288.79	196.02	9.77	9.81	14.69	7.30	9.66	-1.13
600525	长园集团	863.51	863.51	7.14	7.22	8.80	5.19	6.32	-11.49
600526	菲达环保	140.00	140.00	12.35	12.36	13.98	9.88	12.04	-2.51
600527	江南高纤	802.09	802.09	6.92	6.95	9.45	3.50	4.63	-33.09
600528	中铁二局	1459.20	1459.20	4.93	4.94	8.88	4.62	6.68	35.50
600529	山东药玻	257.38	257.38	12.33	12.25	12.46	7.50	8.90	-27.82
600530	交大昂立	312.00	312.00	6.38	6.45	8.98	5.78	6.85	7.37
600531	豫光金铅	295.25	295.25	15.74	16.05	23.88	14.08	17.13	8.83
600532	宏达矿业	396.23	152.10	8.24	8.35	11.21	7.05	11.08	34.47
600533	栖霞建设	1050.00	1050.00	3.28	3.28	5.16	3.03	4.58	39.63
600535	天士力	516.42	516.42	41.94	42.71	55.44	33.30	55.27	31.78
600536	中国软件	225.69	225.69	15.20	15.35	18.30	8.78	10.57	-30.46
600537	亿晶光电	485.87	230.03	20.29	20.30	22.79	6.32	7.97	-60.72
600538	北海国发	279.22	279.22	5.11	5.16	6.82	3.21	5.42	6.07
600539	ST 狮头	230.00	160.44	4.40	4.42	5.98	3.81	5.93	34.77
600540	新赛股份	302.71	302.71	7.12	7.19	9.25	4.66	5.60	-21.35
600543	莫高股份	321.12	321.12	9.01	9.06	16.56	7.90	9.98	10.77
600545	新疆城建	675.79	675.79	5.37	5.46	7.65	4.86	6.21	15.64
600546	山煤国际	991.23	991.23	24.25	24.52	30.90	14.36	20.35	-16.08
600547	山东黄金	1423.07	1423.07	28.39	28.98	42.70	28.12	38.16	34.41
600548	深高速	1433.27	1433.27	3.87	3.90	4.27	3.03	3.40	-12.15

A 股
A Share

股票
Share

涨跌值 Change	市盈率 P/E	市净率 P/B	换手率(%) Turnover Rate	成交数量 Trading Vol	成交金额 Trading Val
-11.06	1690.29	5.99	215.69	589.90	9042.12
0.12	19.29	1.82	338.24	3205.20	18909.69
-0.98	0.00	1.96	683.26	1858.47	9806.67
3.06	42.98	2.68	687.28	2068.30	25832.52
-0.09	16.83	2.24	257.64	1511.26	11789.14
1.08	51.63	4.84	127.36	1664.26	25264.67
-4.34	24.64	2.08	181.04	801.26	19974.61
-0.40	16.03	2.36	225.88	1373.56	13283.16
-0.61	10.72	1.26	85.05	1222.68	8310.06
0.10	40.86	2.71	567.05	1169.76	10299.22
-1.73	15.50	2.89	839.88	2810.41	37127.29
-2.45	8.85	2.69	662.31	7281.94	43491.75
-0.60	16.39	3.65	157.13	572.83	5724.57
1.66	252.76	4.56	249.35	368.31	3376.00
0.02	7.00	1.51	67.03	871.75	3586.90
-2.64	8.20	1.46	89.14	644.26	12416.98
0.23	13.28	2.25	212.43	1392.92	11671.91
2.61	24.61	1.47	417.16	1063.85	7318.27
2.58	25.72	3.89	319.53	887.16	11715.26
0.22	93.05	2.22	249.06	1835.44	5803.84
-2.83	53.44	3.74	409.47	528.18	6086.79
2.12	0.00	2.87	523.08	1308.72	7294.90
0.12	18.50	2.87	291.63	3730.17	37952.21
-0.91	52.00	7.54	127.55	789.18	10636.29
1.92	28.75	2.73	200.20	4401.87	61278.41
15.72	24.76	6.35	71.57	743.04	163159.70
0.17	343.81	4.88	1226.89	1386.88	16006.31
0.40	28.77	3.22	115.18	623.37	7723.58
-8.09	15.78	1.24	275.82	1502.47	18223.60
-0.11	24.95	1.69	372.59	730.36	7980.34
-0.82	8.21	2.42	120.99	1044.77	7514.04
-0.31	104.60	3.08	503.44	704.82	8485.83
-2.29	22.82	2.27	186.12	1091.21	5800.60
1.75	18.63	1.71	371.40	5419.44	36443.69
-3.43	17.28	1.18	265.33	682.90	6852.22
0.47	38.44	1.45	128.12	399.74	2966.52
1.39	57.44	2.69	336.70	994.10	19338.02
2.84	0.00	4.88	509.97	775.66	7218.00
1.30	17.56	1.35	247.67	2600.53	10502.05
13.33	46.73	7.12	111.20	574.24	25141.11
-4.63	18.32	1.88	264.07	461.71	7074.12
-12.32	36.59	3.28	659.60	1517.29	20419.40
0.31	0.00	53.77	337.90	943.47	4959.98
1.53	0.00	2.26	490.46	786.87	3946.83
-1.52	0.00	2.40	289.99	877.83	6041.21
0.97	67.07	2.80	625.11	2007.36	24567.28
0.84	26.15	2.17	345.29	2333.40	14403.44
-3.90	18.07	2.52	486.66	1012.34	22309.47
9.77	28.54	7.15	211.57	2721.00	98648.31
-0.47	8.47	0.78	33.72	483.27	1832.98

A 股
A Share

股票
Share

股票代码 Code	名称 Name	发行股本 Issued Vol	流通股本 Negotiable Vol	上年收盘 Last Year Close	本年开盘 Open	本年最高 High	本年最低 Low	本年收盘 Close	涨跌(%) Change(%)
600549	厦门钨业	681.98	681.98	29.67	30.00	51.47	27.42	38.98	31.38
600550	天威保变	1372.99	1372.99	11.18	11.21	12.83	5.43	6.51	-41.77
600551	时代出版	505.83	217.10	11.73	11.89	13.44	8.23	9.49	-19.10
600552	方兴科技	117.00	117.00	20.85	20.90	26.30	19.00	25.79	23.69
600555	九龙山	973.50	973.50	3.75	3.81	4.57	2.70	3.32	-11.47
600557	康缘药业	415.65	307.11	14.71	14.51	23.00	10.27	20.80	41.40
600558	大西洋	138.17	137.49	9.37	9.42	12.48	7.96	9.33	-0.43
600559	老白干酒	140.00	140.00	20.83	20.90	39.73	18.55	36.99	77.58
600560	金自天正	223.65	223.65	11.47	11.47	13.58	5.70	7.40	-35.48
600561	江西长运	185.72	185.72	8.57	8.65	10.29	7.00	8.40	-1.98
600562	高淳陶瓷	84.09	66.15	23.51	23.52	36.73	20.07	34.40	46.32
600563	法拉电子	225.00	225.00	16.01	16.11	20.39	11.95	14.87	-7.12
600565	迪马股份	720.00	720.00	3.19	3.22	5.00	2.98	3.86	21.00
600566	洪城股份	138.20	138.20	6.39	6.57	9.45	5.31	6.62	3.60
600567	山鹰纸业	1586.02	1498.52	3.27	3.28	5.59	1.71	3.00	-8.26
600568	中珠控股	366.23	188.03	18.03	18.25	27.90	7.34	9.10	-49.53
600569	安阳钢铁	2393.68	2393.68	2.67	2.68	3.02	1.98	2.22	-16.85
600570	恒生电子	623.75	623.75	12.24	12.24	15.62	9.50	11.21	-8.42
600571	信雅达	202.87	197.74	8.21	8.26	9.99	6.75	8.95	9.01
600572	康恩贝	809.60	700.96	7.07	7.20	11.36	6.72	9.75	37.91
600573	惠泉啤酒	250.00	250.00	6.67	6.78	9.80	5.46	6.16	-7.65
600575	芜湖港	1217.65	711.60	8.46	8.52	10.06	5.94	7.11	-15.96
600576	万好万家	218.09	218.09	7.76	7.83	11.26	6.09	7.53	-2.96
600577	精达股份	721.13	721.13	9.24	9.10	12.42	3.99	4.68	-49.35
600578	京能热电	1947.39	767.39	7.14	7.14	9.17	6.20	7.48	4.76
600579	*ST 黄海	255.60	255.60	4.38	4.40	5.94	3.68	4.83	10.27
600580	卧龙电气	687.73	687.73	5.05	5.10	6.70	3.85	3.94	-21.98
600581	八一钢铁	766.45	766.45	7.31	7.38	9.48	4.72	5.93	-18.88
600582	天地科技	1213.92	1213.92	18.50	18.48	19.73	8.70	11.35	-38.65
600583	海油工程	3889.44	3889.44	5.50	5.60	6.45	4.93	5.87	6.73
600584	长电科技	853.13	853.13	5.27	5.30	6.76	3.62	4.24	-19.55
600585	海螺水泥	3999.70	3999.70	15.65	15.81	19.20	12.94	18.45	17.89
600586	金晶科技	1422.71	967.11	4.76	4.87	6.08	2.78	3.42	-28.15
600587	新华医疗	174.05	174.05	31.30	31.25	31.87	20.90	31.11	-0.61
600588	用友软件	979.08	979.08	18.00	18.00	21.17	7.93	9.86	-45.22
600589	广东榕泰	601.73	601.73	5.99	6.03	7.24	4.73	5.52	-7.85
600590	泰豪科技	500.33	455.33	6.72	6.85	8.43	4.94	5.89	-12.35
600592	龙溪股份	300.00	300.00	7.51	7.53	9.54	5.31	6.60	-12.12
600593	大连圣亚	92.00	92.00	14.90	15.00	18.50	10.05	11.82	-20.67
600594	益佰制药	360.70	352.76	16.78	16.80	22.78	12.70	20.01	19.25
600595	中孚实业	1514.87	1514.87	5.78	5.88	7.59	4.17	4.94	-14.53
600596	新安股份	679.18	679.18	6.50	6.52	9.69	5.89	7.50	15.39
600597	光明乳业	1225.04	1041.89	8.95	9.00	10.41	7.92	9.83	9.83
600598	北大荒	1777.68	1777.68	8.66	8.66	9.89	6.58	8.16	-5.77
600599	熊猫烟花	126.00	126.00	10.25	10.36	12.82	8.40	11.31	10.34
600600	青岛啤酒	695.91	695.91	33.48	33.52	40.70	28.63	33.06	-1.25
600601	方正科技	2194.89	2194.89	2.69	2.72	3.08	2.13	2.37	-11.90
600602	仪电电子	879.57	879.57	4.46	4.50	5.38	3.00	3.49	-21.75
600603	*ST 兴业	194.64	194.64	9.33	8.86	8.86	3.57	4.42	-52.63
600604	市北高新	333.52	333.52	6.76	6.76	9.83	5.72	7.17	6.07

A 股
A Share

股票
Share

涨跌值 Change	市盈率 P/E	市净率 P/B	换手率(%) Turnover Rate	成交数量 Trading Vol	成交金额 Trading Val
9.31	26.04	6.90	356.72	2432.75	99619.62
-4.67	254.20	1.67	102.63	1409.07	13435.27
-2.24	17.60	1.53	369.62	802.44	8971.39
4.94	47.23	5.86	196.75	230.19	5200.26
-0.43	57.95	2.68	134.19	1306.33	4927.68
6.09	47.37	5.37	393.15	1207.39	18760.98
-0.04	30.38	1.20	133.29	183.26	1949.71
16.16	56.21	8.31	441.35	617.89	18574.93
-4.07	23.38	2.49	134.33	251.18	2320.98
-0.17	12.42	1.86	129.97	241.38	2108.58
10.89	171.90	8.71	143.19	94.72	2789.54
-1.14	11.92	2.29	292.66	658.49	10632.60
0.67	37.69	2.21	232.13	1671.32	6741.95
0.23	115.57	1.87	221.64	306.31	2343.20
-0.27	131.35	1.62	492.18	5210.57	15132.21
-8.93	18.21	3.44	2022.43	2088.79	34540.52
-0.45	140.33	0.75	67.26	1609.87	3932.57
-1.03	27.48	5.23	86.52	539.67	6721.20
0.74	34.28	3.36	266.59	519.60	4369.14
2.68	28.17	3.63	350.24	2093.35	19523.28
-0.51	46.06	1.48	427.43	809.71	5957.64
-1.35	26.14	1.88	55.30	393.50	3080.76
-0.23	84.45	3.33	513.29	1119.45	9852.65
-4.56	31.07	2.14	278.89	1571.23	9824.99
0.34	50.68	1.68	108.66	833.87	6305.65
0.45	0.00	0.00	189.31	483.88	2296.30
-1.11	24.41	1.06	188.34	1295.26	7212.14
-1.38	9.44	1.24	242.26	1856.80	13511.78
-7.15	15.11	2.67	95.01	1071.20	13687.19
0.37	126.16	2.23	113.50	4414.46	25813.26
-1.03	53.73	1.49	238.01	2030.52	10836.40
2.80	8.44	2.00	166.09	6643.10	110071.69
-1.34	25.92	1.21	303.02	2621.73	12093.98
-0.19	50.48	3.66	141.37	223.97	5973.94
-8.14	17.98	3.23	191.00	1823.27	23017.49
-0.47	38.97	1.67	213.80	1286.49	7753.06
-0.83	54.60	1.35	148.92	678.06	4895.60
-0.91	18.06	1.53	249.20	747.61	5841.72
-3.08	234.11	3.77	120.33	110.70	1573.22
3.23	27.19	4.69	119.16	420.34	7775.55
-0.84	37.18	1.40	81.24	1230.71	7458.38
1.00	293.66	1.26	280.16	1902.82	14514.75
0.88	50.63	3.00	73.04	761.06	7062.90
-0.50	32.90	2.76	178.96	3181.36	26838.78
1.06	164.99	5.48	545.34	687.13	7330.48
-0.42	25.70	3.58	77.75	541.08	18532.24
-0.32	34.16	1.21	98.48	2161.48	5734.53
-0.97	26.92	1.71	92.35	812.28	3597.07
-4.91	0.00	0.00	467.58	910.11	4358.85
0.41	270.46	3.58	105.93	353.32	2685.13

A 股
A Share

股票
Share

股票代码 Code	名称 Name	发行股本 Issued Vol	流通股本 Negotiable Vol	上年收盘 Last Year Close	本年开盘 Open	本年最高 High	本年最低 Low	本年收盘 Close	涨跌(%) Change(%)
600605	汇通能源	147.34	147.34	7.24	7.30	11.05	6.09	7.20	-0.55
600606	金丰投资	518.32	518.32	4.59	4.60	11.32	4.27	6.21	35.29
600608	ST 沪科	328.86	286.26	3.93	3.94	6.59	3.56	6.08	54.71
600609	金杯汽车	1092.67	1092.67	2.59	2.64	4.97	1.86	3.91	50.97
600610	S 中纺机	236.97	25.74	13.25	13.35	15.46	8.70	13.31	0.45
600611	大众交通	1042.21	1042.21	5.15	5.17	6.24	4.17	4.83	-6.21
600612	老凤祥	317.11	226.05	26.10	26.90	34.20	18.18	21.55	-17.43
600613	永生投资	102.28	102.28	8.16	8.20	23.18	6.55	17.13	109.93
600614	鼎立股份	446.76	446.76	10.61	10.65	17.66	9.98	11.68	10.09
600615	丰华股份	188.02	186.81	6.65	6.73	12.40	5.69	9.40	41.35
600616	金枫酒业	438.67	438.67	9.37	9.40	14.97	7.20	8.85	-5.55
600617	ST 联华	102.64	98.99	11.33	11.26	12.65	8.22	8.98	-20.74
600618	氯碱化工	749.84	749.84	8.53	8.65	12.35	6.73	8.14	-4.57
600619	海立股份	383.57	318.57	7.26	7.32	8.90	5.40	6.51	-10.33
600620	天宸股份	457.78	457.78	3.19	3.22	5.16	2.96	3.56	11.60
600621	上海金陵	524.08	524.08	4.31	4.34	6.48	3.75	4.65	7.89
600622	嘉宝集团	514.30	514.30	5.79	5.86	7.53	5.23	6.94	19.86
600623	双钱股份	646.37	646.37	9.91	9.80	11.46	6.85	8.37	-15.54
600624	复旦复华	345.16	345.16	5.49	5.51	7.17	4.65	5.41	-1.46
600626	申达股份	710.24	710.24	3.54	3.53	4.65	3.02	3.43	-3.11
600628	新世界	531.80	531.80	7.30	7.36	8.24	5.87	6.75	-7.53
600629	棱光实业	348.00	311.11	5.39	5.44	9.64	4.78	7.13	32.28
600630	龙头股份	424.86	424.86	4.90	4.95	6.73	4.36	5.37	9.59
600633	浙报传媒	429.73	152.05	14.42	14.58	19.95	9.89	13.50	-6.38
600634	ST 澄海	87.21	87.21	13.61	9.60	11.50	6.93	8.71	-36.00
600635	大众公用	1644.87	1644.87	4.59	4.64	5.97	3.49	4.14	-9.80
600636	三爱富	381.95	381.95	20.44	20.70	30.99	9.96	13.23	-35.27
600637	百视通	1113.74	835.52	15.05	15.36	18.35	9.98	15.87	5.45
600638	新黄浦	561.16	561.16	7.13	7.02	11.48	6.48	10.10	41.66
600639	浦东金桥	656.65	656.65	6.77	6.75	9.58	5.92	9.00	32.94
600640	号百控股	535.36	206.41	7.20	7.28	10.49	5.90	7.62	5.83
600641	万业企业	806.16	806.16	4.54	4.59	6.09	3.50	4.26	-6.17
600642	申能股份	4728.77	4728.77	4.59	4.60	4.85	3.83	4.42	-3.70
600643	爱建股份	1105.49	817.85	6.40	6.47	10.07	5.45	7.93	23.91
600644	乐山电力	326.48	326.48	8.31	8.41	12.43	7.23	9.10	9.51
600645	中源协和	325.04	322.41	22.79	22.59	29.80	14.20	17.94	-21.28
600647	同达创业	107.03	107.03	8.35	8.51	14.50	7.71	11.32	35.57
600648	外高桥	810.22	810.22	9.31	9.49	10.94	6.35	9.61	3.22
600649	城投控股	2987.52	2987.52	6.02	6.09	8.07	4.61	5.47	-9.14
600650	锦江投资	390.56	390.56	8.42	8.40	9.07	5.75	6.81	-19.12
600651	飞乐音响	739.07	739.07	6.63	6.68	8.55	3.92	4.70	-29.11
600652	爱使股份	557.00	557.00	4.15	4.18	6.40	3.77	4.62	11.33
600653	申华控股	1746.38	1746.38	2.47	2.50	3.18	2.11	2.54	2.83
600654	飞乐股份	755.04	755.04	4.17	4.19	5.93	3.65	4.15	-0.48
600655	豫园商城	1437.32	1437.32	8.38	8.48	9.73	6.10	7.18	-14.32
600656	ST 博元	190.34	190.33	5.06	5.31	7.40	3.88	5.94	17.39
600657	信达地产	1524.26	1524.26	3.73	3.76	5.19	3.25	4.23	13.41
600658	电子城	580.10	580.10	6.44	6.56	8.96	5.68	7.67	19.10
600660	福耀玻璃	2002.99	1963.20	8.02	8.04	9.21	6.68	8.77	9.35
600661	新南洋	173.68	173.68	6.26	6.29	8.19	4.87	5.78	-7.67

A 股
A Share

股票
Share

涨跌值 Change	市盈率 P/E	市净率 P/B	换手率(%) Turnover Rate	成交数量 Trading Vol	成交金额 Trading Val
-0.04	180.54	2.23	381.22	561.71	4890.07
1.62	15.90	1.47	920.49	4643.73	33638.13
2.15	121.43	386.94	180.30	493.57	2545.53
1.32	137.63	11.55	315.84	3451.12	11878.58
0.06	842.41	36.89	372.79	95.96	1131.80
-0.32	18.02	1.40	95.00	990.14	5313.91
-4.55	21.56	4.08	186.61	384.48	9205.21
8.97	144.33	12.36	895.26	915.66	15584.40
1.07	122.65	7.52	771.07	3444.84	45135.96
2.75	0.00	3.57	420.47	784.22	7618.59
-0.52	27.54	3.11	386.26	1694.40	19847.05
-2.35	90.92	0.00	131.16	116.74	1129.72
-0.39	40.97	3.33	177.12	1328.10	12902.87
-0.75	24.95	1.84	220.22	701.58	5272.65
0.37	117.03	2.19	299.44	1370.78	5100.32
0.34	17.87	1.70	225.21	1180.27	6035.42
1.15	13.37	1.48	274.68	1412.70	9059.24
-1.54	42.14	2.99	51.80	334.80	3277.51
-0.08	78.25	3.22	243.81	841.53	5102.04
-0.11	11.29	1.20	169.31	1202.49	4613.31
-0.55	16.80	1.61	141.75	753.84	5532.52
1.74	67.43	3.26	135.89	422.77	3249.29
0.47	49.43	1.51	255.92	1087.32	6126.30
-0.92	26.60	5.64	638.00	970.09	15154.85
-4.90	132.43	4.57	177.58	154.87	1341.87
-0.45	16.27	1.76	118.26	1945.16	9596.98
-7.21	6.91	3.04	600.76	2157.56	44928.50
0.82	49.77	5.73	347.04	2481.41	37984.69
2.97	23.96	1.75	137.45	771.31	7149.57
2.23	18.47	1.95	114.07	749.01	5437.52
0.42	1287.16	1.71	430.29	888.14	7648.14
-0.28	22.71	1.37	167.06	1346.79	6777.07
-0.17	14.70	1.08	64.07	3029.82	13394.74
1.53	73.34	2.07	241.88	1978.20	16340.26
0.79	37.32	3.86	611.44	1996.22	19327.97
-4.85	248.92	39.79	243.72	785.33	16850.05
2.97	57.86	6.32	317.28	339.60	3654.27
0.30	27.20	1.96	32.58	263.94	2395.85
-0.55	14.87	1.21	86.56	2166.42	13787.29
-1.61	15.43	1.77	65.48	255.75	1930.40
-1.93	22.93	3.02	206.37	1356.20	9018.13
0.47	113.93	2.54	580.42	3232.96	16697.53
0.07	49.22	2.35	97.72	1706.56	4473.70
-0.02	30.44	2.24	113.52	857.15	4115.47
-1.20	12.07	1.77	140.90	2025.13	16434.42
0.88	0.00	17.57	701.51	1241.60	6922.85
0.50	11.45	0.98	88.09	1342.72	5630.66
1.23	14.24	1.94	379.19	663.89	4959.27
0.75	11.61	2.52	85.12	1643.01	13280.25
-0.48	284.45	2.71	163.08	283.24	1931.81

A 股
A Share

股票
Share

股票代码 Code	名称 Name	发行股本 Issued Vol	流通股本 Negotiable Vol	上年收盘 Last Year Close	本年开盘 Open	本年最高 High	本年最低 Low	本年收盘 Close	涨跌(%) Change(%)
600662	强生控股	1053.36	549.04	4.34	4.37	5.75	3.42	3.96	-8.76
600663	陆家嘴	1358.08	1358.08	11.33	11.40	14.50	9.36	11.90	5.03
600664	哈药股份	1917.48	1053.39	7.33	7.41	8.54	5.40	6.18	-15.69
600665	天地源	864.12	864.12	3.55	3.54	5.22	3.25	4.20	18.31
600666	西南药业	290.15	290.15	6.88	6.92	8.80	5.53	6.42	-6.69
600667	太极实业	1191.27	1191.27	5.49	5.49	7.36	2.66	3.84	-30.06
600668	尖峰集团	344.08	343.72	7.85	7.94	15.20	7.05	10.09	28.54
600671	ST 天目	121.78	121.72	8.14	8.16	11.98	7.10	8.30	1.97
600673	东阳光铝	827.47	822.61	7.35	7.48	10.39	6.21	7.56	2.86
600674	川投能源	1972.67	1972.67	11.20	11.25	13.44	6.00	8.36	-25.36
600675	中华企业	1555.88	1555.88	3.73	3.77	6.29	3.54	5.29	41.82
600676	交运股份	862.37	731.40	4.32	4.38	5.39	3.61	4.14	-4.17
600677	航天通信	326.17	326.17	7.32	7.38	10.19	6.24	7.52	2.73
600678	*ST 金顶	348.99	348.99	6.39	6.07	6.07	3.95	5.45	-14.71
600679	金山开发	182.02	182.02	6.03	6.03	13.11	5.38	8.06	33.67
600680	上海普天	257.43	257.43	8.53	8.50	12.90	7.00	9.75	14.30
600681	ST 万鸿	251.48	195.64	3.28	3.32	4.58	2.81	4.19	27.74
600682	南京新百	358.32	357.28	6.99	7.02	10.18	6.52	8.13	16.31
600683	京投银泰	740.78	740.78	4.69	4.71	7.09	3.25	5.10	8.74
600684	珠江实业	316.10	316.10	7.58	7.61	16.59	5.78	14.95	97.23
600685	广船国际	438.46	438.46	14.46	14.61	18.72	10.38	12.40	-14.25
600686	金龙汽车	442.60	442.60	6.99	7.03	8.35	4.80	6.77	-3.15
600687	刚泰控股	126.89	126.89	14.15	15.55	21.35	12.90	16.31	15.27
600688	S 上石化	4870.00	720.00	5.95	5.98	6.76	4.68	5.29	-11.09
600689	上海三毛	152.20	152.20	7.13	7.16	10.24	6.18	7.53	5.61
600690	青岛海尔	2685.13	2685.13	8.93	9.00	13.45	8.53	13.40	50.06
600691	*ST 东碳	587.14	81.65	10.29	10.38	17.69	9.58	15.79	53.45
600692	亚通股份	351.76	255.01	5.27	5.29	7.11	4.78	5.94	12.71
600693	东百集团	343.22	299.01	6.90	6.94	8.84	6.33	7.25	5.07
600694	大商股份	293.72	293.72	33.28	33.20	43.87	25.20	35.27	5.98
600695	大江股份	366.47	329.57	5.11	5.15	6.64	3.42	4.12	-19.37
600696	多伦股份	340.57	340.57	5.95	5.95	10.95	4.92	6.97	17.14
600697	欧亚集团	159.09	155.16	26.65	26.70	26.70	18.20	22.15	-16.89
600698	*ST 轻骑	741.82	428.74	3.50	3.68	5.05	3.68	4.86	38.86
600699	均胜电子	579.05	185.72	8.00	8.15	12.78	7.06	8.79	9.88
600701	工大高新	498.78	498.78	3.46	3.47	4.75	3.10	3.67	6.07
600702	沱牌舍得	337.30	337.30	16.63	16.80	40.38	14.60	28.81	73.24
600703	三安光电	1444.01	1205.11	10.93	11.00	16.81	10.05	13.68	25.16
600704	物产中大	790.52	674.55	7.84	7.94	12.56	5.27	7.30	-6.89
600705	ST 航投	1522.47	598.15	6.80	14.00	16.67	8.99	13.66	100.88
600706	曲江文旅	179.51	85.02	11.20	11.28	14.00	9.34	11.48	2.50
600707	彩虹股份	736.76	600.30	6.41	6.43	8.80	4.15	5.50	-14.20
600708	海博股份	510.37	508.38	4.30	4.35	5.58	3.52	4.02	-6.51
600710	常林股份	640.28	640.28	6.26	6.35	8.50	3.37	4.20	-32.91
600711	盛屯矿业	293.79	143.04	18.18	20.00	24.20	8.82	11.49	-36.80
600712	南宁百货	544.66	537.15	6.96	7.01	8.78	3.67	4.61	-33.76
600713	南京医药	693.58	547.92	3.89	3.91	6.40	3.53	4.58	17.74
600714	金瑞矿业	273.40	273.40	15.04	15.17	18.60	9.17	11.32	-24.73
600715	松辽汽车	224.26	224.26	4.79	4.77	7.48	4.40	5.98	24.84
600716	凤凰股份	740.60	293.50	5.06	5.06	7.05	4.37	5.18	2.37

A 股
A Share

股票
Share

涨跌值 Change	市盈率 P/E	市净率 P/B	换手率(%) Turnover Rate	成交数量 Trading Vol	成交金额 Trading Val
-0.38	20.38	1.42	228.59	1255.04	6019.48
0.57	22.57	1.92	44.22	600.52	7168.04
-1.15	20.48	1.49	275.00	2896.78	20409.62
0.65	15.93	1.66	149.57	1202.37	4816.89
-0.46	52.10	4.30	219.50	636.87	4750.30
-1.65	62.59	2.91	722.26	5684.94	23258.30
2.24	12.92	2.29	1044.57	3590.46	39661.60
0.16	38.23	12.77	152.34	185.43	1673.57
0.21	21.78	2.41	226.23	1860.18	16432.52
-2.84	47.14	1.94	226.13	2204.06	19930.80
1.56	10.92	1.45	264.43	3916.22	19015.49
-0.18	18.71	1.21	71.49	522.86	2451.80
0.20	16.29	2.35	372.30	1214.35	10378.96
-0.94	54.60	35.70	88.78	309.85	1473.04
2.03	697.84	4.84	675.97	1230.39	11319.21
1.22	334.13	2.77	122.24	314.68	3144.91
0.91	42.13	43.74	548.02	894.79	3403.86
1.14	34.93	2.30	120.96	432.15	3670.78
0.41	31.77	2.05	309.63	1944.16	10475.61
7.37	21.30	3.26	798.87	2358.52	22779.04
-2.06	15.38	1.92	263.88	1157.02	17669.71
-0.22	11.56	1.43	244.73	1083.15	7001.50
2.16	22.91	5.73	360.69	457.68	8149.76
-0.66	40.33	2.35	155.37	1118.65	6571.50
0.40	81.86	4.17	194.89	296.63	2485.90
4.47	13.38	3.23	121.61	3265.48	36313.59
5.50	0.00	2.05	163.28	136.22	1956.74
0.67	569.51	4.34	607.67	1549.63	9237.63
0.35	7.73	2.47	364.14	1088.84	8358.33
1.99	37.81	2.34	213.95	628.41	21228.48
-0.99	56.13	10.13	229.30	755.72	4064.08
1.02	116.50	4.60	1271.18	4329.19	34771.28
-4.50	21.80	3.08	114.15	177.12	3997.73
1.36	0.00	7.56	85.52	366.30	1616.75
0.79	33.57	3.04	289.91	538.44	5367.68
0.21	53.78	2.02	305.28	1522.69	6020.23
12.18	49.78	4.16	528.98	1784.24	50459.60
2.75	21.10	3.27	245.52	2958.81	38918.13
-0.54	10.94	1.47	297.29	1815.96	15450.44
6.86	4726.64	3.92	366.87	2194.47	24466.02
0.28	0.00	3.07	200.70	170.63	2002.55
-0.91	0.00	2.06	383.23	2300.54	14394.12
-0.28	16.15	1.51	108.41	551.15	2577.21
-2.06	16.00	1.29	241.11	1334.62	7424.44
-6.69	123.54	3.86	672.56	758.33	10524.99
-2.35	43.04	2.34	326.15	1188.58	6598.28
0.69	0.00	3.18	596.81	3270.06	16109.18
-3.72	99.26	7.18	535.52	854.34	12224.81
1.19	94.22	36.12	186.62	418.50	2518.59
0.12	16.37	2.12	618.28	1814.67	10038.20

A 股 A Share　　股票 Share

股票代码 Code	名称 Name	发行股本 Issued Vol	流通股本 Negotiable Vol	上年收盘 Last Year Close	本年开盘 Open	本年最高 High	本年最低 Low	本年收盘 Close	涨跌(%) Change(%)
600717	天津港	1674.77	1674.77	6.05	6.11	7.23	5.38	6.04	-0.17
600718	东软集团	1227.59	1227.59	8.14	8.19	9.45	6.30	7.69	-5.53
600719	大连热电	202.30	202.30	5.86	5.92	8.67	5.29	6.65	13.48
600720	祁连山	597.15	597.05	9.09	9.25	13.98	8.22	10.60	16.61
600721	百花村	268.85	119.96	11.58	11.58	14.80	8.01	9.96	-13.99
600722	ST 金化	680.32	421.42	4.57	4.80	6.41	3.87	5.29	15.76
600723	首商股份	658.41	317.88	9.76	9.89	11.09	6.31	7.45	-23.67
600724	宁波富达	1445.24	1444.94	6.28	6.29	8.50	5.79	7.35	17.04
600725	云维股份	616.24	616.24	5.08	5.15	6.61	3.31	4.16	-18.11
600726	华电能源	1534.68	720.58	2.63	2.63	3.19	2.10	2.74	4.18
600727	鲁北化工	350.99	336.93	4.97	5.02	6.96	3.58	4.48	-9.86
600728	佳都新太	362.80	266.85	7.71	7.76	10.86	6.75	8.62	11.80
600729	重庆百货	373.09	136.17	31.94	32.10	34.40	18.60	25.59	-19.88
600730	中国高科	293.33	293.33	5.72	5.79	7.40	4.81	5.65	-1.22
600731	湖南海利	256.31	255.54	5.05	5.06	6.95	4.30	6.03	19.41
600732	上海新梅	247.99	247.99	4.70	4.76	9.16	4.22	6.98	48.51
600733	S*ST 前锋	197.59	75.60	12.82	12.82	18.98	11.04	13.71	6.94
600734	实达集团	351.56	277.45	3.60	3.65	5.30	3.09	3.59	-0.28
600735	新华锦	250.70	209.00	7.26	7.16	13.19	5.73	7.09	-2.34
600736	苏州高新	1057.88	1057.88	4.39	4.45	6.71	3.77	4.72	7.52
600737	中粮屯河	1005.60	805.60	6.01	6.05	8.61	4.55	5.24	-12.81
600738	兰州民百	262.78	221.07	5.90	5.98	8.26	5.15	5.84	-1.02
600739	辽宁成大	1364.71	1364.71	12.29	12.54	19.49	11.79	14.99	21.97
600740	山西焦化	565.70	456.83	9.00	9.15	12.80	6.29	8.50	-5.56
600741	华域汽车	2583.20	2583.20	9.26	9.35	11.25	7.99	11.18	20.73
600742	一汽富维	211.52	211.52	20.00	20.02	25.00	14.41	17.70	-11.50
600743	华远地产	1580.57	852.42	3.37	3.37	4.68	2.77	3.96	17.51
600744	华银电力	711.65	474.38	3.59	3.60	4.69	2.52	3.78	5.29
600745	中茵股份	327.37	327.37	6.00	6.00	12.55	5.44	10.24	70.67
600746	江苏索普	306.42	304.66	5.76	5.84	7.59	3.63	4.39	-23.79
600747	大连控股	1064.33	1064.33	4.78	4.81	6.48	3.38	4.59	-3.98
600748	上实发展	1083.37	1083.37	5.12	5.14	8.86	4.89	8.55	66.99
600749	西藏旅游	189.14	189.14	10.32	10.42	13.60	6.60	8.68	-15.89
600750	江中药业	311.15	311.15	29.00	28.70	29.50	17.15	19.72	-32.00
600751	SST 天海	312.65	103.69	7.17	7.09	8.57	5.09	7.44	3.77
600753	东方银星	128.00	128.00	5.50	5.50	7.69	4.82	6.53	18.73
600754	锦江股份	447.24	447.24	17.31	17.50	18.24	12.41	14.16	-18.20
600755	厦门国贸	1330.84	1330.84	3.91	3.93	6.92	3.65	4.43	13.30
600756	浪潮软件	278.75	278.75	10.97	11.10	14.20	7.12	8.37	-23.70
600757	长江传媒	1039.68	358.49	7.87	7.99	10.34	5.10	6.15	-21.86
600758	红阳能源	207.68	115.05	7.42	7.42	10.25	6.08	7.41	-0.14
600759	正和股份	1220.12	1216.02	6.69	6.70	8.16	3.77	5.26	-21.38
600760	中航黑豹	344.95	273.00	8.21	8.26	10.56	4.46	5.50	-33.01
600761	安徽合力	514.01	514.01	10.18	10.26	13.04	7.16	8.94	-12.18
600763	通策医疗	160.32	160.32	21.08	21.12	24.35	18.20	20.63	-2.14
600764	中电广通	329.73	329.73	5.73	5.80	7.82	4.52	5.23	-8.73
600765	中航重机	778.00	778.00	8.95	8.99	11.85	5.80	7.61	-14.97
600766	*ST 园城	224.23	219.67	8.70	8.62	14.09	8.09	11.07	27.24
600767	运盛实业	341.01	340.91	3.76	3.81	5.84	3.38	4.00	6.38
600768	宁波富邦	133.75	133.75	7.94	7.94	10.90	5.29	6.21	-21.79

A 股
A Share

股票
Share

涨跌值 Change	市盈率 P/E	市净率 P/B	换手率(%) Turnover Rate	成交数量 Trading Vol	成交金额 Trading Val
-0.01	10.88	0.85	64.94	1087.64	6856.58
-0.45	22.64	1.84	89.21	1095.09	9066.81
0.79	0.00	1.88	333.95	675.58	4760.26
1.51	19.04	1.71	637.10	3111.79	33573.52
-1.62	35.45	2.84	546.68	655.79	7717.61
0.72	0.00	3.24	131.80	555.43	2825.26
-2.31	14.19	1.85	348.30	1107.15	10170.56
1.07	16.65	2.98	74.31	583.24	4204.47
-0.92	139.79	1.90	153.97	948.82	4793.22
0.11	653.94	1.84	150.35	1083.42	2842.65
-0.49	56.45	1.56	325.94	1098.19	6007.20
0.91	66.91	4.22	337.51	774.24	7301.94
-6.35	15.79	2.93	218.60	297.66	8203.53
-0.07	0.00	2.16	275.92	809.35	5174.48
0.98	356.80	4.09	548.82	1402.46	8179.33
2.28	67.41	3.09	686.87	1703.37	11743.19
0.89	0.00	11.13	261.91	198.01	2894.56
-0.01	9.03	8.13	313.19	822.78	3364.59
-0.17	147.37	3.24	712.83	1489.81	13551.44
0.33	19.35	1.54	398.41	4214.76	22581.65
-0.77	162.73	2.64	175.73	1415.69	9452.81
-0.06	32.64	3.23	408.38	902.80	6162.21
2.70	9.08	1.97	435.16	5938.74	94504.57
-0.50	90.25	3.76	683.99	3124.67	31701.69
1.92	9.66	1.50	86.77	1884.20	18075.30
-2.30	8.75	1.29	347.59	735.24	13661.05
0.59	13.41	2.20	264.15	2083.41	7655.54
0.19	0.00	1.96	564.10	2676.02	9763.95
4.24	18.83	4.18	407.60	1334.37	13200.37
-1.37	66.66	3.30	318.71	970.99	5755.90
-0.19	298.44	7.03	387.04	4119.36	19497.70
3.43	20.36	1.94	195.76	2120.83	14055.27
-1.64	153.87	2.51	611.35	1065.25	11366.29
-9.28	26.93	3.07	168.14	523.16	12000.20
0.27	0.00	21.38	269.12	279.05	1908.56
1.03	0.00	8.24	556.05	711.75	4633.06
-3.15	26.65	2.01	43.75	195.66	3090.85
0.52	10.90	1.24	244.94	3259.75	17107.07
-2.60	191.97	3.25	813.25	1964.57	19232.14
-1.72	22.83	2.17	311.95	1116.37	8731.66
-0.01	92.42	4.77	611.73	703.09	5879.98
-1.43	54.66	2.75	376.68	4580.47	27905.73
-2.71	0.00	2.59	703.80	1921.42	15414.32
-1.24	11.91	1.52	189.82	878.98	8892.87
-0.45	47.25	7.89	153.14	245.51	5146.49
-0.50	164.57	2.80	209.85	691.93	4335.91
-1.34	40.51	1.84	222.80	1733.39	15513.87
2.37	0.00	78.42	298.19	573.51	5951.58
0.24	58.82	3.42	373.65	1273.82	5771.48
-1.73	0.00	5.95	561.60	734.37	5944.82

A 股　　股票
A Share　　Share

股票代码 Code	名称 Name	发行股本 Issued Vol	流通股本 Negotiable Vol	上年收盘 Last Year Close	本年开盘 Open	本年最高 High	本年最低 Low	本年收盘 Close	涨跌(%) Change(%)
600769	ST 祥龙	374.98	374.98	3.19	3.22	4.10	2.68	3.50	9.72
600770	综艺股份	1104.60	1082.10	15.93	15.95	17.35	4.91	6.19	-61.14
600771	ST 东盛	243.81	166.37	6.18	6.30	9.39	5.58	9.08	46.93
600773	西藏城投	575.70	539.64	11.35	11.50	16.42	9.56	11.48	1.15
600774	汉商集团	174.58	172.89	5.52	5.54	9.79	4.94	8.90	61.23
600775	南京熊猫	413.02	413.02	5.30	5.38	7.39	4.65	5.37	1.32
600776	东方通信	956.00	956.00	5.31	5.35	6.93	3.43	4.34	-18.27
600777	新潮实业	625.42	625.42	3.60	3.62	5.46	3.26	5.14	42.78
600778	友好集团	311.49	308.84	9.68	9.74	13.20	8.44	10.74	10.95
600779	水井坊	488.55	295.32	21.06	21.15	32.16	15.71	19.37	-8.03
600780	通宝能源	1146.50	872.94	6.28	6.31	6.80	5.66	6.70	6.69
600781	上海辅仁	177.59	177.59	11.81	11.81	17.95	11.41	13.69	15.92
600782	新钢股份	1393.43	1393.43	4.76	4.78	5.50	3.71	4.12	-13.45
600783	鲁信创投	744.36	404.56	17.18	17.45	21.27	8.30	11.05	-35.68
600784	鲁银投资	496.61	496.61	10.29	9.97	15.85	4.79	5.18	-49.66
600785	新华百货	207.43	207.43	22.83	22.99	23.88	11.97	14.55	-36.27
600787	中储股份	840.10	840.10	8.04	8.11	10.85	5.75	7.73	-3.86
600789	鲁抗医药	581.58	581.58	4.91	5.02	6.29	3.31	3.95	-19.55
600790	轻纺城	805.38	618.78	5.68	5.70	8.68	4.77	6.11	7.57
600791	京能置业	452.88	452.31	4.84	4.85	5.39	3.67	4.54	-6.20
600792	云煤能源	400.23	126.23	11.98	11.70	18.08	8.08	10.73	-10.43
600793	ST 宜纸	105.30	105.30	15.53	15.52	15.60	7.20	8.75	-43.66
600794	保税科技	213.92	213.92	11.50	12.10	13.16	10.01	11.15	-3.04
600795	国电电力	15394.90	13954.61	2.79	2.79	2.86	2.24	2.63	-5.74
600796	钱江生化	301.40	301.40	6.64	6.61	7.79	4.35	5.24	-21.08
600797	浙大网新	842.01	821.71	5.06	5.11	5.94	3.48	4.32	-14.63
600798	宁波海运	871.17	871.17	3.04	3.04	4.18	2.80	3.50	15.13
600800	天津磁卡	611.27	607.67	3.14	3.14	7.59	2.16	7.01	123.25
600801	华新水泥	607.30	556.21	12.73	12.85	16.96	9.65	15.17	19.17
600802	福建水泥	381.87	381.87	7.88	7.98	9.40	5.20	7.30	-7.36
600803	威远生化	311.83	188.88	10.79	11.87	14.36	6.85	9.92	-8.06
600804	鹏博士	1338.51	1338.51	5.81	5.87	7.34	5.00	5.96	2.58
600805	悦达投资	709.08	707.67	12.29	12.41	14.05	8.03	11.90	-3.17
600806	昆明机床	390.19	390.19	5.94	5.96	8.50	3.83	4.61	-22.39
600807	天业股份	321.15	307.89	7.36	7.74	9.55	5.23	7.16	-2.72
600808	马钢股份	5967.75	5967.75	2.48	2.51	2.83	1.79	2.08	-16.13
600809	山西汾酒	865.85	865.85	63.14	63.00	79.79	30.65	41.66	-34.02
600810	神马股份	442.28	442.28	8.06	8.10	9.50	4.43	5.46	-32.26
600811	东方集团	1666.81	1666.81	5.49	5.55	6.73	4.44	5.43	-1.09
600812	华北制药	1378.58	1028.58	6.48	6.53	7.73	4.63	5.56	-14.20
600814	杭州解百	310.38	310.38	5.90	5.94	7.12	5.50	6.14	4.07
600815	厦工股份	798.97	777.08	8.12	8.20	10.75	5.56	6.99	-13.92
600816	安信信托	454.11	453.85	13.45	13.47	19.98	9.15	13.19	-1.93
600818	中路股份	216.33	216.33	9.09	9.17	15.05	8.42	11.79	29.70
600819	耀皮玻璃	543.75	543.75	9.50	9.60	10.26	4.75	5.66	-40.42
600820	隧道股份	1298.66	733.52	7.87	8.15	9.79	7.14	9.10	15.63
600821	津劝业	416.27	416.27	3.94	3.96	5.69	3.56	4.14	5.08
600822	上海物贸	396.15	396.15	5.39	5.39	7.56	3.83	4.46	-17.25
600823	世茂股份	1170.60	1170.60	10.45	10.44	12.80	8.49	11.70	11.96
600824	益民集团	731.96	731.96	5.02	5.05	6.18	3.83	4.45	-11.36

A 股
A Share

股票
Share

涨跌值 Change	市盈率 P/E	市净率 P/B	换手率(%) Turnover Rate	成交数量 Trading Vol	成交金额 Trading Val
0.31	0.00	0.00	144.14	540.48	1862.11
-9.74	21.63	2.11	300.82	2645.91	25328.24
2.90	7.39	104.38	431.45	717.80	5698.95
0.13	22.60	5.64	815.55	1615.89	21803.83
3.38	99.21	2.95	277.86	479.96	3447.16
0.07	31.96	2.09	63.34	261.60	1582.69
-0.97	29.02	2.06	103.98	994.00	5452.17
1.54	233.85	2.72	255.45	1597.65	7553.50
1.06	23.38	2.30	251.77	777.56	8376.78
-1.69	29.53	5.01	641.66	1894.97	47415.73
0.42	20.60	2.17	7.08	61.85	398.04
1.88	120.38	9.41	211.54	298.16	4479.94
-0.64	33.69	0.76	46.98	654.58	3010.53
-6.13	12.44	2.82	192.94	780.55	12573.08
-5.11	8.72	2.85	394.33	1567.11	12740.92
-8.28	11.96	2.14	151.12	313.47	5505.79
-0.31	16.29	1.45	398.62	1953.06	16370.16
-0.96	153.04	1.51	210.48	1224.12	6222.97
0.43	39.85	1.62	419.57	2357.99	16694.69
-0.30	10.27	1.66	161.84	732.03	3331.90
-1.25	22.80	1.93	731.67	923.55	12744.80
-6.78	0.00	36.02	155.22	163.45	1660.09
-0.35	16.50	3.01	105.17	224.99	2690.60
-0.16	11.10	1.31	76.50	10675.77	27668.09
-1.40	157.36	3.15	371.48	1119.64	7088.23
-0.74	29.45	1.99	233.76	1912.33	9336.77
0.46	58.99	1.59	99.60	867.70	2955.65
3.87	0.00	62.98	788.51	4742.67	24875.45
2.44	13.20	1.83	333.01	1636.06	22547.64
-0.58	22.33	2.35	486.50	1857.80	14327.98
-0.87	115.87	3.79	391.37	739.24	8116.24
0.15	50.83	2.14	259.64	3475.30	21977.78
-0.39	8.94	2.09	398.90	2822.85	30443.64
-1.33	44.87	1.86	196.06	765.00	4870.00
-0.20	50.22	4.68	719.26	2179.93	16690.75
-0.40	230.09	0.69	53.28	3179.67	7185.79
-21.48	46.21	10.15	93.52	650.04	29315.82
-2.60	96.74	1.06	328.59	1453.30	11402.83
-0.06	12.13	1.23	160.38	2673.18	15203.40
-0.92	61.43	1.88	196.73	2023.57	12838.18
0.24	24.82	2.46	156.90	487.00	3087.49
-1.13	9.74	1.43	349.96	2720.72	22590.80
-0.26	30.70	9.50	241.21	1094.73	17106.10
2.70	205.51	8.93	153.09	331.17	4071.91
-3.84	53.45	1.97	73.04	397.14	2941.11
1.23	22.85	1.07	198.15	1453.47	12172.47
0.20	220.68	3.00	213.28	887.80	4061.17
-0.93	20.81	2.27	192.62	685.74	4086.80
1.25	11.57	1.09	104.80	777.01	8111.89
-0.57	24.01	2.10	128.96	943.95	4863.93

A 股 股票
A Share Share

股票代码 Code	名称 Name	发行股本 Issued Vol	流通股本 Negotiable Vol	上年收盘 Last Year Close	本年开盘 Open	本年最高 High	本年最低 Low	本年收盘 Close	涨跌(%) Change(%)
600825	新华传媒	1044.89	1044.89	5.74	5.81	7.60	4.12	4.87	-15.16
600826	兰生股份	420.64	420.64	9.50	9.51	14.78	8.50	10.75	13.16
600827	友谊股份	1542.78	1240.38	11.37	11.51	14.00	7.03	8.58	-24.54
600828	成商集团	570.44	568.85	8.41	8.49	10.00	3.82	5.01	-40.43
600829	三精制药	579.89	579.89	10.21	10.22	13.70	6.82	9.01	-11.75
600830	香溢融通	454.32	454.32	6.44	6.45	12.25	5.16	6.70	4.04
600831	广电网络	563.44	563.44	9.99	10.17	11.39	5.66	6.57	-34.23
600832	东方明珠	3186.33	3186.33	5.28	5.30	6.69	4.90	5.56	5.30
600833	第一医药	223.09	223.09	7.29	7.40	9.93	6.26	7.60	4.25
600834	申通地铁	477.38	477.38	6.07	6.09	8.15	5.68	6.40	5.44
600835	上海机电	806.50	806.50	7.93	8.00	10.25	6.83	8.06	1.64
600836	界龙实业	313.56	313.56	6.68	6.75	8.88	5.62	6.76	1.20
600837	海通证券	8092.13	8092.13	7.41	7.51	10.80	7.05	10.25	38.33
600838	上海九百	400.88	400.88	5.29	5.31	7.18	4.20	5.17	-2.27
600839	四川长虹	4616.24	4610.00	2.14	2.16	2.85	1.88	2.06	-3.74
600841	上柴股份	521.89	421.29	11.77	11.98	20.50	9.20	11.22	-4.67
600843	上工申贝	204.94	204.94	6.98	7.00	10.79	5.69	6.82	-2.29
600844	丹化科技	584.83	584.83	11.94	12.06	19.00	9.25	11.07	-7.29
600845	宝信软件	226.52	226.52	14.50	14.89	18.50	12.58	13.91	-4.07
600846	同济科技	624.76	624.76	4.37	4.42	6.69	3.56	4.30	-1.60
600847	万里股份	88.66	88.66	13.31	13.33	14.70	10.76	13.84	3.98
600848	自仪股份	292.14	292.14	6.80	6.85	9.10	5.00	6.34	-6.77
600850	华东电脑	321.74	171.03	20.58	20.85	33.90	16.84	19.98	-2.92
600851	海欣股份	738.21	738.21	6.37	6.41	8.00	4.55	5.39	-15.39
600853	龙建股份	536.81	536.81	2.97	3.02	3.78	2.69	3.22	8.42
600854	春兰股份	519.46	519.46	3.57	3.58	5.56	3.31	3.90	9.24
600855	航天长峰	331.62	233.20	7.90	8.01	11.10	6.00	7.31	-7.47
600856	长百集团	234.83	234.83	4.00	4.02	5.32	3.57	4.16	4.00
600857	工大首创	224.32	224.32	9.74	9.80	15.60	7.22	8.95	-8.11
600858	银座股份	520.07	474.17	19.62	19.66	22.65	7.21	9.37	-52.24
600859	王府井	462.77	417.64	32.11	32.11	34.23	19.79	23.96	-25.38
600860	北人股份	322.00	322.00	4.05	4.07	6.69	3.66	6.20	53.09
600861	北京城乡	316.80	316.80	6.99	7.04	7.96	5.46	6.29	-10.01
600862	南通科技	637.93	605.72	8.57	8.71	9.40	3.12	3.80	-55.66
600863	内蒙华电	2581.22	572.94	8.30	8.31	9.36	6.09	7.50	-9.64
600864	哈投股份	546.38	546.38	6.04	6.14	7.42	4.98	5.68	-5.96
600865	百大集团	376.24	376.24	5.32	5.35	6.95	4.53	5.06	-4.89
600866	星湖科技	550.39	544.54	5.58	5.65	8.39	3.70	4.64	-16.85
600867	通化东宝	776.21	776.21	8.37	8.42	9.76	7.20	9.50	13.50
600868	梅雁吉祥	1898.15	1898.15	2.02	2.04	3.26	1.55	2.76	36.63
600869	三普药业	990.04	375.18	16.45	16.56	24.95	6.95	7.87	-52.16
600870	ST 厦华	523.20	370.82	3.95	3.96	4.84	3.39	3.99	1.01
600871	S 仪化	2600.00	200.00	7.25	7.28	7.96	5.21	6.11	-15.72
600872	中炬高新	796.64	796.64	4.17	4.19	6.08	3.77	4.60	10.31
600873	梅花集团	2708.24	1607.55	8.32	8.29	8.88	3.92	5.43	-34.74
600874	创业环保	1087.23	1087.23	5.88	5.92	6.16	3.99	4.69	-20.24
600875	东方电气	1663.86	1663.86	23.11	23.30	25.05	11.04	13.89	-39.90
600876	洛阳玻璃	250.02	250.02	5.98	6.03	7.90	4.42	5.30	-11.37
600877	*ST 嘉陵	687.28	687.28	4.20	4.23	5.56	2.14	3.18	-24.29
600879	航天电子	811.04	811.04	8.21	8.30	9.63	5.40	6.52	-20.59

A 股
A Share

股票
Share

涨跌值 Change	市盈率 P/E	市净率 P/B	换手率(%) Turnover Rate	成交数量 Trading Vol	成交金额 Trading Val
-0.87	28.19	2.00	255.35	2668.16	16617.44
1.25	86.59	2.19	194.73	819.11	10089.23
-2.79	10.62	1.21	117.62	1459.00	15704.06
-3.40	14.60	3.08	108.21	565.13	3598.63
-1.20	13.11	2.41	173.77	1007.65	11526.84
0.26	16.17	1.83	631.84	2870.57	25179.38
-3.42	26.47	2.36	352.04	1983.51	17475.64
0.28	38.81	2.34	58.70	1870.43	10563.67
0.31	46.14	3.44	708.88	1581.41	12935.24
0.33	55.23	2.53	97.52	465.54	3167.50
0.13	11.59	1.62	146.87	1184.47	10501.19
0.08	305.05	4.91	222.25	696.91	5186.21
2.84	31.66	1.67	175.07	14260.78	133561.09
-0.12	19.44	3.05	242.74	973.11	5752.98
-0.08	23.41	0.70	189.65	8741.98	19830.05
-0.55	47.04	3.07	66.79	234.67	3069.64
-0.16	27.17	4.20	287.51	589.22	4875.86
-0.87	0.00	8.56	275.65	1612.07	22500.87
-0.59	19.31	3.22	63.08	142.89	2270.48
-0.07	23.63	1.91	398.65	2389.97	12609.15
0.53	350.11	24.45	141.52	125.47	1636.45
-0.46	402.80	13.88	118.25	345.45	2649.05
-0.60	332.45	5.47	166.83	285.33	7281.17
-0.98	170.52	2.26	366.98	2709.07	18004.69
0.25	48.58	2.24	121.14	650.29	2105.19
0.33	110.26	1.08	164.07	852.27	3672.75
-0.59	74.47	3.12	362.33	844.96	7438.22
0.16	134.24	8.62	208.91	490.60	2177.57
-0.79	29.08	3.82	538.85	1208.74	13755.76
-10.25	42.13	1.89	200.52	823.62	10149.80
-8.15	19.03	1.87	120.69	504.03	13829.11
2.15	229.89	4.45	124.91	402.21	2176.55
-0.70	24.52	0.93	133.59	423.23	2890.98
-4.77	19.87	1.84	650.84	3914.38	19115.68
-0.80	29.55	1.93	213.43	1222.79	9538.43
-0.36	10.87	1.16	167.77	916.68	5963.66
-0.26	24.17	1.73	279.79	1052.69	6040.84
-0.94	29.13	1.70	282.55	1509.50	8744.65
1.13	20.26	3.76	191.88	1489.41	12578.23
0.74	529.75	2.41	416.41	7904.12	19314.98
-8.58	23.60	2.66	297.39	501.38	6982.01
0.04	197.33	25.20	162.87	603.97	2432.95
-1.14	29.13	2.86	191.58	383.17	2647.01
0.43	28.09	1.88	230.72	1837.97	8969.70
-2.89	20.44	2.68	115.56	1831.02	12070.84
-1.19	24.27	1.77	121.03	1315.90	7140.62
-9.22	9.11	1.78	141.65	2189.02	40774.06
-0.68	214.84	20.06	248.58	621.49	3827.77
-1.02	0.00	5.16	309.25	2125.43	7652.00
-1.69	31.40	1.53	253.32	2054.56	16310.07

A 股
A Share

股票
Share

股票代码 Code	名称 Name	发行股本 Issued Vol	流通股本 Negotiable Vol	上年收盘 Last Year Close	本年开盘 Open	本年最高 High	本年最低 Low	本年收盘 Close	涨跌(%) Change(%)
600880	博瑞传播	627.98	414.07	12.40	12.28	13.48	8.52	9.64	-22.26
600881	亚泰集团	1894.73	1894.73	4.74	4.79	6.91	4.18	5.02	5.91
600882	华联矿业	399.24	213.73	6.88	7.00	12.51	6.13	11.90	72.97
600883	博闻科技	236.09	236.09	8.68	8.79	10.33	4.75	6.17	-28.92
600884	杉杉股份	410.86	410.86	12.28	12.35	15.08	7.56	10.27	-16.37
600885	ST 宏发	476.64	153.74	7.29	7.48	12.14	6.91	10.04	37.72
600886	国投电力	3517.66	3517.66	5.96	5.99	6.85	4.10	5.76	-3.36
600887	伊利股份	1598.65	1587.34	20.43	20.59	24.55	18.03	21.98	7.59
600888	新疆众和	534.35	522.85	14.28	14.42	19.29	6.98	9.43	-33.96
600889	南京化纤	307.07	307.07	5.08	5.14	7.72	3.86	4.62	-9.06
600890	中房股份	579.19	579.19	3.05	3.10	5.30	2.85	4.98	63.28
600891	秋林集团	325.53	249.77	7.88	7.99	10.68	6.01	6.87	-12.82
600892	ST 宝诚	63.13	50.41	9.72	9.42	14.48	8.33	12.82	31.89
600893	航空动力	1089.57	1086.22	13.59	13.77	17.53	9.89	12.63	-7.06
600894	广日股份	788.52	762.41	5.82	5.83	7.29	5.30	6.31	8.42
600895	张江高科	1548.69	1548.69	6.79	6.86	9.20	5.94	7.02	3.39
600896	中海海盛	581.32	581.32	3.98	3.98	5.05	3.20	3.75	-5.78
600897	厦门空港	297.81	297.81	12.38	12.44	14.20	11.60	13.13	6.06
600898	三联商社	252.52	202.76	5.40	5.45	7.45	3.89	4.60	-14.82
600900	长江电力	16500.00	9745.94	6.36	6.36	7.14	6.13	6.87	8.02
600960	渤海活塞	162.82	162.82	8.65	8.71	13.20	6.97	9.14	5.67
600961	株冶集团	527.46	258.33	9.21	9.33	12.29	7.23	10.14	10.10
600962	国投中鲁	262.21	254.02	10.46	10.46	12.60	5.87	7.28	-30.40
600963	岳阳林纸	1043.16	843.16	4.68	4.92	5.76	3.37	4.09	-12.61
600965	福成五丰	279.40	279.40	5.88	6.00	6.95	4.80	5.64	-4.08
600966	博汇纸业	504.58	504.58	5.27	5.37	7.08	4.25	4.73	-10.25
600967	北方创业	228.56	173.23	16.79	16.95	20.70	13.89	18.31	9.05
600969	郴电国际	210.27	92.40	14.99	14.99	16.90	7.51	9.25	-38.29
600970	中材国际	1093.30	1093.30	15.76	15.99	21.06	8.10	12.32	-21.83
600971	恒源煤电	1000.00	1000.00	13.23	13.45	18.62	10.43	12.88	-2.65
600973	宝胜股份	304.73	301.19	11.17	11.28	14.70	5.75	7.27	-34.92
600975	新五丰	234.36	234.36	8.28	8.45	10.27	4.97	6.16	-25.60
600976	武汉健民	153.40	153.15	15.11	15.10	20.90	12.80	15.50	2.58
600978	宜华木业	1152.66	1137.00	3.70	3.72	5.70	3.42	4.92	32.97
600979	广安爱众	592.89	592.89	4.57	4.43	5.34	3.52	4.76	4.16
600980	北矿磁材	130.00	130.00	13.54	13.60	18.13	8.61	11.51	-14.99
600981	汇鸿股份	516.11	516.11	3.93	3.97	5.60	3.40	3.89	-1.02
600982	宁波热电	168.00	168.00	9.94	9.94	11.57	8.75	9.46	-4.83
600983	合肥三洋	532.80	196.70	6.97	7.01	9.44	6.15	7.61	9.18
600984	建设机械	141.56	141.56	5.01	5.09	8.13	4.53	6.60	31.74
600985	雷鸣科化	175.24	129.60	12.04	13.00	13.51	9.45	10.76	-10.63
600986	科达股份	335.27	335.27	4.18	4.22	6.83	3.78	5.19	24.16
600987	航民股份	423.54	423.54	5.60	5.65	8.96	5.26	7.00	25.00
600988	ST 宝龙	283.30	99.64	8.42	8.54	21.60	8.39	21.29	152.85
600990	四创电子	117.60	117.60	14.13	14.05	19.48	11.90	16.29	15.29
600991	广汽长丰	520.87	520.87	14.72	15.11	18.76	14.90	17.82	21.06
600992	贵绳股份	164.37	164.37	7.30	7.31	9.20	5.50	6.40	-12.33
600993	马应龙	331.58	330.88	17.29	17.46	18.58	11.89	14.02	-18.91
600995	文山电力	478.53	478.53	6.84	6.89	8.39	4.80	5.56	-18.71
600997	开滦股份	1234.64	1234.64	11.14	11.20	13.69	8.39	10.22	-8.26

A 股
A Share

股票
Share

涨跌值 Change	市盈率 P/E	市净率 P/B	换手率(%) Turnover Rate	成交数量 Trading Vol	成交金额 Trading Val
-2.76	15.37	2.68	612.88	2537.75	27617.79
0.28	12.71	1.18	204.31	3871.12	20997.46
5.02	0.00	3.66	476.81	1019.07	10204.74
-2.51	8.81	2.11	206.01	486.37	3756.62
-2.01	27.51	1.30	218.22	896.56	10997.95
2.75	0.00	4.28	252.77	388.62	3805.09
-0.20	78.15	1.65	110.84	2055.40	11074.35
1.55	19.42	4.79	183.77	2916.99	61954.35
-4.85	18.25	1.37	271.65	1213.57	14269.27
-0.46	92.46	1.55	319.55	981.25	5603.00
1.93	62.16	9.18	160.10	926.27	4051.21
-1.01	82.85	2.79	341.87	814.06	6744.44
3.10	176.58	391.95	127.96	64.50	758.95
-0.96	53.10	3.26	192.76	2088.91	28614.31
0.49	0.00	2.34	91.58	698.23	4469.50
0.23	23.28	1.69	123.07	1905.99	14771.84
-0.23	171.55	1.29	272.69	1585.21	6747.50
0.75	11.99	1.75	60.64	180.59	2324.84
-0.80	16.39	4.02	757.52	1535.93	9259.18
0.51	14.72	1.51	47.96	3689.45	24253.38
0.49	14.82	1.62	619.15	1008.12	11455.50
0.93	0.00	6.61	593.15	1532.27	15514.76
-3.18	42.63	1.91	300.48	636.24	6315.09
-0.59	27.72	0.80	247.14	2083.78	9490.06
-0.24	107.00	3.16	312.44	872.97	5271.90
-0.54	18.60	0.78	161.29	813.85	4612.11
1.52	36.25	2.14	286.11	495.63	8654.23
-5.74	21.57	1.58	209.69	193.76	2382.74
-3.44	8.76	2.96	292.80	2939.91	36516.62
-0.35	12.71	1.88	623.00	2686.80	42237.74
-3.90	123.18	1.15	166.24	426.74	3846.95
-2.12	20.04	2.62	499.95	996.09	8169.45
0.39	30.39	2.72	348.33	532.98	8952.04
1.22	22.63	1.31	159.54	1829.11	8537.14
0.19	47.41	2.87	354.18	2099.92	9512.54
-2.03	0.00	6.18	449.32	584.12	8517.00
-0.04	30.81	2.28	135.86	701.20	3222.73
-0.48	18.51	1.86	136.64	229.56	2316.43
0.64	12.62	2.56	410.13	806.72	6452.15
1.59	86.40	3.20	322.11	455.96	2962.14
-1.28	54.78	2.09	177.63	230.21	2764.20
1.01	66.59	2.53	436.49	1463.42	8183.24
1.40	11.20	1.66	223.63	947.18	6541.01
12.87	14385.14	16.35	463.22	366.05	6398.96
2.16	39.94	4.05	360.58	424.05	6708.75
3.10	59.69	0.00	17.32	90.20	1498.45
-0.90	40.34	1.22	163.78	269.21	2077.60
-3.27	33.75	3.60	189.89	628.23	9956.25
-1.28	19.68	2.13	247.32	1103.51	8150.90
-0.92	16.06	1.84	111.87	1381.23	16115.56

A 股
A Share

股票
Share

股票代码 Code	名称 Name	发行股本 Issued Vol	流通股本 Negotiable Vol	上年收盘 Last Year Close	本年开盘 Open	本年最高 High	本年最低 Low	本年收盘 Close	涨跌(%) Change(%)
600998	九州通	1420.52	532.05	10.39	10.45	14.50	8.36	11.03	6.16
600999	招商证券	4661.10	4661.10	10.18	10.20	13.89	8.04	10.55	3.64
601000	唐山港	2030.35	1040.35	6.18	6.19	7.23	2.73	3.33	-46.12
601001	大同煤业	1673.70	1673.70	12.16	12.26	14.58	7.70	9.24	-24.01
601002	晋亿实业	738.47	738.47	9.77	9.78	15.60	8.65	10.29	5.32
601003	柳钢股份	2562.79	2562.79	3.47	3.47	4.11	2.40	3.08	-11.24
601005	重庆钢铁	1195.00	1195.00	2.89	2.89	3.96	2.17	3.71	28.37
601006	大秦铁路	14866.79	14866.79	7.46	7.48	7.82	5.82	6.76	-9.38
601007	金陵饭店	300.00	300.00	6.73	6.84	8.19	6.32	7.15	6.24
601008	连云港	811.64	756.60	4.32	4.34	5.36	3.10	3.48	-19.44
601009	南京银行	2968.93	2968.93	9.28	9.32	10.02	7.29	9.20	-0.86
601010	文峰股份	492.80	122.80	15.45	15.56	17.83	11.75	14.19	-8.16
601011	宝泰隆	387.00	124.61	12.68	12.90	16.20	8.88	10.92	-13.88
601012	隆基股份	538.52	135.00	21.00	19.51	20.25	5.59	6.80	0.00
601018	宁波港	12800.00	3080.00	2.39	2.40	2.85	2.32	2.57	7.53
601028	玉龙股份	317.50	96.60	8.43	8.48	11.51	6.65	9.08	7.71
601038	一拖股份	593.91	150.00	5.40	8.05	10.71	6.56	9.78	0.00
601058	赛轮股份	378.00	195.62	7.32	7.45	9.70	6.63	7.58	3.55
601088	中国神华	16491.04	16311.04	25.33	25.48	28.65	20.93	25.35	0.08
601098	中南传媒	1796.00	398.00	9.04	9.10	11.04	7.75	8.94	-1.11
601099	太平洋	1653.64	1653.64	6.73	6.82	8.59	4.59	5.47	-18.72
601100	恒立油缸	630.00	157.50	16.71	16.85	21.37	8.29	11.25	-32.68
601101	昊华能源	1200.00	425.82	17.34	17.56	22.93	9.90	13.32	-23.18
601106	中国一重	6538.00	2290.00	3.18	3.20	3.83	2.44	2.82	-11.32
601107	四川成渝	2162.74	2162.74	3.47	3.49	4.18	2.88	3.34	-3.75
601111	中国国航	8329.27	8199.74	6.37	6.43	7.43	4.50	6.00	-5.81
601113	华鼎锦纶	640.00	304.00	9.86	9.98	13.79	3.39	3.91	-60.35
601116	三江购物	410.76	60.00	10.17	10.22	12.47	7.96	9.40	-7.57
601117	中国化学	4933.00	1529.00	5.70	5.75	8.26	4.92	8.24	44.56
601118	海南橡胶	3931.17	985.00	6.80	6.89	8.43	4.57	5.68	-16.47
601126	四方股份	406.60	151.51	15.98	15.98	18.35	11.89	14.19	-11.20
601137	博威合金	215.00	95.00	15.14	15.21	17.54	12.80	15.58	2.91
601139	深圳燃气	1980.45	1904.58	11.11	11.12	12.96	7.30	9.53	-14.22
601158	重庆水务	4800.00	500.00	6.01	6.08	6.92	4.69	5.31	-11.65
601166	兴业银行	10786.41	10786.41	12.52	12.65	16.84	11.59	16.69	33.31
601168	西部矿业	2383.00	2383.00	9.37	9.41	11.66	6.56	7.84	-16.33
601169	北京银行	8800.16	7473.07	9.28	9.30	10.80	6.60	9.30	0.22
601177	杭齿前进	400.06	213.06	9.66	9.70	11.47	7.65	9.21	-4.66
601179	中国西电	4357.00	1467.00	3.70	3.72	4.53	3.13	3.48	-5.95
601186	中国铁建	10261.25	10016.25	3.79	3.80	6.12	3.66	5.87	54.88
601188	龙江交通	1213.20	616.40	2.57	2.59	3.15	2.29	2.70	5.06
601199	江南水务	233.80	80.44	13.44	13.55	15.30	10.71	12.34	-8.19
601208	东材科技	615.76	317.07	18.88	19.11	22.38	5.40	6.42	-66.00
601216	内蒙君正	1280.00	498.36	17.69	17.80	20.00	4.98	6.22	-64.84
601218	吉鑫科技	450.80	139.63	11.08	11.13	14.19	6.44	7.64	-31.05
601222	林洋电子	355.29	114.00	10.59	10.69	14.88	8.75	10.89	2.83
601231	环旭电子	1011.72	106.80	7.60	11.01	18.49	9.30	11.84	0.00
601233	桐昆股份	963.60	442.16	11.73	11.98	15.05	5.74	7.19	-38.70
601238	广汽集团	4221.72	286.96	9.09	9.80	10.55	4.87	6.11	0.00
601258	庞大集团	2621.50	713.44	6.15	6.18	10.97	4.15	5.17	-15.94

A 股
A Share

股票
Share

涨跌值 Change	市盈率 P/E	市净率 P/B	换手率(%) Turnover Rate	成交数量 Trading Vol	成交金额 Trading Val
0.64	41.88	3.42	86.15	431.37	5000.53
0.37	24.49	1.91	123.13	3281.37	37193.27
-2.85	14.65	1.30	132.80	886.71	4192.63
-2.92	14.20	1.67	67.42	1128.41	13097.37
0.52	110.40	4.51	569.69	4206.97	47690.10
-0.39	21.79	1.46	35.34	905.63	2797.32
0.82	0.00	1.54	140.74	1681.82	5318.99
-0.70	8.59	1.43	56.85	8451.46	58668.55
0.42	18.31	1.64	77.54	232.64	1707.00
-0.84	21.03	1.09	287.14	2026.59	8313.60
-0.08	8.51	1.11	136.41	4049.96	35817.22
-1.26	16.13	1.93	294.80	342.11	5040.88
-1.76	19.87	1.51	446.07	522.38	6562.92
0.00	12.89	1.27	397.56	412.96	3951.47
0.18	13.33	1.21	134.71	4148.99	10638.64
0.65	20.39	1.49	1865.76	1503.68	14396.48
0.00	23.71	2.23	1617.02	2425.53	20941.40
0.26	27.30	1.46	526.00	633.02	5113.56
0.02	11.25	1.99	17.86	2914.12	72163.35
-0.10	20.01	1.90	389.34	1549.59	15269.87
-1.26	57.73	4.24	316.17	4889.14	33141.70
-5.46	21.81	2.14	498.17	608.00	8837.84
-4.02	12.28	2.30	454.07	1744.68	29306.77
-0.36	43.59	1.10	216.49	4957.66	16131.71
-0.13	7.83	1.00	74.61	1087.41	3836.68
-0.37	10.35	1.53	40.44	3315.53	19805.63
-5.95	18.04	1.46	612.52	848.72	6505.63
-0.77	25.25	2.58	856.99	514.19	5604.45
2.54	17.11	2.26	416.22	6363.95	41552.22
-1.12	29.34	2.46	503.64	4296.12	28997.12
-1.79	26.63	2.00	172.00	258.43	4080.48
0.44	24.91	1.75	245.81	214.93	3340.85
-1.58	46.57	4.50	118.18	926.13	8727.50
-0.70	15.84	2.06	288.02	1440.09	8647.16
4.17	7.06	1.25	106.82	11522.10	155020.67
-1.53	21.76	1.66	141.17	3364.07	31481.76
0.02	9.15	1.14	83.10	5623.83	50507.47
-0.45	24.68	2.15	124.22	264.67	2723.51
-0.22	0.00	1.08	177.39	2602.36	9887.17
2.08	9.22	1.01	54.11	5419.35	25303.57
0.13	25.10	1.25	161.35	994.53	2703.19
-1.10	24.12	1.65	548.70	408.47	5450.82
-12.46	17.96	1.84	582.43	917.07	10243.51
-11.47	13.75	1.48	275.26	757.14	8520.75
-3.44	21.05	1.54	401.52	386.51	3828.36
0.30	20.62	1.64	888.30	778.22	9028.86
0.00	26.52	3.48	2311.81	2208.31	29729.69
-4.54	6.18	1.02	611.19	1927.63	20217.61
0.00	9.20	1.27	613.25	1759.81	12402.91
-0.98	20.85	1.54	519.60	2447.09	17843.44

A 股
A Share

股票
Share

股票代码 Code	名称 Name	发行股本 Issued Vol	流通股本 Negotiable Vol	上年收盘 Last Year Close	本年开盘 Open	本年最高 High	本年最低 Low	本年收盘 Close	涨跌(%) Change(%)
601268	二重重装	2293.45	328.50	7.06	7.12	8.31	4.20	5.06	-28.33
601288	农业银行	294055.29	25570.59	2.62	2.62	2.83	2.38	2.80	6.87
601299	中国北车	10320.06	10320.06	4.25	4.27	4.77	3.36	4.51	6.12
601311	骆驼股份	851.83	299.33	18.37	18.54	23.96	7.08	8.75	-52.37
601313	江南嘉捷	224.00	56.00	12.40	11.65	12.45	8.36	10.20	0.00
601318	中国平安	4786.41	4786.41	34.44	34.89	46.85	33.35	45.29	31.50
601328	交通银行	39250.86	32709.05	4.48	4.50	5.10	4.07	4.94	10.27
601333	广深铁路	5652.24	5652.24	3.52	3.53	3.63	2.42	2.92	-17.05
601336	新华保险	2085.44	1100.58	27.87	27.92	36.50	17.63	28.82	3.41
601339	百隆东方	750.00	150.00	13.60	12.00	12.80	7.14	8.31	0.00
601369	陕鼓动力	1638.77	553.10	11.46	11.53	12.24	7.56	9.02	-21.29
601377	兴业证券	2200.00	1580.08	9.30	9.37	12.71	8.48	12.28	32.04
601388	怡球资源	410.00	105.00	13.00	13.90	18.15	8.83	12.01	0.00
601390	中国中铁	17092.51	16625.01	2.52	2.53	3.12	2.37	3.04	20.64
601398	工商银行	262527.20	262527.20	4.24	4.24	4.48	3.60	4.15	-2.12
601515	东风股份	556.00	56.00	13.20	15.10	16.82	11.50	14.66	0.00
601518	吉林高速	1213.20	616.40	2.55	2.57	3.06	2.29	2.61	2.35
601519	大智慧	1390.00	501.15	10.88	11.10	12.89	3.70	4.43	-59.28
601555	东吴证券	2000.00	1221.38	6.57	6.60	10.51	6.15	8.06	22.68
601558	华锐风电	4020.40	420.40	15.64	15.70	18.20	4.58	5.26	-66.37
601566	九牧王	578.66	122.93	21.41	21.50	28.15	13.30	16.18	-24.43
601567	三星电气	400.50	134.28	13.30	13.47	16.63	6.92	8.21	-38.27
601588	北辰实业	2660.00	2660.00	2.73	2.74	3.22	2.52	3.05	11.72
601599	鹿港科技	318.00	164.91	10.39	10.52	12.98	5.71	7.03	-32.34
601600	中国铝业	9580.52	9580.52	6.42	6.47	7.89	4.55	5.13	-20.09
601601	中国太保	6286.70	6208.29	19.21	19.27	23.80	16.15	22.50	17.13
601607	上海医药	1923.02	1070.53	11.08	11.16	13.24	9.82	11.11	0.27
601608	中信重工	2740.00	565.00	4.67	4.69	4.89	3.25	3.91	0.00
601616	广电电气	932.58	553.35	11.28	11.39	12.36	3.33	3.92	-65.25
601618	中国中冶	16239.00	16239.00	2.64	2.64	2.89	1.97	2.26	-14.39
601628	中国人寿	20823.53	20823.53	17.64	17.75	21.59	16.06	21.40	21.32
601633	长城汽车	2009.24	304.24	11.97	12.02	23.91	11.50	23.70	98.00
601636	旗滨集团	694.66	170.50	7.01	7.10	9.57	5.39	6.78	-3.28
601666	平煤股份	2361.16	2361.16	10.57	10.71	13.58	7.27	8.54	-19.21
601668	中国建筑	30000.00	30000.00	2.91	2.93	3.93	2.85	3.90	34.02
601669	中国水电	9600.00	3003.00	4.09	4.12	4.87	2.94	3.82	-6.60
601677	明泰铝业	401.00	80.80	11.86	12.08	16.00	9.30	11.29	-4.81
601678	滨化股份	660.00	214.50	11.25	11.60	15.36	8.08	9.97	-11.38
601688	华泰证券	5600.00	2228.42	7.82	7.90	12.15	7.19	9.80	25.32
601699	潞安环能	2301.08	2301.08	21.16	21.58	29.30	15.21	21.89	3.45
601700	风范股份	219.60	81.90	15.76	15.90	17.16	12.32	15.19	-3.62
601717	郑煤机	1377.89	828.80	24.87	25.10	31.67	8.64	10.32	-58.50
601718	际华集团	3857.00	1157.00	3.42	3.41	3.91	2.72	3.01	-11.99
601727	上海电气	9850.71	9850.71	5.10	5.15	6.08	3.50	4.07	-20.20
601766	中国南车	11779.00	9516.00	4.33	4.36	5.14	3.75	4.96	14.55
601777	力帆股份	951.45	326.60	6.74	6.76	9.50	5.54	6.39	-5.19
601788	光大证券	3418.00	3418.00	10.20	10.28	15.01	9.70	14.10	38.24
601789	宁波建工	462.60	100.00	5.99	6.59	10.46	5.45	8.29	38.40
601798	蓝科高新	320.00	116.00	13.45	13.88	18.56	9.78	11.58	-13.90
601799	星宇股份	239.49	60.68	12.13	12.00	14.64	9.00	10.88	-10.31

A 股
A Share

股票
Share

涨跌值 Change	市盈率 P/E	市净率 P/B	换手率(%) Turnover Rate	成交数量 Trading Vol	成交金额 Trading Val
-2.00	0.00	2.31	295.50	970.71	6222.69
0.18	7.46	1.21	66.88	16921.69	44591.41
0.26	15.59	1.34	297.58	9047.66	37875.86
-9.62	23.26	2.42	1030.84	1601.85	20768.63
0.00	17.48	1.74	659.66	339.30	3706.25
10.85	17.78	2.25	109.28	5230.60	213688.68
0.46	7.23	0.97	36.80	12036.53	55456.33
-0.60	11.46	0.80	75.81	4085.22	12660.64
0.95	32.12	2.51	809.13	1325.95	37560.32
0.00	6.55	1.08	295.43	443.15	4289.15
-2.44	17.75	2.61	233.87	1293.55	13087.24
2.98	62.06	3.10	286.00	4428.90	47775.88
0.00	16.12	2.21	2338.93	2171.22	30841.40
0.52	9.68	0.83	44.27	7360.07	19886.50
-0.09	6.96	1.29	3.99	10483.78	43094.42
0.00	14.93	3.61	1440.16	726.15	10365.43
0.06	14.77	1.54	203.20	1252.52	3350.83
-6.45	58.09	2.12	262.72	949.08	6588.55
1.49	69.63	2.13	2414.64	10887.31	90825.60
-10.38	27.26	1.72	229.77	665.06	7038.12
-5.23	18.08	2.13	326.81	398.82	8305.20
-5.09	15.84	1.53	404.95	374.42	4110.87
0.32	21.91	1.02	61.72	1641.84	4726.16
-3.36	23.29	2.34	731.82	697.93	5712.67
-1.29	291.48	1.58	35.19	3371.10	21363.30
3.29	24.53	2.12	67.34	4180.84	85724.58
0.03	14.63	1.21	338.53	3624.01	41306.97
0.00	13.11	1.43	792.98	4480.31	18803.34
-7.36	17.32	1.42	428.04	1757.10	12000.53
-0.38	10.18	1.05	126.77	5945.65	14452.98
3.76	33.00	2.74	14.59	3038.62	55494.36
11.73	21.05	3.35	431.66	1313.29	20663.19
-0.23	22.62	1.70	920.87	1554.02	12100.24
-2.03	10.92	1.81	112.09	2646.59	28509.41
0.99	8.64	1.15	95.46	16276.88	52850.73
-0.27	10.13	1.19	494.38	14355.82	56145.33
-0.57	17.67	1.81	1148.39	723.08	9446.28
-1.28	10.81	1.69	473.29	1015.20	12493.38
1.98	30.75	1.61	265.40	4969.48	47668.30
0.73	13.13	3.14	145.83	3355.77	74040.03
-0.57	30.62	1.29	354.24	285.34	4388.72
-14.55	14.01	1.83	580.36	4002.38	61697.13
-0.41	18.64	1.16	229.55	2655.90	8832.60
-1.03	15.77	1.71	15.12	1489.02	7354.89
0.63	17.72	2.09	80.36	7647.41	35324.65
-0.35	15.58	1.24	312.33	1020.10	7633.48
3.90	31.20	2.17	221.07	3164.40	39475.10
2.30	33.06	2.22	1778.77	1778.77	14091.78
-1.87	30.61	2.24	1062.66	960.51	13917.38
-1.25	15.59	1.43	568.86	341.38	3974.71

A 股
A Share

股票
Share

股票代码 Code	名称 Name	发行股本 Issued Vol	流通股本 Negotiable Vol	上年收盘 Last Year Close	本年开盘 Open	本年最高 High	本年最低 Low	本年收盘 Close	涨跌(%) Change(%)
601800	中国交建	11747.24	1164.55	5.40	6.99	7.09	3.99	5.30	0.00
601801	皖新传媒	910.00	213.92	10.90	10.95	13.80	8.62	10.38	-4.77
601808	中海油服	2960.47	2910.47	14.49	14.76	19.69	14.41	16.40	13.18
601818	光大银行	40434.79	18934.79	2.88	2.88	3.14	2.55	3.05	5.90
601857	中国石油	161922.08	161522.08	9.74	9.79	10.74	8.44	9.04	-7.19
601866	中海集运	7932.13	7698.46	2.43	2.44	3.32	1.99	2.44	0.41
601872	招商轮船	4720.92	3776.74	2.89	2.92	3.64	2.29	2.56	-11.42
601877	正泰电器	1005.00	290.68	13.10	13.15	18.85	12.56	18.37	40.23
601880	大连港	3363.40	808.41	2.57	2.60	3.49	2.52	2.83	10.12
601886	江河幕墙	560.00	260.33	13.96	14.13	23.08	12.22	21.80	56.16
601888	中国国旅	880.00	880.00	26.23	26.59	32.08	22.91	27.42	4.54
601890	亚星锚链	468.00	277.83	8.40	8.43	10.57	6.02	7.44	-11.43
601898	中煤能源	9152.00	9006.98	9.01	9.08	10.22	6.62	7.82	-13.21
601899	紫金矿业	15803.80	15803.80	3.82	3.88	4.85	3.49	3.83	0.26
601901	方正证券	6100.00	3327.23	4.17	4.20	5.69	3.60	4.41	5.76
601908	京运通	859.77	207.52	21.56	21.80	28.39	5.08	6.05	-71.94
601918	国投新集	1850.39	1850.39	11.13	11.21	15.40	7.36	9.57	-14.02
601919	中国远洋	7635.67	7475.95	4.68	4.70	5.93	3.70	4.41	-5.77
601928	凤凰传媒	2544.90	659.00	8.36	8.20	10.47	5.75	6.78	-18.90
601929	吉视传媒	1397.99	280.00	7.00	10.88	14.16	5.89	7.28	0.00
601933	永辉超市	767.90	494.03	30.15	30.25	33.00	20.11	25.21	-16.39
601939	建设银行	9593.66	9593.66	4.54	4.56	4.95	3.82	4.60	1.32
601958	金钼股份	3226.60	3225.96	11.38	11.56	15.91	9.79	11.71	2.90
601965	中国汽研	640.79	192.00	8.20	7.68	8.24	6.24	7.89	0.00
601988	中国银行	195525.06	195525.06	2.92	2.93	3.10	2.58	2.92	0.00
601989	中国重工	14667.71	11307.94	5.11	5.16	6.86	3.91	4.77	-6.65
601991	大唐发电	9994.36	9894.36	5.16	5.17	5.99	3.68	4.03	-21.90
601992	金隅股份	3114.35	1266.55	8.41	8.45	10.50	5.19	8.10	-3.69
601996	丰林集团	468.91	196.19	8.92	8.99	12.45	4.10	7.68	-13.90
601998	中信银行	31905.16	31691.33	4.04	4.04	4.73	3.49	4.29	6.19
601999	出版传媒	550.91	550.91	7.79	7.88	9.76	5.11	6.25	-19.77
603000	人民网	276.42	69.11	20.00	31.01	48.04	31.01	37.71	0.00
603001	奥康国际	400.98	81.00	25.50	23.00	28.60	16.40	20.42	0.00
603002	宏昌电子	400.00	100.00	3.60	8.01	8.78	4.98	6.88	0.00
603003	龙宇燃油	202.00	50.50	6.50	12.50	13.93	7.72	10.21	0.00
603008	喜临门	210.00	52.50	12.50	11.50	11.80	7.71	10.27	0.00
603077	和邦股份	450.00	100.00	17.50	16.00	17.88	11.29	15.37	0.00
603123	翠微股份	308.00	77.00	9.00	11.50	14.15	6.54	8.36	0.00
603128	华贸物流	400.00	100.00	6.66	7.83	8.50	4.75	6.21	0.00
603167	渤海轮渡	481.40	101.00	11.00	11.27	12.40	6.67	9.21	0.00
603333	明星电缆	520.01	130.01	9.30	11.47	11.83	4.18	5.44	0.00
603366	日出东方	400.00	100.00	21.50	20.78	22.45	11.50	15.40	0.00
603399	新华龙	253.36	63.36	7.80	14.88	16.88	8.93	12.41	0.00
603766	隆鑫通用	800.00	80.00	6.58	11.00	13.60	6.28	8.70	0.00
603993	洛阳钼业	3765.01	200.00	3.00	8.70	10.59	6.33	8.33	0.00

A 股
A Share

股票
Share

涨跌值 Change	市盈率 P/E	市净率 P/B	换手率(%) Turnover Rate	成交数量 Trading Vol	成交金额 Trading Val
0.00	7.39	0.98	719.00	6840.57	37186.86
-0.52	23.82	2.28	805.38	1623.94	19001.97
1.91	18.25	2.29	62.75	1826.20	30992.60
0.17	6.83	1.08	71.33	11763.27	33467.83
-0.70	12.44	1.56	2.17	3509.92	33124.18
0.01	0.00	1.08	50.24	3867.52	10347.42
-0.33	74.38	0.98	33.70	1168.40	3474.74
5.27	22.40	4.07	124.60	362.20	5610.90
0.26	18.80	0.97	404.63	3271.04	9755.44
7.84	35.88	2.73	855.19	1059.71	17268.86
1.19	35.23	4.31	284.47	773.46	21668.82
-0.96	34.83	1.25	753.34	2093.04	17549.43
-1.19	10.91	1.20	28.87	2600.61	21847.15
0.01	14.62	0.30	93.31	14745.85	60922.17
0.24	104.70	1.86	1136.53	19536.72	92833.02
-15.51	11.45	1.43	825.37	778.17	10570.58
-1.56	13.14	2.03	124.08	2295.93	27616.80
-0.27	0.00	1.79	53.60	4007.36	19206.77
-1.58	23.27	1.90	1325.28	5622.59	49324.40
0.00	27.97	2.54	2222.60	5692.50	52823.99
-4.94	41.46	4.38	100.40	496.03	13043.41
0.06	6.79	1.22	72.55	6960.03	31207.67
0.33	51.33	2.82	64.73	2088.32	27440.19
0.00	25.27	1.75	470.10	902.60	6342.67
0.00	6.56	0.99	3.01	5879.01	16980.87
-0.34	14.87	1.67	208.65	8707.29	45977.92
-1.13	28.08	1.29	18.08	1719.80	8329.79
-0.31	10.12	1.52	467.82	4610.46	33871.91
-1.24	43.33	2.30	2141.82	2737.42	19306.59
0.25	6.51	1.01	13.98	4430.89	18280.50
-1.54	50.95	2.02	203.57	1121.48	8870.24
0.00	74.74	4.86	1759.45	1075.08	43176.84
0.00	17.90	2.27	434.85	307.94	7287.21
0.00	65.12	3.28	2434.93	2255.02	15662.13
0.00	25.30	2.45	1720.90	869.05	9517.90
0.00	24.54	2.13	371.98	195.29	1984.72
0.00	18.88	2.03	599.49	599.49	9269.20
0.00	19.58	1.59	1141.01	771.12	7872.76
0.00	24.04	2.00	1301.89	1301.89	8821.87
0.00	15.96	1.82	796.95	804.92	7703.84
0.00	21.30	1.81	807.94	694.64	5772.72
0.00	16.66	1.76	790.75	697.45	12317.06
0.00	34.34	3.13	1481.93	938.95	12572.96
0.00	15.79	2.17	1284.91	1027.93	9357.40
0.00	37.82	0.73	1072.84	2145.68	17987.62

十大发行股本 A 股股票
Top 10 A Shares by Issued Vol

代码 Code	股票名称 Share	公司名称 Company	发行股数 Issued Vol	占比重 (%)
601288	农业银行	中国农业银行股份有限公司	294055.29	12.02
601398	工商银行	中国工商银行股份有限公司	262527.20	10.73
601988	中国银行	中国银行股份有限公司	195525.06	7.99
601857	中国石油	中国石油天然气股份有限公司	161922.08	6.62
600028	中国石化	中国石油化工股份有限公司	70039.80	2.86
601818	光大银行	中国光大银行股份有限公司	40434.79	1.65
601328	交通银行	交通银行股份有限公司	39250.86	1.60
601998	中信银行	中信银行股份有限公司	31905.16	1.30
601668	中国建筑	中国建筑股份有限公司	30000.00	1.23
600018	上港集团	上海国际港务（集团）股份有限公司	22755.18	0.93
	总计		1148415.43	46.92
	市场总计		2447405.75	100.00

十大流通股本 A 股股票
Top 10 A Shares by Negotiable Vol

代码 Code	股票名称 Share	公司名称 Company	流通股数 Negotiable Vol	占比重 (%)
601398	工商银行	中国工商银行股份有限公司	262527.20	13.55
601988	中国银行	中国银行股份有限公司	195525.06	10.09
601857	中国石油	中国石油天然气股份有限公司	161522.08	8.34
600028	中国石化	中国石油化工股份有限公司	70039.80	3.61
601328	交通银行	交通银行股份有限公司	32709.05	1.69
601998	中信银行	中信银行股份有限公司	31691.33	1.64
601668	中国建筑	中国建筑股份有限公司	30000.00	1.55
601288	农业银行	中国农业银行股份有限公司	25570.59	1.32
600016	民生银行	中国民生银行股份有限公司	22587.60	1.17
600050	中国联通	中国联合网络通信股份有限公司	21196.60	1.09
	总计		853369.31	44.04
	市场总计		1937777.13	100.00

注：股票排名中，发行股数、流通股数、成交股数单位为百万股（M），成交金额、市价总值、流通市值为百万元（M Yuan），收盘价格单位为元（Yuan）。

十大市值 A 股股票 Top 10 A Shares by Market Cap

股票 Share

代码 Code	股票名称 Share	公司名称 Company	市价总值 Market Cap	占比重 (%)
601857	中国石油	中国石油天然气股份有限公司	1463775.58	9.27
601398	工商银行	中国工商银行股份有限公司	1089487.88	6.90
601288	农业银行	中国农业银行股份有限公司	823354.82	5.21
601988	中国银行	中国银行股份有限公司	570933.19	3.62
600028	中国石化	中国石油化工股份有限公司	484675.40	3.07
601628	中国人寿	中国人寿保险股份有限公司	445623.54	2.82
601088	中国神华	中国神华能源股份有限公司	418047.81	2.65
600036	招商银行	招商银行股份有限公司	242909.30	1.54
600519	贵州茅台	贵州茅台酒股份有限公司	217000.38	1.37
601318	中国平安	中国平安保险（集团）股份有限公司	216776.49	1.37
	总计		5972584.40	37.82
	市场总计		15791265.15	100.00

十大流通市值 A 股股票 Top 10 A Shares by Negotiable Cap

代码 Code	股票名称 Share	公司名称 Company	流通市值 Negotiable Cap	占比重 (%)
601857	中国石油	中国石油天然气股份有限公司	1460159.58	10.94
601398	工商银行	中国工商银行股份有限公司	1089487.88	8.16
601988	中国银行	中国银行股份有限公司	570933.19	4.28
600028	中国石化	中国石油化工股份有限公司	484675.40	3.63
601628	中国人寿	中国人寿保险股份有限公司	445623.54	3.34
601088	中国神华	中国神华能源股份有限公司	413484.81	3.10
600036	招商银行	招商银行股份有限公司	242909.30	1.82
600519	贵州茅台	贵州茅台酒股份有限公司	217000.38	1.63
601318	中国平安	中国平安保险（集团）股份有限公司	216776.49	1.62
601166	兴业银行	兴业银行股份有限公司	180025.20	1.35
	总计		5321075.78	39.86
	市场总计		13350866.25	100.00

十大成交金额A股股票 股票
Top 10 A Shares by Trading Val Share

代码 Code	股票名称 Share	公司名称 Company	成交金额 Trading Val	占比重 (%)
600111	包钢稀土	内蒙古包钢稀土(集团)高科技股份有限公司	462841.06	2.82
601318	中国平安	中国平安保险（集团）股份有限公司	213688.68	1.30
600030	中信证券	中信证券股份有限公司	204482.76	1.25
600519	贵州茅台	贵州茅台酒股份有限公司	163159.70	1.00
600016	民生银行	中国民生银行股份有限公司	160310.15	0.98
601166	兴业银行	兴业银行股份有限公司	155020.67	0.95
600000	浦发银行	上海浦东发展银行股份有限公司	137442.55	0.84
600036	招商银行	招商银行股份有限公司	135096.63	0.82
600837	海通证券	海通证券股份有限公司	133561.09	0.81
600010	包钢股份	内蒙古包钢钢联股份有限公司	116791.19	0.71
	总计		1882394.48	11.48
	市场总计		16404737.98	100.00

十大成交股数A股股票
Top 10 A Shares by Trading Vol

代码 Code	股票名称 Share	公司名称 Company	成交股数 Trading Vol	占比重 (%)
600016	民生银行	中国民生银行股份有限公司	25107.13	1.33
600010	包钢股份	内蒙古包钢钢联股份有限公司	20497.65	1.09
601901	方正证券	方正证券股份有限公司	19536.72	1.04
600050	中国联通	中国联合网络通信股份有限公司	18049.53	0.96
600030	中信证券	中信证券股份有限公司	17101.16	0.91
601288	农业银行	中国农业银行股份有限公司	16921.69	0.90
601668	中国建筑	中国建筑股份有限公司	16276.88	0.86
600000	浦发银行	上海浦东发展银行股份有限公司	16095.61	0.85
601899	紫金矿业	紫金矿业集团股份有限公司	14745.85	0.78
601669	中国水电	中国水利水电建设股份有限公司	14355.82	0.76
	总计		178688.04	9.48
	市场总计		1885053.52	100.00

十大涨幅 A 股股票
Top 10 A Shares by Price Change Up

代码 Code	股票名称 Share	公司名称 Company	上年收盘 Last Year Close	本年收盘 Close	涨幅(%) Change(%)
600340	华夏幸福	华夏幸福基业投资开发股份有限公司	16.05	28.23	165.93
600209	罗顿发展	罗顿发展股份有限公司	4.01	10.39	159.10
600684	珠江实业	广州珠江实业开发股份有限公司	7.58	14.95	156.31
600988	ST 宝龙	赤峰吉隆黄金矿业股份有限公司	8.42	21.29	152.85
600217	秦岭水泥	陕西秦岭水泥(集团)股份有限公司	3.02	7.09	134.77
600228	昌九生化	江西昌九生物化工股份有限公司	6.62	14.79	123.41
600800	天津磁卡	天津环球磁卡股份有限公司	3.14	7.01	123.25
600113	浙江东日	浙江东日股份有限公司	4.58	10.07	119.87
600389	江山股份	南通江山农药化工股份有限公司	6.56	14.19	116.31
600230	沧州大化	沧州大化股份有限公司	7.44	15.72	112.01

十大跌幅 A 股股票
Top 10 A shares by Price Change Down

代码 Code	股票名称 Share	公司名称 Company	上年收盘 Last Year Close	本年收盘 Close	跌幅(%) Change(%)
600537	亿晶光电	亿晶光电科技股份有限公司	20.29	7.97	-60.72
600603	*ST 兴业	上海兴业能源控股股份有限公司	9.33	4.42	-52.63
600132	重庆啤酒	重庆啤酒股份有限公司	28.45	15.37	-45.51
600298	安琪酵母	安琪酵母股份有限公司	29.41	16.33	-44.16
600793	ST 宜纸	宜宾纸业股份有限公司	15.53	8.75	-43.66
601908	京运通	北京京运通科技股份有限公司	21.56	6.05	-43.01
600550	天威保变	保定天威保变电气股份有限公司	11.18	6.51	-41.77
600770	综艺股份	江苏综艺股份有限公司	15.93	6.19	-41.42
600819	耀皮玻璃	上海耀皮玻璃集团股份有限公司	9.50	5.66	-40.24
600152	维科精华	宁波维科精华集团股份有限公司	7.30	4.38	-39.51

B 股每日成交(亿元/亿)
B Share Trading (100M Yuan/100M Shares)

股票
Share

日期 Date	1月 Jan		2月 Feb		3月 Mar		4月 Apr		5月 May		6月 Jun	
	金额 Val	数量 Vol	金额 Val	数量 Vol	金额 Val	数量 Vol	金额 Val	数量 Vol	金额 Val	数量 Vol	金额 Val	数量 Vol
1	---	---	1.88	0.38	1.60	0.32	---	---	---	---	1.25	0.22
2	---	---	1.54	0.23	2.21	0.43	---	---	3.69	0.72	---	---
3	---	---	1.52	0.27	---	---	---	---	1.90	0.36	---	---
4	0.99	0.18	---	---	---	---	---	---	2.63	0.44	1.91	0.35
5	1.11	0.22	---	---	2.29	0.49	1.63	0.33	---	---	0.97	0.19
6	1.11	0.21	1.50	0.28	2.73	0.48	1.26	0.27	---	---	0.94	0.17
7	---	---	1.30	0.23	2.20	0.39	---	---	2.13	0.36	1.10	0.22
8	---	---	1.76	0.28	3.44	0.72	---	---	2.07	0.48	1.26	0.25
9	1.97	0.36	2.10	0.35	2.65	0.58	1.02	0.23	2.65	0.44	---	---
10	2.53	0.44	1.95	0.41	---	---	1.26	0.26	2.25	0.36	---	---
11	2.35	0.39	---	---	---	---	3.13	0.45	1.89	0.34	1.09	0.20
12	1.70	0.31	---	---	1.87	0.39	2.18	0.38	---	---	1.71	0.20
13	1.45	0.29	1.07	0.24	2.97	0.62	2.01	0.41	---	---	2.17	0.39
14	---	---	1.15	0.21	4.88	0.95	---	---	1.86	0.34	1.17	0.19
15	---	---	1.86	0.37	2.84	0.56	---	---	1.69	0.27	2.35	0.27
16	0.87	0.18	1.66	0.37	2.18	0.45	1.46	0.30	2.09	0.34	---	---
17	2.06	0.38	1.54	0.31	---	---	1.64	0.32	1.88	0.34	---	---
18	1.58	0.29	---	---	---	---	2.08	0.38	1.67	0.30	6.00	0.43
19	1.37	0.27	---	---	1.95	0.44	1.23	0.25	---	---	2.35	0.28
20	1.44	0.27	1.83	0.32	1.93	0.40	1.37	0.29	---	---	2.58	0.23
21	---	---	1.39	0.27	1.62	0.32	---	---	1.50	0.26	2.53	0.29
22	---	---	2.16	0.43	1.76	0.35	---	---	1.12	0.18	---	---
23	---	---	1.84	0.35	2.41	0.43	5.93	1.23	1.08	0.18	---	---
24	---	---	3.26	0.50	---	---	4.26	0.91	1.13	0.20	---	---
25	---	---	---	---	---	---	2.69	0.55	1.46	0.28	4.50	0.39
26	---	---	---	---	1.23	0.26	2.18	0.47	---	---	1.95	0.30
27	---	---	3.48	0.59	1.18	0.25	2.06	0.41	---	---	1.33	0.21
28	---	---	2.51	0.38	2.31	0.44	---	---	3.04	0.50	2.26	0.21
29	---	---	3.22	0.52	1.62	0.34	---	---	2.01	0.37	1.73	0.25
30	1.31	0.22	---	---	1.35	0.25	---	---	1.94	0.34	---	---
31	1.23	0.24	---	---	---	---	---	---	1.95	0.27	---	---
最高 high	2.53	0.44	3.48	0.59	4.88	0.95	5.93	H1.23	3.69	0.72	H6.00	0.43
最低 low	0.87	0.18	1.07	0.21	1.18	0.25	1.02	0.23	1.08	0.18	0.94	0.17

B 股每日成交(亿元/亿) 股票
B Share Trading (100M Yuan/100M Shares) Share

日期 Date	7月 Jul		8月 Aug		9月 Sep		10月 Oct		11月 Nov		12月 Dec	
	金额 Val	数量 Vol	金额 Val	数量 Vol	金额 Val	数量 Vol	金额 Val	数量 Vol	金额 Val	数量 Vol	金额 Val	数量 Vol
1	---	---	1.70	0.44	---	---	---	---	1.75	0.35	---	---
2	1.56	0.24	1.01	0.26	---	---	---	---	0.97	0.21	---	---
3	1.87	0.34	1.72	0.42	0.99	0.21	---	---	---	---	0.94	0.14
4	2.41	0.22	---	---	0.74	0.15	---	---	---	---	0.99	0.19
5	1.71	0.34	---	---	1.15	0.26	---	---	0.93	0.19	2.44	0.46
6	2.03	0.31	2.03	0.49	0.91	0.22	---	---	1.09	0.25	0.90	0.17
7	---	---	1.35	0.33	3.69	0.78	---	---	0.65	0.14	1.60	0.34
8	---	---	1.07	0.25	---	---	0.97	0.20	0.94	0.20	---	---
9	2.23	0.31	1.05	0.25	---	---	1.74	0.39	0.72	0.15	---	---
10	2.50	0.24	1.48	0.39	1.86	0.36	1.20	0.29	---	---	1.57	0.32
11	2.15	0.23	---	---	1.41	0.27	1.01	0.25	---	---	1.15	0.23
12	5.86	0.39	---	---	1.47	0.29	0.85	0.18	0.56	0.13	0.92	0.19
13	2.56	0.22	1.38	0.31	1.29	0.27	---	---	0.92	0.22	1.29	0.31
14	---	---	1.41	0.34	1.98	0.31	---	---	0.69	0.14	2.96	0.68
15	---	---	1.33	0.34	---	---	0.86	0.21	0.49	0.11	---	---
16	1.43	0.26	0.61	0.17	---	---	0.98	0.22	0.75	0.14	---	---
17	1.44	0.23	0.86	0.19	1.83	0.41	0.67	0.14	---	---	2.22	0.44
18	1.66	0.30	---	---	1.07	0.21	1.33	0.30	---	---	2.10	0.52
19	1.94	0.39	---	---	0.94	0.21	0.86	0.20	0.54	0.12	1.27	0.27
20	1.12	0.22	0.81	0.22	1.23	0.25	---	---	0.55	0.13	1.19	0.29
21	---	---	1.03	0.26	1.20	0.22	---	---	0.59	0.13	1.96	0.41
22	---	---	0.97	0.25	---	---	0.79	0.17	0.29	0.06	---	---
23	1.15	0.22	0.99	0.24	---	---	0.69	0.18	0.55	0.12	---	---
24	1.53	0.26	1.10	0.25	0.90	0.16	0.67	0.17	---	---	1.41	0.28
25	3.13	0.66	---	---	0.52	0.10	1.06	0.26	---	---	2.75	0.64
26	1.84	0.38	---	---	1.13	0.18	1.20	0.29	0.47	0.10	3.99	0.87
27	1.22	0.23	1.03	0.24	1.42	0.28	---	---	0.63	0.15	3.47	0.78
28	---	---	1.09	0.27	1.27	0.25	---	---	0.85	0.17	4.36	0.93
29	---	---	1.10	0.24	---	---	0.90	0.20	0.68	0.15	---	---
30	3.21	0.77	1.07	0.26	---	---	0.65	0.15	1.78	0.27	---	---
31	2.32	0.65	0.88	0.19	---	---	0.82	0.17	---	---	3.47	0.75
最高 high	5.86	0.77	2.03	0.49	3.69	0.78	1.74	0.39	1.78	0.35	4.36	0.93
最低 low	1.12	0.22	0.61	0.17	0.52	0.10	0.65	0.14	L0.29	L0.06	0.90	0.14

B 股 B Share

股票 Share

股票代码 Code	名称 Name	发行股本 Issued Vol	流通股本 Negotiable Vol	上年收盘 Last Year Close	本年开盘 Open	本年最高 High	本年最低 Low	本年收盘 Close	涨跌(%) Change(%)
900901	仪电B股	293.37	293.37	0.372	0.370	0.434	0.278	0.339	-8.87
900902	市北B股	232.93	232.93	0.333	0.333	0.452	0.291	0.446	33.93
900903	大众B股	533.87	533.87	0.479	0.481	0.532	0.400	0.528	10.23
900904	永生B股	45.63	45.63	0.622	0.628	1.025	0.550	0.940	51.13
900905	老凤祥B	206.01	206.01	1.912	1.947	2.358	1.466	1.910	-0.11
900906	中纺B股	120.12	120.12	0.458	0.456	0.518	0.307	0.464	1.31
900907	鼎立B股	120.64	120.64	0.473	0.475	0.764	0.465	0.647	36.79
900908	氯碱B股	406.56	406.56	0.469	0.471	0.567	0.365	0.461	-1.71
900909	双钱B股	243.10	243.10	0.541	0.551	0.613	0.404	0.576	6.47
900910	海立B股	284.17	284.17	0.483	0.487	0.580	0.428	0.525	8.70
900911	金桥B股	272.18	272.18	0.623	0.620	0.939	0.592	0.912	46.39
900912	外高B股	200.56	200.56	0.583	0.585	0.838	0.565	0.810	38.94
900913	ST联华B	64.56	64.56	0.471	0.475	0.582	0.420	0.543	15.29
900914	锦投B股	161.05	161.05	0.734	0.738	0.859	0.629	0.753	2.59
900915	中路B股	75.90	75.90	0.571	0.577	0.796	0.527	0.691	21.02
900916	金山B股	171.60	171.60	0.369	0.369	0.552	0.345	0.455	23.31
900917	海欣B股	468.85	468.85	0.423	0.428	0.483	0.348	0.410	-3.07
900918	耀皮B股	187.50	187.50	0.480	0.488	0.584	0.355	0.443	-7.71
900919	大江B股	346.73	346.73	0.306	0.308	0.385	0.226	0.282	-7.84
900920	上柴B股	347.20	347.20	0.705	0.710	1.194	0.466	0.674	-4.40
900921	丹科B股	193.79	193.79	0.760	0.770	0.985	0.669	0.801	5.40
900922	三毛B股	48.79	48.79	0.468	0.465	0.802	0.451	0.756	61.54
900923	友谊B股	179.72	179.72	1.278	1.279	1.636	1.025	1.175	-8.06
900924	上工B股	243.94	243.94	0.388	0.390	0.555	0.325	0.438	12.89
900925	机电B股	216.24	216.24	0.931	0.920	1.134	0.870	1.051	12.89
900926	宝信B股	114.40	114.40	1.012	1.009	1.258	0.910	1.151	13.74
900927	物贸B股	99.83	99.83	0.506	0.510	0.627	0.412	0.490	-3.16
900928	自仪B股	107.15	107.15	0.482	0.482	0.610	0.417	0.508	5.39
900929	锦旅B股	66.00	66.00	0.980	0.984	1.320	0.925	1.308	33.47
900930	沪普天B	124.80	124.80	0.513	0.508	0.590	0.431	0.545	6.24
900932	陆家B股	509.60	509.60	0.815	0.818	1.270	0.775	1.256	54.11
900933	华新B股	328.00	328.00	1.739	1.749	2.096	1.010	1.628	-6.38
900934	锦江B股	156.00	156.00	1.189	1.197	1.429	1.111	1.423	19.68
900935	阳晨B股	105.60	105.60	0.837	0.845	1.030	0.779	0.929	10.99
900936	鄂资B股	420.00	420.00	1.077	1.093	1.308	0.681	1.034	-3.99
900937	华电B股	432.00	432.00	0.271	0.270	0.300	0.200	0.268	-1.11
900938	ST天海B	180.00	180.00	0.297	0.286	0.444	0.201	0.428	44.11
900939	ST汇丽B	88.00	88.00	0.350	0.354	0.465	0.244	0.418	19.43
900940	大名城B	198.72	198.72	0.314	0.323	0.552	0.308	0.439	39.81
900941	东信B股	300.00	300.00	0.378	0.381	0.450	0.311	0.383	1.32
900942	黄山B股	156.00	156.00	1.210	1.210	1.404	1.053	1.240	2.48
900943	开开B股	80.00	80.00	0.519	0.522	0.809	0.485	0.737	42.00
900945	海航B股	184.72	184.72	0.658	0.669	0.759	0.492	0.634	-3.65
900946	*ST轻骑B	230.00	230.00	0.279	0.293	0.323	0.267	0.293	5.02
900947	振华B股	1621.96	1621.96	0.439	0.440	0.484	0.288	0.347	-20.96
900948	伊泰B股	664.00	664.00	4.973	5.100	6.000	4.689	5.689	14.40
900949	东电B股	690.00	690.00	0.434	0.437	0.586	0.419	0.574	32.26
900950	新城B股	642.79	642.79	0.501	0.502	0.857	0.476	0.850	69.66
900951	大化B股	100.00	100.00	0.355	0.354	0.484	0.291	0.405	14.09
900952	锦港B股	222.81	222.81	0.493	0.495	0.516	0.309	0.374	-24.14

注：B股价格单位为美元，发行股本、流通股本、成交数量单位为百万股、成交金额为百万元。

B 股
B Share

股票
Share

涨跌值 Change	市盈率 P/E	市净率 P/B	换手率(%) Turnover Rate	成交数量 Trading Vol	成交金额 Trading Val
-0.03	16.53	0.00	28.72	84.26	193.36
0.11	106.44	0.00	71.34	166.18	391.04
0.05	12.45	0.00	27.43	146.45	455.09
0.32	50.05	0.00	160.48	73.22	411.58
-0.00	12.08	0.00	100.63	187.62	2208.97
0.01	185.60	0.00	58.05	69.73	180.45
0.17	42.93	0.00	260.95	314.82	1316.02
-0.01	14.67	0.00	61.70	250.85	768.48
0.04	18.33	0.00	41.78	101.56	351.26
0.04	12.72	0.00	52.28	148.57	488.04
0.29	11.83	0.00	36.76	100.06	460.54
0.23	14.49	0.00	37.24	74.68	327.68
0.07	34.74	0.00	20.85	13.46	42.50
0.02	10.78	0.00	31.30	50.41	241.75
0.12	76.10	0.00	70.36	53.41	225.58
0.09	248.63	0.00	76.95	132.05	376.07
-0.01	82.00	0.00	59.72	279.98	758.29
-0.04	26.45	0.00	31.84	59.70	181.91
-0.02	24.29	0.00	74.16	257.12	510.18
-0.03	17.86	0.00	89.62	248.02	1169.43
0.04	0.00	0.00	80.96	156.89	840.46
0.29	51.96	0.00	92.07	44.92	186.65
-0.10	9.19	0.00	56.99	102.42	825.09
0.05	11.03	0.00	58.93	143.76	406.53
0.12	9.55	0.00	49.90	107.90	691.34
0.14	10.10	0.00	48.33	55.29	392.10
-0.02	14.45	0.00	44.42	44.34	147.35
0.03	204.02	0.00	49.22	52.73	178.06
0.33	41.83	1.21	41.74	27.55	198.07
0.03	117.97	0.00	47.08	58.75	195.89
0.44	15.05	0.00	37.65	191.85	1203.31
-0.11	8.95	0.00	23.59	77.37	784.90
0.23	16.93	0.00	33.24	51.85	427.87
0.09	81.63	2.70	118.23	124.85	718.65
-0.04	7.70	0.00	51.65	216.93	1394.99
-0.00	406.06	0.00	25.32	109.36	181.20
0.13	0.00	0.00	81.58	146.84	280.32
0.07	83.77	8.29	83.97	73.89	171.40
0.13	6.02	0.00	173.03	343.84	909.27
0.01	16.19	0.00	41.63	124.88	312.83
0.03	14.42	0.00	32.49	50.69	396.03
0.22	29.34	0.00	142.47	113.98	497.43
-0.02	9.28	0.00	19.92	36.80	150.53
0.01	0.00	0.00	33.58	77.23	145.21
-0.09	318.35	0.00	46.11	407.22	946.44
0.72	10.65	2.96	52.45	348.29	12149.93
0.14	26.34	0.74	34.16	235.68	759.01
0.35	7.60	1.65	100.50	646.00	2532.55
0.05	67.84	4.05	105.63	105.03	207.80
-0.12	14.75	0.00	50.36	112.20	310.38

B 股
B Share

股票
Share

股票代码 Code	名称 Name	发行股本 Issued Vol	流通股本 Negotiable Vol	上年收盘 Last Year Close	本年开盘 Open	本年最高 High	本年最低 Low	本年收盘 Close	涨跌(%) Change(%)
900953	凯马B	240.00	240.00	0.405	0.410	0.525	0.287	0.445	9.88
900955	九龙山B	330.00	330.00	0.395	0.393	0.450	0.295	0.363	-8.10
900956	东贝B股	115.00	115.00	0.544	0.558	0.709	0.399	0.638	17.28
900957	凌云B股	184.00	184.00	0.380	0.383	0.539	0.311	0.510	34.21

注：B 股价格单位为美元，发行股本、流通股本、成交数量单位为百万股、成交金额为百万元。

B 股
B Share

股票
Share

涨跌值 Change	市盈率 P/E	市净率 P/B	换手率(%) Turnover Rate	成交数量 Trading Vol	成交金额 Trading Val
0.04	76.46	1.83	71.34	171.21	455.92
-0.03	40.07	0.00	26.92	88.85	214.30
0.09	20.57	1.17	81.32	93.52	340.31
0.13	0.00	2.94	126.86	233.42	677.96

十大发行股本 B 股股票
Top 10 B Shares by Issued Vol

代码 Code	股票名称 Share	公司名称 Company	发行股数 Issued Vol	占比重 (%)
900947	振华B股	上海振华重工（集团）股份有限公司	1621.96	11.30
900949	东电B股	浙江东南发电股份有限公司	690.00	4.81
900948	伊泰B股	内蒙古伊泰煤炭股份有限公司	664.00	4.63
900950	新城B股	江苏新城地产股份有限公司	642.79	4.48
900903	大众B股	大众交通（集团）股份有限公司	533.87	3.72
900932	陆家B股	上海陆家嘴金融贸易区开发股份有限公司	509.60	3.55
900917	海欣B股	上海海欣集团股份有限公司	468.85	3.27
900937	华电B股	华电能源股份有限公司	432.00	3.01
900936	鄂资B股	内蒙古鄂尔多斯资源股份有限公司	420.00	2.93
900908	氯碱B股	上海氯碱化工股份有限公司	406.56	2.83
	总计		6389.63	44.51
	市场总计		14356.37	100.00

十大市价总值 B 股股票
Top 10 B Shares by Market Cap

代码 Code	股票名称 Share	公司名称 Company	市价总值 Market Cap	占比重 (%)
900948	伊泰B股	内蒙古伊泰煤炭股份有限公司	23758.94	30.24
900932	陆家B股	上海陆家嘴金融贸易区开发股份有限公司	4025.71	5.12
900947	振华B股	上海振华重工（集团）股份有限公司	3539.92	4.51
900950	新城B股	江苏新城地产股份有限公司	3436.44	4.37
900933	华新B股	华新水泥股份有限公司	3358.55	4.27
900936	鄂资B股	内蒙古鄂尔多斯资源股份有限公司	2731.45	3.48
900949	东电B股	浙江东南发电股份有限公司	2491.06	3.17
900905	老凤祥B	老凤祥股份有限公司	2474.80	3.15
900903	大众B股	大众交通（集团）股份有限公司	1772.94	2.26
900911	金桥B股	上海金桥出口加工区开发股份有限公司	1561.23	1.99
	总计		49151.04	62.55
	市场总计		78578.61	100.00

注：股票排名中，发行股数、流通股数、成交股数单位为百万股（M），成交金额、市价总值、流通市值为百万元（M Yuan），收盘价格为美元（Dollar）。

十大成交金额 B 股股票

Top 10 B Shares by Trading Val

代码 Code	股票名称 Share	公司名称 Company	成交金额 Trading Val	占比重 (%)
900948	伊泰B股	内蒙古伊泰煤炭股份有限公司	12149.93	29.38
900950	新城B股	江苏新城地产股份有限公司	2532.55	6.13
900905	老凤祥B	老凤祥股份有限公司	2208.97	5.34
900936	鄂资B股	内蒙古鄂尔多斯资源股份有限公司	1394.99	3.37
900907	鼎立B股	上海鼎立科技发展（集团）股份有限公司	1316.02	3.18
900932	陆家B股	上海陆家嘴金融贸易区开发股份有限公司	1203.31	2.91
900920	上柴B股	上海柴油机股份有限公司	1169.43	2.83
900947	振华B股	上海振华重工（集团）股份有限公司	946.44	2.29
900940	大名城B	上海大名城企业股份有限公司	909.27	2.20
900921	丹科B股	丹化化工科技股份有限公司	840.46	2.03
	总计		24671.37	59.67
	市场总计		41348.36	100.00

十大成交股数 B 股股票

Top 10 B Shares by Trading Vol

代码 Code	股票名称 Share	公司名称 Company	成交股数 Trading Vol	占比重 (%)
900950	新城B股	江苏新城地产股份有限公司	646.00	8.29
900947	振华B股	上海振华重工（集团）股份有限公司	407.22	5.23
900948	伊泰B股	内蒙古伊泰煤炭股份有限公司	348.29	4.47
900940	大名城B	上海大名城企业股份有限公司	343.84	4.41
900907	鼎立B股	上海鼎立科技发展（集团）股份有限公司	314.82	4.04
900917	海欣B股	上海海欣集团股份有限公司	279.98	3.59
900919	大江B股	上海大江食品集团股份有限公司	257.12	3.30
900908	氯碱B股	上海氯碱化工股份有限公司	250.85	3.22
900920	上柴B股	上海柴油机股份有限公司	248.02	3.18
900949	东电B股	浙江东南发电股份有限公司	235.68	3.03
	总计		3331.84	42.78
	市场总计		7789.10	100.00

十大涨幅 B 股股票
Top 10 B Shares by Price Change Up

代码 Code	股票名称 Share	公司名称 Company	上年收盘 Last Year Close	本年收盘 Close	涨幅(%) Change(%)
900950	新城B股	江苏新城地产股份有限公司	0.50	0.85	69.66
900922	三毛B股	上海三毛企业（集团）股份有限公司	0.47	0.76	61.54
900932	陆家B股	上海陆家嘴金融贸易区开发股份有限公司	0.82	1.26	54.11
900904	永生B股	上海永生投资管理股份有限公司	0.62	0.94	51.13
900911	金桥B股	上海金桥出口加工区开发股份有限公司	0.62	0.91	46.39
900938	ST 天海B	天津市海运股份有限公司	0.30	0.43	44.11
900943	开开B股	上海开开实业股份有限公司	0.52	0.74	42.00
900940	大名城B	上海大名城企业股份有限公司	0.31	0.44	39.81
900912	外高B股	上海外高桥保税区开发股份有限公司	0.58	0.81	38.94
900907	鼎立B股	上海鼎立科技发展（集团）股份有限公司	0.47	0.65	36.79

十大跌幅 B 股股票
Top 10 B Shares by Price Change Down

代码 Code	股票名称 Share	公司名称 Company	上年收盘 Last Year Close	本年收盘 Close	跌幅(%) Change(%)
900952	锦港B股	锦州港股份有限公司	0.49	0.37	-24.14
900947	振华B股	上海振华重工（集团）股份有限公司	0.44	0.35	-20.96
900901	仪电B股	上海仪电电子股份有限公司	0.37	0.34	-8.87
900955	九龙山B	上海九龙山旅游股份有限公司	0.40	0.36	-8.10
900923	友谊B股	上海友谊集团股份有限公司	1.28	1.18	-8.06
900919	大江B股	上海大江食品集团股份有限公司	0.31	0.28	-7.84
900918	耀皮B股	上海耀皮玻璃集团股份有限公司	0.48	0.44	-7.71
900933	华新B股	华新水泥股份有限公司	1.74	1.63	-6.38
900920	上柴B股	上海柴油机股份有限公司	0.71	0.67	-4.40
900936	鄂资B股	内蒙古鄂尔多斯资源股份有限公司	1.08	1.03	-3.99

十大换手率 A 股股票
Top 10 A Shares by Turnover Rate

代码 Code	股票名称 Share	公司名称 Company	成交股数 Trading Vol	流通股数 Negotiable Vol	换手率(%) Turnover Rate(%)
603002	宏昌电子	宏昌电子材料股份有限公司	2255.02	100.00	2434.93
601555	东吴证券	东吴证券股份有限公司	10887.30	1221.38	2414.64
601388	怡球资源	怡球金属资源再生（中国）股份有限公司	2171.22	105.00	2338.93
601231	环旭电子	环旭电子股份有限公司	2208.31	106.80	2311.81
601929	吉视传媒	吉视传媒股份有限公司	5692.50	280.00	2222.60
601996	丰林集团	广西丰林木业集团股份有限公司	2737.42	196.19	2141.82
600568	中珠控股	中珠控股股份有限公司	2088.79	188.03	2022.43
601028	玉龙股份	江苏玉龙钢管股份有限公司	1503.68	96.60	1865.76
601789	宁波建工	宁波建工股份有限公司	1778.77	100.00	1778.77
603000	人民网	人民网股份有限公司	1075.08	69.11	1759.45

十大换手率 B 股股票
Top 10 B Shares by Turnover Rate

代码 Code	股票名称 Name	公司名称 Company Name	成交股数 Trading Vol	流通股数 Negotiable Vol	换手率(%) Turnover Rate(%)
900907	鼎立B股	上海鼎立科技发展（集团）股份有限公司	314.82	120.64	260.95
900940	大名城B	上海大名城企业股份有限公司	343.84	198.72	173.03
900904	永生B股	上海永生投资管理股份有限公司	73.22	45.63	160.48
900943	开开B股	上海开开实业股份有限公司	113.98	80.00	142.47
900957	凌云B股	上海凌云实业发展股份有限公司	233.42	184.00	126.86
900935	阳晨B股	上海阳晨投资股份有限公司	124.85	105.60	118.23
900951	大化B股	大化集团大连化工股份有限公司	105.63	100.00	105.63
900905	老凤祥B	老凤祥股份有限公司	187.62	206.01	100.63
900950	新城B股	江苏新城地产股份有限公司	646.00	642.79	100.50
900922	三毛B股	上海三毛企业（集团）股份有限公司	44.92	48.79	92.07

年末股价分布
Price Distribution by 2012

股票价格	0-10	10-20	20-30	30-50	50-100	≥100
股票数	728	210	37	14	3	2
比例(%)	73.24	21.13	3.72	1.41	0.30	0.20

年末市价总值分布
Market Cap Distribution by 2012

市值(亿)	≤5	5-10	10-50	50-100	100-500	500-1000	≥1000
股票数	15	40	523	203	167	24	22
比例(%)	1.51	4.02	52.62	20.42	16.80	2.41	2.21

年末市盈率分布
P/E Distribution by 2012

市盈率	0-10	10-30	30--50	50-100	≥100	其他
股票数	74	434	134	132	141	79
比例(%)	7.44	43.66	13.48	13.28	14.19	7.95

年度换手率分布
Turnover Rate Distribution in 2012

单位(%)	0-100	100-200	200-300	300-500	500-1000	≥1000
股票数	163	248	200	198	143	42
比例(%)	16.40	24.95	20.12	19.92	14.39	4.23

注：各类分布含 A、B股。

年末市盈率
P/E by 2012

代码 Code	指数 Index	2012 年	2011 年	2010 年
000001	上证指数	12.30	13.40	21.61
000002	A股指数	12.29	13.41	21.60
000003	B股指数	13.18	12.28	23.91
000004	工业指数	15.63	16.41	27.88
000005	商业指数	20.76	26.76	46.39
000006	地产指数	11.86	10.92	18.71
000007	公用指数	13.36	14.57	27.91
000008	综合指数	9.54	10.57	15.51
000009	上证 380	20.67	22.32	45.20
000010	上证 180	10.86	11.69	18.23
000015	红利指数	10.06	10.29	13.19
000016	上证５０	10.36	11.20	16.05
000018	180 金融	8.76	9.53	13.56

信用交易 Credit Trading

证券代码 Code	证券简称 Securities	融资买入 Margin Buy	卖券还款 Close Buy	融券卖出 Short Sell	买券还券 Close Sell	合计 Total
510010	治理 ETF	30.57	4.73	26.78	4.85	66.93
510050	50ETF	10548.68	8145.74	5264.53	3877.60	27836.55
510180	180ETF	1323.60	511.48	1803.36	1320.28	4958.72
510300	300ETF	8077.15	2652.31	24030.94	18452.23	53212.63
510880	红利 ETF	84.49	37.57	176.14	131.11	429.31
600000	浦发银行	10814.72	6879.44	780.41	525.72	19000.29
600005	武钢股份	654.65	478.77	105.22	65.88	1304.52
600009	上海机场	856.07	548.02	99.79	84.25	1588.13
600010	包钢股份	7346.52	4109.93	723.02	415.00	12594.47
600015	华夏银行	4550.05	2742.44	470.73	317.96	8081.18
600016	民生银行	10037.80	6304.85	1576.05	1222.16	19140.86
600019	宝钢股份	1797.48	1144.27	227.45	177.58	3346.78
600028	中国石化	1713.67	1188.42	289.41	241.18	3432.68
600029	南方航空	1901.98	993.04	136.17	91.33	3122.52
600030	中信证券	15339.44	11021.51	4874.92	3861.64	35097.51
600031	三一重工	3034.86	1741.01	1686.08	1282.21	7744.16
600036	招商银行	6064.31	4150.42	1600.59	1164.51	12979.83
600037	歌华有线	1417.87	835.12	70.17	55.30	2378.46
600048	保利地产	5117.13	3357.27	2439.08	1793.58	12707.06
600050	中国联通	6345.03	4557.12	299.15	271.83	11473.13
600058	五矿发展	3863.74	1912.29	701.19	367.17	6844.39
600064	南京高科	1708.91	925.65	23.30	20.18	2678.04
600068	葛洲坝	2764.52	1205.01	292.11	153.53	4415.17
600085	同仁堂	2826.86	1630.96	451.01	400.79	5309.62
600089	特变电工	3253.87	2216.90	356.89	296.22	6123.88
600096	云天化	1083.58	652.17	107.37	89.63	1932.75
600100	同方股份	3806.41	2130.37	382.50	340.46	6659.74
600104	上汽集团	2306.10	1489.84	1161.92	839.81	5797.67
600108	亚盛集团	1844.28	1207.51	239.80	193.50	3485.09
600109	国金证券	4374.33	2457.43	306.53	159.66	7297.95
600111	包钢稀土	29887.21	17286.20	5609.28	1538.13	54320.82
600115	东方航空	720.22	403.94	183.28	138.38	1445.82
600118	中国卫星	1597.88	838.56	239.69	146.22	2822.35
600123	兰花科创	6815.58	4097.09	818.61	449.41	12180.69
600132	重庆啤酒	2743.72	1631.71	137.22	94.15	4606.80
600150	中国船舶	3179.02	1847.75	647.89	393.89	6068.55
600151	航天机电	510.64	263.85	54.07	44.84	873.40
600158	中体产业	2326.33	1412.70	63.59	59.31	3861.93
600160	巨化股份	3684.61	2015.72	284.12	178.67	6163.12
600166	福田汽车	2119.11	1171.23	248.43	199.33	3738.10
600169	太原重工	1612.26	955.76	176.08	120.99	2865.09
600173	卧龙地产	679.91	369.02	21.20	18.54	1088.67
600175	美都控股	532.77	281.24	14.05	11.28	839.34
600177	雅戈尔	1459.03	769.24	154.43	131.29	2513.99
600183	生益科技	667.53	388.51	58.36	50.97	1165.37
600188	兖州煤业	1352.58	649.39	433.97	297.21	2733.15
600196	复星医药	1700.17	1054.10	272.72	234.11	3261.10
600208	新湖中宝	895.60	421.86	240.08	182.00	1739.54
600216	浙江医药	2334.12	1227.29	167.66	132.71	3861.78
600219	南山铝业	1128.90	681.54	149.80	79.90	2040.14

单位：百万（M）

信用交易 Credit Trading

证券代码 Code	证券简称 Securities	融资买入 Margin Buy	卖券还款 Close Buy	融券卖出 Short Sell	买券还券 Close Sell	合计 Total
600220	江苏阳光	403.79	224.69	24.85	21.02	674.35
600221	海南航空	1035.89	627.97	134.09	72.57	1870.52
600239	云南城投	1927.11	1081.69	42.34	39.02	3090.16
600246	万通地产	538.06	313.33	17.12	14.69	883.20
600252	中恒集团	5303.74	3308.90	301.81	197.54	9111.99
600256	广汇能源	8917.62	4261.23	1441.02	946.14	15566.01
600259	广晟有色	4291.98	2156.06	254.08	152.04	6854.16
600266	北京城建	1248.53	565.62	227.92	181.62	2223.69
600271	航天信息	2745.20	1314.14	254.96	186.12	4500.42
600309	烟台万华	1759.16	1212.24	492.84	436.65	3900.89
600320	振华重工	447.43	248.76	62.12	55.55	813.86
600322	天房发展	917.10	500.66	20.04	17.25	1455.05
600325	华发股份	1521.60	829.47	29.58	27.24	2407.89
600331	宏达股份	852.38	496.80	179.29	157.31	1685.78
600348	阳泉煤业	4118.15	2209.72	1345.19	680.48	8353.54
600352	浙江龙盛	1336.92	837.27	142.20	114.91	2431.30
600362	江西铜业	4355.66	2764.10	1980.48	1021.62	10121.86
600369	西南证券	2282.14	1134.59	448.12	289.86	4154.71
600376	首开股份	1321.73	800.60	425.61	311.75	2859.69
600383	金地集团	3813.70	2161.95	1250.01	897.87	8123.53
600395	盘江股份	2955.67	1614.54	607.88	375.34	5553.43
600406	国电南瑞	1523.49	695.39	564.76	465.40	3249.04
600415	小商品城	2153.52	1061.84	216.40	177.98	3609.74
600418	江淮汽车	1050.16	704.09	126.25	96.33	1976.83
600432	吉恩镍业	758.47	411.19	159.86	135.78	1465.30
600489	中金黄金	4860.74	2963.10	1255.62	653.76	9733.22
600497	驰宏锌锗	1033.04	610.07	417.61	283.93	2344.65
600508	上海能源	917.72	490.31	75.67	65.93	1549.63
600516	方大炭素	2877.04	1652.20	329.39	189.25	5047.88
600518	康美药业	3595.12	1982.14	693.70	495.71	6766.67
600519	贵州茅台	9450.47	5570.97	2371.47	2002.13	19395.04
600528	中铁二局	2734.61	1391.27	176.82	118.74	4421.44
600547	山东黄金	6062.67	3995.07	1587.70	860.84	12506.28
600549	厦门钨业	6918.41	4318.70	1660.24	383.92	13281.27
600550	天威保变	1174.17	812.39	302.19	270.59	2559.34
600583	海油工程	1166.38	697.07	183.07	132.83	2179.35
600584	长电科技	876.31	442.98	20.17	17.41	1356.87
600585	海螺水泥	5362.70	3191.46	1763.38	993.49	11311.03
600595	中孚实业	269.59	155.26	91.17	61.05	577.07
600598	北大荒	2207.07	1056.85	190.93	128.16	3583.01
600600	青岛啤酒	1487.71	274.13	301.47	245.94	2309.25
600622	嘉宝集团	1131.96	664.34	31.09	25.68	1853.07
600635	大众公用	742.81	434.26	30.02	23.19	1230.28
600638	新黄浦	808.57	335.63	23.06	20.57	1187.83
600641	万业企业	558.84	301.87	12.96	8.85	882.52
600642	申能股份	956.88	591.29	61.83	45.26	1655.26
600643	爱建股份	1290.40	744.45	114.73	106.32	2255.90
600649	城投控股	1237.35	655.89	73.08	62.88	2029.20
600655	豫园商城	1318.82	605.97	141.99	102.63	2169.41
600657	信达地产	738.82	430.47	17.17	15.56	1202.02

单位：百万（M）

信用交易
Credit Trading

证券代码 Code	证券简称 Securities	融资买入 Margin Buy	卖券还款 Close Buy	融券卖出 Short Sell	买券还券 Close Sell	合计 Total
600660	福耀玻璃	461.61	262.61	164.13	106.21	994.56
600663	陆家嘴	513.97	261.85	25.34	20.13	821.29
600664	哈药股份	1676.39	932.90	108.79	84.66	2802.74
600674	川投能源	1404.23	717.01	124.01	108.48	2353.73
600675	中华企业	1663.83	964.16	51.38	40.49	2719.86
600690	青岛海尔	2586.12	941.29	500.91	425.94	4454.26
600703	三安光电	2258.23	1320.81	407.66	238.72	4225.42
600736	苏州高新	1524.46	753.96	32.62	27.59	2338.63
600737	中粮屯河	580.20	283.76	51.46	41.70	957.12
600739	辽宁成大	10207.63	6451.84	1207.08	915.11	18781.66
600741	华域汽车	565.84	354.45	287.75	228.38	1436.42
600747	大连控股	1804.18	970.02	95.88	84.52	2954.60
600748	上实发展	1806.88	1129.68	36.77	32.46	3005.79
600759	正和股份	1387.03	696.65	48.17	41.43	2173.28
600773	西藏城投	1416.10	739.59	61.18	54.77	2271.64
600795	国电电力	1289.45	851.14	411.06	253.45	2805.10
600804	鹏博士	1456.88	703.79	244.36	195.23	2600.26
600811	东方集团	1776.48	1100.99	57.77	49.62	2984.86
600812	华北制药	1347.61	722.83	194.61	164.78	2429.83
600823	世茂股份	976.47	518.50	42.67	36.89	1574.53
600832	东方明珠	590.00	326.34	65.49	49.79	1031.62
600837	海通证券	7593.77	5038.66	1871.23	1608.46	16112.12
600863	内蒙华电	502.58	329.61	104.25	82.85	1019.29
600872	中炬高新	739.33	420.19	45.99	43.48	1248.99
600875	东方电气	2678.87	1411.26	491.63	252.21	4833.97
600879	航天电子	1388.45	771.56	84.87	55.90	2300.78
600884	杉杉股份	1127.21	601.26	40.53	33.17	1802.17
600887	伊利股份	2069.67	1263.14	924.54	747.60	5004.95
600895	张江高科	923.96	482.41	188.29	117.10	1711.76
600900	长江电力	1990.58	1021.18	147.30	125.79	3284.85
600997	开滦股份	671.44	413.02	112.85	85.78	1283.09
600999	招商证券	2671.39	1536.80	1090.94	671.75	5970.88
601001	大同煤业	632.75	398.79	108.81	88.20	1228.55
601006	大秦铁路	3165.36	2113.54	158.60	126.13	5563.63
601009	南京银行	2004.42	1101.45	224.81	124.89	3455.57
601018	宁波港	820.59	447.31	60.47	21.69	1350.06
601088	中国神华	4155.05	2898.82	1099.61	921.55	9075.03
601099	太平洋	2775.81	1579.19	53.68	37.43	4446.11
601101	昊华能源	2138.55	1188.53	283.88	154.77	3765.73
601106	中国一重	918.90	592.89	104.46	52.23	1668.48
601111	中国国航	907.43	726.64	252.66	198.59	2085.32
601117	中国化学	2509.75	1538.94	508.63	438.15	4995.47
601118	海南橡胶	1822.87	980.33	195.45	154.70	3153.35
601158	重庆水务	967.91	538.01	62.43	31.16	1599.51
601166	兴业银行	12244.56	8309.70	1500.28	1099.30	23153.84
601168	西部矿业	2347.94	1546.84	344.38	315.32	4554.48
601169	北京银行	3327.13	2262.63	428.37	300.70	6318.83
601179	中国西电	644.69	358.70	58.99	45.28	1107.66
601186	中国铁建	2100.10	1581.48	320.27	252.80	4254.65
601268	*ST 二重	466.01	229.69	67.26	52.86	815.82

单位：百万（M）

信用交易
Credit Trading

证券代码 Code	证券简称 Securities	融资买入 Margin Buy	卖券还款 Close Buy	融券卖出 Short Sell	买券还券 Close Sell	合计 Total
601288	农业银行	2511.54	820.01	1025.84	551.94	4909.33
601299	中国北车	2367.37	1521.15	308.58	187.50	4384.60
601318	中国平安	12653.44	8083.67	5160.01	3691.64	29588.76
601328	交通银行	2942.78	2089.93	364.15	265.57	5662.43
601377	兴业证券	3333.39	1916.42	808.89	385.77	6444.47
601390	中国中铁	1610.88	1149.36	259.82	172.18	3192.24
601398	工商银行	730.02	459.50	687.57	532.44	2409.53
601588	北辰实业	576.72	471.60	7.02	5.41	1060.75
601600	中国铝业	1096.19	653.28	404.97	328.18	2482.62
601601	中国太保	2510.94	1788.48	2021.35	1475.21	7795.98
601607	上海医药	3473.83	1969.70	227.52	159.23	5830.28
601618	中国中冶	1382.55	970.62	49.60	36.53	2439.30
601628	中国人寿	2453.41	1887.49	1229.76	1017.99	6588.65
601666	平煤股份	1291.36	668.68	175.40	152.25	2287.69
601668	中国建筑	2563.54	2097.90	293.09	240.10	5194.63
601688	华泰证券	3813.08	2427.00	1205.15	720.76	8165.99
601699	潞安环能	4977.01	3048.90	2005.57	933.82	10965.30
601717	郑煤机	4756.80	2629.13	539.83	274.13	8199.89
601718	际华集团	749.44	419.72	24.43	15.32	1208.91
601727	上海电气	391.40	217.88	39.20	26.74	675.22
601766	中国南车	2257.75	1503.85	396.41	266.82	4424.83
601788	光大证券	2734.47	2011.14	981.33	743.18	6470.12
601808	中海油服	1643.98	928.29	366.76	270.42	3209.45
601818	光大银行	2833.29	1497.78	386.79	150.39	4868.25
601857	中国石油	1356.55	858.13	201.15	138.44	2554.27
601866	中海集运	429.76	246.16	127.13	91.08	894.13
601888	中国国旅	1333.08	767.34	246.33	209.22	2555.97
601898	中煤能源	1357.01	843.34	187.82	159.24	2547.41
601899	紫金矿业	3131.43	2066.81	809.37	513.48	6521.09
601919	*ST 远洋	1263.19	780.13	257.50	206.47	2507.29
601939	建设银行	915.00	690.86	216.64	161.67	1984.17
601958	金钼股份	2041.34	1306.00	727.50	467.45	4542.29
601988	中国银行	523.35	385.92	256.41	126.76	1292.44
601989	中国重工	2612.16	1642.24	301.19	216.98	4772.57
601998	中信银行	1240.22	919.06	89.53	64.71	2313.52

单位：百万（M）

基金市场概貌 Fund Market Overview

基金 Fund

基金市场交易 Fund Market Data	2012 年	2011 年	增减(%) Change (%)
交易天数 Trading Days	243	244	-0.41
上市基金数 No. of Funds	41	36	13.89
封闭式基金 Close Fund	12	13	-7.69
ETFs	29	23	26.09
新上市基金数 No. of New Funds	6	11	-45.45
发行额(亿)Total Market Capitalization(100 M)	897.3	863.75	3.88
封闭式基金 Close Fund	343.40	383.80	-10.53
ETFs	553.90	479.95	15.41
总成交金额 (亿) Total Trading Value(100 M)	3171.36	2901.41	9.30
封闭式基金 Close Fund	144.53	202.28	-28.55
ETFs	3026.59	2699.13	12.13
日均成交金额(亿)Average Trading Value(100 M)	13.05	11.89	9.76
封闭式基金 Close Fund	0.59	0.83	-28.92
ETFs	12.46	11.06	12.66
总成交量(亿) Total Trading Vol(100 M)	2541.17	2370.84	7.18
封闭式基金 Close Fund	177.55	194.30	-8.62
ETFs	2363.18	2176.54	8.58
日均成交量(百万份) Average Trading Vol (1 M)	1045.75	971.66	7.63
封闭式基金 Close Fund	73.07	79.63	-8.24
ETFs	972.50	892.02	9.02
总成笔数(万)Number of Trades(10000)	565.22	588.32	-3.93
封闭式基金 Close Fund	129.21	152.13	-15.07
ETFs	436.01	436.19	-0.04
日均成交笔数(万)Average Transactions(10000)	2.33	2.41	-3.32
封闭式基金 Close Fund	0.53	0.62	-14.52
ETFs	1.79	1.79	0.00
大宗交易成交 Bulk Trading			
总成交金额(亿) Total Trading Value(100 M)	6.64	13.03	-49.04
总成交量(亿份) Total Trading Vol (100 M)	3.62	9.69	-62.64
总成交笔数(笔) Number of Trades	24.00	197.00	-87.82

基金基本信息 List of Funds

基金 Fund

基金代码 Code	基金简称 Name	发行时间 Issue Date	上市日 Listing Date	发行方式 Issue Meth	发行价格 Issue Price	基金管理人 Management Company	托管人 Trustee	总份额(亿) Total	流通量(亿) Negoti-able
500001	基金金泰	1998.03.23	1998.04.07	上网发行	1.010	国泰基金管理有限公司	中国工商银行	20.00	19.70
500002	基金泰和	1999.04.02	1999.04.20	上网发行	1.010	嘉实基金管理有限公司	中国建设银行	20.00	19.70
500003	基金安信	1998.06.16	1998.06.26	上网发行	1.010	华安基金管理有限公司	中国工商银行	20.00	19.70
500005	基金汉盛	1999.04.30	1999.05.18	上网发行	1.010	富国基金管理有限公司	中国农业银行	20.00	19.70
500006	基金裕阳	1998.07.17	1998.07.30	上网发行	1.010	博时基金管理有限公司	中国农业银行	20.00	19.70
500008	基金兴华	1998.04.22	1998.05.08	上网发行	1.010	华夏基金管理有限公司	中国建设银行	20.00	19.70
500009	基金安顺	1999.06.09	1999.06.22	上网发行	1.010	华安基金管理有限公司	交通银行	30.00	29.85
500011	基金金鑫	1999.10.15	1999.11.26	上网发行	1.010	国泰基金管理有限公司	中国建设银行	30.00	29.85
500015	基金汉兴	1999.12.24	2000.01.10	上网发行	1.010	富国基金管理有限公司	交通银行	30.00	29.85
500018	基金兴和	1999.07.08	1999.07.30	上网发行	1.010	华夏基金管理有限公司	中国建设银行	30.00	29.85
500038	基金通乾	2001.08.23	2001.09.21	上网发行	1.010	融通基金管理有限公司	中国建设银行	20.00	19.90
500056	基金科瑞	2002.02.28	2002.03.20	上网发行	1.010	易方达基金管理有限公司	交通银行	30.00	29.85
500058	基金银丰	2002.08.08	2002.09.10	上网发行	1.010	银河基金管理有限公司	中国建设银行	30.00	29.85
510010	治理 ETF	2009.09.18	2009.12.15	上网发行	1.000	交银施罗德基金管理有限公司	中国农业银行	44.50	44.50
510020	超大 ETF	2009.12.23	2010.03.19	上网发行	1.000	博时基金管理有限公司	中国建设银行	5.85	5.85
510030	价值 ETF	2010.04.14	2010.05.28	上网发行	1.000	华宝兴业基金管理有限公司	中国工商银行	4.84	4.84
510050	50ETF	2004.12.24	2005.02.23	上网发行	1.000	华夏基金管理有限公司	中国工商银行	111.35	111.35
510060	央企 ETF	2009.08.20	2009.10.27	上网发行	1.000	工银瑞信基金管理有限公司	招商银行	6.08	6.08
510070	民企 ETF	2010.07.27	2010.10.29	上网发行	1.000	鹏华基金管理有限公司	中国工商银行	3.29	3.29
510090	责任 ETF	2010.05.19	2010.08.09	上网发行	1.000	建信基金管理有限公司	中国工商银行	4.56	4.56
510110	周期 ETF	2010.09.08	2010.11.15	上网发行	1.000	海富通基金管理有限公司	中国工商银行	1.39	1.39
510120	非周 ETF	2011.04.13	2011.06.08	上网发行	1.000	海富通基金管理有限公司	中国工商银行	1.71	1.71
510130	中盘 ETF	2010.03.17	2010.06.23	上网发行	1.000	易方达基金管理有限公司	中国工商银行	4.69	4.69
510150	消费 ETF	2010.11.30	2011.02.25	上网发行	1.000	招商基金管理有限公司	中国工商银行	5.54	5.54
510160	小康 ETF	2010.08.18	2010.11.01	上网发行	1.000	南方基金管理有限公司	中国工商银行	8.66	8.66
510170	商品 ETF	2010.11.17	2011.01.25	上网发行	1.000	国联安基金管理有限公司	中国银行	5.39	5.39
510180	180ETF	2006.03.09	2006.05.18	上网发行	1.000	华安基金管理有限公司	中国建设银行	172.22	172.22
510190	龙头 ETF	2010.11.10	2011.01.10	上网发行	1.000	华安基金管理有限公司	中国工商银行	3.41	3.41
510210	综指 ETF	2011.01.20	2011.03.25	上网发行	1.000	富国基金管理有限公司	中国工商银行	1.79	1.79
510220	中小 ETF	2011.01.14	2011.03.28	上网发行	1.000	华泰柏瑞基金管理有限公司	中国银行	0.43	0.43
510230	金融 ETF	2011.03.23	2011.05.23	上网发行	1.000	国泰基金管理有限公司	中国银行	2.69	2.69
510260	新兴 ETF	2011.03.28	2011.06.08	上网发行	1.000	诺安基金管理有限公司	中国工商银行	8.76	8.76
510270	国企 ETF	2011.06.08	2011.08.18	上网发行	1.000	中银基金管理有限公司	招商银行	1.55	1.55
510280	成长 ETF	2011.07.27	2011.10.18	上网发行	1.000	华宝兴业基金管理有限公司	中国银行	3.90	3.90
510290	380ETF	2011.09.07	2011.11.08	上网发行	1.000	南方基金管理有限公司	中国建设银行	2.08	2.08
510300	300ETF	2012.04.24	2012.05.28	上网发行	1.000	华泰柏瑞基金管理有限公司	中国工商银行	89.10	89.10
510410	资源 ETF	2012.03.28	2012.05.11	上网发行	1.000	博时基金管理有限公司	中国建设银行	4.04	4.04
510420	180EWETF	2012.06.04	2012.07.09	上网发行	1.000	景顺长城基金管理有限公司	中国银行	6.19	6.19
510430	50 等权	2012.08.15	2012.09.24	上网发行	1.000	银华基金管理有限公司	中国建设银行	11.80	11.80
510440	500 沪市	2012.08.15	2012.10.08	上网发行	1.000	大成基金管理有限公司	中国银行	5.41	5.41
510880	红利 ETF	2006.11.08	2007.01.18	上网发行	1.000	华泰柏瑞基金管理有限公司	招商银行	8.53	8.53
510900	H 股 ETF	2012.08.01	2012.10.22	上网发行	1.000	易方达基金管理有限公司	交通银行	20.16	20.16

封闭式基金每日成交(亿/亿)
Fund Trading(100M/100M)

基金 Fund

日期 Date	1月 Jan		2月 Feb		3月 Mar		4月 Apr		5月 May		6月 Jun	
	金额 Val	数量 Vol	金额 Val	数量 Vol	金额 Val	数量 Vol	金额 Val	数量 Vol	金额 Val	数量 Vol	金额 Val	数量 Vol
1	---	---	0.45	0.58	0.56	0.69	---	---	---	---	0.56	0.67
2	---	---	0.58	0.74	0.97	1.17	---	---	1.07	1.28	---	---
3	---	---	0.69	0.87	---	---	---	---	0.68	0.81	---	---
4	0.62	0.78	---	---	---	---	---	---	0.58	0.69	0.60	0.74
5	0.65	0.82	---	---	0.95	1.13	0.54	0.68	---	---	0.40	0.49
6	0.40	0.52	0.75	0.95	0.65	0.79	0.41	0.51	---	---	0.28	0.35
7	---	---	0.48	0.61	0.55	0.67	---	---	0.94	1.11	0.36	0.44
8	---	---	0.76	0.97	0.52	0.63	---	---	0.63	0.75	0.39	0.48
9	1.10	1.40	0.85	1.07	0.56	0.69	0.36	0.45	0.54	0.65	---	---
10	1.22	1.53	1.05	1.32	---	---	0.44	0.55	0.51	0.61	---	---
11	0.64	0.80	---	---	---	---	0.40	0.50	0.44	0.53	0.40	0.49
12	0.44	0.54	---	---	0.97	1.16	0.60	0.74	---	---	0.31	0.38
13	0.37	0.47	0.96	1.22	0.77	0.92	0.57	0.70	---	---	0.51	0.63
14	---	---	0.72	0.91	1.32	1.58	---	---	0.54	0.66	0.41	0.49
15	---	---	1.00	1.27	0.95	1.16	---	---	0.38	0.46	0.41	0.50
16	0.37	0.48	0.78	0.99	0.79	0.97	0.43	0.52	0.38	0.47	---	---
17	0.90	1.16	0.67	0.85	---	---	0.43	0.52	0.43	0.52	---	---
18	0.66	0.85	---	---	---	---	0.62	0.75	0.62	0.74	0.47	0.56
19	0.68	0.89	---	---	0.62	0.75	0.40	0.49	---	---	0.27	0.32
20	0.88	1.12	0.86	1.09	0.64	0.76	0.54	0.65	---	---	0.38	0.45
21	---	---	0.55	0.69	0.59	0.71	---	---	0.31	0.37	0.36	0.43
22	---	---	1.03	1.29	0.43	0.52	---	---	0.45	0.54	---	---
23	---	---	1.01	1.26	0.57	0.69	0.75	0.91	0.36	0.43	---	---
24	---	---	1.20	1.47	---	---	0.73	0.88	0.35	0.42	---	---
25	---	---	---	---	---	---	0.58	0.71	0.32	0.40	0.36	0.45
26	---	---	---	---	0.40	0.48	0.52	0.63	---	---	0.34	0.41
27	---	---	1.78	2.15	0.39	0.47	0.38	0.46	---	---	0.33	0.40
28	---	---	1.25	1.53	0.65	0.79	---	---	0.54	0.66	0.32	0.38
29	---	---	1.10	1.33	0.45	0.56	---	---	0.96	1.13	0.48	0.59
30	0.64	0.83	---	---	0.29	0.37	---	---	0.42	0.51	---	---
31	0.39	0.50	---	---	---	---	---	---	0.34	0.42	---	---
最高 high	1.22	1.53	1.78	2.15	1.32	1.58	0.75	0.91	1.07	1.28	0.60	0.74
最低 low	0.37	0.47	0.45	0.58	0.29	0.37	0.36	0.45	0.31	0.37	0.27	0.32

封闭式基金每日成交(亿/亿)
Fund Trading(100M/100M)

基金
Fund

日期 Date	7月 Jul		8月 Aug		9月 Sep		10月 Oct		11月 Nov		12月 Dec	
	金额 Val	数量 Vol	金额 Val	数量 Vol	金额 Val	数量 Vol	金额 Val	数量 Vol	金额 Val	数量 Vol	金额 Val	数量 Vol
1	---	---	0.30	0.36	---	---	---	---	0.65	0.81	---	---
2	0.64	0.78	0.36	0.43	---	---	---	---	0.59	0.73	---	---
3	0.59	0.71	0.32	0.39	0.34	0.42	---	---	---	---	0.44	0.57
4	0.31	0.38	---	---	0.36	0.44	---	---	---	---	0.56	0.73
5	0.68	0.83	---	---	0.34	0.42	---	---	0.37	0.46	1.20	1.51
6	0.86	1.03	0.55	0.66	0.30	0.38	---	---	0.53	0.66	0.84	1.08
7	---	---	0.45	0.53	1.10	1.32	---	---	0.39	0.49	1.67	2.07
8	---	---	0.39	0.47	---	---	0.25	0.30	0.45	0.58	---	---
9	0.71	0.85	0.47	0.56	---	---	0.42	0.51	0.29	0.37	---	---
10	0.56	0.68	0.37	0.44	0.90	1.07	0.32	0.38	---	---	1.41	1.71
11	0.40	0.48	---	---	0.66	0.78	0.45	0.53	---	---	1.19	1.46
12	0.70	0.84	---	---	0.48	0.58	0.28	0.34	0.42	0.56	0.90	1.11
13	0.50	0.60	0.45	0.53	0.36	0.44	---	---	0.56	0.74	0.67	0.82
14	---	---	0.36	0.43	0.64	0.78	---	---	0.48	0.65	2.49	3.08
15	---	---	0.29	0.34	---	---	0.33	0.40	0.51	0.66	---	---
16	0.69	0.83	0.23	0.28	---	---	0.43	0.52	0.56	0.75	---	---
17	0.56	0.67	0.59	0.71	0.43	0.53	0.39	0.47	---	---	1.77	2.14
18	0.61	0.73	---	---	0.26	0.32	0.76	0.92	---	---	1.52	1.83
19	0.59	0.70	---	---	0.22	0.27	0.52	0.63	0.78	1.02	1.03	1.23
20	0.53	0.62	0.64	0.77	0.31	0.38	---	---	0.58	0.77	0.84	1.01
21	---	---	0.64	0.76	0.41	0.52	---	---	0.58	0.78	1.04	1.25
22	---	---	0.41	0.49	---	---	0.46	0.56	0.40	0.53	---	---
23	0.56	0.67	0.34	0.41	---	---	0.65	0.77	0.57	0.70	---	---
24	0.47	0.57	0.26	0.32	0.33	0.42	0.42	0.51	---	---	0.59	0.73
25	0.49	0.59	---	---	0.27	0.33	0.49	0.60	---	---	1.16	1.43
26	0.51	0.61	---	---	0.21	0.27	0.72	0.88	0.40	0.54	0.68	0.83
27	0.34	0.41	0.34	0.41	0.42	0.52	---	---	1.08	1.31	0.69	0.85
28	---	---	0.44	0.54	0.44	0.54	---	---	0.65	0.81	1.14	1.40
29	---	---	0.23	0.29	---	---	0.41	0.50	0.43	0.57	---	---
30	0.38	0.45	0.39	0.48	---	---	0.34	0.42	0.42	0.53	---	---
31	0.31	0.37	0.33	0.41	---	---	0.36	0.44	---	---	1.57	1.89
最高 high	0.86	1.03	0.64	0.77	1.10	1.32	0.76	0.92	1.08	1.31	H2.49	H3.08
最低 low	0.31	0.37	0.23	0.28	L0.21	L0.27	0.25	0.30	0.29	0.37	0.44	0.57

ETF 每日成交(亿/亿)
ETF Trading(100M/100M)

基金
Fund

日期 Date	1月 Jan 金额 Val	1月 Jan 数量 Vol	2月 Feb 金额 Val	2月 Feb 数量 Vol	3月 Mar 金额 Val	3月 Mar 数量 Vol	4月 Apr 金额 Val	4月 Apr 数量 Vol	5月 May 金额 Val	5月 May 数量 Vol	6月 Jun 金额 Val	6月 Jun 数量 Vol
1	---	---	8.59	8.66	7.20	6.32	---	---	---	---	10.05	7.04
2	---	---	12.68	11.90	12.00	10.10	---	---	14.66	12.48	---	---
3	---	---	13.62	13.78	---	---	---	---	9.23	7.14	---	---
4	7.25	7.20	---	---	---	---	---	---	11.91	11.40	23.92	15.39
5	14.80	14.86	---	---	8.86	8.34	16.67	19.53	---	---	8.15	5.54
6	11.19	12.37	10.36	9.97	13.95	12.88	7.51	7.37	---	---	7.33	4.85
7	---	---	12.66	12.43	11.37	10.32	---	---	10.64	8.99	14.28	8.05
8	---	---	16.85	15.74	9.55	8.13	---	---	12.68	10.64	12.11	8.52
9	15.32	16.25	15.65	14.99	9.89	8.66	4.52	3.89	9.94	8.28	---	---
10	19.74	20.48	10.22	9.47	---	---	7.55	7.09	7.96	7.27	---	---
11	12.08	12.42	---	---	---	---	7.35	6.90	13.51	12.33	12.69	8.97
12	10.91	10.98	---	---	6.91	6.40	11.13	10.23	---	---	8.82	5.63
13	11.30	11.84	11.70	10.56	9.81	8.30	11.64	10.23	---	---	10.25	7.36
14	---	---	8.87	7.63	19.70	18.53	---	---	12.49	12.21	7.74	5.31
15	---	---	13.89	14.14	17.47	18.95	---	---	7.30	6.73	10.82	7.56
16	7.80	7.76	10.87	10.46	9.82	9.13	7.87	6.92	7.94	6.68	---	---
17	19.89	19.47	8.00	6.56	---	---	7.66	6.69	7.96	7.22	---	---
18	14.77	14.09	---	---	---	---	9.84	9.32	6.23	6.14	6.87	4.20
19	17.49	16.22	---	---	9.93	8.74	5.95	5.60	---	---	5.28	3.21
20	15.79	17.77	10.31	8.98	10.97	10.12	9.97	8.83	---	---	6.27	4.25
21	---	---	9.82	9.16	14.88	11.55	---	---	6.10	4.94	10.17	6.61
22	---	---	10.32	10.14	7.24	5.98	---	---	7.52	6.07	---	---
23	---	---	15.79	14.89	9.14	9.15	6.14	5.14	6.50	5.97	---	---
24	---	---	13.33	12.13	---	---	18.29	15.39	6.12	4.89	---	---
25	---	---	---	---	---	---	11.37	10.18	7.86	7.14	11.36	6.54
26	---	---	---	---	5.78	5.71	9.53	9.04	---	---	10.38	6.85
27	---	---	14.34	13.55	6.69	6.46	9.36	9.06	---	---	10.91	6.66
28	---	---	16.44	16.95	11.54	11.02	---	---	41.43	20.74	7.82	5.36
29	---	---	10.00	8.66	11.50	11.03	---	---	29.11	16.05	10.87	7.96
30	14.43	14.51	---	---	11.11	9.62	---	---	12.06	7.36	---	---
31	7.62	6.32	---	---	---	---	---	---	9.47	6.07	---	---
最高 high	19.89	20.48	16.85	16.95	19.70	18.95	18.29	19.53	H41.43	20.74	23.92	15.39
最低 low	7.25	6.32	8.00	6.56	5.78	5.71	L4.52	3.89	6.10	4.89	5.28	L3.21

ETF 每日成交(亿/亿)
ETF Trading(100M/100M)

基金
Fund

日期 Date	7月 Jul 金额 Val	7月 Jul 数量 Vol	8月 Aug 金额 Val	8月 Aug 数量 Vol	9月 Sep 金额 Val	9月 Sep 数量 Vol	10月 Oct 金额 Val	10月 Oct 数量 Vol	11月 Nov 金额 Val	11月 Nov 数量 Vol	12月 Dec 金额 Val	12月 Dec 数量 Vol
1	---	---	13.79	10.40	---	---	---	---	14.97	10.82	---	---
2	8.98	6.51	9.37	6.88	---	---	---	---	11.51	7.40	---	---
3	8.59	6.10	8.31	5.66	11.04	9.59	---	---	---	---	10.43	7.55
4	6.52	4.64	---	---	7.99	5.27	---	---	---	---	13.13	8.54
5	9.42	6.40	---	---	8.88	6.60	---	---	9.72	6.62	25.23	17.93
6	11.15	8.62	14.36	11.15	8.18	6.67	---	---	12.76	8.95	16.25	11.46
7	---	---	11.52	8.43	29.13	21.80	---	---	11.05	6.82	24.94	16.99
8	---	---	11.66	7.97	---	---	12.22	9.87	12.16	7.86	---	---
9	13.80	11.31	9.84	6.92	---	---	19.02	13.29	9.42	5.22	---	---
10	10.35	7.37	6.00	4.58	13.00	9.74	9.73	7.34	---	---	27.76	19.57
11	9.28	6.75	---	---	12.49	7.98	10.47	7.40	---	---	12.58	8.34
12	16.83	12.82	---	---	12.56	8.81	14.89	11.83	10.56	6.66	20.26	13.52
13	11.72	9.26	14.83	12.09	9.47	6.17	---	---	12.63	7.73	15.43	10.58
14	---	---	15.81	14.23	15.99	10.99	---	---	14.86	9.89	31.11	22.79
15	---	---	9.50	7.21	---	---	7.87	5.71	13.30	8.48	---	---
16	12.23	9.33	6.18	4.32	---	---	14.33	12.32	13.14	8.68	---	---
17	11.35	7.75	10.68	10.58	14.28	12.47	11.29	8.79	---	---	26.03	18.42
18	13.17	8.74	---	---	11.09	9.05	17.45	12.71	---	---	23.94	16.87
19	17.36	12.77	---	---	10.51	7.17	9.79	6.92	11.59	7.62	16.60	11.53
20	11.94	8.78	8.49	7.03	14.51	10.21	---	---	9.92	6.56	21.04	13.79
21	---	---	10.86	8.00	12.48	11.21	---	---	16.89	11.95	19.16	12.17
22	---	---	5.64	4.01	---	---	15.13	12.34	12.04	9.12	---	---
23	9.77	7.25	10.28	8.20	---	---	10.88	6.97	14.16	8.98	---	---
24	10.98	8.07	6.39	4.44	17.59	14.43	10.02	6.48	---	---	20.22	12.33
25	8.73	6.86	---	---	9.05	7.00	11.16	8.19	---	---	27.43	17.47
26	12.16	8.59	---	---	8.93	7.51	12.32	8.56	11.55	7.17	19.18	12.11
27	15.71	10.53	14.95	10.77	27.12	20.73	---	---	11.55	8.03	20.31	12.10
28	---	---	10.58	8.13	23.80	16.64	---	---	11.83	8.07	23.52	14.68
29	---	---	7.98	5.34	---	---	10.52	9.07	11.93	8.01	---	---
30	10.66	7.45	10.45	8.01	---	---	14.84	11.96	13.06	8.39	---	---
31	15.98	11.38	8.93	6.56	---	---	10.45	7.26	---	---	30.85	17.48
最高 high	17.36	12.82	15.81	14.23	29.13	21.80	19.02	13.29	16.89	11.95	31.11	H22.79
最低 low	6.52	4.64	5.64	4.01	7.99	5.27	7.87	5.71	9.42	5.22	10.43	7.55

基金/ETF
Fund/ETF

基金
Fund

基金代码 Code	基金简称 Name	发行数量(百万) Issued Vol (M)	市价总值(百万) Market Cap (M)	上年收盘 Last Year Close	本年开盘 Open	本年最高 High
500001	基金金泰	2000.00	1798.00	0.826	0.830	0.919
500002	基金泰和	2000.00	1882.00	0.779	0.790	0.942
500003	基金安信	2000.00	1800.00	0.816	0.819	0.910
500005	基金汉盛	2000.00	1986.00	0.925	0.925	1.019
500006	基金裕阳	2000.00	1608.00	0.756	0.758	0.819
500008	基金兴华	2000.00	1770.00	0.821	0.823	0.887
500009	基金安顺	3000.00	2739.00	0.843	0.851	0.915
500011	基金金鑫	3000.00	2679.00	0.799	0.803	0.898
500015	基金汉兴	3000.00	2427.00	0.750	0.746	0.842
500018	基金兴和	3000.00	2484.00	0.817	0.817	0.871
500038	基金通乾	2000.00	1706.00	0.841	0.842	0.928
500056	基金科瑞	3000.00	2271.00	0.759	0.764	0.813
500058	基金银丰	3000.00	2019.00	0.766	0.747	0.788
510010	治理 ETF	4449.52	3030.13	0.600	0.601	0.690
510020	超大 ETF	585.35	1137.92	0.166	0.167	1.945
510030	价值 ETF	484.03	1222.66	2.148	2.195	2.531
510050	50ETF	11134.57	20643.49	1.629	1.641	1.886
510060	央企 ETF	607.96	708.27	1.058	1.058	1.187
510070	民企 ETF	329.12	325.17	0.923	0.920	1.070
510090	责任 ETF	455.58	399.09	0.766	0.770	0.947
510110	周期 ETF	139.22	323.82	1.969	1.975	2.369
510120	非周 ETF	170.99	291.37	1.704	1.714	1.936
510130	中盘 ETF	469.09	1057.32	2.167	2.188	2.556
510150	消费 ETF	553.53	1323.49	2.250	2.268	2.580
510160	小康 ETF	866.06	299.66	0.326	0.329	0.374
510170	商品 ETF	539.23	1191.70	2.114	2.122	2.666
510180	180ETF	17222.23	9558.34	0.504	0.507	0.583
510190	龙头 ETF	340.65	796.44	2.000	2.041	2.350
510210	综指 ETF	179.14	427.42	2.225	2.279	2.726
510220	中小 ETF	43.23	103.62	2.410	2.426	2.870
510230	金融 ETF	269.26	911.99	2.776	2.784	3.391
510260	新兴 ETF	876.48	573.22	0.680	0.700	0.828
510270	国企 ETF	154.83	118.29	0.689	0.676	0.794
510280	成长 ETF	389.75	390.92	0.883	0.883	1.026
510290	380ETF	208.45	167.80	0.809	0.812	0.994
510300	300ETF	8909.59	22487.80	2.574	2.551	2.661
510410	资源 ETF	404.26	360.60	1.032	1.020	1.036
510420	180EWETF	619.46	619.46	1.003	0.995	1.001
510430	50 等权	1179.92	1336.85	0.990	0.985	1.133
510440	500 沪市	541.06	553.50	1.017	1.005	1.050
510880	红利 ETF	853.18	1621.03	1.776	1.787	2.000
510900	H 股 ETF	2016.02	2134.97	1.016	0.981	1.069

基金/ETF
Fund/ETF

基金
Fund

本年最低 Low	本年收盘 Close	涨跌(%) Change(%)	成交数量(百万) Trading Vol (M)	成交金额(百万) Trading Val (M)	年初净值 Open Val	年末净值 Close Val	本年分红 Bonus
0.783	0.899	8.84	1407.95	1236.09	0.85	0.92	- -
0.766	0.941	20.80	1162.83	988.00	0.85	1.00	- -
0.810	0.900	10.29	978.49	842.00	0.87	0.94	- -
0.888	0.993	7.35	644.70	613.40	1.01	1.08	- -
0.699	0.804	6.35	1327.30	1035.95	0.81	0.85	- -
0.788	0.885	7.80	660.83	560.21	0.83	0.92	- -
0.824	0.913	8.30	1598.55	1388.30	0.92	1.00	- -
0.750	0.893	11.77	2611.93	2123.87	0.90	1.01	- -
0.724	0.809	7.87	1251.25	971.98	0.86	0.93	- -
0.738	0.828	1.35	1112.70	893.91	0.88	0.92	- -
0.754	0.853	1.43	1404.98	1183.22	0.94	1.01	- -
0.682	0.757	-0.26	1430.27	1079.36	0.87	0.91	- -
0.605	0.673	-12.14	2163.11	1536.37	0.85	0.83	- -
0.556	0.681	13.50	992.63	612.28	0.59	0.69	- -
0.162	1.944	1071.08	3950.98	807.81	0.16	1.95	- -
2.009	2.526	17.60	560.09	1261.01	2.15	2.53	- -
1.528	1.854	13.81	69362.11	119884.38	1.61	1.86	- -
0.974	1.165	10.11	366.31	402.29	1.05	1.17	- -
0.814	0.988	7.04	184.10	176.12	0.90	0.98	- -
0.653	0.876	14.36	34.35	28.09	0.76	0.88	- -
1.868	2.326	18.13	253.84	531.45	1.96	2.34	- -
1.401	1.704	0.00	58.24	102.06	1.67	1.72	- -
1.900	2.254	4.02	176.70	398.63	2.12	2.26	- -
2.052	2.391	6.27	130.21	312.29	2.19	2.40	- -
0.290	0.346	6.14	463.89	156.08	0.32	0.34	- -
1.840	2.210	4.54	3363.73	8006.78	2.07	2.22	- -
0.460	0.555	10.12	103457.67	54863.17	0.50	0.56	- -
1.895	2.338	16.90	76.09	160.51	1.99	2.33	- -
1.918	2.386	7.24	36.13	81.21	2.19	2.36	- -
1.900	2.397	-0.54	33.21	81.41	2.37	2.43	- -
2.602	3.387	22.01	565.29	1674.79	2.75	3.39	- -
0.538	0.654	-3.82	474.90	338.71	0.66	0.66	- -
0.611	0.764	10.89	279.07	200.53	0.68	0.77	- -
0.800	1.003	13.59	168.19	162.01	0.87	1.01	- -
0.652	0.805	-0.49	116.54	97.40	0.79	0.80	- -
2.138	2.524	-1.94	44288.25	104569.27	- -	2.53	- -
0.745	0.892	-13.57	1587.53	1477.11	- -	0.89	- -
0.835	1.000	-0.30	1397.48	1337.42	- -	1.00	- -
0.938	1.133	14.44	1081.15	1088.46	- -	1.14	- -
0.841	1.023	0.59	506.24	510.21	- -	1.04	- -
1.637	1.900	6.98	1185.33	2167.32	1.76	1.91	- -
0.957	1.059	4.23	1167.96	1170.09	- -	1.06	- -

债券市场概貌
Bond Market Overview

债券市场交易 Bond Market Data	2012 年	2011 年	增减(%) Change (%)
交易天数 Trading Days	243	244	-0.41
上市债券数 No. of Bonds	1059	680	55.74
政府债 G-Bonds	191	213	-10.33
公司债 C-Bonds	830	417	99.04
债券回购 Repo	38	50	-24.00
新上市债券数 No. of New Bonds	470	184	155.43
总成交金额(亿) Total Trading Val(100M)	379818.85	210750.46	80.22
政府债 G-Bonds	905.56	1276.51	-29.06
公司债 C-Bonds	7537.43	4852.67	55.33
债券回购 Repo	371375.86	204621.29	81.49
日均成交金额(百万)Average Turnover In Val(M)	156304.05	86373.14	80.96
政府债 G-Bonds	372.66	523.16	-28.77
公司债 C-Bonds	3101.82	1988.80	55.96
债券回购 Repo	152829.57	83861.18	82.24
总成交量(百万) Total Vol In Val(M)	379756.23	210722.57	80.22
政府债 G-Bonds	895.22	1280.64	-30.10
公司债 C-Bonds	7482.66	4820.63	55.22
债券回购 Repo	371378.34	204621.31	81.50
日均成交量(百万) Average Vol In Val(M)	1562.78	863.62	80.96
政府债 G-Bonds	3.68	5.25	-29.90
公司债 C-Bonds	30.79	19.76	55.82
债券回购 Repo	1528.31	838.61	82.24
总成笔数(百万)Total Transactions(M)	4888.80	2154.10	126.95
政府债 G-Bonds	10.25	14.64	-29.99
公司债 C-Bonds	245.26	186.43	31.56
债券回购 Repo	4633.30	1953.02	137.24
日均成交笔数(万)Average Transactions(10000)	20.12	8.83	127.86
政府债 G-Bonds	0.04	0.06	-33.33
公司债 C-Bonds	1.01	0.76	32.89
债券回购 Repo	19.07	8.00	138.38
债券发行(亿)Bond issued(100M)	70777.99	56655.20	24.93
政府债 G-Bonds	55726.10	48693.10	14.44
公司债 C-Bonds	15051.89	7962.10	89.04
大宗交易成交 Bulk Trading			
总成交金额(亿) Total Trading Val(100M)	836.81	661.02	26.59
总成交量(百万) Total Trading Vol (M)	845.17	680.18	24.26
总成交笔数(笔) Total Transactions	2881.00	1970.00	46.24

债券基本信息 List of Bonds

债券 Bond

债券代码 Code	债券简称 Securities	发行数量(百万) Issued Val(M)	年限 Terms	到期日 Expiration Date	票面利率(%) Coupon Rate(%)	付息方式 Way of Interest
010107	21 国债(7)	23960.00	20.00	2021.07.31	4.2600	按半年付息
010203	02 国债(3)	20000.00	10.00	2012.04.18	2.5400	按年付息
010213	02 国债(13)	24000.00	15.00	2017.09.20	2.6000	按半年付息
010303	03 国债(3)	26000.00	20.00	2023.04.17	3.4000	按半年付息
010308	03 国债(8)	16380.00	10.00	2013.09.17	3.0200	按年付息
010501	05 国债(1)	30000.00	10.00	2015.02.28	4.4400	按半年付息
010504	05 国债(4)	33920.00	20.00	2025.05.15	4.1100	按半年付息
010505	05 国债(5)	33780.00	7.00	2012.05.25	3.3700	按年付息
010509	05 国债(9)	31940.00	7.00	2012.08.25	2.8300	按年付息
010512	05 国债(12)	34410.00	15.00	2020.11.15	3.6500	按半年付息
010513	05 国债(13)	32840.00	7.00	2012.11.25	3.0100	按年付息
010601	06 国债(1)	33000.00	7.00	2013.02.27	2.5100	按年付息
010603	06 国债(3)	34000.00	10.00	2016.03.27	2.8000	按半年付息
010606	06 国债(6)	30560.00	7.00	2013.05.25	2.6200	按年付息
010609	06 国债(9)	31090.00	20.00	2026.06.26	3.7000	按半年付息
010613	06 国债(13)	33100.00	7.00	2013.08.31	2.8900	按年付息
010616	06 国债(16)	30000.00	10.00	2016.09.26	2.9200	按半年付息
010619	06 国债(19)	30000.00	15.00	2021.11.15	3.2700	按半年付息
010620	06 国债(20)	34590.00	7.00	2013.11.27	2.9100	按年付息
010701	07 国债 01	30000.00	7.00	2014.02.06	2.9300	按年付息
010703	07 国债 03	30000.00	10.00	2017.03.22	3.4000	按半年付息
010705	07 国债 05	30000.00	5.00	2012.04.23	3.1800	按年付息
010706	07 国债 06	30000.00	30.00	2037.05.17	4.2700	按半年付息
010707	07 国债 07	33780.00	7.00	2014.05.24	3.7400	按年付息
010710	07 国债 10	35070.00	10.00	2017.06.25	4.4000	按半年付息
010713	07 国债 13	28000.00	20.00	2027.08.16	4.5200	按半年付息
019001	10 国债 01	26000.00	2.00	2012.01.28	2.0100	按年付息
019002	10 国债 02	26000.00	10.00	2020.02.04	3.4300	按半年付息
019003	10 国债 03	24000.00	30.00	2040.03.01	4.0800	按半年付息
019005	10 国债 05	26000.00	7.00	2017.03.11	2.9200	按年付息
019006	10 国债 06	26000.00	3.00	2013.03.18	2.2300	按年付息
019007	10 国债 07	26000.00	10.00	2020.03.25	3.3600	按半年付息
019008	10 国债 08	28040.00	5.00	2015.04.08	2.7000	按年付息
019009	10 国债 09	28000.00	20.00	2030.04.15	3.9600	按半年付息
019010	10 国债 10	28000.00	7.00	2017.04.22	3.0100	按年付息
019012	10 国债 12	28000.00	10.00	2020.05.13	3.2500	按半年付息
019013	10 国债 13	28000.00	5.00	2015.05.20	2.3800	按年付息
019014	10 国债 14	28000.00	50.00	2060.05.24	4.0300	按半年付息
019015	10 国债 15	28310.00	7.00	2017.05.27	2.8300	按年付息
019016	10 国债 16	28000.00	3.00	2013.06.03	2.3300	按年付息
019017	10 国债 17	28000.00	5.00	2015.06.10	2.5300	按年付息
019018	10 国债 18	28000.00	30.00	2040.06.21	4.0300	按半年付息
019019	10 国债 19	28010.00	10.00	2020.06.24	3.4100	按半年付息
019020	10 国债 20	29970.00	5.00	2015.07.08	2.5200	按年付息
019022	10 国债 22	28190.00	7.00	2017.07.22	2.7600	按年付息
019023	10 国债 23	28000.00	30.00	2040.07.29	3.9600	按半年付息
019024	10 国债 24	30440.00	10.00	2020.08.05	3.2800	按半年付息
019025	10 国债 25	28000.00	3.00	2013.08.12	2.3000	按年付息
019026	10 国债 26	28000.00	30.00	2040.08.16	3.9600	按半年付息
019027	10 国债 27	28000.00	7.00	2017.08.19	2.8100	按年付息

债券基本信息
List of Bonds

债券代码 Code	债券简称 Securities	发行数量(百万) Issued Val(M)	年限 Terms	到期日 Expiration Date	票面利率(%) Coupon Rate(%)	付息方式 Way of Interest
019028	10 国债 28	28220.00	5.00	2015.08.26	2.5800	按年付息
019029	10 国债 29	28000.00	20.00	2030.09.02	3.8200	按半年付息
019031	10 国债 31	28260.00	10.00	2020.09.16	3.2900	按半年付息
019032	10 国债 32	28710.00	7.00	2017.10.14	3.1000	按年付息
019033	10 国债 33	28000.00	5.00	2015.10.21	2.9100	按年付息
019034	10 国债 34	28000.00	10.00	2020.10.28	3.6700	按半年付息
019035	10 国债 35	28000.00	3.00	2013.11.04	2.6800	按年付息
019037	10 国债 37	28000.00	50.00	2060.11.18	4.4000	按半年付息
019038	10 国债 38	30640.00	7.00	2017.11.25	3.8300	按年付息
019039	10 国债 39	32140.00	5.00	2015.12.02	3.6400	按年付息
019040	10 国债 40	28000.00	30.00	2040.12.09	4.2300	按半年付息
019041	10 国债 41	30780.00	10.00	2020.12.16	3.7700	按半年付息
019101	11 国债 01	61710.00	1.00	2012.01.13	2.8100	到期一次付息
019102	11 国债 02	62060.00	10.00	2021.01.20	3.9400	按半年付息
019103	11 国债 03	62520.00	7.00	2018.01.27	3.8300	按年付息
019104	11 国债 04	63970.00	5.00	2016.02.17	3.6000	按年付息
019105	11 国债 05	28000.00	30.00	2041.02.24	4.3100	按半年付息
019106	11 国债 06	30000.00	7.00	2018.03.03	3.7500	按年付息
019107	11 国债 07	58000.00	3.00	2014.03.10	3.2200	按年付息
019108	11 国债 08	30000.00	10.00	2021.03.17	3.8300	按半年付息
019109	11 国债 09	43350.00	1.00	2012.03.24	2.8000	到期一次付息
019110	11 国债 10	58000.00	20.00	2031.04.28	4.1500	按半年付息
019111	11 国债 11	30180.00	1.00	2012.05.05	2.7700	到期一次付息
019112	11 国债 12	30000.00	50.00	2061.05.26	4.4800	按半年付息
019113	11 国债 13	60000.00	3.00	2014.06.02	3.2600	按年付息
019114	11 国债 14	60000.00	5.00	2016.06.09	3.4400	按年付息
019115	11 国债 15	61930.00	10.00	2021.06.16	3.9900	按半年付息
019116	11 国债 16	58000.00	30.00	2041.06.23	4.5000	按半年付息
019117	11 国债 17	60000.00	7.00	2018.07.07	3.7000	按年付息
019118	11 国债 18	30000.00	1.00	2012.07.14	3.4800	到期一次付息
019119	11 国债 19	63050.00	10.00	2021.08.18	3.9300	按半年付息
019120	11 国债 20	32510.00	1.00	2012.09.15	3.9000	到期一次付息
019121	11 国债 21	58630.00	7.00	2018.10.13	3.6500	按年付息
019122	11 国债 22	29300.00	5.00	2016.10.20	3.5500	按年付息
019123	11 国债 23	280.00	50.00	2061.11.10	4.3300	按半年付息
019124	11 国债 24	56050.00	10.00	2021.11.17	3.5700	按半年付息
019125	11 国债 25	28000.00	3.00	2014.12.08	2.8200	按年付息
019201	12 国债 01	28000.00	1.00	2013.01.12	2.7800	到期一次付息
019202	12 国债 02	28000.00	1.00	2013.02.08	2.8700	到期一次付息
019203	12 国债 03	58000.00	5.00	2017.02.16	3.1400	按年付息
019204	12 国债 04	86000.00	10.00	2022.02.23	3.5100	按半年付息
019205	12 国债 05	94670.00	7.00	2019.03.08	3.4100	按年付息
019206	12 国债 06	28000.00	20.00	2032.04.23	4.0300	按半年付息
019207	12 国债 07	64940.00	3.00	2015.04.26	2.9100	按年付息
019208	12 国债 08	28000.00	50.00	2062.05.17	4.2500	按半年付息
019209	12 国债 09	100220.00	10.00	2022.05.24	3.3600	按半年付息
019210	12 国债 10	94350.00	7.00	2019.06.07	3.1400	按年付息
019211	12 国债 11	26940.00	1.00	2013.06.14	2.1500	到期一次付息
019212	12 国债 12	28000.00	30.00	2042.06.28	4.0700	按半年付息
019213	12 国债 13	28000.00	30.00	2042.08.02	4.1200	按半年付息

债券基本信息 List of Bonds

债券 Bond

债券代码 Code	债券简称 Securities	发行数量(百万) Issued Val(M)	年限 Terms	到期日 Expiration Date	票面利率(%) Coupon Rate(%)	付息方式 Way of Interest
019214	12 国债 14	56060.00	5.00	2017.08.16	2.9500	按年付息
019215	12 国债 15	86140.00	10.00	2022.08.23	3.3900	按半年付息
019216	12 国债 16	82820.00	7.00	2019.09.06	3.2500	按年付息
019217	12 国债 17	58000.00	3.00	2015.09.13	3.1000	按年付息
019218	12 国债 18	28000.00	20.00	2032.09.27	4.1000	按半年付息
019219	12 国债 19	26010.00	1.00	2013.10.18	2.9400	到期一次付息
019220	12 国债 20	26000.00	50.00	2062.11.15	4.3500	按半年付息
019221	12 国债 21	29010.00	10.00	2022.12.13	3.5500	按半年付息
019714	07 国债 14	32690.00	7.00	2014.08.23	3.9000	按年付息
019717	07 国债 17	28000.00	5.00	2012.10.22	4.0000	按年付息
019718	07 国债 18	32470.00	7.00	2014.11.26	4.3500	按年付息
019801	08 国债 01	28970.00	7.00	2015.02.13	3.9500	按年付息
019802	08 国债 02	28000.00	15.00	2023.02.28	4.1600	按半年付息
019803	08 国债 03	27940.00	10.00	2018.03.20	4.0700	按半年付息
019805	08 国债 05	28000.00	5.00	2013.04.21	3.6900	按年付息
019806	08 国债 06	28000.00	30.00	2038.05.08	4.5000	按半年付息
019807	08 国债 07	27150.00	7.00	2015.05.19	4.0100	按年付息
019810	08 国债 10	26650.00	10.00	2018.06.23	4.4100	按半年付息
019813	08 国债 13	24000.00	20.00	2028.08.11	4.9400	按半年付息
019814	08 国债 14	26600.00	7.00	2015.08.18	4.2300	按年付息
019817	08 国债 17	26000.00	5.00	2013.09.16	3.6900	按年付息
019818	08 国债 18	24360.00	10.00	2018.09.22	3.6800	按半年付息
019820	08 国债 20	24000.00	30.00	2038.10.23	3.9100	按半年付息
019822	08 国债 22	22500.00	7.00	2015.11.24	2.7100	按年付息
019823	08 国债 23	24000.00	15.00	2023.11.27	3.6200	按半年付息
019825	08 国债 25	25370.00	10.00	2018.12.15	2.9000	按半年付息
019826	08 国债 26	26000.00	5.00	2013.12.18	1.7700	按年付息
019901	09 国债 01	26930.00	7.00	2016.02.12	2.7600	按年付息
019902	09 国债 02	22000.00	20.00	2029.02.19	3.8600	按半年付息
019903	09 国债 03	26000.00	10.00	2019.03.12	3.0500	按半年付息
019904	09 国债 04	56430.00	5.00	2014.04.02	2.2900	按年付息
019905	09 国债 05	22000.00	30.00	2039.04.09	4.0200	按半年付息
019906	09 国债 06	25210.00	7.00	2016.04.16	2.8200	按年付息
019907	09 国债 07	27760.00	10.00	2019.05.07	3.0200	按半年付息
019909	09 国债 09	27300.00	3.00	2012.05.21	1.5500	按年付息
019910	09 国债 10	29500.00	5.00	2014.06.04	2.2600	按年付息
019911	09 国债 11	28000.00	15.00	2024.06.11	3.6900	按半年付息
019912	09 国债 12	28270.00	10.00	2019.06.18	3.0900	按半年付息
019913	09 国债 13	28000.00	7.00	2016.06.25	2.8200	按年付息
019915	09 国债 15	28000.00	3.00	2012.07.16	2.2200	按年付息
019916	09 国债 16	28300.00	10.00	2019.07.23	3.4800	按半年付息
019917	09 国债 17	26000.00	7.00	2016.07.30	3.1500	按年付息
019918	09 国债 18	27580.00	5.00	2014.08.06	2.9700	按年付息
019919	09 国债 19	26730.00	7.00	2016.08.20	3.1700	按年付息
019920	09 国债 20	26000.00	20.00	2029.08.27	4.0000	按半年付息
019922	09 国债 22	26860.00	3.00	2012.09.10	2.1800	按年付息
019923	09 国债 23	26640.00	10.00	2019.09.17	3.4400	按半年付息
019924	09 国债 24	26800.00	5.00	2014.09.24	2.9000	按年付息
019925	09 国债 25	24000.00	30.00	2039.10.15	4.1800	按半年付息
019926	09 国债 26	27490.00	7.00	2016.10.22	3.4000	按年付息

债券基本信息
List of Bonds

债券代码 Code	债券简称 Securities	发行数量(百万) Issued Val(M)	年限 Terms	到期日 Expiration Date	票面利率(%) Coupon Rate(%)	付息方式 Way of Interest
019927	09 国债 27	27240.00	10.00	2019.11.05	3.6800	按半年付息
019929	09 国债 29	27630.00	3.00	2012.11.19	2.4200	按年付息
019930	09 国债 30	20000.00	50.00	2059.11.30	4.3000	按半年付息
019931	09 国债 31	27390.00	5.00	2014.12.03	2.9000	按年付息
019932	09 国债 32	27120.00	7.00	2016.12.17	3.2200	按年付息
020048	11 贴债 03	11760.00	.50	2012.01.09	0.0000	其它
020049	11 贴债 04	15000.00	.75	2012.05.07	0.0000	其它
020050	11 贴债 05	15000.00	.50	2012.03.19	0.0000	其它
020051	12 贴债 01	15000.00	.75	2013.01.14	0.0000	其它
020052	12 贴债 02	15000.00	.75	2013.02.04	0.0000	其它
020053	12 贴债 03	15000.00	.75	2013.03.18	0.0000	其它
020054	12 贴债 04	15000.00	.50	2013.01.14	0.0000	其它
020055	12 贴债 05	15000.00	.50	2013.01.28	0.0000	其它
020056	12 贴债 06	15000.00	.50	2013.02.04	0.0000	其它
020057	12 贴债 07	15000.00	.25	2013.01.21	0.0000	其它
020058	12 贴债 08	15000.00	.25	2013.02.04	0.0000	其它
110002	南山转债	2800.00	5.00	2013.04.17	1.5000	按年付息
110003	新钢转债	2760.00	5.00	2013.08.20	2.8000	按年付息
110004	厦工转债	600.00	5.00	2014.08.28	1.5000	按年付息
110005	西洋转债	265.00	5.00	2014.09.03	1.0000	按年付息
110006	龙盛转债	1250.00	5.00	2014.09.14	1.0000	按年付息
110007	博汇转债	975.00	5.00	2014.09.23	1.7000	按年付息
110008	王府转债	821.00	6.00	2015.10.19	0.8000	按年付息
110009	双良转债	720.00	5.00	2015.05.04	1.1000	按年付息
110011	歌华转债	1600.00	6.00	2016.11.25	1.0000	按年付息
110012	海运转债	720.00	5.00	2016.01.07	1.1000	按年付息
110013	国投转债	3400.00	6.00	2017.01.25	0.9000	按年付息
110015	石化转债	23000.00	6.00	2017.02.23	1.0000	按年付息
110016	川投转债	2100.00	6.00	2017.03.21	0.9000	按年付息
110017	中海转债	3950.00	6.00	2017.08.01	0.7000	按年付息
110018	国电转债	5500.00	6.00	2017.08.19	0.5000	按年付息
110019	恒丰转债	450.00	5.00	2017.03.23	0.9000	按年付息
110020	南山转债	6000.00	6.00	2018.10.16	3.5000	按年付息
110022	同仁转债	1205.00	5.00	2017.12.04	0.5000	按年付息
110026	中海转债	2000.00	5.00	2012.07.01	1.8400	按年付息
110078	澄星转债	440.00	5.00	2012.05.10	2.7000	按年付息
110227	赤化转债	450.00	5.00	2012.10.10	1.8000	按年付息
110368	五洲转债	540.00	5.00	2013.02.28	1.5000	按年付息
110488	天药转债	390.00	6.00	2012.10.25	1.5200	按年付息
110567	山鹰转债	470.00	5.00	2012.09.05	2.0000	按年付息
110598	大荒转债	1500.00	5.00	2012.12.19	2.1000	按年付息
110971	恒源转债	400.00	5.00	2012.09.24	2.1000	按年付息
113001	中行转债	40000.00	6.00	2016.06.02	1.1000	按年付息
113002	工行转债	25000.00	6.00	2016.08.31	0.9000	按年付息
113003	重工转债	8050.15	6.00	2018.06.04	0.5000	按年付息
120102	01 三峡债	3000.00	15.00	2016.11.08	5.2100	按年付息
120201	02 三峡债	5000.00	20.00	2022.09.20	4.7600	按年付息
120203	02 中移(15)	5000.00	15.00	2017.10.27	4.5000	按年付息
120204	02 苏交通	1500.00	15.00	2017.12.11	4.5100	按年付息
120205	02 渝城投	1500.00	10.00	2012.12.09	4.3200	按年付息

债券基本信息 List of Bonds

债券 Bond

债券代码 Code	债券简称 Securities	发行数量(百万) Issued Val(M)	年限 Terms	到期日 Expiration Date	票面利率(%) Coupon Rate(%)	付息方式 Way of Interest
120288	02 金茂债	1000.00	10.00	2012.04.28	4.2200	按年付息
120301	03 沪轨道	4000.00	15.00	2018.02.19	4.5100	按年付息
120302	03 苏园建	1000.00	10.00	2013.07.17	4.3000	按年付息
120303	03 三峡债	3000.00	30.00	2033.07.31	4.8600	按年付息
120304	03 电网(1)	3000.00	10.00	2013.12.30	4.6100	按年付息
120305	03 电网(2)	2000.00	10.00	2013.12.30	4.7500	按年付息
120306	03 中电投	3000.00	15.00	2018.12.07	5.0200	按年付息
120307	03 浦发债	1500.00	10.00	2013.01.12	4.2900	按年付息
120308	03 沪杭甬	1000.00	10.00	2013.01.24	4.2900	按年付息
120309	03 苏交通	1800.00	10.00	2013.11.20	4.6100	按年付息
120310	03 网通(1)	4000.00	10.00	2013.12.03	4.6000	按年付息
120311	03 网通(2)	1000.00	10.00	2013.12.03	4.8000	按年付息
120482	04 通用债	1000.00	10.00	2014.03.30	4.7500	按年付息
120483	04 中石化	3500.00	10.00	2014.02.23	4.6100	按年付息
120485	04 国电(1)	2444.00	10.00	2014.09.21	5.3000	按年付息
120486	04 国电(2)	1556.00	15.00	2019.09.21	5.6000	按年付息
120488	04 京地铁	2000.00	10.00	2014.12.14	5.7200	按年付息
120489	04 南网(1)	1000.00	10.00	2014.09.16	5.3000	按年付息
120490	04 南网(2)	2000.00	15.00	2019.09.16	5.6000	按年付息
120501	05 申能债	1000.00	10.00	2015.02.01	5.7000	按年付息
120502	05 苏园建	1200.00	10.00	2015.05.18	5.0500	按年付息
120503	05 渝水务	1700.00	10.00	2015.04.25	5.0500	按年付息
120505	05 华电债	2000.00	10.00	2015.06.29	4.9800	按年付息
120506	05 大唐债	3000.00	15.00	2020.04.28	5.2800	按年付息
120508	05 铁道债	5000.00	15.00	2020.07.28	4.8500	按年付息
120509	05 国网(1)	3000.00	10.00	2015.07.07	4.9800	按年付息
120510	05 国网(2)	1000.00	10.00	2015.07.07	5.2500	按年付息
120511	05 沪建(1)	2000.00	10.00	2015.07.26	4.9800	按年付息
120512	05 沪建(2)	1000.00	15.00	2020.07.26	5.1800	按年付息
120516	05 中电投	2000.00	10.00	2015.07.11	4.9800	按年付息
120518	05 京能(2)	500.00	7.00	2012.07.06	4.9500	按年付息
120519	05 华能债	2000.00	10.00	2015.07.04	5.0200	按年付息
120520	05 杭城建	1000.00	10.00	2015.06.19	5.0200	按年付息
120521	05 国航债	3000.00	10.00	2015.09.06	4.5000	按年付息
120522	05 铁通债	1000.00	10.00	2015.08.17	4.6000	按年付息
120523	05 闽高速	2000.00	10.00	2015.06.09	5.0500	按年付息
120525	05 中核(1)	1000.00	10.00	2015.07.21	4.9800	按年付息
120527	05 武城投	1000.00	15.00	2020.12.25	4.7000	按年付息
120528	05 世博债	1500.00	7.00	2012.12.27	4.0000	按年付息
120529	05 宁煤债	1000.00	15.00	2020.09.15	4.9000	按年付息
120601	06 大唐债	2000.00	20.00	2026.02.15	4.2000	按年付息
120602	06 冀建投	1000.00	20.00	2026.03.27	4.1800	按年付息
120603	06 航天债	2000.00	15.00	2021.04.17	4.0000	按年付息
120604	06 国网(1)	1000.00	10.00	2016.05.28	4.0500	按年付息
120605	06 三峡债	3000.00	20.00	2026.05.10	4.1500	按年付息
120606	06 张江债	600.00	7.00	2013.05.18	4.0000	按年付息
120607	06 沪水务	1500.00	15.00	2021.06.28	4.2500	按年付息
120608	06 鲁高速	1000.00	20.00	2026.04.06	4.1000	按年付息
120609	06 赣投债	800.00	15.00	2021.09.10	4.3800	按年付息
120610	06 合城投	1000.00	10.00	2016.09.19	4.3200	按年付息

债券基本信息
List of Bonds

债券代码 Code	债券简称 Securities	发行数量(百万) Issued Val(M)	年限 Terms	到期日 Expiration Date	票面利率(%) Coupon Rate(%)	付息方式 Way of Interest
120701	07 世博(1)	2000.00	10.00	2017.02.14	4.0500	按年付息
120702	07 世博(2)	2000.00	15.00	2022.02.14	4.1500	按年付息
122000	07 长电债	4000.00	10.00	2017.09.24	5.3500	按年付息
122001	07 海工债	1200.00	10.00	2017.11.09	5.7700	按年付息
122002	07 华能 G1	1000.00	5.00	2012.12.25	5.6700	按年付息
122003	07 华能 G2	1700.00	7.00	2014.12.25	5.7500	按年付息
122004	07 华能 G3	3300.00	10.00	2017.12.25	5.9000	按年付息
122005	08 钒钛债	1300.00	5.00	2013.02.28	6.8000	按年付息
122006	08 金地债	1200.00	8.00	2016.03.10	5.5000	按年付息
122007	08 莱钢债	2000.00	10.00	2018.03.25	6.5500	按年付息
122008	08 华能 G1	4000.00	10.00	2018.05.08	5.2000	按年付息
122009	08 新湖债	1400.00	8.00	2016.07.02	9.0000	按年付息
122011	08 金发债	1000.00	5.00	2013.07.24	8.2000	按年付息
122012	08 保利债	4300.00	5.00	2013.07.11	7.0000	按年付息
122013	08 北辰债	1700.00	5.00	2013.07.18	8.2000	按年付息
122014	09 豫园债	500.00	5.00	2014.07.17	5.9000	按年付息
122015	09 长电债	3500.00	10.00	2019.07.30	4.7800	按年付息
122016	09 中材债	2500.00	7.00	2016.07.29	5.4000	按年付息
122017	09 大唐债	3000.00	10.00	2019.08.17	5.0000	按年付息
122018	09 中交 G1	2100.00	5.00	2014.08.21	4.7000	按年付息
122019	09 中交 G2	7900.00	10.00	2019.08.21	5.2000	按年付息
122020	09 复地债	1900.00	5.00	2014.09.22	7.3000	按年付息
122021	09 广汇债	1000.00	7.00	2016.08.26	6.9500	按年付息
122022	09 城控债	2000.00	5.00	2014.09.11	5.0000	按年付息
122023	09 万业债	1000.00	5.00	2014.09.17	7.3000	按年付息
122024	09 国阳债	1400.00	5.00	2014.09.15	5.3800	按年付息
122025	09 首置债	1000.00	5.00	2014.09.24	6.5000	按年付息
122026	09 福田债	1000.00	5.00	2014.09.23	5.6800	按年付息
122027	09 京城建	900.00	7.00	2016.09.28	6.8000	按年付息
122028	09 华发债	1800.00	8.00	2017.10.16	7.0000	按年付息
122029	09 万通债	1000.00	5.00	2014.10.14	7.2000	按年付息
122030	09 京综超	700.00	6.00	2015.11.02	6.3000	按年付息
122031	09 天房债	300.00	3.00	2012.10.19	7.3000	按年付息
122032	09 隧道债	1400.00	7.00	2016.10.21	5.5500	按年付息
122033	09 富力债	5500.00	5.00	2014.10.23	7.1500	按年付息
122034	09 中企债	1200.00	5.00	2014.10.27	7.1000	按年付息
122035	09 苏高新	1000.00	5.00	2014.11.09	6.3000	按年付息
122036	09 沪张江	2000.00	5.00	2014.12.09	5.9000	按年付息
122037	09 三友债	960.00	8.00	2017.11.26	6.3200	按年付息
122038	09 宁高科	1000.00	5.00	2014.12.08	5.3600	按年付息
122039	09 皖通债	2000.00	5.00	2014.12.17	5.0000	按年付息
122040	09 新黄浦	1000.00	5.00	2014.12.16	5.9000	按年付息
122041	09 招金债	1500.00	7.00	2016.12.23	5.0000	按年付息
122042	09 金丰债	600.00	3.00	2012.12.25	5.9000	按年付息
122043	09 紫江债	1000.00	8.00	2017.12.28	6.1000	按年付息
122044	10 连云债	650.00	5.00	2015.01.25	6.0000	按年付息
122045	10 中铁 G1	1000.00	5.00	2015.01.27	4.4800	按年付息
122046	10 中铁 G2	5000.00	10.00	2020.01.27	4.8800	按年付息
122047	10 首机 01	1900.00	5.00	2015.02.03	4.4500	按年付息
122048	10 首机 02	3000.00	7.00	2017.02.03	4.6500	按年付息

债券基本信息 List of Bonds

债券 Bond

债券代码 Code	债券简称 Securities	发行数量(百万) Issued Val(M)	年限 Terms	到期日 Expiration Date	票面利率(%) Coupon Rate(%)	付息方式 Way of Interest
122049	10 营口港	1200.00	8.00	2018.03.02	5.9000	按年付息
122050	10 杉杉债	600.00	7.00	2017.03.26	5.9600	按年付息
122051	10 石化 01	11000.00	5.00	2015.05.21	3.7500	按年付息
122052	10 石化 02	9000.00	10.00	2020.05.21	4.0500	按年付息
122053	10 泰豪债	500.00	5.00	2015.09.27	5.3000	按年付息
122054	10 中铁 G3	2500.00	10.00	2020.10.19	4.3400	按年付息
122055	10 中铁 G4	3500.00	15.00	2025.10.19	4.5000	按年付息
122056	10 龙源 01	2000.00	5.00	2015.12.10	4.8900	按年付息
122057	10 龙源 02	2000.00	10.00	2020.12.10	5.0500	按年付息
122058	10 豫园债	500.00	5.00	2015.12.22	5.9000	按年付息
122059	10 重钢债	2000.00	7.00	2017.12.09	6.2000	按年付息
122060	10 银鸽债	750.00	7.00	2017.12.22	7.0900	按年付息
122061	11 西矿 01	2000.00	5.00	2016.01.17	5.0000	按年付息
122062	11 西矿 02	2000.00	10.00	2021.01.17	5.3000	按年付息
122063	11 龙源 01	1500.00	5.00	2016.01.21	4.8900	按年付息
122064	11 龙源 02	1500.00	10.00	2021.01.21	5.0400	按年付息
122065	11 上港 01	5000.00	5.00	2016.03.30	4.6900	按年付息
122066	11 大唐 01	3000.00	10.00	2021.04.20	5.2500	按年付息
122067	11 南钢债	4000.00	7.00	2018.05.06	5.8000	按年付息
122068	11 海螺 01	7000.00	5.00	2016.05.23	5.0800	按年付息
122069	11 海螺 02	2500.00	7.00	2018.05.23	5.2000	按年付息
122070	11 海航 01	3560.00	5.00	2016.05.24	5.6000	按年付息
122071	11 海航 02	1440.00	10.00	2021.05.24	6.2000	按年付息
122072	11 大连港	2350.00	10.00	2021.05.23	5.3000	按年付息
122073	11 云维债	1000.00	7.00	2018.06.01	5.6500	按年付息
122074	11 士兰微	600.00	5.00	2016.06.09	5.3500	按年付息
122075	11 柳钢债	2000.00	8.00	2019.06.01	5.7000	按年付息
122076	11 康恩贝	600.00	5.00	2016.06.08	5.3000	按年付息
122077	11 西钢债	1000.00	8.00	2019.06.15	5.7500	按年付息
122078	11 东阳光	900.00	5.00	2016.06.15	5.5000	按年付息
122079	11 上港 02	3000.00	5.00	2016.07.06	5.0500	按年付息
122080	11 康美债	2500.00	7.00	2018.06.21	6.0000	按年付息
122081	11 星湖债	640.00	6.00	2017.07.07	5.8000	按年付息
122082	11 发展债	650.00	5.00	2016.07.07	5.6500	按年付息
122083	11 天威债	1600.00	7.00	2018.07.11	5.7500	按年付息
122084	11 湘电债	950.00	5.00	2016.07.15	6.1800	按年付息
122085	11 深高速	1500.00	5.00	2016.07.27	6.0000	按年付息
122086	11 正泰债	1500.00	5.00	2016.07.20	6.0500	按年付息
122087	11 凌钢债	1480.00	8.00	2019.08.01	6.5800	按年付息
122088	11 综艺债	700.00	5.00	2016.08.31	7.5000	按年付息
122089	11 马钢 01	3160.00	3.00	2014.08.25	5.6300	按年付息
122090	11 马钢 02	2340.00	5.00	2016.08.25	5.7400	按年付息
122091	11 重机债	1000.00	5.00	2016.08.17	6.5900	按年付息
122092	11 大秦 01	4000.00	2.00	2013.08.18	5.4800	按年付息
122093	11 中孚债	1500.00	8.00	2019.08.29	7.3000	按年付息
122094	11 海正债	800.00	5.00	2016.08.25	6.5000	按年付息
122095	11 杭钢债	1400.00	3.00	2014.08.24	6.3500	按年付息
122096	11 健康元	1000.00	7.00	2018.10.28	7.1000	按年付息
122097	11 浦路桥	700.00	5.00	2016.10.24	6.9000	按年付息
122098	11 八钢债	1200.00	3.00	2014.09.16	6.7800	按年付息

债券基本信息 List of Bonds

债券 Bond

债券代码 Code	债券简称 Securities	发行数量(百万) Issued Val(M)	年限 Terms	到期日 Expiration Date	票面利率(%) Coupon Rate(%)	付息方式 Way of Interest
122099	11 连港 02	2650.00	7.00	2018.09.26	6.0500	按年付息
122100	11 华仪债	700.00	5.00	2016.11.09	7.7000	按年付息
122102	11 广汇 01	2000.00	6.00	2017.11.03	6.9000	按年付息
122103	11 航机 01	996.76	5.00	2017.02.08	6.0000	按年付息
122105	11 安钢 02	800.00	7.00	2019.02.14	6.9000	按年付息
122106	11 唐新 01	4200.00	5.00	2016.11.08	5.4000	按年付息
122107	11 安钢 01	1000.00	7.00	2018.11.11	6.8700	按年付息
122108	11 新天 01	1000.00	6.00	2017.11.18	5.3000	按年付息
122109	11 新天 02	1000.00	7.00	2018.11.18	5.4000	按年付息
122110	11 众和债	1370.00	7.00	2018.11.17	6.8500	按年付息
122111	11 永泰债	500.00	5.00	2016.12.14	7.1000	按年付息
122112	11 沪大众	1600.00	6.00	2018.01.06	6.3000	按半年付息
122113	11 新钢债	900.00	5.00	2016.12.21	6.6500	按年付息
122114	11 一重债	2500.00	5.00	2016.12.20	5.1400	按年付息
122115	11 华锐 01	2600.00	5.00	2016.12.27	6.0000	按年付息
122116	11 华锐 02	200.00	5.00	2016.12.27	6.2000	按年付息
122117	11 闽高速	1500.00	5.00	2017.03.08	5.8000	按年付息
122118	12 兴发 01	300.00	6.00	2018.02.14	6.3000	按年付息
122119	12 兴发 02	500.00	5.00	2017.02.14	7.3000	按年付息
122121	11 日照港	500.00	5.00	2017.02.17	5.6000	按年付息
122122	11 精工债	700.00	3.00	2015.03.22	6.3000	按年付息
122123	11 中化 01	700.00	4.00	2016.03.05	4.8500	按年付息
122124	11 中化 02	1200.00	7.00	2019.03.05	4.9900	按年付息
122125	11 美兰债	800.00	7.00	2019.03.15	7.8000	按年付息
122126	11 庞大 02	2200.00	5.00	2017.03.01	8.5000	按年付息
122127	11 欧亚债	470.00	7.00	2019.03.21	7.0000	按年付息
122128	11 武钢债	7200.00	3.00	2015.03.02	4.7500	按年付息
122129	12 酒钢债	3000.00	3.00	2015.03.19	5.4000	按年付息
122130	11 航民 01	300.00	3.00	2015.03.22	6.8000	按年付息
122131	11 片仔癀	300.00	5.00	2017.03.15	5.7000	按年付息
122132	12 鹏博债	1400.00	5.00	2017.03.12	7.5000	按年付息
122133	11 柳化债	510.00	7.00	2019.03.27	7.0000	按年付息
122134	11 华微债	320.00	7.00	2019.04.10	8.0000	按年付息
122135	12 宝泰隆	1000.00	5.00	2017.04.11	7.3000	按年付息
122136	11 复星债	1500.00	5.00	2017.04.25	5.5300	按年付息
122138	11 桂东 01	600.00	7.00	2019.04.16	6.3000	按年付息
122139	11 洪水业	500.00	5.00	2017.05.02	5.8800	按年付息
122140	12 宁港 01	1000.00	3.00	2015.04.16	4.6900	按年付息
122141	12 天士 01	400.00	5.00	2017.04.24	6.0000	按年付息
122142	11 鹿港债	400.00	5.00	2017.04.23	7.7500	按年付息
122143	12 亿利 01	800.00	8.00	2020.04.23	7.3000	按年付息
122144	12 鲁信债	400.00	5.00	2017.04.25	6.5000	按年付息
122145	11 桂东 02	400.00	7.00	2019.06.20	5.3000	按年付息
122146	12 华新 01	1000.00	5.00	2017.05.17	5.3500	按年付息
122147	12 华新 02	1000.00	7.00	2019.05.17	5.6500	按年付息
122148	11 吉高速	800.00	7.00	2019.06.21	5.5000	按年付息
122149	12 石化 01	13000.00	5.00	2017.06.01	4.2600	按年付息
122150	12 石化 02	7000.00	10.00	2022.06.01	4.9000	按年付息
122151	12 国电 01	3000.00	5.00	2017.06.15	4.3500	按年付息
122152	12 国电 02	1000.00	7.00	2019.06.15	4.7500	按年付息

债券基本信息 List of Bonds

债券 Bond

债券代码 Code	债券简称 Securities	发行数量(百万) Issued Val(M)	年限 Terms	到期日 Expiration Date	票面利率(%) Coupon Rate(%)	付息方式 Way of Interest
122153	12 京能 01	2400.00	3.00	2015.07.03	4.3500	按年付息
122154	12 京能 02	1200.00	5.00	2017.07.03	4.6000	按年付息
122155	12 天富债	500.00	5.00	2017.06.06	5.5000	按年付息
122156	12 厦工债	1500.00	5.00	2017.06.18	4.5500	按年付息
122157	12 广控 01	2350.00	7.00	2019.06.25	4.7400	按年付息
122158	12 西钢债	430.00	8.00	2020.07.16	5.5000	按年付息
122159	12 亿利 02	800.00	8.00	2020.07.19	6.4200	按年付息
122161	12 申通 02	400.00	3.00	2015.07.20	4.6000	按年付息
122162	12 中孚债	1000.00	5.00	2017.08.28	7.5000	按年付息
122163	12 鄂资债	4000.00	5.00	2017.08.30	6.2000	按年付息
122164	12 通威发	500.00	5.00	2017.10.24	5.9800	按年付息
122165	12 国电 03	3300.00	3.00	2015.07.23	4.2200	按年付息
122166	12 国电 04	700.00	5.00	2017.07.23	4.3500	按年付息
122167	12 兖煤 01	1000.00	5.00	2017.07.23	4.2000	按年付息
122168	12 兖煤 02	4000.00	10.00	2022.07.23	4.9500	按年付息
122169	12 金瑞债	150.00	5.00	2017.08.29	7.9000	按年付息
122170	12 江药债	500.00	3.00	2015.12.07	5.3900	按年付息
122171	12 中海 01	1000.00	3.00	2015.08.03	4.2000	按年付息
122172	12 中海 02	1500.00	10.00	2022.08.03	5.0000	按年付息
122173	12 中交 01	6000.00	5.00	2017.08.09	4.4000	按年付息
122174	12 中交 02	2000.00	10.00	2022.08.09	5.0000	按年付息
122175	12 中交 03	4000.00	15.00	2027.08.09	5.1500	按年付息
122176	12 中储债	1600.00	7.00	2019.08.13	5.0000	按年付息
122177	12 科环 01	1200.00	3.00	2015.08.20	4.3000	按年付息
122178	12 科环 02	800.00	5.00	2017.08.20	4.6500	按年付息
122179	12 科环 03	2000.00	10.00	2022.08.20	5.1500	按年付息
122180	12 旋风债	700.00	5.00	2017.08.23	6.2800	按年付息
122181	12 山鹰债	800.00	7.00	2019.08.22	7.5000	按年付息
122182	12 九州通	1600.00	5.00	2017.10.22	5.7000	按年付息
122183	12 集优 01	500.00	5.00	2017.08.31	5.0800	按年付息
122184	12 一重 01	2500.00	5.00	2017.09.03	5.1000	按年付息
122185	12 力帆 01	1200.00	3.00	2015.09.19	6.8000	按年付息
122186	12 力帆 02	700.00	5.00	2017.09.19	7.5000	按年付息
122187	12 玻纤债	1200.00	7.00	2019.10.17	5.5600	按年付息
122188	12 华新 03	1100.00	7.00	2019.11.09	5.9000	按年付息
122189	12 王府 01	1100.00	5.00	2017.10.24	4.9400	按年付息
122190	12 王府 02	1100.00	7.00	2019.10.24	5.2000	按年付息
122191	12 桂冠 01	800.00	5.00	2017.10.24	4.8000	按年付息
122192	12 桂冠 02	930.00	10.00	2022.10.24	5.1000	按年付息
122193	12 中水 01	2000.00	7.00	2019.10.29	5.0300	按年付息
122194	12 中水 02	3000.00	10.00	2022.10.29	5.2000	按年付息
122195	12 中海 03	1500.00	7.00	2019.10.29	5.0500	按年付息
122196	12 中海 04	1000.00	10.00	2022.10.29	5.1800	按年付息
122198	12 能新 01	1140.00	3.00	2015.10.29	4.8000	按年付息
122199	12 能新 02	860.00	5.00	2017.10.29	5.0900	按年付息
122200	12 晋兰花	3000.00	5.00	2017.11.07	5.0900	按年付息
122201	12 开滦 01	1500.00	7.00	2019.10.30	5.4000	按年付息
122202	12 海螺 01	2500.00	5.00	2017.11.07	4.8900	按年付息
122203	12 海螺 02	3500.00	10.00	2022.11.07	5.1000	按年付息
122204	12 双良节	800.00	5.00	2017.11.12	5.8800	按年付息

债券基本信息 List of Bonds

债券代码 Code	债券简称 Securities	发行数量 (百万) Issued Val(M)	年限 Terms	到期日 Expiration Date	票面利率(%) Coupon Rate(%)	付息方式 Way of Interest
122205	12 沪交运	800.00	5.00	2017.11.16	5.0500	按年付息
122206	12 赛轮债	720.00	3.00	2015.11.15	5.8500	按年付息
122207	12 骆驼集	800.00	5.00	2017.12.05	5.9800	按年付息
122208	12 招金券	1200.00	5.00	2017.11.16	4.9900	按年付息
122209	12 中油 01	16000.00	5.00	2017.11.22	4.5500	按年付息
122210	12 中油 02	2000.00	10.00	2022.11.22	4.9000	按年付息
122211	12 中油 03	2000.00	15.00	2027.11.22	5.0400	按年付息
122212	12 京江河	900.00	5.00	2017.12.07	5.4000	按年付息
122213	12 松建化	2200.00	7.00	2019.12.05	6.2000	按年付息
122214	12 大秦债	5000.00	3.00	2015.12.10	4.8800	按年付息
122500	12 郴城投	1600.00	7.00	2019.09.13	7.3400	按年付息
122501	12 寿财资	1200.00	7.00	2019.10.23	6.7000	按年付息
122503	12 井龙城	2000.00	7.00	2019.09.25	6.5000	按年付息
122504	12 通天诚	1000.00	7.00	2019.09.24	7.7500	按年付息
122506	12 吴交投	1200.00	8.00	2020.10.31	6.8000	按年付息
122507	12 玉交投	1000.00	7.00	2019.10.12	7.1500	按年付息
122510	12 靖新城	800.00	6.00	2018.10.23	6.8000	按年付息
122515	12 庆城投	2200.00	7.00	2019.10.23	6.5500	按年付息
122516	12 青州 01	800.00	7.00	2019.10.19	7.3500	按年付息
122517	12 青州 02	400.00	6.00	2018.10.19	7.2500	按年付息
122518	12 保利集	1500.00	7.00	2019.10.25	5.0300	按年付息
122519	12 锡经开	700.00	7.00	2019.11.01	6.9900	按年付息
122523	12 海亮 01	600.00	6.00	2018.10.19	6.5000	按年付息
122524	12 海亮 02	400.00	7.00	2019.10.19	6.7500	按年付息
122525	12 沪嘉开	800.00	6.00	2018.10.10	6.7100	按年付息
122526	12 永川惠	1200.00	7.00	2019.10.16	7.3300	按年付息
122527	12 温国投	1400.00	7.00	2019.09.18	7.1800	按年付息
122531	12 太科园	1000.00	7.00	2019.09.17	7.6000	按年付息
122533	12 平城投	900.00	7.00	2019.09.18	7.2000	按年付息
122534	12 秦开发	1400.00	7.00	2019.10.17	7.4600	按年付息
122536	12 慈国控	800.00	7.00	2019.09.20	6.6000	按年付息
122537	12 克城投	2000.00	7.00	2019.09.04	7.1500	按年付息
122538	12 榕城乡	1000.00	6.00	2018.09.25	6.3500	按年付息
122539	12 阜城投	1200.00	7.00	2019.10.10	7.5500	按年付息
122540	12 宁浦口	1200.00	7.00	2019.10.08	7.1000	按年付息
122541	12 宁上陵	500.00	6.00	2018.10.16	7.4000	按年付息
122543	12 钦开投	900.00	7.00	2019.10.16	7.1000	按年付息
122544	12 渝长开	800.00	7.00	2019.09.25	7.4500	按年付息
122545	12 蒙高新	1000.00	7.00	2019.09.25	7.2000	按年付息
122546	12 宁高新	900.00	7.00	2019.09.07	6.9400	按年付息
122549	12 邳润城	1000.00	7.00	2019.09.25	7.5500	按年付息
122550	12 苏国信	2000.00	5.00	2017.06.08	4.6000	按年付息
122553	12 虞交通	1000.00	7.00	2019.09.11	6.7000	按年付息
122554	12 定海债	1000.00	8.00	2020.08.31	7.2500	按年付息
122556	12 咸宁投	600.00	6.00	2018.08.31	7.5000	按年付息
122557	12 株高科	1000.00	7.00	2019.09.10	7.5000	按年付息
122558	12 昆交 01	1400.00	5.00	2017.08.17	6.6000	按年付息
122559	12 昆交 02	1300.00	7.00	2019.08.17	6.9500	按年付息
122560	12 淄城运	1500.00	7.00	2019.08.22	6.8300	按年付息
122561	12 饶城投	1300.00	7.00	2019.09.10	7.3000	按年付息

债券基本信息
List of Bonds

债券
Bond

债券代码 Code	债券简称 Securities	发行数量(百万) Issued Val(M)	年限 Terms	到期日 Expiration Date	票面利率(%) Coupon Rate(%)	付息方式 Way of Interest
122562	12 伊春债	800.00	7.00	2019.07.24	7.3500	按年付息
122563	12 亳州债	1500.00	7.00	2019.09.04	7.6800	按年付息
122564	12 椒江债	1000.00	8.00	2020.09.13	7.4600	按年付息
122566	12 库城建	1200.00	6.00	2018.09.10	7.4800	按年付息
122567	12 小清河	1800.00	7.00	2019.09.05	7.1500	按年付息
122568	12 随州债	700.00	7.00	2019.08.22	7.5000	按年付息
122569	12 津生态	1200.00	7.00	2019.08.14	6.7600	按年付息
122570	12 滇水投	1000.00	7.00	2019.08.27	6.8000	按年付息
122571	12 兴国资	1400.00	7.00	2019.08.31	6.4800	按年付息
122572	12 蓉投控	1600.00	7.00	2019.09.04	6.3000	按年付息
122573	12 牡国投	1200.00	7.00	2019.08.30	7.0800	按年付息
122574	12 淮开控	1200.00	7.00	2019.09.06	7.2000	按年付息
122575	12 肥城债	900.00	6.00	2018.08.14	7.1000	按年付息
122576	12 内江债	700.00	6.00	2018.07.19	7.0000	按年付息
122577	12 苏相城	1800.00	7.00	2019.09.03	6.9500	按年付息
122578	12 长宁债	700.00	7.00	2019.08.16	6.0800	按年付息
122579	09 远洋债	2600.00	6.00	2015.06.23	5.4000	按年付息
122581	12 津南城	1500.00	7.00	2019.06.18	6.9500	按年付息
122582	12 湘九华	900.00	7.00	2019.08.29	7.4300	按年付息
122583	12 遵投债	1000.00	7.00	2019.03.13	8.5300	按年付息
122585	12 新海连	1300.00	8.00	2020.08.27	7.0000	按年付息
122587	12 遵桥债	1800.00	8.00	2020.08.17	7.1500	按年付息
122588	12 益城投	1600.00	7.00	2019.08.24	7.3600	按年付息
122589	12 毕信泰	1600.00	7.00	2019.08.20	7.1500	按年付息
122590	12 鹤城投	1500.00	10.00	2022.06.21	7.0500	按年付息
122591	12 常交债	1500.00	7.00	2019.08.21	6.8000	按年付息
122592	12 乌国资	1400.00	6.00	2018.04.28	6.4800	按年付息
122593	12 衡城投	1800.00	7.00	2019.08.13	7.0600	按年付息
122594	12 泉州 01	800.00	6.00	2018.08.07	7.0000	按年付息
122595	12 泉州 02	800.00	7.00	2019.08.07	7.0300	按年付息
122596	12 沪城开	1500.00	6.00	2018.08.21	6.5000	按年付息
122597	12 宝钛债	700.00	6.00	2018.08.21	5.4000	按年付息
122598	12 荆门债	800.00	10.00	2022.07.09	6.8500	按年付息
122599	12 梵投债	1200.00	7.00	2019.08.02	6.8900	按年付息
122600	12 鑫泰债	1000.00	6.00	2018.08.14	6.8500	按年付息
122601	12 白山债	1000.00	7.00	2019.07.31	7.0000	按年付息
122602	12 松城投	1200.00	6.00	2018.08.15	6.2800	按年付息
122603	12 穗经开	2500.00	10.00	2022.08.14	6.7000	按年付息
122604	12 吉铁投	800.00	7.00	2019.06.26	6.6300	按年付息
122605	11 宁海债	1200.00	6.00	2017.12.31	8.6000	按年付息
122606	12 顺鑫债	800.00	5.00	2017.07.03	5.1900	按年付息
122607	12 渝地产	5000.00	7.00	2019.04.25	7.3500	按年付息
122608	12 西永债	1600.00	7.00	2019.07.25	6.7600	按年付息
122609	12 扬城控	1200.00	7.00	2019.07.26	6.3000	按年付息
122610	12 乐清债	1500.00	7.00	2019.06.29	6.5000	按年付息
122611	12 蓉经 01	1000.00	6.00	2018.07.17	6.5000	按年付息
122612	12 蓉经 02	1000.00	7.00	2019.07.17	6.5500	按年付息
122613	12 乌海债	1600.00	7.00	2019.03.31	8.2000	按年付息
122614	12 渝缙债	1000.00	7.00	2019.06.18	6.7500	按年付息
122615	12 百色债	800.00	7.00	2019.07.04	6.5000	按年付息

债券基本信息
List of Bonds

债券代码 Code	债券简称 Securities	发行数量(百万) Issued Val(M)	年限 Terms	到期日 Expiration Date	票面利率(%) Coupon Rate(%)	付息方式 Way of Interest
122616	12 黔铁债	2000.00	10.00	2022.03.27	7.2000	按年付息
122618	12 统众债	1500.00	10.00	2022.04.11	6.9500	按年付息
122619	12 迁安债	1600.00	6.00	2018.07.11	6.4500	按年付息
122620	12 乌城投	900.00	7.00	2019.07.09	6.3500	按年付息
122621	12 赣城债	2000.00	6.00	2018.07.10	6.4000	按年付息
122622	12 锦城债	1300.00	7.00	2019.06.13	7.0800	按年付息
122623	12 旅建债	1200.00	7.00	2019.07.02	6.7800	按年付息
122624	12 滨开债	800.00	7.00	2019.07.05	6.5000	按年付息
122625	12 升华债	500.00	7.00	2019.07.02	6.2000	按年付息
122626	12 海恒债	1200.00	7.00	2019.06.12	7.3000	按年付息
122627	12 京建工	800.00	7.00	2019.07.05	5.9500	按年付息
122628	12 东投债	1000.00	6.00	2018.07.05	7.3900	按年付息
122629	12 平发债	1500.00	7.00	2019.05.08	7.8600	按年付息
122630	12 惠投债	1800.00	7.00	2019.05.28	6.8000	按年付息
122631	12 晋国电	2000.00	10.00	2022.05.24	5.3800	按年付息
122632	12 江阴债	900.00	7.00	2019.06.11	7.2000	按年付息
122633	12 嘉经债	900.00	7.00	2019.06.14	6.7800	按年付息
122634	12 芜开 01	700.00	6.00	2018.06.08	6.7000	按年付息
122635	12 芜开 02	1000.00	10.00	2022.06.08	6.9000	按年付息
122636	12 连发债	900.00	7.00	2019.06.19	6.1000	按年付息
122637	12 鑫城债	1200.00	7.00	2019.04.23	7.8800	按年付息
122638	12 申华信	1000.00	7.00	2019.06.14	6.9500	按年付息
122639	12 绍新城	1000.00	6.00	2018.06.11	6.2100	按年付息
122640	12 仪征债	800.00	7.00	2019.06.14	7.7800	按年付息
122641	12 武进债	1400.00	6.00	2018.06.08	6.2200	按年付息
122642	12 朝阳债	1600.00	7.00	2019.05.25	7.3000	按年付息
122643	12 海资债	1500.00	7.00	2019.05.22	8.5100	按年付息
122644	12 铁岭债	1200.00	6.00	2018.05.29	7.3400	按年付息
122645	12 苏园建	2000.00	7.00	2019.05.30	5.7900	按年付息
122648	12 宣国投	1000.00	7.00	2019.03.20	7.9900	按年付息
122649	12 长建投	1500.00	7.00	2019.04.06	8.3500	按年付息
122650	12 泰能债	500.00	6.00	2018.04.25	6.5000	按年付息
122651	12 广安投	800.00	7.00	2019.04.25	8.1800	按年付息
122652	12 杨农债	1500.00	7.00	2019.05.23	7.6000	按年付息
122654	12 昆钢控	2000.00	8.00	2020.04.26	5.7800	按年付息
122655	12 铜建投	1500.00	10.00	2022.04.28	8.2000	按年付息
122658	12 盘锦债	1500.00	7.00	2019.05.17	7.5000	按年付息
122659	12 石油 06	10000.00	10.00	2022.04.12	4.5000	按年付息
122660	12 石油 07	10000.00	10.00	2022.04.12	4.7300	按年付息
122661	12 怀化债	1000.00	6.00	2018.03.22	8.0000	按年付息
122662	12 合桃花	800.00	7.00	2019.03.27	8.7900	按年付息
122664	12 葫芦岛	2000.00	7.00	2019.03.01	8.4700	按年付息
122665	12 镇交投	1800.00	7.00	2019.05.08	7.2900	按年付息
122666	12 国网 01	5000.00	10.00	2022.04.17	4.9900	按年付息
122667	12 国网 02	10000.00	15.00	2027.04.17	5.2600	按年付息
122668	12 凉国投	500.00	7.00	2019.04.23	7.5800	按年付息
122669	12 桂林债	1000.00	6.00	2018.05.09	6.9000	按年付息
122670	12 新盛债	1500.00	6.00	2018.05.08	7.4800	按年付息
122671	12 扬子江	500.00	7.00	2019.05.21	7.6500	按年付息
122672	12 西城投	1300.00	7.00	2019.04.27	7.7000	按年付息

债券基本信息
List of Bonds

债券
Bond

债券代码 Code	债券简称 Securities	发行数量(百万) Issued Val(M)	年限 Terms	到期日 Expiration Date	票面利率(%) Coupon Rate(%)	付息方式 Way of Interest
122673	12 渝李渡	800.00	7.00	2019.03.23	8.4000	按年付息
122674	12 渝黔江	900.00	7.00	2019.03.23	8.4000	按年付息
122675	12 杭城投	1600.00	6.00	2018.04.25	5.9000	按年付息
122676	12 滨江债	1200.00	7.00	2019.04.27	6.8500	按年付息
122677	12 江宁债	1200.00	7.00	2019.04.28	7.2900	按年付息
122678	12 扬化工	1000.00	7.00	2019.04.25	7.7500	按年付息
122679	12 河套债	1000.00	10.00	2022.03.31	8.5400	按年付息
122680	12 昆建债	2200.00	6.00	2018.04.13	7.6000	按年付息
122681	12 合农投	1500.00	6.00	2018.04.10	8.2800	按年付息
122682	12 营口债	2000.00	8.00	2020.04.18	7.9800	按年付息
122683	12 春和债	540.00	6.00	2018.04.24	7.7800	按年付息
122684	12 合高新	1200.00	7.00	2019.03.22	7.9800	按年付息
122685	12 吉城投	1600.00	7.00	2019.04.20	7.8000	按年付息
122686	12 白药债	1100.00	7.00	2019.03.30	5.6000	按年付息
122687	12 金坛债	1000.00	7.00	2019.03.14	8.3000	按年付息
122688	12 华通债	1000.00	7.00	2019.04.18	7.3000	按年付息
122689	12 宿开发	900.00	7.00	2019.03.26	7.5000	按年付息
122690	12 三胞债	800.00	7.00	2019.03.19	8.0800	按年付息
122691	12 武清债	800.00	7.00	2019.03.27	7.8000	按年付息
122692	12 漳路桥	1100.00	7.00	2019.03.01	8.2000	按年付息
122693	12 佳城投	1000.00	7.00	2019.03.22	8.2500	按年付息
122694	12 兴荣债	800.00	7.00	2019.04.19	8.3500	按年付息
122695	12 五国投	1000.00	6.00	2018.03.15	8.6000	按年付息
122696	12 丹投债	1500.00	7.00	2019.03.06	8.1000	按年付息
122697	11 太资债	900.00	7.00	2018.12.31	8.2500	按年付息
122698	12 双流 01	700.00	7.00	2019.03.16	8.4000	按年付息
122699	12 双流 02	300.00	7.00	2019.03.16	8.4800	按年付息
122700	12 来宾债	900.00	7.00	2019.03.14	8.3600	按年付息
122701	12 余城建	1200.00	7.00	2019.03.29	7.5500	按年付息
122702	12 海安债	1500.00	6.00	2018.03.28	8.3500	按年付息
122703	12 鞍城投	2000.00	7.00	2019.03.05	8.2500	按年付息
122704	12 江都债	800.00	7.00	2019.03.23	8.1000	按年付息
122705	12 苏交通	2500.00	5.00	2017.03.20	4.9000	按年付息
122706	12 海门债	1200.00	7.00	2019.03.20	8.3500	按年付息
122707	12 泰兴债	1200.00	6.00	2018.03.27	8.2900	按年付息
122708	12 伊旗债	1600.00	7.00	2019.03.19	8.3500	按年付息
122709	12 绵阳债	1200.00	7.00	2019.03.26	7.7000	按年付息
122710	12 济城建	1800.00	6.00	2018.03.26	6.9800	按年付息
122711	12 郑新债	2000.00	7.00	2019.03.14	8.1000	按年付息
122712	12 中航债	1800.00	7.00	2019.03.12	5.4000	按年付息
122713	12 冀交通	1400.00	10.00	2022.03.27	6.0000	按年付息
122714	12 海陵债	800.00	7.00	2019.03.21	8.5200	按年付息
122715	12 蓉新城	1000.00	7.00	2019.03.19	8.3500	按年付息
122716	12 莆田债	1100.00	7.00	2019.03.21	8.1000	按年付息
122717	12 泉矿债	1500.00	7.00	2019.03.21	6.7000	按年付息
122718	12 渝南债	800.00	7.00	2019.03.23	8.4000	按年付息
122719	12 龙交投	1000.00	10.00	2022.03.19	8.1500	按年付息
122720	12 甬城投	1000.00	6.00	2018.03.01	7.3900	按年付息
122721	12 辽国资	1000.00	7.00	2019.03.13	8.1700	按年付息
122722	12 淮水利	1600.00	7.00	2019.03.08	8.2500	按年付息

债券基本信息
List of Bonds

债券代码 Code	债券简称 Securities	发行数量(百万) Issued Val(M)	年限 Terms	到期日 Expiration Date	票面利率(%) Coupon Rate(%)	付息方式 Way of Interest
122723	12 石油 05	20000.00	10.00	2022.03.15	4.8000	按年付息
122724	12 攀国投	1000.00	10.00	2022.03.13	8.1800	按年付息
122725	12 宿产发	800.00	6.00	2018.03.08	6.9800	按年付息
122726	12 柳东债	1000.00	7.00	2019.02.15	8.3000	按年付息
122727	12 东胜债	2000.00	6.00	2018.02.28	8.4000	按年付息
122728	12 徐经开	1800.00	7.00	2019.03.07	8.2000	按年付息
122729	12 江泉债	800.00	7.00	2019.03.12	8.4000	按年付息
122730	12 晋江债	650.00	6.00	2018.02.23	7.8800	按年付息
122731	12 镇经开	1600.00	7.00	2019.03.01	8.1600	按年付息
122732	12 九江债	2000.00	7.00	2019.02.23	8.4900	按年付息
122733	11 京资 01	4000.00	5.00	2016.12.26	5.0000	按年付息
122734	11 京资 02	6000.00	10.00	2021.12.26	5.4000	按年付息
122735	11 六安债	1500.00	7.00	2018.12.28	8.2000	按年付息
122736	12 石油 03	10000.00	7.00	2019.02.22	4.5000	按年付息
122737	12 石油 04	10000.00	15.00	2027.02.22	5.0000	按年付息
122740	12 延城投	1500.00	5.00	2017.02.08	7.0500	按年付息
122741	11 双鸭山	1000.00	7.00	2018.12.20	8.3600	按年付息
122742	12 鲁高速	2000.00	10.00	2022.02.09	5.7200	按年付息
122743	12 华发集	2500.00	6.00	2018.02.16	8.4300	按年付息
122744	11 本溪债	2000.00	10.00	2021.12.22	8.3800	按年付息
122745	12 方大 01	500.00	6.00	2018.02.22	8.0900	按年付息
122746	12 方大 02	500.00	7.00	2019.02.22	8.2900	按年付息
122747	12 晋煤运	2500.00	10.00	2022.01.18	5.9400	按年付息
122748	12 石油 01	10000.00	7.00	2019.01.11	4.5400	按年付息
122749	12 石油 02	10000.00	10.00	2022.01.11	4.6900	按年付息
122750	12 常经营	1200.00	7.00	2019.01.16	8.0000	按年付息
122751	11 冀新债	500.00	7.00	2018.12.30	7.6000	按年付息
122752	11 大丰港	600.00	6.00	2017.11.15	7.9800	按年付息
122754	11 通化债	1000.00	10.00	2021.12.13	8.3600	按年付息
122755	12 潭城建	1200.00	7.00	2019.03.16	8.0000	按年付息
122756	12 甘农垦	800.00	7.00	2019.01.06	6.5000	按年付息
122757	11 丹东债	1600.00	7.00	2018.12.21	7.7000	按年付息
122758	11 张保债	900.00	7.00	2018.12.15	7.8000	按年付息
122759	11 泰豪债	400.00	7.00	2018.12.27	7.5000	按年付息
122760	12 渝富债	2000.00	7.00	2019.09.04	6.5000	按年付息
122761	11 萧国资	2000.00	5.00	2016.11.22	6.9000	按年付息
122762	11 吴江债	1300.00	7.00	2018.12.05	8.0500	按年付息
122763	11 淮产投	900.00	6.00	2017.12.30	8.4900	按年付息
122764	11 泛海 01	1800.00	6.00	2017.12.13	8.8000	按年付息
122765	11 泛海 02	1000.00	10.00	2021.12.13	8.9000	按年付息
122766	11 宜建投	1000.00	8.00	2019.11.17	8.1300	按年付息
122767	11 盐城南	1500.00	7.00	2018.12.16	8.1900	按年付息
122768	11 兰城投	1500.00	7.00	2018.12.15	8.2000	按年付息
122769	11 龙海债	800.00	6.00	2017.12.02	8.2500	按年付息
122770	11 国网 01	10000.00	10.00	2021.12.08	5.1400	按年付息
122771	11 国网 02	5000.00	15.00	2026.12.08	5.2400	按年付息
122772	11 山煤债	1000.00	7.00	2018.12.06	6.8500	按年付息
122773	11 滨海 01	2500.00	5.00	2016.11.23	5.6000	按年付息
122774	11 滨海 02	2500.00	10.00	2021.11.23	6.1000	按年付息
122775	11 咸城投	1100.00	6.00	2017.12.09	7.9000	按年付息

债券基本信息
List of Bonds

债券 Bond

债券代码 Code	债券简称 Securities	发行数量(百万) Issued Val(M)	年限 Terms	到期日 Expiration Date	票面利率(%) Coupon Rate(%)	付息方式 Way of Interest
122776	11 新光债	1600.00	7.00	2018.11.23	8.1000	按年付息
122777	11 吴中债	1500.00	7.00	2018.12.16	8.0500	按年付息
122778	11 建发债	1600.00	8.00	2019.10.28	7.3000	按年付息
122779	11 株城发	1500.00	10.00	2021.11.10	8.3600	按年付息
122780	11 长高新	2500.00	6.00	2017.11.22	7.3000	按年付息
122781	11 永州债	1000.00	10.00	2021.12.05	8.4000	按年付息
122782	11 宁农债	1800.00	7.00	2018.11.16	7.1000	按年付息
122783	11 苏中能	1500.00	7.00	2018.11.15	7.0500	按年付息
122784	11 中兴新	1000.00	8.00	2019.10.28	6.5000	按年付息
122786	11 联想债	2900.00	7.00	2018.10.31	5.8000	按年付息
122787	11 赣铁债	1000.00	7.00	2018.09.30	7.2000	按年付息
122788	11 三明债	1000.00	7.00	2018.06.14	6.9900	按年付息
122789	11 象屿债	900.00	7.00	2018.07.08	6.6800	按年付息
122790	11 诸暨债	1500.00	7.00	2018.07.05	6.9200	按年付息
122792	11 邯郸债	1000.00	7.00	2018.07.01	6.7800	按年付息
122793	11 扬开债	1000.00	5.00	2016.07.07	6.1000	按年付息
122794	11 海城债	800.00	7.00	2018.11.07	8.3900	按年付息
122795	11 诸城债	1000.00	7.00	2018.04.26	6.4000	按年付息
122796	11 冀投 01	1000.00	10.00	2021.06.27	5.7500	按年付息
122797	11 冀投 02	1000.00	13.00	2024.06.27	5.8500	按年付息
122798	11 泰矿债	1000.00	7.00	2018.06.22	6.7500	按年付息
122799	11 武国资	300.00	7.00	2018.06.17	5.9000	按年付息
122800	11 龙煤电	1000.00	7.00	2018.06.17	6.2000	按年付息
122801	11 焦作债	2200.00	7.00	2018.06.08	6.2000	按年付息
122802	11 辽阳债	2000.00	7.00	2018.06.13	6.8800	按年付息
122803	11 滁州债	1000.00	10.00	2021.11.30	7.4500	按年付息
122804	11 渭南 01	600.00	6.00	2017.06.08	6.0000	按年付息
122805	11 大同债	2500.00	6.00	2017.06.01	6.5000	按年付息
122806	11 渭南 02	1200.00	7.00	2018.06.08	6.5000	按年付息
122807	11 东岭债	400.00	6.00	2017.06.14	5.9800	按年付息
122808	11 滕州债	1000.00	7.00	2018.05.24	6.4500	按年付息
122809	11 准国资	2000.00	7.00	2018.05.10	6.9400	按年付息
122810	11 邹平债	500.00	7.00	2018.04.27	6.9800	按年付息
122811	11 蒙奈伦	800.00	7.00	2018.05.05	7.4800	按年付息
122812	11 淮北债	1200.00	7.00	2018.03.14	7.1000	按年付息
122813	11 宁交通	1500.00	10.00	2021.04.27	6.1000	按年付息
122814	11 东营债	1200.00	7.00	2018.04.20	6.7500	按年付息
122815	11 广汇债	1600.00	6.00	2017.04.19	5.8300	按年付息
122816	11 高密债	1000.00	7.00	2018.04.08	6.9800	按年付息
122817	11 三门峡	1500.00	7.00	2018.04.25	6.9000	按年付息
122818	11 牟平债	600.00	8.00	2019.03.04	8.0500	按年付息
122819	11 常城建	2500.00	7.00	2018.04.25	6.1700	按年付息
122820	11 潍东方	500.00	7.00	2018.04.12	6.9700	按年付息
122821	11 吉城建	2000.00	7.00	2018.03.03	7.1000	按年付息
122822	11 汉中债	800.00	7.00	2018.03.14	7.4800	按年付息
122823	11 舟山债	1500.00	7.00	2018.04.20	6.2000	按年付息
122824	11 中煤建	600.00	7.00	2018.03.15	6.2500	按年付息
122825	11 景德镇	800.00	7.00	2018.03.23	7.4800	按年付息
122826	11 北港债	1500.00	6.00	2017.03.30	6.0100	按年付息
122827	11 新奥债	500.00	7.00	2018.02.16	6.4500	按年付息

债券基本信息 List of Bonds

债券代码 Code	债券简称 Securities	发行数量 (百万) Issued Val(M)	年限 Terms	到期日 Expiration Date	票面利率(%) Coupon Rate(%)	付息方式 Way of Interest
122828	11 抚州债	800.00	7.00	2018.02.28	7.7500	按年付息
122829	11 万基债	800.00	7.00	2018.08.24	7.5500	按年付息
122830	11 沈国资	1500.00	8.00	2019.03.16	7.1800	按年付息
122831	11 惠通债	1000.00	7.00	2018.03.14	7.4900	按年付息
122832	11 泰山债	1000.00	7.00	2018.03.02	7.0000	按年付息
122833	11 赣城债	2000.00	7.00	2018.04.22	6.2600	按年付息
122834	11 牡国投	1500.00	7.00	2018.02.15	7.1500	按年付息
122835	11 兴泸债	1000.00	10.00	2021.03.01	6.3900	按年付息
122836	11 盘锦债	1500.00	7.00	2018.03.01	7.4200	按年付息
122837	11 武经发	2500.00	7.00	2018.02.24	6.5500	按年付息
122838	11 吉利债	1000.00	7.00	2018.06.21	6.4000	按年付息
122839	11 鑫泰债	1200.00	7.00	2018.02.23	6.7800	按年付息
122840	11 临汾债	2000.00	8.00	2019.02.22	7.2300	按年付息
122841	11 渝津债	600.00	7.00	2018.01.06	6.9500	按年付息
122842	11 合城债	600.00	7.00	2018.01.06	6.9500	按年付息
122843	11 绥化债	800.00	7.00	2018.02.28	7.3500	按年付息
122844	11 筑城投	2000.00	7.00	2018.01.12	6.4000	按年付息
122845	11 横店债	1200.00	10.00	2021.01.27	6.3000	按年付息
122846	11 渝富债	2000.00	7.00	2018.02.22	6.3300	按年付息
122847	11 甬交投	1000.00	10.00	2021.02.10	6.3000	按年付息
122848	10 桂林债	1000.00	7.00	2017.12.28	6.7800	按年付息
122849	11 新余债	1400.00	7.00	2018.01.11	6.5000	按年付息
122850	11 华泰债	880.00	7.00	2018.03.02	6.3800	按年付息
122851	10 玉溪 01	800.00	6.00	2016.12.28	5.8000	按年付息
122852	10 玉溪 02	700.00	7.00	2017.12.28	6.7800	按年付息
122853	10 太重债	840.00	10.00	2020.12.31	5.2900	按年付息
122854	11 中汇债	1000.00	7.00	2018.03.23	6.1800	按年付息
122855	11 渝轻纺	700.00	7.00	2018.01.12	6.4800	按年付息
122856	11 株高科	1000.00	7.00	2018.08.18	7.8200	按年付息
122857	10 九华债	1000.00	6.00	2016.12.16	6.9300	按年付息
122858	10 盐城 01	500.00	6.00	2016.12.16	5.8000	按年付息
122859	10 盐城 02	1000.00	7.00	2017.12.16	6.6000	按年付息
122860	10 龙源债	1600.00	7.00	2017.02.09	4.5200	按年付息
122861	09 陕煤化	1500.00	8.00	2017.12.17	5.4500	按年付息
122862	10 闽能源	800.00	7.00	2017.12.02	5.1000	按年付息
122863	10 榆城投	1400.00	7.00	2017.12.28	7.2000	按年付息
122864	11 外滩债	900.00	7.00	2018.03.11	6.2000	按年付息
122865	10 苏海发	1000.00	7.00	2017.09.28	5.5500	按年付息
122866	10 杭交投	1200.00	10.00	2020.10.19	5.1200	按年付息
122867	11 石城投	1000.00	10.00	2021.03.09	6.5500	按年付息
122868	10 沈煤债	1500.00	7.00	2017.12.21	5.7500	按年付息
122869	10 沪化工	1000.00	7.00	2017.10.22	5.3000	按年付息
122870	10 渝大晟	800.00	7.00	2017.06.02	5.7800	按年付息
122871	10 镇交投	1000.00	7.00	2017.10.18	5.5800	按年付息
122872	10 复星债	1100.00	7.00	2017.12.24	6.0000	按年付息
122873	10 通经开	1000.00	7.00	2017.12.08	6.2600	按年付息
122874	10 红投 01	1000.00	6.00	2016.12.09	6.6500	按年付息
122875	10 红投 02	1000.00	7.00	2017.12.09	6.9500	按年付息
122876	11 海控债	1500.00	7.00	2018.01.20	5.8000	按年付息
122877	10 渝南岸	1000.00	7.00	2017.12.24	6.2900	按年付息

债券基本信息 List of Bonds　　债券 Bond

债券代码 Code	债券简称 Securities	发行数量(百万) Issued Val(M)	年限 Terms	到期日 Expiration Date	票面利率(%) Coupon Rate(%)	付息方式 Way of Interest
122879	10 天脊债	1000.00	7.00	2017.11.25	6.2000	按年付息
122880	10 天业债	1200.00	6.00	2016.10.25	4.9700	按年付息
122881	10 吴江债	1500.00	8.00	2018.12.23	6.4000	按年付息
122882	10 宁高新	1200.00	7.00	2017.12.24	6.4000	按年付息
122883	10 楚雄债	1500.00	7.00	2017.10.18	6.0800	按年付息
122884	10 西子债	450.00	7.00	2017.10.11	5.6300	按年付息
122885	10 冀交通	2000.00	15.00	2025.09.28	4.9500	按年付息
122886	10 云投债	2000.00	7.00	2017.08.24	5.2500	按年付息
122887	10 渝交通	1000.00	7.00	2017.08.04	5.1800	按年付息
122888	10 华靖债	1500.00	7.00	2017.09.28	5.6800	按年付息
122889	10 冶色债	700.00	8.00	2018.10.15	4.9800	按年付息
122890	10 凯迪债	1000.00	10.00	2020.08.23	6.1200	按年付息
122891	10 通辽债	1000.00	7.00	2017.09.01	5.9800	按年付息
122892	10 寿光债	1000.00	10.00	2020.09.01	6.1800	按年付息
122893	10 丹东债	1500.00	7.00	2017.09.06	7.2300	按年付息
122894	10 洪市政	700.00	7.00	2017.08.03	5.0000	按年付息
122895	10 德州债	700.00	7.00	2017.08.09	5.7100	按年付息
122896	10 芜开债	1000.00	7.00	2017.08.25	4.9500	按年付息
122897	10 襄投债	1000.00	8.00	2018.05.19	5.7000	按年付息
122898	10 攀国投	600.00	10.00	2020.07.29	5.4100	按年付息
122899	10 杨浦 01	1200.00	7.00	2017.07.28	4.9500	按年付息
122900	10 杨浦 02	300.00	7.00	2017.07.28	5.7800	按季付息
122901	10 营口债	2000.00	10.00	2020.06.09	8.1700	按年付息
122902	10 赤峰债	1200.00	7.00	2017.05.18	6.1800	按年付息
122903	10 盐东方	1000.00	7.00	2017.06.08	5.7500	按年付息
122904	10 长城投	2000.00	10.00	2020.05.24	5.5000	按年付息
122905	10 南昌债	1200.00	7.00	2017.04.30	6.1300	按年付息
122906	10 芜投 01	1400.00	7.00	2017.07.22	4.9500	按年付息
122907	10 芜投 02	600.00	7.00	2017.07.22	5.7800	按季付息
122908	10 苏交通	2500.00	6.00	2016.06.01	3.4000	按年付息
122909	10 宜兴债	1500.00	6.00	2016.05.20	5.0800	按年付息
122910	10 漯河债	1000.00	7.00	2017.03.30	6.8100	按年付息
122911	10 鞍城投	2000.00	10.00	2020.05.06	5.6600	按年付息
122912	10 鄂国资	2800.00	10.00	2020.05.11	6.0800	按年付息
122913	10 通产控	800.00	6.00	2016.05.18	5.2700	按年付息
122914	09 榕建债	1000.00	7.00	2016.12.16	6.4800	按年付息
122915	10 镇水投	2000.00	7.00	2017.05.06	5.8600	按年付息
122916	10 红谷滩	800.00	7.00	2017.03.09	6.9000	按年付息
122917	10 太仓港	600.00	10.00	2020.01.21	7.1000	按年付息
122918	10 阜阳债	1000.00	6.00	2016.03.09	6.1800	按年付息
122919	10 鲁商债	700.00	7.00	2017.03.11	5.8800	按年付息
122920	10 黄山债	600.00	7.00	2017.02.09	7.0800	按年付息
122921	10 郴州债	2000.00	7.00	2017.01.21	7.1000	按年付息
122922	10 长高新	2000.00	7.00	2017.01.25	6.0800	按年付息
122923	10 北汽投	1500.00	7.00	2017.01.29	5.1800	按年付息
122924	10 巢湖债	1200.00	7.00	2017.01.28	6.8000	按年付息
122925	09 沈国资	1200.00	7.00	2016.11.27	7.3000	按年付息
122926	09 青国投	800.00	6.00	2015.12.29	5.4000	按年付息
122927	09 海航债	1300.00	10.00	2019.12.24	7.6000	按年付息
122928	09 铁岭债	1500.00	10.00	2019.12.22	7.1500	按年付息

债券基本信息
List of Bonds

债券代码 Code	债券简称 Securities	发行数量(百万) Issued Val(M)	年限 Terms	到期日 Expiration Date	票面利率(%) Coupon Rate(%)	付息方式 Way of Interest
122929	09 九江债	1200.00	7.00	2016.12.18	7.1000	按年付息
122930	09 盘锦债	1000.00	7.00	2016.12.16	7.7000	按年付息
122931	09 临海债	1000.00	7.00	2016.11.06	7.9800	按年付息
122932	09 宜城债	1200.00	7.00	2016.11.25	7.0000	按年付息
122933	09 南山 1	1000.00	6.00	2015.10.20	6.5000	按年付息
122934	09 南山 2	1000.00	10.00	2019.10.20	7.5000	按年付息
122935	09 南通债	2300.00	7.00	2016.11.13	6.7200	按年付息
122936	09 鹤城投	1200.00	7.00	2016.11.17	7.7800	按年付息
122937	10 辽源债	1000.00	7.00	2017.01.26	7.8000	按年付息
122938	09 汾湖债	1000.00	8.00	2017.10.22	7.0000	按年付息
122939	09 吉安债	1500.00	7.00	2016.10.28	7.9500	按年付息
122940	09 咸城投	1750.00	10.00	2019.09.30	7.6000	按年付息
122941	10 镇城投	2000.00	10.00	2020.12.17	6.7600	按年付息
122942	09 江阴债	2500.00	7.00	2016.09.15	6.9000	按年付息
122943	09 外高桥	850.00	5.00	2014.09.04	5.0000	按年付息
122944	09 株城投	1500.00	7.00	2016.08.28	7.0000	按年付息
122945	09 虞水债	800.00	7.00	2016.07.31	6.8000	按年付息
122946	09 扬城建	2000.00	7.00	2016.07.23	5.9400	按年付息
122947	09 合建投	2000.00	5.00	2014.07.08	5.0400	按年付息
122948	09 锡交债	2000.00	7.00	2016.07.08	5.5800	按年付息
122949	09 常投债	2000.00	7.00	2016.07.01	5.8000	按年付息
122950	09 渝能源	1500.00	7.00	2016.07.01	5.4500	按年付息
122951	09 淮城投	1500.00	7.00	2016.06.26	5.8800	按年付息
122952	09 赣州债	1500.00	7.00	2016.06.16	5.5800	按年付息
122953	09 岳城建	1000.00	6.00	2015.04.30	5.8800	按年付息
122954	09 武进债	2200.00	7.00	2016.06.09	5.4200	按年付息
122955	09 潭城建	900.00	6.00	2015.06.01	5.8900	按年付息
122956	09 常高新	1500.00	10.00	2019.06.04	5.2000	按年付息
122957	09 蓉工投	1500.00	7.00	2016.06.04	5.0800	按年付息
122958	09 长经开	580.00	6.00	2015.05.22	6.6000	按年付息
122959	09 清控债	1000.00	7.00	2016.05.19	4.7800	按年付息
122960	09 保利集	1300.00	5.00	2014.05.07	4.7200	按年付息
122961	09 武城投	1500.00	10.00	2019.05.25	4.7200	按年付息
122962	09 宁交通	1000.00	7.00	2016.05.07	5.2300	按年付息
122963	09 张江债	800.00	3.00	2012.06.10	3.8700	按年付息
122964	09 龙湖债	1400.00	7.00	2016.05.05	6.7000	按半年付息
122965	09 潍投债	700.00	10.00	2019.04.15	5.8800	按年付息
122966	09 滇投债	800.00	6.00	2015.04.27	5.9000	按年付息
122967	09 闽漳龙	1000.00	6.00	2015.04.24	5.8800	按年付息
122968	09 杭城投	2200.00	6.00	2015.04.14	5.3500	按年付息
122969	09 豫投债	1500.00	10.00	2019.04.15	4.8500	按年付息
122970	09 三峡 01	7000.00	5.00	2014.04.08	3.4500	按年付息
122971	09 三峡 02	3000.00	7.00	2016.04.08	4.0500	按年付息
122972	09 绵投控	1500.00	7.00	2016.04.08	5.8500	按年付息
122973	09 昆创控	2000.00	7.00	2016.03.30	4.7000	按年付息
122974	09 镇城投	1000.00	6.00	2015.03.30	5.8500	按年付息
122975	09 济城建	1500.00	10.00	2019.03.26	4.7800	按年付息
122976	09 永煤债	1300.00	6.00	2015.03.30	5.2800	按年付息
122977	09 百联债	1000.00	3.00	2012.03.26	4.1500	按年付息
122978	09 津投 1	1500.00	3.00	2012.03.25	3.0200	按年付息

债券基本信息
List of Bonds

债券代码 Code	债券简称 Securities	发行数量(百万) Issued Val(M)	年限 Terms	到期日 Expiration Date	票面利率(%) Coupon Rate(%)	付息方式 Way of Interest
122979	09 津投 2	2000.00	5.00	2014.03.25	3.7500	按年付息
122980	09 津投 3	2500.00	7.00	2016.03.25	4.7800	按年付息
122981	09 铜城投	500.00	6.00	2015.03.10	6.9500	按年付息
122982	09 长城开	1200.00	7.00	2016.03.09	6.0800	按年付息
122983	09 南钢联	2500.00	7.00	2016.02.27	6.1300	按年付息
122984	09 六城投	1500.00	7.00	2016.03.02	7.1000	按年付息
122985	09 浙能债	4700.00	5.00	2014.02.23	3.9800	按年付息
122986	09 春华债	1000.00	7.00	2016.02.11	6.0800	按年付息
122987	08 云煤化	1500.00	5.00	2013.12.19	5.4100	按年付息
122988	09 渝隆债	1000.00	7.00	2016.01.15	7.0800	按年付息
122989	08 渝交通	1500.00	7.00	2015.12.10	6.3000	按年付息
122991	08 海航债	1500.00	6.00	2014.12.25	7.2800	按年付息
122992	08 苏交通	2500.00	5.00	2013.11.18	4.9500	按年付息
122993	08 舞钢债	600.00	5.00	2013.11.13	6.4500	按年付息
122994	08 云投债	1500.00	5.00	2013.10.22	5.4000	按年付息
122995	08 合建投	1700.00	10.00	2018.08.28	6.6400	按年付息
122996	08 常城建	2500.00	7.00	2015.09.24	6.3000	按年付息
122997	08 苏高新	400.00	5.00	2013.10.09	6.1400	按年付息
122998	04 长航债	1000.00	10.00	2014.05.26	5.5000	按年付息
122999	08 广纸债	390.00	10.00	2018.03.13	6.4500	按年付息
123000	09 宜华债	1000.00	5.00	2014.10.26	7.9500	按年付息
123001	09 爱使债	250.00	5.00	2014.11.17	7.6000	按年付息
123002	09 东华债	300.00	6.00	2015.12.28	9.5000	按年付息
123003	09 瑞贝卡	300.00	6.00	2015.12.28	7.2000	按年付息
123004	10 中科债	280.00	7.00	2017.02.02	8.5000	按年付息
123005	09 新海连	1500.00	7.00	2016.11.11	7.2000	按年付息
123006	10 武高债	500.00	10.00	2020.05.24	6.2000	按年付息
123007	11 微矿债	700.00	10.00	2021.01.07	7.9900	按年付息
123008	11 长征债	400.00	3.00	2014.11.16	9.0000	按年付息
123485	12 人寿 02	10000.00	10.00	2022.11.05	4.5800	按年付息
123486	12 新华债	10000.00	10.00	2022.07.18	4.6000	按年付息
123487	12 人寿 01	28000.00	10.00	2022.06.29	4.7000	按年付息
123488	12 平安债	9000.00	10.00	2022.05.30	5.0000	按年付息
123489	11 新华债	5000.00	10.00	2021.09.29	5.7000	按年付息
123490	11 中银债	1400.00	10.00	2021.10.28	6.5000	按年付息
123491	11 平安债	4000.00	10.00	2021.09.29	5.7000	按年付息
123492	11 人寿债	30000.00	10.00	2021.10.26	5.5000	按年付息
123493	11 泰康 01	1000.00	10.00	2021.05.27	5.3900	按年付息
123494	11 泰康 02	1000.00	10.00	2021.06.01	5.3900	按年付息
123495	11 国君债	3000.00	6.00	2017.01.28	4.9000	按年付息
123496	10 泰康 1	1000.00	10.00	2020.09.16	4.5500	按年付息
123497	10 泰康 2	1000.00	10.00	2020.09.16	4.5500	按年付息
123498	10 泰康 3	1000.00	10.00	2020.09.16	4.5500	按年付息
123499	10 泰康 4	1000.00	10.00	2020.09.16	4.5500	按年付息
124000	12 奉投资	1000.00	7.00	2019.09.24	7.4500	按年付息
124002	12 蒙高路	1500.00	7.00	2019.11.12	5.9000	按年付息
124008	12 国奥投	400.00	6.00	2018.10.29	6.8900	按年付息
124009	12 渝惠农	1000.00	7.00	2019.09.06	7.3500	按年付息
124010	12 鸡国资	1200.00	7.00	2019.11.08	7.1800	按年付息
124014	12 筑住投	1600.00	7.00	2019.11.06	6.7000	按年付息

债券基本信息
List of Bonds

债券
Bond

债券代码 Code	债券简称 Securities	发行数量（百万）Issued Val(M)	年限 Terms	到期日 Expiration Date	票面利率(%) Coupon Rate(%)	付息方式 Way of Interest
124018	12 昌经投	500.00	8.00	2020.10.30	7.3500	按年付息
124020	12 辽城经	1500.00	7.00	2019.11.13	7.1000	按年付息
124025	12 池城投	900.00	7.00	2019.10.17	7.1700	按年付息
124029	12 玉城投	800.00	7.00	2019.11.26	6.8800	按年付息
124036	12 张经开	1000.00	7.00	2019.11.16	6.9800	按年付息
124042	12 鄂旅投	800.00	7.00	2019.10.29	6.8800	按年付息
124050	12 榆城投	1500.00	6.00	2018.12.04	6.8100	按年付息
124060	12 驻投资	1300.00	7.00	2019.11.26	6.9500	按年付息
124074	12 张公经	1200.00	7.00	2019.11.27	6.4300	按年付息
125000	12 苏镀膜	50.00	2.00	2014.06.08	9.5000	按年付息
125001	12 百慕债	20.00	1.50	2013.12.11	8.5000	按半年付息
125002	12 宁水务	200.00	2.00	2014.06.11	9.4000	按年付息
125003	12 钱四桥	100.00	2.00	2014.06.11	9.3500	按年付息
125004	12 新宁债	100.00	2.00	2014.06.12	7.5000	按年付息
125005	12 同捷 01	100.00	3.00	2015.06.12	8.1500	按年付息
125006	12 凡登债	100.00	3.00	2015.06.12	8.0500	按年付息
125007	12 天科债	100.00	3.00	2015.06.12	7.3000	按年付息
125008	12 新丽债	100.00	2.00	2014.06.18	7.0000	按半年付息
125009	12 太子龙	100.00	3.00	2015.06.19	9.9900	按年付息
125010	12 大丰港	100.00	1.00	2013.06.27	8.5000	到期一次付息
125011	12 优必胜	25.00	2.00	2014.06.29	9.7000	按年付息
125012	12 金泰 01	15.00	3.00	2015.07.10	9.0000	按年付息
125013	12 金泰 02	15.00	3.00	2015.07.10	11.0000	按年付息
125014	12 孚信债	100.00	2.00	2014.07.13	7.0000	按年付息
125015	12 天外债	200.00	3.00	2015.07.18	9.9000	按年付息
125016	12 江南债	50.00	2.00	2014.07.20	9.2000	按年付息
125017	12 中锐债	50.00	2.00	2014.08.01	8.6500	按年付息
125019	12 甬绿能	200.00	2.00	2014.08.10	7.2800	按年付息
125020	12 武广债	200.00	3.00	2015.08.15	8.2000	按年付息
125021	12 同里债	100.00	2.00	2014.08.06	8.6000	按年付息
125022	12 五洲债	80.00	3.00	2015.08.02	8.6800	按年付息
125023	12 雅润债	30.00	2.00	2014.08.28	8.5000	按年付息
125024	12 星美债	200.00	3.00	2015.08.28	9.5000	按年付息
125025	12 漕湖债	150.00	2.00	2014.08.29	9.5000	按年付息
125026	12 金豪债	20.00	2.00	2014.09.14	7.9000	按年付息
125027	12 淹城债	200.00	3.00	2015.09.21	8.0000	按半年付息
125028	12 天楹 01	140.00	3.00	2015.09.27	9.0000	按年付息
125029	12 如顾庄	100.00	3.00	2015.10.10	9.8000	按年付息
125030	12 西游发	100.00	3.00	2015.10.10	8.5000	按年付息
125031	12 漕湖 02	50.00	2.00	2014.08.29	9.5000	按年付息
125032	12 杭益汽	200.00	2.00	2014.10.15	11.2000	按年付息
125033	12 金建设	200.00	3.00	2015.10.16	8.0000	按年付息
125034	12 东钢构	200.00	2.00	2014.10.22	9.3000	按年付息
125035	12 湖上跃	70.00	3.00	2015.10.18	9.7000	按年付息
125036	12 苏东升	60.00	2.00	2014.11.06	7.3500	按半年付息
125037	12 华安达	20.00	2.00	2014.11.09	10.0000	按年付息
125038	12 京精英	100.00	3.00	2015.10.31	9.0000	按年付息
125039	12 沪奔腾	150.00	3.00	2015.10.19	11.0000	按年付息
125040	12 天捷 01	30.00	1.00	2013.11.05	8.5000	按半年付息
125041	12 天捷 02	50.00	2.00	2014.11.05	9.0000	按半年付息

债券基本信息
List of Bonds

债券代码 Code	债券简称 Securities	发行数量 (百万) Issued Val(M)	年限 Terms	到期日 Expiration Date	票面利率(%) Coupon Rate(%)	付息方式 Way of Interest
125043	12 新达通	23.00	1.50	2014.05.14	10.0000	按年付息
125044	12 天楹 02	140.00	3.00	2015.11.15	9.0000	按年付息
125048	12 苏飞钻	100.00	2.00	2014.11.26	5.5000	按年付息
126002	06 中化债	1200.00	6.00	2012.12.01	1.8000	按年付息
126003	07 云化债	1000.00	6.00	2013.01.29	1.2000	按年付息
126005	07 武钢债	7500.00	5.00	2012.03.25	1.2000	按年付息
126006	07 深高债	1500.00	6.00	2013.10.09	1.0000	按年付息
126007	07 日照债	880.00	6.00	2013.11.27	1.4000	按年付息
126008	08 上汽债	6300.00	6.00	2013.12.19	0.8000	按年付息
126009	08 赣粤债	1200.00	6.00	2014.01.27	0.8000	按年付息
126010	08 中远债	1050.00	6.00	2014.01.28	0.8000	按年付息
126011	08 石化债	30000.00	6.00	2014.02.20	0.8000	按年付息
126013	08 青啤债	1500.00	6.00	2014.04.02	0.8000	按年付息
126014	08 国电债	3995.00	6.00	2014.05.07	1.0000	按年付息
126015	08 康美债	900.00	6.00	2014.05.08	0.8000	按年付息
126016	08 宝钢债	10000.00	6.00	2014.06.19	0.8000	按年付息
126017	08 葛洲债	1390.00	6.00	2014.06.25	0.6000	按年付息
126018	08 江铜债	6800.00	8.00	2016.09.22	1.0000	按年付息
126019	09 长虹债	3000.00	6.00	2015.07.30	0.8000	按年付息
130000	09 新疆 01	3000.00	3.00	2012.03.30	1.6100	按年付息
130001	09 安徽 01	4000.00	3.00	2012.04.01	1.6000	按年付息
130002	09 河南 01	5000.00	3.00	2012.04.07	1.6300	按年付息
130003	09 四川 01	9000.00	3.00	2012.04.08	1.6500	按年付息
130004	09 重庆债	5800.00	3.00	2012.04.13	1.7000	按年付息
130005	09 辽宁 01	3000.00	3.00	2012.04.14	1.7500	按年付息
130006	09 天津债	2600.00	3.00	2012.04.14	1.7800	按年付息
130007	09 山东 01	3000.00	3.00	2012.04.16	1.8000	按年付息
130008	09 江苏债	8400.00	3.00	2012.04.20	1.8200	按年付息
130009	09 吉林 01	3000.00	3.00	2012.04.23	1.8200	按年付息
130010	09 青岛债	1100.00	3.00	2012.04.23	1.8200	按年付息
130011	09 湖北 01	5000.00	3.00	2012.04.23	1.8200	按年付息
130012	09 青海债	2900.00	3.00	2012.04.23	1.8200	按年付息
130013	09 河北 01	4000.00	3.00	2012.04.30	1.8000	按年付息
130014	09 内蒙 01	3000.00	3.00	2012.04.30	1.8000	按年付息
130015	09 陕西 01	3600.00	3.00	2012.04.30	1.8000	按年付息
130016	09 龙江 01	3000.00	3.00	2012.05.11	1.7700	按年付息
130017	09 云南债	8400.00	3.00	2012.05.11	1.7700	按年付息
130018	09 浙江 01	4000.00	3.00	2012.05.11	1.7700	按年付息
130019	09 大连债	1000.00	3.00	2012.05.14	1.7100	按年付息
130020	09 四川 02	9000.00	3.00	2012.05.14	1.7100	按年付息
130021	09 湖北 02	3100.00	3.00	2012.05.14	1.7100	按年付息
130022	09 广西 01	3500.00	3.00	2012.05.25	1.6700	按年付息
130023	09 北京债	5600.00	3.00	2012.05.25	1.6700	按年付息
130024	09 上海 01	4000.00	3.00	2012.05.25	1.6700	按年付息
130025	09 河南 02	3800.00	3.00	2012.05.25	1.6700	按年付息
130026	09 湖南债	8200.00	3.00	2012.06.09	1.7000	按年付息
130027	09 福建债	2600.00	3.00	2012.06.09	1.7000	按年付息
130028	09 宁夏债	3000.00	3.00	2012.06.09	1.7000	按年付息
130029	09 江西债	6200.00	3.00	2012.06.15	1.7200	按年付息
130030	09 贵州债	3700.00	3.00	2012.06.15	1.7200	按年付息

债券基本信息
List of Bonds

债券
Bond

债券代码 Code	债券简称 Securities	发行数量(百万) Issued Val(M)	年限 Terms	到期日 Expiration Date	票面利率(%) Coupon Rate(%)	付息方式 Way of Interest
130031	09 安徽 02	6400.00	3.00	2012.06.15	1.7200	按年付息
130032	09 广东债	8500.00	3.00	2012.06.23	1.7500	按年付息
130033	09 厦门债	800.00	3.00	2012.06.23	1.7500	按年付息
130034	09 海南债	2900.00	3.00	2012.06.23	1.7500	按年付息
130035	09 山西债	5300.00	3.00	2012.06.29	1.7600	按年付息
130036	09 甘肃债	6500.00	3.00	2012.06.29	1.7600	按年付息
130037	09 宁波债	1500.00	3.00	2012.07.07	1.7900	按年付息
130038	09 深圳债	2400.00	3.00	2012.07.07	1.7900	按年付息
130039	09 新疆 02	2500.00	3.00	2012.07.07	1.7900	按年付息
130040	09 山东 02	2900.00	3.00	2012.07.07	1.7900	按年付息
130041	09 辽宁 02	2600.00	3.00	2012.07.07	1.7900	按年付息
130042	09 吉林 02	2500.00	3.00	2012.08.31	2.3600	按年付息
130043	09 广西 02	3000.00	3.00	2012.08.31	2.3600	按年付息
130044	09 龙江 02	3000.00	3.00	2012.08.31	2.3600	按年付息
130045	09 内蒙 02	2700.00	3.00	2012.08.31	2.3600	按年付息
130046	09 河北 02	2000.00	3.00	2012.09.07	2.2400	按年付息
130047	09 上海 02	3600.00	3.00	2012.09.07	2.2400	按年付息
130048	09 浙江 02	2700.00	3.00	2012.09.07	2.2400	按年付息
130049	09 陕西 02	2700.00	3.00	2012.09.07	2.2400	按年付息
130050	10 地债 01	28600.00	3.00	2013.06.21	2.7700	按年付息
130051	10 地债 02	15200.00	5.00	2015.06.21	2.9000	按年付息
130052	10 地债 03	23200.00	3.00	2013.07.19	2.3300	按年付息
130053	10 地债 04	28400.00	3.00	2013.08.10	2.3700	按年付息
130054	10 地债 05	18600.00	5.00	2015.08.10	2.6700	按年付息
130055	10 地债 06	19500.00	3.00	2013.08.24	2.3700	按年付息
130056	10 地债 07	20600.00	3.00	2013.09.07	2.3600	按年付息
130057	10 地债 08	15200.00	5.00	2015.09.07	2.6700	按年付息
130058	10 地债 09	18100.00	3.00	2013.11.15	3.2300	按年付息
130059	10 地债 10	12600.00	5.00	2015.11.15	3.7000	按年付息
130060	11 地债 01	25400.00	5.00	2016.07.12	3.8400	按年付息
130061	11 地债 02	23940.00	3.00	2014.07.12	3.9300	按年付息
130062	11 地债 03	22660.00	3.00	2014.08.02	4.0700	按年付息
130063	11 地债 04	22000.00	5.00	2016.08.09	4.1200	按年付息
130064	11 地债 05	23600.00	3.00	2014.08.23	4.0100	按年付息
130065	11 地债 06	24000.00	5.00	2016.08.30	4.3000	按年付息
130066	11 地债 07	17600.00	3.00	2014.10.18	3.6700	按年付息
130067	11 地债 08	17900.00	5.00	2016.10.25	3.7000	按年付息
130068	11 上海 01	3600.00	3.00	2014.11.16	3.1000	按年付息
130069	11 上海 02	3500.00	5.00	2016.11.16	3.3000	按年付息
130070	11 广东 01	3450.00	3.00	2014.11.21	3.0800	按年付息
130071	11 广东 02	3450.00	5.00	2016.11.21	3.2900	按年付息
130072	11 浙江 01	3300.00	3.00	2014.11.22	3.0100	按年付息
130073	11 浙江 02	3400.00	5.00	2016.11.22	3.2400	按年付息
130074	11 深圳 01	1100.00	3.00	2014.11.28	3.0300	按年付息
130075	11 深圳 02	1100.00	5.00	2016.11.28	3.2500	按年付息
130076	12 地债 01	20600.00	3.00	2015.06.18	2.7600	按年付息
130077	12 地债 02	21000.00	5.00	2017.07.02	3.0700	按年付息
130078	12 地债 03	23900.00	3.00	2015.07.10	2.7500	按年付息
130079	12 地债 04	23900.00	5.00	2017.07.17	3.0200	按年付息
130080	12 地债 05	23100.00	3.00	2015.07.24	2.7400	按年付息

债券基本信息
List of Bonds

债券
Bond

债券代码 Code	债券简称 Securities	发行数量 (百万) Issued Val(M)	年限 Terms	到期日 Expiration Date	票面利率(%) Coupon Rate(%)	付息方式 Way of Interest
130081	12 地债 06	23300.00	5.00	2017.07.31	3.1300	按年付息
130082	12 地债 07	21600.00	3.00	2015.08.13	2.9800	按年付息
130083	12 地债 08	22100.00	5.00	2017.08.20	3.3800	按年付息
130084	12 上海 01	4450.00	5.00	2017.08.24	3.2500	按年付息
130085	12 上海 02	4450.00	7.00	2019.08.24	3.3900	按年付息
130086	12 广东 01	4300.00	5.00	2017.09.07	3.2100	按年付息
130087	12 广东 02	4300.00	7.00	2019.09.07	3.4000	按年付息
130088	12 地债 09	20600.00	3.00	2015.09.17	3.4700	按年付息
130089	12 地债 10	21000.00	5.00	2017.09.17	3.5800	按年付息
130090	12 浙江 01	4350.00	5.00	2017.09.24	3.3000	按年付息
130091	12 浙江 02	4350.00	7.00	2019.09.24	3.4700	按年付息
130092	12 深圳 01	1350.00	5.00	2017.10.15	3.2200	按年付息
130093	12 深圳 02	1350.00	7.00	2019.10.15	3.4300	按年付息

政府债现货每日成交(百万/万) G-Bond Spot Trading(M /10000)

债券 Bond

日期 Date	1月 Jan		2月 Feb		3月 Mar		4月 Apr		5月 May		6月 Jun	
	金额 Val	数量 Vol	金额 Val	数量 Vol	金额 Val	数量 Vol	金额 Val	数量 Vol	金额 Val	数量 Vol	金额 Val	数量 Vol
1	---	---	1122.48	1119.30	1000.99	993.25	---	---	---	---	191.47	186.28
2	---	---	144.52	141.74	211.62	203.24	---	---	263.23	259.52	---	---
3	---	---	323.52	320.20	---	---	---	---	85.21	83.07	---	---
4	79.15	77.36	---	---	---	---	---	---	281.42	276.38	767.11	732.86
5	1120.43	1112.53	---	---	152.37	150.59	321.96	322.02	---	---	271.84	262.23
6	523.61	513.28	404.87	395.66	210.33	207.51	128.59	126.03	---	---	255.83	243.41
7	---	---	223.54	216.96	233.50	225.69	---	---	415.90	411.78	299.52	294.12
8	---	---	273.14	270.53	279.54	274.45	---	---	350.57	345.93	309.90	296.02
9	410.01	395.99	609.11	590.03	214.61	204.39	273.96	272.46	411.36	400.36	---	---
10	351.74	344.69	254.55	249.37	---	---	184.46	184.28	564.06	548.16	---	---
11	281.21	276.05	---	---	---	---	248.03	247.28	193.77	189.88	148.96	141.90
12	455.18	445.32	---	---	255.55	250.31	272.54	271.54	---	---	78.43	74.85
13	358.88	350.59	173.89	170.99	759.65	749.73	257.23	256.75	---	---	516.01	493.73
14	---	---	507.65	504.25	312.07	300.87	---	---	772.56	754.33	126.44	124.24
15	---	---	122.41	120.95	507.57	501.90	---	---	771.04	753.12	486.24	479.09
16	138.12	136.32	221.60	219.30	133.72	133.46	540.48	541.18	340.98	327.24	---	---
17	623.30	625.40	82.46	82.46	---	---	145.65	143.54	1641.06	1627.77	---	---
18	161.18	160.36	---	---	---	---	492.34	490.58	246.32	238.62	177.68	169.17
19	163.75	158.27	---	---	384.27	382.31	258.44	257.40	---	---	967.93	957.14
20	1124.75	1121.67	312.82	314.46	150.13	147.48	268.19	267.60	---	---	460.82	453.81
21	---	---	351.70	350.94	130.40	129.44	---	---	331.35	326.12	591.61	580.25
22	---	---	518.97	521.88	331.66	327.04	---	---	296.14	284.40	---	---
23	---	---	446.22	443.95	167.52	164.80	550.26	555.17	784.13	742.53	---	---
24	---	---	220.20	212.87	---	---	804.66	803.74	1893.11	1828.98	---	---
25	---	---	---	---	---	---	366.37	369.31	448.56	443.81	283.62	281.93
26	---	---	---	---	523.71	521.99	594.16	592.72	---	---	93.11	87.72
27	---	---	329.99	326.26	1044.69	1044.92	323.06	318.88	---	---	672.99	670.23
28	---	---	366.66	376.21	947.37	949.97	---	---	523.90	513.03	450.55	441.97
29	---	---	765.59	763.01	610.42	608.00	---	---	299.53	288.40	43.54	42.35
30	259.90	264.67	---	---	347.76	344.51	---	---	223.76	216.37	---	---
31	1108.62	1108.33	---	---	---	---	---	---	782.09	774.91	---	---
最高 high	1124.75	1121.67	1122.48	1119.30	1044.69	1044.92	804.66	803.74	H1893.11	H1828.98	967.93	957.14
最低 low	79.15	77.36	82.46	82.46	130.40	129.44	128.59	126.03	85.21	83.07	43.54	42.35

政府债现货每日成交(百万/万)
G-Bond Spot Trading(M /10000)

债券
Bond

日期 Date	7 月 Jul		8 月 Aug		9 月 Sep		10 月 Oct		11 月 Nov		12 月 Dec	
	金额 Val	数量 Vol	金额 Val	数量 Vol	金额 Val	数量 Vol	金额 Val	数量 Vol	金额 Val	数量 Vol	金额 Val	数量 Vol
1	---	---	174.45	172.90	---	---	---	---	584.68	593.54	---	---
2	79.30	78.34	98.20	94.36	---	---	---	---	90.97	87.89	---	---
3	134.68	132.34	604.36	606.55	33.07	32.37	---	---	---	---	146.76	148.75
4	157.41	148.16	---	---	57.50	61.00	---	---	---	---	138.33	138.50
5	194.97	190.69	---	---	407.86	414.99	---	---	523.12	529.18	813.57	819.68
6	432.17	416.71	468.03	447.46	93.47	90.97	---	---	213.21	209.91	239.64	240.42
7	---	---	1191.20	1123.91	75.28	73.35	---	---	208.78	207.46	258.72	255.64
8	---	---	281.73	282.26	---	---	15.37	15.00	133.11	131.23	---	---
9	34.05	32.64	300.49	287.00	---	---	38.28	37.53	75.21	72.48	---	---
10	280.42	270.44	137.60	133.38	212.79	210.01	92.16	90.40	---	---	70.65	70.26
11	249.88	235.82	---	---	85.18	86.53	106.54	106.49	---	---	91.14	90.79
12	328.99	324.45	---	---	548.58	555.98	224.21	224.92	782.49	780.95	185.97	183.62
13	305.14	294.22	150.87	144.45	57.50	55.41	---	---	123.11	118.14	92.64	90.49
14	---	---	212.15	206.35	181.16	174.14	---	---	798.46	802.47	123.90	121.16
15	---	---	51.07	48.16	---	---	116.41	113.54	131.32	130.01	---	---
16	309.21	299.65	553.07	542.02	---	---	473.76	472.75	103.73	102.05	---	---
17	654.51	639.73	116.72	115.43	91.11	87.22	1313.63	1328.72	---	---	363.14	360.67
18	115.63	111.92	---	---	163.98	161.19	323.03	313.43	---	---	133.24	131.67
19	660.15	651.48	---	---	466.57	465.55	682.41	684.59	587.68	585.15	550.16	550.46
20	589.93	585.65	34.08	33.49	1084.94	1084.87	---	---	286.25	284.66	739.94	743.88
21	---	---	31.21	29.40	308.95	306.42	---	---	68.87	67.87	93.69	93.80
22	---	---	280.45	276.09	---	---	100.82	97.11	50.03	49.81	---	---
23	277.93	271.23	239.64	238.86	---	---	598.95	601.86	185.01	177.21	---	---
24	1389.80	1398.90	966.63	965.32	337.00	338.16	61.92	60.52	---	---	56.81	55.91
25	577.77	576.35	---	---	419.56	412.94	139.11	132.72	---	---	419.71	419.05
26	1814.82	1823.55	---	---	396.05	395.18	394.64	393.21	342.55	343.64	253.66	254.37
27	449.71	444.01	190.21	184.73	299.60	296.38	---	---	536.50	533.34	48.96	47.57
28	---	---	336.62	332.49	62.12	60.22	---	---	1264.34	1270.75	353.91	346.14
29	---	---	462.61	463.45	---	---	757.58	757.57	181.32	180.63	---	---
30	150.20	146.82	673.16	672.95	---	---	219.82	214.78	67.24	67.66	---	---
31	575.81	577.94	105.61	101.62	---	---	369.58	369.47	---	---	220.64	215.24
最高 high	1814.82	1823.55	1191.20	1123.91	1084.94	1084.87	1313.63	1328.72	1264.34	1270.75	813.57	819.68
最低 low	34.05	32.64	31.21	29.40	33.07	32.37	L15.37	L15.00	50.03	49.81	48.96	47.57

政府债
G-Bond Spot

证券代码 Code	证券简称 Name	发行数量 (百万) Issued Val(M)	到期日期 Expiration Date	票面利率 Coupon Rate	上年收盘 (面值 100 元) Last Year close	本年开盘 Open	本年最高 High
010107	21 国债(7)	23960.00	2021.07.31	4.26	107.48	107.28	107.94
010203	02 国债(3)	20000.00	2012.04.18	2.54	100.15	99.96	100.10
010213	02 国债(13)	24000.00	2017.09.20	2.60	96.49	96.80	98.79
010303	03 国债(3)	26000.00	2023.04.17	3.40	99.05	98.95	100.25
010308	03 国债(8)	16380.00	2013.09.17	3.02	100.21	100.06	101.50
010501	05 国债(1)	30000.00	2015.02.28	4.44	104.35	104.45	105.46
010504	05 国债(4)	33920.00	2025.05.15	4.11	105.09	104.80	105.48
010505	05 国债(5)	33780.00	2012.05.25	3.37	100.49	100.50	100.87
010509	05 国债(9)	31940.00	2012.08.25	2.83	100.00	0.00	100.20
010512	05 国债(12)	34410.00	2020.11.15	3.65	100.33	100.33	101.96
010513	05 国债(13)	32840.00	2012.11.25	3.01	100.20	0.00	108.00
010601	06 国债(1)	33000.00	2013.02.27	2.51	99.30	0.00	101.86
010603	06 国债(3)	34000.00	2016.03.27	2.80	97.38	0.00	99.49
010606	06 国债(6)	30560.00	2013.05.25	2.62	100.00	0.00	0.00
010609	06 国债(9)	31090.00	2026.06.26	3.70	100.00	0.00	0.00
010613	06 国债(13)	33100.00	2013.08.31	2.89	103.00	0.00	0.00
010616	06 国债(16)	30000.00	2016.09.26	2.92	100.00	0.00	0.00
010619	06 国债(19)	30000.00	2021.11.15	3.27	97.11	0.00	99.99
010620	06 国债(20)	34590.00	2013.11.27	2.91	100.00	0.00	0.00
010701	07 国债 01	30000.00	2014.02.06	2.93	99.55	0.00	0.00
010703	07 国债 03	30000.00	2017.03.22	3.40	100.00	0.00	0.00
010705	07 国债 05	30000.00	2012.04.23	3.18	100.00	0.00	0.00
010706	07 国债 06	30000.00	2037.05.17	4.27	100.00	0.00	0.00
010707	07 国债 07	33780.00	2014.05.24	3.74	110.00	0.00	0.00
010710	07 国债 10	35070.00	2017.06.25	4.40	114.10	0.00	0.00
010713	07 国债 13	28000.00	2027.08.16	4.52	100.00	0.00	0.00
019001	10 国债 01	26000.00	2012.01.28	2.01	99.77	0.00	0.00
019002	10 国债 02	26000.00	2020.02.04	3.43	102.24	0.00	0.00
019003	10 国债 03	24000.00	2040.03.01	4.08	100.00	0.00	0.00
019005	10 国债 05	26000.00	2017.03.11	2.92	100.00	0.00	0.00
019006	10 国债 06	26000.00	2013.03.18	2.23	98.34	0.00	99.92
019007	10 国债 07	26000.00	2020.03.25	3.36	101.59	0.00	0.00
019008	10 国债 08	28040.00	2015.04.08	2.70	100.00	0.00	0.00
019009	10 国债 09	28000.00	2030.04.15	3.96	98.80	0.00	0.00
019010	10 国债 10	28000.00	2017.04.22	3.01	100.00	0.00	0.00
019012	10 国债 12	28000.00	2020.05.13	3.25	99.58	0.00	0.00
019013	10 国债 13	28000.00	2015.05.20	2.38	100.00	0.00	0.00
019014	10 国债 14	28000.00	2060.05.24	4.03	100.00	0.00	0.00
019015	10 国债 15	28310.00	2017.05.27	2.83	100.00	0.00	0.00
019016	10 国债 16	28000.00	2013.06.03	2.33	99.45	0.00	99.39
019017	10 国债 17	28000.00	2015.06.10	2.53	100.00	0.00	0.00
019018	10 国债 18	28000.00	2040.06.21	4.03	100.00	0.00	0.00
019019	10 国债 19	28010.00	2020.06.24	3.41	100.00	0.00	0.00
019020	10 国债 20	29970.00	2015.07.08	2.52	99.54	0.00	0.00
019022	10 国债 22	28190.00	2017.07.22	2.76	100.00	0.00	0.00
019023	10 国债 23	28000.00	2040.07.29	3.96	99.55	0.00	0.00
019024	10 国债 24	30440.00	2020.08.05	3.28	100.00	0.00	0.00
019025	10 国债 25	28000.00	2013.08.12	2.30	98.49	0.00	98.93
019026	10 国债 26	28000.00	2040.08.16	3.96	100.00	0.00	0.00
019027	10 国债 27	28000.00	2017.08.19	2.81	100.00	0.00	0.00

政府债
G-Bond Spot

债券
Bond

本年最低 Low	本年收盘 Close	涨跌(%) Change(%)	成交数量(万) Trading Vol(10000)	成交金额(百万) Trading Val (M)
104.21	104.69	-2.60	20936.15	22142.21
99.90	100.00	-0.15	5185.96	5173.82
94.12	96.80	0.32	1368.26	1319.19
95.00	97.50	-1.57	3909.52	3863.55
100.04	100.35	0.14	3620.50	3641.44
103.06	103.87	-0.46	29.55	30.76
101.62	103.75	-1.28	71.51	74.26
99.82	100.06	-0.43	21.98	22.00
100.00	100.01	0.01	29.27	29.31
99.24	100.05	-0.28	35.78	35.92
98.39	100.60	0.40	42.68	42.74
96.30	99.99	0.70	85.84	85.56
91.00	97.91	0.54	8.56	8.40
0.00	100.00	0.00	0.00	0.00
0.00	100.00	0.00	0.00	0.00
0.00	103.00	0.00	0.00	0.00
0.00	100.00	0.00	0.00	0.00
96.23	97.60	0.51	1.99	1.95
0.00	100.00	0.00	250.00	251.19
0.00	99.55	0.00	0.00	0.00
0.00	100.00	0.00	0.00	0.00
0.00	100.00	0.00	180.00	180.07
0.00	100.00	0.00	0.00	0.00
0.00	110.00	0.00	0.00	0.00
0.00	114.10	0.00	0.00	0.00
0.00	100.00	0.00	0.00	0.00
0.00	99.77	0.00	0.00	0.00
0.00	102.24	0.00	0.00	0.00
0.00	100.00	0.00	0.00	0.00
0.00	100.00	0.00	0.00	0.00
98.20	99.77	1.45	150.35	149.57
0.00	101.59	0.00	0.00	0.00
0.00	100.00	0.00	0.00	0.00
0.00	98.80	0.00	200.00	201.30
0.00	100.00	0.00	0.00	0.00
0.00	99.58	0.00	0.00	0.00
0.00	100.00	0.00	0.00	0.00
0.00	100.00	0.00	0.00	0.00
0.00	100.00	0.00	30.00	29.64
99.39	99.39	-0.06	260.00	258.91
0.00	100.00	0.00	0.00	0.00
0.00	100.00	0.00	0.00	0.00
0.00	100.00	0.00	70.00	70.10
0.00	99.54	0.00	0.00	0.00
0.00	100.00	0.00	0.00	0.00
0.00	99.55	0.00	0.00	0.00
0.00	100.00	0.00	130.00	128.93
98.93	98.93	0.45	12045.00	11972.51
0.00	100.00	0.00	0.00	0.00
0.00	100.00	0.00	0.00	0.00

政府债 G-Bond Spot

债券 Bond

证券代码 Code	证券简称 Name	发行数量 (百万) Issued Val(M)	到期日期 Expiration Date	票面利率 Coupon Rate	上年收盘 (面值 100 元) Last Year close	本年开盘 Open	本年最高 High
019028	10 国债 28	28220.00	2015.08.26	2.58	100.00	0.00	0.00
019029	10 国债 29	28000.00	2030.09.02	3.82	99.61	0.00	0.00
019031	10 国债 31	28260.00	2020.09.16	3.29	100.00	0.00	100.45
019032	10 国债 32	28710.00	2017.10.14	3.10	100.00	0.00	0.00
019033	10 国债 33	28000.00	2015.10.21	2.91	100.00	0.00	0.00
019034	10 国债 34	28000.00	2020.10.28	3.67	100.00	0.00	0.00
019035	10 国债 35	28000.00	2013.11.04	2.68	97.95	0.00	99.90
019037	10 国债 37	28000.00	2060.11.18	4.40	100.00	0.00	0.00
019038	10 国债 38	30640.00	2017.11.25	3.83	100.00	0.00	0.00
019039	10 国债 39	32140.00	2015.12.02	3.64	100.00	0.00	0.00
019040	10 国债 40	28000.00	2040.12.09	4.23	100.00	0.00	0.00
019041	10 国债 41	30780.00	2020.12.16	3.77	100.00	0.00	0.00
019101	11 国债 01	61710.00	2012.01.13	2.81	100.19	99.03	100.69
019102	11 国债 02	62060.00	2021.01.20	3.94	100.00	0.00	0.00
019103	11 国债 03	62520.00	2018.01.27	3.83	100.00	0.00	0.00
019104	11 国债 04	63970.00	2016.02.17	3.60	100.00	0.00	0.00
019105	11 国债 05	28000.00	2041.02.24	4.31	100.00	0.00	0.00
019106	11 国债 06	30000.00	2018.03.03	3.75	100.00	0.00	0.00
019107	11 国债 07	58000.00	2014.03.10	3.22	100.84	0.00	100.79
019108	11 国债 08	30000.00	2021.03.17	3.83	105.15	0.00	102.99
019109	11 国债 09	43350.00	2012.03.24	2.80	100.08	0.00	100.25
019110	11 国债 10	58000.00	2031.04.28	4.15	100.00	0.00	0.00
019111	11 国债 11	30180.00	2012.05.05	2.77	101.99	0.00	102.00
019112	11 国债 12	30000.00	2061.05.26	4.48	100.00	0.00	0.00
019113	11 国债 13	60000.00	2014.06.02	3.26	101.00	0.00	110.00
019114	11 国债 14	60000.00	2016.06.09	3.44	100.00	0.00	101.40
019115	11 国债 15	61930.00	2021.06.16	3.99	100.00	0.00	0.00
019116	11 国债 16	58000.00	2041.06.23	4.50	106.80	0.00	106.80
019117	11 国债 17	60000.00	2018.07.07	3.70	100.00	0.00	0.00
019118	11 国债 18	30000.00	2012.07.14	3.48	100.51	0.00	100.20
019119	11 国债 19	63050.00	2021.08.18	3.93	101.41	0.00	104.48
019120	11 国债 20	32510.00	2012.09.15	3.90	101.15	100.15	101.80
019121	11 国债 21	58630.00	2018.10.13	3.65	101.58	0.00	0.00
019122	11 国债 22	29300.00	2016.10.20	3.55	102.30	0.00	102.30
019123	11 国债 23	280.00	2061.11.10	4.33	100.00	0.00	0.00
019124	11 国债 24	56050.00	2021.11.17	3.57	100.00	0.00	0.00
019125	11 国债 25	28000.00	2014.12.08	2.82	100.00	0.00	100.20
019201	12 国债 01	28000.00	2013.01.12	2.78	--	99.92	100.45
019202	12 国债 02	28000.00	2013.02.08	2.87	--	0.00	109.00
019203	12 国债 03	58000.00	2017.02.16	3.14	--	0.00	100.50
019204	12 国债 04	86000.00	2022.02.23	3.51	--	0.00	0.00
019205	12 国债 05	94670.00	2019.03.08	3.41	--	0.00	0.00
019206	12 国债 06	28000.00	2032.04.23	4.03	--	0.00	0.00
019207	12 国债 07	64940.00	2015.04.26	2.91	--	0.00	99.47
019208	12 国债 08	28000.00	2062.05.17	4.25	--	0.00	0.00
019209	12 国债 09	100220.00	2022.05.24	3.36	--	0.00	0.00
019210	12 国债 10	94350.00	2019.06.07	3.14	--	0.00	0.00
019211	12 国债 11	26940.00	2013.06.14	2.15	--	0.00	99.55
019212	12 国债 12	28000.00	2042.06.28	4.07	--	0.00	0.00
019213	12 国债 13	28000.00	2042.08.02	4.12	--	0.00	0.00

政府债
G-Bond Spot

债券
Bond

本年最低 Low	本年收盘 Close	涨跌(%) Change(%)	成交数量(万) Trading Vol(10000)	成交金额(百万) Trading Val (M)
0.00	100.00	0.00	0.00	0.00
0.00	99.61	0.00	0.00	0.00
90.00	99.51	-0.49	130.26	130.53
0.00	100.00	0.00	0.00	0.00
0.00	100.00	0.00	30.00	29.81
0.00	100.00	0.00	0.00	0.00
99.48	99.80	1.89	565.05	565.57
0.00	100.00	0.00	0.00	0.00
0.00	100.00	0.00	0.00	0.00
0.00	100.00	0.00	150.00	155.12
0.00	100.00	0.00	0.00	0.00
0.00	100.00	0.00	0.00	0.00
99.03	100.04	-0.15	1.96	1.96
0.00	100.00	0.00	0.00	0.00
0.00	100.00	0.00	30.00	30.86
0.00	100.00	0.00	15.00	15.41
0.00	100.00	0.00	0.00	0.00
0.00	100.00	0.00	0.00	0.00
100.65	100.65	-0.19	420.60	424.06
100.01	100.11	-4.79	0.02	0.02
99.98	100.00	-0.08	425.18	425.08
0.00	100.00	0.00	50.00	51.06
93.00	99.98	-1.97	214.18	214.08
0.00	100.00	0.00	0.00	0.00
90.62	100.30	-0.69	3794.54	3837.79
101.40	101.40	1.40	760.00	771.85
0.00	100.00	0.00	0.00	0.00
106.80	106.80	0.00	431.00	451.49
0.00	100.00	0.00	840.00	861.16
100.11	100.11	-0.40	530.02	531.27
93.00	101.20	-0.21	380.01	396.19
96.00	100.00	-1.14	265.51	266.44
0.00	101.58	0.00	240.00	243.38
101.83	101.83	-0.46	110.10	112.30
0.00	100.00	0.00	0.00	0.00
0.00	100.00	0.00	130.00	131.55
99.40	100.20	0.20	920.01	919.67
94.00	100.05	0.00	3782.53	3785.40
98.70	100.04	0.00	6024.64	6031.88
99.70	99.70	0.00	1063.62	1074.64
0.00	100.00	0.00	20.00	19.97
0.00	100.00	0.00	90.00	92.02
0.00	100.00	0.00	100.00	101.77
99.47	99.47	0.00	1690.00	1693.02
0.00	100.00	0.00	120.00	119.94
0.00	100.00	0.00	250.00	250.97
0.00	100.00	0.00	20.00	19.67
98.00	99.50	0.00	250.87	250.58
0.00	100.00	0.00	0.00	0.00
0.00	100.00	0.00	0.00	0.00

政府债 G-Bond Spot

债券 Bond

证券代码 Code	证券简称 Name	发行数量(百万) Issued Val(M)	到期日期 Expiration Date	票面利率 Coupon Rate	上年收盘(面值 100 元) Last Year close	本年开盘 Open	本年最高 High
019214	12 国债 14	56060.00	2017.08.16	2.95	- -	0.00	99.72
019215	12 国债 15	86140.00	2022.08.23	3.39	- -	0.00	108.00
019216	12 国债 16	82820.00	2019.09.06	3.25	- -	0.00	101.00
019217	12 国债 17	58000.00	2015.09.13	3.10	- -	0.00	100.16
019218	12 国债 18	28000.00	2032.09.27	4.10	- -	0.00	0.00
019219	12 国债 19	26010.00	2013.10.18	2.94	- -	0.00	0.00
019220	12 国债 20	26000.00	2062.11.15	4.35	- -	0.00	0.00
019221	12 国债 21	29010.00	2022.12.13	3.55	- -	0.00	0.00
019714	07 国债 14	32690.00	2014.08.23	3.90	104.21	0.00	0.00
019717	07 国债 17	28000.00	2012.10.22	4.00	103.93	0.00	100.51
019718	07 国债 18	32470.00	2014.11.26	4.35	119.56	0.00	0.00
019801	08 国债 01	28970.00	2015.02.13	3.95	104.41	0.00	0.00
019802	08 国债 02	28000.00	2023.02.28	4.16	100.00	0.00	0.00
019803	08 国债 03	27940.00	2018.03.20	4.07	100.00	0.00	0.00
019805	08 国债 05	28000.00	2013.04.21	3.69	103.57	0.00	100.76
019806	08 国债 06	28000.00	2038.05.08	4.50	100.00	0.00	0.00
019807	08 国债 07	27150.00	2015.05.19	4.01	105.07	0.00	0.00
019810	08 国债 10	26650.00	2018.06.23	4.41	100.00	0.00	0.00
019813	08 国债 13	24000.00	2028.08.11	4.94	100.00	0.00	0.00
019814	08 国债 14	26600.00	2015.08.18	4.23	108.03	0.00	106.80
019817	08 国债 17	26000.00	2013.09.16	3.69	100.00	0.00	0.00
019818	08 国债 18	24360.00	2018.09.22	3.68	104.61	0.00	0.00
019820	08 国债 20	24000.00	2038.10.23	3.91	100.00	0.00	0.00
019822	08 国债 22	22500.00	2015.11.24	2.71	100.55	0.00	0.00
019823	08 国债 23	24000.00	2023.11.27	3.62	100.00	0.00	0.00
019825	08 国债 25	25370.00	2018.12.15	2.90	97.11	0.00	0.00
019826	08 国债 26	26000.00	2013.12.18	1.77	97.76	0.00	97.91
019901	09 国债 01	26930.00	2016.02.12	2.76	100.00	0.00	0.00
019902	09 国债 02	22000.00	2029.02.19	3.86	100.00	0.00	0.00
019903	09 国债 03	26000.00	2019.03.12	3.05	100.00	0.00	0.00
019904	09 国债 04	56430.00	2014.04.02	2.29	98.11	0.00	0.00
019905	09 国债 05	22000.00	2039.04.09	4.02	100.00	0.00	0.00
019906	09 国债 06	25210.00	2016.04.16	2.82	100.00	0.00	0.00
019907	09 国债 07	27760.00	2019.05.07	3.02	100.00	0.00	0.00
019909	09 国债 09	27300.00	2012.05.21	1.55	100.00	0.00	0.00
019910	09 国债 10	29500.00	2014.06.04	2.26	100.00	0.00	0.00
019911	09 国债 11	28000.00	2024.06.11	3.69	100.00	0.00	0.00
019912	09 国债 12	28270.00	2019.06.18	3.09	100.00	0.00	0.00
019913	09 国债 13	28000.00	2016.06.25	2.82	100.00	0.00	0.00
019915	09 国债 15	28000.00	2012.07.16	2.22	99.57	0.00	113.96
019916	09 国债 16	28300.00	2019.07.23	3.48	100.00	0.00	0.00
019917	09 国债 17	26000.00	2016.07.30	3.15	102.35	0.00	0.00
019918	09 国债 18	27580.00	2014.08.06	2.97	100.00	0.00	0.00
019919	09 国债 19	26730.00	2016.08.20	3.17	100.00	0.00	0.00
019920	09 国债 20	26000.00	2029.08.27	4.00	100.00	0.00	0.00
019922	09 国债 22	26860.00	2012.09.10	2.18	99.67	0.00	100.00
019923	09 国债 23	26640.00	2019.09.17	3.44	100.00	0.00	0.00
019924	09 国债 24	26800.00	2014.09.24	2.90	100.00	0.00	0.00
019925	09 国债 25	24000.00	2039.10.15	4.18	95.01	0.00	0.00
019926	09 国债 26	27490.00	2016.10.22	3.40	100.00	0.00	0.00

政府债
G-Bond Spot

本年最低 Low	本年收盘 Close	涨跌(%) Change(%)	成交数量(万) Trading Vol(10000)	成交金额(百万) Trading Val (M)
98.70	98.76	0.00	549.03	544.69
98.84	99.00	0.00	615.67	608.79
98.03	99.02	0.00	835.77	825.89
99.81	99.81	0.00	50.00	49.96
0.00	100.00	0.00	30.00	30.10
0.00	100.00	0.00	350.00	350.18
0.00	100.00	0.00	20.00	20.00
0.00	100.00	0.00	0.00	0.00
0.00	104.21	0.00	75.00	76.67
100.30	100.30	-3.49	90.00	90.42
0.00	119.56	0.00	0.00	0.00
0.00	104.41	0.00	20.00	20.27
0.00	100.00	0.00	0.00	0.00
0.00	100.00	0.00	0.00	0.00
100.76	100.76	-2.71	15.00	15.13
0.00	100.00	0.00	0.00	0.00
0.00	105.07	0.00	0.00	0.00
0.00	100.00	0.00	0.00	0.00
0.00	100.00	0.00	0.00	0.00
103.29	104.88	-2.92	10.10	10.44
0.00	100.00	0.00	110.00	111.25
0.00	104.61	0.00	0.00	0.00
0.00	100.00	0.00	0.00	0.00
0.00	100.55	0.00	240.00	240.04
0.00	100.00	0.00	0.00	0.00
0.00	97.11	0.00	0.00	0.00
97.76	97.76	0.00	30.00	29.36
0.00	100.00	0.00	0.00	0.00
0.00	100.00	0.00	0.00	0.00
0.00	100.00	0.00	0.00	0.00
0.00	98.11	0.00	100.00	98.82
0.00	100.00	0.00	0.00	0.00
0.00	100.00	0.00	0.00	0.00
0.00	100.00	0.00	0.00	0.00
0.00	100.00	0.00	0.00	0.00
0.00	100.00	0.00	0.00	0.00
0.00	100.00	0.00	0.00	0.00
0.00	100.00	0.00	0.00	0.00
0.00	100.00	0.00	100.00	100.90
96.18	100.00	0.43	766.74	766.13
0.00	100.00	0.00	0.00	0.00
0.00	102.35	0.00	0.00	0.00
0.00	100.00	0.00	0.00	0.00
0.00	100.00	0.00	0.00	0.00
0.00	100.00	0.00	0.00	0.00
99.98	100.00	0.33	241.00	240.75
0.00	100.00	0.00	0.00	0.00
0.00	100.00	0.00	0.00	0.00
0.00	95.01	0.00	0.00	0.00
0.00	100.00	0.00	0.00	0.00

政府债 G-Bond Spot

债券 Bond

证券代码 Code	证券简称 Name	发行数量(百万) Issued Val(M)	到期日期 Expiration Date	票面利率 Coupon Rate	上年收盘(面值 100 元) Last Year close	本年开盘 Open	本年最高 High
019927	09 国债 27	27240.00	2019.11.05	3.68	100.00	0.00	0.00
019929	09 国债 29	27630.00	2012.11.19	2.42	100.53	0.00	100.05
019930	09 国债 30	20000.00	2059.11.30	4.30	100.00	0.00	0.00
019931	09 国债 31	27390.00	2014.12.03	2.90	100.00	0.00	0.00
019932	09 国债 32	27120.00	2016.12.17	3.22	100.00	0.00	0.00
020048	11 贴债 03	11760.00	2012.01.09	0.00	98.25	0.00	0.00
020049	11 贴债 04	15000.00	2012.05.07	0.00	97.81	0.00	0.00
020050	11 贴债 05	15000.00	2012.03.19	0.00	98.43	0.00	99.68
020051	12 贴债 01	15000.00	2013.01.14	0.00	--	0.00	99.79
020052	12 贴债 02	15000.00	2013.02.04	0.00	--	0.00	98.12
020053	12 贴债 03	15000.00	2013.03.18	0.00	--	0.00	98.67
020054	12 贴债 04	15000.00	2013.01.14	0.00	--	0.00	99.88
020055	12 贴债 05	15000.00	2013.01.28	0.00	--	0.00	98.86
020056	12 贴债 06	15000.00	2013.02.04	0.00	--	98.87	98.87
020057	12 贴债 07	15000.00	2013.01.21	0.00	--	0.00	99.24
020058	12 贴债 08	15000.00	2013.02.04	0.00	--	0.00	0.00
130000	09 新疆 01	3000.00	2012.03.30	1.61	99.01	0.00	100.02
130001	09 安徽 01	4000.00	2012.04.01	1.60	100.00	0.00	0.00
130002	09 河南 01	5000.00	2012.04.07	1.63	100.00	0.00	0.00
130003	09 四川 01	9000.00	2012.04.08	1.65	100.00	0.00	0.00
130004	09 重庆债	5800.00	2012.04.13	1.70	100.00	0.00	0.00
130005	09 辽宁 01	3000.00	2012.04.14	1.75	100.00	0.00	0.00
130006	09 天津债	2600.00	2012.04.14	1.78	100.00	0.00	0.00
130007	09 山东 01	3000.00	2012.04.16	1.80	100.00	0.00	0.00
130008	09 江苏债	8400.00	2012.04.20	1.82	100.00	0.00	0.00
130009	09 吉林 01	3000.00	2012.04.23	1.82	100.00	0.00	0.00
130010	09 青岛债	1100.00	2012.04.23	1.82	100.00	0.00	0.00
130011	09 湖北 01	5000.00	2012.04.23	1.82	100.00	0.00	0.00
130012	09 青海债	2900.00	2012.04.23	1.82	100.00	0.00	0.00
130013	09 河北 01	4000.00	2012.04.30	1.80	100.00	0.00	0.00
130014	09 内蒙 01	3000.00	2012.04.30	1.80	100.00	0.00	0.00
130015	09 陕西 01	3600.00	2012.04.30	1.80	100.00	0.00	0.00
130016	09 龙江 01	3000.00	2012.05.11	1.77	100.00	0.00	0.00
130017	09 云南债	8400.00	2012.05.11	1.77	100.00	0.00	0.00
130018	09 浙江 01	4000.00	2012.05.11	1.77	100.00	0.00	0.00
130019	09 大连债	1000.00	2012.05.14	1.71	100.00	0.00	0.00
130020	09 四川 02	9000.00	2012.05.14	1.71	100.00	0.00	0.00
130021	09 湖北 02	3100.00	2012.05.14	1.71	100.00	0.00	0.00
130022	09 广西 01	3500.00	2012.05.25	1.67	100.00	0.00	0.00
130023	09 北京债	5600.00	2012.05.25	1.67	100.00	0.00	0.00
130024	09 上海 01	4000.00	2012.05.25	1.67	100.00	0.00	0.00
130025	09 河南 02	3800.00	2012.05.25	1.67	100.00	0.00	0.00
130026	09 湖南债	8200.00	2012.06.09	1.70	100.00	0.00	0.00
130027	09 福建债	2600.00	2012.06.09	1.70	100.00	0.00	0.00
130028	09 宁夏债	3000.00	2012.06.09	1.70	100.00	0.00	0.00
130029	09 江西债	6200.00	2012.06.15	1.72	100.00	0.00	0.00
130030	09 贵州债	3700.00	2012.06.15	1.72	100.00	0.00	0.00
130031	09 安徽 02	6400.00	2012.06.15	1.72	100.00	0.00	0.00
130032	09 广东债	8500.00	2012.06.23	1.75	100.00	0.00	0.00
130033	09 厦门债	800.00	2012.06.23	1.75	100.00	0.00	0.00

政府债
G-Bond Spot

债券
Bond

本年最低 Low	本年收盘 Close	涨跌(%) Change(%)	成交数量(万) Trading Vol(10000)	成交金额(百万) Trading Val (M)
0.00	100.00	0.00	0.00	0.00
99.60	99.99	-0.54	994.50	993.42
0.00	100.00	0.00	0.00	0.00
0.00	100.00	0.00	0.00	0.00
0.00	100.00	0.00	0.00	0.00
0.00	98.25	0.00	0.00	0.00
0.00	97.81	0.00	0.00	0.00
97.10	98.20	-0.23	121.38	119.14
87.93	97.97	0.00	1559.95	1532.27
97.79	98.00	0.00	550.01	538.79
98.07	98.07	0.00	400.00	393.37
98.15	99.88	0.00	5859.50	5787.33
98.71	98.71	0.00	1390.00	1374.36
98.59	98.59	0.00	1650.00	1629.02
99.24	99.24	0.00	200.00	198.48
0.00	99.24	0.00	40.00	39.72
99.35	100.02	1.02	0.77	0.77
0.00	100.00	0.00	0.00	0.00
0.00	100.00	0.00	0.00	0.00
0.00	100.00	0.00	0.00	0.00
0.00	100.00	0.00	0.00	0.00
0.00	100.00	0.00	0.00	0.00
0.00	100.00	0.00	0.00	0.00
0.00	100.00	0.00	0.00	0.00
0.00	100.00	0.00	0.00	0.00
0.00	100.00	0.00	0.00	0.00
0.00	100.00	0.00	0.00	0.00
0.00	100.00	0.00	0.00	0.00
0.00	100.00	0.00	0.00	0.00
0.00	100.00	0.00	0.00	0.00
0.00	100.00	0.00	0.00	0.00
0.00	100.00	0.00	0.00	0.00
0.00	100.00	0.00	0.00	0.00
0.00	100.00	0.00	0.00	0.00
0.00	100.00	0.00	0.00	0.00
0.00	100.00	0.00	0.00	0.00
0.00	100.00	0.00	0.00	0.00
0.00	100.00	0.00	0.00	0.00
0.00	100.00	0.00	0.00	0.00
0.00	100.00	0.00	0.00	0.00
0.00	100.00	0.00	0.00	0.00
0.00	100.00	0.00	0.00	0.00
0.00	100.00	0.00	0.00	0.00
0.00	100.00	0.00	0.00	0.00
0.00	100.00	0.00	0.00	0.00
0.00	100.00	0.00	0.00	0.00
0.00	100.00	0.00	0.00	0.00
0.00	100.00	0.00	0.00	0.00
0.00	100.00	0.00	0.00	0.00
0.00	100.00	0.00	0.00	0.00

政府债
G-Bond Spot

债券
Bond

证券代码 Code	证券简称 Name	发行数量(百万) Issued Val(M)	到期日期 Expiration Date	票面利率 Coupon Rate	上年收盘(面值 100 元) Last Year close	本年开盘 Open	本年最高 High
130034	09 海南债	2900.00	2012.06.23	1.75	100.00	0.00	0.00
130035	09 山西债	5300.00	2012.06.29	1.76	100.00	0.00	0.00
130036	09 甘肃债	6500.00	2012.06.29	1.76	100.00	0.00	0.00
130037	09 宁波债	1500.00	2012.07.07	1.79	100.00	0.00	0.00
130038	09 深圳债	2400.00	2012.07.07	1.79	100.00	0.00	0.00
130039	09 新疆 02	2500.00	2012.07.07	1.79	100.00	0.00	0.00
130040	09 山东 02	2900.00	2012.07.07	1.79	100.00	0.00	0.00
130041	09 辽宁 02	2600.00	2012.07.07	1.79	100.00	0.00	0.00
130042	09 吉林 02	2500.00	2012.08.31	2.36	100.00	0.00	0.00
130043	09 广西 02	3000.00	2012.08.31	2.36	100.00	0.00	0.00
130044	09 龙江 02	3000.00	2012.08.31	2.36	100.00	0.00	0.00
130045	09 内蒙 02	2700.00	2012.08.31	2.36	100.00	0.00	0.00
130046	09 河北 02	2000.00	2012.09.07	2.24	100.00	0.00	0.00
130047	09 上海 02	3600.00	2012.09.07	2.24	100.00	0.00	0.00
130048	09 浙江 02	2700.00	2012.09.07	2.24	100.00	0.00	0.00
130049	09 陕西 02	2700.00	2012.09.07	2.24	100.00	0.00	0.00
130050	10 地债 01	28600.00	2013.06.21	2.77	100.00	0.00	0.00
130051	10 地债 02	15200.00	2015.06.21	2.90	100.00	0.00	0.00
130052	10 地债 03	23200.00	2013.07.19	2.33	100.00	0.00	0.00
130053	10 地债 04	28400.00	2013.08.10	2.37	100.00	0.00	0.00
130054	10 地债 05	18600.00	2015.08.10	2.67	100.00	0.00	0.00
130055	10 地债 06	19500.00	2013.08.24	2.37	100.00	0.00	0.00
130056	10 地债 07	20600.00	2013.09.07	2.36	100.00	0.00	0.00
130057	10 地债 08	15200.00	2015.09.07	2.67	100.00	0.00	0.00
130058	10 地债 09	18100.00	2013.11.15	3.23	100.00	0.00	0.00
130059	10 地债 10	12600.00	2015.11.15	3.70	100.00	0.00	0.00
130060	11 地债 01	25400.00	2016.07.12	3.84	100.00	0.00	0.00
130061	11 地债 02	23940.00	2014.07.12	3.93	100.00	0.00	0.00
130062	11 地债 03	22660.00	2014.08.02	4.07	100.00	0.00	0.00
130063	11 地债 04	22000.00	2016.08.09	4.12	100.00	0.00	0.00
130064	11 地债 05	23600.00	2014.08.23	4.01	100.00	0.00	0.00
130065	11 地债 06	24000.00	2016.08.30	4.30	100.00	0.00	0.00
130066	11 地债 07	17600.00	2014.10.18	3.67	100.00	0.00	0.00
130067	11 地债 08	17900.00	2016.10.25	3.70	100.00	0.00	0.00
130068	11 上海 01	3600.00	2014.11.16	3.10	100.00	0.00	0.00
130069	11 上海 02	3500.00	2016.11.16	3.30	100.00	0.00	0.00
130070	11 广东 01	3450.00	2014.11.21	3.08	100.00	0.00	0.00
130071	11 广东 02	3450.00	2016.11.21	3.29	100.00	0.00	0.00
130072	11 浙江 01	3300.00	2014.11.22	3.01	100.00	0.00	0.00
130073	11 浙江 02	3400.00	2016.11.22	3.24	100.00	0.00	0.00
130074	11 深圳 01	1100.00	2014.11.28	3.03	100.00	0.00	0.00
130075	11 深圳 02	1100.00	2016.11.28	3.25	100.00	0.00	0.00
130076	12 地债 01	20600.00	2015.06.18	2.76	--	0.00	0.00
130077	12 地债 02	21000.00	2017.07.02	3.07	--	0.00	0.00
130078	12 地债 03	23900.00	2015.07.10	2.75	--	0.00	0.00
130079	12 地债 04	23900.00	2017.07.17	3.02	--	0.00	0.00
130080	12 地债 05	23100.00	2015.07.24	2.74	--	0.00	0.00
130081	12 地债 06	23300.00	2017.07.31	3.13	--	0.00	0.00
130082	12 地债 07	21600.00	2015.08.13	2.98	--	0.00	0.00
130083	12 地债 08	22100.00	2017.08.20	3.38	--	0.00	0.00

政府债
G-Bond Spot

债券
Bond

本年最低 Low	本年收盘 Close	涨跌(%) Change(%)	成交数量(万) Trading Vol(10000)	成交金额(百万) Trading Val (M)
0.00	100.00	0.00	0.00	0.00
0.00	100.00	0.00	0.00	0.00
0.00	100.00	0.00	0.00	0.00
0.00	100.00	0.00	0.00	0.00
0.00	100.00	0.00	0.00	0.00
0.00	100.00	0.00	0.00	0.00
0.00	100.00	0.00	0.00	0.00
0.00	100.00	0.00	0.00	0.00
0.00	100.00	0.00	0.00	0.00
0.00	100.00	0.00	0.00	0.00
0.00	100.00	0.00	0.00	0.00
0.00	100.00	0.00	0.00	0.00
0.00	100.00	0.00	0.00	0.00
0.00	100.00	0.00	0.00	0.00
0.00	100.00	0.00	0.00	0.00
0.00	100.00	0.00	0.00	0.00
0.00	100.00	0.00	0.00	0.00
0.00	100.00	0.00	0.00	0.00
0.00	100.00	0.00	0.00	0.00
0.00	100.00	0.00	0.00	0.00
0.00	100.00	0.00	0.00	0.00
0.00	100.00	0.00	0.00	0.00
0.00	100.00	0.00	0.00	0.00
0.00	100.00	0.00	0.00	0.00
0.00	100.00	0.00	0.00	0.00
0.00	100.00	0.00	0.00	0.00
0.00	100.00	0.00	0.00	0.00
0.00	100.00	0.00	0.00	0.00
0.00	100.00	0.00	0.00	0.00
0.00	100.00	0.00	0.00	0.00
0.00	100.00	0.00	0.00	0.00
0.00	100.00	0.00	0.00	0.00
0.00	100.00	0.00	0.00	0.00
0.00	100.00	0.00	0.00	0.00
0.00	100.00	0.00	0.00	0.00
0.00	100.00	0.00	0.00	0.00
0.00	100.00	0.00	0.00	0.00
0.00	100.00	0.00	0.00	0.00
0.00	100.00	0.00	0.00	0.00
0.00	100.00	0.00	0.00	0.00
0.00	100.00	0.00	0.00	0.00
0.00	100.00	0.00	0.00	0.00
0.00	100.00	0.00	0.00	0.00
0.00	100.00	0.00	0.00	0.00
0.00	100.00	0.00	0.00	0.00
0.00	100.00	0.00	0.00	0.00
0.00	100.00	0.00	0.00	0.00
0.00	100.00	0.00	0.00	0.00
0.00	100.00	0.00	0.00	0.00
0.00	100.00	0.00	0.00	0.00

政府债
G-Bond Spot

债券
Bond

证券代码 Code	证券简称 Name	发行数量 (百万) Issued Val(M)	到期日期 Expiration Date	票面利率 Coupon Rate	上年收盘 (面值 100 元) Last Year close	本年开盘 Open	本年最高 High
130084	12 上海 01	4450.00	2017.08.24	3.25	--	0.00	0.00
130085	12 上海 02	4450.00	2019.08.24	3.39	--	0.00	0.00
130086	12 广东 01	4300.00	2017.09.07	3.21	--	0.00	0.00
130087	12 广东 02	4300.00	2019.09.07	3.40	--	0.00	0.00
130088	12 地债 09	20600.00	2015.09.17	3.47	--	0.00	0.00
130089	12 地债 10	21000.00	2017.09.17	3.58	--	0.00	0.00
130090	12 浙江 01	4350.00	2017.09.24	3.30	--	0.00	0.00
130091	12 浙江 02	4350.00	2019.09.24	3.47	--	0.00	0.00
130092	12 深圳 01	1350.00	2017.10.15	3.22	--	0.00	0.00
130093	12 深圳 02	1350.00	2019.10.15	3.43	--	0.00	0.00

政府债
G-Bond Spot

债券
Bond

本年最低 Low	本年收盘 Close	涨跌(%) Change(%)	成交数量(万) Trading Vol(10000)	成交金额(百万) Trading Val (M)
0.00	100.00	0.00	0.00	0.00
0.00	100.00	0.00	0.00	0.00
0.00	100.00	0.00	0.00	0.00
0.00	100.00	0.00	0.00	0.00
0.00	100.00	0.00	0.00	0.00
0.00	100.00	0.00	0.00	0.00
0.00	100.00	0.00	0.00	0.00
0.00	100.00	0.00	0.00	0.00
0.00	100.00	0.00	0.00	0.00
0.00	100.00	0.00	0.00	0.00

公司债每日成交(百万/万)
C-Bond Trading(M /10000)

债券
Bond

日期 Date	1月 Jan		2月 Feb		3月 Mar		4月 Apr		5月 May		6月 Jun	
	金额 Val	数量 Vol	金额 Val	数量 Vol	金额 Val	数量 Vol	金额 Val	数量 Vol	金额 Val	数量 Vol	金额 Val	数量 Vol
1	---	---	2311.59	2278.57	2205.49	2230.52	---	---	---	---	2064.66	2047.34
2	---	---	2000.14	1974.09	2671.18	2668.71	---	---	3021.59	2998.93	---	---
3	---	---	2261.34	2224.17	---	---	---	---	4329.93	4345.40	---	---
4	1999.43	2002.80	---	---	---	---	---	---	2864.06	2865.82	2433.31	2402.45
5	2341.23	2373.06	---	---	3009.85	3046.88	2555.34	2559.30	---	---	2786.66	2761.50
6	2910.38	2911.61	3205.73	3460.56	2700.78	2704.02	1371.70	1383.43	---	---	2221.91	2178.74
7	---	---	2168.26	2320.56	2287.57	2270.03	---	---	4319.59	4336.78	1958.45	1929.78
8	---	---	2549.98	2512.43	2442.71	2451.90	---	---	4447.46	4491.09	3683.00	3596.69
9	3835.82	3885.40	2945.23	2935.43	2611.22	2610.72	2251.18	2264.20	3569.82	3533.92	---	---
10	5210.26	5146.39	2794.27	2752.96	---	---	1877.08	1884.78	3629.19	3580.86	---	---
11	3324.19	3346.17	---	---	---	---	1996.58	2010.41	2776.40	2740.61	3051.88	2981.09
12	2278.85	2305.58	---	---	3198.56	3230.85	2983.85	2968.39	---	---	2915.84	2877.00
13	1934.29	1932.69	2942.52	3039.83	2648.30	2667.42	2217.79	2195.99	---	---	5844.49	5767.74
14	---	---	1978.32	2008.80	2668.46	2671.50	---	---	3013.16	3003.56	3773.74	3669.86
15	---	---	1974.37	1985.96	3211.85	3196.44	---	---	2567.24	2575.38	2992.68	2954.47
16	2608.89	2638.47	2105.05	2108.20	2968.29	2978.74	2493.30	2475.95	2327.02	2318.66	---	---
17	3172.46	3195.07	3844.37	3959.24	---	---	2247.84	2235.96	1679.27	1676.70	---	---
18	2504.41	2528.45	---	---	---	---	2459.28	2445.24	2978.60	2983.95	6250.71	5995.52
19	2125.03	2140.02	---	---	2802.91	2834.32	2171.35	2164.23	---	---	4490.91	4443.68
20	1826.96	1818.10	3988.34	4078.00	3725.69	3702.89	2146.17	2129.74	---	---	5514.05	5588.23
21	---	---	2425.97	2442.30	2559.55	2564.50	---	---	4986.64	4887.48	3137.19	3069.27
22	---	---	2591.09	2590.70	1781.67	1776.27	---	---	3929.72	3912.90	---	---
23	---	---	2329.79	2365.77	2508.69	2526.78	2802.36	2810.59	2577.46	2532.84	---	---
24	---	---	3503.61	3527.47	---	---	3421.09	3384.50	3381.12	3331.99	---	---
25	---	---	---	---	---	---	3366.81	3377.75	2409.17	2353.88	3155.89	3111.50
26	---	---	---	---	2810.62	2837.54	2427.16	2423.44	---	---	4008.86	4112.77
27	---	---	4529.71	4525.81	3184.08	3197.01	2746.29	2733.75	---	---	2976.36	2951.74
28	---	---	4119.57	4100.47	3271.70	3298.80	---	---	4285.55	4182.01	2514.41	2466.66
29	---	---	2777.12	2800.22	1897.79	1910.44	---	---	5329.03	5136.10	1767.63	1750.31
30	2347.79	2409.64	---	---	1732.31	1737.54	---	---	2440.32	2384.72	---	---
31	2888.03	2972.24	---	---	---	---	---	---	1276.42	1271.98	---	---
最高 high	5210.26	5146.39	4529.71	4525.81	3725.69	3702.89	3421.09	3384.50	5329.03	5136.10	6250.71	5995.52
最低 low	1826.96	1818.10	1974.37	1974.09	1732.31	1737.54	1371.70	1383.43	L1276.42	L1271.98	1767.63	1750.31

公司债每日成交(百万/万)
C-Bond Trading(M /10000)

债券
Bond

日期 Date	7月 Jul		8月 Aug		9月 Sep		10月 Oct		11月 Nov		12月 Dec	
	金额 Val	数量 Vol	金额 Val	数量 Vol	金额 Val	数量 Vol	金额 Val	数量 Vol	金额 Val	数量 Vol	金额 Val	数量 Vol
1	---	---	2292.20	2255.31	---	---	---	---	3829.51	3776.77	---	---
2	1868.35	1831.59	2078.66	2108.37	---	---	---	---	3419.99	3393.63	---	---
3	2949.15	2893.17	3483.45	3368.71	1621.86	1620.39	---	---	---	---	2287.97	2282.48
4	2744.97	2678.13	---	---	1574.12	1576.44	---	---	---	---	4850.69	4822.64
5	2026.08	2002.74	---	---	1629.47	1635.21	---	---	3307.53	3258.92	5479.83	5441.73
6	2860.24	2768.47	2902.92	2879.04	2022.92	2026.54	---	---	4435.58	4361.01	5387.21	5312.66
7	---	---	1568.64	1544.36	3348.44	3320.57	---	---	3167.64	3116.82	6583.93	6498.80
8	---	---	1486.31	1473.98	---	---	2150.59	2165.04	2981.33	2949.88	---	---
9	3426.25	3333.59	2461.59	2476.20	---	---	3249.91	3241.87	2402.34	2366.41	---	---
10	2477.10	2419.90	1836.75	1801.53	1749.51	1753.14	2511.04	2506.59	---	---	7082.11	6972.96
11	2107.36	2055.24	---	---	1810.48	1800.45	2389.20	2379.86	---	---	4628.26	4539.71
12	3512.75	3435.92	---	---	1982.38	1967.07	2672.99	2649.31	3667.80	3630.09	4743.36	4652.59
13	3210.41	3154.08	3249.37	3166.36	2139.18	2132.39	---	---	3686.96	3619.62	4289.79	4220.05
14	---	---	1920.58	1890.25	2073.85	2053.81	---	---	3736.88	3683.31	6662.74	6574.73
15	---	---	1718.59	1685.93	---	---	2277.23	2270.72	3559.12	3543.21	---	---
16	2790.27	2760.64	2100.33	2094.04	---	---	2065.31	2056.08	2863.70	2829.31	---	---
17	3906.61	3792.98	1419.44	1395.99	2638.95	2686.12	2998.35	2963.91	---	---	5616.08	5541.73
18	2813.36	2743.57	---	---	2169.03	2211.96	3763.71	3750.78	---	---	5645.94	5479.88
19	3643.36	3566.06	---	---	4028.13	3997.31	2691.77	2659.23	3080.16	3037.50	4126.61	4054.05
20	4281.44	4131.70	2301.58	2265.33	4787.46	4825.95	---	---	2879.48	2832.23	8346.02	8277.83
21	---	---	3372.65	3306.34	2070.75	2088.92	---	---	2911.17	2872.71	5008.16	4911.34
22	---	---	3432.72	3353.27	---	---	3052.66	3012.81	2226.63	2194.26	---	---
23	2640.33	2625.03	2980.83	2969.12	---	---	4421.31	4365.44	3637.92	3556.35	---	---
24	4057.54	3989.12	2709.48	2674.55	2786.52	2889.86	2890.46	2852.54	---	---	5281.95	5221.42
25	2772.06	2705.23	---	---	3327.82	3347.21	3059.77	3028.26	---	---	7511.33	7381.43
26	2384.91	2358.54	---	---	3029.72	3016.39	2573.22	2579.36	3962.92	3872.92	5302.52	5201.15
27	2453.33	2423.75	3090.20	3051.49	2234.06	2231.87	---	---	2925.24	2880.17	13455.20	13276.39
28	---	---	2475.19	2449.50	2130.71	2133.12	---	---	2907.15	2855.21	5051.47	4959.47
29	---	---	1827.80	1812.23	---	---	3150.66	3109.96	3250.76	3210.64	---	---
30	2012.65	1993.67	2272.46	2268.54	---	---	2189.41	2158.67	2152.96	2129.22	---	---
31	3369.63	3438.30	1455.07	1452.28	---	---	3388.69	3365.15	---	---	5241.87	5138.16
最高 high	4281.44	4131.70	3483.45	3368.71	4787.46	4825.95	4421.31	4365.44	4435.58	4361.01	H13455.2(	H13276.3
最低 low	1868.35	1831.59	1419.44	1395.99	1574.12	1576.44	2065.31	2056.08	2152.96	2129.22	2287.97	2282.48

公司债
C-Bond

债券
Bond

证券代码 Code	证券简称 Name	发行数量(百万) Issued Val(M)	到期日期 Expiration Date	上年收盘 Last Year close	本年开盘 Open	本年最高 High
110003	新钢转债	2760.00	2013.08.20	100.39	100.36	105.65
110007	博汇转债	975.00	2014.09.23	96.38	96.41	102.94
110009	双良转债	720.00	2015.05.04	97.12	0.00	0.00
110011	歌华转债	1600.00	2016.11.25	92.58	91.88	99.80
110012	海运转债	720.00	2016.01.07	92.32	92.34	103.50
110013	国投转债	3400.00	2017.01.25	97.30	96.60	124.20
110015	石化转债	23000.00	2017.02.23	100.85	101.97	108.30
110016	川投转债	2100.00	2017.03.21	92.47	92.52	109.59
110017	中海转债	3950.00	2017.08.01	91.95	91.95	99.50
110018	国电转债	5500.00	2017.08.19	106.14	106.39	120.00
110019	恒丰转债	450.00	2017.03.23	100.00	107.50	125.00
110020	南山转债	6000.00	2018.10.16	100.00	100.10	107.21
110022	同仁转债	1205.00	2017.12.04	100.00	115.00	117.69
110078	澄星转债	440.00	2012.05.10	106.34	106.39	112.49
113001	中行转债	40000.00	2016.06.02	94.95	95.30	99.38
113002	工行转债	25000.00	2016.08.31	106.65	107.00	113.02
113003	重工转债	8050.15	2018.06.04	100.00	106.01	108.78
120102	01 三峡债	3000.00	2016.11.08	101.00	100.04	103.00
120201	02 三峡债	5000.00	2022.09.20	95.80	88.00	103.00
120203	02 中移(15)	5000.00	2017.10.27	96.90	96.88	100.50
120204	02 苏交通	1500.00	2017.12.11	94.50	94.50	99.50
120205	02 渝城投	1500.00	2012.12.09	99.60	99.60	101.51
120288	02 金茂债	1000.00	2012.04.28	99.99	99.89	100.20
120301	03 沪轨道	4000.00	2018.02.19	96.05	82.00	100.50
120302	03 苏园建	1000.00	2013.07.17	99.95	100.00	101.00
120303	03 三峡债	3000.00	2033.07.31	98.62	95.00	102.98
120304	03 电网(1)	3000.00	2013.12.30	99.60	99.60	100.85
120305	03 电网(2)	2000.00	2013.12.30	100.00	100.18	101.30
120306	03 中电投	3000.00	2018.12.07	99.00	99.00	101.00
120307	03 浦发债	1500.00	2013.01.12	99.55	99.59	104.80
120308	03 沪杭甬	1000.00	2013.01.24	99.42	99.40	101.60
120309	03 苏交通	1800.00	2013.11.20	99.40	99.68	100.69
120310	03 网通(1)	4000.00	2013.12.03	100.00	97.50	101.00
120311	03 网通(2)	1000.00	2013.12.03	100.50	100.50	103.30
120482	04 通用债	1000.00	2014.03.30	99.98	99.89	100.83
120483	04 中石化	3500.00	2014.02.23	99.00	99.00	101.00
120485	04 国电(1)	2444.00	2014.09.21	100.00	100.00	104.00
120486	04 国电(2)	1556.00	2019.09.21	104.95	97.00	104.00
120488	04 京地铁	2000.00	2014.12.14	101.50	101.00	103.80
120489	04 南网(1)	1000.00	2014.09.16	100.00	98.50	102.00
120490	04 南网(2)	2000.00	2019.09.16	103.00	93.00	105.10
120501	05 申能债	1000.00	2015.02.01	102.19	102.50	106.55
120502	05 苏园建	1200.00	2015.05.18	99.00	100.50	102.00
120503	05 渝水务	1700.00	2015.04.25	100.77	102.80	103.80
120505	05 华电债	2000.00	2015.06.29	98.00	98.00	101.20
120506	05 大唐债	3000.00	2020.04.28	108.00	0.00	0.00
120508	05 铁道债	5000.00	2020.07.28	94.00	96.00	100.00
120509	05 国网(1)	3000.00	2015.07.07	115.09	100.00	108.31
120510	05 国网(2)	1000.00	2015.07.07	101.00	100.00	110.00
120511	05 沪建(1)	2000.00	2015.07.26	96.20	100.00	107.00

公司债
C-Bond

债券
Bond

本年最低 Low	本年收盘 Close	涨跌(%) Change(%)	成交数量(万) Trading Vol (10000)	成交金额(百万) Trading Val(M)
100.25	103.80	3.40	5035.92	5202.30
96.24	99.50	3.24	1969.17	1978.69
0.00	0.00	0.00	0.00	0.00
91.25	92.79	0.23	2095.70	1962.89
89.70	99.69	7.98	965.97	940.21
96.60	122.51	25.91	5085.42	5537.45
95.89	103.39	2.52	53510.54	54843.52
92.35	109.20	18.09	2556.11	2542.53
88.50	88.75	-3.48	2228.41	2069.46
100.68	112.79	6.27	9684.12	10588.76
105.10	110.82	10.82	533.90	590.97
99.00	106.64	6.64	8372.04	8508.18
109.02	116.99	16.99	1061.81	1177.23
105.67	107.33	0.93	194.92	210.08
94.50	96.86	2.01	51773.75	50085.44
99.00	109.82	2.97	48982.37	52491.33
99.00	106.01	6.01	18219.43	19006.60
98.01	101.40	0.40	56.95	57.34
88.00	97.00	1.25	214.09	206.00
90.05	98.16	1.30	79.51	77.70
90.20	96.99	2.64	3.37	3.30
91.00	100.00	0.40	336.32	336.22
90.92	99.99	0.00	90.31	90.23
82.00	97.01	1.00	37.77	36.41
85.00	100.10	0.15	116.54	116.21
89.91	98.00	-0.63	2.29	2.23
98.00	100.10	0.50	29.04	29.06
98.00	100.00	0.00	44.41	44.74
96.30	98.78	-0.22	7.20	7.12
91.00	99.99	0.44	88.34	88.24
90.70	99.90	0.48	34.39	34.23
90.50	100.15	0.76	154.94	154.93
92.98	100.07	0.07	31.08	31.17
91.05	100.70	0.20	309.99	311.67
90.00	99.50	-0.48	17.33	17.42
96.08	100.05	1.06	8.75	8.73
92.16	101.50	1.50	5.84	5.89
91.00	99.57	-5.13	0.60	0.60
91.35	101.70	0.20	8.94	9.11
97.08	101.49	1.49	17.97	18.25
84.90	104.00	0.97	1286.07	1322.29
91.32	101.50	-0.68	107.41	110.35
93.66	100.31	1.32	0.60	0.61
101.80	103.80	3.01	8.96	9.13
92.50	99.90	1.94	1.62	1.62
0.00	0.00	0.00	0.00	0.00
92.56	99.00	5.32	3.35	3.29
90.00	100.00	-13.11	25.72	26.21
90.00	100.20	-0.79	7.39	7.50
87.22	99.00	2.91	0.31	0.31

公司债
C-Bond

债券
Bond

证券代码 Code	证券简称 Name	发行数量 (百万) Issued Val(M)	到期日期 Expiration Date	上年收盘 Last Year close	本年开盘 Open	本年最高 High
120512	05 沪建(2)	1000.00	2020.07.26	90.98	93.90	104.50
120516	05 中电投	2000.00	2015.07.11	98.99	99.20	101.00
120518	05 京能(2)	500.00	2012.07.06	100.00	99.99	101.80
120519	05 华能债	2000.00	2015.07.04	98.00	97.61	102.00
120520	05 杭城建	1000.00	2015.06.19	96.99	99.00	100.24
120521	05 国航债	3000.00	2015.09.06	100.00	99.80	100.80
120522	05 铁通债	1000.00	2015.08.17	100.00	0.00	0.00
120523	05 闽高速	2000.00	2015.06.09	97.80	100.00	101.75
120525	05 中核(1)	1000.00	2015.07.21	106.95	100.00	102.00
120527	05 武城投	1000.00	2020.12.25	96.00	95.99	98.00
120528	05 世博债	1500.00	2012.12.27	99.95	99.05	106.00
120529	05 宁煤债	1000.00	2020.09.15	94.33	94.00	109.90
120601	06 大唐债	2000.00	2026.02.15	96.49	0.00	0.00
120602	06 冀建投	1000.00	2026.03.27	93.50	92.00	99.99
120603	06 航天债	2000.00	2021.04.17	93.00	93.00	99.52
120604	06 国网(1)	1000.00	2016.05.28	95.79	96.89	101.22
120605	06 三峡债	3000.00	2026.05.10	89.00	89.00	91.19
120606	06 张江债	600.00	2013.05.18	98.91	98.91	100.10
120607	06 沪水务	1500.00	2021.06.28	98.70	0.00	0.00
120608	06 鲁高速	1000.00	2026.04.06	95.00	95.00	99.48
120609	06 赣投债	800.00	2021.09.10	85.50	94.05	112.00
120610	06 合城投	1000.00	2016.09.19	137.11	0.00	0.00
120701	07 世博(1)	2000.00	2017.02.14	99.80	96.80	96.93
120702	07 世博(2)	2000.00	2022.02.14	93.97	94.00	96.95
122000	07 长电债	4000.00	2017.09.24	100.97	100.00	105.00
122001	07 海工债	1200.00	2017.11.09	102.50	102.50	108.50
122002	07 华能 G1	1000.00	2012.12.25	100.99	100.98	103.50
122003	07 华能 G2	1700.00	2014.12.25	104.00	100.00	105.00
122004	07 华能 G3	3300.00	2017.12.25	100.00	100.00	105.00
122005	08 钒钛债	1300.00	2013.02.28	101.50	101.01	104.65
122006	08 金地债	1200.00	2016.03.10	101.50	100.00	106.30
122007	08 莱钢债	2000.00	2018.03.25	101.00	101.00	105.87
122008	08 华能 G1	4000.00	2018.05.08	100.98	100.00	102.00
122009	08 新湖债	1400.00	2016.07.02	102.83	102.80	108.36
122011	08 金发债	1000.00	2013.07.24	103.08	103.17	105.06
122012	08 保利债	4300.00	2013.07.11	102.80	102.00	104.50
122013	08 北辰债	1700.00	2013.07.18	101.87	102.00	105.98
122014	09 豫园债	500.00	2014.07.17	101.60	102.90	105.00
122015	09 长电债	3500.00	2019.07.30	99.00	97.30	100.00
122016	09 中材债	2500.00	2016.07.29	98.00	99.50	103.60
122017	09 大唐债	3000.00	2019.08.17	98.00	100.00	101.50
122018	09 中交 G1	2100.00	2014.08.21	99.50	100.00	101.88
122019	09 中交 G2	7900.00	2019.08.21	119.98	101.19	112.44
122020	09 复地债	1900.00	2014.09.22	98.70	98.60	104.79
122021	09 广汇债	1000.00	2016.08.26	100.60	100.70	110.18
122022	09 城控债	2000.00	2014.09.11	100.00	102.00	111.00
122023	09 万业债	1000.00	2014.09.17	94.05	93.98	103.55
122024	09 国阳债	1400.00	2014.09.15	99.01	99.11	102.50
122025	09 首置债	1000.00	2014.09.24	99.38	99.30	103.00
122026	09 福田债	1000.00	2014.09.23	98.40	98.90	102.82

公司债
C-Bond

债券
Bond

本年最低 Low	本年收盘 Close	涨跌(%) Change(%)	成交数量(万张) Trading Vol (10000)	成交金额(百万) Trading Val(M)
86.50	100.50	10.46	0.17	0.17
85.20	100.30	1.32	20.11	20.10
99.50	101.80	1.80	0.07	0.07
96.71	100.20	2.25	4.12	4.11
97.00	99.06	2.13	0.64	0.64
99.80	100.00	0.00	27.70	27.86
0.00	0.00	0.00	0.00	0.00
90.01	99.98	2.23	1.02	1.02
96.52	100.47	-6.06	0.90	0.90
78.00	98.00	2.08	0.26	0.25
90.10	99.90	-0.05	69.41	69.05
90.00	96.00	1.77	0.50	0.49
0.00	0.00	0.00	0.00	0.00
89.00	93.00	-0.54	0.18	0.17
88.05	95.00	2.15	14.09	13.51
92.54	97.00	1.26	7.30	7.13
84.39	89.13	0.15	221.97	194.88
96.61	99.94	1.04	15.75	15.66
0.00	0.00	0.00	0.00	0.00
90.00	96.20	1.26	0.19	0.18
93.00	93.00	8.77	0.10	0.09
0.00	137.11	0.00	0.00	0.00
91.48	95.10	-4.71	0.18	0.17
89.10	92.00	-2.10	1.76	1.62
98.02	101.90	0.92	1153.24	1171.74
95.00	102.51	0.01	65.02	68.14
100.00	100.02	-0.96	237.67	239.03
100.00	102.00	-1.92	18.24	18.68
93.42	102.00	2.00	66.36	67.70
91.71	100.28	-1.20	2400.03	2431.49
100.00	101.99	0.48	245.78	250.65
94.37	102.70	1.68	1168.53	1185.49
95.01	101.00	0.02	173.97	175.09
101.91	106.59	3.66	3411.77	3601.43
101.25	101.82	-1.22	1638.40	1696.33
91.60	101.15	-1.61	2192.41	2253.38
101.00	101.68	-0.19	2419.51	2499.23
99.07	101.65	0.05	364.76	374.79
81.33	97.00	-2.02	266.78	266.12
93.00	102.39	4.48	350.31	359.85
93.30	96.00	-2.04	1.26	1.24
96.00	100.15	0.65	280.26	280.94
100.07	112.44	-6.28	0.01	0.01
97.78	103.67	5.04	3347.09	3448.90
100.00	103.90	3.28	1352.64	1396.88
100.00	100.92	0.92	0.35	0.35
93.00	103.25	9.78	2392.30	2388.94
90.10	101.00	2.01	147.95	148.83
92.33	102.38	3.02	729.14	744.43
98.90	102.00	3.66	240.41	245.46

公司债
C-Bond

债券
Bond

证券代码 Code	证券简称 Name	发行数量(百万) Issued Val(M)	到期日期 Expiration Date	上年收盘 Last Year close	本年开盘 Open	本年最高 High
122027	09 京城建	900.00	2016.09.28	99.90	95.00	103.10
122028	09 华发债	1800.00	2017.10.16	98.41	98.50	105.00
122029	09 万通债	1000.00	2014.10.14	101.79	101.00	110.62
122030	09 京综超	700.00	2015.11.02	100.00	100.00	102.50
122031	09 天房债	300.00	2012.10.19	100.10	100.09	101.47
122032	09 隧道债	1400.00	2016.10.21	97.21	97.21	102.99
122033	09 富力债	5500.00	2014.10.23	100.23	100.18	106.00
122034	09 中企债	1200.00	2014.10.27	98.48	98.88	103.80
122035	09 苏高新	1000.00	2014.11.09	99.99	99.08	102.74
122036	09 沪张江	2000.00	2014.12.09	98.49	99.00	102.80
122037	09 三友债	960.00	2017.11.26	103.00	103.00	103.50
122038	09 宁高科	1000.00	2014.12.08	99.45	99.44	105.80
122039	09 皖通债	2000.00	2014.12.17	104.55	0.00	0.00
122040	09 新黄浦	1000.00	2014.12.16	96.69	96.05	101.38
122041	09 招金债	1500.00	2016.12.23	102.00	0.00	0.00
122042	09 金丰债	600.00	2012.12.25	99.18	99.20	100.80
122043	09 紫江债	1000.00	2017.12.28	97.33	96.09	108.00
122044	10 连云债	650.00	2015.01.25	99.60	99.20	102.60
122045	10 中铁 G1	1000.00	2015.01.27	100.00	100.00	100.98
122046	10 中铁 G2	5000.00	2020.01.27	119.93	99.20	108.00
122047	10 首机 01	1900.00	2015.02.03	106.00	99.00	101.60
122048	10 首机 02	3000.00	2017.02.03	100.00	0.00	0.00
122049	10 营口港	1200.00	2018.03.02	98.40	98.00	102.45
122050	10 杉杉债	600.00	2017.03.26	96.68	95.54	103.00
122051	10 石化 01	11000.00	2015.05.21	99.85	98.00	100.95
122052	10 石化 02	9000.00	2020.05.21	94.99	93.50	100.99
122053	10 泰豪债	500.00	2015.09.27	102.99	98.00	108.00
122054	10 中铁 G3	2500.00	2020.10.19	91.50	85.20	117.99
122055	10 中铁 G4	3500.00	2025.10.19	90.00	90.00	100.00
122056	10 龙源 01	2000.00	2015.12.10	100.00	101.23	101.23
122057	10 龙源 02	2000.00	2020.12.10	100.00	0.00	0.00
122058	10 豫园债	500.00	2015.12.22	100.55	100.40	110.00
122059	10 重钢债	2000.00	2017.12.09	97.77	97.49	102.19
122060	10 银鸽债	750.00	2017.12.22	93.49	92.12	104.30
122061	11 西矿 01	2000.00	2016.01.17	100.00	100.00	100.00
122062	11 西矿 02	2000.00	2021.01.17	100.00	0.00	0.00
122063	11 龙源 01	1500.00	2016.01.21	100.00	0.00	0.00
122064	11 龙源 02	1500.00	2021.01.21	100.00	0.00	0.00
122065	11 上港 01	5000.00	2016.03.30	104.51	99.61	103.60
122066	11 大唐 01	3000.00	2021.04.20	100.00	100.00	105.00
122067	11 南钢债	4000.00	2018.05.06	98.00	95.10	100.65
122068	11 海螺 01	7000.00	2016.05.23	99.86	99.90	103.65
122069	11 海螺 02	2500.00	2018.05.23	100.50	100.20	108.00
122070	11 海航 01	3560.00	2016.05.24	98.49	98.29	106.00
122071	11 海航 02	1440.00	2021.05.24	98.49	96.00	100.98
122072	11 大连港	2350.00	2021.05.23	99.90	100.00	103.99
122073	11 云维债	1000.00	2018.06.01	98.56	98.00	102.30
122074	11 士兰微	600.00	2016.06.09	97.00	97.49	101.00
122075	11 柳钢债	2000.00	2019.06.01	97.99	96.75	101.00
122076	11 康恩贝	600.00	2016.06.08	97.50	96.50	109.40

公司债
C-Bond

债券
Bond

本年最低 Low	本年收盘 Close	涨跌(%) Change(%)	成交数量(万) Trading Vol (10000)	成交金额(百万) Trading Val(M)
93.58	102.80	2.90	817.22	830.36
97.17	103.55	5.22	1953.72	2002.31
99.11	104.00	2.17	1288.01	1323.90
92.03	102.50	2.50	634.14	643.66
99.70	100.00	-0.10	448.06	449.98
94.00	100.30	3.18	86.35	86.52
98.08	103.55	3.31	7423.25	7640.65
93.10	102.79	4.38	380.87	388.05
96.50	102.50	2.51	1266.68	1280.65
97.08	101.60	3.16	2578.77	2613.36
101.00	102.00	-0.97	530.34	543.44
90.00	100.60	1.16	95.87	96.33
0.00	104.55	0.00	400.00	397.00
91.24	100.99	4.45	2818.67	2823.01
0.00	102.00	0.00	200.00	204.02
90.50	99.98	0.81	474.17	473.77
96.00	101.90	4.70	1329.23	1348.36
93.00	100.40	0.80	842.92	842.96
96.00	99.50	-0.50	294.30	292.18
99.20	102.00	-14.95	15.03	15.18
89.64	99.42	-6.21	291.46	288.95
0.00	100.00	0.00	0.00	0.00
97.85	101.00	2.64	1740.96	1738.72
95.49	100.29	3.73	819.62	810.44
92.02	98.30	-1.55	3572.79	3514.11
83.10	95.37	0.40	67.93	64.50
96.50	107.86	4.73	389.83	390.90
83.00	93.00	1.64	35.44	32.78
88.00	91.00	1.11	4.10	3.75
101.23	101.23	1.23	40.00	40.49
0.00	100.00	0.00	0.00	0.00
96.00	101.50	0.95	669.05	680.46
91.14	101.50	3.82	2392.59	2380.99
91.05	99.54	6.47	3555.04	3464.22
98.28	98.28	-1.72	19.13	18.80
0.00	100.00	0.00	0.00	0.00
0.00	100.00	0.00	0.00	0.00
0.00	100.00	0.00	0.00	0.00
96.01	100.18	-4.14	7756.00	7776.56
95.55	99.20	-0.80	2.29	2.28
92.50	98.60	0.61	6591.10	6530.31
99.85	100.50	0.64	5069.73	5115.30
100.20	108.00	7.46	516.89	517.62
89.07	99.90	1.43	3462.98	3407.33
90.49	95.80	-2.73	6319.39	6229.61
96.02	98.01	-1.89	145.26	145.95
93.00	98.00	-0.57	1565.49	1534.01
94.00	100.00	3.09	1034.64	1032.52
96.00	100.00	2.05	1576.53	1566.87
96.50	109.40	12.21	667.15	666.50

公司债
C-Bond

债券
Bond

证券代码 Code	证券简称 Name	发行数量(百万) Issued Val(M)	到期日期 Expiration Date	上年收盘 Last Year close	本年开盘 Open	本年最高 High
122077	11 西钢债	1000.00	2019.06.15	98.00	97.88	100.20
122078	11 东阳光	900.00	2016.06.15	98.69	97.50	102.50
122079	11 上港 02	3000.00	2016.07.06	105.53	100.21	106.00
122080	11 康美债	2500.00	2018.06.21	100.83	100.80	104.00
122081	11 星湖债	640.00	2017.07.07	103.00	99.50	99.50
122082	11 发展债	650.00	2016.07.07	100.00	96.92	100.00
122083	11 天威债	1600.00	2018.07.11	102.00	101.00	102.00
122084	11 湘电债	950.00	2016.07.15	99.89	99.50	105.00
122085	11 深高速	1500.00	2016.07.27	100.50	100.80	103.50
122086	11 正泰债	1500.00	2016.07.20	100.75	100.00	103.92
122087	11 凌钢债	1480.00	2019.08.01	102.00	101.50	104.46
122088	11 综艺债	700.00	2016.08.31	95.20	95.20	102.20
122089	11 马钢 01	3160.00	2014.08.25	102.53	102.87	105.47
122090	11 马钢 02	2340.00	2016.08.25	102.50	92.80	101.60
122091	11 重机债	1000.00	2016.08.17	103.00	103.00	104.00
122092	11 大秦 01	4000.00	2013.08.18	101.18	101.19	102.95
122093	11 中孚债	1500.00	2019.08.29	97.77	97.70	104.90
122094	11 海正债	800.00	2016.08.25	102.00	102.00	104.00
122095	11 杭钢债	1400.00	2014.08.24	100.00	100.00	103.96
122096	11 健康元	1000.00	2018.10.28	103.00	108.00	108.00
122097	11 浦路桥	700.00	2016.10.24	102.20	102.21	104.60
122098	11 八钢债	1200.00	2014.09.16	102.30	102.30	106.00
122099	11 连港 02	2650.00	2018.09.26	100.00	0.00	0.00
122100	11 华仪债	700.00	2016.11.09	99.98	99.85	104.60
122102	11 广汇 01	2000.00	2017.11.03	101.15	101.15	106.00
122103	11 航机 01	996.76	2017.02.08	100.00	101.00	102.80
122105	11 安钢 02	800.00	2019.02.14	100.00	100.00	103.60
122106	11 唐新 01	4200.00	2016.11.08	101.99	102.09	104.50
122107	11 安钢 01	1000.00	2018.11.11	101.46	101.00	106.00
122108	11 新天 01	1000.00	2017.11.18	100.12	100.00	102.00
122109	11 新天 02	1000.00	2018.11.18	100.00	100.18	100.18
122110	11 众和债	1370.00	2018.11.17	100.50	100.00	109.80
122111	11 永泰债	500.00	2016.12.14	100.00	100.10	113.00
122112	11 沪大众	1600.00	2018.01.06	100.00	100.10	108.70
122113	11 新钢债	900.00	2016.12.21	100.00	100.00	105.49
122114	11 一重债	2500.00	2016.12.20	100.00	100.01	102.19
122115	11 华锐 01	2600.00	2016.12.27	100.00	100.30	110.00
122116	11 华锐 02	200.00	2016.12.27	100.00	100.00	102.00
122117	11 闽高速	1500.00	2017.03.08	100.00	100.20	104.00
122118	12 兴发 01	300.00	2018.02.14	100.00	100.00	101.60
122119	12 兴发 02	500.00	2017.02.14	100.00	101.00	112.00
122121	11 日照港	500.00	2017.02.17	100.00	93.02	104.00
122122	11 精工债	700.00	2015.03.22	100.00	101.00	108.00
122123	11 中化 01	700.00	2016.03.05	100.00	98.18	100.55
122124	11 中化 02	1200.00	2019.03.05	100.00	99.99	102.00
122125	11 美兰债	800.00	2019.03.15	100.00	101.50	105.60
122126	11 庞大 02	2200.00	2017.03.01	100.00	105.00	108.00
122127	11 欧亚债	470.00	2019.03.21	100.00	101.00	106.00
122128	11 武钢债	7200.00	2015.03.02	100.00	99.07	160.00
122129	12 酒钢债	3000.00	2015.03.19	100.00	100.50	104.00

公司债
C-Bond

债券
Bond

本年最低 Low	本年收盘 Close	涨跌(%) Change(%)	成交数量(万) Trading Vol (10000)	成交金额(百万) Trading Val(M)
94.12	99.30	1.33	1438.56	1429.27
95.00	100.39	1.72	1694.86	1690.56
95.01	100.49	-4.78	1962.86	2001.87
96.82	100.41	-0.42	3348.54	3423.28
98.60	99.00	-3.88	25.00	24.73
96.92	100.00	0.00	177.63	177.48
92.10	101.00	-0.98	751.39	766.86
90.50	96.00	-3.89	356.70	362.02
100.60	102.50	1.99	828.21	850.93
98.01	102.13	1.37	1941.33	1991.76
95.02	99.90	-2.06	752.13	765.30
94.05	100.80	5.88	1618.76	1620.87
95.00	101.29	-1.21	6907.23	6899.95
92.80	101.60	-0.88	5400.03	4992.13
101.80	103.00	0.00	561.39	578.70
100.10	100.46	-0.71	8966.17	9084.84
95.10	100.84	3.14	3424.24	3471.52
102.00	102.90	0.88	690.99	711.04
98.01	101.70	1.70	2349.11	2404.15
98.02	104.50	1.46	1108.75	1157.99
101.85	103.80	1.57	1360.10	1407.85
93.00	105.00	2.64	1154.60	1178.76
0.00	100.00	0.00	220.00	232.75
99.50	102.17	2.19	1391.39	1425.77
95.00	103.00	1.83	2918.46	3026.25
94.00	101.60	1.60	330.74	335.57
98.10	101.00	1.00	921.69	936.33
92.52	101.50	-0.48	2771.60	2816.13
94.00	101.65	0.19	1971.99	2003.23
99.00	101.00	0.88	971.29	981.07
100.00	100.00	0.00	360.00	360.07
97.00	102.80	2.29	1971.39	2032.71
100.10	103.00	3.00	971.84	988.93
96.13	102.40	2.40	2211.62	2239.12
96.00	101.00	1.00	1756.86	1776.11
91.18	100.15	0.15	2095.66	2103.21
96.00	97.50	-2.50	2294.99	2293.92
90.00	98.44	-1.56	168.60	173.61
100.10	101.89	1.89	944.27	958.71
99.90	101.00	1.00	187.83	188.37
98.50	104.00	4.00	84.39	85.15
93.02	100.00	0.00	5.48	5.44
100.02	101.50	1.50	289.29	291.29
95.10	100.20	0.20	348.41	354.73
94.01	101.00	1.00	1143.01	1142.26
100.20	103.99	3.99	401.40	411.00
101.50	102.19	2.19	1320.25	1388.42
100.00	104.30	4.30	445.25	458.71
96.52	100.00	0.00	224.26	224.40
98.80	100.59	0.59	100.01	100.71

公司债
C-Bond

债券
Bond

证券代码 Code	证券简称 Name	发行数量 (百万) Issued Val(M)	到期日期 Expiration Date	上年收盘 Last Year close	本年开盘 Open	本年最高 High
122130	11 航民 01	300.00	2015.03.22	100.00	101.00	102.40
122131	11 片仔癀	300.00	2017.03.15	100.00	101.00	102.00
122132	12 鹏博债	1400.00	2017.03.12	100.00	102.00	106.35
122133	11 柳化债	510.00	2019.03.27	100.00	101.99	103.10
122134	11 华微债	320.00	2019.04.10	100.00	101.10	104.80
122135	12 宝泰隆	1000.00	2017.04.11	100.00	102.00	107.50
122136	11 复星债	1500.00	2017.04.25	100.00	100.67	102.09
122138	11 桂东 01	600.00	2019.04.16	100.00	102.10	103.50
122139	11 洪水业	500.00	2017.05.02	100.00	100.60	102.00
122140	12 宁港 01	1000.00	2015.04.16	100.00	100.10	101.80
122141	12 天士 01	400.00	2017.04.24	100.00	101.50	112.02
122142	11 鹿港债	400.00	2017.04.23	100.00	103.10	104.50
122143	12 亿利 01	800.00	2020.04.23	100.00	106.50	106.80
122144	12 鲁信债	400.00	2017.04.25	100.00	102.00	103.90
122145	11 桂东 02	400.00	2019.06.20	100.00	99.96	99.99
122146	12 华新 01	1000.00	2017.05.17	100.00	100.50	101.50
122147	12 华新 02	1000.00	2019.05.17	100.00	102.25	102.25
122148	11 吉高速	800.00	2019.06.21	100.00	100.00	100.98
122149	12 石化 01	13000.00	2017.06.01	100.00	99.02	101.00
122150	12 石化 02	7000.00	2022.06.01	100.00	100.99	110.60
122151	12 国电 01	3000.00	2017.06.15	100.00	100.00	100.31
122152	12 国电 02	1000.00	2019.06.15	100.00	100.03	100.30
122153	12 京能 01	2400.00	2015.07.03	100.00	100.35	100.35
122154	12 京能 02	1200.00	2017.07.03	100.00	100.20	100.80
122155	12 天富债	500.00	2017.06.06	100.00	100.00	101.30
122156	12 厦工债	1500.00	2017.06.18	100.00	100.01	100.01
122157	12 广控 01	2350.00	2019.06.25	100.00	96.97	99.98
122158	12 西钢债	430.00	2020.07.16	100.00	100.00	100.00
122159	12 亿利 02	800.00	2020.07.19	100.00	99.60	110.20
122161	12 申通 02	400.00	2015.07.20	100.00	97.00	99.98
122162	12 中孚债	1000.00	2017.08.28	100.00	100.00	103.84
122163	12 鄂资债	4000.00	2017.08.30	100.00	100.03	100.18
122164	12 通威发	500.00	2017.10.24	100.00	99.97	100.50
122165	12 国电 03	3300.00	2015.07.23	100.00	99.80	99.89
122166	12 国电 04	700.00	2017.07.23	100.00	96.00	100.00
122167	12 兖煤 01	1000.00	2017.07.23	100.00	0.00	0.00
122168	12 兖煤 02	4000.00	2022.07.23	100.00	0.00	0.00
122169	12 金瑞债	150.00	2017.08.29	100.00	101.50	103.31
122170	12 江药债	500.00	2015.12.07	100.00	100.01	100.01
122171	12 中海 01	1000.00	2015.08.03	100.00	90.89	99.28
122172	12 中海 02	1500.00	2022.08.03	100.00	100.00	100.00
122173	12 中交 01	6000.00	2017.08.09	100.00	100.00	100.00
122174	12 中交 02	2000.00	2022.08.09	100.00	99.76	99.76
122175	12 中交 03	4000.00	2027.08.09	100.00	0.00	0.00
122176	12 中储债	1600.00	2019.08.13	100.00	100.51	100.51
122177	12 科环 01	1200.00	2015.08.20	100.00	99.42	99.45
122178	12 科环 02	800.00	2017.08.20	100.00	99.80	99.80
122179	12 科环 03	2000.00	2022.08.20	100.00	0.00	0.00
122180	12 旋风债	700.00	2017.08.23	100.00	100.50	101.00
122181	12 山鹰债	800.00	2019.08.22	100.00	100.00	101.98

公司债
C-Bond

债券
Bond

本年最低 Low	本年收盘 Close	涨跌(%) Change(%)	成交数量(万) Trading Vol (10000)	成交金额(百万) Trading Val(M)
100.80	102.40	2.40	90.03	92.50
99.10	101.95	1.95	76.82	77.55
99.00	103.01	3.01	1279.95	1329.11
100.03	102.50	2.50	205.99	206.86
100.12	101.52	1.52	1169.67	1196.37
100.36	104.50	4.50	796.26	819.98
96.80	100.55	0.55	952.39	951.49
102.00	102.00	2.00	279.14	284.79
100.60	100.80	0.80	164.73	167.04
99.50	99.99	-0.01	2.60	2.62
101.00	101.50	1.50	307.66	311.58
97.00	101.25	1.25	482.22	490.21
99.00	102.80	2.80	962.03	976.09
102.00	103.90	3.90	230.30	232.86
93.00	98.00	-2.00	12.72	12.51
92.00	99.70	-0.30	525.87	525.87
99.50	100.00	0.00	528.72	527.18
93.01	99.90	-0.10	60.63	60.61
90.48	97.85	-2.15	4282.55	4266.35
95.00	98.30	-1.70	3253.25	3261.05
96.01	97.79	-2.21	1759.53	1743.99
93.93	98.99	-1.01	339.82	339.63
98.50	99.78	-0.22	983.42	982.73
94.38	99.46	-0.54	11.19	11.21
99.00	100.50	0.50	408.74	409.49
85.00	98.70	-1.30	480.47	475.58
90.44	97.80	-2.20	1302.14	1290.76
95.10	98.40	-1.60	63.82	62.60
90.19	100.00	0.00	206.37	206.34
93.72	99.00	-1.00	113.55	112.61
99.70	102.80	2.80	1063.03	1082.53
93.90	99.70	-0.30	1051.80	1051.78
98.02	99.20	-0.80	71.06	70.62
98.50	99.00	-1.00	932.78	929.32
93.00	99.90	-0.10	309.78	305.32
0.00	100.00	0.00	139.00	135.08
0.00	100.00	0.00	120.00	120.17
101.50	102.02	2.02	44.65	45.52
100.01	100.01	0.01	30.00	30.00
90.89	98.45	-1.55	486.20	483.22
99.23	99.23	-0.77	140.00	139.46
100.00	100.00	0.00	10.01	10.01
99.76	99.76	-0.24	20.00	19.95
0.00	100.00	0.00	0.00	0.00
95.10	98.00	-2.00	302.84	302.80
96.61	99.20	-0.80	840.11	834.92
99.80	99.80	-0.20	290.00	287.33
0.00	100.00	0.00	0.00	0.00
100.50	100.80	0.80	100.88	101.85
99.59	101.30	1.30	556.57	558.97

公司债
C-Bond

债券
Bond

证券代码 Code	证券简称 Name	发行数量(百万) Issued Val(M)	到期日期 Expiration Date	上年收盘 Last Year close	本年开盘 Open	本年最高 High
122182	12 九州通	1600.00	2017.10.22	100.00	101.50	101.50
122183	12 集优 01	500.00	2017.08.31	100.00	90.02	100.00
122184	12 一重 01	2500.00	2017.09.03	100.00	100.11	102.89
122185	12 力帆 01	1200.00	2015.09.19	100.00	100.55	102.75
122186	12 力帆 02	700.00	2017.09.19	100.00	100.75	103.80
122187	12 玻纤债	1200.00	2019.10.17	100.00	100.00	100.40
122188	12 华新 03	1100.00	2019.11.09	100.00	100.00	100.00
122189	12 王府 01	1100.00	2017.10.24	100.00	99.80	99.80
122190	12 王府 02	1100.00	2019.10.24	100.00	99.90	100.00
122191	12 桂冠 01	800.00	2017.10.24	100.00	98.66	99.99
122192	12 桂冠 02	930.00	2022.10.24	100.00	0.00	0.00
122193	12 中水 01	2000.00	2019.10.29	100.00	98.53	99.69
122194	12 中水 02	3000.00	2022.10.29	100.00	0.00	0.00
122195	12 中海 03	1500.00	2019.10.29	100.00	100.00	100.00
122196	12 中海 04	1000.00	2022.10.29	100.00	0.00	0.00
122198	12 能新 01	1140.00	2015.10.29	100.00	99.70	100.00
122199	12 能新 02	860.00	2017.10.29	100.00	100.00	100.10
122200	12 晋兰花	3000.00	2017.11.07	100.00	99.93	100.00
122201	12 开滦 01	1500.00	2019.10.30	100.00	100.25	102.00
122202	12 海螺 01	2500.00	2017.11.07	100.00	98.90	99.00
122203	12 海螺 02	3500.00	2022.11.07	100.00	0.00	0.00
122204	12 双良节	800.00	2017.11.12	100.00	100.00	100.50
122205	12 沪交运	800.00	2017.11.16	100.00	99.61	99.80
122206	12 赛轮债	720.00	2015.11.15	100.00	99.26	99.96
122207	12 骆驼集	800.00	2017.12.05	100.00	100.00	100.10
122208	12 招金券	1200.00	2017.11.16	100.00	92.96	99.83
122209	12 中油 01	16000.00	2017.11.22	100.00	99.00	99.80
122210	12 中油 02	2000.00	2022.11.22	100.00	0.00	0.00
122211	12 中油 03	2000.00	2027.11.22	100.00	0.00	0.00
122212	12 京江河	900.00	2017.12.07	100.00	98.27	99.90
122213	12 松建化	2200.00	2019.12.05	100.00	99.80	100.40
122214	12 大秦债	5000.00	2015.12.10	100.00	100.00	100.20
122500	12 郴城投	1600.00	2019.09.13	100.00	101.80	102.00
122501	12 寿财资	1200.00	2019.10.23	100.00	0.00	0.00
122503	12 井龙城	2000.00	2019.09.25	100.00	0.00	0.00
122504	12 通天诚	1000.00	2019.09.24	100.00	103.00	103.00
122506	12 吴交投	1200.00	2020.10.31	100.00	100.50	100.50
122507	12 玉交投	1000.00	2019.10.12	100.00	101.00	101.75
122510	12 靖新城	800.00	2018.10.23	100.00	0.00	0.00
122515	12 庆城投	2200.00	2019.10.23	100.00	101.25	101.30
122516	12 青州 01	800.00	2019.10.19	100.00	100.77	100.77
122517	12 青州 02	400.00	2018.10.19	100.00	0.00	0.00
122518	12 保利集	1500.00	2019.10.25	100.00	0.00	0.00
122519	12 锡经开	700.00	2019.11.01	100.00	0.00	0.00
122523	12 海亮 01	600.00	2018.10.19	100.00	100.61	102.00
122524	12 海亮 02	400.00	2019.10.19	100.00	100.41	103.26
122525	12 沪嘉开	800.00	2018.10.10	100.00	0.00	0.00
122526	12 永川惠	1200.00	2019.10.16	100.00	0.00	0.00
122527	12 温国投	1400.00	2019.09.18	100.00	0.00	0.00
122531	12 太科园	1000.00	2019.09.17	100.00	101.00	103.50

公司债
C-Bond

债券
Bond

本年最低 Low	本年收盘 Close	涨跌(%) Change(%)	成交数量(万) Trading Vol (10000)	成交金额(百万) Trading Val(M)
97.00	100.50	0.50	195.20	196.02
90.02	100.00	0.00	122.00	121.87
95.55	99.80	-0.20	466.38	464.35
100.55	102.50	2.50	383.86	388.20
100.00	102.79	2.79	730.97	741.75
100.00	100.40	0.40	164.05	163.93
99.00	99.80	-0.20	26.65	26.45
99.80	99.80	-0.20	50.01	49.99
94.67	99.50	-0.50	16.69	16.68
94.19	99.99	-0.01	0.44	0.43
0.00	100.00	0.00	0.00	0.00
98.53	98.60	-1.40	0.79	0.78
0.00	100.00	0.00	320.00	319.94
99.00	99.15	-0.85	99.66	99.58
0.00	100.00	0.00	30.00	30.09
99.70	100.00	0.00	340.33	339.44
100.00	100.10	0.10	201.02	200.73
99.75	100.00	0.00	43.05	43.03
100.00	102.00	2.00	128.09	129.08
95.12	99.00	-1.00	2.35	2.31
0.00	100.00	0.00	230.00	229.60
98.00	99.50	-0.50	97.87	97.77
95.00	99.60	-0.40	102.25	102.19
90.49	99.50	-0.50	59.17	58.97
100.00	100.10	0.10	113.00	113.00
92.96	99.77	-0.23	0.82	0.82
99.00	99.10	-0.90	2742.72	2734.01
0.00	100.00	0.00	85.00	84.80
0.00	100.00	0.00	956.00	954.24
98.00	99.90	-0.10	1.31	1.31
99.80	100.40	0.40	262.27	262.71
99.82	100.09	0.09	109.63	109.64
101.80	102.00	2.00	70.20	71.26
0.00	100.00	0.00	0.00	0.00
0.00	100.00	0.00	0.00	0.00
101.60	101.70	1.70	11.57	11.79
95.35	100.00	0.00	95.54	95.56
100.10	101.01	1.01	94.05	94.78
0.00	100.00	0.00	0.00	0.00
99.88	101.00	1.00	73.90	74.54
100.77	100.77	0.77	40.00	40.31
0.00	100.00	0.00	0.00	0.00
0.00	100.00	0.00	30.00	29.70
0.00	100.00	0.00	50.00	50.20
96.24	100.90	0.90	130.01	131.04
100.10	101.75	1.75	110.03	110.13
0.00	100.00	0.00	0.00	0.00
0.00	100.00	0.00	0.00	0.00
0.00	100.00	0.00	0.00	0.00
101.00	103.48	3.48	3.16	3.21

公司债 C-Bond

债券 Bond

证券代码 Code	证券简称 Name	发行数量(百万) Issued Val(M)	到期日期 Expiration Date	上年收盘 Last Year close	本年开盘 Open	本年最高 High
122533	12 平城投	900.00	2019.09.18	100.00	0.00	0.00
122534	12 秦开发	1400.00	2019.10.17	100.00	0.00	0.00
122536	12 慈国控	800.00	2019.09.20	100.00	0.00	0.00
122537	12 克城投	2000.00	2019.09.04	100.00	0.00	0.00
122538	12 榕城乡	1000.00	2018.09.25	100.00	0.00	0.00
122539	12 阜城投	1200.00	2019.10.10	100.00	103.01	103.75
122540	12 宁浦口	1200.00	2019.10.08	100.00	0.00	0.00
122541	12 宁上陵	500.00	2018.10.16	100.00	102.50	103.80
122543	12 钦开投	900.00	2019.10.16	100.00	102.00	103.33
122544	12 渝长开	800.00	2019.09.25	100.00	0.00	0.00
122545	12 蒙高新	1000.00	2019.09.25	100.00	101.90	101.97
122546	12 宁高新	900.00	2019.09.07	100.00	0.00	0.00
122549	12 邳润城	1000.00	2019.09.25	100.00	103.00	103.19
122550	12 苏国信	2000.00	2017.06.08	100.00	0.00	0.00
122553	12 虞交通	1000.00	2019.09.11	100.00	100.50	110.51
122554	12 定海债	1000.00	2020.08.31	100.00	0.00	0.00
122556	12 咸宁投	600.00	2018.08.31	100.00	102.08	103.70
122557	12 株高科	1000.00	2019.09.10	100.00	102.50	102.50
122558	12 昆交 01	1400.00	2017.08.17	100.00	0.00	0.00
122559	12 昆交 02	1300.00	2019.08.17	100.00	0.00	0.00
122560	12 淄城运	1500.00	2019.08.22	100.00	0.00	0.00
122561	12 饶城投	1300.00	2019.09.10	100.00	100.91	102.10
122562	12 伊春债	800.00	2019.07.24	100.00	101.80	112.35
122563	12 亳州债	1500.00	2019.09.04	100.00	105.00	105.10
122564	12 椒江债	1000.00	2020.09.13	100.00	102.00	103.77
122566	12 库城建	1200.00	2018.09.10	100.00	101.60	103.01
122567	12 小清河	1800.00	2019.09.05	100.00	0.00	0.00
122568	12 随州债	700.00	2019.08.22	100.00	102.00	103.94
122569	12 津生态	1200.00	2019.08.14	100.00	101.90	101.90
122570	12 滇水投	1000.00	2019.08.27	100.00	0.00	0.00
122571	12 兴国资	1400.00	2019.08.31	100.00	0.00	0.00
122572	12 蓉投控	1600.00	2019.09.04	100.00	100.40	100.40
122573	12 牡国投	1200.00	2019.08.30	100.00	0.00	0.00
122574	12 淮开控	1200.00	2019.09.06	100.00	0.00	0.00
122575	12 肥城债	900.00	2018.08.14	100.00	100.20	102.00
122576	12 内江债	700.00	2018.07.19	100.00	0.00	0.00
122577	12 苏相城	1800.00	2019.09.03	100.00	0.00	0.00
122578	12 长宁债	700.00	2019.08.16	100.00	0.00	0.00
122579	09 远洋债	2600.00	2015.06.23	100.00	0.00	0.00
122581	12 津南城	1500.00	2019.06.18	100.00	0.00	0.00
122582	12 湘九华	900.00	2019.08.29	100.00	103.00	103.40
122583	12 遵投债	1000.00	2019.03.13	100.00	0.00	0.00
122585	12 新海连	1300.00	2020.08.27	100.00	0.00	0.00
122587	12 遵桥债	1800.00	2020.08.17	100.00	100.83	100.83
122588	12 益城投	1600.00	2019.08.24	100.00	106.06	106.06
122589	12 毕信泰	1600.00	2019.08.20	100.00	101.20	103.01
122590	12 鹤城投	1500.00	2022.06.21	100.00	0.00	0.00
122591	12 常交债	1500.00	2019.08.21	100.00	0.00	0.00
122592	12 乌国资	1400.00	2018.04.28	100.00	0.00	0.00
122593	12 衡城投	1800.00	2019.08.13	100.00	100.36	103.00

公司债
C-Bond

债券
Bond

本年最低 Low	本年收盘 Close	涨跌(%) Change(%)	成交数量(万) Trading Vol (10000)	成交金额(百万) Trading Val(M)
0.00	100.00	0.00	80.00	80.52
0.00	100.00	0.00	0.00	0.00
0.00	100.00	0.00	0.00	0.00
0.00	100.00	0.00	0.00	0.00
0.00	100.00	0.00	50.00	50.00
102.60	102.84	2.84	1258.39	1293.89
0.00	100.00	0.00	0.00	0.00
102.50	103.80	3.80	0.00	0.00
100.69	102.54	2.54	281.89	286.75
0.00	100.00	0.00	0.00	0.00
97.68	100.48	0.48	60.96	62.25
0.00	100.00	0.00	0.00	0.00
102.60	102.74	2.74	113.51	113.74
0.00	100.00	0.00	0.00	0.00
99.50	101.00	1.00	8.03	8.09
0.00	100.00	0.00	90.00	90.24
101.20	102.74	2.74	172.61	175.67
102.50	102.50	2.50	0.20	0.21
0.00	100.00	0.00	60.00	60.33
0.00	100.00	0.00	0.00	0.00
0.00	100.00	0.00	0.00	0.00
100.91	102.10	2.10	331.66	336.11
101.48	102.55	2.55	964.84	982.59
102.50	103.69	3.69	1397.34	1417.64
101.22	103.38	3.38	552.35	564.94
101.60	102.90	2.90	169.01	173.33
0.00	100.00	0.00	0.00	0.00
101.80	102.89	2.89	422.97	432.15
101.40	101.40	1.40	230.00	233.87
0.00	100.00	0.00	0.00	0.00
0.00	100.00	0.00	0.00	0.00
99.35	99.35	-0.65	10.00	9.94
0.00	100.00	0.00	0.00	0.00
0.00	100.00	0.00	0.00	0.00
99.88	100.54	0.54	301.19	302.98
0.00	100.00	0.00	0.00	0.00
0.00	100.00	0.00	0.00	0.00
0.00	100.00	0.00	0.00	0.00
0.00	100.00	0.00	0.00	0.00
0.00	100.00	0.00	0.00	0.00
100.89	102.75	2.75	592.01	603.06
0.00	100.00	0.00	100.00	103.48
0.00	100.00	0.00	0.00	0.00
100.70	100.70	0.70	90.00	90.30
97.88	101.89	1.89	124.82	127.19
100.00	103.01	3.01	1151.55	1174.03
0.00	100.00	0.00	0.00	0.00
0.00	100.00	0.00	0.00	0.00
0.00	100.00	0.00	0.00	0.00
95.00	102.70	2.70	1003.87	1017.93

公司债
C-Bond

债券
Bond

证券代码 Code	证券简称 Name	发行数量(百万) Issued Val(M)	到期日期 Expiration Date	上年收盘 Last Year close	本年开盘 Open	本年最高 High
122594	12 泉州 01	800.00	2018.08.07	100.00	101.00	102.26
122595	12 泉州 02	800.00	2019.08.07	100.00	0.00	0.00
122596	12 沪城开	1500.00	2018.08.21	100.00	101.60	101.60
122597	12 宝钛债	700.00	2018.08.21	100.00	0.00	0.00
122598	12 荆门债	800.00	2022.07.09	100.00	100.00	100.98
122599	12 梵投债	1200.00	2019.08.02	100.00	100.00	102.00
122600	12 鑫泰债	1000.00	2018.08.14	100.00	0.00	0.00
122601	12 白山债	1000.00	2019.07.31	100.00	104.00	104.00
122602	12 松城投	1200.00	2018.08.15	100.00	0.00	0.00
122603	12 穗经开	2500.00	2022.08.14	100.00	102.00	102.00
122604	12 吉铁投	800.00	2019.06.26	100.00	99.20	99.20
122605	11 宁海债	1200.00	2017.12.31	100.00	0.00	0.00
122606	12 顺鑫债	800.00	2017.07.03	100.00	0.00	0.00
122607	12 渝地产	5000.00	2019.04.25	100.00	100.50	103.60
122608	12 西永债	1600.00	2019.07.25	100.00	100.00	101.00
122609	12 扬城控	1200.00	2019.07.26	100.00	0.00	0.00
122610	12 乐清债	1500.00	2019.06.29	100.00	99.60	101.00
122611	12 蓉经 01	1000.00	2018.07.17	100.00	99.33	99.33
122612	12 蓉经 02	1000.00	2019.07.17	100.00	100.30	100.30
122613	12 乌海债	1600.00	2019.03.31	100.00	103.10	105.10
122614	12 渝缙债	1000.00	2019.06.18	100.00	0.00	0.00
122615	12 百色债	800.00	2019.07.04	100.00	0.00	0.00
122616	12 黔铁债	2000.00	2022.03.27	100.00	103.00	107.00
122618	12 统众债	1500.00	2022.04.11	100.00	0.00	0.00
122619	12 迁安债	1600.00	2018.07.11	100.00	99.00	99.50
122620	12 乌城投	900.00	2019.07.09	100.00	0.00	0.00
122621	12 赣城债	2000.00	2018.07.10	100.00	99.99	99.99
122622	12 锦城债	1300.00	2019.06.13	100.00	100.00	100.00
122623	12 旅建债	1200.00	2019.07.02	100.00	101.00	101.00
122624	12 滨开债	800.00	2019.07.05	100.00	100.00	101.00
122625	12 升华债	500.00	2019.07.02	100.00	0.00	0.00
122626	12 海恒债	1200.00	2019.06.12	100.00	0.00	0.00
122627	12 京建工	800.00	2019.07.05	100.00	100.00	100.50
122628	12 东投债	1000.00	2018.07.05	100.00	102.00	103.00
122629	12 平发债	1500.00	2019.05.08	100.00	103.00	104.80
122630	12 惠投债	1800.00	2019.05.28	100.00	95.00	100.80
122631	12 晋国电	2000.00	2022.05.24	100.00	0.00	0.00
122632	12 江阴债	900.00	2019.06.11	100.00	101.00	102.98
122633	12 嘉经债	900.00	2019.06.14	100.00	0.00	0.00
122634	12 芜开 01	700.00	2018.06.08	100.00	99.50	100.50
122635	12 芜开 02	1000.00	2022.06.08	100.00	103.00	104.50
122636	12 连发债	900.00	2019.06.19	100.00	0.00	0.00
122637	12 鑫城债	1200.00	2019.04.23	100.00	100.94	103.52
122638	12 申华信	1000.00	2019.06.14	100.00	100.00	101.50
122639	12 绍新城	1000.00	2018.06.11	100.00	100.50	100.50
122640	12 仪征债	800.00	2019.06.14	100.00	103.00	104.50
122641	12 武进债	1400.00	2018.06.08	100.00	100.00	100.00
122642	12 朝阳债	1600.00	2019.05.25	100.00	0.00	0.00
122643	12 海资债	1500.00	2019.05.22	100.00	106.66	107.27
122644	12 铁岭债	1200.00	2018.05.29	100.00	0.00	0.00

公司债
C-Bond

债券
Bond

本年最低 Low	本年收盘 Close	涨跌(%) Change(%)	成交数量(万) Trading Vol (10000)	成交金额(百万) Trading Val(M)
101.00	102.26	2.26	0.01	0.01
0.00	100.00	0.00	0.00	0.00
101.60	101.60	1.60	60.03	60.13
0.00	100.00	0.00	60.00	59.96
100.00	100.75	0.75	31.47	31.66
97.43	101.36	1.36	903.50	910.07
0.00	100.00	0.00	0.00	0.00
99.20	101.39	1.39	1191.97	1200.74
0.00	100.00	0.00	0.00	0.00
102.00	102.00	2.00	525.00	523.67
99.20	99.20	-0.80	120.02	118.39
0.00	100.00	0.00	0.00	0.00
0.00	100.00	0.00	30.00	30.03
100.47	103.00	3.00	93.61	95.49
100.00	101.00	1.00	50.00	50.00
0.00	100.00	0.00	19.00	18.98
99.60	101.00	1.00	325.00	324.43
99.33	99.33	-0.67	20.00	19.87
98.26	98.30	-1.70	75.04	74.62
103.10	105.10	5.10	160.00	164.96
0.00	100.00	0.00	0.00	0.00
0.00	100.00	0.00	0.00	0.00
102.50	107.00	7.00	1.00	1.03
0.00	100.00	0.00	100.00	103.12
90.20	98.50	-1.50	109.08	108.54
0.00	100.00	0.00	90.00	89.62
98.00	98.80	-1.20	186.92	186.18
100.00	100.00	0.00	40.00	40.00
100.00	100.22	0.22	892.60	897.41
100.00	101.00	1.00	175.00	175.00
0.00	100.00	0.00	0.00	0.00
0.00	100.00	0.00	0.00	0.00
95.00	100.50	0.50	251.82	250.63
99.64	101.55	1.55	171.65	173.35
103.00	103.60	3.60	302.82	313.87
95.00	100.00	0.00	58.94	58.79
0.00	100.00	0.00	0.00	0.00
101.00	102.00	2.00	140.52	142.68
0.00	100.00	0.00	96.27	96.15
99.13	100.45	0.45	36.74	36.63
98.00	100.52	0.52	786.85	790.74
0.00	100.00	0.00	0.00	0.00
100.94	102.80	2.80	81.85	82.51
99.43	101.00	1.00	178.26	178.14
96.29	99.38	-0.62	85.26	84.57
99.98	103.30	3.30	77.99	78.87
94.58	99.00	-1.00	246.98	245.28
0.00	100.00	0.00	20.00	20.40
102.60	104.45	4.45	1843.94	1914.10
0.00	100.00	0.00	0.00	0.00

公司债
C-Bond

债券
Bond

证券代码 Code	证券简称 Name	发行数量（百万）Issued Val(M)	到期日期 Expiration Date	上年收盘 Last Year close	本年开盘 Open	本年最高 High
122645	12 苏园建	2000.00	2019.05.30	100.00	0.00	0.00
122648	12 宣国投	1000.00	2019.03.20	100.00	107.00	111.00
122649	12 长建投	1500.00	2019.04.06	100.00	104.30	107.58
122650	12 泰能债	500.00	2018.04.25	100.00	103.00	103.00
122651	12 广安投	800.00	2019.04.25	100.00	105.00	105.50
122652	12 杨农债	1500.00	2019.05.23	100.00	103.00	115.00
122654	12 昆钢控	2000.00	2020.04.26	100.00	100.20	100.20
122655	12 铜建投	1500.00	2022.04.28	100.00	105.80	106.50
122658	12 盘锦债	1500.00	2019.05.17	100.00	102.84	103.80
122659	12 石油 06	10000.00	2022.04.12	100.00	0.00	0.00
122660	12 石油 07	10000.00	2022.04.12	100.00	0.00	0.00
122661	12 怀化债	1000.00	2018.03.22	100.00	103.02	106.00
122662	12 合桃花	800.00	2019.03.27	100.00	0.00	0.00
122664	12 葫芦岛	2000.00	2019.03.01	100.00	106.00	106.06
122665	12 镇交投	1800.00	2019.05.08	100.00	0.00	0.00
122666	12 国网 01	5000.00	2022.04.17	100.00	0.00	0.00
122667	12 国网 02	10000.00	2027.04.17	100.00	0.00	0.00
122668	12 凉国投	500.00	2019.04.23	100.00	104.00	105.00
122669	12 桂林债	1000.00	2018.05.09	100.00	99.82	103.50
122670	12 新盛债	1500.00	2018.05.08	100.00	102.34	102.34
122671	12 扬子江	500.00	2019.05.21	100.00	0.00	0.00
122672	12 西城投	1300.00	2019.04.27	100.00	101.01	104.00
122673	12 渝李渡	800.00	2019.03.23	100.00	0.00	0.00
122674	12 渝黔江	900.00	2019.03.23	100.00	0.00	0.00
122675	12 杭城投	1600.00	2018.04.25	100.00	103.00	103.00
122676	12 滨江债	1200.00	2019.04.27	100.00	102.00	102.10
122677	12 江宁债	1200.00	2019.04.28	100.00	102.00	109.22
122678	12 扬化工	1000.00	2019.04.25	100.00	105.00	106.99
122679	12 河套债	1000.00	2022.03.31	100.00	107.00	111.00
122680	12 昆建债	2200.00	2018.04.13	100.00	103.30	110.00
122681	12 合农投	1500.00	2018.04.10	100.00	103.30	106.39
122682	12 营口债	2000.00	2020.04.18	100.00	103.00	104.40
122683	12 春和债	540.00	2018.04.24	100.00	103.35	104.50
122684	12 合高新	1200.00	2019.03.22	100.00	107.50	107.50
122685	12 吉城投	1600.00	2019.04.20	100.00	104.00	109.00
122686	12 白药债	1100.00	2019.03.30	100.00	100.50	103.00
122687	12 金坛债	1000.00	2019.03.14	100.00	107.50	107.50
122688	12 华通债	1000.00	2019.04.18	100.00	103.90	103.90
122689	12 宿开发	900.00	2019.03.26	100.00	102.40	104.01
122690	12 三胞债	800.00	2019.03.19	100.00	104.20	106.50
122691	12 武清债	800.00	2019.03.27	100.00	0.00	0.00
122692	12 漳路桥	1100.00	2019.03.01	100.00	105.23	106.14
122693	12 佳城投	1000.00	2019.03.22	100.00	100.00	116.58
122694	12 兴荣债	800.00	2019.04.19	100.00	105.00	107.80
122695	12 五国投	1000.00	2018.03.15	100.00	103.00	107.00
122696	12 丹投债	1500.00	2019.03.06	100.00	105.00	106.00
122697	11 太资债	900.00	2018.12.31	100.00	103.50	118.00
122698	12 双流 01	700.00	2019.03.16	100.00	101.00	107.51
122699	12 双流 02	300.00	2019.03.16	100.00	100.00	108.50
122700	12 来宾债	900.00	2019.03.14	100.00	103.00	107.51

公司债
C-Bond

债券
Bond

本年最低 Low	本年收盘 Close	涨跌(%) Change(%)	成交数量(万) Trading Vol (10000)	成交金额(百万) Trading Val(M)
0.00	100.00	0.00	0.00	0.00
104.06	107.00	7.00	474.14	497.80
103.05	106.50	6.50	684.37	716.86
103.00	103.00	3.00	1.00	1.03
100.01	102.97	2.97	95.32	97.82
98.00	103.70	3.70	221.24	227.82
100.20	100.20	0.20	60.00	61.90
103.84	105.75	5.75	1017.52	1074.41
102.43	103.80	3.80	1340.20	1384.44
0.00	100.00	0.00	0.00	0.00
0.00	100.00	0.00	0.00	0.00
101.30	103.25	3.25	142.71	147.80
0.00	100.00	0.00	140.00	146.89
101.34	105.30	5.30	183.81	193.26
0.00	100.00	0.00	0.00	0.00
0.00	100.00	0.00	0.00	0.00
0.00	100.00	0.00	0.00	0.00
104.00	104.49	4.49	464.97	473.79
98.00	103.50	3.50	345.06	348.60
102.34	102.34	2.34	20.00	20.47
0.00	100.00	0.00	0.00	0.00
100.69	103.70	3.70	148.84	152.90
0.00	100.00	0.00	0.00	0.00
0.00	100.00	0.00	0.00	0.00
95.95	101.00	1.00	94.48	95.86
102.00	102.10	2.10	100.00	100.00
100.20	102.00	2.00	609.54	616.70
101.80	104.45	4.45	316.39	327.25
105.11	108.68	8.68	1271.59	1332.64
101.00	104.50	4.50	451.39	470.23
101.00	104.10	4.10	510.07	524.77
103.00	103.70	3.70	42.80	44.26
99.88	100.60	0.60	273.78	278.90
104.10	104.10	4.10	420.42	451.77
101.21	103.90	3.90	200.28	204.81
100.50	101.00	1.00	60.01	60.84
100.37	104.14	4.14	63.81	68.50
103.90	103.90	3.90	0.10	0.10
99.00	104.00	4.00	322.72	334.49
99.00	104.50	4.50	2449.45	2563.63
0.00	100.00	0.00	80.00	80.00
105.23	106.00	6.00	178.30	189.23
100.00	104.60	4.60	407.86	422.66
101.19	105.91	5.91	911.25	965.05
98.00	105.21	5.21	45.38	47.86
105.00	106.00	6.00	0.02	0.02
101.00	104.00	4.00	10.13	10.70
101.00	106.25	6.25	122.54	127.69
100.00	108.50	8.50	156.11	164.65
96.00	106.15	6.15	245.07	257.58

公司债
C-Bond

债券
Bond

证券代码 Code	证券简称 Name	发行数量 (百万) Issued Val(M)	到期日期 Expiration Date	上年收盘 Last Year close	本年开盘 Open	本年最高 High
122701	12 余城建	1200.00	2019.03.29	100.00	103.00	106.00
122702	12 海安债	1500.00	2018.03.28	100.00	103.62	106.22
122703	12 鞍城投	2000.00	2019.03.05	100.00	108.00	108.00
122704	12 江都债	800.00	2019.03.23	100.00	105.00	105.00
122705	12 苏交通	2500.00	2017.03.20	100.00	100.16	100.16
122706	12 海门债	1200.00	2019.03.20	100.00	106.00	106.01
122707	12 泰兴债	1200.00	2018.03.27	100.00	106.01	107.10
122708	12 伊旗债	1600.00	2019.03.19	100.00	104.50	106.50
122709	12 绵阳债	1200.00	2019.03.26	100.00	104.50	104.50
122710	12 济城建	1800.00	2018.03.26	100.00	105.00	107.00
122711	12 郑新债	2000.00	2019.03.14	100.00	102.00	107.50
122712	12 中航债	1800.00	2019.03.12	100.00	101.00	105.00
122713	12 冀交通	1400.00	2022.03.27	100.00	0.00	0.00
122714	12 海陵债	800.00	2019.03.21	100.00	105.50	106.59
122715	12 蓉新城	1000.00	2019.03.19	100.00	103.50	107.96
122716	12 莆田债	1100.00	2019.03.21	100.00	106.00	106.00
122717	12 泉矿债	1500.00	2019.03.21	100.00	0.00	0.00
122718	12 渝南债	800.00	2019.03.23	100.00	103.56	108.85
122719	12 龙交投	1000.00	2022.03.19	100.00	101.60	107.54
122720	12 甬城投	1000.00	2018.03.01	100.00	0.00	0.00
122721	12 辽国资	1000.00	2019.03.13	100.00	105.20	107.20
122722	12 淮水利	1600.00	2019.03.08	100.00	101.00	105.00
122723	12 石油 05	20000.00	2022.03.15	100.00	100.00	100.00
122724	12 攀国投	1000.00	2022.03.13	100.00	107.50	107.50
122725	12 宿产发	800.00	2018.03.08	100.00	102.80	105.93
122726	12 柳东债	1000.00	2019.02.15	100.00	104.20	104.20
122727	12 东胜债	2000.00	2018.02.28	100.00	103.50	107.00
122728	12 徐经开	1800.00	2019.03.07	100.00	107.50	107.50
122729	12 江泉债	800.00	2019.03.12	100.00	101.80	107.29
122730	12 晋江债	650.00	2018.02.23	100.00	103.80	103.80
122731	12 镇经开	1600.00	2019.03.01	100.00	102.00	105.20
122732	12 九江债	2000.00	2019.02.23	100.00	103.00	109.50
122733	11 京资 01	4000.00	2016.12.26	100.00	0.00	0.00
122734	11 京资 02	6000.00	2021.12.26	100.00	101.06	101.06
122735	11 六安债	1500.00	2018.12.28	100.00	0.00	0.00
122736	12 石油 03	10000.00	2019.02.22	100.00	0.00	0.00
122737	12 石油 04	10000.00	2027.02.22	100.00	100.10	110.00
122740	12 延城投	1500.00	2017.02.08	100.00	104.50	105.00
122741	11 双鸭山	1000.00	2018.12.20	100.00	100.00	106.19
122742	12 鲁高速	2000.00	2022.02.09	100.00	0.00	0.00
122743	12 华发集	2500.00	2018.02.16	100.00	102.00	107.20
122744	11 本溪债	2000.00	2021.12.22	100.00	103.90	108.00
122745	12 方大 01	500.00	2018.02.22	100.00	105.00	106.60
122746	12 方大 02	500.00	2019.02.22	100.00	104.50	107.49
122747	12 晋煤运	2500.00	2022.01.18	100.00	103.00	115.00
122748	12 石油 01	10000.00	2019.01.11	100.00	98.63	100.40
122749	12 石油 02	10000.00	2022.01.11	100.00	100.05	100.05
122750	12 常经营	1200.00	2019.01.16	100.00	100.20	105.40
122751	11 冀新债	500.00	2018.12.30	100.00	100.01	111.72
122752	11 大丰港	600.00	2017.11.15	100.00	100.00	107.30

公司债
C-Bond

债券
Bond

本年最低 Low	本年收盘 Close	涨跌(%) Change(%)	成交数量(万) Trading Vol (10000)	成交金额(百万) Trading Val(M)
103.00	104.00	4.00	105.03	109.43
102.00	105.10	5.10	887.03	924.48
103.03	104.98	4.98	1042.91	1122.80
103.10	104.76	4.76	498.40	520.68
100.16	100.16	0.16	120.00	119.80
103.30	105.30	5.30	179.24	188.03
100.49	105.68	5.68	1158.65	1219.53
88.11	104.62	4.62	1461.58	1539.65
104.50	104.50	4.50	10.00	10.39
96.01	104.00	4.00	418.30	437.06
102.00	105.43	5.43	1130.50	1200.89
98.00	101.00	1.00	6.00	6.08
0.00	100.00	0.00	0.00	0.00
101.24	104.60	4.60	114.74	120.61
100.60	105.19	5.19	285.41	296.38
104.00	105.50	5.50	102.22	107.82
0.00	100.00	0.00	0.00	0.00
103.52	107.99	7.99	871.59	929.72
101.60	106.35	6.35	486.26	512.15
0.00	100.00	0.00	0.00	0.00
101.01	105.24	5.24	636.70	665.50
100.20	104.99	4.99	22.04	23.14
100.00	100.00	0.00	160.00	158.48
105.00	106.00	6.00	304.00	318.43
102.80	103.40	3.40	470.86	478.03
104.20	104.20	4.20	50.00	52.10
101.00	105.00	5.00	2692.58	2825.04
104.80	107.00	7.00	370.23	396.21
95.80	105.19	5.19	1707.00	1775.58
98.00	100.00	0.00	30.00	30.08
102.00	105.20	5.20	2.81	2.93
103.00	106.00	6.00	449.38	485.41
0.00	100.00	0.00	0.00	0.00
101.06	101.06	1.06	150.00	151.60
0.00	100.00	0.00	0.00	0.00
0.00	100.00	0.00	0.00	0.00
55.00	98.99	-1.01	1158.64	1147.79
104.00	104.00	4.00	240.10	240.49
100.00	104.55	4.55	1425.78	1471.61
0.00	100.00	0.00	0.00	0.00
100.05	106.60	6.60	417.58	441.07
103.00	108.00	8.00	3103.46	3302.90
98.01	105.50	5.50	62.91	66.17
103.50	107.05	7.05	45.64	48.04
102.59	105.00	5.00	628.81	651.63
96.99	100.40	0.40	250.04	246.50
100.05	100.05	0.05	341.00	337.10
100.00	103.50	3.50	2.34	2.42
97.10	103.10	3.10	302.29	306.45
99.99	106.39	6.39	714.16	745.09

公司债 C-Bond

债券 Bond

证券代码 Code	证券简称 Name	发行数量(百万) Issued Val(M)	到期日期 Expiration Date	上年收盘 Last Year close	本年开盘 Open	本年最高 High
122754	11 通化债	1000.00	2021.12.13	100.00	100.00	116.88
122755	12 潭城建	1200.00	2019.03.16	100.00	102.50	108.00
122756	12 甘农垦	800.00	2019.01.06	100.00	0.00	0.00
122757	11 丹东债	1600.00	2018.12.21	100.00	99.90	105.06
122758	11 张保债	900.00	2018.12.15	100.00	101.00	105.48
122759	11 泰豪债	400.00	2018.12.27	100.00	105.00	107.10
122760	12 渝富债	2000.00	2019.09.04	100.00	0.00	0.00
122761	11 萧国资	2000.00	2016.11.22	100.00	102.17	104.00
122762	11 吴江债	1300.00	2018.12.05	100.00	0.00	0.00
122763	11 淮产投	900.00	2017.12.30	100.00	101.61	118.00
122764	11 泛海 01	1800.00	2017.12.13	100.00	102.00	111.98
122765	11 泛海 02	1000.00	2021.12.13	100.00	101.00	112.48
122766	11 宜建投	1000.00	2019.11.17	100.00	100.40	113.00
122767	11 盐城南	1500.00	2018.12.16	100.00	101.00	107.00
122768	11 兰城投	1500.00	2018.12.15	100.00	100.50	107.50
122769	11 龙海债	800.00	2017.12.02	100.00	102.01	112.00
122770	11 国网 01	10000.00	2021.12.08	100.00	0.00	0.00
122771	11 国网 02	5000.00	2026.12.08	100.00	100.37	100.37
122772	11 山煤债	1000.00	2018.12.06	100.00	104.00	104.00
122773	11 滨海 01	2500.00	2016.11.23	100.00	0.00	0.00
122774	11 滨海 02	2500.00	2021.11.23	100.00	0.00	0.00
122775	11 咸城投	1100.00	2017.12.09	100.00	102.00	110.00
122776	11 新光债	1600.00	2018.11.23	100.00	101.68	106.80
122777	11 吴中债	1500.00	2018.12.16	100.00	101.98	105.80
122778	11 建发债	1600.00	2019.10.28	100.00	103.00	110.00
122779	11 株城发	1500.00	2021.11.10	100.00	100.50	114.24
122780	11 长高新	2500.00	2017.11.22	100.00	99.80	101.50
122781	11 永州债	1000.00	2021.12.05	100.00	99.39	111.11
122782	11 宁农债	1800.00	2018.11.16	100.00	101.40	101.40
122783	11 苏中能	1500.00	2018.11.15	100.00	100.00	104.00
122784	11 中兴新	1000.00	2019.10.28	101.00	101.00	104.60
122786	11 联想债	2900.00	2018.10.31	100.00	102.50	102.51
122787	11 赣铁债	1000.00	2018.09.30	100.00	100.50	104.35
122788	11 三明债	1000.00	2018.06.14	104.00	97.00	110.00
122789	11 象屿债	900.00	2018.07.08	100.00	109.99	109.99
122790	11 诸暨债	1500.00	2018.07.05	99.98	92.11	102.89
122792	11 邯郸债	1000.00	2018.07.01	100.00	98.00	103.60
122793	11 扬开债	1000.00	2016.07.07	96.99	96.00	101.98
122794	11 海城债	800.00	2018.11.07	100.00	99.00	106.67
122795	11 诸城债	1000.00	2018.04.26	100.00	0.00	0.00
122796	11 冀投 01	1000.00	2021.06.27	100.00	0.00	0.00
122797	11 冀投 02	1000.00	2024.06.27	100.00	0.00	0.00
122798	11 泰矿债	1000.00	2018.06.22	96.50	98.00	110.55
122799	11 武国资	300.00	2018.06.17	98.00	100.00	102.88
122800	11 龙煤电	1000.00	2018.06.17	100.00	0.00	0.00
122801	11 焦作债	2200.00	2018.06.08	105.00	98.00	105.00
122802	11 辽阳债	2000.00	2018.06.13	102.80	97.21	102.10
122803	11 滁州债	1000.00	2021.11.30	100.00	100.58	105.66
122804	11 渭南 01	600.00	2017.06.08	93.70	93.12	110.00
122805	11 大同债	2500.00	2017.06.01	97.00	90.49	108.00

公司债
C-Bond

债券
Bond

本年最低 Low	本年收盘 Close	涨跌(%) Change(%)	成交数量(万) Trading Vol (10000)	成交金额(百万) Trading Val(M)
99.70	108.38	8.38	1679.18	1754.01
98.88	105.00	5.00	107.46	114.02
0.00	100.00	0.00	0.00	0.00
97.80	103.15	3.15	6233.41	6361.90
100.00	104.50	4.50	22.92	23.51
105.00	107.10	7.10	0.00	0.00
0.00	100.00	0.00	315.00	315.05
101.70	101.84	1.84	490.00	499.16
0.00	100.00	0.00	140.00	139.96
101.60	108.21	8.21	234.57	250.09
98.00	107.13	7.13	1609.59	1713.19
101.00	109.59	9.59	214.85	231.38
100.24	106.10	6.10	246.89	261.01
101.00	106.00	6.00	917.83	962.10
99.49	106.01	6.01	1539.30	1615.82
94.00	106.14	6.14	501.09	529.23
0.00	100.00	0.00	826.00	788.06
98.00	99.00	-1.00	49.04	48.67
104.00	104.00	4.00	0.00	0.00
0.00	100.00	0.00	0.00	0.00
0.00	100.00	0.00	0.00	0.00
100.00	106.25	6.25	551.20	578.14
100.00	102.67	2.67	1919.93	1975.34
97.80	105.80	5.80	101.30	107.30
98.00	105.30	5.30	435.12	456.99
99.10	106.59	6.59	1144.96	1207.86
99.80	101.50	1.50	1217.00	1239.54
99.39	108.15	8.15	1941.22	2043.97
101.40	101.40	1.40	300.00	304.15
96.00	102.90	2.90	956.27	981.59
95.01	104.00	2.97	193.08	198.50
102.50	102.51	2.51	520.00	530.18
100.50	104.35	4.35	26.25	26.33
97.00	101.69	-2.22	969.83	994.83
91.00	101.00	1.00	810.04	827.59
91.23	101.79	1.81	1364.52	1368.37
91.50	102.30	2.30	1228.10	1240.44
89.00	99.90	3.00	43.90	43.72
99.00	105.79	5.79	157.09	164.06
0.00	100.00	0.00	0.00	0.00
0.00	100.00	0.00	0.00	0.00
0.00	100.00	0.00	0.00	0.00
95.50	101.80	5.49	1540.60	1547.21
90.88	101.10	3.16	396.79	395.85
0.00	100.00	0.00	0.00	0.00
90.10	102.50	-2.38	891.53	899.54
95.45	101.00	-1.75	5061.66	5090.27
100.58	104.04	4.04	1193.01	1228.68
90.00	100.00	6.72	134.81	131.72
90.49	100.74	3.86	2263.88	2261.92

公司债
C-Bond

债券
Bond

证券代码 Code	证券简称 Name	发行数量(百万) Issued Val(M)	到期日期 Expiration Date	上年收盘 Last Year close	本年开盘 Open	本年最高 High
122806	11 渭南 02	1200.00	2018.06.08	95.00	93.10	101.50
122807	11 东岭债	400.00	2017.06.14	100.00	0.00	0.00
122808	11 滕州债	1000.00	2018.05.24	100.00	100.00	110.00
122809	11 准国资	2000.00	2018.05.10	94.48	93.99	102.00
122810	11 邹平债	500.00	2018.04.27	91.20	91.26	102.33
122811	11 蒙奈伦	800.00	2018.05.05	97.90	96.10	102.71
122812	11 淮北债	1200.00	2018.03.14	95.29	94.71	109.00
122813	11 宁交通	1500.00	2021.04.27	99.00	97.00	106.00
122814	11 东营债	1200.00	2018.04.20	99.20	101.00	103.60
122815	11 广汇债	1600.00	2017.04.19	99.49	97.00	106.49
122816	11 高密债	1000.00	2018.04.08	100.00	0.00	0.00
122817	11 三门峡	1500.00	2018.04.25	95.75	94.20	103.00
122818	11 牟平债	600.00	2019.03.04	99.96	99.99	107.00
122819	11 常城建	2500.00	2018.04.25	97.00	97.00	103.50
122820	11 潍东方	500.00	2018.04.12	103.30	101.99	108.00
122821	11 吉城建	2000.00	2018.03.03	94.95	94.00	107.00
122822	11 汉中债	800.00	2018.03.14	94.77	94.45	103.50
122823	11 舟山债	1500.00	2018.04.20	96.00	96.00	103.80
122824	11 中煤建	600.00	2018.03.15	99.00	103.50	103.50
122825	11 景德镇	800.00	2018.03.23	96.89	95.50	104.40
122826	11 北港债	1500.00	2017.03.30	103.00	99.00	102.60
122827	11 新奥债	500.00	2018.02.16	99.50	99.00	101.50
122828	11 抚州债	800.00	2018.02.28	98.92	97.82	106.49
122829	11 万基债	800.00	2018.08.24	102.50	100.00	103.98
122830	11 沈国资	1500.00	2019.03.16	92.28	92.27	110.00
122831	11 惠通债	1000.00	2018.03.14	100.67	98.00	104.80
122832	11 泰山债	1000.00	2018.03.02	108.80	98.80	109.99
122833	11 赣城债	2000.00	2018.04.22	94.97	95.91	103.00
122834	11 牡国投	1500.00	2018.02.15	91.90	91.90	103.38
122835	11 兴泸债	1000.00	2021.03.01	98.05	97.50	106.00
122836	11 盘锦债	1500.00	2018.03.01	92.19	92.28	104.00
122837	11 武经发	2500.00	2018.02.24	97.87	95.00	104.00
122838	11 吉利债	1000.00	2018.06.21	99.99	98.00	103.55
122839	11 鑫泰债	1200.00	2018.02.23	99.75	97.48	103.00
122840	11 临汾债	2000.00	2019.02.22	94.96	94.21	105.00
122841	11 渝津债	600.00	2018.01.06	91.76	91.61	101.82
122842	11 合城债	600.00	2018.01.06	91.71	91.70	101.88
122843	11 绥化债	800.00	2018.02.28	96.12	96.11	106.02
122844	11 筑城投	2000.00	2018.01.12	96.50	95.00	102.00
122845	11 横店债	1200.00	2021.01.27	98.90	98.90	102.30
122846	11 渝富债	2000.00	2018.02.22	98.50	98.50	103.00
122847	11 甬交投	1000.00	2021.02.10	98.49	98.49	100.60
122848	10 桂林债	1000.00	2017.12.28	100.00	102.00	102.30
122849	11 新余债	1400.00	2018.01.11	98.70	95.50	102.00
122850	11 华泰债	880.00	2018.03.02	93.88	92.50	109.88
122851	10 玉溪 01	800.00	2016.12.28	95.00	95.00	101.00
122852	10 玉溪 02	700.00	2017.12.28	91.65	91.65	103.00
122853	10 太重债	840.00	2020.12.31	100.00	0.00	0.00
122854	11 中汇债	1000.00	2018.03.23	100.00	98.00	102.00
122855	11 渝轻纺	700.00	2018.01.12	99.00	99.00	102.00

公司债
C-Bond

债券
Bond

本年最低 Low	本年收盘 Close	涨跌(%) Change(%)	成交数量(万) Trading Vol (10000)	成交金额(百万) Trading Val(M)
90.50	101.50	6.84	197.59	197.94
0.00	100.00	0.00	200.00	199.99
95.00	101.50	1.50	486.00	482.25
92.44	101.00	6.90	1830.95	1832.56
90.15	99.98	9.63	594.64	583.37
89.45	99.90	2.04	1691.57	1693.65
92.48	103.47	8.58	1644.66	1629.79
91.00	103.00	4.04	1249.09	1244.90
86.59	103.60	4.44	223.57	227.80
97.00	100.54	1.06	672.35	672.20
0.00	100.00	0.00	40.00	40.00
93.00	102.50	7.05	1607.93	1615.93
90.35	106.00	6.04	663.42	683.83
95.00	101.50	4.64	1211.95	1209.44
93.68	103.50	0.19	163.33	164.27
93.50	107.00	12.69	1536.97	1524.10
92.52	101.00	6.57	1074.49	1071.82
95.69	102.00	6.25	606.24	602.96
102.04	102.04	3.07	352.00	349.22
89.00	103.30	6.62	1844.41	1872.44
96.99	102.60	-0.39	1238.21	1186.51
99.00	101.50	2.01	263.00	262.40
95.00	105.76	6.92	624.30	635.74
90.00	101.60	-0.88	1322.85	1350.05
91.81	102.50	11.08	1366.91	1341.37
95.51	103.17	2.48	1682.53	1697.82
91.78	104.00	-4.41	1110.67	1126.70
90.65	100.80	6.14	1204.77	1187.49
91.11	103.37	12.48	1312.01	1260.59
91.95	102.50	4.54	1149.76	1153.89
91.55	102.30	10.97	2382.27	2330.25
91.49	101.50	3.71	1281.90	1259.30
96.04	103.50	3.51	1061.57	1077.19
92.80	102.50	2.76	558.95	547.41
93.40	102.75	8.20	5021.25	5032.22
90.81	101.30	10.40	1417.36	1387.81
90.32	100.90	10.02	846.15	830.04
93.12	104.08	8.28	1562.92	1573.44
92.60	101.85	5.54	1069.55	1036.11
97.51	101.50	2.63	1089.53	1086.64
98.50	103.00	4.57	1138.54	1123.47
96.00	100.60	2.14	706.69	701.05
101.30	102.30	2.30	455.60	406.22
94.10	101.41	2.75	376.46	371.17
91.52	102.00	8.65	1057.19	1031.99
90.00	100.80	6.11	177.43	178.43
90.86	101.40	10.64	624.95	625.71
0.00	100.00	0.00	0.00	0.00
90.94	101.80	1.80	1042.89	1029.02
99.00	102.00	3.03	300.08	296.32

公司债
C-Bond

债券
Bond

证券代码 Code	证券简称 Name	发行数量 (百万) Issued Val(M)	到期日期 Expiration Date	上年收盘 Last Year close	本年开盘 Open	本年最高 High
122856	11 株高科	1000.00	2018.08.18	97.39	97.39	103.80
122857	10 九华债	1000.00	2016.12.16	93.98	93.75	103.50
122858	10 盐城 01	500.00	2016.12.16	97.40	97.20	99.70
122859	10 盐城 02	1000.00	2017.12.16	98.98	92.00	102.00
122860	10 龙源债	1600.00	2017.02.09	100.00	0.00	0.00
122861	09 陕煤化	1500.00	2017.12.17	100.00	101.50	101.50
122862	10 闽能源	800.00	2017.12.02	100.00	0.00	0.00
122863	10 榆城投	1400.00	2017.12.28	99.00	101.00	103.81
122864	11 外滩债	900.00	2018.03.11	112.00	112.00	112.00
122865	10 苏海发	1000.00	2017.09.28	102.00	98.50	110.00
122866	10 杭交投	1200.00	2020.10.19	90.00	93.00	95.90
122867	11 石城投	1000.00	2021.03.09	98.00	96.60	102.50
122868	10 沈煤债	1500.00	2017.12.21	98.00	98.00	100.00
122869	10 沪化工	1000.00	2017.10.22	100.00	97.25	97.25
122870	10 渝大晟	800.00	2017.06.02	100.00	0.00	0.00
122871	10 镇交投	1000.00	2017.10.18	98.00	100.00	100.00
122872	10 复星债	1100.00	2017.12.24	98.80	99.20	102.90
122873	10 通经开	1000.00	2017.12.08	105.00	92.00	100.00
122874	10 红投 01	1000.00	2016.12.09	94.81	94.99	102.00
122875	10 红投 02	1000.00	2017.12.09	92.30	92.38	102.20
122876	11 海控债	1500.00	2018.01.20	98.00	99.30	101.06
122877	10 渝南岸	1000.00	2017.12.24	100.30	97.00	100.50
122879	10 天脊债	1000.00	2017.11.25	98.10	93.10	101.00
122880	10 天业债	1200.00	2016.10.25	96.34	100.60	103.15
122881	10 吴江债	1500.00	2018.12.23	96.00	102.00	103.76
122882	10 宁高新	1200.00	2017.12.24	94.95	94.95	100.51
122883	10 楚雄债	1500.00	2017.10.18	88.66	88.70	98.70
122884	10 西子债	450.00	2017.10.11	98.50	95.99	101.80
122885	10 冀交通	2000.00	2025.09.28	100.00	0.00	0.00
122886	10 云投债	2000.00	2017.08.24	88.89	88.01	108.81
122887	10 渝交通	1000.00	2017.08.04	95.88	99.00	99.00
122888	10 华靖债	1500.00	2017.09.28	88.49	88.60	98.80
122889	10 冶色债	700.00	2018.10.15	91.91	96.88	96.96
122890	10 凯迪债	1000.00	2020.08.23	87.59	87.59	97.70
122891	10 通辽债	1000.00	2017.09.01	103.78	101.00	101.00
122892	10 寿光债	1000.00	2020.09.01	100.67	100.88	100.88
122893	10 丹东债	1500.00	2017.09.06	94.12	92.78	105.00
122894	10 洪市政	700.00	2017.08.03	100.00	0.00	0.00
122895	10 德州债	700.00	2017.08.09	96.98	94.00	100.50
122896	10 芜开债	1000.00	2017.08.25	96.45	96.30	98.25
122897	10 襄投债	1000.00	2018.05.19	98.00	92.00	100.85
122898	10 攀国投	600.00	2020.07.29	90.85	89.10	98.50
122899	10 杨浦 01	1200.00	2017.07.28	98.00	98.00	98.32
122900	10 杨浦 02	300.00	2017.07.28	99.96	100.99	103.00
122901	10 营口债	2000.00	2020.06.09	102.35	102.30	105.75
122902	10 赤峰债	1200.00	2017.05.18	93.00	92.06	101.00
122903	10 盐东方	1000.00	2017.06.08	92.80	92.51	99.50
122904	10 长城投	2000.00	2020.05.24	100.95	0.00	0.00
122905	10 南昌债	1200.00	2017.04.30	97.85	97.98	105.00
122906	10 芜投 01	1400.00	2017.07.22	91.50	87.02	99.50

公司债
C-Bond

债券
Bond

本年最低 Low	本年收盘 Close	涨跌(%) Change(%)	成交数量(万) Trading Vol (10000)	成交金额(百万) Trading Val(M)
90.72	103.40	6.17	695.78	711.44
93.01	102.21	8.76	2374.03	2308.92
97.20	99.70	2.36	298.02	296.70
92.00	102.00	3.05	293.83	296.37
0.00	100.00	0.00	300.00	299.54
95.00	101.50	1.50	40.02	40.62
0.00	100.00	0.00	0.00	0.00
96.00	103.80	4.85	686.58	710.22
104.00	104.04	-7.11	356.86	369.37
95.50	99.60	-2.35	279.50	277.43
93.00	95.90	6.56	40.00	39.56
95.00	102.50	4.59	865.35	849.82
98.00	100.00	2.04	473.49	473.21
97.25	97.25	-2.75	770.00	765.44
0.00	100.00	0.00	0.00	0.00
99.30	99.30	1.33	710.00	699.15
98.80	101.01	2.24	1065.77	1072.30
92.00	100.00	-4.76	375.00	372.63
92.50	101.60	7.16	1366.35	1246.87
91.15	101.90	10.40	2501.50	2403.39
99.30	100.93	2.99	674.20	664.97
91.11	99.80	-0.50	403.84	401.84
93.10	99.50	1.43	3.70	3.65
98.01	99.94	3.74	548.23	546.01
91.00	102.00	6.25	1380.52	1392.06
94.95	100.50	5.85	671.26	670.65
87.35	97.33	9.78	3805.26	3556.64
95.00	100.84	2.38	741.99	743.04
0.00	100.00	0.00	0.00	0.00
81.88	97.95	10.19	155.59	151.85
90.10	95.00	-0.92	192.33	184.18
87.90	98.48	11.29	2877.60	2745.59
93.00	96.96	5.50	140.45	134.13
84.43	95.64	9.19	3528.60	3305.68
85.37	97.00	-6.53	204.59	198.89
93.01	99.10	-1.56	1357.39	1319.60
91.90	100.98	7.29	1123.19	1112.49
0.00	100.00	0.00	450.00	425.66
94.00	99.00	2.08	576.15	571.77
96.30	98.25	1.87	278.00	271.29
87.00	100.50	2.55	660.04	651.26
83.25	98.50	8.42	581.64	562.72
98.00	98.32	0.33	543.11	533.89
98.50	101.00	1.04	306.09	307.43
90.00	103.01	0.65	732.03	750.38
90.12	100.20	7.74	1377.46	1329.51
90.00	98.00	5.60	231.28	223.61
0.00	100.95	0.00	359.35	361.74
91.00	101.50	3.73	800.92	802.73
87.02	97.10	6.12	72.89	70.72

公司债
C-Bond

债券
Bond

证券代码 Code	证券简称 Name	发行数量 (百万) Issued Val(M)	到期日期 Expiration Date	上年收盘 Last Year close	本年开盘 Open	本年最高 High
122907	10 芜投 02	600.00	2017.07.22	98.19	97.50	110.00
122908	10 苏交通	2500.00	2016.06.01	98.03	98.00	102.00
122909	10 宜兴债	1500.00	2016.05.20	97.10	97.10	106.00
122910	10 漯河债	1000.00	2017.03.30	100.00	0.00	0.00
122911	10 鞍城投	2000.00	2020.05.06	97.00	94.00	105.00
122912	10 鄂国资	2800.00	2020.05.11	99.00	100.40	105.00
122913	10 通产控	800.00	2016.05.18	98.00	98.50	100.20
122914	09 榕建债	1000.00	2016.12.16	105.00	103.00	103.00
122915	10 镇水投	2000.00	2017.05.06	91.28	90.50	99.80
122916	10 红谷滩	800.00	2017.03.09	95.30	95.25	105.00
122917	10 太仓港	600.00	2020.01.21	105.20	100.42	110.00
122918	10 阜阳债	1000.00	2016.03.09	100.00	99.00	103.00
122919	10 鲁商债	700.00	2017.03.11	101.00	98.30	102.50
122920	10 黄山债	600.00	2017.02.09	94.67	94.69	103.00
122921	10 郴州债	2000.00	2017.01.21	99.07	98.12	104.98
122922	10 长高新	2000.00	2017.01.25	101.90	97.50	103.00
122923	10 北汽投	1500.00	2017.01.29	98.50	98.00	101.10
122924	10 巢湖债	1200.00	2017.01.28	99.99	99.00	103.30
122925	09 沈国资	1200.00	2016.11.27	100.25	97.80	106.70
122926	09 青国投	800.00	2015.12.29	99.60	98.80	103.00
122927	09 海航债	1300.00	2019.12.24	101.80	99.99	104.20
122928	09 铁岭债	1500.00	2019.12.22	95.70	95.69	107.00
122929	09 九江债	1200.00	2016.12.18	101.90	95.00	103.70
122930	09 盘锦债	1000.00	2016.12.16	103.96	100.00	106.50
122931	09 临海债	1000.00	2016.11.06	99.95	99.50	106.65
122932	09 宜城债	1200.00	2016.11.25	99.80	98.41	104.66
122933	09 南山 1	1000.00	2015.10.20	108.00	108.00	108.04
122934	09 南山 2	1000.00	2019.10.20	102.00	100.00	100.00
122935	09 南通债	2300.00	2016.11.13	99.00	99.00	103.10
122936	09 鹤城投	1200.00	2016.11.17	98.46	98.47	105.40
122937	10 辽源债	1000.00	2017.01.26	98.88	98.30	107.00
122938	09 汾湖债	1000.00	2017.10.22	99.48	98.00	103.87
122939	09 吉安债	1500.00	2016.10.28	99.24	99.20	110.09
122940	09 咸城投	1750.00	2019.09.30	103.49	101.50	107.50
122941	10 镇城投	2000.00	2020.12.17	99.50	99.01	108.00
122942	09 江阴债	2500.00	2016.09.15	105.00	105.00	105.00
122943	09 外高桥	850.00	2014.09.04	102.00	96.50	104.99
122944	09 株城投	1500.00	2016.08.28	101.89	99.13	105.00
122945	09 虞水债	800.00	2016.07.31	97.36	96.96	113.15
122946	09 扬城建	2000.00	2016.07.23	102.40	100.00	102.00
122947	09 合建投	2000.00	2014.07.08	100.00	95.00	100.80
122948	09 锡交债	2000.00	2016.07.08	97.99	96.99	99.99
122949	09 常投债	2000.00	2016.07.01	96.14	97.50	102.00
122950	09 渝能源	1500.00	2016.07.01	96.20	97.01	101.50
122951	09 淮城投	1500.00	2016.06.26	98.22	95.50	102.77
122952	09 赣州债	1500.00	2016.06.16	99.00	97.02	101.00
122953	09 岳城建	1000.00	2015.04.30	101.00	96.00	101.30
122954	09 武进债	2200.00	2016.06.09	93.28	93.00	100.00
122955	09 潭城建	900.00	2015.06.01	92.65	92.60	103.00
122956	09 常高新	1500.00	2019.06.04	98.00	97.80	102.00

公司债
C-Bond

债券
Bond

本年最低 Low	本年收盘 Close	涨跌(%) Change(%)	成交数量(万) Trading Vol (10000)	成交金额(百万) Trading Val(M)
90.00	99.80	1.64	811.44	800.57
98.00	99.88	1.89	643.90	637.48
91.02	101.00	4.02	726.76	717.39
0.00	100.00	0.00	0.00	0.00
94.00	103.40	6.60	2179.58	2150.13
100.40	103.00	4.04	429.82	427.64
98.50	100.00	2.04	212.82	212.37
103.00	103.00	-1.91	660.00	666.29
89.02	98.70	8.13	566.15	536.98
91.80	103.30	8.40	873.07	869.71
100.01	103.50	-1.62	158.57	164.26
95.02	101.33	1.33	1782.30	1787.97
98.30	102.50	1.49	70.04	71.40
92.53	102.15	7.90	984.03	978.14
95.50	104.00	4.98	4111.05	4135.87
93.02	101.30	-0.59	595.22	586.06
98.00	101.10	2.64	1405.20	1386.87
95.63	102.80	2.81	1278.43	1277.37
95.80	104.70	4.44	1438.38	1457.03
91.00	101.00	1.41	466.65	468.50
96.00	102.00	0.20	1985.00	2005.12
94.00	101.19	5.74	907.42	925.44
95.00	103.00	1.08	460.46	471.16
98.00	104.98	0.98	2173.27	2216.96
98.00	105.80	5.85	1356.52	1413.42
90.20	103.80	4.01	1786.67	1829.82
97.50	104.00	-3.70	1551.45	1611.66
100.00	100.00	-1.96	0.00	0.00
94.01	102.80	3.84	217.47	218.37
95.60	104.67	6.31	2615.73	2693.56
95.00	104.50	5.68	1723.20	1746.99
92.73	103.50	4.04	239.72	245.00
95.15	106.50	7.32	809.03	842.96
98.39	107.44	3.82	2459.04	2554.49
92.00	102.15	2.66	1264.98	1275.95
92.80	101.71	-3.13	297.75	302.19
96.50	100.40	-1.57	226.36	226.85
96.25	103.35	1.43	1211.58	1236.03
96.49	103.89	6.71	476.22	484.67
96.05	101.30	-1.07	599.34	604.15
95.00	100.20	0.20	322.60	323.00
91.18	99.54	1.58	501.71	490.31
94.00	100.60	4.64	772.14	758.25
97.01	100.45	4.42	128.96	126.32
91.08	99.00	0.79	1369.79	1366.67
97.02	101.00	2.02	262.95	263.65
96.00	101.25	0.25	461.86	459.45
92.20	99.00	6.13	257.34	250.66
91.76	102.78	10.93	835.39	825.78
91.00	99.65	1.68	515.04	514.35

公司债
C-Bond

债券
Bond

证券代码 Code	证券简称 Name	发行数量(百万) Issued Val(M)	到期日期 Expiration Date	上年收盘 Last Year close	本年开盘 Open	本年最高 High
122957	09 蓉工投	1500.00	2016.06.04	98.98	98.00	100.35
122958	09 长经开	580.00	2015.05.22	98.97	99.17	108.05
122959	09 清控债	1000.00	2016.05.19	97.90	97.49	99.90
122960	09 保利集	1300.00	2014.05.07	98.00	97.70	100.50
122961	09 武城投	1500.00	2019.05.25	98.00	95.00	99.90
122962	09 宁交通	1000.00	2016.05.07	98.21	95.00	115.00
122963	09 张江债	800.00	2012.06.10	99.60	99.50	100.75
122964	09 龙湖债	1400.00	2016.05.05	97.00	97.50	104.00
122965	09 潍投债	700.00	2019.04.15	95.00	95.00	104.90
122966	09 滇投债	800.00	2015.04.27	93.00	92.98	108.40
122967	09 闽漳龙	1000.00	2015.04.24	98.24	97.70	101.48
122968	09 杭城投	2200.00	2015.04.14	99.50	99.45	100.10
122969	09 豫投债	1500.00	2019.04.15	98.00	80.00	99.24
122970	09 三峡 01	7000.00	2014.04.08	97.68	96.68	99.91
122971	09 三峡 02	3000.00	2016.04.08	95.00	90.00	99.50
122972	09 绵投控	1500.00	2016.04.08	100.00	99.60	101.10
122973	09 昆创控	2000.00	2016.03.30	90.99	90.99	98.89
122974	09 镇城投	1000.00	2015.03.30	96.60	97.00	103.00
122975	09 济城建	1500.00	2019.03.26	90.50	90.00	99.99
122976	09 永煤债	1300.00	2015.03.30	99.80	99.80	102.15
122977	09 百联债	1000.00	2012.03.26	97.99	101.00	102.00
122978	09 津投 1	1500.00	2012.03.25	99.74	99.68	100.80
122979	09 津投 2	2000.00	2014.03.25	97.00	97.00	99.15
122980	09 津投 3	2500.00	2016.03.25	94.18	97.50	99.80
122981	09 铜城投	500.00	2015.03.10	95.32	95.21	103.26
122982	09 长城开	1200.00	2016.03.09	96.05	96.15	110.00
122983	09 南钢联	2500.00	2016.02.27	99.35	97.50	102.01
122984	09 六城投	1500.00	2016.03.02	97.06	97.40	109.00
122985	09 浙能债	4700.00	2014.02.23	97.90	98.20	100.10
122986	09 春华债	1000.00	2016.02.11	99.99	99.99	102.50
122987	08 云煤化	1500.00	2013.12.19	96.70	99.87	99.87
122988	09 渝隆债	1000.00	2016.01.15	102.00	95.92	105.00
122989	08 渝交通	1500.00	2015.12.10	96.00	96.00	102.98
122991	08 海航债	1500.00	2014.12.25	101.45	99.35	104.00
122992	08 苏交通	2500.00	2013.11.18	100.00	99.46	103.00
122993	08 舞钢债	600.00	2013.11.13	98.50	98.50	102.58
122994	08 云投债	1500.00	2013.10.22	99.95	94.11	105.00
122995	08 合建投	1700.00	2018.08.28	99.68	99.28	103.66
122996	08 常城建	2500.00	2015.09.24	97.20	97.00	103.00
122997	08 苏高新	400.00	2013.10.09	105.95	101.00	105.00
122998	04 长航债	1000.00	2014.05.26	97.60	98.49	99.52
122999	08 广纸债	390.00	2018.03.13	102.29	0.00	0.00
123000	09 宜华债	1000.00	2014.10.26	100.80	0.00	100.00
123001	09 爱使债	250.00	2014.11.17	99.98	0.00	100.20
123002	09 东华债	300.00	2015.12.28	99.00	0.00	100.00
123003	09 瑞贝卡	300.00	2015.12.28	99.36	0.00	100.17
123004	10 中科债	280.00	2017.02.02	102.40	0.00	0.00
123005	09 新海连	1500.00	2016.11.11	99.92	0.00	100.00
123006	10 武高债	500.00	2020.05.24	100.00	0.00	0.00
123007	11 微矿债	700.00	2021.01.07	100.00	0.00	0.00

公司债
C-Bond

债券
Bond

本年最低 Low	本年收盘 Close	涨跌(%) Change(%)	成交数量(万) Trading Vol (10000)	成交金额(百万) Trading Val(M)
96.99	100.30	1.33	949.87	931.86
95.88	103.98	5.06	1026.58	1047.81
97.49	99.80	1.94	366.89	362.80
97.70	100.20	2.25	433.87	425.94
90.01	99.10	1.12	307.96	304.40
89.50	100.04	1.86	636.32	628.25
90.91	99.98	0.38	371.41	370.78
96.00	103.90	7.11	3375.93	3444.07
94.35	101.38	6.72	1026.12	991.51
90.90	100.41	7.97	634.32	625.22
90.80	100.90	2.71	1129.78	1123.14
99.00	100.00	0.50	863.40	862.09
80.00	99.00	1.02	90.92	89.89
96.68	99.00	1.35	229.09	224.21
85.37	99.00	4.21	0.01	0.01
95.20	101.10	1.10	585.43	583.37
90.21	98.60	8.36	418.07	406.01
96.01	101.20	4.76	1853.93	1815.31
75.80	98.20	8.51	68.65	65.20
92.82	100.65	0.85	1762.79	1757.03
99.28	99.98	2.03	391.57	391.24
97.73	100.00	0.26	84.12	83.97
90.01	98.90	1.96	215.30	211.87
90.00	98.00	4.06	30.90	29.79
91.00	101.90	6.90	516.23	506.14
89.73	101.70	5.88	476.16	469.60
95.99	101.00	1.66	943.74	944.61
96.00	104.20	7.36	1766.67	1789.95
90.00	99.40	1.53	296.59	294.17
95.60	101.51	1.52	299.74	295.66
99.87	99.87	3.28	0.00	0.00
95.92	104.00	1.96	652.65	650.41
87.28	100.80	5.00	142.14	144.69
90.00	102.00	0.54	759.80	762.05
99.46	100.48	0.48	1326.13	1330.78
90.40	101.20	2.74	76.09	76.41
94.10	100.25	0.30	892.80	898.15
89.99	102.00	2.33	778.34	790.19
87.69	102.00	4.94	3169.55	3212.84
95.60	101.29	-4.40	699.54	711.19
90.50	99.00	1.43	2.50	2.45
0.00	0.00	0.00	0.00	0.00
95.33	0.00	0.00	3406.00	3333.37
100.00	0.00	0.00	275.00	275.05
100.00	0.00	0.00	376.00	376.00
99.95	0.00	0.00	480.00	480.23
0.00	0.00	0.00	0.00	0.00
99.97	0.00	0.00	20.00	20.00
0.00	0.00	0.00	0.00	0.00
0.00	0.00	0.00	0.00	0.00

公司债
C-Bond

债券
Bond

证券代码 Code	证券简称 Name	发行数量(百万) Issued Val(M)	到期日期 Expiration Date	上年收盘 Last Year close	本年开盘 Open	本年最高 High
123008	11 长征债	400.00	2014.11.16	100.00	0.00	100.06
123485	12 人寿 02	10000.00	2022.11.05	100.00	0.00	0.00
123486	12 新华债	10000.00	2022.07.18	100.00	0.00	0.00
123487	12 人寿 01	28000.00	2022.06.29	100.00	0.00	0.00
123488	12 平安债	9000.00	2022.05.30	100.00	0.00	0.00
123489	11 新华债	5000.00	2021.09.29	100.00	0.00	0.00
123490	11 中银债	1400.00	2021.10.28	100.00	0.00	0.00
123491	11 平安债	4000.00	2021.09.29	100.00	0.00	0.00
123492	11 人寿债	30000.00	2021.10.26	100.00	0.00	0.00
123493	11 泰康 01	1000.00	2021.05.27	100.00	0.00	0.00
123494	11 泰康 02	1000.00	2021.06.01	100.00	0.00	0.00
123495	11 国君债	3000.00	2017.01.28	98.10	0.00	100.00
123496	10 泰康 1	1000.00	2020.09.16	98.15	0.00	0.00
123497	10 泰康 2	1000.00	2020.09.16	100.00	0.00	0.00
123498	10 泰康 3	1000.00	2020.09.16	100.00	0.00	0.00
123499	10 泰康 4	1000.00	2020.09.16	100.00	0.00	0.00
124000	12 奉投资	1000.00	2019.09.24	100.00	99.71	102.29
124002	12 蒙高路	1500.00	2019.11.12	100.00	99.00	109.00
124008	12 国奥投	400.00	2018.10.29	100.00	0.00	0.00
124009	12 渝惠农	1000.00	2019.09.06	100.00	0.00	0.00
124010	12 鸡国资	1200.00	2019.11.08	100.00	102.00	102.20
124014	12 筑住投	1600.00	2019.11.06	100.00	0.00	0.00
124018	12 昌经投	500.00	2020.10.30	100.00	0.00	0.00
124020	12 辽城经	1500.00	2019.11.13	100.00	99.60	100.55
124025	12 池城投	900.00	2019.10.17	100.00	101.30	101.45
124029	12 玉城投	800.00	2019.11.26	100.00	0.00	0.00
124036	12 张经开	1000.00	2019.11.16	100.00	0.00	0.00
124042	12 鄂旅投	800.00	2019.10.29	100.00	0.00	0.00
124050	12 榆城投	1500.00	2018.12.04	100.00	0.00	0.00
124060	12 驻投资	1300.00	2019.11.26	100.00	0.00	0.00
124074	12 张公经	1200.00	2019.11.27	100.00	0.00	0.00
125000	12 苏镀膜	50.00	2014.06.08	100.00	0.00	100.00
125001	12 百慕债	20.00	2013.12.11	100.00	0.00	100.00
125002	12 宁水务	200.00	2014.06.11	100.00	0.00	100.00
125003	12 钱四桥	100.00	2014.06.11	100.00	0.00	100.00
125004	12 新宁债	100.00	2014.06.12	100.00	0.00	100.01
125005	12 同捷 01	100.00	2015.06.12	100.00	0.00	100.01
125006	12 凡登债	100.00	2015.06.12	100.00	0.00	100.01
125007	12 天科债	100.00	2015.06.12	100.00	0.00	100.01
125008	12 新丽债	100.00	2014.06.18	100.00	0.00	100.00
125009	12 太子龙	100.00	2015.06.19	100.00	0.00	100.02
125010	12 大丰港	100.00	2013.06.27	100.00	0.00	99.97
125011	12 优必胜	25.00	2014.06.29	100.00	0.00	0.00
125012	12 金泰 01	15.00	2015.07.10	100.00	0.00	0.00
125013	12 金泰 02	15.00	2015.07.10	100.00	0.00	0.00
125014	12 孚信债	100.00	2014.07.13	100.00	0.00	0.00
125015	12 天外债	200.00	2015.07.18	100.00	0.00	100.26
125016	12 江南债	50.00	2014.07.20	100.00	0.00	100.16
125017	12 中锐债	50.00	2014.08.01	100.00	0.00	0.00
125019	12 甬绿能	200.00	2014.08.10	100.00	0.00	0.00

公司债
C-Bond

债券
Bond

本年最低 Low	本年收盘 Close	涨跌(%) Change(%)	成交数量(万) Trading Vol (10000)	成交金额(百万) Trading Val(M)
99.63	0.00	0.00	420.00	419.80
0.00	0.00	0.00	0.00	0.00
0.00	0.00	0.00	0.00	0.00
0.00	0.00	0.00	0.00	0.00
0.00	0.00	0.00	0.00	0.00
0.00	0.00	0.00	0.00	0.00
0.00	0.00	0.00	0.00	0.00
0.00	0.00	0.00	0.00	0.00
0.00	0.00	0.00	0.00	0.00
0.00	0.00	0.00	0.00	0.00
0.00	0.00	0.00	0.00	0.00
98.12	0.00	0.00	193.00	191.12
0.00	0.00	0.00	0.00	0.00
0.00	0.00	0.00	0.00	0.00
0.00	0.00	0.00	0.00	0.00
0.00	0.00	0.00	0.00	0.00
95.00	102.00	2.00	60.63	60.45
99.00	109.00	9.00	30.11	29.81
0.00	100.00	0.00	70.00	69.91
0.00	100.00	0.00	0.00	0.00
101.59	101.62	1.62	147.39	149.35
0.00	100.00	0.00	0.00	0.00
0.00	100.00	0.00	0.00	0.00
99.60	100.21	0.21	70.03	70.03
101.30	101.45	1.45	33.05	33.31
0.00	100.00	0.00	0.00	0.00
0.00	100.00	0.00	0.00	0.00
0.00	100.00	0.00	0.00	0.00
0.00	100.00	0.00	0.00	0.00
0.00	100.00	0.00	0.00	0.00
0.00	100.00	0.00	0.00	0.00
98.92	100.00	0.00	246.00	244.86
98.15	99.57	-0.43	46.00	45.95
98.85	98.86	-1.14	510.00	509.33
99.78	99.92	-0.08	250.00	249.85
99.91	100.00	0.00	215.00	214.99
96.14	96.14	-3.86	210.00	209.60
99.88	100.01	0.01	110.00	109.99
98.67	100.01	0.01	240.00	239.82
99.99	99.99	-0.01	20.00	20.00
99.94	100.00	0.00	150.00	149.99
99.97	100.00	0.00	80.00	79.98
0.00	100.00	0.00	0.00	0.00
0.00	100.00	0.00	0.00	0.00
0.00	100.00	0.00	0.00	0.00
0.00	100.00	0.00	0.00	0.00
98.58	100.00	0.00	113.00	112.75
98.78	100.16	0.16	65.00	64.79
0.00	100.00	0.00	0.00	0.00
0.00	100.00	0.00	0.00	0.00

公司债
C-Bond

债券
Bond

证券代码 Code	证券简称 Name	发行数量(百万) Issued Val(M)	到期日期 Expiration Date	上年收盘 Last Year close	本年开盘 Open	本年最高 High
125020	12 武广债	200.00	2015.08.15	100.00	0.00	0.00
125021	12 同里债	100.00	2014.08.06	100.00	0.00	100.00
125022	12 五洲债	80.00	2015.08.02	100.00	0.00	100.00
125023	12 雅润债	30.00	2014.08.28	100.00	0.00	0.00
125024	12 星美债	200.00	2015.08.28	100.00	0.00	100.02
125025	12 漕湖债	150.00	2014.08.29	100.00	0.00	100.02
125026	12 金豪债	20.00	2014.09.14	100.00	0.00	100.00
125027	12 淹城债	200.00	2015.09.21	100.00	0.00	100.02
125028	12 天楹 01	140.00	2015.09.27	100.00	0.00	100.00
125029	12 如顾庄	100.00	2015.10.10	100.00	0.00	100.02
125030	12 西游发	100.00	2015.10.10	100.00	0.00	100.02
125031	12 漕湖 02	50.00	2014.08.29	100.00	0.00	100.00
125032	12 杭益汽	200.00	2014.10.15	100.00	0.00	99.31
125033	12 金建设	200.00	2015.10.16	100.00	0.00	100.03
125034	12 东钢构	200.00	2014.10.22	100.00	0.00	99.80
125035	12 湖上跃	70.00	2015.10.18	100.00	0.00	100.00
125036	12 苏东升	60.00	2014.11.06	100.00	0.00	100.00
125037	12 华安达	20.00	2014.11.09	100.00	0.00	0.00
125038	12 京精英	100.00	2015.10.31	100.00	0.00	99.95
125039	12 沪奔腾	150.00	2015.10.19	100.00	0.00	0.00
125040	12 天捷 01	30.00	2013.11.05	100.00	0.00	99.44
125041	12 天捷 02	50.00	2014.11.05	100.00	0.00	99.73
125043	12 新达通	23.00	2014.05.14	100.00	0.00	0.00
125044	12 天楹 02	140.00	2015.11.15	100.00	0.00	100.00
125047	12 德鑫泉	25.00	2014.11.16	100.00	0.00	0.00
125048	12 苏飞钻	100.00	2014.11.26	100.00	0.00	0.00
126002	06 中化债	1200.00	2012.12.01	97.20	97.26	99.98
126003	07 云化债	1000.00	2013.01.29	96.20	96.20	99.70
126005	07 武钢债	7500.00	2012.03.25	99.07	99.06	99.95
126006	07 深高债	1500.00	2013.10.09	94.00	93.80	97.78
126007	07 日照债	880.00	2013.11.27	93.47	93.47	97.40
126008	08 上汽债	6300.00	2013.12.19	93.44	93.19	97.36
126009	08 赣粤债	1200.00	2014.01.27	92.25	92.45	97.90
126010	08 中远债	1050.00	2014.01.28	92.29	92.30	98.52
126011	08 石化债	30000.00	2014.02.20	92.33	92.09	99.31
126013	08 青啤债	1500.00	2014.04.02	91.98	91.78	96.15
126014	08 国电债	3995.00	2014.05.07	91.85	91.18	97.87
126015	08 康美债	900.00	2014.05.08	89.51	89.49	95.10
126016	08 宝钢债	10000.00	2014.06.19	91.41	91.51	99.00
126017	08 葛洲债	1390.00	2014.06.25	89.80	90.00	99.10
126018	08 江铜债	6800.00	2016.09.22	83.52	83.58	87.68
126019	09 长虹债	3000.00	2015.07.30	82.93	82.92	89.20

公司债 C-Bond

债券 Bond

本年最低 Low	本年收盘 Close	涨跌(%) Change(%)	成交数量(万) Trading Vol (10000)	成交金额(百万) Trading Val(M)
0.00	100.00	0.00	0.00	0.00
100.00	100.00	0.00	30.00	30.00
99.98	99.98	-0.02	24.00	24.00
0.00	100.00	0.00	0.00	0.00
100.00	100.00	0.00	200.00	200.00
99.48	100.02	0.02	60.00	59.92
99.73	100.00	0.00	8.00	7.99
99.81	99.93	-0.07	180.00	179.91
98.81	98.81	-1.19	166.00	165.17
99.69	100.00	0.00	70.00	69.92
99.80	100.00	0.00	70.00	69.96
99.45	100.00	0.00	29.00	28.87
99.25	99.31	-0.69	60.00	59.56
99.94	100.00	0.00	543.00	542.98
99.67	99.72	-0.28	80.00	79.77
99.71	99.71	-0.29	37.00	36.92
99.94	99.95	-0.05	84.00	83.97
0.00	100.00	0.00	0.00	0.00
99.95	99.95	-0.05	10.00	10.00
0.00	100.00	0.00	0.00	0.00
99.44	99.44	-0.56	15.00	14.92
99.36	99.73	-0.27	45.00	44.82
0.00	100.00	0.00	0.00	0.00
100.00	100.00	0.00	28.00	28.00
0.00	100.00	0.00	0.00	0.00
0.00	100.00	0.00	0.00	0.00
97.00	99.98	2.86	1465.93	1447.06
93.60	99.57	3.50	594.28	583.81
96.70	99.93	0.87	2462.21	2453.10
90.10	97.78	4.02	925.09	884.74
90.99	97.05	3.83	149.41	143.05
92.33	96.99	3.80	4088.44	3904.68
83.58	96.10	4.17	280.26	265.34
90.03	96.10	4.13	551.37	519.48
91.90	96.00	3.98	17855.22	16840.18
90.98	95.10	3.39	530.49	496.89
83.25	94.80	3.21	1284.64	1195.20
89.00	94.00	5.02	942.11	870.79
89.02	95.16	4.10	4896.94	4581.23
86.57	94.20	4.90	1305.07	1207.30
83.11	86.54	3.62	7206.98	6173.25
82.56	88.88	7.18	3754.45	3258.06

债券回购基本信息
Bond Repo

债券代码 Code	债券简称 Securities	回购品种 Repo Type
201000	R003	国债回购
201001	R007	国债回购
201002	R014	国债回购
201003	R028	国债回购
201004	R091	国债回购
201005	R182	国债回购
201008	R001	国债回购
201009	R002	国债回购
201010	R004	国债回购
202001	RC001	企业债回购
202003	RC003	企业债回购
202007	RC007	企业债回购
203007	0501R007	国债回购
203008	0501R028	国债回购
203009	0501R091	国债回购
203016	0504R007	国债回购
203017	0504R028	国债回购
203018	0504R091	国债回购
203019	0505R007	国债回购
203020	0505R028	国债回购
203021	0505R091	国债回购
203031	0509R007	国债回购
203032	0509R028	国债回购
203033	0509R091	国债回购
203040	0512R007	国债回购
203041	0512R028	国债回购
203042	0512R091	国债回购
203043	0513R007	国债回购
203044	0513R028	国债回购
203045	0513R091	国债回购
203049	0601R007	国债回购
203050	0601R028	国债回购
203051	0601R091	国债回购
203052	0603R007	国债回购
203053	0603R028	国债回购
203054	0603R091	国债回购
204001	GC001	国债回购
204002	GC002	国债回购
204003	GC003	国债回购
204004	GC004	国债回购
204007	GC007	国债回购
204014	GC014	国债回购
204028	GC028	国债回购
204091	GC091	国债回购
204182	GC182	国债回购
205001	--	报价回购
205007	--	报价回购
205008	--	报价回购
205010	--	报价回购
205030	--	报价回购

债券回购每日成交(亿/百万)
Bond Repo Trading(100M /1M)

债券 Bond

日期 Date	1月 Jan		2月 Feb		3月 Mar		4月 Apr		5月 May		6月 Jun	
	金额 Val	数量 Vol	金额 Val	数量 Vol	金额 Val	数量 Vol	金额 Val	数量 Vol	金额 Val	数量 Vol	金额 Val	数量 Vol
1	---	---	1177.92	1177.92	1121.64	1121.64	---	---	---	---	1573.15	1573.15
2	---	---	1049.29	1049.29	1191.93	1191.93	---	---	1564.09	1564.09	---	---
3	---	---	1242.66	1242.66	---	---	---	---	1389.07	1389.07	---	---
4	1467.38	1467.38	---	---	---	---	---	---	1415.66	1415.66	1455.74	1455.74
5	1024.68	1024.68	---	---	1243.62	1243.62	1618.75	1618.75	---	---	1330.59	1330.59
6	1208.44	1208.44	1453.75	1453.75	1061.19	1061.19	1436.26	1436.26	---	---	1339.18	1339.18
7	---	---	1223.32	1223.32	1017.06	1017.06	---	---	1446.75	1446.75	1284.16	1284.16
8	---	---	1098.48	1098.48	988.16	988.16	---	---	1248.50	1248.50	1512.19	1512.19
9	1119.82	1119.82	1120.50	1120.50	1182.75	1182.75	1390.52	1390.52	1324.13	1324.13	---	---
10	984.71	984.71	1152.05	1152.05	---	---	1206.62	1206.62	1374.40	1374.40	---	---
11	1224.19	1224.19	---	---	---	---	1083.95	1083.95	1535.70	1535.70	1509.15	1509.15
12	1116.83	1116.83	---	---	1218.38	1218.38	1278.68	1278.68	---	---	1402.50	1402.50
13	1322.84	1322.84	1308.09	1308.09	1088.26	1088.26	1458.12	1458.12	---	---	1412.69	1412.69
14	---	---	1124.96	1124.96	1043.60	1043.60	---	---	1415.13	1415.13	1494.85	1494.85
15	---	---	1124.72	1124.72	1010.12	1010.12	---	---	1266.94	1266.94	1703.13	1703.13
16	1209.89	1209.89	1129.68	1129.68	1203.79	1203.79	1496.25	1496.25	1242.16	1242.16	---	---
17	978.50	978.50	1449.72	1449.72	---	---	1297.56	1297.56	1295.92	1295.92	---	---
18	1091.55	1091.55	---	---	---	---	1157.46	1157.46	1431.68	1431.68	1681.72	1681.72
19	846.59	846.59	---	---	1266.24	1266.24	1274.88	1274.88	---	---	1498.55	1498.55
20	1121.51	1121.51	1555.66	1555.66	1184.49	1184.49	1360.96	1360.96	---	---	1466.29	1466.29
21	---	---	1355.41	1355.41	1083.00	1083.00	---	---	1420.79	1420.79	1631.41	1631.41
22	---	---	1275.98	1275.98	1068.49	1068.49	---	---	1339.87	1339.87	---	---
23	---	---	1164.40	1164.40	1283.70	1283.70	1460.73	1460.73	1305.81	1305.81	---	---
24	---	---	1484.68	1484.68	---	---	1267.35	1267.35	1329.66	1329.66	---	---
25	---	---	---	---	---	---	1158.80	1158.80	1420.79	1420.79	2000.01	2000.01
26	---	---	---	---	1329.90	1329.90	1289.16	1289.16	---	---	1646.28	1646.28
27	---	---	1544.31	1544.31	1216.74	1216.74	1394.50	1394.50	---	---	1596.29	1596.29
28	---	---	1335.12	1335.12	1182.63	1182.63	---	---	1460.30	1460.30	1625.57	1625.57
29	---	---	1220.61	1220.61	1144.34	1144.34	---	---	1418.53	1418.53	1577.90	1577.90
30	1684.60	1684.60	---	---	1314.29	1314.29	---	---	1337.71	1337.71	---	---
31	1269.98	1269.98	---	---	---	---	---	---	1293.58	1293.58	---	---
最高 high	1684.60	1684.60	1555.66	1555.66	1329.90	1329.90	1618.75	1618.75	1564.09	1564.09	2000.01	2000.01
最低 low	L846.59	L846.59	1049.29	1049.29	988.16	988.16	1083.95	1083.95	1242.16	1242.16	1284.16	1284.16

债券回购每日成交(亿/百万)
Bond Repo Trading(100M /1M)

日期 Date	7月 Jul		8月 Aug		9月 Sep		10月 Oct		11月 Nov		12月 Dec	
	金额 Val	数量 Vol	金额 Val	数量 Vol	金额 Val	数量 Vol	金额 Val	数量 Vol	金额 Val	数量 Vol	金额 Val	数量 Vol
1	---	---	1525.09	1525.09	---	---	---	---	1575.01	1575.01	---	---
2	1745.43	1745.43	1469.33	1469.33	---	---	---	---	1970.13	1970.13	---	---
3	1606.34	1606.34	1809.87	1809.87	1883.65	1883.65	---	---	---	---	2032.11	2032.11
4	1576.12	1576.12	---	---	1622.29	1622.29	---	---	---	---	1767.47	1767.47
5	1518.42	1518.42	---	---	1473.18	1473.18	---	---	2038.85	2038.85	1652.38	1652.38
6	1687.16	1687.16	1829.11	1829.11	1489.83	1489.83	---	---	1687.79	1687.79	1595.48	1595.48
7	---	---	1614.34	1614.34	1744.65	1744.65	---	---	1582.25	1582.25	1972.68	1972.68
8	---	---	1473.93	1473.93	---	---	2361.45	2361.57	1588.01	1588.13	---	---
9	1753.73	1753.73	1483.70	1483.86	---	---	1711.96	1712.03	1987.21	1987.47	---	---
10	1544.21	1544.21	1765.41	1765.41	1824.94	1824.94	1549.86	1549.91	---	---	2029.59	2029.59
11	1510.29	1510.29	---	---	1586.77	1586.77	1450.41	1450.41	---	---	1791.39	1791.39
12	1458.97	1458.97	---	---	1539.65	1539.65	1808.24	1808.37	2095.20	2095.20	1616.90	1616.90
13	1701.73	1701.73	1801.74	1801.74	1543.06	1543.06	---	---	1667.32	1667.37	1568.87	1568.87
14	---	---	1625.36	1625.36	1796.54	1796.54	---	---	1577.21	1577.59	1892.35	1892.35
15	---	---	1563.40	1563.40	---	---	2203.84	2204.03	1577.45	1577.45	---	---
16	1810.03	1810.03	1539.02	1539.11	---	---	1774.16	1774.16	1941.87	1941.87	---	---
17	1575.19	1575.19	1921.01	1921.13	1820.43	1820.43	1591.64	1591.64	---	---	2003.23	2003.23
18	1522.71	1522.71	---	---	1580.76	1580.76	1473.78	1473.78	---	---	1841.59	1841.59
19	1537.23	1537.23	---	---	1573.83	1573.94	1838.90	1838.90	2118.27	2118.27	1762.53	1762.53
20	1798.75	1798.75	1926.83	1926.83	1543.49	1543.49	---	---	1757.60	1757.60	1756.68	1756.68
21	---	---	1674.78	1674.78	1851.17	1851.17	---	---	1593.24	1593.24	2090.18	2090.18
22	---	---	1604.05	1604.05	---	---	2041.11	2041.24	1575.66	1575.72	---	---
23	1898.34	1898.34	1549.86	1549.86	---	---	1742.27	1742.27	1930.20	1930.20	---	---
24	1590.63	1590.63	1887.40	1887.40	1946.25	1946.25	1575.51	1575.51	---	---	2088.77	2088.77
25	1512.50	1512.50	---	---	1619.63	1619.63	1634.61	1634.61	---	---	1880.19	1880.19
26	1460.05	1460.05	---	---	1384.64	1384.64	2116.46	2116.46	2134.55	2134.55	1774.37	1774.37
27	1838.32	1838.32	1904.08	1904.08	1423.30	1423.30	---	---	1798.28	1798.28	1778.80	1778.80
28	---	---	1633.63	1633.63	1637.76	1637.76	---	---	1635.54	1635.59	1926.63	1926.63
29	---	---	1504.32	1504.32	---	---	2243.77	2243.91	1573.11	1573.11	---	---
30	1829.39	1829.61	1418.58	1418.58	---	---	1794.41	1794.44	2006.91	2006.91	---	---
31	1574.73	1574.73	1770.61	1770.61	---	---	1638.77	1638.77	---	---	2003.14	2003.14
最高 high	1898.34	1898.34	1926.83	1926.83	1946.25	1946.25	H2361.45	H2361.57	2134.55	2134.55	2090.18	2090.18
最低 low	1458.97	1458.97	1418.58	1418.58	1384.64	1384.64	1450.41	1450.41	1573.11	1573.11	1568.87	1568.87

债券回购 Bond Repo

债券 Bond

债券代码 Code	债券简称 Name	上年收盘 Last Year Close	本年开盘 Open	本年最高 High	本年最低 Low	本年收盘 Close	涨跌(%) Change(%)	成交数量(万张) Trading Vol (10000)	成交金额(百万) Trading Val(M)
201000	R003	2.00	0.00	0.00	0.00	2.00	0.00	0.00	0.00
201001	R007	2.48	0.00	0.00	0.00	2.48	0.00	0.00	0.00
201002	R014	3.00	0.00	0.00	0.00	3.00	0.00	0.00	0.00
201003	R028	2.30	0.00	0.00	0.00	2.30	0.00	0.00	0.00
201004	R091	4.45	0.00	0.00	0.00	4.45	0.00	0.00	0.00
201005	R182	3.80	0.00	0.00	0.00	3.80	0.00	0.00	0.00
201008	R001	1.26	0.00	0.00	0.00	1.26	0.00	0.00	0.00
201009	R002	1.68	0.00	0.00	0.00	1.68	0.00	0.00	0.00
201010	R004	4.18	0.00	0.00	0.00	4.18	0.00	0.00	0.00
202001	RC001	1.98	0.00	0.00	0.00	1.98	0.00	0.00	0.00
202003	RC003	1.80	0.00	0.00	0.00	1.80	0.00	0.00	0.00
202007	RC007	2.20	0.00	0.00	0.00	2.20	0.00	0.00	0.00
203007	0501R007	101.99	0.00	0.00	0.00	101.99	0.00	0.00	0.00
203008	0501R028	101.99	0.00	0.00	0.00	101.99	0.00	0.00	0.00
203009	0501R091	101.99	0.00	0.00	0.00	101.99	0.00	0.00	0.00
203016	0504R007	100.00	0.00	0.00	0.00	100.00	0.00	0.00	0.00
203017	0504R028	100.00	0.00	0.00	0.00	100.00	0.00	0.00	0.00
203018	0504R091	100.00	0.00	0.00	0.00	100.00	0.00	0.00	0.00
203019	0505R007	100.00	0.00	0.00	0.00	0.00	-100.00	0.00	0.00
203020	0505R028	100.00	0.00	0.00	0.00	0.00	-100.00	0.00	0.00
203021	0505R091	100.00	0.00	0.00	0.00	0.00	-100.00	0.00	0.00
203031	0509R007	100.00	0.00	0.00	0.00	0.00	-100.00	0.00	0.00
203032	0509R028	100.00	0.00	0.00	0.00	0.00	-100.00	0.00	0.00
203033	0509R091	100.00	0.00	0.00	0.00	0.00	-100.00	0.00	0.00
203040	0512R007	100.00	0.00	0.00	0.00	100.00	0.00	0.00	0.00
203041	0512R028	100.00	0.00	0.00	0.00	100.00	0.00	0.00	0.00
203042	0512R091	100.00	0.00	0.00	0.00	100.00	0.00	0.00	0.00
203043	0513R007	100.00	0.00	0.00	0.00	0.00	-100.00	0.00	0.00
203044	0513R028	100.00	0.00	0.00	0.00	0.00	-100.00	0.00	0.00
203045	0513R091	100.00	0.00	0.00	0.00	0.00	-100.00	0.00	0.00
203049	0601R007	100.00	0.00	0.00	0.00	0.00	-100.00	0.00	0.00
203050	0601R028	100.00	0.00	0.00	0.00	0.00	-100.00	0.00	0.00
203051	0601R091	100.00	0.00	0.00	0.00	0.00	-100.00	0.00	0.00
203052	0603R007	100.00	0.00	0.00	0.00	100.00	0.00	0.00	0.00
203053	0603R028	100.00	0.00	0.00	0.00	100.00	0.00	0.00	0.00
203054	0603R091	100.00	0.00	0.00	0.00	100.00	0.00	0.00	0.00
204001	GC001	0.05	3.20	57.00	0.10	3.01	6577.78	28121868.90	28121868.90
204002	GC002	0.01	3.68	22.00	0.01	0.10	850.00	672858.70	672858.70
204003	GC003	0.02	3.58	18.30	0.01	0.07	366.67	658106.80	658106.80
204004	GC004	0.01	2.66	13.90	0.01	0.02	50.00	881277.90	881277.90
204007	GC007	0.31	2.60	12.00	0.27	2.00	555.74	3879147.60	3879147.60
204014	GC014	1.55	3.28	6.00	0.10	3.11	100.65	355793.10	355793.10
204028	GC028	0.32	3.10	5.00	0.31	3.65	1058.73	63342.90	63342.90
204091	GC091	2.00	0.55	6.50	0.36	3.80	90.00	2322.80	2322.80
204182	GC182	3.30	0.51	4.00	0.51	3.90	18.18	1354.90	1354.90
205001		0.00	0.00	5.60	1.20	0.00	0.00	2291812.10	2291812.10
205007		0.00	0.00	5.10	1.60	0.00	0.00	160449.66	160449.66
205008		0.00	0.00	5.10	1.90	0.00	0.00	31685.91	31685.91
205010		0.00	0.00	5.20	1.90	0.00	0.00	14882.12	14882.12
205030		0.00	0.00	5.10	2.53	0.00	0.00	2395.83	2395.83

可转债基本信息 Convertible Bond

转债名称 Name	转股起始日 Start Date	转股终止日 End Date	转股价 Convert Price	累计转股数量(万股) Total Convert Vol (10000)	累计转股比例(%) Total Convert Ratio(%)
南化转债	2000.07.12	2003.08.02	4.56	3289.03	99.99
虹桥转债	2000.08.25	2005.02.24	7.69	14962.71	97.97
民生转债	2003.08.27	2008.02.27	2.39	54700.28	99.99
水运转债	2003.08.13	2007.08.12	5.41	5495.36	99.86
云化转债	2004.03.10	2006.09.09	5.80	5266.28	99.66
西钢转债	2004.02.11	2008.08.10	4.85	9397.37	97.81
雅戈转债	2003.10.08	2006.04.03	3.35	23589.21	98.34
复星转债	2004.04.28	2008.10.27	5.03	16019.90	99.13
阳光转债	2003.04.18	2005.04.18	3.80	12644.29	96.73
桂冠转债	2004.06.30	2008.06.29	5.77	12915.93	99.97
山鹰转债	2003.12.16	2008.06.15	2.46	7069.62	99.66
华电转债	2003.12.03	2008.06.02	3.10	24776.56	98.47
国电转债	2004.01.18	2008.07.17	6.59	30022.02	99.93
邯钢转债	2004.05.26	2008.11.25	3.36	58305.61	99.86
南山转债	2008.10.20	2013.04.17	8.42	33191.93	99.81
新钢转债	2009.02.23	2013.08.20	8.04	0.12	0.00
厦工转债	2010.03.01	2014.08.28	7.45	8043.61	99.88
西洋转债	2010.03.09	2014.09.03	14.55	1817.19	99.77
龙盛转债	2010.03.14	2014.09.14	8.90	14011.59	99.76
博汇转债	2010.03.23	2014.09.23	6.16	4.32	0.03
王府转债	2010.04.26	2015.10.19	33.26	2466.89	99.94
双良转债	2010.11.04	2015.05.04	13.48	2.00	0.04
钢联转债	2005.05.10	2009.11.09	1.69	71335.98	99.94
歌华转债	2011.05.26	2016.11.25	14.89	0.68	0.01
海运转债	2011.07.08	2016.01.07	4.54	2.88	0.02
国投转债	2011.07.26	2017.01.25	4.74	264.31	0.37
石化转债	2011.08.24	2017.02.23	6.98	11775.91	3.73
川投转债	2011.09.22	2017.03.21	9.15	0.79	0.00
中海转债	2012.02.02	2017.08.01	8.70	0.03	0.00
国电转债	2012.02.20	2017.08.19	2.57	32.83	0.02
恒丰转债	2012.09.24	2017.03.22	6.88	0.25	0.00
南山转债	2013.04.17	2018.10.16	6.92	0.00	0.00
上电转债	2007.06.01	2011.12.01	4.43	21961.10	97.29
同仁转债	2013.06.05	2017.12.04	0.00	0.00	0.00
中海转债	2008.01.02	2012.07.01	25.31	7855.23	99.41
招行转债	2004.05.10	2009.11.10	4.42	104378.62	99.98
歌华转债	2004.11.12	2009.05.11	7.47	10092.99	99.89
澄星转债	2007.11.10	2012.05.10	10.53	2274.89	54.57
南山转债	2005.04.19	2009.10.19	4.12	19609.06	99.77
赤化转债	2008.04.10	2012.10.10	6.84	6309.55	97.38
金鹰转债	2007.05.20	2010.11.20	3.57	7397.35	99.87
营港转债	2004.11.20	2009.05.19	6.99	9878.57	99.09
华发转债	2007.01.27	2011.07.27	7.68	5595.75	99.94
五洲转债	2008.09.01	2013.02.28	4.73	11386.77	99.74
凯诺转债	2007.02.15	2011.08.15	4.96	8663.53	99.93
江淮转债	2004.10.15	2009.04.14	3.32	15721.99	99.81
柳化转债	2007.01.28	2011.07.28	9.86	3103.79	99.69
天药转债	2007.04.25	2012.10.25	0.00	0.00	0.00
山鹰转债	2008.03.05	2012.09.05	4.24	10851.54	99.77
大荒转债	2008.06.19	2012.12.19	9.81	14338.79	99.77

可转债基本信息 Convertible Bond

债券 Bond

转债名称 Name	转股起始日 Start Date	转股终止日 End Date	转股价 Convert Price	累计转股数量(万股) Total Convert Vol (10000)	累计转股比例(%) Total Convert Ratio(%)
创业转债	2005.07.01	2009.06.30	3.82	9721.39	99.90
恒源转债	2008.03.24	2012.09.24	12.88	3052.21	99.84
中行转债	2010.12.02	2016.06.02	3.44	18.05	0.00
工行转债	2011.03.01	2016.08.31	3.77	60021.17	9.29
重工转债	2012.12.05	2018.06.04	4.93	0.12	0.00

大宗交易平台
Bulk Trading

大宗交易平台 Bulk Trading	2012 年	2011 年	增减(%) Change (%)
交易天数 Trading Days	243	244	-0.82
交易证券数 No. of Securities	720	536	34.33
股票 Shares	306.00	316.00	-3.16
债券 Bonds	407.00	214.00	90.19
基金 Funds	7.00	6.00	16.67
总成交金额 (亿) Total Trading Val(100M)	1583.25	1432.26	11.21
股票 Shares	565.50	676.76	-16.44
债券 Bonds	1011.12	742.47	36.18
基金 Funds	6.64	13.03	-49.06
日均成交金额(百万)Average Turnover In Val(M)	651.54	585.34	11.21
股票 Shares	232.72	276.84	-16.44
债券 Bonds	416.10	309.36	36.18
基金 Funds	2.73	65.13	-49.06
总成交量(亿) Total Vol In Val(100M)	77.15	93.41	-17.41
股票 Shares	72.51	82.95	-12.58
债券 Bonds	1.02	0.76	33.67
基金 Funds	3.62	9.70	-62.69
日均成交量(百万) Average Vol In Val(M)	31.75	38.28	-17.06
股票 Shares	29.84	34.00	-12.24
债券 Bonds	0.42	0.31	35.48
基金 Funds	1.49	3.97	-62.47
总成笔数 Total Transactions	4967.00	4294.00	15.67
股票 Shares	1842.00	2024.00	-8.99
债券 Bonds	3101.00	2073.00	49.59
基金 Funds	24.00	197.00	-87.82
日均成交笔数 Average Transactions	20.00	17.00	17.65
股票 Shares	7.00	8.00	-12.50
债券 Bonds	12.00	8.00	50.00
基金 Funds	1.00	9.00	-88.89

固定收益平台
Fixed-Incoming Trading System

固定收益平台交易 Trading of Fixed-Incoming Trading System	2012 年	2011 年	增减(%) Change (%)
交易天数 Trading Days	243	244	-0.41
上市债券数 No. of Bonds	1056	654	61.47
政府债 G-Bonds	260	245	6.12
公司债 C-Bonds	796	409	94.62
新上市债券数 No. of New Bonds	47	46	2.17
总成交金额 (百万) Total Trading Val(M)	241.17	117.57	105.13
政府债 G-Bonds	17.57	25.71	-31.66
公司债 C-Bonds	223.60	91.86	143.41
日均成交金额(万)Average Turnover In Val(10 Thousand)	99.25	48.18	106.00
政府债 G-Bonds	7.23	10.54	-31.40
公司债 C-Bonds	92.02	37.65	144.41
总成交量(万) Total Vol In Val(10 Thousand)	23.96	11.94	100.67
政府债 G-Bonds	1.75	2.60	-32.69
公司债 C-Bonds	22.21	9.34	137.79
日均成交量(万) Average Vol In Val(10 Thousand)	9.86	4.89	101.64
政府债 G-Bonds	0.72	1.06	-32.08
公司债 C-Bonds	9.14	3.83	138.64
总成笔数 Total Transactions	8654.00	5968.00	45.01
政府债 G-Bonds	2348.00	3593.00	-34.65
公司债 C-Bonds	6306.00	2375.00	165.52
日均成交笔数(笔)Average Transactions	36.00	24.00	50.00
政府债 G-Bonds	10.00	15.00	-33.33
公司债 C-Bonds	26.00	10.00	160.00
交易商年末持有量(亿)	16.84	11.88	41.75
政府债 G-Bonds	2.77	3.14	-11.78
公司债 C-Bonds	14.07	8.74	60.98

固定收益平台券商持有
Hold of Brokers

交易商名称 Investor Name	交易证券数 Number	交易量(万) Trading Vol(10000)	年末持有量(万) Hold Vol(10000)
长江证券	41	665.00	2365.00
光大证券	91	1312.00	2771.00
广发证券	214	26978.00	3055.00
国寿资产	208	559.00	84933.00
国泰君安	225	26108.00	8412.00
国信证券	255	46731.00	4401.00
华泰证券	196	11306.00	2238.00
南京证券	174	32905.00	585.00
平安证券	138	24414.00	7160.00
人保财险	99	80.00	18307.00
申银万国	36	1467.00	17.00
兴业证券	122	3270.00	2891.00
银河证券	45	4848.00	1437.00
招商证券	155	17364.00	6770.00
中金公司	133	3372.00	4546.00
中信建投	336	59208.00	5416.00
中信证券	317	22073.00	7432.00
中银证券	11	340.00	211.00
中原证券	33	5569.00	819.00

基金通申赎
Fund Expert Trading

证券简称 code	证券代码 Name	申购总量(万) Buy Vol(10000)	赎回总量(万) Sell Vol(10000)
519001	银华优选	76.34	367.73
519003	海富收益	1.11	55.40
519005	海富股票	56.72	114.12
519007	海富回报	14.13	138.51
519008	添富优势	28.06	40.67
519011	海富精选	42.84	46.73
519013	海富优势	52.08	61.41
519015	海富贰号	0.00	6.27
519017	大成成长	19.66	368.48
519018	添富均衡	19.56	375.93
519019	大成景阳	18.34	13995.25
519021	金鼎价值	35.35	274.79
519023	海富债券	55.96	79.15
519025	海富领先	7.13	8.99
519026	海富小盘	8.47	66.56
519027	海富周期	0.00	45.24
519028	华夏稳增	0.00	222.04
519029	华夏稳增	4.31	316.66
519030	海富稳固	1.14	1.48
519032	海富非周	0.00	91.08
519033	海富国策	1.83	1.83
519034	海富低碳	0.00	1442.15
519035	富国天博	61.34	283.35
519039	长盛同德	6.80	721.18
519066	添富蓝筹	1.82	0.77
519068	添富焦点	29.92	61.09
519069	添富价值	1487.65	1378.86
519078	添富增收	6.39	23.36
519087	新华分红	17.00	29.85
519089	新华成长	62.50	124.71
519093	新华钻石	0.44	3.59
519095	新华行业	16.19	26.01
519097	新华市值	5.13	54.25
519099	新华主题	5.69	4.32
519100	长盛 100	0.40	50.03
519110	浦银价值	16.06	15.44
519111	浦银收益	0.93	0.93
519113	浦银生活	1.63	0.05
519115	浦银红利	3.96	0.00
519116	浦银 300	3.14	0.29
519117	浦银 400	2.21	1240.01
519150	新华消费	0.29	0.39
519180	万家 180	30.01	54.22
519181	万家和谐	90.10	41.01
519183	万家引擎	95.66	96.42
519185	万家精选	1.57	59.68
519186	万家稳增	29.69	29.19
519188	万家恒 A	21.14	1.48
519300	大成 300A	145.39	199.19

基金通申赎
Fund Expert Trading

证券简称 code	证券代码 Name	申购总量(万) Buy Vol(10000)	赎回总量(万) Sell Vol(10000)
519505	海富货 A	7526.16	2195.56
519506	海富货 B	9290.12	8000.00
519508	万家货币	265714.44	280857.45
519509	浦银货 A	3032.82	2546.02
519518	添富货币	42674.99	48684.98
519519	友邦增利	2.80	7.69
519598	利息 B	3284.54	20100.95
519599	利息 A	10377.93	19447.54
519666	银河银信	35.07	581.95
519668	银河成长	45.00	45.84
519670	银河行业	33.95	136.65
519671	300 价值	41.16	667.62
519672	银河蓝筹	5.81	81.14
519674	银河创新	2.23	573.84
519676	银河保本	4.53	2735.71
519678	银河消费	154.90	1833.55
519679	银河主题	0.00	10814.11
519680	交银增利	59.18	58.95
519683	交银双利	4.80	4.80
519688	交银精选	14.21	335.28
519690	交银稳健	13.57	83.20
519692	交银成长	44.81	35.28
519698	交银先锋	23.46	40.61
519700	交银主题	7.80	5.77
519704	交银制造	0.00	0.00
519706	交银价值	0.96	0.29
519714	交银等权	0.00	4.95
519976	CX 转债 C	498.26	10.97
519977	CX 转债 A	3.52	3.52
519979	长信内需	5.49	1.79
519983	长信量化	0.00	0.30
519985	CX 中短债	515.10	568.51
519987	长信恒利	0.42	7.73
519989	长信利丰	16.54	17.74
519991	长信双利	0.78	11.57
519993	长信增利	1.64	24.76
519995	长信金利	2.40	476.86
519997	长信银利	0.17	7.59

历年上海市场股票市值占 GDP 比
Stock Market Capital and GDP

证券市场与国民经济
Stock Market and National Economy

年份 Year	国内生产总值(亿) GDP (100M)	总市值(亿) Market Capital (100M)	占比(%) Rate(%)	流通市值(亿) Negotiable Capital (100M)	占比(%) Rate(%)
1990	18668	12.34	0.07	--	--
1991	21782	29.43	0.14	--	--
1992	26924	558.40	2.07	--	--
1993	35334	2206.20	6.24	423.94	1.20
1994	48198	2600.13	5.39	586.96	1.22
1995	60794	2525.66	4.15	587.00	0.97
1996	71176	5477.81	7.50	1408.75	1.78
1997	78973	9218.06	11.67	2513.47	3.18
1998	84402	10625.91	12.59	2947.44	3.49
1999	89677	14580.47	16.26	4249.69	4.74
2000	99214	26930.86	27.14	8481.33	8.55
2001	109655	27590.56	25.16	8382.11	7.64
2002	120332	25363.72	21.08	7467.30	6.21
2003	135822	29804.92	21.94	8201.14	6.04
2004	159878	26014.34	16.27	7350.88	4.60
2005	183084	23096.13	12.62	6754.61	3.69
2006	210871	71612.38	33.96	16428.33	7.79
2007	246619	269838.87	109.42	64532.17	26.17
2008	300670	97251.91	32.35	32305.91	10.74
2009	340506	184655.23	54.23	114805.00	33.72
2010	401512	179007.24	44.98	142337.45	35.76
2011	473104	148376.22	36.05	122851.36	29.85
2012	519322	158698.44	30.56	134294.45	25.86

注：GDP 数据来源于国家统计局。

历年股票印花税占财政收入比
Stamp-duty and State Revenue

证券市场与国民经济
Stock Market and National Economy

年份 Year	股票印花税(亿) Stamp duty(100M)	财政收入(亿) State Revenue(100M)	占比(%) Rate(%)
1998	111.48	9853	1.13
1999	135.51	11377	1.19
2000	250.30	13380	1.87
2001	167.55	16386	1.02
2002	67.59	18914	0.36
2003	82.85	21715	0.38
2004	105.69	26397	0.40
2005	39.90	31649	0.13
2006	115.63	35423	0.33
2007	1347.72	49449	2.73
2008	524.24	61317	0.85
2009	346.51	68477	0.51
2010	304.32	83080	0.37
2011	237.56	103740	0.23
2012	164.05	117210	0.10

注：财政收入数据来源于国家统计局。

Listed Companies

上市公司

上市公司地区、行业分布
Area and Industrys Distributions

地区 Area	仅发 A 股 A Share	A、H 股 A&H Share	A、B 股 A&B Share	仅发 B 股 B Share	合计 Total	工业类 Industrial	商业类 Commercial	地产类 Real Estate	公用事业类 Utilities	综合 Conglomerates	合计 Total
上海	98	10	35	5	148	72	15	11	14	36	148
北京	72	24			96	46	8	4	9	29	96
江苏	76	3		1	80	56	7	2	5	10	80
浙江	75		1	1	77	52	7	1	6	11	77
山东	45	3	1		49	32	3		4	10	49
广东	35	9			44	23		6	7	8	44
湖北	35		1	1	37	27	1		3	6	37
四川	34	2			36	26	2		5	3	36
福建	29	1			30	20	1		2	7	30
安徽	25	3	1		29	23			2	4	29
辽宁	25	1	1	1	28	13	2		8	5	28
河南	22	4			26	23			1	2	26
黑龙江	22		1		23	13	1		3	6	23
新疆	21				21	14	1		1	5	21
湖南	20				20	13			2	5	20
河北	18	1			19	15	1			3	19
天津	14	4	1		19	9	2	1	2	5	19
陕西	18				18	13				5	18
吉林	18				18	10	3		2	3	18
重庆	17	1			18	10	1		7		18
山西	17				17	15			1	1	17
江西	15	1			16	13			3		16
内蒙	13		1		15	13			2		15
广西	12				12	8	1		3		12
云南	11	1			12	9			1	2	12
甘肃	11				11	9	1			1	11
贵州	10				10	10					10
海南	7		1		8	3	1		2	2	8
青海	7				7	7					7
西藏	6				6	2	1		1	2	6
宁夏	4				4	3	1				4
合计	832	68	44	9	954	602	60	25	96	171	954

2012 年市场筹资 Capital Raised in 2012

证券类型 Type of Securities	筹资方式 Way of Capital Raising	筹资额 Capital Raised Val	
		2012 年	2011 年
A 股	首次发行	333.57	1014.01
	再次发行	2556.74	2185.68
	A 股其他	0.00	0.00
	A 股筹资合计	2890.31	3199.69
B 股	首次发行	0.00	0.00
	再次发行	0.00	0.00
	B 股其他	0.00	0.00
	B 股筹资小计	0.00	0.00
股票筹资合计		2890.31	5532.14
债券	公司债	1974.20	2293.80
市场筹资合计		4864.51	7585.14

注：A 股再次发行包括：增发（向公众增发、定向增发）、配股、权证行权、可转债转股。自2012 年6 月起，公司债筹资包括：可转债、可分离债、证监会审批的公司债、私募债。

股票历年筹资
Capital Raised 1990-2012

年份 Year	A股(亿) A-Shares(100M)		B股(亿美元) B-Shares(100M)		总计 Total
	首发(IPO)	再发(SPO)	首发(IPO)	再发(SPO)	
1990	10.11	0.00	0.00	0.00	10.11
1991	0.00	0.24	0.00	0.00	0.24
1992	10.85	2.53	37.66	0.00	51.05
1993	57.52	27.40	22.83	0.50	107.06
1994	98.98	31.29	34.43	2.26	166.95
1995	24.29	27.76	6.13	0.00	58.16
1996	130.46	44.95	15.85	9.64	205.14
1997	278.57	131.00	47.02	18.28	474.87
1998	230.69	139.24	9.84	0.19	379.91
1999	291.96	190.86	1.89	0.33	486.37
2000	591.18	325.13	0.44	0.00	919.95
2001	534.29	423.20	0.00	0.00	957.49
2002	516.96	97.55	0.00	0.00	614.51
2003	453.51	103.90	0.00	0.43	560.96
2004	237.24	219.66	0.00	0.00	456.90
2005	28.55	271.22	0.00	0.00	299.77
2006	1180.23	534.18	0.00	0.00	1714.41
2007	4379.92	2425.89	0.00	0.00	6805.81
2008	733.54	1504.62	0.00	0.00	2238.16
2009	1251.25	2091.91	0.00	0.00	3343.15
2010	1891.51	3640.62	0.00	0.00	5532.14
2011	1014.01	2185.68	0.00	0.00	3199.69
2012	333.57	2556.74	0.00	0.00	2890.31

股票年度首次发行
IPO in 2012

证券代码 Code	证券简称 Name	招股说明书刊登日 Prospectus Announced Date	所属行业 Industry	注册地 Area	发行数量(百万股) Issue Vol(M)	发行方式 Issue Method
601012	隆基股份	2012.03.23	工业	陕西	75.000	网下询价、网上定价
601038	一拖股份	2012.07.25	工业	河南	150.000	网下询价、网上定价
601231	环旭电子	2012.02.08	工业	上海	106.800	网下询价、网上定价
601313	江南嘉捷	2012.01.04	工业	江苏	56.000	网下询价、网上定价
601339	百隆东方	2012.05.29	工业	浙江	150.000	网下询价、网上定价
601388	怡球资源	2012.04.05	工业	江苏	105.000	网下询价、网上定价
601515	东风股份	2012.02.03	工业	广东	56.000	网下询价、网上定价
601608	中信重工	2012.06.25	工业	河南	685.000	网下询价、网上定价
601800	中国交建	2012.01.31	公用事业	北京	1349.735	网下询价、网上定价
601929	吉视传媒	2012.02.08	综合	吉林	280.000	网下询价、网上定价
601965	中国汽研	2012.05.28	工业	重庆	192.000	网下询价、网上定价
603000	人民网	2012.04.16	综合	北京	69.106	网下询价、网上定价
603001	奥康国际	2012.04.16	工业	浙江	81.000	网下询价、网上定价
603002	宏昌电子	2012.05.02	工业	广东	100.000	网下询价、网上定价
603003	龙宇燃油	2012.08.06	商业	上海	50.500	网下询价、网上定价
603008	喜临门	2012.07.04	工业	浙江	52.500	网下询价、网上定价
603077	和邦股份	2012.07.17	工业	四川	100.000	网下询价、网上定价
603123	翠微股份	2012.04.17	商业	北京	77.000	网下询价、网上定价
603128	华贸物流	2012.05.15	综合	上海	100.000	网下询价、网上定价
603167	渤海轮渡	2012.08.21	综合	山东	101.000	网下询价、网上定价
603333	明星电缆	2012.04.23	工业	四川	86.670	网下询价、网上定价
603366	日出东方	2012.05.08	工业	江苏	100.000	网下询价、网上定价
603399	新华龙	2012.08.13	工业	辽宁	63.360	网下询价、网上定价
603766	隆鑫通用	2012.07.30	工业	重庆	80.000	网下询价、网上定价
603993	洛阳钼业	2012.09.20	工业	河南	200.000	网下询价、网上定价

注:发行数量指同一股票不同发行方式的发行总量。

股票年度首次发行
IPO in 2012

证券发行
Security Issue

发行价 Issue Price	发行日期 Issue Date	中签率 Lot Rate%	筹资金额(百万) Capital Raised(M)	发行市盈率 Issue P/E	主承销商 Lead Underwriter
21.000	2012.03.27	2.0863	1575.000	24.71	国信证券股份有限公司
5.400	2012.07.27	1.9707	810.000	14.44	中信证券股份有限公司
7.600	2012.02.10	1.4636	811.680	23.03	长城证券有限责任公司
12.400	2012.01.06	4.5385	694.400	24.80	华泰联合证券有限责任公司
13.600	2012.05.31	6.3296	2040.000	12.50	中信证券股份有限公司
13.000	2012.04.09	1.6915	1365.000	18.06	华泰联合证券有限责任公司
13.200	2012.02.07	1.9439	739.200	18.08	国信证券股份有限公司
4.670	2012.06.27	7.2309	3198.950	16.19	中信证券股份有限公司
5.400	2012.02.15	1.2808	5000.000	7.68	中银国际证券有限责任公司
7.000	2012.02.10	2.3301	1960.000	37.19	中信证券股份有限公司
8.200	2012.05.30	1.3021	1574.400	28.28	中信建投证券股份有限公司
20.000	2012.04.18	1.5039	1382.114	46.13	中信证券股份有限公司
25.500	2012.04.18	15.3160	2065.500	25.25	国信证券股份有限公司
3.600	2012.05.04	0.3548	360.000	36.00	海通证券股份有限公司
6.500	2012.08.08	0.8264	328.250	17.11	华泰联合证券有限责任公司
12.500	2012.07.06	2.4704	656.250	29.87	中信证券股份有限公司
17.500	2012.07.19	15.5291	1750.000	21.60	华西证券有限责任公司
9.000	2012.04.19	0.9106	693.000	28.13	中信建投证券股份有限公司
6.660	2012.05.17	0.5038	666.000	27.75	中银国际证券有限责任公司
11.000	2012.08.23	0.9229	1111.000	28.35	瑞信方正证券有限责任公司
9.300	2012.04.25	1.8480	806.031	24.47	国元证券股份有限公司
21.500	2012.05.10	1.6075	2150.000	23.89	广发证券股份有限公司
7.800	2012.08.15	0.5910	494.208	22.35	安信证券股份有限公司
6.580	2012.08.01	1.9263	526.400	14.27	中国国际金融有限公司
3.000	2012.09.24	0.4470	600.000	13.64	安信证券股份有限公司

股票年度再次发行
Reissuance of Share in 2012

证券代码 Code	证券简称 Name	所属行业 Industry	注册地 Area	发行数量(百万) Issue Vol (M)	发行方式 Issue Method	发行价 Issue Price	发行日期 Issue Date	筹资金额(百万) Capital Raised (M)
600017	日照港	公用事业	山东	445.022	定向募集	4.270	2012.04.12	1900.245
600022	山东钢铁	工业	山东	1093.138	定向募集	3.440	2012.03.13	3760.393
600027	华电国际	公用事业	山东	600.000	定向募集	3.120	2012.07.03	1872.000
600039	四川路桥	工业	四川	499.300	定向募集	5.010	2012.07.02	2501.493
600060	海信电器	工业	山东	3.334	定向募集	2.280	2012.08.29	7.601
600066	宇通客车	工业	河南	153.769	配股	14.380	2012.02.27	2211.196
600066	宇通客车	工业	河南	31.626	定向募集	12.780	2012.07.19	404.180
600098	广州控股	公用事业	广东	683.022	定向募集	6.420	2012.07.02	4385.000
600108	亚盛集团	工业	甘肃	209.924	定向募集	5.480	2012.05.08	1150.383
600109	国金证券	商业	四川	293.830	定向募集	10.210	2012.12.21	3000.000
600121	郑州煤电	综合	河南	316.999	定向募集	10.090	2012.12.27	3198.522
600133	东湖高新	综合	湖北	96.309	定向募集	9.550	2012.11.16	919.750
600141	兴发集团	工业	湖北	69.910	定向募集	19.110	2012.12.31	1335.980
600143	金发科技	工业	广东	250.000	网下询价、网上定价	12.630	2012.02.14	3157.500
600151	航天机电	工业	上海	292.705	定向募集	6.580	2012.08.15	1926.000
600157	永泰能源	综合	山东	316.129	定向募集	15.500	2012.03.06	4900.000
600166	福田汽车	工业	北京	700.000	定向募集	7.000	2012.06.20	4900.000
600175	美都控股	综合	浙江	19.500	定向募集	1.320	2012.12.21	25.740
600180	ST 九发	综合	山东	618.134	定向募集	4.300	2012.08.29	2657.975
600198	大唐电信	工业	北京	302.721	定向募集	8.390	2012.11.01	2539.828
600208	新湖中宝	综合	浙江	48.142	定向募集	5.490	2012.07.25	264.300
600216	浙江医药	工业	浙江	70.000	定向募集	18.330	2012.08.24	1283.100
600221	海南航空	公用事业	海南	1965.600	定向募集	4.070	2012.08.13	7999.992
600261	阳光照明	工业	浙江	55.600	定向募集	16.500	2012.03.23	917.400
600313	中农资源	综合	北京	63.087	定向募集	7.450	2012.09.26	470.000
600315	上海家化	工业	上海	25.350	定向募集	16.410	2012.06.21	415.994
600317	营口港	公用事业	辽宁	1060.089	定向募集	5.700	2012.10.11	6042.509
600323	南海发展	公用事业	广东	91.320	定向募集	6.570	2012.08.07	599.971
600351	亚宝药业	工业	山西	59.048	定向募集	6.110	2012.10.15	360.783
600363	联创光电	工业	江西	72.670	定向募集	6.290	2012.11.30	457.094
600372	中航电子	工业	江西	38.484	定向募集	17.150	2012.10.19	659.999
600397	安源股份	工业	江西	225.748	定向募集	11.630	2012.02.02	2625.449
600403	大有能源	综合	河南	361.756	定向募集	20.840	2012.11.07	7539.000
600409	三友化工	工业	河北	174.010	定向募集	7.950	2012.02.29	1383.380
600425	青松建化	工业	新疆	210.700	定向募集	13.530	2012.06.19	2850.771
600490	ST 合臣	工业	上海	100.000	定向募集	14.400	2012.05.21	1440.000
600498	烽火通信	工业	湖北	0.525	定向募集	17.040	2012.06.18	8.949
600498	烽火通信	工业	湖北	39.500	定向募集	25.480	2012.07.04	1006.460
600499	科达机电	工业	广东	19.655	定向募集	10.430	2012.08.08	205.000
600515	ST 海建	商业	海南	127.214	定向募集	6.210	2012.07.10	790.000
600521	华海药业	工业	浙江	8.840	定向募集	7.550	2012.07.02	66.744
600532	宏达矿业	工业	山东	244.134	定向募集	9.500	2012.12.05	2319.277
600572	康恩贝	工业	浙江	106.000	定向募集	7.560	2012.12.25	801.360
600575	芜湖港	公用事业	安徽	170.843	定向募集	8.780	2012.04.12	1500.000
600578	京能热电	公用事业	北京	1160.163	定向募集	7.670	2012.12.25	8898.452
600587	新华医疗	工业	山东	39.659	配股	15.660	2012.05.02	621.062
600590	泰豪科技	工业	江西	45.000	定向募集	8.870	2012.05.29	399.150
600597	光明乳业	工业	上海	175.845	定向募集	8.080	2012.09.03	1420.830
600619	海立股份	工业	上海	65.000	定向募集	7.790	2012.07.26	506.350

股票年度再次发行
Reissuance of Share in 2012

证券代码 Code	证券简称 Name	所属行业 Industry	注册地 Area	发行数量(百万) Issue Vol (M)	发行方式 Issue Method	发行价 Issue Price	发行日期 Issue Date	筹资金额(百万) Capital Raised (M)
600640	中卫国脉	公用事业	上海	133.993	定向募集	14.920	2012.05.15	1999.181
600643	爱建股份	综合	上海	285.088	定向募集	9.120	2012.06.05	2600.000
600664	哈药股份	工业	黑龙江	302.876	定向募集	18.100	2012.01.10	5482.059
600667	太极实业	工业	江苏	253.640	配股	2.250	2012.11.09	570.689
600674	川投能源	工业	四川	163.000	网下询价、网上定价	12.220	2012.03.09	1991.860
600676	交运股份	综合	上海	130.978	定向募集	7.140	2012.03.01	935.183
600691	*ST 东碳	工业	四川	472.663	定向募集	10.360	2012.10.25	4896.793
600695	大江股份	综合	上海	36.894	定向募集	5.270	2012.09.05	194.433
600699	均胜电子	工业	吉林	187.000	定向募集	7.810	2012.12.19	1460.470
600705	S*ST 北亚	综合	黑龙江	777.828	定向募集	7.720	2012.05.28	6004.833
600706	ST 长信	综合	陕西	92.176	定向募集	9.930	2012.06.29	915.310
600720	祁连山	工业	甘肃	122.244	配股	6.260	2012.12.11	765.248
600722	ST 金化	工业	河北	258.900	定向募集	6.180	2012.09.10	1600.000
600728	佳都新太	综合	广东	38.000	定向募集	9.810	2012.07.12	372.780
600735	新华锦	工业	山东	41.702	定向募集	11.410	2012.11.21	475.822
600757	ST 源发	工业	湖北	487.512	定向募集	5.200	2012.01.18	2535.064
600790	轻纺城	综合	浙江	186.603	定向募集	7.910	2012.09.14	1476.033
600812	华北制药	工业	河北	350.000	定向募集	8.530	2012.10.17	2985.500
600815	厦工股份	工业	福建	19.260	定向募集	12.980	2012.02.29	250.000
600815	厦工股份	工业	福建	160.000	网下询价、网上定价	6.420	2012.12.21	1027.200
600820	隧道股份	公用事业	上海	565.138	定向募集	11.270	2012.06.26	6369.105
600841	上柴股份	工业	上海	62.874	定向募集	13.460	2012.03.22	846.278
600850	华东电脑	综合	上海	150.713	定向募集	11.580	2012.08.14	1745.261
600863	内蒙华电	公用事业	内蒙	600.000	定向募集	7.760	2012.03.19	4656.000
600870	ST 厦华	工业	福建	152.381	定向募集	6.300	2012.11.28	960.000
600882	*ST 大成	工业	山东	185.512	定向募集	8.520	2012.08.17	1580.559
600885	ST 力阳	工业	湖北	322.895	定向募集	7.330	2012.10.23	2366.824
600894	*ST 广钢	工业	广东	26.109	定向募集	7.140	2012.07.03	186.416
600963	岳阳林纸	工业	湖南	200.000	定向募集	5.320	2012.12.18	1064.000
600967	北方创业	工业	内蒙	55.333	定向募集	15.000	2012.12.17	830.000
600985	雷鸣科化	工业	安徽	45.636	定向募集	12.960	2012.11.27	591.449
600988	ST 宝龙	工业	广东	183.665	定向募集	8.680	2012.12.04	1594.208
601169	北京银行	综合	北京	1105.904	定向募集	10.670	2012.03.26	11800.000
601222	林洋电子	工业	江苏	7.290	定向募集	5.540	2012.09.10	40.387
601268	二重重装	工业	四川	603.450	定向募集	4.230	2012.12.13	2552.591
601299	中国北车	工业	北京	2020.05	配股	3.420	2012.03.13	6908.590
601311	骆驼股份	工业	湖北	11.040	定向募集	4.280	2012.12.25	47.251
601328	交通银行	综合	上海	6541.811	定向募集	4.550	2012.08.23	29765.239
601566	九牧王	工业	福建	5.728	定向募集	9.740	2012.06.20	55.786
601566	九牧王	工业	福建	0.600	定向募集	7.450	2012.12.12	4.470
601636	旗滨集团	工业	湖南	26.663	定向募集	3.820	2012.06.08	101.853
601766	中国南车	工业	北京	1963.000	定向募集	4.460	2012.03.15	8754.980
601789	宁波建工	工业	浙江	61.940	定向募集	6.720	2012.12.21	416.237
601872	招商轮船	综合	上海	858.349	定向募集	3.370	2012.03.08	2892.638

年度公司债发行
Issuance of C-Bond in 2012

证券代码 Code	证券简称 Name	证券类型 Type	发行数量(百万) Issue Val(M)	面值 Denomination	发行日期 Issue Date	年限 Term	票面利率(%) Interest Rate(%)
110019	恒丰转债	可转债	450	100.00	2012.03.23	5	0.900
110020	南山转债	可转债	6000	100.00	2012.10.16	6	3.500
110022	同仁转债	可转债	1205	100.00	2012.12.04	5	0.500
113003	重工转债	可转债	8050	100.00	2012.06.04	6	0.500
122103	11 航机 01	公司债	997	100.00	2012.02.08	5	6.000
122105	11 安钢 02	公司债	800	100.00	2012.02.14	7	6.900
122111	11 永泰债	公司债	500	100.00	2011.12.14	5	7.100
122112	11 沪大众	公司债	1600	100.00	2012.01.06	6	6.300
122113	11 新钢债	公司债	900	100.00	2011.12.21	5	6.650
122114	11 一重债	公司债	2500	100.00	2011.12.20	5	5.140
122115	11 华锐 01	公司债	2600	100.00	2011.12.27	5	6.000
122116	11 华锐 02	公司债	200	100.00	2011.12.27	5	6.200
122117	11 闽高速	公司债	1500	100.00	2012.03.08	5	5.800
122118	12 兴发 01	公司债	300	100.00	2012.02.14	6	6.300
122119	12 兴发 02	公司债	500	100.00	2012.02.14	5	7.300
122121	11 日照港	公司债	500	100.00	2012.02.17	5	5.600
122122	11 精工债	公司债	700	100.00	2012.03.22	3	6.300
122123	11 中化 01	公司债	700	100.00	2012.03.05	4	4.850
122124	11 中化 02	公司债	1200	100.00	2012.03.05	7	4.990
122126	11 庞大 02	公司债	2200	100.00	2012.03.01	5	8.500
122127	11 欧亚债	公司债	470	100.00	2012.03.21	7	7.000
122128	11 武钢债	公司债	7200	100.00	2012.03.02	3	4.750
122129	12 酒钢债	公司债	3000	100.00	2012.03.19	3	5.400
122130	11 航民 01	公司债	300	100.00	2012.03.22	3	6.800
122131	11 片仔癀	公司债	300	100.00	2012.03.15	5	5.700
122132	12 鹏博债	公司债	1400	100.00	2012.03.12	5	7.500
122133	11 柳化债	公司债	510	100.00	2012.03.27	7	7.000
122134	11 华微债	公司债	320	100.00	2012.04.10	7	8.000
122135	12 宝泰隆	公司债	1000	100.00	2012.04.11	5	7.300
122136	11 复星债	公司债	1500	100.00	2012.04.25	5	5.530
122138	11 桂东 01	公司债	600	100.00	2012.04.16	7	6.300
122139	11 洪水业	公司债	500	100.00	2012.05.02	5	5.880
122140	12 宁港 01	公司债	1000	100.00	2012.04.16	3	4.690
122141	12 天士 01	公司债	400	100.00	2012.04.24	5	6.000
122142	11 鹿港债	公司债	400	100.00	2012.04.23	5	7.750
122143	12 亿利 01	公司债	800	100.00	2012.04.23	8	7.300
122144	12 鲁信债	公司债	400	100.00	2012.04.25	5	6.500
122145	11 桂东 02	公司债	400	100.00	2012.06.20	7	5.300
122146	12 华新 01	公司债	1000	100.00	2012.05.17	5	5.350
122147	12 华新 02	公司债	1000	100.00	2012.05.17	7	5.650
122148	11 吉高速	公司债	800	100.00	2012.06.21	7	5.500
122149	12 石化 01	公司债	13000	100.00	2012.06.01	5	4.260
122150	12 石化 02	公司债	7000	100.00	2012.06.01	10	4.900
122151	12 国电 01	公司债	3000	100.00	2012.06.15	5	4.350
122152	12 国电 02	公司债	1000	100.00	2012.06.15	7	4.750
122155	12 天富债	公司债	500	100.00	2012.06.06	5	5.500
122156	12 厦工债	公司债	1500	100.00	2012.06.18	5	4.550
122157	12 广控 01	公司债	2350	100.00	2012.06.25	7	4.740
122158	12 西钢债	公司债	430	100.00	2012.07.16	8	5.500
122159	12 亿利 02	公司债	800	100.00	2012.07.19	8	6.420

年度公司债发行
Issuance of C-Bond in 2012

证券代码 Code	证券简称 Name	证券类型 Type	发行数量(百万) Issue Val(M)	面值 Denomination	发行日期 Issue Date	年限 Term	票面利率(%) Interest Rate(%)
122161	12 申通 02	公司债	400	100.00	2012.07.20	3	4.600
122162	12 中孚债	公司债	1000	100.00	2012.08.28	5	7.500
122163	12 鄂资债	公司债	4000	100.00	2012.08.30	5	6.200
122164	12 通威发	公司债	500	100.00	2012.10.24	5	5.980
122165	12 国电 03	公司债	3300	100.00	2012.07.23	3	4.220
122166	12 国电 04	公司债	700	100.00	2012.07.23	5	4.350
122167	12 兖煤 01	公司债	1000	100.00	2012.07.23	5	4.200
122168	12 兖煤 02	公司债	4000	100.00	2012.07.23	10	4.950
122169	12 金瑞债	公司债	150	100.00	2012.08.29	5	7.900
122170	12 江药债	公司债	500	100.00	2012.12.07	3	5.390
122171	12 中海 01	公司债	1000	100.00	2012.08.03	3	4.200
122172	12 中海 02	公司债	1500	100.00	2012.08.03	10	5.000
122173	12 中交 01	公司债	6000	100.00	2012.08.09	5	4.400
122174	12 中交 02	公司债	2000	100.00	2012.08.09	10	5.000
122175	12 中交 03	公司债	4000	100.00	2012.08.09	15	5.150
122176	12 中储债	公司债	1600	100.00	2012.08.13	7	5.000
122180	12 旋风债	公司债	700	100.00	2012.08.23	5	6.280
122181	12 山鹰债	公司债	800	100.00	2012.08.22	7	7.500
122182	12 九州通	公司债	1600	100.00	2012.10.22	5	5.700
122184	12 一重 01	公司债	2500	100.00	2012.09.03	5	5.100
122185	12 力帆 01	公司债	1200	100.00	2012.09.19	3	6.800
122186	12 力帆 02	公司债	700	100.00	2012.09.19	5	7.500
122187	12 玻纤债	公司债	1200	100.00	2012.10.17	7	5.560
122188	12 华新 03	公司债	1100	100.00	2012.11.09	7	5.900
122189	12 王府 01	公司债	1100	100.00	2012.10.24	5	4.940
122190	12 王府 02	公司债	1100	100.00	2012.10.24	7	5.200
122191	12 桂冠 01	公司债	800	100.00	2012.10.24	5	4.800
122192	12 桂冠 02	公司债	930	100.00	2012.10.24	10	5.100
122193	12 中水 01	公司债	2000	100.00	2012.10.29	7	5.030
122194	12 中水 02	公司债	3000	100.00	2012.10.29	10	5.200
122195	12 中海 03	公司债	1500	100.00	2012.10.29	7	5.050
122196	12 中海 04	公司债	1000	100.00	2012.10.29	10	5.180
122200	12 晋兰花	公司债	3000	100.00	2012.11.07	5	5.090
122201	12 开滦 01	公司债	1500	100.00	2012.10.30	7	5.400
122202	12 海螺 01	公司债	2500	100.00	2012.11.07	5	4.890
122203	12 海螺 02	公司债	3500	100.00	2012.11.07	10	5.100
122204	12 双良节	公司债	800	100.00	2012.11.12	5	5.880
122205	12 沪交运	公司债	800	100.00	2012.11.16	5	5.050
122206	12 赛轮债	公司债	720	100.00	2012.11.15	3	5.850
122207	12 骆驼集	公司债	800	100.00	2012.12.05	5	5.980
122209	12 中油 01	公司债	16000	100.00	2012.11.22	5	4.550
122210	12 中油 02	公司债	2000	100.00	2012.11.22	10	4.900
122211	12 中油 03	公司债	2000	100.00	2012.11.22	15	5.040
122212	12 京江河	公司债	900	100.00	2012.12.07	5	5.400
122213	12 松建化	公司债	2200	100.00	2012.12.05	7	6.200
122214	12 大秦债	公司债	5000	100.00	2012.12.10	3	4.880
123486	12 新华债	公司债	10000	100.00	2012.07.18	10	4.600
123489	11 新华债	公司债	5000	100.00	2011.09.29	10	5.700
123492	11 人寿债	公司债	30000	100.00	2011.10.26	10	5.500

上市公司基本信息
Listed Companies in 2012

公司代码 Code	证券名称 Name	总市值 Market Capital	流通市值 Negotiable Capital	总股本 Total Vol	A股流通股 A-Share Negotiable	B股 B-Share	H股 H-Share	限售股 Limited Share
600000	浦发银行	185042.4	148033.9	18653.5	14922.8	0.0	0.0	3730.7
600004	白云机场	8153.5	8153.5	1150.0	1150.0	0.0	0.0	0.0
600005	武钢股份	27959.8	27959.8	10093.8	10093.8	0.0	0.0	0.0
600006	东风汽车	5980.0	5980.0	2000.0	2000.0	0.0	0.0	0.0
600007	中国国贸	11573.7	11573.7	1007.3	1007.3	0.0	0.0	0.0
600008	首创股份	9614.0	9614.0	2200.0	2200.0	0.0	0.0	0.0
600009	上海机场	24009.9	13624.7	1927.0	1093.5	0.0	0.0	833.5
600010	包钢股份	34687.7	34687.7	6423.6	6423.6	0.0	0.0	0.0
600011	华能国际	74970.0	71400.0	14055.4	10000.0	0.0	3555.4	500.0
600012	皖通高速	4709.0	4709.0	1658.6	1165.6	0.0	493.0	0.0
600015	华夏银行	70894.7	51652.0	6849.7	4990.5	0.0	0.0	1859.2
600016	民生银行	177538.6	177538.6	28365.6	22587.6	0.0	5778.0	0.0
600017	日照港	8888.6	7602.5	3075.7	2630.6	0.0	0.0	445.0
600018	上港集团	59846.1	55205.8	22755.2	20990.8	0.0	0.0	1764.4
600019	宝钢股份	83726.8	83726.8	17122.0	17122.0	0.0	0.0	0.0
600020	中原高速	5236.4	5236.4	2247.4	2247.4	0.0	0.0	0.0
600021	上海电力	9928.4	9928.4	2139.7	2139.7	0.0	0.0	0.0
600022	山东钢铁	14095.5	11701.5	6436.3	5343.2	0.0	0.0	1093.1
600026	中海发展	9783.7	9783.7	3404.6	2108.6	0.0	1296.0	0.0
600027	华电国际	23403.8	21039.8	7371.1	5340.1	0.0	1431.0	600.0
600028	中国石化	484675.4	484675.4	86820.3	70039.8	0.0	16780.5	0.0
600029	南方航空	27458.6	26974.1	9817.6	6898.8	0.0	2794.9	123.9
600030	中信证券	131443.4	131123.9	11016.9	9814.7	0.0	1178.3	23.9
600031	三一重工	80417.3	74456.2	7593.7	7030.8	0.0	0.0	562.9
600033	福建高速	6120.0	2987.6	2744.4	1339.7	0.0	0.0	1404.7
600035	楚天高速	2776.3	2776.3	931.7	931.7	0.0	0.0	0.0
600036	招商银行	242909.3	242909.3	21576.6	17666.1	0.0	3910.5	0.0
600037	歌华有线	7104.5	7104.5	1060.4	1060.4	0.0	0.0	0.0
600038	哈飞股份	6348.9	6348.9	337.4	337.4	0.0	0.0	0.0
600039	四川路桥	6770.9	3540.4	1046.5	547.2	0.0	0.0	499.3
600048	保利地产	97076.7	97076.7	7138.0	7138.0	0.0	0.0	0.0
600050	中国联通	74188.1	74188.1	21196.6	21196.6	0.0	0.0	0.0
600051	宁波联合	2119.8	2119.8	302.4	302.4	0.0	0.0	0.0
600052	浙江广厦	3687.7	3687.7	871.8	871.8	0.0	0.0	0.0
600053	中江地产	3307.9	3307.9	433.5	433.5	0.0	0.0	0.0
600054	黄山旅游	5183.8	2696.3	471.4	117.6	156.0	0.0	197.7
600055	华润万东	1863.6	1863.6	216.5	216.5	0.0	0.0	0.0
600056	中国医药	6278.2	6278.2	311.0	311.0	0.0	0.0	0.0
600057	象屿股份	3895.1	1947.2	859.8	429.8	0.0	0.0	430.0
600058	五矿发展	18404.7	18404.7	1071.9	1071.9	0.0	0.0	0.0
600059	古越龙山	7250.1	6897.5	634.9	604.0	0.0	0.0	30.9
600060	海信电器	13210.2	13210.2	1306.6	1306.6	0.0	0.0	0.0
600061	中纺投资	1870.8	1870.8	429.1	429.1	0.0	0.0	0.0
600062	华润双鹤	12977.5	12977.5	571.7	571.7	0.0	0.0	0.0
600063	皖维高新	3969.3	3969.3	1497.9	1497.9	0.0	0.0	0.0
600064	南京高科	6282.4	6282.4	516.2	516.2	0.0	0.0	0.0
600066	宇通客车	17773.2	16976.2	705.3	673.7	0.0	0.0	31.6
600067	冠城大通	7719.8	7719.8	1176.8	1176.8	0.0	0.0	0.0
600068	葛洲坝	19146.1	19146.1	3487.5	3487.5	0.0	0.0	0.0
600069	银鸽投资	4308.5	4308.5	825.4	825.4	0.0	0.0	0.0

注：总市值、流通市值均为百万元，总股本为百万股。

上市公司基本信息
Listed Companies in 2012

所属行业 Industry	所属地区 Area	营业收入 Revenue	净利润 Net Profit	每股收益 EPS	每股净资产 NAVPS
综合	上海	82952.0	34186.0	1.83	9.52
公用事业	广东	4673.3	753.1	0.65	6.28
工业	湖北	91579.4	210.0	0.02	3.53
工业	湖北	17699.7	21.7	0.01	2.99
综合	北京	1980.0	382.6	0.38	4.66
公用事业	北京	3382.9	581.3	0.26	2.59
公用事业	上海	4720.4	1581.1	0.82	8.19
工业	内蒙	36933.6	256.1	0.04	2.02
工业	北京	133966.7	5868.7	0.42	3.95
公用事业	安徽	2222.5	761.0	0.46	3.95
综合	北京	39777.0	12796.3	1.87	10.90
综合	北京	103111.0	37563.0	1.32	5.75
公用事业	山东	4798.9	786.5	0.26	2.81
公用事业	上海	28381.0	4969.3	0.22	2.10
工业	上海	191135.5	10386.4	0.61	6.51
公用事业	河南	3970.9	519.8	0.23	3.02
工业	上海	15044.3	883.1	0.41	3.25
工业	山东	73303.7	-3836.5	-0.60	2.00
综合	上海	11156.7	73.7	0.02	6.91
公用事业	山东	59490.0	1417.7	0.19	2.62
工业	北京	2786045.0	63496.0	0.73	5.91
公用事业	广东	101483.0	2628.0	0.27	3.33
综合	深圳	11693.9	4237.4	0.38	7.85
工业	湖南	46830.5	5686.1	0.75	3.03
公用事业	福建	2425.4	410.7	0.15	2.64
公用事业	湖北	954.2	195.4	0.21	3.58
综合	深圳	113367.0	45273.0	2.10	9.29
综合	北京	2202.1	297.4	0.28	5.19
工业	黑龙江	2858.2	115.6	0.34	4.73
工业	四川	24929.7	675.1	0.65	3.67
地产	广东	68905.8	8438.2	1.18	5.95
公用事业	上海	256264.8	2368.1	0.11	3.41
综合	浙江	3023.9	33.1	0.11	6.22
综合	浙江	1520.3	57.3	0.07	2.10
工业	江西	330.6	12.7	0.03	1.83
综合	安徽	1841.4	240.0	0.51	4.03
工业	北京	690.4	32.3	0.15	2.94
综合	北京	9901.4	348.6	1.12	6.43
工业	福建	29355.7	114.9	0.13	1.79
综合	北京	149388.5	-380.4	-0.35	7.71
工业	浙江	1421.8	190.8	0.30	3.79
工业	山东	25252.0	1603.2	1.23	6.72
综合	上海	3252.6	5.1	0.01	1.38
工业	北京	6989.3	614.4	1.07	8.14
工业	安徽	2879.2	-156.2	-0.10	1.63
综合	江苏	2163.5	383.8	0.74	10.02
工业	河南	19763.5	1549.7	2.20	10.37
工业	福建	6256.3	830.8	0.71	3.04
综合	湖北	53536.9	1562.5	0.45	3.57
工业	河南	3392.6	16.5	0.02	2.23

上市公司基本信息
Listed Companies in 2012

公司代码 Code	证券名称 Name	总市值 Market Capital	流通市值 Negotiable Capital	总股本 Total Vol	A 股流通股 A-Share Negotiable	B 股 B-Share	H 股 H-Share	限售股 Limited Share
600070	浙江富润	1397.2	1397.2	182.9	182.9	0.0	0.0	0.0
600071	凤凰光学	1446.2	1446.2	237.5	237.5	0.0	0.0	0.0
600072	中船股份	6650.2	6650.2	478.4	478.4	0.0	0.0	0.0
600073	上海梅林	4801.8	4527.9	747.9	705.3	0.0	0.0	42.7
600074	中达股份	2671.4	2671.4	661.2	661.2	0.0	0.0	0.0
600075	新疆天业	2938.6	2938.6	438.6	438.6	0.0	0.0	0.0
600076	*ST 华光	1235.5	1235.5	365.5	365.5	0.0	0.0	0.0
600077	宋都股份	6441.9	2481.2	1073.7	413.5	0.0	0.0	660.1
600078	澄星股份	5612.0	5612.0	662.6	662.6	0.0	0.0	0.0
600079	人福医药	11541.6	10413.6	493.4	445.2	0.0	0.0	48.2
600080	金花股份	2069.9	2069.9	305.3	305.3	0.0	0.0	0.0
600081	东风科技	2038.1	2038.1	313.6	313.6	0.0	0.0	0.0
600082	海泰发展	2998.0	2921.0	646.1	629.5	0.0	0.0	16.6
600083	ST 博信	1145.4	1125.4	230.0	226.0	0.0	0.0	4.0
600084	中葡股份	4414.1	4414.1	809.9	809.9	0.0	0.0	0.0
600085	同仁堂	23202.8	23202.8	1302.1	1302.1	0.0	0.0	0.0
600086	东方金钰	7700.9	7700.9	352.3	352.3	0.0	0.0	0.0
600087	*ST 长油	4785.8	4214.8	3394.2	2989.2	0.0	0.0	405.0
600088	中视传媒	3102.1	3102.1	331.4	331.4	0.0	0.0	0.0
600089	特变电工	17025.7	17025.7	2635.6	2635.6	0.0	0.0	0.0
600090	啤酒花	2542.3	2542.3	367.9	367.9	0.0	0.0	0.0
600091	ST 明科	1366.3	1366.3	336.5	336.5	0.0	0.0	0.0
600093	禾嘉股份	1721.9	1721.9	322.4	322.4	0.0	0.0	0.0
600094	大名城	9672.9	1934.4	1511.6	199.4	198.7	0.0	1113.5
600095	哈高科	1997.8	1997.8	361.3	361.3	0.0	0.0	0.0
600096	云天化	8989.5	8989.5	693.6	693.6	0.0	0.0	0.0
600097	开创国际	2492.0	1420.0	202.6	115.4	0.0	0.0	87.1
600098	广州发展	20786.0	15608.7	2742.2	2059.2	0.0	0.0	683.0
600099	林海股份	1238.0	1238.0	219.1	219.1	0.0	0.0	0.0
600100	同方股份	14868.0	14868.0	1987.7	1987.7	0.0	0.0	0.0
600101	明星电力	3011.6	3011.6	324.2	324.2	0.0	0.0	0.0
600102	莱钢股份	6585.0	6585.0	922.3	922.3	0.0	0.0	0.0
600103	青山纸业	3068.7	3068.7	1061.8	1061.8	0.0	0.0	0.0
600104	上汽集团	194491.0	161764.5	11025.6	9170.3	0.0	0.0	1855.2
600105	永鼎股份	1996.2	1996.2	381.0	381.0	0.0	0.0	0.0
600106	重庆路桥	3631.0	3631.0	907.7	907.7	0.0	0.0	0.0
600107	美尔雅	2685.6	2685.6	360.0	360.0	0.0	0.0	0.0
600108	亚盛集团	13297.4	11863.7	1946.9	1737.0	0.0	0.0	209.9
600109	国金证券	23086.2	17844.3	1294.1	1000.2	0.0	0.0	293.8
600110	中科英华	4152.6	4152.6	1150.3	1150.3	0.0	0.0	0.0
600111	包钢稀土	90705.5	55406.1	2422.0	1479.5	0.0	0.0	942.6
600112	长征电气	5417.9	5417.9	509.2	509.2	0.0	0.0	0.0
600113	浙江东日	3208.3	3208.3	318.6	318.6	0.0	0.0	0.0
600114	东睦股份	1562.0	860.3	195.5	107.7	0.0	0.0	87.8
600115	东方航空	27315.6	27315.6	11276.5	7782.2	0.0	3494.3	0.0
600116	三峡水利	3245.2	3002.6	267.5	247.5	0.0	0.0	20.0
600117	西宁特钢	3654.2	3654.2	741.2	741.2	0.0	0.0	0.0
600118	中国卫星	11210.0	11210.0	916.6	916.6	0.0	0.0	0.0
600119	长江投资	1635.4	1635.4	307.4	307.4	0.0	0.0	0.0
600120	浙江东方	4321.8	4321.8	505.5	505.5	0.0	0.0	0.0

上市公司基本信息
Listed Companies in 2012

所属行业 Industry	所属地区 Area	营业收入 Revenue	净利润 Net Profit	每股收益 EPS	每股净资产 NAVPS
工业	浙江	1056.7	127.2	0.70	3.22
工业	江西	1360.1	6.2	0.03	2.62
工业	上海	1041.5	-76.1	-0.16	2.76
工业	上海	7852.3	140.1	0.19	2.51
工业	江苏	1745.4	-525.9	-0.80	-0.23
工业	新疆	4050.0	-71.3	-0.16	3.92
综合	山东	12.8	37.8	0.10	0.24
工业	辽宁	3062.6	387.3	3.63	20.51
工业	江苏	2661.5	27.6	0.04	2.63
综合	湖北	5317.1	406.0	0.82	6.13
工业	陕西	460.2	44.3	0.14	3.15
工业	上海	2448.8	96.9	0.31	2.30
商业	天津	838.9	42.7	0.07	2.58
工业	广东	11.9	-6.4	-0.03	0.10
综合	新疆	619.0	10.0	0.01	1.16
工业	北京	7504.0	570.1	0.44	3.06
工业	湖北	4827.0	160.3	0.46	2.09
公用事业	江苏	6629.2	-1238.8	-0.36	1.11
综合	上海	1228.7	45.2	0.14	3.18
工业	新疆	20325.1	980.6	0.37	5.18
工业	新疆	1252.4	14.3	0.04	1.18
工业	内蒙	31.7	11.9	0.04	1.66
综合	四川	427.3	19.9	0.06	1.15
工业	上海	1676.5	189.0	0.13	1.57
综合	黑龙江	323.6	24.5	0.07	1.87
工业	云南	9893.0	-527.7	-0.76	7.50
综合	上海	819.8	128.8	0.31	1.94
公用事业	广东	15164.5	872.6	0.32	4.67
工业	江苏	219.6	0.5	- -	2.18
综合	北京	22342.7	606.4	0.31	4.57
公用事业	四川	908.3	110.5	0.34	4.89
工业	山东				
工业	福建	1719.5	-320.1	-0.30	1.30
工业	上海	478432.6	20751.8	1.88	11.10
工业	江苏	1370.5	11.3	0.03	3.71
公用事业	重庆	321.9	232.7	0.26	2.28
工业	湖北	488.5	15.6	0.04	1.44
工业	甘肃	2246.1	452.8	0.23	2.22
商业	四川	1534.3	274.4	0.21	4.90
工业	吉林	1533.0	5.2	- -	1.72
工业	内蒙	9241.8	1510.4	0.62	2.77
工业	贵州	826.1	74.9	0.15	2.32
工业	浙江	308.1	28.4	0.09	1.75
工业	浙江	969.4	37.9	0.19	3.33
公用事业	上海	85569.3	3430.1	0.30	2.07
公用事业	重庆	945.2	82.2	0.31	3.99
工业	青海	6871.3	31.5	0.04	3.91
综合	北京	4260.9	270.5	0.30	2.62
综合	上海	1386.5	32.8	0.11	2.39
综合	浙江	7933.9	399.9	0.79	7.21

上市公司基本信息
Listed Companies in 2012

公司代码 Code	证券名称 Name	总市值 Market Capital	流通市值 Negotiable Capital	总股本 Total Vol	A 股流通股 A-Share Negotiable	B 股 B-Share	H 股 H-Share	限售股 Limited Share
600121	郑州煤电	7256.9	4825.5	946.1	629.1	0.0	0.0	317.0
600122	宏图高科	4531.2	4531.2	1132.8	1132.8	0.0	0.0	0.0
600123	兰花科创	23179.3	23179.3	1142.4	1142.4	0.0	0.0	0.0
600125	铁龙物流	9386.7	8312.8	1305.5	1156.2	0.0	0.0	149.4
600126	杭钢股份	2567.2	2567.2	838.9	838.9	0.0	0.0	0.0
600127	金健米业	2553.5	2553.5	544.5	544.5	0.0	0.0	0.0
600128	弘业股份	2159.2	2159.2	246.8	246.8	0.0	0.0	0.0
600129	太极集团	2902.9	2902.9	426.9	426.9	0.0	0.0	0.0
600130	波导股份	2580.5	2580.5	768.0	768.0	0.0	0.0	0.0
600131	岷江水电	2681.9	2114.0	504.1	397.4	0.0	0.0	106.8
600132	重庆啤酒	7438.6	7438.6	484.0	484.0	0.0	0.0	0.0
600133	东湖高新	3287.7	2367.7	592.4	426.6	0.0	0.0	165.8
600135	乐凯胶片	2137.5	2137.5	342.0	342.0	0.0	0.0	0.0
600136	道博股份	784.4	783.2	104.4	104.3	0.0	0.0	0.2
600137	浪莎股份	861.3	861.3	97.2	97.2	0.0	0.0	0.0
600138	中青旅	6612.4	6612.4	415.4	415.4	0.0	0.0	0.0
600139	西部资源	6360.8	5396.0	661.9	561.5	0.0	0.0	100.4
600141	兴发集团	6593.3	6490.7	365.5	359.8	0.0	0.0	5.7
600143	金发科技	14199.4	14199.4	2634.4	2634.4	0.0	0.0	0.0
600145	国创能源	2005.5	2005.5	377.7	377.7	0.0	0.0	0.0
600146	大元股份	2508.0	2508.0	200.0	200.0	0.0	0.0	0.0
600148	长春一东	1007.6	1007.6	141.5	141.5	0.0	0.0	0.0
600149	廊坊发展	3455.7	3000.7	380.2	330.1	0.0	0.0	50.1
600150	中国船舶	32027.5	32027.5	1378.1	1378.1	0.0	0.0	0.0
600151	航天机电	6713.5	5141.6	1250.2	957.5	0.0	0.0	292.7
600152	维科精华	1285.5	1285.5	293.5	293.5	0.0	0.0	0.0
600153	建发股份	15731.4	15731.4	2237.8	2237.8	0.0	0.0	0.0
600155	*ST 宝硕	1336.5	1336.5	412.5	412.5	0.0	0.0	0.0
600156	华升股份	1636.6	1636.6	402.1	402.1	0.0	0.0	0.0
600157	永泰能源	16632.7	10000.5	1767.6	1062.7	0.0	0.0	704.8
600158	中体产业	4868.4	3793.7	843.7	657.5	0.0	0.0	186.2
600159	大龙地产	2730.7	2730.7	830.0	830.0	0.0	0.0	0.0
600160	巨化股份	13092.3	12954.1	1416.9	1402.0	0.0	0.0	15.0
600161	天坛生物	6412.4	6073.8	515.5	488.3	0.0	0.0	27.2
600162	香江控股	3762.3	1772.3	767.8	361.7	0.0	0.0	406.1
600163	福建南纸	2748.6	2748.6	721.4	721.4	0.0	0.0	0.0
600165	新日恒力	1665.6	1179.2	274.0	194.0	0.0	0.0	80.0
600166	福田汽车	18909.1	9231.6	2809.7	1371.7	0.0	0.0	1438.0
600167	联美控股	2053.0	2053.0	211.0	211.0	0.0	0.0	0.0
600168	武汉控股	2580.7	2580.7	441.2	441.2	0.0	0.0	0.0
600169	太原重工	8799.0	8799.0	2424.0	2424.0	0.0	0.0	0.0
600170	上海建工	18062.4	5505.4	2312.7	704.9	0.0	0.0	1607.8
600171	上海贝岭	3200.6	3200.6	673.8	673.8	0.0	0.0	0.0
600172	黄河旋风	3616.2	3367.5	533.4	496.7	0.0	0.0	36.7
600173	卧龙地产	2951.4	2951.0	725.1	725.1	0.0	0.0	0.1
600175	美都控股	4019.4	3963.0	1390.8	1371.3	0.0	0.0	19.5
600176	中国玻纤	8857.2	6507.0	872.6	641.1	0.0	0.0	231.5
600177	雅戈尔	17590.2	15526.5	2226.6	1965.4	0.0	0.0	261.2
600178	东安动力	2490.6	2490.6	462.1	462.1	0.0	0.0	0.0
600179	黑化股份	2808.0	2808.0	390.0	390.0	0.0	0.0	0.0

上市公司基本信息
Listed Companies in 2012

所属行业 Industry	所属地区 Area	营业收入 Revenue	净利润 Net Profit	每股收益 EPS	每股净资产 NAVPS
综合	河南	20138.5	409.3	0.43	3.40
工业	江苏	14247.7	235.2	0.21	4.96
工业	山西	7600.5	1862.9	1.63	8.34
公用事业	辽宁	4114.0	462.1	0.35	3.12
工业	浙江	17133.5	-379.4	-0.45	3.92
综合	湖南	1472.0	5.2	0.01	0.90
综合	江苏	3300.0	65.3	0.26	5.54
工业	重庆	6597.0	-219.9	-0.52	2.11
工业	浙江	1074.5	68.5	0.09	0.98
公用事业	四川	805.0	70.6	0.14	1.66
工业	重庆	3149.3	159.0	0.33	3.07
综合	湖北	3744.7	15.1	0.03	2.27
工业	河北	1015.9	27.1	0.08	2.79
工业	湖北	87.5	5.1	0.05	1.27
工业	四川	415.0	10.4	0.11	4.64
综合	北京	10279.9	295.2	0.71	6.90
工业	四川	587.7	186.5	0.28	2.44
工业	湖北	9612.0	294.6	0.68	7.87
工业	广东	12240.2	776.8	5.46	54.97
工业	贵州	29.9	2.7	0.01	0.52
工业	宁夏	38.2	11.1	0.06	1.16
工业	吉林	602.7	3.4	0.02	2.18
工业	河北	26.5	6.2	0.02	0.83
工业	上海	24276.5	26.9	0.02	12.71
工业	上海	1529.4	-889.3	-0.71	2.91
工业	浙江	2951.6	-146.7	-0.50	2.63
综合	福建	91167.0	2156.0	0.96	4.48
工业	河北	378.8	-138.3	-0.34	-1.49
工业	湖南	780.4	4.2	0.01	1.50
综合	山东	7718.3	987.9	0.56	4.90
综合	天津	1049.4	78.0	0.09	1.54
工业	北京	285.3	-97.4	-0.12	2.13
工业	浙江	7881.5	602.3	0.43	4.11
工业	北京	1502.4	304.9	0.59	3.01
地产	深圳	2689.5	30.7	0.04	1.89
工业	福建	1467.0	22.7	0.03	1.98
工业	宁夏	1841.8	42.3	0.15	3.75
工业	北京	40973.3	1353.3	0.48	5.24
工业	辽宁	493.8	110.1	0.52	3.62
公用事业	湖北	255.9	51.3	0.12	3.84
工业	山西	9360.1	-332.2	-0.14	2.22
综合	上海	93153.6	1599.9	0.69	5.11
工业	上海	676.9	33.4	0.05	2.58
工业	河南	1255.8	171.1	0.32	3.79
工业	浙江	767.2	74.3	0.10	1.98
综合	浙江	2966.7	86.2	0.06	1.48
工业	北京	5103.1	274.2	0.31	4.17
工业	浙江	10732.5	1598.6	0.72	6.29
工业	黑龙江	1243.2	-65.4	-0.14	4.87
工业	黑龙江	1639.7	17.3	0.04	0.77

上市公司基本信息
Listed Companies in 2012

公司代码 Code	证券名称 Name	总市值 Market Capital	流通市值 Negotiable Capital	总股本 Total Vol	A股流通股 A-Share Negotiable	B股 B-Share	H股 H-Share	限售股 Limited Share
600180	瑞茂通	6926.9	2000.4	869.1	251.0	0.0	0.0	618.1
600182	S 佳通	2784.6	1392.3	340.0	170.0	0.0	0.0	170.0
600183	生益科技	5990.9	5896.1	1423.0	1400.5	0.0	0.0	22.5
600184	光电股份	4066.2	1902.2	209.4	98.0	0.0	0.0	111.4
600185	格力地产	4020.1	4020.1	577.6	577.6	0.0	0.0	0.0
600186	莲花味精	3196.7	2823.7	1062.0	938.1	0.0	0.0	123.9
600187	国中水务	3456.3	3456.3	427.2	427.2	0.0	0.0	0.0
600188	兖州煤业	53960.8	6562.8	4918.4	360.0	0.0	1958.4	2600.0
600189	吉林森工	1999.6	1999.6	310.5	310.5	0.0	0.0	0.0
600190	锦州港	5438.2	5438.2	1561.8	1339.0	222.8	0.0	0.0
600191	华资实业	2807.8	2807.8	484.9	484.9	0.0	0.0	0.0
600192	长城电工	1848.9	1848.9	341.7	341.7	0.0	0.0	0.0
600193	创兴资源	3949.4	3949.4	327.2	327.2	0.0	0.0	0.0
600195	中牧股份	4921.8	4921.8	390.0	390.0	0.0	0.0	0.0
600196	复星医药	19977.1	19927.0	2240.5	1899.6	0.0	336.1	4.8
600197	伊力特	6681.2	6681.2	441.0	441.0	0.0	0.0	0.0
600198	大唐电信	6030.1	3555.5	741.7	437.3	0.0	0.0	304.4
600199	金种子酒	10676.4	10676.4	555.8	555.8	0.0	0.0	0.0
600200	江苏吴中	4490.6	3759.0	623.7	522.1	0.0	0.0	101.6
600201	金宇集团	4004.4	4004.4	280.8	280.8	0.0	0.0	0.0
600202	哈空调	1943.5	1943.5	383.3	383.3	0.0	0.0	0.0
600203	福日电子	1323.0	1323.0	240.5	240.5	0.0	0.0	0.0
600206	有研硅股	2144.6	2144.6	217.5	217.5	0.0	0.0	0.0
600207	安彩高科	1848.0	1848.0	440.0	440.0	0.0	0.0	0.0
600208	新湖中宝	26975.7	26968.8	6258.9	6257.3	0.0	0.0	1.6
600209	罗顿发展	4561.3	3899.3	439.0	375.3	0.0	0.0	63.7
600210	紫江企业	5042.9	5042.9	1436.7	1436.7	0.0	0.0	0.0
600211	西藏药业	2148.9	1501.2	145.6	101.7	0.0	0.0	43.9
600212	江泉实业	1570.9	1570.9	511.7	511.7	0.0	0.0	0.0
600213	亚星客车	1227.6	1227.6	220.0	220.0	0.0	0.0	0.0
600215	长春经开	2181.0	2181.0	465.0	465.0	0.0	0.0	0.0
600216	浙江医药	10931.7	9460.2	520.1	450.1	0.0	0.0	70.0
600217	秦岭水泥	4685.1	4685.1	660.8	660.8	0.0	0.0	0.0
600218	全柴动力	2749.0	2749.0	283.4	283.4	0.0	0.0	0.0
600219	南山铝业	13190.9	13190.9	1934.2	1934.2	0.0	0.0	0.0
600220	江苏阳光	5011.2	5011.2	1783.3	1783.3	0.0	0.0	0.0
600221	海南航空	25720.5	14886.8	6091.1	3345.2	184.7	0.0	2561.2
600222	太龙药业	1822.8	1822.8	412.4	412.4	0.0	0.0	0.0
600223	鲁商置业	5675.5	5675.5	1001.0	1001.0	0.0	0.0	0.0
600225	天津松江	2868.9	2546.3	626.4	556.0	0.0	0.0	70.4
600226	升华拜克	2433.3	2433.3	405.5	405.5	0.0	0.0	0.0
600227	赤天化	3468.9	3399.4	950.4	931.3	0.0	0.0	19.1
600228	昌九生化	3569.1	3569.1	241.3	241.3	0.0	0.0	0.0
600229	青岛碱业	2331.2	2331.2	395.8	395.8	0.0	0.0	0.0
600230	沧州大化	4076.7	4076.7	259.3	259.3	0.0	0.0	0.0
600231	凌钢股份	3819.0	3819.0	804.0	804.0	0.0	0.0	0.0
600232	金鹰股份	1586.5	1586.5	364.7	364.7	0.0	0.0	0.0
600233	大杨创世	1376.1	1376.1	165.0	165.0	0.0	0.0	0.0
600234	ST 天龙	915.1	915.1	202.4	202.4	0.0	0.0	0.0
600235	民丰特纸	1772.7	1772.7	263.4	263.4	0.0	0.0	0.0

上市公司基本信息
Listed Companies in 2012

所属行业 Industry	所属地区 Area	营业收入 Revenue	净利润 Net Profit	每股收益 EPS	每股净资产 NAVPS
综合	山东	5281.2	381.8	0.44	1.43
工业	黑龙江	4282.7	183.0	0.54	2.31
工业	广东	6093.0	323.4	0.23	2.85
工业	湖北	1887.1	3.0	0.01	4.78
综合	陕西	1623.7	321.4	0.56	4.40
工业	河南	2542.8	36.6	0.03	0.85
工业	黑龙江	356.6	74.1	0.17	2.71
工业	山东	59673.6	5515.9	1.12	9.08
工业	吉林	1280.9	39.2	0.13	4.26
公用事业	辽宁	1168.7	131.3	0.08	2.62
工业	内蒙	176.3	5.3	0.01	3.45
工业	甘肃	1917.0	48.1	0.14	3.49
综合	上海	104.4	111.7	0.34	1.59
综合	北京	3109.0	234.6	0.60	4.96
综合	上海	7340.8	1563.9	0.70	6.05
工业	新疆	1762.3	236.7	0.54	2.95
工业	北京	6183.3	168.9	0.23	2.92
综合	安徽	2294.4	561.3	1.01	3.97
工业	江苏	3723.0	46.8	0.08	1.49
工业	内蒙	556.5	130.4	0.46	3.83
工业	黑龙江	949.1	21.0	0.05	2.42
工业	福建	2723.3	43.1	0.18	1.80
工业	北京	409.0	-123.9	-0.57	2.95
工业	河南	1363.6	-345.9	-0.79	0.08
综合	浙江	9908.7	2309.4	0.37	2.01
综合	海南	333.5	1.7	- -	1.56
工业	上海	8056.9	161.8	0.11	2.52
工业	西藏	1221.4	30.5	0.21	2.55
工业	山东	716.5	-55.8	-0.11	1.96
工业	江苏	995.9	5.9	0.03	0.84
综合	吉林	302.0	10.0	0.02	5.17
工业	浙江	5264.0	848.5	1.63	11.90
工业	陕西	760.2	11.1	0.02	0.19
工业	安徽	2712.1	18.7	0.07	3.64
工业	山东	14869.6	690.9	0.36	8.66
工业	江苏	2828.9	-1361.5	-0.76	0.85
公用事业	海南	28867.6	1927.8	0.32	3.91
工业	河南	1089.1	20.2	0.05	1.52
综合	山东	3673.8	246.6	0.25	1.56
综合	天津	2693.2	85.5	0.14	1.95
工业	浙江	1651.8	33.9	0.08	3.32
工业	贵州	3504.2	35.3	0.04	3.63
工业	江西	767.1	-144.7	-0.60	0.10
工业	山东	1919.2	-255.3	-0.65	2.65
工业	河北	3356.7	288.4	1.11	5.85
工业	辽宁	13136.2	43.6	0.05	4.75
工业	浙江	1087.9	8.4	0.02	3.28
工业	辽宁	856.1	77.0	0.47	6.01
综合	山西	24.9	-48.4	-0.24	-0.63
工业	浙江	1268.1	16.0	0.06	3.61

上市公司基本信息
Listed Companies in 2012

公司代码 Code	证券名称 Name	总市值 Market Capital	流通市值 Negotiable Capital	总股本 Total Vol	A 股流通股 A-Share Negotiable	B 股 B-Share	H 股 H-Share	限售股 Limited Share
600236	桂冠电力	9076.2	4488.6	2280.4	1127.8	0.0	0.0	1152.7
600237	铜峰电子	2632.0	2632.0	400.0	400.0	0.0	0.0	0.0
600238	海南椰岛	3536.3	3487.6	448.2	442.0	0.0	0.0	6.2
600239	云南城投	7122.7	5414.5	823.4	626.0	0.0	0.0	197.5
600240	华业地产	6825.4	6825.4	1419.0	1419.0	0.0	0.0	0.0
600241	时代万恒	996.5	996.5	180.2	180.2	0.0	0.0	0.0
600242	中昌海运	1478.7	677.2	273.3	125.2	0.0	0.0	148.2
600243	青海华鼎	1307.4	1307.4	236.9	236.9	0.0	0.0	0.0
600246	万通地产	4648.2	4648.2	1216.8	1216.8	0.0	0.0	0.0
600247	成城股份	1355.9	1355.9	336.4	336.4	0.0	0.0	0.0
600248	延长化建	3118.2	2132.1	426.0	291.3	0.0	0.0	134.7
600249	两面针	2074.5	2074.5	450.0	450.0	0.0	0.0	0.0
600250	*ST 南纺	1213.3	1213.3	258.7	258.7	0.0	0.0	0.0
600251	冠农股份	5924.0	5924.0	362.1	362.1	0.0	0.0	0.0
600252	中恒集团	9967.7	9967.7	1091.7	1091.7	0.0	0.0	0.0
600253	天方药业	2549.4	2545.7	420.0	419.4	0.0	0.0	0.6
600255	鑫科材料	2535.2	2535.2	449.5	449.5	0.0	0.0	0.0
600256	广汇能源	57436.5	33666.9	3504.4	2054.1	0.0	0.0	1450.2
600257	大湖股份	2848.4	2848.4	427.1	427.1	0.0	0.0	0.0
600258	首旅股份	2626.4	2626.4	231.4	231.4	0.0	0.0	0.0
600259	广晟有色	14584.9	14584.9	249.4	249.4	0.0	0.0	0.0
600260	凯乐科技	4859.6	4859.6	527.6	527.6	0.0	0.0	0.0
600261	阳光照明	5589.0	3851.1	645.4	444.7	0.0	0.0	200.7
600262	北方股份	2361.3	916.7	170.0	66.0	0.0	0.0	104.0
600263	路桥建设	6705.6	6705.6	408.1	408.1	0.0	0.0	0.0
600265	ST 景谷	778.8	778.8	129.8	129.8	0.0	0.0	0.0
600266	北京城建	13240.2	13240.2	889.2	889.2	0.0	0.0	0.0
600267	海正药业	12503.3	12503.3	839.7	839.7	0.0	0.0	0.0
600268	国电南自	3716.2	3716.2	635.2	635.2	0.0	0.0	0.0
600269	赣粤高速	7987.1	7987.1	2335.4	2335.4	0.0	0.0	0.0
600270	外运发展	6419.9	2345.7	905.5	330.8	0.0	0.0	574.6
600271	航天信息	13684.8	13684.8	923.4	923.4	0.0	0.0	0.0
600272	开开实业	2026.9	1996.4	243.0	160.0	80.0	0.0	3.0
600273	华芳纺织	1751.4	1751.4	315.0	315.0	0.0	0.0	0.0
600275	武昌鱼	2635.8	2635.8	508.8	508.8	0.0	0.0	0.0
600276	恒瑞医药	37220.6	37152.9	1236.6	1234.3	0.0	0.0	2.2
600277	亿利能源	9107.7	9107.7	1533.3	1533.3	0.0	0.0	0.0
600278	东方创业	3175.2	2529.3	522.2	416.0	0.0	0.0	106.2
600279	重庆港九	2148.3	946.6	342.1	150.7	0.0	0.0	191.4
600280	南京中商	5141.7	5141.7	143.5	143.5	0.0	0.0	0.0
600281	太化股份	3245.9	3245.9	514.4	514.4	0.0	0.0	0.0
600282	南钢股份	9146.8	3976.1	3875.8	1684.8	0.0	0.0	2191.0
600283	钱江水利	2545.1	2545.1	285.3	285.3	0.0	0.0	0.0
600284	浦东建设	4369.6	4369.6	498.2	498.2	0.0	0.0	0.0
600285	羚锐制药	2163.8	2163.8	200.7	200.7	0.0	0.0	0.0
600287	江苏舜天	2585.8	2585.8	436.8	436.8	0.0	0.0	0.0
600288	大恒科技	2826.1	2826.1	436.8	436.8	0.0	0.0	0.0
600289	亿阳信通	3348.0	3290.8	577.2	567.4	0.0	0.0	9.9
600290	华仪电气	2681.8	2622.3	526.9	515.2	0.0	0.0	11.7
600291	西水股份	2607.4	2607.4	384.0	384.0	0.0	0.0	0.0

上市公司基本信息
Listed Companies in 2012

所属行业 Industry	所属地区 Area	营业收入 Revenue	净利润 Net Profit	每股收益 EPS	每股净资产 NAVPS
公用事业	广西	5198.2	286.6	0.13	1.46
工业	安徽	651.7	24.8	0.06	1.97
工业	海南	1258.8	158.3	0.35	1.83
工业	云南	354.5	218.3	0.27	4.34
工业	北京	1565.2	231.0	0.16	2.14
综合	辽宁	1576.5	12.5	0.07	2.87
工业	广东	529.7	2.7	0.01	1.28
工业	青海	1140.0	-48.1	-0.20	3.06
工业	北京	4070.5	374.9	0.31	2.90
商业	吉林	352.5	22.6	0.07	1.55
综合	陕西	4495.1	155.5	0.36	2.54
工业	广西	1227.6	14.0	0.03	4.31
商业	江苏	4453.6	17.5	0.07	1.13
综合	新疆	1071.7	249.2	0.69	3.24
工业	广西	1945.7	713.3	0.65	2.97
工业	河南	3235.8	41.9	0.10	2.09
工业	安徽	3921.0	10.3	0.02	2.64
工业	新疆	3715.2	964.0	0.28	2.31
综合	湖南	575.3	15.7	0.04	1.45
综合	北京	3040.8	112.4	0.49	4.36
工业	海南	2380.5	60.4	0.24	2.13
工业	湖北	2483.7	189.5	0.36	3.19
工业	浙江	2592.9	210.2	0.33	3.64
工业	内蒙	2554.1	168.8	0.99	6.07
综合	北京				
综合	云南	120.9	-107.2	-0.83	0.32
综合	北京	6684.0	1094.9	1.23	8.46
工业	浙江	5801.8	301.3	0.36	5.58
工业	江苏	4147.2	146.1	0.23	3.79
公用事业	江西	3557.7	1169.6	0.50	4.70
公用事业	北京	3946.5	567.2	0.63	5.81
工业	北京	14525.3	1018.0	1.10	5.86
工业	上海	818.0	60.8	0.25	1.41
工业	江苏	1438.4	15.3	0.05	1.90
综合	湖北	13.1	5.1	0.01	0.50
工业	江苏	5435.1	1077.4	0.87	4.22
工业	内蒙	11051.6	211.8	0.14	3.69
商业	上海	14114.3	154.0	0.29	4.95
公用事业	重庆	1464.5	65.3	0.19	5.99
商业	江苏	6027.8	58.0	0.40	5.46
工业	山西	4011.3	18.7	0.04	1.86
工业	江苏	32032.1	-561.3	-0.14	2.27
公用事业	浙江	678.3	18.2	0.06	3.25
公用事业	上海	1208.1	359.1	0.72	5.82
工业	河南	562.7	42.5	0.21	3.38
商业	江苏	5732.1	19.7	0.05	1.98
综合	北京	3829.5	72.9	0.17	3.19
综合	黑龙江	1119.1	109.1	0.19	3.27
工业	浙江	1319.5	33.2	0.06	3.58
工业	内蒙	490.7	69.1	0.18	6.11

上市公司基本信息
Listed Companies in 2012

公司代码 Code	证券名称 Name	总市值 Market Capital	流通市值 Negotiable Capital	总股本 Total Vol	A股流通股 A-Share Negotiable	B股 B-Share	H股 H-Share	限售股 Limited Share
600292	九龙电力	6439.4	4208.0	511.9	334.5	0.0	0.0	177.4
600293	三峡新材	2421.9	2421.9	344.5	344.5	0.0	0.0	0.0
600295	鄂尔多斯	8172.1	8172.1	1032.0	612.0	420.0	0.0	0.0
600297	美罗药业	1928.5	1928.5	350.0	350.0	0.0	0.0	0.0
600298	安琪酵母	5382.9	4817.1	329.6	295.0	0.0	0.0	34.6
600299	蓝星新材	3115.3	3115.3	522.7	522.7	0.0	0.0	0.0
600300	维维股份	11520.1	11520.1	1672.0	1672.0	0.0	0.0	0.0
600301	南化股份	1232.2	1232.2	235.1	235.1	0.0	0.0	0.0
600302	标准股份	1318.3	1318.3	346.0	346.0	0.0	0.0	0.0
600303	曙光股份	2516.3	2516.3	574.5	574.5	0.0	0.0	0.0
600305	恒顺醋业	2066.2	2066.2	127.2	127.2	0.0	0.0	0.0
600306	商业城	1765.4	1715.0	178.1	173.1	0.0	0.0	5.1
600307	酒钢宏兴	13419.7	13419.7	4091.4	4091.4	0.0	0.0	0.0
600308	华泰股份	4051.4	4051.4	1167.6	1167.6	0.0	0.0	0.0
600309	烟台万华	33754.0	33754.0	2162.3	2162.3	0.0	0.0	0.0
600310	桂东电力	2828.2	2828.2	275.9	275.9	0.0	0.0	0.0
600311	荣华实业	5457.9	5457.9	665.6	665.6	0.0	0.0	0.0
600312	平高电气	5953.9	5953.9	819.0	819.0	0.0	0.0	0.0
600313	中农资源	2622.4	2172.0	367.3	304.2	0.0	0.0	63.1
600315	上海家化	22861.4	21568.8	448.4	423.0	0.0	0.0	25.4
600316	洪都航空	9838.8	9280.8	717.1	676.4	0.0	0.0	40.7
600317	营口港	7940.2	4039.1	2157.7	1097.6	0.0	0.0	1060.1
600318	巢东股份	2683.8	2683.8	242.0	242.0	0.0	0.0	0.0
600319	亚星化学	1376.0	1376.0	315.6	315.6	0.0	0.0	0.0
600320	振华重工	12924.6	12924.6	4390.3	2768.3	1622.0	0.0	0.0
600321	国栋建设	3212.0	3212.0	1180.9	1180.9	0.0	0.0	0.0
600322	天房发展	4279.1	4279.1	1105.7	1105.7	0.0	0.0	0.0
600323	南海发展	3776.7	3181.3	579.2	487.9	0.0	0.0	91.3
600325	华发股份	6944.9	6944.9	817.0	817.0	0.0	0.0	0.0
600326	西藏天路	4777.1	4777.1	547.2	547.2	0.0	0.0	0.0
600327	大东方	2394.7	2394.7	521.7	521.7	0.0	0.0	0.0
600328	兰太实业	2381.0	2381.0	359.1	359.1	0.0	0.0	0.0
600329	中新药业	5716.7	5654.4	739.3	533.4	0.0	200.0	5.9
600330	天通股份	3109.0	3109.0	588.8	588.8	0.0	0.0	0.0
600331	宏达股份	6904.1	6904.1	1032.0	1032.0	0.0	0.0	0.0
600332	广州药业	11477.2	11477.2	810.9	591.0	0.0	219.9	0.0
600333	长春燃气	3881.4	3881.4	461.5	461.5	0.0	0.0	0.0
600335	国机汽车	7005.7	3452.2	560.0	276.0	0.0	0.0	284.0
600336	澳柯玛	1623.3	1618.6	341.0	340.0	0.0	0.0	1.0
600337	美克股份	3581.0	3318.9	632.7	586.4	0.0	0.0	46.3
600338	*ST 珠峰	1124.2	1124.2	158.3	158.3	0.0	0.0	0.0
600339	天利高新	2700.0	2700.0	578.2	578.2	0.0	0.0	0.0
600340	华夏幸福	24896.6	9846.0	881.9	348.8	0.0	0.0	533.1
600343	航天动力	2339.3	2339.3	239.7	239.7	0.0	0.0	0.0
600345	长江通信	2334.4	2334.4	198.0	198.0	0.0	0.0	0.0
600346	大橡塑	1593.0	1388.1	241.0	210.0	0.0	0.0	31.0
600348	阳泉煤业	34944.7	34944.7	2405.0	2405.0	0.0	0.0	0.0
600350	山东高速	16117.4	11268.7	4811.2	3363.8	0.0	0.0	1447.4
600351	亚宝药业	3695.3	3380.0	692.0	633.0	0.0	0.0	59.0
600352	浙江龙盛	8913.3	8913.3	1468.4	1468.4	0.0	0.0	0.0

上市公司基本信息
Listed Companies in 2012

所属行业 Industry	所属地区 Area	营业收入 Revenue	净利润 Net Profit	每股收益 EPS	每股净资产 NAVPS
公用事业	重庆	4789.9	168.3	0.33	5.38
工业	湖北	1029.9	14.6	0.04	2.28
工业	内蒙	13508.4	626.6	0.61	5.82
工业	辽宁	759.7	46.3	0.13	2.57
工业	湖北	2713.7	243.2	0.74	8.12
工业	北京	9084.2	-1039.3	-1.99	3.63
工业	江苏	5810.5	77.6	0.05	1.47
工业	广西	806.5	-284.8	-1.21	-0.17
工业	陕西	707.8	-52.4	-0.15	3.45
工业	辽宁	5584.2	164.8	0.29	4.14
工业	江苏	1146.7	-37.1	-0.29	3.99
商业	辽宁	1599.8	-128.4	-0.72	2.77
工业	甘肃	63700.5	484.5	0.12	2.92
工业	山东	9567.4	61.3	0.05	5.33
工业	山东	15942.1	2348.9	1.09	3.84
公用事业	广西	4187.3	84.9	0.31	11.28
工业	甘肃	305.6	11.0	0.02	1.36
工业	河南	3284.2	135.4	0.17	3.50
综合	北京	2783.8	24.1	0.07	2.73
工业	上海	4504.1	614.6	1.37	6.04
工业	江西	2232.7	87.6	0.12	6.41
公用事业	辽宁	3441.6	502.3	0.23	4.31
工业	安徽	1021.1	69.2	0.29	3.56
工业	山东	1713.4	-477.2	-1.51	1.17
工业	上海	18255.2	-1043.7	-0.24	3.24
工业	四川	473.1	4.4	- -	1.76
地产	天津	3213.1	260.2	0.24	3.98
公用事业	广东	885.3	190.3	0.33	3.91
地产	广东	4547.3	545.8	0.67	8.11
公用事业	西藏	1640.3	-42.3	-0.08	1.94
商业	江苏	7501.4	121.3	0.23	2.36
工业	内蒙	1629.0	-10.3	-0.03	3.34
工业	天津	5129.9	441.3	0.60	2.89
工业	浙江	1130.3	-196.9	-0.33	1.98
工业	四川	4440.0	-528.0	-0.51	0.72
工业	广东	8229.1	395.3	0.49	5.05
公用事业	吉林	1726.9	10.4	0.02	3.03
工业	天津	62123.7	555.7	0.99	5.30
工业	山东	4002.8	164.6	0.48	2.25
工业	新疆	2631.1	20.7	0.03	3.97
工业	西藏	1337.5	73.2	0.46	0.02
工业	新疆	3189.2	-224.2	-0.39	2.03
地产	浙江	12076.9	1783.6	2.02	4.89
工业	陕西	1247.4	56.8	0.24	4.74
综合	湖北	1077.1	101.1	0.51	6.02
工业	辽宁	1327.0	19.2	0.08	2.36
工业	山西	71517.2	2287.6	0.95	5.40
公用事业	山东	5225.0	1972.5	0.41	3.66
工业	山西	1266.6	112.3	0.16	2.31
工业	浙江	7649.3	830.3	0.57	5.21

上市公司基本信息
Listed Companies in 2012

公司代码 Code	证券名称 Name	总市值 Market Capital	流通市值 Negotiable Capital	总股本 Total Vol	A 股流通股 A-Share Negotiable	B 股 B-Share	H 股 H-Share	限售股 Limited Share
600353	旭光股份	1739.9	1652.8	271.9	258.2	0.0	0.0	13.6
600354	敦煌种业	3148.0	3070.7	447.8	436.8	0.0	0.0	11.0
600355	精伦电子	1072.8	1072.8	246.0	246.0	0.0	0.0	0.0
600356	恒丰纸业	1484.6	1484.6	231.6	231.6	0.0	0.0	0.0
600358	国旅联合	1607.0	1607.0	432.0	432.0	0.0	0.0	0.0
600359	*ST 新农	1749.5	1749.5	321.0	321.0	0.0	0.0	0.0
600360	华微电子	2549.6	2549.6	678.1	678.1	0.0	0.0	0.0
600361	华联综超	3382.3	2462.8	665.8	484.8	0.0	0.0	181.0
600362	江西铜业	49515.4	49515.4	3462.7	2075.2	0.0	1387.5	0.0
600363	联创光电	3020.1	2525.2	443.5	370.8	0.0	0.0	72.7
600365	通葡股份	1281.0	1281.0	140.0	140.0	0.0	0.0	0.0
600366	宁波韵升	8165.1	8165.1	514.5	514.5	0.0	0.0	0.0
600367	红星发展	2984.8	2984.8	291.2	291.2	0.0	0.0	0.0
600368	五洲交通	3201.8	3201.8	833.8	833.8	0.0	0.0	0.0
600369	西南证券	20740.4	14661.9	2322.6	1641.9	0.0	0.0	680.7
600370	三房巷	1301.1	1301.1	318.9	318.9	0.0	0.0	0.0
600371	万向德农	2429.6	2429.6	170.5	170.5	0.0	0.0	0.0
600372	中航电子	21448.3	10397.6	1353.2	656.0	0.0	0.0	697.2
600373	中文传媒	8088.9	2673.8	567.2	187.5	0.0	0.0	379.7
600375	华菱星马	3590.8	1659.2	405.7	187.5	0.0	0.0	218.3
600376	首开股份	19610.1	19610.1	1494.7	1494.7	0.0	0.0	0.0
600377	宁沪高速	19880.0	19635.6	5037.7	3768.8	0.0	1222.0	46.9
600378	天科股份	2624.2	2624.2	297.2	297.2	0.0	0.0	0.0
600379	宝光股份	1672.2	1672.2	235.9	235.9	0.0	0.0	0.0
600380	健康元	6956.3	6956.3	1545.8	1545.8	0.0	0.0	0.0
600381	贤成矿业	6775.8	5008.3	1601.8	1184.0	0.0	0.0	417.9
600382	广东明珠	2429.8	2429.8	341.7	341.7	0.0	0.0	0.0
600383	金地集团	31390.0	31390.0	4471.5	4471.5	0.0	0.0	0.0
600385	*ST 金泰	746.5	719.6	148.1	142.8	0.0	0.0	5.3
600386	北巴传媒	2786.1	2786.1	403.2	403.2	0.0	0.0	0.0
600387	海越股份	3328.2	3324.8	386.1	385.7	0.0	0.0	0.4
600388	龙净环保	4682.4	4604.8	213.8	210.3	0.0	0.0	3.5
600389	江山股份	2809.6	2809.6	198.0	198.0	0.0	0.0	0.0
600390	金瑞科技	1702.9	1702.9	160.1	160.1	0.0	0.0	0.0
600391	成发科技	3090.0	3090.0	330.1	330.1	0.0	0.0	0.0
600392	*ST 天成	2579.2	2579.2	156.6	156.6	0.0	0.0	0.0
600393	东华实业	2202.0	2125.0	300.0	289.5	0.0	0.0	10.5
600395	盘江股份	28169.0	28169.0	1655.1	1655.1	0.0	0.0	0.0
600396	金山股份	2016.4	2016.4	340.6	340.6	0.0	0.0	0.0
600397	安源煤业	6340.7	3448.9	495.0	269.2	0.0	0.0	225.7
600398	凯诺科技	2405.4	2405.4	646.6	646.6	0.0	0.0	0.0
600399	抚顺特钢	2600.0	2259.2	520.0	451.8	0.0	0.0	68.2
600400	红豆股份	2264.0	2264.0	560.4	560.4	0.0	0.0	0.0
600401	海润光伏	5835.0	1738.1	1036.4	308.7	0.0	0.0	727.7
600403	大有能源	24613.4	2624.5	1195.4	127.5	0.0	0.0	1067.9
600405	动力源	1333.2	1314.3	257.9	254.2	0.0	0.0	3.7
600406	国电南瑞	25255.9	25255.9	1575.5	1575.5	0.0	0.0	0.0
600408	安泰集团	4007.1	4007.1	1006.8	1006.8	0.0	0.0	0.0
600409	三友化工	7031.5	5353.1	1850.4	1408.7	0.0	0.0	441.7
600410	华胜天成	4116.6	4047.8	648.3	637.4	0.0	0.0	10.8

上市公司基本信息
Listed Companies in 2012

所属行业 Industry	所属地区 Area	营业收入 Revenue	净利润 Net Profit	每股收益 EPS	每股净资产 NAVPS
工业	四川	434.7	115.7	0.43	3.47
综合	甘肃	1974.4	-129.1	-0.29	2.20
工业	湖北	276.9	3.4	0.01	1.91
工业	黑龙江	1450.3	90.4	0.39	5.92
综合	江苏	150.4	-56.1	-0.13	1.04
综合	新疆	980.4	18.8	0.06	1.25
工业	吉林	1055.1	42.9	0.06	2.45
商业	北京	12323.3	51.4	0.08	4.56
工业	江西	158556.2	5215.9	1.51	12.37
工业	江西	1265.1	102.6	0.23	3.44
工业	吉林	84.2	13.1	0.09	1.07
工业	浙江	2919.6	450.2	0.88	5.40
工业	贵州	1156.2	30.0	0.10	4.14
公用事业	广西	5388.9	316.9	0.38	3.39
公用事业	重庆	1268.0	342.4	0.15	4.48
工业	江苏	1495.3	29.3	0.09	3.70
工业	黑龙江	660.6	83.0	0.49	2.49
工业	江西	4299.7	469.8	0.35	3.44
工业	江西	10003.4	506.6	0.89	6.89
工业	安徽	4475.5	167.9	0.41	6.61
地产	北京	12675.6	1617.1	1.08	8.74
公用事业	江苏	7795.9	2333.3	0.46	3.71
综合	四川	657.0	68.9	0.23	2.12
工业	陕西	650.9	15.4	0.07	1.60
工业	深圳	5850.0	169.5	0.11	2.51
工业	青海	514.3	-133.2	-0.08	1.12
工业	广东	289.1	245.9	0.72	4.30
地产	深圳	32863.4	3385.3	0.76	5.26
工业	山东	5.0	-14.0	-0.09	-1.67
公用事业	北京	2952.3	163.6	0.41	3.70
公用事业	浙江	1920.7	5.4	0.01	2.68
工业	福建	4240.2	291.1	1.36	11.94
工业	江苏	3007.9	33.3	0.17	4.74
工业	湖南	886.6	2.3	0.01	3.40
工业	四川	1573.0	37.5	0.11	4.93
工业	山西	749.8	154.6	0.41	2.42
地产	广东	535.2	30.2	0.10	3.11
工业	贵州	7882.3	1503.6	0.91	4.60
公用事业	辽宁	3574.3	110.3	0.32	3.34
工业	江西	16775.9	340.5	0.69	7.30
工业	江苏	1368.1	104.5	0.16	3.17
工业	辽宁	4911.7	20.5	0.04	3.27
工业	江苏	1606.9	27.7	0.05	2.43
工业	江苏	4965.8	2.1	- -	2.66
综合	河南	12799.3	1788.6	1.50	8.37
工业	北京	772.6	19.0	0.07	1.90
工业	江苏	6027.9	1056.0	0.67	2.46
工业	山西	5188.7	30.9	0.03	2.41
工业	河北	10484.1	113.6	0.06	2.86
工业	北京	5236.8	156.7	0.24	3.66

上市公司基本信息
Listed Companies in 2012

公司代码 Code	证券名称 Name	总市值 Market Capital	流通市值 Negotiable Capital	总股本 Total Vol	A 股流通股 A-Share Negotiable	B 股 B-Share	H 股 H-Share	限售股 Limited Share
600415	小商品城	18071.5	18071.5	2721.6	2721.6	0.0	0.0	0.0
600416	湘电股份	3103.3	3103.3	608.5	608.5	0.0	0.0	0.0
600418	江淮汽车	8802.1	7327.7	1288.7	1072.9	0.0	0.0	215.9
600419	新疆天宏	883.4	883.4	80.2	80.2	0.0	0.0	0.0
600420	现代制药	3662.8	3662.8	287.7	287.7	0.0	0.0	0.0
600421	*ST 国药	927.1	927.1	195.6	195.6	0.0	0.0	0.0
600422	昆明制药	6117.0	6107.8	314.2	313.7	0.0	0.0	0.5
600423	柳化股份	2212.4	2212.4	399.3	399.3	0.0	0.0	0.0
600425	青松建化	6818.1	4734.3	689.4	478.7	0.0	0.0	210.7
600426	华鲁恒升	7390.6	7390.6	953.6	953.6	0.0	0.0	0.0
600428	中远航运	6643.5	6643.5	1690.4	1690.4	0.0	0.0	0.0
600429	三元股份	5849.9	5849.9	885.0	885.0	0.0	0.0	0.0
600432	吉恩镍业	10950.1	10950.1	811.1	811.1	0.0	0.0	0.0
600433	冠豪高新	5439.6	5055.7	595.1	553.1	0.0	0.0	42.0
600435	北方导航	6158.3	6158.3	744.7	744.7	0.0	0.0	0.0
600436	片仔癀	15248.8	15248.8	140.0	140.0	0.0	0.0	0.0
600438	通威股份	4599.5	4599.5	687.5	687.5	0.0	0.0	0.0
600439	瑞贝卡	4131.7	4131.7	943.3	943.3	0.0	0.0	0.0
600444	国通管业	1171.8	1171.8	105.0	105.0	0.0	0.0	0.0
600446	金证股份	1744.4	1744.4	261.1	261.1	0.0	0.0	0.0
600448	华纺股份	1263.2	1263.2	319.8	319.8	0.0	0.0	0.0
600449	宁夏建材	4376.6	2294.5	478.3	250.8	0.0	0.0	227.6
600452	涪陵电力	1475.2	1475.2	160.0	160.0	0.0	0.0	0.0
600455	ST 博通	721.4	574.2	62.5	49.7	0.0	0.0	12.7
600456	宝钛股份	7632.9	7632.9	430.3	430.3	0.0	0.0	0.0
600458	时代新材	6751.3	5920.5	517.3	453.7	0.0	0.0	63.7
600459	贵研铂业	2919.4	2823.1	158.1	152.8	0.0	0.0	5.2
600460	士兰微	3246.9	3246.9	868.2	868.2	0.0	0.0	0.0
600461	洪城水业	2422.2	2422.2	330.0	330.0	0.0	0.0	0.0
600462	*ST 石岘	2460.7	2460.7	533.8	533.8	0.0	0.0	0.0
600463	空港股份	1771.6	1771.6	252.0	252.0	0.0	0.0	0.0
600466	迪康药业	2142.3	2142.3	439.0	439.0	0.0	0.0	0.0
600467	好当家	5347.2	5270.5	730.5	720.0	0.0	0.0	10.5
600468	百利电气	4835.6	4835.6	456.2	456.2	0.0	0.0	0.0
600469	风神股份	3280.7	3280.7	374.9	374.9	0.0	0.0	0.0
600470	六国化工	4788.3	4788.3	521.6	521.6	0.0	0.0	0.0
600475	华光股份	2575.4	2575.4	256.0	256.0	0.0	0.0	0.0
600476	湘邮科技	1098.5	1098.5	161.1	161.1	0.0	0.0	0.0
600477	杭萧钢构	2085.6	1513.7	463.5	336.4	0.0	0.0	127.1
600478	科力远	7070.9	7070.9	314.8	314.8	0.0	0.0	0.0
600479	千金药业	3657.8	3657.8	304.8	304.8	0.0	0.0	0.0
600480	凌云股份	2365.6	2333.0	361.7	356.7	0.0	0.0	5.0
600481	双良节能	5622.1	5622.1	810.1	810.1	0.0	0.0	0.0
600482	风帆股份	3531.3	3531.3	461.0	461.0	0.0	0.0	0.0
600483	福建南纺	1618.4	1618.4	288.5	288.5	0.0	0.0	0.0
600485	中创信测	992.3	992.3	138.6	138.6	0.0	0.0	0.0
600486	扬农化工	3436.4	3436.4	172.2	172.2	0.0	0.0	0.0
600487	亨通光电	4255.5	3413.8	207.1	166.1	0.0	0.0	41.0
600488	天药股份	2882.7	2882.7	542.9	542.9	0.0	0.0	0.0
600489	中金黄金	48945.9	48945.9	2943.2	2943.2	0.0	0.0	0.0

上市公司基本信息
Listed Companies in 2012

所属行业 Industry	所属地区 Area	营业收入 Revenue	净利润 Net Profit	每股收益 EPS	每股净资产 NAVPS
商业	浙江	3611.8	707.0	0.26	3.03
工业	湖南	5424.5	-207.9	-0.34	3.39
工业	安徽	29116.8	494.8	0.38	4.65
工业	新疆	160.9	-38.1	-0.47	1.29
工业	上海	2006.9	115.9	0.40	3.14
工业	湖北	49.2	119.8	0.61	-0.25
工业	云南	3016.0	181.8	0.58	2.99
工业	广西	2818.6	41.0	0.10	3.77
工业	新疆	2300.5	100.2	0.15	7.76
工业	山东	7003.1	451.6	0.47	5.79
工业	广东	6304.8	19.2	0.01	3.89
工业	北京	3553.0	32.8	0.04	2.04
工业	吉林	2495.7	-20.6	-0.03	3.98
工业	广东	931.2	202.2	0.34	2.68
工业	北京	1043.4	12.0	0.02	2.88
工业	福建	1171.2	348.5	2.49	10.72
工业	四川	13490.8	96.0	0.14	2.15
工业	河南	2245.6	158.5	0.17	2.31
工业	安徽	300.2	-41.2	-0.39	-0.33
综合	深圳	1883.0	71.1	0.27	2.17
工业	山东	2153.8	8.3	0.03	1.26
工业	宁夏	3147.9	61.2	0.13	7.95
公用事业	重庆	1116.2	28.3	0.18	2.27
综合	陕西	312.5	16.3	0.26	1.83
工业	陕西	2336.2	5.9	0.01	8.44
工业	湖南	3719.4	157.7	0.30	3.46
工业	云南	4225.9	30.0	0.19	5.90
工业	浙江	1349.0	18.3	0.02	1.95
公用事业	江西	1041.5	100.7	0.31	5.08
工业	吉林	303.5	603.5	1.13	0.58
地产	北京	829.8	73.9	0.29	2.90
工业	四川	365.0	21.4	0.05	1.28
综合	山东	1028.7	216.7	0.30	3.93
工业	天津	698.4	29.2	0.06	1.25
工业	河南	9023.0	273.0	0.73	5.96
工业	安徽	5943.5	71.5	0.14	4.41
工业	江苏	3381.2	82.9	0.32	5.02
工业	湖南	353.7	6.1	0.04	1.77
工业	浙江	3042.8	-115.5	-0.25	1.61
工业	湖南	1681.7	-57.9	-0.18	3.12
工业	湖南	1583.4	120.2	0.39	3.17
工业	河北	4882.7	117.4	0.32	5.03
工业	江苏	5823.4	215.9	0.27	2.68
工业	河北	4727.4	77.8	0.17	2.74
工业	福建	1326.7	22.7	0.08	2.61
工业	北京	247.8	-45.0	-0.32	3.22
工业	江苏	2218.7	194.1	1.13	11.39
工业	江苏	7804.3	345.0	1.67	11.87
工业	天津	1642.5	98.8	0.18	3.22
工业	北京	36051.8	1557.4	0.53	3.42

上市公司基本信息
Listed Companies in 2012

公司代码 Code	证券名称 Name	总市值 Market Capital	流通市值 Negotiable Capital	总股本 Total Vol	A 股流通股 A-Share Negotiable	B 股 B-Share	H 股 H-Share	限售股 Limited Share
600490	中科合臣	8578.2	4880.7	580.0	330.0	0.0	0.0	250.0
600491	龙元建设	5382.4	5382.4	947.6	947.6	0.0	0.0	0.0
600493	凤竹纺织	1213.1	1213.1	272.0	272.0	0.0	0.0	0.0
600495	晋西车轴	4285.7	4285.7	302.2	302.2	0.0	0.0	0.0
600496	精工钢构	4710.1	4710.1	586.6	586.6	0.0	0.0	0.0
600497	驰宏锌锗	18537.9	18537.9	1310.1	1310.1	0.0	0.0	0.0
600498	烽火通信	10978.5	10079.5	482.4	442.9	0.0	0.0	39.5
600499	科达机电	5708.6	5536.4	651.7	632.0	0.0	0.0	19.7
600500	中化国际	8309.3	8309.3	1437.6	1437.6	0.0	0.0	0.0
600501	航天晨光	3122.1	1654.4	389.3	206.3	0.0	0.0	183.0
600502	安徽水利	3915.1	3915.1	334.6	334.6	0.0	0.0	0.0
600503	华丽家族	5296.7	5112.6	1139.1	1099.5	0.0	0.0	39.6
600505	西昌电力	3011.3	3011.3	364.6	364.6	0.0	0.0	0.0
600506	香梨股份	1285.0	1285.0	147.7	147.7	0.0	0.0	0.0
600507	方大特钢	5059.1	5059.1	1300.5	1300.5	0.0	0.0	0.0
600508	上海能源	11628.5	11628.5	722.7	722.7	0.0	0.0	0.0
600509	天富热电	5298.0	5298.0	655.7	655.7	0.0	0.0	0.0
600510	黑牡丹	6236.9	1999.3	795.5	255.0	0.0	0.0	540.5
600511	国药股份	6976.1	4045.3	478.8	277.6	0.0	0.0	201.2
600512	腾达建设	2328.7	2328.7	736.9	736.9	0.0	0.0	0.0
600513	联环药业	1309.6	1309.6	152.1	152.1	0.0	0.0	0.0
600515	海岛建设	2587.4	1531.2	422.8	250.2	0.0	0.0	172.6
600516	方大炭素	11358.2	11358.2	1279.1	1279.1	0.0	0.0	0.0
600517	置信电气	8538.1	8538.1	618.7	618.7	0.0	0.0	0.0
600518	康美药业	28891.1	28891.1	2198.7	2198.7	0.0	0.0	0.0
600519	贵州茅台	217000.4	217000.4	1038.2	1038.2	0.0	0.0	0.0
600520	中发科技	1026.4	1026.4	113.0	113.0	0.0	0.0	0.0
600521	华海药业	6240.9	6220.8	547.4	545.7	0.0	0.0	1.8
600522	中天科技	5558.5	5558.5	704.5	704.5	0.0	0.0	0.0
600523	贵航股份	2789.7	1893.6	288.8	196.0	0.0	0.0	92.8
600525	长园集团	5457.4	5457.4	863.5	863.5	0.0	0.0	0.0
600526	菲达环保	1685.6	1685.6	140.0	140.0	0.0	0.0	0.0
600527	江南高纤	3713.7	3713.7	802.1	802.1	0.0	0.0	0.0
600528	中铁二局	9747.5	9747.5	1459.2	1459.2	0.0	0.0	0.0
600529	山东药玻	2290.7	2290.7	257.4	257.4	0.0	0.0	0.0
600530	交大昂立	2137.2	2137.2	312.0	312.0	0.0	0.0	0.0
600531	豫光金铅	5057.6	5057.6	295.3	295.3	0.0	0.0	0.0
600532	宏达矿业	4390.3	1685.3	396.2	152.1	0.0	0.0	244.1
600533	栖霞建设	4809.0	4809.0	1050.0	1050.0	0.0	0.0	0.0
600535	天士力	28542.6	28542.6	516.4	516.4	0.0	0.0	0.0
600536	中国软件	2385.6	2385.6	225.7	225.7	0.0	0.0	0.0
600537	亿晶光电	3872.4	1833.4	485.9	230.0	0.0	0.0	255.8
600538	北海国发	1513.4	1513.4	279.2	279.2	0.0	0.0	0.0
600539	ST 狮头	1363.9	951.4	230.0	160.4	0.0	0.0	69.6
600540	新赛股份	1695.2	1695.2	302.7	302.7	0.0	0.0	0.0
600543	莫高股份	3204.8	3204.8	321.1	321.1	0.0	0.0	0.0
600545	新疆城建	4196.6	4196.6	675.8	675.8	0.0	0.0	0.0
600546	山煤国际	20171.5	20171.5	991.2	991.2	0.0	0.0	0.0
600547	山东黄金	54304.4	54304.4	1423.1	1423.1	0.0	0.0	0.0
600548	深高速	4873.1	4873.1	2180.8	1433.3	0.0	747.5	0.0

上市公司基本信息
Listed Companies in 2012

所属行业 Industry	所属地区 Area	营业收入 Revenue	净利润 Net Profit	每股收益 EPS	每股净资产 NAVPS
工业	上海	1461.9	127.8	0.22	2.47
工业	浙江	13993.3	394.2	0.42	3.11
工业	福建	847.0	12.1	0.04	2.28
工业	山西	2735.3	122.3	0.40	5.30
工业	安徽	6131.5	209.8	0.36	3.58
工业	云南	12130.4	347.9	0.27	2.93
工业	湖北	8183.0	496.9	1.03	10.92
工业	广东	2660.6	273.3	0.42	3.72
综合	上海	54448.2	584.3	0.41	4.60
工业	江苏	4003.0	32.3	0.08	2.97
综合	安徽	6490.2	257.8	0.77	4.05
综合	上海	1095.4	35.4	0.03	1.73
公用事业	四川	620.5	71.8	0.20	2.26
综合	新疆	60.8	-5.6	-0.04	1.91
工业	江西	13355.1	523.5	0.40	2.58
公用事业	上海	9723.0	922.2	1.28	11.00
公用事业	新疆	2918.4	256.6	0.39	3.59
工业	江苏	3676.9	343.6	0.43	5.33
商业	北京	8591.6	335.8	0.70	3.75
工业	浙江	1373.3	20.1	0.03	1.42
工业	江苏	325.4	28.7	0.19	2.30
商业	海南	762.9	138.3	0.33	2.14
工业	甘肃	3950.7	468.6	0.37	3.09
工业	上海	1545.9	152.2	0.25	1.83
工业	广东	11165.2	1441.2	0.66	4.81
工业	贵州	26455.3	13308.1	12.82	32.89
工业	安徽	280.9	-4.8	-0.04	1.86
工业	浙江	2014.4	341.1	0.62	3.55
工业	江苏	5812.2	421.2	0.60	6.39
工业	贵州	2612.5	114.1	0.40	5.72
工业	深圳	2413.2	213.7	0.25	2.61
工业	浙江	1676.2	19.0	0.14	3.91
工业	江苏	1522.5	217.2	0.27	2.04
工业	四川	66611.0	581.1	0.40	3.91
工业	山东	1468.1	119.8	0.47	7.54
工业	上海	375.3	83.2	0.27	4.71
工业	河南	12496.8	48.5	0.16	6.36
工业	山东	563.3	122.4	0.31	2.27
地产	江苏	2649.6	316.3	0.30	3.40
工业	天津	9300.2	769.2	1.49	7.77
工业	北京	2680.6	58.1	0.26	5.62
综合	浙江	1963.5	-688.3	-1.42	2.43
工业	广西	543.0	-109.6	-0.39	0.10
工业	山西	280.1	2.5	0.01	2.63
工业	新疆	2664.5	34.9	0.12	2.34
工业	甘肃	361.3	50.3	0.16	3.56
工业	新疆	2587.5	155.7	0.23	2.86
工业	山西	95407.6	767.1	0.77	8.08
工业	山东	50228.4	2171.2	1.53	5.34
公用事业	深圳	3134.6	684.5	0.31	4.37

上市公司基本信息 Listed Companies in 2012

公司代码 Code	证券名称 Name	总市值 Market Capital	流通市值 Negotiable Capital	总股本 Total Vol	A 股流通股 A-Share Negotiable	B 股 B-Share	H 股 H-Share	限售股 Limited Share
600549	厦门钨业	26583.6	26583.6	682.0	682.0	0.0	0.0	0.0
600550	天威保变	8938.2	8938.2	1373.0	1373.0	0.0	0.0	0.0
600551	时代出版	4800.3	2060.3	505.8	217.1	0.0	0.0	288.7
600552	方兴科技	3017.4	3017.4	117.0	117.0	0.0	0.0	0.0
600555	九龙山	3985.5	3985.5	1303.5	973.5	330.0	0.0	0.0
600556	*ST 北生	0.0	0.0	394.8	244.5	0.0	0.0	150.3
600557	康缘药业	8645.5	6387.8	415.6	307.1	0.0	0.0	108.5
600558	大西洋	1289.1	1282.8	138.2	137.5	0.0	0.0	0.7
600559	老白干酒	5178.6	5178.6	140.0	140.0	0.0	0.0	0.0
600560	金自天正	1655.0	1655.0	223.6	223.6	0.0	0.0	0.0
600561	江西长运	1560.1	1560.1	185.7	185.7	0.0	0.0	0.0
600562	高淳陶瓷	2892.7	2275.6	84.1	66.1	0.0	0.0	17.9
600563	法拉电子	3345.8	3345.8	225.0	225.0	0.0	0.0	0.0
600565	迪马股份	2779.2	2779.2	720.0	720.0	0.0	0.0	0.0
600566	洪城股份	914.9	914.9	138.2	138.2	0.0	0.0	0.0
600567	山鹰纸业	4758.1	4495.6	1586.0	1498.5	0.0	0.0	87.5
600568	中珠控股	3332.7	1711.0	366.2	188.0	0.0	0.0	178.2
600569	安阳钢铁	5314.0	5314.0	2393.7	2393.7	0.0	0.0	0.0
600570	恒生电子	6992.2	6992.2	623.8	623.8	0.0	0.0	0.0
600571	信雅达	1815.7	1769.7	202.9	197.7	0.0	0.0	5.1
600572	康恩贝	7893.6	6834.3	809.6	701.0	0.0	0.0	108.6
600573	惠泉啤酒	1540.0	1540.0	250.0	250.0	0.0	0.0	0.0
600575	芜湖港	8657.5	5059.5	1217.6	711.6	0.0	0.0	506.0
600576	万好万家	1642.2	1642.2	218.1	218.1	0.0	0.0	0.0
600577	精达股份	3374.9	3374.9	721.1	721.1	0.0	0.0	0.0
600578	京能热电	14566.5	5740.1	1947.4	767.4	0.0	0.0	1180.0
600579	*ST 黄海	1234.5	1234.5	255.6	255.6	0.0	0.0	0.0
600580	卧龙电气	2709.7	2709.7	687.7	687.7	0.0	0.0	0.0
600581	八一钢铁	4545.0	4545.0	766.4	766.4	0.0	0.0	0.0
600582	天地科技	13778.0	13778.0	1213.9	1213.9	0.0	0.0	0.0
600583	海油工程	22831.0	22831.0	3889.4	3889.4	0.0	0.0	0.0
600584	长电科技	3617.3	3617.3	853.1	853.1	0.0	0.0	0.0
600585	海螺水泥	73794.5	73794.5	5299.3	3999.7	0.0	1299.6	0.0
600586	金晶科技	4865.7	3307.5	1422.7	967.1	0.0	0.0	455.6
600587	新华医疗	5414.8	5414.8	174.1	174.1	0.0	0.0	0.0
600588	用友软件	9653.8	9653.8	979.1	979.1	0.0	0.0	0.0
600589	广东榕泰	3321.5	3321.5	601.7	601.7	0.0	0.0	0.0
600590	泰豪科技	2946.9	2681.9	500.3	455.3	0.0	0.0	45.0
600592	龙溪股份	1980.0	1980.0	300.0	300.0	0.0	0.0	0.0
600593	大连圣亚	1087.4	1087.4	92.0	92.0	0.0	0.0	0.0
600594	益佰制药	7217.6	7058.6	360.7	352.8	0.0	0.0	7.9
600595	中孚实业	7483.5	7483.5	1514.9	1514.9	0.0	0.0	0.0
600596	新安股份	5093.9	5093.9	679.2	679.2	0.0	0.0	0.0
600597	光明乳业	12042.1	10241.8	1225.0	1041.9	0.0	0.0	183.1
600598	北大荒	14505.9	14505.9	1777.7	1777.7	0.0	0.0	0.0
600599	熊猫烟花	1425.1	1425.1	126.0	126.0	0.0	0.0	0.0
600600	青岛啤酒	23006.9	23006.9	1351.0	695.9	0.0	655.1	0.0
600601	方正科技	5201.9	5201.9	2194.9	2194.9	0.0	0.0	0.0
600602	仪电电子	3695.2	3695.2	1172.9	879.6	293.4	0.0	0.0
600603	*ST 兴业	860.3	860.3	194.6	194.6	0.0	0.0	0.0

上市公司基本信息
Listed Companies in 2012

所属行业 Industry	所属地区 Area	营业收入 Revenue	净利润 Net Profit	每股收益 EPS	每股净资产 NAVPS
工业	福建	8836.9	526.1	0.77	5.65
工业	河北	2829.7	-1524.6	-1.11	3.89
工业	安徽	3139.5	311.9	0.62	6.19
工业	安徽	970.9	132.9	1.14	4.40
工业	上海	131.0	-185.2	-0.14	1.24
工业	广西	6.5	10.7	0.03	-0.08
工业	江苏	1903.4	239.7	0.58	3.88
工业	四川	2319.6	27.8	0.20	7.75
工业	河北	1666.3	112.2	0.80	4.45
工业	北京	1275.4	78.9	0.35	2.97
公用事业	江西	2166.7	127.9	0.69	4.52
工业	江苏	273.2	13.8	0.16	3.95
工业	福建	1231.9	242.0	1.08	6.50
工业	重庆	3081.0	117.8	0.16	1.75
工业	湖北	160.0	-34.7	-0.25	3.54
工业	安徽	4143.5	-28.0	-0.02	1.86
工业	湖北	627.9	60.2	0.16	2.64
工业	河南	20951.0	-3497.8	-1.46	2.97
工业	浙江	1006.1	199.8	0.32	2.14
综合	浙江	712.4	70.2	0.35	2.67
工业	浙江	2733.7	295.7	0.37	2.69
工业	福建	690.6	-71.7	-0.29	4.18
公用事业	安徽	32390.7	384.9	0.32	3.78
工业	浙江	20.6	-64.7	-0.30	2.26
工业	安徽	8248.4	115.6	0.16	2.18
公用事业	北京	10081.6	1614.9	0.83	4.46
工业	山东	436.8	9.9	0.04	-1.32
工业	浙江	2507.2	117.5	0.17	3.71
工业	新疆	26586.2	154.3	0.20	4.79
工业	北京	14534.9	1134.8	0.93	4.25
工业	天津	12383.0	848.2	0.22	2.63
工业	江苏	4436.2	10.4	0.01	2.84
工业	安徽	45766.2	6307.6	1.19	9.23
工业	山东	2987.0	-359.8	-0.25	2.83
工业	山东	3035.6	163.3	0.94	8.49
工业	北京	4235.2	379.6	0.39	3.06
工业	广东	1203.1	105.6	0.18	3.31
工业	江西	2478.1	69.5	0.14	4.36
工业	福建	726.4	97.2	0.32	4.31
综合	辽宁	209.1	12.6	0.14	3.14
工业	贵州	2252.6	333.3	0.92	4.27
工业	河南	11042.2	58.2	0.04	3.54
工业	浙江	6111.0	131.3	0.19	5.95
工业	上海	13775.1	311.3	0.25	3.28
综合	黑龙江	13575.6	-187.8	-0.11	2.95
工业	湖南	254.8	9.0	0.07	2.07
工业	山东	25781.5	1758.9	1.30	9.23
工业	上海	5555.0	80.5	0.04	1.96
工业	上海	1205.7	107.2	0.09	2.04
综合	上海	3.5	17.6	0.09	-1.43

上市公司基本信息 Listed Companies in 2012

公司代码 Code	证券名称 Name	总市值 Market Capital	流通市值 Negotiable Capital	总股本 Total Vol	A 股流通股 A-Share Negotiable	B 股 B-Share	H 股 H-Share	限售股 Limited Share
600604	市北高新	3044.8	3044.8	566.4	333.5	232.9	0.0	0.0
600605	汇通能源	1060.9	1060.9	147.3	147.3	0.0	0.0	0.0
600606	金丰投资	3218.8	3218.8	518.3	518.3	0.0	0.0	0.0
600608	ST 沪科	1999.5	1740.5	328.9	286.3	0.0	0.0	42.6
600609	金杯汽车	4272.3	4272.3	1092.7	1092.7	0.0	0.0	0.0
600610	S 中纺机	3504.6	693.2	357.1	25.7	120.1	0.0	211.2
600611	大众交通	6806.8	6806.8	1576.1	1042.2	533.9	0.0	0.0
600612	老凤祥	9308.5	7346.1	523.1	226.0	206.0	0.0	91.1
600613	永生投资	2021.8	2021.8	147.9	102.3	45.6	0.0	0.0
600614	鼎立股份	5709.1	5709.1	567.4	446.8	120.6	0.0	0.0
600615	丰华股份	1767.4	1756.0	188.0	186.8	0.0	0.0	1.2
600616	金枫酒业	3882.2	3882.2	438.7	438.7	0.0	0.0	0.0
600617	ST 联华	1142.2	1109.4	167.2	99.0	64.6	0.0	3.6
600618	氯碱化工	7282.5	7282.5	1156.4	749.8	406.6	0.0	0.0
600619	海立股份	3435.4	3012.3	667.7	318.6	284.2	0.0	65.0
600620	天宸股份	1629.7	1629.7	457.8	457.8	0.0	0.0	0.0
600621	上海金陵	2437.0	2437.0	524.1	524.1	0.0	0.0	0.0
600622	嘉宝集团	3569.3	3569.3	514.3	514.3	0.0	0.0	0.0
600623	双钱股份	6290.8	6290.8	889.5	646.4	243.1	0.0	0.0
600624	复旦复华	1867.3	1867.3	345.2	345.2	0.0	0.0	0.0
600626	申达股份	2436.1	2436.1	710.2	710.2	0.0	0.0	0.0
600628	新世界	3589.6	3589.6	531.8	531.8	0.0	0.0	0.0
600629	棱光实业	2481.2	2218.2	348.0	311.1	0.0	0.0	36.9
600630	龙头股份	2281.5	2281.5	424.9	424.9	0.0	0.0	0.0
600633	浙报传媒	5801.4	2052.7	429.7	152.1	0.0	0.0	277.7
600634	ST 澄海	759.6	759.6	87.2	87.2	0.0	0.0	0.0
600635	大众公用	6809.8	6809.8	1644.9	1644.9	0.0	0.0	0.0
600636	三爱富	5053.2	5053.2	382.0	382.0	0.0	0.0	0.0
600637	百视通	17675.0	13259.6	1113.7	835.5	0.0	0.0	278.2
600638	新黄浦	5667.8	5667.8	561.2	561.2	0.0	0.0	0.0
600639	浦东金桥	7471.1	7471.1	928.8	656.6	272.2	0.0	0.0
600640	号百控股	4079.5	1572.8	535.4	206.4	0.0	0.0	329.0
600641	万业企业	3434.2	3434.2	806.2	806.2	0.0	0.0	0.0
600642	申能股份	20901.2	20901.2	4728.8	4728.8	0.0	0.0	0.0
600643	爱建股份	8766.6	6485.5	1105.5	817.8	0.0	0.0	287.6
600644	乐山电力	2971.0	2971.0	326.5	326.5	0.0	0.0	0.0
600645	中源协和	5831.2	5784.0	325.0	322.4	0.0	0.0	2.6
600647	同达创业	1211.6	1211.6	107.0	107.0	0.0	0.0	0.0
600648	外高桥	8808.0	8808.0	1010.8	810.2	200.6	0.0	0.0
600649	城投控股	16341.8	16341.8	2987.5	2987.5	0.0	0.0	0.0
600650	锦江投资	3422.5	3422.5	551.6	390.6	161.1	0.0	0.0
600651	飞乐音响	3473.6	3473.6	739.1	739.1	0.0	0.0	0.0
600652	爱使股份	2573.4	2573.4	557.0	557.0	0.0	0.0	0.0
600653	申华控股	4435.8	4435.8	1746.4	1746.4	0.0	0.0	0.0
600654	飞乐股份	3133.4	3133.4	755.0	755.0	0.0	0.0	0.0
600655	豫园商城	10320.0	10320.0	1437.3	1437.3	0.0	0.0	0.0
600656	ST 博元	1130.6	1130.6	190.3	190.3	0.0	0.0	0.0
600657	信达地产	6447.6	6447.6	1524.3	1524.3	0.0	0.0	0.0
600658	电子城	4449.3	4449.3	580.1	580.1	0.0	0.0	0.0
600660	福耀玻璃	17566.2	17217.2	2003.0	1963.2	0.0	0.0	39.8

上市公司基本信息
Listed Companies in 2012

所属行业 Industry	所属地区 Area	营业收入 Revenue	净利润 Net Profit	每股收益 EPS	每股净资产 NAVPS
工业	上海	306.2	146.6	0.26	2.00
工业	上海	1886.7	6.6	0.04	3.22
地产	上海	440.3	105.0	0.20	4.22
工业	上海	217.9	26.3	0.08	0.02
工业	辽宁	5048.8	22.9	0.02	0.34
工业	上海	83.7	-39.6	-0.11	0.36
公用事业	上海	2913.0	389.2	0.25	3.44
工业	上海	25553.4	611.3	1.17	5.28
工业	上海	154.0	13.7	0.09	1.39
工业	上海	1062.9	56.2	0.10	1.55
工业	上海	23.4	4.1	0.02	2.63
商业	上海	951.2	103.3	0.24	2.85
工业	上海	- -	-9.2	-0.06	-0.41
工业	上海	6340.9	102.5	0.09	2.45
工业	上海	6773.0	147.9	0.22	3.54
综合	上海	53.3	13.7	0.03	1.63
工业	上海	945.3	183.0	0.35	2.74
综合	上海	2116.8	303.0	0.59	4.71
工业	上海	12101.6	292.2	0.33	2.80
工业	上海	867.2	28.1	0.08	1.68
工业	上海	6817.5	164.7	0.23	2.85
商业	上海	3547.8	236.8	0.45	4.20
工业	上海	524.8	9.8	0.03	2.19
工业	上海	4723.8	45.7	0.11	3.57
工业	浙江	1438.0	221.3	0.52	2.39
工业	上海	33.7	23.8	0.27	1.91
公用事业	上海	3666.1	336.7	0.20	2.35
工业	上海	3288.3	139.5	0.37	4.35
工业	上海	2027.8	516.5	0.46	2.77
地产	上海	1033.9	208.0	0.37	5.78
地产	上海	1122.2	333.8	0.36	4.63
公用事业	上海	1939.3	132.6	0.25	4.45
地产	上海	1202.7	111.1	0.14	3.10
公用事业	上海	24118.0	1556.5	0.33	4.10
综合	上海	239.3	321.2	0.29	3.83
公用事业	四川	1450.2	45.9	0.14	2.36
工业	天津	300.3	13.9	0.04	0.45
商业	上海	250.8	22.0	0.21	1.79
地产	上海	7304.3	440.7	0.44	4.90
综合	上海	5038.8	1340.8	0.45	4.53
商业	上海	2025.5	184.8	0.33	3.84
商业	上海	2014.0	105.0	0.14	1.55
工业	上海	2129.6	197.6	0.35	1.82
综合	上海	13154.7	148.0	0.08	1.08
工业	上海	2019.7	104.9	0.14	1.85
商业	上海	20297.7	967.9	0.67	4.05
工业	广东	191.2	18.2	0.10	0.34
商业	北京	4007.3	613.8	0.40	4.33
商业	北京	1398.7	425.8	0.73	3.96
工业	福建	10247.4	1524.8	0.76	3.48

上市公司基本信息
Listed Companies in 2012

公司代码 Code	证券名称 Name	总市值 Market Capital	流通市值 Negotiable Capital	总股本 Total Vol	A股流通股 A-Share Negotiable	B股 B-Share	H股 H-Share	限售股 Limited Share
600661	新南洋	1003.9	1003.9	173.7	173.7	0.0	0.0	0.0
600662	强生控股	4171.3	2174.2	1053.4	549.0	0.0	0.0	504.3
600663	陆家嘴	20186.9	20186.9	1867.7	1358.1	509.6	0.0	0.0
600664	哈药股份	11850.0	6509.9	1917.5	1053.4	0.0	0.0	864.1
600665	天地源	3629.3	3629.3	864.1	864.1	0.0	0.0	0.0
600666	西南药业	1862.7	1862.7	290.1	290.1	0.0	0.0	0.0
600667	太极实业	4574.5	4574.5	1191.3	1191.3	0.0	0.0	0.0
600668	尖峰集团	3471.8	3468.2	344.1	343.7	0.0	0.0	0.4
600671	ST天目	1010.8	1010.3	121.8	121.7	0.0	0.0	0.1
600673	东阳光铝	6255.6	6218.9	827.5	822.6	0.0	0.0	4.9
600674	川投能源	16491.5	16491.5	1972.7	1972.7	0.0	0.0	0.0
600675	中华企业	8230.6	8230.6	1555.9	1555.9	0.0	0.0	0.0
600676	交运股份	3570.2	3028.0	862.4	731.4	0.0	0.0	131.0
600677	航天通信	2452.8	2452.8	326.2	326.2	0.0	0.0	0.0
600678	*ST金顶	1902.0	1902.0	349.0	349.0	0.0	0.0	0.0
600679	金山开发	1958.2	1958.2	353.6	182.0	171.6	0.0	0.0
600680	上海普天	2937.7	2937.7	382.2	257.4	124.8	0.0	0.0
600681	ST万鸿	1053.7	819.7	251.5	195.6	0.0	0.0	55.8
600682	南京新百	2913.2	2904.7	358.3	357.3	0.0	0.0	1.0
600683	京投银泰	3778.0	3778.0	740.8	740.8	0.0	0.0	0.0
600684	珠江实业	4725.6	4725.6	316.1	316.1	0.0	0.0	0.0
600685	广船国际	5436.9	5436.9	643.1	438.5	0.0	204.6	0.0
600686	金龙汽车	2996.4	2996.4	442.6	442.6	0.0	0.0	0.0
600687	刚泰控股	2069.6	2069.6	126.9	126.9	0.0	0.0	0.0
600688	S上石化	25762.3	3808.8	7200.0	720.0	0.0	2330.0	4150.0
600689	上海三毛	1378.1	1378.1	201.0	152.2	48.8	0.0	0.0
600690	青岛海尔	35980.7	35980.7	2685.1	2685.1	0.0	0.0	0.0
600691	*ST东碳	9271.0	1289.2	587.1	81.6	0.0	0.0	505.5
600692	亚通股份	2089.5	1514.8	351.8	255.0	0.0	0.0	96.8
600693	东百集团	2488.4	2167.8	343.2	299.0	0.0	0.0	44.2
600694	大商股份	10359.5	10359.5	293.7	293.7	0.0	0.0	0.0
600695	大江股份	2124.8	1972.8	713.2	329.6	346.7	0.0	36.9
600696	多伦股份	2373.7	2373.7	340.6	340.6	0.0	0.0	0.0
600697	欧亚集团	3523.8	3436.7	159.1	155.2	0.0	0.0	3.9
600698	*ST轻骑	0.0	0.0	971.8	428.7	230.0	0.0	313.1
600699	均胜电子	5089.8	1632.5	579.0	185.7	0.0	0.0	393.3
600701	工大高新	1830.5	1830.5	498.8	498.8	0.0	0.0	0.0
600702	沱牌舍得	9717.6	9717.6	337.3	337.3	0.0	0.0	0.0
600703	三安光电	19754.1	16485.9	1444.0	1205.1	0.0	0.0	238.9
600704	物产中大	5770.8	4924.2	790.5	674.6	0.0	0.0	116.0
600705	ST航投	20796.9	8170.8	1522.5	598.2	0.0	0.0	924.3
600706	曲江文旅	2060.8	976.0	179.5	85.0	0.0	0.0	94.5
600707	彩虹股份	4052.2	3301.7	736.8	600.3	0.0	0.0	136.5
600708	海博股份	2051.7	2043.7	510.4	508.4	0.0	0.0	2.0
600710	常林股份	2689.2	2689.2	640.3	640.3	0.0	0.0	0.0
600711	盛屯矿业	3375.7	1643.5	293.8	143.0	0.0	0.0	150.8
600712	南宁百货	2510.9	2476.3	544.7	537.1	0.0	0.0	7.5
600713	南京医药	3176.6	2509.5	693.6	547.9	0.0	0.0	145.7
600714	金瑞矿业	3094.9	3094.9	273.4	273.4	0.0	0.0	0.0
600715	松辽汽车	1341.1	1341.1	224.3	224.3	0.0	0.0	0.0

上市公司基本信息
Listed Companies in 2012

所属行业 Industry	所属地区 Area	营业收入 Revenue	净利润 Net Profit	每股收益 EPS	每股净资产 NAVPS
工业	上海	499.0	-49.8	-0.29	2.14
公用事业	上海	3814.0	182.9	0.17	2.79
地产	上海	3492.1	1011.0	0.54	6.20
工业	黑龙江	17663.0	499.7	0.26	4.15
工业	上海	2267.5	242.0	0.28	2.53
工业	重庆	1205.1	36.4	0.13	1.49
工业	江苏	4157.0	50.6	0.04	1.32
工业	浙江	1649.1	163.5	0.48	4.40
工业	浙江	229.1	-88.8	-0.73	0.65
工业	广东	4415.0	154.1	0.19	3.13
工业	四川	1137.1	410.4	0.21	4.31
地产	上海	3583.4	565.2	0.36	3.65
综合	上海	7859.2	276.4	0.32	3.43
综合	浙江	9302.5	84.0	0.26	3.20
工业	四川	12.1	454.0	1.30	0.15
工业	上海	799.5	4.1	0.01	1.67
工业	上海	1265.9	-79.7	-0.21	3.51
工业	湖北	86.1	2.9	0.01	0.10
商业	江苏	2850.1	190.5	0.53	3.54
商业	浙江	1122.2	86.5	0.12	2.48
地产	广东	1797.2	344.3	1.09	4.58
工业	广东	6424.1	10.3	0.02	6.45
工业	福建	19165.4	210.9	0.48	4.75
综合	浙江	1473.8	58.8	0.46	2.85
工业	上海	93072.3	-1548.5	-0.22	2.25
工业	上海	2623.5	-47.4	-0.24	1.80
工业	山东	79856.6	3269.5	1.22	4.14
工业	四川	21690.6	206.0	0.35	7.71
公用事业	上海	614.3	19.7	0.06	1.37
商业	福建	2068.5	38.4	0.11	2.94
商业	辽宁	31859.1	977.0	3.33	15.08
综合	上海	333.1	-137.0	-0.19	0.41
地产	上海	264.9	24.3	0.07	1.51
商业	吉林	8590.7	201.9	1.27	7.19
工业	山东	918.1	63.8	0.07	0.64
工业	吉林	5358.5	206.9	0.36	2.90
综合	黑龙江	888.8	24.8	0.05	1.82
工业	四川	1959.5	369.9	1.10	6.93
工业	湖北	3363.2	810.0	0.56	4.18
综合	浙江	39491.0	428.2	0.54	4.97
综合	黑龙江	1538.7	722.3	0.47	3.48
综合	陕西	1140.0	70.8	0.39	3.74
工业	陕西	248.7	-1722.4	-2.34	2.67
综合	上海	2109.9	151.2	0.30	2.67
工业	江苏	1368.0	9.6	0.02	3.26
综合	福建	1369.4	15.5	0.05	2.98
商业	广西	2641.5	64.4	0.12	1.97
工业	江苏	18024.2	10.8	0.02	1.44
工业	青海	512.7	11.6	0.04	1.58
工业	辽宁	120.4	5.6	0.02	0.17

上市公司基本信息 Listed Companies in 2012

公司代码 Code	证券名称 Name	总市值 Market Capital	流通市值 Negotiable Capital	总股本 Total Vol	A 股流通股 A-Share Negotiable	B 股 B-Share	H 股 H-Share	限售股 Limited Share
600716	凤凰股份	3836.3	1520.4	740.6	293.5	0.0	0.0	447.1
600717	天津港	10115.6	10115.6	1674.8	1674.8	0.0	0.0	0.0
600718	东软集团	9440.2	9440.2	1227.6	1227.6	0.0	0.0	0.0
600719	大连热电	1345.3	1345.3	202.3	202.3	0.0	0.0	0.0
600720	祁连山	6329.8	6328.7	597.1	597.0	0.0	0.0	0.1
600721	百花村	2677.8	1194.8	268.9	120.0	0.0	0.0	148.9
600722	ST 金化	3598.9	2229.3	680.3	421.4	0.0	0.0	258.9
600723	首商股份	4905.1	2368.2	658.4	317.9	0.0	0.0	340.5
600724	宁波富达	10622.5	10620.3	1445.2	1444.9	0.0	0.0	0.3
600725	云维股份	2563.5	2563.5	616.2	616.2	0.0	0.0	0.0
600726	华电能源	4933.2	2702.6	1966.7	720.6	432.0	0.0	814.1
600727	鲁北化工	1572.4	1509.4	351.0	336.9	0.0	0.0	14.1
600728	佳都新太	3127.3	2300.3	362.8	266.9	0.0	0.0	95.9
600729	重庆百货	9547.5	3484.5	373.1	136.2	0.0	0.0	236.9
600730	中国高科	1657.3	1657.3	293.3	293.3	0.0	0.0	0.0
600731	湖南海利	1545.6	1540.9	256.3	255.5	0.0	0.0	0.8
600732	上海新梅	1731.0	1731.0	248.0	248.0	0.0	0.0	0.0
600733	S*ST 前锋	2708.9	1036.5	197.6	75.6	0.0	0.0	122.0
600734	实达集团	1262.1	996.0	351.6	277.4	0.0	0.0	74.1
600735	新华锦	1777.5	1481.8	250.7	209.0	0.0	0.0	41.7
600736	苏州高新	4993.2	4993.2	1057.9	1057.9	0.0	0.0	0.0
600737	中粮屯河	5269.4	4221.4	1005.6	805.6	0.0	0.0	200.0
600738	兰州民百	1534.6	1291.0	262.8	221.1	0.0	0.0	41.7
600739	辽宁成大	20457.0	20457.0	1364.7	1364.7	0.0	0.0	0.0
600740	山西焦化	4808.5	3883.1	565.7	456.8	0.0	0.0	108.9
600741	华域汽车	28880.2	28880.2	2583.2	2583.2	0.0	0.0	0.0
600742	一汽富维	3744.0	3744.0	211.5	211.5	0.0	0.0	0.0
600743	华远地产	6259.1	3375.6	1580.6	852.4	0.0	0.0	728.2
600744	华银电力	2690.0	1793.2	711.6	474.4	0.0	0.0	237.3
600745	中茵股份	3352.3	3352.3	327.4	327.4	0.0	0.0	0.0
600746	江苏索普	1345.2	1337.5	306.4	304.7	0.0	0.0	1.8
600747	大连控股	4885.3	4885.3	1064.3	1064.3	0.0	0.0	0.0
600748	上实发展	9262.8	9262.8	1083.4	1083.4	0.0	0.0	0.0
600749	西藏旅游	1641.7	1641.7	189.1	189.1	0.0	0.0	0.0
600750	江中药业	6135.9	6135.9	311.2	311.2	0.0	0.0	0.0
600751	SST 天海	2810.7	1256.0	492.6	103.7	180.0	0.0	209.0
600753	东方银星	835.8	835.8	128.0	128.0	0.0	0.0	0.0
600754	锦江股份	7729.1	7729.1	603.2	447.2	156.0	0.0	0.0
600755	厦门国贸	5895.6	5895.6	1330.8	1330.8	0.0	0.0	0.0
600756	浪潮软件	2333.1	2333.1	278.7	278.7	0.0	0.0	0.0
600757	长江传媒	6394.1	2204.7	1039.7	358.5	0.0	0.0	681.2
600758	红阳能源	1538.9	852.5	207.7	115.1	0.0	0.0	92.6
600759	正和股份	6417.8	6396.3	1220.1	1216.0	0.0	0.0	4.1
600760	中航黑豹	1897.2	1501.5	344.9	273.0	0.0	0.0	71.9
600761	安徽合力	4595.3	4595.3	514.0	514.0	0.0	0.0	0.0
600763	通策医疗	3307.4	3307.4	160.3	160.3	0.0	0.0	0.0
600764	中电广通	1724.5	1724.5	329.7	329.7	0.0	0.0	0.0
600765	中航重机	5920.6	5920.6	778.0	778.0	0.0	0.0	0.0
600766	*ST 园城	2482.2	2431.7	224.2	219.7	0.0	0.0	4.6
600767	运盛实业	1364.0	1363.6	341.0	340.9	0.0	0.0	0.1

上市公司基本信息
Listed Companies in 2012

所属行业 Industry	所属地区 Area	营业收入 Revenue	净利润 Net Profit	每股收益 EPS	每股净资产 NAVPS
工业	河北	1744.8	75.8	0.10	2.45
公用事业	天津	13493.4	1004.1	0.60	7.13
综合	辽宁	6960.2	456.3	0.37	4.17
公用事业	辽宁	670.4	2.8	0.01	3.53
工业	甘肃	4248.2	173.5	0.29	6.20
综合	新疆	1118.9	20.5	0.08	3.50
工业	河北	1480.7	77.9	0.11	1.63
商业	北京	12225.4	397.9	0.60	4.04
工业	浙江	5186.6	348.2	0.24	2.46
工业	云南	7139.2	-1170.8	-1.90	2.19
公用事业	黑龙江	10737.8	-461.1	-0.23	1.49
工业	山东	845.0	18.5	0.05	2.88
综合	广东	723.6	52.1	0.14	2.04
商业	重庆	28116.7	697.1	1.87	8.73
综合	上海	403.9	20.8	0.07	2.62
工业	湖南	1189.1	8.6	0.03	1.47
工业	上海	81.9	3.8	0.02	2.26
工业	四川	218.2	27.2	0.14	1.23
综合	福建	135.5	-39.5	-0.11	0.44
工业	山东	1651.5	55.4	0.22	2.19
综合	江苏	2771.1	182.9	0.17	3.07
工业	新疆	3808.9	-736.6	-0.73	1.98
商业	甘肃	1320.1	59.7	0.23	1.81
综合	辽宁	10293.9	694.9	0.51	7.59
工业	山西	5721.9	29.7	0.05	2.26
工业	上海	57889.2	3103.7	1.20	7.46
工业	吉林	7676.4	391.1	1.85	13.72
工业	湖北	3079.5	541.3	0.34	1.80
公用事业	湖南	8095.3	69.5	0.10	1.93
工业	湖北	1353.1	100.7	0.31	2.45
工业	江苏	739.7	-40.9	-0.13	1.33
工业	辽宁	262.8	-122.2	-0.11	0.65
地产	上海	3666.7	638.7	0.59	4.40
综合	西藏	162.6	11.2	0.06	3.47
工业	江西	3191.8	225.3	0.72	6.43
公用事业	天津	126.8	321.8	0.65	0.35
工业	河南	14.1	1.5	0.01	0.79
商业	上海	2336.0	369.2	0.61	7.04
综合	福建	41835.1	386.6	0.29	3.57
综合	山东	716.5	39.5	0.14	2.58
工业	湖北	3485.7	326.6	0.31	2.84
综合	辽宁	240.8	16.8	0.08	1.55
综合	海南	1691.6	377.2	0.31	1.91
工业	山东	3002.9	-36.1	-0.10	2.12
工业	安徽	5975.7	349.4	0.68	5.87
工业	浙江	378.9	91.0	0.57	2.61
工业	北京	1331.9	54.4	0.17	1.87
工业	贵州	5372.0	213.5	0.27	4.13
商业	山东	121.1	62.3	0.28	0.14
地产	上海	524.1	34.5	0.10	1.17

上市公司基本信息
Listed Companies in 2012

公司代码 Code	证券名称 Name	总市值 Market Capital	流通市值 Negotiable Capital	总股本 Total Vol	A 股流通股 A-Share Negotiable	B 股 B-Share	H 股 H-Share	限售股 Limited Share
600768	宁波富邦	830.6	830.6	133.7	133.7	0.0	0.0	0.0
600769	ST 祥龙	1312.4	1312.4	375.0	375.0	0.0	0.0	0.0
600770	综艺股份	6837.5	6698.2	1104.6	1082.1	0.0	0.0	22.5
600771	ST 东盛	2213.8	1510.6	243.8	166.4	0.0	0.0	77.4
600773	西藏城投	6609.1	6195.1	575.7	539.6	0.0	0.0	36.1
600774	汉商集团	1553.7	1538.7	174.6	172.9	0.0	0.0	1.7
600775	南京熊猫	2217.9	2217.9	655.0	413.0	0.0	242.0	0.0
600776	东方通信	4871.7	4871.7	1256.0	956.0	300.0	0.0	0.0
600777	新潮实业	3214.7	3214.7	625.4	625.4	0.0	0.0	0.0
600778	友好集团	3345.4	3316.9	311.5	308.8	0.0	0.0	2.7
600779	水井坊	9463.1	5720.4	488.5	295.3	0.0	0.0	193.2
600780	通宝能源	7681.6	5848.7	1146.5	872.9	0.0	0.0	273.6
600781	上海辅仁	2431.2	2431.2	177.6	177.6	0.0	0.0	0.0
600782	新钢股份	5740.9	5740.9	1393.4	1393.4	0.0	0.0	0.0
600783	鲁信创投	8225.2	4470.4	744.4	404.6	0.0	0.0	339.8
600784	鲁银投资	2572.5	2572.5	496.6	496.6	0.0	0.0	0.0
600785	新华百货	3018.1	3018.1	207.4	207.4	0.0	0.0	0.0
600787	中储股份	6494.0	6494.0	840.1	840.1	0.0	0.0	0.0
600789	鲁抗医药	2297.2	2297.2	581.6	581.6	0.0	0.0	0.0
600790	轻纺城	4920.9	3780.7	805.4	618.8	0.0	0.0	186.6
600791	京能置业	2056.1	2053.5	452.9	452.3	0.0	0.0	0.6
600792	云煤能源	4294.4	1354.4	400.2	126.2	0.0	0.0	274.0
600793	ST 宜纸	921.4	921.4	105.3	105.3	0.0	0.0	0.0
600794	保税科技	2385.2	2385.2	213.9	213.9	0.0	0.0	0.0
600795	国电电力	40488.6	36700.6	15394.9	13954.6	0.0	0.0	1440.3
600796	钱江生化	1579.3	1579.3	301.4	301.4	0.0	0.0	0.0
600797	浙大网新	3637.5	3549.8	842.0	821.7	0.0	0.0	20.3
600798	宁波海运	3049.1	3049.1	871.2	871.2	0.0	0.0	0.0
600800	天津磁卡	4285.0	4259.8	611.3	607.7	0.0	0.0	3.6
600801	华新水泥	12571.3	11796.3	935.3	556.2	328.0	0.0	51.1
600802	福建水泥	2787.7	2787.7	381.9	381.9	0.0	0.0	0.0
600803	威远生化	3093.4	1873.7	311.8	188.9	0.0	0.0	122.9
600804	鹏博士	7977.5	7977.5	1338.5	1338.5	0.0	0.0	0.0
600805	悦达投资	8438.0	8421.3	709.1	707.7	0.0	0.0	1.4
600806	昆明机床	1798.8	1798.8	531.1	390.2	0.0	140.9	0.0
600807	天业股份	2299.4	2204.5	321.2	307.9	0.0	0.0	13.3
600808	马钢股份	12412.9	12412.9	7700.7	5967.8	0.0	1732.9	0.0
600809	山西汾酒	36071.2	36071.2	865.8	865.8	0.0	0.0	0.0
600810	神马股份	2414.8	2414.8	442.3	442.3	0.0	0.0	0.0
600811	东方集团	9050.8	9050.8	1666.8	1666.8	0.0	0.0	0.0
600812	华北制药	7664.9	5718.9	1378.6	1028.6	0.0	0.0	350.0
600814	杭州解百	1905.8	1905.8	310.4	310.4	0.0	0.0	0.0
600815	厦工股份	5584.8	5431.8	799.0	777.1	0.0	0.0	21.9
600816	安信信托	5989.7	5986.3	454.1	453.8	0.0	0.0	0.3
600817	*ST 宏盛	0.0	0.0	160.9	112.4	0.0	0.0	48.5
600818	中路股份	2880.3	2880.3	292.2	216.3	75.9	0.0	0.0
600819	耀皮玻璃	3600.1	3600.1	731.3	543.8	187.5	0.0	0.0
600820	隧道股份	11817.8	6675.0	1298.7	733.5	0.0	0.0	565.1
600821	津劝业	1723.4	1723.4	416.3	416.3	0.0	0.0	0.0
600822	上海物贸	2074.5	2074.5	496.0	396.1	99.8	0.0	0.0

上市公司基本信息
Listed Companies in 2012

所属行业 Industry	所属地区 Area	营业收入 Revenue	净利润 Net Profit	每股收益 EPS	每股净资产 NAVPS
公用事业	浙江	977.5	5.1	0.04	1.04
公用事业	湖北	272.3	-716.2	-1.91	-1.28
工业	江苏	502.8	32.6	0.03	2.94
工业	青海	260.7	355.6	1.46	0.09
综合	西藏	747.4	101.0	0.18	2.04
商业	湖北	918.4	22.2	0.13	3.02
工业	江苏	2430.0	131.6	0.20	2.57
工业	浙江	3298.3	192.6	0.15	2.11
综合	山东	417.8	-73.7	-0.12	1.89
商业	新疆	7909.7	335.2	1.08	4.68
工业	四川	1636.2	337.7	0.69	3.87
工业	山西	6058.5	370.6	0.32	3.08
工业	上海	347.3	11.1	0.06	1.46
工业	江西	35616.6	-1044.4	-0.75	5.40
工业	山东	260.9	178.0	0.24	3.92
综合	山东	4580.3	107.5	0.22	1.82
商业	宁夏	5999.8	242.2	1.17	6.79
综合	天津	26781.0	402.1	0.48	5.33
工业	山东	2339.5	-133.8	-0.23	2.61
综合	浙江	444.7	210.1	0.26	3.77
商业	北京	1078.4	165.4	0.37	2.74
工业	云南	6577.2	-38.2	-0.10	5.57
工业	四川	18.6	56.1	0.53	0.24
工业	江苏	371.9	163.0	0.69	3.70
公用事业	辽宁	55683.6	5050.6	0.29	2.01
工业	浙江	445.9	17.6	0.06	1.67
工业	浙江	4984.9	-35.1	-0.04	2.17
公用事业	浙江	1022.4	-120.6	-0.14	2.21
工业	天津	143.5	17.5	0.03	0.11
工业	湖北	12520.5	555.7	0.59	8.27
工业	福建	1618.8	28.8	0.08	3.10
工业	河北	1804.2	42.2	0.14	2.62
工业	四川	2560.2	206.5	0.15	2.79
综合	江苏	2320.4	1111.9	1.57	5.69
工业	云南	1086.3	-73.2	-0.14	2.48
商业	山东	487.3	14.6	0.05	1.53
工业	安徽	74404.4	-3863.2	-0.50	3.00
工业	山西	6478.8	1327.3	1.53	4.10
工业	河南	17098.1	-321.7	-0.73	5.14
综合	黑龙江	6472.7	950.8	0.57	4.41
工业	河北	11125.7	17.8	0.01	2.95
商业	浙江	2146.5	77.4	0.25	2.50
工业	福建	8149.8	127.3	0.13	4.90
综合	上海	492.9	107.7	0.24	1.39
综合	上海	41.6	1762.2	10.95	0.73
工业	上海	535.6	16.5	0.06	1.32
工业	上海	2307.6	57.9	0.08	2.88
公用事业	上海	21989.0	1151.0	0.89	8.49
商业	天津	752.2	9.7	0.02	1.38
综合	上海	95270.2	-593.3	-1.20	1.97

上市公司基本信息
Listed Companies in 2012

公司代码 Code	证券名称 Name	总市值 Market Capital	流通市值 Negotiable Capital	总股本 Total Vol	A股流通股 A-Share Negotiable	B股 B-Share	H股 H-Share	限售股 Limited Share
600823	世茂股份	13696.0	13696.0	1170.6	1170.6	0.0	0.0	0.0
600824	益民集团	3257.2	3257.2	732.0	732.0	0.0	0.0	0.0
600825	新华传媒	5088.6	5088.6	1044.9	1044.9	0.0	0.0	0.0
600826	兰生股份	4521.9	4521.9	420.6	420.6	0.0	0.0	0.0
600827	友谊股份	14565.2	11970.7	1722.5	1240.4	179.7	0.0	302.4
600828	成商集团	2857.9	2849.9	570.4	568.8	0.0	0.0	1.6
600829	三精制药	5224.8	5224.8	579.9	579.9	0.0	0.0	0.0
600830	香溢融通	3044.0	3044.0	454.3	454.3	0.0	0.0	0.0
600831	广电网络	3701.8	3701.8	563.4	563.4	0.0	0.0	0.0
600832	东方明珠	17716.0	17716.0	3186.3	3186.3	0.0	0.0	0.0
600833	第一医药	1695.5	1695.5	223.1	223.1	0.0	0.0	0.0
600834	申通地铁	3055.2	3055.2	477.4	477.4	0.0	0.0	0.0
600835	上海机电	7929.8	7929.8	1022.7	806.5	216.2	0.0	0.0
600836	界龙实业	2119.7	2119.7	313.6	313.6	0.0	0.0	0.0
600837	海通证券	82944.3	82944.3	9584.7	8092.1	0.0	1492.6	0.0
600838	上海九百	2072.6	2072.6	400.9	400.9	0.0	0.0	0.0
600839	四川长虹	9509.5	9496.6	4616.2	4610.0	0.0	0.0	6.2
600841	上柴股份	7327.5	6198.8	869.1	421.3	347.2	0.0	100.6
600843	上工申贝	2069.7	2069.7	448.9	204.9	243.9	0.0	0.0
600844	丹化科技	7450.4	7450.4	778.6	584.8	193.8	0.0	0.0
600845	宝信软件	3979.0	3979.0	340.9	226.5	114.4	0.0	0.0
600846	同济科技	2686.5	2686.5	624.8	624.8	0.0	0.0	0.0
600847	万里股份	1227.1	1227.1	88.7	88.7	0.0	0.0	0.0
600848	自仪股份	2194.5	2194.5	399.3	292.1	107.1	0.0	0.0
600850	华东电脑	6428.5	3417.2	321.7	171.0	0.0	0.0	150.7
600851	海欣股份	5188.0	5188.0	1207.1	738.2	468.9	0.0	0.0
600853	龙建股份	1728.5	1728.5	536.8	536.8	0.0	0.0	0.0
600854	春兰股份	2025.9	2025.9	519.5	519.5	0.0	0.0	0.0
600855	航天长峰	2424.1	1704.7	331.6	233.2	0.0	0.0	98.4
600856	长百集团	976.9	976.9	234.8	234.8	0.0	0.0	0.0
600857	工大首创	2007.7	2007.7	224.3	224.3	0.0	0.0	0.0
600858	银座股份	4873.0	4443.0	520.1	474.2	0.0	0.0	45.9
600859	王府井	11087.9	10006.7	462.8	417.6	0.0	0.0	45.1
600860	北人股份	1996.4	1996.4	422.0	322.0	0.0	100.0	0.0
600861	北京城乡	1992.7	1992.7	316.8	316.8	0.0	0.0	0.0
600862	南通科技	2424.1	2301.7	637.9	605.7	0.0	0.0	32.2
600863	内蒙华电	19359.2	4297.0	2581.2	572.9	0.0	0.0	2008.3
600864	哈投股份	3103.4	3103.4	546.4	546.4	0.0	0.0	0.0
600865	百大集团	1903.8	1903.8	376.2	376.2	0.0	0.0	0.0
600866	星湖科技	2553.8	2526.6	550.4	544.5	0.0	0.0	5.9
600867	通化东宝	7374.0	7374.0	776.2	776.2	0.0	0.0	0.0
600868	梅雁吉祥	5238.9	5238.9	1898.1	1898.1	0.0	0.0	0.0
600869	三普药业	7791.6	2952.7	990.0	375.2	0.0	0.0	614.9
600870	ST 厦华	2087.6	1479.6	523.2	370.8	0.0	0.0	152.4
600871	S 仪化	15886.0	1222.0	4000.0	200.0	0.0	1400.0	2400.0
600872	中炬高新	3664.5	3664.5	796.6	796.6	0.0	0.0	0.0
600873	梅花集团	14705.7	8729.0	2708.2	1607.5	0.0	0.0	1100.7
600874	创业环保	5099.1	5099.1	1427.2	1087.2	0.0	340.0	0.0
600875	东方电气	23111.0	23111.0	2003.9	1663.9	0.0	340.0	0.0
600876	洛阳玻璃	1325.1	1325.1	500.0	250.0	0.0	250.0	0.0

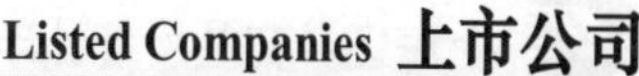

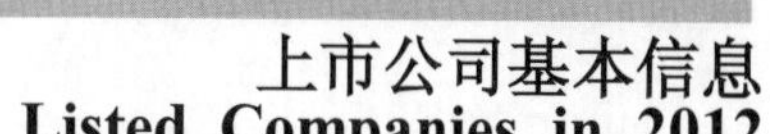

Listed Companies in 2012

所属行业 Industry	所属地区 Area	营业收入 Revenue	净利润 Net Profit	每股收益 EPS	每股净资产 NAVPS
商业	上海	6786.0	1366.3	1.17	10.73
商业	上海	2604.7	149.6	0.20	2.12
商业	上海	1795.5	109.0	0.10	2.43
商业	上海	1326.3	49.6	0.12	4.91
商业	上海	49262.9	1170.4	0.68	7.12
商业	四川	2146.4	150.7	0.26	1.63
工业	黑龙江	4068.4	364.0	0.63	3.73
商业	浙江	1273.5	111.8	0.25	3.66
工业	陕西	1724.0	140.2	0.25	2.78
综合	上海	3124.7	547.9	0.17	2.38
地产	上海	1357.7	36.4	0.16	2.21
公用事业	上海	719.5	111.0	0.23	2.53
工业	上海	17743.3	703.5	0.69	4.99
工业	上海	1489.2	8.1	0.03	1.38
综合	上海	9140.7	3019.8	0.32	6.12
商业	上海	166.4	25.7	0.06	1.70
工业	四川	52334.2	325.3	0.07	2.94
工业	上海	3030.0	203.7	0.23	3.65
工业	上海	1506.1	41.7	0.09	1.63
工业	上海	1102.2	27.8	0.04	1.29
工业	上海	3638.5	261.0	0.77	4.32
综合	上海	2328.1	115.6	0.19	2.25
工业	重庆	144.5	3.8	0.04	0.57
工业	上海	1044.2	10.1	0.03	0.46
综合	上海	4963.4	191.1	0.59	3.65
工业	上海	1311.4	51.8	0.04	2.39
工业	黑龙江	6503.0	17.8	0.03	1.44
工业	江苏	747.9	12.0	0.02	3.62
工业	北京	879.0	21.9	0.07	2.34
商业	吉林	392.0	9.2	0.04	0.48
商业	浙江	1183.7	36.9	0.16	2.35
综合	山东	13536.1	346.5	0.67	4.97
商业	北京	18264.4	673.3	1.45	12.81
工业	北京	748.3	-168.4	-0.40	1.39
综合	北京	2249.7	89.2	0.28	6.76
工业	江苏	1397.2	40.1	0.06	2.07
公用事业	内蒙	11061.1	1295.9	0.50	3.89
公用事业	黑龙江	974.7	280.3	0.51	4.91
商业	浙江	1225.3	87.0	0.23	2.92
工业	广东	1091.2	-202.9	-0.37	2.72
工业	吉林	991.5	62.7	0.08	2.53
综合	广东	599.8	35.5	0.02	1.14
工业	青海	9880.3	-142.1	-0.14	2.95
工业	福建	2927.1	9.7	0.02	0.16
工业	江苏	16987.9	-361.4	-0.09	2.14
工业	广东	1754.3	125.7	0.16	2.45
商业	西藏	7469.7	607.8	0.22	2.02
工业	天津	1637.3	269.0	0.19	2.65
工业	四川	38079.2	2191.1	1.09	7.82
工业	河南	553.7	5.1	0.01	0.26

上市公司基本信息
Listed Companies in 2012

公司代码 Code	证券名称 Name	总市值 Market Capital	流通市值 Negotiable Capital	总股本 Total Vol	A 股流通股 A-Share Negotiable	B 股 B-Share	H 股 H-Share	限售股 Limited Share
600877	*ST 嘉陵	2185.6	2185.6	687.3	687.3	0.0	0.0	0.0
600879	航天电子	5288.0	5288.0	811.0	811.0	0.0	0.0	0.0
600880	博瑞传播	6053.7	3991.6	628.0	414.1	0.0	0.0	213.9
600881	亚泰集团	9511.6	9511.6	1894.7	1894.7	0.0	0.0	0.0
600882	华联矿业	4750.9	2543.3	399.2	213.7	0.0	0.0	185.5
600883	博闻科技	1456.7	1456.7	236.1	236.1	0.0	0.0	0.0
600884	杉杉股份	4219.5	4219.5	410.9	410.9	0.0	0.0	0.0
600885	ST 宏发	4785.5	1543.6	476.6	153.7	0.0	0.0	322.9
600886	国投电力	20261.7	20261.7	3517.7	3517.7	0.0	0.0	0.0
600887	伊利股份	35138.2	34889.8	1598.6	1587.3	0.0	0.0	11.3
600888	新疆众和	5039.0	4930.5	534.4	522.9	0.0	0.0	11.5
600889	南京化纤	1418.7	1418.7	307.1	307.1	0.0	0.0	0.0
600890	中房股份	2884.4	2884.4	579.2	579.2	0.0	0.0	0.0
600891	秋林集团	2236.4	1715.9	325.5	249.8	0.0	0.0	75.8
600892	ST 宝诚	809.3	646.2	63.1	50.4	0.0	0.0	12.7
600893	航空动力	13761.3	13719.0	1089.6	1086.2	0.0	0.0	3.3
600894	广日股份	4975.6	4810.8	788.5	762.4	0.0	0.0	26.1
600895	张江高科	10871.8	10871.8	1548.7	1548.7	0.0	0.0	0.0
600896	中海海盛	2179.9	2179.9	581.3	581.3	0.0	0.0	0.0
600897	厦门空港	3910.2	3910.2	297.8	297.8	0.0	0.0	0.0
600898	三联商社	1161.6	932.7	252.5	202.8	0.0	0.0	49.8
600900	长江电力	113355.0	66954.6	16500.0	9745.9	0.0	0.0	6754.1
600960	渤海活塞	1488.2	1488.2	162.8	162.8	0.0	0.0	0.0
600961	株冶集团	5348.4	2619.4	527.5	258.3	0.0	0.0	269.1
600962	国投中鲁	1908.9	1849.3	262.2	254.0	0.0	0.0	8.2
600963	岳阳林纸	4266.5	3448.5	1043.2	843.2	0.0	0.0	200.0
600965	福成五丰	1575.8	1575.8	279.4	279.4	0.0	0.0	0.0
600966	博汇纸业	2386.7	2386.7	504.6	504.6	0.0	0.0	0.0
600967	北方创业	4185.0	3171.8	228.6	173.2	0.0	0.0	55.3
600969	郴电国际	1945.0	854.7	210.3	92.4	0.0	0.0	117.9
600970	中材国际	13469.4	13469.4	1093.3	1093.3	0.0	0.0	0.0
600971	恒源煤电	12880.1	12880.1	1000.0	1000.0	0.0	0.0	0.0
600973	宝胜股份	2215.4	2189.7	304.7	301.2	0.0	0.0	3.5
600975	新五丰	1443.7	1443.7	234.4	234.4	0.0	0.0	0.0
600976	武汉健民	2377.7	2373.9	153.4	153.2	0.0	0.0	0.2
600978	宜华木业	5671.1	5594.1	1152.7	1137.0	0.0	0.0	15.7
600979	广安爱众	2822.2	2822.2	592.9	592.9	0.0	0.0	0.0
600980	北矿磁材	1496.3	1496.3	130.0	130.0	0.0	0.0	0.0
600981	汇鸿股份	2007.7	2007.7	516.1	516.1	0.0	0.0	0.0
600982	宁波热电	1589.3	1589.3	168.0	168.0	0.0	0.0	0.0
600983	合肥三洋	4054.6	1496.9	532.8	196.7	0.0	0.0	336.1
600984	建设机械	934.3	934.3	141.6	141.6	0.0	0.0	0.0
600985	雷鸣科化	1885.5	1394.5	175.2	129.6	0.0	0.0	45.6
600986	科达股份	1740.0	1740.0	335.3	335.3	0.0	0.0	0.0
600987	航民股份	2964.8	2964.8	423.5	423.5	0.0	0.0	0.0
600988	ST 宝龙	6031.5	2121.3	283.3	99.6	0.0	0.0	183.7
600990	四创电子	1915.7	1915.7	117.6	117.6	0.0	0.0	0.0
600991	广汽长丰	8766.3	8766.3	520.9	520.9	0.0	0.0	0.0
600992	贵绳股份	1052.0	1052.0	164.4	164.4	0.0	0.0	0.0
600993	马应龙	4648.8	4638.9	331.6	330.9	0.0	0.0	0.7

上市公司基本信息
Listed Companies in 2012

所属行业 Industry	所属地区 Area	营业收入 Revenue	净利润 Net Profit	每股收益 EPS	每股净资产 NAVPS
工业	重庆	1896.7	14.8	0.02	0.62
工业	湖北	3714.0	205.3	0.25	4.26
工业	四川	1349.8	285.8	0.46	3.59
综合	吉林	11625.3	395.3	0.21	4.24
工业	山东	1336.7	227.4	0.57	3.25
工业	云南	76.1	9.7	0.04	2.92
工业	浙江	3755.9	158.9	0.39	7.88
工业	湖北	3008.3	279.1	0.59	2.35
工业	甘肃	23867.0	1054.0	0.30	3.49
工业	内蒙	41990.7	1717.2	1.07	4.59
工业	新疆	2249.8	154.2	0.29	6.90
工业	江苏	1519.2	14.1	0.05	2.98
工业	北京	12.5	-15.3	-0.03	0.54
商业	黑龙江	378.1	54.7	0.17	2.46
商业	河北	683.6	13.1	0.21	0.03
综合	陕西	7104.0	291.6	0.27	3.87
工业	广东	4659.1	436.7	0.55	2.69
综合	上海	2265.1	370.0	0.24	4.16
公用事业	海南	1017.4	-371.9	-0.64	2.90
公用事业	福建	1118.9	377.9	1.27	7.49
商业	山东	739.2	23.5	0.09	1.15
工业	北京	25782.0	10352.0	0.63	4.54
工业	山东	1414.2	42.0	0.26	5.65
工业	湖南	12246.1	-620.0	-1.18	1.53
综合	北京	1499.5	33.1	0.13	3.82
工业	湖南	6542.5	-218.2	-0.21	5.13
综合	河北	571.8	18.9	0.07	1.78
工业	山东	4999.5	7.0	0.01	6.10
工业	内蒙	3066.7	170.3	0.75	8.57
公用事业	湖南	2095.9	110.1	0.52	5.84
工业	江苏	21237.4	763.1	0.70	4.16
工业	安徽	9139.5	731.0	0.73	6.85
工业	江苏	8569.5	100.6	0.33	6.31
综合	湖南	1037.9	21.1	0.09	2.35
工业	湖北	1539.8	82.5	0.54	5.71
工业	广东	3347.7	301.6	0.26	3.77
公用事业	四川	1102.5	66.3	0.11	1.66
工业	北京	274.9	-19.4	-0.15	1.86
商业	江苏	6821.6	34.4	0.07	1.71
公用事业	江苏	1017.1	68.7	0.41	5.10
工业	安徽	4015.8	303.6	0.57	2.98
工业	陕西	704.9	6.9	0.05	2.06
工业	安徽	667.4	36.3	0.21	5.15
公用事业	山东	1508.5	20.4	0.06	2.05
工业	浙江	2547.9	282.3	0.67	4.22
工业	广东	574.0	237.9	0.84	1.30
工业	安徽	1003.0	48.4	0.41	4.03
工业	湖南				
工业	贵州	1560.9	16.6	0.10	5.26
工业	湖北	1542.0	173.8	0.52	3.89

上市公司基本信息
Listed Companies in 2012

公司代码 Code	证券名称 Name	总市值 Market Capital	流通市值 Negotiable Capital	总股本 Total Vol	A 股流通股 A-Share Negotiable	B 股 B-Share	H 股 H-Share	限售股 Limited Share
600995	文山电力	2660.6	2660.6	478.5	478.5	0.0	0.0	0.0
600997	开滦股份	12618.0	12618.0	1234.6	1234.6	0.0	0.0	0.0
600998	九州通	15668.3	5868.5	1420.5	532.0	0.0	0.0	888.5
600999	招商证券	49174.6	49174.6	4661.1	4661.1	0.0	0.0	0.0
601000	唐山港	6761.1	3464.4	2030.4	1040.4	0.0	0.0	990.0
601001	大同煤业	15465.0	15465.0	1673.7	1673.7	0.0	0.0	0.0
601002	晋亿实业	7598.9	7598.9	738.5	738.5	0.0	0.0	0.0
601003	柳钢股份	7893.4	7893.4	2562.8	2562.8	0.0	0.0	0.0
601005	重庆钢铁	4433.5	4433.5	1733.1	1195.0	0.0	538.1	0.0
601006	大秦铁路	100499.5	100499.5	14866.8	14866.8	0.0	0.0	0.0
601007	金陵饭店	2145.0	2145.0	300.0	300.0	0.0	0.0	0.0
601008	连云港	2824.5	2633.0	811.6	756.6	0.0	0.0	55.0
601009	南京银行	27314.2	27314.2	2968.9	2968.9	0.0	0.0	0.0
601010	文峰股份	6992.8	1742.5	492.8	122.8	0.0	0.0	370.0
601011	宝泰隆	4226.0	1360.7	387.0	124.6	0.0	0.0	262.4
601012	隆基股份	3662.0	918.0	538.5	135.0	0.0	0.0	403.5
601018	宁波港	32896.0	7915.6	12800.0	3080.0	0.0	0.0	9720.0
601028	玉龙股份	2882.9	877.1	317.5	96.6	0.0	0.0	220.9
601038	一拖股份	5808.4	1467.0	995.9	150.0	0.0	402.0	443.9
601058	赛轮股份	2865.2	1482.8	378.0	195.6	0.0	0.0	182.4
601088	中国神华	418047.8	413484.8	19889.6	16311.0	0.0	3398.6	180.0
601098	中南传媒	16056.2	3558.1	1796.0	398.0	0.0	0.0	1398.0
601099	太平洋	9045.4	9045.4	1653.6	1653.6	0.0	0.0	0.0
601100	恒立油缸	7087.5	1771.9	630.0	157.5	0.0	0.0	472.5
601101	昊华能源	15984.0	5671.9	1200.0	425.8	0.0	0.0	774.2
601106	中国一重	18437.2	6457.8	6538.0	2290.0	0.0	0.0	4248.0
601107	四川成渝	7223.6	7223.6	3058.1	2162.7	0.0	895.3	0.0
601111	中国国航	49975.6	49198.4	12892.0	8199.7	0.0	4562.7	129.5
601113	华鼎锦纶	2502.4	1188.6	640.0	304.0	0.0	0.0	336.0
601116	三江购物	3861.1	564.0	410.8	60.0	0.0	0.0	350.8
601117	中国化学	40647.9	12599.0	4933.0	1529.0	0.0	0.0	3404.0
601118	海南橡胶	22329.1	5594.8	3931.2	985.0	0.0	0.0	2946.2
601126	四方股份	5769.6	2149.9	406.6	151.5	0.0	0.0	255.1
601137	博威合金	3349.7	1480.1	215.0	95.0	0.0	0.0	120.0
601139	深圳燃气	18873.7	18150.6	1980.5	1904.6	0.0	0.0	75.9
601158	重庆水务	25488.0	2655.0	4800.0	500.0	0.0	0.0	4300.0
601166	兴业银行	180025.2	180025.2	10786.4	10786.4	0.0	0.0	0.0
601168	西部矿业	18682.7	18682.7	2383.0	2383.0	0.0	0.0	0.0
601169	北京银行	81841.5	69499.6	8800.2	7473.1	0.0	0.0	1327.1
601177	杭齿前进	3684.6	1962.3	400.1	213.1	0.0	0.0	187.0
601179	中国西电	15162.4	5105.2	4357.0	1467.0	0.0	0.0	2890.0
601186	中国铁建	60233.5	58795.4	12337.5	10016.2	0.0	2076.3	245.0
601188	龙江交通	3275.6	1664.3	1213.2	616.4	0.0	0.0	596.8
601199	江南水务	2885.1	992.6	233.8	80.4	0.0	0.0	153.4
601208	东材科技	3953.2	2035.6	615.8	317.1	0.0	0.0	298.7
601216	内蒙君正	7961.6	3099.8	1280.0	498.4	0.0	0.0	781.6
601218	吉鑫科技	3444.1	1066.8	450.8	139.6	0.0	0.0	311.2
601222	林洋电子	3869.1	1241.5	355.3	114.0	0.0	0.0	241.3
601231	环旭电子	11978.8	1264.5	1011.7	106.8	0.0	0.0	904.9
601233	桐昆股份	6928.3	3179.1	963.6	442.2	0.0	0.0	521.4

上市公司基本信息
Listed Companies in 2012

所属行业 Industry	所属地区 Area	营业收入 Revenue	净利润 Net Profit	每股收益 EPS	每股净资产 NAVPS
公用事业	云南	1710.3	141.9	0.30	2.61
工业	河北	19091.3	487.9	0.40	5.57
综合	湖北	29507.7	412.7	0.29	3.23
综合	深圳	4665.7	1646.0	0.35	5.53
综合	河北	3951.0	645.7	0.32	2.56
工业	山西	17280.0	62.6	0.04	5.54
工业	浙江	2596.3	-11.8	-0.02	2.28
工业	广西	37276.4	122.6	0.05	2.11
工业	重庆	18458.8	98.8	0.06	2.41
公用事业	山西	45962.4	11502.6	0.77	4.72
综合	江苏	606.6	110.2	0.37	4.36
公用事业	江苏	1615.2	151.4	0.19	3.18
综合	江苏	9114.5	4012.6	1.35	8.29
商业	江苏	6426.0	418.2	0.85	7.36
工业	黑龙江	2258.7	72.6	0.19	7.23
工业	陕西	1708.3	-54.7	-0.10	5.37
公用事业	浙江	7802.2	2676.6	0.21	2.12
工业	江苏	2464.9	117.7	0.37	6.10
工业	河南	11226.0	349.1	0.35	4.38
工业	山东	7074.8	160.3	0.42	5.19
工业	北京	250260.0	47661.0	2.40	12.73
综合	湖南	6930.4	940.5	0.52	4.71
综合	云南	525.8	70.5	0.04	1.29
工业	江苏	1045.2	275.2	0.44	5.25
工业	北京	6933.1	904.0	0.75	5.80
工业	黑龙江	8318.5	29.3	- -	2.56
综合	四川	4210.0	1180.9	0.39	3.35
公用事业	北京	99840.6	4948.0	0.38	3.92
工业	浙江	1771.4	76.1	0.12	2.68
商业	浙江	5123.5	176.2	0.43	3.65
综合	北京	54116.7	3083.7	0.63	3.65
工业	海南	11674.1	296.8	0.08	2.31
工业	北京	2348.7	294.6	0.72	7.09
工业	浙江	2369.4	107.3	0.50	8.90
公用事业	深圳	8967.9	528.4	0.27	2.12
公用事业	重庆	3968.7	1888.6	0.39	2.58
综合	福建	87619.0	34718.0	2.73	13.35
工业	青海	19829.2	42.5	0.02	4.72
综合	北京	27816.9	11674.8	1.33	8.14
工业	浙江	1680.7	68.6	0.17	4.28
工业	陕西	12480.8	117.6	0.03	3.23
公用事业	北京	484312.9	8478.9	0.69	5.83
公用事业	黑龙江	415.8	123.0	0.10	2.17
公用事业	江苏	523.2	139.0	0.59	7.49
工业	四川	1038.2	134.2	0.22	3.49
工业	内蒙	3649.1	422.6	0.33	4.20
工业	江苏	1242.7	11.1	0.02	4.95
工业	江苏	1913.8	302.6	0.85	6.63
工业	上海	13335.3	647.3	0.64	3.40
工业	浙江	18420.6	257.4	0.27	7.03

上市公司基本信息
Listed Companies in 2012

公司代码 Code	证券名称 Name	总市值 Market Capital	流通市值 Negotiable Capital	总股本 Total Vol	A股流通股 A-Share Negotiable	B股 B-Share	H股 H-Share	限售股 Limited Share
601238	广汽集团	25794.7	1753.3	6435.0	287.0	0.0	2213.3	3934.8
601258	庞大集团	13553.2	3688.5	2621.5	713.4	0.0	0.0	1908.1
601268	二重重装	11604.9	1662.2	2293.4	328.5	0.0	0.0	1965.0
601288	农业银行	823354.8	71597.6	324794.1	25570.6	0.0	30738.8	268484.7
601299	中国北车	46543.5	46543.5	10320.1	10320.1	0.0	0.0	0.0
601311	骆驼股份	7453.5	2619.1	851.8	299.3	0.0	0.0	552.5
601313	江南嘉捷	2284.8	571.2	224.0	56.0	0.0	0.0	168.0
601318	中国平安	216776.5	216776.5	7644.1	4786.4	0.0	2857.7	0.0
601328	交通银行	193899.3	161582.7	74262.7	32709.1	0.0	35011.9	6541.8
601333	广深铁路	16504.5	16504.5	7083.5	5652.2	0.0	1431.3	0.0
601336	新华保险	60102.4	31718.7	3119.5	1100.6	0.0	1034.1	984.9
601339	百隆东方	6232.5	1246.5	750.0	150.0	0.0	0.0	600.0
601369	陕鼓动力	14781.7	4989.0	1638.8	553.1	0.0	0.0	1085.7
601377	兴业证券	27016.0	19403.4	2200.0	1580.1	0.0	0.0	619.9
601388	怡球资源	4924.1	1261.1	410.0	105.0	0.0	0.0	305.0
601390	中国中铁	51961.2	50540.0	21299.9	16625.0	0.0	4207.4	467.5
601398	工商银行	1089487.9	1089487.9	349321.2	262527.2	0.0	86794.0	0.0
601515	东风股份	8151.0	821.0	556.0	56.0	0.0	0.0	500.0
601518	吉林高速	3166.5	1608.8	1213.2	616.4	0.0	0.0	596.8
601519	大智慧	6157.7	2220.1	1390.0	501.1	0.0	0.0	888.9
601555	东吴证券	16120.0	9844.3	2000.0	1221.4	0.0	0.0	778.6
601558	华锐风电	21147.3	2211.3	4020.4	420.4	0.0	0.0	3600.0
601566	九牧王	9362.7	1989.0	578.7	122.9	0.0	0.0	455.7
601567	三星电气	3288.1	1102.4	400.5	134.3	0.0	0.0	266.2
601588	北辰实业	8113.0	8113.0	3367.0	2660.0	0.0	707.0	0.0
601599	鹿港科技	2235.5	1159.3	318.0	164.9	0.0	0.0	153.1
601600	中国铝业	49148.1	49148.1	13524.5	9580.5	0.0	3944.0	0.0
601601	中国太保	141450.8	139686.5	9062.0	6208.3	0.0	2775.3	78.4
601607	上海医药	21364.7	11893.6	2688.9	1070.5	0.0	765.9	852.5
601608	中信重工	10713.4	2209.2	2740.0	565.0	0.0	0.0	2175.0
601616	广电电气	3655.7	2169.1	932.6	553.4	0.0	0.0	379.2
601618	中国中冶	36700.1	36700.1	19110.0	16239.0	0.0	2871.0	0.0
601628	中国人寿	445623.5	445623.5	28264.7	20823.5	0.0	7441.2	0.0
601633	长城汽车	47619.1	7210.6	3042.4	304.2	0.0	1033.2	1705.0
601636	旗滨集团	4709.8	1156.0	694.7	170.5	0.0	0.0	524.2
601666	平煤股份	20164.3	20164.3	2361.2	2361.2	0.0	0.0	0.0
601668	中国建筑	117000.0	117000.0	30000.0	30000.0	0.0	0.0	0.0
601669	中国水电	36672.0	11471.5	9600.0	3003.0	0.0	0.0	6597.0
601677	明泰铝业	4527.3	912.2	401.0	80.8	0.0	0.0	320.2
601678	滨化股份	6580.2	2138.6	660.0	214.5	0.0	0.0	445.5
601688	华泰证券	54880.0	21838.5	5600.0	2228.4	0.0	0.0	3371.6
601699	潞安环能	50370.7	50370.7	2301.1	2301.1	0.0	0.0	0.0
601700	风范股份	3335.7	1244.1	219.6	81.9	0.0	0.0	137.7
601717	郑煤机	14219.8	8553.2	1621.1	828.8	0.0	243.2	549.1
601718	际华集团	11609.6	3482.6	3857.0	1157.0	0.0	0.0	2700.0
601727	上海电气	40092.4	40092.4	12823.6	9850.7	0.0	2972.9	0.0
601766	中国南车	58423.8	47199.4	13803.0	9516.0	0.0	2024.0	2263.0
601777	力帆股份	6079.7	2087.0	951.4	326.6	0.0	0.0	624.8
601788	光大证券	48193.8	48193.8	3418.0	3418.0	0.0	0.0	0.0
601789	宁波建工	3835.0	829.0	462.6	100.0	0.0	0.0	362.6

上市公司基本信息
Listed Companies in 2012

所属行业 Industry	所属地区 Area	营业收入 Revenue	净利润 Net Profit	每股收益 EPS	每股净资产 NAVPS
综合	广东	12874.0	1133.6	0.18	4.83
综合	河北	57796.7	-824.9	-0.31	3.37
工业	四川	3988.4	-2889.1	-1.26	2.19
综合	北京	421964.0	145094.0	0.45	2.31
工业	北京	92431.3	3383.8	0.33	3.37
工业	湖北	3972.8	481.3	0.57	3.62
工业	江苏	1992.1	145.0	0.65	5.86
综合	深圳	299372.0	20050.0	2.53	20.16
综合	上海	147337.0	58373.0	0.79	5.12
公用事业	深圳	15091.9	1318.9	0.19	3.66
综合	北京	116921.0	2933.0	0.94	11.50
工业	浙江	4770.2	251.3	0.34	7.73
工业	陕西	6041.7	1026.3	0.63	3.46
综合	福建	2539.5	476.4	0.22	3.96
工业	江苏	5295.2	164.3	0.40	5.43
工业	北京	482688.4	7354.7	0.35	3.68
综合	北京	536945.0	238532.0	0.68	3.22
工业	广东	1765.1	597.3	1.07	4.06
公用事业	吉林	762.1	287.3	0.24	1.69
综合	上海	470.1	-267.0	-0.19	2.09
综合	江苏	1398.4	281.8	0.14	3.79
工业	北京	4018.2	-582.7	-0.14	3.06
工业	福建	2600.6	668.4	1.16	7.59
工业	浙江	2561.8	264.5	0.66	5.38
地产	北京	5735.9	633.4	0.19	3.00
工业	江苏	1671.3	10.2	0.03	3.00
工业	北京	149478.8	-8233.8	-0.61	3.24
综合	上海	171451.0	5077.0	0.56	10.61
工业	上海	68078.1	2052.9	0.76	9.16
工业	河南	7235.8	871.0	0.32	2.74
工业	上海	914.5	39.3	0.04	2.75
工业	北京	221119.7	-6951.5	-0.36	2.15
综合	北京	405379.0	11061.0	0.39	7.82
工业	河北	43160.0	5692.5	1.87	7.07
工业	湖南	2684.5	197.3	0.28	3.99
工业	河南	22169.4	1121.4	0.47	4.73
地产	北京	571515.8	15735.2	0.52	3.40
公用事业	北京	127036.6	4094.3	0.43	3.22
工业	河南	5263.6	63.3	0.16	6.25
工业	山东	4210.4	366.4	0.56	5.92
综合	江苏	5883.2	1615.7	0.29	6.10
工业	山西	20065.3	2566.5	1.12	6.96
工业	江苏	1652.1	150.2	0.68	11.75
工业	河南	10212.9	1589.2	0.98	5.65
综合	北京	26486.4	836.1	0.22	2.61
工业	上海	77076.7	2720.7	0.21	2.38
工业	北京	90456.2	4009.5	0.29	2.37
工业	重庆	8678.7	321.4	0.34	5.16
综合	上海	3651.7	1003.0	0.29	6.49
工业	浙江	9476.8	134.7	0.29	3.73

上市公司基本信息
Listed Companies in 2012

公司代码 Code	证券名称 Name	总市值 Market Capital	流通市值 Negotiable Capital	总股本 Total Vol	A股流通股 A-Share Negotiable	B股 B-Share	H股 H-Share	限售股 Limited Share
601798	蓝科高新	3705.6	1343.3	320.0	116.0	0.0	0.0	204.0
601799	星宇股份	2605.7	660.2	239.5	60.7	0.0	0.0	178.8
601800	中国交建	62260.3	6172.1	16174.7	1164.6	0.0	4427.5	10582.7
601801	皖新传媒	9445.8	2220.5	910.0	213.9	0.0	0.0	696.1
601808	中海油服	48551.7	47731.7	4495.3	2910.5	0.0	1534.9	50.0
601818	光大银行	123326.1	57751.1	40434.8	18934.8	0.0	0.0	21500.0
601857	中国石油	1463775.6	1460159.6	183021.0	161522.1	0.0	21098.9	400.0
601866	中海集运	19354.4	18784.2	11683.1	7698.5	0.0	3751.0	233.7
601872	招商轮船	12085.6	9668.4	4720.9	3776.7	0.0	0.0	944.2
601877	正泰电器	18461.9	5339.8	1005.0	290.7	0.0	0.0	714.3
601880	大连港	9518.4	2287.8	4426.0	808.4	0.0	1062.6	2555.0
601886	江河幕墙	12208.0	5675.3	560.0	260.3	0.0	0.0	299.7
601888	中国国旅	24129.6	24129.6	880.0	880.0	0.0	0.0	0.0
601890	亚星锚链	3481.9	2067.1	468.0	277.8	0.0	0.0	190.2
601898	中煤能源	71568.6	70434.6	13258.7	9007.0	0.0	4106.7	145.0
601899	紫金矿业	60528.6	60528.6	21812.0	15803.8	0.0	6008.2	0.0
601901	方正证券	26901.0	14673.1	6100.0	3327.2	0.0	0.0	2772.8
601908	京运通	5201.6	1255.5	859.8	207.5	0.0	0.0	652.3
601918	国投新集	17708.2	17708.2	1850.4	1850.4	0.0	0.0	0.0
601919	中国远洋	33673.3	32968.9	10216.3	7476.0	0.0	2580.6	159.7
601928	凤凰传媒	17254.4	4468.0	2544.9	659.0	0.0	0.0	1885.9
601929	吉视传媒	10177.4	2038.4	1398.0	280.0	0.0	0.0	1118.0
601933	永辉超市	19358.8	12454.6	767.9	494.0	0.0	0.0	273.9
601939	建设银行	44130.8	44130.8	250011.0	9593.7	0.0	240417.3	0.0
601958	金钼股份	37783.5	37776.0	3226.6	3226.0	0.0	0.0	0.6
601965	中国汽研	5055.8	1514.9	640.8	192.0	0.0	0.0	448.8
601988	中国银行	570933.2	570933.2	279147.3	195525.1	0.0	83622.3	0.0
601989	中国重工	69965.0	53938.9	14667.7	11307.9	0.0	0.0	3359.8
601991	大唐发电	40277.3	39874.3	13310.0	9894.4	0.0	3315.7	100.0
601992	金隅股份	25226.3	10259.1	4283.7	1266.6	0.0	1169.4	1847.8
601996	丰林集团	3601.2	1506.8	468.9	196.2	0.0	0.0	272.7
601998	中信银行	136873.2	135955.8	46787.3	31691.3	0.0	14882.2	213.8
601999	出版传媒	3443.2	3443.2	550.9	550.9	0.0	0.0	0.0
603000	人民网	10423.9	2606.0	276.4	69.1	0.0	0.0	207.3
603001	奥康国际	8188.0	1654.0	401.0	81.0	0.0	0.0	320.0
603002	宏昌电子	2752.0	688.0	400.0	100.0	0.0	0.0	300.0
603003	龙宇燃油	2062.4	515.6	202.0	50.5	0.0	0.0	151.5
603008	喜临门	2156.7	539.2	210.0	52.5	0.0	0.0	157.5
603077	和邦股份	6916.5	1537.0	450.0	100.0	0.0	0.0	350.0
603123	翠微股份	2574.9	643.7	308.0	77.0	0.0	0.0	231.0
603128	华贸物流	2484.0	621.0	400.0	100.0	0.0	0.0	300.0
603167	渤海轮渡	4433.7	930.2	481.4	101.0	0.0	0.0	380.4
603333	明星电缆	2828.8	707.2	520.0	130.0	0.0	0.0	390.0
603366	日出东方	6160.0	1540.0	400.0	100.0	0.0	0.0	300.0
603399	新华龙	3144.2	786.3	253.4	63.4	0.0	0.0	190.0
603766	隆鑫通用	6960.0	696.0	800.0	80.0	0.0	0.0	720.0
603993	洛阳钼业	31362.6	1666.0	5076.2	200.0	0.0	1311.2	3565.0
900929	锦旅 B 股	543.0	543.0	132.6	0.0	66.0	0.0	66.6
900935	阳晨 B 股	617.0	617.0	244.6	0.0	105.6	0.0	139.0
900939	ST 汇丽 B	231.4	231.4	181.5	0.0	88.0	0.0	93.5

上市公司基本信息
Listed Companies in 2012

所属行业 Industry	所属地区 Area	营业收入 Revenue	净利润 Net Profit	每股收益 EPS	每股净资产 NAVPS
工业	甘肃	847.9	105.4	0.33	5.18
工业	江苏	1318.2	188.8	0.79	7.62
公用事业	北京	296227.4	11950.3	0.74	5.42
综合	安徽	3643.1	498.8	0.55	4.55
综合	天津	22628.5	4559.4	1.01	7.16
综合	北京	59916.0	23591.0	0.58	2.82
工业	北京	2195296.0	115323.0	0.63	5.81
工业	上海	32581.3	522.7	0.04	2.27
综合	上海	2869.6	91.1	0.02	2.61
工业	浙江	10703.2	1261.6	1.26	4.52
公用事业	辽宁	4644.6	600.1	0.14	2.93
工业	北京	8989.2	478.5	0.85	8.00
综合	北京	16133.9	1005.6	1.14	6.36
工业	江苏	1864.2	75.2	0.16	5.98
工业	北京	87291.7	9281.3	0.70	6.49
工业	福建	48414.7	5211.2	2.39	12.92
综合	湖南	2331.6	562.2	0.09	2.37
工业	北京	568.5	75.9	0.09	4.23
工业	安徽	8852.1	1338.9	0.72	4.72
综合	天津	72056.8	-9559.2	-0.94	2.46
综合	江苏	6705.8	927.2	0.36	3.57
综合	吉林	1763.6	383.5	0.27	2.87
综合	福建	24684.3	502.1	0.65	5.75
综合	北京	460746.0	193179.0	0.77	3.77
工业	陕西	8573.9	522.0	0.16	4.16
工业	重庆	1143.2	297.8	0.46	4.50
综合	北京	366091.0	139432.0	0.50	2.95
工业	北京	58501.4	3577.1	0.24	2.85
公用事业	北京	77598.1	4007.8	0.30	3.12
工业	北京	34054.1	2965.1	0.69	5.35
工业	广西	857.3	70.3	0.15	3.35
综合	北京	89435.0	31032.0	0.66	4.24
公用事业	辽宁	1268.1	67.8	0.12	3.09
综合	北京	708.0	210.3	0.76	7.76
工业	浙江	3455.1	513.3	1.28	8.99
工业	广东	1230.5	47.7	0.12	2.10
商业	上海	7771.8	58.3	0.29	4.17
工业	浙江	897.1	101.7	0.48	4.83
工业	四川	1737.8	334.9	0.74	7.57
商业	北京	4947.9	148.1	0.48	5.25
综合	上海	7486.0	76.2	0.19	3.10
综合	山东	1055.6	211.9	0.44	5.06
工业	四川	1154.1	83.1	0.16	3.01
工业	江苏	3364.8	426.7	1.07	8.74
工业	辽宁	2582.2	90.1	0.36	3.96
工业	重庆	6444.8	461.8	0.58	4.01
工业	河南	5710.9	1050.3	1.03	11.37
综合	上海	2086.4	42.1	0.32	6.80
工业	上海	452.4	35.2	0.14	2.16
工业	上海	15.6	3.9	0.02	0.32

上市公司基本信息
Listed Companies in 2012

公司代码 Code	证券名称 Name	总市值 Market Capital	流通市值 Negotiable Capital	总股本 Total Vol	A股流通股 A-Share Negotiable	B股 B-Share	H股 H-Share	限售股 Limited Share
900948	伊泰B股	23758.9	23758.9	1627.0	0.0	664.0	163.0	800.0
900949	东电B股	2491.1	2491.1	2010.0	0.0	690.0	0.0	1320.0
900950	新城B股	3436.4	3436.4	1593.2	0.0	642.8	0.0	950.4
900951	大化B股	254.7	254.7	275.0	0.0	100.0	0.0	175.0
900953	凯马B	671.7	671.7	640.0	0.0	240.0	0.0	400.0
900956	东贝B股	461.5	461.5	235.0	0.0	115.0	0.0	120.0
900957	凌云B股	590.2	590.2	349.0	0.0	184.0	0.0	165.0

上市公司基本信息
Listed Companies in 2012

所属行业 Industry	所属地区 Area	营业收入 Revenue	净利润 Net Profit	每股收益 EPS	每股净资产 NAVPS
公用事业	内蒙	32463.3	6621.9	4.07	12.11
公用事业	浙江	8211.7	797.3	0.40	4.90
地产	江苏	14300.5	1315.8	0.83	3.24
工业	辽宁	965.6	-36.2	-0.13	0.63
工业	上海	5581.9	7.3	0.01	1.53
工业	湖北	4115.9	60.5	0.26	3.42
工业	上海	10.6	7.2	0.02	1.09

上市公司股份变动
Change of Equity in 2012

股票代码 Code	股票简称 Name	变动后总股本 Total Share	流通股份增加 Share Add		变动原因 Change Reason	变动日期 Change Date
			A 股 A Share	B 股 B share		
600016	民生银行	28365.59	0.00	0.00	其他股本变动	2012.04.06
600017	日照港	2630.63	365.48	0.00	有限售条件流通股上市	2012.04.16
600017	日照港	3075.65	0.00	0.00	A 股增发上市	2012.04.17
600019	宝钢股份	17122.05	-390.00	0.00	股份注销	2012.12.20
600020	中原高速	2140.35	0.00	0.00	送股	2012.06.28
600020	中原高速	2247.37	787.35	0.00	股权分置股份限售期满	2012.07.19
600020	中原高速	2247.37	69.53	0.00	送股	2012.06.29
600022	山东钢铁	5343.16	2222.68	0.00	吸收合并	2012.03.08
600022	山东钢铁	6436.30	0.00	0.00	A 股增发上市	2012.03.16
600026	中海发展	3404.55	0.00	0.00	债转股	2012.04.10
600027	华电国际	7371.08	0.00	0.00	A 股增发上市	2012.07.06
600027	华电国际	7371.08	150.00	0.00	有限售条件流通股上市	2012.12.03
600028	中国石化	86702.56	0.01	0.00	债转股	2012.01.06
600028	中国石化	86820.29	0.01	0.00	债转股	2012.10.10
600028	中国石化	86820.28	0.04	0.00	债转股	2012.07.05
600028	中国石化	86820.23	117.67	0.00	债转股	2012.04.09
600029	南方航空	9817.57	721.15	0.00	有限售条件流通股上市	2012.08.20
600037	歌华有线	1060.37	0.00	0.00	债转股	2012.07.04
600039	四川路桥	304.00	0.00	0.00	送股	2012.05.15
600039	四川路桥	547.20	243.20	0.00	送股	2012.05.16
600039	四川路桥	1046.50	0.00	0.00	A 股增发上市	2012.07.06
600048	保利地产	5948.33	0.00	0.00	送股	2012.06.18
600048	保利地产	7137.99	1168.65	0.00	送股	2012.06.19
600048	保利地产	7137.99	126.12	0.00	有限售条件流通股上市	2012.07.16
600057	象屿股份	859.84	0.50	0.00	股权分置股份限售期满	2012.07.12
600060	海信电器	868.87	0.00	0.00	送股	2012.07.05
600060	海信电器	1303.31	434.44	0.00	送股	2012.07.06
600060	海信电器	1306.65	3.33	0.00	A 股增发上市	2012.09.19
600063	皖维高新	936.16	200.00	0.00	有限售条件流通股上市	2012.03.12
600063	皖维高新	1497.85	561.69	0.00	送股	2012.06.13
600063	皖维高新	936.16	0.00	0.00	送股	2012.06.12
600066	宇通客车	673.66	153.77	0.00	配股上市	2012.02.27
600066	宇通客车	705.29	0.00	0.00	A 股增发上市	2012.07.25
600067	冠城大通	735.50	0.00	0.00	送股	2012.04.20
600067	冠城大通	1176.80	436.23	0.00	送股	2012.04.23
600067	冠城大通	1176.80	13.52	0.00	股权分置股份限售期满	2012.11.14
600069	银鸽投资	825.37	163.57	0.00	有限售条件流通股上市	2012.05.28
600070	浙江富润	140.68	0.00	0.00	送股	2012.06.04
600070	浙江富润	182.88	42.20	0.00	送股	2012.06.05
600073	上海梅林	498.63	0.00	0.00	送股	2012.06.25
600073	上海梅林	747.94	178.20	0.00	送股	2012.06.26
600073	上海梅林	747.94	170.67	0.00	有限售条件流通股上市	2012.12.17
600077	宋都股份	536.83	0.00	0.00	送股	2012.07.06
600077	宋都股份	1073.66	131.22	0.00	送股	2012.07.09
600077	宋都股份	1073.66	151.08	0.00	有限售条件流通股上市	2012.10.22
600078	澄星股份	662.51	0.28	0.00	债转股	2012.01.06
600078	澄星股份	662.57	0.06	0.00	债转股	2012.05.15
600079	人福医药	493.44	8.74	0.00	有限售条件流通股上市	2012.05.14
600079	人福医药	493.44	9.58	0.00	股权分置股份限售期满	2012.08.20
600079	人福医药	493.44	19.00	0.00	有限售条件流通股上市	2012.09.03

上市公司股份变动
Change of Equity in 2012

股票代码 Code	股票简称 Name	变动后总股本 Total Share	流通股份增加 Share Add A 股 A Share	流通股份增加 Share Add B 股 B share	变动原因 Change Reason	变动日期 Change Date
600082	海泰发展	646.12	0.36	0.00	股权分置股份限售期满	2012.01.04
600082	海泰发展	646.12	0.95	0.00	股权分置股份限售期满	2012.12.21
600083	ST 博信	230.00	0.69	0.00	股权分置股份限售期满	2012.05.23
600084	中葡股份	809.92	345.46	0.00	股权分置股份限售期满	2012.09.03
600086	东方金钰	352.28	156.32	0.00	股权分置股份限售期满	2012.05.28
600087	*ST 长油	3394.19	90.00	0.00	有限售条件流通股上市	2012.03.05
600096	云天化	693.63	103.51	0.00	有限售条件流通股上市	2012.05.21
600098	广州发展	2742.22	0.00	0.00	A 股增发上市	2012.07.05
600102	莱钢股份	922.27	688.50	0.00	股权分置股份限售期满	2012.01.18
600104	上汽集团	11025.57	0.00	0.00	A 股增发上市	2012.01.04
600106	重庆路桥	453.87	0.00	0.00	送股	2012.04.24
600106	重庆路桥	907.74	453.87	0.00	送股	2012.04.25
600107	美尔雅	360.00	0.41	0.00	股权分置股份限售期满	2012.07.25
600108	亚盛集团	1946.92	0.00	0.00	A 股增发上市	2012.05.11
600108	亚盛集团	1946.92	295.80	0.00	有限售条件流通股上市	2012.12.11
600109	国金证券	1294.07	0.00	0.00	A 股增发上市	2012.12.25
600111	包钢稀土	1211.02	0.00	0.00	送股	2012.05.04
600111	包钢稀土	2422.04	739.73	0.00	送股	2012.05.07
600112	长征电气	424.34	0.00	0.00	送股	2012.06.04
600112	长征电气	509.20	84.87	0.00	送股	2012.06.05
600115	东方航空	11276.54	288.89	0.00	吸收合并	2012.06.25
600115	东方航空	11276.54	1437.38	0.00	有限售条件流通股上市	2012.07.02
600115	东方航空	11276.54	2904.00	0.00	股权分置股份限售期满	2012.07.25
600115	东方航空	11276.54	490.00	0.00	有限售条件流通股上市	2012.12.24
600118	中国卫星	705.08	0.00	0.00	送股	2012.05.22
600118	中国卫星	916.60	211.52	0.00	送股	2012.05.23
600121	郑州煤电	946.14	0.00	0.00	A 股增发上市	2012.12.31
600122	宏图高科	1132.79	160.80	0.00	有限售条件流通股上市	2012.01.16
600123	兰花科创	571.20	0.00	0.00	送股	2012.06.01
600123	兰花科创	1142.40	571.20	0.00	送股	2012.06.04
600125	铁龙物流	1305.52	121.19	0.00	股权分置股份限售期满	2012.03.27
600133	东湖高新	496.07	24.79	0.00	股权分置股份限售期满	2012.05.17
600133	东湖高新	592.37	0.00	0.00	A 股增发上市	2012.11.21
600139	西部资源	367.72	22.47	0.00	股权分置股份限售期满	2012.02.10
600139	西部资源	661.89	235.26	0.00	送股	2012.04.27
600139	西部资源	661.89	32.18	0.00	有限售条件流通股上市	2012.10.08
600139	西部资源	367.72	0.00	0.00	送股	2012.04.26
600143	金发科技	1646.50	250.00	0.00	A 股增发上市	2012.02.29
600143	金发科技	1646.50	0.00	0.00	送股	2012.06.04
600143	金发科技	2634.40	987.90	0.00	送股	2012.06.05
600149	廊坊发展	380.16	5.00	0.00	股权分置股份限售期满	2012.10.29
600150	中国船舶	1060.09	0.00	0.00	送股	2012.06.12
600150	中国船舶	1378.12	318.03	0.00	送股	2012.06.13
600151	航天机电	1250.18	0.00	0.00	A 股增发上市	2012.08.17
600157	永泰能源	883.78	0.00	0.00	A 股增发上市	2012.03.09
600157	永泰能源	883.78	84.65	0.00	有限售条件流通股上市	2012.03.26
600157	永泰能源	883.78	0.00	0.00	送股	2012.04.24
600157	永泰能源	1767.56	531.37	0.00	送股	2012.04.25
600160	巨化股份	885.57	0.00	0.00	送股	2012.05.21
600160	巨化股份	1416.92	477.73	0.00	送股	2012.05.22

上市公司股份变动
Change of Equity in 2012

股票代码 Code	股票简称 Name	变动后总股本 Total Share	流通股份增加 Share Add		变动原因 Change Reason	变动日期 Change Date
			A股 A Share	B股 B share		
600160	巨化股份	1416.92	128.00	0.00	有限售条件流通股上市	2012.09.24
600166	福田汽车	2809.67	0.00	0.00	A股增发上市	2012.06.25
600169	太原重工	1615.97	0.00	0.00	送股	2012.06.07
600169	太原重工	2423.96	807.99	0.00	送股	2012.06.08
600170	上海建工	1156.36	0.00	0.00	送股	2012.05.10
600170	上海建工	2312.72	352.46	0.00	送股	2012.05.11
600172	黄河旋风	313.74	41.17	0.00	有限售条件流通股上市	2012.05.08
600172	黄河旋风	313.74	0.00	0.00	送股	2012.05.24
600172	黄河旋风	533.36	204.51	0.00	送股	2012.05.25
600175	美都控股	1246.62	0.00	0.00	送股	2012.06.08
600175	美都控股	1371.28	124.66	0.00	送股	2012.06.11
600175	美都控股	1390.78	0.00	0.00	A股增发上市	2012.12.26
600176	中国玻纤	581.75	0.00	0.00	送股	2012.05.31
600176	中国玻纤	872.63	213.70	0.00	送股	2012.06.01
600177	雅戈尔	2226.61	178.23	0.00	股权分置股份限售期满	2012.05.16
600179	黑化股份	390.00	194.78	0.00	股权分置股份限售期满	2012.11.21
600180	瑞茂通	250.99	9.50	0.00	股权分置股份限售期满	2012.01.10
600180	瑞茂通	869.12	31.84	0.00	股权分置股份限售期满	2012.09.17
600180	瑞茂通	869.12	0.00	0.00	A股增发上市	2012.08.31
600183	生益科技	1094.63	120.29	0.00	有限售条件流通股上市	2012.05.14
600183	生益科技	1094.63	0.00	0.00	送股	2012.06.01
600183	生益科技	1423.02	323.19	0.00	送股	2012.06.04
600184	光电股份	209.38	5.25	0.00	股权分置股份限售期满	2012.11.30
600185	格力地产	577.59	240.00	0.00	有限售条件流通股上市	2012.09.03
600187	国中水务	427.23	100.00	0.00	有限售条件流通股上市	2012.02.17
600187	国中水务	427.23	229.73	0.00	股权分置股份限售期满	2012.04.17
600190	锦州港	1561.79	295.20	0.00	有限售条件流通股上市	2012.04.10
600193	创兴资源	218.14	0.00	0.00	送股	2012.05.07
600193	创兴资源	327.21	109.07	0.00	送股	2012.05.08
600196	复星医药	2240.46	0.00	0.00	其他股本变动	2012.11.08
600198	大唐电信	741.71	0.00	0.00	A股增发上市	2012.11.08
600208	新湖中宝	6258.86	48.14	0.00	A股增发上市	2012.08.01
600211	西藏药业	145.59	7.28	0.00	股权分置股份限售期满	2012.09.10
600216	浙江医药	520.06	0.00	0.00	A股增发上市	2012.08.29
600221	海南航空	6091.09	0.00	0.00	A股增发上市	2012.08.16
600223	鲁商置业	1000.97	440.79	0.00	有限售条件流通股上市	2012.01.06
600223	鲁商置业	1000.97	221.24	0.00	股权分置股份限售期满	2012.02.22
600225	天津松江	626.40	11.06	0.00	股权分置股份限售期满	2012.04.05
600225	天津松江	626.40	373.75	0.00	股权分置股份限售期满	2012.10.29
600227	赤天化	950.39	61.16	0.00	股权分置股份限售期满	2012.01.30
600229	青岛碱业	395.79	20.66	0.00	有限售条件流通股上市	2012.06.20
600233	大杨创世	165.00	49.50	0.00	股权分置股份限售期满	2012.11.15
600240	华业地产	645.00	0.00	0.00	送股	2012.07.04
600240	华业地产	1419.00	774.00	0.00	送股	2012.07.05
600241	时代万恒	106.00	0.00	0.00	送股	2012.05.08
600241	时代万恒	180.20	74.20	0.00	送股	2012.05.09
600248	延长化建	425.99	135.60	0.00	股权分置股份限售期满	2012.07.06
600249	两面针	450.00	71.32	0.00	股权分置股份限售期满	2012.09.26
600256	广汇能源	1946.87	0.00	0.00	送股	2012.05.25
600256	广汇能源	3504.36	112.35	0.00	有限售条件流通股上市	2012.05.31

上市公司股份变动
Change of Equity in 2012

股票代码 Code	股票简称 Name	变动后总股本 Total Share	流通股份增加 Share Add A 股 A Share	流通股份增加 Share Add B 股 B share	变动原因 Change Reason	变动日期 Change Date
600256	广汇能源	3504.36	863.01	0.00	送股	2012.05.28
600259	广晟有色	249.40	127.47	0.00	股权分置股份限售期满	2012.02.01
600261	阳光照明	430.25	0.00	0.00	A 股增发上市	2012.03.28
600261	阳光照明	430.25	0.00	0.00	送股	2012.05.23
600261	阳光照明	645.38	148.23	0.00	送股	2012.05.24
600267	海正药业	524.82	41.04	0.00	有限售条件流通股上市	2012.03.15
600267	海正药业	839.71	314.89	0.00	送股	2012.05.28
600267	海正药业	524.82	0.00	0.00	送股	2012.05.25
600276	恒瑞医药	1124.15	0.00	0.00	送股	2012.05.29
600276	恒瑞医药	1236.56	112.01	0.00	送股	2012.05.30
600276	恒瑞医药	1236.56	2.25	0.00	股权激励股份限售期满	2012.07.05
600277	亿利能源	901.94	641.24	0.00	有限售条件流通股上市	2012.04.09
600277	亿利能源	901.94	0.00	0.00	送股	2012.06.13
600277	亿利能源	1533.29	631.35	0.00	送股	2012.06.14
600278	东方创业	401.72	0.00	0.00	送股	2012.05.31
600278	东方创业	522.24	96.00	0.00	送股	2012.06.01
600280	南京中商	143.54	8.83	0.00	股权分置股份限售期满	2012.06.20
600284	浦东建设	415.20	0.00	0.00	送股	2012.05.17
600284	浦东建设	498.24	83.04	0.00	送股	2012.05.18
600289	亿阳信通	577.24	0.00	0.00	其他股本变动	2012.06.27
600289	亿阳信通	577.24	4.23	0.00	有限售条件流通股上市	2012.06.29
600290	华仪电气	526.88	104.15	0.00	有限售条件流通股上市	2012.01.30
600298	安琪酵母	329.63	23.59	0.00	有限售条件流通股上市	2012.08.22
600306	商业城	178.14	20.91	0.00	股权分置股份限售期满	2012.03.16
600307	酒钢宏兴	4091.36	2344.16	0.00	有限售条件流通股上市	2012.10.30
600313	中农资源	304.20	140.73	0.00	股权分置股份限售期满	2012.05.11
600313	中农资源	367.29	0.00	0.00	A 股增发上市	2012.10.08
600315	上海家化	423.01	3.78	0.00	股权激励新增股份	2012.04.13
600315	上海家化	448.36	0.00	0.00	A 股增发上市	2012.06.27
600315	上海家化	448.35	0.00	0.00	股份注销	2012.09.25
600317	营口港	2157.66	0.00	0.00	A 股增发上市	2012.10.16
600320	振华重工	4390.29	220.73	0.00	有限售条件流通股上市	2012.03.20
600321	国栋建设	590.44	134.92	0.00	有限售条件流通股上市	2012.05.28
600321	国栋建设	590.44	0.00	0.00	送股	2012.06.28
600321	国栋建设	1180.88	590.44	0.00	送股	2012.06.29
600323	南海发展	325.28	0.00	0.00	送股	2012.04.10
600323	南海发展	487.92	162.64	0.00	送股	2012.04.11
600323	南海发展	579.24	0.00	0.00	A 股增发上市	2012.08.10
600340	华夏幸福	587.95	0.00	0.00	送股	2012.05.09
600340	华夏幸福	881.92	116.26	0.00	送股	2012.05.10
600350	山东高速	4811.17	1978.51	0.00	股权分置股份限售期满	2012.07.06
600351	亚宝药业	692.00	0.00	0.00	A 股增发上市	2012.10.18
600353	旭光股份	271.86	31.77	0.00	有限售条件流通股上市	2012.04.06
600354	敦煌种业	203.55	12.58	0.00	有限售条件流通股上市	2012.02.13
600354	敦煌种业	203.55	0.00	0.00	送股	2012.05.04
600354	敦煌种业	447.80	238.26	0.00	送股	2012.05.07
600363	联创光电	443.48	0.00	0.00	A 股增发上市	2012.12.05
600368	五洲交通	555.87	0.00	0.00	送股	2012.06.12
600368	五洲交通	833.80	277.93	0.00	送股	2012.06.13
600369	西南证券	2322.55	843.77	0.00	有限售条件流通股上市	2012.02.17

上市公司股份变动
Change of Equity in 2012

股票代码 Code	股票简称 Name	变动后总股本 Total Share	流通股份增加 Share Add A 股 A Share	流通股份增加 Share Add B 股 B share	变动原因 Change Reason	变动日期 Change Date
600372	中航电子	821.70	0.00	0.00	送股	2012.04.19
600372	中航电子	1314.72	246.00	0.00	送股	2012.04.20
600372	中航电子	1353.20	0.00	0.00	A 股增发上市	2012.10.25
600377	宁沪高速	5037.75	3.29	0.00	股权分置股份限售期满	2012.08.17
600378	天科股份	270.18	0.00	0.00	送股	2012.05.28
600378	天科股份	297.19	27.02	0.00	送股	2012.05.29
600379	宝光股份	214.42	0.00	0.00	送股	2012.07.03
600379	宝光股份	235.86	21.44	0.00	送股	2012.07.04
600380	健康元	1288.20	0.00	0.00	送股	2012.05.16
600380	健康元	1545.84	257.64	0.00	送股	2012.05.17
600381	贤成矿业	942.26	0.00	0.00	送股	2012.05.15
600381	贤成矿业	1601.85	321.70	0.00	送股	2012.05.16
600381	贤成矿业	1601.85	402.71	0.00	有限售条件流通股上市	2012.12.27
600387	海越股份	386.10	0.10	0.00	股权分置股份限售期满	2012.05.28
600387	海越股份	386.10	0.10	0.00	股权分置股份限售期满	2012.12.05
600388	龙净环保	213.81	2.36	0.00	股权激励新增股份	2012.04.18
600391	成发科技	183.41	59.49	0.00	股权分置股份限售期满	2012.01.06
600391	成发科技	183.41	52.11	0.00	有限售条件流通股上市	2012.05.02
600391	成发科技	183.41	0.00	0.00	送股	2012.06.25
600391	成发科技	330.13	146.72	0.00	送股	2012.06.26
600395	盘江股份	1103.37	834.61	0.00	有限售条件流通股上市	2012.04.16
600395	盘江股份	1655.05	551.68	0.00	送股	2012.07.17
600395	盘江股份	1103.37	0.00	0.00	送股	2012.07.16
600397	安源煤业	494.98	0.00	0.00	A 股增发上市	2012.02.07
600398	凯诺科技	646.60	55.91	0.00	股权分置股份限售期满	2012.08.06
600401	海润光伏	1036.42	77.27	0.00	股权分置股份限售期满	2012.02.22
600401	海润光伏	1036.42	50.68	0.00	有限售条件流通股上市	2012.12.20
600403	大有能源	1195.41	0.00	0.00	A 股增发上市	2012.11.12
600406	国电南瑞	1050.36	0.00	0.00	送股	2012.04.05
600406	国电南瑞	1575.54	525.18	0.00	送股	2012.04.06
600409	三友化工	1233.59	0.00	0.00	A 股增发上市	2012.03.05
600409	三友化工	1233.59	0.00	0.00	送股	2012.09.28
600409	三友化工	1850.39	469.57	0.00	送股	2012.10.08
600410	华胜天成	543.00	0.00	0.00	其他股本变动	2012.02.24
600410	华胜天成	543.00	0.00	0.00	送股	2012.06.12
600410	华胜天成	651.74	97.64	0.00	送股	2012.06.13
600410	华胜天成	648.28	5.42	0.00	股权激励股份限售期满	2012.07.27
600410	华胜天成	648.28	46.85	0.00	有限售条件流通股上市	2012.09.05
600410	华胜天成	648.28	0.00	0.00	股份注销	2012.07.12
600415	小商品城	2721.61	1519.09	0.00	有限售条件流通股上市	2012.08.14
600422	昆明制药	314.18	-0.37	0.00	其他股本变动	2012.05.24
600422	昆明制药	314.18	0.16	0.00	有限售条件流通股上市	2012.07.02
600425	青松建化	689.40	0.00	0.00	A 股增发上市	2012.06.21
600429	三元股份	885.00	250.00	0.00	有限售条件流通股上市	2012.11.19
600433	冠豪高新	425.10	0.00	0.00	送股	2012.05.30
600433	冠豪高新	595.14	131.04	0.00	有限售条件流通股上市	2012.12.24
600433	冠豪高新	595.14	72.66	0.00	有限售条件流通股上市	2012.11.23
600433	冠豪高新	595.14	99.84	0.00	送股	2012.05.31
600435	北方导航	744.66	382.90	0.00	有限售条件流通股上市	2012.05.28
600439	瑞贝卡	786.10	0.00	0.00	送股	2012.06.04

上市公司股份变动
Change of Equity in 2012

股票代码 Code	股票简称 Name	变动后总股本 Total Share	流通股份增加 Share Add		变动原因 Change Reason	变动日期 Change Date
			A 股 A Share	B 股 B share		
600439	瑞贝卡	943.32	157.22	0.00	送股	2012.06.05
600449	宁夏建材	239.16	0.00	0.00	送股	2012.05.21
600449	宁夏建材	478.32	125.38	0.00	送股	2012.05.22
600452	涪陵电力	160.00	82.63	0.00	股权分置股份限售期满	2012.01.18
600456	宝钛股份	430.27	202.73	0.00	股权分置股份限售期满	2012.12.31
600458	时代新材	517.34	44.96	0.00	股权分置股份限售期满	2012.03.28
600459	贵研铂业	158.06	7.59	0.00	有限售条件流通股上市	2012.08.08
600460	士兰微	434.08	0.00	0.00	送股	2012.06.11
600460	士兰微	868.16	434.08	0.00	送股	2012.06.12
600461	洪城水业	330.00	120.00	0.00	有限售条件流通股上市	2012.01.05
600462	*ST 石岘	410.60	0.00	0.00	送股	2012.11.02
600462	*ST 石岘	533.78	123.18	0.00	送股	2012.11.05
600467	好当家	730.50	86.42	0.00	有限售条件流通股上市	2012.11.28
600477	杭萧钢构	463.46	23.17	0.00	股权分置股份限售期满	2012.02.16
600478	科力远	314.82	53.47	0.00	股权分置股份限售期满	2012.06.28
600481	双良节能	810.09	0.00	0.00	债转股	2012.01.06
600481	双良节能	810.10	0.01	0.00	债转股	2012.04.09
600481	双良节能	810.10	0.00	0.00	债转股	2012.07.04
600489	中金黄金	1962.15	82.13	0.00	有限售条件流通股上市	2012.08.13
600489	中金黄金	2943.23	45.00	0.00	有限售条件流通股上市	2012.11.12
600489	中金黄金	2943.23	966.08	0.00	送股	2012.08.22
600489	中金黄金	1962.15	0.00	0.00	送股	2012.08.21
600490	中科合臣	232.00	0.00	0.00	A 股增发上市	2012.05.24
600490	中科合臣	232.00	0.00	0.00	送股	2012.09.27
600490	中科合臣	580.00	198.00	0.00	送股	2012.09.28
600495	晋西车轴	302.24	30.42	0.00	有限售条件流通股上市	2012.02.13
600497	驰宏锌锗	1310.10	5.61	0.00	股权分置股份限售期满	2012.06.12
600498	烽火通信	442.86	0.53	0.00	A 股增发上市	2012.06.25
600498	烽火通信	482.36	0.00	0.00	A 股增发上市	2012.07.09
600499	科达机电	651.67	0.00	0.00	A 股增发上市	2012.08.13
600499	科达机电	651.67	24.93	0.00	有限售条件流通股上市	2012.12.13
600513	联环药业	117.00	0.00	0.00	送股	2012.06.28
600513	联环药业	152.10	35.10	0.00	送股	2012.06.29
600515	海岛建设	422.77	0.00	0.00	A 股增发上市	2012.07.12
600521	华海药业	547.45	7.08	0.00	A 股增发上市	2012.07.09
600522	中天科技	391.39	0.00	0.00	送股	2012.05.10
600522	中天科技	704.50	313.11	0.00	送股	2012.05.11
600527	江南高纤	401.04	0.00	0.00	送股	2012.06.13
600527	江南高纤	802.09	351.28	0.00	送股	2012.06.14
600527	江南高纤	802.09	99.53	0.00	有限售条件流通股上市	2012.07.02
600532	宏达矿业	396.23	0.00	0.00	A 股增发上市	2012.12.10
600536	中国软件	225.69	64.38	0.00	有限售条件流通股上市	2012.07.18
600546	山煤国际	991.23	241.23	0.00	有限售条件流通股上市	2012.12.03
600546	山煤国际	991.23	569.27	0.00	有限售条件流通股上市	2012.12.24
600547	山东黄金	1423.07	659.60	0.00	股权分置股份限售期满	2012.02.20
600557	康缘药业	415.65	0.00	0.00	股份回购	2012.05.18
600560	金自天正	149.10	0.00	0.00	送股	2012.05.16
600560	金自天正	223.65	74.55	0.00	送股	2012.05.17
600567	山鹰纸业	755.25	178.33	0.00	有限售条件流通股上市	2012.04.23
600567	山鹰纸业	755.25	0.00	0.00	送股	2012.05.07

上市公司股份变动
Change of Equity in 2012

股票代码 Code	股票简称 Name	变动后总股本 Total Share	流通股份增加 Share Add A 股 A Share	流通股份增加 Share Add B 股 B share	变动原因 Change Reason	变动日期 Change Date
600567	山鹰纸业	1586.02	784.94	0.00	送股	2012.05.08
600568	中珠控股	166.47	0.00	0.00	送股	2012.11.12
600568	中珠控股	366.23	102.56	0.00	送股	2012.11.13
600571	信雅达	202.87	3.18	0.00	股权激励股份限售期满	2012.11.02
600572	康恩贝	703.60	104.07	0.00	股权分置股份限售期满	2012.12.27
600572	康恩贝	809.60	0.00	0.00	A 股增发上市	2012.12.28
600573	惠泉啤酒	250.00	96.67	0.00	股权分置股份限售期满	2012.05.24
600575	芜湖港	1217.65	0.00	0.00	A 股增发上市	2012.04.17
600577	精达股份	360.57	0.00	0.00	送股	2012.04.11
600577	精达股份	721.13	132.17	0.00	有限售条件流通股上市	2012.07.06
600577	精达股份	721.13	294.48	0.00	送股	2012.04.12
600578	京能热电	787.23	79.35	0.00	有限售条件流通股上市	2012.01.04
600578	京能热电	1947.39	0.00	0.00	A 股增发上市	2012.12.28
600582	天地科技	1011.60	0.00	0.00	送股	2012.07.16
600582	天地科技	1213.92	202.32	0.00	送股	2012.07.17
600583	海油工程	3889.44	140.40	0.00	有限售条件流通股上市	2012.01.04
600586	金晶科技	1422.71	242.54	0.00	有限售条件流通股上市	2012.03.15
600587	新华医疗	174.05	39.66	0.00	配股上市	2012.05.02
600588	用友软件	815.90	0.00	0.00	送股	2012.04.19
600588	用友软件	979.08	163.18	0.00	送股	2012.04.20
600590	泰豪科技	500.33	0.00	0.00	A 股增发上市	2012.06.05
600594	益佰制药	360.77	0.00	0.00	股权激励新增股份	2012.02.21
600594	益佰制药	360.70	0.00	0.00	股份注销	2012.10.16
600597	光明乳业	1225.04	0.00	0.00	A 股增发上市	2012.09.06
600606	金丰投资	493.64	0.00	0.00	送股	2012.07.04
600606	金丰投资	518.32	24.68	0.00	送股	2012.07.05
600608	ST 沪科	328.86	23.28	0.00	股权分置股份限售期满	2012.05.16
600612	老凤祥	435.93	0.00	0.00	送股	2012.08.06
600612	老凤祥	435.93	0.00	0.00	送股	2012.08.06
600612	老凤祥	488.78	37.67	0.00	送股	2012.08.07
600615	丰华股份	188.02	0.33	0.00	股权分置股份限售期满	2012.10.30
600617	ST 联华	167.19	12.00	0.00	股权分置股份限售期满	2012.10.29
600619	海立股份	667.74	0.00	0.00	A 股增发上市	2012.07.30
600636	三爱富	347.23	0.00	0.00	送股	2012.07.09
600636	三爱富	381.95	34.72	0.00	送股	2012.07.10
600637	百视通	1113.74	126.65	0.00	有限售条件流通股上市	2012.12.17
600640	号百控股	535.36	0.00	0.00	A 股增发上市	2012.05.21
600643	爱建股份	1105.49	0.00	0.00	A 股增发上市	2012.06.08
600645	中源协和	325.04	0.39	0.00	股权分置股份限售期满	2012.07.10
600648	外高桥	1010.78	417.21	0.00	股权分置股份限售期满	2012.01.04
600649	城投控股	2298.10	0.00	0.00	送股	2012.07.23
600649	城投控股	2987.52	689.43	0.00	送股	2012.07.24
600651	飞乐音响	615.89	0.00	0.00	送股	2012.07.02
600651	飞乐音响	739.07	123.18	0.00	送股	2012.07.03
600656	ST 博元	190.34	17.30	0.00	股权分置股份限售期满	2012.10.19
600658	电子城	580.10	408.16	0.00	有限售条件流通股上市	2012.12.14
600660	福耀玻璃	2002.99	100.15	0.00	股权分置股份限售期满	2012.04.20
600664	哈药股份	1917.48	0.00	0.00	A 股增发上市	2012.01.13
600665	天地源	720.10	0.00	0.00	送股	2012.05.17
600665	天地源	864.12	144.02	0.00	送股	2012.05.18

上市公司股份变动
Change of Equity in 2012

股票代码 Code	股票简称 Name	变动后总股本 Total Share	流通股份增加 Share Add A 股 A Share	流通股份增加 Share Add B 股 B share	变动原因 Change Reason	变动日期 Change Date
600667	太极实业	468.82	100.00	0.00	有限售条件流通股上市	2012.07.09
600667	太极实业	468.82	0.00	0.00	送股	2012.10.11
600667	太极实业	937.63	468.82	0.00	送股	2012.10.12
600667	太极实业	1191.27	253.64	0.00	配股上市	2012.11.09
600673	东阳光铝	827.47	0.61	0.00	股权分置股份限售期满	2012.07.09
600674	川投能源	1095.92	163.00	0.00	A 股增发上市	2012.03.22
600674	川投能源	1972.66	568.35	0.00	送股	2012.05.23
600674	川投能源	1972.67	693.86	0.00	有限售条件流通股上市	2012.12.17
600674	川投能源	1095.92	0.00	0.00	送股	2012.05.22
600675	中华企业	1414.44	0.00	0.00	送股	2012.05.21
600675	中华企业	1555.88	141.44	0.00	送股	2012.05.22
600676	交运股份	862.37	0.00	0.00	A 股增发上市	2012.03.05
600681	ST 万鸿	251.48	43.71	0.00	股权分置股份限售期满	2012.09.10
600683	京投银泰	740.78	317.40	0.00	有限售条件流通股上市	2012.04.09
600684	珠江实业	243.15	0.00	0.00	送股	2012.06.26
600684	珠江实业	316.10	72.95	0.00	送股	2012.06.27
600691	*ST 东碳	587.14	0.00	0.00	A 股增发上市	2012.10.30
600695	大江股份	713.20	0.00	0.00	A 股增发上市	2012.09.10
600698	*ST 轻骑	971.82	0.92	0.00	股权分置股份限售期满	2012.03.09
600699	均胜电子	579.05	0.00	0.00	A 股增发上市	2012.12.21
600704	物产中大	658.76	0.00	0.00	送股	2012.07.04
600704	物产中大	790.52	112.43	0.00	送股	2012.07.05
600705	ST 航投	1052.16	0.00	0.00	A 股增发上市	2012.06.01
600705	ST 航投	1522.47	405.20	0.00	股权分置	2012.08.30
600706	曲江文旅	179.51	0.00	0.00	A 股增发上市	2012.07.09
600710	常林股份	533.57	47.37	0.00	有限售条件流通股上市	2012.06.04
600710	常林股份	533.57	0.00	0.00	送股	2012.10.15
600710	常林股份	640.28	106.71	0.00	送股	2012.10.16
600711	盛屯矿业	163.22	0.00	0.00	送股	2012.08.24
600711	盛屯矿业	293.79	63.57	0.00	送股	2012.08.27
600712	南宁百货	340.41	0.00	0.00	送股	2012.04.23
600712	南宁百货	544.66	128.00	0.00	有限售条件流通股上市	2012.10.12
600712	南宁百货	544.66	153.43	0.00	送股	2012.04.24
600714	金瑞矿业	273.40	122.47	0.00	有限售条件流通股上市	2012.11.05
600720	祁连山	597.15	122.24	0.00	配股上市	2012.12.11
600722	ST 金化	680.32	0.00	0.00	A 股增发上市	2012.09.13
600724	宁波富达	1445.24	1000.56	0.00	有限售条件流通股上市	2012.04.23
600728	佳都新太	324.80	48.72	0.00	股权分置股份限售期满	2012.06.11
600728	佳都新太	362.80	0.00	0.00	A 股增发上市	2012.07.17
600734	实达集团	351.56	35.16	0.00	股权分置股份限售期满	2012.04.05
600734	实达集团	351.56	4.06	0.00	股权分置股份限售期满	2012.09.12
600735	新华锦	250.70	0.00	0.00	A 股增发上市	2012.12.03
600741	华域汽车	2583.20	1110.64	0.00	有限售条件流通股上市	2012.03.27
600743	华远地产	1264.46	0.00	0.00	送股	2012.07.05
600743	华远地产	1580.57	170.48	0.00	送股	2012.07.06
600749	西藏旅游	189.14	24.14	0.00	有限售条件流通股上市	2012.05.02
600756	浪潮软件	185.83	0.00	0.00	送股	2012.05.10
600756	浪潮软件	278.75	92.92	0.00	送股	2012.05.11
600757	长江传媒	1039.68	0.00	0.00	A 股增发上市	2012.01.30
600757	长江传媒	1039.68	3.56	0.00	股权分置股份限售期满	2012.03.12

上市公司股份变动
Change of Equity in 2012

股票代码 Code	股票简称 Name	变动后总股本 Total Share	流通股份增加 Share Add		变动原因 Change Reason	变动日期 Change Date
			A 股 A Share	B 股 B share		
600758	红阳能源	207.68	0.64	0.00	股权分置股份限售期满	2012.03.12
600761	安徽合力	428.35	0.00	0.00	送股	2012.06.19
600761	安徽合力	514.01	85.67	0.00	送股	2012.06.20
600766	*ST 园城	171.17	0.00	0.00	送股	2012.06.06
600766	*ST 园城	224.23	51.98	0.00	送股	2012.06.07
600768	宁波富邦	133.75	19.28	0.00	股权分置股份限售期满	2012.02.14
600770	综艺股份	736.40	54.80	0.00	有限售条件流通股上市	2012.04.12
600770	综艺股份	736.40	0.00	0.00	送股	2012.07.16
600770	综艺股份	1104.60	360.70	0.00	送股	2012.07.17
600773	西藏城投	575.70	346.84	0.00	有限售条件流通股上市	2012.12.18
600774	汉商集团	174.58	0.30	0.00	股权分置股份限售期满	2012.07.18
600781	上海辅仁	177.59	54.27	0.00	股权分置股份限售期满	2012.04.27
600784	鲁银投资	248.31	0.00	0.00	送股	2012.04.16
600784	鲁银投资	496.61	248.31	0.00	送股	2012.04.17
600787	中储股份	840.10	375.92	0.00	股权分置股份限售期满	2012.12.10
600790	轻纺城	618.78	99.72	0.00	股权分置股份限售期满	2012.05.11
600790	轻纺城	805.38	0.00	0.00	A 股增发上市	2012.09.26
600795	国电电力	15394.81	0.24	0.00	债转股	2012.04.12
600795	国电电力	15394.89	0.08	0.00	债转股	2012.07.05
600795	国电电力	15394.90	0.01	0.00	债转股	2012.10.15
600797	浙大网新	842.01	8.67	0.00	有限售条件流通股上市	2012.05.10
600800	天津磁卡	611.27	121.18	0.00	股权分置股份限售期满	2012.03.05
600801	华新水泥	935.30	77.01	0.00	有限售条件流通股上市	2012.11.14
600807	天业股份	321.15	12.20	0.00	股权分置股份限售期满	2012.05.04
600809	山西汾酒	432.92	0.00	0.00	送股	2012.06.12
600809	山西汾酒	865.85	432.92	0.00	送股	2012.06.13
600812	华北制药	1378.58	0.00	0.00	A 股增发上市	2012.10.22
600815	厦工股份	798.97	-2.63	0.00	A 股增发上市	2012.03.05
600817	*ST 宏盛	128.73	0.00	0.00	送股	2012.07.31
600817	*ST 宏盛	160.91	22.48	0.00	送股	2012.08.02
600820	隧道股份	1298.66	0.00	0.00	A 股增发上市	2012.07.02
600822	上海物贸	495.97	42.55	0.00	有限售条件流通股上市	2012.11.12
600823	世茂股份	1170.60	692.24	0.00	有限售条件流通股上市	2012.05.14
600828	成商集团	438.80	0.00	0.00	送股	2012.05.07
600828	成商集团	570.44	131.21	0.00	送股	2012.05.08
600828	成商集团	570.44	0.28	0.00	股权分置股份限售期满	2012.11.28
600837	海通证券	8104.88	-122.94	0.00	其他股本变动	2012.04.27
600837	海通证券	9584.72	0.00	0.00	其他股本变动	2012.06.20
600837	海通证券	8092.13	-12.75	0.00	其他股本变动	2012.05.28
600839	四川长虹	4616.24	0.72	0.00	股权分置股份限售期满	2012.06.28
600841	上柴股份	543.18	0.00	0.00	A 股增发上市	2012.03.26
600841	上柴股份	543.18	0.00	0.00	送股	2012.06.04
600841	上柴股份	543.18	0.00	0.00	送股	2012.06.04
600841	上柴股份	738.89	157.99	0.00	送股	2012.06.05
600846	同济科技	624.76	37.60	0.00	有限售条件流通股上市	2012.05.22
600850	华东电脑	321.74	0.00	0.00	A 股增发上市	2012.08.20
600855	航天长峰	331.62	0.00	0.00	A 股增发上市	2012.01.10
600858	银座股份	288.93	0.00	0.00	送股	2012.04.12
600858	银座股份	520.07	210.74	0.00	送股	2012.04.13
600862	南通科技	637.93	302.86	0.00	送股	2012.01.06

上市公司股份变动
Change of Equity in 2012

股票代码 Code	股票简称 Name	变动后总股本 Total Share	流通股份增加 Share Add A 股 A Share	流通股份增加 Share Add B 股 B share	变动原因 Change Reason	变动日期 Change Date
600863	内蒙华电	2581.22	0.00	0.00	A 股增发上市	2012.03.22
600866	星湖科技	550.39	23.43	0.00	有限售条件流通股上市	2012.04.23
600869	三普药业	495.02	0.00	0.00	送股	2012.07.02
600869	三普药业	990.04	135.18	0.00	有限售条件流通股上市	2012.11.26
600869	三普药业	990.04	120.00	0.00	送股	2012.07.03
600870	ST 厦华	523.20	0.00	0.00	A 股增发上市	2012.12.03
600873	梅花集团	2708.24	1316.81	0.00	其他股本变动	2012.01.06
600875	东方电气	2003.86	119.93	0.00	有限售条件流通股上市	2012.12.28
600882	华联矿业	399.24	0.00	0.00	A 股增发上市	2012.08.24
600885	ST 宏发	476.64	0.00	0.00	A 股增发上市	2012.10.29
600886	国投电力	2345.10	0.00	0.00	送股	2012.06.25
600886	国投电力	3517.66	1410.72	0.00	有限售条件流通股上市	2012.12.04
600886	国投电力	3517.65	702.31	0.00	送股	2012.06.26
600888	新疆众和	411.04	0.00	0.00	送股	2012.05.25
600888	新疆众和	534.35	105.62	0.00	送股	2012.05.28
600888	新疆众和	534.35	65.18	0.00	有限售条件流通股上市	2012.07.02
600890	中房股份	579.19	251.05	0.00	股权分置股份限售期满	2012.01.05
600891	秋林集团	325.53	55.64	0.00	股权分置股份限售期满	2012.03.01
600893	航空动力	1089.57	2.54	0.00	股权分置股份限售期满	2012.11.30
600893	航空动力	1089.57	0.80	0.00	股权分置股份限售期满	2012.03.16
600894	广日股份	788.52	0.00	0.00	A 股增发上市	2012.07.05
600900	长江电力	16500.00	2381.87	0.00	有限售条件流通股上市	2012.11.06
600962	国投中鲁	201.70	0.00	0.00	送股	2012.07.11
600962	国投中鲁	262.21	58.62	0.00	送股	2012.07.12
600963	岳阳林纸	1043.16	0.00	0.00	A 股增发上市	2012.12.21
600967	北方创业	228.56	0.00	0.00	A 股增发上市	2012.12.20
600970	中材国际	911.08	185.32	0.00	有限售条件流通股上市	2012.04.09
600970	中材国际	911.08	0.00	0.00	送股	2012.06.11
600970	中材国际	1093.30	182.22	0.00	送股	2012.06.12
600971	恒源煤电	1000.00	573.84	0.00	股权分置股份限售期满	2012.12.24
600973	宝胜股份	203.15	44.79	0.00	有限售条件流通股上市	2012.03.09
600973	宝胜股份	203.15	0.00	0.00	送股	2012.05.10
600973	宝胜股份	304.73	100.40	0.00	送股	2012.05.11
600975	新五丰	180.28	0.00	0.00	送股	2012.07.06
600975	新五丰	234.36	54.08	0.00	送股	2012.07.09
600976	武汉健民	153.40	0.22	0.00	股权激励股份限售期满	2012.08.13
600978	宜华木业	1152.66	-15.66	0.00	其他股本变动	2012.06.18
600985	雷鸣科化	175.24	0.00	0.00	A 股增发上市	2012.12.05
600988	ST 宝龙	99.64	28.88	0.00	股权分置股份限售期满	2012.07.20
600988	ST 宝龙	283.30	0.00	0.00	A 股增发上市	2012.12.06
600993	马应龙	331.58	0.04	0.00	股权分置股份限售期满	2012.12.26
600998	九州通	1420.52	35.23	0.00	有限售条件流通股上市	2012.09.24
600999	招商证券	4661.10	38.70	0.00	有限售条件流通股上市	2012.06.18
600999	招商证券	4661.10	2166.83	0.00	有限售条件流通股上市	2012.11.19
601000	唐山港	1127.97	127.97	0.00	有限售条件流通股上市	2012.08.24
601000	唐山港	1127.97	0.00	0.00	送股	2012.09.10
601000	唐山港	2030.35	462.38	0.00	送股	2012.09.11
601008	连云港	624.33	44.40	0.00	有限售条件流通股上市	2012.03.26
601008	连云港	624.33	0.00	0.00	送股	2012.05.02
601008	连云港	811.64	174.60	0.00	送股	2012.05.03

上市公司股份变动
Change of Equity in 2012

股票代码 Code	股票简称 Name	变动后总股本 Total Share	流通股份增加 Share Add		变动原因 Change Reason	变动日期 Change Date
			A 股 A Share	B 股 B share		
601010	文峰股份	492.80	12.80	0.00	有限售条件流通股上市	2012.06.04
601011	宝泰隆	387.00	27.61	0.00	有限售条件流通股上市	2012.03.09
601012	隆基股份	299.18	60.00	0.00	A 股新上市	2012.04.11
601012	隆基股份	299.18	0.00	0.00	送股	2012.06.26
601012	隆基股份	538.52	48.00	0.00	送股	2012.06.27
601012	隆基股份	538.52	27.00	0.00	有限售条件流通股上市	2012.07.11
601028	玉龙股份	317.50	15.90	0.00	有限售条件流通股上市	2012.02.07
601028	玉龙股份	317.50	17.10	0.00	有限售条件流通股上市	2012.11.07
601038	一拖股份	995.90	150.00	0.00	A 股新上市	2012.08.08
601058	赛轮股份	378.00	97.62	0.00	有限售条件流通股上市	2012.07.02
601099	太平洋	1503.31	19.00	0.00	股权分置股份限售期满	2012.06.15
601099	太平洋	1503.31	0.00	0.00	送股	2012.07.10
601099	太平洋	1653.64	150.33	0.00	送股	2012.07.11
601100	恒立油缸	420.00	21.00	0.00	有限售条件流通股上市	2012.01.30
601100	恒立油缸	420.00	0.00	0.00	送股	2012.06.21
601100	恒立油缸	630.00	52.50	0.00	送股	2012.06.25
601101	昊华能源	1000.00	0.00	0.00	送股	2012.07.12
601101	昊华能源	1200.00	70.97	0.00	送股	2012.07.13
601107	四川成渝	3058.06	1005.29	0.00	有限售条件流通股上市	2012.07.30
601113	华鼎锦纶	320.00	72.00	0.00	有限售条件流通股上市	2012.05.09
601113	华鼎锦纶	320.00	0.00	0.00	送股	2012.06.05
601113	华鼎锦纶	640.00	152.00	0.00	送股	2012.06.06
601118	海南橡胶	3931.17	15.00	0.00	有限售条件流通股上市	2012.01.09
601118	海南橡胶	3931.17	184.00	0.00	有限售条件流通股上市	2012.09.07
601126	四方股份	406.66	67.44	0.00	有限售条件流通股上市	2012.01.04
601126	四方股份	406.66	2.07	0.00	股权激励股份限售期满	2012.07.19
601126	四方股份	406.63	0.00	0.00	股份注销	2012.07.26
601126	四方股份	406.60	0.00	0.00	股份注销	2012.09.28
601137	博威合金	215.00	40.00	0.00	有限售条件流通股上市	2012.01.30
601139	深圳燃气	1320.30	0.00	0.00	送股	2012.06.14
601139	深圳燃气	1980.45	285.00	0.00	送股	2012.06.15
601139	深圳燃气	1980.45	59.58	0.00	有限售条件流通股上市	2012.12.12
601139	深圳燃气	1980.45	990.00	0.00	有限售条件流通股上市	2012.12.25
601169	北京银行	7333.47	0.00	0.00	A 股增发上市	2012.03.29
601169	北京银行	7333.47	0.00	0.00	送股	2012.07.11
601169	北京银行	8800.16	1245.51	0.00	送股	2012.07.12
601199	江南水务	233.80	21.64	0.00	有限售条件流通股上市	2012.03.19
601208	东材科技	307.88	0.00	0.00	送股	2012.05.07
601208	东材科技	615.76	80.00	0.00	送股	2012.05.08
601208	东材科技	615.76	157.07	0.00	有限售条件流通股上市	2012.05.21
601216	内蒙君正	640.00	129.18	0.00	有限售条件流通股上市	2012.02.22
601216	内蒙君正	640.00	0.00	0.00	送股	2012.05.24
601216	内蒙君正	1280.00	249.18	0.00	送股	2012.05.25
601218	吉鑫科技	450.80	88.83	0.00	有限售条件流通股上市	2012.05.10
601222	林洋电子	290.00	0.00	0.00	送股	2012.05.31
601222	林洋电子	348.00	15.00	0.00	送股	2012.06.01
601222	林洋电子	348.00	24.00	0.00	有限售条件流通股上市	2012.08.15
601222	林洋电子	355.29	0.00	0.00	A 股增发上市	2012.09.13
601231	环旭电子	1011.72	85.50	0.00	A 股新上市	2012.02.20
601231	环旭电子	1011.72	21.30	0.00	有限售条件流通股上市	2012.05.21

上市公司股份变动
Change of Equity in 2012

股票代码 Code	股票简称 Name	变动后总股本 Total Share	流通股份增加 Share Add		变动原因 Change Reason	变动日期 Change Date
			A 股 A Share	B 股 B share		
601233	桐昆股份	963.60	202.16	0.00	有限售条件流通股上市	2012.05.18
601238	广汽集团	6435.02	286.96	0.00	A 股新上市	2012.03.29
601258	庞大集团	2621.50	363.44	0.00	有限售条件流通股上市	2012.05.02
601268	二重重装	2293.45	0.00	0.00	A 股增发上市	2012.12.18
601288	农业银行	324794.12	5114.12	0.00	战略投资人配售上市	2012.01.16
601299	中国北车	10320.06	584.47	0.00	配股上市	2012.03.13
601299	中国北车	10320.06	7177.92	0.00	有限售条件流通股上市	2012.12.31
601311	骆驼股份	420.40	0.00	0.00	送股	2012.05.21
601311	骆驼股份	840.79	83.00	0.00	送股	2012.05.22
601311	骆驼股份	840.79	133.33	0.00	有限售条件流通股上市	2012.06.04
601311	骆驼股份	851.83	0.00	0.00	A 股增发上市	2012.12.28
601313	江南嘉捷	224.00	44.80	0.00	A 股新上市	2012.01.16
601313	江南嘉捷	224.00	11.20	0.00	有限售条件流通股上市	2012.04.16
601328	交通银行	74262.73	0.00	0.00	A 股增发上市	2012.08.28
601328	交通银行	74262.73	0.00	0.00	其他股本变动	2012.08.28
601333	广深铁路	7083.54	274.80	0.00	有限售条件流通股上市	2012.12.24
601336	新华保险	3119.55	0.00	0.00	其他股本变动	2012.01.10
601336	新华保险	3119.55	31.71	0.00	有限售条件流通股上市	2012.03.16
601336	新华保险	3119.55	942.04	0.00	有限售条件流通股上市	2012.12.17
601339	百隆东方	750.00	150.00	0.00	A 股新上市	2012.06.12
601377	兴业证券	2200.00	10.28	0.00	有限售条件流通股上市	2012.02.13
601377	兴业证券	2200.00	4.68	0.00	有限售条件流通股上市	2012.05.14
601377	兴业证券	2200.00	13.08	0.00	有限售条件流通股上市	2012.07.13
601377	兴业证券	2200.00	31.98	0.00	有限售条件流通股上市	2012.09.13
601388	怡球资源	410.00	84.00	0.00	A 股新上市	2012.04.23
601388	怡球资源	410.00	21.00	0.00	有限售条件流通股上市	2012.07.23
601398	工商银行	349083.25	63.71	0.00	债转股	2012.01.09
601398	工商银行	349313.44	230.19	0.00	债转股	2012.04.09
601398	工商银行	349321.23	7.80	0.00	债转股	2012.07.05
601398	工商银行	349321.24	0.01	0.00	债转股	2012.10.10
601515	东风股份	556.00	44.80	0.00	A 股新上市	2012.02.16
601515	东风股份	556.00	11.20	0.00	有限售条件流通股上市	2012.05.16
601519	大智慧	695.00	140.57	0.00	有限售条件流通股上市	2012.01.30
601519	大智慧	695.00	0.00	0.00	送股	2012.05.17
601519	大智慧	1390.00	250.57	0.00	送股	2012.05.18
601555	东吴证券	2000.00	225.00	0.00	有限售条件流通股上市	2012.03.12
601555	东吴证券	2000.00	721.38	0.00	有限售条件流通股上市	2012.12.12
601558	华锐风电	2010.20	0.00	0.00	送股	2012.06.26
601558	华锐风电	4020.40	210.20	0.00	送股	2012.06.27
601566	九牧王	572.93	2.93	0.00	有限售条件流通股上市	2012.05.30
601566	九牧王	578.66	0.00	0.00	A 股增发上市	2012.06.27
601567	三星电气	267.00	22.52	0.00	有限售条件流通股上市	2012.06.15
601567	三星电气	267.00	0.00	0.00	送股	2012.06.29
601567	三星电气	400.50	44.76	0.00	送股	2012.07.02
601599	鹿港科技	212.00	0.00	0.00	送股	2012.04.12
601599	鹿港科技	318.00	26.50	0.00	送股	2012.04.13
601599	鹿港科技	318.00	85.41	0.00	有限售条件流通股上市	2012.05.28
601601	中国太保	9062.00	0.00	0.00	其他股本变动	2012.11.16
601608	中信重工	2740.00	565.00	0.00	A 股新上市	2012.07.06
601616	广电电气	518.10	202.42	0.00	有限售条件流通股上市	2012.02.01

上市公司股份变动
Change of Equity in 2012

股票代码 Code	股票简称 Name	变动后总股本 Total Share	流通股份增加 Share Add A 股 A Share	流通股份增加 Share Add B 股 B share	变动原因 Change Reason	变动日期 Change Date
601616	广电电气	518.10	0.00	0.00	送股	2012.05.15
601616	广电电气	932.58	245.94	0.00	送股	2012.05.16
601618	中国中冶	19110.00	12611.61	0.00	有限售条件流通股上市	2012.09.21
601636	旗滨集团	694.66	0.00	0.00	A 股增发上市	2012.06.12
601636	旗滨集团	694.66	2.50	0.00	有限售条件流通股上市	2012.08.13
601668	中国建筑	30000.00	16920.00	0.00	有限售条件流通股上市	2012.07.30
601669	中国水电	9600.00	1500.00	0.00	有限售条件流通股上市	2012.01.18
601669	中国水电	9600.00	3.00	0.00	有限售条件流通股上市	2012.10.18
601677	明泰铝业	401.00	20.80	0.00	有限售条件流通股上市	2012.09.19
601688	华泰证券	5600.00	313.11	0.00	有限售条件流通股上市	2012.07.30
601688	华泰证券	5600.00	143.79	0.00	有限售条件流通股上市	2012.12.31
601700	风范股份	219.60	27.00	0.00	有限售条件流通股上市	2012.01.18
601717	郑煤机	1400.00	414.40	0.00	送股	2012.03.14
601717	郑煤机	1377.89	0.00	0.00	股份注销	2012.12.05
601717	郑煤机	1621.12	0.00	0.00	其他股本变动	2012.12.06
601766	中国南车	13803.00	0.00	0.00	A 股增发上市	2012.03.20
601788	光大证券	3418.00	2325.00	0.00	有限售条件流通股上市	2012.08.20
601789	宁波建工	462.60	0.00	0.00	A 股增发上市	2012.12.26
601798	蓝科高新	320.00	36.00	0.00	有限售条件流通股上市	2012.06.25
601799	星宇股份	239.56	0.00	0.00	股权激励新增股份	2012.01.17
601799	星宇股份	239.49	0.00	0.00	股份注销	2012.12.20
601799	星宇股份	239.49	0.68	0.00	股权激励股份限售期满	2012.12.28
601800	中国交建	16174.74	837.16	0.00	A 股新上市	2012.03.09
601800	中国交建	16174.74	327.39	0.00	有限售条件流通股上市	2012.06.11
601801	皖新传媒	910.00	62.32	0.00	有限售条件流通股上市	2012.02.28
601818	光大银行	40434.79	3717.90	0.00	有限售条件流通股上市	2012.11.05
601872	招商轮船	4291.75	0.00	0.00	A 股增发上市	2012.03.13
601872	招商轮船	4291.75	0.00	0.00	送股	2012.11.26
601872	招商轮船	4720.92	343.34	0.00	送股	2012.11.27
601886	江河幕墙	560.00	150.33	0.00	有限售条件流通股上市	2012.08.20
601888	中国国旅	880.00	660.00	0.00	有限售条件流通股上市	2012.10.15
601901	方正证券	6100.00	1766.55	0.00	有限售条件流通股上市	2012.08.10
601901	方正证券	6100.00	48.77	0.00	有限售条件流通股上市	2012.08.21
601901	方正证券	6100.00	11.91	0.00	有限售条件流通股上市	2012.11.14
601908	京运通	429.89	0.00	0.00	送股	2012.06.11
601908	京运通	859.77	60.00	0.00	送股	2012.06.12
601908	京运通	859.77	87.52	0.00	有限售条件流通股上市	2012.09.10
601928	凤凰传媒	2544.90	229.05	0.00	有限售条件流通股上市	2012.02.29
601928	凤凰传媒	2544.90	150.00	0.00	有限售条件流通股上市	2012.11.30
601929	吉视传媒	1397.99	224.00	0.00	A 股新上市	2012.02.23
601929	吉视传媒	1397.99	56.00	0.00	有限售条件流通股上市	2012.05.24
601965	中国汽研	640.79	192.00	0.00	A 股新上市	2012.06.11
601988	中国银行	279147.33	0.01	0.00	债转股	2012.01.09
601988	中国银行	279147.34	0.00	0.00	债转股	2012.04.09
601988	中国银行	279147.34	0.00	0.00	债转股	2012.07.05
601989	中国重工	14667.71	666.34	0.00	有限售条件流通股上市	2012.02.15
601989	中国重工	14667.71	7241.60	0.00	有限售条件流通股上市	2012.12.17
601991	大唐发电	13310.04	900.00	0.00	有限售条件流通股上市	2012.05.30
601992	金隅股份	4283.74	0.12	0.00	股权分置股份限售期满	2012.01.19
601992	金隅股份	4283.74	950.30	0.00	有限售条件流通股上市	2012.03.01

上市公司股份变动
Change of Equity in 2012

股票代码 Code	股票简称 Name	变动后总股本 Total Share	流通股份增加 Share Add		变动原因 Change Reason	变动日期 Change Date
			A 股 A Share	B 股 B share		
601996	丰林集团	234.46	0.00	0.00	送股	2012.05.16
601996	丰林集团	468.91	58.62	0.00	送股	2012.05.17
601996	丰林集团	468.91	78.95	0.00	有限售条件流通股上市	2012.10.08
603000	人民网	276.42	55.31	0.00	A 股新上市	2012.04.27
603000	人民网	276.42	13.80	0.00	有限售条件流通股上市	2012.07.27
603001	奥康国际	400.98	64.80	0.00	A 股新上市	2012.04.26
603001	奥康国际	400.98	16.20	0.00	有限售条件流通股上市	2012.07.26
603002	宏昌电子	400.00	80.00	0.00	A 股新上市	2012.05.18
603002	宏昌电子	400.00	20.00	0.00	一般法人配售上市	2012.08.20
603003	龙宇燃油	202.00	50.50	0.00	A 股新上市	2012.08.17
603008	喜临门	210.00	52.50	0.00	A 股新上市	2012.07.17
603077	和邦股份	450.00	100.00	0.00	A 股新上市	2012.07.31
603123	翠微股份	308.00	61.60	0.00	A 股新上市	2012.05.03
603123	翠微股份	308.00	15.40	0.00	有限售条件流通股上市	2012.08.03
603128	华贸物流	400.00	100.00	0.00	A 股新上市	2012.05.29
603167	渤海轮渡	481.40	101.00	0.00	A 股新上市	2012.09.06
603333	明星电缆	346.67	69.37	0.00	A 股新上市	2012.05.07
603333	明星电缆	346.67	17.30	0.00	有限售条件流通股上市	2012.08.07
603333	明星电缆	346.67	0.00	0.00	送股	2012.10.17
603333	明星电缆	520.01	43.34	0.00	送股	2012.10.18
603366	日出东方	400.00	80.00	0.00	A 股新上市	2012.05.21
603366	日出东方	400.00	20.00	0.00	有限售条件流通股上市	2012.08.21
603399	新华龙	253.36	63.36	0.00	A 股新上市	2012.08.24
603766	隆鑫通用	800.00	80.00	0.00	A 股新上市	2012.08.10
603993	洛阳钼业	5076.17	200.00	0.00	A 股新上市	2012.10.09
900905	老凤祥 B	523.12	0.00	34.33	送股	2012.08.10
900920	上柴 B 股	869.09	0.00	130.20	送股	2012.06.08
900947	振华 B 股	4390.29	0.00	763.96	其他股本变动	2012.12.25
900948	伊泰 B 股	1626.67	0.00	0.00	其他股本变动	2012.07.13
900948	伊泰 B 股	1627.00	0.00	0.00	其他股本变动	2012.08.07

上市公司派发现金红利
Dividends in 2012

红利代码 Code	红利简称 Name	发放日期 Date	每股红利(含税) Dividend (Pre-Tax)	每股红利(除税) Dividend (After-Tax)	代发总股本(百万) Equity (M)	代发红利总额(百万) Cash(M)
600000	浦发银行	2012.06.26	0.300	0.270	18653.47	5036.44
600004	白云机场	2012.07.25	0.350	0.315	1150.00	362.25
600005	武钢股份	2012.06.25	0.050	0.045	10093.78	454.22
600006	东风汽车	2012.06.18	0.050	0.045	2000.00	90.00
600007	中国国贸	2012.05.30	0.130	0.117	1007.28	117.85
600008	首创股份	2012.06.01	0.130	0.117	2200.00	257.40
600009	上海机场	2012.08.13	0.600	0.540	1926.96	1040.56
600010	包钢股份	2012.05.17	0.030	0.027	6423.64	173.44
600011	华能国际	2012.06.28	0.050	0.045	10500.00	472.50
600012	皖通高速	2012.07.16	0.210	0.189	1165.60	220.30
600015	华夏银行	2012.05.18	0.250	0.225	6849.73	1541.19
600016	民生银行	2012.06.26	0.300	0.270	22587.60	6098.65
600016	民生银行	2012.09.03	0.150	0.135	22587.60	3049.33
600017	日照港	2012.06.15	0.060	0.054	3075.65	166.09
600018	上港集团	2012.07.11	0.118	0.106	22755.18	2416.60
600019	宝钢股份	2012.06.11	0.200	0.180	17512.05	3152.17
600020	中原高速	2012.06.28	0.010	0.004	2140.35	8.56
600021	上海电力	2012.07.10	0.050	0.045	2139.74	96.29
600026	中海发展	2012.06.01	0.100	0.090	2108.55	189.77
600028	中国石化	2012.05.28	0.200	0.180	70039.75	12607.15
600028	中国石化	2012.09.17	0.100	0.090	70039.79	6303.58
600029	南方航空	2012.07.09	0.200	0.180	7022.65	1264.08
600030	中信证券	2012.08.02	0.430	0.387	9838.58	3807.53
600031	三一重工	2012.08.08	0.300	0.270	7593.71	2050.30
600033	福建高速	2012.06.11	0.100	0.090	2744.40	247.00
600035	楚天高速	2012.07.05	0.080	0.072	931.65	67.08
600036	招商银行	2012.06.07	0.420	0.378	17666.13	6677.80
600037	歌华有线	2012.05.28	0.100	0.090	1060.37	95.43
600038	哈飞股份	2012.08.13	0.100	0.090	337.35	30.36
600039	四川路桥	2012.05.15	0.100	0.075	304.00	22.80
600048	保利地产	2012.06.18	0.215	0.194	5948.33	1151.00
600050	中国联通	2012.07.06	0.034	0.030	21196.60	639.08
600051	宁波联合	2012.05.30	0.100	0.090	302.40	27.22
600054	黄山旅游	2012.07.27	0.140	0.126	315.35	39.73
600056	中国医药	2012.06.21	0.100	0.090	310.96	27.99
600058	五矿发展	2012.06.14	0.210	0.189	1071.91	202.59
600059	古越龙山	2012.06.11	0.050	0.045	634.86	28.57
600062	华润双鹤	2012.07.20	0.384	0.346	571.70	197.58
600064	南京高科	2012.07.02	0.200	0.180	516.22	92.92
600066	宇通客车	2012.05.09	0.300	0.270	673.66	181.89
600067	冠城大通	2012.04.20	0.130	0.067	735.50	49.28
600068	葛洲坝	2012.06.15	0.100	0.090	3487.46	313.87
600070	浙江富润	2012.06.04	0.300	0.270	140.68	37.98
600073	上海梅林	2012.06.25	0.050	0.045	498.63	22.44
600075	新疆天业	2012.05.18	0.050	0.045	438.59	19.74
600077	宋都股份	2012.07.06	0.060	0.054	536.83	28.99
600078	澄星股份	2012.06.08	0.030	0.027	662.57	17.89
600079	人福医药	2012.07.03	0.070	0.063	493.44	31.09
600082	海泰发展	2012.06.21	0.050	0.045	646.12	29.08
600085	同仁堂	2012.07.04	0.150	0.135	1302.07	175.78

上市公司派发现金红利 Dividends in 2012

红利代码 Code	红利简称 Name	发放日期 Date	每股红利(含税) Dividend (Pre-Tax)	每股红利(除税) Dividend (After-Tax)	代发总股本(百万) Equity (M)	代发红利总额(百万) Cash(M)
600088	中视传媒	2012.05.30	0.086	0.077	331.42	25.65
600089	特变电工	2012.05.31	0.080	0.072	2635.56	189.76
600096	云天化	2012.07.03	0.200	0.180	693.63	124.85
600097	开创国际	2012.07.12	0.080	0.072	202.60	14.59
600098	广州控股	2012.05.24	0.100	0.090	2059.20	185.33
600100	同方股份	2012.06.29	0.100	0.090	1987.70	178.89
600101	明星电力	2012.06.26	0.050	0.045	324.18	14.59
600104	上汽集团	2012.07.05	0.300	0.270	11025.57	2976.90
600106	重庆路桥	2012.04.24	0.070	0.018	453.87	8.17
600109	国金证券	2012.06.26	0.100	0.090	1000.24	90.02
600111	包钢稀土	2012.05.04	0.350	0.215	1211.02	260.37
600112	长征电气	2012.06.04	0.010	0.009	424.34	3.82
600114	东睦股份	2012.05.03	0.120	0.108	195.50	21.11
600116	三峡水利	2012.05.09	0.100	0.090	267.53	24.08
600118	中国卫星	2012.05.22	0.050	0.035	705.08	24.68
600119	长江投资	2012.05.24	0.060	0.054	307.40	16.60
600120	浙江东方	2012.06.05	0.120	0.108	505.47	54.59
600121	郑州煤电	2012.04.26	0.100	0.090	629.14	56.62
600123	兰花科创	2012.06.01	0.600	0.490	571.20	279.89
600125	铁龙物流	2012.06.14	0.060	0.054	1305.52	70.50
600126	杭钢股份	2012.05.21	0.050	0.045	838.94	37.75
600128	弘业股份	2012.07.25	0.100	0.090	246.77	22.21
600132	重庆啤酒	2012.06.12	0.200	0.180	483.97	87.11
600138	中青旅	2012.07.23	0.200	0.180	415.35	74.76
600141	兴发集团	2012.06.29	0.200	0.180	365.48	65.79
600143	金发科技	2012.06.04	0.300	0.240	1646.50	395.16
600148	长春一东	2012.06.18	0.060	0.054	141.52	7.64
600150	中国船舶	2012.06.12	0.300	0.270	1060.09	286.22
600152	维科精华	2012.06.15	0.060	0.054	293.49	15.85
600153	建发股份	2012.07.17	0.100	0.090	2237.75	201.40
600156	华升股份	2012.05.31	0.020	0.018	402.11	7.24
600157	永泰能源	2012.04.24	0.100	0.090	883.78	79.54
600158	中体产业	2012.06.12	0.050	0.045	843.74	37.97
600160	巨化股份	2012.05.21	0.500	0.450	885.57	398.51
600161	天坛生物	2012.07.19	0.100	0.090	515.47	46.39
600166	福田汽车	2012.03.29	0.120	0.108	2109.67	227.84
600168	武汉控股	2012.04.16	0.026	0.023	441.15	10.32
600170	上海建工	2012.05.10	0.100	0.040	1156.36	46.25
600171	上海贝岭	2012.06.15	0.015	0.014	673.81	9.10
600172	黄河旋风	2012.05.24	0.050	0.045	313.74	14.12
600175	美都控股	2012.06.08	0.012	0.001	1246.62	1.00
600176	中国玻纤	2012.05.31	0.138	0.124	581.75	72.25
600177	雅戈尔	2012.06.11	0.400	0.360	2226.61	801.58
600183	生益科技	2012.06.01	0.320	0.288	1094.63	315.25
600184	光电股份	2012.05.18	0.050	0.045	209.38	9.42
600188	兖州煤业	2012.07.12	0.570	0.513	2960.00	1518.48
600189	吉林森工	2012.07.12	0.200	0.180	310.50	55.89
600193	创兴资源	2012.05.07	0.060	0.004	218.14	0.87
600195	中牧股份	2012.07.06	0.400	0.360	390.00	140.40
600196	复星医药	2012.06.11	0.100	0.090	1904.39	171.40

上市公司派发现金红利
Dividends in 2012

红利代码 Code	红利简称 Name	发放日期 Date	每股红利(含税) Dividend (Pre-Tax)	每股红利(除税) Dividend (After-Tax)	代发总股本(百万) Equity (M)	代发红利总额 (百万) Cash(M)
600197	伊力特	2012.08.24	0.200	0.180	441.00	79.38
600199	金种子酒	2012.06.05	0.180	0.162	555.78	90.04
600201	金宇集团	2012.05.31	0.150	0.135	280.81	37.91
600210	紫江企业	2012.07.23	0.200	0.180	1436.74	258.61
600216	浙江医药	2012.07.05	0.600	0.540	450.06	243.03
600219	南山铝业	2012.04.11	0.100	0.090	1934.15	174.07
600221	海南航空	2012.06.12	0.120	0.108	3940.77	425.60
600227	赤天化	2012.05.02	0.020	0.018	950.39	17.11
600230	沧州大化	2012.04.19	0.030	0.027	259.33	7.00
600231	凌钢股份	2012.06.11	0.020	0.018	804.00	14.47
600232	金鹰股份	2012.07.05	0.100	0.090	364.72	32.82
600233	大杨创世	2012.07.06	0.120	0.108	165.00	17.82
600235	民丰特纸	2012.05.08	0.200	0.180	263.40	47.41
600236	桂冠电力	2012.06.08	0.030	0.027	2280.45	61.57
600239	云南城投	2012.06.08	0.050	0.045	823.43	37.05
600243	青海华鼎	2012.06.04	0.050	0.045	236.85	10.66
600246	万通地产	2012.05.24	0.060	0.054	1216.80	65.71
600246	万通地产	2012.09.27	0.060	0.054	1216.80	65.71
600251	冠农股份	2012.06.29	0.150	0.135	362.10	48.88
600252	中恒集团	2012.06.25	0.100	0.090	1091.75	98.26
600255	鑫科材料	2012.06.04	0.030	0.027	449.50	12.14
600258	首旅股份	2012.06.14	0.200	0.180	231.40	41.65
600261	阳光照明	2012.05.23	0.150	0.085	430.25	36.57
600262	北方股份	2012.06.04	0.150	0.135	170.00	22.95
600266	北京城建	2012.08.13	0.200	0.180	889.20	160.06
600267	海正药业	2012.05.25	0.150	0.135	524.82	70.85
600268	国电南自	2012.05.28	0.100	0.090	635.25	57.17
600269	赣粤高速	2012.05.15	0.100	0.090	2335.41	210.19
600270	外运发展	2012.06.13	0.200	0.180	905.48	162.99
600271	航天信息	2012.05.14	0.420	0.378	923.40	349.05
600276	恒瑞医药	2012.05.29	0.090	0.071	1124.15	79.81
600277	亿利能源	2012.06.13	0.100	0.090	901.94	81.17
600278	东方创业	2012.05.31	0.050	0.045	401.72	18.08
600279	重庆港九	2012.05.17	0.050	0.045	342.09	15.39
600280	南京中商	2012.07.05	0.160	0.144	143.54	20.67
600282	南钢股份	2012.05.17	0.070	0.063	3875.75	244.17
600283	钱江水利	2012.06.19	0.200	0.180	285.33	51.36
600284	浦东建设	2012.05.17	0.100	0.090	415.20	37.37
600285	羚锐制药	2012.05.29	0.150	0.135	200.72	27.10
600287	江苏舜天	2012.05.24	0.030	0.027	436.80	11.79
600288	大恒科技	2012.08.15	0.080	0.072	436.80	31.45
600289	亿阳信通	2012.07.10	0.060	0.054	577.24	31.17
600292	九龙电力	2012.11.01	0.020	0.018	511.87	9.21
600295	鄂尔多斯	2012.06.01	0.100	0.090	612.00	55.08
600298	安琪酵母	2012.05.22	0.150	0.135	329.63	44.50
600300	维维股份	2012.06.12	0.050	0.045	1672.00	75.24
600302	标准股份	2012.06.26	0.050	0.045	346.01	15.57
600303	曙光股份	2012.05.21	0.040	0.036	574.51	20.68
600305	恒顺醋业	2012.07.16	0.036	0.032	127.15	4.12
600307	酒钢宏兴	2012.07.09	0.120	0.108	4091.36	441.87

上市公司派发现金红利
Dividends in 2012

红利代码 Code	红利简称 Name	发放日期 Date	每股红利(含税) Dividend (Pre-Tax)	每股红利(除税) Dividend (After-Tax)	代发总股本(百万) Equity (M)	代发红利总额 (百万) Cash(M)
600308	华泰股份	2012.06.25	0.050	0.045	1167.56	52.54
600309	烟台万华	2012.04.24	0.600	0.540	2162.33	1167.66
600310	桂东电力	2012.05.10	0.200	0.180	275.93	49.67
600310	桂东电力	2012.09.24	0.100	0.090	275.93	24.83
600315	上海家化	2012.07.16	0.400	0.360	448.36	161.41
600317	营口港	2012.04.19	0.050	0.045	1097.57	49.39
600318	巢东股份	2012.07.06	0.100	0.090	242.00	21.78
600322	天房发展	2012.06.11	0.070	0.063	1105.70	69.66
600323	南海发展	2012.04.10	0.080	0.072	325.28	23.42
600325	华发股份	2012.05.22	0.100	0.090	817.05	73.53
600327	大东方	2012.06.01	0.080	0.072	521.71	37.56
600328	兰太实业	2012.07.10	0.030	0.027	359.12	9.70
600329	中新药业	2012.12.13	0.200	0.180	539.31	97.08
600332	广州药业	2012.05.18	0.100	0.090	591.00	53.19
600335	国机汽车	2012.06.13	0.088	0.079	560.00	44.35
600337	美克股份	2012.06.18	0.050	0.045	632.68	28.47
600339	天利高新	2012.05.23	0.045	0.041	578.15	23.42
600340	华夏幸福	2012.05.09	0.200	0.150	587.95	88.19
600345	长江通信	2012.06.28	0.200	0.180	198.00	35.64
600348	阳泉煤业	2012.07.04	0.200	0.180	2405.00	432.90
600350	山东高速	2012.07.30	0.155	0.140	4811.17	671.16
600352	浙江龙盛	2012.06.05	0.100	0.090	1468.42	132.16
600356	恒丰纸业	2012.03.13	0.101	0.091	231.60	21.05
600360	华微电子	2012.04.27	0.050	0.045	678.08	30.51
600361	华联综超	2012.06.21	0.080	0.072	665.81	47.94
600362	江西铜业	2012.07.10	0.500	0.450	2075.25	933.86
600363	联创光电	2012.07.23	0.025	0.023	370.81	8.34
600366	宁波韵升	2012.07.02	0.150	0.135	514.50	69.46
600368	五洲交通	2012.06.12	0.065	0.034	555.87	18.62
600370	三房巷	2012.05.08	0.050	0.045	318.90	14.35
600371	万向德农	2012.06.15	0.300	0.270	170.50	46.04
600373	中文传媒	2012.05.11	0.800	0.720	567.25	408.42
600375	华菱星马	2012.05.24	0.370	0.333	405.74	135.11
600376	首开股份	2012.05.15	0.150	0.135	1494.68	201.78
600376	首开股份	2012.09.28	0.140	0.126	1494.68	188.33
600377	宁沪高速	2012.07.04	0.360	0.324	3815.75	1236.30
600378	天科股份	2012.05.28	0.020	0.008	270.18	2.16
600378	天科股份	2012.10.10	0.020	0.018	297.19	5.35
600382	广东明珠	2012.05.24	0.030	0.027	341.75	9.23
600383	金地集团	2012.06.08	0.068	0.061	4471.51	273.66
600388	龙净环保	2012.07.03	0.500	0.450	213.81	96.21
600391	成发科技	2012.06.25	0.060	0.054	183.41	9.90
600395	盘江股份	2012.07.16	0.850	0.765	1103.37	844.08
600396	金山股份	2012.08.13	0.030	0.027	340.60	9.20
600397	安源煤业	2012.11.05	0.500	0.450	494.98	222.74
600398	凯诺科技	2012.06.01	0.050	0.045	646.60	29.10
600399	抚顺特钢	2012.07.20	0.020	0.018	520.00	9.36
600400	红豆股份	2012.05.21	0.020	0.018	560.40	10.09
600401	海润光伏	2012.06.08	0.140	0.126	1036.42	130.59
600403	大有能源	2012.04.11	0.700	0.630	833.65	525.20

上市公司派发现金红利 Dividends in 2012

红利代码 Code	红利简称 Name	发放日期 Date	每股红利(含税) Dividend (Pre-Tax)	每股红利(除税) Dividend (After-Tax)	代发总股本(百万) Equity (M)	代发红利总额(百万) Cash(M)
600406	国电南瑞	2012.04.05	0.100	0.050	1050.36	52.52
600409	三友化工	2012.07.23	0.120	0.108	1233.59	133.23
600410	华胜天成	2012.06.12	0.120	0.108	543.00	58.73
600415	小商品城	2012.06.07	0.100	0.090	2721.61	244.94
600416	湘电股份	2012.06.05	0.100	0.090	608.48	54.76
600418	江淮汽车	2012.06.19	0.150	0.135	1288.74	173.98
600420	现代制药	2012.07.11	0.100	0.090	287.73	25.90
600422	昆明制药	2012.04.18	0.200	0.180	314.18	56.55
600423	柳化股份	2012.06.18	0.100	0.090	399.35	35.94
600425	青松建化	2012.09.18	0.350	0.315	689.40	217.16
600428	中远航运	2012.07.18	0.020	0.018	1690.45	30.43
600433	冠豪高新	2012.05.30	0.060	0.054	425.10	22.96
600436	片仔癀	2012.05.31	0.700	0.630	140.00	88.20
600438	通威股份	2012.07.03	0.060	0.054	687.52	37.13
600439	瑞贝卡	2012.06.04	0.100	0.090	786.10	70.75
600446	金证股份	2012.08.23	0.100	0.090	261.14	23.50
600449	宁夏建材	2012.05.21	0.450	0.305	239.16	72.94
600456	宝钛股份	2012.05.09	0.050	0.045	430.27	19.36
600458	时代新材	2012.05.24	0.100	0.090	517.34	46.56
600459	贵研铂业	2012.05.18	0.059	0.053	158.06	8.39
600460	士兰微	2012.06.11	0.100	0.090	434.08	39.07
600461	洪城水业	2012.05.22	0.200	0.180	330.00	59.40
600463	空港股份	2012.06.19	0.100	0.090	252.00	22.68
600467	好当家	2012.05.30	0.050	0.045	730.50	32.87
600469	风神股份	2012.06.11	0.100	0.090	374.94	33.74
600470	六国化工	2012.06.11	0.100	0.090	521.60	46.94
600475	华光股份	2012.06.05	0.100	0.090	256.00	23.04
600479	千金药业	2012.06.26	0.200	0.180	304.82	54.87
600480	凌云股份	2012.06.28	0.400	0.360	361.71	130.22
600481	双良节能	2012.05.22	0.150	0.135	810.10	109.36
600483	福建南纺	2012.07.16	0.100	0.090	288.48	25.96
600486	扬农化工	2012.05.28	0.200	0.180	172.17	30.99
600487	亨通光电	2012.05.02	0.100	0.090	207.08	18.64
600488	天药股份	2012.05.11	0.033	0.030	542.89	16.12
600489	中金黄金	2012.08.21	0.050	0.045	1962.15	88.30
600491	龙元建设	2012.05.21	0.080	0.072	947.60	68.23
600495	晋西车轴	2012.07.17	0.035	0.032	302.24	9.52
600496	精工钢构	2012.05.24	0.070	0.063	586.57	36.95
600497	驰宏锌锗	2012.06.21	0.150	0.135	1310.10	176.86
600498	烽火通信	2012.05.22	0.220	0.198	442.34	87.58
600499	科达机电	2012.03.15	0.100	0.090	632.01	56.88
600500	中化国际	2012.05.16	0.150	0.135	1437.59	194.07
600501	航天晨光	2012.06.20	0.050	0.045	389.28	17.52
600502	安徽水利	2012.06.05	0.100	0.090	334.62	30.12
600505	西昌电力	2012.07.03	0.030	0.027	364.57	9.84
600508	上海能源	2012.06.15	0.300	0.270	722.72	195.13
600509	天富热电	2012.05.23	0.230	0.207	655.70	135.73
600510	黑牡丹	2012.06.19	0.090	0.081	795.52	64.44
600511	国药股份	2012.06.19	0.060	0.054	478.80	25.86
600513	联环药业	2012.06.28	0.050	0.045	117.00	5.27

上市公司派发现金红利 Dividends in 2012

红利代码 Code	红利简称 Name	发放日期 Date	每股红利(含税) Dividend (Pre-Tax)	每股红利(除税) Dividend (After-Tax)	代发总股本(百万) Equity (M)	代发红利总额(百万) Cash(M)
600517	置信电气	2012.04.19	0.400	0.360	618.71	222.73
600518	康美药业	2012.05.29	0.050	0.045	2198.71	98.94
600519	贵州茅台	2012.07.05	3.997	3.597	1038.18	3734.64
600521	华海药业	2012.04.19	0.100	0.090	538.61	48.47
600522	中天科技	2012.05.10	0.200	0.180	391.39	70.45
600523	贵航股份	2012.07.16	0.133	0.120	288.79	34.57
600525	长园集团	2012.06.12	0.080	0.072	863.51	62.17
600527	江南高纤	2012.06.13	0.050	0.045	401.04	18.05
600528	中铁二局	2012.06.04	0.100	0.090	1459.20	131.33
600529	山东药玻	2012.07.04	0.100	0.090	257.38	23.16
600530	交大昂立	2012.07.02	0.120	0.108	312.00	33.70
600531	豫光金铅	2012.05.24	0.100	0.090	295.25	26.57
600533	栖霞建设	2012.07.09	0.100	0.090	1050.00	94.50
600535	天士力	2012.06.07	0.700	0.630	516.42	325.35
600536	中国软件	2012.05.31	0.100	0.090	225.69	20.31
600545	新疆城建	2012.07.03	0.050	0.045	675.79	30.41
600546	山煤国际	2012.06.29	0.300	0.270	991.23	267.63
600547	山东黄金	2012.06.19	0.150	0.135	1423.07	192.11
600548	深高速	2012.06.14	0.160	0.144	1433.27	206.39
600549	厦门钨业	2012.07.02	0.200	0.180	681.98	122.76
600551	时代出版	2012.06.08	0.140	0.126	505.83	63.73
600557	康缘药业	2012.06.19	0.060	0.054	415.65	22.44
600558	大西洋	2012.06.06	0.080	0.072	138.17	9.95
600560	金自天正	2012.05.16	0.060	0.034	149.10	5.07
600561	江西长运	2012.05.14	0.180	0.162	185.72	30.09
600563	法拉电子	2012.05.04	0.600	0.540	225.00	121.50
600565	迪马股份	2012.05.16	0.010	0.009	720.00	6.48
600566	洪城股份	2012.05.16	0.010	0.009	138.20	1.24
600568	中珠控股	2012.11.12	0.025	0.003	166.47	0.42
600570	恒生电子	2012.06.18	0.080	0.072	623.75	44.91
600571	信雅达	2012.06.18	0.050	0.045	202.87	9.13
600572	康恩贝	2012.06.19	0.150	0.135	703.60	94.99
600573	惠泉啤酒	2012.06.25	0.050	0.045	250.00	11.25
600575	芜湖港	2012.09.20	0.050	0.045	1217.65	54.79
600576	万好万家	2012.07.19	0.015	0.014	218.09	2.94
600577	精达股份	2012.04.11	0.100	0.090	360.57	32.45
600578	京能热电	2012.05.28	0.200	0.180	787.23	141.70
600578	京能热电	2012.09.21	0.250	0.225	787.23	177.13
600580	卧龙电气	2012.05.16	0.050	0.045	687.73	30.95
600581	八一钢铁	2012.05.15	0.200	0.180	766.45	137.96
600582	天地科技	2012.07.16	0.150	0.115	1011.60	116.33
600583	海油工程	2012.06.05	0.035	0.032	3889.44	122.52
600585	海螺水泥	2012.06.14	0.350	0.315	3999.70	1259.91
600586	金晶科技	2012.07.17	0.025	0.023	1422.71	32.01
600587	新华医疗	2012.06.26	0.100	0.090	174.05	15.66
600588	用友软件	2012.04.19	0.400	0.360	815.90	293.73
600589	广东榕泰	2012.07.05	0.015	0.014	601.73	8.12
600590	泰豪科技	2012.07.02	0.050	0.045	500.33	22.51
600592	龙溪股份	2012.06.26	0.100	0.090	300.00	27.00
600594	益佰制药	2012.05.22	0.080	0.072	360.77	25.98

上市公司派发现金红利 Dividends in 2012

红利代码 Code	红利简称 Name	发放日期 Date	每股红利(含税) Dividend (Pre-Tax)	每股红利(除税) Dividend (After-Tax)	代发总股本(百万) Equity (M)	代发红利总额(百万) Cash(M)
600596	新安股份	2012.05.29	0.060	0.054	679.18	36.68
600597	光明乳业	2012.05.16	0.150	0.135	1049.19	141.64
600598	北大荒	2012.06.11	0.185	0.167	1777.68	295.98
600600	青岛啤酒	2012.07.26	0.260	0.234	695.91	162.84
600601	方正科技	2012.08.08	0.010	0.009	2194.89	19.75
600606	金丰投资	2012.07.04	0.050	0.040	493.64	19.75
600611	大众交通	2012.07.09	0.070	0.063	1042.21	65.66
600612	老凤祥	2012.08.06	0.100	0.090	264.26	23.78
600616	金枫酒业	2012.06.11	0.100	0.090	438.67	39.48
600619	海立股份	2012.07.03	0.100	0.090	318.57	28.67
600621	上海金陵	2012.08.06	0.100	0.090	524.08	47.17
600622	嘉宝集团	2012.08.08	0.150	0.135	514.30	69.43
600623	双钱股份	2012.05.17	0.058	0.052	646.37	33.74
600624	复旦复华	2012.07.11	0.031	0.028	345.16	9.63
600626	申达股份	2012.06.19	0.100	0.090	710.24	63.92
600628	新世界	2012.07.04	0.120	0.108	531.80	57.43
600633	浙报传媒	2012.05.16	0.200	0.180	429.73	77.35
600635	大众公用	2012.07.23	0.070	0.063	1644.87	103.63
600636	三爱富	2012.07.09	0.020	0.018	347.23	6.25
600639	浦东金桥	2012.08.09	0.080	0.072	656.65	47.28
600641	万业企业	2012.07.09	0.050	0.045	806.16	36.28
600642	申能股份	2012.05.24	0.100	0.090	4728.77	425.59
600644	乐山电力	2012.06.07	0.060	0.054	326.48	17.63
600648	外高桥	2012.08.09	0.100	0.090	810.22	72.92
600649	城投控股	2012.07.23	0.050	0.015	2298.10	34.47
600650	锦江投资	2012.07.06	0.300	0.270	390.56	105.45
600651	飞乐音响	2012.07.02	0.023	0.001	615.89	0.43
600655	豫园商城	2012.06.11	0.070	0.063	1437.32	90.55
600657	信达地产	2012.06.19	0.060	0.054	1524.26	82.31
600658	电子城	2012.05.10	0.170	0.153	580.10	88.75
600660	福耀玻璃	2012.06.28	0.400	0.360	2002.99	721.08
600662	强生控股	2012.06.25	0.100	0.090	1053.36	94.80
600663	陆家嘴	2012.05.22	0.150	0.135	1358.08	183.34
600667	太极实业	2012.10.11	0.029	- -	468.82	- -
600668	尖峰集团	2012.07.02	0.120	0.108	344.08	37.16
600673	东阳光铝	2012.07.16	0.040	0.036	827.47	29.79
600674	川投能源	2012.05.22	0.040	0.036	1095.92	39.45
600675	中华企业	2012.05.21	0.015	0.004	1414.44	4.95
600676	交运股份	2012.07.20	0.100	0.090	862.37	77.61
600680	上海普天	2012.08.06	0.030	0.027	257.43	6.95
600682	南京新百	2012.06.29	0.100	0.090	358.32	32.25
600686	金龙汽车	2012.07.02	0.100	0.090	442.60	39.83
600687	刚泰控股	2012.03.27	0.010	0.009	126.89	1.14
600688	S 上石化	2012.07.23	0.050	0.045	4870.00	219.15
600690	青岛海尔	2012.06.12	0.170	0.153	2685.13	410.82
600693	东百集团	2012.06.29	0.150	0.135	343.22	46.34
600694	大商股份	2012.05.28	0.300	0.270	293.72	79.30
600697	欧亚集团	2012.07.03	0.300	0.270	159.09	42.95
600702	沱牌舍得	2012.07.03	0.180	0.162	337.30	54.64
600703	三安光电	2012.03.26	0.300	0.270	1444.01	389.88

上市公司派发现金红利 Dividends in 2012

红利代码 Code	红利简称 Name	发放日期 Date	每股红利(含税) Dividend (Pre-Tax)	每股红利(除税) Dividend (After-Tax)	代发总股本(百万) Equity (M)	代发红利总额(百万) Cash(M)
600704	物产中大	2012.07.04	0.050	0.045	658.76	29.64
600708	海博股份	2012.06.08	0.100	0.090	510.37	45.93
600710	常林股份	2012.10.15	0.025	0.023	533.57	12.01
600712	南宁百货	2012.04.23	0.070	0.063	340.41	21.45
600717	天津港	2012.07.09	0.100	0.090	1674.77	150.73
600720	祁连山	2012.04.23	0.150	0.135	474.90	64.11
600724	宁波富达	2012.05.07	0.100	0.090	1445.24	130.07
600725	云维股份	2012.06.04	0.050	0.045	616.24	27.73
600729	重庆百货	2012.08.17	0.450	0.405	373.09	151.10
600736	苏州高新	2012.05.24	0.040	0.036	1057.88	38.08
600737	中粮屯河	2012.07.23	0.030	0.027	1005.60	27.15
600741	华域汽车	2012.06.25	0.300	0.270	2583.20	697.46
600742	一汽富维	2012.06.05	0.200	0.180	211.52	38.07
600743	华远地产	2012.07.05	0.100	0.065	1264.46	82.19
600748	上实发展	2012.06.12	0.038	0.034	1083.37	37.05
600750	江中药业	2012.05.25	0.300	0.270	311.15	84.01
600754	锦江股份	2012.06.18	0.360	0.324	447.24	144.91
600755	厦门国贸	2012.07.02	0.070	0.063	1330.84	83.84
600756	浪潮软件	2012.05.10	0.050	0.025	185.83	4.65
600759	正和股份	2012.06.14	0.060	0.054	1220.12	65.89
600761	安徽合力	2012.06.19	0.200	0.180	428.35	77.10
600764	中电广通	2012.06.19	0.020	0.018	329.73	5.94
600765	中航重机	2012.06.18	0.020	0.018	778.00	14.00
600770	综艺股份	2012.07.16	0.050	0.045	736.40	33.14
600773	西藏城投	2012.05.29	0.035	0.032	575.70	18.13
600775	南京熊猫	2012.06.18	0.050	0.045	413.02	18.59
600776	东方通信	2012.05.31	0.080	0.072	956.00	68.83
600778	友好集团	2012.06.26	0.050	0.045	311.49	14.02
600779	水井坊	2012.07.19	0.230	0.207	488.55	101.13
600780	通宝能源	2012.06.21	0.100	0.090	1146.50	103.19
600782	新钢股份	2012.06.25	0.030	0.027	1393.43	37.62
600784	鲁银投资	2012.04.16	0.120	0.008	248.31	1.99
600785	新华百货	2012.07.19	0.300	0.270	207.43	56.01
600787	中储股份	2012.05.08	0.100	0.090	840.10	75.61
600789	鲁抗医药	2012.07.16	0.020	0.018	581.58	10.47
600790	轻纺城	2012.06.25	0.100	0.090	618.78	55.69
600791	京能置业	2012.08.16	0.030	0.027	452.88	12.23
600794	保税科技	2012.03.22	0.070	0.063	213.92	13.48
600795	国电电力	2012.06.12	0.100	0.090	15394.81	1385.53
600797	浙大网新	2012.07.02	0.010	0.009	842.01	7.58
600798	宁波海运	2012.05.22	0.030	0.027	871.17	23.52
600801	华新水泥	2012.05.25	0.150	0.135	607.30	81.99
600802	福建水泥	2012.06.27	0.050	0.045	381.87	17.18
600805	悦达投资	2012.05.21	0.150	0.135	709.08	95.73
600806	昆明机床	2012.06.05	0.020	0.018	390.19	7.02
600809	山西汾酒	2012.06.12	0.500	0.350	432.92	151.52
600810	神马股份	2012.07.05	0.050	0.045	442.28	19.90
600814	杭州解百	2012.07.09	0.070	0.063	310.38	19.55
600815	厦工股份	2012.05.23	0.100	0.090	798.97	71.91
600819	耀皮玻璃	2012.07.02	0.020	0.018	543.75	9.79

上市公司派发现金红利 Dividends in 2012

红利代码 Code	红利简称 Name	发放日期 Date	每股红利(含税) Dividend (Pre-Tax)	每股红利(除税) Dividend (After-Tax)	代发总股本(百万) Equity (M)	代发红利总额 (百万) Cash(M)
600822	上海物贸	2012.07.18	0.100	0.090	396.15	35.65
600823	世茂股份	2012.11.26	0.160	0.144	1170.60	168.57
600824	益民集团	2012.05.17	0.060	0.054	731.96	39.53
600825	新华传媒	2012.07.12	0.040	0.036	1044.89	37.62
600826	兰生股份	2012.07.31	0.030	0.027	420.64	11.36
600827	友谊股份	2012.07.02	0.250	0.225	1542.78	347.12
600828	成商集团	2012.05.07	0.040	0.006	438.80	2.63
600830	香溢融通	2012.06.15	0.050	0.045	454.32	20.44
600831	广电网络	2012.06.04	0.030	0.027	563.44	15.21
600832	东方明珠	2012.08.20	0.120	0.108	3186.33	344.12
600833	第一医药	2012.07.20	0.050	0.045	223.09	10.04
600834	申通地铁	2012.06.19	0.050	0.045	477.38	21.48
600835	上海机电	2012.07.03	0.300	0.270	806.50	217.76
600837	海通证券	2012.08.17	0.150	0.135	8092.13	1092.44
600838	上海九百	2012.08.13	0.100	0.090	400.88	36.08
600841	上柴股份	2012.06.04	0.050	0.045	326.18	14.68
600845	宝信软件	2012.05.22	0.150	0.135	226.52	30.58
600846	同济科技	2012.06.14	0.020	0.018	624.76	11.25
600853	龙建股份	2012.07.02	0.010	0.009	536.81	4.83
600857	工大首创	2012.06.06	0.050	0.045	224.32	10.09
600858	银座股份	2012.04.12	0.030	0.027	288.93	7.80
600859	王府井	2012.08.09	0.300	0.270	462.77	124.95
600861	北京城乡	2012.05.04	0.120	0.108	316.80	34.21
600863	内蒙华电	2012.08.22	0.120	0.108	2581.22	278.77
600864	哈投股份	2012.08.17	0.250	0.225	546.38	122.94
600865	百大集团	2012.07.10	0.080	0.072	376.24	27.09
600867	通化东宝	2012.06.14	0.200	0.180	776.21	139.72
600869	三普药业	2012.07.02	1.000	0.900	495.02	445.52
600871	S 仪化	2012.07.13	0.030	0.027	2600.00	70.20
600873	梅花集团	2012.11.09	0.100	0.090	2708.24	243.74
600874	创业环保	2012.07.04	0.040	0.036	1087.23	39.14
600875	东方电气	2012.07.10	0.160	0.144	1663.86	239.60
600880	博瑞传播	2012.05.17	0.150	0.135	627.98	84.78
600881	亚泰集团	2012.08.06	0.100	0.090	1894.73	170.53
600883	博闻科技	2012.06.21	0.050	0.045	236.09	10.62
600884	杉杉股份	2012.06.11	0.060	0.054	410.86	22.19
600886	国投电力	2012.06.25	0.015	0.014	2345.10	31.66
600887	伊利股份	2012.04.12	0.250	0.225	1598.65	359.70
600888	新疆众和	2012.05.25	0.060	0.044	411.04	18.09
600891	秋林集团	2012.08.20	0.050	0.045	325.53	14.65
600893	航空动力	2012.06.05	0.066	0.059	1089.57	64.72
600895	张江高科	2012.07.25	0.200	0.180	1548.69	278.76
600897	厦门空港	2012.05.21	0.100	0.090	297.81	26.80
600900	长江电力	2012.07.02	0.255	0.229	16500.00	3781.14
600960	渤海活塞	2012.06.14	0.050	0.045	162.82	7.33
600962	国投中鲁	2012.07.11	0.050	0.045	201.70	9.08
600963	岳阳林纸	2012.05.28	0.020	0.018	843.16	15.18
600965	福成五丰	2012.09.13	0.030	0.027	279.40	7.54
600967	北方创业	2012.08.15	0.200	0.180	173.23	31.18
600970	中材国际	2012.06.11	0.507	0.436	911.08	397.50

上市公司派发现金红利
Dividends in 2012

红利代码 Code	红利简称 Name	发放日期 Date	每股红利(含税) Dividend (Pre-Tax)	每股红利(除税) Dividend (After-Tax)	代发总股本(百万) Equity (M)	代发红利总额(百万) Cash(M)
600976	武汉健民	2012.05.15	0.400	0.360	153.40	55.22
600978	宜华木业	2012.06.14	0.050	0.045	1152.66	51.87
600981	汇鸿股份	2012.06.08	0.030	0.027	516.11	13.93
600982	宁波热电	2012.06.06	0.100	0.090	168.00	15.12
600983	合肥三洋	2012.05.15	0.061	0.055	532.80	29.25
600985	雷鸣科化	2012.08.14	0.100	0.090	129.60	11.66
600987	航民股份	2012.06.04	0.200	0.180	423.54	76.24
600990	四创电子	2012.10.30	0.080	0.072	117.60	8.47
600992	贵绳股份	2012.06.05	0.080	0.072	164.37	11.83
600993	马应龙	2012.06.19	0.110	0.099	331.58	32.83
600997	开滦股份	2012.05.24	0.100	0.090	1234.64	111.12
600999	招商证券	2012.08.02	0.150	0.135	4661.10	629.25
601000	唐山港	2012.04.26	0.080	0.072	1127.97	81.21
601001	大同煤业	2012.07.16	0.190	0.171	1673.70	286.20
601006	大秦铁路	2012.07.19	0.390	0.351	14866.79	5218.24
601008	连云港	2012.05.02	0.040	0.006	624.33	3.75
601009	南京银行	2012.06.18	0.300	0.270	2968.93	801.61
601010	文峰股份	2012.05.10	0.420	0.378	492.80	186.28
601011	宝泰隆	2012.07.09	0.300	0.270	387.00	104.49
601012	隆基股份	2012.06.26	0.150	0.135	299.18	40.39
601018	宁波港	2012.07.06	0.066	0.059	12800.00	760.32
601028	玉龙股份	2012.05.24	0.200	0.180	317.50	57.15
601058	赛轮股份	2012.07.02	0.100	0.090	378.00	34.02
601088	中国神华	2012.06.11	0.900	0.810	16491.04	13357.74
601098	中南传媒	2012.06.21	0.120	0.108	1796.00	193.97
601099	太平洋	2012.07.10	0.035	0.022	1503.31	32.32
601100	恒立油缸	2012.06.21	0.250	0.225	420.00	94.50
601101	昊华能源	2012.07.12	0.350	0.295	1000.00	295.00
601106	中国一重	2012.06.26	0.006	0.006	6538.00	37.07
601107	四川成渝	2012.06.13	0.090	0.081	2162.74	175.18
601111	中国国航	2012.07.17	0.118	0.106	8329.27	884.57
601113	华鼎锦纶	2012.06.05	0.150	0.135	320.00	43.20
601116	三江购物	2012.05.21	0.150	0.135	410.76	55.45
601117	中国化学	2012.07.10	0.050	0.045	4933.00	221.99
601118	海南橡胶	2012.07.11	0.080	0.072	3931.17	283.04
601126	四方股份	2012.05.22	0.250	0.225	406.66	91.50
601137	博威合金	2012.05.23	0.200	0.180	215.00	38.70
601139	深圳燃气	2012.06.14	0.130	0.117	1320.30	154.48
601158	重庆水务	2012.06.15	0.233	0.210	4800.00	1006.56
601166	兴业银行	2012.05.07	0.370	0.333	10786.41	3591.87
601168	西部矿业	2012.05.15	0.100	0.090	2383.00	214.47
601169	北京银行	2012.07.11	0.200	0.160	7333.47	1173.35
601177	杭齿前进	2012.06.07	0.091	0.082	400.06	32.76
601186	中国铁建	2012.07.30	0.100	0.090	10261.25	923.51
601188	龙江交通	2012.08.23	0.010	0.009	1213.20	10.92
601199	江南水务	2012.05.07	0.060	0.054	233.80	12.63
601208	东材科技	2012.05.07	0.500	0.450	307.88	138.55
601216	内蒙君正	2012.05.24	0.100	0.090	640.00	57.60
601222	林洋电子	2012.05.31	0.200	0.180	290.00	52.20
601231	环旭电子	2012.06.14	0.045	0.041	1011.72	40.97

上市公司派发现金红利
Dividends in 2012

红利代码 Code	红利简称 Name	发放日期 Date	每股红利(含税) Dividend (Pre-Tax)	每股红利(除税) Dividend (After-Tax)	代发总股本(百万) Equity (M)	代发红利总额 (百万) Cash(M)
601238	广汽集团	2012.07.25	0.200	0.180	4221.72	759.91
601238	广汽集团	2012.10.12	0.070	0.063	4221.72	265.97
601258	庞大集团	2012.06.13	0.030	0.027	2621.50	70.78
601288	农业银行	2012.06.20	0.132	0.118	294055.29	34801.44
601299	中国北车	2012.07.03	0.050	0.045	10320.06	464.40
601311	骆驼股份	2012.05.21	0.400	0.360	420.40	151.34
601313	江南嘉捷	2012.04.24	0.150	0.135	224.00	30.24
601318	中国平安	2012.07.16	0.250	0.225	4786.41	1076.94
601318	中国平安	2012.09.26	0.150	0.135	4786.41	646.17
601328	交通银行	2012.05.31	0.100	0.090	32709.05	2943.81
601333	广深铁路	2012.07.12	0.100	0.090	5652.24	508.70
601336	新华保险	2012.07.05	0.090	0.081	2085.44	168.92
601336	新华保险	2012.08.16	0.321	0.289	2085.44	601.65
601369	陕鼓动力	2012.05.07	0.350	0.315	1638.77	516.21
601377	兴业证券	2012.06.25	0.100	0.090	2200.00	198.00
601388	怡球资源	2012.07.31	0.150	0.135	410.00	55.35
601390	中国中铁	2012.07.30	0.048	0.043	17092.51	738.40
601398	工商银行	2012.06.14	0.203	0.183	262519.39	47962.29
601515	东风股份	2012.05.30	0.360	0.324	556.00	180.14
601518	吉林高速	2012.05.09	0.049	0.044	1213.20	53.50
601519	大智慧	2012.05.17	0.100	0.090	695.00	62.55
601555	东吴证券	2012.06.21	0.080	0.072	2000.00	144.00
601558	华锐风电	2012.06.26	0.350	0.315	2010.20	633.21
601566	九牧王	2012.05.31	0.600	0.540	572.93	309.38
601567	三星电气	2012.06.29	0.500	0.450	267.00	120.15
601588	北辰实业	2012.07.02	0.030	0.027	2660.00	71.82
601599	鹿港科技	2012.04.12	0.200	0.180	212.00	38.16
601601	中国太保	2012.06.25	0.350	0.315	6286.70	1980.31
601607	上海医药	2012.07.20	0.160	0.144	1923.02	276.91
601616	广电电气	2012.05.15	0.100	0.090	518.10	46.63
601628	中国人寿	2012.06.08	0.230	0.207	20823.53	4310.47
601633	长城汽车	2012.05.21	0.300	0.270	2009.24	542.50
601636	旗滨集团	2012.06.04	0.150	0.135	668.00	90.18
601666	平煤股份	2012.06.06	0.200	0.180	2361.16	425.01
601668	中国建筑	2012.06.12	0.080	0.072	30000.00	2160.00
601669	中国水电	2012.07.04	0.038	0.034	9600.00	328.32
601677	明泰铝业	2012.06.01	0.100	0.090	401.00	36.09
601678	滨化股份	2012.03.15	0.200	0.180	660.00	118.80
601688	华泰证券	2012.06.21	0.150	0.135	5600.00	756.00
601699	潞安环能	2012.06.15	0.500	0.450	2301.08	1035.49
601700	风范股份	2012.06.11	0.200	0.180	219.60	39.53
601717	郑煤机	2012.03.13	0.120	0.108	700.00	75.60
601718	际华集团	2012.07.16	0.025	0.023	3857.00	86.78
601727	上海电气	2012.07.20	0.076	0.069	9850.71	677.34
601766	中国南车	2012.07.09	0.180	0.162	11779.00	1908.20
601777	力帆股份	2012.06.15	0.200	0.180	951.45	171.26
601788	光大证券	2012.06.05	0.262	0.236	3418.00	805.96
601789	宁波建工	2012.05.15	0.100	0.090	400.66	36.06
601798	蓝科高新	2012.06.18	0.060	0.054	320.00	17.28
601799	星宇股份	2012.04.19	0.580	0.522	239.56	125.05

上市公司派发现金红利
Dividends in 2012

红利代码 Code	红利简称 Name	发放日期 Date	每股红利(含税) Dividend (Pre-Tax)	每股红利(除税) Dividend (After-Tax)	代发总股本(百万) Equity (M)	代发红利总额 (百万) Cash(M)
601800	中国交建	2012.07.27	0.179	0.161	11747.24	1896.71
601801	皖新传媒	2012.06.06	0.120	0.108	910.00	98.28
601808	中海油服	2012.06.18	0.180	0.162	2960.47	479.60
601818	光大银行	2012.05.31	0.133	0.120	40434.79	4840.04
601857	中国石油	2012.06.07	0.165	0.148	161922.08	23990.38
601857	中国石油	2012.09.18	0.153	0.137	161922.08	22223.81
601872	招商轮船	2012.06.26	0.010	0.009	4291.75	38.63
601877	正泰电器	2012.04.11	0.700	0.630	1005.00	633.15
601877	正泰电器	2012.10.08	0.290	0.261	1005.00	262.31
601880	大连港	2012.08.13	0.060	0.054	3363.40	181.62
601886	江河幕墙	2012.05.15	0.200	0.180	560.00	100.80
601888	中国国旅	2012.06.06	0.100	0.090	880.00	79.20
601890	亚星锚链	2012.06.13	0.100	0.090	468.00	42.12
601898	中煤能源	2012.06.08	0.215	0.194	9152.00	1770.91
601899	紫金矿业	2012.07.06	0.100	0.090	15803.80	1422.34
601901	方正证券	2012.06.19	0.070	0.063	6100.00	384.30
601908	京运通	2012.06.11	0.300	0.270	429.89	116.07
601918	国投新集	2012.07.19	0.200	0.180	1850.39	333.07
601928	凤凰传媒	2012.05.29	0.080	0.072	2544.90	183.23
601928	凤凰传媒	2012.11.02	0.120	0.108	2544.90	274.85
601929	吉视传媒	2012.05.31	0.022	0.020	1397.99	27.68
601933	永辉超市	2012.06.15	0.200	0.180	767.90	138.22
601939	建设银行	2012.06.25	0.237	0.213	9593.66	2042.01
601958	金钼股份	2012.05.28	0.200	0.180	3226.60	580.79
601988	中国银行	2012.06.13	0.155	0.140	195525.06	27275.75
601989	中国重工	2012.05.10	0.068	0.061	14667.71	897.66
601991	大唐发电	2012.07.27	0.110	0.099	9994.36	989.44
601992	金隅股份	2012.07.16	0.072	0.065	3114.35	201.81
601996	丰林集团	2012.05.16	0.100	0.090	234.46	21.10
601998	中信银行	2012.07.19	0.145	0.131	31905.16	4163.62
603001	奥康国际	2012.07.17	0.230	0.207	400.98	83.00
603002	宏昌电子	2012.11.09	0.030	0.027	400.00	10.80
603123	翠微股份	2012.07.19	0.086	0.077	308.00	23.84
603366	日出东方	2012.07.12	0.350	0.315	400.00	126.00
603993	洛阳钼业	2012.12.28	0.090	0.081	3765.01	304.97
900903	大众 B 股	2012.07.09	0.070	0.063	533.87	33.63
900905	老凤祥 B	2012.08.06	0.100	0.090	171.67	15.45
900909	双钱 B 股	2012.05.17	0.058	0.052	243.10	12.69
900910	海立 B 股	2012.07.03	0.100	0.090	284.17	25.58
900911	金桥 B 股	2012.08.09	0.080	0.072	272.18	19.60
900912	外高 B 股	2012.08.09	0.100	0.090	200.56	18.05
900914	锦投 B 股	2012.07.06	0.300	0.270	161.05	43.48
900918	耀皮 B 股	2012.07.02	0.020	0.018	187.50	3.38
900920	上柴 B 股	2012.06.04	0.050	0.045	217.00	9.77
900923	友谊 B 股	2012.07.02	0.250	0.225	179.72	40.44
900925	机电 B 股	2012.07.03	0.300	0.270	216.24	58.38
900926	宝信 B 股	2012.05.22	0.150	0.135	114.40	15.44
900927	物贸 B 股	2012.07.18	0.100	0.090	99.83	8.98
900929	锦旅 B 股	2012.06.13	0.100	0.090	132.56	11.93
900930	沪普天 B	2012.08.06	0.030	0.027	124.80	3.37

上市公司派发现金红利 Dividends in 2012

红利代码 Code	红利简称 Name	发放日期 Date	每股红利(含税) Dividend (Pre-Tax)	每股红利(除税) Dividend (After-Tax)	代发总股本(百万) Equity (M)	代发红利总额(百万) Cash(M)
900932	陆家 B 股	2012.05.22	0.150	0.135	509.60	68.80
900933	华新 B 股	2012.05.25	0.150	0.135	328.00	44.28
900934	锦江 B 股	2012.06.18	0.360	0.324	156.00	50.54
900935	阳晨 B 股	2012.07.16	0.006	0.006	244.60	1.39
900936	鄂资 B 股	2012.06.01	0.100	0.090	420.00	37.80
900941	东信 B 股	2012.05.31	0.080	0.072	300.00	21.60
900942	黄山 B 股	2012.07.27	0.140	0.126	156.00	19.66
900945	海航 B 股	2012.06.12	0.120	0.108	184.72	19.95
900948	伊泰 B 股	2012.07.09	1.500	1.350	1464.00	1976.40
900949	东电 B 股	2012.05.30	0.060	0.005	2010.00	10.86
900950	新城 B 股	2012.05.22	0.050	0.045	1593.19	71.69

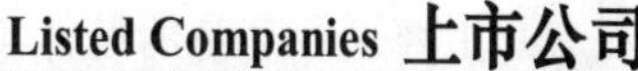

年度上市公司送股 Bonus Shares in 2012

股票代码 Code	股票简称 Name	股权登记日 Registration Date	除息日 Ex-Date	送股上市 Bonus Share Listing	收盘价 Close Price	除息价 Ex-Price	送股比例 Bonus Share Ratio
600020	中原高速	2012.06.27	2012.06.28	2012.06.29	2.62	2.37	0.05
600039	四川路桥	2012.05.14	2012.05.15	2012.05.16	10.01	3.06	0.80
600048	保利地产	2012.06.15	2012.06.18	2012.06.19	14.37	9.83	0.20
600060	海信电器	2012.07.04	2012.07.05	2012.07.06	16.93	7.53	0.50
600063	皖维高新	2012.06.11	2012.06.12	2012.06.13	4.50	1.76	0.60
600067	冠城大通	2012.04.19	2012.04.20	2012.04.23	8.95	3.44	0.60
600070	浙江富润	2012.06.01	2012.06.04	2012.06.05	12.59	7.27	0.30
600073	上海梅林	2012.06.21	2012.06.25	2012.06.26	9.67	4.27	0.50
600077	宋都股份	2012.07.05	2012.07.06	2012.07.09	11.47	2.86	1.00
600106	重庆路桥	2012.04.23	2012.04.24	2012.04.25	10.15	2.52	1.00
600111	包钢稀土	2012.05.03	2012.05.04	2012.05.07	76.66	19.08	1.00
600112	长征电气	2012.06.01	2012.06.04	2012.06.05	16.63	11.54	0.20
600118	中国卫星	2012.05.21	2012.05.22	2012.05.23	17.42	10.28	0.30
600123	兰花科创	2012.05.31	2012.06.01	2012.06.04	48.45	11.97	1.00
600139	西部资源	2012.04.25	2012.04.26	2012.04.27	19.57	6.04	0.80
600143	金发科技	2012.06.01	2012.06.04	2012.06.05	10.79	4.10	0.60
600150	中国船舶	2012.06.11	2012.06.12	2012.06.13	31.33	18.36	0.30
600157	永泰能源	2012.04.23	2012.04.24	2012.04.25	19.51	4.86	1.00
600160	巨化股份	2012.05.18	2012.05.21	2012.05.22	21.21	8.09	0.60
600169	太原重工	2012.06.06	2012.06.07	2012.06.08	5.99	2.66	0.50
600170	上海建工	2012.05.09	2012.05.10	2012.05.11	17.61	4.38	1.00
600172	黄河旋风	2012.05.23	2012.05.24	2012.05.25	13.06	4.50	0.70
600175	美都控股	2012.06.07	2012.06.08	2012.06.11	3.20	2.64	0.10
600176	中国玻纤	2012.05.30	2012.05.31	2012.06.01	16.87	7.43	0.50
600183	生益科技	2012.05.31	2012.06.01	2012.06.04	8.04	4.57	0.30
600193	创兴资源	2012.05.04	2012.05.07	2012.05.08	15.47	6.85	0.50
600240	华业地产	2012.07.03	2012.07.04	2012.07.05	9.09	1.88	1.20
600241	时代万恒	2012.05.07	2012.05.08	2012.05.09	11.21	3.88	0.70
600256	广汇能源	2012.05.24	2012.05.25	2012.05.28	27.07	8.36	0.80
600261	阳光照明	2012.05.22	2012.05.23	2012.05.24	17.84	7.86	0.50
600267	海正药业	2012.05.24	2012.05.25	2012.05.28	24.36	9.46	0.60
600276	恒瑞医药	2012.05.28	2012.05.29	2012.05.30	27.96	23.04	0.10
600277	亿利能源	2012.06.12	2012.06.13	2012.06.14	9.98	3.42	0.70
600278	东方创业	2012.05.30	2012.05.31	2012.06.01	9.08	5.35	0.30
600284	浦东建设	2012.05.16	2012.05.17	2012.05.18	9.68	6.65	0.20
600321	国栋建设	2012.06.27	2012.06.28	2012.06.29	5.16	1.29	1.00
600323	南海发展	2012.04.09	2012.04.10	2012.04.11	10.11	4.46	0.50
600340	华夏幸福	2012.05.08	2012.05.09	2012.05.10	24.75	10.91	0.50
600354	敦煌种业	2012.05.03	2012.05.04	2012.05.07	16.59	3.43	1.20
600368	五洲交通	2012.06.11	2012.06.12	2012.06.13	6.42	2.83	0.50
600372	中航电子	2012.04.18	2012.04.19	2012.04.20	27.65	10.80	0.60
600378	天科股份	2012.05.25	2012.05.28	2012.05.29	10.30	8.50	0.10
600379	宝光股份	2012.07.02	2012.07.03	2012.07.04	7.70	6.36	0.10
600380	健康元	2012.05.15	2012.05.16	2012.05.17	6.48	4.50	0.20
600381	贤成矿业	2012.05.14	2012.05.15	2012.05.16	8.71	3.01	0.70
600391	成发科技	2012.06.21	2012.06.25	2012.06.26	17.79	5.47	0.80
600395	盘江股份	2012.07.13	2012.07.16	2012.07.17	29.92	12.92	0.50
600406	国电南瑞	2012.03.30	2012.04.05	2012.04.06	31.57	13.99	0.50
600409	三友化工	2012.09.27	2012.09.28	2012.10.08	5.59	2.49	0.50
600410	华胜天成	2012.06.11	2012.06.12	2012.06.13	11.08	7.61	0.20

年度上市公司送股
Bonus Shares in 2012

股票代码 Code	股票简称 Name	股权登记日 Registration Date	除息日 Ex-Date	送股上市 Bonus Share Listing	收盘价 Close Price	除息价 Ex-Price	送股比例 Bonus Share Ratio
600433	冠豪高新	2012.05.29	2012.05.30	2012.05.31	11.44	5.81	0.40
600439	瑞贝卡	2012.06.01	2012.06.04	2012.06.05	7.59	5.20	0.20
600449	宁夏建材	2012.05.18	2012.05.21	2012.05.22	21.71	5.32	1.00
600460	士兰微	2012.06.08	2012.06.11	2012.06.12	10.23	2.54	1.00
600462	*ST 石岘	2012.10.25	2012.11.02	2012.11.05	4.84	2.86	0.30
600489	中金黄金	2012.08.20	2012.08.21	2012.08.22	22.17	9.83	0.50
600490	中科合臣	2012.09.26	2012.09.27	2012.09.28	23.96	3.83	1.50
600513	联环药业	2012.06.27	2012.06.28	2012.06.29	12.70	7.49	0.30
600522	中天科技	2012.05.09	2012.05.10	2012.05.11	19.21	5.87	0.80
600527	江南高纤	2012.06.12	2012.06.13	2012.06.14	8.66	2.16	1.00
600560	金自天正	2012.05.15	2012.05.16	2012.05.17	12.92	5.71	0.50
600567	山鹰纸业	2012.05.04	2012.05.07	2012.05.08	5.25	1.19	1.10
600568	中珠控股	2012.11.09	2012.11.12	2012.11.13	19.65	4.06	1.20
600577	精达股份	2012.04.10	2012.04.11	2012.04.12	10.88	2.70	1.00
600582	天地科技	2012.07.13	2012.07.16	2012.07.17	13.36	9.18	0.20
600588	用友软件	2012.04.18	2012.04.19	2012.04.20	20.60	14.03	0.20
600606	金丰投资	2012.07.03	2012.07.04	2012.07.05	7.77	7.00	0.05
600612	老凤祥	2012.08.03	2012.08.06	2012.08.07	22.56	15.60	0.20
600636	三爱富	2012.07.06	2012.07.09	2012.07.10	18.97	15.66	0.10
600649	城投控股	2012.07.20	2012.07.23	2012.07.24	7.07	4.15	0.30
600651	飞乐音响	2012.06.29	2012.07.02	2012.07.03	7.06	4.88	0.20
600665	天地源	2012.05.16	2012.05.17	2012.05.18	4.62	3.21	0.20
600667	太极实业	2012.10.10	2012.10.11	2012.10.12	6.30	1.57	1.00
600674	川投能源	2012.05.21	2012.05.22	2012.05.23	12.94	3.98	0.80
600675	中华企业	2012.05.18	2012.05.21	2012.05.22	5.25	4.33	0.10
600684	珠江实业	2012.06.25	2012.06.26	2012.06.27	8.59	5.09	0.30
600704	物产中大	2012.07.03	2012.07.04	2012.07.05	8.61	5.94	0.20
600710	常林股份	2012.10.12	2012.10.15	2012.10.16	4.94	3.42	0.20
600711	盛屯矿业	2012.08.23	2012.08.24	2012.08.27	18.59	5.74	0.80
600712	南宁百货	2012.04.20	2012.04.23	2012.04.24	8.19	3.18	0.60
600743	华远地产	2012.07.04	2012.07.05	2012.07.06	4.09	2.55	0.25
600756	浪潮软件	2012.05.09	2012.05.10	2012.05.11	13.34	5.91	0.50
600761	安徽合力	2012.06.18	2012.06.19	2012.06.20	11.80	8.06	0.20
600766	*ST 园城	2012.06.05	2012.06.06	2012.06.07	13.76	8.02	0.31
600770	综艺股份	2012.07.13	2012.07.16	2012.07.17	11.11	4.91	0.50
600784	鲁银投资	2012.04.13	2012.04.16	2012.04.17	14.17	3.52	1.00
600809	山西汾酒	2012.06.11	2012.06.12	2012.06.13	74.56	18.52	1.00
600817	*ST 宏盛	2012.07.30	2012.07.31	2012.08.02	0.00	0.00	0.25
600828	成商集团	2012.05.04	2012.05.07	2012.05.08	8.82	5.19	0.30
600841	上柴股份	2012.06.01	2012.06.04	2012.06.05	19.38	7.55	0.60
600858	银座股份	2012.04.11	2012.04.12	2012.04.13	20.34	6.27	0.80
600862	南通科技	2012.01.04	2012.01.05	2012.01.06	8.85	2.22	1.00
600869	三普药业	2012.06.29	2012.07.02	2012.07.03	23.45	5.62	1.00
600886	国投电力	2012.06.21	2012.06.25	2012.06.26	6.54	2.90	0.50
600888	新疆众和	2012.05.24	2012.05.25	2012.05.28	15.08	8.89	0.30
600962	国投中鲁	2012.07.10	2012.07.11	2012.07.12	10.45	6.15	0.30
600970	中材国际	2012.06.08	2012.06.11	2012.06.12	17.34	11.69	0.20
600973	宝胜股份	2012.05.09	2012.05.10	2012.05.11	12.85	5.71	0.50
600975	新五丰	2012.07.05	2012.07.06	2012.07.09	8.58	5.08	0.30
601000	唐山港	2012.09.07	2012.09.10	2012.09.11	6.71	2.07	0.80

年度上市公司送股
Bonus Shares in 2012

股票代码 Code	股票简称 Name	股权登记日 Registration Date	除息日 Ex-Date	送股上市 Bonus Share Listing	收盘价 Close Price	除事价 Ex-Price	送股比例 Bonus Share Ratio
601008	连云港	2012.04.27	2012.05.02	2012.05.03	5.04	2.96	0.30
601012	隆基股份	2012.06.25	2012.06.26	2012.06.27	17.00	5.20	0.80
601099	太平洋	2012.07.09	2012.07.10	2012.07.11	6.72	5.53	0.10
601100	恒立油缸	2012.06.20	2012.06.21	2012.06.25	17.71	7.76	0.50
601101	昊华能源	2012.07.11	2012.07.12	2012.07.13	17.04	11.59	0.20
601113	华鼎锦纶	2012.06.04	2012.06.05	2012.06.06	11.58	2.86	1.00
601139	深圳燃气	2012.06.13	2012.06.14	2012.06.15	12.49	5.49	0.50
601169	北京银行	2012.07.10	2012.07.11	2012.07.12	9.36	6.36	0.20
601208	东材科技	2012.05.04	2012.05.07	2012.05.08	20.09	4.90	1.00
601216	内蒙君正	2012.05.23	2012.05.24	2012.05.25	16.67	4.15	1.00
601222	林洋电子	2012.05.30	2012.05.31	2012.06.01	13.00	8.89	0.20
601311	骆驼股份	2012.05.18	2012.05.21	2012.05.22	22.06	5.42	1.00
601519	大智慧	2012.05.16	2012.05.17	2012.05.18	12.48	3.10	1.00
601558	华锐风电	2012.06.25	2012.06.26	2012.06.27	15.42	3.77	1.00
601567	三星电气	2012.06.28	2012.06.29	2012.07.02	13.85	5.93	0.50
601599	鹿港科技	2012.04.11	2012.04.12	2012.04.13	11.33	4.95	0.50
601616	广电电气	2012.05.14	2012.05.15	2012.05.16	10.09	3.08	0.80
601717	郑煤机	2012.03.12	2012.03.13	2012.03.14	31.19	7.77	1.00
601872	招商轮船	2012.11.23	2012.11.26	2012.11.27	2.65	2.19	0.10
601908	京运通	2012.06.08	2012.06.11	2012.06.12	18.99	4.68	1.00
601996	丰林集团	2012.05.15	2012.05.16	2012.05.17	11.12	2.76	1.00
603333	明星电缆	2012.10.16	2012.10.17	2012.10.18	8.43	3.75	0.50
900905	老凤祥 B	2012.08.08	2012.08.06	2012.08.10	1.52	1.48	0.20
900920	上柴 B 股	2012.06.06	2012.06.04	2012.06.08	0.64	0.65	0.60

上市公司配股
Allotment in 2012

股票代码 Code	股票简称 Name	股权登记日 Registration Date	除净日 Ex-Date	配股上市 Right Issue Listing	收盘价 Close Price	配股价 Right Issue Price	除净价 Ex-Price	配股比例 Right Issue Ratio
600066	宇通客车	2012.02.10	2012.02.21	2012.02.27	24.600	14.380	22.240	0.3000
600587	新华医疗	2012.04.12	2012.04.23	2012.05.02	28.400	15.660	25.460	0.3000
600667	太极实业	2012.10.24	2012.11.02	2012.11.09	3.310	2.250	3.070	0.3000
600720	祁连山	2012.11.26	2012.12.05	2012.12.11	8.760	6.260	8.180	0.3000
601299	中国北车	2012.02.24	2012.03.06	2012.03.13	4.740	3.420	4.480	0.2500

上市公司通讯录
Contact Information of Listed Companies

A 股代码 A Code	A 股简称 A Name	B 股代码 B Code	B 股简称 B Name	行业分类代码 Industry Code	行业分类名称 Industry Name	电话 Telephone
600000	浦发银行			66	货币金融服务	61618731
600004	白云机场			56	航空运输业	020-36063593
600005	武钢股份			31	黑色金属冶炼和压延加工业	027-86802031
600006	东风汽车			36	汽车制造业	027-84287977
600007	中国国贸			70	房地产业	010-65052288
600008	首创股份			46	水的生产和供应业	010-64689035
600009	上海机场			56	航空运输业	021-68341609
600010	包钢股份			31	黑色金属冶炼和压延加工业	0472-2189515
600011	华能国际			44	电力、热力生产和供应业	010-63226997
600012	皖通高速			54	道路运输业	0551-5338681
600015	华夏银行			66	货币金融服务	01085238888
600016	民生银行			66	货币金融服务	010－68467286
600017	日照港			55	水上运输业	0633-8387350
600018	上港集团			55	水上运输业	021-55333388-28066
600019	宝钢股份			31	黑色金属冶炼和压延加工业	26647000
600020	中原高速			54	道路运输业	0371-87166818
600021	上海电力			44	电力、热力生产和供应业	021-23108810
600022	山东钢铁			31	黑色金属冶炼和压延加工业	0531-88865480
600026	中海发展			55	水上运输业	65967160
600027	华电国际			44	电力、热力生产和供应业	8610-8356 7779
600028	中国石化			07	石油和天然气开采业	010-59962210
600029	南方航空			56	航空运输业	020-86124738;020-861
600030	中信证券			67	资本市场服务	010-84588581
600031	三一重工			35	专用设备制造业	0731-84031640/838
600033	福建高速			54	道路运输业	0591-87077366
600035	楚天高速			54	道路运输业	02784863942
600036	招商银行			66	货币金融服务	0755-83195105
600037	歌华有线			63	电信、广播电视和卫星传输服务	010-62035573
600038	哈飞股份			37	铁路、船舶、航空航天和其他运输设备制造业	0451-86528350
600039	四川路桥			48	土木工程建筑业	028-85126085
600048	保利地产			70	房地产业	020-89898001
600050	中国联通			63	电信、广播电视和卫星传输服务	010－52738881
600051	宁波联合			51	批发业	0574-86222002
600052	浙江广厦			70	房地产业	0571-87974176
600053	中江地产			70	房地产业	0791-8164127
600054	黄山旅游	900942	黄山 B 股	78	公共设施管理业	0559-5580567
600055	华润万东			35	专用设备制造业	010-84569688
600056	中国医药			51	批发业	010-67121157
600057	象屿股份			72	商务服务业	0592-6516003
600058	五矿发展			51	批发业	010-68494205
600059	古越龙山			15	酒、饮料和精制茶制造业	0575-85158435
600060	海信电器			39	计算机、通信和其他电子设备制造业	0532-83889556
600061	中纺投资			17	纺织业	021-62838888
600062	华润双鹤			27	医药制造业	010-64742227*380
600063	皖维高新			28	化学纤维制造业	0565-2317280
600064	南京高科			70	房地产业	025-85800721
600066	宇通客车			36	汽车制造业	0371-66733790
600067	冠城大通			70	房地产业	0591-83350026
600068	葛洲坝			48	土木工程建筑业	027-83790801
600069	银鸽投资			22	造纸和纸制品业	0371-86122376-616

上市公司通讯录
Contact Information of Listed Companies

公司全称 Company Name	通讯地址 Address	邮编 Zip
上海浦东发展银行股份有限公司	上海市中山东一路 12 号	200002
广州白云国际机场股份有限公司	广州白云国际机场南工作区机场股份公司机关办公楼	510470
武汉钢铁股份有限公司	武汉市青山区沿港路 3 号	430080
东风汽车股份有限公司	湖北省武汉经济技术开发区创业路 58 号	430056
中国国际贸易中心股份有限公司	北京市建国门外大街 1 号国贸西楼 6 层	100004
北京首创股份有限公司	北京市朝阳区北三环东路 8 号静安中心七层	100028
上海国际机场股份有限公司	上海市浦东新区启航路 900 号	201207
内蒙古包钢钢联股份有限公司	内蒙古包头市昆区包钢信息大楼东副楼	014010
华能国际电力股份有限公司	北京市西城区复兴门内大街 6 号华能大厦	100031
安徽皖通高速公路股份有限公司	安徽省合肥市望江西路 520 号	230088
华夏银行股份有限公司	北京市东城区建国门内大街 22 号华夏银行大厦	100005
中国民生银行股份有限公司	北京市西城区复兴门内大街 2 号	100031
日照港股份有限公司	山东省日照市海滨二路 81 号	276826
上海国际港务（集团）股份有限公司	上海市虹口区东大名路 358 号国际港务大厦	200080
宝山钢铁股份有限公司	上海市宝山区富锦路 885 号宝钢指挥中心	201900
河南中原高速公路股份有限公司	郑州市中原路 93 号	450052
上海电力股份有限公司	上海市中山南路 268 号 1 号楼 36 层	200010
山东钢铁股份有限公司	济南市工业北路 21 号	250101
中海发展股份有限公司	东大名路 670 号 7 楼	200080
华电国际电力股份有限公司	北京市西城区宣武门内大街 2 号 B 座 12 至 16 层	100031
中国石油化工股份有限公司	中国北京市朝阳区朝阳门北大街 22 号	100728
中国南方航空股份有限公司	广东省广州市机场路 278 号	510405
中信证券股份有限公司	深圳市福田区中心三路 8 号中信证券大厦； 北京市朝阳区亮马桥路 48 号中信证券大厦	100125
三一重工股份有限公司	湖南省长沙经济技术开发区	410100
福建发展高速公路股份有限公司	福州市东水路 18 号福建交通综合大楼 26 层	350001
湖北楚天高速公路股份有限公司	武汉市汉阳区龙阳大道 9 号	430051
招商银行股份有限公司	深圳市福田区深南大道 7088 号招商银行大厦	518040
北京歌华有线电视网络股份有限公司	北京市东城区东直门内北小街青龙胡同甲 1 号歌华大厦七层	100007
哈飞航空工业股份有限公司	哈尔滨市平房区友协大街 15 号	150066
四川路桥建设股份有限公司	成都市高新区九兴大道 12 号	610041
保利房地产（集团）股份有限公司	广州市海珠区阅江中路 688 号保利国际广场北塔 29-33 层	510308
中国联合网络通信股份有限公司	上海市长宁区长宁路 1033 号联通大厦 29 楼	200050
宁波联合集团股份有限公司	宁波开发区东海路 1 号联合大厦	315803
浙江广厦股份有限公司	浙江省杭州市玉古路 166 号	310013
江西中江地产股份有限公司	江西省南昌市东湖区沿江北大道 1379 号紫金城 A 栋写字楼	330096
黄山旅游发展股份有限公司	安徽省黄山市黄山风景区汤泉	245800
华润万东医疗装备股份有限公司	北京市朝阳区酒仙桥东路 9 号院 3 号楼	100015
中国医药保健品股份有限公司	北京市东城区光明中街 18 号美康大厦	100061
厦门象屿股份有限公司	厦门现代物流园区象兴四路 21 号银盛大厦 9 楼	361022
五矿发展股份有限公司	北京市海淀区三里河路 5 号 B 座	100044
浙江古越龙山绍兴酒股份有限公司	浙江省绍兴市北海桥	312000
青岛海信电器股份有限公司	青岛市经济技术开发区前湾港路 218 号	266555
中纺投资发展股份有限公司	上海市延安西路 1228 号嘉利大厦 33 层	200052
华润双鹤药业股份有限公司	北京市朝阳区望京利泽东二路 1 号	100102
安徽皖维高新材料股份有限公司	安徽省巢湖市皖维路 56 号	238002
南京新港高科技股份有限公司	南京经济技术开发区新港大道 129 号	210038
郑州宇通客车股份有限公司	郑州市管城回族区宇通路宇通工业园	450016
冠城大通股份有限公司	福建省福州市鼓楼区五一中路 32 号元洪大厦 26 层	350005
中国葛洲坝集团股份有限公司	湖北省武汉市解放大道 558 号葛洲坝大酒店 B 座 7 层	430033
河南银鸽实业投资股份有限公司	河南省漯河市人民东路与东环路交叉口银鸽投资研发大厦 603 室	462000

上市公司通讯录
Contact Information of Listed Companies

A股代码 A Code	A股简称 A Name	B股代码 B Code	B股简称 B Name	行业分类代码 Industry Code	行业分类名称 Industry Name	电话 Telephone
600070	浙江富润			17	纺织业	0575-87015763
600071	凤凰光学			40	仪器仪表制造业	0793-8259523
600072	中船股份			37	铁路、船舶、航空航天和其他运输设备制造业	021-53023456*672
600073	上海梅林			14	食品制造业	021-53891298
600074	中达股份			29	橡胶和塑料制品业	0510-86686352
600075	新疆天业			26	化学原料和化学制品制造业	0993-2623118
600076	*ST 华光			39	计算机、通信和其他电子设备制造业	0536-2991601
600077	宋都股份			70	房地产业	0571-86759619
600078	澄星股份			26	化学原料和化学制品制造业	0510-80622329
600079	人福医药			27	医药制造业	027-87597232
600080	金花股份			27	医药制造业	029-81778688
600081	东风科技			36	汽车制造业	021-62033003*52
600082	海泰发展			90	综合	022-85689891
600083	ST 博信			39	计算机、通信和其他电子设备制造业	0755-86278086
600084	中葡股份			15	酒、饮料和精制茶制造业	0991-8868389
600085	同仁堂			27	医药制造业	010-67020018
600086	东方金钰			41	其他制造业	0755-25266298
600087	*ST 长油			55	水上运输业	025-58586158
600088	中视传媒			86	广播、电视、电影和影视录音制作业	010-65999008
600089	特变电工			38	电气机械和器材制造业	0994-2724766
600090	啤酒花			15	酒、饮料和精制茶制造业	0991-3687305
600091	ST 明科			26	化学原料和化学制品制造业	0472-2207068
600093	禾嘉股份			36	汽车制造业	028-85155498
600094	大名城	900940	大名城 B	70	房地产业	021-62479058
600095	哈高科			13	农副食品加工业	0451-84348141
600096	云天化			26	化学原料和化学制品制造业	0870-8662000
600097	开创国际			04	渔业	021-65686875
600098	广州发展			44	电力、热力生产和供应业	020-37850228
600099	林海股份			37	铁路、船舶、航空航天和其他运输设备制造业	0523-86992165
600100	同方股份			39	计算机、通信和其他电子设备制造业	010－82399888
600101	明星电力			44	电力、热力生产和供应业	0825-2210829
600103	青山纸业			22	造纸和纸制品业	0591-83367773
600104	上汽集团			36	汽车制造业	(021)22011290
600105	永鼎股份			38	电气机械和器材制造业	0512-63272395
600106	重庆路桥			54	道路运输业	023-62803729
600107	美尔雅			18	纺织服装、服饰业	0714－6360299
600108	亚盛集团			01	农业	0931-8857037
600109	国金证券			67	资本市场服务	021-61038220
600110	中科英华			38	电气机械和器材制造业	0431-85161088
600111	包钢稀土			32	有色金属冶炼和压延加工业	0472-2207525
600112	长征电气			38	电气机械和器材制造业	0852－8634986
600113	浙江东日			51	批发业	0577-88852188
600114	东睦股份			33	金属制品业	0574-87840906
600115	东方航空			56	航空运输业	22330928
600116	三峡水利			44	电力、热力生产和供应业	023-63801161
600117	西宁特钢			31	黑色金属冶炼和压延加工业	0971-5299865
600118	中国卫星			39	计算机、通信和其他电子设备制造业	010-68197793
600119	长江投资			54	道路运输业	68407009
600120	浙江东方			51	批发业	0571-87600320
600121	郑州煤电			06	煤炭开采和洗选业	0371-87785169

上市公司通讯录
Contact Information of Listed Companies

公司全称 Company Name	通讯地址 Address	邮编 Zip
浙江富润股份有限公司	浙江省诸暨市陶朱南路 18 号	311800
凤凰光学股份有限公司	江西省上饶市光学路 1 号	334000
中船江南重工股份有限公司	上海市鲁班路 600 号江南造船大厦 11-13 楼	200023
上海梅林正广和股份有限公司	上海市新闸路 1418 号	200040
江苏中达新材料集团股份有限公司	江苏省江阴市滨江西路 589 号亚包商务大厦 906	214443
新疆天业股份有限公司	新疆石河子市经济技术开发区北三东路 36 号	832000
潍坊北大青鸟华光科技股份有限公司	山东省潍坊市高新技术产业开发区北宫东街 6 号	261061
宋都基业投资股份有限公司	杭州市富春路 789 号 5 楼	110168
江苏澄星磷化工股份有限公司	江苏省江阴市梅园大街 618 号	214432
武汉人福医药集团股份有限公司	武汉市东湖高新区高新大道 666 号	430075
金花企业(集团)股份有限公司	西安高新技术产业开发区科技四路 202(710065)	710065
东风电子科技股份有限公司	上海市中山北路 2000 号 22 楼	200063
天津海泰科技发展股份有限公司	天津新技术产业园区华苑产业区海泰西路 18 号	300384
广东博信投资控股股份有限公司	广东省清远市新城方正二街 1 号自来水大厦	511518
中信国安葡萄酒业股份有限公司	新疆维吾尔自治区乌鲁木齐市红山路 39 号	830002
北京同仁堂股份有限公司	北京市东城区崇外大街 42 号，北京市东城区东兴隆街 52 号	100062
东方金钰股份有限公司	深圳市罗湖区贝丽北路正福国际珠宝交易中心(水贝工业区)2 栋 3 楼	518020
中国长江航运集团南京油运股份有限公司	南京市中山北路 324 号油运大厦	210003
中视传媒股份有限公司	上海浦东新区福山路 450 号新天国际大厦 17 层 A 座	200122
特变电工股份有限公司	新疆昌吉市延安南路 52 号	831100
新疆啤酒花股份有限公司	新疆乌鲁木齐市长春南路西二巷津城茗苑 5 号楼	830000
包头明天科技股份有限公司	包头稀土高新技术产业开发区曙光路 22 号	014030
四川禾嘉股份有限公司	四川省成都市高新技术开发区九兴大道 3 号	610041
上海大名城企业股份有限公司	上海市闵行区红松东路 1116 号 1 幢 5 楼 A 区	201103
哈尔滨高科技(集团)股份有限公司	哈尔滨开发区迎宾路集中区天平路 2 号	150078
云南云天化股份有限公司	云南省水富县向家坝镇	657800
上海开创国际海洋资源股份有限公司	上海市杨浦区共青路 448 号	200090
广州发展实业控股集团股份有限公司	广州市珠江新城临江大道 3 号发展中心 28-30 楼	510623
林海股份有限公司	江苏省泰州市迎春西路 199 号	225300
同方股份有限公司	北京市海淀区五道口清华同方科技广场	100084
四川明星电力股份有限公司	四川省遂宁市开发区明月路 88 号	629000
福建省青山纸业股份有限公司	福建省福州市鼓楼区五一北路 171 号新都会花园广场 16 层	350005
上海汽车集团股份有限公司	上海市静安区威海路 489 号上海汽车大厦	201203
江苏永鼎股份有限公司	江苏省吴江市芦墟镇汾湖经济技术开发区	215211
重庆路桥股份有限公司	重庆南坪经济技术开发区丹龙路 11 号	400060
湖北美尔雅股份有限公司	湖北省黄石市团城山开发区 8 号小区美尔雅工业园	435003
甘肃亚盛实业(集团)股份有限公司	甘肃省兰州市城关区秦安路 105 号亚盛大厦东 11－16 楼	730030
国金证券股份有限公司	成都市青羊区东城根上街 95 号 16 楼	610015
中科英华高技术股份有限公司	吉林省长春市高新技术开发区火炬路 286 号	130022
内蒙古包钢稀土(集团)高科技股份有限公司	内蒙古包头市稀土高新技术产业开发区黄河路 83 号	014030
贵州长征电气股份有限公司	贵州省遵义市上海路 100 号	563002
浙江东日股份有限公司	浙江省温州市矮凳桥 92 号	325003
东睦新材料集团股份有限公司	宁波市鄞州工业园区（姜山）景江路 8 号	315191
中国东方航空股份有限公司	上海市虹桥路 2550 号	200335
重庆三峡水利电力(集团)股份有限公司	重庆市渝中区邹容路 68 号大都会商厦 3611 室	400010
西宁特殊钢股份有限公司	青海省西宁市柴达木西路 52 号	810005
中国东方红卫星股份有限公司	北京市海淀区中关村南大街 31 号神舟科技大厦 12 层	100081
长发集团长江投资实业股份有限公司	上海闵行区光华路 888 号	201108
浙江东方集团股份有限公司	杭州西湖大道１２号	310009
郑州煤电股份有限公司	郑州市中原区中原西路 188 号	450007

上市公司通讯录
Contact Information of Listed Companies

A股代码 A Code	A股简称 A Name	B股代码 B Code	B股简称 B Name	行业分类代码 Industry Code	行业分类名称 Industry Name	电话 Telephone
600122	宏图高科			52	零售业	025-83274691
600123	兰花科创			06	煤炭开采和洗选业	0356-2189698
600125	铁龙物流			53	铁路运输业	0411-82590881
600126	杭钢股份			31	黑色金属冶炼和压延加工业	0571-88132917
600127	金健米业			13	农副食品加工业	0736-2588288
600128	弘业股份			51	批发业	025-52308738
600129	太极集团			27	医药制造业	023-89886719
600130	波导股份			39	计算机、通信和其他电子设备制造业	0574-88918939
600131	岷江水电			44	电力、热力生产和供应业	028-80808555
600132	重庆啤酒			15	酒、饮料和精制茶制造业	023-89139399
600133	东湖高新			70	房地产业	027-87172021
600135	乐凯胶片			26	化学原料和化学制品制造业	0312-3302372
600136	道博股份			51	批发业	027-81732221
600137	浪莎股份			18	纺织服装、服饰业	0831-8216216
600138	中青旅			72	商务服务业	010-58158777
600139	西部资源			09	有色金属矿采选业	028-85915709
600141	兴发集团			26	化学原料和化学制品制造业	0717-6760049
600143	金发科技			29	橡胶和塑料制品业	020-66818881
600145	国创能源			30	非金属矿物制品业	0851-5833622
600146	大元股份			26	化学原料和化学制品制造业	010-84987171
600148	长春一东			36	汽车制造业	0431-85158520
600149	廊坊发展			90	综合	021-53960935
600150	中国船舶			37	铁路、船舶、航空航天和其他运输设备制造业	021-68860618
600151	航天机电			39	计算机、通信和其他电子设备制造业	64827176
600152	维科精华			17	纺织业	0574-87341480
600153	建发股份			51	批发业	0592-2263616
600155	*ST 宝硕			26	化学原料和化学制品制造业	0312-3109590
600156	华升股份			17	纺织业	0731-85237877
600157	永泰能源			06	煤炭开采和洗选业	010-63211817
600158	中体产业			70	房地产业	010-65524133
600159	大龙地产			70	房地产业	010-69445636
600160	巨化股份			26	化学原料和化学制品制造业	0570-3091758
600161	天坛生物			27	医药制造业	010-65724045
600162	香江控股			70	房地产业	020-34821006
600163	福建南纸			22	造纸和纸制品业	0599-8808806
600165	新日恒力			33	金属制品业	0952-3671222
600166	福田汽车			36	汽车制造业	010-80716459
600167	联美控股			44	电力、热力生产和供应业	024-83782067
600168	武汉控股			46	水的生产和供应业	027-85790699
600169	太原重工			35	专用设备制造业	0351-6361155
600170	上海建工			48	土木工程建筑业	021-35312079
600171	上海贝岭			39	计算机、通信和其他电子设备制造业	64853333
600172	黄河旋风			30	非金属矿物制品业	0374-6108899
600173	卧龙地产			70	房地产业	0575-82177017
600175	美都控股			51	批发业	0571-88301613
600176	中国玻纤			30	非金属矿物制品业	010-88028919
600177	雅戈尔			18	纺织服装、服饰业	0574-87425136
600178	东安动力			36	汽车制造业	0451-86528173
600179	黑化股份			25	石油加工、炼焦和核燃料加工业	0452-8927129
600180	瑞茂通			51	批发业	0371-55686870

上市公司通讯录
Contact Information of Listed Companies

公司全称 Company Name	通讯地址 Address	邮编 Zip
江苏宏图高科技股份有限公司	南京市中山北路 219 号 20/21 层	210009
山西兰花科技创业股份有限公司	山西省晋城市凤台东街 2288 号	048000
中铁铁龙集装箱物流股份有限公司	辽宁省大连市中山区新安街 1 号	116001
杭州钢铁股份有限公司	浙江省杭州市半山路 178 号	310022
湖南金健米业股份有限公司	湖南省常德市德山经济开发区金健米业总部办公大楼	415001
江苏弘业股份有限公司	江苏省南京市中华路 50 号弘业大厦	210001
重庆太极实业（集团）股份有限公司	重庆市涪陵区太极大道 1 号	408000
宁波波导股份有限公司	浙江省奉化市大成东路 999 号	315500
四川岷江水利电力股份有限公司	四川省都江堰市奎光路 301 号	611830
重庆啤酒股份有限公司	重庆市北部新区大竹林恒山东路 9 号	401123
武汉东湖高新集团股份有限公司	武汉市东湖开发区佳园路 1 号东湖高新大楼	430074
乐凯胶片股份有限公司	河北省保定市乐凯南大街 6 号	071054
武汉道博股份有限公司	武汉东湖新技术开发区关凤大道特二号 C 栋二楼	430205
四川浪莎控股股份有限公司	四川省宜宾市外南街 63 号进出口大厦 8 楼	644000
中青旅控股股份有限公司	北京市东城区东直门南大街 5 号中青旅大厦	100007
四川西部资源控股股份有限公司	四川省成都市锦江区锦江工业开发区毕升路 168 号	610063
湖北兴发化工集团股份有限公司	湖北宜昌市解放路 52 号三峡商城 B805（通讯地址）	443700
金发科技股份有限公司	广州市高新技术产业开发区科丰路 33 号	510663
贵州国创能源控股(集团)股份有限公司	贵州省贵阳市正新街 9 号富水花园 D 座 30-3 号	550003
宁夏大元化工股份有限公司	北京市朝阳区北辰东路 8 号北辰时代大厦 1406 室	100101
长春一东离合器股份有限公司	吉林省长春市高新技术产业开发区超然街 2555 号	130012
廊坊发展股份有限公司	廊坊市开发区科技谷园区青果路 99 号	065000
中国船舶工业股份有限公司	上海市浦东大道 1 号	200120
上海航天汽车机电股份有限公司	上海市漕溪路 222 号航天大厦南楼八楼	200235
宁波维科精华集团股份有限公司	宁波市和义路 99 号维科大厦 10 楼	315016
厦门建发股份有限公司	厦门市鹭江道 52 号海滨大厦七楼	361001
河北宝硕股份有限公司	河北省保定市国家高新技术产业开发区朝阳北大街 1098 号	071051
湖南华升股份有限公司	湖南省长沙市芙蓉中路三段 420 号	410015
永泰能源股份有限公司	北京市西城区宣武门西大街 127 号永泰 A 座	100031
中体产业集团股份有限公司	北京市朝阳区朝外大街 225 号	100020
北京市大龙伟业房地产开发股份有限公司	北京市顺义区府前东街甲 2 号	101300
浙江巨化股份有限公司	浙江省衢州市柯城区	324004
北京天坛生物制品股份有限公司	北京市朝阳区三间房南里四号 （此为通讯地址！）	100024
深圳香江控股股份有限公司	广东省广州市番禺区番禺大道锦绣香江花园香江控股办公楼	511442
福建省南纸股份有限公司	福建省南平市滨江北路 177 号	353000
宁夏新日恒力钢丝绳股份有限公司	宁夏回族自治区石嘴山市惠农区河滨街	753202
北汽福田汽车股份有限公司	北京市昌平区沙河镇沙阳路	102206
联美控股股份有限公司	沈阳市浑南新区新明街 8 号	110179
武汉三镇实业控股股份有限公司	武汉市武昌区友谊大道特 8 号长江隧道公司管理大楼	430062
太原重工股份有限公司	太原市万柏林区玉河街 53 号	030024
上海建工集团股份有限公司	上海市虹口区东大名路 666 号上海建工大厦	200080
上海贝岭股份有限公司	上海市漕河泾开发区宜山路 810 号	200233
河南黄河旋风股份有限公司	河南省长葛市人民路 200 号	461500
卧龙地产集团股份有限公司	浙江省上虞市经济开发区人民西路 1801 号	312300
美都控股股份有限公司	杭州市拱墅区密渡桥路 70 号美都恒升名楼 4F	310005
中国玻纤股份有限公司	北京市海淀区西三环中路 10 号	100142
雅戈尔集团股份有限公司	浙江宁波鄞县大道西段 2 号	315153
哈尔滨东安汽车动力股份有限公司	哈尔滨市平房区保国街 51 号	150066
黑龙江黑化股份有限公司	黑龙江省齐齐哈尔市富拉基尔区向阳大街 2 号	161041
山东瑞茂通供应链管理股份有限公司	河南省郑州市郑东新区商务外环路 3 号中华大厦 18 楼	450000

上市公司通讯录
Contact Information of Listed Companies

A股代码 A Code	A股简称 A Name	B股代码 B Code	B股简称 B Name	行业分类代码 Industry Code	行业分类名称 Industry Name	电话 Telephone
600182	S 佳通			29	橡胶和塑料制品业	021-22073132
600183	生益科技			39	计算机、通信和其他电子设备制造业	0769-22271828*8183
600184	光电股份			35	专用设备制造业	0710-3349838
600185	格力地产			70	房地产业	0756-8860606
600186	莲花味精			14	食品制造业	0394-4298889
600187	国中水务			46	水的生产和供应业	010-51695610
600188	兖州煤业			06	煤炭开采和洗选业	0537-5384031
600189	吉林森工			20	木材加工和木、竹、藤、棕、草制品业	0431-88480580
600190	锦州港	900952	锦港 B 股	55	水上运输业	0416-3586462
600191	华资实业			13	农副食品加工业	0472-6957558
600192	长城电工			38	电气机械和器材制造业	0931-8415501
600193	创兴资源			70	房地产业	021-58125999-8037
600195	中牧股份			27	医药制造业	010-63701951
600196	复星医药			27	医药制造业	021-63321165
600197	伊力特			15	酒、饮料和精制茶制造业	0991-3667490
600198	大唐电信			39	计算机、通信和其他电子设备制造业	010-62303607
600199	金种子酒			15	酒、饮料和精制茶制造业	0558-2210568
600200	江苏吴中			33	金属制品业	0512-65272131
600201	金宇集团			27	医药制造业	0471-3315176
600202	哈空调			38	电气机械和器材制造业	0451-84612279
600203	福日电子			51	批发业	0591-83315984
600206	有研硅股			39	计算机、通信和其他电子设备制造业	010-62355380
600207	安彩高科			39	计算机、通信和其他电子设备制造业	0372-3733820
600208	新湖中宝			70	房地产业	0571-87395003
600209	罗顿发展			50	建筑装饰和其他建筑业	0898-66266364
600210	紫江企业			29	橡胶和塑料制品业	62377118-858
600211	西藏药业			51	批发业	028-86653915
600212	江泉实业			44	电力、热力生产和供应业	0539-7100388
600213	亚星客车			36	汽车制造业	0514-82989880
600215	长春经开			70	房地产业	0431-84644225
600216	浙江医药			27	医药制造业	0571-87213883
600217	秦岭水泥			30	非金属矿物制品业	0919-6233649
600218	全柴动力			34	通用设备制造业	0550-5038369
600219	南山铝业			32	有色金属冶炼和压延加工业	0535-8666352
600220	江苏阳光			17	纺织业	0510-86121688
600221	海南航空	900945	海航 B 股	56	航空运输业	0898-66739659
600222	太龙药业			27	医药制造业	0371-67986158
600223	鲁商置业			70	房地产业	0531-66697002
600225	天津松江			70	房地产业	022-58915818
600226	升华拜克			26	化学原料和化学制品制造业	0572-8402738
600227	赤天化			26	化学原料和化学制品制造业	0852-2878788
600228	昌九生化			26	化学原料和化学制品制造业	0791-88504560
600229	青岛碱业			26	化学原料和化学制品制造业	0532-88082817
600230	沧州大化			26	化学原料和化学制品制造业	0317-3556143
600231	凌钢股份			31	黑色金属冶炼和压延加工业	0421-6838192
600232	金鹰股份			17	纺织业	0580-8021228
600233	大杨创世			18	纺织服装、服饰业	0411-87555199
600234	ST 天龙			39	计算机、通信和其他电子设备制造业	0351-2025168
600235	民丰特纸			22	造纸和纸制品业	0573-82839520
600236	桂冠电力			44	电力、热力生产和供应业	0771-6118608

上市公司通讯录
Contact Information of Listed Companies

公司全称 Company Name	通讯地址 Address	邮编 Zip
佳通轮胎股份有限公司	上海市长宁区临虹路 280－2 号	200335
广东生益科技股份有限公司	广东省东莞市万江区莞穗大道４１１号	523039
北方光电股份有限公司	陕西省西安市长乐中路 35 号	710043
格力地产股份有限公司	珠海市石花西路 213 号	519020
河南莲花味精股份有限公司	河南省项城市莲花大道 18 号	466200
黑龙江国中水务股份有限公司	北京市东城区灯市口大街 33 号国中商业大厦 10 层	100006
兖州煤业股份有限公司	山东省邹城市凫山南路 298 号	273500
吉林森林工业股份有限公司	吉林省长春市朝阳区延安大街 1399 号	130012
锦州港股份有限公司	锦州经济技术开发区锦港大街一段 1 号	121007
包头华资实业股份有限公司	包头市东河区	014045
兰州长城电工股份有限公司	兰州市城关区农民巷 215 号	730000
上海创兴资源开发股份有限公司	上海市浦东新区康桥路 1388 号 2 楼	201315
中牧实业股份有限公司	北京市丰台区南四环西路 188 号总部基地八区 16 号楼	100070
上海复星医药（集团）股份有限公司	上海市复兴东路 2 号	200010
新疆伊力特实业股份有限公司	新疆乌鲁木齐市昆明路 148 号新捷小区 1 号楼 2 单元 102 室	830011
大唐电信科技股份有限公司	北京市海淀区永嘉北路 6 号	100094
安徽金种子酒业股份有限公司	安徽省阜阳市莲花路 259 号	236023
江苏吴中实业股份有限公司	江苏省苏州市吴中区宝带东路 388 号	215128
内蒙古金宇集团股份有限公司	内蒙古呼和浩特市鄂尔多斯大街 26 号	010020
哈尔滨空调股份有限公司	哈尔滨高新技术开发区迎宾路集中区滇池街 7 号	150078
福建福日电子股份有限公司	福州市五一北路 169 号福日大厦	350005
有研半导体材料股份有限公司	北京市新街口外大街２号	100088
河南安彩高科股份有限公司	河南省安阳市中州路南段	455000
新湖中宝股份有限公司	浙江省杭州市西溪路 128 号新湖商务大厦 11 层	310007
罗顿发展股份有限公司	海南省海口市人民大道 68 号北 12 楼	570208
上海紫江企业集团股份有限公司	上海市虹桥路 2272 号上海虹桥商务大厦 7 楼 C 座	200336
西藏诺迪康药业股份有限公司	拉萨市北京中路 93 号	610016
山东江泉实业股份有限公司	山东省临沂市罗庄区江泉工业园三江路 6 号	276017
扬州亚星客车股份有限公司	扬州市渡江南路 41 号	225001
长春经开(集团)股份有限公司	吉林省长春市自由大路 5188 号	130031
浙江医药股份有限公司	浙江省杭州市拱墅区登云路 268 号	310011
陕西秦岭水泥(集团)股份有限公司	陕西省铜川市耀州区东郊	727100
安徽全柴动力股份有限公司	安徽省全椒县襄河镇吴敬梓路 788 号	239500
山东南山铝业股份有限公司	山东省龙口市东江镇南山村	265706
江苏阳光股份有限公司	江苏省江阴市新桥镇马嘶桥	214426
海南航空股份有限公司	海南省海口市国兴大道 7 号海航大厦	570203
河南太龙药业股份有限公司	郑州市高新技术产业开发区金梭路 8 号	450001
鲁商置业股份有限公司	山东省济南市历下区经十路 9777 号 8 层	250014
天津松江股份有限公司	天津市西青区友谊南路与外环线交口东北侧环岛西路天湾园公建 1 号楼	300221
浙江升华拜克生物股份有限公司	浙江省德清县钟管工业区	313220
贵州赤天化股份有限公司	贵州省赤水市化工路	564707
江西昌九生物化工股份有限公司	江西省南昌市青山湖区尤氨路	330012
青岛碱业股份有限公司	青岛市四流北路 78 号	266043
沧州大化股份有限公司	河北省沧州市永济东路 20 号沧州大化办公楼	061000
凌源钢铁股份有限公司	辽宁省凌源市钢铁路３号	122500
浙江金鹰股份有限公司	浙江省舟山市定海区小沙镇	316051
大连大杨创世股份有限公司	大连经济技术开发区哈尔滨路２３号	116600
太原天龙集团股份有限公司	太原市迎泽大街 289 号	030001
民丰特种纸股份有限公司	浙江省嘉兴市甪里街 70 号	314000
广西桂冠电力股份有限公司	中国广西南宁市民族大道 126 号	530022

上市公司通讯录
Contact Information of Listed Companies

A 股代码 A Code	A 股简称 A Name	B 股代码 B Code	B 股简称 B Name	行业分类代码 Industry Code	行业分类名称 Industry Name	电话 Telephone
600237	铜峰电子			39	计算机、通信和其他电子设备制造业	0562-5881888
600238	海南椰岛			15	酒、饮料和精制茶制造业	0898-66522612
600239	云南城投			70	房地产业	0871-67199767
600240	华业地产			70	房地产业	010－85710732
600241	时代万恒			51	批发业	0411-82357777-699
600242	中昌海运			55	水上运输业	0662-2881777
600243	青海华鼎			34	通用设备制造业	0971-7111668
600246	万通地产			70	房地产业	010-59070788
600247	成城股份			51	批发业	010-59696016
600248	延长化建			48	土木工程建筑业	029-87016796
600249	两面针			26	化学原料和化学制品制造业	0772-2506159
600250	*ST 南纺			51	批发业	025-83331602
600251	冠农股份			13	农副食品加工业	0996-2113386
600252	中恒集团			27	医药制造业	0774-3939138
600253	天方药业			27	医药制造业	0396-3823535
600255	鑫科材料			32	有色金属冶炼和压延加工业	0553-5840468
600256	广汇能源			90	综合	0991-2365211
600257	大湖股份			04	渔业	0736-7252796
600258	首旅股份			72	商务服务业	010-66014466*446
600259	广晟有色			09	有色金属矿采选业	0898-68669470
600260	凯乐科技			29	橡胶和塑料制品业	027-87312527
600261	阳光照明			38	电气机械和器材制造业	0575-2027721
600262	北方股份			35	专用设备制造业	0472-2207888
600265	ST 景谷			02	林业	0879-5226502
600266	北京城建			70	房地产业	010-82275538
600267	海正药业			27	医药制造业	057185278141\0576888
600268	国电南自			38	电气机械和器材制造业	025-83410173
600269	赣粤高速			54	道路运输业	0791-6539322
600270	外运发展			56	航空运输业	010-80418268
600271	航天信息			39	计算机、通信和其他电子设备制造业	010-88439766
600272	开开实业	900943	开开 B 股	52	零售业	86-21-62876092
600273	华芳纺织			17	纺织业	0512-58438222
600275	武昌鱼			70	房地产业	0711-3200330
600276	恒瑞医药			27	医药制造业	0518-85469805
600277	亿利能源			26	化学原料和化学制品制造业	010－57387339
600278	东方创业			51	批发业	021-62785489
600279	重庆港九			55	水上运输业	023-63100993
600280	南京中商			52	零售业	025-66008061
600281	太化股份			25	石油加工、炼焦和核燃料加工业	0351-5638016
600282	南钢股份			31	黑色金属冶炼和压延加工业	025-57072069,025-570
600283	钱江水利			46	水的生产和供应业	0571-87974399
600284	浦东建设			48	土木工程建筑业	021-68765762
600285	羚锐制药			27	医药制造业	0376-2973569
600287	江苏舜天			51	批发业	025-52875624
600288	大恒科技			39	计算机、通信和其他电子设备制造业	010-82827855
600289	亿阳信通			65	软件和信息技术服务业	010-88158699
600290	华仪电气			38	电气机械和器材制造业	0577-62661122
600291	西水股份			30	非金属矿物制品业	0473-4662735
600292	九龙电力			44	电力、热力生产和供应业	023-68787928
600293	三峡新材			30	非金属矿物制品业	0717-3280108

上市公司通讯录
Contact Information of Listed Companies

公司全称 Company Name	通讯地址 Address	邮编 Zip
安徽铜峰电子股份有限公司	安徽省铜陵市经济技术开发区铜峰工业园	244000
海南椰岛（集团）股份有限公司	海南省海口市龙昆北路 13-1 号	570105
云南城投置业股份有限公司	云南省昆明市民航路 400 号云南城投大厦三楼	650200
北京华业地产股份有限公司	北京市朝阳区东四环中路 39 号华业国际中心 A 座 16 层	100025
辽宁时代万恒股份有限公司	大连市中山区港湾街 7 号时代大厦	116001
中昌海运股份有限公司	广东省阳江市江城区安宁路 A7 号金达商贸大厦 7-8 楼	529500
青海华鼎实业股份有限公司	青海省西宁市七一路 318 号	810000
北京万通地产股份有限公司	北京市朝阳区朝外大街甲 6 号万通中心写字楼 D 座 4 层	100020
吉林成城集团股份有限公司	北京市朝阳区建国路 79 号华贸中心 2 号写字楼 2107 室	100101
陕西延长石油化建股份有限公司	杨凌农业高新技术产业示范区新桥北路 2 号	712100
柳州两面针股份有限公司	广西柳州市东环路 282 号	545006
南京纺织品进出口股份有限公司	南京市鼓楼区云南北路 77 号	210009
新疆冠农果茸集团股份有限公司	新疆库尔勒市团结南路 48 号小区	841000
广西梧州中恒集团股份有限公司	广西梧州工业园区工业大道 1 号第 1 幢	543000
河南天方药业股份有限公司	河南省驻马店市光明路 2 号	463003
安徽鑫科新材料股份有限公司	安徽省芜湖市经济技术开发区珠江路 23 号	241009
广汇能源股份有限公司	乌鲁木齐市新华北路 165 号中天广场 27 层	830002
大湖水殖股份有限公司	湖南省常德市洞庭大道西段 388 号	415000
北京首都旅游股份有限公司	北京市西城区复兴门内大街 51 号（民族饭店四层）	100031
广晟有色金属股份有限公司	广州市广州大道北 613 号振兴商业大厦四楼	510501
湖北凯乐科技股份有限公司	湖北省武汉市武昌区武珞路五巷 46 号凯乐花园 7 号楼 1 单元 2004 室	430070
浙江阳光照明电器集团股份有限公司	浙江省上虞市凤山路 485 号阳光大厦	312300
内蒙古北方重型汽车股份有限公司	内蒙古包头稀土高新技术产业开发区北方股份大厦	014030
云南景谷林业股份有限公司	云南省景谷傣族彝族自治县林纸路 201 号	666400
北京城建投资发展股份有限公司	北京市朝阳区北土城西路 11 号城建开发大厦	100029
浙江海正药业股份有限公司	浙江省台州市椒江区外沙路 46 号	318000
国电南京自动化股份有限公司	江苏省南京市浦口高新技术开发区星火路 8 号	210032
江西赣粤高速公路股份有限公司	南昌市西湖区朝阳洲中路 367 号赣粤大厦	330025
中外运空运发展股份有限公司	北京市顺义区北京天竺空港工业区 A 区天柱路 20 号	101312
航天信息股份有限公司	北京市海淀区杏石口路甲 18 号	100195
上海开开实业股份有限公司	上海市静安区新闸路 921 号(国际丽都)二楼	200041
华芳纺织股份有限公司	张家港市塘桥镇人民南路 1 号	215611
湖北武昌鱼股份有限公司	湖北省鄂州市鄂城区南浦南路特一号	100020
江苏恒瑞医药股份有限公司	连云港市新浦区人民东路 145 号	222002
内蒙古亿利能源股份有限公司	北京市西城区复兴门内大街 28 号凯晨世贸中心东座六层	100031
东方国际创业股份有限公司	上海市娄山关路 85 号 A 座 2003 室	200336
重庆港九股份有限公司	重庆市江北区海尔路 318 号	400025
南京中央商场（集团）股份有限公司	江苏省南京市建邺区雨润路 10 号	210041
太原化工股份有限公司	山西省太原市晋源区义井街 20 号主楼五层	030021
南京钢铁股份有限公司	江苏省南京市六合区卸甲甸	210035
钱江水利开发股份有限公司	浙江省杭州市三台山路 3 号	310013
上海浦东路桥建设股份有限公司	上海市浦东新区银城中路 8 号中融碧玉蓝天大厦 14 楼	200122
河南羚锐制药股份有限公司	河南省新县向阳路 232 号	465550
江苏舜天股份有限公司	南京市宁南大道 21 号 B 座	210012
大恒新纪元科技股份有限公司	北京市海淀区苏州街 3 号大恒科技大厦十五层	100080
亿阳信通股份有限公司	北京市海淀区杏石口路 99 号 B 座、哈尔滨南岗区高新技术产业开发区 1 号楼	100093
华仪电气股份有限公司	浙江省乐清市经济开发区（盐盆新区）纬四路	325600
内蒙古西水创业股份有限公司	内蒙古乌海市海南区	016032
重庆九龙电力股份有限公司	重庆市九龙坡区杨家坪前进支路 15 号	400050
湖北三峡新型建材股份有限公司	湖北省当阳市经济技术开发区	444105

上市公司通讯录
Contact Information of Listed Companies

A股代码 A Code	A股简称 A Name	B股代码 B Code	B股简称 B Name	行业分类代码 Industry Code	行业分类名称 Industry Name	电话 Telephone
600295	鄂尔多斯	900936	鄂资B股	31	黑色金属冶炼和压延加工业	0477-8543509
600297	美罗药业			52	零售业	0411-84820297
600298	安琪酵母			14	食品制造业	0717-6371088
600299	蓝星新材			26	化学原料和化学制品制造业	010-64411094
600300	维维股份			15	酒、饮料和精制茶制造业	0516-83398030
600301	南化股份			26	化学原料和化学制品制造业	0771-4835135
600302	标准股份			35	专用设备制造业	029-88279352
600303	曙光股份			36	汽车制造业	0415-4139071
600305	恒顺醋业			14	食品制造业	0511-85307602
600306	商业城			52	零售业	024-24865838
600307	酒钢宏兴			31	黑色金属冶炼和压延加工业	0937-6715370
600308	华泰股份			22	造纸和纸制品业	0546-7798848
600309	烟台万华			26	化学原料和化学制品制造业	0535-6698898
600310	桂东电力			44	电力、热力生产和供应业	0774-5297796
600311	荣华实业			09	有色金属矿采选业	0935-6151222
600312	平高电气			38	电气机械和器材制造业	0375-3804008
600313	中农资源			51	批发业	010-83607416-817
600315	上海家化			26	化学原料和化学制品制造业	65123206
600316	洪都航空			37	铁路、船舶、航空航天和其他运输设备制造业	0791-8467456
600317	营口港			55	水上运输业	0417-6268506
600318	巢东股份			30	非金属矿物制品业	0551-88610368
600319	亚星化学			26	化学原料和化学制品制造业	0536-8591009
600320	振华重工	900947	振华B股	35	专用设备制造业	58395000
600321	国栋建设			20	木材加工和木、竹、藤、棕、草制品业	028-86119148
600322	天房发展			70	房地产业	022-23314949
600323	南海发展			46	水的生产和供应业	0757-86282425
600325	华发股份			70	房地产业	0756-8282111
600326	西藏天路			48	土木工程建筑业	0891-6902702
600327	大东方			52	零售业	0510-82702093
600328	兰太实业			26	化学原料和化学制品制造业	0473-3443785
600329	中新药业			27	医药制造业	022-27020892
600330	天通股份			39	计算机、通信和其他电子设备制造业	0573-80701333
600331	宏达股份			32	有色金属冶炼和压延加工业	028-86141081
600332	广州药业			27	医药制造业	020-81218084
600333	长春燃气			25	石油加工、炼焦和核燃料加工业	0431-85954615
600335	国机汽车			52	零售业	022-58396200
600336	澳柯玛			38	电气机械和器材制造业	0532-86765168
600337	美克股份			21	家具制造业	0991-3836028
600338	*ST 珠峰			32	有色金属冶炼和压延加工业	021-66284960
600339	天利高新			26	化学原料和化学制品制造业	0992-3658662
600340	华夏幸福			70	房地产业	010-56982706
600343	航天动力			35	专用设备制造业	029-81881823
600345	长江通信			39	计算机、通信和其他电子设备制造业	027-67840308
600346	大橡塑			35	专用设备制造业	0411-86641378
600348	阳泉煤业			06	煤炭开采和洗选业	03537078568
600350	山东高速			54	道路运输业	0531－89260008
600351	亚宝药业			27	医药制造业	0359-3388078
600352	浙江龙盛			26	化学原料和化学制品制造业	0575-82040698
600353	旭光股份			39	计算机、通信和其他电子设备制造业	028-83967599
600354	敦煌种业			01	农业	0937-2669328

上市公司通讯录
Contact Information of Listed Companies

公司全称 Company Name	通讯地址 Address	邮编 Zip
内蒙古鄂尔多斯资源股份有限公司	内蒙古鄂尔多斯市东胜区达拉特南路 102 号	017000
美罗药业股份有限公司	大连市甘井子区营升路 9 号	116036
安琪酵母股份有限公司	湖北省宜昌市城东大道 168 号	443003
蓝星化工新材料股份有限公司	北京市朝阳区北三环东路 19 号	100029
维维食品饮料股份有限公司	江苏省徐州市维维大道 300 号	221111
南宁化工股份有限公司	广西南宁市南建路 26 号	530031
西安标准工业股份有限公司	西安市太白南路 335 号	710068
辽宁曙光汽车集团股份有限公司	丹东市振安区曙光路 50 号	118001
江苏恒顺醋业股份有限公司	镇江市丹徒新城恒园路 1 号	212004
沈阳商业城股份有限公司	沈阳市沈河区中街路 212 号	110011
甘肃酒钢集团宏兴钢铁股份有限公司	甘肃省嘉峪关市雄关东路 10 号 诚信广场 6 楼 6015 房间	735100
山东华泰纸业股份有限公司	山东省东营市广饶县大王镇	257335
烟台万华聚氨酯股份有限公司	烟台市幸福南路 7 号	264002
广西桂东电力股份有限公司	广西贺州市平安西路 12 号	542800
甘肃荣华实业（集团）股份有限公司	甘肃省武威市东关街荣华路 1 号	733000
河南平高电气股份有限公司	河南省平顶山市南环东路 22 号	467001
中垦农业资源开发股份有限公司	北京市西城区阜外大街甲 28 号京润大厦 12 层（西楼）	100037
上海家化联合股份有限公司	上海市保定路 527 号	200082
江西洪都航空工业股份有限公司	南昌市新溪桥	330024
营口港务股份有限公司	辽宁省营口市鲅鱼圈区营港路一号	115007
安徽巢东水泥股份有限公司	巢湖市长江西路 269 号	238001
潍坊亚星化学股份有限公司	山东省潍坊市奎文区鸢飞路 899 号	261031
上海振华重工（集团）股份有限公司	上海市浦东南路 3470 号	200125
四川国栋建设股份有限公司	四川省成都市金盾路 52 号国栋中央商务大厦 28 楼	610041
天津市房地产发展（集团）股份有限公司	天津市和平区常德道 80 号	300050
南海发展股份有限公司	广东省佛山市南海区桂城南海大道建行大厦	528200
珠海华发实业股份有限公司	广东省珠海市昌盛路 155 号	519030
西藏天路股份有限公司	西藏拉萨市夺底路 14 号	850000
无锡商业大厦大东方股份有限公司	江苏省无锡市中山路 343 号	214001
内蒙古兰太实业股份有限公司	内蒙古阿拉善经济开发区	750336
天津中新药业集团股份有限公司	天津市南开区白堤路 17 号	300193
天通控股股份有限公司	浙江省海宁经济开发区双联路 129 号	314400
四川宏达股份有限公司	成都市锦里东路 2 号宏达国际广场 28 楼	610041
广州药业股份有限公司	中国广东省广州市沙面北街 45 号	510130
长春燃气股份有限公司	长春市朝阳区延安大街 421 号	130021
国机汽车股份有限公司	天津市滨海高新区华苑产业区榕苑路 2 号 2-1605	300384
澳柯玛股份有限公司	青岛市经济技术开发区前湾港路 315 号	266510
美克国际家具股份有限公司	新疆乌鲁木齐市北京南路 506 号美克大厦	830011
西藏珠峰工业股份有限公司	上海市闸北区柳营路 305 号 7 楼	200072
新疆独山子天利高新技术股份有限公司	新疆独山子区大庆东路 2 号	833600
华夏幸福基业投资开发股份有限公司	北京市朝阳区东三环北路霞光里 18 号佳程广场 a 座 9 层	100027
陕西航天动力高科技股份有限公司	西安高新区锦业路 78 号	710077
武汉长江通信产业集团股份有限公司	武汉市东湖开发区关东工业园文华路 2 号	430074
大连橡胶塑料机械股份有限公司	辽宁省大连市甘井子区周水子广场 1 号	116033
阳泉煤业（集团）股份有限公司	山西省阳泉市北大街 5 号	045000
山东高速公路股份有限公司	济南市文化东路 29 号	250014
亚宝药业集团股份有限公司	山西省风陵渡经济开发区工业大道 1 号	044602
浙江龙盛集团股份有限公司	浙江省上虞市道墟镇	312368
成都旭光电子股份有限公司	成都市新都区新都镇新工大道 318 号	610500
甘肃省敦煌种业股份有限公司	甘肃省酒泉市肃州区肃州路 28 号	735000

上市公司通讯录
Contact Information of Listed Companies

A股代码 A Code	A股简称 A Name	B股代码 B Code	B股简称 B Name	行业分类代码 Industry Code	行业分类名称 Industry Name	电话 Telephone
600355	精伦电子			39	计算机、通信和其他电子设备制造业	027-87921111-3231
600356	恒丰纸业			22	造纸和纸制品业	0453-6886668
600358	国旅联合			72	商务服务业	010-64336289
600359	*ST 新农			01	农业	0997-2134018
600360	华微电子			39	计算机、通信和其他电子设备制造业	0432-64678411
600361	华联综超			52	零售业	010-57391823
600362	江西铜业			32	有色金属冶炼和压延加工业	0701-3777736
600363	联创光电			39	计算机、通信和其他电子设备制造业	0791-88161956
600365	通葡股份			15	酒、饮料和精制茶制造业	0435-3530506
600366	宁波韵升			39	计算机、通信和其他电子设备制造业	0574-87776804
600367	红星发展			26	化学原料和化学制品制造业	0853-6780066
600368	五洲交通			54	道路运输业	0771-5568918
600369	西南证券			67	资本市场服务	010-88091989
600370	三房巷			17	纺织业	0510-86229867
600371	万向德农			01	农业	0451-82368408 转 8807
600372	中航电子			37	铁路、船舶、航空航天和其他运输设备制造业	010-84409808
600373	中文传媒			85	新闻和出版业	13803511216
600375	华菱星马			36	汽车制造业	0555-8323012
600376	首开股份			70	房地产业	010-66428156
600377	宁沪高速			54	道路运输业	8625-84469332
600378	天科股份			26	化学原料和化学制品制造业	028-85963417
600379	宝光股份			38	电气机械和器材制造业	0917-3561879
600380	健康元			27	医药制造业	0755-86252388
600381	贤成矿业			06	煤炭开采和洗选业	020-38880777
600382	广东明珠			51	批发业	0753-3337228
600383	金地集团			70	房地产业	0755-82039866
600385	*ST 金泰			27	医药制造业	0531-88902341
600386	北巴传媒			52	零售业	010-68477383
600387	海越股份			51	批发业	057587016161
600388	龙净环保			35	专用设备制造业	0597-2210288
600389	江山股份			26	化学原料和化学制品制造业	0513-83558270
600390	金瑞科技			31	黑色金属冶炼和压延加工业	0731-88657400
600391	成发科技			37	铁路、船舶、航空航天和其他运输设备制造业	028-89358616
600392	*ST 天成			65	软件和信息技术服务业	0351-7035787
600393	东华实业			70	房地产业	020-87397172
600395	盘江股份			06	煤炭开采和洗选业	0858-3703046
600396	金山股份			44	电力、热力生产和供应业	024-83996005
600397	安源煤业			06	煤炭开采和洗选业	0791-87151832
600398	凯诺科技			18	纺织服装、服饰业	0510-86121071
600399	抚顺特钢			31	黑色金属冶炼和压延加工业	024-56676495
600400	红豆股份			18	纺织服装、服饰业	0510-66868422
600401	海润光伏			39	计算机、通信和其他电子设备制造业	0510-86530938
600403	大有能源			06	煤炭开采和洗选业	0398-5886075
600405	动力源			39	计算机、通信和其他电子设备制造业	010-83681321
600406	国电南瑞			65	软件和信息技术服务业	025-83097495
600408	安泰集团			31	黑色金属冶炼和压延加工业	0354-7531070
600409	三友化工			26	化学原料和化学制品制造业	0315-8511337
600410	华胜天成			65	软件和信息技术服务业	010-82733135
600415	小商品城			72	商务服务业	0579－85182700
600416	湘电股份			34	通用设备制造业	0731-58596818

上市公司通讯录
Contact Information of Listed Companies

公司全称 Company Name	通讯地址 Address	邮编 Zip
精伦电子股份有限公司	湖北省武汉市东湖开发区光谷大道 70 号	430223
牡丹江恒丰纸业股份有限公司	黑龙江省牡丹江市阳明区恒丰路 11 号	157013
国旅联合股份有限公司	南京汉中路８９号金鹰国际商城１８层A座	210029
新疆塔里木农业综合开发股份有限公司	新疆阿克苏市南大街 2 号新农大厦 19 楼	843000
吉林华微电子股份有限公司	吉林省吉林市高新区深圳街 99 号	132013
北京华联综合超市股份有限公司	北京市大兴区青云店镇祥云路北四条 208 号	102605
江西铜业股份有限公司	江西省贵溪市冶金大道 15 号	335424
江西联创光电科技股份有限公司	南昌国家高新产业开发区京东大道 168 号	330096
通化葡萄酒股份有限公司	通化市前兴路 28 号	134002
宁波韵升股份有限公司	浙江省宁波国家高新区扬帆路 1 号	315040
贵州红星发展股份有限公司	贵州省安顺市镇宁县丁旗镇	561206
广西五洲交通股份有限公司	广西南宁市民族大道 115-1 号现代国际大厦 27 楼	530028
西南证券股份有限公司	重庆市江北区桥北苑 8 号西南证券大厦	400023
江苏三房巷实业股份有限公司	江苏江阴周庄镇三房巷	214423
万向德农股份有限公司	黑龙江省哈尔滨市南岗区玉山路 18 号	150090
中航航空电子设备股份有限公司	北京市朝阳区京顺路 5 号曙光大厦 A 座 705 室	100028
中文天地出版传媒股份有限公司	江西出版大厦(江西省南昌市阳明路 310 号)	330008
华菱星马汽车（集团）股份有限公司	安徽省马鞍山市经济技术开发区	243061
北京首都开发股份有限公司	北京市西城区复兴门内大街 156 号	100031
江苏宁沪高速公路股份有限公司	中华人民共和国江苏省南京市马群大道 6 号	210049
四川天一科技股份有限公司	四川省成都市机场路 445 信箱	610225
陕西宝光真空电器股份有限公司	陕西省宝鸡市宝光路 53 号	721006
健康元药业集团股份有限公司	深圳市南山区科技园北区郎山路 17 号健康元药业集团股份有限公司大厦	518057
青海贤成矿业股份有限公司	广州市天河区珠江新城华夏路 8 号国际金融广场 32 楼 02 单元	510623
广东明珠集团股份有限公司	广东省兴宁市官汕路 99 号	514500
金地（集团）股份有限公司	深圳市福田区福强路金地商业大楼 5-6 楼	518048
山东金泰集团股份有限公司	山东省济南市洪楼西路 29 号	250100
北京巴士传媒股份有限公司	北京市海淀区紫竹院路 32 号	100048
浙江海越股份有限公司	浙江省诸暨市西施大街 59 号	311800
福建龙净环保股份有限公司	福建省龙岩市新罗区陵园路 81 号	364000
南通江山农药化工股份有限公司	江苏省南通市经济技术开发区江山路 998 号	226006
金瑞新材料科技股份有限公司	湖南省长沙市岳麓区麓山南路 966 号	410012
四川成发航空科技股份有限公司	成都市新都区三河场蜀龙大道成发工业园	610503
太原理工天成科技股份有限公司	太原高新技术产业开发区亚日街 2 号	030006
广州东华实业股份有限公司	广州市越秀区寺右新马路 170 号第四层	510600
贵州盘江精煤股份有限公司	贵州省六盘水市红果经济开发区干沟桥	553536
沈阳金山能源股份有限公司	沈阳市和平区南五马路 183 号泰宸商务大厦 B 座 22-26 层	110006
安源实业股份有限公司	南昌市西湖区丁公路 117 号	330002
凯诺科技股份有限公司	江苏省江阴市新桥镇	214426
抚顺特殊钢股份有限公司	辽宁省抚顺市望花区鞍山路东段 8 号	113001
江苏红豆实业股份有限公司	江苏省无锡市锡山区港下镇	214199
海润光伏科技股份有限公司	江苏省江阴市徐霞客镇璜塘工业园区	214407
河南大有能源股份有限公司	河南省义马市千秋路 6 号	472300
北京动力源科技股份有限公司	北京丰台科学城星火路 8 号	100070
国电南瑞科技股份有限公司	南京市高新技术产业开发区高新路 20 号	210061
山西安泰集团股份有限公司	山西省介休市安泰工业区安泰集团	032002
唐山三友化工股份有限公司	河北省唐山市南堡开发区	063305
北京华胜天成科技股份有限公司	北京市海淀区学清路 8 号科技财富中心 A 座 10-11 层	100192
浙江中国小商品城集团股份有限公司	浙江省义乌市福田路 105 号海洋商务写字楼	322000
湘潭电机股份有限公司	湖南省湘潭市下摄司街 302 号	411101

上市公司通讯录
Contact Information of Listed Companies

A 股代码 A Code	A 股简称 A Name	B 股代码 B Code	B 股简称 B Name	行业分类代码 Industry Code	行业分类名称 Industry Name	电话 Telephone
600418	江淮汽车			36	汽车制造业	0551-2296837
600419	新疆天宏			22	造纸和纸制品业	0993-7526008
600420	现代制药			27	医药制造业	62510786
600421	*ST 国药			27	医药制造业	027-87654767
600422	昆明制药			27	医药制造业	0871-8324311
600423	柳化股份			26	化学原料和化学制品制造业	0772-2516580
600425	青松建化			30	非金属矿物制品业	0997-2811282
600426	华鲁恒升			26	化学原料和化学制品制造业	0534-2465426
600428	中远航运			55	水上运输业	020-38161816
600429	三元股份			14	食品制造业	56306009
600432	吉恩镍业			32	有色金属冶炼和压延加工业	0432-65610887
600433	冠豪高新			22	造纸和纸制品业	0759-2820985
600435	北方导航			39	计算机、通信和其他电子设备制造业	010-58089788
600436	片仔癀			27	医药制造业	0596-2302666
600438	通威股份			13	农副食品加工业	028-86168571
600439	瑞贝卡			19	皮革、毛皮、羽毛及其制品和制鞋业	0374-5136699
600444	国通管业			29	橡胶和塑料制品业	0551-3817860
600446	金证股份			65	软件和信息技术服务业	0755-86393989
600448	华纺股份			17	纺织业	0543-3288507
600449	宁夏建材			30	非金属矿物制品业	0951-2085256
600452	涪陵电力			44	电力、热力生产和供应业	023-72286777
600455	ST 博通			90	综合	029-82693206
600456	宝钛股份			32	有色金属冶炼和压延加工业	0917-3382636
600458	时代新材			29	橡胶和塑料制品业	0731-22837718
600459	贵研铂业			32	有色金属冶炼和压延加工业	0871-8329909
600460	士兰微			39	计算机、通信和其他电子设备制造业	0571-88210155
600461	洪城水业			46	水的生产和供应业	0791-85210336
600462	*ST 石岘			22	造纸和纸制品业	04333810015
600463	空港股份			48	土木工程建筑业	010-80489306
600466	迪康药业			27	医药制造业	028-87838282
600467	好当家			04	渔业	0631-7438073
600468	百利电气			38	电气机械和器材制造业	022-83962538
600469	风神股份			29	橡胶和塑料制品业	0391-3999006
600470	六国化工			26	化学原料和化学制品制造业	0562-3801675
600475	华光股份			34	通用设备制造业	0510-85225852
600476	湘邮科技			65	软件和信息技术服务业	0731-8899 8688
600477	杭萧钢构			50	建筑装饰和其他建筑业	0571-87246788-8216
600478	科力远			38	电气机械和器材制造业	0731-88980623
600479	千金药业			27	医药制造业	0731-22490083
600480	凌云股份			29	橡胶和塑料制品业	0312-3951002
600481	双良节能			26	化学原料和化学制品制造业	0510-86632358
600482	风帆股份			38	电气机械和器材制造业	0312-3208588
600483	福建南纺			17	纺织业	0599-8813009
600485	中创信测			39	计算机、通信和其他电子设备制造业	010-62100109
600486	扬农化工			26	化学原料和化学制品制造业	0514-85888888-7486
600487	亨通光电			38	电气机械和器材制造业	0512-63196773
600488	天药股份			27	医药制造业	022-24160861
600489	中金黄金			09	有色金属矿采选业	010-56353900
600490	中科合臣			26	化学原料和化学制品制造业	021-61677397
600491	龙元建设			48	土木工程建筑业	021-65615689

上市公司通讯录
Contact Information of Listed Companies

公司全称 Company Name	通讯地址 Address	邮编 Zip
安徽江淮汽车股份有限公司	安徽合肥市东流路 176 号	230022
新疆天宏纸业股份有限公司	新疆石河子市西三路 17 号	832009
上海现代制药股份有限公司	上海市静安区北京西路 1320 号	200040
武汉国药科技股份有限公司	武汉市武昌武珞路６２８号亚洲贸易广场 B 座	430070
昆明制药集团股份有限公司	云南省昆明市国家高新技术开发区科医路 166 号	650106
柳州化工股份有限公司	广西壮族自治区柳州市北雀路 67 号	545002
新疆青松建材化工（集团）股份有限公司	新疆维吾尔自治区阿克苏市林园	843005
山东华鲁恒升化工股份有限公司	山东德州市德城区天衢西路 24 号	253024
中远航运股份有限公司	广东省广州市天河区珠江新城花城大道 20 号广州远洋大厦 15-26 楼	51062
北京三元食品股份有限公司	北京市大兴区瀛海瀛昌街 8 号	100076
吉林吉恩镍业股份有限公司	吉林省磐石市红旗岭镇	132311
广东冠豪高新技术股份有限公司	广东省湛江经济技术开发区乐怡路 6 号	524022
北方导航控制技术股份有限公司	北京亦庄经济技术开发区科创十五街 2 号	100176
漳州片仔癀药业股份有限公司	福建省漳州市芗城区上街 1 号	363000
通威股份有限公司	四川省成都市二环路南四段十一号	610041
河南瑞贝卡发制品股份有限公司	河南许昌市瑞贝卡大道 666 号	461100
安徽国通高新管业股份有限公司	安徽省合肥市经济技术开发区繁华大道国通工业园	230601
深圳市金证科技股份有限公司	深圳市南山区高新南五道金证大楼（8－9 层）	518057
华纺股份有限公司	山东省滨州市黄河二路 819 号	256617
宁夏建材集团股份有限公司	宁夏银川市西夏区新小线二公里处	750021
重庆涪陵电力实业股份有限公司	重庆市涪陵区望州路 20 号	408000
西安交大博通资讯股份有限公司	西安市高新技术开发区东区火炬路 3 号楼 10 层 C 座	710043
宝鸡钛业股份有限公司	宝鸡市钛城路 1 号	721014
株洲时代新材料科技股份有限公司	株洲市天元区海天路 18 号	412007
贵研铂业股份有限公司	云南省昆明市高新技术开发区科技路 988 号	650106
杭州士兰微电子股份有限公司	浙江省杭州市黄姑山路 4 号	310012
江西洪城水业股份有限公司	江西省南昌市灌婴路 99 号	330025
延边石岘白麓纸业股份有限公司	吉林省图们市石岘镇	133101
北京空港科技园区股份有限公司	北京天竺空港工业区 B 区裕民大街甲 6 号 4 层	101318
四川迪康科技药业股份有限公司	成都市高新区西部园区迪康大道 1 号	611731
山东好当家海洋发展股份有限公司	荣成市虎山镇沙咀子	264305
天津百利特精电气股份有限公司	天津市西青经济开发区民和道 12 号	300385
风神轮胎股份有限公司	河南省焦作市焦东南路 48 号	454003
安徽六国化工股份有限公司	安徽省铜陵市铜港路	244023
无锡华光锅炉股份有限公司	无锡市城南路 3 号	214028
湖南湘邮科技股份有限公司	长沙市高新技术产业开发区麓谷基地玉兰路 2 号	410205
浙江杭萧钢构股份有限公司	杭州市中河中路 258 号瑞丰国际商务大厦七楼证券办	310003
湖南科力远新能源股份有限公司	长沙市岳麓区长沙国家高新技术产业开发区桐梓坡西路 348 号	410205
株洲千金药业股份有限公司	株洲市荷塘区金钩山路 15 号	412003
凌云工业股份有限公司	河北省涿州市松林店镇	072761
双良节能系统股份有限公司	江苏江阴利港双良工业区	214444
风帆股份有限公司	河北省保定市富昌路 8 号	071057
福建南纺股份有限公司	福建省南平市安丰路 63 号	353000
北京中创信测科技股份有限公司	北京市海淀区中关村南大街甲 18 号北京国际 C 座 12-14 层	100081
江苏扬农化工股份有限公司	江苏省扬州市文峰路 39 号	225009
江苏亨通光电股份有限公司	江苏省吴江市经济开发区亨通路 100 号	215200
天津天药药业股份有限公司	天津市河东区八纬路 109 号	300171
中金黄金股份有限公司	北京市东城区安外大街 9 号	100011
上海中科合臣股份有限公司	上海市虹桥路 2188 弄 41、47 号楼	200336
龙元建设集团股份有限公司	上海市逸仙路 768 号	200434

上市公司通讯录
Contact Information of Listed Companies

A股代码 A Code	A股简称 A Name	B股代码 B Code	B股简称 B Name	行业分类代码 Industry Code	行业分类名称 Industry Name	电话 Telephone
600493	凤竹纺织			17	纺织业	0595-85656506
600495	晋西车轴			37	铁路、船舶、航空航天和其他运输设备制造业	0351-6629027
600496	精工钢构			50	建筑装饰和其他建筑业	021-54453188
600497	驰宏锌锗			09	有色金属矿采选业	0874-8966698
600498	烽火通信			39	计算机、通信和其他电子设备制造业	027-87694185
600499	科达机电			35	专用设备制造业	0757-23833869
600500	中化国际			51	批发业	021-50475048
600501	航天晨光			36	汽车制造业	025-52826007
600502	安徽水利			48	土木工程建筑业	0552-3950506
600503	华丽家族			70	房地产业	021-62376199
600505	西昌电力			44	电力、热力生产和供应业	0834-3830006
600506	香梨股份			01	农业	0996-2115936
600507	方大特钢			31	黑色金属冶炼和压延加工业	0791-8394025
600508	上海能源			06	煤炭开采和洗选业	021-68865597
600509	天富热电			44	电力、热力生产和供应业	0993-2902860
600510	黑牡丹			70	房地产业	0519-68866958
600511	国药股份			51	批发业	010-67262920
600512	腾达建设			48	土木工程建筑业	021-68406906
600513	联环药业			27	医药制造业	0514-87813082
600515	海岛建设			52	零售业	0898—68876405
600516	方大炭素			30	非金属矿物制品业	0931-6239320
600517	置信电气			38	电气机械和器材制造业	021-62617358
600518	康美药业			27	医药制造业	0663-2913819
600519	贵州茅台			15	酒、饮料和精制茶制造业	0852-2386002
600520	中发科技			38	电气机械和器材制造业	0562-2627503
600521	华海药业			27	医药制造业	0576-85016009
600522	中天科技			38	电气机械和器材制造业	0513-83599505
600523	贵航股份			36	汽车制造业	0851-3802670
600525	长园集团			39	计算机、通信和其他电子设备制造业	0755-26719476
600526	菲达环保			35	专用设备制造业	0575-7385602
600527	江南高纤			28	化学纤维制造业	0512-65481181
600528	中铁二局			48	土木工程建筑业	028-66752811
600529	山东药玻			30	非金属矿物制品业	0533-3259028
600530	交大昂立			27	医药制造业	54271688－108
600531	豫光金铅			32	有色金属冶炼和压延加工业	0391-6665835
600532	宏达矿业			26	化学原料和化学制品制造业	0538-5826209
600533	栖霞建设			70	房地产业	025-85633668-1900
600535	天士力			27	医药制造业	022-26736699
600536	中国软件			65	软件和信息技术服务业	010-51508699
600537	亿晶光电			38	电气机械和器材制造业	0519-82585889
600538	北海国发			27	医药制造业	0779-3200619
600539	ST 狮头			30	非金属矿物制品业	0351-2857002
600540	新赛股份			01	农业	0909-2268166
600543	莫高股份			15	酒、饮料和精制茶制造业	（0931）8776219
600545	新疆城建			48	土木工程建筑业	0991-4889803
600546	山煤国际			51	批发业	0351-4645788
600547	山东黄金			09	有色金属矿采选业	0531-67710379
600548	深高速			54	道路运输业	0755-82853319
600549	厦门钨业			32	有色金属冶炼和压延加工业	0592-5363891
600550	天威保变			38	电气机械和器材制造业	0312-3308501

上市公司通讯录
Contact Information of Listed Companies

公司全称 Company Name	通讯地址 Address	邮编 Zip
福建凤竹纺织科技股份有限公司	福建省晋江市青阳凤竹工业区	362200
晋西车轴股份有限公司	山西省太原市和平北路北巷 5 号	030027
长江精工钢结构（集团）股份有限公司	安徽省六安市经济技术开发区长江精工工业园	237161
云南驰宏锌锗股份有限公司	云南省曲靖市经济技术开发区翠峰路延长线	655000
烽火通信科技股份有限公司	武汉市洪山区关东科技园东信路 6 号线缆楼	430074
广东科达机电股份有限公司	广东省佛山市顺德区陈村镇广隆工业园环镇西路 1 号	528313
中化国际（控股）股份有限公司	上海市浦东新区世纪大道 88 号金茂大厦三区 18 层	200121
航天晨光股份有限公司	南京市江宁经济技术开发区天元中路 188 号	211100
安徽水利开发股份有限公司	安徽省蚌埠市东海大道张公山南侧	233010
华丽家族股份有限公司	上海市虹桥路 2272 号虹桥商务中心 3 楼 L 座	200336
四川西昌电力股份有限公司	四川省西昌市胜利路 66 号	615000
新疆库尔勒香梨股份有限公司	新疆库尔勒市圣果路圣果名苑	841000
方大特钢科技股份有限公司	南昌市青山湖区冶金大道 475 号	330012
上海大屯能源股份有限公司	上海市浦东新区浦东南路 256 华夏银行大厦 12 层	200120
新疆天富热电股份有限公司	新疆石河子市红星路 54 号	83200
黑牡丹（集团）股份有限公司	江苏省常州市青洋北路 47 号	213017
国药集团药业股份有限公司	北京市东城区永外三元西巷甲 12 号	100077
腾达建设集团股份有限公司	上海市浦东新区向城路 58 号 11 楼东方国际科技大厦	200122
江苏联环药业股份有限公司	江苏省扬州市文峰路 21 号	225009
海南海岛建设股份有限公司	海南省海口市国兴大道 7 号海航大厦 12 层	570203
方大炭素新材料科技股份有限公司	甘肃省兰州市红古区海石湾镇 2 号街坊 354 号	730084
上海置信电气股份有限公司	上海虹桥路 2239 号	200336
康美药业股份有限公司	广东省普宁市长春路中段	515300
贵州茅台酒股份有限公司	贵州省仁怀市茅台镇	564501
铜陵中发三佳科技股份有限公司	安徽省铜陵市石城路电子工业园	244000
浙江华海药业股份有限公司	浙江省临海市汛桥镇利庄浙江华海药业股份有限公司证券办	317024
江苏中天科技股份有限公司	江苏省南通经济技术开发区中天 6 号	226009
贵州贵航汽车零部件股份有限公司	贵州省贵阳市小河区珠江路 166 号	550009
长园集团股份有限公司	深圳市南山区高新区科苑中路长园新材料港 F 栋 5 楼	518057
浙江菲达环保科技股份有限公司	浙江诸暨市	311800
江苏江南高纤股份有限公司	江苏省苏州市相城区黄埭镇	21514
中铁二局股份有限公司	成都市马家花园 10 号中铁二局大厦	610031
山东省药用玻璃股份有限公司	山东省淄博市沂源县城药玻路	256100
上海交大昂立股份有限公司	上海市宜山路 700 号	200233
河南豫光金铅股份有限公司	河南省济源市荆梁南街 1 号	454650
山东宏达矿业股份有限公司	山东省宁阳县磁窑镇	271411
南京栖霞建设股份有限公司	南京市龙蟠路 9 号兴隆大厦	210037
天士力制药集团股份有限公司	天津市北辰科技园区天士力现代中药城	300402
中国软件与技术服务股份有限公司	北京市昌平区昌盛路 18 号	102200
亿晶光电科技股份有限公司	江苏省金坛市金武路 18 号	213213
北海国发海洋生物产业股份有限公司	广西壮族自治区北海市北京路西侧 9 号	536000
太原狮头水泥股份有限公司	山西省太原市万柏林区开城街一号	030056
新疆赛里木现代农业股份有限公司	新疆博乐市红星路 158 号	833400
甘肃莫高实业发展股份有限公司	甘肃省兰州市城关区东岗西路 638 号兰州财富中心 23 层	730000
新疆城建(集团)股份有限公司	新疆维吾尔自治区乌鲁木齐市南湖路 133 号	830063
山煤国际能源集团股份有限公司	太原市长风大街 115 号世纪广场 B 座	030006
山东黄金矿业股份有限公司	济南市舜华路 2000 号舜泰广场 3 号楼	250100
深圳高速公路股份有限公司	深圳市福田区益田路江苏大厦裙楼 2-4 层	518026
厦门钨业股份有限公司	厦门市湖滨南路 619 号 16 层	361004
保定天威保变电气股份有限公司	河北省保定市天威西路 2222 号	071056

上市公司通讯录
Contact Information of Listed Companies

A股代码 A Code	A股简称 A Name	B股代码 B Code	B股简称 B Name	行业分类代码 Industry Code	行业分类名称 Industry Name	电话 Telephone
600551	时代出版			85	新闻和出版业	0551-3533027
600552	方兴科技			30	非金属矿物制品业	0552-4077780
600555	九龙山	900955	九龙山B	78	公共设施管理业	0086-21-68407880-896
600557	康缘药业			27	医药制造业	0518-85521993
600558	大西洋			33	金属制品业	0813-5103847
600559	老白干酒			15	酒、饮料和精制茶制造业	0318-2122755
600560	金自天正			35	专用设备制造业	010-56982602
600561	江西长运			54	道路运输业	0791-88283072
600562	高淳陶瓷			30	非金属矿物制品业	025-57377918
600563	法拉电子			39	计算机、通信和其他电子设备制造业	0592-6208590
600565	迪马股份			36	汽车制造业	023-89021877,8902187
600566	洪城股份			34	通用设备制造业	0716-8221198
600567	山鹰纸业			22	造纸和纸制品业	0555-2826275
600568	中珠控股			27	医药制造业	0756-8131018
600569	安阳钢铁			31	黑色金属冶炼和压延加工业	0372-3120175
600570	恒生电子			65	软件和信息技术服务业	0571-28829702
600571	信雅达			65	软件和信息技术服务业	0571-56686627
600572	康恩贝			27	医药制造业	0571-87774711
600573	惠泉啤酒			15	酒、饮料和精制茶制造业	0595-87371186
600575	芜湖港			55	水上运输业	0553-5840528
600576	万好万家			70	房地产业	0571-85866518
600577	精达股份			38	电气机械和器材制造业	0562-2809086
600578	京能热电			44	电力、热力生产和供应业	010-56393005
600579	*ST黄海			29	橡胶和塑料制品业	0532－68016139
600580	卧龙电气			38	电气机械和器材制造业	0575-82176628
600581	八一钢铁			31	黑色金属冶炼和压延加工业	0991-3890166
600582	天地科技			35	专用设备制造业	010-84262803
600583	海油工程			07	石油和天然气开采业	022-59898035
600584	长电科技			39	计算机、通信和其他电子设备制造业	0510-86851811
600585	海螺水泥			30	非金属矿物制品业	0553-8398927
600586	金晶科技			30	非金属矿物制品业	0533－3586666
600587	新华医疗			35	专用设备制造业	0533-3587766
600588	用友软件			65	软件和信息技术服务业	010-62436838
600589	广东榕泰			26	化学原料和化学制品制造业	0663-8676616
600590	泰豪科技			38	电气机械和器材制造业	0791-88102171
600592	龙溪股份			34	通用设备制造业	0596-2072155
600593	大连圣亚			78	公共设施管理业	0411-84581771
600594	益佰制药			27	医药制造业	0851-4705177
600595	中孚实业			32	有色金属冶炼和压延加工业	0371-64569088
600596	新安股份			26	化学原料和化学制品制造业	0571-64715693
600597	光明乳业			14	食品制造业	64658100
600598	北大荒			01	农业	0451-55196916
600599	熊猫烟花			26	化学原料和化学制品制造业	0731-83620963
600600	青岛啤酒			15	酒、饮料和精制茶制造业	0532-85713831
600601	方正科技			39	计算机、通信和其他电子设备制造业	021-58407668*650
600602	仪电电子	900901	仪电B股	39	计算机、通信和其他电子设备制造业	021-34695878
600603	*ST兴业			90	综合	021-63563309
600604	市北高新	900902	市北B股	70	房地产业	021-66528130
600605	汇通能源			51	批发业	62560000-108,6215335
600606	金丰投资			70	房地产业	021-20771258

上市公司通讯录
Contact Information of Listed Companies

公司全称 Company Name	通讯地址 Address	邮编 Zip
时代出版传媒股份有限公司	安徽省合肥市蜀山区圣泉路 1118 号 时代出版传媒股份有限公司	230071
安徽方兴科技股份有限公司	安徽省蚌埠市涂山路 767 号	233054
上海九龙山旅游股份有限公司	上海市浦东新区世纪大道 1500 号东方大厦 4 楼	200122
江苏康缘药业股份有限公司	江苏省连云港市海昌南路 58 号	222001
四川大西洋焊接材料股份有限公司	四川省自贡市大安区马冲口街 2 号	643010
河北衡水老白干酒业股份有限公司	河北省衡水市人民东路 809 号衡水老白干酒董秘办	053000
北京金自天正智能控制股份有限公司	北京市丰台区科学城富丰路 6 号	100070
江西长运股份有限公司	江西省南昌市八一大道 199 号	330003
江苏高淳陶瓷股份有限公司	江苏南京高淳县固城镇	211304
厦门法拉电子股份有限公司	福建省厦门市新园路 99 号	361022
重庆市迪马实业股份有限公司	重庆市南岸区南城大道 199 号正联大厦 22 楼	400060
湖北洪城通用机械股份有限公司	湖北省荆州市红门路 3 号	434000
安徽山鹰纸业股份有限公司	安徽省马鞍山市勤俭路 3 号	243021
中珠控股股份有限公司	湖北省武汉经济技术开发区高科技产业园 28 号	430056
安阳钢铁股份有限公司	河南省安阳市殷都区梅元庄	455004
恒生电子股份有限公司	杭州市滨江区江南大道 3588 号恒生大厦	310053
信雅达系统工程股份有限公司	杭州市滨江区江南大道 3888 号	310053
浙江康恩贝制药股份有限公司	浙江省杭州市高新技术开发区滨江科技经济园滨康路 568 号	310052
福建省燕京惠泉啤酒股份有限公司	福建省惠安县螺城镇建设大街 157 号	362100
芜湖港储运股份有限公司	安徽省芜湖市芜湖经济开发区内	241001
浙江万好万家实业股份有限公司	浙江省杭州市密渡桥路 1 号白马大厦 12 楼	310005
铜陵精达特种电磁线股份有限公司	安徽铜陵经济技术开发区	244000
北京京能热电股份有限公司	北京石景山区广宁路 10 号	100041
青岛黄海橡胶股份有限公司	山东省青岛市沧安路 1 号	266041
卧龙电气集团股份有限公司	浙江上虞人民西路 1801 号	312300
新疆八一钢铁股份有限公司	新疆乌鲁木齐市头屯河区新钢路	830022
天地科技股份有限公司	北京朝阳区和平里青年沟东路 5 号天地大厦 6 层	100013
海洋石油工程股份有限公司	天津港保税区海滨十五路 199 号	300461
江苏长电科技股份有限公司	江苏省江阴市滨江中路 275 号	214431
安徽海螺水泥股份有限公司	安徽省芜湖市九华南路 1011 号海螺国际会议中心	241070
山东金晶科技股份有限公司	淄博市高新技术开发区宝石镇王庄	255086
山东新华医疗股份有限公司	山东省淄博高新技术产业开发区新华医疗科技园	255086
用友软件股份有限公司	北京市海淀区北清路 68 号	100094
广东榕泰实业股份有限公司	广东省揭阳市榕城区新兴东二路 1 号	522000
泰豪科技股份有限公司	江西省南昌高新开发区泰豪大厦 B 座 5 楼	330096
福建龙溪轴承（集团）股份有限公司	福建省漳州市延安北路	363000
大连圣亚旅游控股股份有限公司	大连市沙河区中山路 608—6-8 号	116023
贵州益佰制药股份有限公司	贵州省贵阳市白云大道 220-1 号	550008
河南中孚实业股份有限公司	河南省巩义市新华路 31 号	451200
浙江新安化工集团股份有限公司	浙江省建德市新安江镇新安东路 555 号	311600
光明乳业股份有限公司	上海市吴中路 578 号	201103
黑龙江北大荒农业股份有限公司	黑龙江省哈尔滨市南岗区汉水路 263 号	150090
熊猫烟花集团股份有限公司	湖南省浏阳市浏阳大道 271 号	410300
青岛啤酒股份有限公司	青岛市香港中路五四广场青啤大厦	266071
方正科技集团股份有限公司	上海市浦东南路 360 号新上海国际大厦 36 楼	200120
上海仪电电子股份有限公司	上海市田林路 168 号 4-5 楼	200233
上海兴业能源控股股份有限公司	上海市吴淞路 218 号（宝矿国际大厦）33 楼	200080
上海市北高新股份有限公司	上海市江场三路 262 号 1 楼	200436
上海汇通能源股份有限公司	上海南京西路 1576 号	200040
上海金丰投资股份有限公司	上海市浦东新区雪野路 928 号 11 楼	200125

上市公司通讯录
Contact Information of Listed Companies

A 股代码 A Code	A 股简称 A Name	B 股代码 B Code	B 股简称 B Name	行业分类代码 Industry Code	行业分类名称 Industry Name	电话 Telephone
600608	ST 沪科			31	黑色金属冶炼和压延加工业	021-62319566
600609	金杯汽车			36	汽车制造业	024-24815610
600610	S 中纺机	900906	中纺 B 股	35	专用设备制造业	021-65701961
600611	大众交通	900903	大众 B 股	54	道路运输业	021-64285708
600612	老凤祥	900905	老凤祥 B	41	其他制造业	58543307
600613	永生投资	900904	永生 B 股	27	医药制造业	021-53750009
600614	鼎立股份	900907	鼎立 B 股	27	医药制造业	021-35071889*698
600615	丰华股份			70	房地产业	50890600
600616	金枫酒业			15	酒、饮料和精制茶制造业	58352625
600617	ST 联华	900913	ST 联华 B	90	综合	021-61636985
600618	氯碱化工	900908	氯碱 B 股	26	化学原料和化学制品制造业	021-64340601
600619	海立股份	900910	海立 B 股	34	通用设备制造业	021－50326956
600620	天宸股份			90	综合	62788696
600621	上海金陵			70	房地产业	021-63610217
600622	嘉宝集团			70	房地产业	021-59529711
600623	双钱股份	900909	双钱 B 股	29	橡胶和塑料制品业	021-63390372
600624	复旦复华			90	综合	021-63872288
600626	申达股份			51	批发业	021-62310242
600628	新世界			52	零售业	021-63587734
600629	棱光实业			38	电气机械和器材制造业	6219283
600630	龙头股份			17	纺织业	021-34061116
600633	浙报传媒			85	新闻和出版业	0571-85310949
600634	ST 澄海			51	批发业	021-62696296
600635	大众公用			45	燃气生产和供应业	64288888*5609
600636	三爱富			26	化学原料和化学制品制造业	64347258
600637	百视通			63	电信、广播电视和卫星传输服务	021-33396736
600638	新黄浦			70	房地产业	53086681
600639	浦东金桥	900911	金桥 B 股	70	房地产业	021-50307702
600640	号百控股			72	商务服务业	62769619
600641	万业企业			70	房地产业	50366699 总机转
600642	申能股份			45	燃气生产和供应业	021-33570870
600643	爱建股份			69	其他金融业	021-64396600
600644	乐山电力			44	电力、热力生产和供应业	0833-2408836
600645	中源协和			73	研究和试验发展	022-23318350 转 8007
600647	同达创业			70	房地产业	021-68871928;6163880
600648	外高桥	900912	外高 B 股	51	批发业	58668890
600649	城投控股			70	房地产业	021-58772103
600650	锦江投资	900914	锦投 B 股	54	道路运输业	021-63218800*702
600651	飞乐音响			38	电气机械和器材制造业	021-59978606
600652	爱使股份			06	煤炭开采和洗选业	021-64710022*8811
600653	申华控股			52	零售业	021-63372360
600654	飞乐股份			36	汽车制造业	36358600
600655	豫园商城			52	零售业	63552405
600656	ST 博元			35	专用设备制造业	0756-2660313-817
600657	信达地产			70	房地产业	010-82190959
600658	电子城			70	房地产业	010-58833506
600660	福耀玻璃			30	非金属矿物制品业	0591-85363328
600661	新南洋			82	教育	62826347
600662	强生控股			54	道路运输业	021-62582098
600663	陆家嘴	900932	陆家 B 股	70	房地产业	021-33848577

上市公司通讯录
Contact Information of Listed Companies

公司全称 Company Name	通讯地址 Address	邮编 Zip
上海宽频科技股份有限公司	上海市万航渡路 889 号悦达广场 29 楼	200042
金杯汽车股份有限公司	沈阳市沈河区万柳塘路 38 号	110015
中国纺织机械股份有限公司	上海市长阳路 1687 号	200090
大众交通（集团）股份有限公司	上海市吴中路 699 号大众美林阁大酒店 7 楼	201103
老凤祥股份有限公司	上海浦东金桥出口加工区川桥路 1295 号	201206
上海永生投资管理股份有限公司	上海市威海路 128 号长发大厦 613 室	200003
上海鼎立科技发展（集团）股份有限公司	上海杨浦区国权路 39 号财富广场（金座）18 楼	201201
上海丰华(集团）股份有限公司	上海浦东新区浦建路 76 号 901 室	200127
上海金枫酒业股份有限公司	上海市普陀区宁夏路 777 号（海棠大厦内）	200063
上海联华合纤股份有限公司	上海浦东新区东方路 800 号宝安大厦 2403A	200122
上海氯碱化工股份有限公司	上海市龙吴路 4747 号	200241
上海海立(集团)股份有限公司	上海市浦东新区金桥出口加工区宁桥路 888 号	201206
上海市天宸股份有限公司	上海市长宁区仙霞路 8 号 29 楼	200336
上海金陵股份有限公司	上海福州路 666 号 26 楼	200001
上海嘉宝实业(集团)股份有限公司	上海市嘉定区清河路 55 号嘉宝商厦 6-7F	201800
双钱集团股份有限公司	上海市四川中路 63 号	200002
上海复旦复华科技股份有限公司	上海国权路 525 号	200433
上海申达股份有限公司	上海市武宁南路 488 号(智慧广场)18 楼	200042
上海新世界股份有限公司	上海市南京西路 2 号-88 号	200003
上海棱光实业股份有限公司	上海市延安西路 2558 号 2 号楼	200336
上海龙头（集团）股份有限公司	上海市制造局路 584 号 A 座 4 楼	200023
浙报传媒集团股份有限公司	浙江省杭州市体育场路 178 号浙报产业大厦	310039
上海澄海企业发展股份有限公司	上海市国权路 39 号财富国际广场金座 21 楼	200433
上海大众公用事业(集团)股份有限公司	上海中山西路 1515 号大众大厦 8 楼	200235
上海三爱富新材料股份有限公司	上海市漕溪路 250 号银海大楼 A805 室	200235
百视通新媒体股份有限公司	上海市宜山路 757 号	200233
上海新黄浦置业股份有限公司	上海北京东路 668 号东楼 32、33 层	200001
上海金桥出口加工区开发股份有限公司	上海浦东新金桥路 27 号 1 号楼	201206
号百控股股份有限公司	上海市江宁路 1207 号国脉大厦	200060
上海万业企业股份有限公司	上海市浦东大道 720 号 9 层	200120
申能股份有限公司	上海市虹井路 159 号 5 楼	201103
上海爱建股份有限公司	上海市零陵路 599 号（爱建城内）	200030
乐山电力股份有限公司	四川省乐山市市中区嘉定北路 46 号	614000
中源协和干细胞生物工程股份公司	天津市和平区大理道 106 号	300050
上海同达创业投资股份有限公司	上海浦东商城路 660 号乐凯大厦 21 楼	201206
上海外高桥保税区开发股份有限公司	上海外高桥保税区杨高北路 2001 号	200131
上海城投控股股份有限公司	上海市浦东南路 500 号国家开发银行大厦 39 楼	200120
上海锦江国际实业投资股份有限公司	上海市延安东路 100 号 28 楼	20002
上海飞乐音响股份有限公司	上海市嘉定区嘉新公路 1001 号	201801
上海爱使股份有限公司	上海市肇嘉浜路 666 号	200031
上海申华控股股份有限公司	上海市宁波路 1 号申华金融大厦上海申华控股股份有限公司 证券法律部	200002
上海飞乐股份有限公司	上海市永和路 398 号	200072
上海豫园旅游商城股份有限公司	中国上海市方浜中路 269 号	200010
珠海市博元投资股份有限公司	广东省珠海市香洲区人民西路 291 号日荣大厦 8 楼 806 室	519070
信达地产股份有限公司	北京市海淀区中关村南大街甲 18 号北京国际大厦 C 座 16 层	100081
北京电子城投资开发股份有限公司	北京市朝阳区酒仙桥路北路 10 号院 205 楼 6 层（电子城 IT 产业园 B5 楼 6 层）	100015
福耀玻璃工业集团股份有限公司	福建省福清市福耀工业村	350301
上海新南洋股份有限公司	上海番禺路 667 号六楼	200030
上海强生控股股份有限公司	上海南京西路 920 号 18 楼	200041
上海陆家嘴金融贸易区开发股份有限公司	上海峨山路 101 号 1 号楼	200127

上市公司通讯录
Contact Information of Listed Companies

A股代码 A Code	A股简称 A Name	B股代码 B Code	B股简称 B Name	行业分类代码 Industry Code	行业分类名称 Industry Name	电话 Telephone
600664	哈药股份			27	医药制造业	0451-84856695
600665	天地源			70	房地产业	029-88337300
600666	西南药业			27	医药制造业	023-89855628
600667	太极实业			39	计算机、通信和其他电子设备制造业	0510-85419120
600668	尖峰集团			30	非金属矿物制品业	0579-82320582
600671	ST 天目			27	医药制造业	0571-63722229
600673	东阳光铝			33	金属制品业	0751-5282740
600674	川投能源			44	电力、热力生产和供应业	028-86098646
600675	中华企业			70	房地产业	(021)62170088
600676	交运股份			54	道路运输业	021-63178257
600677	航天通信			51	批发业	0571-87916327
600678	*ST 金顶			30	非金属矿物制品业	0833-2218123
600679	金山开发	900916	金山 B 股	37	铁路、船舶、航空航天和其他运输设备制造业	021-31351508
600680	上海普天	900930	沪普天 B	39	计算机、通信和其他电子设备制造业	021-64834310
600681	ST 万鸿			50	建筑装饰和其他建筑业	027-88066666-8888
600682	南京新百			52	零售业	025-84761613
600683	京投银泰			70	房地产业	010-65636689
600684	珠江实业			70	房地产业	020-83752355
600685	广船国际			37	铁路、船舶、航空航天和其他运输设备制造业	020-81581732
600686	金龙汽车			36	汽车制造业	0592-2969855
600687	刚泰控股			51	批发业	021-68866507
600688	S 上石化			25	石油加工、炼焦和核燃料加工业	8621-57943143
600689	上海三毛	900922	三毛 B 股	17	纺织业	021－63059496
600690	青岛海尔			38	电气机械和器材制造业	0532-88935978
600691	*ST 东碳			30	非金属矿物制品业	0351-7258828
600692	亚通股份			55	水上运输业	021-69692714
600693	东百集团			52	零售业	0591-87531724
600694	大商股份			52	零售业	0411-83880962
600695	大江股份	900919	大江 B 股	13	农副食品加工业	021-34225027
600696	多伦股份			70	房地产业	021－56715833
600697	欧亚集团			52	零售业	0431-87666905
600699	均胜电子			36	汽车制造业	0437-3512077
600701	工大高新			90	综合	0451-86269018
600702	沱牌舍得			15	酒、饮料和精制茶制造业	0825-6618268
600703	三安光电			39	计算机、通信和其他电子设备制造业	0592-5937117
600704	物产中大			52	零售业	0571-85777007
600705	ST 航投			90	综合	010-65675109
600706	曲江文旅			78	公共设施管理业	029-89129355
600707	彩虹股份			39	计算机、通信和其他电子设备制造业	029-33332866
600708	海博股份			54	道路运输业	61132700
600710	常林股份			35	专用设备制造业	0519-86781168
600711	盛屯矿业			08	黑色金属矿采选业	0592-5891697
600712	南宁百货			52	零售业	0771-2610906,2098826
600713	南京医药			52	零售业	025-84552680
600714	金瑞矿业			06	煤炭开采和洗选业	0971-6321867
600715	松辽汽车			36	汽车制造业	024-31387077
600716	凤凰股份			70	房地产业	025-83566267
600717	天津港			55	水上运输业	022-25702708
600718	东软集团			65	软件和信息技术服务业	024-83661070
600719	大连热电			44	电力、热力生产和供应业	0411-84498988

上市公司通讯录
Contact Information of Listed Companies

公司全称 Company Name	通讯地址 Address	邮编 Zip
哈药集团股份有限公司	哈尔滨市道里区友谊路 431 号	150018
天地源股份有限公司	西安高新技术产业开发区科技路 33 号国际商务中心数码大厦 27 层	710075
西南药业股份有限公司	重庆市沙坪坝区天星桥 21 号	400038
无锡市太极实业股份有限公司	无锡市华清大桥南堍	214024
浙江尖峰集团股份有限公司	浙江金华市婺江东路 88 号	321000
杭州天目山药业股份有限公司	浙江省临安市苕溪南路 78 号	311300
广东东阳光铝业股份有限公司	广东东莞市长安镇上沙村第五工业区	523871
四川川投能源股份有限公司	四川省成都市小南街 23 号	610015
中华企业股份有限公司	上海市华山路 2 号中华企业大厦	200040
上海交运集团股份有限公司	上海市恒丰路 288 号	200070
航天通信控股集团股份有限公司	浙江省杭州市解放路 138 号	310009
四川金顶(集团)股份有限公司	四川省峨眉山市乐都镇	614224
金山开发建设股份有限公司	上海市吴中路 369 号 15 楼	201103
上海普天邮通科技股份有限公司	上海市宜山路 700 号	200233
万鸿集团股份有限公司	武汉市武昌武珞路 28 号长信大厦四楼	430000
南京新街口百货商店股份有限公司	南京市中山南路 1 号	210005
京投银泰股份有限公司	北京市朝阳区建国门外大街 2 号银泰中心 C 座 17 层	100022
广州珠江实业开发股份有限公司	广州市环市东路 362-366 号好世界广场 30 楼	510060
广州广船国际股份有限公司	广州市荔湾区芳村大道南 40 号	510382
厦门金龙汽车集团股份有限公司	厦门市厦禾路 668 号 22-23 层	361004
浙江刚泰控股（集团）股份有限公司	上海陆家嘴环路 958 号华能联合大厦 18 楼	200120
中国石化上海石油化工股份有限公司	上海市金山区金一路 48 号	200540
上海三毛企业（集团）股份有限公司	上海斜土路 791 号 C 幢 7 楼	200023
青岛海尔股份有限公司	青岛市崂山区海尔信息产业园创牌大楼北 305B 青岛海尔证券部	266101
东新电碳股份有限公司	四川自贡自井区东光路桌子山 22 号	643000
上海亚通股份有限公司	上海市崇明县南门路 281 号	202150
福建东百集团股份有限公司	福建省福州市八一七北路 84 号东百大厦 18 层	350001
大商股份有限公司	辽宁省大连市中山区青三街 1 号	116001
上海大江食品集团股份有限公司	上海莲花路 1555 号华一大厦 7 楼	200233
上海多伦实业股份有限公司	上海市虹口区甜爱路 36 号	200081
长春欧亚集团股份有限公司	长春市绿园区南阳路 418 号	130011
辽源均胜电子股份有限公司	吉林省辽源市福兴路 3 号	136200
哈尔滨工大高新技术产业开发股份有限公司	哈尔滨市南岗区西大直街 118 号	150001
四川沱牌舍得酒业股份有限公司	四川省射洪县沱牌镇沱牌大道 999 号	629209
三安光电股份有限公司	厦门市思明区吕岭路 1721-1725 号	361009
浙江中大集团股份有限公司	杭州市中大广场 A 座 29 楼	310003
中航投资控股股份有限公司	哈尔滨市道里区友谊路 111 号新吉财富大厦 23 层	150010
西安曲江文化旅游股份有限公司	陕西省西安市雁塔南路 292 号曲江文化大厦 6-7 层	710061
彩虹显示器件股份有限公司	陕西省咸阳市彩虹路一号	712021
上海海博股份有限公司	上海市宜山路 829 号	200233
常林股份有限公司	江苏省常州市新北区黄河西路 898 号	213136
盛屯矿业集团股份有限公司	厦门市湖滨北路 72 号中闽大厦 9 楼 2 单元	361012
南宁百货大楼股份有限公司	广西南宁市朝阳路 39-41，45 号	530012
南京医药股份有限公司	江苏省南京市中山东路 486 号南京医药大厦	210002
青海金瑞矿业发展股份有限公司	青海省西宁市新宁路 36 号	810008
松辽汽车股份有限公司	辽宁省沈阳市苏家屯区白松路 22 号（110101）	110101
江苏凤凰置业投资股份有限公司	南京市中央路 389 号凤凰国际大厦六楼	210037
天津港股份有限公司	天津市塘沽区津港路 99 号	300461
东软集团股份有限公司	沈阳市浑南新区新秀街 2 号 东软软件园	110179
大连热电股份有限公司	大连市西岗区沿海街 90 号	116021

上市公司通讯录
Contact Information of Listed Companies

A股代码 A Code	A股简称 A Name	B股代码 B Code	B股简称 B Name	行业分类代码 Industry Code	行业分类名称 Industry Name	电话 Telephone
600720	祁连山			30	非金属矿物制品业	0931-4900606
600721	百花村			25	石油加工、炼焦和核燃料加工业	0991-2356620
600722	ST 金化			26	化学原料和化学制品制造业	0317-3509970
600723	首商股份			52	零售业	010-82270256
600724	宁波富达			70	房地产业	0574-87647859
600725	云维股份			25	石油加工、炼焦和核燃料加工业	0874-3068588
600726	华电能源	900937	华电 B 股	44	电力、热力生产和供应业	0451-82525998
600727	鲁北化工			26	化学原料和化学制品制造业	0543-6451265
600728	佳都新太			65	软件和信息技术服务业	020-85520635
600729	重庆百货			52	零售业	023-63822594
600730	中国高科			51	批发业	021-50326432
600731	湖南海利			26	化学原料和化学制品制造业	0731-85357829
600732	上海新梅			70	房地产业	021-51005380
600733	S*ST 前锋			70	房地产业	028-86316723
600734	实达集团			70	房地产业	0591-83725878
600735	新华锦			19	皮革、毛皮、羽毛及其制品和制鞋业	0532-85967156
600736	苏州高新			70	房地产业	0512-68096283
600737	中粮屯河			13	农副食品加工业	0991-5571601
600738	兰州民百			52	零售业	0931-8473891
600739	辽宁成大			51	批发业	0411-82512731
600740	山西焦化			25	石油加工、炼焦和核燃料加工业	0357-6626012
600741	华域汽车			36	汽车制造业	021-22016905
600742	一汽富维			36	汽车制造业	0431-85765798
600743	华远地产			70	房地产业	010-68036966
600744	华银电力			44	电力、热力生产和供应业	0731-85388003
600745	中茵股份			70	房地产业	0714-6358389
600746	江苏索普			26	化学原料和化学制品制造业	0511-83366244
600747	大连控股			70	房地产业	0411-88853122
600748	上实发展			70	房地产业	53859026
600749	西藏旅游			78	公共设施管理业	0891-6339150
600750	江中药业			27	医药制造业	0791-88164079
600751	SST 天海	900938	ST 天海 B	55	水上运输业	022-58679088
600753	东方银星			51	批发业	0370-2790635
600754	锦江股份	900934	锦江 B 股	61	住宿业	63217132
600755	厦门国贸			51	批发业	0592-5898578
600756	浪潮软件			65	软件和信息技术服务业	0531-85105606
600757	长江传媒			85	新闻和出版业	027-87679807
600758	红阳能源			44	电力、热力生产和供应业	024-86131806
600759	正和股份			70	房地产业	0898-66787367
600760	中航黑豹			36	汽车制造业	0631-8087751
600761	安徽合力			35	专用设备制造业	15255166611
600763	通策医疗			83	卫生	0571-88868808
600764	中电广通			65	软件和信息技术服务业	010-88578820
600765	中航重机			34	通用设备制造业	010-65680776
600766	*ST 园城			70	房地产业	0535-6636299
600767	运盛实业			70	房地产业	50720222
600768	宁波富邦			32	有色金属冶炼和压延加工业	0574-87410500
600769	ST 祥龙			26	化学原料和化学制品制造业	027-87602482
600770	综艺股份			44	电力、热力生产和供应业	0513-86639987
600771	ST 东盛			27	医药制造业	029-88330835

上市公司通讯录
Contact Information of Listed Companies

公司全称 Company Name	通讯地址 Address	邮编 Zip
甘肃祁连山水泥集团股份有限公司	兰州市城关区酒泉路力行新村 3 号祁连山大厦	730030
新疆百花村股份有限公司	乌鲁木齐市中山路 141 号	830002
河北金牛化工股份有限公司	河北省沧州市黄河东路 20 号	061000
北京首商集团股份有限公司	北京市西城区北三环中路 23 号燕莎盛世大厦二层	100029
宁波富达股份有限公司	宁波市江东区和济街 68 号城投大厦 26 楼	315040
云南云维股份有限公司	云南省曲靖市沾益县盘江镇花山工业区	655338
华电能源股份有限公司	哈尔滨市南岗区大成街 209 号	150001
山东鲁北化工股份有限公司	山东省无棣县埕口镇	251909
佳都新太科技股份有限公司	广州市天河高新技术产业开发区工业园建工路 4 号	510665
重庆百货大楼股份有限公司	重庆市渝中区中山三路 86 号	40001
中国高科集团股份有限公司	上海市浦东新金桥路 1122 号方正大厦 9-10 层	201206
湖南海利化工股份有限公司	湖南长沙市芙蓉中路二段 251 号	410007
上海新梅置业股份有限公司	上海天目中路 585 号 20 楼	200070
成都前锋电子股份有限公司	四川省成都市人民南路四段 1 号	610041
福建实达集团股份有限公司	福州市洪山园路 68 号招标大厦 A 座 6 楼	350002
山东新华锦国际股份有限公司	青岛市彰化路 4 号八号楼	266071
苏州新区高新技术产业股份有限公司	苏州市高新区狮山路 35 号金河大厦 25 层	215011
中粮屯河股份有限公司	新疆乌市黄河路 2 号招商银行大厦 20 楼	830000
兰州民百(集团)股份有限公司	兰州市中山路 368 号亚欧商厦 9-10 层	730030
辽宁成大股份有限公司	辽宁省大连市中山区人民路 71 号	116001
山西焦化股份有限公司	山西洪洞广胜寺镇	041606
华域汽车系统股份有限公司	上海市威海路 489 号	200041
长春一汽富维汽车零部件股份有限公司	吉林省长春市东风南街 1399 号	130011
华远地产股份有限公司	北京市西城区北展北街 11 号华远·企业中心 11 号楼	100044
大唐华银电力股份有限公司	湖南省长沙市芙蓉中路 3 段 255 号五华酒店 915 房	410007
中茵股份有限公司	湖北省黄石市团城山开发区杭州西路 91 号金山大楼三楼	435003
江苏索普化工股份有限公司	江苏省镇江市谏壁越河街 50 号	212006
大连大显控股股份有限公司	大连市甘井子区革镇堡	116035
上海实业发展股份有限公司	淮海中路 98 号 20 楼	200021
西藏旅游股份有限公司	拉萨市林廓东路 6 号喜马拉雅饭店三层	850000
江中药业股份有限公司	江西省南昌市火炬大道 788 号	330096
天津市海运股份有限公司	天津空港经济区中心大道华盈大厦八层	300380
河南东方银星投资股份有限公司	河南省商丘市神火大道 99 号悦华大酒店 25 层	476000
上海锦江国际酒店发展股份有限公司	上海市延安东路 100 号 25 楼	200002
厦门国贸集团股份有限公司	中国福建省厦门市湖滨南路国贸大厦 16-18 层	361004
山东浪潮齐鲁软件产业股份有限公司	山东省济南市高新区浪潮路 1036 号	250013
长江出版传媒股份有限公司	湖北省武汉市武昌雄楚大街 268 号 B 座 11 楼	430070
辽宁红阳能源投资股份有限公司	沈阳市皇姑区黄河南大街 96—6 号启运大厦	110031
海南正和实业集团股份有限公司	海南省海口市国贸大道 2 号海南时代广场 17 层	570206
中航黑豹股份有限公司	山东省文登市龙山路 107 号	264400
安徽合力股份有限公司	合肥市方兴大道 668 号	230022
通策医疗投资股份有限公司	浙江省杭州市天目山路 327 号“合生国贸中心”5 号楼;	310013
中电广通股份有限公司	北京市海淀区中关村南大街 17 号韦伯时代中心 C 座 21 层	100081
中航重机股份有限公司	北京市东三环中路乙 10 号艾维克大厦 16 层	100022
烟台园城企业集团股份有限公司	山东省烟台市南大街 261 号	264001
运盛(上海)实业股份有限公司	上海市浦东新区仁庆路 509 号 12 号楼	200135
宁波富邦精业集团股份有限公司	宁波市鄞州区天童北路 702 号工业城办公大楼三楼	315010
武汉祥龙电业股份有限公司	武汉市洪山区葛化街化工路 31 号	430078
江苏综艺股份有限公司	江苏省南通市通州区兴东镇综艺数码城	226376
东盛科技股份有限公司	陕西省西安市高新技术开发区唐延路 23 号东盛大厦	710075

上市公司通讯录
Contact Information of Listed Companies

A 股代码 A Code	A 股简称 A Name	B 股代码 B Code	B 股简称 B Name	行业分类代码 Industry Code	行业分类名称 Industry Name	电话 Telephone
600773	西藏城投			70	房地产业	021-63536929
600774	汉商集团			52	零售业	027-84774966
600775	南京熊猫			39	计算机、通信和其他电子设备制造业	8625-84801442
600776	东方通信	900941	东信 B 股	39	计算机、通信和其他电子设备制造业	0571-86676199
600777	新潮实业			90	综合	0535-2109779
600778	友好集团			52	零售业	0991-4541008
600779	水井坊			15	酒、饮料和精制茶制造业	028-86252847
600780	通宝能源			44	电力、热力生产和供应业	0351-7021857
600781	上海辅仁			27	医药制造业	021-51573890
600782	新钢股份			31	黑色金属冶炼和压延加工业	0790-6292577
600783	鲁信创投			90	综合	0531-86566781
600784	鲁银投资			31	黑色金属冶炼和压延加工业	0531-82024116
600785	新华百货			52	零售业	0951-6071161
600787	中储股份			59	仓储业	010-83673209
600789	鲁抗医药			27	医药制造业	0537-2983174
600790	轻纺城			72	商务服务业	0575-84116158
600791	京能置业			70	房地产业	010-62698639
600792	云煤能源			25	石油加工、炼焦和核燃料加工业	0871-3170700
600793	ST 宜纸			22	造纸和纸制品业	0831-3560668
600794	保税科技			59	仓储业	0512-58320358
600795	国电电力			44	电力、热力生产和供应业	010-58682200
600796	钱江生化			26	化学原料和化学制品制造业	0573-87042800
600797	浙大网新			65	软件和信息技术服务业	0571-87950500
600798	宁波海运			55	水上运输业	0574-87352405
600800	天津磁卡			39	计算机、通信和其他电子设备制造业	022-58585662
600801	华新水泥	900933	华新 B 股	30	非金属矿物制品业	02787773896
600802	福建水泥			30	非金属矿物制品业	0591-87617751
600803	威远生化			26	化学原料和化学制品制造业	0311-85915898
600804	鹏博士			63	电信、广播电视和卫星传输服务	028-86755190
600805	悦达投资			90	综合	0515-88202778
600806	昆明机床			34	通用设备制造业	0871-6166612
600807	天业股份			70	房地产业	0531-82685365
600808	马钢股份			31	黑色金属冶炼和压延加工业	0555-2876033
600809	山西汾酒			15	酒、饮料和精制茶制造业	0358-7320948
600810	神马股份			28	化学纤维制造业	0375-2729337
600811	东方集团			51	批发业	0451-53666028
600812	华北制药			27	医药制造业	0311-85992929
600814	杭州解百			52	零售业	0571-87016888-5015
600815	厦工股份			35	专用设备制造业	0592-6389388
600816	安信信托			69	其他金融业	021-63529786
600818	中路股份	900915	中路 B 股	37	铁路、船舶、航空航天和其他运输设备制造业	021-50596906
600819	耀皮玻璃	900918	耀皮 B 股	30	非金属矿物制品业	58801177
600820	隧道股份			48	土木工程建筑业	021-65869999-5072
600821	津劝业			52	零售业	022-27304989
600822	上海物贸	900927	物贸 B 股	51	批发业	63231818-4062
600823	世茂股份			70	房地产业	021－20203388
600824	益民集团			52	零售业	021-64339888
600825	新华传媒			85	新闻和出版业	021-60376227
600826	兰生股份			51	批发业	021-51991608
600827	友谊股份	900923	友谊 B 股	52	零售业	021-63223344*62201

上市公司通讯录
Contact Information of Listed Companies

公司全称 Company Name	通讯地址 Address	邮编 Zip
西藏城市发展投资股份有限公司	上海市闸北区天目中路 380 号北方大厦 22 楼	200070
武汉市汉商集团股份有限公司	湖北省武汉市汉阳大道 134 号	430050
南京熊猫电子股份有限公司	中国南京市中山东路 301 号	210002
东方通信股份有限公司	中国浙江省杭州市滨江高新技术开发区东信大道 66 号研发楼 B413 室	310053
烟台新潮实业股份有限公司	山东省烟台市莱山区港城东大街 301 号南山世纪大厦 B 座 14 楼	264003
新疆友好(集团)股份有限公司	乌鲁木齐市友好南路 30 号	830000
四川水井坊股份有限公司	四川省成都市金牛区全兴路 9 号	610036
山西通宝能源股份有限公司	太原市长治路 272 号	030006
上海辅仁实业（集团）股份有限公司	上海市建国西路 285 号（科投大厦）13 楼	200031
新余钢铁股份有限公司	江西省新余市冶金路	338001
鲁信创业投资集团股份有限公司	山东省济南市解放路 166 号鲁信大厦	250013
鲁银投资集团股份有限公司	山东省济南市经十路 20518 号	250002
银川新华百货商业集团股份有限公司	宁夏银川市兴庆区新华东街 97 号	750004
中储发展股份有限公司	北京市丰台区南四环西路 188 号 6 区 18 号楼	100070
山东鲁抗医药股份有限公司	山东省济宁市太白楼西路 152 号	272021
浙江中国轻纺城集团股份有限公司	浙江省绍兴县柯桥街道鉴湖路 1 号中轻大厦	312030
京能置业股份有限公司	北京市海淀区彩和坊路 8 号天创科技大厦 12 层西侧	100080
云南煤业能源股份有限公司	昆明市拓东路 75 号集成广场 5 楼	650021
宜宾纸业股份有限公司	四川省宜宾市岷江西路５４号	644007
张家港保税科技股份有限公司	江苏省张家港保税区北京路保税科技大厦六楼	215634
国电电力发展股份有限公司	北京市朝阳区安慧北里安园 19 号楼	100101
浙江钱江生物化学股份有限公司	浙江省海宁市西山路 598 号 7 楼	314400
浙大网新科技股份有限公司	杭州市三墩西园一路 18 号 A 楼 15 楼	310030
宁波海运股份有限公司	宁波市北岸财富中心 1 幢	315020
天津环球磁卡股份有限公司	天津市河西区解放南路３２５号	300202
华新水泥股份有限公司	湖北省武汉市光谷大道特 1 号国际企业中心 5 号楼	430074
福建水泥股份有限公司	福州市杨桥东路 118 号宏扬新城建福大厦	350001
河北威远生物化工股份有限公司	石家庄市和平东路 393 号	050031
成都鹏博士电信传媒集团股份有限公司	四川省成都市顺城大街 229 号顺城大厦 5 楼	610015
江苏悦达投资股份有限公司	江苏省盐城市世纪大道东路 2 号	224007
沈机集团昆明机床股份有限公司	中华人民共和国云南省昆明市茨坝路 23 号	650203
山东天业恒基股份有限公司	济南市高新开发区新宇南路 1 号济南国际会展中心 A 区	250101
马鞍山钢铁股份有限公司	安徽省马鞍山市九华西路 8 号	243003
山西杏花村汾酒厂股份有限公司	山西汾阳市杏花村	032205
神马实业股份有限公司	河南平顶山建设路中段 63 号	467000
东方集团股份有限公司	哈尔滨市南岗区花园街 235 号	150001
华北制药股份有限公司	河北省石家庄市和平东路 388 号	050015
杭州解百集团股份有限公司	杭州市上城区解放路 251 号	310001
厦门厦工机械股份有限公司	厦门市灌口南路 668 号之八	361023
安信信托投资股份有限公司	上海广东路 689 号海通证券大厦 29 层	200001
中路股份有限公司	上海市浦东新区花木路 832 号	201300
上海耀皮玻璃集团股份有限公司	上海市浦东新区张东路 1388 号 4-5 幢	201203
上海隧道工程股份有限公司	上海市大连路 118 号	200082
天津劝业场（集团）股份有限公司	天津市和平区和平路 290 号	300022
上海物资贸易股份有限公司	上海南苏州路 325 号	200002
上海世茂股份有限公司	上海市浦东新区银城中路 68 号 43 楼	200120
上海益民商业集团股份有限公司	上海市淮海中路 809 号甲	200020
上海新华传媒股份有限公司	上海市徐汇区漕溪北路 331 号新华中心(中金国际广场 A 座)7-8 楼	200030
上海兰生股份有限公司	上海市中山北二路 1800 号	200437
上海友谊集团股份有限公司	上海市商城路 518 号 10 楼	200120

上市公司通讯录
Contact Information of Listed Companies

A股代码 A Code	A股简称 A Name	B股代码 B Code	B股简称 B Name	行业分类代码 Industry Code	行业分类名称 Industry Name	电话 Telephone
600828	成商集团			52	零售业	028-86651945
600829	三精制药			27	医药制造业	0451-86649908
600830	香溢融通			52	零售业	0574-87315310
600831	广电网络			63	电信、广播电视和卫星传输服务	029-87991255
600832	东方明珠			78	公共设施管理业	58799306
600833	第一医药			52	零售业	64337282
600834	申通地铁			54	道路运输业	54259985
600835	上海机电	900925	机电 B 股	34	通用设备制造业	68547507
600836	界龙实业			23	印刷和记录媒介复制业	021-63746888
600837	海通证券			67	资本市场服务	021-63411298
600838	上海九百			52	零售业	021-62569866
600839	四川长虹			39	计算机、通信和其他电子设备制造业	0816-2418866
600841	上柴股份	900920	上柴 B 股	34	通用设备制造业	021-60652707
600843	上工申贝	900924	上工 B 股	35	专用设备制造业	68407515 68407700*12
600844	丹化科技	900921	丹科 B 股	26	化学原料和化学制品制造业	021-64015598
600845	宝信软件	900926	宝信 B 股	65	软件和信息技术服务业	021-50801155 转 1491
600846	同济科技			48	土木工程建筑业	65983325
600847	万里股份			38	电气机械和器材制造业	023-47268806
600848	自仪股份	900928	自仪 B 股	40	仪器仪表制造业	54262329
600850	华东电脑			65	软件和信息技术服务业	021－23060388
600851	海欣股份	900917	海欣 B 股	17	纺织业	63917000-1866
600853	龙建股份			48	土木工程建筑业	0451-82281860
600854	春兰股份			38	电气机械和器材制造业	0523-86217958、86663
600855	航天长峰			35	专用设备制造业	88219815
600856	长百集团			52	零售业	0431-8965414
600857	工大首创			52	零售业	0574-87367060
600858	银座股份			52	零售业	0531-83175518
600859	王府井			52	零售业	010-65125960
600860	北人股份			35	专用设备制造业	010-67802690
600861	北京城乡			52	零售业	010-68296595
600862	南通科技			70	房地产业	0513-81110523
600863	内蒙华电			44	电力、热力生产和供应业	0471-6228403
600864	哈投股份			44	电力、热力生产和供应业	0451-82332828
600865	百大集团			52	零售业	0571-85823006
600866	星湖科技			14	食品制造业	0758-2291130
600867	通化东宝			27	医药制造业	0435-5088025
600868	梅雁吉祥			44	电力、热力生产和供应业	0753-2218286
600869	三普药业			38	电气机械和器材制造业	0510-87243402
600870	ST 厦华			39	计算机、通信和其他电子设备制造业	0592-5620620
600871	S 仪化			28	化学纤维制造业	86-514-83232997
600872	中炬高新			14	食品制造业	0760-85599947
600873	梅花集团			14	食品制造业	0316-2359999 转 8072
600874	创业环保			46	水的生产和供应业	022-23930128
600875	东方电气			34	通用设备制造业	86-28-87583088
600876	洛阳玻璃			30	非金属矿物制品业	86-379-63908507
600877	*ST 嘉陵			37	铁路、船舶、航空航天和其他运输设备制造业	023-65192750
600879	航天电子			35	专用设备制造业	010-88106033
600880	博瑞传播			85	新闻和出版业	028-62560666
600881	亚泰集团			30	非金属矿物制品业	0431-84956688
600882	华联矿业			08	黑色金属矿采选业	0533-3389666

上市公司通讯录
Contact Information of Listed Companies

公司全称 Company Name	通讯地址 Address	邮编 Zip
成商集团股份有限公司	成都市东御街１９号	610011
哈药集团三精制药股份有限公司	哈尔滨市香坊区哈平路 233 号	150069
香溢融通控股集团股份有限公司	宁波市开明街 130 弄 48 号	315000
陕西广电网络传媒（集团）股份有限公司	西安市高新区高新一路 15 号	710075
上海东方明珠（集团）股份有限公司	上海浦东世纪大道 1 号	200120
上海第一医药股份有限公司	上海市徐汇区乌鲁木齐南路 158 号	200031
上海申通地铁股份有限公司	上海市桂林路 909 号 3 号楼 2 楼	201103
上海机电股份有限公司	上海市浦东新区民生路 1286 号汇商大厦 9 楼(200135)	200135
上海界龙实业集团股份有限公司	上海市浦东新区川周路 7111 号	201205
海通证券股份有限公司	上海市黄浦区广东路 689 号	200001
上海九百股份有限公司	上海市常德路 940 号	200040
四川长虹电器股份有限公司	四川省绵阳市高新区绵兴东路 35 号	621000
上海柴油机股份有限公司	上海军工路 2636 号	200438
上工申贝（集团）股份有限公司	上海市浦东新区世纪大道 1500 号东方大厦 12 楼	200122
丹化化工科技股份有限公司	上海市闵行区虹许路 788 号名都城别墅 61 幢	201103
上海宝信软件股份有限公司	上海市浦东新区张江高科技园区郭守敬路 515 号	201203
上海同济科技实业股份有限公司	上海市杨浦区四平路 1398 号同济联合广场 B 座 20 层	200092
重庆万里控股（集团）股份有限公司	重庆市江津区双福街道创业大道 2 号	402247
上海自动化仪表股份有限公司	上海市虹漕路 41 号	200233
上海华东电脑股份有限公司	上海北京东路 668 号科技京城东楼 23 层	200001
上海海欣集团股份有限公司	上海市福州路 666 号金陵海欣大厦 18 楼	200001
龙建路桥股份有限公司	黑龙江省哈尔滨市南岗区嵩山路 109 号	150009
江苏春兰制冷设备股份有限公司	江苏省泰州市春兰工业园区春兰路 1 号	225300
北京航天长峰股份有限公司	北京市 142 信箱 39 分箱（邮信地址）	100854
长春百货大楼集团股份有限公司	长春市人民大街 1881 号	130061
哈工大首创科技股份有限公司	宁波市海曙区和义路 77 号汇金大厦 21 层	315000
银座集团股份有限公司	山东省济南市泺源大街 22 号中银大厦 20F	250063
北京王府井百货（集团）股份有限公司	中国北京王府井大街 253 号	100006
北人印刷机械股份有限公司	北京市北京经济技术开发区荣昌东街 6 号	100176
北京城乡贸易中心股份有限公司	北京市海淀区复兴路甲 23 号	100036
南通科技投资集团股份有限公司	江苏省南通市港闸区永和路 1 号	226011
内蒙古蒙电华能热电股份有限公司	内蒙古呼和浩特市锡林南路工艺厂巷电力科技楼六楼	010020
哈尔滨哈投投资股份有限公司	哈尔滨市南岗区汉水路 172 号二楼	150090
百大集团股份有限公司	杭州市延安路 546 号	310006
广东肇庆星湖生物科技股份有限公司	广东省肇庆市工农北路 67 号	526060
通化东宝药业股份有限公司	吉林省通化东宝新村	134123
广东梅雁水电股份有限公司	广东省梅州市梅县新县城梅雁科技园	514700
三普药业股份有限公司	江苏省宜兴市高塍远东大道 6 号	214257
厦门华侨电子股份有限公司	厦门市湖里大道 22 号	361006
中国石化仪征化纤股份有限公司	江苏省仪征市	211900
中炬高新技术实业（集团）股份有限公司	广东省中山市中山火炬高技术产业开发区火炬大厦	528437
梅花生物科技集团股份有限公司	廊坊市经济技术开发区华祥路 66 号	065001
天津创业环保集团股份有限公司	天津市南开区卫津南路 76 号创业环保大厦	300381
东方电气股份有限公司	四川省成都市金牛区蜀汉路 333 号	610036
洛阳玻璃股份有限公司	中华人民共和国河南省洛阳市西工区唐宫中路 9 号	471009
中国嘉陵工业股份有限公司(集团)	重庆市沙坪坝区双碑	400032
航天时代电子技术股份有限公司	武汉经济技术开发区高科技园	430056
成都博瑞传播股份有限公司	成都市锦江区三色路 38 号“创意成都”大厦 A 座 23 楼	610063
吉林亚泰(集团)股份有限公司	长春市吉林大路 1801 号	130031
山东华联矿业控股股份有限公司	山东省淄博市沂源县东里镇	256119

上市公司通讯录
Contact Information of Listed Companies

A 股代码 A Code	A 股简称 A Name	B 股代码 B Code	B 股简称 B Name	行业分类代码 Industry Code	行业分类名称 Industry Name	电话 Telephone
600883	博闻科技			90	综合	0871-7197370
600884	杉杉股份			38	电气机械和器材制造业	0574-88323048
600885	ST 宏发			39	计算机、通信和其他电子设备制造业	0592-6106688 转 287
600886	国投电力			44	电力、热力生产和供应业	010-88006380
600887	伊利股份			14	食品制造业	0471--3350092
600888	新疆众和			39	计算机、通信和其他电子设备制造业	0991-6689885
600889	南京化纤			28	化学纤维制造业	025-84208005
600890	中房股份			70	房地产业	010-82618898
600891	秋林集团			52	零售业	0451-58938188
600892	ST 宝诚			51	批发业	010-68096096
600893	航空动力			37	铁路、船舶、航空航天和其他运输设备制造业	029-86152115
600894	广日股份			34	通用设备制造业	020-38371902
600895	张江高科			90	综合	50800018
600896	中海海盛			55	水上运输业	0898-68583985
600897	厦门空港			56	航空运输业	0592-5706005
600898	三联商社			52	零售业	010-59288705
600900	长江电力			44	电力、热力生产和供应业	010-58688891
600960	渤海活塞			36	汽车制造业	0543-3288868
600961	株冶集团			32	有色金属冶炼和压延加工业	0731-28392172
600962	国投中鲁			15	酒、饮料和精制茶制造业	010-88009002
600963	岳阳林纸			22	造纸和纸制品业	0730-8590330
600965	福成五丰			03	畜牧业	010-61595607
600966	博汇纸业			22	造纸和纸制品业	0533-8539966
600967	北方创业			37	铁路、船舶、航空航天和其他运输设备制造业	0472-3117903
600969	郴电国际			44	电力、热力生产和供应业	0735-2339232
600970	中材国际			35	专用设备制造业	010－64399527
600971	恒源煤电			06	煤炭开采和洗选业	0557－3981268
600973	宝胜股份			38	电气机械和器材制造业	0514-88248910
600975	新五丰			03	畜牧业	0731-84449593
600976	武汉健民			27	医药制造业	027-85355032
600978	宜华木业			21	家具制造业	0754-85100989
600979	广安爱众			44	电力、热力生产和供应业	0826-2983218
600980	北矿磁材			39	计算机、通信和其他电子设备制造业	010-67537184
600981	汇鸿股份			51	批发业	025-86895068
600982	宁波热电			44	电力、热力生产和供应业	0574-86897102
600983	合肥三洋			38	电气机械和器材制造业	13605517468
600984	建设机械			35	专用设备制造业	029-82592297
600985	雷鸣科化			26	化学原料和化学制品制造业	0561-4948135
600986	科达股份			48	土木工程建筑业	0546-8304191
600987	航民股份			17	纺织业	0571－82575698
600988	ST 宝龙			36	汽车制造业	010-82447018
600990	四创电子			39	计算机、通信和其他电子设备制造业	0551-5391323
600992	贵绳股份			33	金属制品业	08528419247
600993	马应龙			51	批发业	027—87389583
600995	文山电力			44	电力、热力生产和供应业	08713193778
600997	开滦股份			25	石油加工、炼焦和核燃料加工业	03153026757
600998	九州通			51	批发业	010-60210333
600999	招商证券			67	资本市场服务	0755－82943666
601000	唐山港			55	水上运输业	0315-2916888
601001	大同煤业			06	煤炭开采和洗选业	0352-7018978

上市公司通讯录
Contact Information of Listed Companies

公司全称 Company Name	通讯地址 Address	邮编 Zip
云南博闻科技实业股份有限公司	云南省昆明市官渡区春城路 219 号东航投资大厦 806 室	650041
宁波杉杉股份有限公司	宁波市鄞州区日丽中路 777 号杉杉商务大厦 8 层	315100
宏发科技股份有限公司	厦门市集美北部工业区孙坂南路 91-101 号	361021
国投电力控股股份有限公司	北京市西城区西直门南小街 147 号 5 号楼 12 层	100034
内蒙古伊利实业集团股份有限公司	内蒙古呼和浩特市金川开发区金四路 8 号	010080
新疆众和股份有限公司	新疆维吾尔自治区乌鲁木齐市喀什东路１８号	830013
南京化纤股份有限公司	南京市六合瓜埠镇大庙村	211511
中房置业股份有限公司	北京市海淀区苏州街 18 号院长远天地大厦 C 座 2 层	100080
哈尔滨秋林集团股份有限公司	哈尔滨市南岗区东大直街 319 号	150001
宝诚投资股份有限公司	北京市西城区阜外大街 7 号国投大厦 1107 室	100037
西安航空动力股份有限公司	陕西省西安市未央区徐家湾	710021
广州广日股份有限公司	广州市天河区华利路 59 号东塔 12 层	510623
上海张江高科技园区开发股份有限公司	上海浦东张东路 1388 号张江高科 A、B 座	201203
中海（海南）海盛船务股份有限公司	海南省海口市龙昆北路 2 号珠江广场帝豪大厦 25 层	570125
厦门国际航空港股份有限公司	厦门高崎国际机场 3#候机楼西侧	361006
三联商社股份有限公司	济南市历下区趵突泉北路 12 号 5 层	250011
中国长江电力股份有限公司	北京市西城区金融大街 19 号富凯大厦 B 座	100033
山东滨州渤海活塞股份有限公司	山东省滨州市渤海二十一路 569 号	256602
株洲冶炼集团股份有限公司	湖南省株洲市石峰区清水塘（来信来件请寄往该处）	412004
国投中鲁果汁股份有限公司	北京市西城区阜成门外大街 2 号万通新世界广场 B 座 21 层	100037
岳阳林纸股份有限公司	湖南省岳阳市城陵矶洪家洲	414002
河北福成五丰食品股份有限公司	河北省三河市燕郊经济技术开发区	065201
山东博汇纸业股份有限公司	山东省桓台县马桥镇工业路北首	256405
包头北方创业股份有限公司	包头市二号信箱北方创业股份有限公司	014032
湖南郴电国际发展股份有限公司	湖南省郴州市青年大道民生路口万国大厦十五楼 1511 室	423000
中国中材国际工程股份有限公司	北京市朝阳区望京北路 16 号	100102
安徽恒源煤电股份有限公司	安徽省宿州市西昌路 157 号	234011
宝胜科技创新股份有限公司	江苏省宝应县安宜镇苏中路 1 号	225800
湖南新五丰股份有限公司	长沙市芙蓉区五一西路二号第一大道十九、二十楼	410005
武汉健民药业集团股份有限公司	武汉市汉阳区鹦鹉大道 484 号	430015
广东省宜华木业股份有限公司	广东省汕头市澄海区莲下槐东工业区	515834
四川广安爱众股份有限公司	四川省广安市广安区渠江北路 86 号	638000
北矿磁材科技股份有限公司	北京市丰台区南四环西路 188 号六区 5 号楼	100070
江苏汇鸿股份有限公司	南京市户部街 15 号	210002
宁波热电股份有限公司	宁波经济技术开发区大港工业城凤洋一路 66 号	315800
合肥荣事达三洋电器股份有限公司	合肥高新技术产业开发区北区 L-2 号	230088
陕西建设机械股份有限公司	西安市金花北路 418 号	710032
安徽雷鸣科化股份有限公司	安徽省淮北市东山路	235042
科达集团股份有限公司	山东省东营市府前大街 65 号	257091
浙江航民股份有限公司	浙江省杭州市萧山区瓜沥镇航民村	311241
赤峰吉隆黄金矿业股份有限公司	北京市海淀区善缘街一号立方庭大厦 2-230	100080
安徽四创电子股份有限公司	安徽省合肥市高新技术产业开发区香樟大道 199 号	230088
贵州钢绳股份有限公司	贵州省遵义市桃溪路４７号	56300
马应龙药业集团股份有限公司	湖北省武汉市武昌南湖周家湾 100 号	430064
云南文山电力股份有限公司	云南省昆明市东风东路 48 号金泰大厦 19 楼	650051
开滦能源化工股份有限公司	河北省唐山市新华东道 70 号东楼	063018
九州通医药集团股份有限公司	湖北省武汉市汉阳区龙阳大道特 8 号	430051
招商证券股份有限公司	深圳市福田区益田路江苏大厦 A 座 38-45 层	51802
唐山港集团股份有限公司	河北唐山海港经济开发区唐山港大厦	063611
大同煤业股份有限公司	山西省大同市矿区新平旺	037003

上市公司通讯录
Contact Information of Listed Companies

A股代码 A Code	A股简称 A Name	B股代码 B Code	B股简称 B Name	行业分类代码 Industry Code	行业分类名称 Industry Name	电话 Telephone
601002	晋亿实业			34	通用设备制造业	0573-4185001
601003	柳钢股份			31	黑色金属冶炼和压延加工业	0772-2595996，259597
601005	重庆钢铁			31	黑色金属冶炼和压延加工业	023-68873311
601006	大秦铁路			53	铁路运输业	0351-2620605
601007	金陵饭店			61	住宿业	025-84711888-4139
601008	连云港			55	水上运输业	0518-82389269
601009	南京银行			66	货币金融服务	025－86775055
601010	文峰股份			52	零售业	051385505666-8958
601011	宝泰隆			25	石油加工、炼焦和核燃料加工业	0464-2924686-8097
601012	隆基股份			30	非金属矿物制品业	86-29-81566863
601018	宁波港			55	水上运输业	0574-27695662
601028	玉龙股份			33	金属制品业	0510-83896210
601038	一拖股份			35	专用设备制造业	0379-64961467
601058	赛轮股份			29	橡胶和塑料制品业	0532-68862851
601088	中国神华			06	煤炭开采和洗选业	01058133348
601098	中南传媒			85	新闻和出版业	0731-84302628
601099	太平洋			67	资本市场服务	010-88320908
601100	恒立油缸			35	专用设备制造业	0519-81689797
601101	昊华能源			06	煤炭开采和洗选业	010-69839412
601106	中国一重			35	专用设备制造业	0452--6810123
601107	四川成渝			54	道路运输业	028-85527504
601111	中国国航			56	航空运输业	010-61461959
601113	华鼎锦纶			28	化学纤维制造业	0579-85261479
601116	三江购物			52	零售业	0574-83886810
601117	中国化学			48	土木工程建筑业	010-59765697
601118	海南橡胶			01	农业	0898-31669317
601126	四方股份			38	电气机械和器材制造业	010-62961515
601137	博威合金			32	有色金属冶炼和压延加工业	0574-82829383
601139	深圳燃气			45	燃气生产和供应业	075583472846
601158	重庆水务			46	水的生产和供应业	023-63632255
601166	兴业银行			66	货币金融服务	0591-87838598
601168	西部矿业			09	有色金属矿采选业	0971-6108188
601169	北京银行			66	货币金融服务	010-66223811
601177	杭齿前进			34	通用设备制造业	0571-83802672
601179	中国西电			38	电气机械和器材制造业	029-88832004
601186	中国铁建			48	土木工程建筑业	010-52688180
601188	龙江交通			54	道路运输业	0451-51688198
601199	江南水务			46	水的生产和供应业	13606160977
601208	东材科技			26	化学原料和化学制品制造业	0816-2289750
601216	内蒙君正			26	化学原料和化学制品制造业	0473-6989101
601218	吉鑫科技			35	专用设备制造业	0510-86157396
601222	林洋电子			40	仪器仪表制造业	051383115006
601231	环旭电子			39	计算机、通信和其他电子设备制造业	021-58966996-83636
601233	桐昆股份			28	化学纤维制造业	0573-88187878
601238	广汽集团			36	汽车制造业	020-83150886
601258	庞大集团			52	零售业	0315-7181576
601268	二重重装			35	专用设备制造业	0838-2342903
601288	农业银行			66	货币金融服务	010-85109619
601299	中国北车			37	铁路、船舶、航空航天和其他运输设备制造业	010-51897398
601311	骆驼股份			38	电气机械和器材制造业	13707278039

上市公司通讯录
Contact Information of Listed Companies

公司全称 Company Name	通讯地址 Address	邮编 Zip
晋亿实业股份有限公司	浙江省嘉善经济开发区晋亿大道 8 号	314100
柳州钢铁股份有限公司	广西柳州市北雀路 117 号	545002
重庆钢铁股份有限公司	重庆市大渡口区钢铁路 30 号	400084
大秦铁路股份有限公司	山西省大同市站北街 14 号	037005
金陵饭店股份有限公司	南京市汉中路 2 号	210005
江苏连云港港口股份有限公司	江苏省连云港市连云区中华路 18 号鑫港花园 5 号楼鑫港大厦 22 层	222042
南京银行股份有限公司	南京市白下区淮海路 50 号	210005
文峰大世界连锁发展股份有限公司	江苏省南通市青年东路 1 号	22600
七台河宝泰隆煤化工股份有限公司	黑龙江省七台河市新兴区宝泰隆路 16 号	154603
西安隆基硅材料股份有限公司	西安市长安区航天中路 388 号	71010
宁波港股份有限公司	宁波市北仑区明州路 301 号 宁波港大厦	315800
江苏玉龙钢管股份有限公司	江苏省无锡市惠山区玉祁镇玉龙路 15 号	214183
第一拖拉机股份有限公司	河南省洛阳市建设路 154 号	471004
赛轮股份有限公司	青岛市四方区郑州路 43 号橡胶谷 B 栋	266045
中国神华能源股份有限公司	中国北京市东城区安定门西滨河路 22 号	100011
中南出版传媒集团股份有限公司	湖南省长沙市营盘东路 38 号	410005
太平洋证券股份有限公司	云南省昆明市青年路 389 号志远大厦 18 层	650021
江苏恒立高压油缸股份有限公司	常州市武进高新区龙潜路 99 号	213167
北京昊华能源股份有限公司	北京市门头沟区新桥南大街 2 号	102300
中国第一重型机械股份公司	黑龙江省齐齐哈尔市富拉尔基区铁西厂前路 9 号	16104
四川成渝高速公路股份有限公司	四川省成都市武侯祠大街 252 号	610041
中国国际航空股份有限公司	中国北京市顺义区天竺经济开发区天柱路 30 号	101312
义乌华鼎锦纶股份有限公司	义乌市北苑街道雪峰西路 751 号	322000
三江购物俱乐部股份有限公司	宁波市海曙区孝闻街 29 弄 1 号	315010
中国化学工程股份有限公司	北京市东城区东直门内大街 2 号	100007
海南天然橡胶产业集团股份有限公司	海南省海口市滨海大道 103 号财富广场四楼	570105
北京四方继保自动化股份有限公司	北京市海淀区上地四街九号	100085
宁波博威合金材料股份有限公司	浙江省宁波市鄞州区云龙镇太平桥	315135
深圳市燃气集团股份有限公司	深圳市深南大道 6021 号喜年中心 B 座 101	51804
重庆水务集团股份有限公司	重庆市渝中区龙家湾 1 号	400015
兴业银行股份有限公司	福州市湖东路 154 号	350003
西部矿业股份有限公司	青海省西宁市五四大街 52 号	810001
北京银行股份有限公司	北京市西城区金融大街甲 17 号首层	100032
杭州前进齿轮箱集团股份有限公司	浙江省杭州市萧山区萧金路 45 号	311203
中国西电电气股份有限公司	中国陕西省西安市高新区唐兴路 7 号 A 座	710075
中国铁建股份有限公司	北京市海淀区复兴路四十号东院	100855
黑龙江交通发展股份有限公司	黑龙江省哈尔滨市南岗区轩辕东路 1 号怡东大厦 3 层	150090
江苏江南水务股份有限公司	江苏省江阴市长江路 141 号	214431
四川东材科技集团股份有限公司	绵阳市东兴路 6 号	621000
内蒙古君正能源化工股份有限公司	内蒙古自治区乌海市乌达区高载能工业园区	016040
江苏吉鑫风能科技股份有限公司	江阴市云亭街道工业园区那巷路 8 号	214422
江苏林洋电子股份有限公司	江苏省启东经济技术开发区林洋路 666 号	226200
环旭电子股份有限公司	上海市浦东新区张江高科技园区张东路 1558 号	201203
桐昆集团股份有限公司	浙江省桐乡市经济开发区光明路 199 号	314500
广州汽车集团股份有限公司	广州市越秀区东风中路 448-458 号成悦大厦 23 楼	510030
庞大汽贸集团股份有限公司	北京市经济技术开发区荣华南路 16 号中冀斯巴鲁大厦 C 座	100176
二重集团（德阳）重型装备股份有限公司	四川省德阳市珠江西路 460 号	618000
中国农业银行股份有限公司	中国北京市东城区建国门内大街 69 号	100005
中国北车股份有限公司	北京市丰台区芳城园一区 15 楼	100078
骆驼集团股份有限公司	湖北省谷城县石花镇武当路 83 号	441705

上市公司通讯录
Contact Information of Listed Companies

A 股代码 A Code	A 股简称 A Name	B 股代码 B Code	B 股简称 B Name	行业分类代码 Industry Code	行业分类名称 Industry Name	电话 Telephone
601313	江南嘉捷			34	通用设备制造业	13862112255
601318	中国平安			68	保险业	0755-22623487
601328	交通银行			66	货币金融服务	021-58400270
601333	广深铁路			53	铁路运输业	0755-25587920
601336	新华保险			68	保险业	010-85213023
601339	百隆东方			17	纺织业	0574-87120999
601369	陕鼓动力			38	电气机械和器材制造业	029-81871036
601377	兴业证券			67	资本市场服务	0591-38281888
601388	怡球资源			32	有色金属冶炼和压延加工业	13962655529
601390	中国中铁			48	土木工程建筑业	010-51843037
601398	工商银行			66	货币金融服务	（8610）6610-7151
601515	东风股份			23	印刷和记录媒介复制业	0754-88118555
601518	吉林高速			54	道路运输业	0431-84687588
601519	大智慧			65	软件和信息技术服务业	021-20219261
601555	东吴证券			67	资本市场服务	0512-62601555
601558	华锐风电			34	通用设备制造业	010-62515566
601566	九牧王			18	纺织服装、服饰业	0592-2955799
601567	三星电气			40	仪器仪表制造业	057488072272
601588	北辰实业			70	房地产业	010-64993370
601599	鹿港科技			17	纺织业	051258353258
601600	中国铝业			32	有色金属冶炼和压延加工业	8610 8229 8103
601601	中国太保			68	保险业	021-58776688－3991
601607	上海医药			52	零售业	021-63730908
601608	中信重工			35	专用设备制造业	0379-64088008
601616	广电电气			38	电气机械和器材制造业	37531469
601618	中国中冶			48	土木工程建筑业	010-59868801
601628	中国人寿			68	保险业	010-63632199
601633	长城汽车			36	汽车制造业	0312-2197813
601636	旗滨集团			30	非金属矿物制品业	0596-5699668
601666	平煤股份			06	煤炭开采和洗选业	03752726764
601668	中国建筑			48	土木工程建筑业	010-88082888
601669	中国水电			48	土木工程建筑业	010-58381999
601677	明泰铝业			32	有色金属冶炼和压延加工业	0371-67898155
601678	滨化股份			26	化学原料和化学制品制造业	13906499999
601688	华泰证券			67	资本市场服务	025-83290788
601699	潞安环能			06	煤炭开采和洗选业	0355-5923838
601700	风范股份			33	金属制品业	051252122997
601717	郑煤机			35	专用设备制造业	18603861673
601718	际华集团			18	纺织服装、服饰业	010-63706018
601727	上海电气			34	通用设备制造业	021-33261016
601766	中国南车			37	铁路、船舶、航空航天和其他运输设备制造业	010-51862188
601777	力帆股份			36	汽车制造业	023-61663020
601788	光大证券			67	资本市场服务	021-22169588
601789	宁波建工			48	土木工程建筑业	057487066873
601798	蓝科高新			35	专用设备制造业	13609333377
601799	星宇股份			36	汽车制造业	0086-519-85156063
601800	中国交建			48	土木工程建筑业	8610-82016526
601801	皖新传媒			85	新闻和出版业	0551-2669071
601808	中海油服			07	石油和天然气开采业	010-84521129
601818	光大银行			66	货币金融服务	010-63636868

上市公司通讯录
Contact Information of Listed Companies

公司全称 Company Name	通讯地址 Address	邮编 Zip
江南嘉捷电梯股份有限公司	江苏省苏州工业园区唯新路 28 号	215122
中国平安保险（集团）股份有限公司	深圳市福田中心区福华三路星河中心大厦 16 楼	518048
交通银行股份有限公司	上海浦东新区银城中路 188 号	200120
广深铁路股份有限公司	广东省深圳市和平路 1052 号	518010
新华人寿保险股份有限公司	北京市朝阳区建国门外大街甲 12 号	100022
百隆东方股份有限公司	宁波市镇海区骆驼街道南二东路 1 号	315206
西安陕鼓动力股份有限公司	同上	710075
兴业证券股份有限公司	福州市湖东路 268 号	350003
怡球金属资源再生（中国）股份有限公司	No.88 Hufuhuang Road, Fuqiao Town, Taicang City	215434
中国中铁股份有限公司	北京市海淀区复兴路 69 号中国中铁广场	100039
中国工商银行股份有限公司	北京市西城区复兴门内大街 55 号	100140
汕头东风印刷股份有限公司	汕头市潮汕路金园工业城（二围工业区）、4A2-2 片区、2M4 片区、13-02 片区 A-F 座	515064
吉林高速公路股份有限公司	吉林省长春市经开区浦东路 4488 号	130033
上海大智慧股份有限公司	上海市浦东新区杨高南路 428 号由由世纪广场 1 号楼	200127
东吴证券股份有限公司	苏州工业园区翠园路 181 号	215028
华锐风电科技（集团）股份有限公司	北京市海淀区中关村大街 59 号文化大厦	100872
九牧王股份有限公司	厦门市思明区龙昌路 12 号	361009
宁波三星电气股份有限公司	浙江省宁波市鄞州工业区（宁波市鄞州区姜山镇）	315191
北京北辰实业股份有限公司	北京朝阳区北辰东路 8 号汇欣大厦 A 座 707	100101
江苏鹿港科技股份有限公司	江苏省苏州市张家港市塘桥镇鹿苑	215616
中国铝业股份有限公司	北京市海淀区西直门北大街 62 号	100082
中国太平洋保险（集团）股份有限公司	上海市银城中路 190 号交银金融大厦南楼	200120
上海医药集团股份有限公司	上海市太仓路 200 号上海医药大厦	200020
中信重工机械股份有限公司	洛阳市涧西区建设路 206 号	471039
上海广电电气（集团）股份有限公司	上海市奉贤区南桥镇环城东路 123 弄 1 号	201401
中国冶金科工股份有限公司	北京市朝阳区曙光西里 28 号中冶大厦	100028
中国人寿保险股份有限公司	北京市西城区金融大街 16 号中国人寿广场 A 座	100033
长城汽车股份有限公司	河北省保定市朝阳南大街 2266 号	071000
株洲旗滨集团股份有限公司	福建省漳州市东山县环岛路 8 号旗滨领海国际	363400
平顶山天安煤业股份有限公司	河南省平顶山市矿工路 21 号	467000
中国建筑股份有限公司	北京市海淀区三里河路 15 号	100037
中国水利水电建设股份有限公司	北京市海淀区车公庄西路 22 号	100048
河南明泰铝业股份有限公司	河南省巩义市回郭镇开发区	451283
滨化集团股份有限公司	山东省滨州市黄河五路 869 号	256619
华泰证券股份有限公司	江苏省南京市中山东路 90 号华泰证券大厦	210002
山西潞安环保能源开发股份有限公司	山西省长治市襄垣县侯堡镇	046204
常熟风范电力设备股份有限公司	江苏常熟市尚湖镇人民南路 8 号	215551
郑州煤矿机械集团股份有限公司	郑州市华山路 105 号	45001
际华集团股份有限公司	北京市丰台区南四环西路 188 号十五区 6 号楼	100070
上海电气集团股份有限公司	上海市钦江路 212 号	200233
中国南车股份有限公司	北京市海淀区西四环中路 16 号	100036
力帆实业（集团）股份有限公司	重庆市沙坪坝区上桥张家湾 60 号	400037
光大证券股份有限公司	上海市静安区新闸路 1508 号	200040
宁波建工股份有限公司	宁波市江东区宁穿路 538 号	315040
甘肃蓝科石化高新装备股份有限公司	甘肃省兰州市安宁区蓝科路 8 号	730070
常州星宇车灯股份有限公司	江苏省常州市新北区秦岭路 182 号	213022
中国交通建设股份有限公司	北京西城区德胜门外大街 85 号	100088
安徽新华传媒股份有限公司	安徽省合肥市长江中路 279 号	23006
中海油田服务股份有限公司	北京市朝阳门内大街 2 号凯恒中心 B 座	100010
中国光大银行股份有限公司	北京市西城区太平桥大街 25 号中国光大中心	100033

上市公司通讯录
Contact Information of Listed Companies

A股代码 A Code	A股简称 A Name	B股代码 B Code	B股简称 B Name	行业分类代码 Industry Code	行业分类名称 Industry Name	电话 Telephone
601857	中国石油			07	石油和天然气开采业	010-59986900
601866	中海集运			55	水上运输业	021-65966978
601872	招商轮船			55	水上运输业	0755-26885593
601877	正泰电器			38	电气机械和器材制造业	021-37791001
601880	大连港			55	水上运输业	0411-82623910
601886	江河幕墙			50	建筑装饰和其他建筑业	010-60411166-8409
601888	中国国旅			72	商务服务业	010-84479696
601890	亚星锚链			37	铁路、船舶、航空航天和其他运输设备制造业	052384686986
601898	中煤能源			06	煤炭开采和洗选业	010-82256618
601899	紫金矿业			09	有色金属矿采选业	0592－2933662
601901	方正证券			67	资本市场服务	0731-85832367
601908	京运通			35	专用设备制造业	010-80803016-8308
601918	国投新集			06	煤炭开采和洗选业	0554-8661819
601919	中国远洋			55	水上运输业	010-66492259
601928	凤凰传媒			85	新闻和出版业	025-5188 3301
601929	吉视传媒			63	电信、广播电视和卫星传输服务	0431-88789022
601933	永辉超市			52	零售业	0591-83762200
601939	建设银行			66	货币金融服务	010-6759 8523
601958	金钼股份			09	有色金属矿采选业	88320076
601965	中国汽研			36	汽车制造业	023-68825531
601988	中国银行			66	货币金融服务	010-66595465
601989	中国重工			37	铁路、船舶、航空航天和其他运输设备制造业	01088475267
601991	大唐发电			44	电力、热力生产和供应业	010-88008996
601992	金隅股份			30	非金属矿物制品业	01066410128
601996	丰林集团			20	木材加工和木、竹、藤、棕、草制品业	0771-4016666
601998	中信银行			66	货币金融服务	65556501
601999	出版传媒			85	新闻和出版业	024-23284236
603000	人民网			64	互联网和相关服务	010-65368433
603001	奥康国际			19	皮革、毛皮、羽毛及其制品和制鞋业	0577-67915188
603002	宏昌电子			26	化学原料和化学制品制造业	86-20-82266156
603003	龙宇燃油			51	批发业	18601656311
603008	喜临门			21	家具制造业	0575-85150968
603077	和邦股份			26	化学原料和化学制品制造业	86-833-3207168
603123	翠微股份			52	零售业	01068241688
603128	华贸物流			58	装卸搬运和运输代理业	13512194923
603167	渤海轮渡			55	水上运输业	86-535-6291223
603333	明星电缆			38	电气机械和器材制造业	0833-2596866
603366	日出东方			38	电气机械和器材制造业	0518-85959908
603399	新华龙			32	有色金属冶炼和压延加工业	04163198622
603766	隆鑫通用			37	铁路、船舶、航空航天和其他运输设备制造业	86-23-89028829
603993	洛阳钼业			09	有色金属矿采选业	037966819873
		900929	锦旅 B 股	72	商务服务业	021-63299090-108
		900935	阳晨 B 股	46	水的生产和供应业	63901001 63901800-11
		900939	ST 汇丽 B	50	建筑装饰和其他建筑业	58138717
		900948	伊泰 B 股	44	电力、热力生产和供应业	0477-8565642
		900949	东电 B 股	44	电力、热力生产和供应业	0571-85774569
		900950	新城 B 股	70	房地产业	021-32522906
		900951	大化 B 股	26	化学原料和化学制品制造业	0411-86893436
		900953	凯马 B	36	汽车制造业	52046619
		900956	东贝 B 股	36	汽车制造业	0714-5415858

上市公司通讯录
Contact Information of Listed Companies

公司全称 Company Name	通讯地址 Address	邮编 Zip
中国石油天然气股份有限公司	北京东城区东直门北大街 9 号 （董事会秘书局 梁刚）	100007
中海集装箱运输股份有限公司	上海市浦东新区福山路 450 号 3 楼	200122
招商局能源运输股份有限公司	上海市中山东一路 9 号	200002
浙江正泰电器股份有限公司	浙江省乐清市北白象镇正泰工业园区正泰路 1 号	325603
大连港股份有限公司	中国辽宁省大连市中山区港湾街 1 号	116004
北京江河幕墙股份有限公司	北京市顺义区牛汇北五街 5 号	101300
中国国旅股份有限公司	北京市东城区东直门外小街甲 2 号 A 座 8 层	100027
江苏亚星锚链股份有限公司	靖江市东兴镇何德村	214533
中国中煤能源股份有限公司	北京市朝阳区黄寺大街 1 号	100120
紫金矿业集团股份有限公司	厦门市湖里区泗水道 599 号海富中心 19-22 层	361016
方正证券股份有限公司	长沙市芙蓉中路二段华侨国际大厦 22-24 层	410015
北京京运通科技股份有限公司	北京市北京经济技术开发区经海四路 158 号	100176
国投新集能源股份有限公司	安徽省淮南市洞山中路 12 号	232007
中国远洋控股股份有限公司	天津市天津港保税区通达广场 1 号 3 层	300461
江苏凤凰出版传媒股份有限公司	南京市百子亭 34 号	210009
吉视传媒股份有限公司	吉林省长春市新民大街 1027-1 号	130021
永辉超市股份有限公司	福建省福州市鼓楼区西二环中路 436 号	350002
中国建设银行股份有限公司	北京市西城区金融大街 25 号	100033
金堆城钼业股份有限公司	陕西省西安市高新技术产业开发区锦业一路 88 号金钼股份综合楼 A 座	710077
中国汽车工程研究院股份有限公司	重庆市九龙坡区陈家坪朝田村 101#	400039
中国银行股份有限公司	北京市复兴门内大街 1 号	100818
中国船舶重工股份有限公司	北京市海淀区昆明湖南路 72 号	100097
大唐国际发电股份有限公司	北京市西城区广宁伯街 9 号	100033
北京金隅股份有限公司	北京市东城区北三环东路 36 号环球贸易中心 D 座	100013
广西丰林木业集团股份有限公司	广西南宁市白沙大道 22 号	530031
中信银行股份有限公司	中国北京市东城区朝阳门北大街 8 号富华大厦 C 座	100027
北方联合出版传媒（集团）股份有限公司	辽宁省沈阳市和平区十一纬路 29 号	110003
人民网股份有限公司	北京市朝阳区金台西路 2 号	100733
浙江奥康鞋业股份有限公司	浙江省永嘉县瓯北镇千石工业区奥康工业园	325105
宏昌电子材料股份有限公司	广州市萝岗区云埔一路一号之二	51053
上海龙宇燃油股份有限公司	上海市浦东新区东方路 710 号 19 楼	20012
喜临门家具股份有限公司	浙江省绍兴市西大门钟家湾	312001
四川和邦股份有限公司	四川省成都市青羊区广富路 8 号 C6 幢	610091
北京翠微大厦股份有限公司	北京市海淀区复兴路 33 号	10036
港中旅华贸国际物流股份有限公司	上海市南京西路 338 号天安中心 20 楼	201202
渤海轮渡股份有限公司	山东省烟台市芝罘区环海路 2 号	264000
四川明星电缆股份有限公司	四川省乐山市高新区迎宾大道 18 号	614001
日出东方太阳能股份有限公司	江苏省连云港市新浦区瀛洲路 1 号新银双厦西座 15 楼	22200
锦州新华龙钼业股份有限公司	辽宁省锦州经济技术开发区天山路一段 50 号	121007
隆鑫通用动力股份有限公司	重庆市南岸区经济技术开发区白鹤工业园隆鑫工业园	400060
洛阳栾川钼业集团股份有限公司	河南省洛阳市栾川县城东新区画眉山路伊河以北	471500
上海锦江国际旅游股份有限公司	上海市延安东路 100 号联谊大厦 27 楼	200002
上海阳晨投资股份有限公司	上海市徐家汇路 555 号 10 楼 C 座	200023
上海汇丽建材股份有限公司	上海市南汇区康桥工业区康桥东路 299 号	201319
内蒙古伊泰煤炭股份有限公司	内蒙古鄂尔多斯市东胜区天骄北路伊泰大厦	017000
浙江东南发电股份有限公司	杭州市天目山路 152 号浙能大厦	310007
江苏新城地产股份有限公司	上海市中山北路 3000 号长城大厦 22 楼	200063
大化集团大连化工股份有限公司	大连市甘井子区工兴路 10 号	116032
恒天凯马股份有限公司	上海市中山北路 1958 号华源世界广场 6 楼	200063
黄石东贝电器股份有限公司	湖北省黄石市铁山区武黄路 5 号	435006

上市公司通讯录
Contact Information of Listed Companies

A股代码 A Code	A股简称 A Name	B股代码 B Code	B股简称 B Name	行业分类代码 Industry Code	行业分类名称 Industry Name	电话 Telephone
		900957	凌云B股	70	房地产业	021-68400880

上市公司通讯录
Contact Information of Listed Companies

公司全称 Company Name	通讯地址 Address	邮编 Zip
上海凌云实业发展股份有限公司	上海浦东新区源深路 1088 号葛洲坝大厦 12 楼 1201 室	200122

Member Companies

会员公司

会员公司概貌
Member Companies Overview

会员公司 Member Companies	2012 年	2011 年	增减(%) Change(%)
会员公司数量 No. of Member Companies	112	112	0.00
席位数量 No. of Seats	7928	7091	12.00
A 股 A Share Seat	7737	6901	12.00
B 股 B Share Seat	191	190	1.00
B 股证券商 B Share Brokers	102	102	0.00
境内 Domestic	62	62	0.00
境外 Overseas	40	40	0.00
会员公司交易金额(亿) Trading Val (100M)			
合计 Total	1095289.76	906589.79	21.00
股票 Share	328921.74	475110.61	-31.00
A 股 A Share	328094.76	473618.24	-31.00
B 股 B Share	826.98	1492.37	-45.00
基金 Fund	6342.23	5802.82	9.00
政府债 G-Bond	1811.14	2553.42	-29.00
公司债现货 C-Bond	14291.91	8805.33	62.00
债券回购 Repo	692721.47	399162.99	74.00
权证 Warrant	0.00	6949.65	-100.00

会员公司交易
Trading of Member Companies

会员公司 Company	地址 Address	法人代表 Representative	电话 Tel	传真 Fax	注册资本 Registed Capital
国泰君安证券股份有限公司	上海市浦东新区银城中路 168 号	万建华	021-38676060	38670666	6100.0
海通证券股份有限公司	上海市黄浦区广东路 689 号海通证券大厦	王开国	021-23219304	63411010	8227.8
中国银河证券股份有限公司	北京市西城区金融大街 35 号 2-6 层	陈有安		66568532	6000.0
申银万国证券股份有限公司	上海常熟路 171 号	储晓明	021-54051688	54035333	6715.8
中信证券股份有限公司	深圳市深南大道 7088 号招商银行大厦 A 层(518040)	王东明	010-84585028	60836031	11116.9
招商证券股份有限公司	深圳市福田区益田路江苏大厦 38-45 层	宫少林	0755-82943522	82943100	4661.1
国信证券股份有限公司	深圳市罗湖区红岭中路 1012 号国信证券大厦	何如	82130629	82130570	7000.0
中信建投证券股份有限公司	北京市东城区朝内大街 188 号	王常青	010-85130505	65186399	6100.0
华泰证券股份有限公司	江苏省南京市中山东路 90 号华泰证券大厦	吴万善	025-84579977	84579929	5600.0
广发证券股份有限公司	广州市天河北路 183 号大都会广场 42 楼	孙树明	020-87555888-8277	87553600	5919.3
中国国际金融有限公司	中国北京建国门外大街 1 号国贸大厦 2 座 28 层	李剑阁	010-85679888	85679668	1037.0
光大证券股份有限公司	上海市静安区新闸路 1508 号	徐浩明	021-22169066	62151789	3418.0
长江证券股份有限公司	湖北省武汉市江汉区新华路特 8 号	胡运钊	027-65799765	85481900	2371.2
东方证券股份有限公司	上海市中山南路 318 号 2 号楼 22－29 层	潘鑫军	021-63325888	63327888	4281.7
平安证券有限责任公司	深圳市福田区金田路大中华国际交易广场 8 层	杨宇翔	0755-22622262	82400862	3000.0
安信证券股份有限公司	深圳市福田区金田路 4018 号安联大厦 35 层	牛冠兴	0755-82825599	82825596	3200.0
齐鲁证券有限公司	山东省济南市市中区经七路 86 号	李玮	0531-68889988	68889999	5212.2
兴业证券股份有限公司	福建省福州市湖东路 268 号证券大厦	兰荣	021-38565699	338565888	2200.0
中国中投证券有限责任公司	深圳市福田区益田路与福中路交界处荣超商务中心 A 栋第 18-21 层及第 04 层	龙增来	0755-82026988	82026668	5000.0
宏源证券股份有限公司	乌鲁木齐文艺路 233 号	冯戎	010-88085858	88085059	1986.2
中信证券（浙江）有限责任公司	浙江省杭州市滨江区江南大道 588 号恒鑫大厦主楼 19、20 楼	沈强	0571-85166663	85106393	885.0
方正证券股份有限公司	长沙市芙蓉区芙蓉中路二段华侨国际大厦 22-24 层	雷杰	073185832256	85832263	6100.0
国元证券股份有限公司	合肥市寿春路 179 号	蔡咏	0551-62207888	62645709	1964.1
中银国际证券有限责任公司	上海市浦东银城中路 200 号中银大厦 39 楼	许刚	010-66229000-9036	66578956	1500.0
国金证券股份有限公司	四川省成都市东城根上街 95 号	冉云	028-86690307	86690365	1000.2
长城证券有限责任公司	深圳市深南大道 6008 号特区报业大厦 14、16、17 楼	黄耀华	0755-83516178	83516189	2067.0
东吴证券股份有限公司	江苏省苏州工业园区翠园路 181 号	吴永敏	0512－62938888	62938888	2000.0
湘财证券有限责任公司	中国湖南省长沙市天心区湘府中路 198 号新南城商务中心 A 栋 11 楼	林俊波	0731-84430252	84430252	3197.3
财通证券有限责任公司	浙江省杭州市杭大路 15 号嘉华国际 16、17 层	沈继宁	0571-87828166	87826858	1400.0
上海证券有限责任公司	上海市黄浦区西藏中路 336 号	郁忠民	021-53519888	63608300	2610.0
东兴证券股份有限公司	北京市西城区金融大街 5 号新盛大厦 B 座 12-15 层	徐勇力	010-66555919	66555829	2004.0
广州证券有限责任公司	广州市天河区珠江西路 5 号广州国际金融中心主塔 19~20 层	刘东	020-88836999	88836900	1977.8
国联证券股份有限公司	无锡市县前东街 168 号国联大厦 6、7 楼	雷建辉	0510-82833995	82833124	1500.0
浙商证券股份有限公司	浙江省杭州市黄龙世纪广场 A 座七楼	吴承根	0571-87902963	87901370	3000.0
渤海证券股份有限公司	天津市南开区宾水西道 8 号	杜庆平	022-28451639	28451600	3226.9
东北证券股份有限公司	长春市自由大路 1138 号	矫正中	0431-85096808	85604083	639.3
华安证券有限责任公司	合肥市阜南路 166 号	李工	0551-5161601	5161600	2405.0
华西证券有限责任公司	四川省成都市陕西街 239 号	杨炯洋	028-86150593	86150615	1413.1
华融证券股份有限公司	北京市西城区金融大街 8 号 A 座三层	宋德清	010-58568137	58568148	3002.7
第一创业证券股份有限公司	深圳市罗湖区笋岗路 12 号中民时代广场 B 座 25、26 层	刘学民	0755-25832699	25832833	1970.0
信达证券股份有限公司	北京市西城区闹市口大街 9 号院 1 号楼信达金融中心	高冠江	010-63080900	63080901	2568.7
西南证券股份有限公司	重庆市江北区桥北苑 8 号西南证券大厦	余维佳	023-67602988	63786513	2322.6
华福证券有限责任公司	福州市五四路 157 号新天地大厦 7-10 层	黄金琳	0591-87855777	87841150	550.0
北京高华证券有限责任公司	北京市西城区金融大街 7 号北京英蓝国际金融中心十八层	章星	010-66273038	66273300	1072.0
国海证券股份有限公司	南宁市滨湖路 46 号	张雅锋	0771-5539309	5530903	800.0
东莞证券有限责任公司	广东省东莞市莞城区可园南路 1 号金源中心	张运勇	0769-22116111	22116999	1500.0
东海证券有限责任公司	江苏常州延陵西路 23 号投资广场 18、19 号楼	朱科敏	021-20333666	50585608	1670.0
财达证券有限责任公司	石家庄市桥西区自强路 35 号庄家金融大厦	翟建强	0311-66006222	66006200	1416.9
民生证券股份有限公司	北京市东城区建国门内大街 28 号民生金融中心 A 座 16、17、18 层	余政	010-85127699	85127699	2177.3
中信万通证券有限责任公司	青岛市崂山区深圳路 222 号天泰金融广场 21 层	杨宝林	0532-85022517	85022301	800.0

注：会员交易金额的单位为百万元。

会员公司交易
Trading of Member Companies

名次 Rank	总计 Total	股票 Share	基金 Fund	权证 Warrant	政府债 G-Bond	公司债 C-Bond	债券回购 Repo
1	7411198.8	1565263.4	63945.5	0.0	13936.7	137977.3	5630074.5
2	5880604.8	1505821.6	54830.1	0.0	24484.9	74588.8	4220859.3
3	5578411.8	1715758.3	23927.0	0.0	2614.5	61003.8	3775108.2
4	5350894.1	1515501.0	41379.7	0.0	6301.9	58256.3	3729455.1
5	4983962.9	1120696.4	42635.9	0.0	12550.2	174403.0	3633668.2
6	4701451.5	1292928.0	25732.2	0.0	8761.2	51970.3	3322057.2
7	4515546.2	1274537.0	28731.1	0.0	8292.1	68885.3	3135092.6
8	4251219.5	1082231.9	28019.0	0.0	6884.0	116228.3	3017855.9
9	4062602.3	1697934.8	73580.7	0.0	3370.0	55054.0	2232661.9
10	4046287.0	1289801.4	11088.1	0.0	3179.9	52704.5	2689513.1
11	2937317.6	366373.1	9703.1	0.0	21913.4	54172.5	2485155.6
12	2717501.5	979158.0	16630.6	0.0	1556.9	27801.1	1692354.4
13	2380666.4	574092.4	4407.8	0.0	1181.8	31983.3	1769001.2
14	2252244.7	532326.2	7277.2	0.0	3733.5	24422.3	1684485.4
15	2208496.1	317450.4	15598.0	0.0	10327.0	35105.9	1830014.8
16	2135256.9	714555.7	6560.1	0.0	461.2	24066.5	1389613.4
17	1815919.0	778157.8	39786.0	0.0	2177.6	15328.8	980469.0
18	1673221.4	551097.7	7625.3	0.0	448.3	17001.3	1097046.5
19	1653024.7	790374.4	4843.8	0.0	339.1	11779.0	845688.4
20	1220909.1	439066.3	6530.0	0.0	916.3	22724.0	751670.4
21	1148633.6	630667.7	4301.4	0.0	116.9	2562.8	510984.8
22	1012812.6	569051.1	10742.5	0.0	629.4	3965.6	428423.9
23	896818.0	363203.0	2704.8	0.0	384.1	8109.1	522417.0
24	802783.4	313327.3	3365.5	0.0	2919.2	13881.2	469290.2
25	759519.2	229909.8	1197.5	0.0	343.3	5297.0	522771.7
26	749003.6	271530.2	1842.8	0.0	471.2	4395.1	470764.3
27	716367.1	290732.0	2353.6	0.0	249.9	5163.0	417866.9
28	710591.5	264591.3	1615.4	0.0	778.8	8596.4	435009.6
29	700057.5	371201.0	2338.3	0.0	1179.2	2576.2	322762.8
30	673320.7	261095.2	1782.1	0.0	480.3	6696.8	403266.3
31	669725.8	352655.3	1442.5	0.0	191.3	13079.8	302356.9
32	664952.0	136062.6	484.5	0.0	187.2	13158.2	515059.5
33	649796.4	188767.8	1653.2	0.0	207.9	5866.4	453301.1
34	633926.1	389771.8	1368.3	0.0	82.2	1672.1	241031.7
35	606092.3	222043.2	3006.2	0.0	351.7	6276.4	374414.7
36	555603.7	228933.8	1383.6	0.0	350.1	2331.4	322604.8
37	553568.5	198820.5	478.4	0.0	19.8	6492.5	347757.3
38	553285.6	327008.2	4270.3	0.0	35.2	2646.1	219325.8
39	533843.1	104989.9	654.6	0.0	114.6	4771.8	423312.2
40	519742.9	98867.4	704.0	0.0	298.8	16939.7	402933.0
41	515651.5	296882.2	3032.9	0.0	148.5	5585.7	210002.3
42	487903.2	264709.6	2227.9	0.0	395.9	4363.5	216206.3
43	479690.3	260209.7	1183.6	0.0	536.8	3768.9	213991.3
44	478762.9	105477.6	703.8	0.0	655.2	8996.6	362929.7
45	466901.5	214445.2	544.2	0.0	31.9	6901.2	244979.1
46	459412.6	213721.6	739.1	0.0	45.3	1462.9	243443.6
47	456791.4	228164.5	3686.5	0.0	240.1	10361.2	214339.1
48	455268.8	208606.7	463.9	0.0	56.9	5523.9	240617.5
49	452716.0	199509.9	1723.4	0.0	231.4	4971.9	246279.4
50	450482.5	207433.3	1626.5	0.0	150.8	1830.0	239441.9

会员公司交易
Trading of Member Companies

会员公司 Company	地址 Address	法人代表 Representative	电话 Tel	传真 Fax	注册资本 Registed Capital
英大证券有限责任公司	深圳市福田区深南中路华能大厦三十、三十一层	吴骏	0755-83007088	83007040	1200.0
中国民族证券有限责任公司	北京市西城区金融大街 5 号新盛大厦 A 座 6-9 层	赵大建	010-59355807	66553758	1394.1
中航证券有限公司	江西省南昌市红谷滩新区红谷中大道 1619 号南昌国际金融大厦 A 栋 41 层	杜航	0791-86771128	86776103	1325.9
恒泰证券股份有限公司	内蒙古呼和浩特市新城区新华东街 111 号	庞介民	0471-4913858	4913858	2194.7
山西证券股份有限公司	太原市府西街 69 号山西国贸中心	侯巍	0351-8689699	8686918	2399.8
南京证券股份有限公司	南京市大钟亭 8 号	张华东	025-83367115	83367377	1900.0
中原证券股份有限公司	河南省郑州市郑东新区商务外环路 10 号	菅明军	0371-65585698	65585118	2033.5
国开证券有限责任公司	北京市朝阳区安华里外馆斜街甲一号泰利明苑 A 座二区 4 层	黎维彬	010-51789192	51789166	7370.0
金元证券股份有限公司	深圳市深南大道 4001 号时代金融中心大厦 17 层	陆涛	0755-83025559	83025559	3174.3
瑞银证券有限责任公司	北京市西城区金融大街 7 号英蓝国际金融中心 15 层	刘弘	8601058328890	88018383	1490.0
红塔证券股份有限公司	昆明市北京路 155 号附 1 号红塔大厦 7-11 楼	况雨林	0871-63577970	63577922	1386.5
国都证券有限责任公司	北京市东城区东直门南大街 3 号国华投资大厦 9 层、10 层	常喆	010-84183118	84183311	2623.0
大通证券股份有限公司	大连市沙河口区会展路 129 号期货大厦 38、39 层	张智河	0411-39673397	82826601	2200.0
江海证券有限公司	黑龙江省哈尔滨市香坊区赣水路 56 号	孙名扬	0451-82269208	82269290	1363.2
华鑫证券有限责任公司	深圳市福田区金田路 4018 号安联大厦 28 层 A01、B01（b）单元	洪家新	0755-88285883	88285883	1600.0
华创证券有限责任公司	贵州省贵阳市中华北路 216 号华创大厦	陶永泽	0851-6856815	6856537	500.0
西部证券股份有限公司	西安市东新街 232 号陕西信托大厦	刘建武	029-87406097	87406483	1200.0
新时代证券有限责任公司	北京市海淀区北三环西路 99 号院 1 号楼 15 层 1501	刘汝军	010-83561009	83561009	1463.3
国盛证券有限责任公司	南昌市北京西路 88 号江信国际金融大厦	曾小普	0791-86289667	86281441	593.3
华宝证券有限责任公司	浦东世纪大道 100 号 57 层	陈林	021-68778808	68778108	1500.0
首创证券有限责任公司	北京市西城区德胜门外大街 115 号德胜尚城 E 座	吴涛	010-59366066	84976609	650.0
华龙证券有限责任公司	甘肃省兰州市东岗西路 638 号	李晓安	0931-4890688	4890515	2153.4
西藏同信证券有限责任公司	上海市闸北区永和路 118 弄东方环球企业园 24 号楼	贾绍君	021-36535003	36535000	200.0
中山证券有限责任公司	深圳市福田区益田路 6009 号新世界中心 29 层	吴永良	0755-82943769	82940511	1355.0
德邦证券有限责任公司	上海市福山路 500 号城建国际中心 26 楼	姚文平	021－68761616	68767880	1300.0
万联证券有限责任公司	广东省广州市天河区珠江东路 11 号高德置地广场 F 座 18、19 楼	张建军	020-38286218	38286588	1150.0
财富证券有限责任公司	长沙市芙蓉中路中路二段 80 号顺天国际财富中心 26 层	周晖	0731-84403385	84403330	2135.7
世纪证券有限责任公司	深圳市深南大道 7088 号招商银行大厦 41 层	卢长才	0755--83199599	83199502	700.0
太平洋证券股份有限公司	昆明市青年路 389 号志远大厦 18 层	李长伟	0871-8885858	8898100	1653.6
华林证券有限责任公司	深圳市福田区民田路 178 号华融大厦 5-6 楼	薛荣年	0755-82707991	82707700	807.0
华泰联合证券有限责任公司	深圳市福田区深南大道 4011 号香港中旅大厦 25 层	吴晓东	010-63211388	63134085	1000.0
中天证券有限责任公司	沈阳市和平区光荣街 23 甲	马功勋	024-23253627	23255606	1037.6
联讯证券有限责任公司	惠州市江北东江三路 55 号广播电视新闻中心西南面一楼大堂和三、四层	徐刚	0752-2119388	2119369	115.8
厦门证券有限公司	厦门市莲前西路 2 号莲富大厦十七楼	傅毅辉	0592-5161708	5161102	50.0
爱建证券有限责任公司	上海市浦东新区世纪大道 1600 号 32 楼	郭林	021-62878753	62871993	1100.0
天风证券股份有限公司	湖北省武汉市江汉区唐家墩路 32 号国资大厦 B 座四楼	余磊	027-87618881	87618863	1570.0
银泰证券有限责任公司	广东省深圳市福田区竹子林四路紫竹七道 18 号	黄冰	0755-83708126	83708126	1000.0
大同证券经纪有限责任公司	山西省太原市青年路 8 号	董祥	0351-4192998	4192803	100.0
天源证券有限公司	青海省西宁市长江路 53 号汇通大厦 6 楼	林小明	0755-33329812	33329815	183.9
日信证券有限责任公司	内蒙古呼和浩特市锡林南路 18 号	孔佑杰	0471-6292480	6292513	600.0
开源证券有限责任公司	西安市高新区锦业路 1 号都市之门 B 座 5 层	李刚	029-88365836	88365835	1300.0
宏信证券有限责任公司	成都市人民南路二段十八号川信大厦 10 楼	刘晓亚	028-86199166	86199079	500.0
中邮证券有限责任公司	陕西省西安市高新区唐延路 5 号陕西邮政大厦 9-11 层	李春太	029-88479610	88497466	560.0
五矿证券有限公司	深圳市金田路 4028 号荣超经贸中心 A 座 47 层	张永衡	0755-82545680	82545500	880.0
万和证券有限责任公司	深圳市福田区深南大道 7028 号时代科技大厦 20 层西厅	朱治理	0755-25170777	25171762	125.3
恒泰长财证券有限责任公司	长春市长江路经济开发区人民大街 280 号科技城 2 层 A33 段	赵培武	0431-82951750	82951790	56.2
众成证券经纪有限公司	深圳市福田区华强北圣廷苑酒店 B 座 26 楼	李兵	0755-83296900	83277670	62.5
航天证券有限责任公司	上海市普陀区曹杨路 430 号	詹毅超	021-62445566	62447572	600.0
川财证券经纪有限责任公司	成都市中新街 49 号锦贸大厦 19 楼	李林禹	028-86583088	86583002	155.9
诚浩证券有限责任公司	沈阳市沈河区热闹路 51 号	王晓	024-22939989	22958441	200.8

注：会员交易金额的单位为百万元。

会员公司交易
Trading of Member Companies

名次 Rank	总计 Total	股票 Share	基金 Fund	权证 Warrant	政府债 G-Bond	公司债 C-Bond	债券回购 Repo
51	447653.7	108773.7	457.5	0.0	586.5	6833.5	331002.5
52	423128.4	201615.8	1501.2	0.0	49.6	2795.3	217166.5
53	417471.9	141270.1	1279.8	0.0	137.0	8935.0	265850.1
54	394248.5	141390.0	550.2	0.0	12.0	4515.3	247781.0
55	393383.7	178465.4	3446.7	0.0	213.0	871.3	210387.3
56	393225.3	219726.7	760.5	0.0	4310.2	34702.6	133725.3
57	392662.7	190326.0	1373.5	0.0	3952.9	3501.7	193508.6
58	377366.9	39355.4	58.1	0.0	4.7	7087.2	330861.5
59	359234.0	110880.8	337.2	0.0	56.4	5417.1	242542.6
60	347984.1	164912.0	1649.8	0.0	16876.5	6065.6	158480.2
61	344282.0	89161.5	1127.3	0.0	132.5	3982.5	249878.3
62	340131.2	148969.2	1871.2	0.0	146.9	3370.0	185773.9
63	336859.8	111397.3	475.5	0.0	12.2	5944.9	219030.0
64	315617.0	141509.9	498.1	0.0	1091.9	3079.5	169437.5
65	307363.5	108944.9	714.2	0.0	1605.1	5340.8	190758.5
66	304508.9	114405.0	677.9	0.0	253.7	2240.8	186931.5
67	303656.7	175853.2	733.3	0.0	289.2	848.4	125932.6
68	290241.5	179809.4	1423.0	0.0	26.9	2877.6	106104.7
69	267067.8	130017.1	277.2	0.0	92.0	1797.0	134884.4
70	260493.3	80997.3	942.5	0.0	896.3	4849.1	172808.2
71	233856.1	66979.9	566.2	0.0	207.2	10947.9	155154.8
72	233026.3	85649.6	155.3	0.0	368.7	4420.2	142432.4
73	230372.2	75548.9	1181.4	0.0	604.3	1764.2	151273.4
74	209418.7	68656.9	512.7	0.0	66.8	4069.1	136113.3
75	204729.4	72572.4	756.1	0.0	38.8	1242.2	130120.0
76	203847.0	113552.5	264.5	0.0	136.9	1132.6	88760.6
77	193682.2	121640.2	1909.4	0.0	10.2	6653.8	63468.6
78	191616.3	102297.7	359.1	0.0	44.7	4001.0	84913.8
79	181023.5	83847.4	167.8	0.0	25.1	3824.7	93158.6
80	179735.7	108844.4	388.6	0.0	22.7	577.1	69902.9
81	165054.4	28903.4	3.2	0.0	414.0	6236.9	129496.9
82	150605.8	46888.4	101.7	0.0	49.0	697.9	102868.8
83	134130.0	69563.7	129.8	0.0	3.7	609.2	63823.7
84	131318.7	74204.9	141.4	0.0	7.7	121.6	56843.1
85	113332.9	61227.5	888.7	0.0	8.6	311.8	50896.3
86	111513.0	50387.8	329.6	0.0	192.9	3643.3	56959.4
87	101582.0	51333.1	549.6	0.0	21.1	710.6	48967.6
88	100186.5	65690.5	103.7	0.0	174.7	468.0	33749.7
89	96913.9	31341.2	366.7	0.0	31.6	2173.6	63000.8
90	86792.6	33006.4	208.5	0.0	39.8	1222.3	52315.7
91	81763.4	21600.5	206.4	0.0	160.0	1361.9	58434.6
92	80437.3	54044.2	75.0	0.0	3.8	205.3	26108.9
93	50332.5	20892.1	50.7	0.0	0.8	182.1	29206.9
94	44639.2	36062.3	493.2	0.0	6.4	206.9	7870.4
95	38565.2	25448.7	48.5	0.0	1.4	88.2	12978.4
96	32876.9	23916.9	22.0	0.0	4.3	40.2	8893.6
97	27097.3	19477.9	33.1	0.0	1.1	17.7	7567.4
98	21296.0	9336.5	25.1	0.0	0.1	223.1	11711.3
99	21021.0	13697.7	26.7	0.0	0.6	90.9	7205.7
100	19294.0	15165.5	29.7	0.0	7.2	43.1	4048.6

会员公司交易
Trading of Member Companies

会员公司 Company	地址 Address	法人代表 Representative	电话 Tel	传真 Fax	注册资本 Registed Capital
财富里昂证券有限责任公司	上海市浦东新区世纪大道 100 号环球金融中心 9 楼	罗浩	021-38784818	68774818	500.0
中国证券金融股份有限公司	北京市西城区丰盛胡同 28 号太平洋保险大厦 6 层	聂庆平	01063211658	63211601	7500.0
海际大和证券有限责任公司	上海市浦东新区陆家嘴环路 1000 号 45 楼	郁忠民	021-53519888	68598030	500.0
摩根士丹利华鑫证券有限责任公司	上海市浦东新区世纪大道 100 号上海环球金融中心 75 层	王文学	021-20336008	20336040	1020.0

注：会员交易金额的单位为百万元。

会员公司交易
Trading of Member Companies

名次 Rank	总计 Total	股票 Share	基金 Fund	权证 Warrant	政府债 G-Bond	公司债 C-Bond	债券回购 Repo
101	2525.3	1406.6	2.0	0.0	0.0	9.9	1106.7
102	642.2	642.2	0.0	0.0	0.0	0.0	0.0
103	32.6	0.0	0.0	0.0	0.0	32.6	0.0
104	0.0	0.0	0.0	0.0	0.0	0.0	0.0

证券营业部交易
Trading of Business Department

营业部名称 Business Department	省份 Province	城市 City	总计 Total	股票 Share	基金 Fund	权证 Warrant	政府债 G-Bond	公司债 C-Bond	债券回购 Repo
招商证券滨长江路证券营业部	黑龙江	哈尔滨	1643779.5	34379.4	1265.7	0.0	4161.6	20379.7	1583593.1
中国国际金融有限建国门外大街营业部	北京	北京	1163569.7	123173.1	3417.4	0.0	8660.6	28403.0	999915.6
中国国际金融有限淮海中路证券营业部	上海	上海	822044.1	152552.9	3632.6	0.0	10166.7	14918.0	640773.8
中国国际金融有限福华一路证券营业部	深圳	深圳	733357.0	55275.6	1878.6	0.0	111.8	5513.0	670577.9
中信证券安外大街证券营业部	北京	北京	630166.1	63031.1	3812.0	0.0	489.5	8001.5	554832.0
长江证券锦绣路证券营业部	上海	上海	599492.8	29412.5	37.6	0.0	819.8	21410.3	547812.5
申银万国证券南汇证券营业部	上海	上海	522719.2	14749.3	37.0	0.0	0.6	828.4	507103.9
中国银河证券临江大道证券营业部	广东	广州	469428.6	6205.6	27.9	0.0	58.4	6669.2	456467.4
申银万国证券劲松九区证券营业部	北京	北京	466441.8	17039.3	68.5	0.0	180.9	2134.8	447018.4
中信建投证券市三里河路证券营业部	北京	北京	399141.1	58787.0	519.1	0.0	587.4	11919.1	327328.7
中国银河证券中关村大街证券营业部	北京	北京	397478.1	24377.8	276.9	0.0	0.2	1803.1	371020.1
招商证券南山南油大道证券营业部	深圳	深圳	382300.5	85598.3	1871.7	0.0	467.2	6040.1	288323.3
广发证券天河北路大都会广场证券营业部	广东	广州	378653.0	86537.5	2442.8	0.0	469.1	11323.0	277880.6
华融证券金融大街证券营业部	北京	北京	359212.4	22788.6	138.5	0.0	82.0	3753.9	332449.4
广发证券环市东路证券营业部	广东	广州	340996.1	7314.9	23.9	0.0	360.7	26153.8	307142.8
国信证券北京东路证券营业部	上海	上海	333171.0	117616.7	896.0	0.0	38.6	660.7	213959.0
国信证券平安大街证券营业部	北京	北京	309011.8	110445.8	15901.4	0.0	43.8	2078.9	180542.0
国信证券红岭中路证券营业部	深圳	深圳	282007.9	66248.2	2745.1	0.0	56.5	1808.7	211149.5
申银万国证券昌化路营业部	上海	上海	278308.3	24469.2	953.4	0.0	1151.5	3377.5	248356.7
中国银河证券金融街证券营业部	北京	北京	278222.7	41226.9	312.4	0.0	3.7	3636.8	233042.9
长江证券宁波路证券营业部	上海	上海	272494.2	106833.5	663.5	0.0	17.7	767.4	164212.1
国金证券遵义路证券营业部	上海	上海	258859.9	65579.3	174.7	0.0	128.5	1063.4	191913.9
国泰君安证券江苏路证券营业部	上海	上海	256582.7	58386.4	590.2	0.0	171.9	679.7	196754.6
国联证券中山路证券营业部	江苏	无锡	256466.1	26374.5	650.7	0.0	195.1	4977.7	224268.0
中银国际证券欧阳路证券营业部	上海	上海	252502.3	74705.7	1169.5	0.0	2557.9	4869.4	169199.8
东方证券张杨路证券营业部	上海	上海	245372.0	61501.1	256.3	0.0	197.1	3527.5	179890.1
中信证券福华一路证券营业部	深圳	深圳	229916.7	60419.6	412.6	0.0	442.6	2986.7	165655.1
招商证券商务外环路证券营业部	河南	郑州	226364.6	12128.5	4.3	0.0	0.0	38.3	214193.6
华泰证券苏圃路证券营业部	江西	南昌	225888.6	13638.9	1250.4	0.0	65.5	4385.4	206548.4
海通证券光华路营业部	北京	北京	221011.9	11356.3	298.5	0.0	27.5	1648.3	207681.3
光大证券华青南路证券营业部	上海	上海	218075.4	8125.4	483.6	0.0	0.0	6479.6	202986.8
中信证券淮海中路证券营业部	上海	上海	215995.2	62785.3	612.5	0.0	333.9	8817.9	143445.6
长江证券胜利街证券营业部	湖北	武汉	210256.0	43902.4	37.1	0.0	18.9	4023.1	162274.4
广发证券天安创新科技广场证券营业部	深圳	深圳	208614.7	8111.8	34.8	0.0	472.3	39.8	199956.0
招商证券知春东里证券营业部	北京	北京	208428.2	21085.7	125.9	0.0	131.3	4704.1	182381.2
申银万国证券陆家嘴环路证券营业部	上海	上海	204573.5	32237.0	446.7	0.0	504.0	4046.4	167339.4
国信证券泰然九路证券营业部	深圳	深圳	202303.1	122043.2	420.7	0.0	18.1	210.4	79610.8
中信建投证券市南海区南桂东路营业部	广东	佛山	200957.8	6779.8	24.5	0.0	5.0	167.0	193981.4
兴业证券湖东路证券营业部	福建	福州	195045.5	39434.4	4060.5	0.0	103.7	4365.4	147081.5
光大证券月坛北街证券营业部	北京	北京	194579.5	17146.8	81.6	0.0	0.0	2266.2	175085.0
中银国际证券会展路证券营业部	江西	南昌	194402.8	28536.0	5.6	0.0	266.3	6494.5	159100.5
宏源证券金融大街证券营业部	北京	北京	189747.4	33650.9	50.6	0.0	307.4	4572.0	151166.5
广发证券粤海中路证券营业部	广东	珠海	187149.5	4458.5	6.6	0.0	936.2	1689.3	180059.0
中国中投证券建设三马路证券营业部	广东	广州	184337.5	15222.5	147.2	0.0	0.4	2580.5	166386.9
海通证券玉田支路证券营业部	上海	上海	175065.2	14341.3	71.3	0.0	199.7	9816.6	150636.3
光大证券胜利东路北辰广场证券营业部	浙江	绍兴	174618.6	18086.9	42.7	0.0	100.5	895.2	155493.3
北京高华证券金融大街证券营业部	北京	北京	173451.9	50579.7	240.7	0.0	425.5	1988.2	120217.8
民生证券北蜂窝路证券营业部	北京	北京	172951.1	44867.4	109.8	0.0	88.5	2135.3	125750.1
广发证券控江路证券营业部	上海	上海	168386.5	11775.9	69.6	0.0	1.5	761.0	155778.5
招商证券益田路免税商务大厦证券营业部	深圳	深圳	168129.4	76054.7	491.6	0.0	29.2	3636.5	87917.5

注：营业部交易金额的单位为百万元。

证券营业部交易
Trading of Business Department

营业部名称 Business Department	省份 Province	城市 City	总计 Total	股票 Share	基金 Fund	权证 Warrant	政府债 G-Bond	公司债 C-Bond	债券回购 Repo
中信建投证券市东直门南大街证券营业部	北京	北京	161257.7	51039.0	487.9	0.0	570.1	2993.1	106167.6
中国银河证券武珞路证券营业部	湖北	武汉	160112.7	7434.6	47.5	0.0	25.4	2002.1	150603.1
第一创业证券平安大街证券营业部	北京	北京	154332.1	21820.5	106.8	0.0	4.1	2967.5	129433.2
平安证券福华路证券营业部	深圳	深圳	152559.6	25576.1	2147.8	0.0	851.7	6213.1	117771.0
国元证券斜土路证券营业部	上海	上海	146387.2	9296.7	54.7	0.0	0.5	2787.1	134248.1
申银万国证券安定路营业部	北京	北京	144105.6	25005.3	2539.7	0.0	2.4	1614.8	114943.5
国信证券东风中路证券营业部	广东	广州	142861.1	92638.6	528.5	0.0	22.3	729.0	48942.7
华宝证券西藏中路证券营业部	上海	上海	137612.6	25676.8	529.4	0.0	1.0	966.8	110438.7
海通证券常府街证券营业部	江苏	南京	137054.2	9995.1	53.0	0.0	0.2	218.5	126787.4
中信证券（浙江）延安路证券营业部	浙江	杭州	136428.6	64153.8	74.5	0.0	54.6	143.7	72002.1
华泰证券姚港路证券营业部	江苏	南通	134996.4	17428.5	1639.0	0.0	551.1	5599.5	109778.4
瑞银证券花园石桥路证券营业部	上海	上海	134328.3	108496.5	1145.2	0.0	8499.8	3120.3	13066.5
国泰君安证券知春路证券营业部	北京	北京	133355.7	56513.2	11527.8	0.0	61.1	817.6	64436.0
广发证券阜成门南大街证券营业部	北京	北京	131868.7	25713.8	145.1	0.0	52.9	1713.3	104243.6
国泰君安证券打浦路证券营业部	上海	上海	126277.8	24394.7	305.7	0.0	263.4	4859.8	96454.2
国开证券珠市口东大街证券营业部	北京	北京	126046.3	3254.0	0.0	0.0	0.0	191.7	122600.6
中国银河证券阜成路证券营业部	北京	北京	125646.8	32955.7	138.5	0.0	8.5	1497.8	91046.4
北京高华证券长乐路证券营业部	上海	上海	123999.9	26355.9	25.2	0.0	28.1	872.2	96718.5
国信证券体育场路证券营业部	浙江	杭州	123645.1	70315.1	234.6	0.0	36.4	358.6	52700.5
申银万国证券余姚路证券营业部	上海	上海	122965.6	18480.3	159.2	0.0	125.2	1349.5	102851.4
第一创业证券季华四路证券营业部	广东	佛山	122271.0	16153.4	126.6	0.0	1.8	6011.9	99977.4
国信证券沿江大道证券营业部	湖北	武汉	120992.3	23737.6	51.6	0.0	0.5	64.1	97138.5
齐鲁证券有限新光华街证券营业部	四川	成都	119025.0	16128.4	936.5	0.0	0.0	2083.1	99876.9
恒泰证券浩特昭乌达路证券营业部	内蒙	呼和浩特	118725.4	4867.8	53.2	0.0	1.4	1572.5	112230.5
申银万国证券青年中路证券营业部	江苏	南通	117066.8	26058.6	1187.9	0.0	153.1	1607.0	88060.2
湘财证券泰兴路证券营业部	上海	上海	114268.3	8118.2	48.2	0.0	0.8	2065.6	104035.5
国泰君安证券杨树浦路证券营业部	上海	上海	114036.3	13363.1	195.7	0.0	0.1	4674.3	95803.1
中信建投证券世纪大道证券营业部	上海	上海	113765.7	17584.6	1060.8	0.0	7.6	1616.4	93496.3
国开证券振华路证券营业部	深圳	深圳	112617.7	2387.8	0.5	0.0	0.0	4452.8	105776.6
兴业证券金陵东路证券营业部	上海	上海	111095.8	46553.4	819.5	0.0	2.1	492.8	63227.9
金元证券南宝路证券营业部	海南	海口	109728.7	5463.5	18.3	0.0	2.1	4713.0	99531.8
英大证券青年大街证券营业部	辽宁	沈阳	108521.8	7269.6	207.0	0.0	323.0	3120.8	97601.3
中航证券有限香积寺证券营业部	浙江	杭州	107247.9	13675.0	15.1	0.0	96.7	4713.2	88748.0
中国银河证券中山中路证券营业部	广西	桂林	107185.6	2193.4	2.6	0.0	0.1	1915.4	103074.1
国泰君安证券延平路证券营业部	上海	上海	106598.9	18267.2	1251.0	0.0	32.6	529.1	86519.0
海通证券中关村南大街证券营业部	北京	北京	105720.9	23192.7	876.7	0.0	30.8	115.7	81505.0
申银万国证券中山北路证券营业部	上海	上海	105176.6	16254.9	549.4	0.0	10.7	2465.6	85895.9
广发证券温陵路证券营业部	福建	泉州	103694.0	20526.7	69.1	0.0	202.7	2215.7	80679.9
北京高华证券中心四路证券营业部	深圳	深圳	102675.6	1807.2	0.0	0.0	0.0	4885.4	95983.1
申银万国证券松江营业部	上海	上海	102560.7	26590.6	130.9	0.0	366.1	3241.0	72232.1
国元证券虹桥路证券营业部	上海	上海	102403.8	21665.7	42.9	0.0	0.0	72.1	80623.2
申银万国证券新昌路营业部	上海	上海	100667.8	62321.2	1586.9	0.0	452.9	1490.9	34815.9
招商证券建国路证券营业部	北京	北京	100227.4	54194.8	214.4	0.0	3.5	513.0	45301.7
财达证券光明北大街证券营业部	河北	邯郸	99082.3	4723.5	6.5	0.0	15.4	1956.0	92381.0
华泰证券雍和宫证券营业部	北京	北京	98906.5	22918.4	693.9	0.0	5.1	1432.8	73856.3
国元证券中山北路证券营业部	上海	上海	97829.4	12733.2	27.6	0.0	2.3	265.8	84800.5
中信证券浦东大道证券营业部	上海	上海	97072.9	19275.6	60.5	0.0	2.3	149.6	77584.9
东莞证券新闻路证券营业部	深圳	深圳	96346.3	11279.1	43.1	0.0	0.1	709.4	84314.6
招商证券新生路证券营业部	江苏	无锡	96226.3	9134.0	33.7	0.0	11.0	2729.8	84317.9
申银万国证券龙漕路营业部	上海	上海	95492.9	19402.5	114.1	0.0	3.1	534.7	75438.4

注：营业部交易金额的单位为百万元。

证券营业部交易
Trading of Business Department

营业部名称 Business Department	省份 Province	城市 City	总计 Total	股票 Share	基金 Fund	权证 Warrant	政府债 G-Bond	公司债 C-Bond	债券回购 Repo
光大证券淮海中路证券营业部	上海	上海	94795.7	40020.2	842.7	0.0	32.8	1756.6	52143.5
大通证券岛新华大街证券营业部	辽宁	葫芦岛	94641.3	2427.3	111.3	0.0	0.2	4623.6	87479.0
中信证券（浙江）朝晖路证券营业部	浙江	杭州	92336.5	23576.8	139.6	0.0	0.9	30.5	68588.8
申银万国证券滨黄河路证券营业部	黑龙江	哈尔滨	92191.0	4879.6	36.7	0.0	34.8	3398.1	83841.8
光大证券世纪大道证券营业部	上海	上海	91419.1	19508.9	244.9	0.0	14.4	77.8	71573.2
海通证券斜土路营业部	上海	上海	91346.6	6882.2	349.9	0.0	90.3	552.6	83471.5
中信证券东方路证券营业部	上海	上海	90622.2	29091.4	1221.0	0.0	5.5	279.3	60024.9
中国银河证券中山路证券营业部	福建	福州	90345.8	11723.7	200.6	0.0	193.3	2234.4	75993.8
中信证券复外大街证券营业部	北京	北京	89568.5	30701.4	641.8	0.0	7.9	300.8	57916.7
中信建投证券市福山路证券营业部	上海	上海	87603.2	16767.3	81.5	0.0	1.8	1755.1	68997.6
方正证券保俶路证券营业部	浙江	杭州	87210.3	15008.3	60.8	0.0	0.4	22.2	72118.6
广州证券中山八路证券营业部	广东	广州	87101.0	16765.8	22.7	0.0	5.8	1237.7	69068.9
宏源证券大马路证券营业部	山东	烟台	87082.3	1999.4	1.8	0.0	0.0	3684.9	81396.3
中信建投证券兴盛路证券营业部	辽宁	鞍山	86959.2	7637.0	4.9	0.0	52.5	2059.3	77205.6
海通证券乳山路证券营业部	上海	上海	86154.6	15233.8	49.5	0.0	8.4	667.1	70195.8
申银万国证券兰溪路营业部	上海	上海	85871.7	12447.5	51.4	0.0	4.5	41.4	73327.0
华泰证券国宾路证券营业部	上海	上海	85476.5	25873.1	2226.3	0.0	5.0	185.4	57186.6
国泰君安证券福山路证券营业部	上海	上海	84790.1	33187.4	92.5	0.0	8.9	250.9	51250.4
招商证券中山南路证券营业部	江苏	南京	84419.8	31730.2	427.4	0.0	0.2	123.3	52138.7
中信建投证券市海淀南路证券营业部	北京	北京	84403.3	30688.6	236.1	0.0	17.4	413.3	53047.9
国金证券双元街证券营业部	四川	成都	84343.9	10597.5	13.3	0.0	0.0	1248.0	72485.1
华泰证券武定路证券营业部	上海	上海	82671.3	39080.3	638.9	0.0	7.8	940.7	42003.6
光大证券香港西路证券营业部	山东	青岛	82580.8	13651.7	48.6	0.0	115.6	874.3	67890.7
海通证券解放路证券营业部	浙江	杭州	81500.9	29274.0	4262.1	0.0	1.5	446.3	47517.1
华泰证券解放西路证券营业部	江苏	无锡	81098.6	30491.3	226.9	0.0	1.4	1179.6	49199.5
招商证券浦东大道证券营业部	上海	上海	80762.7	17042.3	169.1	0.0	0.4	1629.5	61921.5
红塔证券骊山路证券营业部	上海	上海	80512.1	11170.6	28.5	0.0	114.1	953.0	68246.0
华创证券中华北路证券营业部	贵州	贵阳	80392.5	11483.3	204.1	0.0	7.1	739.9	67958.1
中国中投证券清扬路证券营业部	江苏	无锡	80031.4	22306.6	36.3	0.0	12.2	62.7	57613.6
申银万国证券厦门厦禾路营业部	福建	厦门	79592.9	29330.9	656.6	0.0	0.0	355.8	49249.6
光大证券中山北路证券营业部	江苏	南京	78540.4	6640.8	20.2	0.0	0.0	19.4	71860.0
国泰君安证券团结路证券营业部	上海	上海	78412.5	17140.4	295.3	0.0	119.9	689.2	60167.7
招商证券常兴路证券营业部	深圳	深圳	78391.8	32329.1	154.1	0.0	99.1	939.0	44870.5
申银万国证券斜土路证券营业部	上海	上海	78188.7	29529.5	136.6	0.0	47.9	472.7	48002.0
西藏同信证券东方路证券营业部	上海	上海	78046.8	24317.6	238.2	0.0	334.0	91.3	53065.7
渤海证券西外大街证券营业部	北京	北京	76913.6	7358.5	53.5	0.0	97.7	265.5	69138.4
兴业证券兴隆路证券营业部	福建	厦门	76879.5	29274.4	137.2	0.0	0.1	1205.9	46261.9
招商证券肇嘉浜路证券营业部	上海	上海	75692.8	27822.4	418.3	0.0	1.7	544.4	46905.9
国开证券中关村南大街证券营业部	北京	北京	75636.1	10229.5	31.0	0.0	1.8	2110.4	63263.4
海通证券环城西路证券营业部	浙江	杭州	75422.7	24563.1	107.9	0.0	720.1	331.3	49700.3
海通证券劳动路营业部	浙江	绍兴	75171.0	32035.1	1374.7	0.0	1.6	357.9	41401.7
华鑫证券莘庄证券营业部	上海	上海	74991.5	9437.0	59.0	0.0	286.9	1124.9	64083.7
中信建投证券市马家堡西路证券营业部	北京	北京	74234.9	13722.1	228.6	0.0	111.7	2523.9	57648.7
中国民族证券佟麟阁路证券营业部	北京	北京	74170.9	10371.8	188.4	0.0	0.0	733.7	62877.0
招商证券世纪大道证券营业部	上海	上海	73810.0	41091.3	311.4	0.0	9.7	328.4	32069.2
申银万国证券三苏大道证券营业部	四川	眉山	73441.0	11942.2	185.9	0.0	3.6	366.9	60942.4
华西证券紫竹院路证券营业部	北京	北京	73114.4	48245.0	194.8	0.0	2.4	293.1	24379.2
申银万国证券莘庄营业部	上海	上海	72926.3	28733.2	563.4	0.0	40.4	917.0	42672.4
华泰证券益田路荣超商务中心证券营业部	深圳	深圳	72886.6	24027.0	816.6	0.0	0.0	81.8	47961.2
申银万国证券海宁路证券营业部	上海	上海	72648.3	10219.7	38.8	0.0	0.1	59.1	62330.7

注：营业部交易金额的单位为百万元。

证券营业部交易
Trading of Business Department

营业部名称 Business Department	省份 Province	城市 City	总计 Total	股票 Share	基金 Fund	权证 Warrant	政府债 G-Bond	公司债 C-Bond	债券回购 Repo
中信建投证券市中北路证券营业部	湖北	武汉	72080.0	14440.0	692.5	0.0	0.0	315.0	56632.5
安信证券世纪大道证券营业部	上海	上海	71439.4	11386.7	91.3	0.0	0.2	220.9	59740.4
湘财证券护国路证券营业部	云南	昆明	70713.1	7278.9	24.6	0.0	71.9	1683.5	61654.3
中信证券呼家楼证券营业部	北京	北京	70449.6	23120.8	370.2	0.0	54.3	6284.5	40619.8
广发证券蛇口兴华路证券营业部	深圳	深圳	70234.0	10087.6	17.9	0.0	0.0	5.8	60122.7
招商证券娄山关路证券营业部	上海	上海	69829.7	26562.6	509.0	0.0	3592.4	740.1	38425.5
国信证券二环路证券营业部	四川	成都	69502.5	25014.2	40.8	0.0	36.6	35.7	44375.2
中国银河证券解放路证券营业部	浙江	杭州	69187.3	27375.4	38.2	0.0	78.6	792.3	40902.9
西南证券惠工路证券营业部	重庆	重庆	69180.9	22458.7	28.0	0.0	40.8	1564.2	45089.1
中信万通证券标山路证券营业部	山东	青岛	69054.4	18202.3	204.3	0.0	49.6	339.6	50258.6
中国银河证券大庆南路证券营业部	浙江	宁波	68853.5	26269.2	90.3	0.0	2.2	332.0	42159.9
中信证券北三环中路证券营业部	北京	北京	68812.3	20361.4	142.0	0.0	2113.1	24634.1	21561.8
广发证券解放路证券营业部	广东	韶关	68429.3	8040.7	32.2	0.0	0.6	9.8	60345.9
东方证券中山南路证券营业部	上海	上海	68162.3	17698.8	175.0	0.0	54.7	1175.7	49058.2
兴业证券湖滨南路证券营业部	福建	厦门	67400.8	18948.9	47.6	0.0	0.2	368.4	48035.8
华龙证券深南大道证券营业部	深圳	深圳	67183.8	3333.6	2.7	0.0	322.9	2684.8	60839.8
国金证券中山南路证券营业部	上海	上海	66474.3	10483.4	108.9	0.0	0.0	50.8	55831.2
中信证券（浙江）城中中路证券营业部	浙江	义乌	65555.8	42513.8	772.3	0.0	7.9	28.0	22233.8
浙商证券长乐路证券营业部	上海	上海	65442.2	15193.1	172.5	0.0	0.3	217.7	49858.6
申银万国证券雁荡路证券营业部	上海	上海	65413.9	15768.1	471.2	0.0	1.8	578.5	48594.3
广发证券梅溪东路证券营业部	广东	汕头	65250.9	14948.7	119.1	0.0	0.2	309.3	49873.5
山西证券府西街营业部	山西	太原	64726.0	16628.8	1355.1	0.0	15.2	582.1	46144.8
招商证券文三路证券营业部	浙江	杭州	64354.5	30192.7	2178.6	0.0	2.1	848.5	31132.7
广发证券凤起路证券营业部	浙江	杭州	63911.2	10073.1	42.1	0.0	0.5	26.0	53769.5
安信证券中山六路证券营业部	广东	广州	63870.5	15174.6	19.5	0.0	0.2	73.1	48603.1
申银万国证券车站大道证券营业部	浙江	温州	63748.0	45426.1	204.3	0.0	1.2	207.0	17909.4
国泰君安证券中兴中路证券营业部	浙江	绍兴	63678.0	4726.8	21.8	0.0	0.0	2921.9	56007.5
财通证券解放路证券营业部	浙江	杭州	63413.0	20218.6	84.6	0.0	1151.4	44.2	41914.3
兴业证券天钥桥路证券营业部	上海	上海	63164.1	29566.6	126.9	0.0	100.1	81.4	33289.1
中信建投证券望京中环南路证券营业部	北京	北京	63001.7	7543.7	156.0	0.0	2.7	269.5	55029.8
宏源证券紫竹院路证券营业部	北京	北京	62552.7	19465.4	115.2	0.0	9.4	1291.9	41670.8
华泰证券和平北路证券营业部	江苏	常州	62016.9	30067.0	274.6	0.0	9.9	468.9	31196.7
东吴证券狮山路证券营业部	江苏	苏州	61941.1	22829.0	110.3	0.0	3.0	93.2	38905.6
光大证券民权路证券营业部	重庆	重庆	61906.4	8330.7	40.1	0.0	19.5	1039.8	52476.3
中信证券（浙江）硖西路证券营业部	浙江	海宁	61691.6	24260.3	89.7	0.0	10.6	48.3	37282.8
申银万国证券大连武汉街营业部	辽宁	大连	61688.6	18927.0	153.6	0.0	75.0	777.0	41756.0
华泰证券月坛南街证券营业部	北京	北京	61459.4	21131.9	682.4	0.0	0.3	276.0	39368.8
国信证券洪武路证券营业部	江苏	南京	61226.1	35481.2	223.5	0.0	0.7	156.0	25364.7
中信建投证券市安立路证券营业部	北京	北京	61224.8	28833.5	695.1	0.0	68.0	323.0	31305.2
申银万国证券上中西路营业部	上海	上海	61180.3	20305.6	76.0	0.0	27.5	164.5	40606.7
光大证券中兴路证券营业部	上海	上海	61077.9	27725.0	30.9	0.0	284.9	262.2	32774.9
中国银河证券天河北路证券营业部	广东	广州	60837.2	12764.3	9938.5	0.0	0.0	33.8	38100.6
中信建投证券市华灵路证券营业部	上海	上海	60568.3	22577.0	225.7	0.0	2.5	276.9	37486.2
东方证券乌鲁木齐北路证券营业部	上海	上海	60521.9	13001.0	828.2	0.0	1.4	2180.5	44510.8
招商证券群众东路证券营业部	福建	福州	60159.2	23921.9	289.8	0.0	2.2	67.0	35878.3
华泰证券福泰路证券营业部	江苏	江阴	59691.0	39396.0	197.2	0.0	36.7	255.8	19805.3
兴业证券市丰泽街证券营业部	福建	泉州	59585.8	21685.2	126.0	0.0	0.1	118.2	37656.2
国盛证券朝阳中路证券营业部	江西	南昌	59511.7	11825.9	23.7	0.0	9.0	45.5	47607.6
财通证券人民中路证券营业部	浙江	绍兴	59403.1	24827.2	8.7	0.0	0.5	4.3	34562.4
中信万通证券南京路证券营业部	山东	青岛	59384.4	16684.3	154.0	0.0	0.5	260.6	42285.1

注：营业部交易金额的单位为百万元。

证券营业部交易
Trading of Business Department

营业部名称 Business Department	省份 Province	城市 City	总计 Total	股票 Share	基金 Fund	权证 Warrant	政府债 G-Bond	公司债 C-Bond	债券回购 Repo
东方证券肇嘉浜路证券营业部	上海	上海	59301.3	25036.7	139.9	0.0	23.4	384.1	33717.2
中国银河证券翠柏路证券营业部	浙江	宁波	59153.1	19145.8	90.4	0.0	452.9	615.0	38849.1
广发证券西藏南路证券营业部	上海	上海	58875.2	22628.1	191.2	0.0	87.0	185.6	35783.2
招商证券建安路证券营业部	深圳	深圳	58805.2	36545.0	338.6	0.0	3.6	512.1	21405.8
中国银河证券证券营业部	福建	福州	58557.2	25640.5	104.7	0.0	1.5	126.5	32684.0
国泰君安证券金融街证券营业部	北京	北京	58460.1	11338.0	105.8	0.0	178.0	692.7	46145.7
中国银河证券恒丰路证券营业部	上海	上海	58392.5	9693.2	75.9	0.0	0.7	587.0	48035.7
国信证券稠州北路证券营业部	浙江	义乌	57932.3	47158.2	80.4	0.0	3.5	24.7	10665.6
中信证券（浙江）四季路证券营业部	浙江	杭州	57899.2	19724.5	97.8	0.0	0.0	608.3	37468.5
申银万国证券火车南站东路证券营业部	四川	成都	57795.1	10457.4	106.7	0.0	22.0	6.3	47202.7
齐鲁证券有限金融大街证券营业部	北京	北京	57639.3	4297.9	8.4	0.0	3.9	10.0	53319.2
天源证券有限民田路证券营业部	深圳	深圳	57614.9	6000.9	266.0	0.0	30.0	2101.2	49216.8
广发证券端州五路证券营业部	广东	肇庆	57466.7	5045.0	167.9	0.0	0.1	11.8	52241.8
国泰君安证券益田路证券营业部	深圳	深圳	57398.3	22425.3	98.1	0.0	0.0	183.5	34691.5
国联证券梁溪路证券营业部	江苏	无锡	57029.7	17388.5	43.5	0.0	2.0	78.7	39517.0
国泰君安证券天山路证券营业部	上海	上海	56799.3	19433.5	3940.0	0.0	1.1	145.9	33278.9
安信证券顺德政通路证券营业部	广东	佛山	56789.0	14418.4	181.9	0.0	1.7	61.6	42125.4
招商证券北三环路证券营业部	北京	北京	56702.0	31539.3	8088.9	0.0	21.7	321.4	16730.7
海通证券石化营业部	山东	淄博	56626.1	9938.0	20.2	0.0	105.9	5497.6	41064.3
中信建投证券市南大街证券营业部	陕西	西安	56590.9	14784.2	119.3	0.0	24.5	520.7	41142.2
中信建投证券市徐家汇路证券营业部	上海	上海	56075.4	14085.4	76.6	0.0	242.9	1278.7	40391.8
华泰证券长江路证券营业部	江苏	南京	55785.3	22749.2	151.4	0.0	2.9	941.9	31939.9
中国银河证券共康路证券营业部	上海	上海	55751.3	7387.3	36.5	0.0	278.2	764.5	47284.8
海通证券铜川路证券营业部	上海	上海	55736.1	16933.4	24.6	0.0	10.2	322.3	38445.7
华泰证券汉中门大街证券营业部	江苏	南京	55463.7	14714.3	1282.8	0.0	1.6	1040.7	38424.3
方正证券延安西路证券营业部	上海	上海	55407.1	20333.1	461.0	0.0	5.8	270.3	34336.9
国泰君安证券木齐新华北路证券营业部	新疆	乌鲁木齐	55226.2	10279.3	161.1	0.0	0.0	467.5	44318.3
广发证券岭南大道北证券营业部	广东	佛山	54914.8	14270.9	76.2	0.0	0.0	36.0	40531.7
光大证券运河东一路证券营业部	广东	东莞	54443.6	28742.9	2062.2	0.0	2.5	25.4	23610.6
开源证券西大街证券营业部	陕西	西安	53997.6	4405.2	95.9	0.0	143.8	1238.8	48113.9
中信建投证券市站前路证券营业部	广东	揭阳	53950.3	28001.5	74.6	0.0	0.2	61.6	25812.4
华泰证券人民路证券营业部	江苏	苏州	53948.7	24357.9	1474.0	0.0	64.7	3822.6	24229.5
招商证券天河北路证券营业部	广东	广州	53833.7	34653.5	1056.0	0.0	1.0	170.5	17952.7
东吴证券西北街证券营业部	江苏	苏州	53740.9	20848.1	36.8	0.0	1.5	59.3	32795.2
中山证券竹苑路证券营业部	广东	中山	53676.2	7524.7	9.1	0.0	10.5	52.5	46079.3
国信证券民生路证券营业部	上海	上海	53460.8	12422.0	115.2	0.0	107.1	108.4	40708.1
金元证券中山大道证券营业部	广东	广州	53456.2	4924.3	15.0	0.0	0.0	2.6	48514.3
广发证券吴兴路证券营业部	上海	上海	53293.4	16963.6	127.8	0.0	0.9	105.8	36095.3
财达证券庄裕华西路证券营业部	河北	石家庄	53057.4	3271.4	11.0	0.0	0.0	2981.4	46793.6
中信建投证券市青浦证券营业部	上海	上海	52834.0	8036.1	10.5	0.0	24.2	1262.0	43501.1
东莞证券莞太路证券营业部	广东	东莞	52800.3	28661.9	57.6	0.0	43.5	203.3	23834.1
中信证券世纪大道证券营业部	上海	上海	52597.9	17047.7	616.0	0.0	126.2	500.1	34307.9
华泰证券澳门路证券营业部	上海	上海	52393.3	9320.7	160.9	0.0	2.5	210.5	42698.7
国泰君安证券彩虹北路证券营业部	浙江	宁波	52337.2	36189.5	50.6	0.0	9.5	450.5	15637.1
中信建投证券滨中医街证券营业部	黑龙江	哈尔滨	52200.4	8470.8	186.2	0.0	25.5	232.2	43285.8
中信证券沪闵路证券营业部	上海	上海	52063.2	20694.2	422.7	0.0	16.2	161.6	30768.4
招商证券翔殷路证券营业部	上海	上海	51445.9	22008.5	276.4	0.0	1.2	475.3	28684.5
申银万国证券东方路证券营业部	上海	上海	51355.2	14204.2	106.4	0.0	148.0	307.9	36588.7
中信证券（浙江）东辉北路证券营业部	浙江	台州	51072.4	37895.9	42.0	0.0	0.1	62.5	13072.0
西藏同信证券益田路证券营业部	深圳	深圳	50893.1	8931.5	192.0	0.0	17.1	245.9	41506.6

注：营业部交易金额的单位为百万元。

证券营业部交易
Trading of Business Department

营业部名称 Business Department	省份 Province	城市 City	总计 Total	股票 Share	基金 Fund	权证 Warrant	政府债 G-Bond	公司债 C-Bond	债券回购 Repo
平安证券东花市北里证券营业部	北京	北京	50804.5	29907.9	848.4	0.0	27.8	1043.8	18976.6
国联证券县前东街证券营业部	江苏	无锡	50643.8	16751.1	37.9	0.0	4.1	95.4	33755.4
华泰证券厦禾路证券营业部	福建	厦门	50547.8	23359.9	80.7	0.0	0.0	118.1	26989.2
宏源证券中山北一路证券营业部	上海	上海	50409.8	15791.0	129.0	0.0	1.0	188.5	34300.3
江海证券有限滨赣水路证券营业部	黑龙江	哈尔滨	50283.6	14270.3	4.0	0.0	1068.8	2119.4	32821.1
中国银河证券证券营业部	浙江	绍兴	50266.5	25523.5	73.3	0.0	0.2	57.9	24611.6
国泰君安证券北一环路证券营业部	四川	成都	50241.1	24592.6	370.8	0.0	2.1	119.4	25156.3
中信证券解放南路证券营业部	江苏	徐州	50098.2	16429.8	4777.1	0.0	0.3	81.6	28809.4
财通证券东辉北路证券营业部	浙江	温岭	50060.0	29758.9	42.8	0.0	0.0	7.2	20251.1
海通证券江宁路证券营业部	上海	上海	49945.4	28636.7	128.2	0.0	0.2	60.4	21119.9
国金证券金融街证券营业部	北京	北京	49800.4	28292.2	186.1	0.0	1.2	188.9	21132.0
招商证券车公庄西路证券营业部	北京	北京	49713.1	26174.4	302.6	0.0	1.4	68.5	23166.3
海通证券建国西路证券营业部	上海	上海	49576.8	15669.5	610.3	0.0	2.9	88.7	33205.3
招商证券中北路证券营业部	湖北	武汉	49388.3	26929.9	128.7	0.0	0.2	156.8	22172.7
东兴证券大望路证券营业部	北京	北京	49365.5	17966.1	13.0	0.0	40.5	496.3	30849.5
中信证券建设大道证券营业部	湖北	武汉	49037.5	16057.1	638.7	0.0	0.5	376.7	31964.5
海通证券香港路营业部	上海	上海	48483.6	8443.8	70.1	0.0	51.8	1092.1	38825.8
国信证券友谊东路证券营业部	陕西	西安	48460.5	23023.0	43.7	0.0	0.8	83.7	25309.2
申银万国证券洛川东路证券营业部	上海	上海	47226.8	12098.5	761.8	0.0	30.3	112.4	34223.9
华安证券慧忠北里证券营业部	北京	北京	46760.9	7599.7	13.4	0.0	0.0	115.5	39032.3
中信建投证券市曙光路证券营业部	浙江	宁波	46649.1	12668.5	27.3	0.0	0.4	300.5	33652.5
中信证券溧阳路证券营业部	上海	上海	46642.8	22087.4	102.8	0.0	33.2	274.5	24144.9
申银万国证券红荔西路营业部	深圳	深圳	46617.2	8567.0	779.3	0.0	4.1	515.1	36751.7
平安证券零陵路证券营业部	上海	上海	46547.9	26342.7	106.4	0.0	2.9	235.8	19860.1
海通证券真华路证券营业部	上海	上海	46354.0	13809.6	122.9	0.0	0.1	378.8	32042.6
中国银河证券西民主大街证券营业部	吉林	长春	46239.0	6074.1	6.9	0.0	325.4	963.7	38868.9
华创证券宜山路证券营业部	上海	上海	46234.9	19303.8	94.5	0.0	78.2	491.0	26267.4
华鑫证券茅台路证券营业部	上海	上海	46156.0	23467.5	151.2	0.0	1270.4	2263.8	19003.0
国开证券龙华西路证券营业部	上海	上海	45920.1	10344.1	10.8	0.0	1.3	28.9	35534.9
申银万国证券大连路证券营业部	上海	上海	45705.4	17764.1	59.3	0.0	69.5	530.9	27281.5
东北证券朝阳路证券营业部	江苏	江阴	45666.0	8172.5	57.2	0.0	5.4	680.8	36750.1
申银万国证券南京山西路营业部	江苏	南京	45623.4	12108.3	19.3	0.0	149.0	847.6	32499.3
东兴证券北四环中路证券营业部	北京	北京	45047.9	15532.6	46.3	0.0	2.7	28.0	29438.4
安信证券世纪大道中建大厦证券营业部	上海	上海	44943.1	16284.2	239.1	0.0	0.0	20.4	28399.3
华泰证券深南大道证券营业部	深圳	深圳	44749.1	35736.0	416.9	0.0	0.0	420.7	8175.5
中信建投证券龙园西路证券营业部	江苏	南京	44559.2	13548.9	218.2	0.0	2.3	54.4	30735.5
宏源证券源深路证券营业部	上海	上海	44452.4	7745.6	1964.7	0.0	0.0	739.1	34003.1
财通证券漕溪路证券营业部	上海	上海	44267.9	12090.3	351.4	0.0	0.1	473.8	31352.4
信达证券四川北路证券营业部	上海	上海	44263.1	15786.8	171.1	0.0	0.9	1114.8	27189.6
财通证券县柯桥湖西路证券营业部	浙江	绍兴	44236.1	13308.1	11.7	0.0	0.2	16.0	30900.0
海通证券平武路证券营业部	上海	上海	44134.6	13762.2	38.4	0.0	9.9	43.1	30281.0
海通证券湛山一路营业部	山东	青岛	44134.3	8281.6	884.1	0.0	0.1	335.0	34633.5
中国银河证券黄寺大街证券营业部	北京	北京	44131.9	12123.8	219.9	0.0	26.1	181.1	31580.9
招商证券福民路证券营业部	深圳	深圳	44123.4	25425.0	168.8	0.0	0.1	938.7	17590.9
广发证券湖滨南路证券营业部	福建	厦门	44109.2	18848.7	45.1	0.0	0.1	22.6	25192.8
安信证券宝安海秀路证券营业部	深圳	深圳	44107.0	8870.5	3.1	0.0	1.9	1.6	35229.9
大通证券昆明街证券营业部	辽宁	大连	44083.3	13253.9	10.5	0.0	0.4	4.8	30813.7
东方证券长阳路证券营业部	上海	上海	44057.1	19818.6	158.0	0.0	3.9	33.7	24042.9
兴业证券五一中路证券营业部	福建	福州	44014.4	12743.9	38.3	0.0	0.4	56.8	31175.1
海通证券解放北路证券营业部	浙江	宁波	43932.3	15065.7	256.8	0.0	0.0	870.0	27739.8

注：营业部交易金额的单位为百万元。

证券营业部交易
Trading of Business Department

营业部名称 Business Department	省份 Province	城市 City	总计 Total	股票 Share	基金 Fund	权证 Warrant	政府债 G-Bond	公司债 C-Bond	债券回购 Repo
申银万国证券成都槐树街营业部	四川	成都	43789.6	11614.5	45.1	0.0	21.0	4299.3	27809.6
中信证券（浙江）心南路证券营业部	浙江	杭州	43704.5	26353.4	280.1	0.0	2.0	33.1	17036.0
国都证券阜外大街证券营业部	北京	北京	43673.6	12670.6	144.7	0.0	0.8	76.8	30780.8
渤海证券彰武路证券营业部	上海	上海	43622.5	21298.7	17.6	0.0	4.6	30.4	22271.2
申银万国证券嘉定证券营业部	上海	上海	43470.7	18836.6	1818.0	0.0	549.0	4382.8	17884.4
德邦证券志丹路营业部	上海	上海	43188.3	12539.8	44.0	0.0	5.5	286.8	30312.3
申银万国证券福州路证券营业部	上海	上海	43145.5	11615.8	236.5	0.0	53.5	1468.8	29770.9
海通证券东风西路营业部	广东	广州	43105.2	25053.0	146.9	0.0	3.5	54.4	17847.5
中国银河证券大南路证券营业部	浙江	温州	43045.2	22832.6	79.5	0.0	0.5	7.6	20124.9
国信证券五一中路证券营业部	福建	福州	42968.7	26223.5	457.0	0.0	2.1	493.4	15792.7
财富证券韶山北路证券营业部	湖南	长沙	42956.0	8369.6	1590.0	0.0	0.3	1262.3	31733.8
中国中投证券方庄芳群园证券营业部	北京	北京	42832.3	23512.8	86.3	0.0	1.9	839.0	18392.4
中国中投证券爱国路证券营业部	深圳	深圳	42826.1	18235.4	29.8	0.0	67.6	581.4	23911.9
光大证券金田路证券营业部	深圳	深圳	42615.6	19758.4	38.1	0.0	0.0	45.1	22773.9
中国中投证券堤东路证券营业部	广东	江门	42524.1	19752.4	45.7	0.0	27.0	148.3	22550.7
中信证券深南大道证券营业部	深圳	深圳	42412.4	21979.6	167.8	0.0	0.0	730.1	19534.9
东吴证券阜湖路证券营业部	江苏	常熟	42297.0	17081.1	225.2	0.0	0.3	99.1	24891.2
方正证券解放路证券营业部	浙江	台州	42196.9	35037.0	83.2	0.0	0.6	29.6	7046.5
东兴证券复兴路证券营业部	北京	北京	42117.0	20531.1	108.6	0.0	0.2	41.7	21435.4
华龙证券公园路证券营业部	重庆	重庆	41872.0	2726.8	2.6	0.0	39.5	1173.3	37929.8
广发证券黄孝河路证券营业部	湖北	武汉	41821.0	13057.3	56.2	0.0	49.1	983.8	27674.6
长江证券友谊路证券营业部	湖北	武汉	41688.2	10994.3	80.6	0.0	3.5	116.9	30493.0
招商证券颐和园路证券营业部	北京	北京	41654.3	20467.0	358.1	0.0	25.7	65.1	20738.5
国海证券和平街证券营业部	北京	北京	41640.5	10114.4	28.5	0.0	1.1	795.8	30700.8
广发证券玉兰路证券营业部	上海	上海	41620.6	17676.0	85.6	0.0	6.7	203.0	23649.4
厦门证券有限陆家滨路证券营业部	上海	上海	41533.4	16760.5	13.7	0.0	0.0	14.0	24745.2
湘财证券首体南路证券营业部	北京	北京	41444.7	15480.8	81.7	0.0	0.0	284.9	25597.3
中信证券石化证券营业部	上海	上海	41440.7	11652.7	79.3	0.0	84.1	423.3	29201.4
中信证券星海广场证券营业部	辽宁	大连	41282.0	13849.2	1179.8	0.0	1.5	386.7	25864.8
国泰君安证券陆家嘴东路证券营业部	上海	上海	41224.9	16899.9	878.0	0.0	0.1	257.4	23189.4
中国银河证券美湖路证券营业部	福建	厦门	41132.2	18204.2	39.3	0.0	6.4	3.8	22878.5
宏源证券妙境路证券营业部	上海	上海	40975.3	8338.7	157.7	0.0	139.3	2924.8	29414.8
国泰君安证券商城路证券营业部	上海	上海	40923.4	22817.1	181.8	0.0	4.4	174.8	17745.2
申银万国证券云台路证券营业部	上海	上海	40874.8	21709.5	72.1	0.0	0.5	81.1	19011.6
中国银河证券宝安路证券营业部	深圳	深圳	40861.9	16217.7	85.0	0.0	0.0	90.7	24468.5
国信证券梁溪路证券营业部	江苏	无锡	40745.7	14579.7	148.7	0.0	1.1	251.1	25765.1
申银万国证券广东路营业部	上海	上海	40705.5	15776.0	127.4	0.0	0.0	166.9	24635.2
国信证券淮海西路证券营业部	上海	上海	40664.6	18479.0	111.2	0.0	0.7	66.8	22007.0
中国银河证券虎园路证券营业部	福建	厦门	40599.1	7783.9	42.9	0.0	15.5	890.5	31866.3
华泰证券中山南路证券营业部	江苏	徐州	40591.2	20006.8	330.2	0.0	17.5	373.4	19863.3
方正证券胜利东路证券营业部	浙江	绍兴	40461.9	22957.5	18.6	0.0	1.1	12.4	17472.2
国信证券体育路证券营业部	广东	佛山	40445.3	24665.7	104.6	0.0	1.3	77.5	15596.2
海通证券健身路营业部	江苏	常州	40354.3	18215.1	387.9	0.0	36.7	252.3	21462.4
光大证券深南大道证券营业部	深圳	深圳	40238.7	28208.5	100.7	0.0	11.6	66.6	11851.3
湘财证券金沙江路证券营业部	上海	上海	40206.7	16093.1	86.6	0.0	4.1	95.2	23927.7
中信建投证券市瞿塘峡路证券营业部	山东	青岛	40079.0	5945.7	15.8	0.0	0.3	50.9	34066.2
东兴证券列东街证券营业部	福建	三明	40021.7	11870.6	11.3	0.0	91.4	9592.1	18456.3
齐鲁证券有限海滨北路证券营业部	山东	威海	40003.2	7831.0	18.4	0.0	47.1	2946.7	29160.0
东方证券耀华路证券营业部	上海	上海	39995.5	9494.3	28.7	0.0	0.8	275.8	30196.1
华西证券高升桥证券营业部	四川	成都	39941.4	26472.8	86.1	0.0	1.6	118.8	13262.1

注：营业部交易金额的单位为百万元。

证券营业部交易
Trading of Business Department

营业部名称 Business Department	省份 Province	城市 City	总计 Total	股票 Share	基金 Fund	权证 Warrant	政府债 G-Bond	公司债 C-Bond	债券回购 Repo
金元证券体育场路证券营业部	浙江	杭州	39868.6	15052.1	3.5	0.0	0.0	129.7	24683.3
华泰证券瑞金路证券营业部	江苏	南京	39854.8	17979.7	338.8	0.0	2.5	37.5	21496.3
华泰证券广渠门内大街证券营业部	北京	北京	39776.5	7869.8	259.2	0.0	0.1	365.8	31281.7
国信证券翠香路证券营业部	广东	珠海	39776.0	23950.2	89.8	0.0	0.7	102.2	15633.3
安信证券北三环东路证券营业部	北京	北京	39648.1	10860.0	61.6	0.0	31.0	163.6	28531.9
国泰君安证券西市大街证券营业部	天津	天津	39623.8	6584.3	75.5	0.0	5.7	2695.9	30262.4
光大证券大坪正街证券营业部	重庆	重庆	39563.1	8344.8	7.3	0.0	42.9	13.8	31154.4
华泰证券侨香路证券营业部	深圳	深圳	39203.8	18509.3	43.5	0.0	0.4	336.8	20313.9
国金证券东城根街证券营业部	四川	成都	39185.7	20497.8	13.4	0.0	6.9	336.2	18331.4
长城证券中关村大街证券营业部	北京	北京	39149.2	15586.3	88.3	0.0	0.2	195.5	23279.0
中信建投证券控江路证券营业部	上海	上海	39062.8	16533.9	39.9	0.0	1.0	87.1	22400.9
日信证券新街口北大街证券营业部	北京	北京	39029.6	10750.0	162.4	0.0	7.1	26.1	28084.0
中信证券（浙江）定安路证券营业部	浙江	杭州	38925.8	20216.8	290.4	0.0	0.2	151.8	18266.7
华泰证券中山北路证券营业部	江苏	徐州	38918.8	5938.4	82.9	0.0	0.1	42.5	32854.9
申银万国证券玉屏南路营业部	上海	上海	38896.8	6491.2	150.2	0.0	0.6	630.5	31624.3
海通证券临汾路营业部	上海	上海	38880.6	7414.8	70.6	0.0	10.3	565.6	30819.2
海通证券天津街证券营业部	辽宁	大连	38879.2	8472.8	17.9	0.0	25.1	588.7	29774.8
齐鲁证券有限香港中路证券营业部	山东	青岛	38787.4	18522.2	14019.3	0.0	0.8	17.1	6228.1
中信证券临江大道证券营业部	广东	广州	38746.4	20864.1	7699.1	0.0	0.6	24.5	10158.1
广发证券和平大道证券营业部	湖北	武汉	38677.9	10646.9	7.9	0.0	0.7	70.3	27952.1
中国银河证券新郁路证券营业部	上海	上海	38615.5	9474.0	84.5	0.0	0.1	44.4	29012.5
国信证券萧然东路证券营业部	浙江	杭州	38588.7	25899.3	47.8	0.0	13.2	246.5	12382.0
山西证券迎泽大街证券营业部	山西	太原	38576.8	20505.2	68.2	0.0	0.0	12.9	17990.5
中国银河证券金城证券营业部	安徽	合肥	38551.1	14863.8	14.3	0.0	8.3	127.6	23537.1
中国银河证券东方路证券营业部	上海	上海	38546.6	14035.4	48.9	0.0	99.5	367.5	23995.3
中国银河证券张杨路证券营业部	上海	上海	38477.9	14049.8	125.8	0.0	0.1	17.1	24285.2
申银万国证券和平路证券营业部	浙江	桐乡	38428.4	25176.9	55.5	0.0	100.5	386.3	12709.2
兴业证券马甸南路证券营业部	北京	北京	38417.9	7966.7	61.2	0.0	3.5	82.5	30304.0
方正证券中河中路证券营业部	浙江	杭州	38413.7	19092.9	54.4	0.0	0.0	719.0	18547.4
国泰君安证券上步中路证券营业部	深圳	深圳	38372.9	14853.7	113.6	0.0	2.2	55.8	23347.6
中银国际证券宣外大街证券营业部	北京	北京	38357.6	25129.4	949.4	0.0	0.1	1056.4	11222.4
中信建投证券市营口路证券营业部	上海	上海	38199.9	14209.6	109.9	0.0	2.3	139.3	23738.8
华鑫证券凌河路证券营业部	上海	上海	38056.4	5719.9	4.1	0.0	45.4	1664.3	30622.6
东兴证券广灵二路证券营业部	上海	上海	38026.7	11938.2	44.0	0.0	0.2	388.2	25656.1
海通证券百官镇营业部	浙江	绍兴	37933.5	24171.9	504.6	0.0	0.2	9.4	13247.5
齐鲁证券有限中兴路证券营业部	浙江	宁波	37800.8	11355.3	13.9	0.0	0.0	2.4	26429.1
广发证券汾江中路证券营业部	广东	佛山	37693.9	13834.6	49.5	0.0	5.3	40.2	23764.3
招商证券西直门北大街证券营业部	北京	北京	37677.0	24730.6	180.1	0.0	25.0	1620.1	11121.2
国信证券大沥证券营业部	广东	佛山	37639.8	29558.8	148.3	0.0	1.1	22.4	7909.3
西南证券田林东路证券营业部	上海	上海	37555.8	10188.3	134.2	0.0	1.8	112.1	27119.4
安信证券深南大道证券营业部	深圳	深圳	37509.7	5376.9	58.5	0.0	59.2	17.0	31998.1
齐鲁证券有限甘河路证券营业部	上海	上海	37509.6	8126.0	513.0	0.0	1.7	123.0	28745.9
国联证券人民东路证券营业部	江苏	无锡	37325.7	10896.1	42.6	0.0	1.5	98.5	26287.1
浙商证券玉古路证券营业部	浙江	杭州	37298.9	12858.3	44.2	0.0	54.9	933.2	23408.3
山西证券北洪家楼证券营业部	山西	临汾	37290.8	4780.5	160.5	0.0	0.0	1.3	32348.5
安信证券胜利路证券营业部	江西	南昌	37270.0	13096.1	2.8	0.0	0.0	1.4	24169.8
国信证券滨田地街证券营业部	黑龙江	哈尔滨	37225.6	9009.8	116.0	0.0	0.5	59.4	28040.0
广发证券中山三路中华广场证券营业部	广东	广州	37213.1	21270.5	170.9	0.0	5.0	120.3	15646.5
中国中投证券复兴路证券营业部	北京	北京	37199.8	22564.3	92.9	0.0	4.3	103.3	14435.0
海通证券广州路营业部	江苏	南京	37186.6	31509.0	340.4	0.0	0.7	192.5	5144.0

注：营业部交易金额的单位为百万元。

证券营业部交易
Trading of Business Department

营业部名称 Business Department	省份 Province	城市 City	总计 Total	股票 Share	基金 Fund	权证 Warrant	政府债 G-Bond	公司债 C-Bond	债券回购 Repo
财通证券庆春路证券营业部	浙江	杭州	37163.3	15802.6	51.9	0.0	0.4	154.6	21153.8
上海证券谢池商城证券营业部	浙江	温州	37137.9	28093.2	95.4	0.0	0.0	52.5	8896.9
中信证券高楼门证券营业部	江苏	南京	36850.5	13784.1	678.2	0.0	0.1	68.4	22319.7
光大证券苏惠路证券营业部	江苏	苏州	36828.5	13981.1	221.7	0.0	21.7	275.6	22328.4
浙商证券新南路证券营业部	浙江	金华	36767.6	34222.2	65.6	0.0	0.2	7.3	2472.3
长江证券武珞路证券营业部	湖北	武汉	36713.4	20577.8	72.5	0.0	0.4	20.7	16042.0
东莞证券虎门证券营业部	广东	东莞	36692.4	14941.1	58.3	0.0	0.0	9.2	21683.7
东方证券中原路证券营业部	上海	上海	36684.4	6854.6	9.2	0.0	0.1	111.9	29708.7
恒泰证券凤起路证券营业部	浙江	杭州	36656.8	8042.9	8.1	0.0	0.1	344.8	28260.9
华泰证券人民中路证券营业部	江苏	南通	36613.3	14260.2	238.3	0.0	0.1	80.2	22034.5
东北证券洪山路证券营业部	上海	上海	36550.4	6060.7	19.9	0.0	59.0	332.5	30078.2
中国银河证券四川北路证券营业部	上海	上海	36509.1	15083.6	52.4	0.0	0.7	60.4	21311.9
国泰君安证券顺城大街证券营业部	四川	成都	36438.9	11993.0	174.1	0.0	11.3	396.0	23864.5
光大证券仙霞路证券营业部	上海	上海	36321.9	7221.8	536.9	0.0	0.0	35.0	28528.2
浙商证券江滨北路证券营业部	浙江	金华	36294.3	32429.3	51.2	0.0	0.1	37.3	3776.4
中国银河证券银座证券营业部	广东	汕头	36276.3	6289.6	43.3	0.0	0.2	6.6	29936.6
中国银河证券望京证券营业部	北京	北京	36230.6	13156.3	63.9	0.0	3.6	53.7	22953.2
英大证券汉中路证券营业部	江苏	南京	36184.5	10967.3	42.1	0.0	84.4	580.9	24509.9
中航证券有限广场南路证券营业部	江西	南昌	36176.1	16446.7	37.0	0.0	33.8	174.0	19484.7
中信证券紫竹院路证券营业部	北京	北京	36084.8	19664.7	179.4	0.0	0.1	27.2	16213.4
申银万国证券黄兴路证券营业部	上海	上海	36071.2	17604.8	63.1	0.0	0.3	33.0	18370.0
广发证券民生路证券营业部	上海	上海	36027.6	11366.3	368.4	0.0	101.1	68.9	24122.9
兴业证券胜利东路证券营业部	福建	漳州	36016.8	19436.3	38.9	0.0	0.1	12.7	16528.8
东吴证券中山北路证券营业部	江苏	苏州	35994.2	15594.5	17.9	0.0	1.3	110.0	20270.5
联讯证券长宁路证券营业部	上海	上海	35980.3	7996.1	43.9	0.0	0.0	428.7	27511.6
东方证券周东路证券营业部	上海	上海	35791.3	3197.3	10.8	0.0	177.7	929.5	31476.0
招商证券安外大街证券营业部	北京	北京	35715.1	18895.6	135.5	0.0	0.1	221.2	16462.8
东吴证券港杨舍证券营业部	江苏	苏州	35597.6	15105.0	67.4	0.0	0.4	477.0	19947.7
国泰君安证券花园路证券营业部	河南	郑州	35589.5	27965.4	144.8	0.0	0.6	1374.7	6104.0
光大证券东中街证券营业部	北京	北京	35518.1	21227.5	120.1	0.0	3.0	53.3	14114.2
五矿证券有限金田路证券营业部	深圳	深圳	35516.7	28952.3	12.4	0.0	6.4	159.2	6386.4
广发证券深南东路证券营业部	深圳	深圳	35516.7	18740.4	28.0	0.0	0.1	452.8	16295.4
华泰证券西三环北路证券营业部	北京	北京	35469.3	22386.8	904.4	0.0	1.6	22.3	12154.1
瑞银证券金融大街证券营业部	北京	北京	35313.7	5183.8	240.1	0.0	0.0	16.5	29873.3
西南证券建新北路证券营业部	重庆	重庆	35169.8	16453.4	118.8	0.0	0.1	151.0	18446.5
湘财证券金杨路证券营业部	上海	上海	35118.7	5222.7	474.3	0.0	19.5	996.4	28405.7
国都证券长阳路证券营业部	上海	上海	35069.5	10470.1	40.6	0.0	0.4	1112.2	23446.2
中信证券（浙江）曙光路证券营业部	浙江	杭州	34986.1	18138.6	109.1	0.0	29.0	49.9	16659.5
国泰君安证券九江路证券营业部	上海	上海	34943.0	9983.0	203.3	0.0	41.6	968.0	23747.2
华西证券民田路证券营业部	深圳	深圳	34793.3	28606.9	61.9	0.0	10.8	92.4	6021.4
光大证券庆春路证券营业部	浙江	杭州	34714.6	14815.9	156.8	0.0	0.0	30.9	19710.9
安信证券金砂路第一证券营业部	广东	汕头	34680.5	15065.7	75.1	0.0	1.9	12.6	19525.1
安信证券阜成路证券营业部	北京	北京	34674.7	20767.0	123.3	0.0	1.1	46.2	13737.1
东吴证券前进中路证券营业部	江苏	苏州	34500.7	21983.3	77.2	0.0	0.4	238.0	12201.9
中国中投证券深南大道证券营业部	深圳	深圳	34481.9	15111.4	22.0	0.0	20.2	333.0	18995.3
中国银河证券华盛证券营业部	福建	福州	34479.4	10360.6	28.7	0.0	1.6	14.1	24074.4
中信证券（浙江）天童北路证券营业部	浙江	宁波	34478.7	10180.5	8.4	0.0	0.0	72.1	24217.7
中国银河证券芙蓉路证券营业部	湖南	长沙	34465.8	10550.5	44.8	0.0	1.3	46.3	23822.9
国信证券振华路证券营业部	深圳	深圳	34465.3	15011.6	52.6	0.0	66.6	86.2	19248.3
中信建投证券市南一环路证券营业部	四川	成都	34328.8	11608.6	69.6	0.0	4.5	41.1	22605.1

注：营业部交易金额的单位为百万元。

证券营业部交易
Trading of Business Department

营业部名称 Business Department	省份 Province	城市 City	总计 Total	股票 Share	基金 Fund	权证 Warrant	政府债 G-Bond	公司债 C-Bond	债券回购 Repo
德邦证券岳州路营业部	上海	上海	34326.2	7054.0	30.8	0.0	0.0	97.2	27144.1
广发证券流沙证券营业部	广东	揭阳	34321.3	12575.3	11.3	0.0	0.0	11.2	21723.5
招商证券西一环路证券营业部	四川	成都	34235.8	22801.7	182.9	0.0	5.3	663.6	10582.3
中国民族证券中山西路证券营业部	浙江	宁波	34229.0	7103.0	238.9	0.0	0.0	12.5	26874.6
国都证券北三环中路营业部	北京	北京	34197.7	14251.3	81.3	0.0	0.0	11.1	19854.0
第一创业证券绿景三路证券营业部	广东	佛山	34196.9	9384.6	40.0	0.0	0.3	1355.4	23416.7
兴业证券青年路证券营业部	湖北	武汉	34159.4	16922.8	53.6	0.0	0.2	282.9	16900.0
申银万国证券海口龙昆南路营业部	海南	海口	34088.3	7471.2	6.6	0.0	70.7	1978.9	24561.0
中信建投证券市大同路证券营业部	福建	厦门	34004.2	9644.8	31.0	0.0	22.6	996.8	23309.1
海通证券牡丹江路证券营业部	上海	上海	33962.3	10080.2	71.5	0.0	3.0	392.2	23415.5
中国银河证券民族路证券营业部	重庆	重庆	33931.2	6826.2	18.7	0.0	0.0	809.4	26277.0
光大证券解放南路证券营业部	浙江	宁波	33902.2	14067.5	21.4	0.0	0.8	20.7	19791.9
西南证券北三环中路证券营业部	北京	北京	33881.2	18447.3	71.1	0.0	70.3	1007.0	14285.5
光大证券斜土路证券营业部	上海	上海	33849.9	8597.4	78.5	0.0	0.1	53.5	25120.5
国联证券湖滨路证券营业部	江苏	无锡	33829.9	8608.2	26.6	0.0	0.5	7.3	25187.2
中信证券（浙江）文三路证券营业部	浙江	杭州	33822.5	17646.1	50.8	0.0	0.3	344.6	15780.8
中信建投证券庆春路证券营业部	浙江	杭州	33731.7	18229.2	21.0	0.0	0.1	90.0	15391.4
长江证券后长街证券营业部	上海	上海	33730.7	11862.0	416.3	0.0	2.1	72.2	21378.1
华泰证券金沙江路证券营业部	江苏	苏州	33674.5	10451.5	2428.5	0.0	0.0	309.3	20485.2
上海证券路证券营业部	上海	上海	33664.0	5574.2	9.4	0.0	75.4	936.0	27069.0
招商证券东门南路证券营业部	深圳	深圳	33545.4	24252.1	1843.1	0.0	0.2	422.7	7027.3
国泰君安证券宜山路证券营业部	上海	上海	33534.1	13955.6	164.7	0.0	0.8	51.5	19361.5
华泰证券止马营证券营业部	江苏	南京	33511.9	16979.7	182.2	0.0	3.6	91.0	16255.4
申银万国证券吴中路营业部	上海	上海	33452.1	21291.7	131.0	0.0	110.0	11.2	11908.2
中信建投证券市马家花园证券营业部	四川	成都	33422.2	15824.2	286.4	0.0	2.0	145.3	17164.3
长城证券观音桥步行街证券营业部	重庆	重庆	33332.4	10439.8	41.7	0.0	21.1	27.5	22802.2
海通证券四川南路营业部	上海	上海	33301.0	12251.8	420.0	0.0	33.0	215.3	20381.1
长江证券鼓楼南街证券营业部	天津	天津	33292.8	2584.7	0.7	0.0	127.8	473.1	30106.5
国泰君安证券太平南路证券营业部	江苏	南京	33218.3	25884.4	343.9	0.0	47.4	143.8	6798.8
中信证券长寿路证券营业部	上海	上海	33139.6	15999.8	88.1	0.0	61.9	282.3	16707.5
华西证券曲阳路证券营业部	上海	上海	33139.1	15845.8	54.8	0.0	0.3	75.5	17162.8
中国中投证券番禺桥南路证券营业部	广东	番禺	33088.1	21962.4	96.4	0.0	0.0	19.6	11009.7
信达证券寺右新马路证券营业部	广东	广州	33071.0	13221.9	23.7	0.0	0.5	648.2	19176.8
华福证券湖滨南路证券营业部	福建	厦门	32967.3	18083.2	35.0	0.0	0.5	83.5	14765.1
国都证券工体北路证券营业部	北京	北京	32952.3	9316.4	96.7	0.0	0.1	54.7	23484.3
方正证券保定路证券营业部	上海	上海	32948.4	12646.6	192.6	0.0	7.4	46.3	20055.5
中国中投证券体育东路证券营业部	广东	广州	32948.0	11917.0	178.8	0.0	0.8	184.8	20666.6
宏源证券康定路证券营业部	上海	上海	32945.7	9851.6	26.2	0.0	0.4	96.9	22970.6
光大证券十一纬路证券营业部	辽宁	沈阳	32932.8	20566.4	57.4	0.0	1.7	663.7	11643.7
国信证券深南中路证券营业部	深圳	深圳	32799.4	16197.1	199.9	0.0	0.6	197.1	16204.7
齐鲁证券有限光河路证券营业部	山东	济宁	32784.9	8377.7	10.9	0.0	0.1	17.7	24378.6
海通证券中山中路营业部	广东	汕头	32780.8	24634.5	393.2	0.0	1.5	25.1	7726.5
齐鲁证券有限赤峰路证券营业部	上海	上海	32764.4	16254.0	103.9	0.0	40.9	21.5	16344.0
招商证券北太平庄路证券营业部	北京	北京	32731.2	14147.9	119.9	0.0	0.3	17.0	18446.0
光大证券彩虹南路证券营业部	浙江	宁波	32711.5	17600.0	55.8	0.0	0.1	127.9	14927.7
长江证券福华一路证券营业部	深圳	深圳	32662.3	15262.1	67.6	0.0	1.5	56.4	17274.7
华泰证券中央路证券营业部	江苏	南京	32579.2	14817.7	161.9	0.0	0.3	20.9	17578.5
中信建投证券市东街证券营业部	福建	福州	32550.8	13431.6	511.4	0.0	0.7	168.9	18438.3
中信证券环府路证券营业部	江苏	常州	32463.6	17998.0	47.4	0.0	7.3	204.5	14206.4
招商证券光明路证券营业部	北京	北京	32430.9	19636.7	80.7	0.0	0.5	60.0	12653.1

注：营业部交易金额的单位为百万元。

证券营业部交易
Trading of Business Department

营业部名称 Business Department	省份 Province	城市 City	总计 Total	股票 Share	基金 Fund	权证 Warrant	政府债 G-Bond	公司债 C-Bond	债券回购 Repo
中国银河证券江苏北路证券营业部	上海	上海	32395.3	14639.0	53.2	0.0	0.4	130.4	17572.3
华泰证券户部街证券营业部	江苏	南京	32385.8	15363.2	147.8	0.0	8.3	230.4	16636.2
东方证券裕通路证券营业部	上海	上海	32376.9	7994.1	63.3	0.0	0.4	33.3	24285.8
华龙证券中山北二路证券营业部	上海	上海	32345.3	14763.8	12.2	0.0	0.0	356.7	17212.7
光大证券三北西大街证券营业部	浙江	宁波	32319.3	27487.8	80.7	0.0	0.0	18.4	4732.4
中信建投证券市哈密路证券营业部	上海	上海	32297.1	9835.2	103.7	0.0	149.4	1019.8	21189.0
中信证券（浙江）永兴路证券营业部	浙江	绍兴	32265.3	28722.6	77.2	0.0	0.0	6.2	3459.3
海通证券昆仑大街证券营业部	黑龙江	大庆	32243.0	20286.3	39.8	0.0	0.2	305.4	11611.3
广州证券先烈中路证券营业部	广东	广州	32227.0	20614.5	124.8	0.0	0.3	49.6	11437.8
第一创业证券深南大道证券营业部	深圳	深圳	32186.6	5993.4	262.5	0.0	0.3	1953.6	23976.7
中国银河证券解放南路证券营业部	浙江	宁波	32099.2	21197.7	95.4	0.0	0.5	131.8	10673.9
国泰君安证券庄建华南大街证券营业部	河北	石家庄	31983.1	20432.3	188.0	0.0	0.7	239.2	11122.9
招商证券笋岗路证券营业部	深圳	深圳	31982.8	21964.3	149.1	0.0	0.4	51.2	9817.8
东兴证券田安路证券营业部	福建	泉州	31974.6	17756.0	62.3	0.0	0.1	19.2	14137.1
安信证券远大路证券营业部	北京	北京	31940.6	16588.5	109.4	0.0	4.5	119.3	15118.8
华创证券新兴桥证券营业部	北京	北京	31911.6	15100.6	137.2	0.0	5.1	286.8	16381.9
齐鲁证券有限长江路证券营业部	山东	烟台	31885.5	6154.9	42.6	0.0	703.4	1.2	24983.4
安信证券顺德容奇大道证券营业部	广东	佛山	31808.4	9965.4	36.2	0.0	0.1	24.8	21781.9
中国银河证券学院南路证券营业部	北京	北京	31779.2	19053.7	119.6	0.0	5.2	96.0	12504.6
中信证券（浙江）南雷路证券营业部	浙江	余姚	31753.3	23822.2	37.7	0.0	0.1	87.1	7806.2
平安证券蛇口招商路招商大厦证券营业部	深圳	深圳	31714.4	20116.9	59.7	0.0	0.1	13.8	11523.9
华泰证券陆家嘴东路证券营业部	上海	上海	31692.8	8065.1	140.8	0.0	1.0	62.8	23423.1
中国银河证券北站路证券营业部	辽宁	沈阳	31687.7	9106.3	11.3	0.0	0.5	4.8	22564.9
安信证券陆家浜路证券营业部	上海	上海	31646.5	15215.9	84.2	0.0	0.2	66.8	16279.4
申银万国证券福州鼓屏路营业部	福建	福州	31643.1	9897.4	133.5	0.0	0.4	445.6	21166.1
国都证券华山路证券营业部	上海	上海	31526.8	12256.3	64.0	0.0	0.8	458.4	18747.3
方正证券延安路证券营业部	浙江	杭州	31516.4	15163.0	27.2	0.0	0.0	506.8	15819.4
中原证券大连西路证券营业部	上海	上海	31508.1	8233.1	20.5	0.0	0.8	104.5	23149.2
海通证券天平路营业部	上海	上海	31418.1	15026.8	165.8	0.0	23.0	341.7	15860.8
兴业证券民生路证券营业部	上海	上海	31385.1	12685.6	161.6	0.0	0.0	69.3	18468.5
民生证券西太康路证券营业部	河南	郑州	31310.1	26735.0	60.9	0.0	0.2	38.3	4475.7
兴业证券清泰街证券营业部	浙江	杭州	31304.2	15456.2	87.3	0.0	0.8	64.8	15695.1
中信证券（浙江）市府大道证券营业部	浙江	台州	31302.6	14841.1	265.6	0.0	0.4	4.2	16191.3
招商证券朝外大街证券营业部	北京	北京	31298.3	21143.7	111.2	0.0	4.4	37.7	10001.2
西藏同信证券陶然亭路证券营业部	北京	北京	31289.7	11348.5	88.7	0.0	0.2	20.5	19831.8
华福证券遵义路证券营业部	上海	上海	31154.0	16580.0	34.3	0.0	0.1	16.7	14523.0
海通证券人民西路营业部	四川	成都	31146.9	14606.8	793.2	0.0	10.3	1027.0	14709.5
安信证券新中路证券营业部	广东	梅州	31091.1	16592.8	22.0	0.0	1.4	22.0	14453.0
国泰君安证券新华街证券营业部	辽宁	鞍山	31061.8	2535.0	3.3	0.0	155.1	656.0	27712.5
国泰君安证券甘棠路证券营业部	江西	九江	31058.3	7920.7	58.3	0.0	35.1	508.3	22536.0
中国银河证券体育场路证券营业部	浙江	杭州	31015.1	12893.9	99.0	0.0	1.4	610.3	17410.4
申银万国证券山东路证券营业部	山东	青岛	31002.4	8815.0	83.9	0.0	0.0	426.5	21676.9
申银万国证券武汉中山路营业部	湖北	武汉	30982.5	12951.3	29.3	0.0	0.1	24.8	17977.1
招商证券陆家嘴东路证券营业部	上海	上海	30964.7	11955.6	63.7	0.0	11.6	679.7	18254.1
华泰证券天河东路证券营业部	广东	广州	30949.3	17409.8	1238.0	0.0	2.9	220.8	12077.7
英大证券华侨城证券营业部	深圳	深圳	30903.9	19688.7	24.0	0.0	55.6	436.3	10699.3
中国银河证券证券营业部	广东	中山	30822.1	12864.6	95.3	0.0	1.8	76.3	17784.2
安信证券南丹路证券营业部	上海	上海	30810.0	10237.3	33.7	0.0	1.9	322.2	20214.9
华泰证券解放路证券营业部	江苏	南京	30776.1	21065.0	1310.4	0.0	5.9	105.0	8289.8
海通证券文化路证券营业部	浙江	杭州	30742.0	22806.3	60.9	0.0	0.2	91.0	7783.6

注：营业部交易金额的单位为百万元。

证券营业部交易
Trading of Business Department

营业部名称 Business Department	省份 Province	城市 City	总计 Total	股票 Share	基金 Fund	权证 Warrant	政府债 G-Bond	公司债 C-Bond	债券回购 Repo
海通证券新建路营业部	山西	太原	30737.0	17720.0	58.8	0.0	1.4	23.5	12933.2
国联证券人民南路证券营业部	江苏	无锡	30720.6	25343.0	42.2	0.0	0.4	9.0	5326.0
东方证券体育场路证券营业部	浙江	杭州	30700.0	7381.8	82.8	0.0	189.7	3886.3	19159.5
渤海证券郑州道证券营业部	天津	天津	30628.1	6426.3	17.1	0.0	0.0	89.6	24095.1
齐鲁证券有限宝丰路证券营业部	湖北	武汉	30590.6	5488.0	11.5	0.0	0.0	8.8	25082.2
兴业证券树汤路证券营业部	福建	福州	30576.2	6452.1	517.5	0.0	0.0	6.1	23600.6
申银万国证券东朝阳路证券营业部	吉林	长春	30552.6	12290.8	103.4	0.0	62.7	286.5	17809.2
中信建投证券市中山二路证券营业部	广东	广州	30552.3	11637.6	1336.2	0.0	4.3	35.1	17539.2
中国中投证券沙井中心路证券营业部	深圳	深圳	30485.6	7392.1	15.5	0.0	0.0	20.3	23057.6
财达证券华岩路证券营业部	河北	唐山	30433.6	3421.2	5.1	0.0	1.7	4.6	27001.0
财通证券体育馆证券营业部	浙江	杭州	30420.7	12129.7	39.1	0.0	0.1	9.3	18242.6
中信万通证券美食街证券营业部	山东	淄博	30329.2	13592.8	21.5	0.0	14.2	24.1	16676.6
渤海证券定西路证券营业部	上海	上海	30241.5	7679.1	15.7	0.0	0.3	129.2	22417.2
申银万国证券沪太路证券营业部	上海	上海	30230.7	12790.4	37.5	0.0	0.1	43.2	17359.6
中国中投证券天河路证券营业部	广东	广州	30211.0	18840.0	69.2	0.0	0.8	43.7	11257.3
恒泰证券博山东路证券营业部	上海	上海	30188.1	14168.9	221.9	0.0	1.1	69.2	15727.0
兴业证券滨西五道街证券营业部	黑龙江	哈尔滨	30157.6	11613.5	12.6	0.0	0.0	148.8	18382.6
海通证券周家嘴路营业部	上海	上海	30125.0	10540.6	69.8	0.0	2.0	596.6	18916.1
平安证券南关正街证券营业部	陕西	西安	30085.7	3708.1	4.4	0.0	51.2	15.1	26306.8
申银万国证券甬江大道证券营业部	浙江	宁波	30037.5	17118.5	58.5	0.0	0.9	18.7	12840.9
申银万国证券青浦证券营业部	上海	上海	30034.8	14317.8	32.9	0.0	2.9	24.7	15656.4
中信建投证券田乾路证券营业部	福建	福清	29929.6	12351.9	77.4	0.0	26.3	50.6	17423.5
上海证券西路证券营业部	上海	上海	29808.3	11096.6	26.3	0.0	0.1	170.2	18515.1
广发证券中山北二路证券营业部	上海	上海	29778.9	9879.9	93.5	0.0	50.3	78.2	19677.0
申银万国证券关岳西路证券营业部	上海	上海	29721.4	13904.0	26.2	0.0	0.6	130.9	15659.7
海通证券霞光道营业部	天津	天津	29716.9	15064.7	10.2	0.0	0.2	3292.5	11349.3
广发证券古田路证券营业部	福建	福州	29713.4	9904.5	29.1	0.0	85.7	417.9	19276.3
英大证券庆阳路证券营业部	甘肃	兰州	29647.8	4128.1	7.2	0.0	75.6	665.1	24771.8
中国银河证券建设路证券营业部	四川	成都	29589.1	15770.5	11.6	0.0	2.2	36.4	13768.4
东北证券局门路证券营业部	上海	上海	29476.0	7239.4	79.8	0.0	4.5	96.2	22056.1
华泰证券黄河路证券营业部	上海	上海	29472.8	11855.3	82.8	0.0	0.0	64.6	17470.1
海通证券种德桥路营业部	上海	上海	29472.2	8159.7	131.4	0.0	0.9	61.2	21119.0
安信证券乐从证券营业部	广东	佛山	29442.2	12750.7	34.2	0.0	0.0	19.7	16637.6
长城证券文华路证券营业部	浙江	杭州	29419.7	11722.9	205.2	0.0	0.0	197.8	17293.8
中信建投证券市大木桥路证券营业部	上海	上海	29312.3	11834.4	475.1	0.0	0.0	139.0	16863.8
东北证券峨眉路证券营业部	上海	上海	29247.8	6354.3	19.2	0.0	60.4	265.7	22548.2
中信证券（浙江）中山路证券营业部	浙江	金华	29241.9	20452.9	35.3	0.0	0.0	115.9	8637.8
中国银河证券大连西路证券营业部	上海	上海	29149.0	9478.6	163.4	0.0	9.3	1551.3	17946.4
华泰证券东横街证券营业部	江苏	常州	29128.2	12521.3	72.8	0.0	28.2	50.1	16455.9
申银万国证券川沙路证券营业部	上海	上海	29108.0	15927.8	416.7	0.0	0.8	351.6	12411.1
世纪证券威海路证券营业部	上海	上海	29067.7	7648.8	153.6	0.0	0.3	3057.2	18207.8
海通证券华富路营业部	深圳	深圳	29036.4	19761.8	173.7	0.0	1.0	11.4	9088.6
申银万国证券中山西路证券营业部	上海	上海	29013.8	7722.2	52.7	0.0	1.2	157.2	21080.6
西藏同信证券东大街证券营业部	四川	成都	29009.5	13502.8	562.2	0.0	252.5	139.0	14553.0
财通证券禾兴南路证券营业部	浙江	嘉兴	28984.9	13267.4	67.9	0.0	0.0	132.9	15516.8
东方证券光新路证券营业部	上海	上海	28924.4	7320.2	54.1	0.0	0.7	21.3	21528.1
广发证券柠溪路证券营业部	广东	珠海	28820.6	8796.6	22.4	0.0	2.4	410.2	19589.1
长城证券东园路证券营业部	深圳	深圳	28819.7	7470.8	5.9	0.0	0.0	13.4	21329.6
广发证券江湾证券营业部	广东	广州	28802.9	10692.6	26.1	0.0	0.0	313.0	17771.1
东兴证券一拂路证券营业部	福建	福清	28794.5	16150.2	20.1	0.0	0.0	234.0	12390.1

注：营业部交易金额的单位为百万元。

证券营业部交易
Trading of Business Department

营业部名称 Business Department	省份 Province	城市 City	总计 Total	股票 Share	基金 Fund	权证 Warrant	政府债 G-Bond	公司债 C-Bond	债券回购 Repo
国泰君安证券华发北路营业部	深圳	深圳	28781.2	9209.7	62.8	0.0	17.0	1379.8	18112.0
信达证券北辰东路证券营业部	北京	北京	28724.8	10679.6	13.7	0.0	68.6	453.5	17509.4
国泰君安证券德外大街证券营业部	北京	北京	28703.0	17326.3	53.7	0.0	23.6	130.3	11169.1
中信建投证券小西路证券营业部	辽宁	沈阳	28694.3	8920.9	32.2	0.0	2.3	386.7	19352.2
中国银河证券安业路证券营业部	上海	上海	28676.0	10638.6	197.7	0.0	6.5	57.3	17776.0
华泰证券康定路证券营业部	上海	上海	28669.6	15735.8	65.3	0.0	88.5	144.9	12635.2
广发证券季华路证券营业部	广东	佛山	28667.7	9929.9	37.1	0.0	0.0	12.8	18687.9
海通证券群众路证券营业部	福建	福州	28655.5	14173.8	769.1	0.0	101.1	210.9	13400.6
申银万国证券龙茗路证券营业部	上海	上海	28614.6	8373.3	42.7	0.0	7.8	28.2	20162.6
光大证券中关村证券营业部	北京	北京	28581.2	7609.6	59.0	0.0	0.0	25.2	20887.4
德邦证券凉城路营业部	上海	上海	28551.4	11433.0	316.1	0.0	0.1	379.1	16423.1
光大证券孝闻街证券营业部	浙江	宁波	28510.0	12817.9	500.4	0.0	54.9	566.1	14570.7
兴业证券航空路证券营业部	四川	成都	28503.1	13220.3	56.2	0.0	1.3	121.5	15103.8
红塔证券环城南路证券营业部	云南	昆明	28477.6	7775.7	7.7	0.0	4.8	266.4	20423.0
广发证券石泉路证券营业部	上海	上海	28439.3	11969.2	45.4	0.0	0.5	42.0	16382.2
广发证券朝阳门北大街证券营业部	北京	北京	28377.6	10739.9	138.8	0.0	0.0	137.6	17361.3
海通证券黄山路证券营业部	安徽	合肥	28295.7	15831.1	125.7	0.0	53.5	802.8	11482.6
华泰证券武珞路证券营业部	湖北	武汉	28252.3	13046.0	86.9	0.0	0.0	190.3	14929.1
申银万国证券无锡清扬路营业部	江苏	无锡	28218.7	11523.5	26.6	0.0	0.1	1472.7	15195.9
申银万国证券崇明营业部	上海	上海	28201.6	15636.3	28.0	0.0	11.6	86.9	12438.8
中国银河证券证券营业部	浙江	台州	28200.5	20057.8	76.1	0.0	0.1	7.3	8059.2
长江证券天钥桥路证券营业部	上海	上海	28199.5	13238.2	70.4	0.0	0.4	68.2	14822.4
东吴证券石路证券营业部	江苏	苏州	28078.1	14088.4	87.1	0.0	3.2	52.8	13846.6
齐鲁证券有限西安路证券营业部	上海	上海	27949.9	7931.1	87.9	0.0	0.0	76.7	19854.1
中信建投证券市经四路证券营业部	山东	济南	27935.0	14465.8	1129.7	0.0	2.1	82.6	12254.8
日信证券浩特锡林南路证券营业部	内蒙	呼和浩特	27931.4	6945.1	28.3	0.0	32.7	1194.5	19730.9
恒泰证券小木桥路证券营业部	上海	上海	27921.2	6699.4	30.8	0.0	0.2	370.0	20820.8
中银国际证券农业路证券营业部	河南	郑州	27915.5	13983.6	23.6	0.0	0.3	12.7	13895.4
中信建投证券市黄埔东路证券营业部	广东	广州	27915.5	12685.7	35.1	0.0	0.1	90.9	15103.8
长城证券延安西路证券营业部	上海	上海	27884.4	10662.7	113.1	0.0	59.3	139.2	16910.2
平安证券中山路证券营业部	山东	青岛	27874.3	7551.2	96.7	0.0	31.3	584.1	19610.9
中国银河证券艮山西路证券营业部	浙江	杭州	27845.2	16156.7	83.8	0.0	0.9	45.7	11558.0
海通证券劳动南路营业部	江西	新余	27823.7	25065.1	145.7	0.0	1.0	20.5	2591.5
广发证券张江路证券营业部	上海	上海	27800.0	13195.4	98.1	0.0	0.0	2.4	14504.0
长江证券建华路证券营业部	湖北	襄樊	27789.5	8904.4	20.6	0.0	10.0	188.2	18666.2
广发证券新光路证券营业部	四川	成都	27767.8	11236.4	10.8	0.0	0.0	96.1	16424.5
浙商证券环城东路证券营业部	浙江	台州	27748.6	20271.7	36.7	0.0	1.6	38.4	7400.3
兴业证券五四北路证券营业部	福建	福州	27745.3	12100.7	23.4	0.0	3.1	30.0	15588.0
国信证券湖滨北路证券营业部	福建	厦门	27736.3	15247.6	434.8	0.0	36.0	44.3	11973.7
申银万国证券隆昌路营业部	上海	上海	27626.8	13410.9	36.1	0.0	5.1	170.2	14004.5
东方证券鹤庆路证券营业部	上海	上海	27616.6	15188.0	26.1	0.0	1.8	226.6	12174.1
长江证券友谊大道证券营业部	湖北	武汉	27539.8	9049.6	29.2	0.0	0.0	67.3	18393.8
中国银河证券市顺德大良证券营业部	广东	佛山	27484.1	8775.8	114.2	0.0	0.7	42.5	18550.9
中信建投证券张杨北路证券营业部	上海	上海	27459.4	12286.0	32.5	0.0	0.1	77.3	15063.6
华泰证券港杨舍东街证券营业部	江苏	苏州	27398.8	16382.9	1734.4	0.0	0.0	142.9	9138.5
光大证券丽泽路证券营业部	北京	北京	27306.7	5198.5	66.3	0.0	8.1	560.3	21473.5
德邦证券光华路证券营业部	北京	北京	27295.6	6216.2	38.2	0.0	25.9	49.7	20965.6
中信建投证券市北京西路证券营业部	上海	上海	27293.6	16030.1	31.4	0.0	36.6	113.2	11082.3
国信证券福中一路证券营业部	深圳	深圳	27279.5	11165.0	96.1	0.0	5.6	56.8	15956.0
宏源证券福华一路证券营业部	深圳	深圳	27267.4	17942.5	108.3	0.0	0.0	52.4	9164.2

注：营业部交易金额的单位为百万元。

证券营业部交易
Trading of Business Department

营业部名称 Business Department	省份 Province	城市 City	总计 Total	股票 Share	基金 Fund	权证 Warrant	政府债 G-Bond	公司债 C-Bond	债券回购 Repo
国泰君安证券庆春路证券营业部	浙江	杭州	27210.4	16200.7	66.9	0.0	0.2	402.1	10540.5
国联证券邯郸路证券营业部	上海	上海	27127.5	12232.3	96.2	0.0	0.1	63.9	14735.0
浙商证券九铃东路证券营业部	浙江	金华	27099.1	22882.6	37.0	0.0	0.6	15.5	4163.3
中信建投证券工业园区星海街证券营业部	江苏	苏州	27094.8	14784.5	33.1	0.0	1.9	135.2	12140.2
齐鲁证券有限万家丽路证券营业部	湖南	长沙	27049.8	6406.8	7.1	0.0	0.0	5.2	20630.7
广发证券广安门内大街证券营业部	北京	北京	26980.6	13719.7	35.9	0.0	51.3	434.6	12739.1
中信建投证券市朝阳中路证券营业部	湖北	十堰	26968.6	11325.4	10.2	0.0	13.8	6.7	15612.5
申银万国证券吉林路营业部	上海	上海	26965.4	10299.0	90.9	0.0	1.0	31.5	16543.0
中信建投证券市建设八路证券营业部	湖北	武汉	26917.0	8176.8	18.4	0.0	0.0	6.4	18715.3
华福证券下藤路证券营业部	福建	福州	26911.3	12559.5	43.2	0.0	0.9	79.8	14227.9
中国银河证券虹井路证券营业部	上海	上海	26868.7	11955.8	83.0	0.0	13.5	45.7	14770.7
华泰证券蜀金路证券营业部	四川	成都	26811.3	20267.0	65.5	0.0	0.1	18.8	6459.8
中信建投证券东三环中路证券营业部	北京	北京	26808.6	5410.7	63.6	0.0	1.6	213.1	21119.7
中国银河证券肇嘉浜路证券营业部	上海	上海	26805.6	9384.3	56.5	0.0	2.3	10.6	17352.0
华泰证券上大路证券营业部	浙江	绍兴	26799.1	13726.4	2227.9	0.0	7.4	37.2	10800.2
招商证券人民西路证券营业部	广东	珠海	26713.0	15673.3	46.2	0.0	2.6	295.5	10695.4
中国银河证券滨河大道证券营业部	深圳	深圳	26670.3	4060.4	3.2	0.0	0.0	6.1	22600.6
华泰证券瑞金一路证券营业部	上海	上海	26667.4	12451.5	524.2	0.0	0.3	234.8	13456.6
财通证券湖墅南路证券营业部	浙江	杭州	26665.1	17017.9	61.5	0.0	0.2	56.3	9529.3
中信证券花园东路证券营业部	北京	北京	26619.0	11808.7	64.8	0.0	0.3	118.4	14626.8
中信证券漕溪北路证券营业部	上海	上海	26592.8	8797.8	199.4	0.0	0.7	134.9	17460.1
中航证券有限安立路证券营业部	北京	北京	26584.0	9085.3	16.9	0.0	0.0	148.6	17333.2
安信证券北窖证券营业部	广东	佛山	26553.3	11701.6	58.6	0.0	0.4	33.2	14759.4
浙商证券解放北路证券营业部	浙江	绍兴	26549.3	14659.0	28.2	0.0	18.2	14.5	11829.4
华创证券泰然六路证券营业部	深圳	深圳	26484.5	12257.3	0.3	0.0	153.9	351.4	13721.6
光大证券天河北路证券营业部	广东	广州	26478.0	15283.4	58.3	0.0	0.1	292.7	10843.5
光大证券西藏中路证券营业部	上海	上海	26457.0	4378.4	36.3	0.0	1.0	16.6	22024.8
中国银河证券五莲路证券营业部	上海	上海	26451.9	12340.6	79.1	0.0	2.6	64.6	13965.1
中国中投证券大良证券营业部	广东	顺德	26444.7	17806.6	55.2	0.0	0.3	26.5	8556.0
海通证券本溪路证券营业部	上海	上海	26372.3	8434.7	1871.3	0.0	0.3	55.0	16011.0
中国银河证券太阳宫证券营业部	北京	北京	26358.2	14592.4	119.8	0.0	0.2	115.5	11530.3
华福证券向高街证券营业部	福建	福清	26290.9	14413.0	39.2	0.0	38.5	9.3	11790.9
中银国际证券天河路证券营业部	广东	广州	26266.8	17501.0	233.8	0.0	13.7	96.7	8421.5
东兴证券梅园东路证券营业部	福建	莆田	26262.8	23408.2	72.8	0.0	0.0	61.3	2720.6
海通证券人民中路证券营业部	江苏	南通	26255.5	15158.6	42.3	0.0	0.0	48.0	11006.6
招商证券惠工街证券营业部	辽宁	沈阳	26251.9	10596.1	165.9	0.0	0.9	87.9	15401.1
新时代证券金桥路证券营业部	上海	上海	26247.1	7231.4	14.1	0.0	0.0	16.8	18984.7
申银万国证券延长中路营业部	上海	上海	26157.6	10236.3	47.8	0.0	366.9	26.8	15479.8
东吴证券竹辉路证券营业部	江苏	苏州	26144.0	9720.6	192.8	0.0	0.4	24.8	16205.4
国信证券五一大道证券营业部	湖南	长沙	26097.0	10561.6	17.8	0.0	0.0	8.7	15509.0
湘财证券北四环东路证券营业部	北京	北京	26059.9	8446.1	33.6	0.0	0.2	98.1	17481.9
中国银河证券营口路证券营业部	上海	上海	26056.9	10408.7	58.9	0.0	0.8	589.9	14998.6
华泰证券中山北路证券营业部	江苏	南京	25988.5	15855.2	77.3	0.0	8.9	91.7	9955.5
长城证券望京西路证券营业部	北京	北京	25969.2	9368.9	16.9	0.0	0.1	12.5	16570.9
中国银河证券证券营业部	浙江	湖州	25945.9	14586.8	89.8	0.0	0.2	77.2	11191.9
光大证券浦东南路证券营业部	上海	上海	25912.3	6578.6	56.0	0.0	0.1	156.1	19121.5
国泰君安证券五一中路证券营业部	湖南	长沙	25902.9	16824.5	43.1	0.0	0.2	403.6	8631.4
安信证券城新西路证券营业部	广东	潮州	25897.8	13473.8	48.9	0.0	0.4	10.0	12364.7
中国银河证券证券营业部	浙江	金华	25836.7	21212.1	74.2	0.0	0.6	9.7	4540.0
兴业证券景田路证券营业部	深圳	深圳	25792.8	14706.1	163.1	0.0	0.4	122.8	10800.4

注：营业部交易金额的单位为百万元。

证券营业部交易
Trading of Business Department

营业部名称 Business Department	省份 Province	城市 City	总计 Total	股票 Share	基金 Fund	权证 Warrant	政府债 G-Bond	公司债 C-Bond	债券回购 Repo
东兴证券温陵北路证券营业部	福建	泉州	25791.3	19124.9	51.3	0.0	0.1	22.5	6592.5
中信万通证券东海西路证券营业部	山东	青岛	25789.7	11837.3	260.7	0.0	11.7	90.5	13589.5
国泰君安证券浩特新城西街营业部	内蒙	呼和浩特	25767.6	7390.3	8.4	0.0	0.0	5.6	18363.4
浙商证券人民路证券营业部	浙江	绍兴	25730.5	12727.3	43.8	0.0	0.2	1.4	12957.8
国泰君安证券紫阳东路证券营业部	湖北	武汉	25714.1	11239.0	1086.0	0.0	0.0	13.2	13375.9
华林证券北三环东路证券营业部	北京	北京	25708.5	19791.0	53.5	0.0	0.5	27.6	5836.0
申银万国证券金田路证券营业部	深圳	深圳	25601.2	7812.1	15.0	0.0	0.0	778.3	16995.8
国泰君安证券东乐路证券营业部	广东	顺德	25597.6	17236.6	110.4	0.0	0.0	293.7	7957.0
中国银河证券新塘路证券营业部	浙江	杭州	25564.2	12991.2	17.0	0.0	5.8	19.2	12531.1
信达证券中华路证券营业部	上海	上海	25518.7	7755.7	333.2	0.0	0.0	79.5	17350.3
广发证券黄埔大道证券营业部	广东	广州	25457.3	14912.9	163.7	0.0	25.9	67.2	10287.6
浙商证券萧山恒隆广场证券营业部	浙江	杭州	25382.9	14865.5	14.0	0.0	0.0	9.4	10493.9
中信建投证券深南中路中核大厦营业部	深圳	深圳	25381.9	8317.5	50.6	0.0	0.8	63.5	16949.5
海通证券余姚路证券营业部	上海	上海	25380.4	7033.1	84.3	0.0	0.1	99.1	18163.9
中国银河证券广渠门大街证券营业部	北京	北京	25328.2	15561.6	297.3	0.0	1.5	78.2	9389.6
渤海证券天山路证券营业部	上海	上海	25314.2	8997.2	57.5	0.0	71.7	160.6	16027.2
海通证券工人体育场北路证券营业部	北京	北京	25313.9	10897.3	366.5	0.0	0.0	39.6	14010.3
中信建投证券市五莲路证券营业部	上海	上海	25296.4	8898.1	87.6	0.0	4.6	102.0	16204.2
东吴证券工业园区现代大道证券营业部	江苏	苏州	25220.1	12966.3	66.7	0.0	0.3	82.9	12104.0
国泰君安证券虹桥路证券营业部	上海	上海	25172.4	11385.3	165.4	0.0	2.0	147.9	13471.8
湘财证券共和新路证券营业部	上海	上海	25145.7	8631.6	59.0	0.0	0.7	63.5	16390.9
申银万国证券曲阳路证券营业部	上海	上海	25112.2	8519.9	116.2	0.0	1.9	40.8	16433.5
中国中投证券百园路证券营业部	广东	湛江	25048.6	6681.3	8.0	0.0	0.0	645.1	17714.3
东方证券新川路证券营业部	上海	上海	25021.0	12744.1	10.8	0.0	10.2	13.9	12242.0
中国银河证券高新南一道中科大厦营业部	深圳	深圳	24990.3	4340.0	44.4	0.0	5.6	1057.9	19542.4
海通证券经七路证券营业部	河南	郑州	24990.1	18962.9	82.9	0.0	0.0	16.5	5927.7
中信万通证券南大街证券营业部	山东	烟台	24987.7	7769.1	100.9	0.0	0.0	30.1	17087.6
中信证券（浙江）凤起路证券营业部	浙江	杭州	24922.6	11845.6	478.8	0.0	1.1	28.7	12568.4
国泰君安证券东风中路证券营业部	广东	广州	24877.8	13518.4	97.2	0.0	146.9	946.0	10169.3
国泰君安证券十一纬路证券营业部	辽宁	沈阳	24860.1	11925.9	6122.3	0.0	0.5	3.0	6808.5
长城证券福华三路证券营业部	深圳	深圳	24858.2	13089.8	13.0	0.0	0.5	20.4	11734.4
中信证券徐东大街证券营业部	湖北	武汉	24849.4	3800.4	201.4	0.0	0.0	25.6	20822.0
国泰君安证券建设路证券营业部	四川	成都	24816.0	14140.4	254.5	0.0	1.9	32.2	10386.9
国海证券奥奇丽路证券营业部	广西	梧州	24806.5	5108.1	13.1	0.0	0.0	1021.5	18663.8
招商证券江苏路证券营业部	上海	上海	24671.4	10108.4	387.5	0.0	9.2	43.3	14123.0
华西证券学院路证券营业部	浙江	杭州	24652.1	14961.4	76.1	0.0	0.0	21.9	9592.6
中信证券（浙江）越王城证券营业部	浙江	绍兴	24587.7	15353.4	17.1	0.0	0.0	98.3	9118.9
中信证券友谊路证券营业部	天津	天津	24547.1	12540.8	349.5	0.0	2.6	160.8	11493.5
东方证券浦东南路证券营业部	上海	上海	24515.1	8388.0	56.4	0.0	3.1	22.4	16045.1
安信证券福华一路证券营业部	深圳	深圳	24444.8	14983.7	63.7	0.0	0.0	8.0	9389.5
齐鲁证券有限求是路证券营业部	浙江	杭州	24418.3	10637.3	569.5	0.0	0.0	44.0	13167.5
国信证券宝安兴华路证券营业部	深圳	深圳	24360.5	2441.8	1.0	0.0	0.0	4.7	21913.0
中信建投证券市子固路证券营业部	江西	南昌	24287.7	11804.5	13.8	0.0	870.7	204.5	11394.3
海通证券江南西路营业部	广东	广州	24271.3	8307.4	81.8	0.0	0.0	38.4	15843.7
中国中投证券横浜路证券营业部	上海	上海	24260.8	14911.9	53.7	0.0	0.9	29.3	9265.0
中信建投证券市泺源大街证券营业部	山东	济南	24236.1	11968.5	1110.3	0.0	47.9	27.1	11082.3
宏源证券体育场路证券营业部	浙江	杭州	24219.1	14098.1	104.5	0.0	3.7	31.2	9981.6
华泰证券牡丹江路证券营业部	上海	上海	24218.6	13658.1	44.7	0.0	832.4	88.3	9595.2
东兴证券肇嘉浜路证券营业部	上海	上海	24193.8	7450.6	56.5	0.0	20.4	1364.7	15301.6
平安证券潮王路证券营业部	浙江	杭州	24142.7	10801.3	22.4	0.0	0.1	53.9	13264.9

注：营业部交易金额的单位为百万元。

证券营业部交易
Trading of Business Department

营业部名称 Business Department	省份 Province	城市 City	总计 Total	股票 Share	基金 Fund	权证 Warrant	政府债 G-Bond	公司债 C-Bond	债券回购 Repo
申银万国证券中华路证券营业部	上海	上海	24099.7	8908.5	18.7	0.0	0.3	48.0	15124.4
平安证券常熟路证券营业部	上海	上海	24083.5	11097.6	100.3	0.0	10.5	218.0	12657.1
上海证券罗阳大道证券营业部	浙江	瑞安	24075.6	22545.1	87.2	0.0	0.0	13.6	1429.7
英大证券镇宁路证券营业部	上海	上海	24033.3	7027.3	11.5	0.0	0.0	6.2	16988.4
中银国际证券人民中路证券营业部	四川	成都	24033.2	7928.6	44.4	0.0	0.0	5.0	16055.2
申银万国证券同泰路营业部	上海	上海	23997.9	11725.5	218.4	0.0	1.4	448.6	11604.0
中国银河证券海德三道证券营业部	深圳	深圳	23979.2	9411.1	41.7	0.0	0.9	33.9	14491.7
国元证券民生路证券营业部	上海	上海	23965.8	2430.0	2.8	0.0	66.8	1148.8	20317.4
中银国际证券彩田路证券营业部	深圳	深圳	23946.1	20098.2	100.6	0.0	0.0	20.6	3726.6
招商证券北大街证券营业部	陕西	西安	23896.1	15901.9	164.8	0.0	9.1	75.7	7744.7
国泰君安证券华林路证券营业部	福建	福州	23888.6	12978.8	681.1	0.0	0.0	81.8	10147.0
广发证券新会知政中路证券营业部	广东	江门	23875.4	10451.3	34.7	0.0	0.7	84.8	13304.0
中原证券商务外环路证券营业部	河南	郑州	23856.2	5483.1	3.3	0.0	0.0	2.2	18367.5
中国银河证券东大名路外滩证券营业部	上海	上海	23838.8	10892.4	29.8	0.0	0.9	22.4	12893.4
中信建投证券青年路证券营业部	江苏	泰州	23806.6	6450.6	285.1	0.0	9.6	139.7	16921.5
华创证券长江西路证券营业部	四川	德阳	23799.2	4607.8	6.7	0.0	0.2	2.2	19182.3
兴业证券朱雀大街证券营业部	陕西	西安	23792.5	13332.2	43.8	0.0	4.9	185.1	10226.6
海通证券辽河大街证券营业部	辽宁	营口	23668.6	8078.2	10.1	0.0	49.5	128.8	15402.0
中国民族证券延平路证券营业部	上海	上海	23646.5	9737.8	35.2	0.0	4.3	80.2	13789.0
申银万国证券奉贤证券营业部	上海	上海	23626.1	13719.5	867.1	0.0	0.3	40.0	8999.2
申银万国证券南京华侨路营业部	江苏	南京	23570.9	15280.4	24.2	0.0	1.3	187.7	8077.3
中信万通证券经济技术开发区井冈山路证券营业部	山东	青岛	23564.7	14227.4	25.8	0.0	0.0	300.6	9010.9
齐鲁证券有限朝外大街证券营业部	北京	北京	23553.7	12976.6	47.2	0.0	0.4	1.7	10527.9
申银万国证券密渡桥路证券营业部	浙江	杭州	23545.6	13154.7	90.1	0.0	0.0	103.6	10197.2
东方证券牡丹路证券营业部	上海	上海	23478.2	8237.2	114.2	0.0	0.0	3.0	15123.8
广发证券海滨路证券营业部	广东	汕头	23402.0	10668.3	24.1	0.0	9.6	17.3	12682.8
长城证券天河北路证券营业部	广东	广州	23365.1	12231.5	165.3	0.0	0.0	141.6	10826.7
申银万国证券嘉兴禾兴北路营业部	浙江	嘉兴	23344.0	19418.2	16.6	0.0	1.0	1559.5	2348.7
申银万国证券东川路证券营业部	上海	上海	23342.4	10182.7	740.1	0.0	3.1	77.9	12338.7
中银国际证券蓝天路证券营业部	海南	海口	23304.7	8399.9	13.2	0.0	0.0	35.3	14856.4
华泰证券共和新路证券营业部	上海	上海	23236.0	13030.7	297.6	0.0	4.0	53.1	9850.6
中信证券古北路证券营业部	上海	上海	23230.2	9079.5	85.2	0.0	0.7	90.5	13974.3
招商证券泉城路证券营业部	山东	济南	23197.9	14159.9	40.4	0.0	0.0	136.8	8860.9
华泰证券环城西路证券营业部	江苏	南通	23134.4	16474.6	567.2	0.0	0.2	108.6	5983.8
中国中投证券广宜街证券营业部	辽宁	沈阳	23117.4	4399.7	8.7	0.0	4.3	967.6	17737.2
齐鲁证券有限天九街证券营业部	浙江	慈溪	23110.1	16026.6	73.4	0.0	0.0	4.6	7005.5
中信建投证券天河路证券营业部	广东	广州	23083.0	6089.6	36.1	0.0	23.4	592.6	16341.3
光大证券绿景路证券营业部	广东	佛山	23078.5	11694.3	38.3	0.0	3.5	99.3	11243.0
中信证券张自忠路证券营业部	北京	北京	23070.1	13215.3	482.3	0.0	0.6	397.3	8974.6
国信证券南海大道证券营业部	广东	佛山	23063.8	14742.2	51.0	0.0	0.9	13.3	8256.5
中信建投证券海府大道证券营业部	海南	海口	23042.2	8523.3	219.1	0.0	15.0	468.3	13816.4
世纪证券深南大道中证券营业部	深圳	深圳	23035.0	7915.8	10.4	0.0	0.0	460.9	14647.8
华福证券延安北路证券营业部	福建	漳州	23016.8	13581.8	152.9	0.0	0.9	10.9	9270.4
方正证券小南路证券营业部	浙江	温州	22941.9	17853.0	52.3	0.0	0.1	15.3	5021.1
信达证券灵山路证券营业部	上海	上海	22820.7	7368.2	84.5	0.0	0.1	447.9	14920.0
华林证券南京西路证券营业部	上海	上海	22779.4	12523.8	60.6	0.0	4.0	100.9	10090.2
海通证券红岭中路营业部	深圳	深圳	22721.2	14864.5	338.3	0.0	3.1	45.7	7469.6
浙商证券万航渡路证券营业部	上海	上海	22716.7	10016.0	73.4	0.0	1.8	139.5	12486.0
东兴证券江厝路证券营业部	福建	福州	22677.2	11782.3	69.2	0.0	0.0	6.1	10819.6
国元证券百花二路证券营业部	深圳	深圳	22661.5	6441.1	5.8	0.0	1.5	15.1	16198.0

注：营业部交易金额的单位为百万元。

证券营业部交易
Trading of Business Department

营业部名称 Business Department	省份 Province	城市 City	总计 Total	股票 Share	基金 Fund	权证 Warrant	政府债 G-Bond	公司债 C-Bond	债券回购 Repo
方正证券福中路证券营业部	深圳	深圳	22643.8	10396.3	50.1	0.0	0.0	3.5	12194.0
东兴证券五一北路证券营业部	福建	福州	22643.4	9096.6	57.6	0.0	0.8	32.3	13456.2
中国银河证券建设大马路证券营业部	广东	广州	22629.0	13892.6	11.4	0.0	0.6	129.1	8595.4
国金证券武成大街证券营业部	四川	成都	22627.2	14828.5	29.0	0.0	1.3	14.0	7754.4
中信建投证券市永嘉路证券营业部	上海	上海	22610.6	9356.9	37.7	0.0	1.1	181.5	13033.3
广州证券西湖路证券营业部	广东	广州	22577.5	7600.7	114.6	0.0	26.5	1150.0	13685.7
齐鲁证券有限厦禾路证券营业部	福建	厦门	22569.5	12409.0	33.6	0.0	1.2	109.3	10016.5
广发证券中山西路证券营业部	上海	上海	22474.8	9367.9	23.6	0.0	0.8	128.9	12953.7
广发证券民田路证券营业部	深圳	深圳	22469.3	19239.9	43.6	0.0	10.0	23.2	3152.5
东方证券长宁路证券营业部	上海	上海	22443.0	7746.4	77.7	0.0	0.9	17.4	14600.6
西部证券金花南路证券营业部	陕西	西安	22391.0	5658.1	6.7	0.0	1.1	22.3	16702.8
申银万国证券三林路营业部	上海	上海	22378.3	11019.2	40.5	0.0	8.0	72.9	11237.7
中信证券中新路证券营业部	江苏	苏州	22355.8	16337.8	134.7	0.0	0.3	60.0	5823.1
国泰君安证券临海证券营业部	浙江	台州	22296.4	14859.2	40.9	0.0	50.8	111.5	7234.1
中国银河证券澳门路证券营业部	湖北	武汉	22277.0	9724.3	47.4	0.0	9.0	347.9	12148.3
华泰证券劳动西路证券营业部	湖南	长沙	22259.0	15409.0	278.8	0.0	0.0	523.9	6047.3
华泰证券威宁路证券营业部	上海	上海	22249.6	9773.2	68.2	0.0	1.6	58.9	12347.7
光大证券南山路证券营业部	浙江	宁波	22238.4	12945.9	7.4	0.0	5.4	6.7	9273.1
海通证券五一大道营业部	湖南	长沙	22228.8	14807.1	100.7	0.0	0.5	131.1	7189.3
齐鲁证券有限正阳路证券营业部	山东	青岛	22228.3	3220.6	102.0	0.0	543.4	2.2	18360.3
西南证券黄陵路证券营业部	上海	上海	22203.8	9069.5	59.1	0.0	0.4	54.6	13020.1
国泰君安证券民生路证券营业部	重庆	重庆	22184.6	7489.6	55.6	0.0	0.0	469.3	14170.1
中信建投证券市邮电路证券营业部	江苏	常州	22169.6	10668.8	42.3	0.0	146.3	553.3	10758.9
安信证券山东路证券营业部	山东	青岛	22159.8	5158.9	17.0	0.0	0.6	91.6	16891.7
宏源证券莫干山路证券营业部	浙江	杭州	22146.6	12493.5	22.3	0.0	0.2	10.5	9620.1
国泰君安证券杨桥东路证券营业部	福建	福州	22140.2	12532.4	47.6	0.0	0.2	50.6	9509.4
长城证券民生路证券营业部	上海	上海	22138.5	7229.3	16.1	0.0	29.5	127.6	14736.0
东莞证券古北路证券营业部	上海	上海	22128.6	9266.7	38.1	0.0	0.1	71.6	12752.2
申银万国证券扬子江中路证券营业部	江苏	扬州	22108.9	11758.0	22.1	0.0	0.0	11.3	10317.5
兴业证券九一南路证券营业部	福建	龙岩	22105.9	13671.5	122.5	0.0	0.1	9.0	8302.8
湘财证券教工路证券营业部	浙江	杭州	22096.5	15638.1	90.5	0.0	0.0	225.3	6142.6
广发证券市中山四路证券营业部	广东	中山	22096.4	8761.7	93.3	0.0	0.3	23.7	13217.5
广发证券万松园路证券营业部	湖北	武汉	22093.9	6484.1	48.2	0.0	0.1	13.6	15548.0
中国银河证券园湖南路证券营业部	广西	南宁	22060.3	6373.4	11.9	0.0	0.0	41.8	15633.2
财通证券环城西路证券营业部	浙江	杭州	22051.3	14597.8	142.0	0.0	13.7	13.8	7284.0
中信证券（浙江）吉杨路证券营业部	浙江	嘉兴	22014.8	13570.6	47.2	0.0	0.0	27.0	8370.0
国联证券五爱北路证券营业部	江苏	无锡	22008.4	7285.4	11.2	0.0	0.7	17.5	14693.5
申银万国证券丰镇路证券营业部	上海	上海	21975.7	8356.9	36.5	0.0	0.3	76.2	13505.8
国泰君安证券方庄路证券营业部	北京	北京	21950.5	14526.3	134.5	0.0	160.1	85.7	7043.8
东海证券花园路证券营业部	上海	上海	21930.7	7072.2	45.1	0.0	0.3	22.3	14790.8
中山证券零陵路证券营业部	上海	上海	21925.5	6981.7	11.9	0.0	0.1	11.0	14920.8
中银国际证券和平南大街证券营业部	辽宁	沈阳	21914.9	12285.1	48.5	0.0	0.6	7.0	9573.8
中国银河证券马家堡东路证券营业部	北京	北京	21910.2	10669.4	59.2	0.0	0.4	7120.9	4060.2
红塔证券滇池路证券营业部	云南	昆明	21887.6	832.7	10.2	0.0	0.3	5.9	21038.5
安信证券市文明中路证券营业部	广东	茂名	21873.2	8834.2	21.2	0.0	0.7	31.3	12985.8
申银万国证券广州天河北路营业部	广东	广州	21868.2	14073.4	816.3	0.0	0.3	26.9	6951.3
中国国际金融有限洪湖西路证券营业部	重庆	重庆	21867.6	12278.3	48.1	0.0	2.0	20.9	9518.3
华泰证券中山东路证券营业部	江苏	南京	21843.8	5298.0	1538.4	0.0	0.4	303.3	14703.7
东方证券裕民路证券营业部	辽宁	抚顺	21826.8	9470.7	13.7	0.0	0.1	23.8	12318.5
华福证券中山路证券营业部	福建	龙岩	21819.3	17612.1	218.3	0.0	0.1	4.0	3984.9

注：营业部交易金额的单位为百万元。

证券营业部交易
Trading of Business Department

营业部名称 Business Department	省份 Province	城市 City	总计 Total	股票 Share	基金 Fund	权证 Warrant	政府债 G-Bond	公司债 C-Bond	债券回购 Repo
海通证券庄师范街证券营业部	河北	石家庄	21768.1	7153.7	30.7	0.0	0.0	10.3	14573.4
申银万国证券瞿溪路证券营业部	上海	上海	21749.9	6154.3	27.6	0.0	0.3	127.4	15440.3
财通证券龙井路证券营业部	浙江	杭州	21745.5	7761.1	887.1	0.0	6.5	16.4	13074.4
广发证券彩田路证券营业部	深圳	深圳	21707.1	6235.0	135.0	0.0	0.0	10.2	15326.9
国元证券威海路证券营业部	上海	上海	21694.6	7692.2	22.1	0.0	0.3	76.4	13903.6
首创证券共和新路证券营业部	上海	上海	21672.4	6043.9	91.9	0.0	0.3	42.0	15494.4
浙商证券后街证券营业部	浙江	金华	21665.8	14675.3	32.6	0.0	0.0	22.9	6935.0
东莞证券运河西路证券营业部	广东	东莞	21626.4	9750.3	41.2	0.0	0.4	67.8	11766.7
国海证券宝源路证券营业部	上海	上海	21603.1	5180.4	24.0	0.0	0.8	186.2	16211.7
东北证券永嘉路证券营业部	上海	上海	21597.9	6945.3	36.7	0.0	0.3	50.3	14565.2
东方证券宜山路证券营业部	上海	上海	21594.5	10926.1	14.9	0.0	0.0	477.1	10176.3
华西证券东一环路证券营业部	四川	成都	21589.2	11180.6	102.1	0.0	4.9	18.4	10283.2
中国银河证券中原路证券营业部	上海	上海	21569.4	8939.7	37.7	0.0	2.0	88.1	12502.0
中信建投证券庄建设南大街证券营业部	河北	石家庄	21560.4	14370.9	1446.5	0.0	0.8	12.0	5730.3
光大证券武成大街证券营业部	四川	成都	21556.8	13207.4	51.2	0.0	14.4	181.9	8102.0
申银万国证券碧江路营业部	上海	上海	21550.4	10901.5	178.5	0.0	6.0	141.0	10323.4
国元证券河北路证券营业部	天津	天津	21533.3	7977.2	7.1	0.0	0.0	20.9	13528.2
宏源证券东四环中路证券营业部	北京	北京	21461.3	9354.8	68.5	0.0	11.3	85.0	11941.9
齐鲁证券有限湖东路证券营业部	福建	福州	21433.6	10046.1	51.0	0.0	5.8	37.3	11293.4
中国银河证券中南路证券营业部	湖北	武汉	21412.1	6711.0	16.7	0.0	11.3	11.7	14661.4
中信建投证券福中路证券营业部	深圳	深圳	21408.7	9113.0	4.1	0.0	0.0	70.4	12221.3
南京证券大钟亭证券营业部	江苏	南京	21405.7	11094.5	43.9	0.0	9.2	59.0	10199.2
国海证券中山中路证券营业部	广西	桂林	21405.0	17105.5	45.0	0.0	1.5	46.8	4206.2
国元证券江南大道中路证券营业部	广东	广州	21388.1	11709.0	59.4	0.0	1.4	21.9	9596.4
齐鲁证券有限江西路证券营业部	山东	青岛	21370.0	12585.4	4638.0	0.0	0.1	14.7	4131.9
光大证券新园路营业部	深圳	深圳	21369.0	11511.5	31.8	0.0	11.9	1.4	9812.5
宏源证券浦北路证券营业部	上海	上海	21283.7	9601.0	49.6	0.0	5.1	251.3	11376.7
中国银河证券朝阳门北大街证券营业部	北京	北京	21278.3	14516.0	57.4	0.0	1.1	50.5	6653.3
东莞证券常平证券营业部	广东	东莞	21268.9	11756.3	18.6	0.0	0.1	11.6	9482.3
长江证券浦东大道证券营业部	上海	上海	21267.6	10485.8	104.5	0.0	4.3	253.0	10420.0
英大证券新城广场证券营业部	深圳	深圳	21249.5	6868.8	5.8	0.0	0.0	219.1	14155.7
中信证券（浙江）中山东路证券营业部	浙江	宁波	21224.4	13900.3	44.3	0.0	0.8	157.8	7121.2
浙商证券体育东路证券营业部	广东	广州	21216.0	14550.9	4.5	0.0	0.0	0.0	6660.5
中国银河证券天山路证券营业部	广东	汕头	21175.7	9805.8	23.0	0.0	0.0	100.6	11246.4
华泰证券环市东路证券营业部	广东	广州	21160.8	11260.2	2977.2	0.0	0.2	25.8	6897.5
长江证券珞瑜路证券营业部	湖北	武汉	21155.0	13114.9	200.8	0.0	1.8	88.4	7749.1
东北证券世纪大道证券营业部	上海	上海	21154.0	6478.1	18.5	0.0	0.1	22.9	14634.4
渤海证券昆明路证券营业部	上海	上海	21126.1	7128.8	290.3	0.0	0.4	10.0	13696.7
中国中投证券安立路证券营业部	北京	北京	21119.0	15842.3	75.4	0.0	0.8	40.9	5159.6
中国银河证券广场东路证券营业部	江西	南昌	21065.0	13193.1	27.6	0.0	4.7	58.2	7781.3
光大证券中山西路证券营业部	浙江	宁波	21038.3	14867.1	162.4	0.0	0.7	137.2	5871.0
兴业证券五一南路证券营业部	福建	福州	21021.0	10849.3	19.3	0.0	1.7	26.9	10123.7
招商证券龙岗深惠路证券营业部	深圳	深圳	20935.1	18732.7	58.0	0.0	1.6	46.4	2096.3
东莞证券长安证券营业部	广东	东莞	20921.4	16248.7	25.3	0.0	0.9	12.3	4634.2
东方证券丰庄路证券营业部	上海	上海	20893.7	4673.7	17.2	0.0	222.6	738.6	15241.7
长城证券云林街证券营业部	湖北	武汉	20881.6	14335.3	31.6	0.0	0.2	14.6	6499.9
东吴证券文晖路证券营业部	浙江	杭州	20871.8	7428.0	77.6	0.0	1.0	17.1	13348.1
西南证券延安西路证券营业部	上海	上海	20869.8	8924.9	144.5	0.0	0.0	19.5	11780.8
华泰证券永乐路证券营业部	江苏	无锡	20826.2	10009.1	451.4	0.0	0.4	37.7	10327.5
新时代证券天山路证券营业部	上海	上海	20796.3	11104.6	22.2	0.0	0.0	831.9	8837.6

注：营业部交易金额的单位为百万元。

证券营业部交易
Trading of Business Department

营业部名称 Business Department	省份 Province	城市 City	总计 Total	股票 Share	基金 Fund	权证 Warrant	政府债 G-Bond	公司债 C-Bond	债券回购 Repo
中国银河证券人民路证券营业部	上海	上海	20651.3	6207.5	30.3	0.0	0.1	25.0	14388.4
中国银河证券鼓楼东大街证券营业部	山西	临汾	20607.1	9592.7	14.1	0.0	0.6	4.1	10995.5
广发证券北京东路证券营业部	江苏	南京	20583.5	7146.3	7.9	0.0	0.9	7.2	13421.2
中国银河证券洪武路证券营业部	江苏	南京	20581.5	15051.0	110.2	0.0	26.3	51.5	5342.5
华泰证券文昌中路证券营业部	江苏	扬州	20533.0	15773.8	213.7	0.0	2.7	51.6	4491.2
中信证券（浙江）环城西路证券营业部	浙江	湖州	20521.4	14379.7	29.2	0.0	0.0	89.1	6023.4
东方证券古龙路证券营业部	上海	上海	20520.5	5241.3	38.1	0.0	3.4	25.8	15211.9
广发证券黄塘路证券营业部	广东	肇庆	20514.2	7142.5	328.0	0.0	0.0	34.5	13009.1
中国中投证券滨江东路证券营业部	广东	广州	20513.5	14210.1	443.4	0.0	0.1	40.0	5819.8
渤海证券景德路证券营业部	江苏	苏州	20494.6	8519.8	5.3	0.0	0.1	18.4	11951.0
中国银河证券嘉禾路证券营业部	福建	厦门	20483.2	13390.8	37.9	0.0	0.7	3.8	7050.1
中邮证券电子二路证券营业部	陕西	西安	20476.2	5842.8	7.9	0.0	0.1	1.2	14624.2
海通证券宣化路营业部	上海	上海	20464.1	5911.8	149.0	0.0	0.3	50.9	14352.1
国盛证券物资大楼证券营业部	江西	南昌	20463.7	6199.3	20.3	0.0	0.5	1.4	14242.2
安信证券南海证券营业部	广东	南海	20413.6	10893.2	50.6	0.0	0.6	19.3	9449.9
国信证券朝阳北路证券营业部	北京	北京	20408.7	13949.2	190.7	0.0	33.7	86.4	6148.7
方正证券杭海路证券营业部	浙江	杭州	20379.6	2904.8	8.3	0.0	0.6	0.5	17465.4
中银国际证券黄孝河路证券营业部	湖北	武汉	20376.5	16180.4	18.0	0.0	0.6	13.7	4163.9
方正证券留芳岭证券营业部	湖南	长沙	20372.2	10467.4	10.8	0.0	0.2	11.2	9882.7
国金证券北京路证券营业部	云南	昆明	20365.7	4425.1	22.3	0.0	0.0	39.7	15878.7
广发证券虎门证券营业部	广东	东莞	20351.0	10360.9	79.9	0.0	0.7	19.1	9890.4
华泰证券人民南路证券营业部	四川	成都	20350.7	12878.0	35.6	0.0	1.6	2.4	7433.2
中国银河证券稠州北路证券营业部	浙江	义乌	20326.8	4004.7	3.7	0.0	0.0	2.4	16316.0
中国银河证券浦东南路证券营业部	上海	上海	20320.5	7631.3	11.1	0.0	0.0	32.6	12645.6
华泰证券西藏南路证券营业部	上海	上海	20280.0	8532.4	91.0	0.0	0.5	63.5	11592.5
平安证券临江西路证券营业部	四川	成都	20272.8	6684.0	13.0	0.0	0.6	5.4	13569.8
国都证券大连路证券营业部	上海	上海	20262.6	9153.1	14.6	0.0	2.2	50.1	11042.5
平安证券金融大街证券营业部	北京	北京	20246.0	7377.7	37.3	0.0	1.7	129.0	12700.3
广发证券建外大街证券营业部	北京	北京	20239.7	13186.6	44.2	0.0	0.9	21.4	6986.7
申银万国证券利津路证券营业部	上海	上海	20238.3	7229.5	67.6	0.0	43.1	322.2	12575.9
方正证券建湘路证券营业部	湖南	长沙	20177.9	6455.6	11.9	0.0	0.0	9.6	13700.8
中国中投证券迎宾路证券营业部	福建	泉州	20151.9	14259.6	28.1	0.0	0.0	5.7	5858.5
华福证券杨桥路证券营业部	福建	福州	20134.5	9606.8	38.0	0.0	0.1	52.8	10436.8
中国银河证券南阳路证券营业部	河南	郑州	20128.9	11158.0	47.8	0.0	0.0	39.0	8884.0
光大证券镇海城关证券营业部	浙江	宁波	20078.7	13469.9	35.2	0.0	0.7	18.8	6554.2
平安证券深南中路证券营业部	深圳	深圳	20049.5	15491.8	66.4	0.0	0.1	4.6	4486.5
信达证券铁岭路证券营业部	上海	上海	20017.6	8303.0	11.6	0.0	0.2	6.7	11696.1
华泰证券人民中路证券营业部	江苏	盐城	19993.6	17251.6	335.3	0.0	0.0	2.9	2403.8
浙商证券四明中路证券营业部	浙江	宁波	19970.6	6308.5	18.1	0.0	0.0	20.9	13623.2
平安证券商报路奥林匹克大厦证券营业部	深圳	深圳	19944.4	14182.7	24.4	0.0	0.8	59.2	5677.4
华宝证券解放西路证券营业部	浙江	舟山	19898.6	14469.1	35.7	0.0	0.0	1228.0	4165.8
华福证券宛平南路证券营业部	上海	上海	19898.3	10000.1	20.3	0.0	0.3	40.3	9837.4
华泰证券远景路证券营业部	广东	广州	19895.1	12442.5	65.3	0.0	0.1	325.7	7061.6
中信建投证券市解放南路证券营业部	天津	天津	19864.7	11120.8	531.8	0.0	0.2	117.6	8094.3
招商证券季华五路证券营业部	广东	佛山	19803.5	12679.0	165.3	0.0	2.0	66.9	6890.3
海通证券西前街证券营业部	浙江	嵊州	19797.9	15815.1	122.1	0.0	0.3	14.7	3845.8
招商证券福明路证券营业部	浙江	宁波	19784.9	9087.8	5.7	0.0	3.9	199.1	10488.4
东北证券东风大街证券营业部	吉林	长春	19772.9	6109.0	2.7	0.0	0.1	2.6	13658.6
海通证券中华南路营业部	贵州	遵义	19716.9	5400.7	7.2	0.0	0.0	2.7	14306.4
华创证券北京路证券营业部	贵州	贵阳	19702.2	8249.1	24.4	0.0	1.0	69.4	11358.3

注：营业部交易金额的单位为百万元。

证券营业部交易
Trading of Business Department

营业部名称 Business Department	省份 Province	城市 City	总计 Total	股票 Share	基金 Fund	权证 Warrant	政府债 G-Bond	公司债 C-Bond	债券回购 Repo
中信建投证券凤山路证券营业部	福建	厦门	19661.6	9707.6	23.1	0.0	0.0	2.9	9928.0
中国银河证券浩特大学西街证券营业部	内蒙	呼和浩特	19644.8	3928.0	8.0	0.0	219.6	441.5	15047.7
光大证券解放北路证券营业部	广东	广州	19584.0	11846.3	1660.6	0.0	0.0	17.1	6060.0
国盛证券永叔路证券营业部	江西	南昌	19574.8	8287.3	11.8	0.0	0.0	78.1	11197.7
国泰君安证券笋岗路证券营业部	深圳	深圳	19537.8	10556.4	22.4	0.0	0.0	0.2	8958.7
海通证券大经路营业部	吉林	长春	19475.1	4625.4	7.3	0.0	0.0	666.6	14175.8
广发证券吉大路证券营业部	广东	珠海	19474.7	8027.8	22.1	0.0	1.6	3.5	11419.7
中信证券安亭证券营业部	上海	上海	19472.8	11795.7	54.4	0.0	0.3	15.7	7606.8
广发证券天佑三路证券营业部	广东	佛山	19465.3	10300.0	45.0	0.0	10.2	50.2	9059.9
广发证券水清南路证券营业部	上海	上海	19444.8	8468.1	339.7	0.0	1.3	21.4	10614.3
国金证券蜀源路证券营业部	四川	成都	19438.5	14287.8	18.5	0.0	88.1	516.8	4527.3
齐鲁证券有限香港中路民航大厦营业部	山东	青岛	19339.1	9979.0	7807.1	0.0	0.0	0.5	1552.5
中国中投证券晋陵中路证券营业部	江苏	常州	19305.0	11115.1	31.8	0.0	0.0	40.8	8117.3
东方证券沪亭北路证券营业部	上海	上海	19275.5	5130.2	4.6	0.0	31.8	278.5	13830.3
中信万通证券深圳路证券营业部	山东	青岛	19274.9	9221.8	185.7	0.0	0.0	177.6	9689.8
海通证券崮山路营业部	上海	上海	19245.3	5918.2	56.3	0.0	6.5	23.1	13241.3
华泰证券中央路第三证券营业部	江苏	南京	19230.0	10260.8	758.3	0.0	0.1	93.4	8117.3
恒泰证券祥德路证券营业部	上海	上海	19227.7	5800.1	46.4	0.0	0.6	458.9	12921.8
华福证券田安路证券营业部	福建	泉州	19175.2	10098.7	38.3	0.0	0.0	1.9	9036.3
申银万国证券陆家浜路证券营业部	上海	上海	19173.1	8367.9	103.2	0.0	0.8	54.6	10646.6
申银万国证券八一北街证券营业部	浙江	金华	19164.7	15892.4	11.2	0.0	0.4	2.8	3258.0
申银万国证券临沂路证券营业部	上海	上海	19163.0	9107.1	46.3	0.0	3.4	111.8	9894.5
申银万国证券北京西路证券营业部	江西	南昌	19160.4	10560.5	3.6	0.0	28.7	136.8	8430.8
中信建投证券南大红门路证券营业部	北京	北京	19138.7	8872.1	120.2	0.0	0.3	23.2	10123.0
湘财证券五四路证券营业部	福建	福州	19124.1	10393.3	60.1	0.0	0.0	210.0	8460.8
中原证券酒仙桥路证券营业部	北京	北京	19082.0	7914.7	70.2	0.0	0.2	27.8	11069.0
华泰证券经三路证券营业部	河南	郑州	19022.6	9409.9	232.5	0.0	0.0	11.0	9369.2
国信证券府西街证券营业部	山西	太原	19021.3	13618.5	8.9	0.0	0.2	3.0	5390.8
国海证券世纪大道证券营业部	上海	上海	18997.9	6217.8	22.4	0.0	0.2	220.2	12537.3
大通证券建国路证券营业部	北京	北京	18920.4	10769.8	18.7	0.0	0.0	383.4	7748.5
国联证券大桥北路证券营业部	江苏	无锡	18914.0	8587.4	10.0	0.0	0.1	41.9	10274.5
中国中投证券朝阳路证券营业部	北京	北京	18897.9	13831.5	113.9	0.0	0.0	94.7	4857.8
光大证券石龙证券营业部	广东	东莞	18894.5	9241.7	6.0	0.0	0.1	19.3	9627.4
中国银河证券中山二路证券营业部	广东	广州	18885.8	8790.4	28.7	0.0	0.3	105.8	9960.5
华泰证券庆春路证券营业部	浙江	杭州	18863.1	11603.8	145.6	0.0	9.3	19.9	7084.6
国元证券东方路证券营业部	上海	上海	18859.3	8352.8	25.5	0.0	0.0	17.8	10463.2
中信建投证券市荆沙路证券营业部	湖北	荆州	18849.7	6365.1	48.8	0.0	0.1	11.3	12424.4
中国银河证券中山北路证券营业部	上海	上海	18847.3	8317.5	39.9	0.0	3.6	42.4	10443.9
英大证券汉阳大道证券营业部	湖北	武汉	18824.5	4535.2	8.8	0.0	28.9	419.0	13832.6
信达证券古城路证券营业部	北京	北京	18824.2	10939.9	40.5	0.0	0.4	428.7	7414.7
东吴证券干将东路证券营业部	江苏	苏州	18793.8	6282.1	18.2	0.0	1.4	26.0	12466.2
中国银河证券海滨大道南证券营业部	广东	湛江	18788.8	16665.9	19.2	0.0	1.0	3.0	2099.7
中国中投证券西康路证券营业部	上海	上海	18759.3	6528.5	971.2	0.0	15.0	18.4	11226.2
申银万国证券双流路证券营业部	上海	上海	18757.1	9175.1	92.3	0.0	120.2	77.3	9292.2
海通证券知春路证券营业部	北京	北京	18745.0	9203.6	112.7	0.0	9.0	147.8	9271.9
国联证券首体南路证券营业部	北京	北京	18738.7	10371.9	212.5	0.0	1.4	134.4	8018.5
国海证券教育路证券营业部	广西	南宁	18736.6	14250.6	20.6	0.0	0.3	18.4	4446.6
平安证券庄中山西路证券营业部	河北	石家庄	18731.4	3792.6	0.9	0.0	16.9	111.8	14809.2
广发证券沿江大道证券营业部	湖北	武汉	18724.9	8072.1	51.2	0.0	0.0	10.1	10591.5
广州证券建设路营业部	广东	广州	18688.5	14459.7	11.3	0.0	15.0	15.1	4187.4

注：营业部交易金额的单位为百万元。

证券营业部交易
Trading of Business Department

营业部名称 Business Department	省份 Province	城市 City	总计 Total	股票 Share	基金 Fund	权证 Warrant	政府债 G-Bond	公司债 C-Bond	债券回购 Repo
齐鲁证券有限共青团路证券营业部	山东	济南	18665.8	11470.9	19.6	0.0	122.0	78.4	6975.0
宏源证券大庆中路证券营业部	江苏	盐城	18659.4	13203.9	7.2	0.0	1.2	180.2	5266.9
国泰君安证券长江西路证券营业部	安徽	合肥	18657.9	15939.9	63.7	0.0	0.4	22.4	2631.4
中国银河证券证券营业部	广东	佛山	18638.7	7410.3	16.8	0.0	5.3	44.9	11161.4
江海证券有限万航渡路证券营业部	上海	上海	18626.1	6976.6	10.4	0.0	1.2	22.2	11615.7
长城证券民族大道证券营业部	广西	南宁	18622.4	9980.4	27.4	0.0	0.1	32.6	8581.9
广州证券三里河东路证券营业部	北京	北京	18606.9	8484.8	28.3	0.0	105.6	337.7	9650.5
国信证券兴达街证券营业部	四川	绵阳	18590.0	14621.8	31.5	0.0	4.1	89.9	3842.7
申银万国证券中山一路营业部	重庆	重庆	18588.4	9040.5	57.4	0.0	40.3	33.8	9416.4
金元证券二环路证券营业部	四川	成都	18584.9	6020.6	8.1	0.0	16.8	136.0	12403.3
广发证券天宁路证券营业部	广东	江门	18573.6	8479.7	29.3	0.0	0.2	11.3	10053.1
天风证券八一路证券营业部	湖北	武汉	18555.0	5524.2	68.6	0.0	0.1	19.5	12942.6
华泰证券中关村南大街证券营业部	北京	北京	18546.9	11785.1	267.6	0.0	0.6	15.0	6478.6
海通证券工运路证券营业部	江苏	无锡	18531.7	5064.7	253.7	0.0	0.0	332.3	12881.0
海通证券中北路证券营业部	湖北	武汉	18475.1	9949.8	21.0	0.0	0.5	81.4	8422.4
宏源证券金马路证券营业部	辽宁	大连	18458.6	9575.6	183.2	0.0	0.4	5.0	8694.3
东海证券劳动西路证券营业部	江苏	常州	18449.6	9554.6	35.4	0.0	0.8	40.7	8818.1
华泰证券迎春西路证券营业部	江苏	泰州	18443.1	14452.4	317.5	0.0	2.0	198.2	3473.0
华安证券浦东南路证券营业部	上海	上海	18433.6	5404.0	10.3	0.0	0.0	15.7	13003.7
中信证券（浙江）南大街证券营业部	浙江	杭州	18406.5	8049.3	41.8	0.0	0.4	15.0	10300.0
联讯证券北辰东路证券营业部	北京	北京	18377.7	8198.4	11.9	0.0	0.5	49.4	10117.6
中国银河证券景田证券营业部	深圳	深圳	18371.8	9424.9	22.5	0.0	0.1	63.2	8861.1
华鑫证券淞滨路证券营业部	上海	上海	18371.5	4960.7	13.4	0.0	0.0	30.3	13367.2
齐鲁证券有限北四环西路证券营业部	北京	北京	18366.9	7639.9	120.7	0.0	32.9	663.5	9909.9
中国中投证券王府大街证券营业部	江苏	南京	18358.5	9121.0	39.6	0.0	1.8	55.3	9140.9
华福证券五一北路证券营业部	福建	福州	18326.1	6211.6	36.7	0.0	1.3	27.4	12049.1
中国银河证券经七路证券营业部	山东	济南	18316.3	2289.1	22.4	0.0	31.8	791.9	15181.3
国联证券漕宝路证券营业部	上海	上海	18309.5	5889.2	31.0	0.0	1.2	40.0	12348.2
国海证券深南大道证券营业部	深圳	深圳	18299.7	8811.6	26.6	0.0	0.1	22.3	9439.1
东莞证券东城大道证券营业部	广东	东莞	18285.2	8061.0	22.2	0.0	0.0	6.6	10195.3
东海证券延陵中路证券营业部	江苏	常州	18220.8	11594.0	27.8	0.0	7.2	154.1	6437.8
华泰证券长江路证券营业部	江苏	镇江	18214.7	11958.2	54.9	0.0	1.4	41.3	6158.9
西南证券滨河大道证券营业部	深圳	深圳	18167.1	12427.4	107.6	0.0	0.0	11.0	5621.1
申银万国证券中兴路证券营业部	浙江	宁波	18161.3	11120.3	102.3	0.0	0.0	11.7	6927.0
上海证券临平路证券营业部	上海	上海	18134.7	5823.1	29.4	0.0	72.7	71.7	12137.8
广发证券梅江二路证券营业部	广东	梅州	18121.3	9861.8	13.3	0.0	0.3	25.9	8220.0
中信证券玉林北街证券营业部	四川	成都	18105.5	8026.4	18.1	0.0	1.7	35.1	10024.2
中信证券大港证券营业部	天津	天津	18091.8	8613.1	231.5	0.0	0.6	39.1	9207.6
国泰君安证券永庆街证券营业部	山东	济南	18069.8	6813.9	12.1	0.0	26.5	511.3	10706.0
兴业证券列东街证券营业部	福建	三明	18068.9	13141.9	34.7	0.0	0.2	21.7	4870.4
中山证券长宁路证券营业部	上海	上海	18065.5	4995.1	40.8	0.0	0.0	37.1	12992.4
长江证券中央路证券营业部	江苏	南京	18050.8	7355.7	24.2	0.0	1.5	42.2	10627.1
中国银河证券科华北路证券营业部	四川	成都	18012.3	10807.2	33.1	0.0	0.6	221.3	6950.2
华福证券鼓屏路证券营业部	福建	福州	18008.1	8965.6	21.3	0.0	0.6	29.8	8990.9
安信证券体育西路证券营业部	广东	广州	17961.1	14378.4	79.8	0.0	1.3	67.2	3434.4
中国银河证券宜川路证券营业部	上海	上海	17941.7	6772.6	77.1	0.0	22.6	133.2	10936.2
西南证券昌平政府街证券营业部	北京	北京	17929.4	9727.0	32.6	0.0	1.0	21.4	8147.5
瑞银证券南京西路证券营业部	上海	上海	17928.4	1768.4	114.9	0.0	0.0	4.2	16040.8
长江证券凉城路证券营业部	上海	上海	17911.4	5554.8	37.2	0.0	2.8	55.1	12261.6
东兴证券杨桥中路证券营业部	福建	福州	17904.7	9310.9	25.8	0.0	1.0	35.3	8531.7

注：营业部交易金额的单位为百万元。

证券营业部交易
Trading of Business Department

营业部名称 Business Department	省份 Province	城市 City	总计 Total	股票 Share	基金 Fund	权证 Warrant	政府债 G-Bond	公司债 C-Bond	债券回购 Repo
中国银河证券证券营业部	山东	烟台	17902.0	13789.0	23.4	0.0	0.3	69.0	4020.4
渤海证券福中路证券营业部	深圳	深圳	17865.7	4436.0	2.8	0.0	0.0	0.2	13426.7
华泰证券番禺繁华路证券营业部	广东	广州	17839.3	13812.5	689.9	0.0	0.0	148.4	3188.4
东方证券华江公路证券营业部	上海	上海	17838.8	8295.4	345.9	0.0	0.3	2288.2	6909.0
海通证券竹辉路证券营业部	江苏	苏州	17831.3	11160.6	145.0	0.0	0.2	140.9	6384.7
长城证券阜成门北大街证券营业部	北京	北京	17811.4	11667.1	117.8	0.0	0.8	95.7	5930.1
湘财证券绥化西街证券营业部	辽宁	沈阳	17803.7	6673.3	18.9	0.0	0.1	136.4	10975.1
信达证券裕民路证券营业部	北京	北京	17802.5	9983.7	158.2	0.0	0.0	12.9	7647.7
渤海证券宾水西道证券营业部	天津	天津	17794.6	843.2	51.8	0.0	0.0	383.3	16516.3
国泰君安证券南京路证券营业部	山东	青岛	17779.1	10669.6	951.6	0.0	0.0	7.8	6150.1
广州证券富华西路营业部	广东	广州	17775.4	11543.4	33.5	0.0	10.9	13.9	6173.8
东北证券迎春路证券营业部	上海	上海	17761.7	4377.7	45.3	0.0	7.9	7.7	13323.1
国金证券科华中路证券营业部	四川	成都	17757.3	9933.5	23.7	0.0	12.3	17.3	7770.5
华福证券达道路证券营业部	福建	福州	17728.0	7210.1	14.3	0.0	0.0	28.7	10474.9
信达证券前门证券营业部	北京	北京	17703.7	9999.5	36.7	0.0	1.0	281.1	7385.3
渤海证券万科中心证券营业部	天津	天津	17676.2	10540.5	7.0	0.0	0.9	17.1	7110.7
中国银河证券人民路证券营业部	辽宁	大连	17676.0	5037.6	4.7	0.0	0.1	42.5	12591.1
齐鲁证券有限建国中路证券营业部	上海	上海	17675.3	8753.2	205.3	0.0	0.1	47.9	8668.9
江海证券有限滨西大直街证券营业部	黑龙江	哈尔滨	17654.3	6142.0	10.7	0.0	8.8	48.2	11444.6
海通证券十升路证券营业部	湖北	武汉	17650.7	1182.7	2.6	0.0	0.0	7.5	16457.9
华林证券港口路证券营业部	广东	江门	17650.0	8077.2	32.5	0.0	0.0	29.5	9510.7
中国银河证券白塔路证券营业部	云南	昆明	17649.1	10873.6	42.1	0.0	89.5	79.6	6564.3
中信建投证券农大南路证券营业部	北京	北京	17648.1	4638.4	1494.0	0.0	1.5	354.6	11159.6
英大证券东直门证券营业部	北京	北京	17644.2	4427.2	11.8	0.0	0.1	62.8	13142.4
湘财证券韶山路证券营业部	湖南	长沙	17619.2	10177.4	20.7	0.0	0.1	93.2	7327.8
光大证券气象北路证券营业部	浙江	宁波	17611.6	8931.0	8.2	0.0	0.0	1.0	8671.4
民生证券漕溪北路证券营业部	上海	上海	17601.2	10367.4	45.6	0.0	30.0	86.9	7071.2
海通证券沈兴北路证券营业部	陕西	咸阳	17598.0	5024.6	24.0	0.0	8.2	401.6	12139.7
中银国际证券庐山路证券营业部	江苏	南京	17592.4	10886.9	48.1	0.0	0.0	30.8	6626.6
申银万国证券吴中西路证券营业部	江苏	苏州	17576.3	7363.0	34.3	0.0	0.2	4.4	10174.5
中国中投证券人民北路证券营业部	四川	成都	17564.6	12763.7	26.3	0.0	2.1	9.9	4762.6
中国中投证券灵石路证券营业部	上海	上海	17552.6	10277.0	19.3	0.0	0.0	19.8	7236.5
华西证券江海路证券营业部	广东	广州	17505.3	12295.7	25.4	0.0	0.0	9.9	5174.2
海通证券文化路证券营业部	安徽	芜湖	17504.6	11877.8	72.0	0.0	1.8	2.9	5550.2
东兴证券斗西路证券营业部	福建	福州	17479.7	9554.4	61.8	0.0	0.1	11.5	7851.9
兴业证券珠江路证券营业部	江苏	南京	17456.0	7970.8	15.1	0.0	0.0	291.0	9179.2
国元证券西坝河南路证券营业部	北京	北京	17451.2	10389.6	36.9	0.0	8.7	18.4	6997.5
中银国际证券新华路证券营业部	上海	上海	17417.8	7499.6	133.7	0.0	67.4	440.8	9276.3
海通证券富水北路证券营业部	贵州	贵阳	17414.2	5536.6	1401.6	0.0	0.2	24.8	10451.0
东吴证券西藏南路证券营业部	上海	上海	17391.5	9162.0	52.9	0.0	0.5	61.0	8115.1
齐鲁证券有限松柏路证券营业部	福建	厦门	17380.8	9913.6	62.3	0.0	82.0	78.5	7244.5
齐鲁证券有限环山路证券营业部	山东	烟台	17366.4	6538.5	43.7	0.0	317.3	9.3	10457.6
广发证券金花北路证券营业部	陕西	西安	17311.7	10783.9	65.7	0.0	0.6	26.1	6435.5
新时代证券延平路证券营业部	上海	上海	17285.1	8692.3	47.2	0.0	1.0	54.6	8490.0
南京证券西藏南路证券营业部	上海	上海	17277.5	6937.6	27.5	0.0	8.2	47.0	10257.2
申银万国证券石化证券营业部	上海	上海	17274.0	8350.1	130.3	0.0	1.8	89.2	8702.7
国元证券寿春路第一证券营业部	安徽	合肥	17265.9	9618.8	1143.0	0.0	28.8	98.0	6377.3
国信证券和平广场证券营业部	辽宁	大连	17260.4	11382.3	59.8	0.0	1.2	31.3	5785.8
中国银河证券友谊东路证券营业部	陕西	西安	17248.4	6279.3	15.0	0.0	0.1	10.2	10943.8
华泰证券解放北路证券营业部	江苏	无锡	17233.4	6586.9	1196.9	0.0	0.0	11.5	9438.1

注：营业部交易金额的单位为百万元。

证券营业部交易
Trading of Business Department

营业部名称 Business Department	省份 Province	城市 City	总计 Total	股票 Share	基金 Fund	权证 Warrant	政府债 G-Bond	公司债 C-Bond	债券回购 Repo
申银万国证券长湖路证券营业部	广西	南宁	17186.1	7932.0	2.5	0.0	0.1	92.3	9159.3
山西证券松花江路证券营业部	上海	上海	17172.3	7122.2	108.5	0.0	0.1	36.8	9904.6
中信证券科技路证券营业部	陕西	西安	17149.6	12184.9	392.8	0.0	0.2	41.3	4530.4
东方证券遵义路证券营业部	上海	上海	17140.5	7876.7	157.4	0.0	1.0	68.4	9037.1
海通证券西津西路证券营业部	甘肃	兰州	17122.9	8799.6	127.2	0.0	0.1	2.5	8193.5
中银国际证券庆春路证券营业部	浙江	杭州	17121.3	11458.7	31.5	0.0	0.3	12.4	5618.4
华泰证券鱼市街证券营业部	江苏	南京	17111.5	5803.7	645.3	0.0	0.1	263.7	10398.7
安信证券峡山证券营业部	广东	汕头	17096.8	7748.1	22.1	0.0	0.0	2.7	9323.9
国盛证券市文化路证券营业部	江西	萍乡	17074.1	13318.0	9.0	0.0	2.7	12.4	3732.0
浙商证券花园路证券营业部	浙江	丽水	17020.8	15209.7	24.1	0.0	0.0	12.7	1774.3
红塔证券春城路证券营业部	云南	昆明	16998.1	8430.3	18.1	0.0	0.9	9.8	8539.0
国泰君安证券嘉禾路证券营业部	福建	厦门	16969.9	13632.3	32.9	0.0	3.6	10.8	3290.3
中山证券深南大道证券营业部	深圳	深圳	16942.4	2682.2	175.7	0.0	0.0	1829.5	12255.0
德邦证券浦东南路证券营业部	上海	上海	16932.6	7711.0	31.4	0.0	6.5	160.8	9023.1
广发证券珠池路证券营业部	广东	汕头	16903.5	8843.8	324.0	0.0	0.9	27.6	7707.2
光大证券灵桥路证券营业部	浙江	宁波	16886.8	11724.0	31.3	0.0	0.1	178.8	4952.6
中信证券（浙江）万商路证券营业部	浙江	绍兴	16884.4	11970.2	12.6	0.0	1.3	5.4	4894.9
中国民族证券港口路证券营业部	广东	江门	16877.0	5724.8	22.5	0.0	1.2	68.8	11059.8
中国国际金融有限天河路证券营业部	广东	广州	16871.0	3784.4	27.0	0.0	0.0	243.4	12816.2
财通证券西大街证券营业部	浙江	杭州	16870.4	9438.0	24.7	0.0	0.9	4.3	7402.5
平安证券深南东路罗湖商务中心营业部	深圳	深圳	16864.9	9670.8	455.3	0.0	0.0	17.0	6721.8
海通证券高山街营业部	山东	威海	16837.7	8563.1	54.1	0.0	0.3	83.6	8136.6
广发证券干将东路证券营业部	江苏	苏州	16793.2	9714.9	21.1	0.0	1.3	24.3	7031.6
中信证券迎泽西大街证券营业部	山西	太原	16785.1	9703.6	1145.6	0.0	0.0	16.1	5919.8
中国民族证券西康路证券营业部	江苏	南京	16765.3	3906.2	218.4	0.0	0.3	181.0	12459.4
东吴证券环城北路证券营业部	江苏	昆山	16763.3	6493.4	7.1	0.0	0.4	20.0	10242.5
齐鲁证券有限临淄大道证券营业部	山东	淄博	16749.2	9206.1	21.7	0.0	0.1	29.4	7491.9
东海证券愚园路证券营业部	上海	上海	16748.4	6837.0	103.8	0.0	0.6	17.9	9789.1
华泰证券柳汀街证券营业部	浙江	宁波	16745.7	12202.4	35.2	0.0	0.5	31.2	4476.4
中信证券（浙江）时代商务广场证券营业部	浙江	绍兴	16744.3	9149.2	13.0	0.0	0.0	33.3	7548.8
海通证券汶河南路证券营业部	江苏	扬州	16702.0	10361.1	30.1	0.0	4.4	94.4	6212.1
中信建投证券市潮枫路证券营业部	广东	潮州	16693.4	8990.0	26.7	0.0	53.6	9.1	7614.0
国泰君安证券人民中路证券营业部	云南	昆明	16674.3	13201.8	25.5	0.0	0.2	13.9	3432.9
申银万国证券广州江南大道营业部	广东	广州	16666.2	10447.0	154.4	0.0	0.1	147.0	5917.8
兴业证券东风中路证券营业部	广东	广州	16627.3	8426.4	24.1	0.0	4.2	36.8	8135.7
中信证券（浙江）河滨西路证券营业部	浙江	嘉兴	16620.1	10293.5	576.3	0.0	0.0	14.0	5736.3
东吴证券胥江路证券营业部	江苏	苏州	16600.3	10005.5	68.6	0.0	0.0	9.0	6517.1
海通证券西新街证券营业部	陕西	西安	16598.7	8277.4	10.1	0.0	0.1	25.6	8285.5
光大证券友谊路证券营业部	天津	天津	16589.3	5428.5	1431.1	0.0	55.3	233.3	9441.1
广发证券京汉大道证券营业部	湖北	武汉	16585.8	8759.9	19.4	0.0	11.6	64.4	7730.6
太平洋证券翠湖西路证券营业部	云南	昆明	16585.8	5709.3	13.4	0.0	1.0	2.7	10859.3
财达证券龙泽路证券营业部	河北	唐山	16580.1	7478.8	10.7	0.0	0.0	6.9	9083.7
安信证券昌岗东路证券营业部	广东	广州	16579.5	7345.9	28.0	0.0	0.8	21.9	9182.9
齐鲁证券有限北一路证券营业部	山东	东营	16578.3	13809.5	32.5	0.0	1.8	17.3	2717.2
财通证券文二路证券营业部	浙江	杭州	16575.3	11797.1	28.2	0.0	0.5	206.2	4543.3
华泰证券中山北路第二证券营业部	江苏	南京	16569.7	10459.7	87.9	0.0	0.2	62.5	5959.5
国泰君安证券红荔西路证券营业部	深圳	深圳	16553.4	9923.2	34.5	0.0	4.2	68.7	6522.8
华林证券体育西路证券营业部	广东	广州	16552.7	12164.7	35.8	0.0	0.2	36.4	4315.6
东吴证券上海东路证券营业部	江苏	苏州	16547.1	8853.0	58.9	0.0	3.1	314.6	7317.4
广发证券泰安道证券营业部	天津	天津	16545.9	9125.0	14.4	0.0	1.1	19.1	7386.3

注：营业部交易金额的单位为百万元。

证券营业部交易
Trading of Business Department

营业部名称 Business Department	省份 Province	城市 City	总计 Total	股票 Share	基金 Fund	权证 Warrant	政府债 G-Bond	公司债 C-Bond	债券回购 Repo
广发证券下埔路证券营业部	广东	惠州	16536.6	10091.2	17.2	0.0	0.3	12.3	6415.6
东莞证券石龙证券营业部	广东	东莞	16532.9	10360.7	28.4	0.0	0.0	2.7	6141.2
中信证券深南中路中信大厦证券营业部	深圳	深圳	16525.4	14071.8	122.4	0.0	0.0	6.9	2324.3
安信证券猎德大道证券营业部	广东	广州	16505.3	12148.9	43.9	0.0	0.0	126.9	4185.6
国盛证券知春路证券营业部	北京	北京	16502.7	3908.4	10.6	0.0	0.0	9.0	12574.7
东海证券长顺路证券营业部	上海	上海	16491.4	7438.4	225.4	0.0	0.2	95.4	8732.0
国信证券湘江道证券营业部	天津	天津	16481.1	11657.0	26.3	0.0	0.7	32.5	4764.6
国海证券国定东路证券营业部	上海	上海	16424.6	6444.7	32.9	0.0	3.7	84.8	9858.5
国都证券延安路证券营业部	浙江	杭州	16424.2	4753.8	5.3	0.0	1.4	99.8	11563.9
招商证券金湖路证券营业部	广西	南宁	16420.7	13248.0	19.2	0.0	65.7	16.0	3071.8
齐鲁证券有限苗圃路证券营业部	上海	上海	16417.9	8177.4	45.3	0.0	5.2	26.8	8163.1
中国中投证券中山六路证券营业部	广东	广州	16411.8	11047.3	51.0	0.0	1.6	57.7	5254.3
招商证券北京路证券营业部	云南	昆明	16390.9	9524.2	17.3	0.0	0.1	63.7	6785.6
广发证券农林下路证券营业部	广东	广州	16361.3	9397.3	170.0	0.0	14.9	17.3	6761.9
中信万通证券嘉定路证券营业部	山东	青岛	16347.5	8240.5	39.6	0.0	0.0	67.6	7999.8
中航证券有限嵩山南路证券营业部	河南	郑州	16345.1	6713.3	29.1	0.0	0.3	32.5	9569.9
国元证券东直门外大街证券营业部	北京	北京	16331.0	10771.2	41.1	0.0	0.0	500.8	5017.9
齐鲁证券有限历山路证券营业部	山东	济南	16280.8	12374.4	33.0	0.0	1.3	12.2	3859.8
安信证券深南大道金运世纪大厦营业部	深圳	深圳	16279.5	4193.0	2.8	0.0	0.7	370.1	11713.0
招商证券华穗路证券营业部	广东	广州	16271.4	7356.7	51.2	0.0	31.4	50.8	8781.4
中国中投证券人民北路证券营业部	深圳	深圳	16246.5	10699.7	13.6	0.0	0.2	49.2	5483.8
光大证券中新路证券营业部	江苏	镇江	16228.9	11612.1	36.2	0.0	0.0	14.5	4566.0
安信证券中山东路证券营业部	浙江	嘉兴	16212.9	9827.7	25.3	0.0	0.5	122.9	6236.5
齐鲁证券有限新村西路证券营业部	山东	淄博	16212.3	8180.3	33.9	0.0	1.4	61.6	7935.0
长江证券鹭江道证券营业部	福建	厦门	16209.3	6705.9	54.4	0.0	0.0	16.5	9432.6
华泰证券中华路证券营业部	江苏	南京	16203.2	10444.0	159.1	0.0	7.7	51.8	5540.7
中国银河证券上南路证券营业部	上海	上海	16196.3	7709.5	43.9	0.0	0.7	100.0	8342.3
光大证券人民中路证券营业部	云南	昆明	16194.0	10156.1	36.9	0.0	2.1	18.9	5980.1
东兴证券南昌中路证券营业部	福建	漳州	16187.7	11643.1	17.7	0.0	0.7	79.7	4446.6
光大证券下埔路证券营业部	广东	惠州	16173.1	11212.9	360.5	0.0	0.2	18.2	4581.3
华泰证券大西路证券营业部	辽宁	沈阳	16167.6	11100.3	66.7	0.0	0.1	26.9	4973.7
齐鲁证券有限天河路证券营业部	广东	广州	16159.8	7520.5	73.0	0.0	0.0	3.0	8563.3
长江证券江津西路证券营业部	湖北	荆州	16138.1	9579.2	51.9	0.0	0.0	41.8	6465.1
中航证券有限漕溪北路证券营业部	上海	上海	16115.2	7199.1	19.5	0.0	0.0	172.5	8724.2
东方证券长江西路证券营业部	上海	上海	16077.4	7381.7	7.9	0.0	0.7	58.6	8628.6
安信证券安宁路证券营业部	广东	阳江	16071.4	13116.5	12.6	0.0	0.0	13.2	2929.1
光大证券湖东路证券营业部	福建	福州	16070.0	9903.0	26.7	0.0	0.0	54.4	6086.0
中国银河证券人民路证券营业部	浙江	温州	16069.2	11082.3	25.9	0.0	0.4	11.7	4948.9
东北证券中兴西大路证券营业部	吉林	白城	16049.5	4325.3	3.8	0.0	0.1	43.8	11676.6
金元证券长阳路证券营业部	上海	上海	16031.6	6840.6	24.4	0.0	0.0	4.4	9162.2
海通证券延长西路证券营业部	上海	上海	16028.8	6563.7	182.8	0.0	0.0	318.7	8963.7
中国银河证券滨海大道证券营业部	海南	海口	15998.7	4773.5	35.3	0.0	13.5	372.4	10804.0
海通证券合肥路证券营业部	上海	上海	15997.6	8680.8	82.4	0.0	0.0	51.3	7183.0
国泰君安证券蔡屋围金华街证券营业部	深圳	深圳	15988.2	8630.2	125.3	0.0	0.0	6.5	7226.2
华泰证券新华西街证券营业部	宁夏	银川	15955.6	5023.6	18.3	0.0	0.0	79.3	10834.4
华泰证券西马路证券营业部	湖北	武汉	15951.1	8608.1	13.3	0.0	0.7	101.4	7227.6
国泰君安证券大渡河路证券营业部	上海	上海	15930.3	8940.8	65.1	0.0	4.3	65.7	6854.3
长江证券湖滨北路证券营业部	福建	厦门	15919.0	6401.5	15.9	0.0	0.1	20.3	9481.2
广发证券兴中道证券营业部	广东	中山	15916.5	7136.6	37.9	0.0	0.0	10.4	8731.5
平安证券新港中路证券营业部	广东	广州	15911.3	13320.0	25.3	0.0	0.2	10.7	2555.1

注：营业部交易金额的单位为百万元。

证券营业部交易
Trading of Business Department

营业部名称 Business Department	省份 Province	城市 City	总计 Total	股票 Share	基金 Fund	权证 Warrant	政府债 G-Bond	公司债 C-Bond	债券回购 Repo
国泰君安证券人民中路证券营业部	广东	广州	15886.7	10618.3	80.7	0.0	0.4	25.7	5161.7
招商证券蛇口工业七路证券营业部	深圳	深圳	15858.7	11159.5	60.9	0.0	3.3	9.4	4625.7
华泰证券白堤路证券营业部	天津	天津	15856.4	11648.7	419.8	0.0	2.3	140.5	3645.0
财达证券广场街证券营业部	河北	沧州	15855.8	10376.9	17.2	0.0	7.1	10.3	5444.4
南京证券南车站路证券营业部	上海	上海	15824.6	7278.0	4.8	0.0	0.0	5.8	8535.9
华泰证券新市路证券营业部	江苏	苏州	15816.3	7023.4	599.0	0.0	106.7	1024.2	7063.1
光大证券北仑新碶证券营业部	浙江	宁波	15795.0	12231.5	63.4	0.0	0.0	32.7	3467.5
中国银河证券漕宝路证券营业部	上海	上海	15781.3	8043.5	58.6	0.0	7.8	30.6	7640.9
中国民族证券南丹东路证券营业部	上海	上海	15759.9	8467.6	35.2	0.0	0.0	307.9	6949.2
中国银河证券湖墅南路证券营业部	浙江	杭州	15757.6	9980.6	79.9	0.0	0.1	14.7	5682.3
华福证券五四路证券营业部	福建	福州	15749.5	1892.5	5.4	0.0	3.1	504.9	13343.7
国泰君安证券四平路证券营业部	上海	上海	15713.8	6827.9	57.2	0.0	1.5	34.9	8792.4
江海证券有限瑞金南路证券营业部	上海	上海	15664.4	6691.2	74.7	0.0	3.5	131.3	8763.7
招商证券深南大道车公庙证券营业部	深圳	深圳	15650.7	9800.9	157.1	0.0	0.1	25.6	5667.1
中信建投证券市宝安前进一路证券营业部	深圳	深圳	15647.3	7633.4	25.3	0.0	65.1	5950.1	1973.4
长城证券台东一路证券营业部	山东	青岛	15642.5	8494.2	60.2	0.0	0.1	32.2	7055.8
金元证券方庄芳古园证券营业部	北京	北京	15614.7	10166.9	22.6	0.0	0.1	25.9	5399.2
国海证券民族大道民族艺术宫证券营业部	广西	南宁	15605.7	10737.0	8.2	0.0	0.0	115.6	4744.9
长江证券建国中路证券营业部	浙江	杭州	15586.9	7478.2	38.7	0.0	0.2	22.7	8047.1
华泰证券南一环路第二证券营业部	四川	成都	15580.8	7412.8	3870.0	0.0	2.8	19.4	4275.7
齐鲁证券有限田安路证券营业部	福建	泉州	15579.1	2460.3	12.9	0.0	1.0	0.4	13104.4
招商证券东城西路证券营业部	广东	东莞	15578.9	11137.4	67.8	0.0	0.1	26.8	4346.8
广发证券小榄证券营业部	广东	中山	15575.1	9947.3	9.4	0.0	2.1	17.2	5599.1
中信证券（浙江）钱王街证券营业部	浙江	临安	15559.1	11591.7	16.3	0.0	0.5	3.1	3947.5
海通证券海德三道证券营业部	深圳	深圳	15558.2	11774.2	1501.1	0.0	0.0	24.5	2258.4
宏源证券十一纬路证券营业部	辽宁	沈阳	15551.4	11200.7	15.2	0.0	10.2	103.8	4221.5
第一创业证券巨野路证券营业部	上海	上海	15549.5	3991.8	36.4	0.0	0.0	283.0	11238.3
中国银河证券证券营业部	浙江	丽水	15528.7	12619.3	64.5	0.0	0.0	1.7	2843.2
国泰君安证券威海路证券营业部	上海	上海	15528.4	9719.9	204.2	0.0	107.4	130.4	5366.4
中国中投证券复兴东路证券营业部	上海	上海	15507.9	6637.7	33.0	0.0	0.0	15.7	8821.6
西南证券渝碚路证券营业部	重庆	重庆	15502.3	9561.4	31.3	0.0	0.2	7.2	5902.2
首创证券北辰东路证券营业部	北京	北京	15495.7	9657.4	191.8	0.0	1.4	27.7	5617.4
财通证券人民东路证券营业部	浙江	温州	15492.5	11717.9	20.5	0.0	0.0	45.9	3708.2
华泰证券草场门大街证券营业部	江苏	南京	15488.8	11085.9	58.4	0.0	0.1	31.7	4312.6
中国银河证券大北关街证券营业部	辽宁	沈阳	15475.1	5718.3	5.7	0.0	11.5	134.2	9605.6
中信证券（浙江）连江北路证券营业部	福建	福州	15475.1	6041.4	24.0	0.0	0.0	117.4	9292.3
中国银河证券东风西路证券营业部	云南	昆明	15446.5	6690.6	28.1	0.0	16.3	271.3	8440.2
长江证券彭刘杨路证券营业部	湖北	武汉	15426.8	7602.4	127.2	0.0	0.3	40.4	7656.6
安信证券湖里大道证券营业部	福建	厦门	15405.9	6022.9	11.8	0.0	0.1	1.2	9369.9
华泰证券六一中路证券营业部	福建	福州	15362.8	7375.5	221.8	0.0	0.1	346.8	7418.6
海通证券朝阳街营业部	吉林	吉林	15355.3	5822.7	14.5	0.0	0.6	259.7	9257.9
中信证券（浙江）人民东路证券营业部	浙江	平湖	15352.2	9424.7	67.8	0.0	2.9	13.5	5843.3
东方证券金田路证券营业部	深圳	深圳	15347.2	5340.9	1.8	0.0	173.0	11.4	9820.1
大通证券幸福路证券营业部	上海	上海	15346.5	4659.6	27.3	0.0	0.0	22.9	10636.7
红塔证券田林东路证券营业部	上海	上海	15344.7	5540.6	33.6	0.0	0.4	42.6	9727.5
东北证券西安大路证券营业部	吉林	长春	15334.1	11205.3	18.8	0.0	0.0	1.6	4108.5
厦门证券有限仙岳路证券营业部	福建	厦门	15318.0	9297.6	10.1	0.0	5.7	21.3	5983.3
平安证券体育东路证券营业部	广东	广州	15310.2	10425.7	123.8	0.0	0.0	29.3	4731.3
国泰君安证券牡丹江路证券营业部	上海	上海	15290.3	9906.7	141.3	0.0	0.4	109.8	5132.1
上海证券乐成镇乐怡路证券营业部	浙江	乐清	15271.5	14654.5	28.3	0.0	0.8	5.6	582.2

注：营业部交易金额的单位为百万元。

证券营业部交易
Trading of Business Department

营业部名称 Business Department	省份 Province	城市 City	总计 Total	股票 Share	基金 Fund	权证 Warrant	政府债 G-Bond	公司债 C-Bond	债券回购 Repo
申银万国证券青年路证券营业部	湖北	武汉	15270.3	8164.2	62.5	0.0	0.0	4.8	7038.8
广发证券花园路证券营业部	河南	郑州	15268.5	12526.8	33.5	0.0	0.0	11.2	2697.0
金元证券徐虹北路证券营业部	上海	上海	15258.7	5452.0	12.6	0.0	0.0	151.7	9642.4
长城证券惠工街证券营业部	辽宁	沈阳	15256.5	6469.0	36.7	0.0	0.1	5.0	8745.8
信达证券翠微路证券营业部	北京	北京	15245.4	8136.5	30.9	0.0	3.2	175.5	6899.2
中国银河证券和平路证券营业部	陕西	西安	15213.2	9077.9	69.8	0.0	42.2	70.9	5952.4
中信建投证券南庄证券营业部	广东	佛山	15210.0	5569.0	407.5	0.0	0.1	0.8	9232.5
申银万国证券博山东路证券营业部	上海	上海	15209.3	4530.7	168.5	0.0	0.1	7.0	10503.0
联讯证券外馆东街证券营业部	北京	北京	15189.5	9040.3	16.2	0.0	0.1	2.5	6130.4
申银万国证券沈阳岐山中路营业部	辽宁	沈阳	15168.8	9827.6	25.6	0.0	1.6	28.3	5285.8
广发证券天目山路证券营业部	浙江	杭州	15165.7	5532.6	1565.5	0.0	0.0	15.2	8052.4
民生证券郑汴路证券营业部	河南	郑州	15158.3	12030.9	21.9	0.0	0.0	4.4	3101.1
爱建证券安国路证券营业部	上海	上海	15150.2	6221.3	24.0	0.0	1.8	64.2	8838.8
中信建投证券北京东路证券营业部	江西	南昌	15149.3	6966.6	12.8	0.0	0.0	8.9	8161.1
中国银河证券滨西十道街证券营业部	黑龙江	哈尔滨	15140.2	7124.8	7.5	0.0	2.6	2965.1	5040.3
中国银河证券山证券营业部	安徽	马鞍山	15123.4	11368.9	31.8	0.0	5.9	92.1	3624.7
海通证券景田路证券营业部	深圳	深圳	15122.3	6896.7	5305.2	0.0	0.0	7.0	2913.5
方正证券嵩山南路证券营业部	河南	郑州	15093.4	12374.8	31.8	0.0	0.0	30.5	2656.3
中国银河证券新昌路证券营业部	上海	上海	15083.9	5881.4	128.8	0.0	0.9	110.6	8962.1
渤海证券西康路证券营业部	天津	天津	15072.2	8725.8	41.1	0.0	4.7	147.7	6152.9
中原证券人民路证券营业部	河南	新乡	15061.3	12891.0	26.4	0.0	0.2	23.4	2120.3
安信证券江宁路证券营业部	上海	上海	15046.3	7039.5	24.2	0.0	0.2	56.6	7925.8
国金证券芙蓉中路证券营业部	湖南	长沙	15044.8	5706.0	3.6	0.0	95.9	338.6	8900.7
东兴证券五四路证券营业部	福建	福州	15033.5	7244.9	15.3	0.0	0.0	22.6	7750.7
华泰证券勤俭道证券营业部	天津	天津	15027.5	9572.2	583.9	0.0	0.7	43.5	4827.2
国都证券中关村南大街证券营业部	北京	北京	15016.8	10516.1	917.9	0.0	53.1	34.6	3495.1
万联证券广园证券营业部	广东	广州	15003.3	9929.8	10.1	0.0	1.3	45.0	5017.1
长江证券新源里证券营业部	北京	北京	15003.1	10228.8	77.5	0.0	0.2	18.9	4677.7
国信证券南大街证券营业部	山东	烟台	14979.0	9574.2	24.4	0.0	0.3	13.8	5366.3
中邮证券西直门北大街证券营业部	北京	北京	14964.1	3999.2	19.0	0.0	0.0	161.7	10784.2
华安证券东三环中路证券营业部	北京	北京	14959.5	5136.9	2.3	0.0	0.0	44.6	9775.7
南京证券常府街证券营业部	江苏	南京	14957.1	8359.3	91.8	0.0	0.4	59.1	6446.6
东方证券兰溪路证券营业部	上海	上海	14946.0	6912.2	27.9	0.0	1.0	37.2	7967.7
江海证券有限滨石头道街证券营业部	黑龙江	哈尔滨	14945.3	4773.6	16.7	0.0	0.0	13.8	10141.1
华西证券西玉龙街证券营业部	四川	成都	14903.2	8775.2	13.0	0.0	0.3	14.4	6100.3
湘财证券朝外大街证券营业部	北京	北京	14898.3	8631.0	48.8	0.0	0.3	123.8	6094.4
申银万国证券东岗西路证券营业部	甘肃	兰州	14896.1	6679.9	101.9	0.0	0.0	12.7	8101.6
长江证券人民北路证券营业部	湖北	十堰	14895.3	7499.1	28.4	0.0	0.0	21.5	7346.3
华融证券金田路证券营业部	深圳	深圳	14887.3	5358.3	9.5	0.0	27.8	204.6	9287.1
华西证券陕西街证券营业部	四川	成都	14858.9	10496.3	9.9	0.0	1.0	12.3	4339.4
兴业证券滨江中路证券营业部	福建	南平	14828.5	10874.9	109.5	0.0	0.1	10.8	3833.3
中信证券（浙江）北仑新大路证券营业部	浙江	宁波	14818.4	12646.8	2.1	0.0	0.0	1.2	2168.3
中信万通证券山大路证券营业部	山东	济南	14814.9	4164.0	54.7	0.0	8.7	6.6	10581.0
国泰君安证券人民南路证券营业部	深圳	深圳	14803.5	11177.9	80.9	0.0	0.0	55.1	3489.5
齐鲁证券有限柳园南路证券营业部	山东	聊城	14789.0	12569.0	85.6	0.0	0.5	16.2	2117.6
东方证券民主路证券营业部	广西	南宁	14770.5	6228.3	107.4	0.0	0.0	240.7	8194.2
方正证券南贸西街证券营业部	湖南	娄底	14744.0	9971.3	30.1	0.0	2.0	11.9	4728.6
东海证券博爱路证券营业部	江苏	常州	14732.0	9614.9	24.1	0.0	0.2	56.1	5036.8
中国银河证券屯溪路证券营业部	安徽	合肥	14717.0	7014.6	40.0	0.0	0.0	316.1	7346.3
海通证券东风西路营业部	云南	昆明	14716.9	8392.4	21.9	0.0	0.8	24.8	6277.0

注：营业部交易金额的单位为百万元。

证券营业部交易
Trading of Business Department

营业部名称 Business Department	省份 Province	城市 City	总计 Total	股票 Share	基金 Fund	权证 Warrant	政府债 G-Bond	公司债 C-Bond	债券回购 Repo
华创证券金阳大道证券营业部	贵州	贵阳	14715.1	1861.9	95.1	0.0	0.0	0.0	12758.1
中信建投证券王府大街证券营业部	江苏	南京	14693.1	7167.9	105.2	0.0	144.4	114.6	7161.0
南京证券港步行街证券营业部	江苏	张家港	14691.1	6669.9	5.5	0.0	0.0	142.4	7873.3
中信证券季华五路证券营业部	广东	佛山	14674.1	7143.6	84.9	0.0	3.3	14.5	7427.9
华林证券建设路证券营业部	广东	江门	14669.4	4427.2	41.6	0.0	0.0	63.6	10137.0
财达证券斯西林路证券营业部	黑龙江	佳木斯	14667.5	10941.2	16.4	0.0	0.1	2.0	3707.8
海通证券枣阳路证券营业部	上海	上海	14656.8	6249.3	121.9	0.0	0.2	191.9	8093.6
中国中投证券石岐宏基路证券营业部	广东	中山	14648.7	8594.6	25.9	0.0	0.6	10.3	6017.2
国信证券中北路证券营业部	湖北	武汉	14635.6	7840.0	19.4	0.0	0.0	10.8	6765.3
国泰君安证券黄埔大道证券营业部	广东	广州	14625.1	9339.5	38.2	0.0	31.2	14.0	5202.2
东方证券宝岗大道证券营业部	广东	广州	14618.7	5817.9	22.5	0.0	0.0	9.0	8769.4
东方证券劳动西路证券营业部	湖南	长沙	14607.4	10301.2	3.5	0.0	0.0	7.4	4295.3
中国中投证券水湾路证券营业部	广东	珠海	14598.1	8396.3	28.0	0.0	0.8	20.2	6152.7
东方证券天祥寺街证券营业部	四川	成都	14591.2	8189.6	60.5	0.0	0.0	32.0	6309.1
南京证券新华路证券营业部	江苏	南京	14588.7	11583.1	22.5	0.0	7.6	30.5	2945.0
英大证券园岭三街证券营业部	深圳	深圳	14547.2	9698.1	6.5	0.0	0.1	0.8	4841.7
招商证券北一环证券营业部	安徽	合肥	14544.7	10880.7	176.6	0.0	0.0	22.0	3465.5
招商证券干将西路证券营业部	江苏	苏州	14540.4	9208.9	47.4	0.0	0.2	19.5	5264.4
世纪证券北京西路证券营业部	江西	南昌	14529.5	10791.5	25.4	0.0	0.0	20.0	3692.6
广发证券凤凰北路证券营业部	广东	珠海	14527.0	8565.3	162.6	0.0	1.7	10.3	5787.1
国泰君安证券广化街营业部	江苏	常州	14504.9	9331.3	26.5	0.0	0.0	46.4	5100.8
平安证券人民路证券营业部	辽宁	大连	14504.5	9774.8	23.0	0.0	0.0	19.7	4687.0
华泰证券文艺北路证券营业部	陕西	西安	14496.9	7668.4	68.6	0.0	0.4	79.7	6679.8
方正证券新建南路证券营业部	山西	太原	14475.0	3587.4	2.7	0.0	0.0	8.2	10876.6
国信证券顺德大良证券营业部	广东	佛山	14470.6	10162.3	38.4	0.0	0.5	8.1	4261.4
华福证券广达路证券营业部	福建	福州	14469.9	5093.8	5.5	0.0	0.8	48.9	9320.9
长江证券深南东路证券营业部	深圳	深圳	14454.0	6277.6	8.4	0.0	0.0	5.0	8163.0
安信证券市晓翠路证券营业部	广东	揭阳	14451.0	11017.2	15.0	0.0	0.0	2.3	3416.5
齐鲁证券有限东方路证券营业部	上海	上海	14445.9	4480.2	299.2	0.0	0.0	35.9	9630.7
华泰证券首义路证券营业部	湖北	武汉	14444.3	7147.4	1488.7	0.0	8.4	35.4	5764.3
中国银河证券迎泽西大街证券营业部	山西	太原	14436.6	9098.8	21.9	0.0	0.0	2.9	5313.0
华福证券丰泽街证券营业部	福建	泉州	14424.7	7738.6	26.1	0.0	0.3	13.2	6646.5
华泰证券隆康路证券营业部	湖北	宜昌	14412.2	10550.4	61.3	0.0	0.9	165.6	3634.1
中国银河证券莲溪路证券营业部	上海	上海	14410.4	8814.5	46.5	0.0	1.2	27.9	5520.2
中国银河证券证券营业部	浙江	德清	14377.4	10326.0	23.6	0.0	0.0	13.4	4014.4
国都证券桐梓林北路证券营业部	四川	成都	14376.0	6369.2	49.7	0.0	0.0	2.4	7954.7
华西证券安昌路证券营业部	四川	绵阳	14339.1	11141.1	10.8	0.0	0.7	7.0	3179.5
中国中投证券八一七中路证券营业部	福建	福州	14332.0	8905.4	12.5	0.0	0.1	7.0	5407.0
信达证券西单北大街证券营业部	北京	北京	14327.5	8568.9	103.0	0.0	0.0	17.0	5638.7
联讯证券演达大道证券营业部	广东	惠州	14326.8	9895.7	4.0	0.0	0.7	33.6	4392.9
华泰证券何山路证券营业部	江苏	苏州	14310.0	9633.2	737.6	0.0	2.5	18.7	3918.0
中国银河证券东风西路证券营业部	广东	广州	14305.4	8746.0	33.1	0.0	0.0	43.5	5482.9
中山证券杨公堤证券营业部	浙江	杭州	14303.6	7986.0	100.0	0.0	0.0	495.4	5722.1
方正证券阜外大街证券营业部	北京	北京	14281.3	9556.6	28.6	0.0	4.6	14.1	4677.4
光大证券兴庆路证券营业部	陕西	西安	14263.9	11149.7	20.5	0.0	69.7	88.5	2935.5
首创证券吉华路证券营业部	深圳	深圳	14258.4	6064.5	3.7	0.0	202.6	1104.2	6883.3
航天证券曹杨路证券营业部	上海	上海	14251.9	4714.3	8.1	0.0	0.0	108.7	9420.8
国泰君安证券站前路营业部	江西	南昌	14241.9	9890.3	16.4	0.0	2.2	37.0	4296.0
中信建投证券市汉渝路证券营业部	重庆	重庆	14229.3	5319.3	7.6	0.0	0.4	45.1	8857.0
长城证券龙昆北路证券营业部	海南	海口	14227.9	4592.6	2.3	0.0	0.7	1.8	9630.5

注：营业部交易金额的单位为百万元。

证券营业部交易
Trading of Business Department

营业部名称 Business Department	省份 Province	城市 City	总计 Total	股票 Share	基金 Fund	权证 Warrant	政府债 G-Bond	公司债 C-Bond	债券回购 Repo
爱建证券湖滨一里证券营业部	福建	厦门	14224.0	8483.3	25.9	0.0	0.0	4.2	5710.6
华泰证券体育东路证券营业部	广东	广州	14219.7	7920.6	286.4	0.0	0.1	353.3	5659.4
长城证券深南大道证券营业部	深圳	深圳	14205.2	10962.4	9.2	0.0	0.5	16.7	3216.4
安信证券兴宁证券营业部	广东	梅州	14203.3	9108.3	14.5	0.0	4.0	6.8	5069.7
中信建投证券市深南中路证券营业部	深圳	深圳	14191.7	6687.8	336.9	0.0	5.2	147.5	7014.4
华泰证券农展南路证券营业部	北京	北京	14171.2	8766.9	450.5	0.0	6.8	52.1	4894.9
招商证券金融大街证券营业部	北京	北京	14145.1	5425.3	988.7	0.0	0.1	258.7	7472.3
长江证券万柳东路证券营业部	北京	北京	14128.5	7411.7	41.9	0.0	0.0	4.7	6670.3
东莞证券厚街证券营业部	广东	东莞	14120.5	11519.1	9.6	0.0	0.0	5.1	2586.7
中国银河证券上海路证券营业部	江苏	南京	14111.4	7913.3	31.3	0.0	0.0	64.9	6101.8
英大证券五一中路证券营业部	湖南	长沙	14108.4	3551.1	18.6	0.0	0.0	28.1	10510.6
华泰证券井冈山大道证券营业部	江西	南昌	14106.1	9407.6	5.3	0.0	24.6	110.2	4558.4
国泰君安证券通州新华西街证券营业部	北京	北京	14097.4	11455.4	25.7	0.0	0.1	7.7	2608.6
世纪证券大公路证券营业部	江西	抚州	14080.3	8635.9	14.0	0.0	31.2	194.4	5204.8
东海证券南大街证券营业部	江苏	常州	14078.4	9626.0	13.7	0.0	20.9	71.1	4346.6
渤海证券友谊路证券营业部	天津	天津	14078.0	3843.3	10.5	0.0	1.2	2702.8	7520.2
渤海证券营口道证券营业部	天津	天津	14063.2	7869.0	65.3	0.0	119.1	44.9	5965.0
齐鲁证券有限经七路证券营业部	山东	济南	14042.6	8464.4	17.1	0.0	0.0	121.8	5439.4
宏源证券韶山北路证券营业部	湖南	长沙	14025.8	9682.3	13.5	0.0	4.5	282.0	4043.5
上海证券路证券营业部	上海	上海	14005.8	4631.9	74.0	0.0	3.2	17.7	9279.0
上海证券路证券营业部	上海	上海	13995.7	9911.5	56.8	0.0	2.7	64.1	3960.7
国元证券金寨路凯旋大厦证券营业部	安徽	合肥	13983.6	6867.7	21.1	0.0	4.7	166.8	6923.2
国元证券深南大道中国凤凰大厦营业部	深圳	深圳	13970.9	9135.4	16.4	0.0	94.0	370.9	4354.1
中国中投证券建设路证券营业部	河南	郑州	13949.0	10515.3	31.1	0.0	1.1	137.4	3264.1
东方证券飞虹路证券营业部	上海	上海	13944.4	5714.5	33.3	0.0	7.1	261.8	7927.6
广发证券小西路证券营业部	辽宁	沈阳	13943.2	5184.8	26.6	0.0	0.4	25.3	8706.0
招商证券科技园高新南一道证券营业部	深圳	深圳	13940.8	9737.0	27.2	0.0	0.4	67.1	4109.1
平安证券绍兴道证券营业部	天津	天津	13940.6	10651.8	71.3	0.0	10.7	78.8	3128.1
上海证券路证券营业部	上海	上海	13918.0	5571.9	19.0	0.0	2.1	25.4	8299.6
招商证券中山北路证券营业部	广西	桂林	13915.6	11401.7	15.8	0.0	0.1	66.1	2432.0
长江证券锣锅巷证券营业部	四川	成都	13892.6	7702.9	27.9	0.0	0.0	57.6	6104.2
国元证券体育路证券营业部	广东	中山	13844.0	5764.4	24.2	0.0	0.2	12.1	8043.1
中国银河证券三江路证券营业部	浙江	兰溪	13843.8	12113.0	17.2	0.0	0.1	2.5	1711.0
国泰君安证券金沙路营业部	广东	汕头	13842.9	8906.3	43.7	0.0	0.3	25.6	4867.0
世纪证券阳明路证券营业部	江西	南昌	13838.9	9032.0	13.2	0.0	0.4	19.4	4773.9
海通证券二道街营业部	辽宁	鞍山	13836.6	10160.3	20.5	0.0	67.5	356.0	3232.4
齐鲁证券有限斜土路证券营业部	上海	上海	13836.4	5481.5	226.4	0.0	88.9	180.6	7859.0
华鑫证券松江证券营业部	上海	上海	13821.7	8132.2	46.3	0.0	0.3	21.1	5621.8
华泰证券彩田路证券营业部	深圳	深圳	13800.1	9408.9	133.1	0.0	0.5	145.1	4112.5
华泰证券青山和平大道证券营业部	湖北	武汉	13799.1	5753.1	52.6	0.0	3.2	23.3	7967.0
长江证券光华村街证券营业部	四川	成都	13790.5	8871.5	72.3	0.0	0.2	3.9	4842.6
平安证券深南大道证券营业部	深圳	深圳	13784.1	8806.6	16.2	0.0	0.0	69.7	4891.6
东海证券周山路证券营业部	河南	洛阳	13731.2	10168.0	25.6	0.0	0.2	13.9	3523.5
江海证券有限瞿溪路证券营业部	上海	上海	13723.7	5232.1	17.7	0.0	0.0	14.3	8459.7
中航证券有限春风路证券营业部	深圳	深圳	13696.7	10065.5	11.5	0.0	3.3	322.8	3293.7
光大证券华远东路证券营业部	广东	佛山	13692.9	7578.6	43.4	0.0	0.0	91.0	5979.9
海通证券海虞北路营业部	江苏	常熟	13690.0	8381.3	37.0	0.0	0.4	33.3	5238.1
华泰证券夏碧路证券营业部	上海	上海	13681.0	6347.0	112.9	0.0	0.0	16.8	7204.3
中国银河证券南瑞路证券营业部	江苏	南京	13673.9	4739.1	44.9	0.0	7.9	39.1	8842.9
兴业证券一拂路证券营业部	福建	福清	13655.7	6230.2	9.1	0.0	0.6	5.8	7409.9

注：营业部交易金额的单位为百万元。

证券营业部交易
Trading of Business Department

营业部名称 Business Department	省份 Province	城市 City	总计 Total	股票 Share	基金 Fund	权证 Warrant	政府债 G-Bond	公司债 C-Bond	债券回购 Repo
财通证券麦岛路证券营业部	山东	青岛	13646.7	2990.9	3.6	0.0	0.0	306.4	10345.8
华泰证券文昌西路证券营业部	江苏	扬州	13636.3	9263.6	653.3	0.0	2.4	33.6	3683.5
厦门证券有限湖滨西路证券营业部	福建	厦门	13632.7	8453.2	21.3	0.0	0.4	20.5	5137.3
华泰证券益田路证券营业部	深圳	深圳	13630.2	11577.5	236.4	0.0	0.2	51.2	1764.9
长城证券芳沁街证券营业部	四川	成都	13626.6	7205.4	7.8	0.0	15.8	12.8	6384.8
华安证券朝阳路证券营业部	安徽	淮南	13625.3	7510.1	11.8	0.0	0.3	12.1	6091.0
华鑫证券漕宝路证券营业部	上海	上海	13617.0	5743.7	24.5	0.0	0.2	10.4	7838.2
英大证券新开路证券营业部	天津	天津	13616.2	2956.1	59.6	0.0	18.3	418.9	10163.3
财通证券红旗路证券营业部	浙江	湖州	13592.4	8850.7	23.3	0.0	1.9	24.1	4692.4
西南证券沧白路证券营业部	重庆	重庆	13590.6	7863.2	16.7	0.0	0.4	5.9	5704.4
招商证券香港中路证券营业部	山东	青岛	13583.4	7851.2	47.8	0.0	8.5	61.8	5614.2
大通证券南车站路证券营业部	上海	上海	13581.9	4569.1	9.4	0.0	0.3	13.7	8989.3
招商证券东四十条证券营业部	北京	北京	13578.4	7004.6	15.4	0.0	0.3	1.8	6556.3
太平洋证券海淀大街证券营业部	北京	北京	13569.1	5562.8	9.3	0.0	2.8	101.8	7892.5
方正证券和平里东街证券营业部	北京	北京	13538.2	7245.8	27.4	0.0	4.4	25.9	6234.8
华融证券华山路证券营业部	上海	上海	13537.2	4181.0	5.3	0.0	0.1	1.9	9348.9
方正证券黄兴中路证券营业部	湖南	长沙	13535.3	10077.5	37.5	0.0	1.5	9.4	3409.4
中国银河证券广西路证券营业部	山东	青岛	13535.0	6396.4	103.0	0.0	0.0	25.2	7010.3
申银万国证券黄石大道证券营业部	湖北	黄石	13520.4	8406.2	17.9	0.0	0.1	4.3	5092.0
东海证券水城南路证券营业部	上海	上海	13509.5	6267.4	26.8	0.0	0.0	49.5	7165.8
银泰证券嘉善路证券营业部	上海	上海	13498.4	5082.3	18.9	0.0	0.0	28.4	8368.7
中信证券（浙江）车站大道营业部	浙江	温州	13496.9	8944.9	13.2	0.0	0.0	12.9	4525.9
湘财证券经十一路证券营业部	山东	济南	13495.4	7049.6	45.3	0.0	0.1	89.5	6310.9
长城证券宝安海秀路证券营业部	深圳	深圳	13489.2	4389.6	10.1	0.0	251.7	0.1	8837.7
国信证券端州四路证券营业部	广东	肇庆	13488.5	6569.9	10.0	0.0	0.1	6.7	6901.7
民生证券桐柏路证券营业部	河南	郑州	13487.4	11388.8	33.8	0.0	0.3	11.6	2052.8
万联证券番禺清河东路证券营业部	广东	广州	13475.3	2288.9	15.4	0.0	0.0	71.3	11099.7
国盛证券洪都大道证券营业部	江西	南昌	13464.3	4292.1	5.4	0.0	0.1	41.1	9125.7
海通证券桂林路证券营业部	上海	上海	13460.6	4554.7	12.9	0.0	0.3	86.9	8805.9
万联证券农林下路证券营业部	广东	广州	13454.8	4772.1	3.6	0.0	0.0	107.6	8571.6
中国中投证券上海路证券营业部	辽宁	大连	13446.2	6966.6	5.4	0.0	0.5	0.7	6473.0
国泰君安证券福华三路证券营业部	深圳	深圳	13442.1	6782.2	424.3	0.0	0.0	34.9	6200.7
申银万国证券长江南路证券营业部	上海	上海	13430.6	4785.9	113.7	0.0	1.7	20.1	8509.2
光大证券寮步证券营业部	广东	东莞	13428.7	5767.8	3.7	0.0	0.2	2.9	7654.0
中国中投证券解放路证券营业部	四川	自贡	13409.8	9346.8	28.5	0.0	1.9	70.5	3962.1
中信建投证券市南坪西路证券营业部	重庆	重庆	13398.8	7109.0	11.5	0.0	0.0	32.9	6245.4
广发证券江华路证券营业部	广东	江门	13391.5	4661.8	11.3	0.0	0.0	18.5	8699.9
中国银河证券桃园证券营业部	山西	太原	13383.4	9007.1	94.7	0.0	1.2	23.6	4256.8
宏源证券友好路证券营业部	辽宁	大连	13365.2	7625.7	14.8	0.0	0.0	34.7	5690.0
华泰证券青年大街证券营业部	辽宁	沈阳	13342.6	7882.1	485.9	0.0	0.3	5.1	4969.2
东方证券龙井路证券营业部	浙江	杭州	13313.0	5273.7	47.6	0.0	0.2	0.5	7991.0
广发证券南园路证券营业部	深圳	深圳	13304.2	4728.7	6.9	0.0	0.0	8.1	8560.5
华泰证券东马路证券营业部	天津	天津	13303.1	4141.6	22.8	0.0	0.0	37.0	9101.7
金元证券东方路证券营业部	上海	上海	13294.7	6192.0	40.9	0.0	0.7	47.5	7013.6
齐鲁证券有限通达路证券营业部	山东	临沂	13293.6	10342.2	27.2	0.0	0.2	4.7	2919.3
东方证券都市路证券营业部	上海	上海	13289.0	5827.7	30.0	0.0	0.3	64.5	7366.5
东兴证券五一中路证券营业部	福建	福州	13286.2	8883.1	22.0	0.0	20.1	32.1	4329.0
万联证券滨江东路证券营业部	广东	广州	13283.7	5907.1	10.5	0.0	0.4	40.6	7325.2
广发证券天河路证券营业部	广东	广州	13280.8	8175.3	11.1	0.0	0.1	62.6	5031.8
华泰证券长江东路证券营业部	安徽	合肥	13280.1	7058.6	48.0	0.0	1.4	28.2	6143.9

注：营业部交易金额的单位为百万元。

证券营业部交易
Trading of Business Department

营业部名称 Business Department	省份 Province	城市 City	总计 Total	股票 Share	基金 Fund	权证 Warrant	政府债 G-Bond	公司债 C-Bond	债券回购 Repo
东北证券市解放大路证券营业部	吉林	长春	13278.6	6216.3	19.6	0.0	0.0	48.5	6994.2
浙商证券温迪路证券营业部	浙江	温州	13273.4	10277.4	54.9	0.0	0.0	3.3	2937.7
中银国际证券黄河路证券营业部	辽宁	大连	13271.8	9707.0	87.1	0.0	1.4	78.6	3397.7
恒泰证券浩特新城北街证券营业部	内蒙	呼和浩特	13264.4	11372.8	7.9	0.0	0.0	0.8	1882.9
招商证券布吉罗岗路证券营业部	深圳	深圳	13261.8	8644.0	26.1	0.0	0.1	11.2	4580.4
海通证券滨和平路证券营业部	黑龙江	哈尔滨	13259.7	5167.0	34.8	0.0	0.1	49.3	8008.5
华泰证券干将西路证券营业部	江苏	苏州	13253.8	6660.8	369.0	0.0	0.0	15.2	6208.9
华泰证券青年路证券营业部	江苏	徐州	13206.9	8589.5	71.6	0.0	0.8	36.3	4508.7
光大证券花地大道证券营业部	广东	广州	13199.9	7991.8	77.5	0.0	0.1	18.4	5112.2
西部证券沣镐东路证券营业部	陕西	西安	13195.6	10549.5	39.0	0.0	0.1	9.8	2597.3
招商证券沙头角金融路证券营业部	深圳	深圳	13191.1	11348.9	40.6	0.0	0.6	8.7	1792.4
中国银河证券陇海路证券营业部	河南	郑州	13186.8	9090.8	31.2	0.0	0.0	1.4	4063.3
东方证券四平路证券营业部	上海	上海	13167.0	5073.0	26.4	0.0	0.1	113.1	7954.3
海通证券中荣街证券营业部	安徽	蚌埠	13165.9	10668.3	997.3	0.0	1.3	107.0	1392.1
首创证券五道口证券营业部	北京	北京	13161.5	7232.4	68.3	0.0	0.0	19.3	5841.4
爱建证券零陵路证券营业部	上海	上海	13154.5	5578.4	22.9	0.0	6.5	19.9	7526.8
广发证券洛溪新城证券营业部	广东	广州	13143.6	10053.4	53.3	0.0	0.4	63.7	2972.8
光大证券紫阳路证券营业部	湖北	武汉	13126.6	7622.7	540.6	0.0	0.4	33.5	4929.3
西南证券西体路证券营业部	四川	成都	13125.8	9465.3	11.3	0.0	0.6	21.6	3627.1
中信建投证券育梁道证券营业部	天津	天津	13124.5	6900.3	185.0	0.0	0.2	29.3	6009.7
中原证券经六路证券营业部	河南	郑州	13096.6	6673.7	26.1	0.0	0.0	7.1	6389.7
东方证券金口路证券营业部	上海	上海	13090.5	6588.0	16.8	0.0	25.4	91.2	6369.1
方正证券芙蓉中路证券营业部	湖南	长沙	13088.7	7235.2	22.1	0.0	0.6	2.7	5828.2
国泰君安证券成义街证券营业部	辽宁	大连	13086.6	8262.8	46.0	0.0	3.1	40.9	4733.9
国信证券新港西路证券营业部	广东	广州	13084.2	4752.8	9.6	0.0	70.3	2960.5	5291.0
中信证券（浙江）半山路证券营业部	浙江	杭州	13068.8	9359.6	206.3	0.0	0.3	24.8	3477.8
新时代证券中关村东路证券营业部	北京	北京	13054.7	11512.9	9.5	0.0	2.1	28.6	1501.6
国海证券人民东路证券营业部	广西	玉林	13039.0	9612.7	11.1	0.0	0.2	8.6	3406.4
西南证券蛇口后海路证券营业部	深圳	深圳	13029.4	6546.1	33.2	0.0	0.0	88.7	6361.4
湘财证券木齐克拉玛依东路营业部	新疆	克拉玛依	13027.8	6072.2	17.2	0.0	0.0	101.1	6837.2
中原证券桐柏路证券营业部	河南	郑州	13022.8	10030.7	16.0	0.0	0.5	17.9	2957.7
江海证券有限东三环南路证券营业部	北京	北京	13021.6	9981.1	49.5	0.0	0.1	31.6	2959.3
方正证券长益路证券营业部	湖南	益阳	13020.4	12237.4	27.5	0.0	0.3	13.4	741.8
万联证券富贵东路证券营业部	上海	上海	13003.0	3393.1	3.5	0.0	1.2	197.4	9407.8
华鑫证券浦雪路证券营业部	上海	上海	12982.5	3555.3	4.0	0.0	0.0	36.9	9386.2
华泰证券天钥桥路证券营业部	上海	上海	12979.4	4768.5	47.5	0.0	77.1	73.2	8013.1
东兴证券学军路证券营业部	福建	福州	12974.8	8108.6	17.9	0.0	2.0	77.7	4768.7
中信建投证券市建设中路证券营业部	湖南	株洲	12967.0	7892.6	10.5	0.0	0.2	8.5	5055.2
国泰君安证券雁城路证券营业部	湖南	衡阳	12954.0	10941.8	81.1	0.0	1.8	6.9	1922.4
安信证券人民南路证券营业部	广东	茂名	12950.8	6617.1	10.8	0.0	0.2	7.2	6315.6
中国银河证券江东中路证券营业部	江苏	南京	12947.4	5716.1	14.3	0.0	0.0	29.4	7187.5
宏源证券莲花路证券营业部	深圳	深圳	12945.3	8022.3	28.2	0.0	0.7	11.7	4882.3
财达证券庄建设南大街证券营业部	河北	石家庄	12938.7	2627.4	2.6	0.0	0.1	1.3	10307.3
华泰证券真理道证券营业部	天津	天津	12933.3	9413.7	838.7	0.0	34.6	45.6	2600.7
申银万国证券南京东路证券营业部	江西	南昌	12932.8	5532.4	5.4	0.0	261.8	1109.8	6023.4
中信建投证券市迎宾路证券营业部	湖南	长沙	12929.4	9356.2	9.9	0.0	0.2	169.0	3394.1
东海证券凯旋西路证券营业部	河南	洛阳	12918.3	11286.1	13.8	0.0	1.0	73.8	1543.7
齐鲁证券有限新城大道证券营业部	浙江	温州	12907.2	11188.4	151.6	0.0	0.0	333.3	1233.9
海通证券吴中路证券营业部	上海	上海	12874.4	9589.6	55.8	0.0	0.2	43.1	3185.7
财通证券工人西路证券营业部	浙江	义乌	12867.5	7789.0	68.2	0.0	0.3	21.4	4988.5

注：营业部交易金额的单位为百万元。

证券营业部交易
Trading of Business Department

营业部名称 Business Department	省份 Province	城市 City	总计 Total	股票 Share	基金 Fund	权证 Warrant	政府债 G-Bond	公司债 C-Bond	债券回购 Repo
东吴证券安德里北街证券营业部	北京	北京	12863.4	5740.9	67.5	0.0	4.6	700.8	6349.6
齐鲁证券有限北马路证券营业部	山东	烟台	12844.7	8055.1	10.7	0.0	1.3	338.6	4438.9
广发证券环湖中路证券营业部	天津	天津	12786.5	6310.8	3.3	0.0	0.1	97.9	6374.4
山西证券上肖墙路证券营业部	山西	太原	12777.4	9782.3	7.1	0.0	46.6	0.8	2940.6
华泰证券东风西路证券营业部	广东	广州	12774.5	8218.4	1607.0	0.0	0.2	21.6	2927.4
光大证券中山二路证券营业部	广东	广州	12768.5	8828.9	41.6	0.0	0.0	20.7	3877.4
江海证券有限仁德路证券营业部	上海	上海	12767.0	6071.3	46.7	0.0	3.4	25.5	6620.1
广发证券欧洲城证券营业部	浙江	温州	12764.0	10332.6	39.5	0.0	0.0	19.0	2372.9
中银国际证券江北证券营业部	重庆	重庆	12758.9	11442.0	104.1	0.0	0.0	13.4	1199.4
中信万通证券金雀山路证券营业部	山东	临沂	12749.4	9902.7	30.4	0.0	0.3	14.7	2801.3
齐鲁证券有限华穗路证券营业部	广东	广州	12726.7	3745.9	13.2	0.0	0.0	56.9	8910.7
宏源证券厦禾路证券营业部	福建	厦门	12725.4	10149.3	63.3	0.0	0.3	11.4	2501.0
招商证券北京西路证券营业部	江西	南昌	12724.7	7116.6	20.2	0.0	3.1	15.7	5569.1
长城证券水仙街证券营业部	辽宁	大连	12724.3	8231.6	27.7	0.0	0.6	11.5	4452.9
中国中投证券龙华路证券营业部	海南	海口	12718.1	7128.2	9.1	0.0	2.1	4.8	5573.9
中国银河证券大沙泥街证券营业部	浙江	宁波	12717.1	8187.6	17.5	0.0	0.0	4.8	4507.1
方正证券北门街证券营业部	浙江	义乌	12687.3	10859.4	9.6	0.0	0.0	7.9	1810.3
华林证券振华路证券营业部	深圳	深圳	12683.7	11381.2	7.3	0.0	0.0	2.3	1292.9
光大证券牡丹江路证券营业部	上海	上海	12683.5	4768.4	18.8	0.0	0.2	34.0	7862.2
广发证券密渡桥路证券营业部	浙江	杭州	12678.0	5141.5	13.8	0.0	0.0	13.6	7509.2
中国银河证券顺德乐从证券营业部	广东	佛山	12661.3	4837.2	377.4	0.0	0.3	36.0	7410.4
上海证券证券营业部	上海	上海	12653.1	6061.6	25.6	0.0	1.6	99.4	6464.9
中国银河证券新华街证券营业部	浙江	丽水	12645.8	4682.2	6.6	0.0	0.0	733.5	7223.4
民生证券和平路证券营业部	河南	新乡	12640.6	7019.2	49.1	0.0	0.0	22.3	5550.0
方正证券邵水西路证券营业部	湖南	邵阳	12637.2	11527.2	11.3	0.0	0.9	6.9	1090.9
湘财证券深南大道证券营业部	深圳	深圳	12612.0	6213.4	8.7	0.0	30.1	61.6	6298.1
兴业证券塘岸街证券营业部	福建	晋江	12607.2	4859.1	62.6	0.0	46.1	184.3	7455.2
南京证券东三环南路证券营业部	北京	北京	12586.5	6506.2	10.7	0.0	0.1	10.5	6059.0
申银万国证券沈阳中山路营业部	辽宁	沈阳	12585.1	8371.0	30.6	0.0	13.3	20.5	4149.8
浙商证券下街证券营业部	浙江	衢州	12573.5	11534.3	12.8	0.0	0.1	45.4	981.0
中信证券芙蓉路证券营业部	湖南	长沙	12568.7	7365.4	9.0	0.0	0.0	390.9	4803.5
国泰君安证券解放南路证券营业部	江苏	徐州	12565.2	9146.2	25.0	0.0	0.3	12.8	3381.0
西南证券明月一路证券营业部	广东	广州	12564.2	6096.0	34.7	0.0	0.0	36.1	6397.4
东吴证券木渎镇证券营业部	江苏	苏州	12561.2	6675.7	34.3	0.0	0.0	1.5	5849.7
中国银河证券证券营业部	浙江	嘉兴	12557.3	9552.3	31.1	0.0	5.7	129.3	2839.0
光大证券人民北路证券营业部	上海	上海	12534.0	4483.1	60.8	0.0	0.0	78.0	7912.2
信达证券兴隆台街证券营业部	辽宁	盘锦	12529.2	8817.8	18.6	0.0	0.4	31.6	3660.8
上海证券路证券营业部	上海	上海	12525.7	4444.0	20.3	0.0	4.8	51.8	8004.9
广发证券曙光西路证券营业部	广东	江门	12519.3	5789.1	9.6	0.0	0.0	32.5	6688.2
国元证券国庆中路证券营业部	安徽	淮南	12513.4	8222.2	6.7	0.0	2.2	362.0	3920.2
申银万国证券阜南路证券营业部	安徽	合肥	12504.8	8542.1	432.9	0.0	0.1	12.0	3517.6
爱建证券中华路证券营业部	上海	上海	12503.2	4049.2	13.1	0.0	0.2	7.5	8433.3
华泰证券泰然路证券营业部	深圳	深圳	12501.1	9243.8	469.3	0.0	10.0	24.3	2753.7
方正证券南山路证券营业部	浙江	杭州	12484.3	8164.5	24.5	0.0	0.0	4.5	4290.9
西南证券庆春东路证券营业部	浙江	杭州	12456.4	7888.4	54.7	0.0	0.0	30.3	4483.0
厦门证券有限莲前西路证券营业部	福建	厦门	12439.1	8532.1	18.8	0.0	0.0	12.3	3876.0
恒泰证券南滨河路证券营业部	北京	北京	12433.0	5757.2	9.2	0.0	0.0	55.4	6611.2
齐鲁证券有限思明南路证券营业部	福建	厦门	12430.7	7282.2	18.4	0.0	2.5	7.2	5120.4
上海证券四路证券营业部	上海	上海	12419.8	4173.0	19.7	0.0	0.4	14.3	8212.5
银泰证券兴源北路证券营业部	江苏	无锡	12415.9	6327.4	10.0	0.0	0.1	6.4	6072.1

注：营业部交易金额的单位为百万元。

证券营业部交易
Trading of Business Department

营业部名称 Business Department	省份 Province	城市 City	总计 Total	股票 Share	基金 Fund	权证 Warrant	政府债 G-Bond	公司债 C-Bond	债券回购 Repo
国泰君安证券深南东路证券营业部	深圳	深圳	12391.8	4340.0	9.4	0.0	0.0	3.1	8039.3
齐鲁证券有限解放北路证券营业部	浙江	绍兴	12388.0	8035.1	267.5	0.0	0.0	4.1	4081.3
渤海证券斜土路证券营业部	上海	上海	12384.5	3499.1	39.0	0.0	0.7	30.4	8815.2
中信建投证券市井冈山大道证券营业部	江西	南昌	12382.7	7577.1	34.8	0.0	2.5	5.1	4763.2
中国中投证券护国路证券营业部	贵州	贵阳	12351.1	9023.8	24.7	0.0	1.5	49.3	3251.8
国泰君安证券并州北路营业部	山西	太原	12345.7	9232.1	44.8	0.0	0.3	14.2	3054.4
安信证券三水沙头大道证券营业部	广东	佛山	12343.2	9172.4	16.8	0.0	0.2	10.3	3143.6
国泰君安证券中央路证券营业部	江苏	南京	12341.4	7614.7	55.7	0.0	0.2	5.4	4665.5
东方证券凤阳路证券营业部	上海	上海	12340.0	6433.2	15.2	0.0	0.0	4.7	5886.9
华泰证券淮海北路证券营业部	江苏	淮安	12329.2	10074.3	191.0	0.0	8.4	197.4	1858.1
中信建投证券襄城鼓楼巷证券营业部	湖北	襄阳	12325.0	8170.2	16.8	0.0	0.5	9.2	4128.4
东海证券浦建路证券营业部	上海	上海	12320.7	3989.5	21.2	0.0	0.0	28.1	8281.9
世纪证券中山南路证券营业部	江苏	南京	12309.3	2683.7	10.4	0.0	0.1	1.4	9613.7
招商证券汶河北路证券营业部	江苏	扬州	12305.6	8059.6	14.7	0.0	0.2	221.1	4010.0
华泰证券滨宣化街证券营业部	黑龙江	哈尔滨	12305.5	4079.8	916.2	0.0	0.5	6.9	7302.1
安信证券胜利街证券营业部	湖北	武汉	12296.3	4505.5	3502.6	0.0	0.0	4.6	4283.6
中信万通证券蓝鳌路证券营业部	山东	青岛	12294.9	8325.1	14.0	0.0	0.1	8.2	3947.5
中航证券有限中原东路证券营业部	河南	郑州	12292.6	8607.8	14.5	0.0	0.0	212.4	3457.9
德邦证券兴顺街营业部	辽宁	沈阳	12286.1	7438.2	36.1	0.0	0.0	49.4	4762.5
齐鲁证券有限解放路证券营业部	山东	济南	12277.2	9672.9	17.7	0.0	0.1	56.9	2529.6
海通证券福华三路证券营业部	深圳	深圳	12271.3	7374.6	47.8	0.0	0.0	16.5	4832.4
国泰君安证券环城南路证券营业部	陕西	西安	12270.8	9781.3	27.6	0.0	5.1	60.5	2396.3
华林证券东升路证券营业部	广东	江门	12260.7	9235.4	21.1	0.0	0.0	1.2	3003.0
方正证券邮电路证券营业部	浙江	台州	12245.7	9780.6	9.8	0.0	0.0	0.8	2454.5
广发证券龙昆北路证券营业部	海南	海口	12243.6	3028.1	9.2	0.0	0.0	0.7	9205.6
方正证券庆春东路证券营业部	浙江	杭州	12238.0	8286.6	40.6	0.0	0.5	58.0	3852.3
中邮证券南大街证券营业部	陕西	西安	12229.6	8690.2	19.9	0.0	0.7	17.4	3501.5
上海证券路证券营业部	上海	上海	12226.3	5523.0	14.7	0.0	0.3	5.8	6682.5
招商证券友谊北路证券营业部	天津	天津	12221.2	6619.6	40.4	0.0	0.1	11.1	5550.0
安信证券四川中路证券营业部	上海	上海	12183.6	7002.3	15.3	0.0	2.0	38.9	5125.2
中国民族证券西坝河证券营业部	北京	北京	12175.1	8205.7	28.6	0.0	1.9	22.1	3916.8
国海证券飞鹅二路证券营业部	广西	柳州	12166.5	8272.1	23.0	0.0	0.2	32.4	3838.8
中信建投证券市解放路证券营业部	湖北	宜昌	12149.2	8592.8	30.1	0.0	0.0	30.6	3495.7
广发证券番禺环城东路证券营业部	广东	番禺	12129.8	8398.3	34.2	0.0	1.9	48.0	3647.4
宏源证券解放北路证券营业部	江苏	盐城	12121.5	10872.7	21.0	0.0	0.4	22.9	1204.6
广发证券高凉中路证券营业部	广东	茂名	12120.5	5910.5	6.8	0.0	0.0	6.5	6196.8
中信建投证券市解放路证券营业部	辽宁	锦州	12114.5	7587.9	12.4	0.0	1.1	23.3	4489.8
国泰君安证券国贸大道证券营业部	海南	海口	12105.9	10226.6	143.6	0.0	0.0	41.4	1694.4
海通证券天山西路证券营业部	上海	上海	12102.6	6262.0	38.8	0.0	100.6	293.1	5408.3
国都证券复兴路证券营业部	北京	北京	12101.2	9636.8	42.0	0.0	0.1	10.1	2412.3
中信建投证券市颐阳路证券营业部	湖北	黄石	12088.4	5815.1	18.5	0.0	0.0	2624.1	3630.7
广发证券科园一路证券营业部	重庆	重庆	12088.1	5583.1	16.6	0.0	0.3	8.5	6479.6
西部证券莲湖路第二证券营业部	陕西	西安	12077.8	8758.0	2.7	0.0	265.6	190.5	2861.0
西南证券朝阳北大街证券营业部	河北	保定	12070.2	6360.0	10.9	0.0	25.9	489.4	5184.0
中国中投证券天津路证券营业部	河南	洛阳	12064.3	9074.6	55.3	0.0	1.3	86.0	2847.1
长江证券金水路证券营业部	河南	郑州	12062.5	8469.7	19.0	0.0	0.1	4.0	3569.8
中国中投证券宝安区创业一路证券营业部	深圳	深圳	12061.9	11304.2	3.0	0.0	0.0	19.8	734.9
中国中投证券叠山路证券营业部	江西	南昌	12060.3	8452.7	13.6	0.0	0.0	9.8	3584.2
广发证券北京路证券营业部	湖北	荆州	12059.7	4893.9	4.9	0.0	1.5	11.2	7148.3
大同证券经纪长寿路证券营业部	上海	上海	12052.0	5681.1	14.8	0.0	0.2	4.9	6351.0

注：营业部交易金额的单位为百万元。

证券营业部交易
Trading of Business Department

营业部名称 Business Department	省份 Province	城市 City	总计 Total	股票 Share	基金 Fund	权证 Warrant	政府债 G-Bond	公司债 C-Bond	债券回购 Repo
信达证券远洋路证券营业部	福建	福州	12047.7	4929.0	3.6	0.0	0.5	421.9	6692.8
华福证券涵华西路证券营业部	福建	莆田	12029.3	10093.0	10.8	0.0	0.0	1.1	1924.3
大通证券华林路证券营业部	福建	福州	12011.5	6002.3	82.1	0.0	0.0	44.9	5882.1
长江证券夷陵大道证券营业部	湖北	宜昌	12010.7	8878.7	12.1	0.0	0.6	93.5	3025.9
广发证券景山路证券营业部	广东	珠海	12010.6	7979.2	31.5	0.0	0.0	12.8	3987.1
长江证券山东路证券营业部	山东	青岛	11994.8	6836.7	18.1	0.0	0.1	56.2	5083.8
华安证券山花雨路证券营业部	安徽	马鞍山	11988.2	7938.9	22.2	0.0	2.4	16.2	4008.5
东海证券西苑路证券营业部	河南	洛阳	11988.0	9096.4	20.6	0.0	2.8	7.5	2860.7
南京证券吉祥商城证券营业部	江苏	苏州	11982.5	6644.7	8.8	0.0	0.7	45.2	5283.2
湘财证券西华门证券营业部	陕西	西安	11976.6	2787.2	43.1	0.0	21.8	584.1	8540.5
东莞证券中关村大街证券营业部	北京	北京	11968.3	7629.9	20.6	0.0	0.1	93.0	4224.8
新时代证券南礼士路证券营业部	北京	北京	11958.1	7529.6	20.7	0.0	0.0	18.6	4389.3
万联证券浦东南路证券营业部	上海	上海	11938.2	3759.5	80.9	0.0	0.0	21.9	8075.9
国元证券密渡桥路证券营业部	浙江	杭州	11931.7	8973.9	36.2	0.0	0.3	28.9	2892.4
申银万国证券红星路营业部	天津	天津	11921.7	5229.2	128.6	0.0	0.1	9.0	6554.8
江海证券有限滨珠江路证券营业部	黑龙江	哈尔滨	11921.2	3692.6	49.4	0.0	0.0	71.4	8107.8
光大证券丹城步北路证券营业部	浙江	宁波	11905.4	9827.9	26.5	0.0	0.0	20.7	2030.3
大通证券黄陂南路证券营业部	上海	上海	11893.1	3738.7	34.9	0.0	3.0	291.6	7824.9
南京证券龙蟠路证券营业部	江苏	南京	11877.0	10002.7	41.6	0.0	22.9	8.5	1801.2
中信万通证券香港中路证券营业部	山东	青岛	11863.0	3949.9	14.7	0.0	0.0	21.9	7876.5
中原证券人民路证券营业部	河南	南阳	11848.8	9923.9	39.3	0.0	0.2	27.7	1857.6
兴业证券历山路证券营业部	山东	济南	11836.2	6391.6	12.5	0.0	0.0	9.9	5422.2
华宝证券新闻路证券营业部	深圳	深圳	11808.4	8008.9	21.7	0.0	0.0	0.2	3777.7
广州证券番禺大岗证券营业部	广东	广州	11803.8	5445.7	1.3	0.0	0.0	173.3	6183.5
招商证券解放北路证券营业部	广西	柳州	11793.3	9245.6	14.6	0.0	0.6	9.2	2523.3
国信证券布吉证券营业部	深圳	深圳	11786.0	3546.8	3.8	0.0	9.2	0.3	8225.9
中国民族证券西安大路证券营业部	吉林	长春	11777.9	6755.1	4.5	0.0	0.9	27.5	4989.9
东方证券中兴路证券营业部	上海	上海	11777.6	5307.9	22.9	0.0	2.1	34.6	6410.2
东兴证券中兴路证券营业部	深圳	深圳	11768.2	6763.5	3.8	0.0	0.0	17.7	4983.2
英大证券解放西路证券营业部	江西	南昌	11762.0	5627.8	10.1	0.0	0.3	93.4	6030.4
新时代证券文化路证券营业部	内蒙	包头	11749.6	7536.2	1.1	0.0	17.8	0.3	4194.3
湘财证券恒福路证券营业部	广东	广州	11728.9	6590.0	19.0	0.0	569.8	59.8	4490.3
安信证券兴源路证券营业部	广东	河源	11728.7	9880.3	7.9	0.0	0.0	4.2	1836.2
民生证券寺右一马路证券营业部	广东	广州	11714.8	3428.8	8.5	0.0	0.3	13.8	8263.4
广发证券珞狮北路证券营业部	湖北	武汉	11712.4	5908.0	13.4	0.0	0.0	18.6	5772.3
西部证券西五路证券营业部	陕西	西安	11708.2	7268.1	20.1	0.0	0.0	4.3	4415.7
申银万国证券镇江中山东路证券营业部	江苏	镇江	11707.3	7889.4	13.1	0.0	0.8	15.0	3789.0
国泰君安证券建设南路证券营业部	湖南	湘潭	11693.6	3538.3	10.1	0.0	32.8	41.9	8070.6
浙商证券侨香路证券营业部	深圳	深圳	11689.0	6483.7	9.8	0.0	0.0	1.3	5194.3
广发证券中兴中路证券营业部	浙江	绍兴	11658.3	5183.9	73.6	0.0	0.0	2.8	6398.0
广发证券东风西路证券营业部	云南	昆明	11658.0	6018.7	21.2	0.0	0.5	7.6	5610.0
海通证券通济街营业部	山东	淄博	11652.3	11235.7	24.0	0.0	3.3	17.3	372.1
湘财证券稠州西路证券营业部	浙江	义乌	11633.9	9496.3	19.3	0.0	0.0	23.1	2095.3
招商证券福华三路证券营业部	深圳	深圳	11631.4	7362.2	8.5	0.0	1.4	3.5	4255.8
中国银河证券罗湖证券营业部	深圳	深圳	11628.9	8904.9	4.3	0.0	0.0	131.7	2588.0
宏源证券勒建设路证券营业部	新疆	库尔勒	11623.6	7987.9	13.8	0.0	0.0	5.6	3616.3
招商证券古城路证券营业部	广西	南宁	11618.4	9875.7	7.6	0.0	0.0	7.4	1727.6
开源证券长安南路证券营业部	陕西	西安	11602.9	5106.0	38.4	0.0	0.6	81.4	6376.6
国元证券宿州路证券营业部	安徽	合肥	11590.9	8415.5	48.3	0.0	3.3	39.8	3084.1
湘财证券友谊大道证券营业部	湖北	武汉	11567.8	6230.7	6.9	0.0	0.0	126.6	5203.6

注：营业部交易金额的单位为百万元。

证券营业部交易
Trading of Business Department

营业部名称 Business Department	省份 Province	城市 City	总计 Total	股票 Share	基金 Fund	权证 Warrant	政府债 G-Bond	公司债 C-Bond	债券回购 Repo
中国中投证券龙华和平路证券营业部	深圳	深圳	11561.0	2860.6	2.6	0.0	0.0	6.4	8691.4
中国中投证券环球中心证券营业部	浙江	杭州	11557.0	10125.1	12.2	0.0	0.0	36.7	1383.0
中国中投证券广济南路证券营业部	江苏	苏州	11549.6	6154.5	20.7	0.0	3.8	354.5	5016.1
恒泰证券东三环中路证券营业部	北京	北京	11523.0	5229.1	10.6	0.0	0.0	0.3	6283.1
西部证券西兰路证券营业部	陕西	咸阳	11493.1	7289.0	5.7	0.0	4.3	137.3	4056.8
齐鲁证券有限人民西路营业部	山东	淄博	11487.8	6719.3	1345.6	0.0	18.6	32.9	3371.4
兴业证券泉安路证券营业部	福建	晋江	11449.5	6011.6	7.4	0.0	0.0	0.8	5429.8
宏源证券浙大路证券营业部	浙江	杭州	11447.7	6254.2	81.4	0.0	0.2	51.4	5060.5
中国中投证券滨友谊路证券营业部	黑龙江	哈尔滨	11439.9	8435.0	6.8	0.0	0.3	14.2	2983.6
东方证券中山中路证券营业部	广西	桂林	11436.0	7727.9	14.3	0.0	0.0	6.4	3687.4
光大证券小营路证券营业部	北京	北京	11429.8	8137.4	55.5	0.0	20.8	21.2	3194.8
财通证券水月亭西路证券营业部	浙江	嘉兴	11429.0	8397.2	18.4	0.0	0.0	16.2	2997.2
方正证券龙港大道证券营业部	浙江	温州	11428.2	10449.3	49.2	0.0	0.1	0.2	929.6
财通证券凤起路证券营业部	浙江	杭州	11428.1	7324.0	20.7	0.0	0.0	19.5	4063.9
申银万国证券迎宾南路证券营业部	广东	珠海	11426.8	7280.1	15.9	0.0	63.2	120.3	3947.3
国泰君安证券沂蒙路证券营业部	山东	临沂	11407.2	9516.6	20.0	0.0	0.2	7.3	1863.1
大同证券经纪青年路证券营业部	山西	太原	11385.9	5484.7	11.3	0.0	0.5	24.9	5864.6
广发证券香港中路证券营业部	山东	青岛	11381.9	4979.3	12.9	0.0	0.2	6.9	6382.7
国联证券南门大街证券营业部	江苏	镇江	11365.7	5521.9	243.1	0.0	0.0	3.6	5597.2
国泰君安证券中山三路证券营业部	重庆	重庆	11364.8	9287.7	21.7	0.0	0.2	30.5	2024.8
国盛证券章江南大道证券营业部	江西	赣州	11364.3	8359.1	42.9	0.0	0.3	103.4	2858.6
海通证券木齐新医路证券营业部	新疆	乌鲁木齐	11363.9	8704.3	114.8	0.0	3.5	34.2	2507.2
方正证券怡景路证券营业部	深圳	深圳	11355.6	7739.8	33.1	0.0	0.0	25.2	3557.4
齐鲁证券有限红旗路证券营业部	天津	天津	11348.6	10117.1	9.7	0.0	0.1	2.9	1218.8
上海证券路证券营业部	上海	上海	11345.5	4011.1	29.5	0.0	5.1	150.0	7149.8
万联证券西单证券营业部	北京	北京	11342.2	5271.3	9.7	0.0	89.0	165.4	5806.9
宏源证券上步中路证券营业部	深圳	深圳	11338.8	8850.7	24.9	0.0	0.1	23.4	2439.7
安信证券领事馆路证券营业部	四川	成都	11337.6	6092.6	13.5	0.0	0.3	18.1	5213.2
大通证券民意街证券营业部	辽宁	大连	11336.3	6645.6	33.9	0.0	1.0	29.6	4626.2
光大证券大良证券营业部	广东	佛山	11336.1	6706.3	50.8	0.0	0.0	51.0	4528.0
中国中投证券科技园证券营业部	深圳	深圳	11333.0	9311.5	10.2	0.0	0.1	8.9	2002.3
中信证券中山四路证券营业部	广东	中山	11329.0	6914.7	236.3	0.0	0.1	64.4	4113.6
东莞证券塘厦证券营业部	广东	东莞	11323.5	9181.0	11.8	0.0	0.0	7.6	2123.2
齐鲁证券有限第一大道证券营业部	山东	济南	11322.2	5989.3	19.8	0.0	0.0	15.8	5297.3
方正证券衡西大市场证券营业部	湖南	衡阳	11315.4	9886.5	27.7	0.0	0.1	20.7	1380.4
光大证券槐树路证券营业部	浙江	宁波	11312.6	6583.6	27.3	0.0	0.3	11.1	4690.3
财通证券天童北路证券营业部	浙江	宁波	11309.8	7141.4	11.6	0.0	0.0	2.8	4154.0
华安证券金寨路证券营业部	安徽	合肥	11300.8	8195.7	16.1	0.0	0.1	29.4	3059.5
中国中投证券法华镇路证券营业部	上海	上海	11292.3	6994.1	95.3	0.0	0.2	40.0	4162.6
南京证券中山东路证券营业部	江苏	镇江	11291.0	8864.7	30.6	0.0	0.4	6.1	2389.2
中信证券鸿福路证券营业部	广东	东莞	11266.3	6133.6	30.5	0.0	0.0	24.6	5077.5
招商证券芙蓉中路证券营业部	湖南	长沙	11262.5	8442.7	451.7	0.0	0.0	23.1	2344.9
方正证券武陵大道证券营业部	湖南	常德	11250.8	10625.5	15.2	0.0	0.6	7.0	602.5
齐鲁证券有限三八中路证券营业部	山东	德州	11250.7	9510.5	25.8	0.0	0.6	18.3	1695.6
安信证券红领巾路证券营业部	广东	汕头	11243.1	6538.7	110.6	0.0	0.1	10.6	4583.1
华泰证券民田路营业部	深圳	深圳	11241.5	5145.8	100.2	0.0	0.0	113.2	5882.4
海通证券建军中路证券营业部	江苏	盐城	11224.6	6269.2	184.5	0.0	0.0	2.3	4768.6
广发证券滨清滨路证券营业部	黑龙江	哈尔滨	11207.0	8295.9	21.0	0.0	1.5	10.6	2878.0
国都证券江汉北路证券营业部	湖北	武汉	11202.1	6060.7	9.5	0.0	0.0	2.4	5129.5
广发证券星湖路证券营业部	广西	南宁	11201.4	6652.2	17.7	0.0	0.0	87.8	4443.7

注：营业部交易金额的单位为百万元。

证券营业部交易
Trading of Business Department

营业部名称 Business Department	省份 Province	城市 City	总计 Total	股票 Share	基金 Fund	权证 Warrant	政府债 G-Bond	公司债 C-Bond	债券回购 Repo
大同证券经纪西四环中路证券营业部	北京	北京	11196.3	8685.1	7.1	0.0	0.1	4.7	2499.3
联讯证券工农路证券营业部	江苏	南通	11191.0	7533.9	5.2	0.0	0.4	32.5	3619.0
申银万国证券成都人民北路营业部	四川	成都	11189.7	8030.5	354.5	0.0	0.1	26.0	2778.6
安信证券车轿街证券营业部	浙江	宁波	11183.7	7510.1	40.0	0.0	0.0	728.4	2905.2
中信万通证券柳泉路证券营业部	山东	淄博	11182.8	6087.1	14.7	0.0	43.4	4.5	5033.1
国元证券山雨山西路证券营业部	安徽	马鞍山	11175.5	9458.2	19.6	0.0	0.0	16.7	1681.0
恒泰证券水电路证券营业部	上海	上海	11162.1	3778.7	20.7	0.0	0.1	53.8	7309.0
海通证券百丈东路证券营业部	浙江	宁波	11160.1	8365.4	32.8	0.0	0.1	132.3	2629.6
宏源证券木齐北京南路证券营业部	新疆	乌鲁木齐	11144.8	8714.0	11.2	0.0	1.8	12.2	2405.6
长城证券五一中路证券营业部	湖南	长沙	11142.2	7982.5	9.5	0.0	0.0	52.7	3097.5
华西证券南一环路证券营业部	四川	成都	11140.9	8921.9	11.2	0.0	5.4	26.7	2175.8
华西证券抗建路证券营业部	四川	宜宾	11133.8	9404.3	7.0	0.0	0.0	27.7	1694.8
中信建投证券抚河中路证券营业部	江西	南昌	11128.2	7989.7	17.9	0.0	15.7	42.1	3062.8
长城证券东吴北路证券营业部	江苏	苏州	11125.8	6131.1	27.2	0.0	0.1	14.1	4953.3
中天证券临青路证券营业部	上海	上海	11122.3	3792.2	9.6	0.0	0.5	4.3	7315.9
华泰证券光荣街证券营业部	辽宁	沈阳	11121.9	5040.9	7.7	0.0	0.0	9.4	6063.8
东海证券苏华路证券营业部	江苏	苏州	11114.6	3068.8	30.0	0.0	0.0	0.7	8015.1
万联证券寺右新马路证券营业部	广东	广州	11095.5	5176.3	29.7	0.0	0.0	1.7	5887.8
国元证券学前街证券营业部	江苏	无锡	11069.9	5493.7	10.6	0.0	0.0	26.6	5539.0
国信证券百丈东路证券营业部	浙江	宁波	11069.8	5899.7	8.5	0.0	0.0	2.4	5159.3
南京证券云南北路证券营业部	江苏	南京	11069.3	6834.0	17.2	0.0	0.4	13.2	4204.5
方正证券黄埔路证券营业部	江苏	南京	11051.5	6641.8	138.6	0.0	0.0	106.5	4164.6
万联证券滨湖北路证券营业部	湖北	鄂州	11050.5	8455.9	6.6	0.0	0.0	3.7	2584.4
英大证券五四路证券营业部	福建	福州	11046.0	5072.1	3.9	0.0	0.0	97.6	5872.4
华泰证券滨西十六道街证券营业部	黑龙江	哈尔滨	11032.4	5222.4	628.2	0.0	0.0	9.6	5172.1
广发证券花城大道证券营业部	广东	广州	11012.4	8157.8	27.5	0.0	0.0	9.8	2817.3
中国银河证券南海桂平西路证券营业部	广东	佛山	11008.1	3909.6	65.2	0.0	0.0	17.4	7015.9
齐鲁证券有限古槐路证券营业部	山东	济宁	11000.9	7960.0	22.5	0.0	0.0	8.9	3009.5
中国银河证券福华一路证券营业部	深圳	深圳	10998.0	9306.9	3.8	0.0	23.5	3.3	1660.5
西部证券梅川路证券营业部	上海	上海	10997.4	5382.1	7.2	0.0	0.5	51.0	5556.6
华泰证券双拥路证券营业部	广西	南宁	10997.0	9259.8	16.3	0.0	0.2	44.1	1676.7
光大证券国贸大道证券营业部	海南	海口	10993.1	6743.9	22.6	0.0	0.1	2.8	4223.8
上海证券南路证券营业部	上海	上海	10989.3	3466.7	9.6	0.0	0.5	33.7	7478.8
海通证券江大路证券营业部	湖北	武汉	10976.7	7945.6	21.7	0.0	0.3	24.8	2984.3
中国中投证券深南中路证券营业部	深圳	深圳	10969.4	6869.0	8.2	0.0	0.0	4.7	4087.5
海通证券田安路证券营业部	福建	泉州	10956.1	6916.9	23.3	0.0	0.0	3.7	4012.2
东方证券平月路证券营业部	广东	广州	10944.9	4726.1	142.0	0.0	0.0	2.3	6074.5
东方证券南汇证券营业部	上海	上海	10939.2	5604.7	8.0	0.0	2.9	41.0	5282.5
安信证券莫干山路证券营业部	浙江	杭州	10937.1	6885.1	28.9	0.0	0.4	13.6	4009.2
渤海证券天河东路证券营业部	广东	广州	10937.1	5694.7	21.8	0.0	1.6	47.6	5171.4
东北证券科园一路证券营业部	重庆	重庆	10934.8	6885.6	23.5	0.0	0.1	2.8	4022.8
中国银河证券新开路证券营业部	辽宁	大连	10934.6	7259.5	86.2	0.0	64.8	58.5	3465.7
世纪证券韶山北路证券营业部	湖南	长沙	10933.3	8469.0	7.4	0.0	5.2	9.5	2442.3
英大证券横岗证券交易营业部	深圳	深圳	10899.7	6810.1	5.0	0.0	0.0	6.4	4078.2
光大证券金水路证券营业部	河南	郑州	10896.0	8903.6	28.3	0.0	0.3	190.0	1773.8
西部证券渭阳中路证券营业部	陕西	咸阳	10890.8	9462.9	11.6	0.0	2.7	13.8	1399.9
长江证券西安路证券营业部	辽宁	大连	10890.5	7231.5	29.8	0.0	0.4	12.7	3616.1
国泰君安证券华强北路证券营业部	深圳	深圳	10879.2	8020.2	32.7	0.0	0.4	20.2	2805.8
长江证券下埔路证券营业部	广东	惠州	10872.4	7941.7	26.5	0.0	0.2	6.0	2898.2
东北证券三里河东路证券营业部	北京	北京	10846.1	7601.8	16.7	0.0	0.0	3.8	3223.8

注：营业部交易金额的单位为百万元。

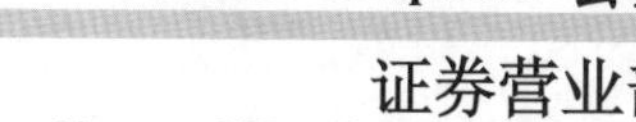

Trading of Business Department

营业部名称 Business Department	省份 Province	城市 City	总计 Total	股票 Share	基金 Fund	权证 Warrant	政府债 G-Bond	公司债 C-Bond	债券回购 Repo
光大证券芙蓉中路营业部	湖南	长沙	10842.5	9121.1	30.7	0.0	0.1	21.3	1669.4
齐鲁证券有限经十路证券营业部	山东	济南	10840.2	8958.9	119.2	0.0	0.0	19.0	1743.1
上海证券证券营业部	上海	上海	10836.3	5665.1	43.4	0.0	0.8	52.8	5074.2
光大证券海德二路证券营业部	深圳	深圳	10827.5	7182.8	287.7	0.0	0.0	1.7	3355.4
齐鲁证券有限鲁迅路证券营业部	辽宁	大连	10806.6	4756.8	3.4	0.0	1.2	3.4	6041.8
中银国际证券新风路证券营业部	海南	三亚	10796.8	5796.9	7.6	0.0	1.1	4.2	4987.0
光大证券阳明西路证券营业部	浙江	余姚	10793.6	6316.1	205.6	0.0	0.0	16.6	4255.4
西南证券胜利路证券营业部	重庆	重庆	10792.6	6220.2	24.5	0.0	0.6	11.9	4535.4
中国中投证券陕西营路证券营业部	河北	承德	10791.7	9496.5	11.8	0.0	0.3	3.4	1279.7
国泰君安证券便河东路证券营业部	湖北	荆州	10791.3	5382.4	5.6	0.0	1.8	24.1	5377.5
长江证券庆春路证券营业部	浙江	杭州	10790.8	6280.2	36.4	0.0	0.3	36.7	4437.2
国信证券安康路证券营业部	云南	昆明	10790.8	9446.5	13.7	0.0	0.2	10.5	1319.9
东北证券长寿路证券营业部	上海	上海	10787.2	3756.7	9.0	0.0	0.0	10.2	7011.4
东海证券通江中路证券营业部	江苏	常州	10786.7	8341.1	26.8	0.0	2.0	33.6	2383.3
申银万国证券浦口道证券营业部	天津	天津	10783.7	4274.7	50.2	0.0	0.2	33.2	6425.4
安信证券潮阳棉西路证券营业部	广东	汕头	10733.1	6655.7	4.2	0.0	0.0	20.2	4052.9
安信证券惠民北路证券营业部	广东	韶关	10729.0	6955.0	6.0	0.0	0.0	3.6	3764.4
中国银河证券岛证券营业部	河北	秦皇岛	10724.4	6050.7	13.1	0.0	0.0	14.9	4645.7
中国民族证券沈洲路证券营业部	辽宁	沈阳	10723.8	3042.8	13.3	0.0	6.0	64.8	7596.9
东方证券殷高西路证券营业部	上海	上海	10720.7	5560.7	45.0	0.0	1.0	52.1	5061.9
中国中投证券徐东大街证券营业部	湖北	武汉	10701.3	5794.5	15.6	0.0	2.3	20.4	4868.5
华泰证券中央路第二证券营业部	江苏	南京	10695.8	6537.4	25.4	0.0	0.0	30.5	4102.5
民生证券仲景南路证券营业部	河南	郑州	10691.2	9328.7	70.3	0.0	0.1	11.6	1280.6
东兴证券祥宾路证券营业部	广西	南宁	10647.8	6632.6	19.4	0.0	1.0	98.6	3896.1
山西证券虹桥路证券营业部	上海	上海	10627.1	4390.2	24.2	0.0	0.6	46.9	6165.2
山西证券北路证券营业部	山西	太原	10619.5	4549.2	13.6	0.0	0.0	0.2	6056.5
广发证券高新南一道证券营业部	深圳	深圳	10619.0	5114.9	8.0	0.0	0.0	47.3	5448.8
中国银河证券龙蟠中路证券营业部	江苏	南京	10616.5	1312.7	0.0	0.0	0.0	146.0	9157.8
招商证券深南中路证券营业部	深圳	深圳	10614.5	7389.4	15.3	0.0	0.0	16.2	3193.6
天风证券建邺路证券营业部	江苏	南京	10598.4	3123.4	3.9	0.0	0.0	5.5	7465.6
长城证券福州路证券营业部	江西	南昌	10593.6	8184.9	28.7	0.0	0.0	16.6	2363.5
中信万通证券大沽路证券营业部	山东	青岛	10592.9	7196.8	268.0	0.0	0.0	8.3	3119.9
申银万国证券商务外环路证券营业部	河南	郑州	10589.0	7454.8	6.0	0.0	0.0	5.3	3122.9
中国银河证券建设东路证券营业部	辽宁	沈阳	10587.5	5406.2	13.0	0.0	0.6	2639.1	2528.7
海通证券红岭南路营业部	深圳	深圳	10586.5	9290.6	115.4	0.0	1.5	12.0	1166.9
中国中投证券尖山路证券营业部	天津	天津	10586.2	4513.4	8.4	0.0	0.5	12.0	6051.9
华泰证券苏锡路证券营业部	江苏	无锡	10582.2	5622.3	17.8	0.0	0.2	112.5	4829.4
广发证券东三环北路证券营业部	北京	北京	10579.3	4013.1	56.0	0.0	27.9	11.3	6471.0
广发证券文峰大道证券营业部	河南	安阳	10567.1	1445.4	9.9	0.0	17.2	149.0	8945.6
南京证券深南中路证券营业部	深圳	深圳	10557.2	6669.3	15.0	0.0	0.0	98.4	3774.5
中信证券（浙江）贤士一路证券营业部	江西	南昌	10554.9	5064.7	66.8	0.0	0.0	19.1	5404.2
东海证券黄埔大道证券营业部	广东	广州	10550.2	6154.8	32.3	0.0	0.0	5.2	4357.9
渤海证券云际道证券营业部	天津	天津	10546.2	7062.6	6.4	0.0	21.4	5.8	3450.1
广发证券洪武路证券营业部	江苏	南京	10539.0	5620.5	43.9	0.0	0.1	14.0	4860.5
湘财证券黄埔大道证券营业部	广东	广州	10533.9	5047.3	17.3	0.0	0.3	11.6	5457.4
齐鲁证券有限黄海一路证券营业部	山东	日照	10531.3	9066.9	17.6	0.0	0.0	1.7	1445.1
东吴证券盛泽镇西环路证券营业部	江苏	吴江	10521.6	7784.3	3.6	0.0	0.7	37.9	2695.1
中信建投证券市同兴街证券营业部	辽宁	大连	10517.9	6969.0	249.7	0.0	0.5	107.6	3191.1
中国银河证券玉苍路证券营业部	浙江	温州	10514.5	9655.0	12.8	0.0	0.0	2.9	843.8
海通证券加州花园营业部	重庆	重庆	10511.7	8377.7	297.5	0.0	0.0	50.6	1785.9

注：营业部交易金额的单位为百万元。

证券营业部交易
Trading of Business Department

营业部名称 Business Department	省份 Province	城市 City	总计 Total	股票 Share	基金 Fund	权证 Warrant	政府债 G-Bond	公司债 C-Bond	债券回购 Repo
长江证券武汉路证券营业部	湖北	黄石	10495.0	7201.2	26.4	0.0	0.0	16.4	3251.0
中国银河证券新世纪证券营业部	湖北	宜昌	10487.0	8634.0	40.2	0.0	0.0	118.0	1694.7
中国银河证券延安路证券营业部	辽宁	大连	10478.7	8169.9	25.9	0.0	0.8	5.1	2277.1
长江证券五一北路证券营业部	福建	福州	10467.6	1594.6	1.8	0.0	0.0	0.0	8871.2
国泰君安证券证券营业部	福建	泉州	10438.5	8156.8	498.8	0.0	0.0	5.5	1777.4
新时代证券西市大街证券营业部	天津	天津	10436.0	7278.1	19.2	0.0	0.0	32.0	3106.8
万联证券开发区证券营业部	广东	广州	10431.6	6307.6	12.0	0.0	0.3	9.7	4102.0
齐鲁证券有限深南大道证券营业部	深圳	深圳	10421.6	6749.5	16.1	0.0	0.0	32.6	3623.5
广发证券岛河北大街证券营业部	河北	秦皇岛	10391.5	5680.7	11.9	0.0	11.5	54.9	4632.4
海通证券胜和路证券营业部	广东	东莞	10341.8	7889.5	1268.7	0.0	0.0	8.7	1174.9
华泰证券通州人民路证券营业部	江苏	南通	10341.1	5821.4	183.0	0.0	0.0	5.2	4331.6
信达证券光明南路证券营业部	广东	广州	10333.2	7896.0	5.5	0.0	1.3	22.4	2408.0
东吴证券滂江街证券营业部	辽宁	沈阳	10330.9	8199.3	9.7	0.0	24.5	4.8	2092.6
中信万通证券湖滨中大道证券营业部	山东	德州	10324.0	2621.5	13.3	0.0	0.1	30.8	7658.3
广发证券珞瑜路证券营业部	湖北	武汉	10312.1	6922.7	12.8	0.0	0.8	107.1	3268.7
中国银河证券建国路证券营业部	北京	北京	10310.1	6681.0	21.4	0.0	0.2	307.8	3299.7
中国中投证券淮河路证券营业部	安徽	合肥	10299.2	8960.0	20.5	0.0	0.3	8.0	1310.4
山西证券漪汾街证券营业部	山西	太原	10298.1	5362.1	18.4	0.0	0.0	2.4	4915.2
中信建投证券市井冈山大道证券营业部	江西	吉安	10297.0	6968.7	13.5	0.0	0.4	1.8	3312.6
财富证券车站大道证券营业部	浙江	温州	10290.4	7707.7	97.6	0.0	0.0	8.6	2476.4
新时代证券北京大街证券营业部	河南	信阳	10289.4	10068.7	16.0	0.0	0.1	3.8	200.8
财通证券广陵路证券营业部	浙江	台州	10288.0	9158.8	9.5	0.0	1.0	13.8	1105.0
中信建投证券滨景阳街证券营业部	黑龙江	哈尔滨	10282.4	5939.9	8.0	0.0	0.1	107.6	4226.8
东方证券长平路证券营业部	广东	汕头	10263.1	4235.9	9.6	0.0	0.0	4.5	6013.0
东北证券体育场路证券营业部	浙江	杭州	10253.0	3813.9	12.7	0.0	2.9	3.7	6419.8
华泰证券新建文化大道证券营业部	江西	南昌	10237.9	5173.1	0.2	0.0	22.2	437.3	4605.1
东兴证券抚河北路滕王阁证券营业部	江西	南昌	10237.4	7495.7	13.6	0.0	0.2	53.2	2674.7
国金证券湖滨北路证券营业部	福建	厦门	10233.5	6646.1	27.6	0.0	0.0	1.7	3558.2
国泰君安证券民族大道证券营业部	广西	南宁	10228.4	8680.6	31.5	0.0	0.2	11.4	1504.8
安信证券建设二路证券营业部	广东	江门	10227.1	913.9	5.1	0.0	0.0	1.3	9306.8
东方证券安苑路证券营业部	北京	北京	10215.9	8113.3	38.4	0.0	0.0	135.5	1928.7
联讯证券下埔路证券营业部	广东	惠州	10209.9	8417.2	24.3	0.0	1.6	34.4	1732.4
东北证券同志街第三证券营业部	吉林	长春	10209.1	5602.6	20.1	0.0	0.1	6.2	4580.2
山西证券太平庄证券营业部	北京	北京	10206.3	4742.5	1137.6	0.0	0.0	22.6	4303.7
信达证券福星路证券营业部	深圳	深圳	10193.4	9143.3	2.1	0.0	0.0	10.5	1037.5
中原证券紫荆山路证券营业部	河南	郑州	10186.5	5236.1	15.8	0.0	0.0	160.6	4774.0
光大证券广场南路证券营业部	江西	南昌	10184.5	4972.8	102.7	0.0	0.4	9.9	5098.7
中国中投证券友谊东路证券营业部	陕西	西安	10182.3	7494.3	28.5	0.0	1.6	5.3	2652.5
光大证券林和西路证券营业部	广东	广州	10178.9	5331.2	22.1	0.0	1.0	40.6	4784.1
国海证券屏山大道证券营业部	广西	柳州	10177.9	7104.7	26.4	0.0	0.3	6.5	3040.1
财富证券韶山中路证券营业部	湖南	长沙	10159.6	8861.8	25.9	0.0	0.2	5.3	1266.5
中信证券（浙江）复兴北路证券营业部	浙江	嘉兴	10146.1	6211.5	20.1	0.0	0.0	13.5	3901.0
申银万国证券滨中山路证券营业部	黑龙江	哈尔滨	10141.4	5935.1	76.5	0.0	12.9	279.3	3837.6
中信建投证券龙山路证券营业部	重庆	重庆	10130.3	9131.0	13.2	0.0	0.0	9.4	976.7
平安证券太平北路证券营业部	江苏	南京	10127.2	6864.9	51.2	0.0	0.2	19.1	3191.8
申银万国证券朱泾镇证券营业部	上海	上海	10123.9	5621.8	22.9	0.0	0.1	9.4	4469.6
中信万通证券洸河路证券营业部	山东	济宁	10109.9	5231.1	13.8	0.0	0.4	27.1	4837.5
中信建投证券市芙蓉中路证券营业部	湖南	长沙	10094.5	8534.2	42.0	0.0	0.2	45.7	1472.5
中信建投证券市中心路证券营业部	山东	淄博	10094.0	7954.6	496.3	0.0	1.2	21.4	1620.4
方正证券东茅岭证券营业部	湖南	岳阳	10093.9	8987.5	29.1	0.0	1.9	21.7	1053.7

注：营业部交易金额的单位为百万元。

证券营业部交易
Trading of Business Department

营业部名称 Business Department	省份 Province	城市 City	总计 Total	股票 Share	基金 Fund	权证 Warrant	政府债 G-Bond	公司债 C-Bond	债券回购 Repo
中信建投证券市蔡锷中路证券营业部	湖南	长沙	10092.1	6986.2	4.0	0.0	0.0	6.1	3095.9
中国银河证券适园路证券营业部	浙江	湖州	10090.9	3024.6	13.3	0.0	0.0	0.1	7052.9
中国中投证券邗江北路证券营业部	江苏	扬州	10067.9	6346.7	14.1	0.0	5.8	7.2	3694.1
中国银河证券迎宾街证券营业部	山西	晋中	10064.5	8385.7	10.6	0.0	0.1	12.2	1656.0
中国民族证券北沙滩证券营业部	北京	北京	10063.6	2787.5	5.7	0.0	0.1	98.0	7172.3
广发证券南广济街证券营业部	陕西	西安	10062.3	6603.4	16.1	0.0	2.2	7.8	3432.8
华鑫证券嘉定证券营业部	上海	上海	10048.9	4906.4	13.3	0.0	0.4	9.4	5119.5
国盛证券文清路证券营业部	江西	赣州	10047.2	7852.4	6.4	0.0	62.5	3.2	2122.7
中信万通证券湖州路证券营业部	山东	青岛	10045.5	6518.8	34.0	0.0	20.9	51.4	3420.4
万联证券长宁大道证券营业部	湖北	荆门	10039.0	7942.5	8.0	0.0	0.0	1.8	2086.7
广发证券东城证券营业部	广东	东莞	10036.4	5945.8	41.8	0.0	1.4	77.9	3969.6
世纪证券福虹路证券营业部	深圳	深圳	10028.3	7242.5	6.3	0.0	0.1	5.2	2774.2
兴业证券新华街证券营业部	福建	南安	10026.7	6896.0	11.5	0.0	0.0	1.8	3117.4
国开证券五四西路证券营业部	河北	保定	10023.1	8483.8	10.5	0.0	0.1	45.1	1483.5
中国中投证券山东路证券营业部	山东	青岛	9997.1	8707.6	15.7	0.0	0.1	2.7	1271.0
安信证券滨江中路证券营业部	广东	广州	9987.9	5992.9	9.3	0.0	0.1	8.8	3976.8
中国中投证券虎门证券营业部	广东	东莞	9987.6	5983.5	26.1	0.0	0.0	15.9	3962.1
方正证券韶山中路证券营业部	湖南	湘潭	9986.4	7582.8	15.3	0.0	0.4	5.3	2382.6
世纪证券民德路证券营业部	江西	南昌	9984.2	5491.2	8.7	0.0	6.9	0.6	4476.8
江海证券有限滨红军街证券营业部	黑龙江	哈尔滨	9980.0	5636.0	53.7	0.0	0.0	4.2	4286.1
华安证券蒙城路证券营业部	安徽	合肥	9975.2	3984.0	77.2	0.0	0.0	8.8	5905.2
华泰证券农业路证券营业部	河南	郑州	9966.1	7599.9	20.7	0.0	0.0	95.6	2249.9
国泰君安证券建设中路证券营业部	湖南	株洲	9966.1	7403.9	11.9	0.0	0.0	20.6	2529.6
中国中投证券临园路证券营业部	四川	绵阳	9958.2	7615.9	30.0	0.0	0.9	16.6	2294.9
恒泰证券哈达街证券营业部	内蒙	赤峰	9952.9	8923.9	6.6	0.0	0.1	3.9	1018.4
华泰证券长征路证券营业部	湖北	孝感	9948.5	6731.3	21.9	0.0	6.8	19.1	3169.4
长城证券童卫路证券营业部	江苏	南京	9948.4	4737.3	17.9	0.0	0.8	16.6	5175.9
国泰君安证券柯城证券营业部	浙江	衢州	9946.6	6572.3	10.8	0.0	0.0	9.5	3354.0
西藏同信证券天目山路证券营业部	浙江	杭州	9936.8	8124.5	55.5	0.0	0.1	0.1	1756.6
华林证券冈州大道证券营业部	广东	江门	9934.0	5001.7	24.5	0.0	0.0	18.9	4889.0
中国银河证券顺德容桂证券营业部	广东	佛山	9931.5	4849.9	17.7	0.0	3.2	69.7	4991.1
财富证券烟台道证券营业部	天津	天津	9929.0	6223.5	24.1	0.0	0.1	6.2	3675.2
中原证券经三路证券营业部	河南	郑州	9917.8	7128.0	19.0	0.0	0.0	7.7	2763.1
浙商证券永安道证券营业部	天津	天津	9915.9	5369.2	40.1	0.0	0.1	4.1	4502.5
华泰证券苏州街证券营业部	北京	北京	9913.8	4915.0	208.9	0.0	0.5	73.5	4715.9
中国银河证券东南湖大路证券营业部	吉林	长春	9909.1	6420.0	18.0	0.0	0.2	71.4	3399.5
华福证券蕉城南路证券营业部	福建	宁德	9907.8	8933.0	23.7	0.0	0.1	0.3	950.8
爱建证券碶闸街证券营业部	浙江	宁波	9900.7	7188.7	12.2	0.0	0.0	1.1	2698.7
浙商证券崇和路证券营业部	浙江	台州	9890.3	9192.3	13.2	0.0	0.0	1.3	683.4
中国银河证券芙蓉中路证券营业部	湖南	长沙	9885.2	6376.6	5.5	0.0	2.0	3.1	3498.0
光大证券滨经纬二道街证券营业部	黑龙江	哈尔滨	9866.0	6413.6	45.4	0.0	0.0	5.5	3401.5
中国银河证券长江中路证券营业部	安徽	合肥	9860.2	6414.7	71.8	0.0	0.6	22.2	3350.9
厦门证券有限莲前东路证券营业部	福建	厦门	9859.1	5216.2	20.3	0.0	0.9	14.6	4607.2
国海证券友爱路证券营业部	广西	南宁	9858.6	7682.1	8.1	0.0	0.1	26.8	2141.6
国泰君安证券人民中路证券营业部	江苏	无锡	9845.7	5410.6	19.1	0.0	0.0	24.6	4391.4
华鑫证券惠南镇人民东路证券营业部	上海	上海	9843.7	4926.1	5.0	0.0	0.0	18.4	4894.2
湘财证券汉中路证券营业部	江苏	南京	9836.4	6872.9	6.9	0.0	0.1	157.0	2799.6
银泰证券葑门西街证券营业部	江苏	苏州	9830.4	4157.4	305.8	0.0	0.2	8.3	5358.8
中信建投证券市青年路证券营业部	山东	烟台	9822.9	5664.5	537.7	0.0	4.2	72.9	3543.6
华安证券丽园路证券营业部	上海	上海	9817.9	2894.1	8.1	0.0	0.4	33.9	6881.5

注：营业部交易金额的单位为百万元。

证券营业部交易
Trading of Business Department

营业部名称 Business Department	省份 Province	城市 City	总计 Total	股票 Share	基金 Fund	权证 Warrant	政府债 G-Bond	公司债 C-Bond	债券回购 Repo
申银万国证券杨家坪营业部	重庆	重庆	9795.4	6517.3	42.7	0.0	0.0	3.5	3231.9
财富证券中关村东路证券营业部	北京	北京	9792.6	5998.5	28.4	0.0	0.4	27.2	3738.0
东吴证券滨河路证券营业部	江苏	苏州	9784.5	7154.5	15.4	0.0	0.0	0.9	2613.8
万和证券笋岗东路证券营业部	深圳	深圳	9784.4	5686.2	3.2	0.0	0.0	0.1	4094.8
湘财证券五里牌证券营业部	湖南	岳阳	9773.2	7882.2	7.9	0.0	3.1	71.9	1808.2
招商证券深南东路证券营业部	深圳	深圳	9772.7	7727.3	42.3	0.0	0.1	5.9	1997.2
新时代证券白塔西路证券营业部	江苏	苏州	9772.5	5532.7	48.7	0.0	0.0	2.8	4188.3
中银国际证券香港中路证券营业部	山东	青岛	9772.1	7752.6	139.1	0.0	7.9	66.4	1806.1
国盛证券西凌家宅路营业部	上海	上海	9755.8	4155.2	16.6	0.0	0.1	460.7	5123.3
广发证券昌岗中路证券营业部	广东	广州	9739.8	7108.9	60.5	0.0	0.1	56.1	2514.3
华泰证券广州路证券营业部	江苏	南京	9732.0	4521.0	32.9	0.0	0.2	41.9	5136.1
华鑫证券武宁路证券营业部	上海	上海	9730.8	4546.6	7.1	0.0	0.1	23.9	5153.1
国元证券长江路证券营业部	安徽	合肥	9729.4	7766.4	95.0	0.0	0.0	107.6	1760.4
中国银河证券东城大道证券营业部	广东	东莞	9727.3	6857.4	8.4	0.0	0.0	4.6	2857.0
新时代证券丰产路证券营业部	河南	郑州	9721.2	7984.4	10.1	0.0	0.0	6.0	1720.7
国元证券辽宁路证券营业部	山东	青岛	9717.0	6753.4	11.7	0.0	0.0	14.6	2937.4
浙商证券梅湾街证券营业部	浙江	嘉兴	9715.3	5940.6	9.1	0.0	0.0	23.6	3742.0
海通证券经三街证券营业部	黑龙江	大庆	9708.3	4867.8	19.8	0.0	0.0	5.2	4815.7
广发证券星湖大道证券营业部	广东	肇庆	9674.5	4703.0	7.8	0.0	0.0	38.4	4925.3
财富证券曙光中路证券营业部	湖南	长沙	9660.4	8162.1	35.6	0.0	0.1	8.0	1454.5
银泰证券燕儿岛路证券营业部	山东	青岛	9657.7	6048.2	44.0	0.0	2.8	44.5	3518.2
国都证券大梁路证券营业部	河南	开封	9657.7	8391.7	16.2	0.0	3.2	35.0	1211.5
东北证券朝外大街证券营业部	北京	北京	9656.8	3987.4	31.1	0.0	5.2	0.4	5632.7
长江证券天河北路证券营业部	广东	广州	9655.1	5494.3	144.4	0.0	0.8	38.0	3977.6
中国中投证券三墙路证券营业部	山西	太原	9653.0	7378.7	18.3	0.0	3.0	16.9	2236.2
国泰君安证券四新路证券营业部	湖北	宜昌	9633.3	9156.0	4.8	0.0	0.0	81.2	391.3
渤海证券滨海新区新港三号路证券营业部	天津	天津	9630.8	8001.3	41.1	0.0	0.0	83.2	1505.2
东吴证券鸿福路证券营业部	广东	东莞	9627.7	4802.4	27.2	0.0	0.0	15.3	4782.9
光大证券东兴路证券营业部	黑龙江	黑河	9626.9	2778.2	2.9	0.0	0.0	19.9	6825.9
中信万通证券人民路证券营业部	山东	青岛	9615.5	7674.0	51.0	0.0	0.0	15.1	1875.4
中信建投证券江宁金箔路证券营业部	江苏	南京	9613.3	6640.9	19.8	0.0	0.1	40.0	2912.6
民生证券工体北路证券营业部	北京	北京	9607.2	3511.0	4.7	0.0	0.6	45.3	6045.6
中天证券志丹路证券营业部	上海	上海	9597.5	3624.7	2.9	0.0	0.0	48.9	5920.9
东兴证券八七路证券营业部	福建	石狮	9596.2	6976.2	16.1	0.0	0.0	12.0	2591.9
长江证券哈尔龙门街证券营业部	黑龙江	齐齐哈尔	9594.8	5082.0	33.5	0.0	102.7	1.7	4375.0
长江证券三好街证券营业部	辽宁	沈阳	9587.1	4840.1	23.1	0.0	0.0	15.4	4708.4
西部证券莲湖路第一证券营业部	陕西	西安	9586.8	5657.8	7.6	0.0	0.0	18.7	3902.8
光大证券宾虹路证券营业部	浙江	金华	9584.5	4670.5	9.4	0.0	0.1	9.9	4894.6
首创证券斜土路证券营业部	上海	上海	9582.5	3485.2	33.1	0.0	0.0	51.6	6012.6
中国银河证券北二环路证券营业部	四川	成都	9578.5	5964.0	22.0	0.0	38.7	44.4	3509.4
湘财证券滨中山路证券营业部	黑龙江	哈尔滨	9572.9	4515.0	26.9	0.0	0.8	34.4	4995.7
中国银河证券韩江路证券营业部	广东	汕头	9566.0	3969.4	13.9	0.0	0.0	22.7	5560.0
南京证券港通灌南路证券营业部	江苏	连云港	9556.5	8804.0	28.4	0.0	0.4	14.8	709.0
华创证券大连路证券营业部	上海	上海	9556.5	3950.4	74.4	0.0	3.5	29.6	5498.6
中信证券天通苑证券营业部	北京	北京	9538.8	7116.0	34.2	0.0	2.4	23.6	2362.6
开源证券航宇路证券营业部	陕西	榆林	9535.6	8157.8	6.7	0.0	0.7	28.3	1342.1
齐鲁证券有限青檀中路证券营业部	山东	枣庄	9527.5	7097.6	21.4	0.0	0.0	4.3	2404.3
方正证券国庆南路证券营业部	湖南	郴州	9523.0	6008.5	10.9	0.0	0.8	3.6	3499.2
国泰君安证券松岗证券营业部	深圳	深圳	9516.9	7216.0	19.2	0.0	2.2	210.2	2069.4
中原证券南关大街第一证券营业部	河南	许昌	9509.1	8573.0	12.3	0.0	0.1	15.4	908.4

注：营业部交易金额的单位为百万元。

证券营业部交易
Trading of Business Department

营业部名称 Business Department	省份 Province	城市 City	总计 Total	股票 Share	基金 Fund	权证 Warrant	政府债 G-Bond	公司债 C-Bond	债券回购 Repo
中原证券红旗路证券营业部	河南	安阳	9503.6	8216.5	12.4	0.0	0.2	122.5	1152.1
广发证券解放路证券营业部	辽宁	锦州	9495.7	7006.8	13.3	0.0	2.2	128.2	2345.1
国盛证券南丹东路证券营业部	上海	上海	9495.2	4607.6	16.5	0.0	0.0	6.6	4864.4
西南证券北京路证券营业部	云南	昆明	9492.3	8444.2	46.7	0.0	0.0	3.3	998.0
中国中投证券东方路证券营业部	上海	上海	9489.6	5949.0	54.5	0.0	0.2	20.7	3465.1
广发证券中关村东路证券营业部	北京	北京	9471.9	4195.5	33.8	0.0	0.1	9.9	5232.6
中国银河证券南八马路证券营业部	辽宁	沈阳	9460.3	3705.8	6.0	0.0	13.1	46.9	5688.4
华泰证券庄中华北大街证券营业部	河北	石家庄	9458.8	5688.8	703.1	0.0	1.9	25.6	3039.4
信达证券虹梅南路证券营业部	上海	上海	9455.7	5164.5	16.5	0.0	0.5	27.5	4246.7
广发证券民主路证券营业部	辽宁	辽阳	9454.1	7945.7	16.1	0.0	0.1	73.9	1418.3
华安证券颍河路证券营业部	安徽	阜阳	9448.7	6624.4	8.5	0.0	0.0	21.9	2793.9
中国中投证券历山路证券营业部	山东	济南	9437.9	7087.9	23.2	0.0	0.2	87.4	2239.1
方正证券芙蓉路证券营业部	湖南	长沙	9435.7	6149.6	15.1	0.0	0.0	19.4	3251.5
申银万国证券县西街证券营业部	浙江	衢州	9426.1	7087.5	13.0	0.0	0.0	0.9	2324.8
华西证券涪江路证券营业部	四川	南充	9409.0	8455.0	5.8	0.0	0.5	16.0	931.7
安信证券中山路证券营业部	辽宁	大连	9408.8	6963.0	20.9	0.0	0.0	3.5	2421.4
金元证券中山路证券营业部	辽宁	沈阳	9392.1	8033.6	3.0	0.0	0.0	2.3	1353.2
国泰君安证券中华中路证券营业部	贵州	贵阳	9390.0	8863.7	28.3	0.0	1.6	18.7	477.7
华西证券上清寺路证券营业部	重庆	重庆	9371.2	7880.3	15.8	0.0	0.0	1.2	1473.8
华安证券古城路证券营业部	安徽	淮北	9368.3	9099.0	11.9	0.0	0.2	20.7	236.5
中国银河证券健康路证券营业部	河南	郑州	9367.2	7616.9	8.9	0.0	0.3	13.3	1727.8
财通证券石城路证券营业部	浙江	绍兴	9353.4	7517.8	11.0	0.0	1.2	5.4	1818.2
广发证券情侣南路证券营业部	广东	珠海	9352.0	4172.8	60.9	0.0	0.0	3.4	5114.9
华林证券五一大道证券营业部	湖南	长沙	9350.7	8788.2	37.3	0.0	0.0	50.0	475.3
红塔证券板井路证券营业部	北京	北京	9341.7	4017.0	46.9	0.0	0.0	45.8	5231.9
广发证券潮枫路证券营业部	广东	潮州	9340.7	4387.0	6.0	0.0	0.0	6.6	4941.1
广发证券环城西路证券营业部	浙江	宁波	9338.8	6503.4	10.6	0.0	2.6	88.7	2733.6
方正证券泽楚路证券营业部	浙江	温岭	9327.3	8004.0	7.9	0.0	443.6	130.4	741.4
海通证券青浦证券营业部	上海	上海	9318.8	4705.1	16.7	0.0	2.8	3.7	4590.5
中国中投证券姚港路证券营业部	江苏	南通	9315.4	7207.1	15.9	0.0	5.7	59.0	2027.8
申银万国证券长安北路证券营业部	陕西	西安	9300.5	5318.7	207.6	0.0	1.1	13.3	3759.8
方正证券五一东路证券营业部	湖南	长沙	9282.8	5360.1	7.7	0.0	1.8	18.6	3894.6
申银万国证券成都西一环路营业部	四川	成都	9276.8	5276.8	12.2	0.0	0.1	5.4	3982.3
光大证券田安路证券营业部	福建	泉州	9273.2	3801.4	19.8	0.0	0.0	0.6	5451.4
信证券中山东路证券营业部	江苏	镇江	9270.3	5956.7	18.3	0.0	0.0	11.3	3283.9
光大证券市东华一路证券营业部	广东	江门	9258.4	4803.6	24.6	0.0	0.2	2.1	4427.8
华福证券梅园路证券营业部	福建	莆田	9257.7	8148.5	4.9	0.0	0.0	1.8	1102.5
国海证券公园路证券营业部	广西	南宁	9255.4	6175.5	49.3	0.0	0.0	111.9	2918.7
广发证券新城中心市场证券营业部	广东	清远	9251.6	6960.9	8.6	0.0	0.0	0.6	2281.5
中国银河证券解放西街证券营业部	宁夏	银川	9247.6	2992.3	11.3	0.0	0.0	14.4	6229.6
通证券天水路证券营业部	甘肃	兰州	9242.8	1850.1	64.4	0.0	0.0	0.9	7327.4
通证券杭州路营业部	山东	青岛	9240.8	5842.8	8.1	0.0	0.0	6.1	3383.8
海证券安苑北里证券营业部	北京	北京	9240.0	4683.0	8.9	0.0	0.1	10.8	4537.2
莞证券东泰证券营业部	广东	东莞	9236.2	5090.6	11.8	0.0	0.0	7.2	4126.6
国中投证券三好街证券营业部	辽宁	沈阳	9232.7	6671.5	145.6	0.0	3.8	110.4	2301.5
海证券建设西路证券营业部	河南	焦作	9226.6	8316.4	11.1	0.0	0.0	78.1	821.0
银万国证券靖江骥江路营业部	江苏	泰州	9224.0	7127.4	67.0	0.0	0.5	12.8	2016.3
泰证券干将东路证券营业部	江苏	苏州	9215.0	4631.8	44.6	0.0	12.3	18.9	4507.3
发证券庄裕华西路裕园证券营业部	河北	石家庄	9205.4	5853.1	16.0	0.0	0.1	3.3	3332.9
安证券淮河北路证券营业部	安徽	铜陵	9197.7	6178.9	6.4	0.0	0.1	9.4	3002.9

注：营业部交易金额的单位为百万元。

证券营业部交易
Trading of Business Department

营业部名称 Business Department	省份 Province	城市 City	总计 Total	股票 Share	基金 Fund	权证 Warrant	政府债 G-Bond	公司债 C-Bond	债券回购 Repo
广发证券甘南路证券营业部	甘肃	兰州	9197.1	4704.8	28.4	0.0	0.0	13.2	4450.7
国泰君安证券福利西路证券营业部	甘肃	兰州	9176.3	6988.0	3.3	0.0	55.8	1.7	2127.4
爱建证券中山西路证券营业部	浙江	宁波	9172.4	4955.3	4.0	0.0	0.0	7.7	4205.4
华泰证券玉凤路证券营业部	河南	郑州	9171.6	6667.6	18.7	0.0	0.5	7.1	2477.7
南京证券长乐路证券营业部	江苏	南京	9164.5	5305.3	12.6	0.0	0.0	373.6	3473.0
国信证券红锦大道证券营业部	重庆	重庆	9162.7	5488.5	17.1	0.0	20.4	14.3	3622.4
西部证券朱雀大街证券营业部	陕西	西安	9157.6	2646.1	24.2	0.0	0.0	0.8	6486.4
南京证券丹霞路证券营业部	云南	昆明	9150.0	6252.7	8.4	0.0	1.5	123.2	2764.2
民生证券店交通路证券营业部	河南	驻马店	9149.1	8811.5	14.9	0.0	18.9	13.6	290.2
中国中投证券中央路证券营业部	江苏	南京	9129.2	7889.6	27.3	0.0	1.9	12.1	1198.2
华西证券湖南路证券营业部	四川	德阳	9116.9	8551.7	5.0	0.0	2.7	8.8	548.7
第一创业证券建设路证券营业部	河北	廊坊	9116.1	5745.4	7.1	0.0	0.0	49.9	3313.7
海通证券南桥证券营业部	上海	上海	9113.0	6127.4	36.9	0.0	0.0	49.9	2898.8
西部证券学院南路证券营业部	北京	北京	9110.3	3829.1	3.6	0.0	0.4	2.5	5274.7
光大证券桃源路证券营业部	广西	南宁	9105.3	7433.7	64.7	0.0	0.1	3.8	1603.0
中国银河证券延安西路证券营业部	上海	上海	9105.2	4685.4	11.1	0.0	50.1	176.2	4182.4
万联证券石牌东证券营业部	广东	广州	9101.4	5589.1	3.7	0.0	0.0	27.6	3481.0
招商证券临江支路证券营业部	重庆	重庆	9101.2	6890.0	47.7	0.0	0.0	23.0	2140.5
安信证券东风西路证券营业部	云南	昆明	9093.2	5210.0	32.5	0.0	0.0	8.2	3842.5
中国银河证券顺城证券营业部	辽宁	沈阳	9085.3	4115.6	9.5	0.0	0.3	14.6	4945.3
财通证券市迎宾路证券营业部	浙江	杭州	9085.1	8139.1	20.0	0.0	0.0	0.3	925.7
国泰君安证券滨西大直街证券营业部	黑龙江	哈尔滨	9070.8	6535.8	22.7	0.0	0.1	74.7	2437.5
上海证券路证券营业部	上海	上海	9064.3	3558.2	24.0	0.0	1.6	46.9	5433.6
宏源证券广州大道中证券营业部	广东	广州	9054.1	5013.1	46.4	0.0	1.3	37.0	3956.3
广发证券清扬路证券营业部	江苏	无锡	9045.1	6551.6	26.1	0.0	0.8	16.3	2450.3
中信建投证券市文清路证券营业部	江西	赣州	9044.4	7304.3	21.0	0.0	0.0	29.7	1689.4
中国中投证券龙城路证券营业部	江苏	扬州	9043.7	6896.7	71.4	0.0	2.7	9.7	2063.2
华泰证券竹子林四路证券营业部	深圳	深圳	9038.7	3806.4	257.5	0.0	0.2	341.6	4633.0
华泰证券青年路证券营业部	湖北	武汉	9029.1	5612.0	234.3	0.0	0.1	9.5	3173.2
新时代证券东山大道证券营业部	湖北	宜昌	9024.8	6350.3	3.3	0.0	0.1	6.9	2664.2
太平洋证券麒麟南路证券营业部	云南	曲靖	9023.5	8550.4	3.8	0.0	0.1	30.9	438.3
广州证券江南大道证券营业部	广东	广州	9021.1	6813.4	15.8	0.0	0.7	21.2	2170.1
中国国际金融有限莲岳路证券营业部	福建	厦门	9018.5	1016.9	0.3	0.0	0.0	31.9	7969.5
中航证券有限田安路证券营业部	福建	泉州	9013.1	5791.0	72.4	0.0	2.0	13.4	3134.3
山西证券华富路证券营业部	深圳	深圳	9010.2	1537.1	4.9	0.0	0.0	3.6	7464.6
中国中投证券南胜利路证券营业部	辽宁	鞍山	9000.2	6393.4	4.2	0.0	0.0	2.2	2600.3
兴业证券梅园路证券营业部	福建	莆田	8998.7	5939.3	12.2	0.0	0.0	2.8	3044.4
中国银河证券汉阳大道证券营业部	湖北	武汉	8985.0	6228.5	8.7	0.0	0.1	4.1	2743.6
渤海证券开发区第二大街证券营业部	天津	天津	8973.9	7296.1	56.8	0.0	0.0	4.6	1616.5
中信证券健康南路证券营业部	江苏	南通	8968.5	7047.4	9.1	0.0	49.6	1.9	1860.5
中国民族证券羽山路证券营业部	上海	上海	8965.4	5840.5	37.2	0.0	0.0	20.1	3067.7
中信证券庄建设北大街证券营业部	河北	石家庄	8961.1	3407.7	5.9	0.0	38.2	303.9	5205.5
中国中投证券民族路证券营业部	重庆	重庆	8956.6	5237.9	13.0	0.0	0.6	1.0	3704.2
财富证券韶山中路证券营业部	湖南	湘潭	8951.1	8265.1	10.7	0.0	1.4	9.7	664.2
国海证券滨湖路证券营业部	广西	南宁	8944.1	6697.3	4.8	0.0	0.0	3.6	2238.3
广州证券建国北路证券营业部	浙江	杭州	8943.6	5894.3	6.0	0.0	0.0	11.2	3032.[illegible]
大通证券民生路证券营业部	上海	上海	8907.9	3976.2	12.6	0.0	0.0	8.8	4910.4
国泰君安证券象山北路证券营业部	江西	南昌	8892.7	5613.8	9.9	0.0	0.1	8.0	3260.9
光大证券解放大路证券营业部	吉林	长春	8892.1	6775.1	17.6	0.0	0.3	25.6	2073.4
长江证券江湾路证券营业部	广东	广州	8887.0	4328.3	14.6	0.0	0.0	8.8	4535.3

注：营业部交易金额的单位为百万元。

证券营业部交易
Trading of Business Department

营业部名称 Business Department	省份 Province	城市 City	总计 Total	股票 Share	基金 Fund	权证 Warrant	政府债 G-Bond	公司债 C-Bond	债券回购 Repo
红塔证券深南中路证券营业部	深圳	深圳	8883.4	3352.7	0.6	0.0	0.0	0.0	5530.1
中国国际金融有限中山北路证券营业部	江苏	南京	8868.3	705.2	2.2	0.0	0.0	3.0	8157.8
英大证券福华三路证券营业部	深圳	深圳	8864.9	4406.7	10.6	0.0	0.0	2.4	4445.2
红塔证券青年路证券营业部	云南	昆明	8864.4	6529.0	30.5	0.0	0.0	54.2	2250.7
山西证券井州南路证券营业部	山西	太原	8862.7	7112.2	18.0	0.0	0.1	4.3	1728.0
国泰君安证券环城东路证券营业部	浙江	临海	8859.5	7686.2	12.6	0.0	0.0	0.5	1160.2
江海证券有限滨中宣街证券营业部	黑龙江	哈尔滨	8858.8	4653.9	4.6	0.0	0.1	0.7	4199.5
广发证券和平大道证券营业部	海南	海口	8840.4	3798.9	19.5	0.0	0.1	4.6	5017.3
湘财证券新民路证券营业部	湖南	长沙	8833.6	7197.5	16.2	0.0	0.1	28.7	1591.2
山西证券杨桥东路证券营业部	福建	福州	8825.1	4096.8	9.0	0.0	0.0	1.4	4717.9
中信万通证券东昌东路证券营业部	山东	聊城	8808.0	3547.5	33.2	0.0	0.3	2.6	5224.4
国元证券山东路证券营业部	山东	青岛	8801.1	6337.9	7.3	0.0	0.0	0.5	2455.4
财富证券红旗路营业部	湖南	邵阳	8797.5	7706.1	4.9	0.0	3.0	325.2	758.3
国盛证券红旗大道赣龙商厦证券券营业部	江西	赣州	8795.2	6872.7	9.7	0.0	11.6	35.4	1865.8
长江证券木齐光明路证券营业部	新疆	乌鲁木齐	8781.8	4310.0	3.6	0.0	0.1	6.5	4461.6
信达证券惠工街证券营业部	辽宁	沈阳	8780.2	7737.6	5.0	0.0	1.1	10.3	1026.2
国盛证券萧绍路证券营业部	浙江	杭州	8774.1	4239.5	6.7	0.0	0.0	1.5	4526.4
安信证券珠江路证券营业部	江苏	南京	8769.8	5199.8	17.5	0.0	0.1	5.3	3547.1
安信证券四会光明北路证券营业部	广东	四会	8759.8	5252.9	8.9	0.0	0.7	9.8	3487.5
东兴证券天河路证券营业部	广东	广州	8756.2	1418.7	1.9	0.0	0.8	102.4	7232.4
南京证券新华路证券营业部	上海	上海	8754.4	4260.3	5.5	0.0	0.7	22.0	4465.8
安信证券石岐路证券营业部	广东	中山	8750.9	5840.3	36.5	0.0	0.3	55.7	2818.1
江海证券有限滨友谊路证券营业部	黑龙江	哈尔滨	8750.4	5564.0	13.0	0.0	0.0	2.6	3170.8
中国银河证券乌兰道证券营业部	内蒙	包头	8746.6	6531.6	10.8	0.0	0.3	0.3	2203.6
国信证券承修二路证券营业部	广东	惠州	8744.1	7953.3	5.4	0.0	0.0	2.6	782.8
南京证券庆春东路证券营业部	浙江	杭州	8738.7	7875.8	6.0	0.0	0.1	1.8	855.1
海通证券建设路证券营业部	河南	许昌	8732.2	7982.3	42.5	0.0	0.1	2.0	705.3
万联证券东风中路证券营业部	广东	广州	8729.6	4358.6	5.4	0.0	3.1	183.8	4178.7
中国中投证券公园路证券营业部	山东	威海	8726.3	4862.4	7.3	0.0	0.0	29.6	3827.0
上海证券证券营业部	上海	上海	8723.0	5953.3	17.8	0.0	9.4	49.4	2693.1
招商证券航空路证券营业部	湖北	武汉	8720.7	5938.5	149.2	0.0	0.2	4.1	2628.8
长江证券番禺路证券营业部	上海	上海	8706.3	3903.6	14.0	0.0	0.0	0.0	4788.7
广州证券荔城镇证券营业部	广东	广州	8701.9	7772.9	38.9	0.0	0.0	103.9	786.3
宏源证券木齐文艺路证券营业部	新疆	乌鲁木齐	8695.0	7837.4	10.1	0.0	0.0	0.9	846.6
财富证券八一路证券营业部	湖南	长沙	8694.1	8139.4	7.3	0.0	0.0	1.6	545.9
上海证券定淮门大街证券营业部	江苏	南京	8690.2	3753.2	68.7	0.0	1.0	5.8	4861.5
光大证券新华路证券营业部	湖北	武汉	8684.2	5637.8	13.3	0.0	0.0	4.4	3028.7
上海证券证券营业部	上海	上海	8681.4	6747.0	3.1	0.0	0.8	71.7	1858.8
华泰证券新村路证券营业部	上海	上海	8678.1	4341.4	15.8	0.0	0.0	351.4	3969.5
中国中投证券胜和路证券营业部	广东	东莞	8670.6	3792.6	53.2	0.0	0.2	658.3	4166.3
国海证券宝安裕安路证券营业部	深圳	深圳	8669.9	6601.4	3.9	0.0	0.0	0.8	2063.8
国盛证券赣栋北大道证券营业部	江西	上饶	8669.0	7701.8	4.4	0.0	0.2	3.1	959.5
宏源证券木齐公园北街证券营业部	新疆	乌鲁木齐	8660.3	5413.4	10.3	0.0	0.2	14.7	3221.8
中国民族证券狮山路证券营业部	江苏	苏州	8657.3	6760.6	8.6	0.0	15.0	138.8	1734.3
中银万国证券西陵二路证券营业部	湖北	宜昌	8652.6	6225.4	7.3	0.0	0.0	3.5	2416.4
湘财证券芙蓉中路证券营业部	湖南	长沙	8647.5	6619.5	9.2	0.0	0.0	15.9	2002.8
金元证券深南大道证券营业部	深圳	深圳	8637.9	6068.3	7.3	0.0	1.4	10.4	2550.5
中信证券（浙江）狮山路证券营业部	浙江	杭州	8637.1	5624.2	76.8	0.0	0.0	2.8	2933.3
东兴证券公园路证券营业部	福建	龙海	8628.3	4674.5	8.4	0.0	1.0	12.8	3931.5
[illegible]建证券广中路证券营业部	上海	上海	8620.4	4098.8	46.5	0.0	0.0	107.0	4368.0

注：营业部交易金额的单位为百万元。

证券营业部交易
Trading of Business Department

营业部名称 Business Department	省份 Province	城市 City	总计 Total	股票 Share	基金 Fund	权证 Warrant	政府债 G-Bond	公司债 C-Bond	债券回购 Repo
华泰证券教工路证券营业部	浙江	杭州	8619.3	5015.4	19.3	0.0	0.3	11.3	3573.0
中国中投证券滨赣水路证券营业部	黑龙江	哈尔滨	8613.8	6065.8	18.5	0.0	0.0	8.5	2521.0
中原证券黄河路证券营业部	河南	漯河	8611.6	7777.6	13.7	0.0	0.0	17.9	802.4
中信证券（浙江）恒昌财富广场营业部	浙江	金华	8606.2	8066.6	9.0	0.0	0.5	8.9	521.2
华泰证券韶山北路证券营业部	湖南	长沙	8602.3	5777.6	8.7	0.0	0.2	148.2	2667.7
中国银河证券证券营业部	湖北	襄阳	8589.5	6602.5	38.9	0.0	2.2	21.5	1924.4
信达证券深南大道证券营业部	深圳	深圳	8589.1	7002.3	6.8	0.0	0.0	17.2	1562.8
中信证券市府大路营业部	辽宁	沈阳	8556.7	3141.7	80.3	0.0	1.4	11.8	5321.5
德邦证券三好街证券营业部	辽宁	沈阳	8544.4	4820.5	21.8	0.0	0.3	3.6	3698.2
财达证券首体南路营业部	北京	北京	8541.9	5910.7	11.9	0.0	0.0	5.7	2613.6
中山证券姚港路证券营业部	江苏	南通	8541.1	5847.5	26.3	0.0	0.0	4.3	2663.0
中国银河证券方庄南路证券营业部	北京	北京	8540.4	2962.4	9.9	0.0	0.0	0.4	5567.7
广发证券成仁街证券营业部	辽宁	大连	8532.3	6247.4	169.2	0.0	0.0	9.3	2106.3
首创证券庄中山东路证券营业部	河北	石家庄	8523.5	5171.4	6.7	0.0	0.0	29.1	3316.3
海通证券滨西大直街证券营业部	黑龙江	哈尔滨	8516.4	4119.6	6.3	0.0	29.6	123.3	4237.7
东兴证券郑和路证券营业部	福建	福州	8512.7	6018.9	17.5	0.0	0.0	13.5	2462.8
国泰君安证券舜水南路证券营业部	浙江	余姚	8511.6	6769.0	22.2	0.0	0.0	0.6	1719.8
华泰证券无影山东路证券营业部	山东	济南	8485.8	6355.4	261.1	0.0	1.5	13.4	1854.4
万和证券大墙西街证券营业部	四川	成都	8475.6	6685.2	10.4	0.0	0.2	4.3	1775.5
国盛证券阳明东路证券营业部	江西	吉安	8453.0	6689.8	5.2	0.0	0.2	2.3	1755.6
东吴证券相城采莲路证券营业部	江苏	苏州	8443.2	5971.0	8.9	0.0	0.0	3.7	2459.6
山西证券长兴南路证券营业部	山西	长治	8437.8	5959.1	9.7	0.0	0.9	6.3	2461.8
安信证券金碧路证券营业部	广东	清远	8432.0	6576.5	13.9	0.0	0.0	47.3	1794.3
华泰证券朝阳北路证券营业部	湖北	十堰	8431.6	6538.0	8.4	0.0	0.9	6.7	1877.6
齐鲁证券有限环城北路证券营业部	山东	烟台	8414.1	5453.9	28.3	0.0	0.3	2.0	2929.7
西南证券嘉陵桥西村证券营业部	重庆	重庆	8407.2	6948.4	7.5	0.0	0.1	40.9	1410.4
财富证券八一南路证券营业部	湖南	郴州	8406.4	8012.3	4.1	0.0	0.0	1.4	388.7
中国银河证券汉阳证券营业部	湖北	武汉	8405.5	6322.8	8.6	0.0	0.1	20.3	2053.7
广发证券武珞路证券营业部	湖北	武汉	8404.7	5343.6	7.1	0.0	0.0	10.7	3043.2
首创证券科华北路证券营业部	四川	成都	8403.2	2589.9	1.4	0.0	0.0	202.7	5609.2
国元证券红星路证券营业部	安徽	合肥	8399.9	6868.2	85.4	0.0	0.0	248.5	1197.8
华泰证券东河区证券营业部	内蒙	包头	8398.6	4356.3	2.7	0.0	0.3	4.0	4035.4
东兴证券沣镐东路证券营业部	陕西	西安	8390.8	2143.2	3.0	0.0	0.0	2.7	6241.9
大通证券淮海西路证券营业部	江苏	徐州	8382.2	6888.0	7.1	0.0	1.0	14.4	1471.8
中银国际证券解放南路证券营业部	天津	天津	8371.0	6596.3	22.7	0.0	1.2	9.3	1741.6
西南证券杨家坪正街证券营业部	重庆	重庆	8370.4	6394.3	6.7	0.0	0.1	7.3	1961.9
国元证券淮海路证券营业部	安徽	淮北	8357.0	8112.3	39.5	0.0	0.0	11.7	193.5
中国中投证券南马路证券营业部	天津	天津	8345.9	5172.7	19.1	0.0	0.1	22.2	3131.8
华泰证券九一街证券营业部	福建	泉州	8341.0	5995.4	51.5	0.0	0.0	42.8	2251.3
华鑫证券斜土路证券营业部	上海	上海	8329.1	2923.2	14.2	0.0	0.1	22.2	5369.3
湘财证券长江中路证券营业部	安徽	合肥	8324.8	5303.1	9.6	0.0	3.7	2.9	3005.6
方正证券解放北路证券营业部	浙江	宁波	8321.6	5462.3	31.5	0.0	0.0	4.3	2823.5
广发证券东方路证券营业部	上海	上海	8317.7	2953.5	207.7	0.0	0.9	47.4	5108.2
中国银河证券万岁街证券营业部	辽宁	大连	8305.6	4614.3	22.1	0.0	0.2	280.0	3389.6
广发证券银桦路证券营业部	广东	珠海	8304.6	4632.8	6.7	0.0	0.0	17.6	3647.5
财达证券水院北路证券营业部	河北	邯郸	8301.4	5534.6	2.9	0.0	0.0	42.5	2721.4
海通证券山湖东中路证券营业部	安徽	马鞍山	8300.9	7517.7	4.3	0.0	0.0	19.8	759.[illegible]
恒泰证券梅林路证券营业部	深圳	深圳	8285.5	5137.0	47.3	0.0	0.9	2.5	3097.7
红塔证券人民路证券营业部	江苏	苏州	8280.6	4574.9	9.5	0.0	0.0	7.6	3688.6
上海证券北路证券营业部	上海	上海	8247.8	3313.4	25.5	0.0	0.1	13.2	4895.[illegible]

注：营业部交易金额的单位为百万元。

证券营业部交易
Trading of Business Department

营业部名称 Business Department	省份 Province	城市 City	总计 Total	股票 Share	基金 Fund	权证 Warrant	政府债 G-Bond	公司债 C-Bond	债券回购 Repo
万联证券天津路证券营业部	湖北	黄石	8245.0	5481.6	27.0	0.0	0.2	5.1	2731.1
国泰君安证券星光路证券营业部	四川	泸州	8240.3	6709.2	4.2	0.0	0.2	8.7	1518.1
方正证券芷江路证券营业部	湖南	怀化	8222.5	7674.4	13.9	0.0	0.3	28.7	505.3
华泰证券深南东路证券营业部	深圳	深圳	8214.0	5440.1	430.5	0.0	0.0	11.2	2332.2
广发证券科韵路证券营业部	广东	广州	8204.5	5989.3	18.5	0.0	0.2	1.9	2194.6
中航证券有限红谷中大道证券营业部	江西	南昌	8200.5	3229.0	6.8	0.0	0.0	0.0	4964.6
上海证券西路证券营业部	上海	上海	8200.3	2375.6	80.6	0.0	0.9	8.3	5734.9
中原证券神火大道证券营业部	河南	商丘	8198.7	7508.7	10.1	0.0	0.5	7.2	672.2
万联证券证券营业部	湖南	衡阳	8197.7	6523.2	9.2	0.0	0.5	92.0	1572.8
海通证券田大路证券营业部	安徽	淮南	8194.0	2937.2	183.4	0.0	0.3	5.4	5067.7
宏源证券和平大道证券营业部	湖北	武汉	8193.4	5722.9	10.2	0.0	0.0	5.0	2455.4
首创证券水城路证券营业部	上海	上海	8186.7	4420.0	37.4	0.0	0.1	65.8	3663.4
海通证券龙昆北路营业部	海南	海口	8179.5	5780.1	37.7	0.0	25.9	6.4	2329.4
广发证券建设东路证券营业部	辽宁	沈阳	8171.5	4834.4	31.3	0.0	0.0	10.2	3295.6
华创证券和燕路证券营业部	江苏	南京	8169.9	6706.3	0.7	0.0	0.0	18.4	1444.5
浙商证券双塔路证券营业部	浙江	温州	8142.7	5291.0	8.5	0.0	0.1	20.1	2823.0
银泰证券福华三路证券营业部	深圳	深圳	8137.2	6543.7	12.0	0.0	0.5	6.3	1574.6
申银万国证券人民广场证券营业部	湖北	襄阳	8135.8	5801.8	32.9	0.0	0.2	2.1	2298.8
广发证券情侣中路证券营业部	广东	珠海	8130.1	5177.5	16.0	0.0	0.0	5.1	2931.6
西部证券漕东支路证券营业部	上海	上海	8122.1	2429.5	37.3	0.0	2.1	14.2	5639.0
大通证券大西路证券营业部	辽宁	沈阳	8116.3	4987.8	6.8	0.0	0.3	13.3	3108.0
安信证券中关村南大街证券营业部	北京	北京	8108.5	5610.4	135.6	0.0	0.0	12.1	2350.5
东兴证券洪武路证券营业部	江苏	南京	8088.3	3416.4	4.0	0.0	0.0	8.7	4659.3
平安证券建设大道证券营业部	湖北	武汉	8087.6	6824.8	21.6	0.0	0.0	3.3	1237.8
渤海证券营迹路证券营业部	福建	福州	8084.5	5497.8	13.3	0.0	0.1	1.5	2571.8
平安证券机场路证券营业部	深圳	深圳	8084.5	6583.0	81.4	0.0	0.0	2.9	1417.1
东兴证券滨江中路证券营业部	福建	南平	8083.8	7601.8	7.7	0.0	0.0	1.3	473.0
齐鲁证券有限仙霞西路证券营业部	上海	上海	8082.7	3421.0	63.6	0.0	0.0	31.0	4567.1
华鑫证券龙吴路证券营业部	上海	上海	8078.7	4951.0	9.9	0.0	0.4	3.1	3114.2
中信证券（浙江）春江路证券营业部	浙江	杭州	8069.7	5772.4	27.0	0.0	0.0	0.3	2270.0
国泰君安证券洞庭街证券营业部	湖北	武汉	8067.6	5072.3	12.9	0.0	0.1	12.3	2970.0
海通证券岱宗大街营业部	山东	泰安	8064.9	6204.6	83.1	0.0	0.1	2.9	1774.1
民生证券七一路证券营业部	河南	周口	8062.3	7651.9	10.9	0.0	0.5	2.8	396.3
国海证券北海大道证券营业部	广西	北海	8058.1	5786.9	5.1	0.0	0.4	4.3	2261.4
中信证券（浙江）鸣阳路证券营业部	浙江	温州	8056.0	6604.0	54.4	0.0	0.0	0.3	1397.3
恒泰证券鄂尔多斯大街证券营业部	内蒙	东胜	8050.4	7240.7	1.2	0.0	0.0	0.3	808.1
平安证券红金街证券营业部	重庆	重庆	8041.7	7265.4	9.5	0.0	0.1	104.3	662.4
财通证券金城路证券营业部	浙江	杭州	8032.2	5652.8	40.1	0.0	0.0	2.8	2336.6
东兴证券崇宁路证券营业部	福建	三明	8025.2	7127.9	10.9	0.0	0.1	10.3	876.2
光大证券新城大道北路证券营业部	浙江	宁波	8019.8	6037.0	13.6	0.0	1.4	10.0	1957.8
信达证券一环路证券营业部	四川	成都	8011.1	4838.6	292.5	0.0	0.1	303.0	2577.0
广发证券山西街证券营业部	辽宁	锦州	8008.6	5795.0	7.1	0.0	1.2	4.3	2201.0
华融证券木齐人民路证券营业部	新疆	乌鲁木齐	8002.9	5449.9	2.9	0.0	0.3	2.0	2547.8
华福证券滨江中路证券营业部	福建	南平	8002.4	6529.9	44.4	0.0	0.0	183.1	1245.0
齐鲁证券有限卫育南路证券营业部	山东	聊城	7995.5	6827.8	71.8	0.0	0.0	4.0	1091.9
海通证券新民路证券营业部	广西	南宁	7994.9	6743.8	7.7	0.0	8.7	14.5	1220.2
宏源证券木齐解放南路证券营业部	新疆	乌鲁木齐	7979.8	5767.9	47.3	0.0	0.0	4.3	2160.4
财富证券阜外大街证券营业部	北京	北京	7976.0	5883.4	9.8	0.0	0.0	5.4	2077.4
国海证券中山路证券营业部	广西	贵港	7971.1	4716.3	6.5	0.0	15.2	287.5	2945.6
国泰君安证券环湖中路营业部	天津	天津	7963.9	3799.8	4.1	0.0	12.2	9.7	4138.1

注：营业部交易金额的单位为百万元。

证券营业部交易
Trading of Business Department

营业部名称 Business Department	省份 Province	城市 City	总计 Total	股票 Share	基金 Fund	权证 Warrant	政府债 G-Bond	公司债 C-Bond	债券回购 Repo
华鑫证券金山证券营业部	上海	上海	7956.5	4182.6	8.8	0.0	0.2	60.8	3704.2
海通证券南翔镇证券营业部	上海	上海	7954.5	5008.1	8.9	0.0	0.2	4.2	2933.0
东吴证券湖滨路证券营业部	福建	福州	7953.7	3590.6	43.0	0.0	0.0	3.6	4316.5
国泰君安证券东关正街证券营业部	陕西	西安	7952.9	7272.4	16.5	0.0	7.3	10.0	646.6
华安证券龙山路证券营业部	安徽	安庆	7949.7	7452.4	12.8	0.0	1.7	16.1	466.7
齐鲁证券有限庄中华南大街证券营业部	河北	石家庄	7947.6	4346.7	3138.9	0.0	0.0	0.1	461.9
国泰君安证券酒坊巷证券营业部	浙江	临海	7943.2	7376.1	21.9	0.0	0.0	1.4	543.9
海通证券泉城路证券营业部	山东	济南	7939.6	6727.6	14.8	0.0	0.0	8.2	1189.1
信达证券锦山大街证券营业部	辽宁	丹东	7933.0	6977.3	22.2	0.0	5.5	346.1	581.9
东方证券西康路证券营业部	天津	天津	7928.0	6092.7	65.3	0.0	20.8	140.8	1608.5
华安证券前南新村证券营业部	安徽	黄山	7920.1	6997.2	11.1	0.0	1.2	12.8	897.8
银泰证券王府井大街证券营业部	北京	北京	7910.9	6684.0	13.5	0.0	0.7	8.5	1204.2
招商证券开发区第三大街证券营业部	天津	天津	7909.9	4093.0	30.1	0.0	0.0	3.4	3783.3
光大证券华灵路证券营业部	上海	上海	7890.8	3981.8	18.0	0.0	0.2	63.3	3827.5
华创证券新华路证券营业部	贵州	贵阳	7885.0	6441.5	13.8	0.0	2.1	6.0	1421.6
金元证券洪山路证券营业部	湖北	武汉	7876.4	5659.4	6.9	0.0	1.5	40.9	2167.7
财通证券解放南路证券营业部	浙江	台州	7876.2	6910.6	14.3	0.0	0.0	2.6	948.8
广发证券新建北路证券营业部	山西	太原	7872.7	5132.6	8.4	0.0	0.0	84.7	2647.0
中信证券（浙江）晋阳西路证券营业部	浙江	嘉兴	7868.0	5795.8	17.7	0.0	0.0	74.9	1979.6
中航证券有限红旗大道证券营业部	江西	赣州	7859.7	6065.3	7.3	0.0	0.2	2.3	1784.7
广发证券恒祥南大街证券营业部	河北	保定	7859.2	6354.5	13.8	0.0	1.0	5.6	1484.3
齐鲁证券有限中华路证券营业部	山东	菏泽	7853.1	6427.1	9.8	0.0	0.2	20.7	1395.4
中国银河证券庄红旗大街证券营业部	河北	石家庄	7852.2	5769.3	8.2	0.0	1.1	5.3	2068.3
中原证券建设路证券营业部	河南	濮阳	7842.9	7178.6	16.0	0.0	0.0	89.2	559.1
华泰证券海德三道证券营业部	深圳	深圳	7835.1	5890.3	716.3	0.0	0.0	12.2	1216.4
渤海证券大沽北路证券营业部	天津	天津	7814.8	3629.7	9.9	0.0	0.1	7.4	4167.7
国信证券南京南街证券营业部	辽宁	沈阳	7805.1	5425.7	7.4	0.0	0.1	7.0	2365.0
信达证券中山一路证券营业部	广东	湛江	7789.3	6669.1	19.0	0.0	10.7	20.5	1069.9
西南证券洋河北路证券营业部	重庆	江北	7784.6	4310.9	0.1	0.0	0.0	0.0	3473.6
江海证券有限滨果戈里大街证券营业部	黑龙江	哈尔滨	7783.9	3903.2	6.7	0.0	0.0	29.3	3844.8
南京证券人民中路证券营业部	江苏	无锡	7783.0	4505.6	101.8	0.0	0.3	16.1	3159.3
江海证券有限滨新疆大街证券营业部	黑龙江	哈尔滨	7778.2	2585.8	6.0	0.0	0.0	15.3	5171.0
广州证券丰乐中路证券营业部	广东	广州	7773.7	5280.8	7.1	0.0	0.2	13.2	2472.4
天风证券走马街证券营业部	四川	成都	7771.2	4554.1	4.9	0.0	0.3	6.1	3205.8
海通证券滨果戈里大街证券营业部	黑龙江	哈尔滨	7770.0	4230.6	1371.8	0.0	0.0	0.2	2167.4
招商证券顺德云良路证券营业部	广东	佛山	7758.1	3266.1	12.5	0.0	0.0	3.3	4476.2
万和证券蜀汉路证券营业部	四川	成都	7757.4	5791.9	20.0	0.0	0.0	8.9	1936.5
上海证券证券营业部	上海	上海	7754.1	5109.1	5.2	0.0	0.0	54.1	2585.7
申银万国证券南光路证券营业部	四川	泸州	7753.3	2810.8	82.0	0.0	0.0	12.2	4848.3
国信证券马鞍山路证券营业部	安徽	合肥	7751.2	6195.4	10.9	0.0	0.4	12.2	1532.4
光大证券民有路证券营业部	广东	湛江	7738.9	6517.3	8.6	0.0	0.1	0.7	1212.2
国泰君安证券九尺坎证券营业部	重庆	重庆	7727.8	5993.1	11.4	0.0	0.0	14.5	1708.8
西南证券江滨西路证券营业部	浙江	温州	7719.8	6807.7	35.7	0.0	0.0	0.4	876.1
华融证券周家嘴路证券营业部	上海	上海	7719.6	3591.7	35.4	0.0	1.1	10.8	4080.6
中银国际证券武珞路证券营业部	湖北	武汉	7708.1	5917.9	18.4	0.0	0.1	6.3	1765.4
申银万国证券泸州广凤路营业部	四川	泸州	7700.9	6372.5	165.2	0.0	0.0	3.8	1159.3
东北证券瑞金路证券营业部	江苏	南京	7694.6	4364.7	21.5	0.0	0.0	24.9	3283.5
国元证券季华五路证券营业部	广东	佛山	7694.0	3858.4	5.4	0.0	0.0	0.7	3829.5
东兴证券建设南路证券营业部	福建	泉州	7693.4	3467.9	13.8	0.0	0.0	0.3	4211.5
东北证券东街证券营业部	福建	福州	7679.7	5568.1	23.8	0.0	1.8	1.0	2084.9

注：营业部交易金额的单位为百万元。

证券营业部交易
Trading of Business Department

营业部名称 Business Department	省份 Province	城市 City	总计 Total	股票 Share	基金 Fund	权证 Warrant	政府债 G-Bond	公司债 C-Bond	债券回购 Repo
国金证券蜀都大道证券营业部	四川	成都	7676.7	5074.3	5.6	0.0	4.6	22.1	2570.1
新时代证券红专路证券营业部	河南	郑州	7673.5	4430.0	1.6	0.0	0.0	14.2	3227.7
长江证券普澜二路证券营业部	广东	佛山	7667.9	4056.8	24.6	0.0	0.0	0.1	3586.4
厦门证券有限观日路证券营业部	福建	厦门	7667.8	4571.6	24.7	0.0	0.0	16.5	3055.0
广发证券斗门证券营业部	广东	珠海	7657.4	4281.6	5.8	0.0	0.0	2.8	3367.1
财达证券莲池北大街证券营业部	河北	保定	7655.8	6748.7	9.6	0.0	0.5	12.5	884.5
华龙证券长宁路证券营业部	上海	上海	7653.2	2359.6	49.9	0.0	0.0	45.2	5198.4
东海证券江南大道证券营业部	浙江	杭州	7638.5	3574.1	4.8	0.0	0.0	2.5	4057.2
中国银河证券证券营业部	湖北	荆门	7625.6	6607.5	9.0	0.0	0.0	4.2	1004.9
兴业证券八七路证券营业部	福建	石狮	7621.2	5527.0	8.8	0.0	0.0	5.9	2079.4
安信证券东湖路证券营业部	湖北	武汉	7617.8	3757.1	5.2	0.0	0.0	0.5	3855.0
国泰君安证券京汉大道证券营业部	湖北	武汉	7616.8	5651.9	30.2	0.0	0.0	4.9	1929.8
齐鲁证券有限东城路证券营业部	山东	威海	7615.9	4796.7	34.8	0.0	0.2	29.4	2754.8
中信证券人民中路证券营业部	江苏	启东	7614.4	3778.2	11.1	0.0	0.0	14.9	3810.2
南京证券热河路证券营业部	江苏	南京	7614.1	6659.6	48.7	0.0	0.7	70.4	834.6
中国民族证券丰台东大街证券营业部	北京	北京	7612.2	5608.3	5.4	0.0	6.8	3.8	1987.9
光大证券蒙山路证券营业部	上海	上海	7606.0	4110.4	23.3	0.0	0.0	191.1	3281.3
中国银河证券滨花园街证券营业部	黑龙江	哈尔滨	7604.1	5367.0	22.0	0.0	5.6	19.0	2190.6
信达证券解放大街证券营业部	辽宁	阜新	7597.6	5785.2	4.8	0.0	10.2	91.7	1705.7
西部证券高新技术产业开发区证券营业部	陕西	西安	7588.4	4722.8	22.6	0.0	0.1	7.5	2835.5
渤海证券广东路证券营业部	天津	天津	7586.2	5744.4	23.4	0.0	0.2	6.7	1811.5
中原证券新华路证券营业部	浙江	杭州	7584.1	4553.0	11.3	0.0	5.9	0.0	3014.0
国海证券北站路证券营业部	广西	柳州	7567.3	5916.7	23.3	0.0	0.1	8.9	1618.4
国信证券八一大道证券营业部	江西	南昌	7560.4	5095.9	8.5	0.0	0.1	97.6	2358.4
宏源证券木齐北京路证券营业部	新疆	乌鲁木齐	7556.4	5541.4	6.6	0.0	0.2	20.4	1987.7
东兴证券凤起路证券营业部	浙江	杭州	7552.4	5154.8	29.3	0.0	0.0	5.3	2362.9
红塔证券冼村路证券营业部	广东	广州	7549.7	3460.4	2.6	0.0	0.0	92.7	3994.1
西部证券西江湾路证券营业部	上海	上海	7542.3	2088.0	5.9	0.0	0.2	10.4	5437.8
长城证券文化路证券营业部	河南	郑州	7537.3	4731.1	14.9	0.0	0.0	0.6	2790.7
国泰君安证券人民大街证券营业部	吉林	长春	7526.0	4900.7	756.5	0.0	0.2	3.7	1865.0
恒泰长财证券北京大街证券营业部	吉林	长春	7523.0	4391.4	4.6	0.0	0.2	0.0	3126.8
国元证券临泉路证券营业部	安徽	阜阳	7521.2	6849.3	15.7	0.0	0.0	4.7	651.5
新时代证券鲁谷路证券营业部	北京	北京	7506.8	2182.4	5.9	0.0	0.7	580.6	4737.2
华泰证券自由大路证券营业部	吉林	长春	7500.8	4921.2	162.1	0.0	1.0	14.5	2402.0
太平洋证券新闸路证券营业部	上海	上海	7497.1	4151.4	4.4	0.0	0.0	3.1	3338.2
中国银河证券建新东路证券营业部	重庆	重庆	7493.9	5299.9	26.8	0.0	0.1	4.4	2162.7
宏源证券木齐新华南路证券营业部	新疆	乌鲁木齐	7484.2	5938.3	4.4	0.0	0.0	16.6	1524.9
浙商证券中兴街证券营业部	浙江	金华	7475.4	7114.2	6.5	0.0	0.0	1.5	353.1
国泰君安证券松江路证券营业部	吉林	吉林	7456.4	5624.8	29.4	0.0	0.2	2.3	1799.7
安信证券风采路证券营业部	广东	韶关	7452.0	3984.7	4.7	0.0	0.1	5.7	3456.9
东北证券自由大路证券营业部	吉林	长春	7447.3	4245.4	10.8	0.0	0.0	40.0	3151.2
华泰证券胜利路证券营业部	辽宁	大连	7445.2	5303.0	384.2	0.0	0.1	5.2	1752.7
东方证券中山东路证券营业部	江苏	南京	7443.2	3726.3	113.1	0.0	0.1	22.2	3581.6
国元证券金寨路证券营业部	安徽	合肥	7437.5	5078.4	34.9	0.0	161.6	7.9	2154.7
江海证券有限吕岭路证券营业部	福建	厦门	7433.9	5469.6	12.9	0.0	0.0	13.4	1938.0
国盛证券洪城路证券营业部	江西	南昌	7431.9	4018.6	4.3	0.0	0.0	21.1	3387.9
中国中投证券淮海东路证券营业部	江苏	淮安	7427.8	5498.3	16.9	0.0	0.1	11.3	1901.2
信达证券复康路证券营业部	天津	天津	7421.7	4288.7	1189.9	0.0	0.1	27.4	1915.6
华泰证券鼓楼北路营业部	江苏	泰州	7415.5	4025.9	1043.7	0.0	0.0	13.7	1432.2
国元证券朝阳中路证券营业部	安徽	淮南	7411.7	6387.4	12.3	0.0	1.1	10.8	1000.1

注：营业部交易金额的单位为百万元。

证券营业部交易
Trading of Business Department

营业部名称 Business Department	省份 Province	城市 City	总计 Total	股票 Share	基金 Fund	权证 Warrant	政府债 G-Bond	公司债 C-Bond	债券回购 Repo
海通证券江牡丹街证券营业部	黑龙江	牡丹江	7389.4	4888.2	98.1	0.0	3.5	82.9	2316.7
平安证券木齐人民路证券营业部	新疆	乌鲁木齐	7372.9	6518.7	3.6	0.0	0.0	3.1	847.5
中国银河证券庄胜利北街证券营业部	河北	石家庄	7369.8	3267.9	11.2	0.0	0.1	8.4	4082.3
中信建投证券燕山向阳路证券营业部	北京	北京	7367.4	4982.2	147.1	0.0	0.4	7.9	2229.8
中原证券山中兴南路证券营业部	河南	平顶山	7360.6	6218.3	8.1	0.0	0.0	5.4	1128.8
中国银河证券木齐解放北路证券营业部	新疆	乌鲁木齐	7360.4	4633.5	23.2	0.0	0.0	1.1	2702.6
信达证券黑龙江街营业部	辽宁	沈阳	7357.6	6249.8	10.8	0.0	2.4	93.7	1001.0
宏源证券中山四路证券营业部	广东	中山	7351.3	1385.3	2.2	0.0	0.0	2.1	5961.8
海通证券解放路证券营业部	山东	烟台	7351.0	5498.4	59.2	0.0	2.7	153.7	1637.1
中山证券车公庄大街证券营业部	北京	北京	7345.9	5384.6	18.8	0.0	0.0	13.5	1928.9
中天证券武夷路证券营业部	上海	上海	7345.2	2133.7	1.9	0.0	0.0	4.6	5205.0
恒泰证券海拉南路证券营业部	内蒙	乌海	7333.0	6218.4	2.2	0.0	0.0	0.9	1111.5
宏信证券桂平路证券营业部	上海	上海	7324.7	2289.8	5.7	0.0	0.8	18.8	5009.6
华泰证券宁夏路证券营业部	山东	青岛	7318.1	4054.7	43.5	0.0	0.0	316.6	2903.3
安信证券中山路证券营业部	广东	汕头	7315.2	4764.1	22.3	0.0	1.4	4.5	2522.9
兴业证券肥西路证券营业部	安徽	合肥	7296.5	3638.5	2.8	0.0	0.0	1.0	3654.2
太平洋证券玉兴路证券营业部	云南	玉溪	7294.0	6534.8	7.2	0.0	0.2	20.9	730.9
华泰证券港通灌南路证券营业部	江苏	连云港	7293.2	4941.2	71.5	0.0	0.2	14.6	2265.7
海通证券相山路证券营业部	安徽	淮北	7288.0	6682.8	8.4	0.0	0.0	27.6	569.3
申银万国证券九江浔阳路营业部	江西	九江	7283.2	5537.0	26.4	0.0	0.0	4.7	1715.1
宏信证券凉山路证券营业部	四川	德阳	7280.7	5050.3	3.0	0.0	0.1	9.0	2218.3
爱建证券斜西街证券营业部	浙江	嘉兴	7279.9	5876.6	54.6	0.0	0.0	26.0	1322.8
中信建投证券市五一路证券营业部	辽宁	鞍山	7273.4	3966.0	10.6	0.0	0.0	23.3	3273.4
国元证券北站路证券营业部	辽宁	沈阳	7270.9	5987.7	9.7	0.0	0.0	3.5	1270.0
齐鲁证券有限中润大道证券营业部	山东	淄博	7270.4	6426.4	15.2	0.0	5.2	3.5	820.1
信达证券海滨大道南证券营业部	广东	湛江	7265.5	4739.5	27.4	0.0	1.4	4.5	2492.8
华福证券五四路证券营业部	福建	永安	7263.3	6224.9	7.6	0.0	0.0	3.4	1027.4
东方证券五四路证券营业部	福建	福州	7251.8	5299.6	2.5	0.0	0.0	2.2	1947.4
万和证券建设路证券营业部	四川	成都	7250.2	4528.8	3.6	0.0	1.2	17.6	2699.0
中国银河证券文昌中路证券营业部	江苏	扬州	7237.6	4301.3	13.0	0.0	1.0	42.2	2880.1
华安证券汴河路证券营业部	安徽	宿州	7231.3	6998.7	7.7	0.0	2.8	6.4	215.6
国泰君安证券环城西路证券营业部	江西	鹰潭	7227.6	6162.1	3.8	0.0	0.0	3.9	1057.7
中国民族证券中河北路证券营业部	浙江	杭州	7215.5	4566.7	16.5	0.0	0.0	5.2	2627.0
齐鲁证券有限东风西街证券营业部	山东	潍坊	7210.6	6091.2	66.1	0.0	0.5	41.4	1011.5
申银万国证券白山路证券营业部	辽宁	沈阳	7204.4	1460.9	5.9	0.0	0.1	3.4	5734.0
国联证券新区长江北路证券营业部	江苏	无锡	7201.8	3611.9	12.3	0.0	0.0	7.6	3570.0
中信建投证券市人民大街证券营业部	吉林	长春	7201.6	6088.9	241.0	0.0	0.0	4.8	867.0
方正证券山建设路证券营业部	河南	平顶山	7196.8	5373.4	52.4	0.0	0.0	5.2	1765.8
华泰证券江宁金箔路证券营业部	江苏	南京	7193.8	5957.0	5.5	0.0	0.0	10.7	1220.5
大同证券经纪凤台西街证券营业部	山西	晋城	7182.7	5155.2	5.1	0.0	127.4	6.9	1888.1
中信证券建设北路证券营业部	河北	唐山	7179.2	2711.3	4.1	0.0	0.0	36.3	4427.5
东北证券中山北路证券营业部	江苏	南京	7174.0	4675.5	6.9	0.0	0.2	3.9	2487.6
宏源证券金华路证券营业部	浙江	杭州	7167.0	5475.2	12.5	0.0	1.1	34.8	1643.4
财通证券九铃东路证券营业部	浙江	永康	7162.2	6662.5	16.5	0.0	0.0	303.4	179.8
中国民族证券中关村南大街证券营业部	北京	北京	7159.7	6040.4	374.4	0.0	0.0	5.0	739.9
东方证券太原街证券营业部	辽宁	沈阳	7159.4	5366.3	5.6	0.0	0.1	2.8	1784.6
华泰证券大同路证券营业部	海南	海口	7154.2	6185.8	4.6	0.0	0.1	29.9	1933.7
广发证券顺德南国东路证券营业部	广东	顺德	7152.2	2968.4	23.5	0.0	0.0	11.5	4148.7
华泰证券解放中路证券营业部	江苏	南通	7150.0	4614.0	14.6	0.0	0.0	99.9	2421.4
齐鲁证券有限城南路证券营业部	福建	厦门	7149.8	3309.8	2.8	0.0	0.0	0.3	3836.9

注：营业部交易金额的单位为百万元。

证券营业部交易
Trading of Business Department

营业部名称 Business Department	省份 Province	城市 City	总计 Total	股票 Share	基金 Fund	权证 Warrant	政府债 G-Bond	公司债 C-Bond	债券回购 Repo
安信证券澄海证券营业部	广东	汕头	7146.8	5785.3	3.3	0.0	0.0	5.1	1353.1
华福证券八一六北路证券营业部	福建	福州	7145.9	3591.9	6.2	0.0	0.0	0.3	3547.6
世纪证券仙来中大道证券营业部	江西	新余	7138.4	5156.6	2.7	0.0	0.0	0.4	1978.7
广发证券庄友谊南大街证券营业部	河北	石家庄	7137.6	3818.4	23.3	0.0	0.0	17.5	3278.4
山西证券河东街证券营业部	山西	运城	7126.1	6199.7	12.0	0.0	0.0	0.7	913.7
上海证券解放路证券营业部	浙江	杭州	7121.8	1925.5	3.0	0.0	0.1	307.5	4885.7
光大证券新会冈州大道东证券营业部	广东	江门	7113.3	3810.7	78.4	0.0	0.2	21.8	3202.3
方正证券新华路证券营业部	天津	天津	7102.6	5424.7	21.3	0.0	0.0	3.8	1652.8
中银国际证券江西平安街证券营业部	黑龙江	牡丹江	7102.5	6435.1	34.4	0.0	0.5	10.7	621.9
方正证券兴盛路证券营业部	广东	广州	7095.3	4659.1	5.3	0.0	0.0	15.0	2415.9
华泰证券黑龙江北路证券营业部	江苏	苏州	7095.0	4814.8	230.5	0.0	0.0	72.4	1977.2
浙商证券香港东路证券营业部	山东	青岛	7081.6	2802.4	1.7	0.0	0.0	0.4	4277.1
信达证券麦岛路证券营业部	山东	青岛	7077.8	4233.0	68.8	0.0	0.0	37.8	2738.3
新时代证券东三环北路证券营业部	北京	北京	7070.3	3024.2	5.9	0.0	0.1	451.3	3588.9
金元证券新外大街证券营业部	北京	北京	7066.6	3034.9	12.4	0.0	3.5	2.2	4013.6
浙商证券朝阳门北大街证券营业部	北京	北京	7065.1	5720.2	38.1	0.0	0.0	12.9	1293.9
中航证券有限新华路证券营业部	湖北	武汉	7050.7	6350.1	19.6	0.0	0.1	1.1	679.8
中山证券福华三路证券营业部	深圳	深圳	7045.7	6233.0	8.2	0.0	0.0	18.0	786.5
国都证券金田路证券营业部	深圳	深圳	7042.9	4268.2	10.0	0.0	0.0	2.7	2762.0
中国银河证券珠江路证券营业部	重庆	重庆	7038.8	5572.1	17.8	0.0	1.1	4.2	1443.6
东北证券东风东路证券营业部	广东	广州	7035.2	4218.8	110.9	0.0	0.1	29.0	2676.4
长江证券仙桃大道证券营业部	湖北	仙桃	7013.3	5886.1	9.7	0.0	0.0	10.8	1106.7
华安证券胜利中路证券营业部	安徽	蚌埠	7005.8	5848.3	40.9	0.0	5.8	142.8	968.0
兴业证券芙蓉南路证券营业部	湖南	长沙	7005.6	4949.3	17.9	0.0	0.1	5.4	2033.0
世纪证券平安大街证券营业部	北京	北京	7001.6	3966.9	18.8	0.0	0.3	12.0	3003.5
华林证券金寨路证券营业部	安徽	合肥	6996.3	5904.1	26.1	0.0	0.0	9.1	1057.1
中国银河证券花桥证券营业部	湖北	武汉	6994.2	4957.0	13.2	0.0	27.7	6.0	1990.3
中信建投证券市临江支路证券营业部	重庆	重庆	6993.2	3771.6	3.0	0.0	0.0	3.2	3215.4
广发证券高明跃华路证券营业部	广东	佛山	6990.9	4702.0	34.0	0.0	0.0	288.4	1966.5
华安证券梅山路证券营业部	安徽	六安	6975.4	6265.1	7.3	0.0	0.9	29.4	672.7
宏源证券丰北路证券营业部	北京	北京	6972.5	4332.7	29.1	0.0	0.0	5.6	2605.0
恒泰证券安德路证券营业部	北京	北京	6967.3	4647.8	4.4	0.0	0.0	6.4	2308.7
宏源证券英华路证券营业部	广西	南宁	6967.1	5047.8	8.5	0.0	3.6	2.6	1904.5
华泰证券梓潼桥西街证券营业部	四川	成都	6963.1	4525.8	27.5	0.0	0.1	72.1	2337.7
华林证券东兴大道证券营业部	广东	江门	6962.4	4916.7	21.3	0.0	0.1	6.3	2018.1
宏信证券中华新路证券营业部	上海	上海	6960.3	1830.8	4.6	0.0	0.0	4.6	5120.3
渤海证券气象台路证券营业部	天津	天津	6960.1	4951.9	16.6	0.0	0.6	133.6	1857.4
财通证券新安大街证券营业部	浙江	杭州	6957.2	6040.8	8.8	0.0	0.1	3.9	903.6
海通证券滨中山路证券营业部	黑龙江	哈尔滨	6946.2	5223.2	9.4	0.0	0.0	39.6	1674.1
宏信证券涪江路证券营业部	四川	南充	6943.6	5786.4	4.7	0.0	0.0	1.5	1151.0
国盛证券赣东大道证券营业部	江西	抚州	6939.1	5525.2	2.5	0.0	0.0	951.4	460.0
齐鲁证券有限鲁中东大街证券营业部	山东	莱芜	6938.5	6640.9	27.7	0.0	5.3	6.5	258.1
西部证券长安中路证券营业部	陕西	西安	6928.1	5554.9	12.2	0.0	0.0	2.1	1358.9
大同证券经纪南山南油大道证券营业部	深圳	深圳	6925.3	3457.6	12.0	0.0	0.0	3.9	3451.8
国元证券文化路证券营业部	安徽	芜湖	6909.1	5817.3	3.3	0.0	0.0	3.6	1084.8
华福证券福辉路证券营业部	福建	石狮	6903.1	5065.7	2.9	0.0	0.0	0.5	1833.9
中国中投证券建湘路证券营业部	湖南	长沙	6897.9	5129.4	2.9	0.0	0.0	40.4	1725.2
太平洋证券金碧路证券营业部	云南	昆明	6896.9	4138.5	6.3	0.0	0.0	1.3	2750.8
渤海证券大兴三中西巷证券营业部	北京	北京	6894.1	6078.7	19.5	0.0	0.3	4.7	790.9
西南证券涪陵兴华中路证券营业部	重庆	重庆	6891.5	6224.4	6.2	0.0	0.0	0.8	660.1

注：营业部交易金额的单位为百万元。

证券营业部交易
Trading of Business Department

营业部名称 Business Department	省份 Province	城市 City	总计 Total	股票 Share	基金 Fund	权证 Warrant	政府债 G-Bond	公司债 C-Bond	债券回购 Repo
中国中投证券商务内环路证券营业部	河南	郑州	6884.3	6049.0	9.4	0.0	0.0	1.5	824.3
首创证券和平街证券营业部	北京	北京	6878.6	3230.8	5.2	0.0	0.2	4.9	3637.6
安信证券端州四路证券营业部	广东	肇庆	6872.8	4844.1	6.8	0.0	0.0	3.1	2018.8
国泰君安证券塘沽上海道证券营业部	天津	天津	6861.3	5126.7	16.6	0.0	0.2	21.1	1696.8
光大证券解放路证券营业部	山西	太原	6859.4	5336.5	14.0	0.0	0.2	5.2	1503.5
方正证券江锑都中路证券营业部	湖南	娄底	6859.3	6279.7	6.7	0.0	0.0	10.1	562.7
广发证券北京西路证券营业部	江西	南昌	6852.9	4886.9	4.7	0.0	1.1	22.9	1937.2
信达证券岛连山大街证券营业部	辽宁	葫芦岛	6851.3	6381.5	12.6	0.0	0.0	20.6	436.6
国元证券观音桥步行街证券营业部	重庆	重庆	6850.7	5492.3	7.0	0.0	0.0	0.7	1350.7
中航证券有限六纬路证券营业部	天津	天津	6849.7	5541.5	61.0	0.0	0.3	28.1	1218.9
国海证券人民中路证券营业部	云南	昆明	6839.9	4092.1	1.6	0.0	0.0	0.5	2745.7
光大证券胜利路证券营业部	山东	烟台	6833.7	2459.8	9.9	0.0	103.2	8.0	4252.8
申银万国证券解放北路证券营业部	辽宁	本溪	6817.7	2299.2	6.1	0.0	0.0	0.0	4512.3
宏源证券木齐和平北路证券营业部	新疆	乌鲁木齐	6817.1	5430.8	4.6	0.0	0.0	12.6	1369.1
中航证券有限镇新村西路证券营业部	江西	景德镇	6816.7	5654.7	9.0	0.0	0.0	2.1	1150.9
南京证券华林路证券营业部	福建	福州	6809.2	3815.5	4.0	0.0	0.0	13.5	2976.2
万联证券中兴南路证券营业部	浙江	绍兴	6805.1	4867.6	1.9	0.0	0.0	2.1	1933.5
广发证券长江中路证券营业部	安徽	合肥	6802.1	3835.1	9.7	0.0	0.0	21.1	2936.2
财通证券体育场证券营业部	浙江	湖州	6800.0	5390.4	6.0	0.0	0.0	0.2	1403.4
中国银河证券学清路证券营业部	北京	北京	6794.9	3117.1	164.6	0.0	0.6	93.5	3419.1
齐鲁证券有限渤海七路证券营业部	山东	滨州	6785.4	5074.2	16.3	0.0	0.0	179.9	1515.1
兴业证券杏林北路证券营业部	福建	厦门	6784.8	3389.9	15.3	0.0	0.0	7.8	3371.8
国金证券庆春东路证券营业部	浙江	杭州	6782.1	3679.0	2.2	0.0	0.0	3.5	3097.3
浙商证券人民东路证券营业部	浙江	台州	6781.3	4437.1	18.5	0.0	0.1	1.2	2324.5
安信证券南海罗村证券营业部	广东	佛山	6778.3	1683.5	1.1	0.0	0.0	2.0	5091.6
东方证券大北关街证券营业部	辽宁	沈阳	6774.3	4668.7	11.1	0.0	3.9	0.1	2090.4
华福证券吴航路证券营业部	福建	长乐	6774.0	5469.5	10.5	0.0	0.0	13.3	1280.7
长江证券后海海岸城证券营业部	深圳	深圳	6766.1	4665.5	13.6	0.0	0.3	3.5	2083.3
山西证券滨河北西路证券营业部	山西	吕梁	6765.5	2823.0	9.9	0.0	0.0	5.3	3927.4
华西证券港湾街证券营业部	辽宁	大连	6764.5	5820.4	15.9	0.0	0.2	3.8	924.1
中信建投证券市滨江路证券营业部	四川	泸州	6755.6	5092.2	9.0	0.0	0.4	18.4	1635.5
光大证券中山东路证券营业部	江苏	南京	6753.6	5398.6	25.1	0.0	0.0	36.2	1293.7
华泰证券双流丁字街证券营业部	四川	成都	6749.5	3688.6	9.2	0.0	3.3	15.6	3032.8
华泰证券海安长江中路证券营业部	江苏	南通	6744.2	5341.3	56.5	0.0	42.9	34.7	1268.8
东北证券建设街证券营业部	吉林	长春	6742.3	4868.4	8.7	0.0	0.2	2.5	1862.5
广州证券珠江西路证券营业部	广东	广州	6734.0	3631.1	0.0	0.0	22.2	10.8	3069.8
安信证券东风东路第二证券营业部	广东	广州	6733.5	3750.2	6.8	0.0	1.8	33.3	2941.4
西部证券东大街证券营业部	陕西	西安	6730.1	5501.5	6.2	0.0	0.0	19.6	1202.7
万联证券交通路证券营业部	四川	内江	6726.0	5001.3	5.1	0.0	0.1	15.0	1704.5
国信证券天河北路证券营业部	广东	广州	6721.6	2642.9	992.5	0.0	0.0	28.4	3057.8
东方证券临顿路证券营业部	江苏	苏州	6714.6	5435.3	8.0	0.0	0.0	0.0	1271.3
安信证券增城新塘证券营业部	广东	广州	6702.6	4618.4	6.6	0.0	0.0	3.3	2074.3
光大证券厚街证券营业部	广东	东莞	6698.9	4538.0	31.0	0.0	0.2	6.9	2122.9
联讯证券大西路证券营业部	辽宁	沈阳	6691.6	4304.2	5.7	0.0	0.1	11.4	2370.2
广发证券青年中路证券营业部	江苏	南通	6688.8	2690.2	8.4	0.0	0.1	6.4	3983.8
东北证券百花四路证券营业部	深圳	深圳	6680.6	4351.5	0.3	0.0	0.0	30.5	2298.4
大通证券广中西路证券营业部	上海	上海	6678.6	2995.9	10.3	0.0	0.1	8.4	3664.0
东海证券香梅路证券营业部	深圳	深圳	6677.0	5790.9	7.7	0.0	0.0	3.0	875.4
中国银河证券沿江中路证券营业部	江西	南昌	6663.9	4859.6	6.1	0.0	1.0	4.4	1792.9
国泰君安证券大道证券营业部	湖南	常德	6658.6	6214.7	16.2	0.0	0.9	28.0	398.8

注：营业部交易金额的单位为百万元。

证券营业部交易
Trading of Business Department

营业部名称 Business Department	省份 Province	城市 City	总计 Total	股票 Share	基金 Fund	权证 Warrant	政府债 G-Bond	公司债 C-Bond	债券回购 Repo
安信证券高州证券营业部	广东	高州	6653.4	4081.4	7.1	0.0	0.0	5.3	2559.6
安信证券潮安证券营业部	广东	潮州	6651.3	3761.2	2.5	0.0	0.0	0.7	2886.8
中国银河证券小榄证券营业部	广东	中山	6644.9	4462.7	8.4	0.0	0.3	2.0	2171.6
山西证券浦东大道证券营业部	上海	上海	6641.6	3217.5	7.5	0.0	19.0	9.6	3388.0
财达证券人民东路证券营业部	河北	衡水	6637.2	5893.1	20.7	0.0	0.1	14.2	709.0
华泰证券阜阳路证券营业部	安徽	合肥	6636.4	3660.6	1629.3	0.0	0.2	6.3	1340.1
中国银河证券鼓楼东街证券营业部	天津	天津	6634.8	3929.5	11.8	0.0	1.9	0.8	2690.8
华龙证券广场证券营业部	甘肃	天水	6629.5	6177.0	6.7	0.0	0.0	3.1	442.7
广发证券泺源大街证券营业部	山东	济南	6627.6	4912.7	8.4	0.0	1.1	5.7	1699.7
东方证券辽中街证券营业部	辽宁	抚顺	6626.7	4803.1	4.9	0.0	0.0	45.2	1773.5
申银万国证券双流县迎春路证券营业部	四川	成都	6625.1	4498.3	23.9	0.0	0.0	0.3	2102.6
华龙证券民主东路证券营业部	甘肃	兰州	6622.8	3527.0	1.7	0.0	0.0	3.1	3091.0
国金证券龙泉驿区龙都南路证券营业部	四川	成都	6619.6	3854.8	8.5	0.0	0.0	5.5	2750.8
信达证券中山大道证券营业部	广东	广州	6616.2	4470.7	4.4	0.0	0.0	10.0	2131.1
长城证券沣镐东路证券营业部	陕西	西安	6605.1	4460.0	6.5	0.0	0.0	5.1	2133.4
申银万国证券蔡锷中路证券营业部	湖南	长沙	6603.7	6007.0	4.9	0.0	13.1	0.9	577.9
太平洋证券人民中路证券营业部	云南	昆明	6601.2	3812.7	6.3	0.0	0.6	36.2	2745.5
首创证券庄平安北大街证券营业部	河北	石家庄	6593.6	4731.4	46.3	0.0	1.1	24.6	1790.2
中国中投证券大庆北路证券营业部	江苏	扬州	6582.4	5060.0	11.5	0.0	0.7	7.4	1502.9
中信证券南三环东路证券营业部	北京	北京	6571.9	4296.4	49.4	0.0	0.0	5.0	2221.1
广发证券海滨大道证券营业部	广东	湛江	6565.1	3568.2	4.2	0.0	0.0	2.7	2990.0
南京证券中山南路证券营业部	江苏	南京	6554.8	5277.2	10.9	0.0	0.0	1.1	1265.6
信达证券淮河路证券营业部	安徽	蚌埠	6552.2	5067.1	30.7	0.0	0.6	12.8	1441.0
东方证券霄云路证券营业部	北京	北京	6551.7	3679.7	86.7	0.0	0.0	3.2	2782.0
上海证券路证券营业部	上海	上海	6536.8	3657.4	10.4	0.0	0.0	9.5	2859.6
川财证券经纪武侯祠大街证券营业部	四川	成都	6527.0	3372.5	14.9	0.0	0.0	10.5	3129.0
东海证券友谊路证券营业部	天津	天津	6526.1	4364.0	8.8	0.0	0.1	0.5	2152.8
方正证券宁乡沿河北路证券营业部	湖南	长沙	6509.0	3326.9	3.4	0.0	0.0	410.2	2768.5
中国银河证券积玉桥证券营业部	湖北	武汉	6506.1	3617.9	12.0	0.0	0.0	18.0	2858.2
齐鲁证券有限宁海大街证券营业部	山东	烟台	6505.5	3971.2	426.8	0.0	0.0	2.1	2105.4
申银万国证券小新街营业部	重庆	重庆	6503.0	5057.0	9.0	0.0	0.4	59.4	1377.2
湘财证券顺义站前街证券营业部	北京	北京	6490.1	5339.5	10.1	0.0	0.0	17.3	1123.2
东莞证券石碣证券营业部	广东	东莞	6481.9	3746.7	4.9	0.0	0.0	4.0	2726.3
中天证券长江街证券营业部	辽宁	沈阳	6475.0	4111.7	8.5	0.0	0.2	117.4	2237.2
西部证券经二路证券营业部	陕西	宝鸡	6474.2	5101.3	6.4	0.0	0.3	1.9	1364.2
信达证券迎宾路证券营业部	广东	茂名	6471.8	2895.0	3.7	0.0	0.0	0.8	3572.4
光大证券集源路证券营业部	福建	厦门	6469.7	3589.5	29.7	0.0	0.0	0.2	2850.3
华泰证券中山广场证券营业部	辽宁	大连	6463.6	5894.8	4.9	0.0	0.1	1.4	562.4
中国银河证券古镇证券营业部	广东	中山	6456.3	3602.8	11.1	0.0	0.0	0.1	2842.3
华安证券新芜路证券营业部	安徽	芜湖	6454.2	5334.9	4.8	0.0	0.3	8.2	1105.9
招商证券庆阳路证券营业部	甘肃	兰州	6452.4	2681.5	5.4	0.0	0.1	1.1	3764.3
湘财证券西一环路证券营业部	四川	成都	6449.0	4165.3	9.4	0.0	0.0	20.1	2254.2
中国银河证券经三路证券营业部	河南	郑州	6447.5	4671.1	5.4	0.0	0.4	4.0	1766.6
大同证券经纪迎宾街证券营业部	山西	大同	6445.5	5740.1	4.3	0.0	3.7	6.5	691.0
兴业证券嘉禾路证券营业部	福建	厦门	6442.5	4670.0	6.0	0.0	0.0	6.7	1759.8
华西证券五星街证券营业部	四川	自贡	6442.4	5812.6	4.8	0.0	0.0	4.3	620.6
天风证券天河路证券营业部	辽宁	大连	6435.9	5156.9	14.3	0.0	0.2	2.8	1261.7
财通证券县钱清镇前路证券营业部	浙江	绍兴	6403.6	4346.8	1.6	0.0	0.0	2.6	2052.6
华西证券朝阳中路证券营业部	四川	达州	6397.1	6030.1	5.1	0.0	2.2	18.3	341.5
国泰君安证券珍珠路证券营业部	湖北	宜昌	6394.7	4757.1	7.1	0.0	0.1	7.8	1622.6

注：营业部交易金额的单位为百万元。

证券营业部交易
Trading of Business Department

营业部名称 Business Department	省份 Province	城市 City	总计 Total	股票 Share	基金 Fund	权证 Warrant	政府债 G-Bond	公司债 C-Bond	债券回购 Repo
宏源证券龙昆北路证券营业部	海南	海口	6392.2	4000.0	42.4	0.0	0.0	0.6	2349.2
众成证券经纪有限中山西路证券营业部	上海	上海	6377.4	2425.2	11.3	0.0	0.0	3.6	3937.4
国元证券义安南路证券营业部	安徽	铜陵	6371.7	5274.7	13.1	0.0	0.1	51.0	1032.8
国联证券太平南路证券营业部	江苏	南京	6369.8	3728.5	17.8	0.0	0.0	0.8	2622.7
广发证券新安二路证券营业部	深圳	深圳	6360.7	2825.9	1.9	0.0	0.0	416.5	3116.4
山西证券黄华街证券营业部	山西	晋城	6360.5	3987.8	15.2	0.0	127.0	3.6	2227.0
广发证券南海西樵证券营业部	广东	佛山	6356.3	3740.7	8.9	0.0	0.0	6.0	2600.7
红塔证券人民路证券营业部	云南	大理	6340.1	6325.1	8.9	0.0	0.2	1.8	4.1
齐鲁证券有限联盟路证券营业部	陕西	宝鸡	6337.1	3167.7	112.9	0.0	0.0	0.8	3055.7
齐鲁证券有限泰山路证券营业部	山东	枣庄	6337.0	3363.3	7.7	0.0	0.7	2.1	2963.2
国元证券黄山西路证券营业部	安徽	芜湖	6336.5	4818.0	469.2	0.0	0.4	72.1	976.7
华龙证券安外大街证券营业部	北京	北京	6326.3	3650.9	5.5	0.0	0.1	0.8	2669.1
国元证券源头路证券营业部	山东	青岛	6324.8	6171.0	4.7	0.0	0.0	6.1	143.1
财富证券红桂路证券营业部	深圳	深圳	6320.4	5531.5	13.2	0.0	0.0	1.0	774.7
海通证券淮海北路证券营业部	江苏	淮安	6311.8	5744.6	11.0	0.0	0.0	3.3	552.9
财达证券翔云道证券营业部	河北	唐山	6311.1	4474.9	4.3	0.0	0.1	5.3	1826.5
财富证券深南大道证券营业部	深圳	深圳	6310.3	4435.9	5.8	0.0	0.0	9.5	1859.1
中信建投证券涪陵广场路证券营业部	重庆	重庆	6309.4	2192.9	2.1	0.0	0.0	0.0	4114.4
海通证券中心大街证券营业部	黑龙江	鸡西	6308.2	4475.5	8.8	0.0	0.3	1.0	1822.7
海通证券老沪闵路营业部	上海	上海	6293.7	2750.5	14.1	0.0	0.1	319.3	3209.7
东海证券建国北路证券营业部	浙江	杭州	6285.5	4136.8	1.5	0.0	0.0	31.9	2115.3
中国银河证券热河路证券营业部	山东	青岛	6277.3	4098.3	6.3	0.0	4.1	18.3	2150.3
海通证券松江证券营业部	上海	上海	6277.1	4379.7	32.7	0.0	0.0	23.5	1841.2
中信证券（浙江）寿尔福路证券营业部	浙江	丽水	6267.3	5120.2	4.4	0.0	0.0	0.0	1142.7
中国银河证券山河证券营业部	河南	郑州	6263.1	5843.9	11.0	0.0	0.0	2.3	406.0
上海证券路证券营业部	上海	上海	6261.7	2883.7	15.8	0.0	0.0	13.3	3348.9
南京证券蛇口南海大道证券营业部	深圳	深圳	6251.8	4636.4	12.2	0.0	0.0	10.5	1592.7
广发证券星岩路证券营业部	广东	云浮	6251.5	4760.6	16.1	0.0	0.0	7.2	1467.5
平安证券南内环街证券营业部	山西	太原	6246.5	4467.8	4.8	0.0	0.0	4.3	1769.6
上海证券塘下大道证券营业部	浙江	瑞安	6246.1	5376.1	34.8	0.0	0.0	0.0	835.1
天源证券有限东四路证券营业部	辽宁	抚顺	6224.5	1323.7	4.1	0.0	1.0	28.5	4867.2
西部证券东风东街证券营业部	山东	潍坊	6223.1	4983.5	14.9	0.0	0.4	6.9	1217.4
中国银河证券澄海证券营业部	广东	汕头	6213.6	5470.2	9.4	0.0	0.0	1.2	732.8
西南证券长治路证券营业部	山西	太原	6212.4	4018.3	96.2	0.0	12.0	6.0	2080.0
西南证券大明湖路证券营业部	山东	济南	6208.9	3522.7	37.5	0.0	0.1	6.7	2641.9
安信证券樟木头证券营业部	广东	东莞	6205.0	4011.8	6.9	0.0	0.4	0.4	2185.5
国泰君安证券解放路证券营业部	山东	济南	6196.1	4780.0	8.4	0.0	0.1	21.4	1386.2
中原证券峡六峰路证券营业部	河南	三门峡	6183.6	5471.4	15.2	0.0	0.1	45.4	651.5
宏源证券玛依天山路证券营业部	新疆	克拉玛依	6181.3	5041.3	10.2	0.0	0.2	12.3	1117.3
华泰证券雁塔路证券营业部	陕西	西安	6166.6	3010.9	51.6	0.0	0.0	96.4	3007.6
新时代证券西大街证券营业部	河南	开封	6162.5	5950.5	21.2	0.0	0.9	3.8	186.2
国联证券中山北路证券营业部	浙江	杭州	6156.0	2508.8	15.0	0.0	0.0	0.2	3632.0
申银万国证券双塔路证券营业部	浙江	温州	6135.4	5373.5	15.9	0.0	0.2	2.2	743.7
齐鲁证券有限运河路证券营业部	山东	济宁	6132.8	4079.9	11.0	0.0	0.5	26.9	2014.5
中国民族证券胜利东路证券营业部	福建	漳州	6132.3	5229.9	15.6	0.0	0.0	28.7	858.2
山西证券平阳路证券营业部	山西	太原	6130.9	2776.3	10.3	0.0	0.0	3.5	3340.8
华西证券花新华街证券营业部	四川	攀枝花	6107.9	5801.6	3.3	0.0	0.0	13.3	289.8
华泰证券五里牌证券营业部	湖南	岳阳	6102.6	4665.5	24.2	0.0	1.1	15.2	1396.6
国元证券胜利西路证券营业部	安徽	蚌埠	6099.3	5389.4	19.7	0.0	0.2	28.6	661.4
山西证券坞城路证券营业部	山西	太原	6085.9	4380.3	19.5	0.0	0.7	9.7	1675.8

注：营业部交易金额的单位为百万元。

证券营业部交易
Trading of Business Department

营业部名称 Business Department	省份 Province	城市 City	总计 Total	股票 Share	基金 Fund	权证 Warrant	政府债 G-Bond	公司债 C-Bond	债券回购 Repo
财通证券新湖路证券营业部	深圳	深圳	6085.4	4444.5	1.1	0.0	0.0	0.2	1639.7
中国民族证券人民路证券营业部	辽宁	鞍山	6083.0	5420.0	4.3	0.0	0.1	6.9	651.7
华泰证券赤壁大道证券营业部	湖北	黄冈	6080.9	4628.9	42.0	0.0	0.0	2.6	1407.5
上海证券柳市惠丰路证券营业部	浙江	乐清	6078.4	5679.6	13.4	0.0	0.0	1.0	384.4
中国民族证券三马路证券营业部	天津	天津	6075.5	5334.0	5.5	0.0	0.1	2.2	733.6
国盛证券镇珠山中路证券营业部	江西	南昌	6072.6	4158.0	7.9	0.0	4.7	6.5	1895.4
中航证券有限沧虹路证券营业部	福建	厦门	6070.3	1225.0	0.2	0.0	0.0	0.0	4845.0
安信证券番禺繁华路证券营业部	广东	广州	6069.8	3768.7	28.3	0.0	0.1	11.7	2261.1
安信证券滨海大道证券营业部	海南	海口	6069.2	3046.1	2.1	0.0	0.0	0.2	3020.8
财达证券庄新华路证券营业部	河北	石家庄	6059.8	4337.8	13.7	0.0	0.0	4.5	1703.8
湘财证券建国门内大街证券营业部	北京	北京	6055.4	3003.6	18.6	0.0	23.4	4.6	3005.3
广发证券大海阳路证券营业部	山东	烟台	6055.3	4956.1	27.3	0.0	0.0	3.2	1068.7
国金证券堰都江大道证券营业部	四川	成都	6052.3	5646.8	4.3	0.0	0.0	2.2	399.0
爱建证券兰溪路证券营业部	上海	上海	6040.9	3082.0	108.0	0.0	0.0	5.6	2845.3
东海证券长江路证券营业部	江苏	南京	6040.8	4643.2	9.1	0.0	0.0	4.7	1383.8
中信建投证券杏东路证券营业部	福建	厦门	6036.9	2523.3	24.2	0.0	0.0	0.1	3489.3
中航证券有限北京路证券营业部	云南	昆明	6032.0	3429.6	3.7	0.0	0.0	27.5	2571.3
齐鲁证券有限岱宗大街证券营业部	山东	泰安	6029.2	5343.8	19.0	0.0	3.4	12.6	650.5
东海证券韶山北路证券营业部	湖南	长沙	6027.9	4334.0	7.1	0.0	0.0	3.1	1683.7
齐鲁证券有限升平街证券营业部	山东	泰安	6025.6	5785.5	9.2	0.0	0.0	6.1	224.8
国元证券芜湖路证券营业部	安徽	合肥	6021.7	4676.1	4.6	0.0	0.0	1.6	1339.4
西南证券中北路证券营业部	湖北	武汉	6013.2	3889.4	2.9	0.0	236.2	1.0	1883.7
国都证券永安道证券营业部	天津	天津	5997.5	4722.0	28.8	0.0	0.0	19.2	1227.5
中国银河证券客家大道证券营业部	江西	赣州	5997.2	3261.8	7.1	0.0	0.1	144.1	2584.2
中国国际金融有限教工路证券营业部	浙江	杭州	5995.0	1359.3	268.7	0.0	0.0	138.1	4228.9
广州证券大石证券营业部	广东	广州	5994.4	4200.5	45.8	0.0	0.0	17.6	1730.5
华泰证券渤海大街证券营业部	辽宁	营口	5994.0	3498.8	13.6	0.0	0.0	0.9	2480.7
国元证券长江中路证券营业部	安徽	合肥	5992.0	4530.0	23.4	0.0	0.0	14.7	1423.9
长城证券西昌路证券营业部	云南	昆明	5991.9	4257.0	10.3	0.0	0.2	7.9	1716.6
上海证券路证券营业部	上海	上海	5991.9	2790.2	15.3	0.0	1.0	19.7	3165.7
中航证券有限珊瑚路证券营业部	重庆	重庆	5987.2	2484.0	73.0	0.0	0.4	294.8	3135.0
国海证券神仙树北路证券营业部	四川	成都	5978.6	3053.1	24.4	0.0	0.0	0.5	2900.5
方正证券韶山南路证券营业部	湖南	长沙	5970.1	5059.4	6.8	0.0	0.0	107.8	796.2
财达证券朝阳南大街证券营业部	河北	保定	5969.5	4887.2	14.0	0.0	0.3	3.3	1064.8
长江证券莲塘聚福路证券营业部	深圳	深圳	5967.1	4188.5	111.9	0.0	0.0	8.5	1658.3
平安证券连江中路证券营业部	福建	福州	5962.2	3157.4	3.9	0.0	0.0	7.8	2793.1
华龙证券东岗西路证券营业部	甘肃	兰州	5955.4	5176.0	7.5	0.0	5.8	41.6	724.5
恒泰证券解放路证券营业部	山东	济南	5938.7	5705.9	3.8	0.0	0.0	2.4	226.6
华融证券解放大道证券营业部	湖北	武汉	5934.0	4365.0	1.7	0.0	0.8	5.5	1560.9
国元证券健康中路证券营业部	安徽	巢湖	5933.2	4585.4	21.0	0.0	0.2	4.5	1322.1
渤海证券南门外大街证券营业部	天津	天津	5930.6	4520.1	77.0	0.0	0.0	3.3	1330.1
广发证券友谊路证券营业部	河北	唐山	5925.7	2081.6	31.5	0.0	0.0	92.6	3720.0
齐鲁证券有限善国中路证券营业部	山东	滕州	5916.0	4239.4	12.7	0.0	0.0	2.6	1661.3
平安证券园林路证券营业部	广东	珠海	5904.2	4759.3	11.6	0.0	9.9	8.3	1115.2
湘财证券大沽北路证券营业部	天津	天津	5893.6	4256.6	6.4	0.0	16.0	0.7	1614.0
山西证券惊驾路证券营业部	浙江	宁波	5893.4	2509.7	3.3	0.0	0.0	1.5	3379.0
东莞证券黄岐山大道证券营业部	广东	揭阳	5890.1	4195.0	1.8	0.0	0.0	0.5	1692.7
安信证券民主路证券营业部	四川	宜宾	5889.7	4958.5	7.5	0.0	1.3	11.1	911.3
中国民族证券滨东大直街证券营业部	黑龙江	哈尔滨	5879.7	4713.7	3.9	0.0	0.4	12.8	1148.9
申银万国证券曹安公路证券营业部	上海	上海	5877.9	669.7	14.4	0.0	0.0	1.2	5192.6

注：营业部交易金额的单位为百万元。

证券营业部交易
Trading of Business Department

营业部名称 Business Department	省份 Province	城市 City	总计 Total	股票 Share	基金 Fund	权证 Warrant	政府债 G-Bond	公司债 C-Bond	债券回购 Repo
东莞证券枋湖东路证券营业部	福建	厦门	5870.3	2356.2	10.7	0.0	0.0	1.2	3502.2
申银万国证券吉林大街证券营业部	吉林	吉林	5868.3	1340.8	4.2	0.0	0.0	0.6	4522.7
太平洋证券嘉禾路证券营业部	福建	厦门	5864.0	3554.0	5.6	0.0	0.0	19.2	2285.2
东吴证券白雪路证券营业部	江苏	常熟	5856.1	2821.5	1.7	0.0	0.0	11.2	3021.8
恒泰长财证券人民大街证券营业部	吉林	长春	5852.4	4502.9	0.7	0.0	0.0	0.5	1348.3
安信证券新兴新洲大道南证券营业部	广东	云浮	5847.8	3630.5	4.4	0.0	0.0	0.6	2212.3
国泰君安证券体育路证券营业部	广东	东莞	5847.4	4411.4	22.9	0.0	0.0	86.8	1326.3
华安证券山江东大道证券营业部	安徽	马鞍山	5845.9	3545.4	1.5	0.0	0.0	2.0	2296.9
中信证券解放路证券营业部	湖北	襄樊	5838.4	1344.6	6.7	0.0	0.0	2.0	4485.2
江海证券有限滨花园街证券营业部	黑龙江	哈尔滨	5835.4	2683.3	9.2	0.0	0.2	42.9	3099.8
齐鲁证券有限舜耕路证券营业部	山东	济南	5822.1	4706.3	15.8	0.0	0.7	2.9	1096.4
东北证券遵义东路证券营业部	吉林	吉林	5819.3	4115.0	10.6	0.0	0.5	62.6	1630.6
中国民族证券胜利南路证券营业部	辽宁	鞍山	5809.0	4180.4	2.6	0.0	1.2	10.2	1614.7
中国银河证券景山路证券营业部	广东	珠海	5800.6	3469.3	30.3	0.0	0.0	16.8	2284.2
金元证券灵桥路证券营业部	浙江	宁波	5789.7	4187.2	6.3	0.0	0.4	3.9	1592.0
西部证券未央路第一证券营业部	陕西	西安	5780.4	4945.2	5.5	0.0	0.4	12.0	817.4
安信证券五华证券营业部	广东	梅州	5779.8	3804.8	9.1	0.0	0.2	2.6	1963.1
新时代证券球场路证券营业部	湖北	武汉	5777.3	2264.2	0.5	0.0	0.0	0.0	3512.6
华泰证券六合板门口证券营业部	江苏	南京	5775.1	3144.1	2.6	0.0	0.0	11.1	2617.3
西部证券开鲁路证券营业部	上海	上海	5762.6	2826.5	6.4	0.0	0.1	28.8	2900.8
信达证券五一街证券营业部	辽宁	朝阳	5759.9	5530.3	22.6	0.0	0.3	3.1	203.6
广发证券岛龙湾大街证券营业部	辽宁	葫芦岛	5755.9	4410.6	26.7	0.0	0.0	5.2	1313.5
国信证券商务内环路证券营业部	河南	郑州	5755.3	5151.3	6.1	0.0	0.0	5.4	592.5
国泰君安证券龙昆南路证券营业部	海南	海口	5753.8	4495.5	7.1	0.0	0.2	9.3	1241.8
齐鲁证券有限中心路证券营业部	山东	淄博	5747.1	4869.7	7.6	0.0	1.7	3.6	864.6
财达证券庄平安北大街证券营业部	河北	石家庄	5744.3	2757.2	5.0	0.0	0.0	1.0	2981.1
东北证券同志街证券营业部	吉林	长春	5733.0	5095.0	3.5	0.0	0.0	15.0	619.6
申银万国证券木齐人民路证券营业部	新疆	乌鲁木齐	5731.5	4729.6	14.8	0.0	0.0	3.6	983.6
信达证券中山路证券营业部	辽宁	大连	5731.4	2717.8	41.8	0.0	0.3	0.8	2970.6
中信建投证券皋兰路证券营业部	甘肃	兰州	5724.6	3885.8	20.3	0.0	0.4	12.8	1805.2
中原证券纬二路证券营业部	河南	郑州	5723.7	5085.3	14.3	0.0	0.4	41.4	582.4
长江证券白庙路证券营业部	湖北	荆门	5723.6	4444.4	10.3	0.0	0.8	5.7	1262.4
中信建投证券港市通灌北路证券营业部	江苏	连云港	5710.3	5036.1	8.3	0.0	0.0	2.2	663.7
太平洋证券中山东路证券营业部	浙江	宁波	5704.1	3510.4	11.8	0.0	0.0	147.1	2034.8
中国中投证券龙岗清林中路证券营业部	深圳	深圳	5701.9	4258.0	4.3	0.0	0.0	1.7	1437.8
中信万通证券四平路证券营业部	山东	潍坊	5701.1	4748.9	4.9	0.0	0.3	204.8	742.3
财达证券郭守敬北路证券营业部	河北	邢台	5696.0	4876.6	14.5	0.0	0.3	2.8	801.9
华鑫证券晋陵中路证券营业部	江苏	常州	5693.0	3392.2	0.1	0.0	0.0	0.0	2300.7
齐鲁证券有限红荔路银荔大厦证券营业部	深圳	深圳	5687.8	4995.6	7.8	0.0	0.0	18.2	666.2
瑞银证券林和西路证券营业部	广东	广州	5687.5	236.4	0.6	0.0	0.0	58.7	5391.8
浙商证券中山一路证券营业部	重庆	重庆	5683.5	5043.2	6.3	0.0	0.0	3.7	630.3
浙商证券溪滨北路证券营业部	浙江	丽水	5679.4	5273.5	15.7	0.0	0.1	3.8	386.2
首创证券庄新华路证券营业部	河北	石家庄	5676.8	3576.5	14.1	0.0	0.0	1.3	2084.8
中国民族证券庄谈固西街证券营业部	河北	石家庄	5673.6	4526.2	13.3	0.0	0.1	21.3	1112.8
华安证券东湖西路证券营业部	广东	广州	5670.9	2669.0	12.6	0.0	0.0	27.1	2962.1
华泰证券蝶山二路证券营业部	广西	梧州	5666.3	5136.4	7.5	0.0	0.0	4.1	518.4
齐鲁证券有限五爱街证券营业部	辽宁	沈阳	5665.6	3468.4	187.7	0.0	0.2	11.5	1997.8
中国银河证券浩特新华东街证券营业部	内蒙	呼和浩特	5663.4	3901.1	125.8	0.0	0.1	87.0	1549.5
方正证券向阳南路证券营业部	河北	保定	5662.8	2517.6	47.5	0.0	1.1	282.4	2814.1
西部证券东风街证券营业部	陕西	渭南	5661.7	5192.2	7.7	0.0	0.8	10.4	450.6

注：营业部交易金额的单位为百万元。

证券营业部交易
Trading of Business Department

营业部名称 Business Department	省份 Province	城市 City	总计 Total	股票 Share	基金 Fund	权证 Warrant	政府债 G-Bond	公司债 C-Bond	债券回购 Repo
东莞证券黄江证券营业部	广东	东莞	5658.7	4807.8	0.7	0.0	0.0	1.0	849.2
宏源证券人民中路证券营业部	江苏	宜兴	5652.3	4652.6	4.3	0.0	0.3	18.3	976.9
南京证券五爱北路证券营业部	江苏	无锡	5651.2	2981.9	35.6	0.0	0.0	1.5	2632.1
华西证券珞瑜路证券营业部	湖北	武汉	5645.4	526.2	1772.5	0.0	0.0	1.1	3345.7
中信证券电力路证券营业部	江苏	镇江	5642.8	2589.7	3.1	0.0	0.1	467.8	2582.3
广发证券口建设东街证券营业部	河北	张家口	5635.5	3026.8	6.2	0.0	0.0	1.5	2601.0
东海证券西三环北路证券营业部	北京	北京	5632.5	4109.6	3.2	0.0	0.0	2.0	1517.7
兴业证券朝阳公园路证券营业部	北京	北京	5626.6	1327.5	0.7	0.0	0.1	11.3	4287.0
中信万通证券济南路证券营业部	山东	东营	5624.4	2979.1	0.9	0.0	0.1	1.2	2643.2
渤海证券劳动南路证券营业部	陕西	西安	5616.7	3891.2	21.9	0.0	0.0	5.2	1698.4
安信证券长江西路证券营业部	安徽	合肥	5614.5	1620.1	1.4	0.0	0.0	0.0	3993.1
广发证券九洲大道证券营业部	广东	珠海	5612.5	4060.2	7.7	0.0	0.0	3.1	1541.5
宏源证券漓江路证券营业部	广西	桂林	5610.3	4900.9	11.2	0.0	0.2	5.7	692.3
华西证券金广大道证券营业部	四川	广安	5596.5	5526.5	5.1	0.0	0.0	5.2	59.6
华宝证券普陀莱市路证券营业部	浙江	舟山	5596.4	4909.0	5.6	0.0	0.5	7.1	674.3
新时代证券吉杨路证券营业部	浙江	嘉兴	5590.4	3861.7	1.8	0.0	0.0	10.6	1716.2
财达证券岛河北大街证券营业部	河北	秦皇岛	5586.0	3470.4	2.7	0.0	0.2	1.3	2111.5
上海证券证券营业部	上海	上海	5573.6	2461.1	206.3	0.0	0.0	5.6	2900.6
中山证券二道街证券营业部	辽宁	鞍山	5571.8	4014.7	1.4	0.0	0.0	3.0	1552.7
华泰证券山大南路证券营业部	山东	济南	5564.3	2969.2	4.6	0.0	115.0	52.5	2423.0
中国银河证券北街证券营业部	浙江	丽水	5563.2	5468.2	2.5	0.0	0.0	0.6	92.0
海通证券滨通江街证券营业部	黑龙江	哈尔滨	5556.9	3785.0	5.5	0.0	0.0	2.2	1764.1
光大证券永川营业部	重庆	重庆	5555.6	4330.4	3.8	0.0	0.1	2.5	1218.8
天风证券武侯祠大街证券营业部	四川	成都	5532.6	4234.1	7.7	0.0	0.0	1.0	1289.9
华西证券友谊路证券营业部	四川	成都	5531.4	3228.4	16.6	0.0	0.0	663.2	1623.2
信达证券市府大路证券营业部	辽宁	沈阳	5527.6	4693.3	14.7	0.0	1.3	49.3	769.1
财达证券东兴北街证券营业部	河北	石家庄	5523.9	4442.1	27.0	0.0	0.0	315.9	738.9
齐鲁证券有限西郊路证券营业部	重庆	重庆	5521.5	2403.7	2.8	0.0	0.9	17.0	3097.1
厦门证券有限远大路证券营业部	北京	北京	5518.6	4144.4	11.2	0.0	0.0	12.9	1350.1
海通证券经六街营业部	黑龙江	大庆	5508.4	5188.3	18.9	0.0	0.1	8.8	292.3
中原证券店解放路证券营业部	河南	驻马店	5504.0	4974.2	3.1	0.0	0.1	2.4	524.2
湘财证券证券交易营业部	海南	海口	5503.0	3738.3	70.7	0.0	0.0	2.3	1691.7
海通证券鼓楼南路证券营业部	江苏	泰州	5497.8	4499.4	6.6	0.0	0.0	5.5	986.2
新时代证券维扬路证券营业部	江苏	扬州	5495.5	4214.0	9.7	0.0	0.9	6.2	1264.6
上海证券干将西路证券营业部	江苏	苏州	5475.0	1496.3	4.3	0.0	0.0	77.4	3897.1
长江证券东风路证券营业部	黑龙江	大庆	5468.7	4407.7	6.3	0.0	0.0	2.1	1052.6
国金证券青白江青江东路证券营业部	四川	成都	5468.3	4854.5	13.6	0.0	3.2	19.4	577.6
国泰君安证券沧县交通北大道证券营业部	河北	沧州	5461.0	5004.7	9.7	0.0	0.2	7.8	438.5
江海证券有限龙凤大街证券营业部	黑龙江	大庆	5459.4	3102.6	11.9	0.0	0.1	60.9	2283.9
大通证券南金桥证券营业部	辽宁	丹东	5459.0	4263.1	4.1	0.0	2.5	3.6	1185.7
山西证券德胜东街证券营业部	山西	阳泉	5444.9	4937.6	4.5	0.0	0.0	1.8	501.1
渤海证券泉旺路证券营业部	天津	天津	5436.7	4007.6	9.3	0.0	0.0	1.9	1418.0
中国银河证券庆阳路证券营业部	甘肃	兰州	5433.1	3034.0	2.9	0.0	0.0	0.9	2395.3
中国中投证券物华路证券营业部	上海	上海	5432.5	3302.9	7.4	0.0	4.2	7.0	2111.0
华泰证券施州大道证券营业部	湖北	恩施	5424.0	3450.5	6.3	0.0	0.2	14.3	1952.7
西藏同信证券市北京中路证券营业部	西藏	拉萨	5418.6	3707.1	6.2	0.0	0.2	0.1	1705.1
东兴证券台北一路证券营业部	湖北	武汉	5415.6	3642.8	10.3	0.0	0.3	2.4	1759.8
中国中投证券芥园道证券营业部	天津	天津	5413.0	4939.8	6.9	0.0	0.0	8.4	457.9
天源证券有限泰山路证券营业部	辽宁	盘锦	5408.0	3827.4	19.8	0.0	0.2	7.6	1553.0
中原证券解放中路证券营业部	河南	焦作	5406.1	4089.8	11.4	0.0	0.1	1.7	1303.1

注：营业部交易金额的单位为百万元。

证券营业部交易
Trading of Business Department

营业部名称 Business Department	省份 Province	城市 City	总计 Total	股票 Share	基金 Fund	权证 Warrant	政府债 G-Bond	公司债 C-Bond	债券回购 Repo
浙商证券艮塔路证券营业部	浙江	绍兴	5401.1	4407.7	103.7	0.0	0.0	0.5	889.2
中国民族证券人民北路证券营业部	湖南	吉首	5398.3	5131.2	2.1	0.0	0.0	0.9	264.1
红塔证券大士门证券营业部	浙江	温州	5394.5	3677.7	2.0	0.0	0.0	0.0	1714.9
中天证券延安路证券营业部	辽宁	锦州	5394.1	1905.7	3.4	0.0	0.0	2.6	3482.4
华融证券小寨西路证券营业部	陕西	西安	5393.9	4472.0	3.1	0.0	0.0	10.7	908.1
东方证券惠工街证券营业部	辽宁	沈阳	5390.9	1980.7	1.1	0.0	0.6	0.3	3408.2
东兴证券汾江南路证券营业部	广东	佛山	5389.7	2358.8	3.5	0.0	0.8	8.7	3017.9
金元证券文心二路证券营业部	深圳	深圳	5385.2	3064.2	2.0	0.0	26.5	83.0	2209.6
国开证券龙华证券营业部	深圳	深圳	5384.9	4281.9	4.4	0.0	1.5	13.6	1083.5
国都证券花园路证券营业部	河南	郑州	5381.6	4638.7	10.3	0.0	0.0	62.5	670.1
民生证券华林路证券营业部	福建	福州	5380.4	2948.8	3.8	0.0	18.5	0.7	2408.6
华泰证券西丽留仙大道证券营业部	深圳	深圳	5366.8	1662.1	32.5	0.0	1.6	373.6	3297.0
财达证券新城道证券营业部	河北	唐山	5363.5	3928.9	7.5	0.0	0.0	2.6	1424.6
方正证券三市街证券营业部	云南	昆明	5361.0	4202.3	80.9	0.0	0.1	19.0	1058.7
东吴证券中山南路证券营业部	江苏	南京	5349.0	2019.0	25.5	0.0	3.2	689.8	2611.5
国泰君安证券西安大路证券营业部	吉林	长春	5347.1	4668.2	12.2	0.0	0.0	2.7	664.1
财达证券九江路证券营业部	上海	上海	5347.0	2578.5	9.8	0.0	0.0	3.1	2755.6
中山证券文艺路证券营业部	辽宁	沈阳	5343.5	2161.8	2.4	0.0	0.0	23.1	3156.2
国海证券东葛路证券营业部	广西	南宁	5340.1	3745.7	4.4	0.0	0.0	1.9	1588.1
世纪证券井岗山大道证券营业部	江西	南昌	5337.9	3993.3	3.0	0.0	0.0	1.6	1339.9
东海证券中州东路证券营业部	河南	洛阳	5337.4	5065.5	7.2	0.0	0.7	5.6	258.3
方正证券中环西路证券营业部	浙江	嘉兴	5332.7	5231.5	12.3	0.0	0.0	0.1	88.8
南京证券中山北路证券营业部	江苏	南京	5332.3	4212.7	3.3	0.0	0.0	24.3	1092.0
光大证券海滨南路证券营业部	广东	珠海	5324.7	2420.2	42.1	0.0	0.0	58.5	2803.9
中国民族证券福今路证券营业部	广东	广州	5314.6	4541.2	1.9	0.0	0.0	8.4	763.2
国泰君安证券滨尚志大街证券营业部	黑龙江	哈尔滨	5307.2	3027.9	51.9	0.0	0.1	0.1	2227.2
华泰证券东大街证券营业部	江苏	泰州	5304.8	4846.7	2.6	0.0	0.0	12.5	442.9
民生证券千佛山路证券营业部	山东	济南	5300.6	2826.4	6.1	0.0	1.8	16.2	2450.1
齐鲁证券有限太平南路证券营业部	江苏	南京	5300.5	2018.6	3.1	0.0	0.0	0.2	3278.6
中原证券山新华路证券营业部	河南	平顶山	5299.9	4681.3	7.7	0.0	0.0	19.8	591.1
民生证券青屏大街证券营业部	河南	新密	5296.8	5113.9	4.6	0.0	0.1	1.7	176.5
中信证券（浙江）桥东岸路证券营业部	浙江	奉化	5296.7	1782.7	2.3	0.0	0.0	8.8	3503.0
东海证券香港中路证券营业部	山东	青岛	5295.3	3820.0	23.6	0.0	0.0	0.8	1450.9
国泰君安证券中山中路证券营业部	江西	宜春	5294.0	4283.5	5.3	0.0	0.3	6.6	998.2
华泰证券春晖路证券营业部	重庆	重庆	5288.2	4748.5	4.0	0.0	0.0	10.4	525.3
新时代证券福州南路证券营业部	山东	青岛	5284.7	4301.4	3.9	0.0	0.0	16.7	962.7
厦门证券有限星辉中路证券营业部	四川	成都	5284.6	3887.0	2.7	0.0	0.5	7.5	1386.9
东北证券人民大街证券营业部	吉林	长春	5279.6	2215.2	0.8	0.0	0.0	3.7	3059.9
宏源证券解放南路证券营业部	广西	柳州	5265.9	4341.8	8.1	0.0	0.0	1.8	914.1
恒泰证券钢铁大街证券营业部	内蒙	包头	5263.3	4413.2	4.1	0.0	0.0	0.0	845.9
华安证券长江中路证券营业部	安徽	合肥	5260.3	3274.9	22.1	0.0	0.1	35.4	1928.0
国元证券汴河路证券营业部	安徽	宿州	5241.5	4971.3	9.2	0.0	0.1	3.5	257.5
东北证券南山大道证券营业部	深圳	深圳	5241.4	2841.5	2.2	0.0	53.0	4.6	2340.1
齐鲁证券有限东三路证券营业部	山东	东营	5238.8	4617.4	6.7	0.0	0.0	0.2	614.4
中信建投证券解放路证券营业部	湖南	郴州	5232.3	4623.7	16.1	0.0	0.3	111.1	481.1
首创证券高升桥东路证券营业部	四川	成都	5226.1	2988.1	3.4	0.0	0.1	2.5	2232.0
江海证券有限五四路证券营业部	辽宁	大连	5223.1	3217.0	3.8	0.0	0.0	10.9	1991.5
中信万通证券文化东路证券营业部	山东	烟台	5222.9	3845.5	5.0	0.0	0.0	8.7	1363.7
南京证券民族北街证券营业部	宁夏	银川	5217.8	4882.2	5.2	0.0	0.0	1.4	328.9
光大证券长江路证券营业部	青海	西宁	5217.0	2660.1	6.7	0.0	0.0	0.6	2549.7

注：营业部交易金额的单位为百万元。

证券营业部交易
Trading of Business Department

营业部名称 Business Department	省份 Province	城市 City	总计 Total	股票 Share	基金 Fund	权证 Warrant	政府债 G-Bond	公司债 C-Bond	债券回购 Repo
光大证券哈尔龙华路证券营业部	黑龙江	齐齐哈尔	5216.4	4583.4	8.7	0.0	0.0	60.7	563.6
天源证券有限东明路证券营业部	辽宁	本溪	5215.7	4796.7	8.3	0.0	0.1	2.6	408.0
国信证券海德三道证券营业部	深圳	深圳	5197.9	3766.8	9.8	0.0	0.0	10.8	1410.5
国泰君安证券黄河南大街证券营业部	辽宁	沈阳	5194.4	4332.3	13.9	0.0	0.1	34.0	814.1
中国民族证券庄水源街证券营业部	河北	石家庄	5189.1	3376.4	21.4	0.0	0.2	0.5	1790.7
方正证券南京西路证券营业部	江西	南昌	5188.9	4019.6	17.1	0.0	0.4	1.4	1150.5
众成证券经纪有限山建设中路证券营业部	河南	平顶山	5186.4	4800.5	5.1	0.0	0.8	4.7	375.3
民生证券淇滨大道证券营业部	河南	鹤壁	5181.4	3353.1	17.3	0.0	0.0	15.2	1795.9
财通证券中山路证券营业部	浙江	衢州	5174.1	4770.7	6.6	0.0	0.0	3.1	393.7
财达证券新华路证券营业部	河北	廊坊	5163.3	4171.8	26.9	0.0	0.1	10.5	954.0
上海证券文二路证券营业部	浙江	杭州	5162.3	3815.1	41.6	0.0	0.0	3.2	1302.4
江海证券有限滨中央大街证券营业部	黑龙江	哈尔滨	5159.4	3384.9	9.6	0.0	0.0	3.4	1761.5
国元证券四流中路证券营业部	山东	青岛	5140.9	4101.2	9.1	0.0	0.0	4.9	1025.7
华福证券北环路证券营业部	福建	龙岩	5131.0	4244.2	8.8	0.0	0.0	1.4	876.7
宏源证券商务外环路证券营业部	河南	郑州	5122.0	2104.7	2.4	0.0	0.0	0.5	3014.3
财达证券庄工农路证券营业部	河北	石家庄	5115.8	4651.4	5.6	0.0	0.0	0.7	458.1
第一创业证券韶山中路证券营业部	湖南	长沙	5115.5	3241.0	4.9	0.0	0.1	349.9	1519.6
宏信证券百万庄大街证券营业部	北京	北京	5112.0	4130.1	6.7	0.0	0.0	2.3	972.9
德邦证券东四路营业部	辽宁	抚顺	5111.7	4681.5	8.9	0.0	0.0	8.7	412.6
齐鲁证券有限北海路证券营业部	山东	潍坊	5110.2	4823.6	22.4	0.0	0.1	52.3	211.8
中航证券有限中山西路证券营业部	江西	吉安	5098.4	4435.9	1.7	0.0	0.0	1.2	659.6
五矿证券有限中山北路证券营业部	浙江	杭州	5096.4	4673.3	4.4	0.0	0.0	3.4	415.2
华安证券深南西路证券营业部	深圳	深圳	5089.8	2644.1	6.7	0.0	0.0	0.4	2438.7
齐鲁证券有限叠山路证券营业部	江西	南昌	5088.8	2650.2	46.3	0.0	0.0	2.4	2389.9
安信证券花都凤凰北路证券营业部	广东	广州	5087.9	3396.1	15.4	0.0	0.0	11.6	1664.8
安信证券春园路证券营业部	湖南	娄底	5085.3	5009.2	6.5	0.0	0.0	39.4	30.3
国泰君安证券海岸城海德三道证券营业部	深圳	深圳	5074.1	4188.1	34.1	0.0	0.0	44.0	808.0
信达证券汉中门大街证券营业部	江苏	南京	5071.8	2906.8	2.6	0.0	0.0	6.4	2156.0
广发证券新开路营业部	河北	廊坊	5067.1	3300.7	23.3	0.0	0.0	3.3	1739.8
中信证券镇中路证券营业部	江苏	海门	5065.1	3670.9	8.6	0.0	0.0	3.8	1381.8
红塔证券曲阳路证券营业部	上海	上海	5061.3	1822.4	90.7	0.0	0.3	5.5	3142.5
财达证券花园路证券营业部	北京	北京	5057.9	2702.3	2.2	0.0	0.0	18.6	2334.8
红塔证券江南大道证券营业部	重庆	重庆	5057.6	1687.7	11.6	0.0	0.0	24.1	3334.2
齐鲁证券有限镜湖路证券营业部	安徽	芜湖	5055.1	3658.8	3.1	0.0	0.1	5.0	1388.0
东吴证券春城路证券营业部	云南	昆明	5049.1	2217.9	30.4	0.0	0.1	0.2	2800.4
山西证券新建南路证券营业部	山西	大同	5047.9	4593.8	12.8	0.0	1.4	7.7	432.2
东莞证券东坑证券营业部	广东	东莞	5026.4	3651.8	2.9	0.0	0.0	2.5	1369.2
招商证券胜利西路证券营业部	福建	漳州	5025.2	3297.0	0.4	0.0	0.0	0.2	1727.7
安信证券四流南路证券营业部	山东	青岛	5020.1	3435.0	1.5	0.0	0.1	5.1	1578.5
宏源证券祥云街证券营业部	云南	昆明	5012.0	3451.9	10.5	0.0	0.0	11.2	1538.5
中信建投证券市利州东路证券营业部	四川	广元	5007.7	4908.6	4.2	0.0	0.1	0.3	94.5
中银国际证券五四路证券营业部	福建	福州	5005.7	3460.4	26.5	0.0	0.0	192.8	1326.1
东莞证券大朗证券营业部	广东	东莞	5003.8	3848.4	2.6	0.0	0.0	4.6	1148.2
宏源证券汉中路证券营业部	江苏	南京	4999.2	2974.5	15.0	0.0	0.0	1.2	2008.5
新时代证券深南东路证券营业部	深圳	深圳	4994.8	3762.2	39.7	0.0	0.0	0.1	1192.8
光大证券大朗证券营业部	广东	东莞	4993.9	3789.4	7.7	0.0	0.0	0.9	1195.9
东海证券北门大街证券营业部	江苏	金坛	4993.9	4181.9	5.0	0.0	0.0	0.9	806.1
平安证券国贸大道证券营业部	海南	海口	4991.2	4640.2	6.4	0.0	0.8	8.4	335.4
齐鲁证券有限胜利街证券营业部	山东	乳山	4990.1	1954.5	2.2	0.0	0.0	1.2	3032.3
众成证券经纪有限山建设路证券营业部	河南	平顶山	4988.2	4800.1	4.2	0.0	0.2	2.0	181.8

注：营业部交易金额的单位为百万元。

证券营业部交易
Trading of Business Department

营业部名称 Business Department	省份 Province	城市 City	总计 Total	股票 Share	基金 Fund	权证 Warrant	政府债 G-Bond	公司债 C-Bond	债券回购 Repo
广发证券鹦鹉大道证券营业部	湖北	武汉	4987.0	2997.4	6.7	0.0	0.4	20.6	1961.9
方正证券中华中路证券营业部	贵州	贵阳	4986.5	3174.0	9.3	0.0	0.1	2.5	1800.6
中天证券南京北街证券营业部	辽宁	沈阳	4982.9	2881.9	19.1	0.0	45.0	55.5	1981.4
浙商证券水月亭西路证券营业部	浙江	嘉兴	4982.3	3466.6	18.0	0.0	0.0	20.5	1477.2
广发证券新城路证券营业部	广东	鹤山	4981.8	2781.6	1.4	0.0	0.0	22.2	2176.6
安信证券南开三马路证券营业部	天津	天津	4968.7	2816.6	9.2	0.0	0.0	12.9	2129.9
华安证券东湖南路证券营业部	安徽	池州	4966.5	4486.4	2.8	0.0	0.3	1.7	475.3
诚浩证券兴华南街证券营业部	辽宁	沈阳	4954.6	4575.6	1.5	0.0	0.2	0.7	376.7
齐鲁证券有限东滩路证券营业部	山东	济宁	4952.7	3931.1	9.6	0.0	0.0	6.8	1005.2
华西证券花大河北路证券营业部	四川	攀枝花	4951.5	4463.6	3.1	0.0	0.0	27.0	457.8
光大证券木齐解放北路证券营业部	新疆	乌鲁木齐	4946.3	3924.4	4.6	0.0	0.0	2.0	1015.3
广发证券颐阳路证券营业部	湖北	黄石	4944.4	3049.4	4.7	0.0	56.5	126.7	1707.1
太平洋证券福中路证券营业部	深圳	深圳	4938.8	4553.9	1.2	0.0	0.0	0.5	383.2
财达证券庄裕华路证券营业部	河北	石家庄	4930.4	4391.9	12.8	0.0	0.4	6.7	518.6
光大证券经十路证券营业部	山东	济南	4928.6	3417.1	7.5	0.0	0.0	13.5	1490.5
宏源证券延安路证券营业部	新疆	昌吉	4928.4	4746.6	4.5	0.0	0.0	0.3	177.0
方正证券新南路证券营业部	重庆	重庆	4927.3	3734.0	34.4	0.0	0.0	49.1	1109.8
华泰证券宝应叶挺东路证券营业部	江苏	扬州	4924.4	3948.5	11.5	0.0	0.0	105.7	858.7
方正证券南大街证券营业部	陕西	西安	4920.8	3135.2	6.7	0.0	0.0	2.3	1776.7
中原证券中原路证券营业部	河南	濮阳	4918.0	3790.1	9.7	0.0	0.1	25.6	1092.5
国海证券五四路证券营业部	福建	福州	4912.0	2295.4	5.3	0.0	0.0	2.9	2608.4
山西证券高新二路证券营业部	陕西	西安	4908.1	3013.6	6.2	0.0	0.2	4.0	1884.1
齐鲁证券有限温泉路证券营业部	山东	烟台	4903.8	4223.9	17.1	0.0	0.0	2.9	659.9
国盛证券市孤溪埂证券营业部	江西	九江	4899.0	4600.2	4.1	0.0	0.2	8.7	285.7
东莞证券彬芳大道证券营业部	广东	梅州	4898.9	3740.8	1.6	0.0	0.0	2.5	1154.0
广发证券人民南路证券营业部	广东	罗定	4897.2	2818.6	5.7	0.0	0.0	5.7	2067.3
中国民族证券东风西路证券营业部	云南	昆明	4897.1	892.0	0.5	0.0	0.0	4.6	3999.9
方正证券清桥路证券营业部	湖南	永州	4896.0	3452.7	4.9	0.0	0.0	13.7	1424.7
万联证券柏杨路证券营业部	四川	乐山	4895.0	3818.2	0.9	0.0	0.0	1.4	1074.5
华福证券鲤城街证券营业部	福建	莆田	4894.0	4523.2	3.8	0.0	0.0	5.7	361.2
上海证券中山西路证券营业部	浙江	嘉兴	4885.4	3556.0	2.7	0.0	15.6	2.5	1308.7
华安证券人民路证券营业部	安徽	安庆	4877.4	4768.8	4.0	0.0	0.4	4.1	100.1
民生证券济源路证券营业部	河南	郑州	4872.4	3572.8	6.1	0.0	1.3	13.5	1278.7
上海证券证券营业部	上海	上海	4866.1	3250.3	20.9	0.0	0.3	5.4	1589.2
新时代证券营口道证券营业部	天津	天津	4862.5	3497.1	4.5	0.0	0.0	19.3	1341.6
中国中投证券香港路证券营业部	湖北	武汉	4859.2	3838.3	4.6	0.0	0.0	12.2	1004.2
西部证券红旗路证券营业部	陕西	宝鸡	4853.4	4433.3	6.6	0.0	0.0	0.7	412.8
国都证券九棵树街证券营业部	北京	北京	4851.8	4041.4	14.1	0.0	0.1	7.7	788.6
华西证券朝阳街证券营业部	四川	雅安	4848.4	4539.1	8.9	0.0	1.4	1.5	297.6
国泰君安证券赣东大道证券营业部	江西	抚州	4847.2	4322.7	3.7	0.0	0.0	2.9	517.9
广发证券珲春街证券营业部	吉林	吉林	4836.3	3109.6	4.8	0.0	0.3	14.9	1706.7
金元证券大沽南路证券营业部	天津	天津	4831.5	2938.3	9.0	0.0	0.0	1.4	1882.7
中航证券有限东风大街证券营业部	江西	宜春	4828.6	4293.9	9.4	0.0	0.0	2.4	522.8
浙商证券人民南路证券营业部	浙江	舟山	4826.5	2755.5	6.8	0.0	0.0	1.1	2063.1
广发证券敬业路证券营业部	广东	珠海	4825.8	2573.3	17.2	0.0	0.2	10.7	2224.5
日信证券和平路证券营业部	内蒙	通辽	4825.2	4645.7	7.0	0.0	0.0	0.2	172.3
华泰证券北京中路证券营业部	湖北	荆州	4824.9	3423.4	9.3	0.0	0.2	38.2	1353.8
江海证券有限哈尔站前大街证券营业部	黑龙江	齐齐哈尔	4819.7	3880.8	3.3	0.0	0.0	5.4	930.2
信达证券光荣街营业部	辽宁	铁岭	4815.6	3923.8	28.2	0.0	3.7	112.9	747.0
齐鲁证券有限滨红专街证券营业部	黑龙江	哈尔滨	4814.4	903.2	14.8	0.0	0.0	1.5	3894.9

注：营业部交易金额的单位为百万元。

证券营业部交易 Trading of Business Department

营业部名称 Business Department	省份 Province	城市 City	总计 Total	股票 Share	基金 Fund	权证 Warrant	政府债 G-Bond	公司债 C-Bond	债券回购 Repo
兴业证券涵华西路证券营业部	福建	莆田	4813.0	3352.9	3.5	0.0	0.0	0.2	1456.4
国都证券长安北路证券营业部	陕西	西安	4811.7	3665.6	13.1	0.0	0.0	3.1	1129.8
第一创业证券金城路证券营业部	浙江	杭州	4809.3	1977.2	0.5	0.0	0.0	5.4	2826.3
光大证券天通苑证券营业部	北京	北京	4806.0	4648.6	0.8	0.0	0.0	0.0	156.5
华融证券春园路证券营业部	湖南	娄底	4801.1	4792.4	3.9	0.0	0.0	1.8	2.9
中国民族证券局子街证券营业部	吉林	延吉	4800.4	4049.4	4.7	0.0	0.0	1.5	744.8
西部证券德胜门外大街证券营业部	北京	北京	4798.1	2363.3	6.1	0.0	0.0	2.8	2425.9
申银万国证券田园大道证券营业部	湖北	武汉	4788.2	3622.8	1.1	0.0	0.0	2.7	1161.6
爱建证券兴宁路证券营业部	浙江	宁波	4775.6	3356.7	3.8	0.0	0.0	4.0	1411.2
中信建投证券滨阿城解放大街证券营业部	黑龙江	哈尔滨	4770.7	2823.0	1525.9	0.0	0.0	0.3	421.4
招商证券新城大道证券营业部	浙江	温州	4757.1	3902.7	6.3	0.0	0.0	1.0	847.1
国海证券西江路证券营业部	广西	梧州	4757.1	3468.1	4.0	0.0	5.0	125.0	1155.0
中国中投证券人民大街证券营业部	吉林	长春	4756.9	3731.2	7.2	0.0	0.4	2.0	1016.2
东北证券光明街证券营业部	吉林	延吉	4755.7	4136.1	9.6	0.0	0.1	0.8	609.1
上海证券路证券营业部	上海	上海	4750.0	3660.2	8.8	0.0	0.8	25.8	1054.4
中国银河证券古墩路证券营业部	浙江	杭州	4749.5	3168.1	7.0	0.0	0.0	0.8	1573.6
西部证券丹凤北路证券营业部	江苏	丹阳	4746.4	3865.2	2.4	0.0	0.2	2.2	876.5
国信证券香港中路证券营业部	山东	青岛	4744.2	3419.5	8.6	0.0	0.0	7.6	1308.5
国泰君安证券鲁谷路证券营业部	北京	北京	4743.8	3850.3	11.3	0.0	0.0	6.3	875.9
华创证券泰山南路证券营业部	四川	德阳	4740.4	4030.7	2.4	0.0	0.0	12.7	694.5
山西证券西矿街证券营业部	山西	太原	4731.3	3631.6	7.7	0.0	0.0	2.1	1089.9
山西证券桃北中路证券营业部	山西	阳泉	4729.4	1404.1	1.1	0.0	0.0	0.3	3323.9
东兴证券牺和路证券营业部	福建	三明	4725.4	4587.8	18.5	0.0	0.0	0.5	118.6
国泰君安证券亦庄宏达北路证券营业部	北京	北京	4722.4	2163.4	3.3	0.0	0.0	0.1	2555.6
厦门证券有限五一北路证券营业部	福建	福州	4716.7	3277.7	0.3	0.0	0.0	0.0	1438.7
西部证券雁塔路证券营业部	陕西	西安	4715.6	3685.4	8.3	0.0	0.2	4.3	1017.5
广发证券中堂证券营业部	广东	东莞	4715.5	3430.5	3.6	0.0	0.0	4.4	1277.0
财达证券丛台路证券营业部	河北	邯郸	4715.3	4346.5	14.6	0.0	0.0	5.1	349.2
东北证券前进大街证券营业部	吉林	长春	4713.3	2899.2	2.3	0.0	0.0	33.0	1778.9
齐鲁证券有限南昌路证券营业部	河南	洛阳	4712.9	4103.1	7.3	0.0	0.3	6.9	595.2
安信证券翠花街证券营业部	四川	绵阳	4712.1	3468.9	1.5	0.0	1.0	5.6	1235.1
东方证券深南大道证券营业部	深圳	深圳	4704.4	3326.1	35.5	0.0	0.0	12.9	1329.9
华安证券子安路证券营业部	江西	南昌	4703.1	1323.5	0.2	0.0	0.3	0.0	3379.1
长江证券八一路证券营业部	重庆	重庆	4688.8	3659.2	3.8	0.0	0.1	9.0	1016.8
海通证券东岗东路证券营业部	甘肃	兰州	4680.4	4033.8	15.6	0.0	0.0	9.3	621.7
齐鲁证券有限瑞金北路证券营业部	贵州	贵阳	4680.1	3104.4	3.6	0.0	0.1	1.0	1571.0
广发证券东山大道证券营业部	湖北	宜昌	4678.2	3642.4	1.6	0.0	0.0	1.9	1032.4
长江证券淦河大道证券营业部	湖北	咸宁	4676.2	3936.6	8.0	0.0	0.0	1.2	730.3
华融证券五一西路证券营业部	湖南	长沙	4673.9	3730.4	32.2	0.0	0.5	4.2	906.6
信达证券解放北路证券营业部	辽宁	本溪	4673.5	4106.4	5.4	0.0	9.3	4.3	548.1
浙商证券文教路证券营业部	浙江	杭州	4673.0	3186.4	20.6	0.0	0.0	1.9	1464.1
中国民族证券高新南一道证券营业部	深圳	深圳	4671.7	2009.8	1.7	0.0	0.0	15.6	2644.6
中航证券有限中山西路证券营业部	江西	上饶	4671.0	4450.3	2.1	0.0	0.0	2.8	215.8
光大证券公园街证券营业部	四川	内江	4665.9	4444.0	8.2	0.0	0.0	4.0	209.7
中信证券（浙江）金陵中路证券营业部	浙江	湖州	4660.2	3675.8	8.3	0.0	0.0	4.8	971.3
财通证券市民大道证券营业部	浙江	绍兴	4652.5	3962.7	25.8	0.0	0.0	0.1	664.0
广发证券人民西路证券营业部	云南	昆明	4647.3	3077.4	12.3	0.0	0.2	5.0	1552.4
东莞证券东海西路证券营业部	山东	青岛	4646.3	1298.2	2.8	0.0	0.0	0.6	3344.8
华泰证券西安大路证券营业部	吉林	长春	4640.8	4086.8	13.9	0.0	1.4	2.1	536.6
财达证券人民路证券营业部	河北	邯郸	4638.5	4087.7	7.2	0.0	0.1	1.2	542.4

注：营业部交易金额的单位为百万元。

证券营业部交易
Trading of Business Department

营业部名称 Business Department	省份 Province	城市 City	总计 Total	股票 Share	基金 Fund	权证 Warrant	政府债 G-Bond	公司债 C-Bond	债券回购 Repo
安信证券北京街证券营业部	辽宁	沈阳	4635.1	2772.8	25.2	0.0	109.7	321.4	1406.1
财达证券岛迎宾路证券营业部	河北	秦皇岛	4626.6	3827.7	10.2	0.0	0.1	3.8	784.8
华龙证券永昌路证券营业部	甘肃	兰州	4623.4	3707.4	6.0	0.0	0.1	2.0	907.9
西部证券中山东路证券营业部	陕西	宝鸡	4619.3	3098.1	3.3	0.0	0.0	78.8	1439.1
渤海证券慧忠里证券营业部	北京	北京	4614.2	2928.2	9.9	0.0	0.5	41.2	1634.4
华安证券市巢湖路证券营业部	安徽	巢湖	4614.1	3309.3	5.5	0.0	0.5	1.1	1297.7
国元证券九华山路证券营业部	安徽	芜湖	4610.3	3706.8	9.8	0.0	0.0	11.6	882.1
安信证券庄建设北大街证券营业部	河北	石家庄	4607.7	1699.5	12.8	0.0	0.1	0.4	2894.9
东方证券新华大街证券营业部	辽宁	抚顺	4606.2	3911.4	7.4	0.0	0.0	0.3	687.2
华龙证券七里河证券营业部	甘肃	兰州	4603.9	3686.0	3.8	0.0	0.0	6.6	907.5
兴业证券二七南路证券营业部	江西	南昌	4599.9	3327.3	9.0	0.0	0.0	2.8	1260.8
民生证券深南中路证券营业部	深圳	深圳	4590.1	3395.3	0.5	0.0	10.6	0.8	1182.9
中国中投证券阳东证券营业部	广东	阳江	4589.4	4132.9	3.4	0.0	0.1	13.0	440.1
申银万国证券亭桥南路证券营业部	浙江	嘉兴	4588.9	3842.8	16.4	0.0	0.0	26.6	703.2
东海证券建设大道证券营业部	湖北	武汉	4588.0	2886.3	3.0	0.0	0.0	95.1	1603.7
东莞证券桥头证券营业部	广东	东莞	4588.0	2975.1	2.4	0.0	0.0	8.0	1602.4
湘财证券划龙桥路证券营业部	浙江	温州	4584.5	1523.1	12.0	0.0	0.0	156.5	2893.0
齐鲁证券有限民生大街证券营业部	山东	济南	4582.9	2959.4	12.8	0.0	0.1	2.2	1608.4
浙商证券万马路证券营业部	浙江	杭州	4575.6	3485.3	7.0	0.0	0.0	0.1	1083.2
中国中投证券顺德勒流证券营业部	广东	佛山	4571.5	3111.3	14.4	0.0	0.0	22.6	1423.2
开源证券纺织城正街证券营业部	陕西	西安	4570.4	3320.2	64.2	0.0	14.9	10.2	1161.0
东兴证券府西路证券营业部	福建	三明	4564.3	4096.3	5.0	0.0	0.0	0.1	462.9
西部证券未央路第二证券营业部	陕西	西安	4553.3	3878.6	8.6	0.0	0.0	0.6	665.4
华龙证券合水路证券营业部	甘肃	兰州	4541.5	3441.5	1.5	0.0	0.1	15.1	1083.4
海通证券中山三路证券营业部	重庆	重庆	4540.5	3971.6	10.8	0.0	0.6	7.4	550.2
广发证券凤天大道证券营业部	重庆	重庆	4539.1	3935.3	13.0	0.0	0.4	46.6	543.9
申银万国证券上饶中山西路营业部	江西	上饶	4537.9	4213.3	5.1	0.0	0.0	0.1	319.4
大通证券中山东路证券营业部	广西	柳州	4537.5	3490.2	4.9	0.0	0.0	1.6	1040.8
齐鲁证券有限珠海中路证券营业部	山东	青岛	4537.0	3477.4	9.4	0.0	0.0	0.9	1049.3
中山证券新华下路证券营业部	湖北	武汉	4534.0	2347.5	2.3	0.0	0.0	2.3	2181.9
首创证券滨西大直街证券营业部	黑龙江	哈尔滨	4530.7	2939.8	5.5	0.0	1.5	0.8	1583.1
华融证券中山三路证券营业部	重庆	重庆	4530.5	1951.0	1.0	0.0	0.0	1.2	2577.3
国泰君安证券怀柔府前街证券营业部	北京	北京	4528.9	3491.2	5.1	0.0	0.6	1.0	1031.0
宏源证券华一路证券营业部	重庆	重庆	4527.4	2829.0	0.7	0.0	0.0	0.3	1697.5
齐鲁证券有限四平路证券营业部	山东	潍坊	4527.0	4047.1	9.9	0.0	0.0	7.4	462.7
国信证券解放大路证券营业部	吉林	长春	4516.9	3780.2	10.5	0.0	0.0	30.2	696.0
新时代证券环市东路证券营业部	广东	广州	4512.0	2290.6	601.7	0.0	0.2	18.8	1600.7
上海证券虹桥飞虹南路证券营业部	浙江	乐清	4506.9	4124.5	8.9	0.0	0.2	1.0	372.4
光大证券顺德北滘证券营业部	广东	佛山	4505.6	3000.9	39.8	0.0	0.0	16.9	1448.0
华安证券淮河路证券营业部	安徽	铜陵	4502.8	4357.6	1.9	0.0	0.0	58.6	84.6
华融证券韶山路证券营业部	湖南	长沙	4496.0	4265.8	22.5	0.0	0.0	0.9	206.7
齐鲁证券有限成山大道证券营业部	山东	威海	4495.9	3487.1	8.5	0.0	0.0	2.5	997.8
国联证券洛社镇人民南路证券营业部	江苏	无锡	4491.5	2093.4	4.5	0.0	0.0	1.3	2392.2
东莞证券鸿福路第一国际证券营业部	广东	东莞	4490.7	3486.9	8.2	0.0	0.0	0.0	995.5
上海证券胜太路证券营业部	江苏	南京	4487.1	2416.4	13.0	0.0	0.0	1.7	2056.0
新时代证券台江路证券营业部	福建	福州	4485.9	3356.5	12.2	0.0	1.2	20.1	1095.9
宏信证券胜利路证券营业部	四川	西昌	4477.3	3509.6	3.9	0.0	0.0	1.1	962.6
东北证券香港路证券营业部	湖北	武汉	4461.2	3241.8	25.6	0.0	0.0	0.4	1193.5
天源证券有限交通路证券营业部	福建	福州	4459.1	2037.8	4.8	0.0	0.0	3.5	2413.0
新时代证券少先路证券营业部	内蒙	包头	4454.6	3459.5	1.8	0.0	0.0	0.0	993.3

注：营业部交易金额的单位为百万元。

证券营业部交易
Trading of Business Department

营业部名称 Business Department	省份 Province	城市 City	总计 Total	股票 Share	基金 Fund	权证 Warrant	政府债 G-Bond	公司债 C-Bond	债券回购 Repo
广发证券三水广海大道证券营业部	广东	佛山	4452.4	2826.9	3.1	0.0	0.0	2.5	1619.9
安信证券滨果戈里大街证券营业部	黑龙江	哈尔滨	4447.1	3014.2	4.5	0.0	0.0	1.7	1426.6
齐鲁证券有限南大街中心广场证券营业部	山东	烟台	4445.1	3404.3	7.1	0.0	0.0	12.1	1021.5
新时代证券广场西道证券营业部	内蒙	包头	4431.9	4206.8	1.8	0.0	0.0	0.8	222.5
中国银河证券三香路证券营业部	江苏	苏州	4431.3	2837.4	4.2	0.0	0.1	5.9	1583.8
中信建投证券万州高笋塘证券营业部	重庆	重庆	4430.3	3697.9	8.7	0.0	0.6	15.3	707.7
华西证券西大街证券营业部	四川	成都	4425.9	4046.1	3.9	0.0	0.1	1.6	374.3
华龙证券农民巷证券营业部	甘肃	兰州	4421.9	3686.2	2.5	0.0	0.1	58.1	675.0
兴业证券云平路证券营业部	福建	漳州	4414.6	3010.4	3.2	0.0	0.0	0.5	1400.6
银泰证券市大纬二路证券营业部	山东	济南	4410.6	3613.8	5.8	0.0	0.1	13.7	777.3
大同证券经纪人民北路证券营业部	山西	运城	4404.8	3987.0	3.6	0.0	0.0	1.8	412.4
中信证券濉溪路证券营业部	安徽	合肥	4403.3	3477.6	57.8	0.0	0.0	6.6	861.3
中国民族证券五四路证券营业部	辽宁	大连	4402.8	3514.2	15.6	0.0	0.0	14.6	858.4
厦门证券有限新塘路证券营业部	浙江	杭州	4397.2	1647.3	0.1	0.0	0.0	0.0	2749.8
东兴证券锦东路证券营业部	四川	成都	4389.5	3881.1	15.1	0.0	0.4	10.1	482.8
中天证券南六东路证券营业部	辽宁	沈阳	4389.4	2752.8	0.9	0.0	0.0	5.9	1629.8
海通证券万新南路证券营业部	甘肃	兰州	4384.6	3387.3	239.6	0.0	0.3	1.4	756.1
中国银河证券成飞大道证券营业部	四川	成都	4370.9	2829.0	1.4	0.0	0.3	6.2	1534.0
广发证券钱江路证券营业部	浙江	杭州	4366.6	2917.3	40.2	0.0	0.0	0.5	1408.6
华宝证券玉古路证券营业部	浙江	杭州	4364.2	3157.2	20.8	0.0	0.0	0.8	1185.4
太平洋证券汤家桥路证券营业部	浙江	温州	4361.4	2641.5	1.3	0.0	0.3	29.9	1688.4
齐鲁证券有限松岭东路营业部	山东	淄博	4360.6	3061.4	754.2	0.0	0.0	0.0	545.0
中信万通证券黄河二路证券营业部	山东	滨州	4359.6	4200.3	6.3	0.0	0.1	2.1	150.9
浙商证券南山路证券营业部	浙江	台州	4359.6	4050.7	2.3	0.0	0.0	5.1	301.4
新时代证券金砂东路证券营业部	广东	汕头	4356.7	2585.1	3.2	0.0	0.0	1.3	1767.1
方正证券祁东民生街证券营业部	湖南	衡阳	4355.2	3697.6	8.7	0.0	0.1	0.2	648.7
西南证券万州高笋塘证券营业部	重庆	重庆	4355.1	1724.7	53.4	0.0	0.0	28.6	2548.4
渤海证券华苑路证券营业部	天津	天津	4350.4	3384.0	11.5	0.0	0.0	0.6	954.3
财达证券江都路证券营业部	天津	天津	4348.8	2930.0	3.6	0.0	0.0	16.6	1398.6
大通证券车家村证券营业部	辽宁	大连	4342.9	3682.6	6.9	0.0	2.0	2.5	649.0
齐鲁证券有限青年路证券营业部	山东	淄博	4339.2	3878.6	10.6	0.0	0.1	0.2	449.7
方正证券建设路证券营业部	湖南	湘潭	4330.7	3647.1	6.4	0.0	0.0	15.4	661.8
华龙证券四龙路证券营业部	甘肃	白银	4329.2	3965.9	5.2	0.0	0.0	3.8	354.3
东方证券北海大道证券营业部	广西	北海	4328.7	4066.6	5.7	0.0	0.2	5.5	250.7
浙商证券仲容路证券营业部	浙江	温州	4326.8	3979.5	26.8	0.0	0.0	1.3	319.1
西部证券康乐路证券营业部	陕西	西安	4325.0	3217.0	11.7	0.0	0.1	5.5	1090.8
齐鲁证券有限济泺路证券营业部	山东	济南	4322.6	3184.1	11.2	0.0	0.0	0.5	1126.7
大同证券经纪新建南路证券营业部	山西	大同	4317.1	3746.5	4.7	0.0	0.8	3.7	561.4
江海证券有限宝安南路证券营业部	深圳	深圳	4315.8	2675.1	9.1	0.0	0.0	12.6	1619.0
齐鲁证券有限拓东路证券营业部	云南	昆明	4312.3	1565.4	12.7	0.0	0.0	10.7	2723.5
华安证券建新东路证券营业部	重庆	重庆	4306.5	3396.9	0.1	0.0	0.0	0.0	909.5
华泰证券太平南路证券营业部	江苏	太仓	4301.2	2391.3	752.9	0.0	0.0	1.9	1155.1
中国民族证券胜利北路证券营业部	辽宁	鞍山	4300.4	3802.1	3.3	0.0	1.7	32.6	460.8
财达证券新华西道证券营业部	河北	唐山	4300.0	3806.5	8.2	0.0	0.6	2.4	482.2
上海证券证券营业部	上海	上海	4294.1	520.7	30.0	0.0	0.0	1.0	3742.4
华福证券悦华路证券营业部	福建	厦门	4281.6	3410.0	2.1	0.0	0.0	3.4	866.1
齐鲁证券有限东风东街证券营业部	山东	潍坊	4279.6	3407.5	14.2	0.0	0.1	14.8	843.1
渤海证券滨海新区大港世纪大道营业部	天津	天津	4273.3	3752.5	19.7	0.0	0.3	22.5	478.4
申银万国证券庄翟营南大街证券营业部	河北	石家庄	4271.2	1404.3	13.4	0.0	0.0	11.1	2842.5
齐鲁证券有限府前大街证券营业部	山东	莱芜	4267.4	3426.7	13.4	0.0	1.3	25.2	800.8

注：营业部交易金额的单位为百万元。

证券营业部交易
Trading of Business Department

营业部名称 Business Department	省份 Province	城市 City	总计 Total	股票 Share	基金 Fund	权证 Warrant	政府债 G-Bond	公司债 C-Bond	债券回购 Repo
广发证券长安证券营业部	广东	东莞	4264.6	3684.5	4.8	0.0	0.1	6.6	568.7
海通证券桓台东岳路证券营业部	山东	淄博	4261.4	4178.4	5.9	0.0	0.0	0.0	77.1
渤海证券芥园道证券营业部	天津	天津	4260.6	3778.4	6.6	0.0	0.1	0.8	474.7
中国民族证券中华路证券营业部	辽宁	沈阳	4255.0	2834.0	5.8	0.0	0.0	30.5	1384.7
上海证券南城大道证券营业部	重庆	重庆	4254.2	3271.9	11.7	0.0	0.0	1.4	969.2
国金证券新都区马超西路证券营业部	四川	成都	4253.9	3576.1	2.1	0.0	1.1	10.3	664.3
中原证券七一路证券营业部	河南	周口	4252.1	3924.6	7.7	0.0	0.8	6.6	312.4
华融证券新南路证券营业部	重庆	重庆	4247.4	2901.7	1.3	0.0	0.0	0.0	1344.3
东北证券阳明路证券营业部	江西	南昌	4232.4	1939.8	2.5	0.0	0.0	0.0	2290.1
东方证券南八中路证券营业部	辽宁	沈阳	4225.9	3168.5	9.9	0.0	0.2	5.4	1042.0
新时代证券西安中路证券营业部	四川	成都	4223.9	3476.6	12.0	0.0	0.1	2.1	733.1
华鑫证券科技路证券营业部	陕西	西安	4220.6	2913.0	3.1	0.0	0.0	2.0	1302.5
华泰证券洪泽湖路证券营业部	江苏	宿迁	4220.2	3484.3	25.7	0.0	0.2	3.1	706.9
国联证券建材城西路证券营业部	北京	北京	4219.3	2506.2	2.3	0.0	0.5	67.8	1642.6
华泰证券扬子中路证券营业部	江苏	镇江	4219.3	3679.8	7.3	0.0	0.0	6.4	525.7
华福证券列东街证券营业部	福建	三明	4216.4	3929.9	3.3	0.0	0.2	79.7	203.4
国联证券华夏南路证券营业部	江苏	无锡	4212.4	967.9	1.4	0.0	0.1	1.7	3241.3
东兴证券芜湖路证券营业部	安徽	合肥	4210.9	1725.4	10.3	0.0	0.0	0.2	2475.0
宏源证券玛依准噶尔路证券营业部	新疆	克拉玛依	4209.7	2960.5	6.3	0.0	0.0	1.2	1241.7
海通证券武都路证券营业部	甘肃	兰州	4208.9	3647.3	67.1	0.0	0.7	0.3	493.6
广发证券台山南门西路证券营业部	广东	台山	4208.8	2933.5	3.1	0.0	0.0	1.0	1271.2
齐鲁证券有限昭阳路证券营业部	山东	日照	4205.3	3851.2	7.6	0.0	0.0	1.5	345.0
宏源证券斯大林街证券营业部	新疆	伊宁	4201.2	4074.5	7.3	0.0	0.0	0.2	119.2
齐鲁证券有限东岳大街证券营业部	山东	泰安	4198.2	3609.8	52.4	0.0	0.1	18.6	517.3
海通证券滨长江路证券营业部	黑龙江	哈尔滨	4191.5	3442.7	181.3	0.0	0.2	1.3	565.9
国泰君安证券襄城西街证券营业部	湖北	襄樊	4186.8	3743.1	3.7	0.0	0.2	6.5	433.3
华创证券夕照寺街证券营业部	北京	北京	4186.7	530.4	2.2	0.0	0.0	1.4	3652.7
国元证券状元北路证券营业部	安徽	宣城	4183.5	3863.7	4.5	0.0	0.0	1.0	314.3
江海证券有限朝阳街证券营业部	辽宁	沈阳	4180.5	3494.5	8.4	0.0	0.0	3.4	674.1
中国银河证券潮阳证券营业部	广东	汕头	4179.7	3137.0	4.5	0.0	0.0	1.9	1036.4
齐鲁证券有限南山路证券营业部	浙江	宁波	4179.4	3321.7	4.0	0.0	4.3	25.5	823.8
华融证券鞍山西道证券营业部	天津	天津	4169.2	2700.4	8.0	0.0	0.0	19.2	1441.6
财达证券庄槐北路证券营业部	河北	石家庄	4155.4	2664.0	34.7	0.0	0.1	0.0	1456.6
光大证券塔城路证券营业部	上海	上海	4150.6	2205.9	63.2	0.0	0.0	19.7	1861.9
山西证券鲁讯西路证券营业部	浙江	绍兴	4150.5	3249.0	1.3	0.0	0.0	0.5	899.8
西部证券公园路证券营业部	陕西	宝鸡	4145.0	3554.5	5.8	0.0	3.3	1.1	580.3
东莞证券凤岗证券营业部	广东	东莞	4143.6	3041.6	2.8	0.0	0.0	4.6	1094.6
国海证券星光大道证券营业部	广西	南宁	4139.5	3283.9	19.9	0.0	0.1	1.5	834.2
东北证券市光华路证券营业部	吉林	吉林	4138.9	3634.9	14.2	0.0	0.2	3.1	486.5
太平洋证券逢源路证券营业部	广东	广州	4138.9	2699.2	1.5	0.0	0.0	1.6	1436.5
日信证券三泉路证券营业部	上海	上海	4135.3	2892.8	2.9	0.0	0.0	1.3	1238.3
东吴证券人民南路证券营业部	江苏	太仓	4130.8	2292.4	4.4	0.0	0.3	24.4	1809.3
东北证券芙蓉中路证券营业部	湖南	长沙	4127.6	3124.4	13.6	0.0	0.0	16.8	972.9
齐鲁证券有限吉祥路证券营业部	深圳	深圳	4127.0	2897.9	8.2	0.0	0.0	5.1	1215.9
东北证券卫津路证券营业部	天津	天津	4124.0	1980.9	5.3	0.0	0.3	24.0	2113.6
东北证券红旗街证券营业部	吉林	长春	4121.2	2356.6	3.6	0.0	0.0	1.3	1759.7
中国银河证券亦庄荣京东街证券营业部	北京	北京	4120.6	845.8	1.1	0.0	0.1	235.9	3037.8
南京证券较场口营业部	重庆	重庆	4119.0	2309.1	8.8	0.0	0.6	279.4	1521.2
东莞证券迎宾大道证券营业部	广东	江门	4118.3	1425.6	2.8	0.0	0.0	30.7	2659.2
江海证券有限经十路证券营业部	山东	济南	4117.0	3783.5	0.1	0.0	5.3	7.9	320.2

注：营业部交易金额的单位为百万元。

证券营业部交易
Trading of Business Department

营业部名称 Business Department	省份 Province	城市 City	总计 Total	股票 Share	基金 Fund	权证 Warrant	政府债 G-Bond	公司债 C-Bond	债券回购 Repo
兴业证券金浦路证券营业部	广西	南宁	4114.0	1941.2	1.4	0.0	0.1	119.8	2051.5
中信证券（浙江）新桥街证券营业部	浙江	衢州	4108.7	2850.2	3.0	0.0	0.0	0.9	1254.6
国泰君安证券证券营业部	内蒙	包头	4108.3	2031.6	1.6	0.0	0.0	0.0	2075.1
华泰证券江长安街证券营业部	黑龙江	牡丹江	4106.7	3147.0	239.6	0.0	0.3	0.6	719.3
信达证券武圣路证券营业部	辽宁	辽阳	4101.1	3670.2	3.6	0.0	0.2	38.3	388.8
安信证券沙头角证券营业部	深圳	深圳	4087.4	3715.1	1.0	0.0	0.0	0.5	370.9
宏源证券木齐友好路证券营业部	新疆	乌鲁木齐	4085.5	2679.7	5.3	0.0	0.0	12.6	1387.8
中国银河证券黄圃证券营业部	广东	中山	4083.9	2504.1	55.1	0.0	0.2	82.8	1441.7
太平洋证券白塔路证券营业部	云南	昆明	4080.0	3393.2	11.0	0.0	2.0	12.6	661.3
万联证券花蕾路证券营业部	广东	广州	4068.7	3220.8	6.6	0.0	0.0	15.5	825.8
国元证券人民路证券营业部	安徽	六安	4067.2	3845.1	4.3	0.0	0.0	5.2	212.6
国海证券商务外环路证券营业部	河南	郑州	4060.8	1306.6	0.2	0.0	0.0	267.5	2486.4
国信证券黎明东路证券营业部	浙江	温州	4059.8	3599.2	15.1	0.0	0.0	2.9	442.6
中信建投证券市赣东北大道证券营业部	江西	上饶	4050.7	3878.0	1.8	0.0	0.0	2.2	168.7
新时代证券福华一路证券营业部	深圳	深圳	4049.7	3316.2	58.5	0.0	0.6	13.6	660.8
方正证券新华路证券营业部	湖南	株洲	4045.2	3567.1	4.3	0.0	0.1	15.3	458.4
信达证券延陵中路证券营业部	江苏	常州	4044.1	3040.6	6.0	0.0	4.5	32.1	960.8
华宝证券朝阳建国门外大街证券营业部	北京	北京	4029.4	3106.6	22.7	0.0	0.0	22.3	877.8
五矿证券有限广安门外大街证券营业部	北京	北京	4026.1	2436.7	476.4	0.0	0.0	44.2	1068.8
浙商证券华林路证券营业部	福建	福州	4022.0	2485.9	6.4	0.0	1.2	3.3	1525.3
中国民族证券大桥证券营业部	四川	乐山	4021.7	3911.7	1.7	0.0	0.0	12.3	95.9
方正证券下沙证券营业部	浙江	杭州	4020.6	2886.8	33.1	0.0	0.0	1.9	1098.8
华林证券台山证券营业部	广东	台山	4017.1	3636.1	3.8	0.0	0.0	0.6	376.6
中信万通证券北京路证券营业部	山东	日照	4009.6	3395.1	4.3	0.0	0.0	14.2	595.9
金元证券养育巷证券营业部	江苏	苏州	4007.5	2560.8	16.0	0.0	0.0	1.9	1428.8
国元证券体育东路证券营业部	广东	广州	4006.9	2997.7	2.6	0.0	0.0	109.8	896.9
中信建投证券界市紫舞东路证券营业部	湖南	张家界	4005.9	3542.7	2.7	0.0	0.1	1.2	459.3
长江证券新城大道证券营业部	浙江	宁波	4004.9	3264.8	11.9	0.0	0.0	0.2	728.0
西南证券丹溪路证券营业部	浙江	金华	4004.1	3782.7	17.5	0.0	0.0	0.0	203.9
浙商证券中山路证券营业部	辽宁	大连	4001.8	1526.0	12.9	0.0	0.2	0.5	2462.3
财达证券滨河路证券营业部	深圳	深圳	4000.5	2523.3	3.0	0.0	20.3	1.9	1452.1
华安证券花园街证券营业部	安徽	合肥	3995.3	3039.5	13.2	0.0	0.8	39.2	902.6
爱建证券龙水北路证券营业部	上海	上海	3991.6	2273.3	12.0	0.0	0.0	2.0	1704.4
中国银河证券江南大道证券营业部	重庆	重庆	3987.2	2813.3	4.1	0.0	0.0	0.7	1169.0
国金证券温江区柳城商业新街证券营业部	四川	成都	3982.1	3682.8	3.2	0.0	0.2	1.0	295.0
东方证券同志街证券营业部	吉林	长春	3982.0	2632.9	2.8	0.0	0.0	15.6	1330.8
中国中投证券江汉路证券营业部	湖北	潜江	3974.1	3438.9	6.6	0.0	0.9	10.1	517.6
广发证券吉林大街证券营业部	吉林	吉林	3969.7	2192.2	6.8	0.0	0.0	21.3	1749.4
上海证券民德路证券营业部	江西	南昌	3967.4	2374.1	1.5	0.0	0.0	2.5	1589.3
太平洋证券青年大街证券营业部	辽宁	沈阳	3966.6	2217.6	2.5	0.0	0.1	7.2	1739.2
国元证券县金柯桥大道证券营业部	浙江	绍兴	3961.4	2120.7	3.4	0.0	0.0	0.0	1837.3
民生证券长风街证券营业部	山西	太原	3960.2	1500.3	0.7	0.0	0.0	0.1	2459.1
齐鲁证券有限公园北街证券营业部	山东	寿光	3959.9	3790.7	7.4	0.0	0.1	4.9	156.9
东北证券人民路证券营业部	浙江	宁波	3959.5	988.6	45.3	0.0	0.0	4.9	2920.7
江海证券有限繁荣路证券营业部	黑龙江	伊春	3958.6	3694.6	8.1	0.0	0.0	0.4	255.5
红塔证券鹿城北路证券营业部	云南	楚雄	3955.5	3948.1	2.8	0.0	0.0	2.8	1.8
安信证券丰顺证券营业部	广东	梅州	3950.3	2413.2	2.1	0.0	0.0	0.6	1534.3
国元证券琅琊东路证券营业部	安徽	滁州	3950.0	3614.9	6.1	0.0	0.0	2.9	326.2
财达证券新华中路证券营业部	河北	衡水	3944.6	3531.9	6.4	0.0	0.6	20.7	382.0
中信万通证券黄河五路证券营业部	山东	滨州	3942.9	3698.7	10.1	0.0	0.0	1.5	232.7

注：营业部交易金额的单位为百万元。

证券营业部交易
Trading of Business Department

营业部名称 Business Department	省份 Province	城市 City	总计 Total	股票 Share	基金 Fund	权证 Warrant	政府债 G-Bond	公司债 C-Bond	债券回购 Repo
中信建投证券合川柏树街证券营业部	重庆	合川	3939.2	3110.4	8.6	0.0	0.0	3.5	816.7
中原证券广场东路证券营业部	河南	信阳	3936.6	3456.9	9.9	0.0	0.2	0.9	468.7
中国银河证券望江北路证券营业部	广东	揭阳	3936.5	2056.0	4.2	0.0	0.0	2.9	1873.4
中信万通证券山东路证券营业部	山东	青岛	3935.4	3017.5	2.1	0.0	0.0	0.3	915.5
长江证券百万庄大街证券营业部	北京	北京	3933.9	3130.3	282.7	0.0	0.0	3.5	517.5
方正证券红花北路证券营业部	深圳	深圳	3932.7	2851.4	6.4	0.0	0.0	0.1	1074.8
东方证券经七路证券营业部	山东	济南	3932.1	3197.8	2.2	0.0	0.0	5.4	726.7
中山证券南胜利路证券营业部	辽宁	鞍山	3931.2	3142.4	8.9	0.0	0.1	7.0	772.8
东莞证券华柏路证券营业部	广东	中山	3930.7	2508.2	4.4	0.0	0.0	1.4	1416.8
华福证券民主路证券营业部	福建	泉州	3927.8	3128.1	1.0	0.0	0.0	1.3	797.3
财达证券车站路证券营业部	河北	唐山	3924.7	3323.8	12.2	0.0	0.2	7.5	580.9
国泰君安证券中山三路证券营业部	广东	中山	3924.1	2612.3	111.5	0.0	0.0	22.2	1178.0
西南证券南昌路证券营业部	甘肃	兰州	3920.9	2860.8	22.7	0.0	0.0	1.0	1036.5
西南证券二环西路证券营业部	江苏	徐州	3917.3	3644.9	12.2	0.0	0.9	3.0	256.4
民生证券桐本路证券营业部	河南	巩义	3916.6	3402.1	8.7	0.0	4.7	1.1	499.9
长江证券广渠门内大街证券营业部	北京	北京	3904.6	863.7	3.7	0.0	0.0	218.8	2818.4
华泰证券晋阳路证券营业部	四川	成都	3903.7	2832.3	9.9	0.0	4.6	2.3	1054.6
东吴证券锡沪路证券营业部	江苏	苏州	3903.5	1821.2	10.1	0.0	0.0	1.1	2071.1
山西证券开发路证券营业部	山西	朔州	3902.2	2290.1	3.5	0.0	0.0	1.2	1607.4
海通证券东解放路证券营业部	黑龙江	鹤岗	3895.3	3601.9	8.3	0.0	0.0	2.3	282.9
太平洋证券灵泉东路营业部	云南	开远	3891.7	3643.9	3.7	0.0	0.1	116.2	127.9
东吴证券宝安大道证券营业部	深圳	深圳	3890.3	2864.2	0.0	0.0	0.0	0.1	1026.1
恒泰证券胜利北路证券营业部	内蒙	巴彦淖尔	3888.6	3127.2	3.0	0.0	0.0	0.1	758.3
宏源证券蜀金路证券营业部	四川	成都	3887.7	1671.4	3.5	0.0	0.0	24.5	2188.3
国盛证券胜利西路证券营业部	江西	鹰潭	3887.0	3469.4	1.5	0.0	0.0	2.1	414.0
安信证券梅县证券营业部	广东	梅州	3883.2	1523.8	1.6	0.0	0.0	0.1	2357.8
国泰君安证券新开路证券营业部	天津	天津	3879.7	3489.7	8.2	0.0	0.0	8.7	373.1
中原证券文峰大道证券营业部	河南	安阳	3873.2	3500.4	2.5	0.0	0.0	5.1	365.1
广发证券济南路证券营业部	山东	东营	3867.9	3512.1	63.0	0.0	0.2	11.1	281.4
天风证券中山路证券营业部	辽宁	大连	3858.6	3367.3	65.8	0.0	0.4	0.7	424.5
中国银河证券长江路证券营业部	青海	西宁	3852.9	3472.3	2.3	0.0	0.0	1.0	377.3
广发证券舜井大道证券营业部	湖北	随州	3843.5	2733.9	3.8	0.0	0.2	3.4	1102.2
华泰证券港金港镇长江中路证券营业部	江苏	张家港	3836.7	1575.9	544.8	0.0	0.0	2.6	1713.5
方正证券枫林三路证券营业部	湖南	长沙	3835.3	3568.4	1.4	0.0	110.3	47.0	108.3
南京证券迎宾大街证券营业部	宁夏	吴忠	3835.2	2792.1	3.3	0.0	0.0	0.1	1039.8
申银万国证券长征路证券营业部	江苏	泰兴	3830.8	3050.4	20.7	0.0	0.1	3.5	756.1
浙商证券太平西路证券营业部	浙江	衢州	3824.3	3728.4	12.9	0.0	0.0	0.8	82.3
中国民族证券高新路证券营业部	陕西	西安	3822.8	3089.9	7.7	0.0	0.0	5.5	719.7
国泰君安证券建华西道证券营业部	河北	唐山	3819.3	2899.9	195.2	0.0	0.0	7.2	717.0
宏源证券子西环路证券营业部	新疆	石河子	3818.1	3617.8	6.5	0.0	0.2	1.9	191.8
湘财证券祖庙路证券营业部	广东	佛山	3817.7	1782.6	10.9	0.0	4.1	16.7	2003.4
宏信证券江阳中路证券营业部	四川	泸州	3817.2	3036.2	3.1	0.0	0.0	7.6	770.3
天源证券有限新华路证券营业部	辽宁	辽阳	3811.0	3372.3	18.6	0.0	0.1	0.6	419.5
中国民族证券小十字证券营业部	四川	乐山	3810.7	2453.5	0.9	0.0	4.0	4.2	1348.2
中航证券有限东方红大街证券营业部	江西	丰城	3809.3	3421.8	1.9	0.0	0.0	2.2	383.3
招商证券广场东路证券营业部	广西	玉林	3802.4	3169.2	2.7	0.0	0.0	2.5	628.0
光大证券环城南路证券营业部	上海	上海	3800.0	2625.7	13.2	0.0	0.0	3.6	1157.5
湘财证券春园路证券营业部	湖南	娄底	3788.4	3288.0	113.0	0.0	0.0	17.2	370.2
华融证券同泽北街证券营业部	辽宁	沈阳	3788.3	2643.5	6.4	0.0	0.0	1.4	1137.0
国联证券通江大道证券营业部	江苏	常州	3788.2	2411.2	3.0	0.0	0.0	0.8	1373.2

注：营业部交易金额的单位为百万元。

证券营业部交易
Trading of Business Department

营业部名称 Business Department	省份 Province	城市 City	总计 Total	股票 Share	基金 Fund	权证 Warrant	政府债 G-Bond	公司债 C-Bond	债券回购 Repo
安信证券洪湖东路证券营业部	重庆	重庆	3788.0	2617.3	4.7	0.0	0.0	0.1	1165.8
光大证券金融街证券营业部	黑龙江	大庆	3787.4	3192.8	94.9	0.0	0.0	4.3	495.5
申银万国证券彭山县紫薇路证券营业部	四川	眉山	3787.1	3048.5	29.3	0.0	0.0	17.8	691.6
长江证券鹦鹉大道证券营业部	湖北	武汉	3786.7	1819.0	16.8	0.0	0.0	5.7	1945.3
东兴证券和平路证券营业部	福建	泉州	3786.7	2121.3	1.4	0.0	0.0	0.1	1663.9
东兴证券航天道证券营业部	天津	天津	3773.1	3218.8	3.5	0.0	0.0	1.1	549.7
华融证券张杨路证券营业部	上海	上海	3772.7	1363.4	3.9	0.0	0.0	60.0	2345.4
国泰君安证券东岗西路证券营业部	甘肃	兰州	3769.3	3251.4	7.1	0.0	0.1	5.9	504.9
东北证券人民大街证券营业部	吉林	辽源	3766.5	3484.2	4.6	0.0	0.0	3.5	274.2
东方证券三阳路证券营业部	湖北	武汉	3761.7	2971.7	3.3	0.0	0.1	9.2	777.5
山西证券长江道证券营业部	天津	天津	3759.5	2026.5	1.8	0.0	0.0	1.3	1729.9
天源证券有限卫国路证券营业部	河北	唐山	3756.6	3199.2	6.2	0.0	0.0	1.4	549.8
国元证券金州证券营业部	辽宁	大连	3746.4	2846.1	6.6	0.0	0.0	3.3	890.4
民生证券长乐东路证券营业部	陕西	西安	3742.4	3048.8	0.2	0.0	0.0	0.2	693.1
方正证券巴陵东路证券营业部	湖南	岳阳	3738.3	2678.4	9.3	0.0	0.0	41.5	1009.1
中国中投证券新都桂湖东路证券营业部	四川	成都	3737.5	3271.1	10.3	0.0	0.0	0.9	455.3
新时代证券天通苑证券营业部	北京	北京	3729.2	1240.4	10.6	0.0	0.0	0.0	2478.1
浙商证券余杭朝阳东路证券营业部	浙江	杭州	3727.6	1278.5	1.6	0.0	0.0	1.6	2445.9
大通证券黑石礁街证券营业部	辽宁	大连	3727.6	2477.5	3.3	0.0	0.1	1.3	1245.3
海通证券哈尔卜奎大街证券营业部	黑龙江	齐齐哈尔	3717.0	3621.4	8.1	0.0	0.1	1.0	86.6
财通证券秦山路证券营业部	浙江	嘉兴	3714.5	1739.6	3.4	0.0	0.0	6.4	1965.1
银泰证券市五五路证券营业部	辽宁	大连	3712.3	3049.4	4.6	0.0	2.9	32.3	623.1
信达证券体育场路证券营业部	浙江	杭州	3710.5	2733.1	33.2	0.0	0.0	4.7	939.5
天风证券滨河路证券营业部	深圳	深圳	3706.0	2679.6	1.4	0.0	0.0	0.1	1024.9
光大证券淡水证券营业部	广东	惠州	3703.6	2459.6	2.0	0.0	0.2	0.4	1241.4
华泰证券滨民益街证券营业部	黑龙江	哈尔滨	3703.3	2448.2	450.9	0.0	0.0	1.5	802.7
财达证券西门里证券营业部	河北	邢台	3694.0	3364.8	7.0	0.0	1.1	0.7	320.5
长江证券长江西路证券营业部	安徽	合肥	3693.4	2160.4	42.6	0.0	0.0	0.0	1490.4
东北证券爱民路证券营业部	吉林	四平	3691.5	3038.7	3.1	0.0	0.4	16.4	632.9
海通证券中直南路证券营业部	黑龙江	绥化	3689.4	3014.2	4.4	0.0	0.0	3.4	667.5
宏信证券人民南路证券营业部	四川	成都	3688.5	2430.7	1.2	0.0	0.0	3.4	1253.2
浙商证券劳动路证券营业部	浙江	台州	3687.8	3570.9	26.9	0.0	2.3	0.8	86.8
中国中投证券胜利路证券营业部	青海	西宁	3683.8	3400.6	13.1	0.0	0.0	38.1	232.0
华西证券遂州南路证券营业部	四川	遂宁	3674.2	3648.8	7.7	0.0	0.0	3.6	14.2
东吴证券大庆中路证券营业部	江苏	盐城	3669.7	3623.5	2.6	0.0	0.0	0.3	43.2
上海证券万寿路证券营业部	北京	北京	3669.5	2333.2	5.8	0.0	0.0	0.2	1330.3
南京证券文化东街证券营业部	宁夏	银川	3659.1	2740.5	5.3	0.0	0.0	0.5	912.7
大通证券解放南路证券营业部	天津	天津	3656.4	2853.6	16.6	0.0	0.0	19.2	767.0
中山证券海州大街证券营业部	辽宁	海城	3651.6	3557.4	3.1	0.0	0.1	0.7	90.3
大通证券仙来中大道证券营业部	江西	新余	3649.6	3129.1	2.7	0.0	0.0	2.5	515.3
光大证券鱼洞巴县大道证券营业部	重庆	重庆	3645.4	2568.2	7.1	0.0	0.0	20.5	1049.6
华龙证券静宁路证券营业部	甘肃	兰州	3641.7	3164.4	3.1	0.0	0.0	2.6	471.6
西部证券兴汉路证券营业部	陕西	汉中	3640.5	3481.7	3.1	0.0	0.0	2.1	153.6
信达证券利民路证券营业部	辽宁	盘锦	3639.0	3504.5	8.8	0.0	1.4	12.9	111.4
新时代证券一环路证券营业部	四川	成都	3636.1	2328.2	2.1	0.0	0.1	12.0	1293.7
安信证券饶平证券营业部	广东	潮州	3628.7	2622.3	2.2	0.0	0.2	8.3	995.7
大通证券瓦房店西长春路证券营业部	辽宁	大连	3626.5	3202.4	5.7	0.0	0.3	6.9	411.3
大同证券经纪光明北大街证券营业部	河北	邯郸	3624.8	2798.2	6.8	0.0	0.0	0.3	819.5
财通证券暨阳路证券营业部	浙江	绍兴	3622.1	3362.8	1.9	0.0	0.0	0.0	257.4
长江证券黄陂大道证券营业部	湖北	武汉	3616.4	2612.9	2.1	0.0	0.0	5.7	995.6

注：营业部交易金额的单位为百万元。

证券营业部交易 Trading of Business Department

营业部名称 Business Department	省份 Province	城市 City	总计 Total	股票 Share	基金 Fund	权证 Warrant	政府债 G-Bond	公司债 C-Bond	债券回购 Repo
广发证券荷花路证券营业部	湖南	长沙	3610.2	3069.4	4.6	0.0	0.0	1.9	534.4
海通证券滨新阳路证券营业部	黑龙江	哈尔滨	3608.5	2265.5	1.8	0.0	0.0	7.4	1333.9
恒泰证券浩特中山西路证券营业部	内蒙	呼和浩特	3606.5	3587.1	4.6	0.0	0.0	7.2	7.7
渤海证券北马路证券营业部	山东	烟台	3606.3	997.7	6.8	0.0	0.0	65.0	2536.8
中国银河证券银河北路证券营业部	河北	廊坊	3603.7	2624.6	3.1	0.0	0.0	6.4	969.6
平安证券湘府中路证券营业部	湖南	长沙	3602.8	2436.9	16.9	0.0	0.0	6.8	1142.2
西南证券荣昌证券营业部	重庆	重庆	3602.7	2118.7	4.5	0.0	0.0	3.8	1475.7
中国银河证券开华道证券营业部	天津	天津	3599.3	2294.4	9.1	0.0	0.5	27.4	1267.9
航天证券怒江北路证券营业部	上海	上海	3598.9	1483.6	12.0	0.0	0.1	16.7	2086.5
华鑫证券闫良红安路证券营业部	陕西	西安	3596.9	2649.5	5.7	0.0	0.4	0.6	940.6
广州证券增城新塘证券营业部	广东	增城	3596.4	2218.2	8.1	0.0	0.0	0.1	1369.9
华鑫证券群贤路证券营业部	陕西	西安	3589.0	2508.0	2.1	0.0	0.1	42.0	1036.8
国海证券体育路证券营业部	山西	太原	3587.4	187.6	1.2	0.0	0.0	0.0	3398.7
海通证券江平安街证券营业部	黑龙江	牡丹江	3584.6	3281.7	5.3	0.0	0.0	5.4	292.2
华福证券河乾路证券营业部	福建	福鼎	3583.0	3234.4	1.9	0.0	0.0	5.3	341.5
华泰证券望海西路证券营业部	江苏	盐城	3582.0	2938.6	4.3	0.0	0.5	67.9	570.7
信达证券光华路证券营业部	辽宁	营口	3574.6	2271.3	1.4	0.0	0.4	0.1	1301.3
安信证券西林大道证券营业部	四川	内江	3567.9	3054.0	2.6	0.0	0.0	0.9	510.4
新时代证券南门外大街证券营业部	内蒙	包头	3566.7	3398.4	7.5	0.0	0.0	0.2	160.5
广发证券木齐北京南路证券营业部	新疆	乌鲁木齐	3566.0	2603.7	6.1	0.0	0.0	1.4	954.8
海通证券分宜府前路证券营业部	江西	新余	3564.6	3266.3	65.7	0.0	0.0	0.1	232.5
中国民族证券沙湾路证券营业部	四川	成都	3558.8	3081.0	2.7	0.0	2.0	2.2	470.9
齐鲁证券有限西四路证券营业部	山东	东营	3557.2	2986.2	9.2	0.0	0.0	1.2	560.6
东北证券七七街证券营业部	辽宁	大连	3553.4	2620.5	6.4	0.0	0.0	2.6	924.0
财达证券口明德南街证券营业部	河北	张家口	3553.3	3311.4	4.6	0.0	0.0	1.1	236.1
华泰证券阳光大道证券营业部	浙江	温州	3551.3	1370.4	0.6	0.0	0.0	21.5	2158.8
华西证券嘉定南路证券营业部	四川	乐山	3550.7	3383.9	3.5	0.0	0.3	10.3	152.7
安信证券海丰证券营业部	广东	汕尾	3550.6	3085.0	0.6	0.0	0.0	2.4	462.6
齐鲁证券有限永安路证券营业部	山东	东营	3548.9	2971.0	75.9	0.0	1.4	4.6	496.0
华西证券湖滨路证券营业部	四川	眉山	3547.1	2767.6	1.0	0.0	0.0	2.1	776.4
江海证券有限斯永安街证券营业部	黑龙江	佳木斯	3545.4	2770.8	2.9	0.0	0.1	2.1	769.4
山西证券迎宾路证券营业部	山西	晋中	3544.6	2607.8	3.7	0.0	0.0	32.1	901.0
国泰君安证券嘉定塔城路证券营业部	上海	上海	3544.5	2159.3	169.4	0.0	0.0	21.4	1194.5
大通证券建筑路证券营业部	江苏	无锡	3544.0	1466.4	4.2	0.0	0.6	1.4	2071.3
中国民族证券前进路证券营业部	辽宁	鞍山	3543.4	2378.9	2.4	0.0	0.0	6.7	1155.4
华创证券都司路证券营业部	贵州	贵阳	3539.0	2865.3	2.8	0.0	0.0	3.9	667.0
广发证券经七路证券营业部	山东	济南	3535.8	2554.9	7.7	0.0	0.0	0.3	973.0
国元证券胜利路证券营业部	安徽	合肥	3532.3	2935.5	2.7	0.0	0.3	17.3	576.6
光大证券金星中路证券营业部	湖南	长沙	3532.3	3348.7	3.2	0.0	0.0	15.5	164.9
东北证券东盛大街证券营业部	吉林	长春	3531.4	2334.1	1.7	0.0	0.0	0.0	1195.6
国元证券人民路证券营业部	安徽	安庆	3529.6	3440.9	4.9	0.0	0.0	4.7	79.1
西部证券深南大道证券营业部	深圳	深圳	3525.6	2953.0	14.5	0.0	0.0	2.4	555.6
安信证券中华路证券营业部	重庆	重庆	3524.3	2581.8	1.5	0.0	0.0	4.4	936.7
中国中投证券遂州南路证券营业部	四川	遂宁	3520.2	3457.9	1.6	0.0	0.0	0.6	60.1
东北证券浑江大街证券营业部	吉林	白山	3516.5	2992.4	3.3	0.0	0.0	0.4	520.4
川财证券经纪中新街证券营业部	四川	成都	3513.5	2213.3	4.4	0.0	0.0	73.7	1222.1
华泰证券昌山路证券营业部	山东	烟台	3513.2	2290.3	9.1	0.0	0.1	9.7	1204.0
方正证券中同大街证券营业部	河南	新乡	3511.3	2355.9	11.3	0.0	0.0	1.1	1143.0
中国民族证券历山路证券营业部	山东	济南	3506.1	2239.3	3.5	0.0	0.0	7.2	1256.1
天源证券有限三一大道证券营业部	湖南	长沙	3501.6	1347.0	12.4	0.0	0.0	5.9	2136.4

注：营业部交易金额的单位为百万元。

证券营业部交易
Trading of Business Department

营业部名称 Business Department	省份 Province	城市 City	总计 Total	股票 Share	基金 Fund	权证 Warrant	政府债 G-Bond	公司债 C-Bond	债券回购 Repo
兴业证券东海东路证券营业部	山东	青岛	3498.7	867.2	22.1	0.0	1.3	24.9	2583.2
中国银河证券江津证券营业部	重庆	重庆	3491.7	3085.4	6.3	0.0	0.0	121.3	278.6
宏源证券纬九路证券营业部	山东	济南	3489.5	1744.4	2.1	0.0	0.0	0.5	1742.6
广发证券民康路证券营业部	吉林	长春	3489.3	2279.5	3.2	0.0	0.0	4.1	1202.5
安信证券香洲西路证券营业部	广东	汕尾	3487.9	3143.5	3.8	0.0	0.0	0.8	339.7
申银万国证券崇州市蜀州北路证券营业部	四川	成都	3486.6	2626.9	218.4	0.0	1.1	0.8	639.5
齐鲁证券有限海河路证券营业部	山东	烟台	3486.0	1099.1	1.2	0.0	0.0	0.0	2385.6
浙商证券滨江威陵大厦证券营业部	浙江	杭州	3485.9	2460.5	20.6	0.0	0.0	0.0	1004.8
华福证券朝阳路证券营业部	福建	漳州	3481.0	750.3	0.3	0.0	0.0	0.0	2730.4
中国民族证券二道街证券营业部	辽宁	鞍山	3477.4	2907.1	3.1	0.0	0.0	3.4	563.8
第一创业证券营苑北路证券营业部	江苏	南京	3466.3	168.5	0.0	0.0	0.0	33.7	3264.0
海通证券山五马路证券营业部	黑龙江	双鸭山	3465.0	3264.9	8.5	0.0	0.0	1.1	190.5
中信万通证券黛溪三路证券营业部	山东	滨州	3462.8	3148.2	4.5	0.0	0.1	0.8	309.2
华泰证券福山路证券营业部	天津	天津	3461.5	3122.6	191.8	0.0	0.0	0.4	146.8
东兴证券五一九路证券营业部	福建	南平	3460.9	3241.3	5.6	0.0	0.0	0.6	213.5
中国中投证券中山西路证券营业部	浙江	嘉兴	3460.8	630.4	1.0	0.0	0.0	172.0	2657.4
华安证券金昌路证券营业部	甘肃	兰州	3458.9	620.1	0.2	0.0	0.0	1.0	2837.6
海通证券滨东直路证券营业部	黑龙江	哈尔滨	3457.2	1779.4	8.2	0.0	0.0	0.5	1669.1
西部证券东大街证券营业部	陕西	汉中	3452.3	3347.2	9.9	0.0	0.1	18.3	76.8
安信证券信宜证券营业部	广东	信宜	3444.6	3034.4	8.6	0.0	0.1	5.8	395.7
华泰证券人民中路证券营业部	江苏	启东	3443.5	1811.9	3.4	0.0	1.1	5.1	1622.0
方正证券桐梓坡路证券营业部	湖南	长沙	3439.1	3183.3	6.9	0.0	0.1	30.6	218.3
世纪证券金钻广场证券营业部	江西	赣州	3435.3	2930.9	1.0	0.0	0.0	1.5	501.9
国泰君安证券酒泉路证券营业部	甘肃	兰州	3435.3	3065.9	6.4	0.0	0.0	2.3	360.8
中国银河证券濠洲街证券营业部	浙江	丽水	3435.2	3330.5	2.4	0.0	0.0	8.1	94.2
联讯证券临江北路证券营业部	广东	揭阳	3430.6	1709.5	0.6	0.0	0.0	0.9	1719.6
财通证券长乐北路证券营业部	福建	福州	3423.3	1952.3	5.6	0.0	0.0	5.8	1459.7
宏信证券一环路西三段证券营业部	四川	成都	3420.7	1639.4	2.3	0.0	0.0	62.9	1716.1
中航证券有限未央路证券营业部	陕西	西安	3419.8	2499.8	1.3	0.0	0.0	0.7	918.0
银泰证券市十一纬路证券营业部	辽宁	沈阳	3415.4	2852.4	1.5	0.0	1.5	0.2	559.7
安信证券电白证券营业部	广东	茂名	3413.8	2159.6	12.5	0.0	0.0	1.1	1240.7
国泰君安证券新南路证券营业部	重庆	重庆	3410.5	2782.0	5.1	0.0	0.5	47.9	574.9
中原证券凯旋西路证券营业部	河南	洛阳	3407.5	2710.5	6.7	0.0	0.3	105.6	584.4
惠邦证券体育西路证券营业部	广东	广州	3402.0	1693.6	1.0	0.0	0.0	156.8	1550.6
长江证券东华二路证券营业部	广东	江门	3401.5	816.2	5.9	0.0	0.0	26.4	2553.0
湘财证券先锋路证券营业部	湖南	衡阳	3396.9	3116.3	5.6	0.0	0.0	0.6	274.4
国信证券泺源大街证券营业部	山东	济南	3391.8	2509.9	2.2	0.0	0.0	60.0	819.7
上海证券兴海路证券营业部	浙江	温州	3387.2	3194.0	8.5	0.0	0.0	1.8	182.9
长江证券接官路证券营业部	湖北	天门	3386.3	2268.9	7.1	0.0	0.2	1.6	1108.5
恒泰证券水西门大街证券营业部	江苏	南京	3383.7	2353.1	6.5	0.0	0.5	0.2	1023.4
宏信证券崂山东路证券营业部	上海	上海	3375.8	1739.4	6.9	0.0	0.0	9.2	1620.3
南京证券锦寓路证券营业部	浙江	宁波	3375.7	2578.4	2.3	0.0	0.0	2.2	792.8
华龙证券西大街证券营业部	甘肃	平凉	3366.9	3097.1	3.4	0.0	0.0	8.3	258.1
厦门证券有限华利路证券营业部	广东	广州	3366.7	2766.5	0.4	0.0	0.0	0.3	599.4
联讯证券西月城街证券营业部	四川	成都	3359.2	1883.3	0.9	0.0	0.0	3.2	1471.8
齐鲁证券有限山泉路证券营业部	山东	济南	3356.9	3289.7	2.9	0.0	0.3	0.2	63.7
华融证券乌山路证券营业部	福建	福州	3352.0	1464.6	1.6	0.0	0.0	0.2	1885.6
安信证券滨海大道证券营业部	深圳	深圳	3351.1	2589.3	102.4	0.0	0.0	3.2	656.1
光大证券平山证券营业部	广东	惠州	3347.2	2956.6	12.4	0.0	0.0	1.4	376.8
万联证券湘永路证券营业部	湖南	永州	3338.7	3023.0	3.8	0.0	29.5	9.4	273.0

注：营业部交易金额的单位为百万元。

证券营业部交易
Trading of Business Department

营业部名称 Business Department	省份 Province	城市 City	总计 Total	股票 Share	基金 Fund	权证 Warrant	政府债 G-Bond	公司债 C-Bond	债券回购 Repo
第一创业证券创业证券公司重庆北城天街证券营业部	重庆	重庆	3336.2	684.9	0.6	0.0	0.1	122.2	2528.5
国元证券新街证券营业部	安徽	黄山	3333.4	3043.0	1.9	0.0	0.1	22.8	265.6
齐鲁证券有限海岱中路证券营业部	山东	潍坊	3325.3	2938.8	5.4	0.0	0.2	17.4	363.6
西部证券金田路证券营业部	深圳	深圳	3323.5	1519.9	0.5	0.0	1.3	7.6	1794.3
宏信证券福兴街证券营业部	四川	成都	3318.0	2209.9	1.6	0.0	0.0	2.6	1104.0
德邦证券锦山大街营业部	辽宁	丹东	3315.3	2945.2	11.3	0.0	0.5	2.8	355.4
东兴证券亲贤北街证券营业部	山西	太原	3314.4	1516.9	220.2	0.0	0.0	3.7	1573.6
东莞证券玉兰路证券营业部	江苏	南京	3313.0	1855.9	0.8	0.0	0.0	7.0	1449.3
民生证券航丰路证券营业部	北京	北京	3301.2	1058.1	0.3	0.0	9.4	0.9	2232.4
华安证券天长路证券营业部	安徽	滁州	3301.1	3187.2	7.7	0.0	0.0	1.8	104.3
湘财证券番禺禺山大道证券营业部	广东	广州	3300.8	2062.4	12.5	0.0	0.0	25.5	1200.4
信达证券辽东湾大街证券营业部	辽宁	营口	3300.5	2408.8	3.0	0.0	0.7	0.2	887.9
齐鲁证券有限市香山路证券营业部	山东	威海	3291.1	2733.4	10.5	0.0	0.0	3.0	544.2
爱建证券深南中路证券营业部	深圳	深圳	3290.5	2657.0	554.6	0.0	0.0	2.7	76.2
湘财证券毓秀路证券营业部	贵州	贵阳	3289.2	2791.6	6.0	0.0	0.0	5.3	486.4
中信建投证券人民东路证券营业部	云南	昆明	3285.9	714.0	16.0	0.0	0.0	35.6	2520.3
浙商证券金柯桥大道证券营业部	浙江	绍兴	3284.5	1879.7	5.4	0.0	0.0	0.1	1399.3
海通证券哈尔和平路证券营业部	黑龙江	齐齐哈尔	3283.1	3219.1	7.2	0.0	0.0	4.9	51.8
南京证券姚港路证券营业部	江苏	南通	3280.3	2532.9	7.9	0.0	0.8	14.7	724.0
财达证券任丘建设中路营业部	河北	沧州	3280.1	2797.2	8.9	0.0	0.2	2.1	471.8
财通证券人民南路证券营业部	浙江	兰溪	3277.7	2971.1	1.8	0.0	0.0	2.0	302.8
国泰君安证券人民东路证券营业部	河北	石家庄	3277.0	2524.5	3.6	0.0	0.0	1.6	747.2
华宝证券八一七北路证券营业部	福建	福州	3266.7	2404.9	106.0	0.0	0.0	26.4	729.4
齐鲁证券有限普宁长春路证券营业部	广东	普宁	3265.2	2138.9	7.3	0.0	0.0	0.7	1118.2
广发证券从化河滨南路证券营业部	广东	广州	3262.4	2368.4	2.1	0.0	0.0	3.1	888.8
齐鲁证券有限府前街证券营业部	山东	泰安	3261.3	3083.6	13.1	0.0	0.0	1.7	162.9
中国银河证券县前西街证券营业部	浙江	湖州	3258.6	2569.3	17.1	0.0	0.2	16.5	655.5
华安证券津河东路证券营业部	安徽	宁国	3258.2	3187.5	0.3	0.0	0.0	0.0	70.4
申银万国证券县向阳路证券营业部	江西	南昌	3257.5	2798.8	3.9	0.0	0.0	0.9	453.8
财通证券塘河北路证券营业部	浙江	温州	3253.8	3096.5	2.4	0.0	0.0	0.1	154.8
华泰证券金丰南大街证券营业部	江苏	盐城	3253.4	1576.4	1.4	0.0	0.0	124.0	1551.6
宏信证券一环路西二段证券营业部	四川	成都	3251.6	2418.2	3.3	0.0	0.0	2.6	827.6
财富证券解放西路证券营业部	湖南	衡阳	3249.9	2450.4	9.5	0.0	0.6	0.1	789.4
东北证券沙南街证券营业部	重庆	重庆	3249.4	2117.3	5.7	0.0	0.0	0.8	1125.6
中天证券联合路证券营业部	辽宁	沈阳	3249.3	2429.8	2.0	0.0	1.9	0.5	815.1
中国民族证券新华大街证券营业部	吉林	通化	3246.5	3143.0	2.6	0.0	0.0	1.9	98.9
华融证券武陵大道证券营业部	湖南	常德	3243.7	2665.7	3.8	0.0	0.0	0.1	574.2
东北证券众意路证券营业部	河南	郑州	3237.7	1308.4	0.8	0.0	0.0	0.8	1927.7
财通证券黄岩横街证券营业部	浙江	台州	3229.5	2548.9	1.8	0.0	0.0	0.2	678.6
长城证券海鹰路证券营业部	北京	北京	3227.7	792.6	1.4	0.0	0.0	0.2	2433.5
光大证券元美路证券营业部	广东	东莞	3224.2	1866.7	32.5	0.0	0.0	1.6	1323.4
宏源证券天山北路证券营业部	新疆	哈密	3218.8	3190.0	9.5	0.0	0.0	0.2	19.2
国信证券庄广安大街证券营业部	河北	石家庄	3215.9	1855.2	6.5	0.0	0.0	109.6	1244.7
齐鲁证券有限繁荣东路证券营业部	山东	潍坊	3212.0	3045.0	4.0	0.0	0.9	0.6	161.5
中天证券大南街证券营业部	辽宁	沈阳	3212.0	2343.0	3.3	0.0	0.2	1.0	864.5
华安证券合作化南路证券营业部	安徽	合肥	3211.5	434.7	6.8	0.0	0.1	0.7	2769.2
渤海证券广顺北大街证券营业部	北京	北京	3205.5	2409.9	7.0	0.0	0.6	0.7	787.4
华西证券东大街证券营业部	四川	成都	3201.4	2657.7	2.2	0.0	0.0	0.3	541.2
新时代证券上清寺路证券营业部	重庆	重庆	3200.3	2951.6	3.4	0.0	0.0	37.2	208.1
民生证券神火大道证券营业部	河南	商丘	3200.0	3030.8	2.3	0.0	0.0	0.1	166.8

注：营业部交易金额的单位为百万元。

证券营业部交易
Trading of Business Department

营业部名称 Business Department	省份 Province	城市 City	总计 Total	股票 Share	基金 Fund	权证 Warrant	政府债 G-Bond	公司债 C-Bond	债券回购 Repo
国联证券滨江东路证券营业部	广东	广州	3199.5	2362.4	1.5	0.0	0.0	1.2	834.4
中国中投证券银州路证券营业部	辽宁	铁岭	3198.2	2868.2	7.2	0.0	0.0	1.8	321.0
中信证券（浙江）迎宾路证券营业部	浙江	富阳	3190.8	2100.9	21.6	0.0	0.0	0.0	1068.4
国海证券济安街证券营业部	山东	济南	3185.4	3000.9	1.6	0.0	0.0	0.0	182.9
国联证券工农路证券营业部	江苏	南通	3181.9	1306.2	127.6	0.0	0.0	0.5	1747.6
齐鲁证券有限沂源证券营业部	山东	淄博	3178.5	2741.4	162.2	0.0	0.0	0.3	274.6
华安证券鳌峰西路证券营业部	安徽	宣城	3167.6	3011.3	3.6	0.0	0.0	1.5	151.2
东莞证券清溪证券营业部	广东	东莞	3167.2	2791.1	2.0	0.0	0.0	1.3	372.8
浙商证券双子大厦证券营业部	浙江	湖州	3153.8	2338.4	11.9	0.0	0.0	3.0	800.5
中原证券兴鹤大街证券营业部	河南	鹤壁	3151.6	2292.4	1.3	0.0	0.0	1.5	856.5
首创证券大港振兴路证券营业部	天津	天津	3149.9	2684.7	2.2	0.0	0.0	2.7	460.3
东北证券铜梁证券营业部	重庆	重庆	3146.1	2564.9	0.5	0.0	0.0	1.1	579.6
广发证券口宣府大街证券营业部	河北	张家口	3142.8	2619.6	6.6	0.0	0.0	0.2	516.4
海通证券红旗大道证券营业部	江西	赣州	3141.6	967.6	23.7	0.0	0.0	0.4	2149.9
平安证券芜湖路证券营业部	安徽	合肥	3141.2	1875.4	20.5	0.0	0.0	23.0	1222.3
海通证券河大同街证券营业部	黑龙江	七台河	3140.7	2975.8	3.0	0.0	0.1	0.9	161.0
中国中投证券广华大道证券营业部	湖北	潜江	3136.6	2207.9	15.2	0.0	0.2	0.9	912.5
中国银河证券浍滨街证券营业部	山西	侯马	3135.1	2593.5	7.6	0.0	0.0	1.3	532.7
国信证券松岗证券营业部	深圳	深圳	3133.3	1952.3	2.7	0.0	0.0	0.1	1178.2
湘财证券宝庆东路证券营业部	湖南	邵阳	3131.7	3044.1	2.0	0.0	0.0	7.2	78.4
海通证券哈尔安顺路证券营业部	黑龙江	齐齐哈尔	3131.4	3016.3	1.5	0.0	0.0	62.7	50.9
国元证券魏武大道证券营业部	安徽	亳州	3130.0	3077.7	10.9	0.0	0.0	0.2	41.2
宏源证券北京路证券营业部	新疆	博乐	3120.8	1564.5	4.5	0.0	0.0	2.0	1549.8
齐鲁证券有限东方红路证券营业部	山东	德州	3117.4	2864.6	5.0	0.0	0.0	3.1	244.7
华福证券新华中路证券营业部	福建	福安	3117.3	2880.3	2.5	0.0	0.0	0.0	234.6
上海证券证券营业部	上海	上海	3115.1	2458.3	10.6	0.0	0.1	10.7	635.5
渤海证券英雄山路证券营业部	山东	济南	3114.4	2516.1	1.4	0.0	0.0	2.8	594.1
方正证券华容城北路证券营业部	湖南	岳阳	3107.5	2938.9	6.7	0.0	0.0	0.0	161.9
中原证券仙霞岭路证券营业部	山东	青岛	3103.9	2341.9	3.7	0.0	0.0	1.2	757.1
齐鲁证券有限徐东大街证券营业部	湖北	武汉	3101.5	1800.8	3.2	0.0	0.0	3.3	1294.2
广发证券新南路证券营业部	重庆	重庆	3101.0	1930.9	1.6	0.0	0.0	0.1	1168.4
信达证券市府南街证券营业部	辽宁	本溪	3091.7	2728.3	5.3	0.0	0.3	4.9	352.9
宏信证券顺城街证券营业部	四川	西昌	3086.1	2958.6	7.9	0.0	0.2	2.2	117.2
国元证券五一南路证券营业部	福建	福州	3082.6	1660.6	2.4	0.0	0.0	2.8	1416.8
川财证券经纪五通桥文化街证券营业部	四川	乐山	3081.0	2507.5	1.8	0.0	0.0	3.7	568.0
华林证券恩平证券营业部	广东	恩平	3081.0	2261.8	12.6	0.0	0.0	15.6	791.0
浙商证券建设二路证券营业部	广东	江门	3079.0	1324.3	6.0	0.0	0.0	1.2	1747.5
南京证券洪城路证券营业部	江西	南昌	3077.9	1315.4	0.3	0.0	0.0	4.8	1757.4
中原证券大梁路证券营业部	河南	开封	3073.2	2770.7	2.6	0.0	0.0	0.5	299.4
宏源证券克孜都维路证券营业部	新疆	喀什	3069.4	3026.7	7.8	0.0	3.0	0.8	31.1
方正证券五一路证券营业部	湖南	益阳	3065.8	2939.5	3.3	0.0	0.2	0.7	122.2
浙商证券靖南大街证券营业部	浙江	宁波	3063.7	3008.0	3.0	0.0	0.0	0.0	52.8
东兴证券九一北路证券营业部	福建	龙岩	3059.5	2569.1	8.3	0.0	0.0	0.4	481.7
上海证券五四路证券营业部	福建	福州	3057.5	2050.0	2.2	0.0	1.4	2.6	1001.3
中国中投证券黄河南路证券营业部	江苏	宿迁	3055.3	2994.6	4.1	0.0	0.0	9.2	47.4
财达证券铁西北大街证券营业部	河北	邯郸	3053.2	2455.8	6.0	0.0	0.0	2.2	589.2
广发证券市广州大道南证券营业部	广东	广州	3051.7	2094.1	30.7	0.0	0.0	8.2	918.7
国海证券建设中路证券营业部	广西	贺州	3046.3	2382.6	2.3	0.0	0.0	3.4	658.0
光大证券五四大街证券营业部	青海	西宁	3041.6	2912.1	4.8	0.0	0.0	0.3	124.6
海通证券龙城路证券营业部	江苏	江都	3039.4	2807.1	6.0	0.0	0.1	1.4	224.8

注：营业部交易金额的单位为百万元。

证券营业部交易
Trading of Business Department

营业部名称 Business Department	省份 Province	城市 City	总计 Total	股票 Share	基金 Fund	权证 Warrant	政府债 G-Bond	公司债 C-Bond	债券回购 Repo
恒泰长财证券小西路证券营业部	辽宁	沈阳	3038.4	2455.2	2.1	0.0	0.0	2.5	578.5
方正证券鼓山中路证券营业部	浙江	绍兴	3031.9	2894.5	3.3	0.0	0.0	0.1	133.9
中天证券岛泰康路证券营业部	辽宁	葫芦岛	3026.5	2716.3	3.1	0.0	0.0	2.3	304.7
南京证券凤凰北街证券营业部	宁夏	银川	3023.4	2970.0	1.8	0.0	0.0	0.1	51.6
南京证券先烈中路证券营业部	广东	广州	3018.7	2756.0	7.0	0.0	0.1	4.6	251.1
联讯证券潮州大道证券营业部	广东	潮州	3016.8	1711.9	1.4	0.0	0.0	0.9	1302.6
中信建投证券建设路证券营业部	江苏	兴化	3016.7	2553.2	10.0	0.0	0.0	33.9	419.6
民生证券晚报大道证券营业部	湖南	长沙	3014.3	2789.6	1.4	0.0	0.0	0.2	223.1
山西证券太行西路证券营业部	山西	长治	3011.8	1468.7	2.6	0.0	0.0	1.9	1538.6
中国银河证券金阳观山西路证券营业部	贵州	贵阳市	3010.0	2392.3	0.6	0.0	0.0	0.3	616.8
安信证券人民路证券营业部	江苏	苏州	3007.6	1201.2	4.0	0.0	0.4	4.2	1797.8
山西证券华龙路证券营业部	山东	济南	3005.6	2496.2	2.8	0.0	0.0	18.7	487.9
齐鲁证券有限钟楼北路证券营业部	山东	蓬莱	3005.4	2486.9	9.9	0.0	0.0	0.1	508.5
方正证券宜章宜兴路证券营业部	湖南	郴州	3001.6	1376.2	5.9	0.0	1.9	0.1	1617.5
海通证券密云鼓楼东大街证券营业部	北京	北京	3000.3	2228.7	10.3	0.0	0.0	3.2	758.1
华鑫证券西大街证券营业部	陕西	西安	2997.5	2371.2	2.7	0.0	0.0	0.2	623.4
金元证券广州路证券营业部	江苏	南京	2997.4	2336.6	6.0	0.0	2.0	0.3	652.5
安信证券陆丰证券营业部	广东	汕尾	2996.5	2528.8	1.2	0.0	0.6	0.5	465.5
厦门证券有限后江埭路证券营业部	福建	厦门	2995.3	2054.2	1.6	0.0	0.0	0.6	938.9
广发证券市珠海大道证券营业部	广东	珠海	2994.7	1957.8	3.3	0.0	0.2	7.2	1026.3
齐鲁证券有限情侣中路证券营业部	广东	珠海	2991.2	2486.6	3.2	0.0	0.0	4.2	497.3
财达证券都统府大街证券营业部	河北	承德	2990.0	2576.2	4.7	0.0	0.0	1.0	408.1
华泰证券通湖路证券营业部	江苏	高邮	2989.7	2200.4	22.4	0.0	0.0	13.0	753.9
上海证券永强大道证券营业部	浙江	温州	2988.9	2823.5	7.5	0.0	1.9	2.1	154.0
东北证券山东路证券营业部	山东	青岛	2988.3	872.2	2.2	0.0	0.0	0.0	2113.9
安信证券乐昌乐城证券营业部	广东	韶关	2985.2	2166.9	1.5	0.0	0.3	1.2	815.4
申银万国证券烟台路证券营业部	山东	青岛	2984.4	2478.4	50.0	0.0	0.0	1.0	455.0
中信证券（浙江）安吉路证券营业部	福建	泉州	2978.7	338.9	0.8	0.0	0.0	0.0	2639.1
国泰君安证券东风汽车大道证券营业部	湖北	襄阳	2977.1	2535.5	1.8	0.0	0.0	2.3	437.4
华泰证券龙华路证券营业部	海南	海口	2976.8	1574.2	1.4	0.0	0.0	0.1	1401.2
中天证券十三纬路证券营业部	辽宁	沈阳	2971.9	2414.2	6.1	0.0	0.1	0.5	551.0
方正证券邵东红岭路证券营业部	湖南	邵阳	2971.6	2872.5	5.6	0.0	0.0	1.3	92.2
方正证券福永大道证券营业部	深圳	深圳	2971.4	2660.9	7.3	0.0	0.0	1.7	301.5
德邦证券工农大路证券营业部	吉林	长春	2960.6	1688.1	2.1	0.0	0.0	0.1	1270.3
民生证券菜市口大街证券营业部	北京	北京	2959.8	1966.2	13.6	0.0	0.0	185.1	794.9
中天证券枫杨路证券营业部	辽宁	沈阳	2955.8	2630.3	5.3	0.0	0.0	3.9	316.3
新时代证券芙蓉南路证券营业部	湖南	长沙	2955.0	2254.7	2.2	0.0	0.0	0.8	697.4
长江证券东大街证券营业部	青海	西宁	2951.1	889.1	0.1	0.0	0.0	0.0	2061.9
国泰君安证券滨爱建路证券营业部	黑龙江	哈尔滨	2947.1	2287.0	97.3	0.0	0.3	0.9	561.6
长城证券世纪大道证券营业部	浙江	杭州	2940.1	2495.8	1.8	0.0	0.0	59.7	382.8
方正证券南津中路证券营业部	湖南	永州	2932.9	2815.3	20.9	0.0	0.3	0.1	96.3
华泰证券长坂路证券营业部	湖北	当阳	2931.7	2612.1	68.0	0.0	0.0	9.2	242.5
东北证券松江大街证券营业部	吉林	松原	2929.3	2624.0	10.4	0.0	0.0	0.4	294.5
西部证券巴山中路证券营业部	陕西	安康	2928.6	2621.9	2.2	0.0	0.0	1.2	303.2
华西证券丹桂街证券营业部	四川	自贡	2927.4	2638.9	2.9	0.0	0.1	3.0	282.5
光大证券友好广场证券营业部	辽宁	大连	2927.2	2000.7	8.6	0.0	0.0	4.6	913.3
方正证券船山路证券营业部	湖南	衡阳	2923.1	2833.4	5.5	0.0	0.0	6.8	77.4
华龙证券西文化街证券营业部	甘肃	酒泉	2912.5	2656.3	4.3	0.0	0.0	1.3	250.5
华西证券东大街证券营业部	四川	绵阳	2912.1	2706.2	4.8	0.0	0.0	24.6	176.5
中国银河证券解放西路证券营业部	浙江	平湖	2908.9	1783.2	31.1	0.0	0.1	0.2	1094.4

注：营业部交易金额的单位为百万元。

证券营业部交易
Trading of Business Department

营业部名称 Business Department	省份 Province	城市 City	总计 Total	股票 Share	基金 Fund	权证 Warrant	政府债 G-Bond	公司债 C-Bond	债券回购 Repo
广发证券博罗证券营业部	广东	惠州	2906.3	2266.2	4.8	0.0	0.1	5.4	629.8
长江证券人民路证券营业部	河南	新乡	2904.6	2418.6	0.9	0.0	0.0	0.2	484.9
安信证券雁城路证券营业部	四川	资阳	2896.5	2469.2	2.9	0.0	0.0	6.7	417.7
国都证券三元西桥证券营业部	北京	北京	2890.5	1788.1	50.6	0.0	0.0	0.1	1051.8
金元证券木齐黄河路证券营业部	新疆	乌鲁木齐	2890.1	2598.4	1.9	0.0	0.0	0.0	289.8
山西证券红黄路证券营业部	重庆	重庆	2878.2	1821.2	2.9	0.0	0.1	14.5	1039.5
新时代证券峡崤山路证券营业部	河南	三门峡	2878.1	2840.8	2.2	0.0	0.7	25.1	9.4
东北证券南奉公路证券营业部	上海	上海	2876.9	1477.2	5.5	0.0	0.3	3.2	1390.8
海通证券嘎兰中路证券营业部	云南	景洪	2875.4	1995.4	3.4	0.0	0.3	8.3	868.0
华安证券沿江大道证券营业部	湖北	武汉	2873.5	1614.1	4.5	0.0	0.0	1.1	1253.8
天风证券西门桥街证券营业部	四川	资阳	2869.1	2852.8	6.3	0.0	0.0	1.2	8.9
招商证券牡丹江路证券营业部	上海	上海	2866.6	1368.0	4.2	0.0	1.1	3.1	1490.3
万联证券花都公益路证券营业部	广东	广州	2865.2	2172.6	2.3	0.0	0.0	0.9	689.5
华融证券林和西路证券营业部	广东	广州	2862.4	1708.6	5.9	0.0	0.0	1.4	1146.4
川财证券经纪人民北路证券营业部	四川	南充	2858.1	2551.6	2.1	0.0	0.2	1.7	302.5
华龙证券北大街证券营业部	江苏	无锡	2856.9	1168.2	22.3	0.0	0.1	0.4	1665.9
东吴证券沙溪镇白云中路证券营业部	江苏	太仓	2852.8	1607.9	1.8	0.0	0.0	0.3	1242.9
国泰君安证券镇海庄市兴庄路证券营业部	浙江	宁波	2852.2	1931.5	2.3	0.0	0.0	6.4	912.0
中国银河证券邢州北路证券营业部	河北	邢台	2851.1	694.4	0.7	0.0	0.0	64.2	2091.8
国海证券中山二路证券营业部	广西	百色	2851.0	2448.2	3.7	0.0	0.0	0.2	398.9
国海证券永福西大街证券营业部	广西	钦州	2850.8	2776.5	11.0	0.0	0.2	6.5	56.7
南京证券中山北街证券营业部	宁夏	银川	2850.5	2754.8	0.9	0.0	0.0	2.9	91.9
华融证券青龙街证券营业部	四川	成都	2850.3	2527.4	0.2	0.0	0.0	0.5	322.1
光大证券华山路证券营业部	广东	汕头	2848.2	1021.7	8.2	0.0	0.6	66.9	1750.8
东吴证券海陵南路证券营业部	江苏	泰州	2843.8	2594.2	0.9	0.0	0.0	0.6	248.2
大通证券天河路证券营业部	广东	广州	2840.5	2519.6	44.7	0.0	0.0	0.8	275.5
中国银河证券民航路证券营业部	云南	昆明市	2839.2	2103.4	3.1	0.0	0.0	0.2	732.5
海通证券人民大街证券营业部	吉林	辽源	2829.3	2677.3	1.1	0.0	0.0	0.1	150.8
华西证券东顺城街证券营业部	四川	什邡	2827.9	2802.4	1.2	0.0	0.0	1.2	23.1
安信证券惠来证券营业部	广东	揭阳	2816.3	2165.7	1.5	0.0	0.0	0.9	648.2
中信万通证券文化中路证券营业部	山东	枣庄	2816.1	2001.5	2.9	0.0	0.0	4.3	807.5
海通证券丹金路证券营业部	江苏	丹阳	2815.7	2521.3	20.9	0.0	0.3	2.8	270.4
恒泰长财证券东盛大街证券营业部	吉林	长春	2813.7	2230.0	4.7	0.0	0.0	5.7	573.3
安信证券花园路证券营业部	河南	郑州	2807.7	2314.4	1.9	0.0	0.1	2.5	488.8
广发证券蕉岭证券营业部	广东	梅州	2803.7	1852.7	1.3	0.0	0.0	1.9	947.8
江海证券有限中央大街证券营业部	黑龙江	大庆	2799.2	2248.8	1.4	0.0	0.0	2.9	546.2
华安证券蔡新中路证券营业部	安徽	淮南	2795.0	2210.7	2.2	0.0	0.0	1.1	581.0
中天证券天坛一街证券营业部	辽宁	沈阳	2789.8	2201.4	1.2	0.0	1.1	4.5	581.6
国泰君安证券龙华梅龙中路证券营业部	深圳	深圳	2788.0	2457.7	5.7	0.0	0.0	0.7	323.9
国泰君安证券济水大街证券营业部	河南	济源	2786.1	2677.7	7.6	0.0	0.0	0.5	100.3
中国民族证券车站北路证券营业部	湖南	长沙	2783.9	2638.2	7.6	0.0	0.0	12.2	125.9
宏源证券乌鲁木齐东路证券营业部	新疆	乌鲁木齐	2782.2	2543.0	2.9	0.0	0.0	2.2	234.1
南京证券山大武口证券营业部	宁夏	石嘴山	2777.8	2574.8	0.9	0.0	0.0	0.0	202.1
新时代证券马家堡西路证券营业部	北京	北京	2773.8	1007.4	364.0	0.0	0.0	609.0	793.4
山西证券七一北路证券营业部	山西	忻州	2772.3	2548.1	3.2	0.0	0.1	2.4	218.4
财达证券庄自强路证券营业部	河北	石家庄	2771.5	2509.6	2.2	0.0	3.4	20.6	235.6
光大证券李家沱证券营业部	重庆	重庆	2765.1	2589.4	5.5	0.0	0.2	1.7	168.4
国信证券亚运村证券营业部	北京	北京	2765.1	1610.4	50.4	0.0	0.9	5.1	1098.4
上海证券解放南路证券营业部	浙江	台州	2764.2	2687.9	29.5	0.0	0.0	1.5	45.4
方正证券胜利路证券营业部	湖南	株洲	2750.5	2349.7	3.5	0.0	0.1	2.7	394.5

注：营业部交易金额的单位为百万元。

证券营业部交易
Trading of Business Department

营业部名称 Business Department	省份 Province	城市 City	总计 Total	股票 Share	基金 Fund	权证 Warrant	政府债 G-Bond	公司债 C-Bond	债券回购 Repo
第一创业证券黄河道证券营业部	天津	天津	2744.4	215.3	0.2	0.0	0.0	176.6	2352.2
世纪证券天河路证券营业部	广东	广州	2743.1	1681.9	6.0	0.0	0.0	0.0	1055.2
太平洋证券西街证券营业部	云南	昭通	2741.3	2565.8	2.2	0.0	16.2	1.9	155.3
太平洋证券保岫东路证券营业部	云南	保山	2731.5	2688.5	1.1	0.0	0.0	0.1	41.8
西南证券长寿证券营业部	重庆	重庆	2730.5	2533.8	2.7	0.0	0.0	4.0	190.0
华龙证券民主西路证券营业部	甘肃	兰州	2730.3	1875.6	2.0	0.0	0.0	0.5	852.2
中信建投证券新民街证券营业部	四川	简阳	2729.4	2627.3	3.6	0.0	0.7	11.1	86.7
恒泰证券浩特乌兰察布东街证券营业部	内蒙	呼和浩特	2729.3	2685.4	1.2	0.0	0.0	0.4	42.3
光大证券新民东路证券营业部	江苏	丹阳	2728.7	1482.0	7.7	0.0	0.1	0.1	1238.9
财富证券建设南路证券营业部	湖南	株洲	2728.6	2106.5	5.7	0.0	1.9	0.5	614.0
中国中投证券山花园路证券营业部	安徽	马鞍山	2719.7	1094.0	5.4	0.0	0.0	1.6	1618.7
长江证券东风路证券营业部	湖北	潜江	2719.6	1494.5	69.8	0.0	0.1	0.4	1154.9
新时代证券解放南路证券营业部	天津	天津	2718.3	2059.9	2.2	0.0	0.0	0.6	655.6
东北证券迎泽大街证券营业部	山西	太原	2717.8	2039.2	3.4	0.0	1.4	0.1	673.7
国都证券牌楼巷证券营业部	江苏	南京	2713.4	2215.9	27.6	0.0	0.0	11.5	458.5
上海证券路证券营业部	上海	上海	2712.5	2301.5	9.1	0.0	0.0	0.9	400.9
世纪证券镇新厂林萌路证券营业部	江西	景德镇	2708.4	1563.3	1.1	0.0	0.0	2.6	1141.4
华融证券苏东大街证券营业部	新疆	阿克苏	2705.9	2697.1	1.1	0.0	0.0	0.1	7.7
渤海证券东明路证券营业部	河南	郑州	2704.9	1285.9	0.8	0.0	0.0	0.2	1418.0
山西证券泰兴东路证券营业部	山西	河津	2704.4	2279.3	7.0	0.0	0.0	0.8	417.2
大同证券经纪站北街证券营业部	山西	大同	2700.6	2574.5	3.1	0.0	0.0	9.3	113.7
宏信证券金轮干道证券营业部	四川	江油	2696.8	2322.9	2.0	0.0	0.0	1.0	370.9
东兴证券芙蓉中路证券营业部	湖南	长沙	2694.7	2608.0	1.6	0.0	0.0	0.4	84.6
海通证券关新华中路证券营业部	甘肃	嘉峪关	2693.1	2040.5	198.1	0.0	0.0	0.6	453.9
诚浩证券西顺城街证券营业部	辽宁	沈阳	2689.0	1568.4	13.2	0.0	3.0	15.9	1088.6
上海证券福虹路证券营业部	深圳	深圳	2687.5	2530.2	7.0	0.0	0.0	0.0	150.3
海通证券清河东路证券营业部	安徽	阜阳	2679.1	1677.9	21.2	0.0	0.1	2.8	977.1
方正证券通朝大街证券营业部	北京	北京	2674.5	1041.9	62.9	0.0	0.0	279.5	1290.3
山西证券庄槐安东路证券营业部	河北	石家庄	2673.4	1929.4	4.3	0.0	0.0	0.4	739.3
广发证券市四会大道证券营业部	广东	四会	2669.8	1027.2	0.4	0.0	0.0	0.1	1642.1
方正证券星沙三一路证券营业部	湖南	长沙	2668.6	2618.2	4.5	0.0	0.0	0.7	45.3
国泰君安证券万州太白岩证券营业部	重庆	重庆	2664.5	2465.5	6.0	0.0	0.3	46.7	146.1
兴业证券庄中山西路证券营业部	河北	石家庄	2651.1	1164.0	7.7	0.0	0.1	0.9	1478.5
长江证券烈山大道证券营业部	湖北	随州	2651.1	2123.5	8.1	0.0	0.0	0.7	518.7
中信建投证券口东启街证券营业部	湖北	老河口	2648.9	2223.3	3.5	0.0	0.2	2.1	419.9
江海证券有限中央街证券营业部	黑龙江	黑河	2646.7	963.6	3.1	0.0	0.0	4.5	1675.5
财富证券人民北路证券营业部	湖南	吉首	2645.3	2631.8	4.5	0.0	0.0	5.0	4.0
第一创业证券六一南路证券营业部	福建	福州	2644.5	1041.8	2.9	0.0	0.0	14.5	1585.3
民生证券航空路证券营业部	四川	成都	2643.0	1776.8	1.7	0.0	0.0	7.9	856.6
信达证券季华七路证券营业部	广东	佛山	2639.4	2187.9	2.3	0.0	0.0	2.9	446.3
中国银河证券西大街证券营业部	青海	西宁	2637.9	2451.9	3.5	0.0	0.3	4.5	177.8
中国中投证券盛泽东方大街证券营业部	江苏	苏州	2633.5	1348.3	3.2	0.0	0.0	5.3	1276.8
申银万国证券安盛路证券营业部	浙江	瑞安	2633.5	2274.5	5.8	0.0	0.0	1.3	351.9
财达证券庄广安大街证券营业部	河北	石家庄	2632.9	2150.4	6.8	0.0	0.2	1.8	473.7
广发证券新华南路证券营业部	广东	韶关	2630.5	1531.7	3.7	0.0	0.0	0.6	1094.6
财富证券芙蓉路证券营业部	湖南	湘潭	2622.1	2158.4	4.6	0.0	0.0	1.2	457.8
中国中投证券丽泽路证券营业部	北京	北京	2611.0	1706.6	4.3	0.0	0.0	3.6	896.5
第一创业证券创业证券公司大连五一路证券营业部	辽宁	大连	2604.6	1418.8	38.4	0.0	0.2	200.2	947.1
大通证券塘沽解放路证券营业部	天津	天津	2604.4	2437.7	7.2	0.0	0.6	0.1	158.9
齐鲁证券有限亚泰大街证券营业部	吉林	长春	2595.1	1827.4	1.5	0.0	0.0	0.2	766.1

注：营业部交易金额的单位为百万元。

证券营业部交易
Trading of Business Department

营业部名称 Business Department	省份 Province	城市 City	总计 Total	股票 Share	基金 Fund	权证 Warrant	政府债 G-Bond	公司债 C-Bond	债券回购 Repo
湘财证券大道北证券营业部	广东	广州	2591.6	2152.4	5.9	0.0	0.0	1.7	431.6
中信万通证券商务内环路证券营业部	河南	郑州	2588.2	1213.8	6.0	0.0	0.0	3.1	1365.3
恒泰证券尔河西开发区证券营业部	内蒙	呼伦贝尔	2587.1	2574.5	8.6	0.0	0.0	0.1	3.9
财达证券庄晋州市府路证券营业部	河北	石家庄	2586.8	542.3	1.1	0.0	0.1	0.1	2043.2
财达证券解放中路证券营业部	河北	沧州	2586.2	2345.3	3.6	0.0	0.0	0.4	236.9
国海证券桂平市人民中路证券营业部	广西	桂平	2581.7	2564.7	2.3	0.0	0.2	0.3	14.2
中原证券广安门外大街证券营业部	北京	北京	2579.3	1057.6	1.1	0.0	0.1	2.8	1517.6
宏信证券公园街证券营业部	四川	内江	2578.2	2324.4	6.2	0.0	2.2	8.4	237.1
中国民族证券柏杨路证券营业部	四川	乐山	2576.1	2252.3	2.8	0.0	0.0	19.7	301.3
齐鲁证券有限延安北路证券营业部	福建	漳州	2575.3	1660.6	4.4	0.0	0.0	0.2	910.0
兴业证券珊瑚路证券营业部	重庆	重庆	2570.7	1141.2	2.4	0.0	0.0	0.0	1427.0
世纪证券青年路证券营业部	云南	昆明	2570.6	1999.6	1.9	0.0	0.0	12.5	556.6
众成证券经纪有限文化路证券营业部	河南	郑州	2560.8	1915.1	1.2	0.0	0.0	0.1	644.4
信达证券庄裕华东路证券营业部	河北	石家庄	2559.3	1346.0	10.3	0.0	0.0	0.1	1203.0
金元证券人民东路证券营业部	湖南	长沙	2554.1	1929.4	6.3	0.0	1.4	0.0	617.0
金元证券青年中路证券营业部	江苏	南通	2551.4	1679.2	3.4	0.0	0.0	0.2	868.6
申银万国证券温江鱼凫路证券营业部	四川	成都	2548.6	2321.7	4.7	0.0	0.0	2.0	220.2
安信证券化州证券营业部	广东	化州	2547.8	1819.7	1.2	0.0	0.0	0.1	726.8
众成证券经纪有限经七路证券营业部	山东	济南	2542.6	2001.1	2.8	0.0	0.1	0.4	538.2
东莞证券白山路证券营业部	辽宁	大连	2541.6	1163.1	1.5	0.0	0.0	1.0	1376.0
财通证券黄浦路证券营业部	辽宁	大连	2539.3	1394.6	80.0	0.0	0.0	207.4	857.4
安信证券泉城路证券营业部	山东	济南	2539.2	1217.6	1.6	0.0	0.2	6.0	1313.8
英大证券渝鲁大道证券营业部	重庆	重庆	2538.6	1782.6	5.0	0.0	0.0	1.2	749.8
国泰君安证券金湖西路证券营业部	云南	个旧	2537.6	2360.1	2.5	0.0	0.4	3.0	171.5
民生证券永明路证券营业部	河南	安阳	2532.6	2116.5	2.5	0.0	0.0	0.1	413.4
华福证券金环路证券营业部	福建	福州	2523.3	1701.8	2.0	0.0	0.0	7.9	811.5
大同证券经纪新平旺证券营业部	山西	大同	2523.3	2348.6	4.0	0.0	0.0	18.6	152.1
中国银河证券新城西路证券营业部	天津	天津	2521.5	2051.6	4.4	0.0	0.0	0.4	465.2
国泰君安证券滨河路证券营业部	福建	福州	2519.7	1465.4	1.3	0.0	0.0	0.0	1053.0
众成证券经纪有限丰产路证券营业部	河南	郑州	2518.8	1472.8	0.7	0.0	0.0	6.5	1038.8
西部证券金台大道证券营业部	陕西	宝鸡	2517.4	1754.4	2.4	0.0	0.0	0.5	760.1
大同证券经纪七一北路证券营业部	山西	忻州	2516.8	2091.2	2.1	0.0	0.0	2.6	420.9
海通证券新城路证券营业部	山东	肥城	2515.8	2483.3	3.8	0.0	7.5	0.4	20.7
华龙证券亳州路证券营业部	安徽	合肥	2513.6	1725.2	0.4	0.0	0.0	8.4	779.7
中国中投证券少林大道证券营业部	河南	登封	2512.8	2454.8	6.4	0.0	0.0	42.7	8.9
海通证券洪家楼南路证券营业部	山东	济南	2511.2	2135.8	10.2	0.0	0.0	10.5	354.7
海通证券兴华街证券营业部	山西	太原	2506.6	2188.6	1.8	0.0	0.0	2.3	313.9
广发证券康王中路证券营业部	广东	广州	2502.4	1416.0	2.9	0.0	0.0	10.4	1073.1
中天证券新开路证券营业部	天津	天津	2498.4	2105.0	2.3	0.0	0.1	0.2	390.8
财通证券成府路证券营业部	北京	北京	2496.4	1809.1	2.6	0.0	0.0	2.4	682.2
兴业证券中山路第一证券营业部	福建	南平	2492.9	2291.7	4.2	0.0	0.0	0.4	196.7
国元证券宁城中路证券营业部	安徽	宁国	2491.1	2453.5	7.2	0.0	0.0	0.0	30.4
华龙证券酒泉路证券营业部	甘肃	兰州	2490.3	2088.3	5.0	0.0	0.0	0.5	396.6
安信证券阳春广场路证券营业部	广东	阳春	2488.3	2374.1	2.0	0.0	0.0	0.0	112.2
联讯证券江北证券营业部	广东	惠州	2485.6	2129.8	2.6	0.0	0.0	0.3	352.9
信达证券解放路证券营业部	辽宁	锦州	2476.4	1905.4	2.1	0.0	0.0	2.7	566.2
宏信证券嘉定中路证券营业部	四川	乐山	2471.0	1926.1	1.5	0.0	0.0	5.1	538.3
东海证券田安路证券营业部	福建	泉州	2463.2	2247.2	4.1	0.0	0.0	0.1	211.9
华融证券天台路证券营业部	湖南	株洲	2460.5	1557.9	0.6	0.0	0.0	27.5	874.6
财通证券兰溪街证券营业部	浙江	金华	2460.3	1883.4	0.7	0.0	0.2	0.0	576.0

注：营业部交易金额的单位为百万元。

证券营业部交易
Trading of Business Department

营业部名称 Business Department	省份 Province	城市 City	总计 Total	股票 Share	基金 Fund	权证 Warrant	政府债 G-Bond	公司债 C-Bond	债券回购 Repo
财达证券浦东大道证券营业部	上海	上海	2459.5	1693.7	0.6	0.0	0.0	1.8	763.4
中国民族证券湖南街证券营业部	辽宁	鞍山	2456.9	2208.3	1.5	0.0	0.1	19.6	227.5
国元证券常青花园花园中路证券营业部	湖北	武汉	2456.7	1752.9	10.0	0.0	0.0	0.1	693.7
华融证券宁国南路证券营业部	安徽	合肥	2450.3	1911.5	1.0	0.0	1.7	1.3	535.0
财富里昂证券仙霞路证券营业部	上海	上海	2442.3	1323.7	2.0	0.0	0.0	9.9	1106.7
国信证券胜和路证券营业部	广东	东莞	2437.3	1984.9	5.5	0.0	0.0	0.5	446.4
华融证券东风南路证券营业部	湖南	衡阳	2434.3	2296.5	2.0	0.0	0.0	2.1	133.7
中国民族证券金顶南路证券营业部	四川	峨眉山	2431.7	2175.2	1.7	0.0	0.1	3.4	251.3
宏源证券滨海新区南海路证券营业部	天津	天津	2431.2	2160.6	18.3	0.0	0.0	0.2	252.2
渤海证券建新东路证券营业部	重庆	重庆	2430.6	1797.9	3.3	0.0	0.0	1.8	627.7
中天证券小西路证券营业部	辽宁	沈阳	2429.3	2197.3	2.4	0.0	0.0	1.1	228.5
方正证券迎丰路证券营业部	湖南	怀化	2426.8	2322.0	10.1	0.0	0.0	9.9	84.8
东北证券东风大街第二证券营业部	吉林	长春	2424.6	1721.4	1.7	0.0	0.1	1.9	699.5
华西证券万州鸽子沟证券营业部	重庆	重庆	2417.9	2330.8	1.2	0.0	0.0	0.9	85.0
华安证券人民广场证券营业部	安徽	巢湖	2411.3	2317.7	2.1	0.0	0.3	0.1	91.1
世纪证券富通街证券营业部	江西	樟树	2410.7	2164.9	1.2	0.0	0.0	0.4	244.2
南京证券怀远西路证券营业部	宁夏	银川	2410.3	2334.6	1.5	0.0	0.0	11.2	63.0
国联证券韶山南路证券营业部	湖南	长沙	2406.1	1838.1	1.5	0.0	0.0	5.5	561.0
广发证券延安中路证券营业部	贵州	贵阳	2405.8	2212.8	8.0	0.0	0.1	6.7	178.1
南京证券证券营业部	宁夏	中卫	2402.8	2402.5	0.2	0.0	0.0	0.1	0.0
中国中投证券如东人民南路证券营业部	江苏	南通	2400.4	1772.9	10.3	0.0	0.0	0.3	617.0
首创证券南湖大道证券营业部	湖南	岳阳	2396.8	1931.0	0.3	0.0	0.0	0.1	465.4
国泰君安证券西大街证券营业部	甘肃	张掖	2396.6	2108.5	6.2	0.0	0.0	4.1	277.7
海通证券大西路证券营业部	辽宁	沈阳	2392.2	2180.0	15.8	0.0	0.4	0.1	195.9
长江证券荆江大道证券营业部	湖北	荆州	2392.0	1953.4	4.2	0.0	0.0	1.8	432.6
国联证券济川东路证券营业部	江苏	泰州	2388.7	865.3	1.3	0.0	0.0	6.6	1515.6
方正证券中南二路证券营业部	湖北	武汉	2388.4	948.6	112.4	0.0	0.0	23.4	1304.0
南京证券港墟沟中华西路证券营业部	江苏	连云港	2384.6	2207.4	4.3	0.0	0.3	3.9	168.8
财通证券中山西路证券营业部	浙江	宁波	2381.9	2269.9	0.3	0.0	0.0	0.0	111.7
德邦证券环城北路营业部	浙江	杭州	2381.0	1978.1	1.1	0.0	0.0	0.7	401.2
齐鲁证券有限民主南路证券营业部	江苏	徐州	2380.4	1999.9	2.8	0.0	0.0	4.3	373.4
国信证券沿江大道证券营业部	湖北	宜昌	2379.9	1584.6	75.7	0.0	0.0	11.9	707.7
华龙证券杭大路证券营业部	浙江	杭州	2378.4	1507.8	2.5	0.0	0.0	0.0	868.0
湘财证券人民路证券营业部	湖南	怀化	2373.9	2294.6	3.0	0.0	0.0	0.5	75.7
联讯证券惠阳体育路证券营业部	广东	惠州	2369.4	2300.6	2.9	0.0	0.2	0.2	65.5
世纪证券井冈山大道证券营业部	江西	吉安	2363.4	1284.6	1.2	0.0	0.0	3.1	1074.4
华泰证券仙女大道证券营业部	湖北	汉川	2361.5	1863.8	1.1	0.0	0.0	7.0	489.6
渤海证券京津路第一证券营业部	天津	天津	2354.6	2004.2	0.8	0.0	0.4	8.5	340.7
大同证券经纪多斯天骄路证券营业部	内蒙	鄂尔多斯	2349.5	1191.2	0.1	0.0	0.0	16.5	1141.7
上海证券东直门南大街证券营业部	北京	北京	2346.8	1486.8	4.0	0.0	0.0	3.5	852.5
恒泰长财证券中兴街证券营业部	吉林	吉林	2346.2	1632.5	1.2	0.0	0.4	10.6	701.5
光大证券威远县南大街证券营业部	四川	内江	2337.9	2326.3	6.7	0.0	0.0	0.5	4.5
国泰君安证券芙蓉中路证券营业部	湖南	长沙	2330.8	2238.4	4.5	0.0	0.0	4.2	83.8
东莞证券建设大道证券营业部	广东	河源	2329.9	1880.7	1.3	0.0	0.1	15.8	432.1
海通证券乘风大街证券营业部	黑龙江	大庆	2324.6	1908.3	10.9	0.0	0.0	23.7	381.7
东北证券花园街证券营业部	江苏	常州	2320.1	1425.7	0.2	0.0	0.0	0.8	893.5
安信证券南海大沥证券营业部	广东	佛山	2311.6	1673.2	5.1	0.0	0.3	19.1	613.9
国泰君安证券哈尔中环广场证券营业部	黑龙江	齐齐哈尔	2308.6	2285.2	4.5	0.0	0.7	2.2	16.0
申银万国证券新福路证券营业部	湖北	武汉	2307.6	1579.1	1.6	0.0	0.0	0.8	726.1
国海证券西环路证券营业部	广西	河池	2305.2	2248.3	3.2	0.0	0.0	0.1	53.6

注：营业部交易金额的单位为百万元。

证券营业部交易
Trading of Business Department

营业部名称 Business Department	省份 Province	城市 City	总计 Total	股票 Share	基金 Fund	权证 Warrant	政府债 G-Bond	公司债 C-Bond	债券回购 Repo
财富证券武陵大道证券营业部	湖南	常德	2302.4	1677.3	5.7	0.0	0.0	0.0	619.4
中航证券有限浔阳路证券营业部	江西	九江	2295.3	2197.6	5.1	0.0	0.0	1.4	91.3
国盛证券京汉大道证券营业部	湖北	武汉	2291.8	620.8	1.5	0.0	0.0	0.5	1669.0
东北证券西路证券营业部	吉林	四平	2289.3	1423.1	0.8	0.0	0.0	57.1	808.2
齐鲁证券有限河口商场街证券营业部	山东	东营	2286.3	2056.9	8.8	0.0	0.0	1.6	219.0
恒泰长财证券工农大路证券营业部	吉林	长春	2286.2	1624.6	1.3	0.0	2.2	15.1	643.1
国盛证券红荔路证券营业部	深圳	深圳	2286.1	2210.6	12.9	0.0	0.0	1.4	61.2
光大证券中华南路证券营业部	贵州	遵义	2283.2	2269.8	5.0	0.0	0.0	2.1	6.3
中国民族证券浩特锡林南路证券营业部	内蒙	呼和浩特	2282.7	2172.1	9.4	0.0	0.1	0.3	100.8
华创证券龙山一路证券营业部	重庆	重庆	2277.0	1027.2	0.2	0.0	0.5	0.0	1249.1
东北证券证券营业部	吉林	敦化	2276.9	1688.2	3.9	0.0	0.0	0.0	584.8
中航证券有限建设中路证券营业部	河南	南阳	2276.1	2090.2	7.6	0.0	0.0	1.0	177.3
华鑫证券深南东路证券营业部	深圳	深圳	2271.7	1898.0	0.7	0.0	0.0	0.3	372.7
财通证券中山北路证券营业部	江苏	南京	2268.7	1664.5	1.0	0.0	0.0	11.6	591.6
齐鲁证券有限创业街证券营业部	山东	潍坊	2268.3	2147.0	4.8	0.0	0.0	0.1	116.4
安信证券北门大街证券营业部	江苏	常熟	2267.8	1068.4	1.1	0.0	0.0	1.0	1197.4
中国国际金融有限南京路证券营业部	天津	天津	2267.4	217.8	0.0	0.0	0.0	5.1	2044.6
中天证券黑龙江街证券营业部	辽宁	沈阳	2266.1	1548.5	2.0	0.0	0.0	2.4	713.2
招商证券长江路证券营业部	山东	烟台	2263.0	1809.0	0.7	0.0	0.0	0.7	452.7
申银万国证券珠江北路证券营业部	湖南	株洲	2262.8	1721.4	2.3	0.0	1.3	0.7	537.2
中原证券庄新华路证券营业部	河北	石家庄	2257.9	538.2	0.6	0.0	0.0	4.9	1714.3
国信证券世贸北路证券营业部	海南	海口	2257.4	1969.8	0.7	0.0	0.8	25.1	261.0
湘财证券市府大道证券营业部	浙江	台州	2254.1	252.3	2.0	0.0	0.0	150.5	1849.3
南京证券松陵镇流虹路证券营业部	江苏	苏州	2252.6	1807.4	6.4	0.0	0.0	2.7	436.1
东北证券新华大街证券营业部	吉林	通化	2252.2	1666.4	1.7	0.0	0.0	0.8	583.3
东吴证券县嘉善大道证券营业部	浙江	嘉兴	2250.3	1055.4	7.6	0.0	0.0	0.0	1187.3
恒泰证券恩和路证券营业部	内蒙	集宁	2249.0	1898.5	4.7	0.0	0.6	0.3	344.9
东吴证券关河中路证券营业部	江苏	常州	2247.0	1619.3	7.2	0.0	0.2	7.3	613.1
财富证券红星路证券营业部	湖南	怀化	2240.4	2052.3	1.0	0.0	0.0	0.5	186.5
海通证券长风西街证券营业部	山西	太原	2235.3	1827.4	80.0	0.0	0.0	0.1	327.8
国泰君安证券解放东路证券营业部	江苏	邳州	2234.2	2161.9	2.7	0.0	0.0	0.5	69.1
长江证券市府大道证券营业部	浙江	台州	2232.7	1945.8	29.9	0.0	0.0	1.6	255.4
瑞银证券深南东路证券营业部	深圳	深圳	2231.1	859.6	22.3	0.0	0.0	0.0	1349.3
中信建投证券开县证券营业部	重庆	重庆	2227.6	1961.2	2.1	0.0	0.2	1.4	262.7
中信万通证券青岛北路证券营业部	山东	威海	2224.6	1491.2	1.1	0.0	0.0	0.9	731.3
申银万国证券夷兴大道证券营业部	湖北	宜昌	2223.7	1414.6	8.5	0.0	0.0	0.3	800.3
宏源证券滨汉水路证券营业部	黑龙江	哈尔滨	2222.8	1364.6	0.4	0.0	0.0	0.0	857.8
国信证券金浦路证券营业部	广西	南宁	2221.2	2025.9	2.9	0.0	0.1	8.8	183.4
中国国际金融有限解放大道证券营业部	湖北	武汉	2216.0	199.6	1.4	0.0	0.0	2.1	2012.9
长江证券鸿福路证券营业部	广东	东莞	2215.3	1651.2	4.5	0.0	0.2	28.0	531.5
华龙证券雁滩路证券营业部	甘肃	兰州	2214.3	1631.1	0.9	0.0	0.0	1.3	581.0
齐鲁证券有限广饶新城大道证券营业部	山东	东营	2204.1	594.8	1.4	0.0	0.4	2.4	1605.2
中原证券中原路证券营业部	河南	商丘	2203.6	2186.6	3.7	0.0	0.0	0.7	12.6
申银万国证券华阳东路证券营业部	江苏	句容	2202.3	2174.5	4.7	0.0	0.0	2.0	21.1
中天证券新运大街证券营业部	辽宁	辽阳	2201.8	1773.7	1.3	0.0	0.0	0.3	426.6
华鑫证券解放路证券营业部	陕西	西安	2201.7	1808.5	4.6	0.0	0.0	2.5	386.1
恒泰长财证券迎春南路证券营业部	吉林	长春	2200.7	1558.6	1.7	0.0	0.0	0.5	640.0
大同证券经纪和平路证券营业部	河南	安阳	2195.0	1830.7	0.5	0.0	0.0	0.3	363.5
山西证券迎宾路证券营业部	山西	孝义	2192.4	1306.9	1.1	0.0	0.0	0.1	884.2
恒泰长财证券普阳街证券营业部	吉林	长春	2192.2	1527.1	1.8	0.0	0.3	0.6	662.4

注：营业部交易金额的单位为百万元。

证券营业部交易
Trading of Business Department

营业部名称 Business Department	省份 Province	城市 City	总计 Total	股票 Share	基金 Fund	权证 Warrant	政府债 G-Bond	公司债 C-Bond	债券回购 Repo
国泰君安证券西湖路证券营业部	湖南	邵阳	2186.9	2158.2	3.5	0.0	0.0	8.7	16.6
华安证券人民南路证券营业部	安徽	阜阳	2185.3	1137.9	0.9	0.0	0.0	0.2	1046.3
申银万国证券汾西路证券营业部	上海	上海	2184.7	543.0	5.5	0.0	0.1	3.5	1632.5
华鑫证券车公庄大街证券营业部	北京	北京	2184.2	1608.0	1.9	0.0	0.0	3.7	570.6
华泰证券东大街证券营业部	湖北	应城	2183.8	1579.0	2.9	0.0	0.0	3.0	598.9
财达证券庄中华北大街证券营业部	河北	石家庄	2182.5	2084.2	3.3	0.0	2.3	3.6	89.1
国盛证券东风中路证券营业部	广东	广州	2178.7	859.1	42.6	0.0	0.0	0.0	1277.0
华福证券新华街证券营业部	福建	泉州	2176.6	1713.5	0.5	0.0	0.0	0.2	462.4
申银万国证券芙蓉中路证券营业部	湖南	长沙	2176.3	1740.6	0.5	0.0	0.0	3.5	431.7
湘财证券桃花仑西路证券营业部	湖南	益阳	2175.5	1724.2	8.1	0.0	0.8	4.5	437.9
恒泰证券友谊大街证券营业部	内蒙	包头	2172.6	1789.1	0.4	0.0	0.0	0.1	383.0
兴业证券二环路证券营业部	福建	龙岩	2171.1	1496.7	4.3	0.0	0.0	0.3	669.8
金元证券河东路证券营业部	海南	三亚	2170.5	1871.3	10.6	0.0	0.0	5.1	283.4
新时代证券南海大道证券营业部	广东	佛山	2168.8	1458.9	3.2	0.0	0.0	0.1	706.7
华安证券庄青园街证券营业部	河北	石家庄	2167.3	851.0	0.3	0.0	0.0	61.6	1254.4
申银万国证券中华北路证券营业部	贵州	贵阳	2164.6	1409.6	2.3	0.0	0.0	22.6	730.1
国金证券天府大道证券营业部	四川	成都	2164.3	1935.0	0.6	0.0	0.0	1.6	227.1
大同证券经纪东大街证券营业部	山西	长治	2159.1	1022.1	0.1	0.0	0.1	6.9	1129.9
国金证券大邑县晋原镇南街证券营业部	四川	成都	2156.8	2117.5	2.4	0.0	0.0	11.1	25.8
宏源证券苏新华东路证券营业部	新疆	阿克苏	2150.8	1994.1	8.6	0.0	0.0	0.5	147.6
齐鲁证券有限福州南路证券营业部	山东	胶州	2144.7	929.2	659.4	0.0	0.0	0.4	555.6
西部证券北关街证券营业部	陕西	延安	2142.8	2055.9	6.2	0.0	0.0	0.5	80.2
浙商证券杏林东路证券营业部	福建	厦门	2137.7	1441.9	3.4	0.0	0.0	0.1	692.3
信达证券金贸西路证券营业部	海南	海口	2137.5	1510.3	1.4	0.0	0.0	0.6	625.2
红塔证券金源大道证券营业部	云南	昆明	2136.9	1318.2	0.7	0.0	0.0	0.0	818.0
华泰证券犀浦下街证券营业部	四川	成都	2135.0	1460.5	4.1	0.0	0.0	0.0	670.4
中信建投证券庄辛集新开街证券营业部	河北	辛集	2132.9	1537.0	4.8	0.0	0.0	0.7	590.4
大同证券经纪南北大街证券营业部	云南	玉溪	2132.5	1319.3	0.9	0.0	0.0	0.8	811.4
新时代证券绵兴东路证券营业部	四川	绵阳	2131.9	2110.1	0.1	0.0	0.0	5.8	16.0
宏源证券子北四路证券营业部	新疆	石河子	2122.5	1833.7	3.3	0.0	0.0	25.2	260.3
中信证券海滨路证券营业部	广东	汕头	2118.0	831.0	1.0	0.0	0.0	2.5	1283.5
东莞证券顺德南国东路证券营业部	广东	佛山	2115.3	963.7	1.9	0.0	0.0	2.8	1146.8
东吴证券奉贤环城东路证券营业部	上海	上海	2115.1	1210.4	1.1	0.0	0.1	2.4	901.0
国泰君安证券县证券营业部	湖南	衡阳	2109.0	1991.8	12.0	0.0	0.0	73.8	31.4
中原证券八七路证券营业部	河南	长葛	2106.7	2058.4	1.4	0.0	0.0	0.0	46.9
太平洋证券振兴街证券营业部	云南	宣威	2103.9	2095.6	1.7	0.0	0.0	0.0	6.6
信达证券朝阳路证券营业部	辽宁	凌源	2100.8	1968.3	0.9	0.0	0.0	0.5	131.0
华安证券会展路证券营业部	辽宁	大连	2099.2	1634.2	3.6	0.0	0.0	1.0	460.5
国泰君安证券阳光大道证券营业部	浙江	温州	2097.0	1440.4	6.6	0.0	0.0	0.1	649.9
西部证券体育路证券营业部	陕西	铜川	2095.5	2024.2	2.2	0.0	0.1	6.7	62.3
华泰证券中江县朝阳南路证券营业部	四川	德阳	2094.6	1372.4	1.4	0.0	0.0	14.4	706.4
宏信证券南街证券营业部	四川	德阳	2094.6	1823.7	2.8	0.0	0.0	5.2	262.9
安信证券八一七北路证券营业部	福建	福州	2094.1	1229.0	0.3	0.0	0.0	0.0	864.8
华安证券人民东路证券营业部	湖南	长沙	2091.9	1787.0	1.3	0.0	0.0	0.0	303.7
招商证券石城大道证券营业部	安徽	铜陵	2090.4	1389.6	0.8	0.0	0.0	0.0	700.0
华安证券中华路证券营业部	江苏	南京	2090.1	1118.2	2.1	0.0	0.0	11.1	958.7
南京证券淳溪镇宝塔路证券营业部	江苏	南京	2088.3	1983.0	0.1	0.0	0.0	0.0	105.2
南京证券新华东街证券营业部	宁夏	银川	2088.2	1896.4	0.9	0.0	0.0	0.1	190.7
中国中投证券宝坻新苑北街证券营业部	天津	天津	2086.0	1773.8	1.6	0.0	0.0	0.8	309.8
齐鲁证券有限并州南路证券营业部	山西	太原	2085.9	1386.4	6.6	0.0	0.0	0.0	692.9

注：营业部交易金额的单位为百万元。

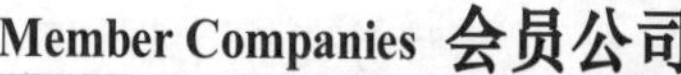

证券营业部交易
Trading of Business Department

营业部名称 Business Department	省份 Province	城市 City	总计 Total	股票 Share	基金 Fund	权证 Warrant	政府债 G-Bond	公司债 C-Bond	债券回购 Repo
海通证券长春路证券营业部	甘肃	金昌	2078.6	1983.4	26.8	0.0	0.1	0.2	68.1
大同证券经纪桃河北路证券营业部	山西	阳泉	2078.4	918.6	5.2	0.0	21.8	332.6	800.3
国元证券钟林路证券营业部	福建	厦门	2078.2	1834.2	11.7	0.0	0.1	0.0	232.2
大通证券胜利南路证券营业部	辽宁	鞍山	2068.2	1576.1	0.2	0.0	0.0	4.9	486.9
光大证券南宁西路证券营业部	云南	曲靖	2064.9	1834.0	50.7	0.0	0.0	22.9	157.3
安信证券解放大路证券营业部	吉林	长春	2064.8	862.0	3.0	0.0	0.0	0.0	1199.8
国信证券龙岗龙城大道营业部	深圳	深圳	2064.8	1499.0	3.8	0.0	0.0	1.2	560.8
江海证券有限江爱民街证券营业部	黑龙江	牡丹江	2060.4	1199.5	4.1	0.0	0.0	12.9	843.9
红塔证券北京路证券营业部	云南	昆明	2054.3	1357.0	1.0	0.0	0.0	0.0	696.3
西南证券金渝大道证券营业部	重庆	重庆	2054.1	1416.7	2.4	0.0	4.1	2.9	627.9
华龙证券木齐扬子江路证券营业部	新疆	乌鲁木齐	2052.5	921.4	0.8	0.0	0.0	0.0	1130.3
华泰证券小榄证券营业部	广东	中山	2044.0	1162.5	0.2	0.0	0.2	16.6	864.5
华西证券山名山路证券营业部	四川	乐山	2041.1	2018.8	5.8	0.0	0.0	0.3	16.2
金元证券和平路证券营业部	陕西	西安	2038.6	1778.0	2.9	0.0	0.0	1.1	256.6
恒泰长财证券珠江路证券营业部	吉林	长春	2037.8	1863.2	2.0	0.0	0.0	0.6	172.0
财富证券武冈陶侃路证券营业部	湖南	邵阳	2037.4	2019.4	1.4	0.0	0.0	1.0	15.6
江海证券有限东风路证券营业部	黑龙江	鸡西	2035.9	869.6	2.0	0.0	0.0	0.0	1164.3
中信证券（浙江）龙港大道证券营业部	浙江	温州	2026.2	1865.5	5.8	0.0	0.0	0.0	154.9
广发证券英德峰光路证券营业部	广东	英德	2025.3	2017.6	2.5	0.0	0.0	4.0	1.2
渤海证券市府大路证券营业部	辽宁	沈阳	2024.6	1529.1	1.2	0.0	0.2	0.1	494.1
广发证券花攀枝花大道证券营业部	四川	攀枝花	2022.5	1340.9	0.7	0.0	0.0	1.4	679.5
国都证券西安大路证券营业部	吉林	长春	2022.5	1652.8	2.4	0.0	0.0	0.0	367.3
金元证券兴中道证券营业部	广东	中山	2020.6	1645.2	22.8	0.0	0.0	0.3	352.3
中国中投证券平陵中路证券营业部	江苏	溧阳	2016.8	1849.4	25.5	0.0	0.0	0.7	141.2
万和证券江滨西大道证券营业部	福建	福州	2016.7	777.6	7.6	0.0	0.0	25.9	1205.6
东兴证券府前东路证券营业部	福建	三明	2014.5	1918.8	2.6	0.0	6.6	3.1	83.4
兴业证券双塔寺街证券营业部	山西	太原	2013.4	948.7	4.2	0.0	0.0	2.1	1058.5
华创证券北京路证券营业部	贵州	兴义	2009.4	1875.5	2.4	0.0	0.0	0.5	131.0
信达证券宾王路证券营业部	浙江	义乌	2006.0	1948.9	9.4	0.0	0.0	0.2	47.6
安信证券教育路证券营业部	广西	南宁	2000.7	1006.6	1.9	0.0	0.0	0.5	991.6
长江证券政和大道证券营业部	江苏	无锡	1995.2	525.7	1.9	0.0	0.3	18.3	1449.0
齐鲁证券有限钢铁大街证券营业部	内蒙	包头	1993.9	1727.8	0.5	0.0	0.0	0.0	265.6
民生证券海尔路证券营业部	山东	青岛	1993.2	1413.4	0.4	0.0	0.0	31.0	548.4
华创证券水钟山中路证券营业部	贵州	六盘水	1993.2	1980.6	4.0	0.0	0.0	1.3	7.3
中国国际金融有限滨江东路证券营业部	四川	成都	1992.9	607.7	0.4	0.0	0.0	2.1	1382.7
中国银河证券新园东路证券营业部	安徽	黄山	1990.8	1807.8	2.0	0.0	0.0	1.9	179.1
华西证券迎春东路证券营业部	四川	乐山	1988.5	1926.3	2.2	0.0	0.0	2.8	57.2
东莞证券演达大道证券家营业部	广东	惠州	1985.7	1683.7	22.2	0.0	0.0	1.8	278.0
中山证券花城大道证券营业部	广东	广州	1981.9	1287.0	1.3	0.0	0.0	1.5	692.1
湘财证券学府大道证券营业部	重庆	重庆	1976.1	686.2	1.6	0.0	0.0	30.2	1258.1
齐鲁证券有限建设路证券营业部	山东	兖州	1974.5	1665.0	65.6	0.0	0.1	12.0	231.8
上海证券证券营业部	上海	上海	1973.9	1248.0	12.1	0.0	0.1	17.7	696.1
大通证券深南中路证券营业部	深圳	深圳	1971.0	1718.7	2.4	0.0	0.0	1.0	248.8
国泰君安证券万山路证券营业部	河南	荥阳	1970.9	1925.7	4.5	0.0	0.0	0.8	40.0
中信万通证券长城路证券营业部	山东	泰安	1970.6	1354.3	0.6	0.0	0.0	0.3	615.5
华安证券淮海路证券营业部	安徽	淮北	1969.1	1862.1	1.3	0.0	0.0	2.0	103.7
中国银河证券同安祥平证券营业部	福建	厦门	1968.8	1471.5	7.3	0.0	0.1	0.3	489.5
海通证券湖心北路证券营业部	安徽	安庆	1964.5	1548.1	92.0	0.0	0.0	2.1	322.2
国泰君安证券跃进南路证券营业部	江西	萍乡	1963.3	1899.7	3.8	0.0	0.0	2.2	57.6
齐鲁证券有限北仑恒山路证券营业部	浙江	宁波	1963.2	1828.2	3.5	0.0	0.0	0.3	131.2

注：营业部交易金额的单位为百万元。

证券营业部交易
Trading of Business Department

营业部名称 Business Department	省份 Province	城市 City	总计 Total	股票 Share	基金 Fund	权证 Warrant	政府债 G-Bond	公司债 C-Bond	债券回购 Repo
东吴证券港金港镇证券营业部	江苏	张家港	1962.2	1669.8	0.2	0.0	0.0	0.0	292.1
厦门证券有限蜀汉路证券营业部	四川	成都	1960.7	1532.7	1.6	0.0	0.2	0.7	425.4
国泰君安证券福慧路证券营业部	云南	丽江	1952.2	1904.6	1.8	0.0	0.0	3.4	42.5
东北证券双拥路证券营业部	广西	南宁	1951.4	705.7	1.3	0.0	0.0	53.5	1190.8
中信建投证券港东海海陵西路证券营业部	江苏	连云港	1943.6	1816.2	2.8	0.0	0.0	0.4	124.2
华龙证券安宁东路证券营业部	甘肃	兰州	1942.0	279.5	0.1	0.0	0.0	0.1	1662.4
国联证券解放西路证券营业部	江苏	苏州	1940.6	1307.7	1.3	0.0	0.0	2.4	629.1
广发证券曲江证券营业部	广东	韶关	1938.0	1630.9	1.9	0.0	0.1	1.3	303.8
方正证券桑梅路证券营业部	湖南	湘潭	1937.7	1759.3	1.8	0.0	0.0	27.5	149.1
华融证券天星桥正街证券营业部	重庆	重庆	1935.9	1801.7	3.6	0.0	0.0	1.0	129.7
齐鲁证券有限金湖路证券营业部	广西	南宁	1934.6	1642.3	11.5	0.0	0.2	0.3	280.3
安信证券曲江韶钢大道证券营业部	广东	韶关	1923.2	1248.7	1.3	0.0	0.0	1.6	671.6
申银万国证券民族北街证券营业部	宁夏	银川	1922.1	795.8	69.7	0.0	0.0	3.5	1053.1
长江证券吴家山二雅路证券营业部	湖北	武汉	1921.7	1009.2	3.9	0.0	0.0	26.9	881.8
海通证券江绥芬河山城路证券营业部	黑龙江	牡丹江	1920.3	1657.4	2.1	0.0	0.0	0.3	260.5
国泰君安证券高安桥北路证券营业部	江西	宜春	1916.3	1827.1	2.3	0.0	0.0	0.1	86.8
新时代证券商务内环路证券营业部	河南	郑州	1914.9	1877.6	0.1	0.0	0.0	0.1	37.2
西南证券韶山南路证券营业部	湖南	长沙	1913.5	1873.3	2.0	0.0	0.0	0.0	38.2
华创证券伟业路证券营业部	浙江	杭州	1911.2	226.2	0.2	0.0	1.2	193.7	1489.9
东莞证券新天地证券营业部	河北	唐山	1910.5	835.8	0.6	0.0	0.0	0.1	1074.0
招商证券胜利北路证券营业部	辽宁	鞍山	1908.8	904.1	5.2	0.0	0.0	2.5	997.0
华安证券文峰路证券营业部	安徽	阜阳	1907.4	1385.2	1.9	0.0	0.0	0.1	520.2
江海证券有限滨学府路证券营业部	黑龙江	哈尔滨	1899.6	510.3	2.7	0.0	0.0	0.0	1386.6
东海证券新华路证券营业部	重庆	重庆	1896.8	1619.6	0.8	0.0	0.0	0.1	276.4
东海证券大庆路证券营业部	河南	洛阳	1889.2	1504.9	2.9	0.0	0.0	0.3	381.1
国泰君安证券进贤岚湖路证券营业部	江西	南昌	1885.5	1870.3	3.0	0.0	0.0	0.1	12.0
中信建投证券广丰永丰大道证券营业部	江西	上饶	1884.3	1691.4	2.6	0.0	0.0	4.5	185.9
山西证券蛇口工业七路证券营业部	深圳	深圳	1884.2	1644.0	3.9	0.0	0.0	0.1	236.3
民生证券顺义府前东街证券营业部	北京	北京	1883.1	1826.8	2.8	0.0	0.0	7.6	45.8
中信建投证券解放西路证券营业部	湖南	衡阳	1882.8	1470.8	0.7	0.0	0.0	2.5	408.8
东吴证券凤凰路证券营业部	海南	三亚	1882.2	829.8	0.0	0.0	0.0	0.0	1052.4
国泰君安证券静海县胜利北路证券营业部	天津	天津	1880.7	1468.3	2.3	0.0	0.0	0.0	410.1
长江证券温陵南路证券营业部	福建	泉州	1878.1	1156.2	14.6	0.0	0.0	0.0	707.3
中航证券有限跃进南路证券营业部	江西	萍乡	1877.3	1536.7	0.3	0.0	0.0	56.9	283.3
世纪证券上高和平路证券营业部	江西	宜春	1874.6	1856.6	0.2	0.0	0.0	0.2	17.6
天风证券普兰店商业大街证券营业部	辽宁	大连	1872.8	1805.8	2.1	0.0	0.3	3.9	60.7
国元证券山华飞路证券营业部	安徽	马鞍山	1872.6	1351.4	9.0	0.0	0.0	8.6	503.6
诚浩证券泉园街证券营业部	辽宁	沈阳	1871.3	1424.9	1.5	0.0	0.0	16.2	428.7
海通证券同心西路证券营业部	贵州	贵阳	1866.3	1165.2	1.5	0.0	0.2	10.8	688.6
国泰君安证券普阳路证券营业部	云南	文山	1866.0	1794.5	2.8	0.0	0.0	0.1	68.7
浙商证券和平路证券营业部	山东	济南	1863.4	738.2	5.1	0.0	0.0	0.0	1120.2
东吴证券中山路证券营业部	辽宁	大连	1862.0	1331.5	1.4	0.0	0.0	0.0	529.1
东海证券西安大路证券营业部	吉林	长春	1860.5	1669.6	1.5	0.0	0.0	0.0	189.4
长江证券五四中路证券营业部	河北	保定	1858.9	880.7	0.7	0.0	0.0	0.0	977.5
财达证券遵化文化北路证券营业部	河北	唐山	1857.8	1554.0	1.4	0.0	0.0	1.3	301.1
华安证券路证券营业部	安徽	安庆	1857.1	1605.9	0.7	0.0	0.0	0.0	250.5
长江证券轻机大道证券营业部	湖北	荆门	1856.7	1267.7	12.5	0.0	0.0	0.6	576.0
财富证券清泉街证券营业部	湖南	娄底	1854.0	1374.6	8.2	0.0	0.0	0.0	471.2
东莞证券淮海西路证券营业部	江苏	徐州	1853.8	783.7	2.7	0.0	0.0	0.0	1067.4
申银万国证券金开大道证券营业部	重庆	重庆	1846.3	867.4	5.2	0.0	0.0	2.5	971.3

注：营业部交易金额的单位为百万元。

证券营业部交易
Trading of Business Department

营业部名称 Business Department	省份 Province	城市 City	总计 Total	股票 Share	基金 Fund	权证 Warrant	政府债 G-Bond	公司债 C-Bond	债券回购 Repo
山西证券工业路证券营业部	河南	焦作	1845.7	1444.4	1.2	0.0	0.0	0.0	400.1
长城证券荔城大道证券营业部	福建	莆田	1844.5	1307.3	5.5	0.0	0.0	2.0	529.7
太平洋证券解放南路证券营业部	山西	太原	1844.3	1258.7	0.6	0.0	0.0	0.0	584.9
中国民族证券木齐人民路证券营业部	新疆	乌鲁木齐	1843.4	1703.9	5.6	0.0	0.0	0.0	133.8
南京证券山富强西路证券营业部	宁夏	石嘴山	1842.2	1587.0	1.0	0.0	0.0	0.0	254.2
方正证券涟源交通路证券营业部	湖南	娄底	1839.7	1813.9	6.0	0.0	0.0	0.1	19.7
中国中投证券坪山和平路证券营业部	深圳	深圳	1839.1	563.2	0.9	0.0	0.0	0.1	1274.9
长江证券王府大道证券营业部	湖北	荆门	1836.1	1661.1	3.4	0.0	0.0	0.6	171.0
第一创业证券镇海清川路证券营业部	浙江	宁波	1834.5	761.7	2.5	0.0	0.0	7.2	1063.1
国泰君安证券桃源漳江南路证券营业部	湖南	常德	1833.8	1395.0	34.9	0.0	0.2	258.5	145.2
申银万国证券中山大道证券营业部	四川	广汉	1833.7	680.8	21.2	0.0	0.0	2.7	1129.1
广发证券遂溪证券营业部	广东	湛江	1833.2	767.2	4.4	0.0	0.0	0.0	1061.6
中国民族证券新站路证券营业部	吉林	通化	1826.7	1696.9	8.0	0.0	0.0	3.3	118.5
大同证券经纪矿务局证券营业部	山西	晋城	1825.9	1320.7	1.3	0.0	19.9	2.1	482.0
国海证券华就路证券营业部	广东	广州	1825.6	1187.8	13.4	0.0	0.0	4.9	619.5
兴业证券山崇阳路证券营业部	福建	武夷山	1825.6	1760.6	4.9	0.0	0.0	0.2	59.8
广州证券南海大道证券营业部	广东	佛山	1822.5	1336.5	0.2	0.0	0.0	0.4	485.4
航天证券万柳中路证券营业部	北京	北京	1822.3	1697.4	2.8	0.0	0.0	96.8	25.4
齐鲁证券有限人民大道证券营业部	海南	海口	1819.4	972.4	14.1	0.0	0.0	0.0	832.9
广发证券公园东街证券营业部	河北	邢台	1818.4	869.6	2.2	0.0	0.0	0.5	946.0
华安证券站前路证券营业部	安徽	亳州	1806.4	1548.6	2.5	0.0	0.0	0.0	255.3
厦门证券有限泉安路证券营业部	福建	晋江	1805.8	1683.6	14.6	0.0	0.0	0.0	107.6
财通证券北苑路证券营业部	浙江	丽水	1802.4	1619.5	1.6	0.0	0.0	0.0	181.2
国泰君安证券松江中山东路证券营业部	上海	上海	1800.2	1632.5	3.2	0.0	0.0	0.6	163.9
红塔证券麒麟东路证券营业部	云南	曲靖	1799.0	1239.6	1.6	0.0	0.0	5.8	552.1
湘财证券人民东路证券营业部	湖南	郴州	1798.7	1054.9	1.0	0.0	0.0	3.0	739.8
华创证券广惠路证券营业部	贵州	都匀	1792.3	1683.4	1.7	0.0	0.0	1.1	106.1
中国中投证券蓟县中昌北路证券营业部	天津	天津	1790.1	1749.0	4.6	0.0	0.0	0.6	35.9
民生证券祖庙路证券营业部	广东	佛山	1789.6	542.4	0.0	0.0	0.0	0.0	1247.2
天风证券武阳中路证券营业部	四川	成都	1781.4	1728.2	1.9	0.0	0.0	0.5	50.8
第一创业证券猎德大道证券营业部	广东	广州	1780.3	1029.9	0.6	0.0	0.1	35.9	713.9
东吴证券大兴兴华大街证券营业部	北京	北京	1778.4	997.7	1.5	0.0	0.0	0.9	778.3
宏信证券红庙子证券营业部	四川	成都	1777.5	1145.2	0.7	0.0	0.0	0.0	631.6
中信建投证券綦江双龙路证券营业部	重庆	綦江	1775.6	1383.2	3.6	0.0	0.2	0.1	388.6
西藏同信证券双桥街证券营业部	山东	临沂	1773.8	1485.5	1.4	0.0	0.0	0.5	286.5
中国中投证券滨海新区汉沽东风南路证券营业部	天津	天津	1772.6	1728.8	4.4	0.0	0.0	0.9	38.5
中国中投证券吴川证券营业部	广东	湛江	1767.0	1640.9	4.4	0.0	0.0	0.0	121.6
中信万通证券文化北路证券营业部	山东	莱芜	1765.7	1468.3	9.7	0.0	0.0	16.2	271.6
方正证券津市澹津路证券营业部	湖南	常德	1765.4	1737.7	2.2	0.0	1.1	0.1	24.4
东莞证券连江路证券营业部	广东	清远	1763.3	523.7	0.1	0.0	0.0	0.0	1239.4
世纪证券东乡恒安东路证券营业部	江西	抚州	1757.4	1631.7	2.2	0.0	0.0	1.6	121.8
齐鲁证券有限大同路证券营业部	山东	济宁	1755.4	1586.7	4.6	0.0	1.9	1.4	160.8
江海证券有限河景丰路证券营业部	黑龙江	七台河	1749.6	1620.5	3.2	0.0	0.0	9.1	116.8
中信建投证券公园路证券营业部	甘肃	金昌	1749.1	1559.0	5.1	0.0	0.0	0.0	185.0
华融证券玛依独山子证券营业部	新疆	克拉玛依	1745.5	1532.1	2.0	0.0	0.0	0.2	211.1
光大证券长江路证券营业部	江苏	海门	1745.5	1345.4	4.9	0.0	0.0	5.3	390.0
华泰证券宝安海秀路证券营业部	深圳	深圳	1745.3	956.3	2.4	0.0	0.0	236.6	550.0
华创证券宋官巷证券营业部	贵州	安顺	1744.1	1488.8	2.8	0.0	0.0	1.6	251.0
湘财证券建设路证券营业部	湖南	株洲	1743.5	1695.3	5.0	0.0	0.1	0.3	42.8
国元证券八一路证券营业部	山东	临沂	1742.6	1580.2	11.0	0.0	0.0	0.4	151.0

注：营业部交易金额的单位为百万元。

证券营业部交易
Trading of Business Department

营业部名称 Business Department	省份 Province	城市 City	总计 Total	股票 Share	基金 Fund	权证 Warrant	政府债 G-Bond	公司债 C-Bond	债券回购 Repo
中信建投证券富丰路证券营业部	北京	北京	1741.2	1029.8	1.8	0.0	0.0	172.3	537.3
渤海证券津塘路证券营业部	天津	天津	1736.6	1698.6	0.7	0.0	0.0	0.2	37.0
东海证券政和大道证券营业部	江苏	无锡	1736.4	1020.4	0.5	0.0	0.0	0.6	715.0
中原证券中华路证券营业部	河南	安阳	1735.4	1687.2	3.5	0.0	0.0	1.5	43.2
日信证券临潢大街证券营业部	内蒙	赤峰	1733.0	1600.6	0.7	0.0	0.0	0.0	131.7
国元证券金水东路证券营业部	河南	郑州	1730.3	1393.5	3.8	0.0	2.1	13.7	317.3
齐鲁证券有限费县证券营业部	山东	临沂	1730.3	1376.9	4.0	0.0	0.0	0.1	349.3
西部证券北长安街证券营业部	陕西	西安	1728.3	1363.3	1.4	0.0	0.0	2.2	361.4
山西证券汾酒厂证券营业部	山西	吕梁	1727.8	860.5	0.9	0.0	0.0	0.5	865.9
西南证券井大路证券营业部	福建	福州	1727.5	1315.8	4.9	0.0	0.0	0.0	406.8
国联证券阳羡东路证券营业部	江苏	宜兴	1727.2	1572.0	1.0	0.0	0.0	0.0	154.2
中原证券府东路证券营业部	河南	许昌	1725.3	1703.0	2.6	0.0	0.0	2.4	17.3
广发证券揭西证券营业部	广东	揭阳	1723.3	1207.9	0.5	0.0	0.0	0.1	514.8
华泰证券人民中路证券营业部	江苏	靖江	1720.8	982.5	4.5	0.0	0.0	3.9	729.9
大通证券恒祥北大街证券营业部	河北	保定	1718.2	938.0	0.9	0.0	0.0	0.9	778.4
长江证券龙华民旺路证券营业部	深圳	深圳	1713.7	978.4	2.6	0.0	0.0	4.2	728.5
长江证券古驿道证券营业部	湖北	武汉	1710.3	1025.4	4.4	0.0	0.0	5.1	675.4
国元证券新建南路证券营业部	山西	太原	1707.1	1618.8	0.7	0.0	0.0	0.0	87.6
中信证券国兴大道证券营业部	海南	海口	1706.7	495.9	0.5	0.0	0.0	7.8	1202.6
国盛证券西园道证券营业部	天津	天津	1705.1	1230.5	9.9	0.0	0.0	0.7	464.0
中原证券长安路证券营业部	河南	三门峡	1701.6	1542.9	8.6	0.0	0.0	0.3	149.8
国泰君安证券南大街证券营业部	甘肃	酒泉	1694.4	1690.2	1.4	0.0	0.0	0.1	2.7
大同证券经纪平阳南街证券营业部	山西	临汾	1693.9	944.7	1.6	0.0	0.1	7.4	740.2
万联证券隆昌县跃进街证券营业部	四川	内江	1691.2	1498.3	3.1	0.0	0.1	22.4	167.2
华泰证券体育路证券营业部	山西	太原	1689.6	824.8	1.5	0.0	0.0	9.0	854.3
国泰君安证券建设路证券营业部	江西	贵溪	1689.1	1550.0	1.2	0.0	0.0	0.2	137.7
华创证券宁波路证券营业部	贵州	凯里	1688.9	1555.8	0.9	0.0	0.0	1.5	130.7
兴业证券商务外环路证券营业部	河南	郑州	1687.9	989.8	10.9	0.0	0.0	0.4	686.8
诚浩证券朝阳大街证券营业部	辽宁	朝阳	1687.8	1334.4	0.9	0.0	0.0	0.3	352.2
广发证券新冶大道证券营业部	湖北	大冶	1686.6	1370.4	0.6	0.0	0.0	1.3	314.3
国金证券东星大道证券营业部	四川	成都	1685.5	1619.1	0.9	0.0	0.0	6.2	59.3
东北证券解放路证券营业部	山东	济南	1680.7	1320.6	6.7	0.0	0.0	0.2	353.3
财达证券黄骅平安大街证券营业部	河北	沧州	1679.7	1478.0	0.2	0.0	0.0	0.7	200.7
广州证券花都狮岭证券营业部	广东	广州	1679.0	1481.1	2.0	0.0	0.0	0.3	195.6
方正证券道县红星东路证券营业部	湖南	永州	1674.6	1618.2	2.7	0.0	0.0	0.4	53.3
东海证券太康路证券营业部	河南	洛阳	1674.2	1580.8	1.5	0.0	0.0	0.9	91.1
长江证券民族大道证券营业部	广西	南宁	1672.6	905.3	1.8	0.0	0.0	0.2	765.3
华西证券雨花东路证券营业部	江苏	南京	1663.7	1426.1	6.7	0.0	0.0	60.6	170.3
财达证券丰南青年路证券营业部	河北	唐山	1661.5	1535.3	0.6	0.0	0.0	0.2	125.4
中原证券西康路证券营业部	天津	天津	1656.3	530.0	1.5	0.0	0.0	51.0	1073.7
国泰君安证券东风东街证券营业部	山东	潍坊	1655.7	1447.4	1.8	0.0	0.0	13.0	193.5
第一创业证券创业证券公司青岛南京路证券营业部	山东	青岛	1650.9	440.8	0.3	0.0	0.0	19.5	1190.3
第一创业证券施光南音乐广场证券营业部	浙江	金华	1650.1	1257.1	0.2	0.0	0.1	6.6	386.1
中邮证券阎良人民路证券营业部	陕西	西安	1648.4	1516.3	3.6	0.0	0.0	0.6	128.0
上海证券兴敖中路证券营业部	浙江	温州	1644.9	1454.6	12.4	0.0	0.0	0.3	177.6
浙商证券董家湾北街证券营业部	四川	成都	1644.4	1251.0	6.9	0.0	0.0	2.1	384.4
齐鲁证券有限开发区第三大街证券营业部	天津	天津	1641.5	1354.0	9.0	0.0	0.0	2.8	275.7
中国银河证券并州南路证券营业部	山西	太原	1638.0	850.8	0.9	0.0	0.0	21.5	764.8
海通证券建国街证券营业部	甘肃	武威	1634.6	1521.5	49.2	0.0	0.0	0.0	63.9
宏信证券山绥山路证券营业部	四川	峨眉山	1633.7	1516.2	3.8	0.0	0.0	1.3	112.4

注：营业部交易金额的单位为百万元。

证券营业部交易 Trading of Business Department

营业部名称 Business Department	省份 Province	城市 City	总计 Total	股票 Share	基金 Fund	权证 Warrant	政府债 G-Bond	公司债 C-Bond	债券回购 Repo
宏信证券西御街证券营业部	四川	成都	1631.5	959.6	2.0	0.0	0.0	1.9	668.0
海通证券平谷金乡路证券营业部	北京	北京	1627.7	1411.0	1.8	0.0	0.0	0.1	214.8
兴业证券蕉城南路证券营业部	福建	宁德	1627.1	1065.2	1.6	0.0	0.0	0.6	559.7
国信证券航天路证券营业部	四川	宜宾	1625.3	1580.4	0.9	0.0	0.0	1.8	42.1
恒泰证券浩特锡林南路证券营业部	内蒙	呼和浩特	1625.2	1568.4	0.3	0.0	0.0	0.2	56.4
东兴证券都江堰市迎宾路证券营业部	四川	成都	1624.8	1535.5	2.0	0.0	0.0	1.7	85.7
东莞证券潮州大道证券营业部	广东	潮州	1622.8	569.4	0.5	0.0	0.0	1.8	1051.1
中航证券有限赣东大道证券营业部	江西	抚州	1619.3	1325.7	0.4	0.0	0.0	0.2	293.1
华泰证券盛泽镇市场路证券营业部	江苏	吴江	1616.3	700.3	419.7	0.0	0.0	0.0	496.2
中原证券经四路证券营业部	山东	济南	1608.6	231.3	1.5	0.0	0.0	4.4	1371.4
西部证券高新路证券营业部	陕西	西安	1607.3	1197.7	0.3	0.0	0.0	0.6	408.7
中国银河证券月塘街证券营业部	湖南	娄底	1606.9	1544.1	0.7	0.0	0.0	3.2	58.8
大通证券新城路证券营业部	辽宁	抚顺	1604.6	1370.8	2.3	0.0	0.0	6.6	224.9
海通证券迎泽西大街证券营业部	山西	太原	1604.5	1314.4	1.0	0.0	0.0	0.0	289.2
天源证券有限龙口西路证券营业部	广东	广州	1603.2	974.5	4.1	0.0	0.0	19.6	605.1
世纪证券庐山区长虹大道证券营业部	江西	九江	1602.9	1302.1	0.5	0.0	0.0	0.1	300.3
广发证券廉江市廉江大道证券营业部	广东	湛江	1601.5	1045.0	3.4	0.0	0.0	0.0	553.1
中国银河证券人民路证券营业部	云南	昆明	1601.5	1525.7	1.4	0.0	0.0	1.3	73.2
华西证券恒昌路证券营业部	四川	绵阳	1600.7	1474.5	0.8	0.0	0.0	0.0	125.4
东吴证券人民中路证券营业部	湖南	长沙	1599.8	1079.1	0.0	0.0	0.0	0.0	520.6
华融证券长治路证券营业部	山西	太原	1599.0	1555.9	1.2	0.0	0.2	0.0	41.7
方正证券东江中路证券营业部	湖南	郴州	1598.5	1541.2	4.8	0.0	0.0	0.1	52.4
财富证券界回龙路证券营业部	湖南	张家界	1598.4	1252.1	2.9	0.0	0.0	0.1	343.4
广发证券陵园路证券营业部	河北	邯郸	1596.9	1353.5	1.1	0.0	0.0	0.1	242.3
中信建投证券蓉江西路证券营业部	江西	南康	1596.7	1375.0	1.1	0.0	0.0	1.6	219.0
上海证券员村二横路证券营业部	广东	广州	1595.6	1286.9	5.0	0.0	0.0	13.6	290.1
新时代证券经八路证券营业部	河南	郑州	1594.2	1529.5	3.6	0.0	0.2	0.1	60.7
大成证券经纪有限文艺路营业部	辽宁	沈阳	1592.2	849.9	4.9	0.0	0.0	0.0	737.4
东海证券商务内环路证券营业部	河南	郑州	1590.9	683.4	1.1	0.0	0.0	0.0	906.4
华融证券木齐石化总厂证券营业部	新疆	乌鲁木齐	1589.5	993.6	1.3	0.0	0.0	0.6	594.0
南京证券江洲南路证券营业部	江苏	镇江	1589.2	1532.7	0.6	0.0	0.1	8.4	47.4
华西证券射洪证券营业部	四川	遂宁	1587.8	1567.8	0.6	0.0	0.1	1.2	18.2
中国银河证券木昆仑南路证券营业部	青海	格尔木	1585.7	1512.8	1.7	0.0	0.0	0.4	70.8
浙商证券体育场路证券营业部	浙江	杭州	1584.8	1285.6	5.2	0.0	0.0	0.0	294.0
中信证券麦地东路证券营业部	广东	惠州	1584.2	1117.7	3.3	0.0	0.0	0.1	463.0
新时代证券许继大道证券营业部	河南	许昌	1583.3	1579.0	0.3	0.0	0.0	1.2	2.8
华西证券阆中天马寺街证券营业部	四川	南充	1582.3	1576.9	3.0	0.0	0.0	0.1	2.3
海通证券顺德新宁路证券营业部	广东	佛山	1580.6	365.5	0.9	0.0	0.0	0.2	1214.0
财达证券泊头红旗北街证券营业部	河北	沧州	1577.6	489.5	1.1	0.0	0.0	0.1	1086.9
山西证券黄河路证券营业部	辽宁	大连	1577.4	654.8	2.9	0.0	0.4	0.1	919.2
信达证券桥交通街证券营业部	辽宁	大石桥	1568.0	1543.7	1.4	0.0	0.4	0.2	22.3
兴业证券玉荷东路证券营业部	福建	福州	1567.6	921.9	0.9	0.0	0.0	0.0	644.8
中国银河证券银桦路证券营业部	重庆	重庆	1565.1	1407.7	4.9	0.0	0.0	0.0	152.5
中信证券（浙江）金城路证券营业部	浙江	金华	1564.1	1363.5	2.1	0.0	0.0	0.0	198.5
华福证券建设南路证券营业部	福建	泉州	1563.3	765.4	2.3	0.0	0.0	0.0	795.5
广州证券银桦路证券营业部	广东	珠海	1561.8	1133.3	1.0	0.0	0.0	1.4	426.0
国元证券青阳路证券营业部	安徽	池州	1561.0	1253.6	0.2	0.0	0.0	0.0	307.2
中国民族证券黎明街证券营业部	吉林	集安	1558.5	762.1	0.5	0.0	0.1	21.9	774.0
中信证券（浙江）王充路证券营业部	浙江	绍兴	1555.3	603.4	1.9	0.0	0.0	0.0	950.0
日浩证券启工街证券营业部	辽宁	沈阳	1554.5	1192.1	1.8	0.0	0.1	0.9	359.6

注：营业部交易金额的单位为百万元。

证券营业部交易 Trading of Business Department

营业部名称 Business Department	省份 Province	城市 City	总计 Total	股票 Share	基金 Fund	权证 Warrant	政府债 G-Bond	公司债 C-Bond	债券回购 Repo
第一创业证券阜石路证券营业部	北京	北京	1554.5	40.1	0.3	0.0	0.0	30.3	1483.8
渤海证券联盟大街证券营业部	天津	天津	1553.8	1542.9	1.3	0.0	0.0	0.1	9.5
国泰君安证券人民路证券营业部	安徽	安庆	1552.1	1426.4	2.4	0.0	0.0	12.1	111.2
国海证券北流市永安路证券营业部	广西	玉林	1552.1	1532.9	0.9	0.0	0.0	0.3	18.1
中信建投证券长江西路证券营业部	安徽	合肥	1550.2	835.2	10.9	0.0	0.0	14.3	689.7
方正证券桂阳芙蓉西路证券营业部	湖南	郴州	1546.6	1404.8	5.3	0.0	0.0	0.4	136.1
齐鲁证券有限长安中路证券营业部	山东	临沂	1545.4	1543.7	1.7	0.0	0.0	0.0	0.1
天源证券有限西关大街第二证券营业部	青海	西宁	1543.6	1205.5	2.3	0.0	0.0	0.0	335.8
申银万国证券丽文大道证券营业部	湖北	黄冈	1543.1	1391.1	2.3	0.0	0.0	6.2	143.5
太平洋证券东岳大街证券营业部	山东	泰安	1542.2	1107.8	0.5	0.0	0.0	0.0	433.9
山西证券裕华路证券营业部	山西	介休	1541.2	1451.8	0.9	0.0	0.0	1.6	87.0
湘财证券金沙路证券营业部	湖南	浏阳	1540.3	1488.6	3.5	0.0	0.0	1.3	46.9
中航证券有限迎春大街证券营业部	山东	烟台	1540.0	534.3	0.0	0.0	0.0	0.0	1005.6
齐鲁证券有限开发区金马路证券营业部	辽宁	大连	1538.3	438.5	2.1	0.0	0.0	9.3	1088.4
华泰证券酒泉路证券营业部	甘肃	兰州	1538.0	1152.6	5.8	0.0	0.0	0.0	379.6
华融证券北京东路证券营业部	江苏	南京	1528.8	648.3	8.1	0.0	0.0	0.0	872.4
世纪证券安义前进大道证券营业部	江西	南昌	1522.2	1399.0	0.6	0.0	0.1	2.7	119.9
国元证券世纪大道证券营业部	浙江	台州	1521.5	1406.4	2.3	0.0	0.0	1.0	111.8
华泰证券融辉路证券营业部	湖北	麻城	1516.4	1174.1	1.3	0.0	0.0	0.5	340.5
信达证券金水东路证券营业部	河南	郑州	1516.0	1487.2	1.3	0.0	0.0	0.0	27.5
恒泰证券青山区自由路证券营业部	内蒙	包头	1515.1	1481.5	0.1	0.0	0.0	0.1	33.4
财达证券瑞安路证券营业部	河北	保定	1513.8	975.1	2.0	0.0	0.0	0.0	536.8
方正证券北新西道证券营业部	河北	唐山	1513.6	949.9	475.9	0.0	0.0	3.5	84.3
齐鲁证券有限滨海经济开发区府前街证券营业部	山东	潍坊	1511.1	1425.9	3.0	0.0	0.0	6.3	75.9
信达证券坡头证券营业部	广东	湛江	1509.6	1402.6	2.4	0.0	0.0	1.6	103.0
兴业证券会堂路证券营业部	福建	福州	1509.6	821.1	1.9	0.0	0.0	0.2	686.4
国泰君安证券纳溪区云溪东路证券营业部	四川	泸州	1509.4	1161.3	1.1	0.0	0.0	4.4	342.5
国泰君安证券朝阳中路证券营业部	福建	长乐	1509.2	1241.1	7.5	0.0	0.0	0.0	260.6
第一创业证券巨龙大道证券营业部	湖北	武汉	1502.6	501.3	1.7	0.0	0.0	55.8	943.9
宏源证券番文化路证券营业部	新疆	吐鲁番	1502.6	1454.8	2.7	0.0	0.1	0.8	44.2
国泰君安证券中兴大道证券营业部	海南	儋州	1500.7	1280.6	3.3	0.0	0.0	22.3	194.5
第一创业证券创业证券公司梅州彬芳大道证券营业部	广东	梅州	1500.0	857.3	0.5	0.0	0.0	51.5	590.7
东莞证券新华南路证券营业部	广东	韶关	1498.1	325.9	0.1	0.0	0.0	23.6	1148.5
兴业证券工农路证券营业部	福建	福州	1495.9	899.6	1.2	0.0	0.0	10.4	584.7
海通证券江海林林海路证券营业部	黑龙江	海林	1494.9	655.1	1.7	0.0	0.0	0.0	838.0
招商证券宝兴路证券营业部	深圳	深圳	1494.6	876.3	0.3	0.0	0.0	171.0	447.0
东莞证券九洲大道证券营业部	广东	珠海	1494.5	1107.2	1.3	0.0	0.0	1.4	384.6
东北证券祁门路证券营业部	安徽	合肥	1491.9	848.6	282.6	0.0	0.0	95.0	265.7
国元证券青山南路证券营业部	江西	南昌	1491.6	454.6	2.3	0.0	0.0	2.1	1032.6
中国银河证券惠沙堤路证券营业部	广东	惠州	1488.1	930.5	3.5	0.0	0.0	0.0	554.1
长江证券口人民路证券营业部	湖北	丹江口	1481.0	792.9	9.5	0.0	0.2	0.0	678.3
湘财证券民族大道证券营业部	广西	南宁	1480.8	570.0	1.1	0.0	5.7	0.6	903.4
中信万通证券向阳路证券营业部	山东	安丘	1480.1	452.0	8.1	0.0	0.0	2.8	1017.2
宏源证券木齐深圳街证券营业部	新疆	乌鲁木齐	1476.5	1193.8	0.8	0.0	0.0	10.7	271.2
财达证券建设路证券营业部	河北	廊坊	1475.5	1349.8	2.8	0.0	0.7	2.2	120.0
东海证券华夏路证券营业部	河南	偃师	1474.9	1247.4	3.4	0.0	0.1	0.3	223.7
中信万通证券中华路证券营业部	山东	菏泽	1471.5	1055.0	1.6	0.0	0.0	1.1	413.8
湘财证券勒人民东路证券营业部	新疆	库尔勒	1470.8	1218.2	2.0	0.0	1.1	4.5	245.0
国海证券荔浦县荔柳路证券营业部	广西	桂林	1470.4	1454.6	1.2	0.0	0.0	0.0	14.5
西南证券垫江证券营业部	重庆	重庆	1468.1	1433.2	0.3	0.0	0.3	0.7	33.7

注：营业部交易金额的单位为百万元。

证券营业部交易
Trading of Business Department

营业部名称 Business Department	省份 Province	城市 City	总计 Total	股票 Share	基金 Fund	权证 Warrant	政府债 G-Bond	公司债 C-Bond	债券回购 Repo
国泰君安证券钢铁街证券营业部	内蒙	赤峰	1467.8	1463.5	2.5	0.0	0.0	0.0	1.8
中国银河证券清河运河大街证券营业部	河北	邢台	1466.7	1333.9	1.3	0.0	0.0	0.0	131.5
西南证券大石坝七村证券营业部	重庆	重庆	1466.7	1432.8	0.9	0.0	0.0	3.1	29.9
国盛证券袁山中路证券营业部	江西	宜春	1466.3	1005.1	0.1	0.0	0.0	0.1	461.1
太平洋证券振兴南路证券营业部	云南	普洱	1464.2	1420.7	0.2	0.0	0.0	0.1	43.2
华泰证券马店路证券营业部	湖北	枝江	1459.7	1334.7	6.5	0.0	0.1	2.3	116.1
东兴证券蕉城北路证券营业部	福建	宁德	1459.4	1442.9	1.9	0.0	0.0	0.0	14.6
长江证券洪都中大道证券营业部	江西	南昌	1459.3	1011.4	0.8	0.0	0.1	0.4	446.6
恒泰证券里树林路证券营业部	内蒙	呼伦贝尔	1455.5	1433.0	0.5	0.0	0.7	0.3	20.8
中国银河证券余杭邱山大街证券营业部	浙江	杭州	1451.8	1217.0	3.1	0.0	0.0	6.8	225.0
浙商证券骡马市大街证券营业部	北京	北京	1451.1	1046.0	16.2	0.0	0.0	5.7	383.2
方正证券永兴干劲路证券营业部	湖南	郴州	1450.7	1381.9	3.5	0.0	0.3	8.7	56.3
平安证券北京东路证券营业部	宁夏	银川	1449.7	1214.1	0.7	0.0	0.0	0.8	234.1
中信建投证券金湖路证券营业部	广西	南宁	1445.6	855.2	13.8	0.0	0.0	4.3	572.2
广发证券沧县千童南大道证券营业部	河北	沧州	1445.4	1124.0	1.6	0.0	0.0	0.3	319.5
渤海证券津沽路证券营业部	天津	天津	1440.0	1291.8	1.1	0.0	0.0	0.0	147.1
东吴证券港锦丰镇证券营业部	江苏	张家港	1432.5	1242.3	0.6	0.0	0.0	0.0	189.6
中国银河证券沌口宁康路证券营业部	湖北	武汉	1432.3	1011.4	3.1	0.0	0.0	0.8	417.0
中信证券政和大道证券营业部	江苏	无锡	1430.0	1045.2	3.8	0.0	0.1	0.2	380.6
财达证券岛东经路证券营业部	河北	秦皇岛	1425.0	1229.6	3.8	0.0	0.0	1.2	190.3
山西证券河东大道证券营业部	山西	永济	1424.7	932.2	4.5	0.0	0.0	0.2	487.8
中原证券福强路证券营业部	深圳	深圳	1421.7	1060.4	1.1	0.0	0.0	0.0	360.2
西部证券兴平证券营业部	陕西	咸阳	1417.0	1030.1	1.5	0.0	0.0	0.2	385.3
国元证券人民路证券营业部	安徽	阜阳	1415.2	1302.3	0.6	0.0	0.0	1.7	110.6
国泰君安证券罗四路证券营业部	山东	临沂	1413.2	1164.2	1.3	0.0	0.0	0.2	247.4
财达证券河间新华北路证券营业部	河北	沧州	1409.8	1393.6	4.2	0.0	0.0	1.0	11.0
恒泰证券中心大街证券营业部	内蒙	通辽	1409.1	1405.7	0.9	0.0	0.0	0.2	2.4
东北证券口证券营业部	吉林	梅河口	1404.6	1174.7	1.4	0.0	0.0	2.0	226.5
长江证券乐乡大道证券营业部	湖北	松滋	1398.3	942.3	4.8	0.0	0.0	1.0	450.2
方正证券机场大道证券营业部	浙江	温州	1394.2	1064.3	3.1	0.0	0.0	0.0	326.8
申银万国证券季华五路证券营业部	广东	佛山	1392.6	890.6	1.1	0.0	0.0	12.7	488.1
华泰证券清江大道证券营业部	湖北	宜都	1390.0	1312.1	7.5	0.0	0.0	0.0	70.4
民浩证券热闹路证券营业部	辽宁	沈阳	1389.8	1225.7	4.6	0.0	0.0	0.1	159.4
东莞证券西平北路证券营业部	广东	阳江	1388.3	468.3	0.0	0.0	0.0	0.1	919.9
招商证券平阳路证券营业部	山西	太原	1387.6	502.1	1.8	0.0	0.0	0.1	883.7
万联证券五一东路证券营业部	湖南	衡阳	1386.9	1350.5	1.8	0.0	0.0	0.9	33.7
国泰君安证券空明西路证券营业部	广西	桂林	1383.4	1001.0	1.8	0.0	0.0	0.0	380.6
海通证券广场北路证券营业部	江西	南昌	1382.4	507.5	0.8	0.0	0.0	7.4	866.8
民建证券壁山证券营业部	重庆	重庆	1381.3	1344.7	1.1	0.0	0.1	0.1	35.4
西部证券北新街证券营业部	陕西	商洛	1380.8	1373.2	2.4	0.0	0.0	4.9	0.3
中国中投证券武清雍阳西道证券营业部	天津	天津	1377.1	1151.3	2.9	0.0	0.0	0.0	222.9
国泰君安证券南华中路证券营业部	广东	广州	1376.1	511.6	1.8	0.0	0.0	22.0	840.7
广发证券南雄新城证券营业部	广东	南雄	1373.2	1244.6	2.7	0.0	0.0	0.1	125.8
信达证券深南东路证券营业部	深圳	深圳	1371.0	1155.7	0.7	0.0	0.1	12.9	201.6
第一创业证券元美路证券营业部	广东	东莞	1367.1	955.0	0.3	0.0	0.0	64.4	347.4
国泰君安证券溧水中大街证券营业部	江苏	南京	1367.0	1263.4	0.5	0.0	2.5	7.6	93.1
国泰君安证券关新华中路证券营业部	甘肃	嘉峪关	1366.8	1353.9	7.5	0.0	0.0	1.0	4.4
天证券中山路证券营业部	天津	天津	1363.8	965.4	0.6	0.0	0.0	0.0	397.8
海证券容县兴容街证券营业部	广西	玉林	1362.3	1361.0	1.3	0.0	0.0	0.0	0.0
信证券浩特兴安北大路证券营业部	内蒙	乌兰浩特	1360.4	1078.0	0.7	0.0	0.0	0.0	281.7

注：营业部交易金额的单位为百万元。

证券营业部交易
Trading of Business Department

营业部名称 Business Department	省份 Province	城市 City	总计 Total	股票 Share	基金 Fund	权证 Warrant	政府债 G-Bond	公司债 C-Bond	债券回购 Repo
江海证券有限滨埃德蒙顿路证券营业部	黑龙江	哈尔滨	1358.8	594.1	3.6	0.0	0.0	0.1	761.0
申银万国证券定阳北路证券营业部	浙江	衢州	1357.6	1326.2	8.0	0.0	0.0	0.0	23.4
天风证券蓥峰北路证券营业部	四川	德阳	1357.6	1215.7	1.3	0.0	0.1	0.6	139.9
中国国际金融有限香港中路证券营业部	山东	青岛	1357.0	939.7	0.0	0.0	0.0	98.9	318.4
方正证券靖州渠阳中路证券营业部	湖南	怀化	1353.4	1310.6	2.1	0.0	0.0	10.6	30.1
华泰证券滨港路证券营业部	浙江	舟山	1350.8	959.2	27.2	0.0	0.0	2.4	362.0
方正证券回龙观西大街证券营业部	北京	北京	1350.3	604.3	7.4	0.0	0.0	4.7	733.9
宏源证券延安北路证券营业部	新疆	昌吉	1346.5	1166.3	18.1	0.0	0.0	0.3	161.9
国盛证券福马路证券营业部	福建	福州	1344.9	1133.4	0.4	0.0	0.0	0.3	210.8
海通证券中山西路证券营业部	浙江	嘉兴	1342.5	808.3	39.6	0.0	0.0	0.2	494.4
中信建投证券兴新街证券营业部	湖北	武汉	1338.9	1030.7	4.8	0.0	0.0	0.0	303.4
中国银河证券襄阳路证券营业部	湖北	枣阳	1335.3	1192.2	4.1	0.0	0.0	0.5	138.6
华安证券三曹路证券营业部	安徽	亳州	1334.4	1231.0	2.4	0.0	0.0	0.1	100.8
中信万通证券北海路证券营业部	山东	昌邑	1329.7	769.5	3.9	0.0	0.1	9.8	546.4
民生证券江晖路证券营业部	浙江	杭州	1327.4	584.1	0.5	0.0	0.0	0.0	742.8
广州证券麦地路证券营业部	广东	惠州	1327.2	1203.1	0.2	0.0	0.0	0.0	124.0
中信建投证券黔江证券营业部	重庆	重庆	1323.7	1301.9	0.2	0.0	0.0	0.2	21.3
华泰证券灵岩路证券营业部	山东	济南	1323.6	1215.7	2.0	0.0	0.0	0.6	105.3
华西证券广厦路证券营业部	四川	资阳	1322.2	1264.7	0.7	0.0	0.0	0.6	56.2
齐鲁证券有限宁阳证券营业部	山东	泰安	1321.1	1285.7	31.3	0.0	0.0	0.0	4.1
山西证券五爱路证券营业部	江苏	无锡	1316.1	728.1	1.4	0.0	0.0	0.9	585.8
国海证券凭祥市北环路证券营业部	广西	凭祥	1315.3	1124.1	2.6	0.0	0.0	0.1	188.5
联讯证券顺德清晖路证券营业部	广东	佛山	1302.5	709.8	5.2	0.0	0.0	0.0	587.4
华安证券牌楼中路证券营业部	安徽	巢湖	1301.5	979.2	1.1	0.0	0.0	7.2	314.1
联讯证券市府大街证券营业部	辽宁	盘锦	1299.7	885.8	0.6	0.0	0.0	0.7	412.6
平安证券民族大道证券营业部	广西	南宁	1295.7	900.4	0.1	0.0	0.1	0.0	395.1
浙商证券芙蓉中路证券营业部	湖南	长沙	1295.6	1143.6	21.7	0.0	0.0	9.3	121.1
申银万国证券浩特兴安南路证券营业部	内蒙	呼和浩特	1294.8	1033.4	9.5	0.0	0.0	1.9	250.0
联讯证券彬芳大道证券营业部	广东	梅州	1294.3	709.3	1.3	0.0	0.0	1.6	582.1
齐鲁证券有限圣岚路证券营业部	山东	日照	1293.6	1230.1	1.2	0.0	0.0	0.0	62.2
华福证券工农路证券营业部	福建	龙海	1291.8	1195.4	1.1	0.0	0.0	2.1	93.2
信达证券体育南路证券营业部	山西	太原	1287.5	1266.1	0.2	0.0	0.0	0.0	21.3
大同证券经纪解放北路证券营业部	江苏	徐州	1283.3	841.5	5.0	0.0	0.1	0.6	436.2
广发证券健康路证券营业部	辽宁	凌海	1282.8	1224.5	2.8	0.0	0.0	1.6	53.9
华安证券北门大道证券营业部	安徽	芜湖	1282.7	1214.7	1.1	0.0	0.1	3.0	63.8
招商证券开发区长江中路证券营业部	山东	青岛	1281.3	887.5	1.1	0.0	0.0	10.3	382.4
华泰证券龙岗黄阁北路证券营业部	深圳	深圳	1280.1	938.1	3.9	0.0	0.0	0.0	338.1
诚浩证券和平路证券营业部	辽宁	锦州	1279.0	934.4	0.8	0.0	0.0	3.4	340.5
海通证券新马路证券营业部	浙江	义乌	1278.9	1179.1	2.7	0.0	0.0	6.5	90.5
国泰君安证券中州中路证券营业部	河南	洛阳	1276.2	909.8	5.1	0.0	0.0	0.2	361.[illegible]
财达证券建设北路证券营业部	河北	唐山	1275.7	687.1	1.6	0.0	0.0	0.1	586.9
招商证券中山四路证券营业部	广东	中山	1274.8	707.4	1.4	0.0	0.0	7.2	558.8
国海证券龙首北路证券营业部	陕西	西安	1273.9	660.8	0.6	0.0	0.0	58.8	553.8
江海证券有限山西平行路证券营业部	黑龙江	双鸭山	1271.6	1077.0	0.6	0.0	0.0	0.0	194.[illegible]
南京证券义学路证券营业部	重庆	重庆	1269.3	1268.3	0.8	0.0	0.0	0.2	0.[illegible]
华创证券水钟山西路证券营业部	贵州	六盘水	1266.6	1256.2	0.9	0.0	0.0	2.7	6.[illegible]
万和证券证券经纪有限公司广州中山大道西证券营业部	广东	广州	1264.9	743.5	3.4	0.0	0.0	0.2	517.[illegible]
广发证券连州番禺路证券营业部	广东	清远	1264.7	1228.5	32.3	0.0	0.0	0.3	3.[illegible]
中信万通证券太平东路证券营业部	山东	济宁	1261.9	621.8	2.4	0.0	0.0	14.7	623.[illegible]
国元证券园林路证券营业部	安徽	天长	1260.1	1256.5	1.2	0.0	0.0	1.4	1.[illegible]

注：营业部交易金额的单位为百万元。

证券营业部交易
Trading of Business Department

营业部名称 Business Department	省份 Province	城市 City	总计 Total	股票 Share	基金 Fund	权证 Warrant	政府债 G-Bond	公司债 C-Bond	债券回购 Repo
恒泰证券平庄哈河街证券营业部	内蒙	赤峰	1259.8	1167.8	2.6	0.0	3.4	0.4	85.6
浙商证券大光路证券营业部	江苏	南京	1259.2	987.8	1.3	0.0	0.0	0.0	270.1
新时代证券庄联盟路证券营业部	河北	石家庄	1255.6	1212.8	2.7	0.0	0.0	2.8	37.3
国联证券建新东路证券营业部	重庆	重庆	1255.5	606.1	0.0	0.0	0.0	0.0	649.4
太平洋证券运河西路证券营业部	江苏	扬州	1254.7	1075.9	4.0	0.0	0.0	0.4	174.4
东北证券庄民生路证券营业部	河北	石家庄	1254.1	956.6	52.5	0.0	2.1	0.7	242.3
海通证券体育场路证券营业部	河南	洛阳	1252.9	1230.7	0.4	0.0	0.0	0.0	21.8
国泰君安证券滨尚志中央大街证券营业部	黑龙江	尚志	1251.2	1175.6	1.2	0.0	0.0	0.0	74.3
东莞证券观海北路证券营业部	广东	湛江	1248.8	541.6	0.9	0.0	0.0	0.0	706.3
航天证券纪翟路证券营业部	上海	上海	1246.4	1064.7	2.2	0.0	0.0	1.0	178.6
民生证券松江路证券营业部	辽宁	大连	1244.5	557.5	0.3	0.0	0.0	3.1	683.7
川财证券经纪太和大道证券营业部	四川	遂宁	1241.3	1205.1	1.7	0.0	0.4	0.2	33.8
中信万通证券实验路证券营业部	山东	烟台	1237.2	517.9	0.1	0.0	0.0	0.0	719.2
海通证券达奇兴安大街证券营业部	黑龙江	加格达奇	1235.9	1219.3	3.0	0.0	0.1	1.6	12.0
东吴证券真州西路证券营业部	江苏	仪征	1234.7	892.2	3.0	0.0	0.0	0.6	339.0
浙商证券长松路证券营业部	浙江	丽水	1231.6	35.1	0.0	0.0	0.0	0.0	1196.5
安信证券龙泉驿区灵龙路证券营业部	四川	成都	1231.0	1163.3	0.6	0.0	0.6	2.0	64.5
华西证券富顺钟秀街证券营业部	四川	自贡	1230.4	1225.2	3.5	0.0	0.0	0.4	1.3
海通证券庄藁城胜利路证券营业部	河北	藁城	1226.5	1047.1	3.1	0.0	0.0	1.5	174.9
信达证券振五街证券营业部	辽宁	丹东	1226.2	1171.3	1.8	0.0	2.3	23.9	26.9
宏源证券木齐古牧地中路证券营业部	新疆	乌鲁木齐	1224.3	1154.9	3.8	0.0	0.2	0.1	65.3
国泰君安证券凤台西街证券营业部	山西	晋城	1219.4	1058.6	4.6	0.0	31.9	1.9	122.4
华宝证券天泰路证券营业部	四川	成都	1213.6	562.4	0.5	0.0	0.0	0.0	650.7
国泰君安证券华莲路证券营业部	福建	龙岩	1211.8	1165.8	1.6	0.0	0.0	1.3	43.0
宏源证券木齐绿洲街证券营业部	新疆	乌鲁木齐	1209.8	1041.2	1.3	0.0	0.0	0.1	167.2
国海证券港贵州路证券营业部	广西	防城港	1206.9	1161.7	1.5	0.0	0.0	0.2	43.5
申银万国证券浦口凤凰大街证券营业部	江苏	南京	1205.4	954.3	4.4	0.0	0.0	0.0	246.7
财达证券迁安惠宁大街证券营业部	河北	唐山	1205.1	1202.7	1.4	0.0	0.0	0.6	0.4
诚浩证券崇山东路证券营业部	辽宁	沈阳	1192.2	1011.2	3.0	0.0	3.3	4.3	170.4
东莞证券丹枫路证券营业部	浙江	杭州	1186.6	254.7	0.2	0.0	0.0	0.7	931.0
财达证券岛关城南路证券营业部	河北	秦皇岛	1183.8	1131.1	2.0	0.0	0.0	0.2	50.5
华泰证券沛县汤沐路证券营业部	江苏	徐州	1179.4	954.7	118.3	0.0	0.0	0.1	106.2
海通证券岫岩证券营业部	辽宁	鞍山	1178.2	1174.8	3.4	0.0	0.0	0.0	0.0
国泰君安证券阔时路证券营业部	云南	潞西	1173.6	1155.7	10.6	0.0	0.1	0.1	7.1
东兴证券商务外环路证券营业部	河南	郑州	1171.6	1085.5	0.9	0.0	0.0	0.0	85.1
方正证券溆浦警予东路证券营业部	湖南	怀化	1167.5	1038.2	1.8	0.0	0.0	1.4	126.1
财通证券邹容路证券营业部	重庆	重庆	1165.7	849.4	0.2	0.0	0.0	0.0	316.1
渤海证券新华道证券营业部	天津	天津	1160.0	861.5	1.9	0.0	0.0	0.8	295.8
华西证券沙湾石龙街证券营业部	四川	乐山	1158.9	1156.8	0.3	0.0	0.0	0.0	1.7
海通证券温江区杨柳东路证券营业部	四川	成都	1152.0	636.2	0.1	0.0	0.1	0.3	515.3
中信万通证券成山大道证券营业部	山东	荣成	1149.4	684.3	2.1	0.0	0.0	49.0	414.0
财达证券古冶新林道证券营业部	河北	唐山	1141.6	1098.0	2.9	0.0	0.3	0.6	39.8
信达证券岛龙湾大街证券营业部	辽宁	葫芦岛	1140.7	1058.4	0.9	0.0	0.0	1.6	79.8
方正证券洞口桔城路证券营业部	湖南	邵阳	1140.4	1129.2	4.1	0.0	0.0	6.0	1.1
中国银河证券车站街证券营业部	山西	临汾	1138.4	1130.0	3.7	0.0	0.0	0.2	4.5
中国银河证券祁门路证券营业部	安徽	合肥	1137.9	917.0	3.1	0.0	0.0	1.2	216.7
日信证券人民东路证券营业部	湖南	长沙	1131.9	909.9	5.6	0.0	0.0	0.1	216.3
国泰君安证券阳关中路证券营业部	甘肃	敦煌	1131.1	1106.6	21.7	0.0	0.0	0.4	2.4
上海证券南山大道证券营业部	深圳	深圳	1128.7	1100.4	0.9	0.0	0.0	0.0	27.3
中原证券西韩愈大街证券营业部	河南	焦作	1126.7	882.6	1.3	0.0	0.0	0.0	242.7

注：营业部交易金额的单位为百万元。

证券营业部交易
Trading of Business Department

营业部名称 Business Department	省份 Province	城市 City	总计 Total	股票 Share	基金 Fund	权证 Warrant	政府债 G-Bond	公司债 C-Bond	债券回购 Repo
万联证券解放大道证券营业部	湖南	衡阳	1125.3	1051.9	1.9	0.0	0.0	2.6	68.8
财达证券安国药都北大街证券营业部	河北	保定	1124.5	852.3	0.9	0.0	0.0	1.3	270.0
爱建证券一环东路证券营业部	广西	玉林	1121.5	884.3	0.0	0.0	0.0	0.0	237.2
申银万国证券建设路证券营业部	江苏	南通	1117.6	1106.3	1.9	0.0	0.0	1.0	8.5
中天证券兴隆街证券营业部	辽宁	盘锦	1113.8	984.3	0.7	0.0	0.0	2.7	126.2
天风证券金轮干道证券营业部	四川	绵阳	1113.3	1037.3	1.3	0.0	0.6	4.2	69.9
国联证券海秀路证券营业部	深圳	深圳	1109.5	850.8	0.0	0.0	0.0	0.0	258.7
华泰证券笔架山路证券营业部	湖北	石首	1108.5	985.3	110.7	0.0	0.0	0.8	11.7
东北证券建设街证券营业部	吉林	松原	1108.3	919.2	1.2	0.0	0.0	0.0	187.9
国金证券蒲江县桫椤路证券营业部	四川	成都	1105.9	1105.0	0.8	0.0	0.0	0.0	0.0
民生证券东流路证券营业部	安徽	合肥	1105.8	869.4	0.1	0.0	0.0	6.1	230.1
众成证券经纪有限兴庆南路证券营业部	陕西	西安	1104.5	995.9	2.9	0.0	0.0	0.1	105.6
方正证券祁阳民生路证券营业部	湖南	永州	1102.2	1054.7	3.7	0.0	0.0	1.0	42.8
国信证券跃龙路证券营业部	江苏	南通	1100.7	732.2	3.3	0.0	0.0	0.4	364.8
国泰君安证券冶金大道证券营业部	江西	贵溪	1095.9	1041.3	0.8	0.0	0.0	2.0	51.8
申银万国证券油城六路证券营业部	广东	茂名	1095.7	386.0	0.9	0.0	0.0	0.0	708.8
中信建投证券中山路证券营业部	江西	瑞金	1095.3	1079.7	4.0	0.0	0.0	0.0	11.7
国泰君安证券南丰橘都大道证券营业部	江西	抚州	1095.0	1091.9	0.1	0.0	0.0	0.4	2.6
日信证券宝民路证券营业部	深圳	深圳	1095.0	1010.7	0.5	0.0	0.0	0.0	83.8
国盛证券凤凰大道证券营业部	江西	赣州	1093.7	979.3	0.5	0.0	0.0	0.6	113.3
大同证券经纪刺桐路证券营业部	福建	泉州	1091.2	747.4	0.3	0.0	0.0	0.2	343.2
华安证券鸿基商城证券营业部	安徽	黄山	1090.2	962.4	0.4	0.0	0.0	0.6	126.7
国泰君安证券国庆北路证券营业部	湖南	郴州	1087.4	912.5	0.3	0.0	0.0	0.0	174.6
海通证券西大街证券营业部	甘肃	庆阳	1087.2	1018.8	68.3	0.0	0.0	0.1	0.0
兴业证券东风东路证券营业部	云南	昆明	1086.3	754.8	11.9	0.0	0.0	1.7	317.8
华创证券桂花路证券营业部	贵州	毕节	1086.1	1017.2	0.6	0.0	0.0	0.5	67.8
广发证券大埔证券营业部	广东	梅州	1085.4	1041.3	1.3	0.0	0.0	2.2	40.6
方正证券万道路证券营业部	广东	东莞	1084.1	855.3	24.6	0.0	0.0	3.6	200.6
长城证券三水张边路证券营业部	广东	佛山	1083.0	867.4	3.0	0.0	0.0	0.5	212.1
中信万通证券人民北路证券营业部	河南	南阳	1082.4	605.6	4.5	0.0	0.0	5.7	466.7
渤海证券滨海新区杭州道证券营业部	天津	天津	1082.0	544.3	1.6	0.0	0.0	0.3	535.8
华泰证券宝善街证券营业部	云南	昆明	1078.6	232.0	0.2	0.0	0.0	4.5	842.0
中国银河证券人民路证券营业部	甘肃	白银	1074.9	841.4	1.3	0.0	0.0	0.2	232.1
长江证券蔡甸大街证券营业部	湖北	武汉	1072.6	623.0	0.2	0.0	30.8	0.0	418.5
太平洋证券市景洪宣慰大道证券营业部	云南	景洪	1072.4	623.7	0.5	0.0	0.0	0.0	448.2
大通证券南京路证券营业部	江苏	新沂	1069.9	850.5	1.8	0.0	0.0	1.4	216.2
华安证券振兴中路证券营业部	安徽	马鞍山	1069.6	995.2	0.8	0.0	0.0	2.6	71.1
国信证券龙华证券营业部	深圳	深圳	1069.5	681.9	2.6	0.0	0.0	2.5	382.6
渤海证券双塔西街证券营业部	山西	太原	1068.1	1026.3	4.6	0.0	0.0	0.0	37.2
上海证券同心街证券营业部	辽宁	大连	1067.2	796.9	3.7	0.0	0.0	12.8	253.8
华创证券小河长江路证券营业部	贵州	贵阳	1066.5	988.1	3.3	0.0	0.7	2.6	71.7
东吴证券洋河一村证券营业部	重庆	重庆	1065.9	354.3	0.1	0.0	0.0	0.0	711.5
华创证券纪念塔证券营业部	贵州	贵阳	1065.0	529.6	1.1	0.0	0.0	1.0	533.2
西南证券钢花路证券营业部	重庆	重庆	1064.0	1041.6	1.0	0.0	0.0	2.5	18.9
东吴证券黄山北路证券营业部	江苏	镇江	1063.0	303.3	0.8	0.0	0.0	0.7	758.2
信达证券红旗大街证券营业部	辽宁	盖州	1061.7	1054.4	1.4	0.0	0.0	0.0	5.9
长城证券通胡大街证券营业部	北京	北京	1060.7	329.4	0.2	0.0	0.0	0.0	731.1
日信证券天陈路证券营业部	重庆	重庆	1060.0	1024.0	0.2	0.0	0.0	0.0	35.7
方正证券金沙路证券营业部	湖南	浏阳	1059.9	975.7	0.8	0.0	0.0	0.0	83.4
大同证券经纪西街证券营业部	浙江	台州	1058.5	481.0	4.7	0.0	0.0	0.0	572.8

注：营业部交易金额的单位为百万元。

证券营业部交易
Trading of Business Department

营业部名称 Business Department	省份 Province	城市 City	总计 Total	股票 Share	基金 Fund	权证 Warrant	政府债 G-Bond	公司债 C-Bond	债券回购 Repo
大同证券经纪迎宾西街证券营业部	山西	晋中	1056.6	848.0	0.8	0.0	0.0	0.3	207.5
诚浩证券体育馆路证券营业部	辽宁	营口	1052.9	738.0	0.3	0.0	0.0	1.4	313.3
湘财证券莞太路证券营业部	广东	东莞	1047.6	692.8	2.4	0.0	0.0	21.0	331.4
国泰君安证券金堂县复兴街证券营业部	四川	成都	1045.7	864.7	3.1	0.0	0.2	3.6	174.2
宏源证券天池南街证券营业部	新疆	阜康	1045.5	1042.9	1.5	0.0	0.0	0.2	1.0
江海证券有限哈尔和平大街证券营业部	黑龙江	齐齐哈尔	1045.1	487.7	0.3	0.0	0.0	0.2	556.8
恒泰证券浩特中央大街证券营业部	内蒙	锡林浩特	1041.1	1005.2	0.7	0.0	0.0	0.6	34.5
齐鲁证券有限兴安路证券营业部	山东	潍坊	1040.2	615.2	0.8	0.0	0.0	0.0	424.2
南京证券证券营业部	宁夏	固原	1037.1	1025.7	0.4	0.0	0.0	0.0	11.0
大同证券经纪柳泉路证券营业部	山东	淄博	1037.0	746.5	3.1	0.0	0.0	0.0	287.5
江海证券有限东解放路证券营业部	黑龙江	鹤岗	1033.3	840.7	0.6	0.0	0.0	0.4	191.6
西南证券南川河滨南路证券营业部	重庆	重庆	1033.3	1013.0	3.5	0.0	0.0	0.0	16.7
国联证券解放南路证券营业部	江苏	盐城	1032.6	942.0	0.5	0.0	0.0	0.1	89.9
财通证券中兴南路证券营业部	浙江	德清	1032.3	414.6	0.7	0.0	0.0	0.1	616.9
宏信证券嘉州大道证券营业部	四川	乐山	1031.5	896.6	0.2	0.0	0.5	47.5	86.8
华西证券江北大道证券营业部	四川	巴中	1031.4	915.6	0.2	0.0	0.0	0.0	115.6
齐鲁证券有限振兴东路证券营业部	山东	日照	1028.1	991.3	3.2	0.0	0.0	0.3	33.3
申银万国证券利民西路证券营业部	安徽	芜湖	1024.0	569.3	28.2	0.0	0.0	0.1	426.5
华安证券云岭路证券营业部	安徽	宣城	1023.9	932.6	1.1	0.0	0.0	1.0	89.3
国盛证券五指山路证券营业部	海南	海口	1023.1	658.1	0.0	0.0	0.0	0.0	365.0
江海证券有限江绥芬河文化街证券营业部	黑龙江	绥芬河	1021.0	347.0	1.7	0.0	0.0	0.2	672.1
广发证券振兴路证券营业部	云南	普洱	1020.1	1009.3	1.0	0.0	0.0	2.9	7.0
国海证券全州县中心北路证券营业部	广西	桂林	1017.5	1016.0	1.2	0.0	0.0	0.1	0.2
华安证券涂山路证券营业部	安徽	蚌埠	1015.4	888.1	3.7	0.0	0.0	0.0	123.5
国泰君安证券吴泰闸路证券营业部	山东	济宁	1015.1	729.9	28.5	0.0	0.0	1.2	255.5
华福证券普莲路证券营业部	福建	泉州	1013.3	911.3	0.7	0.0	0.0	0.0	101.3
国泰君安证券建设路营业部	甘肃	天水	1011.6	993.7	0.3	0.0	0.0	0.1	17.5
中信建投证券顺德大良证券营业部	广东	佛山	1009.1	519.8	1.1	0.0	0.0	21.4	466.9
海通证券北安交通路证券营业部	黑龙江	黑河	1008.7	1008.3	0.4	0.0	0.0	0.0	0.0
西部证券海关路证券营业部	广西	柳州	1008.5	673.5	0.0	0.0	0.0	0.0	335.0
东北证券岭证券营业部	吉林	公主岭	1008.0	894.3	1.3	0.0	0.0	0.0	112.4
大通证券北二路证券营业部	广西	来宾	1002.1	939.6	1.5	0.0	0.0	0.9	60.2
浙商证券新南路证券营业部	重庆	重庆	1001.3	886.8	2.8	0.0	0.0	0.0	111.7
国泰君安证券香港路证券营业部	贵州	遵义	999.9	910.9	0.5	0.0	0.0	1.1	87.4
民生证券凯旋路证券营业部	河南	洛阳	998.3	835.7	0.8	0.0	0.0	0.6	161.1
国元证券芙蓉中路证券营业部	湖南	长沙	995.4	942.7	0.4	0.0	0.0	0.3	52.0
长江证券河北大道证券营业部	湖北	赤壁	995.0	948.3	1.2	0.0	0.0	1.1	44.3
宏源证券泰文化路证券营业部	新疆	阿勒泰	992.7	980.0	2.4	0.0	0.0	0.0	10.4
国盛证券济安路证券营业部	山东	济南	992.2	417.7	0.0	0.0	0.0	0.0	574.5
诚浩证券宁山中路证券营业部	辽宁	沈阳	991.7	818.2	1.5	0.0	0.6	0.0	171.4
南京证券正源南街证券营业部	宁夏	银川	990.7	905.5	0.5	0.0	0.0	0.0	84.7
恒泰证券临潢大街证券营业部	内蒙	赤峰	990.6	917.7	0.4	0.0	0.0	31.0	41.5
中银国际证券花园街证券营业部	江苏	常州	990.3	673.7	2.1	0.0	0.0	0.0	314.4
国海证券平南县朝阳大街证券营业部	广西	贵港	988.0	900.9	0.3	0.0	0.0	0.2	86.7
光大证券吉祥中路证券营业部	深圳	深圳	987.7	536.5	1.8	0.0	0.0	0.0	449.4
山西证券朝阳大街证券营业部	河北	沧州	986.9	272.2	0.7	0.0	0.5	0.1	713.4
招商证券胜利四路证券营业部	湖北	宜昌	986.8	434.4	0.1	0.0	0.0	0.9	551.4
华泰证券东门大街证券营业部	江苏	金坛	986.7	641.8	144.3	0.0	0.8	12.2	187.6
财通证券新桥街证券营业部	浙江	衢州	986.1	927.0	1.0	0.0	0.0	0.1	58.0
国泰君安证券人民路证券营业部	吉林	桦甸	986.0	971.5	1.3	0.0	0.0	0.3	12.9

注：营业部交易金额的单位为百万元。

证券营业部交易
Trading of Business Department

营业部名称 Business Department	省份 Province	城市 City	总计 Total	股票 Share	基金 Fund	权证 Warrant	政府债 G-Bond	公司债 C-Bond	债券回购 Repo
华龙证券永定东路证券营业部	甘肃	定西	982.8	975.2	0.1	0.0	0.0	0.0	7.5
平安证券井冈山大道证券营业部	江西	南昌	980.9	184.3	0.2	0.0	0.0	0.0	796.3
中国中投证券开创大道北证券营业部	广东	广州	980.2	287.6	0.3	0.0	0.2	13.2	678.9
华安证券陋室西街证券营业部	安徽	巢湖	980.2	733.7	1.1	0.0	0.0	140.7	104.7
方正证券滨江通和路证券营业部	浙江	杭州	979.0	655.7	21.1	0.0	0.0	0.0	302.1
广发证券闽江路证券营业部	辽宁	营口	973.5	529.7	34.8	0.0	0.0	0.0	409.0
东莞证券永安路证券营业部	辽宁	海城	973.1	601.5	0.3	0.0	0.0	0.1	371.3
日信证券沙河街证券营业部	内蒙	包头	973.1	284.2	0.0	0.0	0.0	0.0	688.9
宏源证券光明路证券营业部	河北	唐山	972.7	540.7	18.5	0.0	1.0	1.0	411.6
西部证券临潼证券营业部	陕西	西安	972.7	903.1	2.7	0.0	0.5	19.3	47.2
华创证券北关路证券营业部	贵州	铜仁	971.0	970.7	0.2	0.0	0.0	0.1	0.0
东海证券人民东路证券营业部	陕西	咸阳	970.8	970.0	0.4	0.0	0.0	0.0	0.3
招商证券亚泰大街证券营业部	吉林	长春	970.7	521.1	2.6	0.0	0.0	2.1	444.8
华安证券景贤街证券营业部	安徽	宣城	969.3	967.8	0.5	0.0	0.0	0.0	0.9
天源证券有限庄河市新华路证券营业部	辽宁	大连	967.7	931.2	5.0	0.0	0.2	2.7	28.6
华泰证券永宁大道证券营业部	湖北	武穴	963.6	953.8	1.5	0.0	0.0	4.9	3.4
广发证券江城路证券营业部	湖北	荆州	962.6	712.4	0.8	0.0	0.0	0.4	248.9
信达证券山市府路证券营业部	辽宁	调兵山	960.7	955.1	1.2	0.0	0.0	0.0	4.3
华宝证券解放大道证券营业部	湖北	武汉	959.2	464.7	1.6	0.0	0.0	0.1	492.9
东海证券五岭大道证券营业部	湖南	郴州	959.2	886.4	0.7	0.0	0.0	1.1	71.0
华安证券建国北路证券营业部	浙江	杭州	958.3	802.2	0.2	0.0	0.0	0.0	155.9
万和证券南沙中路证券营业部	海南	海口	955.7	700.8	0.2	0.0	0.0	0.0	254.7
华龙证券太白南路证券营业部	陕西	西安	953.8	493.9	0.8	0.0	0.0	0.5	458.6
大同证券经纪解放大道证券营业部	湖南	衡阳	953.8	420.2	0.4	0.0	0.0	1.3	531.9
海通证券中山北路证券营业部	江苏	徐州	952.8	659.9	0.9	0.0	0.0	2.1	289.8
海通证券新兴中路证券营业部	黑龙江	伊春	952.6	554.3	1.4	0.0	0.0	0.1	396.8
国泰君安证券奉节证券营业部	重庆	重庆	951.4	939.0	2.0	0.0	0.0	0.1	10.4
财通证券靖江中路证券营业部	浙江	临海	950.3	893.1	4.6	0.0	0.0	0.0	52.6
信达证券新华路证券营业部	辽宁	开原	949.5	918.0	1.8	0.0	0.1	0.1	29.5
广发证券朝阳大街证券营业部	辽宁	辽阳	948.8	709.0	0.5	0.0	0.1	9.6	229.6
海通证券东大街证券营业部	甘肃	陇南	948.7	780.8	166.0	0.0	0.0	0.2	1.7
国泰君安证券人民路证券营业部	海南	琼海	947.9	845.7	2.9	0.0	0.0	0.5	98.9
华安证券西长安街证券营业部	陕西	西安	944.9	576.5	0.4	0.0	0.0	0.0	368.0
国都证券南昌路证券营业部	河南	洛阳	944.8	621.0	2.7	0.0	0.0	19.5	301.5
国海证券兴安县三台路证券营业部	广西	桂林	942.3	941.5	0.3	0.0	0.0	0.1	0.3
财达证券岛昌黎学院路证券营业部	河北	秦皇岛	941.8	792.2	1.3	0.0	0.0	0.0	148.3
中国中投证券供销路证券营业部	山东	济宁	941.4	313.3	2.2	0.0	0.0	0.2	625.7
信达证券健康路证券营业部	辽宁	辽阳	940.4	922.2	1.1	0.0	0.1	1.5	15.6
华泰证券肇东正阳大街证券营业部	黑龙江	绥化	938.5	820.6	33.5	0.0	0.0	0.0	84.4
广发证券解放中路证券营业部	河南	焦作	936.2	461.8	1.5	0.0	0.0	0.0	472.9
长城证券钱沟路证券营业部	湖北	仙桃	935.7	720.0	2.5	0.0	0.0	0.5	212.7
华福证券街心路证券营业部	福建	福州	930.6	778.1	0.2	0.0	0.0	0.0	152.4
国泰君安证券滨江东路证券营业部	江西	九江	930.4	822.9	1.4	0.0	0.0	1.9	104.3
长江证券勒人民东路证券营业部	新疆	库尔勒	930.4	545.7	0.5	0.0	0.0	0.3	383.9
西南证券合川希尔安大道证券营业部	重庆	合川	928.8	520.7	0.4	0.0	0.0	0.0	407.8
湘财证券湘阴县江东路证券营业部	湖南	岳阳	927.7	518.6	0.1	0.0	0.0	0.1	409.0
南京证券建湖县人民路证券营业部	江苏	盐城	921.1	663.8	0.3	0.0	0.0	3.1	253.8
中信建投证券建设东路证券营业部	江西	萍乡	915.6	413.2	4.8	0.0	0.0	4.6	493.0
财达证券峰峰滏源堤路证券营业部	河北	邯郸	914.6	842.5	0.5	0.0	0.0	0.5	71.1
国元证券龙眠中路证券营业部	安徽	桐城	914.6	890.5	1.4	0.0	0.0	0.0	22.7

注：营业部交易金额的单位为百万元。

证券营业部交易
Trading of Business Department

营业部名称 Business Department	省份 Province	城市 City	总计 Total	股票 Share	基金 Fund	权证 Warrant	政府债 G-Bond	公司债 C-Bond	债券回购 Repo
华泰证券石油大街证券营业部	辽宁	盘锦	912.8	782.5	0.6	0.0	0.0	0.0	129.7
兴业证券大亭路证券营业部	福建	漳州	909.7	711.4	1.3	0.0	0.0	0.0	197.0
宏源证券吐哈石油证券营业部	新疆	哈密	908.0	878.5	5.1	0.0	0.0	4.2	20.1
海通证券江东宁繁荣街证券营业部	黑龙江	牡丹江	903.2	799.3	7.6	0.0	0.0	1.0	95.3
兴业证券巷南路证券营业部	福建	厦门	901.3	140.8	0.0	0.0	0.0	0.0	760.5
天源证券有限滦南县中大街证券营业部	河北	唐山	896.1	714.0	3.2	0.0	0.0	0.0	178.9
海通证券虎林红旗街证券营业部	黑龙江	鸡西	894.3	875.2	0.9	0.0	0.0	0.3	17.9
安信证券龙岗龙翔大道证券营业部	深圳	深圳	892.1	726.0	1.1	0.0	0.0	0.0	164.9
国泰君安证券巫山证券营业部	重庆	重庆	890.3	826.0	0.7	0.0	0.0	0.4	63.2
民生证券福安大街证券营业部	天津	天津	889.0	151.8	0.2	0.0	0.5	0.0	736.5
广发证券康城大道证券营业部	广东	肇庆	887.1	672.9	0.2	0.0	0.0	4.6	209.4
财达证券曹妃甸证券营业部	河北	唐山	885.8	856.3	0.1	0.0	0.0	0.0	29.4
华安证券禹王路证券营业部	安徽	蚌埠	884.5	874.3	1.0	0.0	0.0	2.5	6.7
大通证券开发区金马路证券营业部	辽宁	大连	882.6	453.7	0.1	0.0	0.0	0.1	428.8
中国银河证券水仙大街证券营业部	福建	漳州	881.7	273.7	2.0	0.0	0.0	0.1	605.8
华泰证券如东人民路证券营业部	江苏	南通	880.4	584.9	3.7	0.0	0.0	0.3	291.5
国元证券兴业街证券营业部	安徽	蚌埠	878.3	811.1	0.7	0.0	0.0	0.4	66.1
中原证券华兰大道证券营业部	河南	新乡	877.4	526.0	0.4	0.0	0.0	0.0	351.0
财达证券万庄友好街证券营业部	河北	廊坊	876.1	726.5	2.8	0.0	0.0	0.5	146.3
渤海证券略阳证券营业部	陕西	汉中	874.1	768.4	4.1	0.0	0.0	0.1	101.4
西部证券常乐路证券营业部	陕西	榆林	872.1	871.1	0.7	0.0	0.3	0.0	0.0
华西证券武胜宏武大道证券营业部	四川	广安	865.6	842.3	1.1	0.0	0.0	0.0	22.2
申银万国证券云路街证券营业部	山西	太原	861.5	819.6	0.7	0.0	0.0	3.2	38.1
财达证券武安中兴路证券营业部	河北	邯郸	860.9	664.7	0.1	0.0	0.0	0.1	196.0
天源证券有限七一路证券营业部	青海	西宁	860.1	798.6	2.4	0.0	0.0	0.0	59.1
开源证券锦业三路证券营业部	陕西	西安	859.5	25.0	0.0	0.0	0.0	0.1	834.4
国泰君安证券十里大道证券营业部	江西	九江	859.4	835.2	1.2	0.0	0.0	0.0	23.0
东海证券君山中路证券营业部	河南	洛阳	857.2	841.5	3.6	0.0	0.0	0.0	12.1
中航证券有限庄浪西路证券营业部	甘肃	兰州	852.4	196.1	0.2	0.0	0.0	0.0	656.1
海通证券珠江西路证券营业部	广东	广州	851.2	628.5	6.2	0.0	0.8	6.8	208.9
东兴证券邹容路证券营业部	重庆	重庆	851.2	596.0	0.7	0.0	0.0	0.0	254.5
南京证券东门大街证券营业部	江苏	常州	850.4	839.2	4.4	0.0	0.0	0.1	6.8
华福证券排尾路证券营业部	福建	福州	850.2	604.6	0.3	0.0	0.0	0.0	245.3
东海证券文汇路证券营业部	江苏	扬州	845.6	163.0	459.5	0.0	0.0	24.3	198.9
东北证券泉安中路证券营业部	福建	晋江	845.4	619.8	0.1	0.0	0.0	0.0	225.5
中国银河证券石景山路证券营业部	北京	北京	841.4	174.0	1.3	0.0	0.0	10.5	655.5
国开证券南滨河路证券营业部	北京	北京	840.8	64.8	0.6	0.0	0.0	0.2	775.2
信达证券东港路证券营业部	辽宁	东港	838.4	828.7	2.8	0.0	0.0	0.2	6.8
中信证券番禺广华南路证券营业部	广东	广州	835.7	655.2	7.3	0.0	0.5	7.3	165.5
南京证券骥江路证券营业部	江苏	泰州	833.7	775.6	0.5	0.0	0.0	0.1	57.4
大通证券金湖路证券营业部	广西	南宁	833.4	752.2	0.2	0.0	0.0	0.0	81.0
湘财证券团结路证券营业部	云南	水富	832.5	746.4	1.1	0.0	0.0	0.1	85.0
海通证券密山东安街证券营业部	黑龙江	鸡西	828.1	766.6	1.3	0.0	0.0	0.9	59.3
西部证券东岗东路证券营业部	甘肃	兰州	827.1	614.2	0.0	0.0	0.0	0.2	212.6
安信证券宝安人民路证券营业部	深圳	深圳	826.1	660.9	1.2	0.0	0.0	0.5	163.6
宏源证券马鞍山路证券营业部	安徽	合肥	826.0	526.7	3.7	0.0	0.0	0.5	295.1
国泰君安证券忠县证券营业部	重庆	重庆	825.8	744.8	1.3	0.0	0.0	0.0	79.7
财达证券霸州益津中路证券营业部	河北	廊坊	825.3	806.8	1.9	0.0	0.0	0.0	16.7
恒泰证券石迎宾西街证券营业部	内蒙	呼伦贝尔	824.7	721.4	3.2	0.0	0.0	4.1	96.0
西藏同信证券即墨嵩山一路证券营业部	山东	青岛	821.7	440.6	0.7	0.0	0.0	0.0	380.3

注：营业部交易金额的单位为百万元。

证券营业部交易
Trading of Business Department

营业部名称 Business Department	省份 Province	城市 City	总计 Total	股票 Share	基金 Fund	权证 Warrant	政府债 G-Bond	公司债 C-Bond	债券回购 Repo
华安证券桃溪路证券营业部	安徽	六安	820.8	819.9	0.7	0.0	0.1	0.1	0.0
安信证券南二环路证券营业部	陕西	西安	820.7	409.6	0.1	0.0	0.0	0.0	411.0
华龙证券西大街证券营业部	甘肃	张掖	820.1	760.8	0.6	0.0	0.0	0.0	58.7
财达证券三河迎宾南路证券营业部	河北	廊坊	817.6	811.3	2.7	0.0	0.0	0.0	3.7
浙商证券长兴路证券营业部	浙江	台州	815.4	631.1	3.4	0.0	0.0	0.0	180.9
广州证券东城中路证券营业部	广东	东莞	812.8	542.8	0.0	0.0	0.0	0.0	270.0
西藏同信证券凤凰街证券营业部	山东	潍坊	812.3	588.0	2.7	0.0	0.0	0.0	221.7
宏源证券新华路证券营业部	新疆	塔城	810.7	805.5	0.8	0.0	0.6	0.2	3.7
齐鲁证券有限榕江路证券营业部	广东	汕头	810.2	490.2	2.1	0.0	0.0	0.0	317.9
华福证券仙岳路证券营业部	福建	厦门	809.1	419.6	0.4	0.0	0.0	0.0	389.1
华安证券人民路证券营业部	安徽	阜阳	808.9	685.0	0.3	0.0	0.0	6.6	117.0
中国银河证券黄山南路证券营业部	江苏	镇江	807.9	548.4	2.8	0.0	0.0	3.3	253.4
海通证券红岗北路东街证券营业部	黑龙江	大庆	807.7	807.0	0.6	0.0	0.0	0.0	0.0
国元证券青铜路证券营业部	安徽	芜湖	807.6	806.1	0.5	0.0	0.0	1.0	0.0
东北证券西利民街证券营业部	吉林	德惠	805.3	767.4	0.2	0.0	0.0	0.0	37.6
山西证券桃园二巷证券营业部	山西	太原	804.0	639.9	0.8	0.0	0.0	0.7	162.6
中信万通证券石桥路证券营业部	山东	青岛	801.0	597.2	1.2	0.0	0.0	3.0	199.6
东海证券祥福路证券营业部	福建	厦门	800.8	436.5	0.3	0.0	0.0	0.0	364.0
国元证券顺德新桂北路证券营业部	广东	佛山	797.1	425.9	0.6	0.0	0.0	1.0	369.7
中国银河证券番禺南郊路证券营业部	广东	广州	796.8	536.6	0.1	0.0	0.1	0.1	259.9
华安证券凤河路证券营业部	安徽	宿州	793.7	740.4	1.3	0.0	0.3	25.9	25.8
国盛证券万家丽路证券营业部	湖南	长沙	792.9	388.1	0.0	0.0	0.0	0.0	404.8
湘财证券建设路证券营业部	湖南	岳阳	790.5	754.9	0.3	0.0	0.0	1.4	33.9
华西证券云阳证券营业部	重庆	重庆	790.1	789.9	0.2	0.0	0.0	0.0	0.0
财达证券三河泃阳西大街证券营业部	河北	廊坊	789.5	726.4	2.6	0.0	0.2	0.0	60.2
民生证券雨花西路证券营业部	江苏	南京	785.8	107.9	10.5	0.0	0.0	0.2	667.2
联讯证券南海大道证券营业部	广东	佛山	784.3	439.2	2.3	0.0	0.0	3.3	339.5
宏源证券新城路证券营业部	新疆	鄯善	784.1	780.4	3.5	0.0	0.0	0.0	0.3
财通证券金陵北路证券营业部	浙江	湖州	782.8	723.0	0.1	0.0	0.0	2.2	57.5
太平洋证券建设路证券营业部	云南	大理	782.5	400.8	22.4	0.0	0.1	4.9	354.2
平安证券安吉南路证券营业部	福建	泉州	782.2	369.6	1.7	0.0	0.0	40.9	370.0
国联证券迎春大街证券营业部	山东	烟台	776.3	471.9	0.5	0.0	0.0	0.0	303.9
申银万国证券万年六零北大道证券营业部	江西	上饶	773.1	753.5	19.3	0.0	0.0	0.0	0.3
海通证券人民路证券营业部	辽宁	盘锦	772.2	769.9	1.0	0.0	0.0	1.3	0.0
华安证券巢湖中路证券营业部	安徽	合肥	771.9	770.8	0.8	0.0	0.0	0.4	0.0
东北证券站前路证券营业部	吉林	九台	771.5	769.1	0.7	0.0	0.0	0.0	1.6
华龙证券红园路证券营业部	甘肃	临夏	767.8	751.3	0.0	0.0	0.0	0.0	16.5
东海证券延政中路证券营业部	江苏	无锡	767.0	695.8	2.5	0.0	0.0	0.0	68.6
华安证券南大街证券营业部	安徽	宣城	765.8	683.5	1.9	0.0	0.0	0.0	80.4
华安证券望淮路证券营业部	安徽	淮南	765.0	759.6	0.1	0.0	0.0	5.3	0.0
国元证券金阳碧海南路证券营业部	贵州	贵阳	760.3	149.0	2.8	0.0	2.8	9.8	595.9
财达证券文安西环路证券营业部	河北	廊坊	758.1	660.9	0.3	0.0	0.0	0.0	96.9
华安证券木镇路证券营业部	安徽	池州	757.2	747.8	1.3	0.0	0.1	0.1	8.0
东海证券建国东路证券营业部	江苏	徐州	755.1	535.8	0.8	0.0	0.0	0.7	217.9
万联证券芝山路证券营业部	湖南	永州	751.3	687.9	0.4	0.0	1.1	0.5	61.4
中信建投证券邛崃东环路证券营业部	四川	邛崃	751.0	733.2	1.4	0.0	0.0	0.1	16.4
财达证券开平新苑路证券营业部	河北	唐山	749.1	689.1	0.7	0.0	0.0	1.3	58.0
华创证券乌当新添大道证券营业部	贵州	贵阳	748.1	498.6	0.4	0.0	0.2	0.4	248.6
兴业证券国民路证券营业部	福建	永安	745.3	659.7	0.1	0.0	0.0	0.7	84.8
国泰君安证券长江南路证券营业部	湖南	株洲	744.5	739.5	3.3	0.0	0.0	0.1	1.6

注：营业部交易金额的单位为百万元。

证券营业部交易
Trading of Business Department

营业部名称 Business Department	省份 Province	城市 City	总计 Total	股票 Share	基金 Fund	权证 Warrant	政府债 G-Bond	公司债 C-Bond	债券回购 Repo
民生证券人民西路证券营业部	河南	漯河	742.4	648.7	0.5	0.0	0.0	0.3	93.0
银泰证券北新西道证券营业部	河北	唐山	741.5	705.0	0.4	0.0	0.0	1.7	34.3
广发证券环市北路证券营业部	广东	揭阳	737.8	551.4	3.2	0.0	0.0	0.1	183.1
国信证券浩特石东路营业部	内蒙	呼和浩特	734.6	697.2	0.1	0.0	0.0	0.0	37.3
华安证券舒台路证券营业部	安徽	安庆	733.2	732.2	0.0	0.0	0.0	0.0	1.0
华安证券湖滨路证券营业部	安徽	安庆	729.8	674.9	3.8	0.0	0.0	0.0	51.0
浙商证券南市街证券营业部	浙江	衢州	728.4	692.9	2.4	0.0	0.0	0.0	33.1
申银万国证券航空路证券营业部	湖北	襄樊	727.8	720.1	0.8	0.0	0.0	0.0	7.0
光大证券罗田路证券营业部	深圳	深圳	727.1	612.5	2.3	0.0	0.0	0.0	112.2
山西证券康宁西街证券营业部	山西	太原	725.9	465.0	5.7	0.0	0.0	0.2	255.0
国元证券十字街证券营业部	安徽	巢湖	723.1	720.7	1.1	0.0	0.0	1.3	0.0
恒泰证券多斯薛家湾准格尔路证券营业部	内蒙	鄂尔多斯	722.5	628.8	0.2	0.0	0.0	0.0	93.5
华安证券人民西路证券营业部	安徽	安庆	722.1	719.4	0.3	0.0	0.1	0.2	2.1
中信万通证券大学路证券营业部	山东	济南	721.1	174.6	4.4	0.0	0.0	1.1	540.9
光大证券东关大街证券营业部	青海	西宁	719.6	582.6	1.7	0.0	0.0	0.1	135.2
中国国际金融有限杨帆路证券营业部	浙江	宁波	718.5	236.0	0.0	0.0	0.0	0.0	482.5
华泰证券南大街证券营业部	江苏	常州	717.6	700.2	0.9	0.0	0.0	0.0	16.6
瑞银证券教工路证券营业部	浙江	杭州	717.0	22.3	0.9	0.0	0.0	0.9	692.9
太平洋证券晓塘东路证券营业部	云南	安宁	716.4	673.6	0.3	0.0	0.0	2.7	39.9
西部证券城固证券营业部	陕西	汉中	716.3	705.0	0.7	0.0	0.0	0.4	10.3
中原证券车站北路证券营业部	湖南	长沙	716.3	529.1	0.4	0.0	0.0	0.0	186.8
西部证券龙门大街证券营业部	陕西	韩城	713.1	694.2	3.8	0.0	0.0	0.0	15.1
中国银河证券富春路证券营业部	浙江	杭州	711.5	700.3	3.0	0.0	0.0	0.1	8.2
南京证券燕鸽湖证券营业部	宁夏	银川	710.7	634.1	0.4	0.0	0.0	0.2	76.0
华泰证券碧涢路证券营业部	湖北	安陆	709.8	691.9	1.9	0.0	0.1	0.1	15.9
东海证券车站路证券营业部	江苏	靖江	706.8	702.1	1.4	0.0	0.0	0.4	2.9
山西证券长湖路证券营业部	广西	南宁	706.2	272.8	42.7	0.0	0.0	0.0	390.6
信达证券辽河大街证券营业部	辽宁	新民	704.7	672.6	0.2	0.0	0.0	3.3	28.7
山西证券英雄中路证券营业部	山西	汾阳	704.6	627.6	0.2	0.0	0.0	0.1	76.6
广发证券宏伟南路证券营业部	湖北	荆州	702.3	666.1	2.1	0.0	0.2	0.2	33.7
海通证券斯保卫路证券营业部	黑龙江	佳木斯	701.5	256.0	0.1	0.0	0.0	0.0	445.4
华龙证券建设路证券营业部	甘肃	陇南	701.4	528.8	0.3	0.0	0.0	0.0	172.4
中信证券（浙江）高士路证券营业部	江西	宜春	700.4	295.8	1.9	0.0	0.0	0.3	402.4
平安证券金水东路证券营业部	河南	郑州	699.2	648.2	1.1	0.0	0.0	0.1	49.8
太平洋证券南街证券营业部	云南	玉溪	699.0	698.2	0.6	0.0	0.0	0.2	0.0
广发证券文南路证券营业部	海南	文昌	697.7	456.5	9.9	0.0	0.0	0.0	231.3
山西证券新田路证券营业部	山西	侯马	695.4	645.1	2.1	0.0	0.0	0.3	47.9
国海证券临桂县人民路证券营业部	广西	桂林	693.9	678.2	2.9	0.0	0.0	0.0	12.8
西藏同信证券鸿雁街证券营业部	四川	达州	693.2	630.1	3.3	0.0	0.3	0.6	58.9
大通证券庆春路证券营业部	浙江	杭州	688.0	532.4	0.0	0.0	0.0	0.5	155.1
华泰证券平江天岳大道证券营业部	湖南	岳阳	685.6	528.9	2.3	0.0	0.0	0.0	154.5
中国中投证券西关大街新宁广场营业部	青海	西宁	682.8	430.7	0.2	0.0	0.0	13.1	238.8
国泰君安证券东大街证券营业部	四川	雅安	678.5	590.9	0.4	0.0	0.0	1.2	86.1
国联证券北京东路证券营业部	江西	南昌	677.5	492.0	0.5	0.0	0.0	1.0	184.0
中国民族证券朗州路证券营业部	湖南	常德	676.2	644.6	0.6	0.0	0.0	0.0	31.0
平安证券季华四路证券营业部	广东	佛山	675.5	593.4	0.3	0.0	0.0	0.1	81.8
中信万通证券春城路证券营业部	山东	青岛	672.8	137.9	5.9	0.0	0.0	0.9	528.1
中航证券有限胜利北路证券营业部	辽宁	鞍山	672.4	447.8	0.1	0.0	0.0	0.8	223.7
海通证券朗州路证券营业部	湖南	常德	671.2	609.3	0.1	0.0	0.0	0.0	61.8
宏信证券金堂县幸福路证券营业部	四川	成都	670.9	613.2	0.4	0.0	0.0	7.1	50.2

注：营业部交易金额的单位为百万元。

证券营业部交易
Trading of Business Department

营业部名称 Business Department	省份 Province	城市 City	总计 Total	股票 Share	基金 Fund	权证 Warrant	政府债 G-Bond	公司债 C-Bond	债券回购 Repo
西藏同信证券垦利振兴路证券营业部	山东	东营	670.7	139.6	0.3	0.0	0.0	0.0	530.8
宏源证券腾达路证券营业部	浙江	台州	670.6	582.7	4.3	0.0	0.0	2.6	81.0
国泰君安证券中央东路证券营业部	吉林	四平	670.6	492.1	0.2	0.0	0.0	0.0	178.3
信达证券徐闻证券营业部	广东	湛江	670.5	649.9	0.1	0.0	0.0	0.4	20.1
华创证券青湖路证券营业部	上海	上海	667.6	422.3	0.1	0.0	0.0	0.0	245.2
民生证券大里路证券营业部	河北	唐山	666.9	555.6	0.4	0.0	0.0	0.2	110.6
长江证券太白北路证券营业部	陕西	西安	665.6	662.5	2.6	0.0	0.0	0.0	0.4
国联证券港通灌北路证券营业部	江苏	连云港	662.1	648.2	0.0	0.0	0.0	0.0	13.9
财达证券滦县燕山北大街证券营业部	河北	唐山	660.4	383.3	0.0	0.0	0.0	0.1	276.9
光大证券延政中路证券营业部	江苏	常州	659.1	284.7	1.5	0.0	0.0	8.8	364.2
中航证券有限三中路证券营业部	广西	柳州	657.7	448.5	1.4	0.0	0.0	0.1	207.7
广发证券中华西路证券营业部	辽宁	大连	657.6	561.3	1.7	0.0	0.0	0.1	94.5
万和证券解放二路证券营业部	海南	三亚	657.4	471.1	0.1	0.0	0.0	0.0	186.2
华西证券营山正西街证券营业部	四川	南充	653.8	633.5	1.5	0.0	0.0	0.0	18.9
国开证券围堤道证券营业部	天津	天津	653.5	309.5	0.2	0.0	0.0	0.0	343.8
长江证券府西街证券营业部	山西	太原	652.8	277.8	14.3	0.0	0.0	0.0	360.6
申银万国证券龙门路证券营业部	湖北	宜城	652.3	650.8	1.5	0.0	0.0	0.0	0.0
江海证券有限铁力正阳大街证券营业部	黑龙江	伊春	650.1	597.9	0.8	0.0	0.0	0.2	51.2
华龙证券胜利街证券营业部	甘肃	武威	649.8	626.1	0.1	0.0	0.0	0.0	23.6
国联证券民族大道证券营业部	广西	南宁	646.9	564.3	0.2	0.0	0.0	0.0	82.4
海通证券桂中大道证券营业部	广西	柳州	642.9	431.4	0.6	0.0	0.0	0.4	210.5
安信证券郁南证券营业部	广东	云浮	641.1	625.5	2.2	0.0	0.0	1.2	12.2
第一创业证券翠宝路证券营业部	广东	广州	640.3	201.5	0.0	0.0	0.0	15.4	423.4
海通证券东风路证券营业部	吉林	辽源	638.6	637.2	0.4	0.0	0.0	1.1	0.0
中银国际证券新华道证券营业部	河北	唐山	636.4	307.5	0.0	0.0	0.0	5.5	323.4
太平洋证券天马路证券营业部	云南	蒙自	635.4	586.9	0.4	0.0	0.0	3.0	45.1
华安证券钟林路证券营业部	福建	厦门	633.8	491.0	0.2	0.0	0.0	9.4	133.2
华安证券尧北路证券营业部	安徽	池州	633.1	601.5	0.7	0.0	0.0	0.0	30.8
安信证券南溪县文化路证券营业部	四川	宜宾	632.7	596.7	0.1	0.0	0.0	0.0	35.9
诚浩证券江城大街证券营业部	辽宁	丹东	631.3	342.6	0.9	0.0	0.0	0.0	287.8
中国银河证券人民南路证券营业部	四川	成都	629.4	209.0	0.0	0.0	13.3	40.8	366.3
光大证券番禺环城东路证券营业部	广东	广州	628.7	289.4	3.5	0.0	0.1	0.2	335.5
财达证券乐亭大钊路证券营业部	河北	唐山	627.7	578.7	1.0	0.0	0.0	0.3	47.7
财达证券斯富锦向阳路证券营业部	黑龙江	佳木斯	627.7	624.0	1.2	0.0	0.0	0.0	2.5
恒泰证券善盟巴彦浩特和硕特南路营业部	内蒙	阿拉善盟	626.2	624.5	1.6	0.0	0.0	0.0	0.1
江海证券有限滨宾县东大街证券营业部	黑龙江	哈尔滨	625.0	260.6	0.1	0.0	0.0	5.9	358.4
中国中投证券龙泉中路证券营业部	安徽	合肥	622.1	602.2	8.7	0.0	0.0	0.0	11.1
齐鲁证券有限木齐南湖南路证券营业部	新疆	乌鲁木齐	621.0	383.0	1.2	0.0	0.0	0.0	236.8
江海证券有限滨三合路证券营业部	黑龙江	哈尔滨	620.3	180.6	0.5	0.0	0.0	15.4	423.9
中天证券友谊大街证券营业部	辽宁	朝阳	619.4	338.7	0.2	0.0	0.0	0.0	280.6
联讯证券人民二路证券营业部	广东	清远	617.0	521.8	0.6	0.0	0.0	0.4	94.3
西部证券会展路证券营业部	陕西	杨凌	614.4	608.8	0.3	0.0	0.0	0.0	5.3
华福证券西航路证券营业部	福建	福州	610.3	590.8	0.4	0.0	0.0	1.0	18.1
兴业证券大沽南路证券营业部	天津	天津	609.1	198.5	0.2	0.0	0.0	0.0	410.4
广发证券黄埔东路证券营业部	广东	广州	605.5	318.7	0.4	0.0	0.0	0.7	285.7
国泰君安证券新中路证券营业部	广东	梅州	604.5	546.7	0.7	0.0	0.0	0.3	56.8
海通证券滨双城昌盛街证券营业部	黑龙江	哈尔滨	604.1	602.8	0.4	0.0	0.0	0.0	0.8
广发证券新松江路证券营业部	上海	上海	601.1	306.3	15.7	0.0	0.0	0.6	278.5
华安证券新河北路证券营业部	安徽	滁州	598.2	591.3	0.2	0.0	0.0	6.7	0.0
长江证券八一路证券营业部	河南	南阳	598.2	392.9	0.5	0.0	0.0	0.0	204.8

注：营业部交易金额的单位为百万元。

证券营业部交易
Trading of Business Department

营业部名称 Business Department	省份 Province	城市 City	总计 Total	股票 Share	基金 Fund	权证 Warrant	政府债 G-Bond	公司债 C-Bond	债券回购 Repo
国海证券宜州市城中中路证券营业部	广西	宜州	598.0	597.2	0.1	0.0	0.0	0.2	0.6
国海证券建新北路证券营业部	重庆	重庆	593.6	443.5	0.9	0.0	0.0	0.0	149.2
海通证券滨呼兰北二道街证券营业部	黑龙江	哈尔滨	593.0	575.4	0.3	0.0	0.0	5.9	11.5
齐鲁证券有限东明证券营业部	山东	菏泽	593.0	326.9	0.5	0.0	0.0	0.0	265.6
恒泰长财证券解放东路证券营业部	吉林	吉林	590.9	412.6	0.2	0.0	0.0	4.0	174.2
大通证券汉阳南街证券营业部	吉林	吉林	590.5	289.8	0.3	0.0	0.0	2.2	298.2
江海证券有限南岔中纬路证券营业部	黑龙江	伊春	590.0	543.5	1.4	0.0	0.0	0.0	45.1
国海证券中意一路证券营业部	湖南	长沙	586.3	526.4	0.2	0.0	0.0	0.0	59.7
中国中投证券海油田证券营业部	甘肃	酒泉	586.1	572.6	2.5	0.0	0.0	0.2	10.9
山西证券贺昌大街证券营业部	山西	吕梁	585.8	386.6	0.7	0.0	0.0	0.0	198.5
华泰证券朝阳路证券营业部	湖北	孝感	584.9	557.8	2.1	0.0	0.0	0.3	24.8
大同证券经纪八一街证券营业部	山西	吕梁	584.5	366.6	0.1	0.0	0.0	0.0	217.8
招商证券市北海大道证券营业部	广西	北海	584.0	163.5	0.1	0.0	0.0	0.7	419.8
长江证券新洲大街证券营业部	湖北	武汉	582.9	412.4	0.5	0.0	0.0	0.0	170.0
宏源证券琼州大道证券营业部	海南	海口	579.5	490.2	8.0	0.0	0.0	0.7	80.6
东北证券证券营业部	吉林	珲春	579.2	363.3	0.6	0.0	0.9	1.9	212.5
齐鲁证券有限金光路证券营业部	山东	枣庄	578.8	476.5	1.4	0.0	0.0	0.0	100.8
中信证券科园大道证券营业部	广西	南宁	576.8	200.4	0.0	0.0	0.0	0.1	376.3
新时代证券首都国际机场证券营业部	北京	北京	575.4	280.7	0.2	0.0	0.0	8.6	286.0
安信证券金澜北路证券营业部	广东	佛山	574.6	436.0	0.4	0.0	0.1	0.2	137.9
海通证券安达北四道街证券营业部	黑龙江	绥化	573.0	572.3	0.7	0.0	0.0	0.0	0.0
大通证券鹿寨县建中东路证券营业部	广西	柳州	573.0	570.4	0.5	0.0	0.0	0.0	2.1
西南证券长江中路证券营业部	安徽	合肥	570.7	501.2	0.7	0.0	0.0	1.4	67.4
联讯证券高凉中路证券营业部	广东	茂名	569.4	273.0	0.1	0.0	0.0	0.0	296.3
太平洋证券光华东路证券营业部	云南	保山	568.8	557.2	4.6	0.0	1.7	0.0	5.4
联讯证券惠民南路证券营业部	广东	韶关	568.4	298.2	0.0	0.0	0.0	5.1	265.0
财达证券南堡开发区证券营业部	河北	唐山	566.7	532.2	0.2	0.0	0.0	0.0	34.3
宏源证券天山东路证券营业部	新疆	阿克苏	562.8	530.8	1.9	0.0	0.0	0.0	30.1
民生证券珞瑜路证券营业部	湖北	武汉	562.7	243.5	0.0	0.0	0.0	0.0	319.2
西部证券勉县证券营业部	陕西	汉中	562.4	560.1	0.8	0.0	0.0	1.4	0.1
浙商证券民生路证券营业部	广西	南宁	559.5	470.5	2.6	0.0	0.0	0.0	86.4
长江证券南浦路证券营业部	湖北	鄂州	555.9	306.8	0.0	0.0	0.0	0.0	249.1
海通证券新华路证券营业部	甘肃	天水	553.2	413.3	11.1	0.0	0.0	0.0	128.8
大通证券袁山中路证券营业部	江西	宜春	552.7	212.4	0.0	0.0	0.0	0.0	340.3
华泰证券公园路证券营业部	湖北	利川	550.8	521.8	0.3	0.0	0.1	13.6	15.0
财达证券庄新乐鲜虞街证券营业部	河北	石家庄	549.3	448.5	0.2	0.0	0.0	0.0	100.7
华泰证券珍珠南路证券营业部	江苏	南京	548.5	302.4	0.0	0.0	0.0	0.0	246.0
华西证券利州东路证券营业部	四川	广元	548.1	531.8	0.1	0.0	0.0	0.0	16.2
东北证券丹江街证券营业部	吉林	长春	547.7	476.9	1.0	0.0	0.0	0.0	69.8
宏信证券合江县少岷路证券营业部	四川	泸州	547.4	547.2	0.2	0.0	0.0	0.0	0.0
南京证券铁心桥大街证券营业部	江苏	南京	546.6	485.2	2.8	0.0	0.0	1.5	57.1
江海证券有限滨五常建设大街证券营业部	黑龙江	哈尔滨	543.3	449.8	0.3	0.0	0.0	1.0	92.2
世纪证券长安证券营业部	广东	东莞	542.7	464.1	1.5	0.0	0.0	0.0	77.0
国泰君安证券解放西街证券营业部	宁夏	银川	542.6	433.5	0.2	0.0	0.0	0.0	108.9
东吴证券黄山路证券营业部	安徽	合肥	541.4	276.9	2.1	0.0	0.0	0.6	261.9
第一创业证券创业证券公司郑州农业东路证券营业部	河南	郑州	540.7	451.0	0.0	0.0	0.7	16.5	72.5
华西证券渠县人民街证券营业部	四川	达州	539.7	538.4	0.2	0.0	0.0	0.0	1.1
长江证券晚报大道证券营业部	湖南	长沙	535.3	530.0	2.3	0.0	0.0	0.0	3.0
中信证券（浙江）长征大道证券营业部	江西	赣州	535.0	319.3	0.7	0.0	0.0	0.0	215.0
中信建投证券清新清新大道证券营业部	广东	清远	533.7	415.6	0.4	0.0	0.0	10.7	107.0

注：营业部交易金额的单位为百万元。

证券营业部交易 Trading of Business Department

营业部名称 Business Department	省份 Province	城市 City	总计 Total	股票 Share	基金 Fund	权证 Warrant	政府债 G-Bond	公司债 C-Bond	债券回购 Repo
江海证券有限福和街证券营业部	黑龙江	绥化	531.9	522.4	0.3	0.0	0.1	0.0	9.1
厦门证券有限沧虹路证券营业部	福建	厦门	530.7	126.9	0.0	0.0	0.0	0.1	403.8
国海证券金阳南路证券营业部	贵州	贵阳	530.4	412.7	0.2	0.0	0.0	0.0	117.5
中国银河证券太洛西路证券营业部	山西	晋中	529.5	518.9	0.7	0.0	0.4	0.2	9.3
华安证券商都路证券营业部	河南	郑州	529.2	475.7	0.6	0.0	0.0	1.2	51.7
财达证券沙河温泉街证券营业部	河北	邢台	526.9	452.3	2.4	0.0	0.0	0.0	72.2
华福证券和平中路证券营业部	福建	龙岩	525.5	432.8	1.2	0.0	0.0	0.0	91.4
东海证券山阳路证券营业部	河南	焦作	524.6	478.7	0.6	0.0	0.0	0.0	45.3
国都证券双峪路证券营业部	北京	北京	523.4	290.7	0.8	0.0	0.0	0.6	231.2
财达证券迁西喜峰路证券营业部	河北	唐山	522.0	522.0	0.1	0.0	0.0	0.0	0.0
华创证券南京路证券营业部	贵州	遵义	521.8	516.0	0.0	0.0	0.0	0.0	5.8
中信建投证券湖滨西街证券营业部	甘肃	银川	519.5	152.2	0.6	0.0	0.0	0.3	366.5
长城证券滨爱建路证券营业部	黑龙江	哈尔滨	518.7	166.2	0.1	0.0	0.0	0.3	352.1
日信证券贝尔满洲里路证券营业部	内蒙	呼伦贝尔	515.8	514.6	0.2	0.0	0.0	0.0	1.0
东北证券兴华路证券营业部	吉林	长春	514.5	440.0	1.8	0.0	0.0	0.0	72.7
西藏同信证券广饶孙武路证券营业部	山东	东营	511.5	440.5	0.9	0.0	0.0	0.0	70.0
广发证券广场路证券营业部	广西	柳州	511.4	283.4	0.2	0.0	0.0	0.1	227.7
信达证券宽甸证券营业部	辽宁	营口	510.8	506.2	0.7	0.0	1.4	0.6	1.9
国泰君安证券章江南大道证券营业部	江西	赣州	507.7	443.6	0.0	0.0	0.0	0.0	64.0
第一创业证券东流路证券营业部	安徽	合肥	507.3	208.9	0.5	0.0	0.0	0.9	296.9
国海证券沿山路证券营业部	广西	南宁	503.8	310.0	0.1	0.0	0.0	0.0	193.7
西部证券岐山证券营业部	陕西	宝鸡	499.7	352.3	2.0	0.0	0.0	0.2	145.2
中国中投证券中山西路证券营业部	江苏	镇江	497.9	220.7	0.6	0.0	0.0	0.0	276.6
华西证券梁平证券营业部	重庆	重庆	496.9	492.8	2.4	0.0	0.2	1.6	0.0
财达证券福屿街证券营业部	福建	莆田	496.1	289.8	0.1	0.0	0.0	0.0	206.3
财达证券定州中山中路证券营业部	河北	保定	494.4	491.4	0.5	0.0	0.0	0.0	2.4
宏源证券石油基地证券营业部	新疆	喀什	494.0	487.3	0.8	0.0	0.0	0.0	5.8
山西证券延安中路证券营业部	山西	长治	491.5	411.3	0.3	0.0	0.0	0.1	79.8
宏源证券北京西路证券营业部	新疆	乌苏	488.4	351.5	1.2	0.0	0.0	0.0	135.7
国泰君安证券环城东路证券营业部	浙江	金华	480.6	459.6	1.6	0.0	0.0	0.0	19.3
方正证券人民北路证券营业部	湖南	吉首	479.3	435.6	0.8	0.0	0.0	0.0	42.8
海通证券冉翁路证券营业部	云南	红河	478.0	447.4	0.1	0.0	0.4	0.8	29.4
财达证券磁县朝阳北大街证券营业部	河北	邯郸	477.8	471.4	0.6	0.0	0.0	0.0	5.8
国泰君安证券多斯证券营业部	内蒙	鄂尔多斯	476.6	468.8	7.8	0.0	0.0	0.0	0.0
国信证券木齐南湖东路证券营业部	新疆	乌鲁木齐	476.5	193.0	0.1	0.0	0.0	0.0	283.4
信达证券本溪证券营业部	辽宁	本溪	476.3	274.0	0.0	0.0	0.0	1.8	200.5
中原证券沁园南路证券营业部	河南	焦作	474.7	437.4	0.9	0.0	0.0	0.3	36.1
中国银河证券荷花中路证券营业部	浙江	衢州	474.2	426.8	1.1	0.0	0.0	0.1	46.2
天源证券有限雁滩路证券营业部	甘肃	兰州	473.0	414.9	7.1	0.0	0.0	0.0	51.0
中邮证券学道门巷证券营业部	陕西	咸阳	472.8	442.2	0.0	0.0	0.0	0.0	30.5
国元证券解放南路证券营业部	江苏	盐城	469.8	389.0	1.3	0.0	0.0	0.0	79.5
宏源证券斯团结路证券营业部	新疆	昌吉	469.5	468.7	0.1	0.0	0.0	0.0	0.7
长江证券北京中路证券营业部	宁夏	银川	467.1	69.7	0.0	0.0	0.0	0.0	397.3
金元证券长安证券营业部	广东	东莞	464.4	276.9	4.8	0.0	0.0	0.0	182.6
红塔证券中意一路证券营业部	湖南	长沙	461.8	398.9	0.9	0.0	0.0	0.0	62.1
中国中投证券滨牌路大街证券营业部	黑龙江	哈尔滨	460.9	389.0	0.5	0.0	0.0	0.0	71.3
财达证券庄石化证券营业部	河北	石家庄	460.4	443.5	0.5	0.0	0.1	0.4	15.9
国盛证券新建南路证券营业部	山西	太原	455.9	217.7	0.1	0.0	0.0	0.0	238.1
国元证券金湾南翔路证券营业部	广东	珠海	455.3	283.7	0.2	0.0	0.0	0.0	171.4
华泰证券北京北路证券营业部	江苏	宿迁	455.2	454.6	0.3	0.0	0.0	0.3	0.0

注：营业部交易金额的单位为百万元。

证券营业部交易
Trading of Business Department

营业部名称 Business Department	省份 Province	城市 City	总计 Total	股票 Share	基金 Fund	权证 Warrant	政府债 G-Bond	公司债 C-Bond	债券回购 Repo
齐鲁证券有限文昌南路证券营业部	山东	潍坊	454.9	354.7	0.8	0.0	0.0	0.0	99.4
爱建证券环城北路证券营业部	浙江	宁波	454.8	447.4	0.0	0.0	0.0	0.0	7.4
中国民族证券中心街证券营业部	吉林	榆树	451.8	435.1	0.2	0.0	0.0	0.0	16.5
东北证券小南街证券营业部	吉林	白山	448.9	445.3	0.6	0.0	0.0	0.0	3.0
齐鲁证券有限东平证券营业部	山东	泰安	448.6	426.1	0.3	0.0	0.0	0.0	22.2
长江证券银城大道证券营业部	湖北	襄樊	447.7	329.6	0.6	0.0	0.0	0.2	117.3
恒泰证券建设南路证券营业部	内蒙	巴彦淖尔	447.6	426.1	0.8	0.0	0.0	0.0	20.7
国联证券淄城路证券营业部	山东	淄博	447.2	446.0	0.0	0.0	0.0	0.0	1.2
浙商证券环城南路证券营业部	浙江	金华	445.0	420.3	0.9	0.0	0.0	0.0	23.8
东海证券吉大路证券营业部	广东	珠海	444.8	436.6	2.4	0.0	0.0	0.5	5.3
恒泰证券屯中央路证券营业部	内蒙	呼伦贝尔	443.2	441.7	1.5	0.0	0.0	0.0	0.0
联讯证券海滨大道证券营业部	广东	湛江	442.9	247.8	0.3	0.0	0.0	0.0	194.8
国都证券回龙观西大街证券营业部	北京	北京	442.3	299.7	0.9	0.0	0.0	0.0	141.7
华福证券环中路证券营业部	福建	龙岩	441.2	439.7	1.0	0.0	0.0	0.2	0.3
财达证券冀州金鸡大街证券营业部	河北	衡水	435.1	326.4	0.5	0.0	0.0	0.3	107.9
国元证券洪兴路江南摩尔证券营业部	浙江	嘉兴	430.4	363.9	1.6	0.0	0.0	2.2	62.6
民生证券沙南街证券营业部	重庆	重庆	428.5	259.7	0.0	0.0	0.0	0.0	168.7
信达证券桓仁证券营业部	辽宁	本溪	426.9	417.2	2.4	0.0	0.0	0.0	7.2
方正证券长治路证券营业部	浙江	台州	424.2	252.2	1.0	0.0	0.0	0.0	171.0
兴业证券浩特鄂尔多斯路证券营业部	内蒙	呼和浩特	423.8	349.3	0.0	0.0	0.0	0.0	74.5
国联证券中山北路证券营业部	江苏	徐州	423.5	203.3	0.0	0.0	0.0	0.0	220.2
民生证券新湖路证券营业部	深圳	深圳	421.9	287.2	0.1	0.0	0.0	0.0	134.6
山西证券长北漳泽东街证券营业部	山西	长治	420.8	391.3	0.5	0.0	0.1	0.0	28.9
宏源证券渠振兴街证券营业部	新疆	五家渠	416.5	344.9	1.3	0.0	0.0	0.0	70.3
财达证券宁晋兴宁街证券营业部	河北	邢台	416.2	300.5	0.4	0.0	0.0	0.2	115.1
山西证券美锦北大街证券营业部	山西	太原	415.9	401.3	2.7	0.0	0.0	0.0	11.8
中国银河证券新建北路证券营业部	山西	晋中	415.3	413.0	1.6	0.0	0.0	0.2	0.5
山西证券神头振兴东街证券营业部	山西	朔州	413.7	390.2	0.6	0.0	0.0	0.0	23.0
中信证券新时代商业街证券营业部	安徽	芜湖	412.1	336.7	1.6	0.0	0.0	0.0	73.7
西部证券人民东路证券营业部	陕西	咸阳	410.8	293.0	0.1	0.0	0.0	0.0	117.6
东方证券清原证券营业部	辽宁	抚顺	410.4	409.9	0.2	0.0	0.0	0.3	0.0
爱建证券朝阳门内大街证券营业部	北京	北京	410.0	381.3	6.0	0.0	0.0	0.0	22.8
国泰君安证券水仙大街证券营业部	福建	漳州	408.0	260.2	0.0	0.0	0.0	1.2	146.6
国泰君安证券繁荣路证券营业部	吉林	龙井	407.9	335.4	0.4	0.0	0.0	0.0	72.0
长城证券新华西道证券营业部	河北	唐山	406.2	291.9	0.2	0.0	0.0	0.0	114.2
东方证券公园东路证券营业部	上海	上海	404.2	221.3	0.0	0.0	0.0	0.0	182.9
中原证券长江路证券营业部	河南	漯河	403.3	338.6	1.5	0.0	0.0	0.0	63.2
中信建投证券亦庄荣华中路证券营业部	北京	北京	403.0	56.2	0.3	0.0	0.0	5.8	340.7
华西证券珙县滨河西街证券营业部	四川	宜宾	402.7	388.5	0.1	0.0	0.0	0.0	14.0
中国民族证券工农街证券营业部	吉林	通化	402.7	402.1	0.5	0.0	0.0	0.0	0.0
华泰证券西岳大道证券营业部	湖北	孝感	402.5	317.0	22.8	0.0	0.0	0.3	62.4
日信证券多斯伊金霍洛证券营业部	内蒙	鄂尔多斯	401.8	145.3	0.0	0.0	0.0	0.0	256.5
长城证券浩特五塔寺东街证券营业部	内蒙	呼和浩特	401.4	225.9	1.5	0.0	0.0	4.4	169.5
信达证券辽中证券营业部	辽宁	沈阳	401.1	400.4	0.5	0.0	0.0	0.0	0.2
华西证券荥经康宁路证券营业部	四川	雅安	401.1	362.7	0.2	0.0	0.0	0.0	38.1
财通证券政和大道证券营业部	江苏	无锡	400.8	248.8	0.8	0.0	0.0	5.6	145.7
中国银河证券王充路证券营业部	浙江	上虞	397.0	174.6	2.2	0.0	0.0	0.0	220.2
中国民族证券滨阿城延川大街证券营业部	黑龙江	哈尔滨	396.1	377.9	0.2	0.0	0.0	0.0	18.1
天源证券有限胜和路证券营业部	广东	东莞	395.9	226.3	1.0	0.0	0.0	0.0	168.7
恒泰长财证券丰寿路证券营业部	吉林	辽源	395.5	329.6	0.3	0.0	0.0	0.0	65.6

注：营业部交易金额的单位为百万元。

证券营业部交易
Trading of Business Department

营业部名称 Business Department	省份 Province	城市 City	总计 Total	股票 Share	基金 Fund	权证 Warrant	政府债 G-Bond	公司债 C-Bond	债券回购 Repo
中信证券滇池路证券营业部	云南	昆明	394.9	139.1	0.0	0.0	0.0	19.2	236.6
广发证券鲁谷路证券营业部	北京	北京	394.6	248.2	50.5	0.0	0.0	0.0	95.9
招商证券天台路证券营业部	湖南	株洲	390.8	371.3	0.2	0.0	0.0	0.0	19.4
西部证券科技路证券营业部	陕西	西安	389.3	357.3	2.3	0.0	0.0	0.0	29.7
兴业证券平云二路证券营业部	湖北	宜昌	388.7	121.7	0.2	0.0	0.0	0.0	266.8
恒泰长财证券浑江大街证券营业部	吉林	白山	388.5	366.6	0.2	0.0	0.0	0.0	21.7
华安证券广华南路证券营业部	广东	广州	388.4	316.5	0.2	0.0	0.0	0.0	71.7
中国中投证券民权路证券营业部	河南	信阳	386.4	356.6	0.4	0.0	0.0	0.0	29.5
海通证券嫩江嫩兴路证券营业部	黑龙江	黑河	385.2	376.7	0.3	0.0	0.0	0.1	8.1
红塔证券环城西路证券营业部	云南	昆明	384.2	384.1	0.1	0.0	0.0	0.0	0.0
华安证券英贤街证券营业部	山东	济南	383.1	342.2	0.5	0.0	0.0	0.0	40.4
宏信证券山车箭路证券营业部	四川	峨眉山	382.8	362.5	0.1	0.0	0.0	0.0	20.2
国信证券北滨河路证券营业部	甘肃	兰州	381.8	286.8	0.1	0.0	0.0	0.0	94.9
太平洋证券南塘街证券营业部	云南	临沧	381.6	300.1	0.3	0.0	0.0	0.0	81.2
华西证券贡井长征大道证券营业部	四川	自贡	380.7	363.2	0.3	0.0	0.0	0.6	16.6
华泰证券长江路证券营业部	山东	烟台	380.3	224.4	2.6	0.0	0.0	0.5	152.8
渤海证券绥江道证券营业部	天津	天津	380.2	222.0	0.0	0.0	0.0	0.6	157.6
大同证券经纪新耿北街证券营业部	山西	河津	379.1	289.1	0.6	0.0	0.0	0.4	89.0
华泰证券红锦大道证券营业部	重庆	重庆	378.9	28.5	0.5	0.0	0.0	0.0	349.9
中原证券豫港大道证券营业部	河南	洛阳	377.8	313.2	0.4	0.0	0.0	0.3	63.9
大同证券经纪开发南路证券营业部	山西	朔州	377.5	372.2	0.3	0.0	0.0	0.5	4.4
方正证券衡阳西路证券营业部	广西	南宁	376.3	138.6	0.0	0.0	0.0	0.0	237.7
国联证券文汇西路证券营业部	江苏	扬州	375.9	230.9	0.1	0.0	0.1	0.0	144.8
华龙证券西大街证券营业部	甘肃	庆阳	375.8	287.8	0.1	0.0	0.0	0.0	87.9
长江证券滨东大直街证券营业部	黑龙江	哈尔滨	373.9	372.7	1.2	0.0	0.0	0.0	0.0
长江证券迎春西路证券营业部	江苏	泰州	373.6	371.8	1.8	0.0	0.0	0.1	0.0
方正证券丹溪大道证券营业部	浙江	兰溪	371.0	369.4	1.3	0.0	0.0	0.0	0.3
长江证券人民南路证券营业部	四川	成都	371.0	371.0	0.1	0.0	0.0	0.0	0.0
长江证券淮海北路证券营业部	安徽	宿州	370.0	255.1	0.3	0.0	0.0	0.4	114.2
西藏同信证券商都大街证券营业部	河南	郑州	366.1	324.1	0.5	0.0	0.0	0.0	41.5
中国银河证券福寿西街证券营业部	山东	潍坊	365.8	299.9	0.4	0.0	0.0	0.5	65.0
广发证券沿江东路证券营业部	广东	河源	364.3	208.4	0.0	0.0	0.0	0.0	155.9
财达证券岛抚宁迎宾路证券营业部	河北	秦皇岛	363.8	322.8	0.3	0.0	0.0	0.0	40.7
恒泰证券浩特恐龙大街证券营业部	内蒙	二连浩特	362.2	348.9	0.1	0.0	0.0	0.0	13.2
东吴证券金贸西路证券营业部	海南	海口	362.1	86.0	0.0	0.0	0.0	0.0	276.1
中信建投证券木齐南湖北路证券营业部	新疆	乌鲁木齐	360.2	164.9	0.4	0.0	0.0	0.0	195.0
西部证券经十路证券营业部	山东	济南	359.7	254.2	0.0	0.0	0.0	0.0	105.5
海通证券乐海北里证券营业部	福建	厦门	359.3	145.3	0.3	0.0	0.0	0.0	213.7
开源证券正阳路证券营业部	陕西	铜川	358.4	127.8	0.2	0.0	0.0	0.0	230.4
长城证券珠江路证券营业部	贵州	贵阳	357.8	253.1	0.1	0.0	0.0	0.0	104.6
中银国际证券滨湖新区证券营业部	安徽	合肥	357.6	246.4	8.1	0.0	0.0	0.0	103.1
华泰证券业州大道证券营业部	湖北	恩施	356.3	329.4	7.5	0.0	0.0	0.2	19.2
中国中投证券蓬溪映月街证券营业部	四川	遂宁	356.0	350.4	0.4	0.0	0.0	0.0	5.3
财达证券徐水振兴西路证券营业部	河北	保定	354.8	230.0	0.2	0.0	0.0	0.7	123.9
西部证券西乡证券营业部	陕西	汉中	354.4	353.9	0.4	0.0	0.0	0.0	0.0
中原证券开元大道证券营业部	河南	洛阳	352.9	312.1	0.2	0.0	0.0	0.0	40.6
长江证券大南街证券营业部	湖北	枣阳	352.4	178.5	16.7	0.0	0.0	0.0	157.3
长江证券长江大道证券营业部	湖北	宜都	351.0	320.0	0.5	0.0	0.0	0.0	30.5
华龙证券鸣山路证券营业部	甘肃	敦煌	350.6	348.3	0.3	0.0	0.0	2.0	0.1
长江证券花园路证券营业部	山东	济南	350.1	343.6	6.2	0.0	0.0	0.4	0.0

注：营业部交易金额的单位为百万元。

证券营业部交易
Trading of Business Department

营业部名称 Business Department	省份 Province	城市 City	总计 Total	股票 Share	基金 Fund	权证 Warrant	政府债 G-Bond	公司债 C-Bond	债券回购 Repo
财达证券巨鹿新华南街证券营业部	河北	邢台	347.8	341.9	0.1	0.0	0.0	0.0	5.8
长城证券中山东路证券营业部	浙江	台州	347.6	218.7	0.0	0.0	0.0	0.4	128.5
财达证券蠡县永盛南大街证券营业部	河北	保定	341.5	310.1	0.3	0.0	0.0	0.0	31.0
齐鲁证券有限昌乐新昌路证券营业部	山东	潍坊	340.0	221.4	0.4	0.0	0.0	0.1	118.0
山西证券秀水东街证券营业部	山西	阳泉	337.9	297.9	0.9	0.0	0.0	0.0	39.1
华龙证券麦积区证券营业部	甘肃	天水	337.8	330.0	0.3	0.0	0.0	0.0	7.6
财达证券口怀来县证券营业部	河北	张家口	337.1	336.1	0.7	0.0	0.0	0.4	0.0
招商证券山湖南西路证券营业部	安徽	马鞍山	336.4	55.1	0.3	0.0	0.0	0.0	280.9
浙商证券市府大道证券营业部	浙江	台州	336.0	261.1	1.5	0.0	0.0	0.0	73.3
财达证券庄鹿泉向阳大街证券营业部	河北	石家庄	333.4	332.7	0.6	0.0	0.0	0.0	0.0
宏源证券什帕米尔路证券营业部	新疆	阿图什	332.1	312.2	1.9	0.0	0.0	0.0	17.9
华安证券大别山路证券营业部	安徽	六安	331.6	198.7	0.3	0.0	0.0	28.4	104.3
平安证券金阳南路证券营业部	贵州	贵阳	328.6	231.5	2.0	0.0	0.0	0.0	95.2
山西证券前进西街证券营业部	山西	忻州	326.4	174.0	0.9	0.0	0.0	0.0	151.4
华西证券江新河街证券营业部	四川	成都	323.0	295.2	0.7	0.0	0.0	0.0	27.1
中国银河证券红旗街证券营业部	山西	临汾	319.5	314.6	1.1	0.0	0.0	0.0	3.8
长城证券铁北四路证券营业部	吉林	长春	319.4	231.3	0.6	0.0	0.0	0.0	87.5
第一创业证券海城西路证券营业部	深圳	深圳	318.5	272.2	0.0	0.0	0.0	8.5	37.7
华泰证券九龙大道证券营业部	福建	漳州	318.5	164.6	0.2	0.0	0.0	0.0	153.7
大同证券经纪迎宾北路证券营业部	山西	孝义	318.1	69.3	0.0	0.0	0.0	0.0	248.8
海通证券潜山路证券营业部	湖北	咸宁	318.0	220.7	0.0	0.0	0.0	0.0	97.3
宏源证券壁昌华路证券营业部	新疆	昌吉	317.6	316.1	0.3	0.0	0.0	0.0	1.1
华安证券淮海路证券营业部	安徽	宿州	313.8	288.9	0.0	0.0	0.0	0.0	24.9
东吴证券纬十二路证券营业部	山东	济南	312.0	300.6	0.4	0.0	0.0	0.0	11.0
齐鲁证券有限影荫路证券营业部	广东	佛山	312.0	155.5	2.2	0.0	0.0	1.1	153.2
华西证券长安东路证券营业部	四川	西昌	310.9	233.1	0.6	0.0	0.0	0.0	77.1
山西证券迎新路证券营业部	山西	太原	310.0	244.2	0.1	0.0	0.0	0.0	65.7
长江证券宏达街证券营业部	天津	天津	309.5	305.8	3.7	0.0	0.0	0.0	0.0
南京证券民主北路证券营业部	江苏	徐州	309.1	270.6	0.2	0.0	0.0	0.1	38.2
西部证券安徽路证券营业部	河南	洛阳	308.5	83.5	3.1	0.0	0.0	0.0	221.9
华安证券新建路证券营业部	山西	太原	308.1	142.4	0.8	0.0	0.0	0.2	164.8
财达证券胜利东路证券营业部	河北	衡水	306.8	294.1	2.3	0.0	0.0	0.1	10.3
开源证券神木证券营业部	陕西	榆林	302.0	141.8	0.0	0.0	0.0	0.0	160.1
东海证券建军东路证券营业部	江苏	盐城	299.4	291.7	0.5	0.0	0.0	0.0	7.2
华创证券斗篷山路证券营业部	贵州	都匀	299.0	274.3	0.1	0.0	0.0	0.9	23.8
东方证券卫清西路证券营业部	上海	上海	298.9	173.9	0.0	0.0	0.0	0.1	124.9
西部证券新华东街证券营业部	宁夏	银川	298.2	279.9	0.0	0.0	0.0	0.0	18.3
中天证券深南东路证券营业部	深圳	深圳	297.7	294.8	0.2	0.0	0.0	0.2	2.6
财达证券神火大道证券营业部	河南	商丘	297.4	201.8	0.2	0.0	0.0	1.0	94.4
华西证券通州北苑南路证券营业部	北京	北京	297.1	180.2	0.5	0.0	0.0	0.1	116.3
财达证券北环路证券营业部	河北	唐山	297.0	296.7	0.1	0.0	0.0	0.0	0.2
海证券金砂路证券营业部	广东	汕头	296.6	134.6	0.3	0.0	0.0	1.9	159.8
信证券康达尔玛街证券营业部	四川	阿坝州	293.4	293.0	0.3	0.0	0.0	0.0	0.1
门证券有限环城西路证券营业部	福建	厦门	292.4	253.5	0.0	0.0	0.0	0.4	38.5
安证券金瓯路证券营业部	浙江	金华	292.0	246.7	0.6	0.0	0.0	0.0	44.7
发证券南海大沥证券营业部	广东	佛山	290.0	155.4	0.0	0.0	0.0	8.9	125.7
创证券市校园街证券营业部	贵州	赤水	288.7	288.5	0.1	0.0	0.0	0.0	0.0
达证券雪驰路证券营业部	河北	邯郸	288.3	265.1	0.2	0.0	0.0	0.0	23.0
通证券哈尔讷河中心大街证券营业部	黑龙江	齐齐哈尔	286.0	283.4	2.2	0.0	0.0	0.0	0.4
泰长财证券迎宾路证券营业部	吉林	通化	285.0	261.6	0.7	0.0	0.0	0.0	22.7

注：营业部交易金额的单位为百万元。

证券营业部交易
Trading of Business Department

营业部名称 Business Department	省份 Province	城市 City	总计 Total	股票 Share	基金 Fund	权证 Warrant	政府债 G-Bond	公司债 C-Bond	债券回购 Repo
中信建投证券商务外环路证券营业部	河南	郑州	284.6	122.6	0.2	0.0	0.0	0.0	161.8
华安证券大通路证券营业部	安徽	合肥	284.5	165.6	0.0	0.0	0.0	0.0	118.9
南京证券省赣榆县黄海路证券营业部	江苏	连云港	282.5	272.6	0.0	0.0	0.0	0.0	9.9
红塔证券朝阳北路证券营业部	云南	建水	279.4	278.3	0.2	0.0	0.0	0.0	0.9
万联证券东安龙溪路证券营业部	湖南	永州	277.6	277.2	0.3	0.0	0.0	0.0	0.0
财达证券庄栾城丰泽大街证券营业部	河北	石家庄	276.5	262.9	0.2	0.0	0.0	0.0	13.4
中信证券（浙江）县后巷证券营业部	浙江	台州	275.9	129.8	0.5	0.0	0.0	0.0	145.6
华福证券为民路证券营业部	福建	莆田	275.2	165.2	0.1	0.0	0.0	0.3	109.7
广发证券东风一路证券营业部	广东	阳江	273.0	193.8	0.0	0.0	0.0	0.5	78.8
恒泰长财证券哈萨尔路证券营业部	吉林	松原	271.9	234.1	0.1	0.0	0.0	0.0	37.7
齐鲁证券有限朐山路证券营业部	山东	潍坊	271.3	151.5	1.1	0.0	0.0	43.8	74.9
中信万通证券青岛路证券营业部	山东	青岛	270.3	127.0	0.0	0.0	0.0	0.0	143.3
齐鲁证券有限红星路证券营业部	山东	临清	269.3	236.8	1.5	0.0	0.0	0.0	31.0
财通证券新安东路证券营业部	浙江	杭州	266.0	76.7	0.0	0.0	0.0	0.0	189.3
西南证券潼南证券营业部	重庆	重庆	265.0	264.9	0.2	0.0	0.0	0.0	0.0
南京证券竹溪大道证券营业部	广西	南宁	264.1	125.4	0.0	0.0	0.0	0.0	138.7
长江证券福州南路证券营业部	山东	青岛	263.3	114.9	0.1	0.0	0.0	0.0	148.3
国盛证券大坪正街证券营业部	重庆	重庆	262.8	216.4	0.0	0.0	0.0	0.0	46.4
信达证券阜蒙证券营业部	辽宁	阜新	262.7	204.5	0.1	0.0	0.0	0.1	58.0
宏源证券东大街证券营业部	新疆	昌吉	256.6	244.7	1.0	0.0	0.1	0.0	10.8
中国银河证券新建街证券营业部	山西	晋中	256.2	243.7	6.5	0.0	0.0	5.3	0.7
中航证券有限胜利北路证券营业部	江西	新余	255.0	241.6	0.3	0.0	0.0	0.0	13.1
联讯证券惠东平山证券营业部	广东	惠州	254.8	36.8	0.0	0.0	0.1	0.0	217.9
财达证券庄无极光明南街证券营业部	河北	石家庄	252.9	252.8	0.1	0.0	0.0	0.0	0.0
中国国际金融有限季华五路证券营业部	广东	佛山	251.3	6.7	0.0	0.0	0.0	0.0	244.6
西部证券宁强证券营业部	陕西	汉中	250.6	250.5	0.0	0.0	0.0	0.1	0.0
方正证券黄山路证券营业部	安徽	合肥	250.6	115.3	0.0	0.0	0.0	0.0	135.3
安信证券绵山路证券营业部	四川	绵阳	249.4	238.4	0.2	0.0	0.0	0.0	10.8
国海证券阳朔县蟠桃路证券营业部	广西	桂林	248.9	234.9	0.1	0.0	0.0	0.0	13.9
中信万通证券九都东路证券营业部	河南	洛阳	248.2	134.5	0.0	0.0	0.0	1.8	111.8
长江证券陵园大道证券营业部	湖北	黄石	247.1	233.6	0.1	0.0	0.0	0.0	13.4
财达证券永年新洺路证券营业部	河北	邯郸	246.9	242.7	1.7	0.0	0.0	0.0	2.5
民生证券民族大道证券营业部	广西	南宁	245.3	166.5	0.0	0.0	0.0	0.0	78.8
长城证券中都北路证券营业部	山西	晋中	245.1	174.0	1.0	0.0	0.0	0.1	70.1
国开证券（非对外营业部）	北京	北京	244.5	0.0	0.0	0.0	0.0	244.5	0.0
开源证券名人街证券营业部	陕西	商洛	243.4	129.9	1.1	0.0	0.1	0.5	111.9
华安证券九华南路证券营业部	安徽	芜湖	242.7	104.6	0.3	0.0	0.0	0.0	137.9
海通证券中山西路证券营业部	江苏	镇江	239.1	172.5	0.7	0.0	0.0	4.4	61.5
东北证券辽河路证券营业部	吉林	四平	237.3	230.9	0.0	0.0	0.0	0.0	6.4
华泰证券福寿路证券营业部	江苏	南通	236.6	208.8	0.5	0.0	0.0	0.0	27.3
东莞证券武源街证券营业部	浙江	德清	236.4	157.9	0.0	0.0	0.0	0.0	78.5
华龙证券上海路证券营业部	甘肃	金昌	236.3	228.0	0.2	0.0	0.0	0.2	7.
华泰证券金阳南路证券营业部	贵州	贵阳	236.2	236.1	0.1	0.0	0.0	0.0	0.
长江证券迎宾大道证券营业部	湖北	枝江	235.0	172.1	0.7	0.0	0.0	0.0	62.
中邮证券西环路证券营业部	陕西	汉中	233.7	188.8	0.0	0.0	0.0	1.2	43.
国泰君安证券中山西路证券营业部	浙江	嘉兴	233.1	204.3	2.8	0.0	0.0	0.2	25.
日信证券海吉街证券营业部	内蒙	乌海	232.2	230.3	0.0	0.0	0.0	0.0	1.
招商证券顺义仓上街证券营业部	北京	北京	231.9	229.5	0.1	0.0	0.0	0.3	2.
上海证券路证券营业部	上海	上海	231.7	143.3	0.7	0.0	0.0	0.6	87.
东北证券城墙街证券营业部	吉林	白山	230.3	230.1	0.2	0.0	0.0	0.0	0.

注：营业部交易金额的单位为百万元。

证券营业部交易
Trading of Business Department

营业部名称 Business Department	省份 Province	城市 City	总计 Total	股票 Share	基金 Fund	权证 Warrant	政府债 G-Bond	公司债 C-Bond	债券回购 Repo
光大证券文昌西路证券营业部	江苏	扬州	229.4	116.6	2.7	0.0	0.0	0.0	110.1
华福证券留安路证券营业部	福建	泉州	228.8	182.6	0.7	0.0	0.0	0.0	45.5
长江证券红黄路证券营业部	重庆	重庆	227.3	227.3	0.0	0.0	0.0	0.0	0.0
宏源证券勒利民路证券营业部	新疆	库尔勒	226.4	214.2	1.0	0.0	0.0	1.1	10.0
众成证券经纪有限芙蓉中路证券营业部	湖南	长沙	226.4	217.4	0.0	0.0	0.0	0.4	8.5
华泰证券江新华路证券营业部	黑龙江	牡丹江	226.1	123.9	68.3	0.0	0.0	0.4	33.6
宏信证券汶川县岷江路证券营业部	四川	阿坝州	225.7	225.4	0.1	0.0	0.0	0.0	0.2
长城证券马鞍山路证券营业部	安徽	合肥	222.9	166.6	0.6	0.0	0.0	0.0	55.7
财达证券庄平山柏坡东路证券营业部	河北	石家庄	218.7	129.6	1.0	0.0	0.0	0.0	88.1
中银国际证券城门头路证券营业部	广东	佛山	218.7	77.1	7.2	0.0	0.0	0.3	134.1
财达证券斯长安路证券营业部	黑龙江	佳木斯	218.1	131.7	0.0	0.0	0.0	0.0	86.3
华福证券解放路证券营业部	福建	宁德	214.7	167.8	0.3	0.0	0.0	0.0	46.6
山西证券牌楼东街证券营业部	山西	运城	214.3	204.3	0.2	0.0	0.0	0.0	9.8
华西证券龙南路证券营业部	四川	泸州	214.3	183.3	0.2	0.0	0.0	0.0	30.8
民生证券谷阳北路证券营业部	上海	上海	212.4	63.3	0.0	0.0	0.0	0.0	149.1
广发证券店雪松大道证券营业部	河南	驻马店	212.0	136.2	0.1	0.0	0.0	0.0	75.7
恒泰长财证券磐石东宁街证券营业部	吉林	磐石	212.0	206.1	0.1	0.0	0.0	0.1	5.7
国信证券枣园路证券营业部	陕西	延安	211.7	183.3	0.5	0.0	0.0	0.1	27.8
华福证券罗星西路证券营业部	福建	福州	208.0	200.5	0.2	0.0	0.0	0.0	7.4
华泰证券凤翔大道证券营业部	湖北	恩施	207.7	202.3	0.2	0.0	0.0	0.2	5.0
联讯证券建设大道证券营业部	广东	河源	206.6	199.1	0.1	0.0	0.0	0.0	7.5
齐鲁证券有限霞光路证券营业部	山东	栖霞	206.2	204.3	1.3	0.0	0.0	0.0	0.6
恒泰长财证券民生东路证券营业部	吉林	白城	204.4	184.7	0.0	0.0	0.0	0.0	19.7
长江证券绣林大道证券营业部	湖北	石首	202.5	194.1	0.8	0.0	0.0	0.0	7.7
齐鲁证券有限邹平黄山三路证券营业部	山东	滨州	202.3	198.6	0.1	0.0	0.0	0.0	3.6
东方证券望江西路证券营业部	安徽	合肥	201.8	100.8	0.9	0.0	0.0	0.0	100.2
方正证券县凤凰中路证券营业部	湖南	湘潭	200.6	132.8	4.2	0.0	0.0	0.0	63.6
招商证券冬湖路证券营业部	广西	梧州	199.5	68.0	0.1	0.0	0.0	0.0	131.4
浙商证券华庭街证券营业部	浙江	丽水	199.3	156.2	0.5	0.0	0.0	0.0	42.6
东莞证券兴城西路证券营业部	江苏	扬州	198.3	146.0	0.1	0.0	0.0	0.0	52.2
国海证券港东兴市北仑大道证券营业部	广西	东兴	197.4	197.0	0.0	0.0	0.0	0.2	0.2
西证券建设东路证券营业部	湖南	常德	197.3	182.7	2.0	0.0	0.0	0.1	12.5
大证券南一环路证券营业部	安徽	合肥	196.2	93.8	3.6	0.0	0.0	0.3	98.5
国海证券辅星路证券营业部	广西	桂林	195.8	179.4	0.1	0.0	0.0	0.0	16.3
邮证券高新大道证券营业部	陕西	宝鸡	195.8	100.8	0.3	0.0	0.0	0.0	94.8
西藏同信证券香河府前街证券营业部	河北	廊坊	195.6	129.9	0.2	0.0	0.0	0.0	65.5
海证券黄埔路证券营业部	辽宁	大连	195.1	191.4	0.5	0.0	0.0	0.0	3.2
航证券有限城港路证券营业部	江苏	南通	195.0	150.8	0.0	0.0	0.0	0.0	44.2
原证券世纪大道证券营业部	河南	南阳	194.0	108.0	0.1	0.0	0.0	0.5	85.4
福证券民主南路证券营业部	福建	南平	193.8	192.5	0.2	0.0	0.0	0.0	1.1
部证券杜化路证券营业部	陕西	渭南	189.3	162.7	0.0	0.0	0.0	0.0	26.6
联证券石景山路证券营业部	北京	北京	188.6	35.0	0.0	0.0	0.0	0.9	152.8
泰证券花都迎宾大道证券营业部	广东	广州	187.5	101.9	0.5	0.0	0.0	0.0	85.1
鲁证券有限会展西路证券营业部	山东	济南	186.4	176.0	0.0	0.0	0.0	0.0	10.4
福证券解放大街证券营业部	福建	福州	186.3	57.1	0.0	0.0	0.0	0.0	129.2
创证券白云同心路证券营业部	贵州	贵阳	185.8	174.6	0.0	0.0	0.0	0.1	11.2
国中投证券西航路证券营业部	福建	福州	185.7	166.2	0.3	0.0	0.0	0.0	19.2
海证券延陵东路证券营业部	江苏	常州	185.2	65.1	1.8	0.0	0.0	7.4	111.0
莞证券三乡证券营业部	广东	中山	182.7	144.0	0.1	0.0	0.0	0.0	38.6
泰证券国庆西路证券营业部	江苏	泰州	182.4	137.6	0.6	0.0	0.0	0.0	44.2

注：营业部交易金额的单位为百万元。

证券营业部交易
Trading of Business Department

营业部名称 Business Department	省份 Province	城市 City	总计 Total	股票 Share	基金 Fund	权证 Warrant	政府债 G-Bond	公司债 C-Bond	债券回购 Repo
上海证券路证券营业部	上海	上海	181.6	112.4	2.4	0.0	0.0	0.0	66.8
恒泰长财证券局子街证券营业部	吉林	延吉	181.1	81.2	0.3	0.0	0.0	0.0	99.6
中原证券红苏路证券营业部	河南	信阳	180.5	118.2	0.1	0.0	0.0	0.0	62.1
西藏同信证券光明西道证券营业部	河北	廊坊	180.4	178.9	0.1	0.0	0.0	0.0	1.3
民生证券龙翔大道证券营业部	深圳	深圳	180.0	177.1	0.0	0.0	0.0	0.0	2.9
中航证券有限交通路证券营业部	江西	鹰潭	179.2	179.2	0.0	0.0	0.0	0.0	0.0
西藏同信证券庄正定府西街证券营业部	河北	石家庄	177.5	170.9	0.0	0.0	0.0	0.0	6.6
华泰证券丹徒谷阳大道证券营业部	江苏	镇江	176.8	23.4	0.0	0.0	0.0	0.0	153.4
华泰证券楚天路证券营业部	湖北	恩施	176.6	159.4	17.3	0.0	0.0	0.0	0.0
国信证券嘉陵区耀目路证券营业部	四川	南充	176.3	135.4	0.1	0.0	0.0	0.0	40.8
长江证券荆河路证券营业部	湖北	荆门	175.1	170.7	0.1	0.0	0.0	0.6	3.7
长江证券文泉大道证券营业部	湖北	洪湖	174.5	156.9	1.5	0.0	0.0	0.0	16.1
大同证券经纪建设北路证券营业部	山西	高平	174.4	101.4	0.0	0.0	0.0	0.0	73.0
国信证券滨海新区滨海科技园日新道证券营业部	天津	天津	173.6	58.6	0.0	0.0	0.0	0.0	115.0
海通证券文化街证券营业部	广东	韶关	173.3	108.6	1.2	0.0	0.2	0.0	63.2
华泰证券铜山同昌街证券营业部	江苏	徐州	171.3	168.3	0.5	0.0	0.0	0.1	2.4
海通证券安岭漠河振兴路证券营业部	黑龙江	大兴安岭	171.0	170.0	1.0	0.0	0.0	0.0	0.0
国海证券人民中路证券营业部	广西	玉林	170.1	119.1	0.6	0.0	0.0	0.0	50.5
财达证券庄井陉建设南路证券营业部	河北	石家庄	168.9	152.4	0.2	0.0	0.0	0.0	16.3
中国国际金融有限车站北路证券营业部	湖南	长沙	168.8	44.8	0.0	0.0	0.0	0.0	124.0
中原证券未央路证券营业部	陕西	西安	166.7	149.8	0.2	0.0	0.0	1.3	15.5
华泰证券架常青路证券营业部	湖北	神农架林区	165.5	163.7	0.1	0.0	0.0	0.0	1.7
财达证券新华中路证券营业部	河北	沧州	165.2	148.3	0.7	0.0	0.0	0.3	16.0
民生证券大东路证券营业部	辽宁	沈阳	164.9	121.2	0.0	0.0	0.0	0.0	43.7
国联证券淮海北路证券营业部	江苏	淮安	164.1	118.4	0.0	0.0	0.0	0.0	45.7
长城证券凤山路证券营业部	福建	厦门	161.0	78.1	0.0	0.0	0.0	0.0	82.9
浙商证券解放东街证券营业部	浙江	丽水	159.4	77.4	0.0	0.0	0.0	0.1	81.9
中信建投证券解放路证券营业部	陕西	安康	158.3	125.6	0.5	0.0	0.0	0.0	32.3
财达证券宽城金山街证券营业部	河北	承德	155.7	53.0	0.0	0.0	0.0	0.0	102.7
财达证券青县新华路证券营业部	河北	沧州	155.5	155.4	0.0	0.0	0.0	0.0	0.0
国元证券东城路证券营业部	安徽	滁州	152.8	150.9	1.4	0.0	0.0	0.0	0.5
海通证券漓江路证券营业部	广西	桂林	152.2	60.9	0.0	0.0	0.0	0.0	91.3
中信建投证券恒山路证券营业部	江苏	宿迁	148.5	148.3	0.2	0.0	0.0	0.0	0.0
中信证券（浙江）世贸路证券营业部	江西	南昌	148.3	98.8	0.8	0.0	0.0	0.0	48.7
西藏同信证券开元大街证券营业部	山东	济南	147.7	129.9	0.1	0.0	0.0	0.0	17.7
中原证券东大街证券营业部	河南	郑州	144.3	104.8	0.0	0.0	0.0	0.0	39.5
华泰证券睢宁中山南路证券营业部	江苏	徐州	141.0	141.0	0.0	0.0	0.0	0.0	0.0
华泰证券山华飞路证券营业部	安徽	马鞍山	140.8	58.0	0.1	0.0	0.1	1.1	81.5
齐鲁证券有限博兴胜利二路证券营业部	山东	滨州	140.1	70.4	0.2	0.0	0.0	0.2	69.3
海通证券南浔证券营业部	浙江	湖州	139.9	131.0	2.6	0.0	0.0	0.7	5.7
光大证券花溪民主路证券营业部	贵州	贵阳	139.5	138.3	1.0	0.0	0.0	0.3	0.0
第一创业证券龙城大道证券营业部	深圳	深圳	139.5	17.6	0.0	0.0	0.3	10.7	110.9
华安证券桐城南路证券营业部	安徽	合肥	137.0	31.9	0.0	0.0	0.0	0.0	105.1
新时代证券兴华大街证券营业部	北京	北京	136.8	136.5	0.2	0.0	0.0	0.0	0.1
中信建投证券时代花园南路证券营业部	北京	北京	136.6	35.5	1.8	0.0	0.0	0.0	99.3
华泰证券长平东路证券营业部	广东	汕头	135.4	82.9	0.7	0.0	0.0	0.0	51.8
华福证券建山路证券营业部	福建	三明	133.6	130.7	0.0	0.0	0.0	0.0	2.9
华泰证券顺德新桂中路证券营业部	广东	佛山	133.1	22.0	0.1	0.0	0.0	6.3	104.7
国联证券滨江路证券营业部	广西	桂林	132.9	132.6	0.1	0.0	0.0	0.0	0.2
中信建投证券迎泽大街证券营业部	山西	太原	132.2	76.1	0.2	0.0	0.0	0.0	55.9

注：营业部交易金额的单位为百万元。

证券营业部交易
Trading of Business Department

营业部名称 Business Department	省份 Province	城市 City	总计 Total	股票 Share	基金 Fund	权证 Warrant	政府债 G-Bond	公司债 C-Bond	债券回购 Repo
华西证券九亭大街证券营业部	上海	上海	130.7	127.5	0.0	0.0	0.0	0.0	3.2
山西证券曙光东路证券营业部	山西	晋中	128.9	128.0	0.6	0.0	0.0	0.0	0.3
长江证券万新南路证券营业部	甘肃	兰州	127.9	5.1	0.0	0.0	0.0	0.0	122.8
中信证券丰管路证券营业部	北京	北京	127.2	68.6	0.5	0.0	0.0	0.6	57.5
西藏同信证券振兴东路证券营业部	浙江	衢州	125.9	125.7	0.0	0.0	0.0	0.0	0.1
东吴证券迈化路证券营业部	江苏	南京	125.8	85.5	0.0	0.0	0.0	0.0	40.3
中国银河证券利民西路证券营业部	安徽	芜湖	125.3	114.2	6.6	0.0	0.0	0.4	4.1
中国银河证券临淄大道证券营业部	山东	淄博	124.8	115.7	1.6	0.0	0.0	0.0	7.5
国信证券荣乐东路证券营业部	上海	上海	124.1	96.1	2.1	0.0	0.0	0.0	25.9
西部证券广阳道证券营业部	河北	廊坊	123.5	113.4	0.0	0.0	0.0	0.0	10.1
华融证券春城路证券营业部	云南	昆明	122.7	90.7	0.0	0.0	0.0	0.0	32.0
中国中投证券鲁谷路证券营业部	北京	北京	122.3	112.2	0.0	0.0	0.0	0.0	10.1
恒泰证券浩特新华大街证券营业部	内蒙	呼和浩特	120.3	80.7	0.1	0.0	0.0	0.0	39.5
海通证券中央街证券营业部	黑龙江	黑河	116.2	110.5	0.4	0.0	0.0	0.0	5.3
长江证券长坂路证券营业部	湖北	当阳	113.7	105.3	0.5	0.0	0.0	0.0	8.0
光大证券宝岗大道证券营业部	广东	广州	113.5	45.0	0.2	0.0	0.0	0.0	68.3
日信证券里中苏街证券营业部	内蒙	满洲里	112.2	104.5	0.0	0.0	0.0	0.0	7.7
中邮证券朝阳路证券营业部	陕西	渭南	111.9	111.9	0.0	0.0	0.0	0.0	0.0
东吴证券朝阳路证券营业部	广西	南宁	111.9	102.9	0.1	0.0	0.0	0.0	8.9
西藏同信证券平西路证券营业部	河南	信阳	111.6	103.3	0.0	0.0	0.0	8.1	0.1
中国银河证券东海路证券营业部	广东	江门	111.1	62.3	0.5	0.0	0.0	0.0	48.3
华泰证券涟水常青西路证券营业部	江苏	淮安	108.6	13.0	1.8	0.0	0.0	3.3	90.5
山西证券朝阳街证券营业部	山西	晋中	105.6	23.6	0.0	0.0	0.0	0.0	82.0
宏源证券工农北路证券营业部	江苏	南通	105.6	89.2	0.0	0.0	0.0	0.0	16.4
东方证券金沙路证券营业部	上海	上海	105.3	38.8	0.0	0.0	0.0	0.0	66.5
大通证券西南路证券营业部	辽宁	大连	105.3	74.1	0.0	0.0	0.0	0.0	31.1
招商证券人民东路证券营业部	陕西	咸阳	103.4	76.5	3.4	0.0	0.0	0.0	23.5
开源证券世纪大道证券营业部	陕西	咸阳	101.2	32.9	0.0	0.0	0.0	0.0	68.3
齐鲁证券有限运河东路证券营业部	山东	聊城	101.0	100.4	0.6	0.0	0.0	0.0	0.0
长江证券白龙路证券营业部	云南	昆明	100.6	20.6	0.0	0.0	0.0	0.0	80.0
天源证券有限河门街证券营业部	青海	乐都	100.3	100.2	0.1	0.0	0.0	0.0	0.0
海通证券游仙证券营业部	四川	绵阳	99.6	81.7	0.0	0.0	0.1	3.0	14.8
华创证券文化北路证券营业部	贵州	凯里	99.4	99.4	0.0	0.0	0.0	0.0	0.0
山西证券友谊西街证券营业部	山西	高平	98.7	97.9	0.1	0.0	0.0	0.0	0.7
西藏同信证券中华路证券营业部	河南	新郑	95.9	93.7	0.0	0.0	0.0	0.0	2.2
大同证券经纪新开北路证券营业部	山西	大同	95.8	95.8	0.0	0.0	0.0	0.0	0.0
渤海证券东一环路证券营业部	天津	蓟县	94.9	92.2	0.1	0.0	0.0	2.6	0.0
广发证券塘厦证券营业部	广东	东莞	94.7	48.9	0.0	0.0	0.0	0.0	45.8
华创证券胜境大道证券营业部	贵州	盘县	90.5	90.4	0.0	0.0	0.0	0.1	0.0
东吴证券人民中路证券营业部	江苏	姜堰	89.2	49.3	0.0	0.0	0.0	0.0	39.8
新时代证券永安路证券营业部	北京	北京	87.9	71.9	0.0	0.0	0.0	0.0	16.0
安信证券黄河南路证券营业部	贵州	贵阳	86.7	67.1	0.5	0.0	0.0	0.0	19.1
东莞证券大岭山证券营业部	广东	东莞	86.5	59.1	0.0	0.0	0.0	0.0	27.4
长业证券谷阳北路证券营业部	上海	松江	86.4	27.4	0.4	0.0	0.0	0.4	58.1
开源证券兴平证券营业部	陕西	咸阳	85.9	74.0	0.0	0.0	0.0	2.2	9.7
财达证券双滦滨河大街证券营业部	河北	承德	82.8	73.2	0.0	0.0	0.0	0.0	9.6
天源证券有限人民路证券营业部	青海	西宁	82.7	71.3	1.5	0.0	0.0	0.0	9.9
东方证券南亭公路证券营业部	上海	上海	82.5	82.5	0.0	0.0	0.0	0.0	0.0
日信证券浩特中山西路证券营业部	内蒙	呼和浩特	82.4	81.8	0.0	0.0	0.0	0.0	0.5
金元证券番禺大道北证券营业部	广东	广州	82.3	82.3	0.0	0.0	0.0	0.0	0.0

注：营业部交易金额的单位为百万元。

证券营业部交易
Trading of Business Department

营业部名称 Business Department	省份 Province	城市 City	总计 Total	股票 Share	基金 Fund	权证 Warrant	政府债 G-Bond	公司债 C-Bond	债券回购 Repo
长江证券文化路证券营业部	湖北	孝感	81.4	80.1	1.3	0.0	0.0	0.0	0.0
中信证券（浙江）县七六路证券营业部	江西	上饶	81.1	42.8	0.3	0.0	0.0	0.0	38.1
长城证券港海棠中路证券营业部	江苏	连云港	81.1	45.6	0.0	0.0	0.0	0.0	35.5
海通证券东风东路证券营业部	河北	保定	81.0	39.4	0.1	0.0	0.1	1.2	40.2
财达证券涿州华阳西路证券营业部	河北	保定	80.6	79.3	0.1	0.0	0.0	0.0	1.3
招商证券新建南路证券营业部	陕西	榆林	80.3	79.9	0.5	0.0	0.0	0.0	0.0
中国中投证券林廓西路证券营业部	西藏	拉萨	78.7	78.7	0.0	0.0	0.0	0.0	0.0
招商证券宁安大街证券营业部	宁夏	银川	78.6	59.2	0.0	0.0	0.0	0.0	19.4
浙商证券文溪南路证券营业部	浙江	金华	77.0	28.6	0.0	0.0	0.0	0.0	48.4
中信建投证券回龙观西大街证券营业部	北京	北京	76.2	20.4	0.0	0.0	0.0	0.7	55.1
山西证券新建西街证券营业部	山西	长治	73.9	73.6	0.2	0.0	0.0	0.0	0.1
国信证券通朝大街证券营业部	北京	北京	73.2	68.8	0.0	0.0	0.0	0.2	4.2
中原证券兴林街证券营业部	河南	安阳	72.7	40.4	0.1	0.0	0.0	0.3	32.0
联讯证券博爱路证券营业部	广东	中山	72.3	62.5	0.0	0.0	0.0	0.0	9.8
中国银河证券东海大道证券营业部	安徽	蚌埠	71.3	49.1	0.0	0.0	0.0	0.0	22.2
光大证券人民南路证券营业部	江苏	盐城	69.1	45.1	0.0	0.0	0.0	0.0	24.0
招商证券通亭街证券营业部	山东	潍坊	68.8	59.6	0.0	0.0	0.0	0.0	9.2
国信证券黄河路证券营业部	贵州	贵阳	68.1	29.0	0.1	0.0	0.9	0.5	37.6
兴业证券入城路证券营业部	福建	福州	68.0	15.3	0.0	0.0	0.0	0.0	52.7
东方证券解放东路证券营业部	山东	临沂	65.6	64.0	0.0	0.0	0.0	0.0	1.6
财达证券易县朝阳西路证券营业部	河北	保定	64.8	64.8	0.0	0.0	0.0	0.0	0.0
华泰证券罗六路证券营业部	山东	临沂	63.6	55.4	0.3	0.0	0.0	0.4	7.5
日信证券浩特察哈尔大街证券营业部	内蒙	锡林浩特	63.4	60.7	0.0	0.0	0.0	0.0	2.7
国海证券桂中大道证券营业部	广西	来宾	62.6	58.4	0.1	0.0	0.0	0.0	4.2
中银国际证券畹町路证券营业部	上海	上海	62.5	62.3	0.2	0.0	0.0	0.0	0.0
招商证券西宾路证券营业部	黑龙江	大庆	62.0	61.1	0.7	0.0	0.0	0.0	0.2
国海证券平果县教育路证券营业部	广西	百色	61.8	61.7	0.1	0.0	0.0	0.0	0.0
渤海证券空港经济区西四道证券营业部	天津	天津	61.8	51.7	0.0	0.0	0.0	0.0	10.1
开源证券石泉证券营业部	陕西	安康	61.7	55.6	0.0	0.0	0.0	0.0	6.1
大同证券经纪西湖南路证券营业部	山西	运城	61.3	7.3	0.0	0.0	0.0	0.0	54.0
长城证券德政路证券营业部	广东	汕头	61.3	55.8	0.0	0.0	0.0	0.1	5.4
申银万国证券建设北路证券营业部	湖南	湘潭	60.8	11.1	0.0	0.0	0.0	0.0	49.7
齐鲁证券有限汉槐街证券营业部	山东	德州	60.1	60.0	0.0	0.0	0.1	0.0	0.0
东莞证券寮步证券营业部	广东	东莞	58.5	16.0	0.0	0.0	0.0	0.0	42.5
华创证券水西大道证券营业部	贵州	黔西	57.7	24.6	0.0	0.0	0.0	0.0	33.1
中原证券嵩山路证券营业部	河南	郑州	57.2	41.2	0.1	0.0	0.0	1.6	14.3
平安证券海滨大道证券营业部	广东	湛江	57.0	37.4	0.0	0.0	0.0	0.0	19.6
恒泰长财证券民主街证券营业部	吉林	蛟河	56.9	55.0	0.0	0.0	1.2	0.0	0.8
金元证券金海中路证券营业部	海南	琼海	56.7	54.4	0.1	0.0	0.0	0.0	2.2
华泰证券淮阴北京东路证券营业部	江苏	淮安	56.6	29.8	0.0	0.0	0.0	0.0	26.8
中信证券（浙江）沧林路证券营业部	福建	厦门	55.9	47.6	0.1	0.0	0.0	0.0	8.2
恒泰证券多斯达拉特旗证券营业部	内蒙	鄂尔多斯	55.0	54.8	0.0	0.0	0.0	0.0	0.2
中信建投证券良乡拱辰南大街证券营业部	北京	北京	55.0	41.6	0.0	0.0	0.0	6.9	6.4
联讯证券博罗罗阳证券营业部	广东	惠州	54.6	45.6	0.0	0.0	0.0	0.1	8.8
华龙证券广场证券营业部	甘肃	天水	54.5	3.0	0.0	0.0	0.0	0.0	51.5
华福证券沿河南路证券营业部	福建	龙岩	53.5	53.4	0.1	0.0	0.0	0.0	0.0
光大证券庄建华南大街证券营业部	河北	石家庄	53.1	5.9	0.0	0.0	0.0	0.0	47.2
中银国际证券滨安定街证券营业部	黑龙江	哈尔滨	53.1	42.5	10.5	0.0	0.0	0.0	0.0
平安证券滨东大直街证券营业部	黑龙江	哈尔滨	51.7	10.2	0.0	0.0	0.0	0.0	41.5
海通证券蒸阳南路证券营业部	湖南	衡阳	50.7	13.9	0.2	0.0	0.0	0.0	36.6

注：营业部交易金额的单位为百万元。

证券营业部交易
Trading of Business Department

营业部名称 Business Department	省份 Province	城市 City	总计 Total	股票 Share	基金 Fund	权证 Warrant	政府债 G-Bond	公司债 C-Bond	债券回购 Repo
恒泰证券建设路证券营业部	内蒙	乌兰察布	49.1	48.7	0.0	0.0	0.0	0.0	0.4
西藏同信证券县八一大街证券营业部	西藏	林芝	48.5	48.3	0.2	0.0	0.0	0.0	0.0
华福证券南山中路证券营业部	福建	泉州	47.5	46.2	0.0	0.0	0.0	0.0	1.3
国信证券揭东证券营业部	广东	揭东	46.5	9.1	0.0	0.0	0.0	0.0	37.4
宏源证券人民大道中证券营业部	广东	湛江	45.5	28.7	0.2	0.0	0.0	0.0	16.6
开源证券朝阳大街证券营业部	陕西	渭南	44.9	24.3	0.0	0.0	0.0	0.5	20.1
平安证券外环北路证券营业部	江苏	南通	44.7	44.7	0.0	0.0	0.0	0.0	0.0
光大证券碚峡西路证券营业部	重庆	重庆	44.6	42.6	0.0	0.0	0.0	0.0	2.0
华福证券兴浦路证券营业部	福建	南平	41.6	41.6	0.0	0.0	0.0	0.0	0.0
恒泰证券乌达区巴音赛街证券营业部	内蒙	乌海	40.5	40.5	0.0	0.0	0.0	0.0	0.0
华西证券南部幸福路证券营业部	四川	南充	40.1	23.0	0.0	0.0	0.0	0.0	17.1
光大证券河南东路证券营业部	江苏	淮安	40.0	16.9	0.2	0.0	0.0	0.0	22.9
西藏同信证券德庆县柳梧证券营业部	西藏	拉萨	39.9	39.6	0.2	0.0	0.0	0.0	0.0
华福证券罗川中路证券营业部	福建	福州	39.7	20.3	0.0	0.0	0.0	0.0	19.3
华福证券建设东街证券营业部	福建	三明	39.2	37.3	0.0	0.0	0.0	0.0	1.9
光大证券中山中路证券营业部	广西	桂林	37.3	37.3	0.0	0.0	0.0	0.0	0.0
中信建投证券黄河路证券营业部	贵州	贵阳	37.2	29.0	0.0	0.0	0.0	0.0	8.2
金元证券迎宾大道证券营业部	海南	三亚	36.5	32.9	0.0	0.0	0.0	0.0	3.6
长城证券珠峰大道证券营业部	广东	珠海	36.4	35.8	0.0	0.0	0.0	0.4	0.2
海通证券泰山南路证券营业部	山东	枣庄	35.6	14.7	1.4	0.0	0.0	1.1	18.3
联讯证券莞太路证券营业部	广东	东莞	35.2	14.0	0.0	0.0	0.0	0.0	21.2
华泰证券兴化长安中路证券营业部	江苏	兴化	34.2	11.2	0.0	0.0	0.0	0.0	23.0
广发证券世纪大道证券营业部	陕西	咸阳	33.9	22.0	0.0	0.0	0.0	0.0	11.9
华福证券南湖路证券营业部	福建	福州	33.8	17.7	0.0	0.0	0.0	0.8	15.2
红塔证券青年路证券营业部	云南	昭通	33.6	33.6	0.0	0.0	0.0	0.0	0.0
东海证券中山东路证券营业部	江苏	如皋	33.1	11.9	0.0	0.0	0.0	0.0	21.2
中国银河证券东风路证券营业部	黑龙江	大庆	33.0	11.9	0.0	0.0	0.0	16.2	4.9
广发证券纬六路证券营业部	黑龙江	大庆	32.9	7.9	0.0	0.0	0.0	0.0	25.0
大同证券经纪舜都大道证券营业部	山西	运城	32.9	6.2	0.0	0.0	0.0	0.0	26.7
东莞证券道滘证券营业部	广东	东莞	32.2	27.4	0.0	0.0	0.0	0.0	4.8
兴业证券中山街证券营业部	福建	泉州	31.2	22.6	0.2	0.0	0.0	0.0	8.4
中信建投证券经二路证券营业部	陕西	宝鸡	29.6	24.4	0.0	0.0	0.0	0.0	5.2
招商证券莱州市府前街证券营业部	山东	烟台	29.0	6.0	0.0	0.0	0.0	0.0	23.0
宏源证券新建长麦路证券营业部	江西	南昌	28.8	23.8	0.0	0.0	0.0	0.0	5.0
华西证券阳光路证券营业部	四川	眉山	28.1	11.0	0.0	0.0	0.0	0.0	17.1
华泰证券市飞机场路证券营业部	新疆	伊宁	27.0	24.0	0.4	0.0	0.0	0.5	2.1
国信证券北京中路证券营业部	宁夏	银川	26.0	25.1	0.0	0.0	0.0	0.0	0.9
齐鲁证券有限河滨路证券营业部	山东	青州	25.3	9.0	0.1	0.0	0.0	0.0	16.2
宏源证券玛依友谊路南证券营业部	新疆	克拉玛依	24.9	20.8	0.0	0.0	0.0	0.0	4.1
山西证券怀贤街证券营业部	山西	朔州	23.1	11.1	0.0	0.0	0.0	0.0	12.0
财达证券岛峨眉山南路证券营业部	河北	秦皇岛	22.8	22.8	0.0	0.0	0.0	0.0	0.0
财通证券前路街证券营业部	浙江	丽水	22.6	12.3	0.0	0.0	0.0	0.0	10.3
华泰证券高港金港南路证券营业部	江苏	泰州	22.4	21.1	0.0	0.0	0.0	0.0	1.3
宏源证券胜利路证券营业部	辽宁	鞍山	22.1	22.1	0.0	0.0	0.0	0.0	0.0
中国国际金融有限金马路证券营业部	辽宁	大连	22.0	22.0	0.0	0.0	0.0	0.0	0.0
华安证券中港路证券营业部	安徽	宣城	20.8	18.5	0.0	0.0	0.0	0.0	2.3
浙商证券环城南路证券营业部	浙江	台州	20.8	20.8	0.0	0.0	0.0	0.0	0.0
平安证券广宜街证券营业部	辽宁	沈阳	20.7	20.6	0.1	0.0	0.0	0.0	0.0
海通证券榆阳证券营业部	陕西	榆林	20.7	20.5	0.2	0.0	0.0	0.0	0.0
中信建投证券海滨路证券营业部	广东	汕头	19.6	18.9	0.1	0.0	0.0	0.0	0.6

注：营业部交易金额的单位为百万元。

证券营业部交易
Trading of Business Department

营业部名称 Business Department	省份 Province	城市 City	总计 Total	股票 Share	基金 Fund	权证 Warrant	政府债 G-Bond	公司债 C-Bond	债券回购 Repo
中国银河证券解放四路证券营业部	海南	三亚	19.4	3.7	0.1	0.0	0.0	15.3	0.3
西藏同信证券蔡甸街证券营业部	湖北	武汉	19.0	15.2	0.0	0.0	0.0	0.0	3.8
华创证券云岭西路证券营业部	贵州	清镇	18.7	17.9	0.4	0.0	0.0	0.0	0.5
华创证券洒金路证券营业部	贵州	福泉	18.5	2.6	0.0	0.0	0.0	0.0	15.9
金元证券海秀路证券营业部	海南	海口	18.4	18.4	0.0	0.0	0.0	0.0	0.0
齐鲁证券有限鲁宏大道证券营业部	山东	章丘	18.4	17.8	0.0	0.0	0.0	0.0	0.6
长江证券八一路证券营业部	湖北	黄冈	17.6	17.3	0.4	0.0	0.0	0.0	0.0
长城证券玄武街证券营业部	山东	潍坊	17.6	16.2	0.0	0.0	0.0	0.0	1.4
长江证券东风大道证券营业部	湖北	恩施	17.3	17.3	0.0	0.0	0.0	0.0	0.0
齐鲁证券有限黄海路证券营业部	山东	烟台	17.3	14.2	0.0	0.0	0.0	0.0	3.1
长城证券德丰路证券营业部	上海	上海	16.4	10.1	0.0	0.0	0.0	0.0	6.3
华西证券南街证券营业部	四川	德阳	16.3	12.2	0.0	0.0	0.0	0.0	4.1
财达证券沭阳深圳东路证券营业部	江苏	宿迁	16.3	15.8	0.1	0.0	0.0	0.4	0.0
华泰证券句容华阳东路证券营业部	江苏	句容	16.1	15.0	0.0	0.0	0.0	0.0	1.1
国信证券滨海新区黄海路证券营业部	天津	天津	15.6	2.2	0.0	0.0	0.0	0.0	13.4
东海证券济川路证券营业部	江苏	泰兴	15.3	3.5	0.0	0.0	0.0	0.0	11.8
招商证券公园路证券营业部	湖北	十堰	15.0	6.4	0.1	0.0	0.0	0.0	8.5
广发证券三乡证券营业部	广东	中山	15.0	12.8	0.0	0.0	0.0	0.2	2.0
华泰证券高淳宝塔路证券营业部	江苏	南京	14.9	7.9	0.0	0.0	0.0	0.0	7.0
西部证券高陵证券营业部	陕西	西安	14.9	14.9	0.0	0.0	0.0	0.0	0.0
齐鲁证券有限正阳路证券营业部	山东	寿光	14.5	5.5	0.2	0.0	0.0	0.0	8.8
国金证券岳池县滨河东路证券营业部	四川	广安	14.4	14.4	0.0	0.0	0.0	0.0	0.0
大同证券经纪新阳东街证券营业部	山西	晋城	13.4	0.5	0.0	0.0	0.0	0.1	12.9
方正证券双峰复兴路证券营业部	湖南	娄底	12.8	11.7	1.1	0.0	0.0	0.0	0.0
中信建投证券工农北路证券营业部	江苏	南通	12.8	11.2	0.0	0.0	0.0	0.0	1.6
华西证券县宜建路证券营业部	四川	宜宾	12.2	12.2	0.0	0.0	0.0	0.0	0.0
西藏同信证券正阳路证券营业部	吉林	四平	12.0	11.2	0.0	0.0	0.0	0.0	0.8
国金证券岷江东路证券营业部	四川	德阳	11.8	11.8	0.0	0.0	0.0	0.0	0.0
申银万国证券泺源大街证券营业部	山东	济南	11.6	0.6	0.0	0.0	0.0	0.0	10.9
申银万国证券淮海南路证券营业部	江苏	淮安	11.5	6.5	0.0	0.0	0.0	0.0	5.0
齐鲁证券有限新兴中路证券营业部	山东	滕州	11.4	5.3	0.2	0.0	0.0	0.0	5.9
安信证券新晋祠路证券营业部	山西	太原	11.4	11.4	0.0	0.0	0.0	0.0	0.0
红塔证券金湖西路证券营业部	云南	个旧	11.3	3.7	0.0	0.0	0.0	2.2	5.4
华福证券人民西路证券营业部	福建	漳州	11.0	11.0	0.0	0.0	0.0	0.0	0.0
大同证券经纪则天大街证券营业部	山西	吕梁	11.0	0.7	0.0	0.0	0.0	0.0	10.3
西藏同信证券北大街证券营业部	山西	阳泉	10.6	6.8	0.0	0.0	0.0	0.0	3.8
第一创业证券增城解放北路证券营业部	广东	广州	10.6	10.4	0.0	0.0	0.1	0.1	0.0
中银国际证券新韶路证券营业部	湖南	长沙	10.5	10.5	0.0	0.0	0.0	0.0	0.0
中国银河证券友谊路证券营业部	广西	柳州	10.4	9.7	0.0	0.0	0.0	0.1	0.6
国海证券田东县朝阳路证券营业部	广西	百色	10.0	9.1	0.0	0.0	0.0	0.0	0.9
浙商证券爱国路证券营业部	浙江	温州	9.4	0.7	0.0	0.0	0.0	0.0	8.7
广发证券顺德文海西路证券营业部	广东	佛山	8.4	1.7	0.0	0.0	0.0	0.1	6.7
国海证券灵山县江南路证券营业部	广西	钦州	8.4	8.1	0.0	0.0	0.0	0.0	0.3
东北证券松江大街证券营业部	吉林	松原	8.4	8.4	0.0	0.0	0.0	0.0	0.0
华创证券五开南路证券营业部	贵州	黎平	8.3	8.2	0.0	0.0	0.0	0.0	0.1
中信证券（浙江）新市中路证券营业部	福建	三明	8.2	3.3	0.1	0.0	0.0	0.0	4.8
齐鲁证券有限文体路证券营业部	山东	烟台	8.2	1.9	0.0	0.0	0.0	0.0	6.3
中信证券（浙江）镇昌南大道证券营业部	江西	景德镇	8.2	7.0	0.3	0.0	0.0	0.0	0.8
东吴证券淮海南路证券营业部	江苏	淮安	7.7	7.7	0.0	0.0	0.0	0.0	0.0
华西证券望景路证券营业部	四川	自贡	7.7	7.7	0.0	0.0	0.0	0.0	0.0

注：营业部交易金额的单位为百万元。

证券营业部交易
Trading of Business Department

营业部名称 Business Department	省份 Province	城市 City	总计 Total	股票 Share	基金 Fund	权证 Warrant	政府债 G-Bond	公司债 C-Bond	债券回购 Repo
东吴证券北京北路证券营业部	江苏	徐州	7.3	7.1	0.0	0.0	0.1	0.0	0.0
国泰君安证券滨河北东路证券营业部	山西	吕梁	7.1	7.1	0.0	0.0	0.0	0.0	0.0
平安证券石景山路证券营业部	北京	北京	6.3	6.3	0.0	0.0	0.0	0.0	0.0
金元证券中兴大道证券营业部	海南	儋州	6.1	5.7	0.1	0.0	0.0	0.2	0.0
招商证券荆中路证券营业部	湖北	荆州	6.1	5.7	0.1	0.0	0.0	0.0	0.3
西藏同信证券经十路证券营业部	山东	济南	5.6	5.6	0.0	0.0	0.0	0.0	0.0
山西证券府新街证券营业部	山西	阳泉	5.3	5.3	0.0	0.0	0.0	0.0	0.0
国金证券花攀枝花大道证券营业部	四川	攀枝花	5.0	2.4	0.0	0.0	0.0	0.0	2.6
大通证券普兰店文化路证券营业部	辽宁	大连	5.0	3.3	0.0	0.0	0.0	0.4	1.3
中银国际证券未央路证券营业部	陕西	西安	4.9	4.9	0.0	0.0	0.0	0.0	0.0
中信证券（浙江）民主路证券营业部	福建	泉州	4.8	4.7	0.0	0.0	0.0	0.0	0.0
西藏同信证券文源路证券营业部	山西	太原	4.7	4.4	0.1	0.0	0.0	0.0	0.3
东北证券胜利街证券营业部	吉林	敦化	4.7	4.7	0.0	0.0	0.0	0.0	0.0
华融证券太平桥路证券营业部	北京	北京	4.6	2.2	0.0	0.0	0.0	0.0	2.3
恒泰证券萨拉齐大西街证券营业部	内蒙	包头	4.2	4.2	0.0	0.0	0.0	0.0	0.0
招商证券即墨市蓝鳌路证券营业部	山东	青岛	4.2	4.0	0.0	0.0	0.0	0.0	0.2
东海证券民主路证券营业部	广西	南宁	4.0	3.2	0.0	0.0	0.0	0.0	0.8
恒泰证券宁城大宁路证券营业部	内蒙	赤峰	3.9	3.9	0.0	0.0	0.0	0.0	0.0
中银国际证券金湖路证券营业部	广西	南宁	3.9	3.9	0.0	0.0	0.0	0.0	0.0
西部证券鸿基路证券营业部	陕西	铜川	3.8	3.8	0.0	0.0	0.0	0.0	0.0
安信证券平远证券营业部	广东	梅州	3.7	3.4	0.0	0.0	0.0	0.0	0.3
西藏同信证券东街证券营业部	山东	淄博	3.4	2.2	0.0	0.0	0.0	0.0	1.2
宏源证券上海西路证券营业部	宁夏	银川	3.1	3.1	0.0	0.0	0.0	0.0	0.0
东海证券正太路证券营业部	山西	晋中	2.6	2.4	0.0	0.0	0.0	0.0	0.2
大通证券金州斯大林路证券营业部	辽宁	大连	2.6	2.6	0.0	0.0	0.0	0.0	0.0
中银国际证券同志街证券营业部	吉林	长春	2.5	2.5	0.0	0.0	0.0	0.0	0.0
安信证券佛冈证券营业部	广东	清远	2.4	2.4	0.0	0.0	0.0	0.0	0.0
齐鲁证券有限微山奎文东路证券营业部	山东	济宁	2.4	2.4	0.0	0.0	0.0	0.0	0.0
国信证券中山四路证券营业部	广东	中山	2.2	1.9	0.0	0.0	0.0	0.3	0.0
齐鲁证券有限东关大街证券营业部	山东	诸城	2.1	2.1	0.0	0.0	0.0	0.0	0.0
安信证券九华南路证券营业部	安徽	芜湖	2.1	1.8	0.0	0.0	0.3	0.0	0.0
安信证券保岫东路证券营业部	云南	保山	2.0	2.0	0.0	0.0	0.0	0.0	0.0
中国银河证券朝阳大街证券营业部	陕西	渭南	1.9	1.9	0.0	0.0	0.0	0.0	0.0
华融证券石景山路证券营业部	北京	北京	1.9	1.9	0.0	0.0	0.0	0.0	0.0
西藏同信证券乃东县湖南路证券营业部	西藏	山南	1.7	1.7	0.0	0.0	0.0	0.0	0.0
长城证券福寿路证券营业部	江苏	如皋	1.7	1.7	0.0	0.0	0.0	0.0	0.0
方正证券壶厅东路证券营业部	浙江	金华	1.6	0.5	0.0	0.0	0.0	0.0	1.1
申银万国证券丰泽街证券营业部	福建	泉州	1.4	0.1	0.0	0.0	0.0	0.0	1.3
西藏同信证券庄槐安东路证券营业部	河北	石家庄	1.4	1.4	0.0	0.0	0.0	0.0	0.0
国金证券资中县芨弘路证券营业部	四川	内江	1.3	1.3	0.0	0.0	0.0	0.0	0.0
国金证券江东中路证券营业部	四川	南充	1.1	0.5	0.0	0.0	0.0	0.0	0.5
东北证券人民路证券营业部	吉林	大安	0.9	0.9	0.0	0.0	0.0	0.0	0.0
安信证券龙川证券营业部	广东	河源	0.8	0.8	0.0	0.0	0.0	0.0	0.0
华安证券高新区证券营业部	安徽	合肥	0.8	0.8	0.0	0.0	0.0	0.0	0.0
西藏同信证券黄山路证券营业部	安徽	合肥	0.7	0.7	0.0	0.0	0.0	0.0	0.0
海通证券悦来南路证券营业部	广东	中山	0.6	0.6	0.0	0.0	0.0	0.0	0.0
齐鲁证券有限桓台渔洋街证券营业部	山东	淄博	0.6	0.6	0.0	0.0	0.0	0.0	0.0
齐鲁证券有限瑞园路证券营业部	山东	德州	0.6	0.6	0.0	0.0	0.0	0.0	0.0
齐鲁证券有限东关大街证券营业部	山东	济南	0.5	0.5	0.0	0.0	0.0	0.0	0.0
安信证券阳西证券营业部	广东	阳江	0.5	0.5	0.0	0.0	0.0	0.0	0.0

注：营业部交易金额的单位为百万元。

证券营业部交易
Trading of Business Department

营业部名称 Business Department	省份 Province	城市 City	总计 Total	股票 Share	基金 Fund	权证 Warrant	政府债 G-Bond	公司债 C-Bond	债券回购 Repo
浙商证券芹南路证券营业部	浙江	衢州	0.5	0.5	0.0	0.0	0.0	0.0	0.0
齐鲁证券有限环山路证券营业部	山东	威海	0.5	0.5	0.0	0.0	0.0	0.0	0.0
国信证券沙头角证券营业部	深圳	深圳	0.4	0.1	0.0	0.0	0.0	0.0	0.3
财达证券庄正定燕赵南大街证券营业部	河北	石家庄	0.4	0.4	0.0	0.0	0.0	0.0	0.0
东北证券临江大街证券营业部	吉林	临江	0.4	0.4	0.0	0.0	0.0	0.0	0.0
海通证券阳头广场北路证券营业部	福建	福安	0.4	0.4	0.0	0.0	0.0	0.0	0.0
方正证券中海路证券营业部	浙江	台州	0.4	0.4	0.0	0.0	0.0	0.0	0.0
山西证券振兴路证券营业部	山西	临汾	0.3	0.3	0.0	0.0	0.0	0.0	0.0
华龙证券崆峒东路证券营业部	甘肃	平凉	0.3	0.3	0.0	0.0	0.0	0.0	0.0
东吴证券人民路证券营业部	云南	瑞丽	0.3	0.3	0.0	0.0	0.0	0.0	0.0
平安证券江北证券营业部	安徽	芜湖	0.2	0.2	0.0	0.0	0.0	0.0	0.0
齐鲁证券有限通海路证券营业部	山东	烟台	0.2	0.2	0.0	0.0	0.0	0.0	0.0
山西证券义学路证券营业部	山西	太原	0.2	0.2	0.0	0.0	0.0	0.0	0.0
国信证券浐灞大道证券营业部	陕西	西安	0.2	0.2	0.0	0.0	0.0	0.0	0.0
财达证券斯富锦建三江站前路证券营业部	黑龙江	佳木斯	0.1	0.1	0.0	0.0	0.0	0.0	0.0
财富证券康富北路证券营业部	湖南	益阳	0.1	0.0	0.0	0.0	0.0	0.0	0.1
方正证券攸县大巷路证券营业部	湖南	株洲	0.1	0.1	0.0	0.0	0.0	0.0	0.0
齐鲁证券有限新建二路证券营业部	山东	泰安	0.0	0.0	0.0	0.0	0.0	0.0	0.0
中信建投证券云城南三路证券营业部	广东	广州	0.0	0.0	0.0	0.0	0.0	0.0	0.0
中信建投证券天荒坪路证券营业部	浙江	湖州	0.0	0.0	0.0	0.0	0.0	0.0	0.0
中信建投证券太平桥路证券营业部	北京	北京	0.0	0.0	0.0	0.0	0.0	0.0	0.0
方正证券南县兴盛大道证券营业部	湖南	益阳	0.0	0.0	0.0	0.0	0.0	0.0	0.0
海通证券戴家路证券营业部	湖南	邵阳	0.0	0.0	0.0	0.0	0.0	0.0	0.0
中信建投证券顺义站前街证券营业部	北京	北京	0.0	0.0	0.0	0.0	0.0	0.0	0.0
财富证券银盆南路证券营业部	湖南	长沙	0.0	0.0	0.0	0.0	0.0	0.0	0.0

注：营业部交易金额的单位为百万元。

会员信用交易
Credit Trading of Member Companies

会员公司 Company	融资买入	卖券还款	融券卖出	买券还券	融资余额	融券余额
安信证券股份有限公司	11278.43	11531.04	575.77	523.80	1226.43	26.56
渤海证券股份有限公司	604.09	526.92	0.00	0.00	116.53	0.00
财达证券有限责任公司	106.68	17.71	0.00	0.00	36.35	0.00
财富证券有限责任公司	33.01	8.53	0.00	0.00	21.69	0.00
财通证券有限责任公司	3066.04	910.00	105.13	96.01	506.77	8.72
长城证券有限责任公司	3570.06	3313.84	21.24	19.50	552.80	1.77
长江证券股份有限公司	8295.04	4614.32	409.59	370.97	1111.92	28.05
大通证券股份有限公司	467.96	127.11	0.18	0.17	246.85	0.00
德邦证券有限责任公司	113.55	38.23	3.02	1.27	28.17	0.24
第一创业证券股份有限公司	62.24	41.22	0.00	0.00	22.27	0.00
东北证券股份有限公司	1149.90	835.45	19.39	15.67	255.75	3.61
东方证券股份有限公司	6247.67	2395.42	58.22	47.59	655.53	3.69
东吴证券股份有限公司	1223.01	430.37	188.31	157.32	268.32	18.38
东兴证券股份有限公司	1792.10	417.16	0.00	0.00	284.25	0.00
东莞证券有限责任公司	878.67	207.21	0.67	0.63	192.57	0.00
方正证券股份有限公司	10646.21	7838.61	620.48	558.06	1198.19	30.12
光大证券股份有限公司	21535.54	8362.33	6058.57	4082.50	2509.26	266.81
广发证券股份有限公司	28170.95	16652.75	4883.57	4110.99	3373.08	149.31
广州证券有限责任公司	213.67	167.23	0.02	0.01	48.69	0.01
国都证券有限责任公司	3081.04	3115.16	23.97	12.65	312.87	0.00
国海证券股份有限公司	973.72	498.41	56.98	49.76	274.06	7.73
国金证券股份有限公司	501.94	158.91	0.00	0.00	150.55	0.00
国联证券股份有限公司	524.21	151.69	19.55	16.65	151.55	1.26
国盛证券有限责任公司	492.81	466.25	0.00	0.00	70.08	0.00
国泰君安证券股份有限公司	32591.76	31132.86	8200.55	7010.13	4742.92	348.30
国信证券股份有限公司	19429.34	7075.32	2073.24	1906.84	2310.49	132.95
国元证券股份有限公司	5757.05	5736.19	212.91	211.52	599.72	5.34
海通证券股份有限公司	52099.71	18767.40	37296.35	21407.96	4746.58	499.53
恒泰证券股份有限公司	178.73	97.77	6.08	1.58	66.32	4.65
宏源证券股份有限公司	11059.54	9722.54	261.49	230.76	2066.52	31.24
红塔证券股份有限公司	222.93	84.54	0.27	0.21	132.80	0.06
华安证券有限责任公司	1135.25	658.52	0.10	0.10	291.59	0.00
华宝证券有限责任公司	110.08	41.81	0.00	0.00	24.66	0.00
华创证券有限责任公司	345.01	126.37	18.17	11.06	43.88	7.64
华福证券有限责任公司	1243.53	360.90	0.00	0.00	209.55	0.00
华龙证券有限责任公司	249.43	206.21	0.15	0.11	56.36	0.04
华融证券股份有限公司	299.85	224.28	0.02	0.02	85.50	0.00
华泰证券股份有限公司	47034.72	30494.63	32952.02	27204.53	4402.38	328.13
华西证券有限责任公司	2126.99	1925.54	0.00	0.00	334.49	0.00
华鑫证券有限责任公司	198.31	73.98	0.72	0.59	40.05	0.14
江海证券有限公司	247.62	86.88	0.00	0.00	70.39	0.00
金元证券股份有限公司	849.70	213.28	1.52	1.21	168.90	0.17
开源证券有限责任公司	2.33	0.54	0.00	0.00	1.74	0.00
民生证券股份有限公司	296.07	222.57	1.96	1.66	76.19	0.30
南京证券股份有限公司	335.50	109.88	0.00	0.00	75.54	0.02
南京证券有限责任公司	499.61	98.37	0.08	0.07	0.00	0.00
平安证券有限责任公司	3744.12	3529.28	17.56	17.14	625.21	0.63
齐鲁证券有限公司	8398.94	8617.64	651.07	604.21	851.77	34.51
日信证券有限责任公司	100.06	20.55	0.00	0.00	38.96	0.00
山西证券股份有限公司	406.03	148.22	6.80	5.81	122.01	1.00

注：单位均为百万元。

会员信用交易
Credit Trading of Member Companies

会员公司 Company	融资买入	卖券还款	融券卖出	买券还券	融资余额	融券余额
上海证券有限责任公司	840.36	198.69	9.16	8.57	188.04	0.52
申银万国证券股份有限公司	53437.03	17073.03	9104.27	3172.43	3631.19	58.74
首创证券有限责任公司	202.79	85.05	0.10	0.10	23.17	0.00
天风证券股份有限公司	61.71	37.97	0.00	0.00	9.90	0.00
西部证券股份有限公司	230.97	104.99	4.96	1.65	87.86	3.82
西南证券股份有限公司	3978.54	2550.06	894.50	815.93	374.18	22.11
湘财证券有限责任公司	1330.49	356.92	3.64	3.32	350.50	0.29
新时代证券有限责任公司	637.71	389.86	0.07	0.07	122.98	0.00
信达证券股份有限公司	1000.03	742.44	13.42	12.14	278.36	0.90
兴业证券股份有限公司	5703.90	3500.31	102.21	93.16	591.24	6.69
银泰证券有限责任公司	126.95	60.82	0.00	0.00	37.42	0.00
招商证券股份有限公司	29432.02	10000.70	3947.08	3370.42	3075.93	238.39
浙商证券股份有限公司	2562.46	611.93	63.71	39.58	538.41	5.90
中国国际金融有限公司	1709.69	1251.47	0.10	0.10	318.49	0.00
中国民族证券有限责任公司	966.23	431.99	0.02	0.01	224.87	0.01
中国银河证券股份有限公司	36094.72	36087.14	1639.88	1462.10	3339.15	152.06
中国中投证券有限责任公司	12150.90	11944.93	504.38	479.70	1141.84	17.67
中航证券有限公司	301.93	130.51	0.00	0.00	56.68	0.00
中山证券有限责任公司	36.21	2.43	0.00	0.00	34.01	0.00
中信建投证券股份有限公司	17010.01	16973.01	1749.70	1452.71	2136.11	111.85
中信万通证券有限责任公司	2369.56	1340.42	0.00	0.00	450.79	0.00
中信证券（浙江）有限责任公司	5714.28	2720.55	0.00	0.00	1490.78	0.00
中信证券股份有限公司	22270.64	14070.05	8113.76	3913.29	4302.01	191.79
中银国际证券有限责任公司	961.49	190.82	0.01	0.00	259.28	0.00
中原证券股份有限公司	530.80	206.86	0.03	0.02	151.97	0.01

注：单位均为百万元。

B 股券商
B Share Brokers

公司名称 Company	公司地址 Address	B 股交易金额 Trading Val	排名 Rank
申银万国证券股份有限公司	上海常熟路 171 号	9022.8	1
国泰君安证券股份有限公司	上海市浦东新区银城中路 168 号	6366.5	2
海通证券股份有限公司	上海市黄浦区广东路 689 号海通证券大厦	5600.9	3
中国银河证券有限责任公司	北京市西城区金融大街 35 号国际企业大厦 C 座	5533.8	4
中国国际金融有限公司	中国北京建国门外大街 1 号国贸大厦 2 座 28 层	4478.2	5
华泰证券股份有限公司	江苏省南京市中山东路 90 号华泰证券大厦	3936.1	6
招商证券股份有限公司	深圳市福田区益田路江苏大厦 38-45 层	3528.9	7
广发证券股份有限公司	广州市天河北路 183 号大都会广场 42 楼	3093.0	8
国信证券股份有限公司	深圳市罗湖区红岭中路 1012 号国信证券大厦	2410.0	9
东方证券股份有限公司	上海市中山南路 318 号 2 号楼 22－29 层	2032.8	10
中信证券股份有限公司	深圳市深南大道 7088 号招商银行大厦 A 层(518040)　北京市朝阳区亮马桥路 48 号中信证券大厦(100125)	1979.9	11
中信建投证券股份有限公司	北京市东城区朝内大街 188 号	1888.1	12
光大证券股份有限公司	上海市静安区新闸路 1508 号	1873.4	13
中国中投证券有限责任公司	深圳市福田区益田路与福中路交界处荣超商务中心 A 栋第 18-21 层及第 04 层	1693.7	14
方正证券股份有限公司	长沙市芙蓉区芙蓉中路二段华侨国际大厦 22-24 层	1632.6	15
中信证券（浙江）有限责任公司	浙江省杭州市滨江区江南大道 588 号恒鑫大厦主楼 19、20 楼	1526.8	16
中银国际证券有限责任公司	上海市浦东银城中路 200 号中银大厦 39 楼	1516.7	17
长江证券股份有限公司	湖北省武汉市江汉区新华路特 8 号	1177.6	18
上海证券有限责任公司	上海市黄浦区西藏中路 336 号	1000.9	19
渤海证券股份有限公司	天津市南开区宾水西道 8 号	931.1	20
湘财证券有限责任公司	中国湖南省长沙市天心区湘府中路 198 号新南城商务中心 A 栋 11 楼	878.6	21
齐鲁证券有限公司	山东省济南市市中区经七路 86 号	809.4	22
新鸿基投资服务有限公司(Sun Hung Kai)	上海南京西路 338 号天安中心 1902 室	752.7	23
国元证券股份有限公司	合肥市寿春路 179 号	742.0	24
东吴证券股份有限公司	江苏省苏州工业园区翠园路 181 号	705.5	25
兴业证券股份有限公司	福建省福州市湖东路 268 号证券大厦	641.4	26
宏源证券股份有限公司	乌鲁木齐文艺路 233 号	626.4	27
恒泰证券股份有限公司	内蒙古呼和浩特市新城区新华东街 111 号	584.1	28
平安证券有限责任公司	深圳市福田区金田路大中华国际交易广场 8 层	582.9	29
华安证券有限责任公司	合肥市阜南路 166 号	575.0	30
中国民族证券有限责任公司	北京市西城区金融大街 5 号新盛大厦 A 座 6-9 层	564.4	31
长城证券有限责任公司	深圳市深南大道 6008 号特区报业大厦 14、16、17 楼	551.9	32
里昂证券有限公司(Credit Lyonnais)	香港金钟道 88 号太古广场 1 期 18 楼	497.2	33
广州证券有限责任公司	广州市天河区珠江西路 5 号广州国际金融中心主塔 19 层、20 层	494.4	34
东北证券股份有限公司	长春市自由大路 1138 号	466.0	35
汇富金融服务有限公司	香港	461.2	36
凯基证券亚洲有限公司	上海仙霞路 317 号 2502 室	411.4	37
国联证券股份有限公司	无锡市县前东街 168 号国联大厦 6、7 楼	411.2	38
中信万通证券有限责任公司	青岛市崂山区深圳路 222 号天泰金融广场 21 层	408.6	39
南京证券股份有限公司	南京市大钟亭 8 号	386.6	40
华鑫证券有限责任公司	深圳市福田区金田路 4018 号安联大厦 28 层 A01、B01（b）单元	374.8	41
华西证券有限责任公司	四川省成都市陕西街 239 号	304.8	42
西南证券股份有限公司	重庆市江北区桥北苑 8 号西南证券大厦	297.0	43
山西证券股份有限公司	太原市府西街 69 号山西国贸中心	266.6	44
民生证券股份有限公司	北京市东城区建国门内大街 28 号民生金融中心 A 座 16、17、18 层	265.0	45
英大证券有限责任公司	深圳市福田区深南中路华能大厦三十、三十一层	264.6	46
国海证券股份有限公司	南宁市滨湖路 46 号	232.5	47
德邦证券有限责任公司	上海市福山路 500 号城建国际中心 26 楼	225.9	48
第一创业证券股份有限公司	深圳市罗湖区笋岗路 12 号中民时代广场 B 座 25、26 层	223.9	49
华林证券有限责任公司	深圳市福田区民田路 178 号华融大厦 5-6 楼	190.9	50

注：B 股券商交易金额的单位为百万元。

B 股券商
B Share Brokers

公司名称 Company	公司地址 Address	B 股交易金额 Trading Val	排名 Rank
首创证券有限责任公司	北京市西城区德胜门外大街 115 号德胜尚城 E 座	174.8	51
大通证券股份有限公司	大连市沙河口区会展路 129 号期货大厦 38、39 层	162.2	52
西部证券股份有限公司	西安市东新街 232 号陕西信托大厦	136.7	53
万联证券有限责任公司	广东省广州市天河区珠江东路 11 号高德置地广场 F 座 18、19 楼	121.5	54
红塔证券股份有限公司	昆明市北京路 155 号附 1 号红塔大厦 7-11 楼	114.9	55
华龙证券有限责任公司	甘肃省兰州市东岗西路 638 号	110.2	56
法国兴业证券(香港)有限公司	香港中环皇后大道中十五号公爵大厦四十一楼	104.1	57
东莞证券有限责任公司	广东省东莞市莞城区可园南路 1 号金源中心	102.7	58
世纪证券有限责任公司	深圳市深南大道 7088 号招商银行大厦 41 层	94.7	59
财富证券有限责任公司	长沙市芙蓉中路中路二段 80 号顺天国际财富中心 26 层	94.6	60
国盛证券有限责任公司	南昌市北京西路 88 号江信国际金融大厦	88.6	61
华创证券有限责任公司	贵州省贵阳市中华北路 216 号华创大厦	65.8	62
大华继显(香港)有限公司	香港中环皇后大道中 29 号怡安华人行 15 楼	63.3	63
西藏同信证券有限责任公司	上海市闸北区永和路 118 弄东方环球企业园 24 号楼	34.8	64
航天证券有限责任公司	上海市普陀区曹杨路 430 号	28.6	65
京华山一国际(香港)有限公司	香港中环大道中 183 号新纪元广场中远大厦 36 楼	24.0	66
华宝证券有限责任公司	浦东世纪大道 100 号 57 层	18.4	67
群益证券(香港)有限公司	上海浦东南路 360 号新上海国际大厦 18 楼	7.8	68
万和证券有限责任公司	深圳市福田区深南大道 7028 号时代科技大厦 20 层西厅	5.4	69
华泰联合证券有限责任公司	深圳市福田区深南大道 4011 号香港中旅大厦 25 层	0.0	70

注：B 股券商交易金额的单位为百万元。

会员承销排名
Member Underwriting

承销商 Underwriter	承销股票数 Underwriting Share	承销股数(亿) Underwriting Vol(100M)	承销金额总计(亿) Underwriting Val(100M)
中信证券股份有限公司	7	27.36	150.47
国信证券股份有限公司	3	2.12	43.80
华泰联合证券有限责任公司	3	2.12	23.88
安信证券股份有限公司	2	2.63	10.94
中银国际证券有限责任公司	2	14.50	56.66
中信建投证券股份有限公司	2	2.69	22.67
长城证券有限责任公司	1	1.07	8.12
广发证券股份有限公司	1	1.00	21.50
瑞信方正证券有限责任公司	1	1.01	11.11
中国国际金融有限公司	1	0.80	5.26
中德证券有限责任公司	1	6.85	31.99
华西证券有限责任公司	1	1.00	17.50
海通证券股份有限公司	1	1.00	3.60
国泰君安证券股份有限公司	1	13.50	50.00
国元证券股份有限公司	1	0.87	8.06

注：联合承销股数和金额分别计算到每个会员。

交易地区分布
Regional Distribution by Turnover Ranking

地区 Area	营业部 Number	排名 Rank	交易金额(百亿)Trading Val(10B) 总计 Total	股票 Stock	基金 Fund	权证 Warrant	政府债 G-Bond	公司债 C-Bond	债券回购 Bond Repo
上海	489	1	2713.57	593.12	0.64	0.00	8.26	25.77	1894.98
广东	703	2	1928.59	542.15	0.39	0.00	2.98	24.81	1195.66
北京	265	3	1529.75	343.37	0.34	0.00	3.60	27.60	1048.52
浙江	381	4	636.49	343.19	0.20	0.00	0.38	1.91	272.10
江苏	363	5	592.86	238.00	0.19	0.00	0.78	7.16	312.44
福建	237	6	356.23	148.95	0.13	0.00	0.18	2.61	200.19
湖北	190	7	265.21	91.04	0.05	0.00	0.06	0.89	147.57
山东	280	8	251.63	115.47	0.07	0.00	0.27	1.73	121.43
黑龙江	121	9	245.98	40.98	0.02	0.00	0.55	2.61	193.86
四川	219	10	208.38	102.29	0.04	0.00	0.09	1.52	101.83
辽宁	215	11	192.09	86.63	0.05	0.00	0.12	1.13	100.37
江西	117	12	133.42	56.20	0.02	0.00	0.18	1.10	74.97
湖南	177	13	115.51	71.93	0.03	0.00	0.04	0.95	35.17
河南	145	14	111.47	67.41	0.03	0.00	0.02	0.14	43.33
安徽	158	15	101.40	53.54	0.07	0.00	0.03	0.88	45.56
天津	103	16	93.03	45.29	0.05	0.00	0.05	1.14	45.25
重庆	111	17	85.07	42.86	0.01	0.00	0.02	0.35	40.25
陕西	119	18	80.97	42.02	0.02	0.00	0.07	0.34	37.53
河北	165	19	77.91	39.55	0.03	0.00	0.01	0.47	35.30
广西	98	20	67.67	33.26	0.01	0.00	0.01	0.42	33.59
云南	74	21	64.12	25.62	0.02	0.00	0.02	0.77	37.41
山西	122	22	57.74	31.08	0.10	0.00	0.04	0.10	24.32
吉林	96	23	44.77	24.18	0.01	0.00	0.05	0.21	18.63
新疆	62	24	39.53	18.16	0.01	0.00	0.00	0.15	20.59
海南	40	25	38.61	13.93	0.01	0.00	0.01	0.61	23.57
内蒙	61	26	36.89	14.66	0.01	0.00	0.03	0.43	21.67
贵州	48	27	23.17	9.60	0.01	0.00	0.00	0.09	11.02
甘肃	63	28	22.64	13.74	0.00	0.00	0.01	0.08	7.42
宁夏	23	29	6.28	4.04	0.00	0.00	0.00	0.01	1.44
青海	13	30	2.70	2.05	0.00	0.00	0.00	0.00	0.64
西藏	5	31	0.74	0.39	0.00	0.00	0.00	0.06	0.29

Shareholder

投资者

股票投资者历年开户累计 Shareholder's Accounts

投资者历年开户 Historical Data of Shareholder's Accounts

年份 Year	开户总数 Total Account			A股开户总数 A Share Account		B股开户总数 B Share Account		信用交易开户总数 Credit Account		
	总数 Total	自然人 Individual	机构 institution	自然人 Individual	机构 institution	自然人 Individual	机构 institution	总数 Total	自然人 Individual	机构 institution
1992	111.2	110.5	0.7	110.2	0.7	0.0	0.0	- -	- -	- -
1993	423.5	421.9	1.6	421.1	1.4	0.8	0.2	- -	- -	- -
1994	574.9	572.6	2.3	571.0	2.0	1.6	0.3	- -	- -	- -
1995	685.2	682.3	2.9	680.0	2.5	2.3	0.4	- -	- -	- -
1996	1207.9	1204.1	3.8	1200.0	3.3	4.1	0.5	- -	- -	- -
1997	1713.3	1708.1	5.2	1702.2	4.6	5.9	0.6	- -	- -	- -
1998	1999.4	1993.1	6.3	1986.1	5.6	7.1	0.7	- -	- -	- -
1999	2281.1	2272.8	8.3	2264.7	7.6	8.1	0.8	- -	- -	- -
2000	2957.8	2944.9	13.0	2931.2	12.1	13.7	0.8	- -	- -	- -
2001	3419.8	3403.1	16.8	3311.1	15.9	92.0	0.9	- -	- -	- -
2002	3556.0	3536.9	19.1	3441.4	18.1	95.5	1.0	- -	- -	- -
2003	3632.1	3612.1	20.0	3515.1	19.0	97.1	1.0	- -	- -	- -
2004	3703.1	3682.4	20.7	3584.2	19.5	98.2	1.1	- -	- -	- -
2005	3747.9	3726.6	21.3	3628.0	20.1	98.6	1.2	- -	- -	- -
2006	3901.5	3878.8	22.8	3778.5	21.4	100.3	1.3	- -	- -	- -
2007	5817.0	5788.2	28.8	5645.9	27.3	142.4	1.5	- -	- -	- -
2008	6542.6	6510.9	31.7	6365.4	30.1	145.5	1.6	- -	- -	- -
2009	7405.4	7370.3	35.1	7221.6	33.4	148.6	1.7	- -	- -	- -
2010	8154.2	8116.5	37.8	7965.5	36.0	151.0	1.8	2.1	2.1	0.0
2011	8705.0	8664.9	40.1	8512.7	38.1	152.2	2.0	17.6	17.5	0.1
2012	8996.4	8954.9	41.5	8802.1	39.5	152.8	2.1	50.0	49.8	0.2

单位:万。

投资者历年开户
Historical Data of Shareholder's Accounts

股票投资者历年新开户
New Shareholder's Accounts

年份 Year	新开户总数 New			A股新开户数 New(A Share)		B股新开户数 New(B Share)		信用交易新开户数 New(Credit Account)		
	总数 Total	自然人 Individual	机构 institution	自然人 Individual	机构 institution	自然人 Individual	机构 institution	总数 Total	自然人 Individual	机构 institution
1992	100.2	99.5	0.7	99.5	0.7	0.0	0.0	--	--	--
1993	312.3	311.4	0.9	310.6	0.7	0.8	0.0	--	--	--
1994	151.4	150.7	0.7	149.9	0.6	0.7	0.2	--	--	--
1995	110.3	109.8	0.6	109.0	0.5	0.8	0.1	--	--	--
1996	522.7	521.8	0.9	520.0	0.8	1.8	0.1	--	--	--
1997	502.8	501.4	2.2	499.6	2.0	1.8	0.1	--	--	--
1998	286.1	285.1	1.0	283.9	1.0	1.2	0.2	--	--	--
1999	281.7	279.7	2.1	278.6	2.0	1.0	0.1	--	--	--
2000	676.7	672.1	4.6	666.5	4.6	5.6	0.1	--	--	--
2001	462.0	458.2	3.8	379.9	3.8	78.3	0.1	--	--	--
2002	136.1	133.8	2.3	130.4	2.2	3.5	0.0	--	--	--
2003	76.1	75.2	0.9	73.6	0.9	1.6	0.0	--	--	--
2004	71.0	70.3	0.7	69.1	0.6	1.2	0.1	--	--	--
2005	44.8	44.2	0.6	43.8	0.5	0.4	0.1	--	--	--
2006	153.6	152.1	1.5	150.5	1.4	1.6	0.1	--	--	--
2007	1915.5	1909.5	6.0	1867.4	5.9	42.1	0.1	--	--	--
2008	725.6	722.7	2.9	719.5	2.8	3.2	0.1	--	--	--
2009	862.8	859.3	3.4	856.2	3.4	3.1	0.1	--	--	--
2010	748.9	746.2	2.7	743.9	2.6	2.3	0.1	2.1	2.1	0.0
2011	550.8	548.5	2.3	547.2	2.2	1.3	0.1	15.5	15.4	0.1
2012	291.4	290.0	1.4	289.4	1.3	0.6	0.1	32.4	32.3	0.1

注：开户单位为万。

投资者构成
Investor Structure

年龄分布
Distribution by Age

年龄段 Age	30 岁以下 Under 30	30-40 岁 30-40	40-50 岁 40-50	50-60 岁 50-60	60 岁以上 Up 60
人数	3100.31	2780.01	1672.50	692.49	412.29
比例(%)	35.81	32.11	19.32	8.00	4.76

学历分布
Distribution by Academic Background

学历 Academic	中专以下 Under Middle Education	中专 Middle Education	大专 Higher Education	大学本科 Bachelor	硕士及以上 Master
人数	2352.39	2192.07	2185.31	1362.15	310.30
比例(%)	28.00	26.09	26.01	16.21	3.69

性别分布
Distribution by Sex

性别 Sex	男性 Male	女性 Female
人数	4765.04	3892.26
比例(%)	55.04	44.96

注：投资者数为万人。

投资者交易和盈利状况
Inverstor's Trading and profits

年度各类投资者买卖净额情况
Balance of Inverstors in 2012

	买卖净额(亿)	交易占比(%)
自然人投资者	-639.64	80.78
一般法人	-372.50	2.10
专业机构	1012.15	17.12
其中：投资基金	-209.26	8.02

年末各类投资者持股情况
Share Hold of Investors by 2012

	持股市值(亿) Hold Val(100M)	占比(%) Ratio(%)	持股账户数(万) Hold Account	占比(%) Ratio(%)
自然人投资者	26352.77	19.74	3040.13	99.79
其中：10 万元以下	5689.45	4.26	2590.40	85.02
10-30 万元	5153.89	3.86	307.65	10.10
30-100 万元	5622.69	4.21	110.94	3.64
100-300 万元	3884.25	2.91	24.27	0.80
300-1000 万元	2811.53	2.11	5.73	0.19
1000 万元以上	3190.95	2.39	1.14	0.04
一般法人	84572.66	63.34	4.15	0.14
专业机构	22595.92	16.92	2.36	0.08
其中：投资基金	7901.01	5.92	0.08	0.00

年度各类投资者盈利情况
Profits of Inverstors in 2012

投资者分类	盈利金额(亿)
自然人投资者	2542.41
一般法人	2812.34
专业机构	2568.12
合计	7922.87

投资者开户逐月信息
Open Account of Investor in 2012

日期 Date	总数 Total	A 股 A Share	B 股 B Share	基金 Fund
2012.01	20.50	16.04	0.05	4.41
2012.02	54.16	42.35	0.07	11.73
2012.03	68.31	51.95	0.08	16.28
2012.04	24.13	16.65	0.07	7.42
2012.05	33.14	22.28	0.09	10.77
2012.06	35.23	25.08	0.06	10.09
2012.07	27.77	18.67	0.05	9.05
2012.08	32.91	21.19	0.05	11.66
2012.09	31.08	21.42	0.03	9.63
2012.10	24.03	14.27	0.03	9.74
2012.11	35.35	18.51	0.04	16.80
2012.12	44.16	22.29	0.05	21.81
2012 年合计	430.78	290.71	0.67	139.40
累计总户数	10969.90	8841.56	154.84	1973.50

单位:万

年末分行业持股信息
Hold Distribution by 2012

行业代码 Industry Code	行业名称 Industry Name	自然人 Individual		专业机构 Institution		一般法人 Corporation	
		持股市值	比例(%)	持股市值	比例(%)	持有股数	比例(%)
A	农、林、牧、渔业	315.50	47.20	283.13	42.30	53.86	8.10
B	采掘业	2281.25	7.50	27084.48	89.00	907.57	3.00
C01	食品加工业	235.51	44.30	251.98	47.40	36.60	6.90
C03	食品制造业	179.96	28.70	188.93	30.10	250.91	40.00
C05	饮料制造业	468.68	13.30	2288.68	65.20	699.66	19.90
C11	纺织业	228.18	61.00	136.28	36.50	3.38	0.90
C13	服装及其他纤维制品制造业	209.49	48.60	178.87	41.50	29.17	6.80
C14	皮革、毛皮、羽绒及制品制造业	52.51	64.70	25.30	31.20	1.75	2.20
C21	木材加工及竹、藤、棕、草制品业	31.25	66.20	14.65	31.10	0.66	1.40
C25	家具制造业	34.65	56.50	15.95	26.00	9.83	16.00
C31	造纸及纸制品业	217.41	58.60	137.52	37.10	9.03	2.40
C35	印刷业	22.48	76.50	6.12	20.80	0.37	1.20
C41	石油加工及炼焦业	159.00	75.40	40.65	19.30	7.63	3.60
C43	化学原料及化学制品制造业	860.17	38.60	1040.11	46.70	294.34	13.20
C47	化学纤维制造业	107.42	61.30	51.44	29.30	14.36	8.20
C48	橡胶制造业	79.68	39.10	98.95	48.60	23.53	11.50
C49	塑料制造业	200.15	65.40	72.32	23.60	29.44	9.60
C51	电子元器件制造业	507.60	51.70	386.50	39.40	65.19	6.60
C55	日用电子器具制造业	162.72	48.30	119.89	35.60	43.15	12.80
C57	其他电子设备制造业	48.20	85.10	4.08	7.20	3.06	5.40
C61	非金属矿物制品业	578.83	29.80	993.12	51.10	335.83	17.30
C65	黑色金属冶炼及压延加工业	553.09	24.10	1626.24	71.00	86.96	3.80
C67	有色金属冶炼及压延加工业	894.29	35.80	1311.89	52.50	197.10	7.90
C69	金属制品业	50.09	42.80	65.13	55.70	0.54	0.50
C71	普通机械制造业	260.86	46.80	248.83	44.60	30.90	5.50
C73	专用设备制造业	801.00	35.40	1192.21	52.70	229.82	10.20
C75	交通运输设备制造业	1072.11	20.40	3375.79	64.20	761.63	14.50
C76	电器机械及器材制造业	658.01	31.20	1190.75	56.50	205.31	9.70
C78	仪器仪表及文化、办公用机械制造业	37.20	65.90	17.78	31.50	0.77	1.40
C81	医药制造业	1068.18	28.70	1754.33	47.20	819.35	22.00
C85	生物制品业	75.85	40.70	101.51	54.40	6.60	3.50
C99	其他制造业	147.59	52.50	107.43	38.20	22.91	8.20
D	电力、煤气及水的生产和供应业	1009.60	22.70	3011.81	67.70	370.92	8.30
E	建筑业	991.15	25.80	2309.75	60.10	489.68	12.70
F	交通运输、仓储业	1278.52	22.80	3863.92	68.80	415.64	7.40
G	信息技术业	968.20	36.60	1298.76	49.10	307.50	11.60
H	批发和零售贸易	1101.31	40.10	1206.85	43.90	377.22	13.70
I	金融、保险业	3923.65	9.10	34352.30	80.00	4248.41	9.90
J	房地产业	1322.21	27.20	2528.03	52.10	824.66	17.00
K	社会服务业	320.18	29.80	543.13	50.60	194.00	18.10
L	传播与文化产业	272.05	45.70	252.34	42.40	58.05	9.80
M	综合类	1019.35	56.30	660.19	36.50	81.52	4.50

单位:亿元。

年末个股股东持股情况
Distribution of Shareholder by 2012

证券代码 Code	证券简称 Name	合计持股数 Total Hold	自然人 Individual		一般法人 Corporation		专业机构 Institution	
			持有股数	比例(%)	持有股数	比例(%)	持有股数	比例(%)
600000	浦发银行	1492277.71	319303.29	21.40	715897.17	47.97	399911.49	26.80
600004	白云机场	115000.00	32267.95	28.06	74347.72	64.65	7252.00	6.31
600005	武钢股份	1009377.98	277688.47	27.51	697313.56	69.08	23966.86	2.37
600006	东风汽车	200000.00	75601.77	37.80	120822.29	60.41	2008.57	1.00
600007	中国国贸	100728.25	8796.90	8.73	83555.36	82.95	7021.27	6.97
600008	首创股份	220000.00	78246.84	35.57	137580.65	62.54	2879.91	1.31
600009	上海机场	109347.64	37082.17	33.91	34165.85	31.25	32549.29	29.77
600010	包钢股份	642364.37	190198.76	29.61	400080.26	62.28	28477.18	4.43
600011	华能国际	1000000.00	27519.00	2.75	869138.82	86.91	102750.81	10.28
600012	皖通高速	116560.00	26126.96	22.42	88054.34	75.54	1504.44	1.29
600015	华夏银行	499052.83	63210.68	12.67	343554.44	68.84	79741.51	15.98
600016	民生银行	2258760.24	473938.26	20.98	1181533.71	52.31	530238.05	23.48
600017	日照港	263063.17	80526.07	30.61	171713.01	65.27	9266.24	3.52
600018	上港集团	2099080.01	187084.65	8.91	1897679.85	90.41	12328.90	0.59
600019	宝钢股份	1712204.81	228395.58	13.34	1371760.76	80.12	102256.66	5.97
600020	中原高速	224737.18	76035.26	33.83	146804.27	65.32	356.13	0.16
600021	上海电力	213973.93	45354.61	21.20	154900.24	72.39	13151.74	6.15
600022	山东钢铁	534315.82	130683.95	24.46	393540.08	73.65	7262.93	1.36
600026	中海发展	210855.26	48179.86	22.85	159355.56	75.58	2023.48	0.96
600027	华电国际	534005.62	51168.15	9.58	429042.04	80.34	53266.72	9.98
600028	中国石化	7003979.89	207620.81	2.96	6623067.70	94.56	162976.74	2.33
600029	南方航空	689875.00	152679.61	22.13	462342.81	67.02	53834.02	7.80
600030	中信证券	981466.17	321998.40	32.81	410291.64	41.80	223089.66	22.73
600031	三一重工	703080.00	168029.59	23.90	449886.97	63.99	77084.53	10.96
600033	福建高速	133974.75	122678.83	91.57	8763.99	6.54	820.51	0.61
600035	楚天高速	93165.25	30228.65	32.45	59324.44	63.68	2760.49	2.96
600036	招商银行	1766613.09	265901.24	15.05	1164030.50	65.89	319317.04	18.08
600037	歌华有线	106036.77	43823.20	41.33	53166.58	50.14	3460.72	3.26
600038	哈飞股份	33735.00	9737.01	28.86	21759.47	64.50	1767.90	5.24
600039	四川路桥	54720.00	32478.60	59.35	20508.30	37.48	268.96	0.49
600048	保利地产	713799.44	80184.75	11.23	365887.46	51.26	258573.83	36.23
600050	中国联通	2119659.64	498191.78	23.50	1380114.96	65.11	180254.08	8.50
600051	宁波联合	30240.00	17662.86	58.41	11188.49	37.00	165.13	0.55
600052	浙江广厦	87178.91	38628.27	44.31	46417.84	53.24	1187.38	1.36
600053	中江地产	43354.08	10868.44	25.07	31629.24	72.96	75.16	0.17
600054	黄山旅游	11762.00	7946.63	67.56	609.42	5.18	3046.67	25.90
600055	华润万东	21645.00	8990.07	41.53	12028.38	55.57	308.89	1.43
600056	中国医药	31095.79	6687.75	21.51	21502.13	69.15	2698.67	8.68
600057	象屿股份	42984.00	23610.29	54.93	18679.36	43.46	18.88	0.04
600058	五矿发展	107191.07	32306.19	30.14	67829.02	63.28	4131.07	3.85
600059	古越龙山	60398.68	25118.79	41.59	26262.37	43.48	7917.48	13.11
600060	海信电器	130664.52	31041.88	23.76	61394.15	46.99	36198.76	27.70
600061	中纺投资	42908.29	22815.30	53.17	19208.74	44.77	159.16	0.37
600062	华润双鹤	57169.60	5774.57	10.10	32817.91	57.40	18191.16	31.82
600063	皖维高新	149785.33	99913.45	66.70	46094.25	30.77	710.26	0.47
600064	南京高科	51621.88	23983.23	46.46	21661.56	41.96	1162.71	2.25
600066	宇通客车	67366.06	6931.84	10.29	28271.70	41.97	31920.14	47.38
600067	冠城大通	117680.41	43684.89	37.12	60126.09	51.09	12336.81	10.48
600068	葛洲坝	348745.90	134059.99	38.44	178510.44	51.19	22732.29	6.52
600069	银鸽投资	82537.41	50835.13	61.59	29035.30	35.18	586.51	0.71

注：合计持股数包含 F 类账户；单位为万股。

年末个股股东持股情况
Distribution of Shareholder by 2012

证券代码 Code	证券简称 Name	合计持股数 Total Hold	自然人 Individual		一般法人 Corporation		专业机构 Institution	
			持有股数	比例(%)	持有股数	比例(%)	持有股数	比例(%)
600070	浙江富润	18287.85	12368.47	67.63	4741.36	25.93	308.53	1.69
600071	凤凰光学	23747.25	13750.35	57.90	9479.48	39.92	102.24	0.43
600072	中船股份	47842.96	24106.76	50.39	19511.40	40.78	3656.99	7.64
600073	上海梅林	70527.28	21489.09	30.47	46549.93	66.00	386.35	0.55
600074	中达股份	66124.08	41800.02	63.22	23867.07	36.09	12.41	0.02
600075	新疆天业	43859.20	23845.21	54.37	19181.15	43.73	390.76	0.89
600076	*ST 华光	36553.60	30210.47	82.65	6243.60	17.08	25.66	0.07
600077	宋都股份	41352.75	23356.92	56.48	16247.99	39.29	932.12	2.25
600078	澄星股份	66257.29	36517.90	55.12	28022.54	42.29	784.94	1.19
600079	人福医药	44521.66	5599.42	12.58	10648.47	23.92	28192.72	63.32
600080	金花股份	30529.59	20056.53	65.70	8039.64	26.33	1696.34	5.56
600081	东风科技	31356.00	10315.53	32.90	20703.22	66.03	180.55	0.58
600082	海泰发展	62951.85	41053.35	65.21	20937.34	33.26	18.34	0.03
600083	ST 博信	22598.08	21822.55	96.57	699.49	3.10	5.56	0.03
600084	中葡股份	80991.93	38067.33	47.00	41354.21	51.06	224.49	0.28
600085	同仁堂	130206.57	26573.03	20.41	79650.24	61.17	21122.71	16.22
600086	东方金钰	35228.17	12763.35	36.23	17515.49	49.72	4508.60	12.80
600087	*ST 长油	298918.92	146422.88	48.98	151211.39	50.59	366.55	0.12
600088	中视传媒	33142.20	13138.40	39.64	19035.47	57.44	535.38	1.62
600089	特变电工	263555.98	160334.23	60.84	67469.46	25.60	20647.29	7.83
600090	啤酒花	36791.67	24211.88	65.81	11961.14	32.51	11.17	0.03
600091	ST 明科	33652.60	24484.17	72.76	8958.55	26.62	3.02	0.01
600093	禾嘉股份	32244.75	20652.06	64.05	9996.09	31.00	1245.00	3.86
600094	大名城	19937.80	16021.32	80.36	3091.72	15.51	139.25	0.70
600095	哈高科	36126.36	28805.87	79.74	6626.83	18.34	21.62	0.06
600096	云天化	69363.45	18928.82	27.29	43134.99	62.19	4860.63	7.01
600097	开创国际	11544.99	7257.20	62.86	3618.20	31.34	468.62	4.06
600098	广州发展	205920.00	25432.22	12.35	166995.68	81.10	13137.00	6.38
600099	林海股份	21912.00	11687.45	53.34	9548.89	43.58	319.80	1.46
600100	同方股份	198770.11	111407.93	56.05	57074.88	28.71	19661.30	9.89
600101	明星电力	32417.90	18012.90	55.57	11389.71	35.13	1898.07	5.86
600103	青山纸业	106184.16	74670.98	70.32	28614.96	26.95	1694.12	1.60
600104	上汽集团	917032.36	30831.56	3.36	740967.69	80.80	143798.71	15.68
600105	永鼎股份	38095.47	23762.90	62.38	13051.00	34.26	824.32	2.16
600106	重庆路桥	90774.20	62492.28	68.84	26819.48	29.55	551.81	0.61
600107	美尔雅	36000.00	25346.41	70.41	8876.51	24.66	1307.27	3.63
600108	亚盛集团	173699.12	68552.69	39.47	63323.86	36.46	36772.43	21.17
600109	国金证券	100024.21	20650.82	20.65	72788.88	72.77	3071.74	3.07
600110	中科英华	115031.21	97377.42	84.65	14990.79	13.03	1282.71	1.12
600111	包钢稀土	147946.99	80707.30	54.55	30355.47	20.52	21531.87	14.55
600112	长征电气	50920.49	27241.51	53.50	20184.98	39.64	2009.93	3.95
600113	浙江东日	31860.00	15447.51	48.49	15779.25	49.53	65.20	0.21
600114	东睦股份	10767.80	10286.19	95.53	315.62	2.93	7.80	0.07
600115	东方航空	778221.39	109566.80	14.08	631778.67	81.18	32663.54	4.20
600116	三峡水利	24753.32	15251.77	61.62	8949.04	36.15	80.20	0.32
600117	西宁特钢	74121.93	32441.39	43.77	38987.12	52.60	2235.55	3.02
600118	中国卫星	91659.88	28220.91	30.79	52361.55	57.13	7500.13	8.18
600119	长江投资	30740.00	13751.44	44.74	12323.09	40.09	3.14	0.01
600120	浙江东方	50547.35	24870.36	49.20	24199.25	47.87	473.24	0.94
600121	郑州煤电	62914.00	23600.93	37.51	38063.45	60.50	1009.89	1.61

注：合计持股数包含 F 类账户；单位为万股。

年末个股股东持股情况
Distribution of Shareholder by 2012

证券代码 Code	证券简称 Name	合计持股数 Total Hold	自然人 Individual		一般法人 Corporation		专业机构 Institution	
			持有股数	比例(%)	持有股数	比例(%)	持有股数	比例(%)
600122	宏图高科	113278.96	64689.33	57.11	44111.93	38.94	2380.79	2.10
600123	兰花科创	114240.00	34148.36	29.89	55113.34	48.24	18013.39	15.77
600125	铁龙物流	115616.38	42055.56	36.38	30371.33	26.27	42139.08	36.45
600126	杭钢股份	83893.88	27751.03	33.08	55283.06	65.90	238.22	0.28
600127	金健米业	54445.96	43434.61	79.78	9854.12	18.10	598.26	1.10
600128	弘业股份	24676.75	15827.37	64.14	7350.07	29.79	989.90	4.01
600129	太极集团	42689.40	22991.33	53.86	17649.63	41.34	1172.57	2.75
600130	波导股份	76800.00	45281.96	58.96	30589.12	39.83	179.26	0.23
600131	岷江水电	39736.69	23356.38	58.78	15950.59	40.14	171.24	0.43
600132	重庆啤酒	48397.12	19964.62	41.25	24826.34	51.30	1366.48	2.82
600133	东湖高新	42661.67	34910.45	81.83	6726.98	15.77	160.94	0.38
600135	乐凯胶片	34200.00	20506.93	59.96	12951.83	37.87	0.04	0.00
600136	道博股份	10429.40	5434.75	52.11	4860.40	46.60	7.94	0.08
600137	浪莎股份	9721.76	3870.13	39.81	4729.27	48.65	986.95	10.15
600138	中青旅	41535.00	9972.21	24.01	6776.93	16.32	24444.23	58.85
600139	西部资源	56149.96	28283.68	50.37	26127.03	46.53	1177.40	2.10
600141	兴发集团	35979.54	14802.79	41.14	12372.58	34.39	8228.54	22.87
600143	金发科技	263440.00	183971.36	69.83	27690.11	10.51	50083.76	19.01
600145	国创能源	37768.50	31023.30	82.14	6137.70	16.25	2.74	0.01
600146	大元股份	20000.00	15902.08	79.51	3133.92	15.67	100.68	0.50
600148	长春一东	14151.65	5496.34	38.84	8583.38	60.65	2.43	0.02
600149	廊坊发展	33011.00	27975.92	84.75	1555.78	4.71	2478.61	7.51
600150	中国船舶	137811.76	29707.30	21.56	99271.13	72.03	6261.19	4.54
600151	航天机电	95747.47	43206.10	45.13	49165.61	51.35	1190.28	1.24
600152	维科精华	29349.42	16477.39	56.14	12643.19	43.08	36.51	0.12
600153	建发股份	223775.07	59348.84	26.52	119488.97	53.40	43049.47	19.24
600155	*ST 宝硕	41250.00	24859.16	60.27	16379.72	39.71	0.06	0.00
600156	华升股份	40211.07	21947.91	54.58	17851.06	44.39	3.47	0.01
600157	永泰能源	106274.76	33882.72	31.88	45936.77	43.23	25060.19	23.58
600158	中体产业	65749.54	54954.14	83.58	4573.27	6.96	1459.86	2.22
600159	大龙地产	83000.32	40412.02	48.69	41716.75	50.26	110.13	0.13
600160	巨化股份	140195.84	44672.32	31.86	85270.91	60.82	4669.90	3.33
600161	天坛生物	48825.00	16305.52	33.40	29802.87	61.04	1998.36	4.09
600162	香江控股	36169.73	32774.83	90.61	1060.35	2.93	690.44	1.91
600163	福建南纸	72142.00	38679.07	53.62	30661.93	42.50	1285.96	1.78
600165	新日恒力	19395.35	12640.14	65.17	6452.95	33.27	41.03	0.21
600166	福田汽车	137170.53	68287.53	49.78	43848.38	31.97	19972.76	14.56
600167	联美控股	21100.00	7779.56	36.87	12831.25	60.81	318.79	1.51
600168	武汉控股	44115.00	17909.77	40.60	25319.77	57.40	366.88	0.83
600169	太原重工	242395.50	115620.63	47.70	98178.78	40.50	19275.17	7.95
600170	上海建工	70491.20	56158.30	79.67	9338.00	13.25	3555.45	5.04
600171	上海贝岭	67380.78	44989.27	66.77	19098.56	28.34	1980.65	2.94
600172	黄河旋风	49667.84	31192.87	62.80	16499.59	33.22	1270.11	2.56
600173	卧龙地产	72505.75	33199.91	45.79	32498.11	44.82	3666.98	5.06
600175	美都控股	137127.93	116316.96	84.82	15472.15	11.28	73.43	0.05
600176	中国玻纤	64108.80	11580.02	18.06	36658.09	57.18	15604.43	24.34
600177	雅戈尔	196537.75	85849.90	43.68	84261.97	42.87	17000.27	8.65
600178	东安动力	46208.00	20313.13	43.96	25403.12	54.98	212.33	0.46
600179	黑化股份	39000.00	18876.07	48.40	19560.10	50.15	0.05	0.00
600180	瑞茂通	25099.01	20044.50	79.86	4637.12	18.48	16.98	0.07

注：合计持股数包含 F 类账户；单位为万股。

年末个股股东持股情况
Distribution of Shareholder by 2012

证券代码 Code	证券简称 Name	合计持股数 Total Hold	自然人 Individual		一般法人 Corporation		专业机构 Institution	
			持有股数	比例(%)	持有股数	比例(%)	持有股数	比例(%)
600182	S 佳通	17000.00	16507.85	97.11	162.48	0.96	127.99	0.75
600183	生益科技	140050.75	57347.71	40.95	68607.03	48.99	9796.55	7.00
600184	光电股份	9795.00	3774.60	38.54	4734.37	48.34	1154.16	11.78
600185	格力地产	57759.44	20622.90	35.71	36000.67	62.33	472.13	0.82
600186	莲花味精	93810.40	73236.73	78.07	18869.77	20.12	106.83	0.11
600187	国中水务	42722.50	17412.16	40.76	24234.73	56.73	472.04	1.11
600188	兖州煤业	36000.00	25526.70	70.91	1976.02	5.49	6680.88	18.56
600189	吉林森工	31050.00	15829.27	50.98	14831.74	47.77	1.13	0.00
600190	锦州港	133898.04	35369.79	26.42	93571.19	69.88	3968.77	2.96
600191	华资实业	48493.20	21127.47	43.57	26552.39	54.76	5.24	0.01
600192	长城电工	34174.80	18317.43	53.60	15336.34	44.88	46.00	0.14
600193	创兴资源	32721.00	19391.16	59.26	12150.00	37.13	315.01	0.96
600195	中牧股份	39000.00	10410.84	26.69	26471.99	67.88	1807.00	4.63
600196	复星医药	189961.94	50395.52	26.53	105122.75	55.34	30045.88	15.82
600197	伊力特	44100.00	13052.08	29.60	25629.47	58.12	4966.85	11.26
600198	大唐电信	43733.27	26505.11	60.61	15063.61	34.44	965.37	2.21
600199	金种子酒	55577.50	16459.98	29.62	21451.42	38.60	17198.88	30.95
600200	江苏吴中	52208.92	47058.52	90.14	2578.26	4.94	813.55	1.56
600201	金宇集团	28081.49	18710.16	66.63	7964.67	28.36	797.13	2.84
600202	哈空调	38334.07	23835.92	62.18	13319.14	34.75	25.58	0.07
600203	福日电子	24054.41	13900.56	57.79	9802.09	40.75	14.44	0.06
600206	有研硅股	21750.00	12366.10	56.86	8992.54	41.35	144.68	0.67
600207	安彩高科	44000.00	27132.63	61.67	15924.86	36.19	75.00	0.17
600208	新湖中宝	625725.76	78129.95	12.49	459535.04	73.44	76715.58	12.26
600209	罗顿发展	37529.76	25047.19	66.74	11462.80	30.54	0.50	0.00
600210	紫江企业	143673.62	97779.94	68.06	37156.23	25.86	6843.90	4.76
600211	西藏药业	10170.79	6675.50	65.63	3335.74	32.80	5.64	0.06
600212	江泉实业	51169.72	40041.92	78.25	10102.13	19.74	53.43	0.10
600213	亚星客车	22000.00	8412.01	38.24	13081.60	59.46	28.40	0.13
600215	长春经开	46503.29	30146.07	64.83	14328.56	30.81	145.89	0.31
600216	浙江医药	45005.76	15689.57	34.86	22825.83	50.72	3878.09	8.62
600217	秦岭水泥	66080.00	38002.21	57.51	27345.39	41.38	9.75	0.02
600218	全柴动力	28340.00	12936.82	45.65	14183.22	50.05	604.21	2.13
600219	南山铝业	193415.45	85046.70	43.97	87993.87	45.50	15891.35	8.22
600220	江苏阳光	178334.03	106899.15	59.94	66945.32	37.54	1863.08	1.05
600221	海南航空	334519.40	70982.17	21.22	247557.43	74.00	10913.87	3.26
600222	太龙药业	41239.84	26010.04	63.07	14623.28	35.46	27.34	0.07
600223	鲁商置业	100096.80	17877.75	17.86	72176.22	72.11	9428.91	9.42
600225	天津松江	55597.01	14415.51	25.93	40904.31	73.57	18.98	0.03
600226	升华拜克	40554.93	21734.27	53.59	17694.57	43.63	339.55	0.84
600227	赤天化	93133.76	64404.33	69.15	26707.17	28.68	1079.62	1.16
600228	昌九生化	24132.00	16546.99	68.57	6496.45	26.92	46.70	0.19
600229	青岛碱业	39578.62	24037.37	60.73	14306.79	36.15	732.63	1.85
600230	沧州大化	25933.16	9691.52	37.37	15440.18	59.54	464.95	1.79
600231	凌钢股份	80400.22	25585.08	31.82	47110.22	58.60	7236.05	9.00
600232	金鹰股份	36471.85	18713.82	51.31	17208.99	47.18	26.51	0.07
600233	大杨创世	16500.00	8706.00	52.76	6956.22	42.16	210.43	1.28
600234	ST 天龙	20244.59	14881.13	73.51	5236.64	25.87	0.02	0.00
600235	民丰特纸	26340.00	8886.74	33.74	16560.50	62.87	327.70	1.24
600236	桂冠电力	112778.78	51545.99	45.71	50444.13	44.73	6843.89	6.07

注：合计持股数包含 F 类账户；单位为万股。

年末个股股东持股情况
Distribution of Shareholder by 2012

证券代码 Code	证券简称 Name	合计持股数 Total Hold	自然人 Individual		一般法人 Corporation		专业机构 Institution	
			持有股数	比例(%)	持有股数	比例(%)	持有股数	比例(%)
600237	铜峰电子	40000.00	25763.08	64.41	11251.59	28.13	2427.09	6.07
600238	海南椰岛	44203.16	27267.46	61.69	15940.39	36.06	212.79	0.48
600239	云南城投	62595.45	32726.08	52.28	11747.00	18.77	12452.68	19.89
600240	华业地产	141900.00	52061.12	36.69	72184.27	50.87	15021.35	10.59
600241	时代万恒	18020.00	7378.07	40.94	10362.18	57.50	34.85	0.19
600242	中昌海运	12517.81	11861.66	94.76	513.11	4.10	29.10	0.23
600243	青海华鼎	23685.00	17824.46	75.26	5244.80	22.14	16.56	0.07
600246	万通地产	121680.00	52972.20	43.53	63918.72	52.53	1852.34	1.52
600247	成城股份	33644.16	29751.48	88.43	3544.97	10.54	0.01	0.00
600248	延长化建	29127.42	13463.94	46.22	14738.89	50.60	103.20	0.35
600249	两面针	45000.00	30794.72	68.43	13167.47	29.26	352.97	0.78
600250	*ST 南纺	25869.25	11366.86	43.94	14284.68	55.22	24.18	0.09
600251	冠农股份	36210.00	12165.69	33.60	19938.78	55.06	3681.12	10.17
600252	中恒集团	109174.75	58196.16	53.31	28203.98	25.83	13826.91	12.67
600253	天方药业	41939.72	20482.20	48.84	18442.07	43.97	2621.03	6.25
600255	鑫科材料	44950.00	29614.12	65.88	14985.51	33.34	10.35	0.02
600256	广汇能源	205411.46	66332.78	32.29	41600.24	20.25	51626.64	25.13
600257	大湖股份	42705.00	31678.53	74.18	10229.94	23.96	143.28	0.34
600258	首旅股份	23140.00	7926.16	34.25	14309.08	61.84	755.79	3.27
600259	广晟有色	24940.00	9005.92	36.11	14083.00	56.47	804.15	3.22
600260	凯乐科技	52764.00	35586.81	67.45	14125.92	26.77	1302.92	2.47
600261	阳光照明	44469.63	9088.48	20.44	24683.17	55.51	10482.49	23.57
600262	北方股份	6600.00	5970.94	90.47	78.07	1.18	379.16	5.75
600265	ST 景谷	12980.00	5895.13	45.42	6834.42	52.65	8.12	0.06
600266	北京城建	88920.00	11761.27	13.23	48294.60	54.31	26809.80	30.15
600267	海正药业	83970.91	8993.64	10.71	50556.80	60.21	23955.35	28.53
600268	国电南自	63524.64	20264.89	31.90	38384.66	60.43	4459.41	7.02
600269	赣粤高速	233540.70	98922.45	42.36	126151.20	54.02	5793.95	2.48
600270	外运发展	33084.39	23745.17	71.77	4533.69	13.70	4023.19	12.16
600271	航天信息	92340.00	24129.14	26.13	49814.85	53.95	11666.71	12.64
600272	开开实业	16000.00	8241.33	51.51	7363.97	46.03	2.99	0.02
600273	华芳纺织	31500.00	14871.73	47.21	16155.55	51.29	6.18	0.02
600275	武昌鱼	50883.72	37604.19	73.90	11974.38	23.53	107.19	0.21
600276	恒瑞医药	123431.68	6297.42	5.10	79309.52	64.25	37622.59	30.48
600277	亿利能源	153328.95	21584.78	14.08	131146.46	85.53	195.25	0.13
600278	东方创业	41600.00	13657.71	32.83	27282.50	65.58	267.19	0.64
600279	重庆港九	15073.80	12011.21	79.68	2707.63	17.96	32.56	0.22
600280	南京中商	14354.19	6540.19	45.56	4693.39	32.70	3078.15	21.44
600281	太化股份	51440.20	24527.88	47.68	26264.12	51.06	141.39	0.28
600282	南钢股份	168480.00	59274.59	35.18	108295.27	64.28	97.25	0.06
600283	钱江水利	28533.00	13987.25	49.02	13925.95	48.81	336.81	1.18
600284	浦东建设	49824.00	26011.82	52.21	17917.90	35.96	5410.35	10.86
600285	羚锐制药	20072.00	12496.81	62.26	3403.05	16.95	3854.46	19.20
600287	江苏舜天	43679.61	17160.29	39.29	23362.17	53.49	2808.49	6.43
600288	大恒科技	43680.00	27102.87	62.05	15530.24	35.56	257.63	0.59
600289	亿阳信通	56737.87	39339.99	69.34	15401.51	27.15	619.44	1.09
600290	华仪电气	51518.37	27486.57	53.35	22927.38	44.50	410.33	0.80
600291	西水股份	38400.00	22064.61	57.46	14852.20	38.68	885.36	2.31
600292	九龙电力	33450.00	12773.06	38.19	17228.31	51.51	3099.12	9.27
600293	三峡新材	34450.26	20970.25	60.87	11718.02	34.01	60.20	0.18

注：合计持股数包含 F 类账户；单位为万股。

年末个股股东持股情况
Distribution of Shareholder by 2012

证券代码 Code	证券简称 Name	合计持股数 Total Hold	自然人 Individual		一般法人 Corporation		专业机构 Institution	
			持有股数	比例(%)	持有股数	比例(%)	持有股数	比例(%)
600295	鄂尔多斯	61200.00	16782.95	27.42	42725.95	69.81	990.32	1.62
600297	美罗药业	35000.00	17639.33	50.40	17036.49	48.68	27.21	0.08
600298	安琪酵母	29498.58	9475.86	32.12	16053.14	54.42	3465.37	11.75
600299	蓝星新材	52270.76	20961.00	40.10	30409.94	58.18	183.84	0.35
600300	维维股份	167200.00	67011.27	40.08	97668.52	58.41	1046.38	0.63
600301	南化股份	23514.81	15008.30	63.83	8211.51	34.92	100.12	0.43
600302	标准股份	34600.98	17700.79	51.16	16413.25	47.44	73.39	0.21
600303	曙光股份	57450.60	43592.41	75.88	12375.30	21.54	567.85	0.99
600305	恒顺醋业	12715.00	3145.37	24.74	7010.38	55.14	2194.90	17.26
600306	商业城	17305.81	9922.62	57.34	6692.83	38.67	187.59	1.08
600307	酒钢宏兴	409135.74	59371.48	14.51	345700.84	84.50	2879.99	0.70
600308	华泰股份	116756.14	70537.16	60.41	42178.42	36.13	1672.20	1.43
600309	烟台万华	216233.47	25804.15	11.93	132362.45	61.21	55900.43	25.85
600310	桂东电力	27592.50	9437.96	34.21	15635.09	56.66	1995.72	7.23
600311	荣华实业	66560.00	52056.42	78.21	12022.61	18.06	1298.45	1.95
600312	平高电气	81896.62	42191.02	51.52	30395.08	37.11	7898.65	9.65
600313	中农资源	30420.00	14567.69	47.89	15090.47	49.61	80.77	0.27
600315	上海家化	42300.05	2306.42	5.45	16434.87	38.85	23353.02	55.21
600316	洪都航空	67644.57	24496.83	36.21	35116.93	51.91	6782.83	10.03
600317	营口港	109757.16	43267.26	39.42	65772.30	59.93	73.10	0.07
600318	巢东股份	24200.00	8154.82	33.70	12609.06	52.10	3224.02	13.32
600319	亚星化学	31559.40	14826.20	46.98	16117.40	51.07	75.38	0.24
600320	振华重工	276833.14	136821.58	49.42	131523.26	47.51	3094.46	1.12
600321	国栋建设	118088.00	74307.50	62.93	41080.98	34.79	1481.06	1.25
600322	天房发展	110570.00	64762.88	58.57	39213.25	35.47	1316.02	1.19
600323	南海发展	48792.32	27469.46	56.30	17605.87	36.08	3180.31	6.52
600325	华发股份	81704.56	32382.36	39.63	25184.13	30.82	19325.51	23.65
600326	西藏天路	54720.00	33604.77	61.41	19601.29	35.82	568.79	1.04
600327	大东方	52171.18	15919.87	30.52	26052.10	49.94	9340.84	17.90
600328	兰太实业	35911.80	18415.33	51.28	16671.12	46.42	283.31	0.79
600329	中新药业	53343.37	14015.72	26.28	35741.22	67.00	3208.59	6.02
600330	天通股份	58881.84	48270.66	81.98	9618.69	16.34	542.43	0.92
600331	宏达股份	103200.00	61450.72	59.55	32826.73	31.81	5345.66	5.18
600332	广州药业	59100.00	15763.31	26.67	39817.08	67.37	2896.99	4.90
600333	长春燃气	46151.98	20335.59	44.06	24844.98	53.83	600.96	1.30
600335	国机汽车	27595.72	6483.27	23.49	13842.99	50.16	5194.54	18.82
600336	澳柯玛	34003.60	16665.70	49.01	16672.16	49.03	72.58	0.21
600337	美克股份	58637.24	19295.33	32.91	33317.40	56.82	4393.43	7.49
600338	*ST 珠峰	15833.33	9632.08	60.83	6187.72	39.08	0.03	0.00
600339	天利高新	57815.47	32839.58	56.80	23331.64	40.36	936.16	1.62
600340	华夏幸福	34877.92	7723.81	22.15	14302.96	41.01	11507.40	32.99
600343	航天动力	23968.32	10858.58	45.30	12436.48	51.89	12.73	0.05
600345	长江通信	19800.00	9593.21	48.45	9695.73	48.97	114.89	0.58
600346	大橡塑	21000.00	10891.74	51.87	9291.18	44.24	126.05	0.60
600348	阳泉煤业	240500.00	74142.91	30.83	145006.23	60.29	16122.25	6.70
600350	山东高速	336380.00	59148.69	17.58	273406.76	81.28	2452.90	0.73
600351	亚宝药业	63295.20	42896.86	67.77	17299.54	27.33	2669.61	4.22
600352	浙江龙盛	146841.59	116896.18	79.61	4727.73	3.22	20735.48	14.12
600353	旭光股份	25824.63	13253.38	51.32	11282.25	43.69	65.97	0.26
600354	敦煌种业	43680.21	30138.27	69.00	11388.01	26.07	1451.29	3.32

注：合计持股数包含 F 类账户；单位为万股。

年末个股股东持股情况
Distribution of Shareholder by 2012

证券代码 Code	证券简称 Name	合计持股数 Total Hold	自然人 Individual		一般法人 Corporation		专业机构 Institution	
			持有股数	比例(%)	持有股数	比例(%)	持有股数	比例(%)
600355	精伦电子	24604.46	23684.82	96.26	578.33	2.35	163.27	0.66
600356	恒丰纸业	23160.25	11249.96	48.57	11514.67	49.72	190.92	0.82
600358	国旅联合	43200.00	24066.82	55.71	18417.79	42.63	15.83	0.04
600359	*ST 新农	32100.00	15541.82	48.42	16469.64	51.31	1.84	0.01
600360	华微电子	67808.00	45569.52	67.20	19583.91	28.88	1399.32	2.06
600361	华联综超	48480.79	19044.47	39.28	23093.13	47.63	5150.78	10.62
600362	江西铜业	207524.74	50120.46	24.15	132273.81	63.74	20297.64	9.78
600363	联创光电	37080.68	26647.90	71.87	9853.66	26.57	43.14	0.12
600365	通葡股份	14000.00	11582.23	82.73	1867.92	13.34	320.79	2.29
600366	宁波韵升	51449.78	27586.29	53.62	20809.49	40.45	2166.73	4.21
600367	红星发展	29120.00	14902.01	51.17	13757.96	47.25	22.13	0.08
600368	五洲交通	83380.15	36781.17	44.11	45701.28	54.81	63.67	0.08
600369	西南证券	164186.81	23747.20	14.46	126619.03	77.12	8674.29	5.28
600370	三房巷	31889.77	15211.61	47.70	16254.07	50.97	17.14	0.05
600371	万向德农	17050.00	6200.03	36.36	10610.58	62.23	17.92	0.11
600372	中航电子	65600.00	19934.73	30.39	42580.26	64.91	2383.73	3.63
600373	中文传媒	18750.00	8224.72	43.87	5686.86	30.33	4184.38	22.32
600375	华菱星马	18748.13	10213.34	54.48	6882.97	36.71	1404.53	7.49
600376	首开股份	149467.50	10062.26	6.73	98837.52	66.13	38790.12	25.95
600377	宁沪高速	376883.88	19394.32	5.15	343646.38	91.18	13457.46	3.57
600378	天科股份	29719.33	14488.12	48.75	14206.58	47.80	217.64	0.73
600379	宝光股份	23585.83	11500.34	48.76	11555.72	48.99	334.56	1.42
600380	健康元	154583.59	49298.48	31.89	101389.86	65.59	2886.36	1.87
600381	贤成矿业	118398.76	86235.14	72.83	29511.56	24.93	375.64	0.32
600382	广东明珠	34174.66	24288.01	71.07	8074.50	23.63	687.17	2.01
600383	金地集团	447150.86	108389.64	24.24	144304.22	32.27	183131.49	40.96
600385	*ST 金泰	14277.38	9846.29	68.96	4411.27	30.90	12.63	0.09
600386	北巴传媒	40320.00	16412.58	40.71	22915.27	56.83	458.66	1.14
600387	海越股份	38571.00	20206.01	52.39	15497.24	40.18	2196.02	5.69
600388	龙净环保	21026.40	10122.74	48.14	6991.48	33.25	3566.43	16.96
600389	江山股份	19800.00	6547.18	33.07	11677.69	58.98	1475.73	7.45
600390	金瑞科技	16005.00	8461.18	52.87	7295.51	45.58	16.05	0.10
600391	成发科技	33012.94	12260.09	37.14	20084.59	60.84	469.15	1.42
600392	*ST 天成	15660.00	11948.53	76.30	3340.24	21.33	162.03	1.04
600393	东华实业	28950.50	13562.67	46.85	14916.88	51.53	69.35	0.24
600395	盘江股份	165505.19	21121.34	12.76	130909.25	79.10	10547.93	6.37
600396	金山股份	34060.00	18951.20	55.64	13704.33	40.24	714.50	2.10
600397	安源煤业	26923.20	12029.13	44.68	13774.35	51.16	723.25	2.69
600398	凯诺科技	64660.41	48325.61	74.74	15441.39	23.88	161.63	0.25
600399	抚顺特钢	45184.91	22358.66	49.48	22376.93	49.52	9.81	0.02
600400	红豆股份	56039.96	27776.85	49.57	27173.33	48.49	721.60	1.29
600401	海润光伏	30872.33	23263.08	75.35	5452.68	17.66	1432.41	4.64
600403	大有能源	12746.70	5481.59	43.00	4794.98	37.62	2210.93	17.35
600405	动力源	25421.18	24598.87	96.77	385.91	1.52	21.89	0.09
600406	国电南瑞	157553.83	25885.23	16.43	70535.02	44.77	56789.87	36.05
600408	安泰集团	100680.00	97170.51	96.51	986.47	0.98	1330.96	1.32
600409	三友化工	140870.40	61143.24	43.40	76985.71	54.65	1491.94	1.06
600410	华胜天成	63744.55	54806.53	85.98	7383.68	11.58	658.76	1.03
600415	小商品城	272160.71	78352.21	28.79	175917.45	64.64	10454.57	3.84
600416	湘电股份	60848.45	36315.35	59.68	23136.29	38.02	452.48	0.74

注：合计持股数包含 F 类账户；单位为万股。

年末个股股东持股情况
Distribution of Shareholder by 2012

证券代码 Code	证券简称 Name	合计持股数 Total Hold	自然人 Individual		一般法人 Corporation		专业机构 Institution	
			持有股数	比例(%)	持有股数	比例(%)	持有股数	比例(%)
600418	江淮汽车	107286.84	42352.87	39.48	34681.85	32.33	28125.78	26.22
600419	新疆天宏	8016.00	4214.14	52.57	3747.76	46.75	0.00	0.00
600420	现代制药	28773.34	8813.63	30.63	14589.39	50.71	5080.06	17.66
600421	*ST 国药	19560.00	15446.85	78.97	4076.95	20.84	0.00	0.00
600422	昆明制药	31370.18	3095.54	9.87	14055.20	44.80	14157.30	45.13
600423	柳化股份	39934.75	21870.90	54.77	15138.72	37.91	2343.90	5.87
600425	青松建化	47869.50	21571.44	45.06	22145.88	46.26	3624.88	7.57
600426	华鲁恒升	95362.50	27117.23	28.44	47648.11	49.97	19210.80	20.15
600428	中远航运	169044.64	60629.08	35.87	88320.89	52.25	17475.74	10.34
600429	三元股份	88500.00	26368.21	29.80	60629.92	68.51	396.86	0.45
600432	吉恩镍业	81112.15	27754.75	34.22	49612.38	61.17	2048.20	2.53
600433	冠豪高新	55314.00	18387.84	33.24	31604.28	57.14	3751.13	6.78
600435	北方导航	74466.00	34573.54	46.43	38792.21	52.09	499.33	0.67
600436	片仔癀	14000.00	3064.89	21.89	9130.66	65.22	1581.57	11.30
600438	通威股份	68752.00	19923.83	28.98	40578.58	59.02	8070.67	11.74
600439	瑞贝卡	94332.12	53366.82	56.57	36003.55	38.17	3076.01	3.26
600444	国通管业	10500.00	6474.86	61.67	3786.12	36.06	0.00	0.00
600446	金证股份	26113.60	21665.09	82.97	1123.97	4.30	2753.91	10.55
600448	华纺股份	31980.00	17960.63	56.16	13367.87	41.80	136.47	0.43
600449	宁夏建材	25076.78	21693.87	86.51	1460.63	5.83	1022.88	4.08
600452	涪陵电力	16000.00	7470.01	46.69	8357.01	52.23	27.54	0.17
600455	ST 博通	4971.78	4478.03	90.07	451.51	9.08	4.23	0.09
600456	宝钛股份	43026.57	15430.91	35.86	24849.04	57.75	2123.08	4.93
600458	时代新材	45368.09	20374.34	44.91	16484.73	36.34	7893.00	17.40
600459	贵研铂业	15284.73	8161.48	53.40	6671.97	43.65	142.43	0.93
600460	士兰微	86816.00	42093.05	48.49	42267.26	48.69	1570.35	1.81
600461	洪城水业	33000.00	13837.68	41.93	17635.56	53.44	1276.43	3.87
600462	*ST 石岘	53378.00	31098.14	58.26	20437.21	38.29	1800.02	3.37
600463	空港股份	25200.00	8953.02	35.53	15167.94	60.19	1.52	0.01
600466	迪康药业	43900.59	36345.66	82.79	6923.58	15.77	8.37	0.02
600467	好当家	72001.68	24078.21	33.44	34586.22	48.04	12953.94	17.99
600468	百利电气	45619.20	10865.68	23.82	30738.06	67.38	3199.10	7.01
600469	风神股份	37494.22	14328.43	38.22	19068.41	50.86	3874.00	10.33
600470	六国化工	52160.00	34011.92	65.21	16691.72	32.00	309.99	0.59
600475	华光股份	25600.00	12033.06	47.00	12858.21	50.23	335.29	1.31
600476	湘邮科技	16107.00	7925.14	49.20	7965.09	49.45	20.93	0.13
600477	杭萧钢构	33638.58	31315.50	93.09	1863.22	5.54	36.62	0.11
600478	科力远	31482.35	20575.78	65.36	8325.59	26.45	736.53	2.34
600479	千金药业	30481.92	10312.16	33.83	11627.76	38.15	8440.52	27.69
600480	凌云股份	35673.48	19036.60	53.36	14783.37	41.44	1216.10	3.41
600481	双良节能	81010.33	28613.94	35.32	50252.10	62.03	1207.46	1.49
600482	风帆股份	46100.00	27707.95	60.10	17208.52	37.33	526.69	1.14
600483	福建南纺	28848.37	16141.17	55.95	12312.35	42.68	39.71	0.14
600485	中创信测	13858.60	9936.80	71.70	3178.55	22.94	314.96	2.27
600486	扬农化工	17216.61	4054.96	23.55	7856.26	45.63	5224.28	30.34
600487	亨通光电	16612.00	9427.63	56.75	6062.84	36.50	757.31	4.56
600488	天药股份	54289.00	26483.71	48.78	26342.94	48.52	794.36	1.46
600489	中金黄金	294322.88	89154.57	30.29	170195.32	57.83	27320.32	9.28
600490	中科合臣	33000.00	17603.72	53.35	14515.91	43.99	234.11	0.71
600491	龙元建设	94760.00	83463.21	88.08	7144.27	7.54	819.64	0.87

注：合计持股数包含 F 类账户；单位为万股。

年末个股股东持股情况
Distribution of Shareholder by 2012

证券代码 Code	证券简称 Name	合计持股数 Total Hold	自然人 Individual		一般法人 Corporation		专业机构 Institution	
			持有股数	比例(%)	持有股数	比例(%)	持有股数	比例(%)
600493	凤竹纺织	27200.00	16212.70	59.61	10580.84	38.90	6.26	0.02
600495	晋西车轴	30223.80	15589.63	51.58	12131.50	40.14	2050.15	6.78
600496	精工钢构	58656.60	20685.60	35.27	25976.34	44.29	11233.58	19.15
600497	驰宏锌锗	131009.58	48402.69	36.95	72181.59	55.10	8066.18	6.16
600498	烽火通信	44286.13	8070.86	18.22	28288.27	63.88	7710.68	17.41
600499	科达机电	63201.17	52038.24	82.34	4946.63	7.83	4755.16	7.52
600500	中化国际	143758.96	50398.51	35.06	85856.01	59.72	6098.35	4.24
600501	航天晨光	20628.98	19816.84	96.06	376.89	1.83	163.60	0.79
600502	安徽水利	33462.00	22958.56	68.61	7849.26	23.46	1853.49	5.54
600503	华丽家族	109947.67	67401.33	61.30	35242.85	32.05	5123.47	4.66
600505	西昌电力	36456.75	16811.12	46.11	15845.52	43.46	3336.86	9.15
600506	香梨股份	14770.69	10380.89	70.28	4223.24	28.59	5.94	0.04
600507	方大特钢	130053.05	36174.50	27.82	89783.51	69.04	3503.98	2.69
600508	上海能源	72271.80	21278.96	29.44	47664.65	65.95	1903.91	2.63
600509	天富热电	65569.66	27777.41	42.36	32495.58	49.56	4803.95	7.33
600510	黑牡丹	25501.86	21078.23	82.65	1091.34	4.28	2838.25	11.13
600511	国药股份	27764.34	8642.38	31.13	4087.62	14.72	14761.36	53.17
600512	腾达建设	73694.07	71403.72	96.89	1061.75	1.44	31.03	0.04
600513	联环药业	15210.00	8673.45	57.03	6381.46	41.96	13.85	0.09
600515	海岛建设	25019.47	19513.85	78.00	4226.61	16.89	81.30	0.33
600516	方大炭素	127907.79	50096.96	39.17	69042.56	53.98	4107.58	3.21
600517	置信电气	61870.50	16625.62	26.87	30888.91	49.93	11246.45	18.18
600518	康美药业	219871.45	52875.86	24.05	84906.26	38.62	74114.10	33.71
600519	贵州茅台	103818.00	6809.23	6.56	72701.08	70.03	22881.52	22.04
600520	中发科技	11304.00	7918.05	70.05	3037.78	26.87	33.82	0.30
600521	华海药业	54568.37	37657.56	69.01	2869.19	5.26	13677.15	25.06
600522	中天科技	70450.42	40306.25	57.21	21359.72	30.32	7275.73	10.33
600523	贵航股份	19602.28	11899.20	60.70	6516.53	33.24	791.50	4.04
600525	长园集团	86351.01	37688.42	43.65	41914.11	48.54	5670.11	6.57
600526	菲达环保	14000.00	7348.17	52.49	6392.61	45.66	9.51	0.07
600527	江南高纤	80208.94	52240.09	65.13	5959.42	7.43	21397.83	26.68
600528	中铁二局	145920.00	56820.92	38.94	76964.80	52.75	6435.28	4.41
600529	山东药玻	25738.01	17005.78	66.07	5795.82	22.52	2433.31	9.45
600530	交大昂立	31200.00	12779.33	40.96	17727.16	56.82	42.77	0.14
600531	豫光金铅	29525.08	14465.32	48.99	14423.07	48.85	356.16	1.21
600532	宏达矿业	15210.00	10667.84	70.14	4305.36	28.31	1.23	0.01
600533	栖霞建设	105000.00	41848.92	39.86	55866.11	53.21	6119.33	5.83
600535	天士力	51642.13	3783.99	7.33	28428.65	55.05	18695.73	36.20
600536	中国软件	22569.39	8271.87	36.65	14065.67	62.32	55.15	0.24
600537	亿晶光电	23003.40	20946.02	91.06	1163.14	5.06	502.27	2.18
600538	北海国发	27921.60	19149.50	68.58	5273.83	18.89	2944.02	10.54
600539	ST 狮头	16043.59	12545.90	78.20	3071.68	19.15	292.87	1.83
600540	新赛股份	30270.85	14566.12	48.12	15284.34	50.49	200.31	0.66
600543	莫高股份	32112.00	19789.02	61.63	9750.71	30.37	1248.47	3.89
600545	新疆城建	67578.58	46280.45	68.48	20159.76	29.83	412.65	0.61
600546	山煤国际	99122.81	9259.93	9.34	73776.91	74.43	15728.87	15.87
600547	山东黄金	142307.24	40392.20	28.38	79060.77	55.56	19318.26	13.58
600548	深高速	143327.03	18733.28	13.07	123007.69	85.82	1001.55	0.70
600549	厦门钨业	68198.00	15852.06	23.24	42748.94	62.68	6778.44	9.94
600550	天威保变	137299.09	51250.00	37.33	78299.26	57.03	3859.61	2.81

注：合计持股数包含 F 类账户；单位为万股。

年末个股股东持股情况
Distribution of Shareholder by 2012

证券代码 Code	证券简称 Name	合计持股数 Total Hold	自然人 Individual		一般法人 Corporation		专业机构 Institution	
			持有股数	比例(%)	持有股数	比例(%)	持有股数	比例(%)
600551	时代出版	21709.80	9978.21	45.96	11082.49	51.05	365.41	1.68
600552	方兴科技	11700.00	4985.94	42.62	4448.20	38.02	2006.05	17.15
600555	九龙山	97350.00	50281.10	51.65	45945.51	47.20	212.01	0.22
600556	*ST 北生	24449.82	24165.52	98.84	282.11	1.15	0.00	0.00
600557	康缘药业	30710.71	8082.00	26.32	5287.52	17.22	17109.25	55.71
600558	大西洋	13749.04	8144.05	59.23	5262.35	38.27	8.88	0.07
600559	老白干酒	14000.00	2749.50	19.64	6370.36	45.50	4824.09	34.46
600560	金自天正	22364.55	9691.93	43.34	10904.86	48.76	1065.31	4.76
600561	江西长运	18572.40	8869.49	47.76	9335.05	50.26	71.33	0.38
600562	高淳陶瓷	6614.98	4413.07	66.71	1106.11	16.72	34.06	0.52
600563	法拉电子	22500.00	8135.98	36.16	12621.21	56.09	1574.74	7.00
600565	迪马股份	72000.00	42610.59	59.18	28693.58	39.85	130.70	0.18
600566	洪城股份	13820.04	9142.10	66.15	4316.85	31.24	2.91	0.02
600567	山鹰纸业	149851.71	134317.53	89.63	12685.90	8.47	33.36	0.02
600568	中珠控股	18802.65	16732.85	88.99	259.06	1.38	1313.46	6.99
600569	安阳钢铁	239368.45	89523.29	37.40	145566.58	60.81	2533.17	1.06
600570	恒生电子	62375.04	14522.35	23.28	18459.11	29.59	29279.06	46.94
600571	信雅达	19773.59	9572.33	48.41	6853.80	34.66	3127.41	15.82
600572	康恩贝	70095.61	23333.13	33.29	33474.61	47.76	13035.49	18.60
600573	惠泉啤酒	25000.00	10482.42	41.93	14321.32	57.29	1.23	0.01
600575	芜湖港	71160.00	26875.07	37.77	35396.45	49.74	8403.19	11.81
600576	万好万家	21809.31	11468.52	52.59	9983.76	45.78	48.02	0.22
600577	精达股份	72113.38	41198.41	57.13	28536.79	39.57	1715.48	2.38
600578	京能热电	76738.68	12873.76	16.78	55500.90	72.33	7295.98	9.51
600579	*ST 黄海	25560.00	13238.07	51.79	12245.52	47.91	0.17	0.00
600580	卧龙电气	68772.88	45956.03	66.82	20973.88	30.50	508.40	0.74
600581	八一钢铁	76644.89	26772.67	34.93	45587.03	59.48	3704.49	4.83
600582	天地科技	121392.00	14738.23	12.14	81883.40	67.45	24175.98	19.92
600583	海油工程	388944.00	109678.37	28.20	231313.38	59.47	42769.79	11.00
600584	长电科技	85313.36	64373.96	75.46	14591.55	17.10	1227.98	1.44
600585	海螺水泥	399970.26	42215.98	10.56	245030.41	61.26	107589.27	26.90
600586	金晶科技	96710.94	70642.57	73.05	17665.15	18.27	7070.70	7.31
600587	新华医疗	17405.31	1702.03	9.78	7384.12	42.43	8114.09	46.62
600588	用友软件	97908.40	21849.18	22.32	58442.19	59.69	16814.71	17.17
600589	广东榕泰	60173.00	30938.46	51.42	28073.18	46.65	606.82	1.01
600590	泰豪科技	45532.57	26855.21	58.98	17168.62	37.71	778.33	1.71
600592	龙溪股份	30000.00	15009.00	50.03	14431.88	48.11	226.51	0.76
600593	大连圣亚	9200.00	4019.21	43.69	5084.39	55.27	16.81	0.18
600594	益佰制药	35275.50	15313.62	43.41	692.30	1.96	18838.97	53.41
600595	中孚实业	151487.38	66529.50	43.92	81224.86	53.62	2109.39	1.39
600596	新安股份	67918.46	39619.40	58.33	19838.11	29.21	7630.46	11.24
600597	光明乳业	104189.26	15899.81	15.26	71674.90	68.79	16093.01	15.45
600598	北大荒	177767.99	42193.72	23.74	116081.50	65.30	14402.41	8.10
600599	熊猫烟花	12600.00	9372.63	74.39	3082.09	24.46	2.13	0.02
600600	青岛啤酒	69591.36	4616.12	6.63	50261.86	72.22	11015.69	15.83
600601	方正科技	219489.12	184391.38	84.01	29158.05	13.29	3174.02	1.45
600602	仪电电子	87957.26	50083.27	56.94	36587.49	41.60	441.75	0.50
600603	*ST 兴业	19464.19	17775.36	91.32	1559.87	8.01	0.03	0.00
600604	市北高新	33352.42	9328.58	27.97	23812.88	71.40	73.18	0.22
600605	汇通能源	14734.46	7492.68	50.85	7174.57	48.69	11.70	0.08

注：合计持股数包含 F 类账户；单位为万股。

年末个股股东持股情况
Distribution of Shareholder by 2012

证券代码 Code	证券简称 Name	合计持股数 Total Hold	自然人 Individual		一般法人 Corporation		专业机构 Institution	
			持有股数	比例(%)	持有股数	比例(%)	持有股数	比例(%)
600606	金丰投资	51832.01	29978.93	57.84	20654.21	39.85	295.18	0.57
600608	ST 沪科	28626.26	24904.36	87.00	3672.55	12.83	0.00	0.00
600609	金杯汽车	109266.71	55541.08	50.83	52677.34	48.21	20.63	0.02
600610	S 中纺机	2574.08	2367.13	91.96	41.13	1.60	41.55	1.61
600611	大众交通	104221.09	57644.67	55.31	33377.60	32.03	12161.61	11.67
600612	老凤祥	22604.53	4256.76	18.83	13596.88	60.15	4651.89	20.58
600613	永生投资	10227.86	3835.52	37.50	6202.48	60.64	10.64	0.10
600614	鼎立股份	44675.96	19701.46	44.10	24308.68	54.41	168.59	0.38
600615	丰华股份	18681.00	11776.35	63.04	6307.69	33.77	130.71	0.70
600616	金枫酒业	43867.15	22621.47	51.57	19359.09	44.13	1432.51	3.27
600617	ST 联华	9898.87	6596.19	66.64	3118.48	31.50	175.35	1.77
600618	氯碱化工	74984.00	14337.70	19.12	60243.01	80.34	257.83	0.34
600619	海立股份	31857.45	9037.87	28.37	22449.55	70.47	180.47	0.57
600620	天宸股份	45778.47	28653.50	62.59	16048.85	35.06	178.99	0.39
600621	上海金陵	52408.24	35005.58	66.79	16307.90	31.12	82.38	0.16
600622	嘉宝集团	51430.38	30466.30	59.24	16262.07	31.62	782.88	1.52
600623	双钱股份	64636.77	5892.11	9.12	58584.03	90.64	79.35	0.12
600624	复旦复华	34515.50	25390.48	73.56	8363.94	24.23	141.60	0.41
600626	申达股份	71024.28	45626.00	64.24	24501.12	34.50	69.11	0.10
600628	新世界	53179.93	31025.18	58.34	20061.31	37.72	1534.49	2.89
600629	棱光实业	31110.65	8009.93	25.75	22980.61	73.87	25.36	0.08
600630	龙头股份	42486.16	28084.58	66.10	13782.74	32.44	248.77	0.59
600633	浙报传媒	15205.08	5710.99	37.56	8008.63	52.67	1313.69	8.64
600634	ST 澄海	8720.73	6613.06	75.83	2079.71	23.85	0.00	0.00
600635	大众公用	164486.98	108631.90	66.04	48011.17	29.19	1949.81	1.19
600636	三爱富	38195.06	23256.77	60.89	13588.97	35.58	844.94	2.21
600637	百视通	83551.57	20011.91	23.95	48014.68	57.47	14450.28	17.30
600638	新黄浦	56116.40	26117.59	46.54	21148.63	37.69	2942.42	5.24
600639	浦东金桥	65664.89	16948.11	25.81	46072.82	70.16	2084.46	3.17
600640	号百控股	20640.63	15427.95	74.75	4565.12	22.12	299.46	1.45
600641	万业企业	80615.88	34717.11	43.07	41389.82	51.34	862.19	1.07
600642	申能股份	472877.41	161606.29	34.18	275269.37	58.21	30784.39	6.51
600643	爱建股份	81784.91	51447.97	62.91	20661.96	25.26	4618.28	5.65
600644	乐山电力	32648.01	22007.87	67.41	10100.72	30.94	163.48	0.50
600645	中源协和	32240.74	19802.42	61.42	11155.47	34.60	778.78	2.42
600647	同达创业	10703.35	5718.38	53.43	4855.38	45.36	18.41	0.17
600648	外高桥	81022.34	7168.84	8.85	73177.96	90.32	457.77	0.57
600649	城投控股	298752.35	94482.12	31.63	179203.40	59.98	16411.07	5.49
600650	锦江投资	39056.01	12950.82	33.16	23299.22	59.66	2354.38	6.03
600651	飞乐音响	73906.53	56668.78	76.68	13061.25	17.67	2471.49	3.34
600652	爱使股份	55700.26	49305.69	88.52	5586.38	10.03	14.08	0.03
600653	申华控股	174638.03	139913.16	80.12	33185.86	19.00	466.98	0.27
600654	飞乐股份	75504.32	56852.08	75.30	15108.53	20.01	894.89	1.19
600655	豫园商城	143732.20	66841.38	46.50	58970.82	41.03	12303.31	8.56
600656	ST 博元	19032.83	15557.22	81.74	3289.45	17.28	45.85	0.24
600657	信达地产	152426.04	31078.70	20.39	111926.23	73.43	4938.57	3.24
600658	电子城	58009.74	9854.63	16.99	45280.16	78.06	2729.24	4.71
600660	福耀玻璃	196319.59	49813.63	25.37	89658.77	45.67	51419.52	26.19
600661	新南洋	17367.68	8825.21	50.81	8278.94	47.67	20.39	0.12
600662	强生控股	54904.32	53083.27	96.68	425.19	0.77	846.22	1.54

注：合计持股数包含 F 类账户；单位为万股。

年末个股股东持股情况
Distribution of Shareholder by 2012

证券代码 Code	证券简称 Name	合计持股数 Total Hold	自然人 Individual		一般法人 Corporation		专业机构 Institution	
			持有股数	比例(%)	持有股数	比例(%)	持有股数	比例(%)
600663	陆家嘴	135808.40	20186.26	14.86	113580.33	83.63	922.42	0.68
600664	哈药股份	105338.95	51200.54	48.61	38255.04	36.32	9781.20	9.29
600665	天地源	86412.25	29429.51	34.06	51278.87	59.34	4334.77	5.02
600666	西南药业	29014.63	14722.61	50.74	13092.12	45.12	612.07	2.11
600667	太极实业	119127.43	71238.56	59.80	45491.53	38.19	274.60	0.23
600668	尖峰集团	34372.41	25832.04	75.15	7470.75	21.74	207.30	0.60
600671	ST 天目	12172.05	7137.71	58.64	4976.22	40.88	7.57	0.06
600673	东阳光铝	82261.23	19356.83	23.53	59775.02	72.67	2377.00	2.89
600674	川投能源	197266.86	43261.30	21.93	117347.77	59.49	29930.59	15.17
600675	中华企业	155588.28	81795.39	52.57	59720.41	38.38	6227.10	4.00
600676	交运股份	73139.60	32307.14	44.17	39582.16	54.12	551.12	0.75
600677	航天通信	32617.24	24646.48	75.56	7382.67	22.63	44.68	0.14
600678	*ST 金顶	34899.00	24037.02	68.88	10803.78	30.96	0.00	0.00
600679	金山开发	18201.97	5800.25	31.87	12321.92	67.70	2.17	0.01
600680	上海普天	25742.53	5561.40	21.60	20089.27	78.04	7.71	0.03
600681	ST 万鸿	19563.93	15902.23	81.28	3585.86	18.33	0.42	0.00
600682	南京新百	35727.62	12423.97	34.77	22490.74	62.95	82.44	0.23
600683	京投银泰	74077.76	27901.63	37.67	44627.03	60.24	400.77	0.54
600684	珠江实业	31609.66	18103.03	57.27	11344.73	35.89	194.03	0.61
600685	广船国际	43846.35	19784.06	45.12	23450.25	53.48	258.50	0.59
600686	金龙汽车	44259.71	19454.52	43.96	17874.89	40.39	6368.36	14.39
600687	刚泰控股	12688.86	9665.55	76.17	2434.62	19.19	63.79	0.50
600688	S 上石化	72000.00	58472.08	81.21	2289.73	3.18	10603.21	14.73
600689	上海三毛	15220.41	9080.52	59.66	5766.94	37.89	51.77	0.34
600690	青岛海尔	268512.75	29126.98	10.85	155294.18	57.84	70631.33	26.31
600691	*ST 东碳	8164.50	7186.90	88.03	963.50	11.80	3.61	0.04
600692	亚通股份	25501.05	22525.99	88.33	2018.78	7.92	90.76	0.36
600693	东百集团	29901.19	16401.73	54.85	11734.49	39.24	1156.67	3.87
600694	大商股份	29371.87	4408.74	15.01	9865.17	33.59	14714.90	50.10
600695	大江股份	32957.29	10982.75	33.32	21818.45	66.20	20.66	0.06
600696	多伦股份	34056.56	27157.07	79.74	5925.24	17.40	191.69	0.56
600697	欧亚集团	15515.60	1482.55	9.56	4221.75	27.21	9765.94	62.94
600698	*ST 轻骑	42873.97	40593.74	94.68	2203.45	5.14	13.77	0.03
600699	均胜电子	18572.37	10829.45	58.31	6669.61	35.91	631.59	3.40
600701	工大高新	49878.19	37873.67	75.93	11395.84	22.85	77.96	0.16
600702	沱牌舍得	33730.00	9685.07	28.71	13636.97	40.43	9848.25	29.20
600703	三安光电	120510.70	29290.80	24.31	59694.54	49.54	29056.56	24.11
600704	物产中大	67455.37	39293.98	58.25	21801.88	32.32	5293.12	7.85
600705	ST 航投	59815.48	57031.82	95.35	1157.33	1.94	927.79	1.55
600706	曲江文旅	8501.74	4808.04	56.55	3364.39	39.57	196.30	2.31
600707	彩虹股份	60030.44	30849.88	51.39	24688.80	41.13	2925.05	4.87
600708	海博股份	50838.27	28938.81	56.92	21381.20	42.06	34.23	0.07
600710	常林股份	64028.40	37011.17	57.80	25107.75	39.21	872.29	1.36
600711	盛屯矿业	14303.95	10770.65	75.30	3106.83	21.72	112.76	0.79
600712	南宁百货	53714.85	28084.22	52.28	19687.68	36.65	5220.11	9.72
600713	南京医药	54792.33	41128.66	75.06	10844.51	19.79	2259.88	4.12
600714	金瑞矿业	27340.45	8122.06	29.71	19010.41	69.53	5.35	0.02
600715	松辽汽车	22425.60	16162.68	72.07	5919.28	26.40	22.68	0.10
600716	凤凰股份	29350.46	25071.08	85.42	2183.01	7.44	1450.04	4.94
600717	天津港	167476.91	62313.82	37.21	100004.44	59.71	3169.31	1.89

注：合计持股数包含 F 类账户；单位为万股。

年末个股股东持股情况
Distribution of Shareholder by 2012

证券代码 Code	证券简称 Name	合计持股数 Total Hold	自然人 Individual		一般法人 Corporation		专业机构 Institution	
			持有股数	比例(%)	持有股数	比例(%)	持有股数	比例(%)
600718	东软集团	122759.43	40951.26	33.36	68051.15	55.44	12906.39	10.51
600719	大连热电	20229.98	11388.84	56.30	8755.70	43.28	18.30	0.09
600720	祁连山	59704.82	28324.08	47.44	19774.93	33.12	10577.16	17.72
600721	百花村	11995.85	5709.17	47.59	6119.57	51.01	45.96	0.38
600722	ST 金化	42142.00	26341.90	62.51	15580.06	36.97	0.17	0.00
600723	首商股份	31787.58	20444.12	64.32	8564.24	26.94	2323.71	7.31
600724	宁波富达	144494.27	14587.48	10.10	119087.58	82.42	9464.44	6.55
600725	云维股份	61623.50	24059.71	39.04	36465.82	59.18	556.79	0.90
600726	华电能源	72058.05	61262.35	85.02	10320.49	14.32	1.65	0.00
600727	鲁北化工	33692.66	21302.62	63.23	11347.57	33.68	17.60	0.05
600728	佳都新太	26685.34	16623.68	62.30	9034.11	33.85	686.73	2.57
600729	重庆百货	13616.57	2213.86	16.26	2706.06	19.87	8568.56	62.93
600730	中国高科	29332.80	17105.88	58.32	11405.38	38.88	86.41	0.30
600731	湖南海利	25553.83	17022.32	66.61	5790.73	22.66	2492.10	9.75
600732	上海新梅	24799.06	10586.18	42.69	12696.65	51.20	1200.07	4.84
600733	S*ST 前锋	7560.00	7311.43	96.71	206.01	2.73	0.02	0.00
600734	实达集团	27744.83	20362.40	73.39	7006.20	25.25	9.67	0.04
600735	新华锦	20899.75	10715.27	51.27	9775.27	46.77	2.90	0.01
600736	苏州高新	105788.16	48486.49	45.83	49350.25	46.65	2962.44	2.80
600737	中粮屯河	80560.42	33281.60	41.31	42864.69	53.21	1731.95	2.15
600738	兰州民百	22106.74	18354.42	83.03	3149.98	14.25	5.05	0.02
600739	辽宁成大	136470.98	65787.00	48.21	31838.17	23.33	25599.67	18.76
600740	山西焦化	45683.28	34261.84	75.00	9909.62	21.69	807.81	1.77
600741	华域汽车	258320.02	30433.99	11.78	166926.57	64.62	59890.18	23.18
600742	一汽富维	21152.34	10000.18	47.28	7110.18	33.61	3686.65	17.43
600743	华远地产	85242.44	31547.36	37.01	51844.00	60.82	1098.66	1.29
600744	华银电力	47438.45	43094.11	90.84	3179.79	6.70	17.53	0.04
600745	中茵股份	32737.49	15097.07	46.12	17291.26	52.82	139.26	0.43
600746	江苏索普	30466.20	12707.93	41.71	17211.49	56.49	3.26	0.01
600747	大连控股	106432.84	76657.72	72.03	14350.45	13.48	1995.49	1.88
600748	上实发展	108337.09	27760.06	25.62	75166.04	69.38	1176.54	1.09
600749	西藏旅游	18913.79	11984.72	63.37	6567.20	34.72	168.29	0.89
600750	江中药业	31115.00	5652.60	18.17	15354.10	49.35	9927.02	31.90
600751	SST 天海	10368.93	10106.83	97.47	199.57	1.93	0.06	0.00
600753	东方银星	12800.00	8633.66	67.45	3555.53	27.78	23.13	0.18
600754	锦江股份	44724.07	7059.39	15.78	32194.51	71.99	5299.52	11.85
600755	厦门国贸	133083.59	83903.14	63.05	43543.86	32.72	3131.32	2.35
600756	浪潮软件	27874.73	17761.85	63.72	9600.10	34.44	32.51	0.12
600757	长江传媒	35848.50	21294.49	59.40	12449.55	34.73	1238.27	3.45
600758	红阳能源	11505.03	9671.71	84.07	646.09	5.62	608.55	5.29
600759	正和股份	121602.26	40305.87	33.15	73066.07	60.09	1859.47	1.53
600760	中航黑豹	27300.47	21796.93	79.84	4918.01	18.01	30.87	0.11
600761	安徽合力	51401.45	20569.45	40.02	22223.75	43.24	7923.88	15.42
600763	通策医疗	16032.00	5319.92	33.18	5791.44	36.12	4220.65	26.33
600764	中电广通	32972.70	14284.51	43.32	17861.95	54.17	259.16	0.79
600765	中航重机	77800.32	29566.20	38.00	39852.47	51.22	7256.34	9.33
600766	*ST 园城	21966.80	14340.20	65.28	7584.51	34.53	10.41	0.05
600767	运盛实业	34091.02	21755.21	63.82	11818.83	34.67	30.38	0.09
600768	宁波富邦	13374.72	7437.24	55.61	5859.61	43.81	10.52	0.08
600769	ST 祥龙	37497.72	21813.02	58.17	15644.93	41.72	0.04	0.00

注：合计持股数包含 F 类账户；单位为万股。

年末个股股东持股情况
Distribution of Shareholder by 2012

证券代码 Code	证券简称 Name	合计持股数 Total Hold	自然人 Individual		一般法人 Corporation		专业机构 Institution	
			持有股数	比例(%)	持有股数	比例(%)	持有股数	比例(%)
600770	综艺股份	108210.00	57060.44	52.73	45158.64	41.73	3774.62	3.49
600771	ST 东盛	16637.06	13874.36	83.39	1799.40	10.82	637.77	3.83
600773	西藏城投	53963.90	15462.86	28.65	34894.72	64.66	1967.58	3.65
600774	汉商集团	17289.15	9307.92	53.84	7696.53	44.52	10.85	0.06
600775	南京熊猫	41301.50	7529.11	18.23	33630.94	81.43	51.26	0.12
600776	东方通信	95600.01	30985.90	32.41	60608.32	63.40	3673.10	3.84
600777	新潮实业	62542.33	44870.85	71.75	16484.45	26.36	133.04	0.21
600778	友好集团	30883.66	9094.82	29.45	14823.80	48.00	6536.19	21.16
600779	水井坊	29532.35	22718.31	76.93	1797.32	6.09	3998.24	13.54
600780	通宝能源	87294.10	29746.16	34.08	46119.08	52.83	9438.41	10.81
600781	上海辅仁	17759.29	8837.38	49.76	7998.29	45.04	190.88	1.08
600782	新钢股份	139343.07	14375.76	10.32	123790.13	88.84	683.27	0.49
600783	鲁信创投	40455.78	17806.48	44.02	20205.18	49.94	1598.28	3.95
600784	鲁银投资	49661.38	36190.69	72.88	11709.00	23.58	546.33	1.10
600785	新华百货	20743.13	7247.03	34.94	8392.57	40.46	4727.54	22.79
600787	中储股份	84010.28	27289.41	32.48	43441.03	51.71	12232.40	14.56
600789	鲁抗医药	58157.55	34618.98	59.53	22916.72	39.41	179.37	0.31
600790	轻纺城	61877.62	40590.10	65.60	18366.09	29.68	1829.36	2.96
600791	京能置业	45231.37	20009.91	44.24	22514.13	49.78	422.30	0.93
600792	云煤能源	12622.50	5689.48	45.07	6704.82	53.12	78.45	0.62
600793	ST 宜纸	10530.00	4516.74	42.89	5990.78	56.89	7.94	0.08
600794	保税科技	21391.60	5116.56	23.92	15427.83	72.12	735.38	3.44
600795	国电电力	1395461.01	409237.42	29.33	779181.21	55.84	192438.93	13.79
600796	钱江生化	30140.21	19565.26	64.91	10329.79	34.27	8.27	0.03
600797	浙大网新	82171.20	64113.15	78.02	14535.46	17.69	1642.23	2.00
600798	宁波海运	87117.45	37756.39	43.34	48417.40	55.58	134.36	0.15
600800	天津磁卡	60767.48	38296.64	63.02	21845.19	35.95	6.86	0.01
600801	华新水泥	55621.19	8124.99	14.61	34225.93	61.53	13109.93	23.57
600802	福建水泥	38187.37	19832.28	51.93	17841.91	46.72	112.54	0.30
600803	威远生化	18888.43	15814.66	83.73	2646.59	14.01	14.60	0.08
600804	鹏博士	133851.25	66524.79	49.70	38336.06	28.64	21636.20	16.16
600805	悦达投资	70766.85	27945.71	39.49	22636.71	31.99	18885.19	26.69
600806	昆明机床	39018.63	18675.23	47.86	19821.11	50.80	37.52	0.10
600807	天业股份	30788.76	13936.83	45.27	16222.48	52.69	21.33	0.07
600808	马钢股份	596775.12	193700.23	32.46	391336.54	65.58	7821.81	1.31
600809	山西汾酒	86584.83	4143.56	4.79	63772.68	73.65	18527.67	21.40
600810	神马股份	44228.00	17059.94	38.57	25682.82	58.07	1047.57	2.37
600811	东方集团	166680.54	97255.45	58.35	49106.31	29.46	9270.80	5.56
600812	华北制药	102857.76	50152.44	48.76	35341.28	34.36	7664.92	7.45
600814	杭州解百	31038.30	19132.76	61.64	10927.03	35.21	471.43	1.52
600815	厦工股份	77970.96	32301.83	41.43	43389.72	55.65	1488.11	1.91
600816	安信信托	45386.93	24998.66	55.08	17184.98	37.86	1998.57	4.40
600817	*ST 宏盛	11238.39	10368.20	92.26	846.01	7.53	18.88	0.17
600818	中路股份	21632.54	7829.00	36.19	13658.88	63.14	31.46	0.15
600819	耀皮玻璃	54375.01	8168.39	15.02	46062.86	84.71	62.27	0.12
600820	隧道股份	73352.14	38526.79	52.52	31007.67	42.27	2552.48	3.48
600821	津劝业	41626.82	24589.77	59.07	15211.07	36.54	23.91	0.06
600822	上海物贸	39614.79	14904.86	37.62	24220.81	61.14	49.62	0.13
600823	世茂股份	117059.53	9513.09	8.13	91906.52	78.51	13457.85	11.50
600824	益民集团	73196.33	42154.24	57.59	29274.19	39.99	938.04	1.28

注：合计持股数包含 F 类账户；单位为万股。

年末个股股东持股情况
Distribution of Shareholder by 2012

证券代码 Code	证券简称 Name	合计持股数 Total Hold	自然人 Individual		一般法人 Corporation		专业机构 Institution	
			持有股数	比例(%)	持有股数	比例(%)	持有股数	比例(%)
600825	新华传媒	104488.79	37761.43	36.14	65285.29	62.48	545.30	0.52
600826	兰生股份	42064.23	16968.22	40.34	22950.81	54.56	577.27	1.37
600827	友谊股份	124038.28	30594.45	24.67	75626.07	60.97	15894.64	12.81
600828	成商集团	56884.99	11953.43	21.01	39631.52	69.67	4810.12	8.46
600829	三精制药	57988.86	12968.02	22.36	43785.43	75.51	720.93	1.24
600830	香溢融通	45432.28	24051.28	52.94	20123.25	44.29	599.63	1.32
600831	广电网络	56343.85	31187.67	55.35	22342.66	39.65	1708.39	3.03
600832	东方明珠	318633.49	104427.56	32.77	202899.88	63.68	7948.33	2.50
600833	第一医药	22308.64	11555.87	51.80	10564.10	47.35	8.30	0.04
600834	申通地铁	47738.19	16659.57	34.90	30800.52	64.52	18.18	0.04
600835	上海机电	80650.43	24925.91	30.91	52516.67	65.12	2623.08	3.25
600836	界龙实业	31356.34	22513.56	71.80	8618.90	27.49	7.45	0.02
600837	海通证券	809213.12	166735.03	20.61	433489.04	53.57	193823.02	23.95
600838	上海九百	40088.20	26698.42	66.60	12726.35	31.75	254.04	0.63
600839	四川长虹	460999.78	312057.73	67.69	120484.68	26.14	19462.88	4.22
600841	上柴股份	42129.49	3059.70	7.26	38842.95	92.20	141.61	0.34
600843	上工申贝	20494.30	8356.82	40.78	11766.18	57.41	135.15	0.66
600844	丹化科技	58482.70	29943.96	51.20	24001.43	41.04	3067.69	5.25
600845	宝信软件	22651.73	3083.18	13.61	19253.82	85.00	192.19	0.85
600846	同济科技	62476.15	46355.68	74.20	15028.79	24.06	18.33	0.03
600847	万里股份	8866.00	2798.47	31.56	4853.29	54.74	822.37	9.28
600848	自仪股份	29214.56	10164.93	34.79	18198.89	62.29	706.71	2.42
600850	华东电脑	17103.15	7940.05	46.42	8536.10	49.91	428.40	2.51
600851	海欣股份	73820.61	54045.85	73.21	17689.58	23.96	745.83	1.01
600853	龙建股份	53680.77	33498.44	62.40	19637.57	36.58	67.31	0.13
600854	春兰股份	51945.85	26710.04	51.42	24413.76	47.00	81.90	0.16
600855	航天长峰	23320.20	19895.49	85.31	2919.65	12.52	15.50	0.07
600856	长百集团	23483.16	16629.11	70.81	6439.41	27.42	67.02	0.29
600857	工大首创	22431.99	11605.51	51.74	10121.75	45.12	52.64	0.24
600858	银座股份	47416.84	9781.35	20.63	18710.05	39.46	18688.96	39.41
600859	王府井	41764.19	3742.20	8.96	23492.52	56.25	13800.46	33.04
600860	北人股份	32200.00	10493.24	32.59	21568.54	66.98	30.61	0.10
600861	北京城乡	31680.50	18594.50	58.69	11609.87	36.65	1050.82	3.32
600862	南通科技	60572.07	37736.29	62.30	21372.57	35.29	19.26	0.03
600863	内蒙华电	57293.53	28944.11	50.52	3587.18	6.26	22509.77	39.29
600864	哈投股份	54637.82	28036.81	51.31	24508.90	44.86	310.95	0.57
600865	百大集团	37624.03	19346.86	51.42	17710.89	47.07	72.25	0.19
600866	星湖科技	54453.53	37382.13	68.65	14467.91	26.57	672.68	1.24
600867	通化东宝	77621.25	33194.41	42.77	28843.23	37.16	14011.99	18.05
600868	梅雁吉祥	189814.87	182924.61	96.37	5044.59	2.66	11.45	0.01
600869	三普药业	37517.80	13258.38	35.34	17084.97	45.54	3461.47	9.23
600870	ST 厦华	37081.88	18188.68	49.05	18647.94	50.29	32.47	0.09
600871	S 仪化	20000.00	16136.44	80.68	744.68	3.72	2955.18	14.78
600872	中炬高新	79663.72	62239.38	78.13	11276.81	14.16	2492.17	3.13
600873	梅花集团	160754.85	92985.21	57.84	63492.21	39.50	3839.46	2.39
600874	创业环保	108722.84	32654.59	30.04	75379.30	69.33	380.76	0.35
600875	东方电气	166386.00	45956.60	27.62	107664.46	64.71	8223.10	4.94
600876	洛阳玻璃	25001.82	8909.43	35.64	15953.35	63.81	7.56	0.03
600877	*ST 嘉陵	68728.20	47665.54	69.35	20674.79	30.08	0.01	0.00
600879	航天电子	81104.08	48960.53	60.37	22825.47	28.14	4976.87	6.14

注：合计持股数包含 F 类账户；单位为万股。

年末个股股东持股情况
Distribution of Shareholder by 2012

证券代码 Code	证券简称 Name	合计持股数 Total Hold	自然人 Individual		一般法人 Corporation		专业机构 Institution	
			持有股数	比例(%)	持有股数	比例(%)	持有股数	比例(%)
600880	博瑞传播	41407.12	32225.75	77.83	3243.29	7.83	4927.59	11.90
600881	亚泰集团	189473.21	126092.51	66.55	44236.77	23.35	16419.66	8.67
600882	华联矿业	21372.64	14010.55	65.55	6472.13	30.28	8.06	0.04
600883	博闻科技	23608.80	11956.23	50.64	11109.07	47.06	149.50	0.63
600884	杉杉股份	41085.83	22569.00	54.93	15435.51	37.57	628.37	1.53
600885	ST 宏发	15374.38	12643.68	82.24	1731.19	11.26	741.31	4.82
600886	国投电力	352029.55	53656.58	15.24	229240.16	65.12	67110.83	19.06
600887	伊利股份	158734.15	19629.10	12.37	26842.84	16.91	111058.13	69.97
600888	新疆众和	52285.31	18272.81	34.95	30905.02	59.11	2693.44	5.15
600889	南京化纤	30706.93	16352.05	53.25	13498.25	43.96	501.34	1.63
600890	中房股份	57919.49	22868.62	39.48	28950.97	49.99	5532.83	9.55
600891	秋林集团	24976.98	19772.42	79.16	3973.15	15.91	700.89	2.81
600892	ST 宝诚	5040.61	4251.19	84.34	776.95	15.41	0.00	0.00
600893	航空动力	108622.40	30855.08	28.41	64600.42	59.47	11749.75	10.82
600894	广日股份	76240.96	20071.25	26.33	53696.63	70.43	1960.79	2.57
600895	张江高科	154868.96	56764.06	36.65	85834.47	55.42	7183.48	4.64
600896	中海海盛	58131.58	39538.57	68.02	17994.45	30.96	8.33	0.01
600897	厦门空港	29781.00	7359.84	24.71	21327.00	71.61	980.83	3.29
600898	三联商社	20275.82	16211.70	79.96	3019.43	14.89	374.27	1.85
600900	长江电力	974594.15	183192.05	18.80	685375.76	70.32	78173.60	8.02
600960	渤海活塞	16282.35	7769.58	47.72	8185.04	50.27	64.48	0.40
600961	株冶集团	25832.76	22052.06	85.37	2706.33	10.48	350.57	1.36
600962	国投中鲁	25402.00	11759.84	46.30	12932.70	50.91	356.78	1.41
600963	岳阳林纸	84315.92	53198.99	63.10	22862.53	27.12	6138.31	7.28
600965	福成五丰	27940.32	17755.97	63.55	9665.94	34.60	14.46	0.05
600966	博汇纸业	50461.92	31913.59	63.24	17776.46	35.23	64.15	0.13
600967	北方创业	17323.00	6695.92	38.65	5626.73	32.48	4640.69	26.79
600969	郴电国际	9240.00	6557.31	70.97	634.54	6.87	1842.12	19.94
600970	中材国际	109329.73	27411.82	25.07	70935.41	64.88	9560.76	8.75
600971	恒源煤电	100000.41	31104.55	31.10	63360.48	63.36	4448.93	4.45
600973	宝胜股份	30119.15	13142.99	43.64	15059.79	50.00	1350.57	4.48
600975	新五丰	23436.01	13703.59	58.47	9395.26	40.09	114.47	0.49
600976	武汉健民	15315.26	5217.39	34.07	5084.42	33.20	4825.56	31.51
600978	宜华木业	113700.27	63524.18	55.87	31268.50	27.50	17200.49	15.13
600979	广安爱众	59289.22	28509.95	48.09	29071.65	49.03	1348.03	2.27
600980	北矿磁材	13000.00	7563.38	58.18	5285.08	40.65	9.03	0.07
600981	汇鸿股份	51610.65	22239.78	43.09	28462.49	55.15	45.79	0.09
600982	宁波热电	16800.00	5139.08	30.59	11481.83	68.34	20.00	0.12
600983	合肥三洋	19670.04	15832.24	80.49	368.20	1.87	3126.46	15.90
600984	建设机械	14155.60	7696.57	54.37	6102.63	43.11	7.93	0.06
600985	雷鸣科化	12960.00	6416.26	49.51	6347.56	48.98	16.57	0.13
600986	科达股份	33526.97	20959.57	62.52	11875.53	35.42	5.09	0.02
600987	航民股份	42354.00	16803.11	39.67	24593.24	58.07	111.52	0.26
600988	ST 宝龙	9963.78	9681.13	97.16	166.46	1.67	44.18	0.44
600990	四创电子	11760.00	4591.86	39.05	5902.80	50.19	1169.59	9.95
600992	贵绳股份	16437.00	9126.72	55.53	7129.05	43.37	18.69	0.11
600993	马应龙	33087.71	10388.66	31.40	14999.01	45.33	7341.20	22.19
600995	文山电力	47852.64	26607.35	55.60	17395.57	36.35	2931.71	6.13
600997	开滦股份	123464.00	37487.01	30.36	76894.84	62.28	7195.29	5.83
600998	九州通	53204.92	9683.49	18.20	35722.15	67.14	7729.34	14.53

注：合计持股数包含 F 类账户；单位为万股。

年末个股股东持股情况
Distribution of Shareholder by 2012

证券代码 Code	证券简称 Name	合计持股数 Total Hold	自然人 Individual		一般法人 Corporation		专业机构 Institution	
			持有股数	比例(%)	持有股数	比例(%)	持有股数	比例(%)
600999	招商证券	466109.98	43998.31	9.44	387224.01	83.08	28153.01	6.04
601000	唐山港	104035.15	33266.70	31.98	62894.04	60.46	4839.75	4.65
601001	大同煤业	167370.00	53727.91	32.10	107383.83	64.16	3741.57	2.24
601002	晋亿实业	73847.00	27175.34	36.80	43582.39	59.02	2389.15	3.24
601003	柳钢股份	256279.32	38517.48	15.03	212100.30	82.76	5088.38	1.99
601005	重庆钢铁	119500.00	35104.16	29.38	80400.44	67.28	3534.87	2.96
601006	大秦铁路	1486679.15	154243.39	10.38	1056826.32	71.09	261464.76	17.59
601007	金陵饭店	30000.00	11550.50	38.50	16516.37	55.06	1394.55	4.65
601008	连云港	75659.93	33857.88	44.75	40965.86	54.15	121.19	0.16
601009	南京银行	296893.32	81674.73	27.51	172455.78	58.09	34283.59	11.55
601010	文峰股份	12280.00	6265.18	51.02	2031.01	16.54	3891.92	31.69
601011	宝泰隆	12460.67	10442.02	83.80	1572.13	12.62	221.98	1.78
601012	隆基股份	13500.00	10998.21	81.47	565.66	4.19	1755.18	13.00
601018	宁波港	308000.00	154895.56	50.29	123008.06	39.94	20919.82	6.79
601028	玉龙股份	9660.00	9260.28	95.86	135.20	1.40	0.00	0.00
601038	一拖股份	15000.00	13649.50	91.00	460.83	3.07	189.50	1.26
601058	赛轮股份	19562.04	14681.76	75.05	3843.41	19.65	813.40	4.16
601088	中国神华	1631103.80	70580.25	4.33	1484282.20	91.00	70541.67	4.33
601098	中南传媒	39800.00	24575.62	61.75	4607.15	11.58	10029.01	25.20
601099	太平洋	165364.47	50951.00	30.81	101479.42	61.37	3540.23	2.14
601100	恒立油缸	15750.00	5453.88	34.63	848.46	5.39	9334.36	59.27
601101	昊华能源	42582.12	29794.01	69.97	5802.35	13.63	3378.61	7.93
601106	中国一重	229000.00	166460.84	72.69	30210.49	13.19	21876.28	9.55
601107	四川成渝	216274.00	49488.01	22.88	165596.79	76.57	489.17	0.23
601111	中国国航	819973.76	92302.30	11.26	686237.06	83.69	37832.70	4.61
601113	华鼎锦纶	30400.00	27008.66	88.84	2604.28	8.57	424.57	1.40
601116	三江购物	6000.00	5543.54	92.39	235.33	3.92	47.96	0.80
601117	中国化学	152900.00	28127.22	18.40	37069.58	24.24	83938.31	54.90
601118	海南橡胶	98500.00	66659.70	67.68	15795.71	16.04	9126.81	9.27
601126	四方股份	15150.91	5936.47	39.18	5335.47	35.22	3745.46	24.72
601137	博威合金	9500.00	4795.09	50.48	4641.77	48.86	7.82	0.08
601139	深圳燃气	190457.93	12395.20	6.51	167021.66	87.70	10540.67	5.53
601158	重庆水务	50000.00	37690.46	75.38	1894.44	3.79	5596.21	11.19
601166	兴业银行	1078641.11	146447.08	13.58	655042.94	60.73	243993.60	22.62
601168	西部矿业	238300.00	124785.93	52.37	92285.47	38.73	11727.58	4.92
601169	北京银行	747307.43	156701.50	20.97	465966.18	62.35	109672.67	14.68
601177	杭齿前进	21306.00	9763.81	45.83	10223.02	47.98	129.49	0.61
601179	中国西电	146700.00	92913.34	63.34	35434.15	24.15	12219.52	8.33
601186	中国铁建	1001624.55	124021.86	12.38	766944.90	76.57	100801.99	10.06
601188	龙江交通	61639.64	39051.80	63.36	21790.72	35.35	70.90	0.12
601199	江南水务	8044.03	5965.48	74.16	1975.83	24.56	19.47	0.24
601208	东材科技	31707.34	22053.27	69.55	7133.70	22.50	2227.35	7.03
601216	内蒙君正	49836.00	40723.47	81.72	2575.27	5.17	5931.37	11.90
601218	吉鑫科技	13963.00	11623.20	83.24	2248.58	16.10	9.93	0.07
601222	林洋电子	11400.00	10896.36	95.58	153.38	1.35	177.48	1.56
601231	环旭电子	10680.00	6483.02	60.70	1631.27	15.27	2288.48	21.43
601233	桐昆股份	44216.24	22348.60	50.54	18363.46	41.53	2316.06	5.24
601238	广汽集团	28696.24	14339.87	49.97	10868.00	37.87	2691.57	9.38
601258	庞大集团	71344.00	30152.78	42.26	31115.70	43.61	9051.07	12.69
601268	二重重装	32849.50	26043.87	79.28	3104.81	9.45	964.47	2.94

注：合计持股数包含 F 类账户；单位为万股。

年末个股股东持股情况
Distribution of Shareholder by 2012

证券代码 Code	证券简称 Name	合计持股数 Total Hold	自然人 Individual		一般法人 Corporation		专业机构 Institution	
			持有股数	比例(%)	持有股数	比例(%)	持有股数	比例(%)
601288	农业银行	2557058.80	226762.82	8.87	1926600.39	75.34	384387.93	15.03
601299	中国北车	1032005.63	162157.96	15.71	712644.40	69.05	142112.08	13.77
601311	骆驼股份	29933.11	18443.06	61.61	7402.93	24.73	3324.66	11.11
601313	江南嘉捷	5600.00	4626.85	82.62	899.56	16.06	12.81	0.23
601318	中国平安	478640.96	62949.32	13.15	255682.69	53.42	151112.25	31.57
601328	交通银行	3270905.34	289786.35	8.86	2637022.71	80.62	321196.71	9.82
601333	广深铁路	565223.70	208393.90	36.87	283473.42	50.15	69522.24	12.30
601336	新华保险	110058.08	5230.01	4.75	92628.65	84.16	11851.73	10.77
601339	百隆东方	15000.00	12608.26	84.06	1847.56	12.32	310.69	2.07
601369	陕鼓动力	55310.19	23152.81	41.86	20549.77	37.15	10934.72	19.77
601377	兴业证券	158008.20	23435.96	14.83	111744.02	70.72	18855.96	11.93
601388	怡球资源	10500.00	9869.93	94.00	135.86	1.29	164.74	1.57
601390	中国中铁	1662501.00	358343.28	21.55	1215002.64	73.08	70976.10	4.27
601398	工商银行	26282297.77	421092.26	1.60	25569512.88	97.29	282829.99	1.08
601515	东风股份	5600.00	4955.54	88.49	201.50	3.60	247.17	4.41
601518	吉林高速	61639.64	38947.39	63.19	21908.92	35.54	202.37	0.33
601519	大智慧	50114.92	31951.51	63.76	16971.57	33.87	544.06	1.09
601555	东吴证券	122138.00	43458.76	35.58	70228.03	57.50	6542.28	5.36
601558	华锐风电	42040.00	34774.91	82.72	2679.49	6.37	4029.41	9.59
601566	九牧王	12293.00	4316.40	35.11	515.75	4.20	7216.81	58.71
601567	三星电气	13428.00	12809.89	95.40	366.95	2.73	81.44	0.61
601588	北辰实业	266000.00	112171.80	42.17	143391.39	53.91	5077.10	1.91
601599	鹿港科技	16491.45	14841.85	90.00	1366.38	8.29	116.50	0.71
601600	中国铝业	958052.19	161312.66	16.84	760152.33	79.34	30663.48	3.20
601601	中国太保	620828.73	32488.03	5.23	462026.45	74.42	124062.83	19.98
601607	上海医药	107052.71	40829.36	38.14	42716.23	39.90	18959.15	17.71
601608	中信重工	56500.00	47161.84	83.47	4062.09	7.19	3683.42	6.52
601616	广电电气	55335.42	44790.66	80.94	9071.49	16.39	662.09	1.20
601618	中国中冶	1623900.00	274963.50	16.93	1272937.07	78.39	57837.28	3.56
601628	中国人寿	2082353.00	48754.32	2.34	1955782.36	93.92	75765.23	3.64
601633	长城汽车	30424.30	3306.05	10.87	2441.02	8.02	24533.67	80.64
601636	旗滨集团	17050.00	14228.96	83.45	427.77	2.51	2004.90	11.76
601666	平煤股份	236116.50	76605.44	32.44	143243.38	60.67	11923.70	5.05
601668	中国建筑	3000000.00	450268.80	15.01	1923457.49	64.12	605895.60	20.20
601669	中国水电	300300.00	75068.99	25.00	57211.22	19.05	163443.82	54.43
601677	明泰铝业	8080.00	7593.39	93.98	90.15	1.12	83.52	1.03
601678	滨化股份	21450.00	13704.66	63.89	5701.44	26.58	1495.52	6.97
601688	华泰证券	222842.32	53717.12	24.11	123269.40	55.32	39455.13	17.71
601699	潞安环能	230108.40	30802.88	13.39	158397.37	68.84	37535.37	16.31
601700	风范股份	8190.00	7402.43	90.38	310.50	3.79	66.45	0.81
601717	郑煤机	82880.00	44546.16	53.75	15143.31	18.27	14705.94	17.74
601718	际华集团	115700.00	92583.93	80.02	2330.58	2.01	13208.09	11.42
601727	上海电气	985071.47	58339.05	5.92	921492.30	93.55	2397.93	0.24
601766	中国南车	951600.00	142703.87	15.00	673914.53	70.82	120647.80	12.68
601777	力帆股份	32660.46	20889.43	63.96	10581.01	32.40	806.33	2.47
601788	光大证券	341800.00	33399.01	9.77	278107.48	81.37	25648.25	7.50
601789	宁波建工	10000.00	9640.64	96.41	123.18	1.23	24.92	0.25
601798	蓝科高新	11600.00	6786.10	58.50	3857.62	33.26	596.87	5.15
601799	星宇股份	6068.32	5305.07	87.42	137.63	2.27	502.15	8.28
601800	中国交建	116455.14	45665.75	39.21	13589.43	11.67	55339.44	47.52

注：合计持股数包含 F 类账户；单位为万股。

年末个股股东持股情况
Distribution of Shareholder by 2012

证券代码 Code	证券简称 Name	合计持股数 Total Hold	自然人 Individual		一般法人 Corporation		专业机构 Institution	
			持有股数	比例(%)	持有股数	比例(%)	持有股数	比例(%)
601801	皖新传媒	21392.00	12939.05	60.49	7430.29	34.73	625.48	2.92
601808	中海油服	291046.80	26471.73	9.10	246753.47	84.78	15050.37	5.17
601818	光大银行	1893479.00	273348.69	14.44	1427682.28	75.40	150581.22	7.95
601857	中国石油	16152207.78	247404.41	1.53	15834307.61	98.03	62348.43	0.39
601866	中海集运	769846.25	197769.46	25.69	540591.75	70.22	27295.88	3.55
601872	招商轮船	377673.75	113044.08	29.93	249543.20	66.07	12663.10	3.35
601877	正泰电器	29068.06	17693.33	60.87	938.58	3.23	10087.71	34.70
601880	大连港	80840.50	67285.60	83.23	11423.04	14.13	966.97	1.20
601886	江河幕墙	26033.42	4180.23	16.06	13972.56	53.67	7643.43	29.36
601888	中国国旅	88000.00	4373.84	4.97	66534.44	75.61	16122.88	18.32
601890	亚星锚链	27783.39	26872.02	96.72	414.95	1.49	169.85	0.61
601898	中煤能源	900697.72	101018.31	11.22	765162.57	84.95	28510.59	3.17
601899	紫金矿业	1580380.37	497925.41	31.51	949859.17	60.10	109123.32	6.91
601901	方正证券	332723.50	134335.49	40.38	167219.96	50.26	25339.77	7.62
601908	京运通	20751.92	12644.97	60.93	7530.00	36.29	321.87	1.55
601918	国投新集	185038.70	34684.02	18.74	133276.14	72.03	15808.61	8.54
601919	中国远洋	747595.03	151800.49	20.31	558410.20	74.69	27093.50	3.62
601928	凤凰传媒	65900.00	33776.28	51.25	21877.45	33.20	9270.67	14.07
601929	吉视传媒	28000.00	26317.89	93.99	309.95	1.11	477.08	1.70
601933	永辉超市	49403.47	20388.70	41.27	21001.90	42.51	7751.00	15.69
601939	建设银行	959365.76	370046.15	38.57	427744.86	44.59	153803.54	16.03
601958	金钼股份	322595.88	52377.33	16.24	250848.16	77.76	14164.51	4.39
601965	中国汽研	19200.00	14418.64	75.10	757.84	3.95	3591.89	18.71
601988	中国银行	19552506.69	429915.35	2.20	19027160.84	97.31	86282.95	0.44
601989	中国重工	1130794.49	128510.64	11.37	800308.03	70.77	187921.66	16.62
601991	大唐发电	989436.00	67028.56	6.77	910594.47	92.03	11046.86	1.12
601992	金隅股份	126655.02	29405.56	23.22	75917.01	59.94	19888.96	15.70
601996	丰林集团	19619.40	14368.07	73.23	4529.29	23.09	337.87	1.72
601998	中信银行	3169132.87	163032.49	5.14	2940709.56	92.79	58039.76	1.83
601999	出版传媒	55091.47	15374.35	27.91	37718.35	68.47	1612.74	2.93
603000	人民网	6910.57	4829.14	69.88	711.51	10.30	1121.27	16.23
603001	奥康国际	8100.00	2240.85	27.67	1351.23	16.68	4431.03	54.70
603002	宏昌电子	10000.00	9477.42	94.77	69.32	0.69	159.99	1.60
603003	龙宇燃油	5050.00	4906.69	97.16	42.89	0.85	0.00	0.00
603008	喜临门	5250.00	3308.94	63.03	550.25	10.48	1332.24	25.38
603077	和邦股份	10000.00	8486.15	84.86	444.07	4.44	671.31	6.71
603123	翠微股份	7700.00	7302.30	94.84	130.37	1.69	100.05	1.30
603128	华贸物流	10000.00	9435.32	94.35	197.64	1.98	38.16	0.38
603167	渤海轮渡	10100.00	9531.00	94.37	228.89	2.27	0.00	0.00
603333	明星电缆	13000.50	11787.62	90.67	652.51	5.02	374.70	2.88
603366	日出东方	10000.00	7829.57	78.30	363.69	3.64	1408.54	14.09
603399	新华龙	6336.00	5993.78	94.60	92.98	1.47	0.00	0.00
603766	隆鑫通用	8000.00	7676.89	95.96	167.95	2.10	0.00	0.00
603993	洛阳钼业	20000.00	18482.94	92.42	523.70	2.62	3.75	0.02

注：合计持股数包含 F 类账户；单位为万股。

Events

大事记

上海证券交易所大事记

5 月 21 日 在本所上市的可转换公司债券可计入回购质押库。

5 月 22 日 发布实施《上海证券交易所中小企业私募债券业务试点办法》和《上海证券交易所中小企业私募债券业务指引（试行）》。

5 月 28 日 第一只跨市场交易所交易基金（ETF）——华泰柏瑞沪深 300 交易所交易基金（ETF）正式在本所上市交易，并在上市后一周纳入融资融券标的证券范围。

6 月 1 日 本所下调 A 股证券交易经手费，收费标准由原按交易额 0.11‰收取降为按 0.087‰收取。

6 月 7 日 本所官方微博——“上交所发布”同时在人民网、新华网、腾讯网和新浪网正式上线并进入试运行。

6 月 8 日 中小企业私募债券首单在本所顺利发行，并在本所固定收益证券综合电子平台挂牌。

6 月 28 日 本所正式发布《关于完善上海证券交易所上市公司退市制度的方案》。

7 月 7 日《上海证券交易所股票上市规则（2012 年修订）》正式发布。

8 月 27 日 发布实施《上海证券交易所转融通证券出借交易实施办法（试行）》，转融通业务正式启动。

10 月 22 日本所首只跨境 ETF——易方达恒生中国企业 ETF 成功上市。

12 月 10 日发布《约定购回式证券交易及登记结算业务办法》。

12 月 14 日发布实施《风险警示板股票交易暂行办法》、《退市公司股份转让系统股份转让暂行办法》等退市配套制度，有条件同意两家公司恢复上市。

图书在版编目(CIP)数据

上海证券交易所统计年鉴. 2013 / 上海证券交易所 编.

—上海: 上海三联书店, 2013.9

ISBN 978-7-5426-4248-6

Ⅰ.①上… Ⅱ.①上… Ⅲ.①证券交易所–统计资料–上海市–2013–年鉴 Ⅳ.①F832.51-54

中国版本图书馆 CIP 数据核字(2013)第 128333 号

上海证券交易所统计年鉴（2013 卷）

主　　编/上海证券交易所

责任编辑/ 姚望星
装帧设计/ 桑吉芳
监　　制/ 李　敏
责任校对/ 张大伟

出版发行/ 上海三联书店
(201199)中国上海市都市路 4855 号 2 座

设计制作/ 陈家欢
印　　刷/ 上海望新印刷有限公司

版　　次/ 2013 年 9 月第 1 版
印　　次/ 2013 年 9 月第 1 次印刷
开　　本/ 889×1194　1/16
字　　数/ 400 千字
印　　张/ 28
印　　数/ 1-300
书　　号/ ISBN 978-7-5426-4248-6/ F・646
定　　价/ 300.00 元